정말 시간이 없는 사람들을 위한

시험에 꼭 나오는 섹션 57가지

지금까지 출제된 모든 기출문제를 통계적으로 분석하여 시험에 나오는 것만 쏙쏙 골라 157개 섹션, 733개의 필드로 정리하였습니다. 필드는 시험에서 하나의 문제로 나올 수 있는 최소 단위입니다. 초보자라도 하루 한 시간 정도, 차근차근 30일이면 끝낼 수 있습니다. 그래도 시간이 없으시다고요? 더 빠른 지름길이 없냐고요? 좋습니다. 최근 6년간 정보처리기사 시험에 출제된 1800 문제 중 66.7%인 1200 문제가 출제된 57개의 섹션을 알려드리지요. 정말 시간이 없다면 이 부분만 확실히 공부하세요. 합격 점수는 60점이니까요.

섹션	섹션명	출제 문항 수	쪽 위치
1	소프트웨어 생명 주기	44	1–22
7	요구사항 분석	23	1–47
9	UML(Unified Modeling Language)	32	1–53
10	주요 UML 다이어그램	17	1–59
11	사용자 인터페이스	22	1–72
16	소프트웨어 아키텍처	18	1–94
18	객체지향(Object-Oriented)	34	1–103
19	객체지향 분석 및 설계	29	1–107
20	모듈	36	1–111
23	디자인 패턴	33	1–121
28	자료 구조	30	1–154
29	트리(Tree)	25	1–161
30	정렬(Sort)	24	1–167
31	검색 – 이분 검색 / 해싱	11	1–172
38	디지털 저작권 관리(DRM)	15	1–202
41	소프트웨어 버전 등록	16	1–211
46	테스트 기법에 따른 애플리케이션 테스트	26	1–229
47	개발 단계에 따른 애플리케이션 테스트	21	1–233
48	통합 테스트	11	1–236
52	복잡도	14	1–249
53	애플리케이션 성능 개선	17	1–252
58	인터페이스 보안	11	1–271
59	인터페이스 구현 검증	10	1–273
60	데이터베이스 설계	13	1–282
63	관계형 데이터베이스의 구조	25	1–292
64	관계형 데이터베이스의 제약 조건 – 키(Key)	19	1–295

3과목 데이터베이스 구축

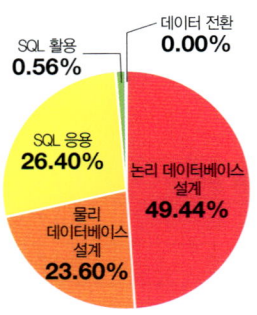

나왔던 문제가 또 나옵니다. 80점 이상을 목표로 공부하세요.

3과목은 출제기준이 변경되기 전에도 있었던 과목으로, 대부분 이전 기출문제나 조금 변형된 기출문제가 출제되고 있습니다. 나왔던 문제는 반드시 또 나온다는 확신(?)을 갖고 기출문제를 충분히 이해하면 80점 이상은 확실하게 얻을 수 있습니다. 출제 비중이 높은 **1, 2, 3장에 집중**하세요. 4장의 몇몇 섹션들은 비전공자들이 이해하기 어려운데다 출제 비중도 작으며, 5장은 아직 한 번도 출제되지 않았으니 시간이 부족한 경우 과감하게 넘어가도 좋습니다.

4과목 프로그래밍 언어 활용

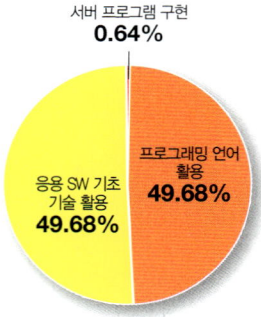

실기 시험까지 준비한다는 마음으로 철저히 공부하면 90점 이상도 가능합니다.

문제 대부분이 2장과 3장에서 출제되니 시간이 부족할 때는 **2, 3장에 집중**하세요. 2장은 프로그래밍 언어에 익숙하지 않은 수험생들을 위해 최대한 쉽게 풀어 설명했습니다. 이 부분은 실기 시험에서도 매우 높은 비중을 차지하므로 어렵더라도 포기하지 말고 꼭 이해하면서 공부해야 합니다. 3장에서는 용어뿐만 아니라 서브네팅이나 알고리즘과 같이 공식이나 규칙에 따라 풀어야 하는 문제들이 자주 출제되므로 관련 문제들을 여러 번 풀어보는 것이 좋습니다.

5과목 정보시스템 구축 관리

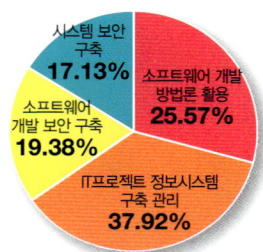

신기술 용어가 많이 출제되는 편… 70점을 목표로 공부하세요.

5과목은 암기해야 할 용어들이 많고 용어 자체가 어려우므로 전문가의 조언을 참고하고 충분한 시간을 들여 공부해야 합니다. 시간이 부족하다면 **1, 2장을 집중**해서 공부하고, 다른 장에서는 A, B 등급만 찾아서 학습하세요. 간혹 새로운 용어(매회 2~4개)도 시험에 출제되는데 이런 문제는 과감하게 포기하세요.

전문가가 분석한
정보처리기사 필기 시험 — 경향과 대책

1과목 소프트웨어 설계

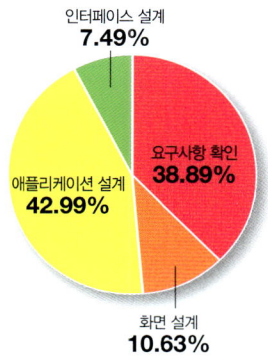

- 인터페이스 설계 7.49%
- 요구사항 확인 38.89%
- 화면 설계 10.63%
- 애플리케이션 설계 42.99%

**출제 비중이 높은 과목이므로 신경 써 공부해야 합니다.
70점을 목표로 공부하세요.**

정보처리기사의 다른 과목에 비해 생소한 내용이 많고 범위가 넓어 어려운 과목이지만 출제기준이 변경된 이후 약 25%로 가장 많은 문제가 출제된 과목이기 때문에 신경 써 학습해야 합니다. 다행히 출제된 문제들이 대부분 개념을 묻는 것들이어서 필요한 점수를 얻는데 그렇게 어렵지는 않습니다. 출제 비중이 높은 1장과 3장에 집중해서 학습하세요. 특히 **1장**에서는 **소프트웨어 생명 주기**와 **UML**을, **3장**에서는 **객체 지향의 구성 요소**와 **모듈** 부분을 눈여겨보세요. 모든 자격시험이 그렇듯 기출문제의 이해를 최우선으로 학습하세요!!

2과목 소프트웨어 개발

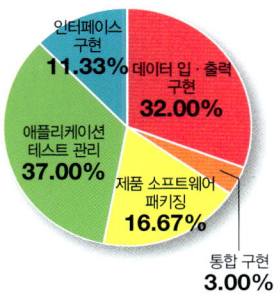

- 인터페이스 구현 11.33%
- 데이터 입·출력 구현 32.00%
- 애플리케이션 테스트 관리 37.00%
- 제품 소프트웨어 패키징 16.67%
- 통합 구현 3.00%

1과목의 연장선이라 생각하고, 70점을 목표로 공부하세요.

2과목은 1과목의 소프트웨어 설계를 직접 구현하는 내용들로 구성되어 있으므로 1과목과 연관 지어 학습하면 효율적입니다. 매 섹션의 시작 부분에 있는 '전문가의 조언'에 따라 차분하게 학습하면 20개 중 14개는 무난히 맞힐 수 있습니다. 섹션마다 중심이 되는 개념을 먼저 파악하고 나머지 내용들을 공부하되, 이해 안 되는 부분들을 완전히 이해하려고 너무 노력하지는 마세요. 시간이 부족할 때는 **1, 3, 4장을 집중**적으로 학습하고 나머지 장에서는 A, B 등급만 찾아서 학습하세요.

섹션	섹션명	출제 문항 수	쪽 위치
65	관계형 데이터베이스의 제약 조건 - 무결성	15	1-298
66	관계대수 및 관계해석	31	1-301
67	정규화(Normalization)	40	1-308
70	트랜잭션 분석 / CRUD 분석	23	1-328
72	뷰(View) 설계	13	1-337
74	분산 데이터베이스 설계	12	1-344
79	SQL의 개념	22	1-366
80	DDL	13	1-369
83	DML - SELECT1	28	1-385
97	데이터 타입	11	2-16
98	변수	14	2-19
99	연산자	37	2-24
102	반복문	13	2-53
103	배열과 문자열	11	2-60
106	Python의 기초	12	2-83
109	Python의 활용	13	2-89
115	가상기억장치 구현 기법 / 페이지 교체 알고리즘	16	2-131
122	인터넷	26	2-157
123	OSI 참조 모델	17	2-161
125	TCP/IP	30	2-168
127	S/W 공학의 발전적 추세	18	2-188
128	상향식 비용 산정 기법	11	2-191
129	수학적 산정 기법	16	2-193
135	네트워크 관련 신기술	32	2-216
138	SW 관련 신기술	16	2-230
139	보안 관련 신기술	18	2-233
142	DB 관련 신기술	13	2-239
143	회복 / 병행제어	22	2-242
145	Secure SDLC	14	2-254
152	암호 알고리즘	33	2-271
153	서비스 공격 유형	34	2-280

정보처리기사 필기

1과목 · 소프트웨어 설계
2과목 · 소프트웨어 개발
3과목 · 데이터베이스 구축

2026
시나공

길벗알앤디 지음

길벗

지은이 길벗알앤디
강윤석, 김용갑, 김우경, 김종일
김정준 – 안양대학교 소프트웨어학과 교수

IT 서적을 기획하고 집필하는 출판 기획 전문 집단으로, 2003년부터 길벗출판사의 IT 수험서인 〈시험에 나오는 것만 공부한다!〉 시리즈를 기획부터 집필 및 편집까지 총괄하고 있다.

30여 년간 자격증 취득에 관한 교육, 연구, 집필에 몰두해 온 강윤석 실장을 중심으로 IT 자격증 시험의 분야별 전문가들이 모여 국내 IT 수험서의 수준을 한 단계 높이기 위한 다양한 연구와 집필 활동에 전념하고 있다.

정보처리기사 필기 – 시나공 시리즈 ⑬
The Written Examination for Engineer Information Processing

초판 발행 · 2025년 11월 24일
초판 2쇄 발행 · 2026년 1월 19일

지은이 · 길벗알앤디(강윤석, 김용갑, 김우경, 김종일), 김정준
발행인 · 이종원
발행처 · (주)도서출판 길벗
출판사 등록일 · 1990년 12월 24일
주소 · 서울시 마포구 월드컵로 10길 56(서교동)
주문 전화 · 02)332-0931 **팩스** · 02)323-0586
홈페이지 · www.gilbut.co.kr **이메일** · gilbut@gilbut.co.kr

기획 및 책임 편집 · 강윤석(kys@gilbut.co.kr), 김미정(kongkong@gilbut.co.kr), 임은정(eunjeong@gilbut.co.kr)
표지 디자인 · 강은경, 윤석남 **제작** · 이준호, 손일순, 이진혁 **마케팅** · 조승모, 유영은
영업관리 · 김명자 **독자지원** · 윤정아 **유통혁신** · 한준희

편집진행 및 교정 · 길벗알앤디(강윤석 · 김용갑 · 김우경 · 김종일) **디자인** · 도설아 **일러스트** · 윤석남
전산편집 · 예다움 **CTP 출력 및 인쇄** · 금강인쇄 **제본** · 금강제본

- 이 책은 저작권법의 보호를 받는 저작물로 이 책에 실린 모든 내용, 디자인, 이미지, 편집 구성은 허락 없이 복제하거나 다른 매체에 옮겨 실을 수 없습니다.
- 인공지능(AI) 기술 또는 시스템을 훈련하기 위해 이 책의 전체 내용은 물론 일부 문장도 사용하는 것을 금지합니다.
- 잘못 만든 책은 구입한 서점에서 바꿔 드립니다.

ⓒ 길벗알앤디, 2025

ISBN 979-11-407-1614-2 13000
(길벗 도서번호 030971)

정가 35,000원

독자의 1초를 아껴주는 정성 길벗출판사

(주)도서출판 길벗 IT단행본, 성인어학, 교과서, 수험서, 경제경영, 교양, 자녀교육, 취미실용 www.gilbut.co.kr
길벗스쿨 국어학습, 수학학습, 주니어어학, 어린이단행본, 학습단행본 www.gilbutschool.co.kr

시나공 홈페이지 www.sinagong.co.kr

짜잔~ '시나공' 시리즈를 소개합니다~

자격증 취득, 가장 효율적으로 공부하고 싶으시죠?
보통 사람들의 공부 패턴과 자격증 시험을 분석하여 최적의 내용을 담았습니다.

 첫째 NCS* 학습 모듈 125개를 철저하게 분석했습니다.

학문을 수련함에 있어 다양한 이론을 폭넓게 공부하는 것은 더할 나위 없이 중요하지만 이 책은 자격증 취득을 목적으로 구성된 만큼 시험에 나올만한 내용을 다룰 수밖에 없습니다. 출제기준에 포함된 125개 NCS 학습 모듈을 완전 분해하여 정보처리기사 직무내용과 관련하여 나올만한 내용을 157개 섹션으로 엄선하여 정리했습니다. 책에 수록된 내용은 어떠한 변형 문제가 나오더라도 대처할 수 있도록 최대한 자세하고 쉽게 설명했습니다.

 둘째 공부하면서 답답함을 느끼지 않도록 노력했습니다.

공부할 때 이해 안 되는 내용을 무조건 암기하는 건 무척 피곤한 일입니다. NCS 학습 모듈은 NCS의 능력 단위를 교육 훈련 현장에서 학습할 수 있도록 구성한 교수 · 학습 자료라서 내용이 포괄적이며 설명이 친절하지 않습니다. 이는 수험생 혼자의 힘으로 공부하는 데 한계가 있습니다. 저희는 NCS 학습 모듈을 가이드 삼아 자세한 설명과 충분한 예제를 더해 이쪽 분야에 기초가 없는 수험생도 쉽게 공부할 수 있도록 눈높이에 맞춰 구성했습니다.

 셋째 학습 방향을 제시하기 위해 노력했습니다.

이 시험을 준비하는 수험생들이 대부분 비전공자이기 때문에 학습 방향을 잡기 어려울 수 있습니다. 학습 방향을 파악하지 못한 채 교재에 수록된 내용을 무작정 읽어 가는 것은 비효율적입니다. 실제 시험에서 출제되는 문제에 맞게 암기할 것, 한 번만 읽어볼 것, 구분할 것, 이해할 것, 실습할 것 등 옆에서 선생님이 지도하는 것처럼 친절한 가이드라인을 제공했습니다.

 넷째 이렇게 공부하세요.

다음은 10여 년간 학생들을 지도하고, 20년 동안 100여권 이상의 IT 수험서를 만들면서 정리한 빠르게 합격하는 비법입니다.

① 매 섹션의 끝에 나오는 기출문제 따라잡기를 먼저 공부하면서 문제가 어떻게 출제되는지, 어떤 것을 자세하게 공부해야 하는지 먼저 감을 잡습니다.
② 이제 섹션의 처음으로 돌아와서 전문가의 조언을 먼저 읽은 후 본문을 읽기 시작하면 기출문제 따라잡기에서 공부한 내용을 접하게 되므로 낯설지 않을뿐더러 무엇을 어떻게 공부해야 할지 학습 방향을 명확히 잡을 수 있습니다.
③ 섹션을 마친 후 다시 기출문제 따라잡기를 공부하면 대부분의 문제가 이해됩니다. 이때에도 이해되지 않는 문제는 미결 표시를 해 놓은 후 다음 섹션으로 넘어갑니다.
④ 한 장을 마치면 그 장에서 시험에 꼭 나오는 내용만 뽑아 모은 핵심요약이 나옵니다. 앞에서 배운 내용을 상기하면서 확실히 암기하고 다음 장의 섹션으로 넘어갑니다.
⑤ 교재 한 권을 모두 마친 후에는 다시 처음으로 돌아와 기출문제 따라잡기와 핵심요약만 다시 한 번 공부합니다.
⑥ 시험이 임박해지면 등급이 A, B인 섹션과 이해가 안 되어 표시해 두었던 문제와 틀린 문제만 확인합니다.

끝으로 이 책으로 공부하는 모든 수험생들이 한 번에 합격할 수 있기를 기원합니다.

2025년 가을날에
강윤석

※ 국가직무능력표준(NCS : National Competency Standards)이란 산업현장에서 직무를 수행하기 위해 요구되는 지식 · 기술 · 소양 등의 내용을 국가가 산업부문별 · 수준별로 체계화한 것입니다.

목차

*각 섹션은 출제 빈도에 따라 Ⓐ, Ⓑ, Ⓒ, Ⓓ로 등급이 분류되어 있습니다. 공부할 시간이 없는 분들은 출제 빈도가 높은 순서대로 공부하세요.

출제 빈도
- Ⓐ 매 시험마다 꼭 나오는 부분
- Ⓑ 두 번 시험 보면 한 번은 꼭 나오는 부분
- Ⓒ 세 번 시험 보면 한 번은 꼭 나오는 부분
- Ⓓ 네 번 시험 보면 한 번은 꼭 나오는 부분

0 준비 운동
수험생을 위한 아주 특별한 서비스	8
한눈에 살펴보는 시나공의 구성	10
시험 접수부터 자격증을 받기까지 한눈에 살펴볼까요?	14
정보처리기사 시험, 이것이 궁금하다!	16
합격수기_서형길	18

1 과목 소프트웨어 설계

1 요구사항 확인
Ⓐ	001 소프트웨어 생명 주기	22
Ⓒ	002 스크럼(Scrum) 기법	27
Ⓑ	003 XP(eXtreme Programming) 기법	30
Ⓒ	004 현행 시스템 파악	33
Ⓒ	005 개발 기술 환경 파악	38
Ⓑ	006 요구사항 정의	42
Ⓐ	007 요구사항 분석	47
Ⓑ	008 요구사항 분석 CASE와 HIPO	50
Ⓐ	009 UML(Unified Modeling Language)	53
Ⓐ	010 주요 UML 다이어그램	59
	핵심요약	63

2 화면 설계
Ⓐ	011 사용자 인터페이스	72
Ⓒ	012 UI 설계 도구	76
Ⓑ	013 품질 요구사항	80
Ⓒ	014 UI 상세 설계	84
Ⓓ	015 HCI / UX / 감성공학	87
	핵심요약	89
	합격수기_홍지수	92

3 애플리케이션 설계
Ⓐ	016 소프트웨어 아키텍처	94
Ⓑ	017 아키텍처 패턴	99
Ⓐ	018 객체지향(Object-Oriented)	103
Ⓐ	019 객체지향 분석 및 설계	107
Ⓐ	020 모듈	111
Ⓑ	021 공통 모듈	116
Ⓒ	022 코드	118
Ⓐ	023 디자인 패턴	121
	핵심요약	127

4 인터페이스 설계
Ⓓ	024 시스템 인터페이스 요구사항 분석	134
Ⓑ	025 인터페이스 요구사항 검증	137
Ⓒ	026 인터페이스 방법 명세화	140
Ⓑ	027 미들웨어 솔루션 명세	144
	핵심요약	148
	합격수기_황정연	150

2 과목
소프트웨어 개발

1 데이터 입·출력 구현

- Ⓐ 028 자료 구조 … 154
- Ⓐ 029 트리(Tree) … 161
- Ⓐ 030 정렬(Sort) … 167
- Ⓐ 031 검색 – 이분 검색 / 해싱 … 172
- Ⓑ 032 데이터베이스 개요 … 175
- Ⓒ 033 절차형 SQL … 179
- 핵심요약 … 181

2 통합 구현

- Ⓓ 034 단위 모듈 구현 … 188
- Ⓒ 035 단위 모듈 테스트 … 191
- Ⓑ 036 개발 지원 도구 … 194
- 핵심요약 … 197
- 합격수기_유미 … 198

3 제품 소프트웨어 패키징

- Ⓑ 037 소프트웨어 패키징 … 200
- Ⓐ 038 디지털 저작권 관리(DRM) … 202
- Ⓒ 039 소프트웨어 설치 매뉴얼 작성 … 205
- Ⓒ 040 소프트웨어 사용자 매뉴얼 작성 … 208
- Ⓐ 041 소프트웨어 버전 등록 … 211
- Ⓒ 042 소프트웨어 버전 관리 도구 … 214
- Ⓒ 043 빌드 자동화 도구 … 219
- 핵심요약 … 221

4 애플리케이션 테스트 관리

- Ⓑ 044 애플리케이션 테스트 … 224
- Ⓒ 045 애플리케이션 테스트의 분류 … 227
- Ⓐ 046 테스트 기법에 따른 애플리케이션 테스트 … 229
- Ⓐ 047 개발 단계에 따른 애플리케이션 테스트 … 233
- Ⓐ 048 통합 테스트 … 236
- Ⓑ 049 테스트 케이스 / 테스트 시나리오 / 테스트 오라클 … 239
- Ⓑ 050 테스트 자동화 도구 … 242
- Ⓒ 051 결함 관리 … 245
- Ⓐ 052 복잡도 … 249
- Ⓐ 053 애플리케이션 성능 개선 … 252
- 핵심요약 … 256

5 인터페이스 구현

- Ⓓ 054 모듈 간 공통 기능 및 데이터 인터페이스 확인 … 260
- Ⓑ 055 모듈 연계를 위한 인터페이스 기능 식별 … 263
- Ⓒ 056 모듈 간 인터페이스 데이터 표준 확인 … 266
- Ⓑ 057 인터페이스 구현 … 269
- Ⓐ 058 인터페이스 보안 … 271
- Ⓐ 059 인터페이스 구현 검증 … 273
- 핵심요약 … 276
- 합격수기_정주영 … 278

3 과목
데이터베이스 구축

1 논리 데이터베이스 설계

- Ⓐ 060 데이터베이스 설계 … 282
- Ⓑ 061 데이터 모델의 개념 … 286
- Ⓑ 062 E-R(개체-관계) 모델 … 289
- Ⓐ 063 관계형 데이터베이스의 구조 … 292
- Ⓐ 064 관계형 데이터베이스의 제약 조건 – 키(Key) … 295
- Ⓐ 065 관계형 데이터베이스의 제약 조건 – 무결성 … 298
- Ⓐ 066 관계대수 및 관계해석 … 301
- Ⓐ 067 정규화(Normalization) … 308
- Ⓑ 068 반정규화(Denormalization) … 313
- Ⓑ 069 시스템 카탈로그 … 318
- 핵심요약 … 321

2 물리 데이터베이스 설계

- Ⓐ 070 트랜잭션 분석 / CRUD 분석 … 328
- Ⓑ 071 인덱스 설계 … 332
- Ⓐ 072 뷰(View) 설계 … 337
- Ⓑ 073 파티션 설계 … 340
- Ⓐ 074 분산 데이터베이스 설계 … 344
- Ⓒ 075 데이터베이스 보안 / 암호화 … 348
- Ⓑ 076 데이터베이스 보안 – 접근통제 … 350
- Ⓒ 077 데이터베이스 백업 … 355
- Ⓑ 078 스토리지 … 358
  - 핵심요약 … 361
  - 합격수기_박재현 … 364

3 SQL 응용

- Ⓐ 079 SQL의 개념 … 366
- Ⓐ 080 DDL … 369
- Ⓑ 081 DCL … 376
- Ⓑ 082 DML … 381
- Ⓐ 083 DML – SELECT–1 … 385
- Ⓑ 084 DML – SELECT–2 … 395
- Ⓒ 085 DML – JOIN … 403
  - 핵심요약 … 410
  - 합격수기_이윤섭 … 416

4 SQL 활용

- Ⓒ 086 프로시저(Procedure) … 418
- Ⓒ 087 트리거(Trigger) … 422
- Ⓒ 088 사용자 정의 함수 … 426
- Ⓒ 089 DBMS 접속 기술 … 431
  - 핵심요약 … 434
  - 합격수기_변영현 … 436

5 데이터 전환

- Ⓒ 090 데이터 전환 … 438
- Ⓓ 091 데이터 전환 방안 … 440
- Ⓓ 092 데이터 검증 … 442
- Ⓓ 093 오류 데이터 측정 및 정제 … 444
  - 핵심요약 … 447

찾아보기 … 448

4 과목
프로그래밍 언어 활용

1 서버 프로그램 구현

- Ⓓ 094 서버 개발 … 8
- Ⓓ 095 보안 및 API … 10
- Ⓒ 096 배치 프로그램 … 12
  - 핵심요약 … 14

2 프로그래밍 언어 활용

- Ⓐ 097 데이터 타입 … 16
- Ⓐ 098 변수 … 19
- Ⓐ 099 연산자 … 24
- Ⓑ 100 데이터 입·출력 … 37
- Ⓒ 101 제어문 … 46
- Ⓐ 102 반복문 … 53
- Ⓐ 103 배열과 문자열 … 60
- Ⓑ 104 포인터 … 70
- Ⓒ 105 구조체 … 78
- Ⓐ 106 Python의 기초 … 83
- Ⓑ 107 Python의 활용 … 89
- Ⓑ 108 스크립트 언어 … 98
- Ⓐ 109 라이브러리 … 100
- Ⓒ 110 예외 처리 … 103
  - 핵심요약 … 106

3 응용 SW 기초 기술 활용

- Ⓒ 111 운영체제의 개념 … 120
- Ⓒ 112 Windows … 123
- Ⓒ 113 UNIX / LINUX / MacOS … 125
- Ⓑ 114 기억장치 관리의 개요 … 128
- Ⓐ 115 가상기억장치 구현 기법 / 페이지 교체 알고리즘 … 131
- Ⓑ 116 가상기억장치 기타 관리 사항 … 137
- Ⓑ 117 프로세스의 개요 … 142
- Ⓒ 118 스케줄링 … 146
- Ⓑ 119 주요 스케줄링 알고리즘 … 148

- Ⓒ 120 환경 변수 152
- Ⓑ 121 운영체제 기본 명령어 154
- Ⓐ 122 인터넷 157
- Ⓐ 123 OSI 참조 모델 161
- Ⓑ 124 네트워크 관련 장비 165
- Ⓐ 125 TCP/IP 168
- 핵심요약 172

5 과목
정보시스템 구축 관리

1 소프트웨어 개발 방법론 활용

- Ⓒ 126 소프트웨어 개발 방법론 184
- Ⓐ 127 S/W 공학의 발전적 추세 188
- Ⓐ 128 상향식 비용 산정 기법 191
- Ⓐ 129 수학적 산정 기법 193
- Ⓑ 130 프로젝트 일정 계획 197
- Ⓑ 131 소프트웨어 개발 방법론 결정 201
- Ⓑ 132 소프트웨어 개발 표준 203
- Ⓒ 133 소프트웨어 개발 방법론 테일러링 206
- Ⓑ 134 소프트웨어 개발 프레임워크 208
- 핵심요약 211

2 IT프로젝트 정보 시스템 구축 관리

- Ⓐ 135 네트워크 관련 신기술 216
- Ⓑ 136 네트워크 구축 222
- Ⓑ 137 경로 제어 / 트래픽 제어 227
- Ⓐ 138 SW 관련 신기술 230
- Ⓐ 139 보안 관련 신기술 233
- Ⓒ 140 HW 관련 신기술 235
- Ⓒ 141 Secure OS 237
- Ⓐ 142 DB 관련 신기술 239
- Ⓐ 143 회복 / 병행제어 242
- Ⓑ 144 교착상태 245
- 핵심요약 247

3 소프트웨어 개발 보안 구축

- Ⓐ 145 Secure SDLC 254
- Ⓒ 146 세션 통제 257
- Ⓑ 147 입력 데이터 검증 및 표현 259
- Ⓒ 148 보안 기능 261
- Ⓒ 149 에러처리 263
- Ⓒ 150 코드 오류 265
- Ⓒ 151 캡슐화 268
- Ⓐ 152 암호 알고리즘 271
- 핵심요약 276

4 시스템 보안 구축

- Ⓐ 153 서비스 공격 유형 280
- Ⓑ 154 서버 인증 286
- Ⓒ 155 보안 아키텍처 / 보안 프레임워크 289
- Ⓒ 156 로그 분석 291
- Ⓑ 157 보안 솔루션 294
- 핵심요약 297

찾아보기 300

1등만이 드릴 수 있는 1등 혜택!!
수험생을 위한 아주 특별한 서비스

시나공 홈페이지
시험 정보 제공!

IT 자격증 시험, 혼자 공부하기 막막하다고요? 시나공 홈페이지에서 대한민국 최대, 50만 회원들과 함께 공부하세요.

지금 sinagong.co.kr에 접속하세요!

시나공 홈페이지에서는 최신기출문제와 해설, 선배들의 합격 수기와 합격 전략, 책 내용에 대한 문의 및 관련 자료 등 IT 자격증 시험을 위한 모든 정보를 제공합니다.

수험생 지원센터
무엇이든 물어보세요!

공부하다 답답하거나 궁금한 내용이 있으면, 시나공 홈페이지 도서별 '책 내용 질문하기' 게시판에 질문을 올리세요. 길벗알앤디의 전문가들이 빠짐없이 답변해 드립니다.

합격을 위한
학습 자료

시나공 홈페이지 회원으로 가입하면 시험 준비에 필요한 학습 자료를 내려받을 수 있습니다.
- 기출문제 : 최근에 출제된 기출문제를 제공합니다. 최신기출문제로 현장 감각을 키우세요.

실기 시험 대비
온라인 실기 특강 서비스

(주)도서출판 길벗에서는 실기 시험 준비를 위한 온라인 특강을 제공하고 있습니다. 다음과 같은 방법으로 이용하세요.

실기 특강 온라인 강좌는 이렇게 이용하세요!

1. 시나공 홈페이지(sinagong.co.kr)에 접속하여 로그인하세요.
2. 상단 메뉴 중 [정보처리] → [기사 실기] → [동영상 강좌] → [실기 특강]을 클릭하세요.
3. 실기 특강 목록에서 '정보처리기사 실기 특강'을 클릭하여 시청하세요.

시나공만의
동영상 강좌

독학이 가능한 친절한 교재가 있어도
준비할 시간이 부족하다면?

길벗출판사의 '동영상 강좌(유료)' 이용 안내

1. 시나공 홈페이지(sinagong.co.kr)에 접속하여 로그인하세요.
2. 상단 메뉴 중 [정보처리] → [정보처리기사 필기] → [동영상 강좌] → [유료강의]를 클릭하세요.
3. 원하는 강좌를 선택하고 [수강 신청하기]를 클릭하세요.
4. 우측 상단의 [마이길벗] → [나의 동영상 강좌]로 이동하여 강좌를 수강하세요.

※ 기타 동영상 이용 문의 : 독자지원(02-332-0931)

시나공 홈페이지 회원 가입 방법

1. 시나공 홈페이지(sinagong.co.kr)에 접속하여 우측 상단의 〈회원가입〉을 클릭하고 〈이메일 주소로 회원가입〉을 클릭합니다.
   ※ 회원가입은 소셜 계정으로도 가입할 수 있습니다.
2. 가입 약관 동의를 선택한 후 〈동의〉를 클릭합니다.
3. 회원 정보를 입력한 후 〈이메일 인증〉을 클릭합니다.
4. 회원 가입 시 입력한 이메일 계정으로 인증 메일이 발송됩니다. 수신한 인증 메일을 열어 이메일 계정을 인증하면 회원가입이 완료됩니다.

시나공 시리즈는 단순한 책 한 권이 아닙니다.
여러분이 시나공 시리즈 책 한 권을 구입한 순간, Q&A 서비스에서 최신기출문제 등
각종 학습 자료까지 IT 자격증 최고 전문가들이 제공하는 온라인&오프라인 합격 보장 교육 프로그램이 함께합니다.

2026년 한 번에 합격을 위한 **특별 서비스 하나 더**

157섹션 733필드 중 726필드를 동영상 강의로 담았습니다.

혼자 공부하다가 어려운 부분이 나와도 고민하지 말고, 다음의 세 가지 방법을 이용하여
시나공 저자의 속 시원한 강의를 바로 동영상으로 확인하세요.

---

1. 스마트폰으로 QR코드를 찍어보세요!

STEP 1 스마트폰의 QR코드 리더 앱을 실행하세요.

STEP 2 시나공 토막강의 QR코드를 스캔하세요.

STEP 3 스마트폰을 통해 토막강의가 시작됩니다.

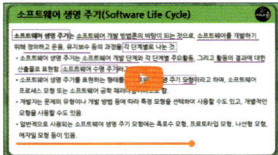

---

2. 시나공 홈페이지에서 토막강의 번호를 입력하세요!

STEP 1 시나공 홈페이지에 접속한 후 [정보처리] → [기사 필기] → [동영상 강좌] → [토막강의]를 클릭하세요.

STEP 2 '강의번호'에 토막강의 번호를 입력하면 강의목록이 표시됩니다.

STEP 3 강의명을 클릭하면 토막강의를 볼 수 있습니다.

---

3. 유튜브에서는 이렇게 이용하세요!

STEP 1 유튜브 검색 창에 "시나공"+토막강의 번호를 입력하세요.

STEP 2 검색된 항목 중 원하는 토막강의를 클릭하여 시청하세요.

★ 토막강의가 지원되는 도서는 시나공 홈페이지를 통해 확인할 수 있습니다.
★ 스마트폰을 이용하실 경우 무선랜(Wi-Fi)에 연결되지 않은 상태에서 토막강의를 이용하시면 가입하신 요금제에 따라 과금이 됩니다.

한눈에 살펴보는 시나공의 구성

시험에 나오는 것만 골라 볼 수 있다! – 섹션별 구성

기출문제 유형을 섹션의 틀 안에 담아 두어 출제 유형의 파악이 용이합니다.
또한 이론은 각 필드에서 짧게 공부하고, 기출문제로 바로 확인할 수 있어 학습이 지루하지 않습니다.

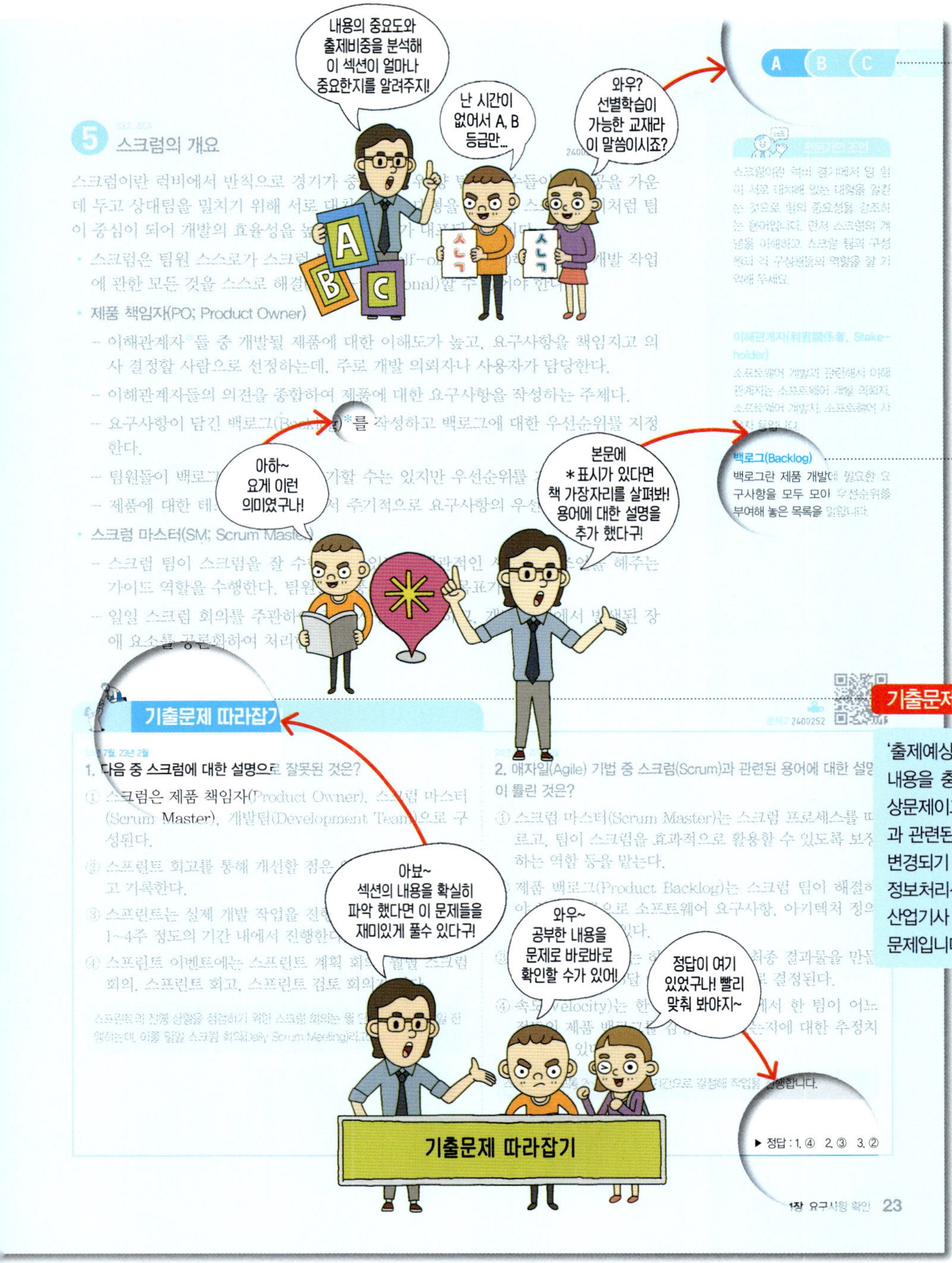

섹션 등급

용어 설명

기출문제 따라잡기 및 정답

'출제예상'은 시험에 나올만한 내용을 충실히 반영해 만든 예상문제이고, '이전기출'은 본문과 관련된 내용 중 시험 과목이 변경되기 이전에 정보처리기사, 정보처리산업기사, 사무자동화산업기사 등에 출제되었던 기출문제입니다.

5 스크럼의 개요

스크럼이란 럭비에서 반칙으로 경기가 중단된 경우 양 팀의 선수들이 럭비공을 가운데 두고 상대팀을 밀치기 위해 서로 대치해 있는 대형을 일컫는 말로, 팀이 중심이 되어 개발의 효율성을 높이는 [...]

- 스크럼은 팀원 스스로가 스크럼 [...] 개발 작업에 관한 모든 것을 스스로 해결 [...]

- 제품 책임자(PO; Product Owner)
  - 이해관계자들 중 개발될 제품에 대한 이해도가 높고, 요구사항을 책임지고 의사 결정할 사람으로 선정하는데, 주로 개발 의뢰자나 사용자가 담당한다.
  - 이해관계자들의 의견을 종합하여 제품에 대한 요구사항을 작성하는 주체다.
  - 요구사항이 담긴 백로그(Backlog)*를 작성하고 백로그에 대한 우선순위를 지정한다.
  - 팀원들이 백로그 [...] 가할 수는 있지만 우선순위 [...]
  - 제품에 대한 테 [...] 주기적으로 요구사항의 우 [...]

- 스크럼 마스터(SM; Scrum Master)
  - 스크럼 팀이 스크럼을 잘 수 [...] 적인 [...] 해주는 가이드 역할을 수행한다. 팀원 [...] 표 [...]
  - 일일 스크럼 회의를 주관하여 [...] 에서 제외된 장애 요소를 공론화하여 처리 [...]

기출문제 따라잡기

[기출 17, 23.2월]
1. 다음 중 스크럼에 대한 설명으로 잘못된 것은?
   ① 스크럼은 제품 책임자(Product Owner), 스크럼 마스터(Scrum Master), 개발팀(Development Team)으로 구성된다.
   ② 스프린트 회고를 통해 개선할 점을 [...]고 기록한다.
   ③ 스프린트는 실제 개발 작업을 진 [...] 1~4주 정도의 기간 내에서 진행한 [...]
   ④ 스프린트 이벤트에는 스프린트 계획 회의, 스프린트 회의, 스프린트 검토 회의 [...]

2. 애자일(Agile) 기법 중 스크럼(Scrum)과 관련된 용어에 대한 설명이 틀린 것은?
   ① 스크럼 마스터(Scrum Master)는 스크럼 프로세스를 [...]고, 팀이 스크럼을 효과적으로 활용할 수 있도록 보조 [...] 하는 역할 등을 맡는다.
   ② 제품 백로그(Product Backlog)는 스크럼 팀이 해결 [...]으로 소프트웨어 요구사항, 아키텍처 정의 [...]
   ④ 속도(Velocity)는 [...]

▶ 정답 : 1. ④ 2. ③ 3. ②

한눈에 살펴보는 시나공의 구성

배운 내용을 익히고 익힌 실력을 점검해 볼 수 있다! – 핵심요약 & 최신기출문제

섹션에서 배운 내용을 한 번 더 확인하고, 익힌 실력을 최신기출문제로 점검해 볼 수 있습니다.

시험 접수부터 자격증을 받기까지
한눈에 살펴볼까요?

필기 시험

1 응시자격조건

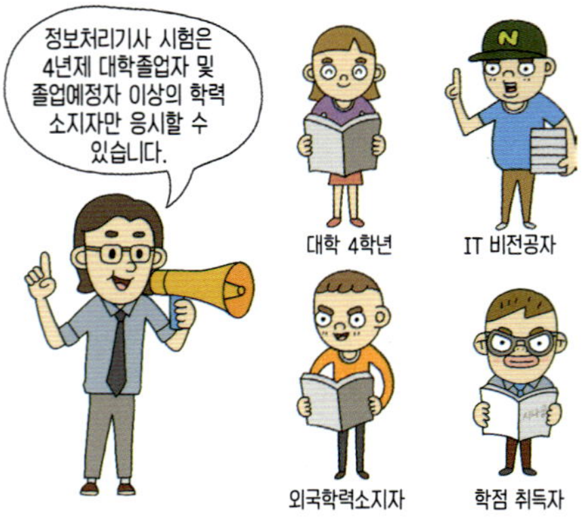

2 필기원서접수

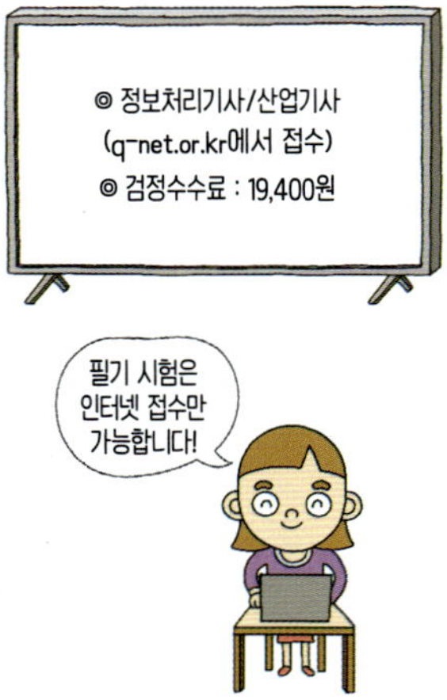

3 필기시험

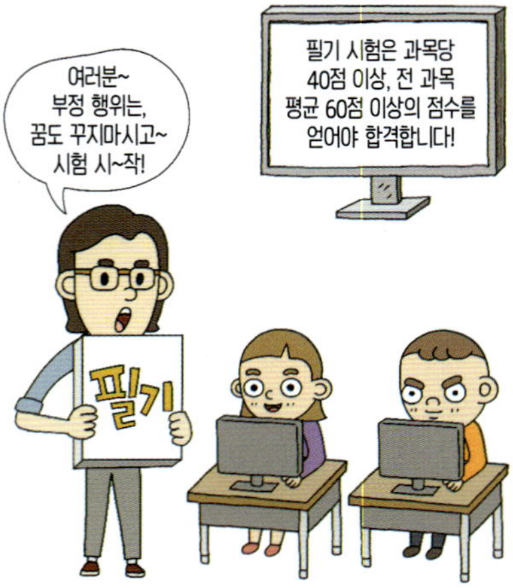

★ 자격증 신청 및 수령 ★

신청방법

⇓

인터넷 신청만 가능!

수령방법

⇓

등기 우편으로만 수령 가능!

※ 신청할 때 준비할 것은~

▶인터넷 신청 : 접수 수수료 3,100원, 등기 우편 수수료 3,300원

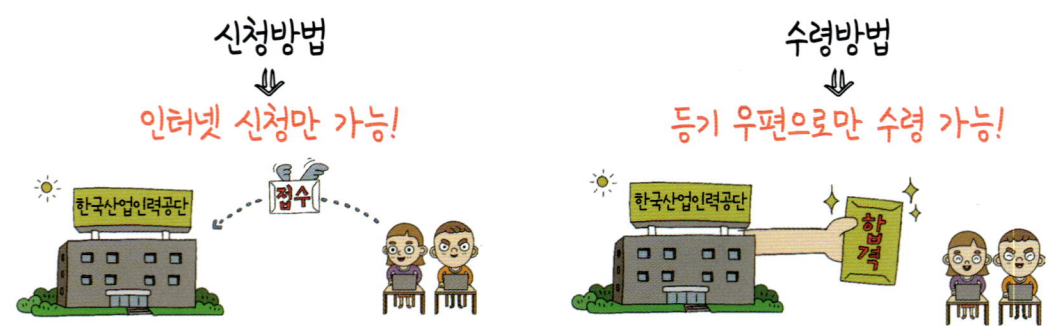

접수부터 합격까지

정보처리기사 시험, 이것이 궁금하다!

Q 정보처리기사 시험은 국가직무능력표준(NCS)을 기반으로 하여 문제가 출제된다고 하는데, 국가직무능력표준(NCS)이 뭔가요?

A 국가직무능력표준(NCS; National Competency Standards)이란 산업현장에서 직무를 수행하기 위해 요구되는 지식·기술·소양 등의 내용을 국가가 산업부문별·수준별로 체계화한 것으로 산업현장의 직무를 성공적으로 수행하기 위해 필요한 능력을 국가적 차원에서 표준화한 것을 의미하며, NCS의 능력 단위를 교육 및 훈련할 수 있도록 구성한 '교수·학습 자료'를 NCS 학습 모듈이라고 합니다.

정보처리기사 시험은 NCS 학습 모듈 중 정보통신 분야의 '정보기술' 분류에 포함된 '정보기술개발'과 '정보기술운영'에 속한 125개의 학습 모듈을 기반으로 하고 있으며, 본 교재는 정보처리기사 필기 출제기준에 포함된 125개의 학습 모듈을 완전 분해하여 정보처리기사 수준에 맞게 157개 섹션으로 엄선하여 정리하였습니다.

Q 정보처리기사/산업기사 자격증 취득 시 독학사 취득을 위한 학점이 인정된다고 하던데, 학점 인정 현황은 어떻게 되나요?

A

종목	학점
정보처리기사	20
정보처리산업기사	16
사무자동화산업기사	16
컴퓨터활용능력 1급	14
컴퓨터활용능력 2급	6
워드프로세서	4

※ 자세한 내용은 평생교육진흥원 학점은행 홈페이지(http://cb.or.kr)를 참고하세요.

Q 정보처리기사/산업기사 필기 시험은 어디서 접수해야 하나요?

A 인터넷으로만 접수할 수 있습니다. q-net.or.kr에 접속하여 신청하면 됩니다.

Q 필기 시험에 합격한 후 실기 시험에 여러번 응시할 수 있다고 하던데 몇 번이나 응시할 수 있나요?

A 필기 시험에 합격한 후 실기 시험 응시 횟수에 관계 없이 필기 시험 합격자 발표일로부터 2년 동안 실기 시험에 응시할 수 있습니다.

Q 정보처리기사/산업기사는 정기 시험만 있나요? 아니면 상시 시험도 있나요?

A 기사/산업기사는 상시 시험이 없습니다. 상시 시험은 제빵 기능사, 미용사 등 일부 기능사 종목에만 있습니다.

Q 필기 시험 시 입실 시간이 지난 후 시험장에 도착할 경우 시험 응시가 가능 한가요?

A 입실 시간 미준수 시 시험에 응시할 수 없습니다. 반드시 시험 시간 30분 전에 입실해야 합니다.

정보처리기사 Q&A

Q 필기 시험 시 챙겨야 할 준비물에는 어떤 것들이 있나요?

A 필기 시험은 CBT로 진행되므로, 수검표, 신분증(주민등록증, 운전면허증 등)만 지참하면 됩니다.
※ 신분증을 지참하지 않으면 시험에 응시할 수 없으니 반드시 신분증을 지참하세요.

Q 정보처리기사 필기 시험에 합격하려면 몇 점 이상 취득해야 하나요?

A 과목당 40점 이상, 평균 60점 이상 되어야 합격입니다. 즉, 평균 60점 이상이지만 어느 한 과목이라도 40점 미만이면 불합격입니다.

Q 응시 자격 서류는 어떻게 제출해야 하나요?

A 큐넷 홈페이지(q-net.or.kr)에서 로그인 후 [마이페이지] → [응시자격] → [응시자격서류 온라인 제출]을 클릭하여 업로드하거나, 한국산업인력공단 지역 본부 또는 각 지방 사무소에 직접 방문하여 제출하면 됩니다.

Q 필기 시험 합격자 발표 후 언제까지 응시 자격 서류를 제출해야 하나요? 응시 자격 서류를 제출하면 반드시 첫 실기 시험에 응시해야 하나요?

A 필기 시험 합격자 발표 후 첫 실기 시험에 응시하려면 필기 시험 합격자 발표일로부터 4일 이내에 응시 자격 서류를 제출해야 합니다. 그렇지 않고 다음 실기 시험에 응시하려면 필기 시험 합격자 발표일로부터 8일 이내에 응시 자격 서류를 제출하면 됩니다.

Q 응시 자격 서류를 제출한 후 실기 시험을 치렀는데 불합격됐어요. 다음 실기 시험을 치를 때 응시 서류를 또 제출해야하나요?

A 아닙니다. 시험에 불합격되었다고 하더라도 응시 자격 서류를 다시 제출할 필요는 없습니다.

합격수기 코너는 시나공으로 공부하신 독자분들이 시험에 합격하신 후에
직접 **시나공 홈페이지(sinagong.co.kr)**에 올려주신 자료를 토대로 구성됩니다.

쉬운 것부터 공부해서 어려운 부분은 집중적으로!!

정보처리기사 필기에 합격한 직장인입니다. 정보처리기사 자격증과는 무관한 일을 하고 있습니다.

시험 접수를 해놓긴 했는데, 일에 쫓기다 보니 어느새 시험이 2주밖에 안 남았더군요. 접수비가 아깝다는 생각에 공부를 시작했습니다. 보통 퇴근을 9시 넘어서 하니 아무리 많이 공부한다 해도 하루에 5시간 이상 학습하기는 힘들었습니다. 시간이 부족할 것 같다는 생각에 A, B 등급 위주로, 이틀에 한 과목씩 학습하겠다는 계획을 세우고 다시 공부를 시작했습니다. 그것마저도 회사일이 바빠 힘들더군요. 하루하루 밀리다 보니 시험이 5일밖에 안 남았는데 2과목 밖에 공부하지 못했습니다. 이러면 안 되겠다 싶어 핵심요약집과 과년도 출제문제 및 예상 문제집을 들고 회사에서 틈나는 대로 공부했습니다.

제가 공부한 방법은 쉬운 것부터 하는 것입니다. 1, 2, 5과목이 나름 시험유형이 쉽게 나온다고 하여 그것부터 보았고, 시험을 3일을 남겨놓고는 3, 4과목을 집중적으로 보았습니다.

시험 결과는 1, 2, 5과목은 간신히 60점, 의외로 3, 4과목이 고득점을 했더군요. 어찌된 일인지^^; 필기는 객관식이기 때문에 외우는 것보다는 이해하는 것이 좋다고 생각합니다. 그리고 저처럼 벼락치기 하는 것보다는 적어도 한 달 전부터 시험 준비를 하는 것이 좋겠죠?

시나공이 좋은 이유는 그 이상도 이하도 아닌 시험에 맞추어 필요한 것만 정리가 잘되어 있고, 전문가의 조언으로 출제의 유형을 파악할 수 있도록 만들었기 때문입니다. 제가 예전에 봐왔던 자격증 관련 서적과는 많은 차이가 있다는 점에서 강력 추천합니다. 마지막으로 필기를 합격 할 수 있도록 해준 시나공에게 감사합니다. 실기도 책을 사긴 했는데 일이 밀려서 겉표지만 본 상태입니다. 아무튼 모두들 시나공으로 열심히 공부해서 한번에 합격 하셨으면 좋겠습니다~ 화이팅!

서형길 • hyungkil81

1 과목

소프트웨어 설계

1장 요구사항 확인

2장 화면 설계

3장 애플리케이션 설계

4장 인터페이스 설계

전문가가 분석한 1과목 출제 경향

정보처리기사의 다른 과목에 비해 생소한 내용이 많고 범위가 넓어 어려운 과목이지만 출제기준이 변경된 이후 약 25%로 가장 많은 문제가 출제된 과목이기 때문에 신경 써 학습해야 합니다. 다행히 출제된 문제들이 대부분 개념을 묻는 것들이어서 필요한 점수를 얻는데 그렇게 어렵지는 않습니다. 출제 비중이 높은 1장과 3장에 집중해서 학습하세요. 특히 1장에서는 **소프트웨어 생명 주기**와 **UML**을, 3장에서는 **객체지향의 구성 요소**와 **모듈** 부분을 눈여겨보세요. 모든 자격시험이 그렇듯 기출문제의 이해를 최우선으로 학습하세요!!

IT 자격증 전문가 강윤석

1장 요구사항 확인

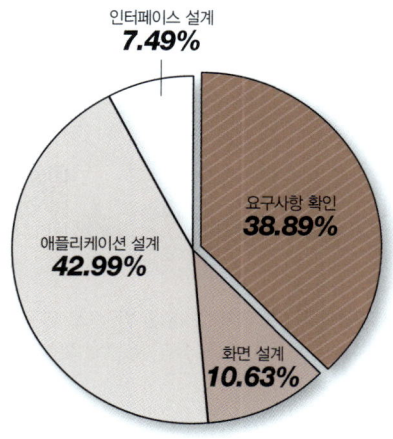

- 인터페이스 설계 **7.49%**
- 요구사항 확인 **38.89%**
- 화면 설계 **10.63%**
- 애플리케이션 설계 **42.99%**

001 소프트웨어 생명 주기 Ⓐ등급
002 스크럼(Scrum) 기법 Ⓒ등급
003 XP(eXtreme Programming) 기법 Ⓑ등급
004 현행 시스템 파악 Ⓒ등급
005 개발 기술 환경 파악 Ⓒ등급
006 요구사항 정의 Ⓑ등급
007 요구사항 분석 Ⓐ등급
008 요구사항 분석 CASE와 HIPO Ⓑ등급
009 UML(Unified Modeling Language) Ⓐ등급
010 주요 UML 다이어그램 Ⓐ등급

꼭 알아야 할 키워드 Best 10

1. 폭포수 모형 2. 애자일 선언 3. XP(eXtreme Programming) 4. 요구사항 분석 5. 자료 흐름도 6. 자료 사전 7. 관계
8. 다이어그램의 종류 9. 유스케이스 다이어그램 10. 순차 다이어그램

SECTION 001

소프트웨어 생명 주기

전문가의 조언

일반적으로 소프트웨어는 요구사항을 분석해서 설계하고 그에 맞게 개발한 후 소프트웨어의 품질이 항상 최상의 상태를 유지할 수 있도록 관리하는데, 이러한 과정을 단계로 나눈 것을 소프트웨어 생명 주기라고 합니다. 소프트웨어 생명 주기의 의미를 기억해 두세요.

소프트웨어 개발 방법론

소프트웨어 개발 방법론은 소프트웨어 개발과 유지보수 등에 필요한 여러 가지 작업들의 수행 방법과 이러한 작업들을 좀 더 효율적으로 수행하기 위해 필요한 각종 기법 및 도구를 체계적으로 정리하여 표준화한 것입니다.

전문가의 조언

소프트웨어 공학의 특징을 묻는 문제가 출제되었습니다. 소프트웨어 공학은 소프트웨어의 품질과 생산성을 향상시키는 것이 목적이라는 것을 중심으로 특징을 정리해 두세요.

① 소프트웨어 생명 주기(Software Life Cycle)

소프트웨어 생명 주기는 소프트웨어 개발 방법론*의 바탕이 되는 것으로, 소프트웨어를 개발하기 위해 정의하고 운용, 유지보수 등의 과정을 각 단계별로 나눈 것이다.

- 소프트웨어 생명 주기는 소프트웨어 개발 단계와 각 단계별 주요 활동, 그리고 활동의 결과에 대한 산출물로 표현한다. 소프트웨어 수명 주기라고도 한다.
- 일반적으로 사용되는 소프트웨어 생명 주기 모형에는 폭포수 모형, 프로토타입 모형, 나선형 모형, 애자일 모형 등이 있다.

> **잠깐만요** 25.8, 24.7, 21.3, 20.8 **소프트웨어 공학**
>
> **소프트웨어 공학의 개념**
> - 소프트웨어 공학(SE; Software Engineering)은 소프트웨어의 위기를 극복하기 위한 방안으로 연구된 학문이며 여러 가지 방법론과 도구, 관리 기법들을 통하여 소프트웨어의 품질과 생산성을 향상시킬 목적으로 합니다.
> - 소프트웨어 공학은 다음과 같이 여러 형태로 정의할 수 있습니다.
>   - IEEE의 소프트웨어 공학 표준 용어사전 : 소프트웨어의 개발, 운용, 유지보수, 폐기 처분에 대한 체계적인 접근 방안
>   - Fairley : 지정된 비용과 기간 내에 소프트웨어를 체계적으로 생산하고 유지보수하는 데 관련된 기술적이고 관리적인 원리
>   - Boehm : 과학적인 지식을 소프트웨어 설계와 제작에 응용하는 것이며 이를 개발, 운용, 유지보수하는 데 필요한 문서 작성 과정
>
> **소프트웨어 공학의 기본 원칙**
> - 현대적인 프로그래밍 기술을 계속적으로 적용해야 합니다.
> - 개발된 소프트웨어의 품질이 유지되도록 지속적으로 검증해야 합니다.
> - 소프트웨어 개발 관련 사항 및 결과에 대한 명확한 기록을 유지해야 합니다.

전문가의 조언

폭포수 모형의 개념을 묻는 문제가 출제되었습니다. 폭포수 모형은 한 단계가 완전히 끝나야만 다음 단계로 넘어가는 개발 방법론이라는 것을 우선 기억하고 특징을 정리하세요.

② 폭포수 모형(Waterfall Model)

24.7, 24.2, 21.8, 21.3, 20.9, 20.8, 20.6

폭포수 모형은 폭포에서 한번 떨어진 물은 거슬러 올라갈 수 없듯이 소프트웨어 개발도 이전 단계로 돌아갈 수 없다는 전제하에 각 단계를 확실히 매듭짓고 그 결과를 철저하게 검토하여 승인 과정을 거친 후에 다음 단계를 진행하는 개발 방법론이다.

- 폭포수 모형은 소프트웨어 공학에서 가장 오래되고 가장 폭넓게 사용된 전통적인 소프트웨어 생명 주기 모형으로, 고전적 생명 주기 모형이라고도 한다.
- 소프트웨어 개발 과정의 한 단계가 끝나야만 다음 단계로 넘어갈 수 있는 선형 순차적 모형이다.

- 모형을 적용한 경험과 성공 사례가 많다.
- 제품의 일부가 될 매뉴얼*을 작성해야 한다.
- 각 단계가 끝난 후에는 다음 단계를 수행하기 위한 결과물이 명확하게 산출되어야 한다.
- 두 개 이상의 과정이 병행하여 수행되지 않는다.

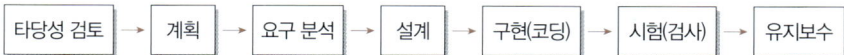

매뉴얼
매뉴얼은 프로그램들의 사용과 운영에 대한 내용이 기술되어 있는 문서입니다.

③ 25.8, 24.7, 24.5, 23.5, 23.2
프로토타입 모형(Prototype Model, 원형 모형)

프로토타입 모형은 사용자의 요구사항을 정확히 파악하기 위해 실제 개발될 소프트웨어에 대한 견본(시제)품(Prototype)을 만들어 최종 결과물을 예측하는 모형이다.
- 시제품은 의뢰자나 개발자 모두에게 공동의 참조 모델이 된다.
- 시스템의 일부 혹은 시스템의 모형을 만드는 과정으로서 요구된 소프트웨어를 구현하는데, 이는 추후 구현 단계에서 사용될 골격 코드가 된다.
- 새로운 요구사항이 도출될 때마다 이를 반영한 프로토타입을 새롭게 만들면서 소프트웨어를 구현한다.
- 단기간 제작을 목적으로 하다 보니 비효율적인 언어나 알고리즘이 사용될 수 있다.

전문가의 조언
프로토타입 모형의 특징을 묻는 문제가 출제되고 있습니다. 프로토타입 모형은 개발 과정에서 새롭게 도출된 요구사항을 충분히 반영할 수 있다는 것을 우선 기억하고 나머지 특징을 정리하세요.

④ 25.8, 25.5, 25.2, 24.5, 23.2, 22.7, 22.3, 21.8, 21.3, 20.9, 20.8, 20.6
나선형 모형(Spiral Model, 점진적 모형)

나선형 모형은 보헴(Boehm)이 제안한 것으로, 폭포수 모형과 프로토타입 모형의 장점에 위험 분석 기능을 추가한 모형이다.
- 나선을 따라 돌듯이 여러 번의 소프트웨어 개발 과정을 거쳐 점진적으로 완벽한 최종 소프트웨어를 개발하는 것으로, 점진적 모형이라고도 한다.
- 소프트웨어를 개발하면서 발생할 수 있는 위험을 관리하고 최소화하는 것을 목적으로 한다.
- 핵심 기술에 문제가 있거나 사용자의 요구사항이 이해하기 어려운 경우에 적합한 모형이다.

전문가의 조언
나선형 모형의 개발 과정을 묻는 문제가 출제되었습니다. 나선형 모형은 '계획 → 분석 → 개발 → 평가' 순이라는 것을 기억하세요. 나선형 모형은 나선을 따라 돌듯이 소프트웨어 개발 과정을 여러 번 반복하면서 진행한다는 것을 염두에 두고 읽어보면 이해가 쉽습니다.

- 점진적으로 개발 과정이 반복되므로 누락되거나 추가된 요구사항을 첨가할 수 있고, 정밀하며, 유지보수 과정이 필요 없다.

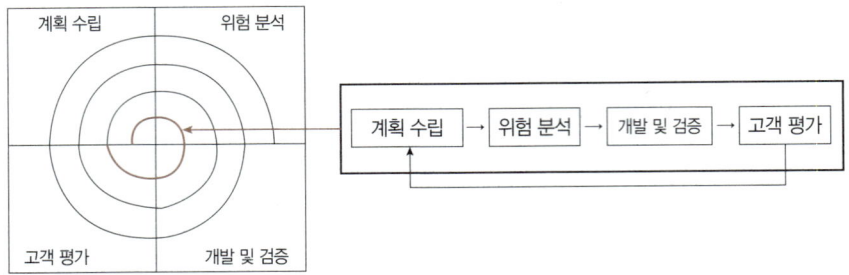

5 애자일 모형(Agile Model)

25.8, 21.5, 20.9, 실기 20.7

애자일은 '민첩한', '기민한'이라는 의미로, 고객의 요구사항 변화에 유연하게 대응할 수 있도록 일정한 주기를 반복하면서 개발과정을 진행한다.

- 애자일 모형은 어느 특정 개발 방법론이 아니라 좋은 것을 빠르고 낭비 없이 만들기 위해 고객과의 소통에 초점을 맞춘 방법론을 통칭한다.
- 애자일 모형은 기업 활동 전반에 걸쳐 사용된다.
- 애자일 모형은 스프린트(Sprint) 또는 이터레이션(Iteration)이라고 불리는 짧은 개발 주기를 반복하며, 반복되는 주기마다 만들어지는 결과물에 대한 고객의 평가와 요구를 적극 수용한다.
- 각 개발주기에서는 고객의 요구사항에 우선순위를 부여하여 개발 작업을 진행한다.
- 소규모 프로젝트, 고도로 숙달된 개발자, 급변하는 요구사항에 적합하다.
- 애자일 모형을 기반으로 하는 소프트웨어 개발 모형에는 스크럼(Scrum), XP(eXtreme Programming), 칸반(Kanban), Lean, 크리스탈(Crystal), ASD(Adaptive Software Development), 기능 중심 개발(FDD; Feature Driven Development), DSDM(Dynamic System Development Method), DAD(Disciplined Agile Delivery) 등이 있다.

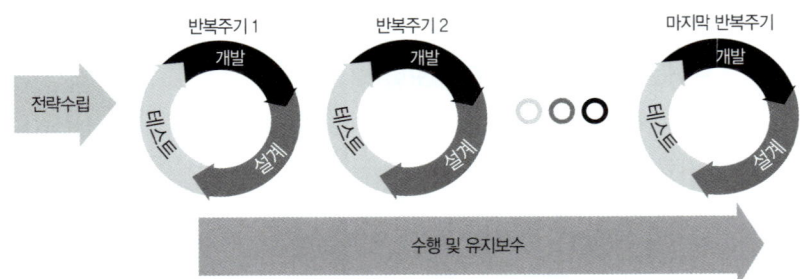

전문가의 조언

- 애자일 모형은 주기마다 생성되는 결과물에 대해 고객의 평가와 요구를 적극 수용한다는 면에서, 이전 단계로 돌아갈 수 없다는 것을 전제로 진행되는 폭포수 모형과 대조적이라 할 수 있습니다.
- 애자일 모형의 특징과 종류를 묻는 문제가 출제되었습니다. 애자일 모형은 고객의 다양한 요구사항의 변화에 유연하게 대응하기 위해 일정한 개발 주기를 반복하는 것이 핵심이라는 것을 염두에 두고 특징과 종류를 정리하세요. 특히 폭포수 모형과 비교되는 특징들은 확실히 숙지하세요.

궁금해요 시나공 Q&A 베스트

Q 필기 책에 왜 기출 년월이 표시되어 있나요?

A 정보처리기사 시험은 필기와 실기가 시험 범위가 같습니다. 동일한 내용이 객관식으로 필기시험에 나올 수도 있고, 단답형이나 서술식으로 실기시험에 나올 수도 있습니다. 공부하다 보면 알겠지만 필기시험과 실기시험에 중복해서 나온 필드가 많습니다. 자격 시험은 나온 문제가 또 나올 수 있다는 걸 명심하세요.

잠깐만요 **애자일 선언(Agile Manifesto)**

25.8, 24.7, 23.7, 22.3, 21.8, 21.4, 21.3, 20.8

2001년 17명의 애자일 전문 개발자가 공통의 관점을 정리해 '애자일 SW 개발 선언문'을 만들었습니다. 선언문에는 애자일 개발 철학이 담겨있는 4가지 핵심 가치와 애자일 개발을 실무에 적용할 때 기준이 되는 12가지 실행 지침이 담겨있는데, 그 내용은 다음과 같습니다.

애자일 개발 4가지 핵심 가치
1. 프로세스와 도구보다는 개인과 상호작용에 더 가치를 둔다.
2. 방대한 문서보다는 실행되는 SW에 더 가치를 둔다.
3. 계약 협상보다는 고객과 협업에 더 가치를 둔다.
4. 계획을 따르기 보다는 변화에 반응하는 것에 더 가치를 둔다.

애자일 개발 12가지 실행 지침
1. 유용한 소프트웨어를 빠르고, 지속적으로 제공하여 고객을 만족시킨다.
2. 개발 막바지라도 요구사항 변경을 적극 수용한다.
3. 몇 개월이 아닌 몇 주 단위로 실행되는 소프트웨어를 제공한다.
4. 고객과 개발자가 프로젝트 기간에 함께 일한다.
5. 개발에 대한 참여 의지가 확실한 사람들로 팀을 구성하고, 필요한 개발 환경과 지원을 제공하며, 일을 잘 끝낼 수 있도록 신뢰한다.
6. 같은 사무실에서 얼굴을 맞대고 의견을 나눈다.
7. 개발의 진척도를 확인하는 1차 기준은 작동하는 소프트웨어이다.
8. 지속 가능한 개발을 장려하고 일정한 속도로 개발을 진행한다.
9. 기술적 우수성과 좋은 설계에 지속적인 관심을 기울이면 민첩성이 향상된다.
10. 단순화를 추구한다.
11. 최상의 아키텍처, 명확한 요구사항, 최상의 설계는 자기 스스로 일을 주도하는 조직적인 팀으로부터 나온다.
12. 더 효과적인 팀이 될 수 있는 방안을 정기적으로 깊이 고민하고 그에 따라 팀의 행동을 조정한다.

전문가의 조언

애자일 개발 4가지 핵심 가치를 묻는 문제가 출제되었습니다. 꼼꼼하게 읽고 잘 기억해 두세요.

6 폭포수 모형과 애자일의 비교

구분	폭포수 모형	애자일
새로운 요구사항 반영	어려움	지속적으로 반영
고객과의 의사소통	적음	지속적임
테스트	마지막에 모든 기능을 테스트	반복되는 일정 주기가 끝날 때마다 테스트
개발 중심	계획, 문서(매뉴얼)	고객

기출문제 따라잡기

25년 8월, 24년 7월, 23년 5월, 2월
1. 프로토타이핑 모형(Prototyping Model)에 대한 설명으로 옳지 않은 것은?

① 실제 개발될 소프트웨어에 대한 견본품(Prototype)을 만들어 최종 결과물을 예측하는 모형이다.
② 의뢰자나 개발자 모두에게 공동의 참조 모델을 제공한다.
③ 프로토타이핑이 진행되는 과정에서 새로운 요구사항이 도출되지 않아야 한다.
④ 단기간 제작 목적으로 인하여 비효율적인 언어나 알고리즘을 사용할 수 있다.

프로토타이핑 모형은 새로운 요구사항이 도출될 때마다 이를 반영한 프로토타입을 새롭게 만들면서 소프트웨어를 구현하는 방법으로, 새롭게 도출된 요구사항을 충분히 반영합니다.

24년 5월, 23년 2월
2. 다음 중 프로토타입 모형을 선택하는 것이 가장 적합한 경우는?

① 구축하고자 하는 시스템의 요구사항이 불분명할 때
② 고객이 완성된 제품만을 보기 원할 때
③ 고객이 개발 과정에 참여하지 않을 때
④ 소프트웨어 개발 과정에서 발생할 수 있는 위험을 최소화하고자 할 때

프로토타입 모형은 구축하고자 하는 시스템의 요구사항이 불분명할 때 요구사항을 정확히 파악하기 위해 실제 개발될 소프트웨어에 대한 견본(Prototype)을 만들어 최종 결과물을 예측하는 개발 모형입니다.

24년 7월, 2월, 21년 8월, 3월, 20년 9월, 8월
3. 소프트웨어 생명 주기 모형 중 고전적 생명 주기 모형으로, 선형 순차적 모델이라고도 하며, 타당성 검토, 계획, 요구사항 분석, 구현, 테스트, 유지보수의 단계를 통해 소프트웨어를 개발하는 모형은?

① 폭포수 모형 ② 애자일 모형
③ 컴포넌트 기반 방법론 ④ 6GT 모형

"고전적 생명 주기 모형, 선형 순차적 모델"하면, 폭포수 모형입니다.

25년 8월, 24년 7월, 20년 8월
4. 소프트웨어 공학의 기본 원칙이라고 볼 수 없는 것은?

① 품질 높은 소프트웨어 상품 개발
② 지속적인 검증 시행
③ 결과에 대한 명확한 기록 유지
④ 최대한 많은 인력 투입

인력은 최대한 많이 투입하는 것이 아니라 가능한 효율적으로 투입되어야 합니다.

25년 8월, 23년 7월, 21년 3월, 20년 9월, 8월
5. 소프트웨어 개발 모델 중 나선형 모델의 4가지 주요 활동이 순서대로 나열된 것은?

| Ⓐ 계획 수립 | Ⓑ 고객 평가 |
| Ⓒ 개발 및 검증 | Ⓓ 위험 분석 |

① Ⓐ-Ⓑ-Ⓓ-Ⓒ 순으로 반복
② Ⓐ-Ⓓ-Ⓒ-Ⓑ 순으로 반복
③ Ⓐ-Ⓑ-Ⓒ-Ⓓ 순으로 반복
④ Ⓐ-Ⓒ-Ⓑ-Ⓓ 순으로 반복

나선형 모형은 '계획, 분석, 개발, 평가' 과정을 반복합니다.

25년 8월, 24년 7월, 23년 7월, 22년 4월, 3월, 21년 8월, 3월, 20년 8월
6. 애자일 기법에 대한 설명으로 맞지 않은 것은?

① 절차와 도구보다 개인과 소통을 중요하게 생각한다.
② 계획에 중점을 두어 변경 대응이 난해하다.
③ 소프트웨어가 잘 실행되는데 가치를 둔다.
④ 고객과의 피드백을 중요하게 생각한다.

애자일은 계획을 따르기 보다는 변화에 반응하는 것에 더 가치를 두는 개발 방법론입니다.

25년 5월, 21년 5월, 20년 8월
7. 애자일 방법론에 해당하지 않는 것은?

① 기능 중심 개발 ② 스크럼
③ 익스트림 프로그래밍 ④ 모듈 중심 개발

모듈 중심 개발은 애자일 방법론이 아닙니다.

25년 2월, 24년 5월, 23년 2월, 22년 3월
8. 소프트웨어 생명주기 모델 중 나선형 모델(Spiral Model)과 관련한 설명으로 틀린 것은?

① 소프트웨어 개발 프로세스를 위험 관리(Risk Management) 측면에서 본 모델이다.
② 위험 분석(Risk Analysis)은 반복적인 개발 진행 후 주기의 마지막 단계에서 최종적으로 한 번 수행해야 한다.
③ 시스템을 여러 부분으로 나누어 여러 번의 개발 주기를 거치면서 시스템이 완성된다.
④ 요구사항이나 아키텍처를 이해하기 어렵다거나 중심이 되는 기술에 문제가 있는 경우 적합한 모델이다.

나선형 모델에서 위험 분석(Risk Analysis)은 개발 과정에 포함되므로 개발 진행 과정에서 반복적으로 수행됩니다.

▶ 정답 : 1. ③ 2. ① 3. ① 4. ④ 5. ② 6. ② 7. ④ 8. ②

SECTION 002

스크럼(Scrum) 기법

1 스크럼의 개요

23.2, 22.3

스크럼이란 럭비에서 반칙으로 경기가 중단된 경우 양 팀의 선수들이 럭비공을 가운데 두고 상대팀을 밀치기 위해 서로 대치해 있는 대형을 말한다. 스크럼은 이처럼 팀이 중심이 되어 개발의 효율성을 높인다는 의미가 내포된 용어이다.

- 스크럼은 팀원 스스로가 스크럼 팀을 구성(self-organizing)해야 하며, 개발 작업에 관한 모든 것을 스스로 해결(cross-functional)할 수 있어야 한다.
- 스크럼 팀은 제품 책임자, 스크럼 마스터, 개발팀으로 구성된다.
- **제품 책임자**(PO; Product Owner)
  - 이해관계자*들 중 개발될 제품에 대한 이해도가 높고, 요구사항을 책임지고 의사 결정할 사람으로 선정하는데, 주로 개발 의뢰자나 사용자가 담당한다.
  - 이해관계자들의 의견을 종합하여 제품에 대한 요구사항을 작성하는 주체다.
  - 요구사항이 담긴 백로그(Backlog)*를 작성하고 백로그에 대한 우선순위를 지정한다.
  - 팀원들이 백로그에 스토리*를 추가할 수는 있지만 우선순위를 지정할 수는 없다.
  - 제품에 대한 테스트를 수행하면서 주기적으로 요구사항의 우선순위를 갱신한다.
- **스크럼 마스터**(SM; Scrum Master)
  - 스크럼 팀이 스크럼을 잘 수행할 수 있도록 객관적인 시각에서 조언을 해주는 가이드 역할을 수행한다. 팀원들을 통제하는 것이 목표가 아니다.
  - 일일 스크럼 회의를 주관하여 진행 사항을 점검하고, 개발 과정에서 발생된 장애 요소를 공론화하여 처리한다.
- **개발팀**(DT; Development Team)
  - 제품 책임자와 스크럼 마스터를 제외한 모든 팀원으로, 개발자 외에도 디자이너, 테스터 등 제품 개발을 위해 참여하는 모든 사람이 대상이 된다.
  - 보통 최대 인원은 7~8명이 적당하다.

전문가의 조언

스크럼이란 럭비 경기에서 양 팀이 서로 대치해 있는 대형을 일컫는 것으로 팀의 중요성을 강조하는 용어입니다. 먼저 스크럼의 개념을 이해하고 스크럼 팀의 구성원과 각 구성원들의 역할을 잘 기억해 두세요.

이해관계자(利害關係者, Stakeholder)

소프트웨어 개발과 관련해서 이해관계자는 소프트웨어 개발 의뢰자, 소프트웨어 개발자, 소프트웨어 사용자 등입니다.

백로그(Backlog)

백로그란 제품 개발에 필요한 요구사항을 모두 모아 우선순위를 부여해 놓은 목록을 말합니다.

스토리(Story)

백로그에 담겨질 요구사항은 단어 형태로 표현된 것이 아니라 '고객은 상품 주문을 위해 로그인을 수행해야 한다.'와 같이 이야기를 서술하는 형태로 표현합니다. 그래서 백로그에 작성되는 요구사항을 스토리 또는 사용자 스토리라고 합니다.

전문가의 조언

스크럼 개발 과정에서 사용되는 용어들의 의미를 묻는 문제가 출제되었습니다. 제품 백로그와 스프린트를 중심으로 개발 과정에서 사용되는 용어들의 의미를 기억해 두세요.

② 스크럼 개발 프로세스

24.7, 24.5, 23.2, 22.3

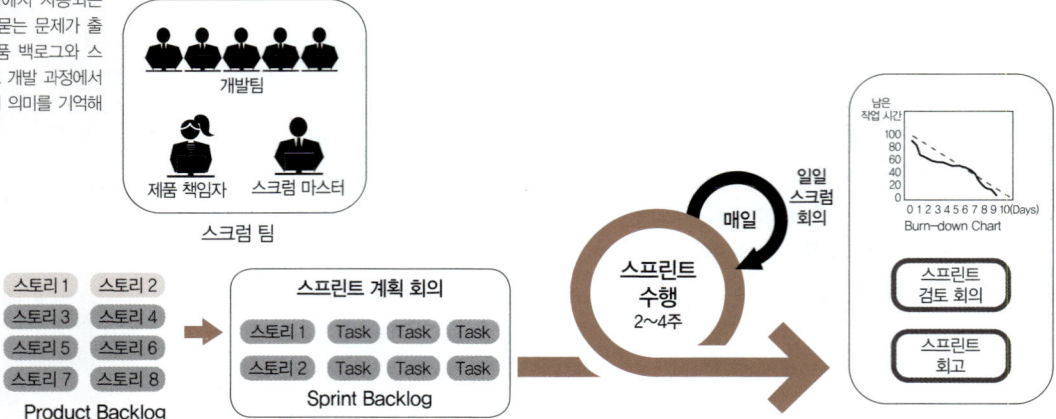

- **제품 백로그(Product Backlog)**
  - 제품 개발에 필요한 모든 요구사항(User Story)을 우선순위에 따라 나열한 목록이다.
  - 개발 과정에서 새롭게 도출되는 요구사항으로 인해 지속적으로 업데이트된다.
  - 제품 백로그에 작성된 사용자 스토리를 기반으로 전체 일정 계획인 릴리즈 계획(Release Plan)을 수립한다.

- **스프린트 계획 회의(Sprint Planning Meeting)**
  - 제품 백로그 중 이번 스프린트에서 수행할 작업을 대상으로 단기 일정을 수립하는 것이다.
  - 스프린트에서 처리할 요구사항(User Story)을 개발자들이 나눠서 작업할 수 있도록 태스크(Task)라는 작업 단위로 분할한 후 개발자별로 수행할 작업 목록인 스프린트 백로그(Sprint Backlog)를 작성한다.

속도(Velocity)
한 번의 스프린트에서 한 팀이 감당할 수 있는 제품 백로그의 양에 대한 추정치입니다.

소멸 차트(Burn-down Chart)
소멸 차트는 해당 스프린트에서 수행할 작업의 진행 상황을 확인할 수 있도록 시간의 경과에 따라 남은 작업 시간을 그래프로 표현한 것입니다. 초기에 추정했던 전체 작업 시간은 작업이 진행될수록 점점 줄어(Burn-down) 들게 됩니다.

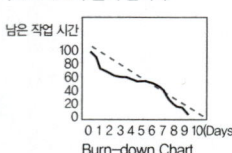

- **스프린트(Sprint)**
  - 실제 개발 작업을 진행하는 과정으로, 보통 2 ~ 4주 정도의 기간 내에서 진행한다.
  - 스프린트 백로그에 작성된 태스크를 대상으로 속도(Velocity)*를 추정한 후 개발 담당자에게 할당한다.
  - 태스크를 할당할 때는 개발자가 원하는 태스크를 직접 선별하여 담당할 수 있도록 하는 것이 좋다.
  - 개발 담당자에게 할당된 태스크는 보통 할 일(To Do), 진행 중(In Progress), 완료(Done)의 상태를 갖는다.

- **일일 스크럼 회의(Daily Scrum Meeting)**
  - 모든 팀원이 매일 약속된 시간에 약 15분 정도의 짧은 시간동안 진행 상황을 점검한다.
  - 회의는 보통 서서 진행하며, 남은 작업 시간은 소멸 차트(Burn-down Chart)*에 표시한다.
  - 스크럼 마스터는 발견된 장애 요소를 해결할 수 있도록 도와준다.

- **스프린트 검토 회의(Sprint Review)**
  - 부분 또는 전체 완성 제품이 요구사항에 잘 부합되는지 사용자가 포함된 참석자 앞에서 테스팅을 수행한다.
  - 스프린트의 한 주당 한 시간 내에서 진행한다.
  - 제품 책임자(Product Owner)는 개선할 사항에 대한 피드백을 정리한 후 다음 스프린트에 반영할 수 있도록 제품 백로그를 업데이트한다.
- **스프린트 회고(Sprint Retrospective)**
  - 스프린트 주기를 되돌아보며 정해놓은 규칙을 잘 준수했는지, 개선할 점은 없는지 등을 확인하고 기록한다.
  - 해당 스프린트가 끝난 시점에서 수행하거나 일정 주기로 수행한다.

기출문제 따라잡기

문제2 2400252

24년 7월, 23년 2월
1. 다음 중 스크럼에 대한 설명으로 잘못된 것은?

① 스크럼은 제품 책임자(Product Owner), 스크럼 마스터(Scrum Master), 개발팀(Development Team)으로 구성된다.
② 스프린트 회고를 통해 개선할 점은 없는지 등을 확인하고 기록한다.
③ 스프린트는 실제 개발 작업을 진행하는 과정으로, 보통 1~4주 정도의 기간 내에서 진행한다.
④ 스프린트 이벤트에는 스프린트 계획 회의, 월별 스크럼 회의, 스프린트 회고, 스프린트 검토 회의가 있다.

> 스프린트의 진행 상황을 점검하기 위한 스크럼 회의는 월 단위가 아니라 매일 진행하는데, 이를 일일 스크럼 회의(Daily Scrum Meeting)라고 합니다.

24년 5월, 22년 3월
2. 애자일(Agile) 기법 중 스크럼(Scrum)과 관련된 용어에 대한 설명이 틀린 것은?

① 스크럼 마스터(Scrum Master)는 스크럼 프로세스를 따르고, 팀이 스크럼을 효과적으로 활용할 수 있도록 보장하는 역할 등을 맡는다.
② 제품 백로그(Product Backlog)는 스크럼 팀이 해결해야 하는 목록으로 소프트웨어 요구사항, 아키텍처 정의 등이 포함될 수 있다.
③ 스프린트(Sprint)는 하나의 완성된 최종 결과물을 만들기 위한 주기로 3달 이상의 장기간으로 결정된다.
④ 속도(Velocity)는 한 번의 스프린트에서 한 팀이 어느 정도의 제품 백로그를 감당할 수 있는지에 대한 추정치로 볼 수 있다.

> 스프린트는 보통 2~4주 정도의 기간으로 결정해 작업을 진행합니다.

출제예상
3. 다음의 스크럼(Scrum) 개발 과정을 진행 순서에 맞게 올바르게 나열한 것은?

> ㄱ. 스프린트(Sprint)
> ㄴ. 스프린트 회고(Sprint Retrospective)
> ㄷ. 일일 스크럼 회의(Daily Scrum Meeting)
> ㄹ. 스프린트 검토 회의(Sprint Review)
> ㅁ. 스프린트 계획 회의(Sprint Planning Meeting)

① ㅁ → ㄷ → ㄱ → ㄴ → ㄹ
② ㅁ → ㄱ → ㄷ → ㄹ → ㄴ
③ ㅁ → ㄷ → ㄱ → ㄹ → ㄴ
④ ㅁ → ㄹ → ㄱ → ㄴ → ㄷ

> 계획한 내용을 토대로 일정 기간 동안 스프린트를 수행하면서 진행 상황을 매일 점검하고 하나의 스프린트가 끝나면 검토 후 진행을 되돌아봅니다.

▶ 정답: 1. ④ 2. ③ 3. ②

SECTION 003

XP(eXtreme Programming) 기법

전문가의 조언

몇 개의 요구사항이 적용된 일부 기능이 완성될 때마다 이를 고객에게 보여주고 이에 대한 반응을 확인하는 과정을 최종 제품이 완성될 때까지 지속적으로 반복한다는 XP의 기본 원리를 생각하면서 개념과 특징을 정리하고, XP의 5가지 핵심 가치를 기억하세요.

릴리즈(Release)
릴리즈는 몇 개의 요구사항이 적용되어 부분적으로 기능이 완료된 제품을 제공하는 것을 말합니다.

가시성(Visibility)
일반적으로 가시성이란 대상을 확인할 수 있는 정도를 의미합니다. 릴리즈 기간을 짧게 반복하면서 개발 과정에서 제품 소프트웨어의 일부 기능이 구현될 때마다 고객에게 이를 확인시켜주면, 고객은 요구사항이 잘 반영되고 있음을 직접적으로 알 수 있다는 의미입니다.

전문가의 조언

XP 개발 과정의 순서를 기억하고 각 과정에서는 무슨 작업을 수행하는지 확실히 파악해 두세요.

1 XP(eXtreme Programming)

25.8, 25.2, 24.5, 24.2, 23.7, 23.5, 22.7, 22.4, 21.8, 20.9, 20.6

XP(eXtreme Programming)는 수시로 발생하는 고객의 요구사항에 유연하게 대응하기 위해 고객의 참여와 개발 과정의 반복을 극대화하여 개발 생산성을 향상시키는 방법이다.

- XP는 짧고 반복적인 개발 주기, 단순한 설계, 고객의 적극적인 참여를 통해 소프트웨어를 빠르게 개발하는 것을 목적으로 한다.
- 릴리즈*의 기간을 짧게 반복하면서 고객의 요구사항 반영에 대한 가시성*을 높인다.
- 릴리즈 테스트마다 고객을 직접 참여시킴으로써 요구한 기능이 제대로 작동하는지 고객이 직접 확인할 수 있다.
- 비교적 소규모 인원의 개발 프로젝트에 효과적이다.
- 애자일 개발 방법론을 기반으로 한다.
- **XP의 5가지 핵심 가치** : 의사소통(Communication), 단순성(Simplicity), 용기(Courage), 존중(Respect), 피드백(Feedback)

2 XP 개발 프로세스

23.5

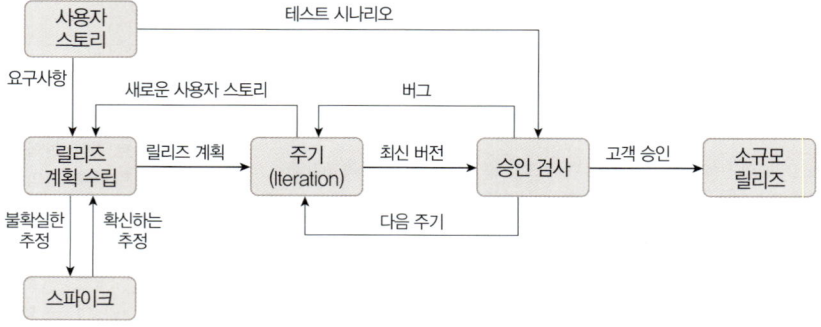

- **사용자 스토리(User Story)**
  - 고객의 요구사항을 간단한 시나리오로 표현한 것이다.
  - 내용은 기능 단위로 구성하며, 필요한 경우 간단한 테스트 사항(Test Case)도 기재한다.

- **릴리즈 계획 수립(Release Planning)**
  - 몇 개의 스토리가 적용되어 부분적으로 기능이 완료된 제품을 제공하는 것을 릴리즈라고 한다.
  - 부분 혹은 전체 개발 완료 시점에 대한 일정을 수립한다.

- 스파이크(Spike)
  - 요구사항의 신뢰성을 높이고 기술 문제에 대한 위험을 감소시키기 위해 별도로 만드는 간단한 프로그램이다.
  - 처리할 문제 외의 다른 조건은 모두 무시하고 작성한다.
- 이터레이션(Iteration)
  - 하나의 릴리즈를 더 세분화 한 단위를 이터레이션(Iteration)이라고 한다.
  - 일반적으로 1~3주 정도의 기간으로 진행된다.
  - 이 기간 중에 새로운 스토리가 작성될 수 있으며, 작성된 스토리는 진행 중인 이터레이션 혹은 다음 이터레이션에 포함될 수 있다.
- 승인 검사(Acceptance Test, 인수 테스트)
  - 하나의 이터레이션 안에서 계획된 릴리즈 단위의 부분 완료 제품이 구현되면 수행하는 테스트이다.
  - 사용자 스토리 작성 시 함께 기재한 테스트 사항에 대해 고객이 직접 수행한다.
  - 테스트 과정에서 발견한 오류 사항은 다음 이터레이션에 포함한다.
  - 테스트 이후 새로운 요구사항이 작성되거나 요구사항의 상대적 우선순위가 변경될 수 있다.
  - 테스트가 완료되면 다음 이터레이션을 진행한다.
- 소규모 릴리즈(Small Release)
  - 릴리즈를 소규모로 하게 되면, 고객의 반응을 기능별로 확인할 수 있어, 고객의 요구사항에 좀 더 유연하게 대응할 수 있다.
  - 계획된 릴리즈 기간 동안 진행된 이터레이션이 모두 완료되면 고객에 의한 최종 테스트를 수행한 후 릴리즈, 즉 최종 결과물을 고객에게 전달한다.
  - 릴리즈가 최종 완제품이 아닌 경우 다음 릴리즈 일정에 맞게 개발을 계속 진행한다.

잠깐만요 XP의 주요 실천 방법(Practice)

24.7, 24.5, 22.4, 23.5, 22.4, 20.9, 실기 20.10

실천 방법	내용
Pair Programming (짝 프로그래밍)	다른 사람과 함께 프로그래밍을 수행함으로써 개발에 대한 책임을 공동으로 나눠 갖는 환경을 조성합니다.
Collective Ownership (공동 코드 소유)	개발 코드에 대한 권한과 책임을 공동으로 소유합니다.
Test-Driven Development (테스트 주도 개발)	• 개발자가 실제 코드를 작성하기 전에 테스트 케이스를 먼저 작성하므로 자신이 무엇을 해야할지를 정확히 파악합니다. • 테스트가 지속적으로 진행될 수 있도록 자동화된 테스팅 도구(구조, 프레임워크)를 사용합니다.
Whole Team (전체 팀)	개발에 참여하는 모든 구성원(고객 포함)들은 각자 자신의 역할이 있고 그 역할에 대한 책임을 가져야 합니다.

전문가의 조언

XP의 주요 실천 방법은 영문으로도 알고 있어야 하며, 각각의 의미는 서로를 구분할 수 있을 정도면 됩니다.

20.9 Continuous Integration (계속적인 통합)	모듈 단위로 나눠서 개발된 코드들은 하나의 작업이 마무리될 때마다 지속적으로 통합됩니다.
24.7, 24.5, 22.4 Design Improvement (디자인 개선) 또는 Refactoring(리팩토링)	프로그램 기능의 변경 없이, 단순화, 유연성 강화 등을 통해 시스템을 재구성합니다.
Small Releases (소규모 릴리즈)	릴리즈 기간을 짧게 반복함으로써 고객의 요구 변화에 신속히 대응할 수 있습니다.

기출문제 따라잡기

문제4 2400353

25년 8월, 23년 7월, 22년 7월, 20년 9월, 6월
1. 익스트림 프로그래밍(eXtreme Programming)의 5가지 가치에 속하지 않는 것은?
① 의사소통 ② 단순성
③ 피드백   ④ 정형 분석

XP의 5가지 핵심 가치에는 의사소통, 단순성, 용기, 존중, 피드백이 있습니다.

25년 2월, 23년 5월
2. XP(eXtreme Programming)에 대한 설명으로 틀린 것은?
① XP는 빠른 개발을 위해 단순함을 포기한다.
② 변화에 대응하기 보다는 변화에 반응하는 것에 더 가치를 둔다.
③ 스파이크 솔루션은 기술 문제가 발생한 경우 이를 해결하기 위해 사용한다.
④ 짝 프로그램(Pair Programming)은 독립적으로 코딩할 때보다 더 나은 환경을 조성한다.

XP는 단순한 설계를 통해 소프트웨어를 빠르게 개발하는 것을 목적으로 합니다.

24년 7월, 5월, 22년 4월
3. 소프트웨어를 보다 쉽게 이해할 수 있고 적은 비용으로 수정할 수 있도록 겉으로 보이는 동작의 변화 없이 내부 구조를 변경하는 것은?
① Refactoring   ② Architecting
③ Specification   ④ Renewal

동작의 변화 없이 내부 구조를 변경하는 것을 Refactoring(디자인 개선)이라고 합니다.

21년 8월
4. 익스트림 프로그래밍(XP)에 대한 설명으로 틀린 것은?
① 빠른 개발을 위해 테스트를 수행하지 않는다.
② 사용자의 요구사항은 언제든지 변할 수 있다.
③ 고객과 직접 대면하며 요구사항을 이야기하기 위해 사용자 스토리(User Story)를 활용할 수 있다.
④ 기존의 방법론에 비해 실용성(Pragmatism)을 강조한 것이라고 볼 수 있다.

XP는 테스트가 지속적으로 진행될 수 있도록 자동화된 테스팅 도구를 사용합니다.

24년 5월, 22년 4월
5. 익스트림 프로그래밍에 대한 설명으로 틀린 것은?
① 대표적인 구조적 방법론 중 하나이다.
② 소규모 개발 조직이 불확실하고 변경이 많은 요구를 접하였을 때 적절한 방법이다.
③ 익스트림 프로그래밍을 구동시키는 원리는 상식적인 원리와 경험을 최대한 끌어 올리는 것이다.
④ 구체적인 실천 방법을 정의하고 있으며, 개발 문서 보다는 소스코드에 중점을 둔다.

스크럼이나 XP는 애자일 개발 방법론을 기반으로 한 대표적인 모형입니다.

24년 2월
6. 다음 중 익스트림 프로그래밍에 대한 설명으로 옳지 않은 것은?
① 테스트 이후 새로운 요구사항이 작성되거나 요구사항의 상대적 우선순위가 변경될 수 있다.
② 하나의 릴리지를 더 세분화한 한 단위를 이터레이션이라고 한다.
③ 모든 개발자들이 전체 코드에 대한 공동 책임을 가지며, 개발자 누구든지 어떤 코드라도 변경할 수 있다.
④ 고객의 요구사항에 좀 더 유연하게 대응할 수 있도록 릴리즈 규모를 크게한다.

익스트림 프로그래밍은 애자일 소프트웨어 개발 방법론 중 하나로, 릴리즈 규모를 작게 반복함으로써 고객의 요구사항에 좀 더 유연하게 대응할 수 있습니다.

▶ 정답 : 1. ④ 2. ① 3. ① 4. ① 5. ① 6. ④

SECTION 004 현행 시스템 파악

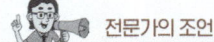

1 현행 시스템 파악 절차

21.3

새로 개발하려는 시스템의 개발 범위를 명확히 설정하기 위해 현행 시스템의 구성과 제공 기능, 시스템 간의 전달 정보, 사용되는 기술 요소, 소프트웨어, 하드웨어, 그리고 네트워크의 구성 등을 파악한다.

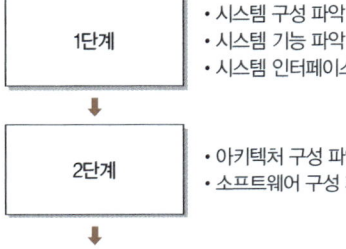

- 1단계
  - 시스템 구성 파악
  - 시스템 기능 파악
  - 시스템 인터페이스 파악
- 2단계
  - 아키텍처 구성 파악
  - 소프트웨어 구성 파악
- 3단계
  - 하드웨어 구성 파악
  - 네트워크 구성 파악

> **전문가의 조언**
>
> 향후 개발하려는 시스템의 개발 범위를 명확히 설정하려면 우선 현행 시스템이 어떻게 구성되어 있는지를 파악해야 합니다. 제시된 각 과정별로 무엇을 파악하고 어떻게 정리하는지 알아두세요.

2 시스템 구성 파악

현행 시스템의 구성은 조직의 주요 업무를 담당하는 기간 업무와 이를 지원하는 지원 업무로 구분하여 기술한다.

- 조직 내에 있는 모든 정보시스템의 현황을 파악할 수 있도록 각 업무에 속하는 단위 업무 정보시스템들의 명칭, 주요 기능들을 명시한다.

예 금융기관의 여신관리 업무와 고객관리 업무 시스템 현황

구분	시스템명	시스템 내용	비고
여신관리 업무	여신기획 관리 시스템	여신기획 관리를 위한 여신요율 책정, 연간 여신운용지침 수립 등의 기능을 제공하는 시스템	
	여신상담 관리 시스템	여신상담 관리를 위한 거래처정보 관리, 여신상담, 대출의향서 발급 기능을 제공하는 시스템	
고객관리 업무	고객등록 처리 시스템	고객의 기본 정보를 관리하기 위한 등록, 변경, 조회 삭제 등의 기능을 제공하는 시스템	

③ 시스템 기능 파악

현행 시스템의 기능은 단위 업무 시스템이 현재 제공하는 기능들을 주요 기능과 하부 기능, 세부 기능으로 구분하여 계층형으로 표시한다.

예 여신상담 관리 시스템의 주요 기능과 하부, 세부 기능

단위 업무 시스템	Level 1 주요 업무 기능	Level 2 세부 업무 기능	Level 3 세부 업무 기능 활동	비고
여신상담 관리	여신기획 관리	여신요율 책정		
		연간 여신운용지침 수립		
	여신상담 관리	거래처정보 관리	거래처정보 등록	
			신용정보 관리	
		여신상담	대상거래 파악	
			상담결과 보고	
			신용조사 의뢰	

④ 시스템 인터페이스 파악

현행 시스템의 인터페이스에는 단위 업무 시스템 간에 주고받는 데이터의 종류, 형식, 프로토콜, 연계 유형, 주기 등을 명시한다.

- 데이터를 어떤 형식*으로 주고받는지, 통신규약*은 무엇을 사용하는지, 연계 유형*은 무엇인지 등을 반드시 고려해야 한다.

- 데이터 형식 : XML, 고정 포맷, 가변 포맷 등
- 통신규약 : TCP/IP, X.25 등
- 연계 유형 : EAI, FEP 등

예 여신상담 관리 시스템의 인터페이스 현황

송신 시스템	수신 시스템	연동 데이터	연동 형식	통신규약	연계 유형	주기
여신상담 관리 시스템	여신관리센터	연체 정보	XML	TCP/IP	EAI	하루(일)
여신상담 관리 시스템	여신금융협회	부도 정보	XML	X.25	FEP	수시

⑤ 아키텍처 구성 파악

현행 시스템의 아키텍처* 구성은 기간 업무 수행에 어떠한 기술 요소들이 사용되는지 최상위 수준에서 계층별로 표현한 아키텍처 구성도로 작성한다.

- 아키텍처가 단위 업무 시스템별로 다른 경우에는 가장 핵심이 되는 기간 업무 처리 시스템을 기준으로 표현한다.

시스템 아키텍처(System Architecture)
시스템 아키텍처는 시스템 내부에서 각각의 하위 시스템들이 어떠한 관계로 상호 작용하는지 파악할 수 있도록 구성이나 동작 원리를 표현한 것을 말합니다.

예 회원 정보 관리 시스템 아키텍처 구성도

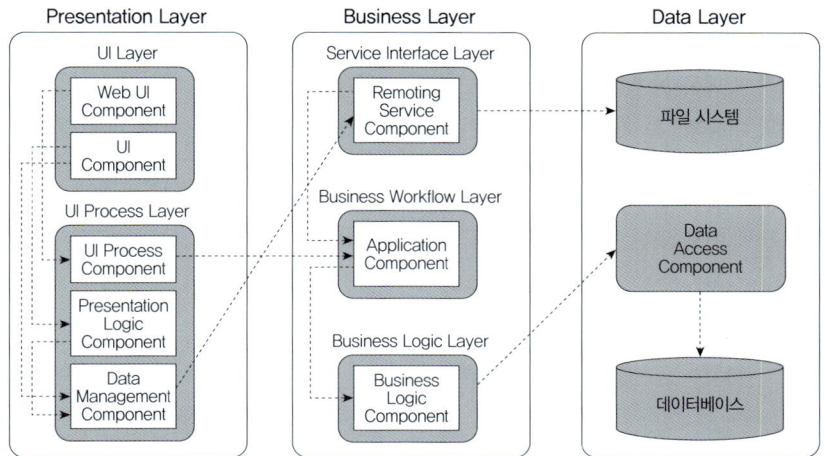

6 소프트웨어 구성 파악

소프트웨어 구성에는 단위 업무 시스템별로 업무 처리를 위해 설치되어 있는 소프트웨어들의 제품명, 용도, 라이선스 적용 방식, 라이선스 수 등을 명시한다.

- 시스템 구축비용 면에서 소프트웨어 비용이 적지 않은 비중을 차지하므로, 상용 소프트웨어*의 경우 라이선스 적용 방식*의 기준과 보유한 라이선스의 파악이 중요하다.

예 단위 업무 시스템별 소프트웨어 현황

구분	시스템명	SW 제품명	용도	라이선스 적용 방식	라이선스 수
여신관리 업무	여신기획 관리 시스템	Apache Tomcat	WAS	오픈 소스 Apache License	1
		MySQL	데이터베이스	GPL 또는 상용	1
		UNIX	운영체제	GNU GPL	1
	여신상담 관리 시스템	Sage	ERP	상용	1
		Oracle	데이터베이스	GPL 또는 상용	1
		Windows 10	운영체제	DSP	5

- **상용 소프트웨어** : 정식으로 대가를 지불하고 사용해야 하는 것으로, 해당 소프트웨어의 모든 기능을 정상적으로 사용할 수 있습니다.
- **라이선스 적용 방식** : 사이트, 서버, 프로세서(CPU), 동시 사용, 코어(Core), 사용자 수 등
- ※ **코어(Core)** : 각종 연산을 수행하는 CPU의 핵심 요소로, 코어의 개수에 따라 싱글 코어, 듀얼 코어, 트리플 코어 등으로 구분하며, 코어의 개수가 많을수록 처리속도가 빨라집니다.

서버의 주요 사양
서버의 CPU 처리 속도, 메모리 크기, 하드디스크의 용량 등을 파악해서 명시합니다.

서버의 이중화(Replication)
서버의 이중화란 운용 서버의 장애 시 대기 서버로 서비스를 계속 유지할 수 있도록, 운용 서버의 자료 변경이 예비 서버에도 동일하게 복제되도록 관리하는 것을 의미합니다.

7 하드웨어 구성 파악

하드웨어 구성에는 단위 업무 시스템들이 운용되는 서버의 주요 사양*과 수량, 그리고 이중화의 적용 여부를 명시한다.

- 서버의 이중화*는 기간 업무의 서비스 기간, 장애 대응 정책에 따라 필요 여부가 결정된다.
- 현행 시스템에 이중화가 적용된 경우 대부분 새로 구성될 시스템에도 이중화가 필요하므로 이로 인한 비용 증가와 시스템 구축 난이도가 높아질 가능성을 고려해야 한다.

예 단위 업무 시스템별 하드웨어 현황

구분	시스템명	서버 용도	제품명	주요 사양	수량	이중화
여신 관리 업무	여신기획 관리 시스템	AP 서버	HPE ProLiant DL360 Gen10 서버	• CPU : 2.6GHz 8core/24T × 2ea, 30MB Cache • Memory : 8GB RDIMM, 2133MT/s × 8ea • HDD : 300GB 15k RPM SAS 2.5″ × 3ea + 600GB 15k RPM SAS 2.5″ × 4ea • RAID Controller : 2GB 캐시	1	N
		DB 서버	HPE Integrity Superdome 2 서버	• CPU : 3.2GHz 12core/24T × 2ea, 50MB Cache • Memory : 16GB RDIMM, 2133MT/s × 8ea • HDD : 1TB 15k RPM SAS 2.5″ × 3ea + 2TB 15k RPM SAS 2.5″ × 4ea • RAID Controller : 4GB 캐시	1	Y

8 네트워크 구성 파악

네트워크 구성은 업무 시스템들의 네트워크 구성을 파악할 수 있도록 서버의 위치, 서버 간의 네트워크 연결 방식을 네트워크 구성도로 작성한다.

- 네트워크 구성도를 통해 서버들의 물리적인 위치 관계를 파악할 수 있고 보안 취약성을 분석하여 적절한 대응을 할 수 있다.
- 네트워크에 장애가 발생한 경우 발생 원인을 찾아 복구하기 위한 용도로 활용될 수 있다.

예 자원관리팀, 마케팅팀, 업무지원팀의 인터넷 접속을 위한 네트워크 구성도

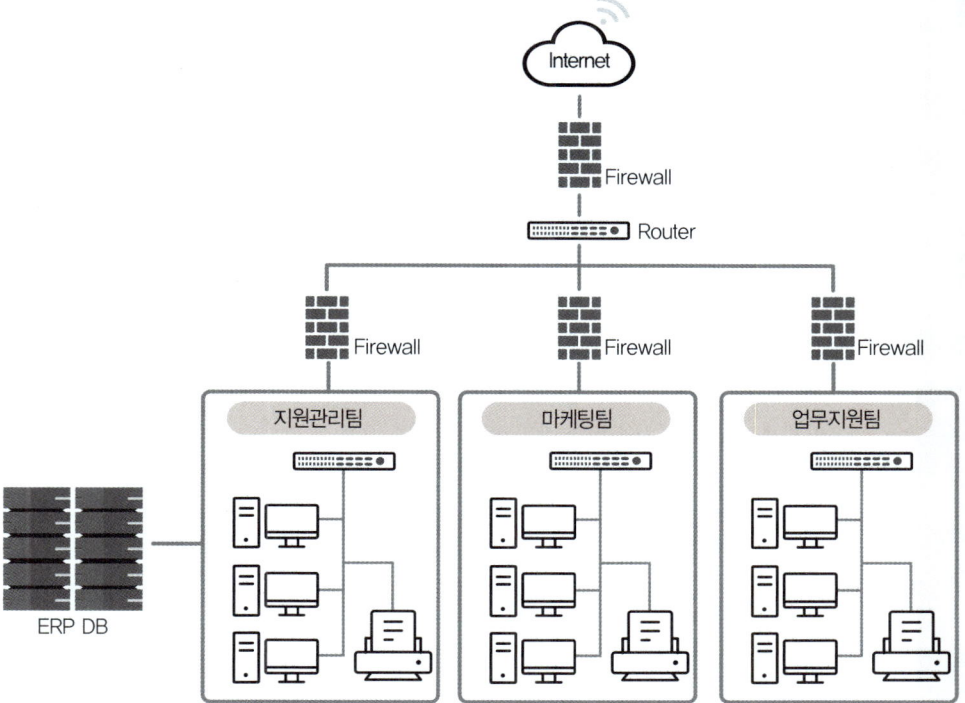

기출문제 따라잡기

출제예상

1. 다음 중 현행 시스템 파악 과정에 대한 설명으로 잘못된 것은?

① 시스템 구성은 조직의 주요 업무를 담당하는 기간 업무와 이를 지원하는 지원 업무로 구분하여 기술한다.
② 소프트웨어 구성을 파악할 때 상용 소프트웨어의 경우 라이선스 적용 방식의 기준과 보유한 라이선스의 파악이 중요하다.
③ 아키텍처 구성을 파악할 때는 단위 업무 시스템 간에 주고받는 데이터의 종류, 형식, 프로토콜, 연계 유형, 주기 등을 명시한다.
④ 네트워크 구성을 파악하면 서버들의 물리적인 위치 관계를 파악할 수 있고 보안 취약성을 분석하여 이에 대한 적절한 대응을 할 수 있다.

아키텍처 구성은 기간 업무 수행에 어떠한 기술 요소가 사용되었는지 최상위 수준에서 계층별로 표현한 것입니다. 단위 업무 시스템 간에 주고받는 데이터의 종류, 형식, 프로토콜, 연계 유형, 주기 등은 시스템 인터페이스 파악 시 기술할 내용입니다.

21년 3월

2. 현행 시스템 분석에서 고려하지 않아도 되는 항목은?

① DBMS 분석
② 네트워크 분석
③ 운영체제 분석
④ 인적 자원 분석

인적 자원 분석은 시스템과 관계가 없으므로 현행 시스템 분석에서 고려할 대상이 아닙니다. 현행 시스템 파악은 말 그대로 현재 사용하고 있는 정보 시스템에 대한 현황을 파악하는 것입니다.

▶ 정답 : 1. ③ 2. ④

SECTION 005

개발 기술 환경 파악

전문가의 조언

- 운영체제, 데이터베이스 관리 시스템, 웹 애플리케이션 서버, 그리고 오픈 소스의 개념과 특징을 정리하세요. 각각에 대한 요구사항 식별 시 고려사항은 내용이 어렵지 않아 한번 읽어보는 것만으로도 충분히 이해할 수 있으니 가볍게 읽으면서 정리하세요.
- 소프트웨어 개발과 관련된 미들웨어에는 다양한 종류가 있으나 여기서는 미들웨어 중 웹 애플리케이션 서버(WAS; Web Application Server)와 관련된 고려사항만 다루겠습니다.

미들웨어(Middle Ware)
미들웨어는 운영체제와 해당 운영체제에 의해 실행되는 응용 프로그램 사이에서 운영체제가 제공하는 서비스 이외에 추가적인 서비스를 제공하는 소프트웨어입니다.

자원
자원이란 시스템에서 사용할 수 있는 CPU, 주기억장치, 보조기억장치, 프린터, 파일 및 정보 등을 의미합니다.

- **가용성** : 프로그램이 주어진 시점에서 요구사항에 따라 운영될 수 있는 능력
- **메모리 누수** : 응용 프로그램이 더 이상 사용하지 않는 메모리를 반환하지 않고 계속 점유하고 있는 현상
- **오픈 소스** : 누구나 별다른 제한 없이 사용할 수 있도록 소스 코드를 공개해 무료로 사용이 가능한 소프트웨어
- **총 소유 비용(TCO; Total Cost of Ownership)** : 어떤 자산을 획득하려고 할 때 지정된 기간 동안 발생할 수 있는 모든 직간접 비용들로, 하드웨어 구매, 소프트웨어 구매 및 라이선스, 설치, 교육, 지속적인 기술 지원, 유지보수, 가동 중지로 인한 손실, 에너지 등의 비용이 있습니다.

1 개발 기술 환경의 정의

개발하고자 하는 소프트웨어와 관련된 운영체제(Operating System), 데이터베이스 관리 시스템(Database Management System), 미들웨어(Middle Ware)* 등을 선정할 때 고려해야 할 사항을 기술하고, 오픈 소스 사용 시 주의해야 할 내용을 제시한다.

2 운영체제(OS, Operating System)

운영체제는 컴퓨터 시스템의 자원*들을 효율적으로 관리하며, 사용자가 컴퓨터를 편리하고 효율적으로 사용할 수 있도록 환경을 제공하는 소프트웨어이다.

- 컴퓨터 사용자와 컴퓨터 하드웨어 간의 인터페이스로서 동작하는 시스템 소프트웨어의 일종으로, 다른 응용 프로그램이 유용한 작업을 할 수 있도록 환경을 제공해준다.
- 컴퓨터 운영체제의 종류에는 Windows, UNIX, Linux, Mac OS 등이, 모바일 운영체제에는 iOS, Android 등이 있다.

3 운영체제 관련 요구사항 식별 시 고려사항

운영체제와 관련된 요구사항 식별 시 다음과 같은 사항을 고려해야 한다.

구분	내용
가용성*	• 시스템의 장시간 운영으로 인해 발생할 수 있는 운영체제 고유의 장애 발생 가능성 • 메모리 누수*로 인한 성능 저하 및 재가동 • 보안상 발견된 허점을 보완하기 위한 지속적인 패치 설치로 인한 재가동 • 운영체제의 결함 등으로 인한 패치 설치를 위한 재가동
성능	• 대규모 동시 사용자 요청에 대한 처리 • 대규모 및 대용량 파일 작업에 대한 처리 • 지원 가능한 메모리 크기(32bit, 64bit)
기술 지원	• 제작업체의 안정적인 기술 지원 • 여러 사용자들 간의 정보 공유 • 오픈 소스* 여부(Linux)
주변 기기	• 설치 가능한 하드웨어 • 여러 주변기기 지원 여부
구축 비용	• 지원 가능한 하드웨어 비용 • 설치할 응용 프로그램의 라이선스 정책 및 비용 • 유지관리 비용 • 총 소유 비용(TCO)*

④ 데이터베이스 관리 시스템(DBMS)

DBMS(DataBase Management System)는 사용자와 데이터베이스 사이에서 사용자의 요구에 따라 정보를 생성해 주고, 데이터베이스를 관리해 주는 소프트웨어이다.
- DBMS는 기존의 파일 시스템이 갖는 데이터의 종속성과 중복성의 문제를 해결하기 위해 제안된 시스템으로, 모든 응용 프로그램*들이 데이터베이스를 공용할 수 있도록 관리해 준다.
- DBMS는 데이터베이스의 구성, 접근 방법, 유지관리에 대한 모든 책임을 진다.
- DBMS의 종류에는 Oracle, IBM DB2, Microsoft SQL Server, MySQL, SQLite, MongoDB, Redis 등이 있다.

응용 프로그램
응용 프로그램은 조직이나 기업체에서 특정 부서에 정보를 제공하기 위해 데이터베이스에 접근하여 운영되는 프로그램으로, 데이터베이스는 여러 개의 응용 프로그램들이 공동으로 사용합니다.

⑤ DBMS 관련 요구사항 식별 시 고려사항 20.6

DBMS와 관련된 요구사항 식별 시 다음과 같은 사항을 고려해야 한다.

구분	내용
가용성 20.6	• 시스템의 장시간 운영으로 인해 발생할 수 있는 DBMS 고유의 장애 발생 가능성 • DBMS의 결함 등으로 인한 패치 설치를 위한 재가동 • 백업이나 복구의 편의성 • DBMS 이중화 및 복제 지원
성능 20.6	• 대규모 데이터 처리 성능(분할 테이블 지원 여부) • 대용량 트랜잭션 처리 성능 • 튜닝 옵션의 다양한 지원 • 최소화된 설정과 비용 기반 질의 최적화* 지원
기술 지원	• 제작업체의 안정적인 기술 지원 • 여러 사용자들 간의 정보 공유 • 오픈 소스 여부
상호 호환성 20.6	• 설치 가능한 운영체제의 종류 • JDBC*, ODBC*와의 호환 여부
구축 비용	• 라이선스 정책 및 비용 • 유지관리 비용 • 총 소유 비용(TCO)

전문가의 조언
DBMS를 분석할 때는 가용성, 성능, 기술 지원, 상호 호환성, 구축 비용 등을 고려해야 한다는 것을 기억해 두세요.

- **비용 기반 질의 최적화** : 사용자의 질의에 대한 최적의 실행 방법을 결정하기 위한 것으로, 질의에 대한 다양한 실행 방법을 만들고 각각의 방법에 대해 비용을 추정합니다. 비용 추정은 실행에 필요한 소요 시간과 자원 사용량을 기준으로 추정하며, 추정된 비용이 가장 최소인 방법을 선택하게 됩니다.
- **JDBC(Java DataBase Connectivity)** : 자바에서 DB에 접근하여 데이터를 조회, 삽입, 수정, 삭제할 수 있도록 자바와 DB를 연결해 주는 인터페이스
- **ODBC(Open DataBase Connectivity)** : 응용 프로그램에서 DB에 접근하여 데이터를 조회, 삽입, 수정, 삭제할 수 있도록 응용 프로그램과 DB를 연결해 주는 표준 인터페이스

전문가의 조언

- 클라이언트의 웹 브라우저에서 특정 웹 사이트에 접속하면 웹 서버(Web Server)는 데이터베이스에 접속하여 해당 사이트에 포함된 각종 콘텐츠를 보여줍니다. 이러한 콘텐츠에는 텍스트나 이미지와 같이 정적인 자료도 있지만 주식 시세 정보나 날씨 위성 정보와 같이 실시간으로 변하는 동적인 자료도 있습니다. 실시간으로 변하는 동적인 자료는 웹 서버에서 직접 처리할 수 없으므로 동적인 자료 처리를 웹 애플리케이션 서버(Web Application Server)에 요청합니다. 웹 애플리케이션 서버가 JSP나 서블릿(Servlet)과 같은 프로그램을 구동하여 동적인 자료를 처리한 후 해당 정보를 웹 서버로 보내면, 웹 서버는 이를 클라이언트로 보내는 것입니다.
- WAS의 종류를 묻는 문제가 출제되었습니다. 먼저 WAS의 종류를 기억하고, 특징을 정리하세요.

가비지 컬렉션(Garbage Collection)
가비지 컬렉션은 실제로는 사용되지 않으면서 가용 공간 리스트에 반환되지 않는 메모리 공간인 가비지(Garbage, 쓰레기)를 강제로 해제하여 사용할 수 있도록 하는 메모리 관리 기법입니다.

6 웹 애플리케이션 서버(WAS; Web Application Server) [21.3]

웹 애플리케이션 서버는 정적인 콘텐츠 처리를 하는 웹 서버와 달리 사용자의 요구에 따라 변하는 동적인 콘텐츠를 처리하기 위해 사용되는 미들웨어이다.

- 데이터 접근, 세션 관리, 트랜잭션 관리 등을 위한 라이브러리를 제공한다.
- 주로 데이터베이스 서버와 연동해서 사용한다.
- 웹 애플리케이션 서버의 종류에는 Tomcat, GlassFish, JBoss, Jetty, JEUS, Resin, WebLogic, WebSphere 등이 있다.

7 웹 애플리케이션 서버(WAS) 관련 요구사항 식별 시 고려사항

웹 애플리케이션 서버(WAS)와 관련된 요구사항 식별 시 다음과 같은 사항을 고려해야 한다.

구분	내용
가용성	• 시스템의 장시간 운영으로 인해 발생할 수 있는 고유의 장애 발생 가능성 • WAS의 결함 등으로 인한 패치 설치를 위한 재가동 • 안정적인 트랜잭션 처리 • WAS 이중화 지원
성능	• 대규모 트랜잭션 처리 성능 • 다양한 설정 옵션 지원 • 가비지 컬렉션(GC; Garbage Collection)※의 다양한 옵션
기술 지원	• 제조업체의 안정적인 기술 지원 • 여러 사용자들 간의 정보 공유 • 오픈 소스 여부
구축 비용	• 라이선스 정책 및 비용 • 유지관리 비용 • 총 소유 비용(TCO)

8 오픈 소스 사용에 따른 고려사항

오픈 소스(Open Source)는 누구나 별다른 제한 없이 사용할 수 있도록 소스 코드를 공개한 것으로 오픈 소스 라이선스를 만족하는 소프트웨어이다.

- 오픈 소스를 사용하는 경우에는 라이선스의 종류, 사용자 수, 기술의 지속 가능성 등을 고려해야 한다.

기출문제 따라잡기

20년 6월
1. DBMS 분석 시 고려사항으로 거리가 먼 것은?
① 가용성 ② 성능
③ 네트워크 구성도 ④ 상호 호환성

네트워크 구성도는 DBMS 분석 시 고려사항이 아닙니다.

21년 3월
2. WAS(Web Application Server)가 아닌 것은?
① JEUS
② JVM
③ Tomcat
④ WebSphere

JVM은 자바가상머신으로, Java 실행을 위한 프로그램입니다.

출제예상
3. 운영체제에 대한 설명으로 잘못된 것은?
① 사용자가 컴퓨터를 편리하고 효과적으로 사용할 수 있도록 환경을 제공한다.
② 컴퓨터 사용자와 컴퓨터 하드웨어 간의 인터페이스로서 동작하는 일종의 하드웨어 장치이다.
③ 다른 응용 프로그램이 유용한 작업을 할 수 있도록 환경을 제공한다.
④ 종류에는 Windows, UNIX, Linux, iOS 등이 있다.

운영체제는 소프트웨어입니다.

출제예상
4. 다음 중 데이터베이스 관리 시스템(DBMS)이 아닌 것은?
① Oracle
② MySQL
③ Microsoft SQL Server
④ Android

Android는 모바일 운영체제입니다.

출제예상
5. 요구사항 식별 시 고려사항 중 가용성과 관련된 내용이 아닌 것은?
① 시스템의 장시간 운영으로 인해 발생할 수 있는 고유의 장애 발생 가능성
② DBMS의 결함 등으로 인한 패치 설치를 위한 재가동
③ WAS 이중화 지원
④ 설치할 응용 프로그램의 라이선스 정책 및 비용

④번은 가용성이 아니라 구축 비용과 관련된 내용입니다.

▶ 정답 : 1. ③ 2. ② 3. ② 4. ④ 5. ④

SECTION 006

요구사항 정의

전문가의 조언

요구사항이란 말 그대로 어떠한 문제를 해결하기 위해 필요한 조건이나 제약사항을 요구하는 것이며, 소프트웨어는 사용자의 요구사항을 충족시키기 위해 설계되고 개발됩니다. 즉 소프트웨어 설계 및 개발 과정 전반에 걸쳐 요구사항을 다루게 되므로 요구사항의 개념과 특징을 잘 알아두는 것이 좋습니다.

이해관계자(利害關係者)
소프트웨어 개발과 관련해서 이해관계자는 소프트웨어 개발 의뢰자, 소프트웨어 개발자, 소프트웨어 사용자 등이 있습니다.

전문가의 조언

요구사항은 크게 기능과 비기능으로 구분할 수 있습니다. 기능 요구사항은 '사용자는 회원ID와 비밀번호를 입력하여 로그인할 수 있다.'와 같이 말 그대로 기능에 관한 요구사항이고, 비기능 요구사항은 "시스템은 1년 365일, 하루 24시간 운용이 가능해야 한다."와 같이 대부분 품질이나 제약사항과 관련이 있습니다. 이를 염두에 두고 요구사항을 기능과 비기능으로 구분할 수 있도록 정리하세요.

- **가용성** : 사용하고자 할 때 언제라도 사용할 수 있는 정도
- **정합성** : 데이터의 값이 서로 모순 없이 일관되게 일치하는 정도
- **상호 호환성** : 다른 소프트웨어와 정보를 교환할 수 있는 정도
- **대응성** : 발생한 상황에 대처하는 정도
- **이식성** : 다양한 하드웨어 환경에서도 운용 가능하도록 쉽게 수정될 수 있는 정도
- **확장성** : 규모나 범위를 넓힐 수 있는 정도

1 요구사항의 개념 및 특징

요구사항은 소프트웨어가 어떤 문제를 해결하기 위해 제공하는 서비스에 대한 설명과 정상적으로 운영되는데 필요한 제약조건 등을 나타낸다.

- 요구사항은 소프트웨어 개발이나 유지 보수 과정에서 필요한 기준과 근거를 제공한다.
- 요구사항은 개발하려는 소프트웨어의 전반적인 내용을 확인할 수 있게 하므로 개발에 참여하는 이해관계자*들 간의 의사소통을 원활하게 하는 데 도움을 준다.
- 요구사항이 제대로 정의되어야만 이를 토대로 이후 과정의 목표와 계획을 수립할 수 있다.

2 요구사항의 유형

25.5, 24.5, 23.2, 21.8, 실기 21.4

요구사항은 일반적으로 기술하는 내용에 따라 기능 요구사항(Functional requirements)과 비기능 요구사항(Non-functional requirements)으로 구분하며, 기술 관점과 대상의 범위에 따라 시스템 요구사항(System requirements)과 사용자 요구사항(User requirements)으로 나눈다.

유형	내용
23.2, 21.8 **기능 요구사항** (Functional requirements)	• 시스템이 무엇을 하는지, 어떤 기능을 하는지에 대한 사항 • 시스템의 입력이나 출력으로 무엇이 포함되어야 하는지, 시스템이 어떤 데이터를 저장하거나 연산을 수행해야 하는지에 대한 사항 • 시스템이 반드시 수행해야 하는 기능 • 사용자가 시스템을 통해 제공받기를 원하는 기능
25.5, 24.5, 23.2, 21.8 **비기능 요구사항** (Non-functional requirements)	• 시스템 장비 구성 요구사항 : 하드웨어, 소프트웨어, 네트워크 등의 시스템 장비 구성에 대한 요구사항 • 성능 요구사항 : 처리 속도 및 시간, 처리량, 동적·정적 적용량, 가용성 등 성능에 대한 요구사항 • 인터페이스 요구사항 : 시스템 인터페이스와 사용자 인터페이스에 대한 요구사항으로 다른 소프트웨어, 하드웨어 및 통신 인터페이스, 다른 시스템과의 정보 교환에 사용되는 프로토콜과의 연계도 포함하여 기술 • 데이터 요구사항 : 초기 자료 구축 및 데이터 변환을 위한 대상, 방법, 보안이 필요한 데이터 등 데이터를 구축하기 위해 필요한 요구사항 • 테스트 요구사항 : 도입되는 장비의 성능 테스트(BMT)나 구축된 시스템이 제대로 운영되는지를 테스트하고 점검하기 위한 테스트 요구사항 • 보안 요구사항 : 시스템의 데이터 및 기능, 운영 접근을 통제하기 위한 요구사항 • 품질 요구사항 : 관리가 필요한 품질 항목, 품질 평가 대상에 대한 요구사항으로 가용성*, 정합성*, 상호 호환성*, 대응성*, 신뢰성, 사용성, 유지·관리성, 이식성*, 확장성*, 보안성 등으로 구분하여 기술

비기능 요구사항 (Non-functional requirements)	• 제약사항 : 시스템 설계, 구축, 운영과 관련하여 사전에 파악된 기술, 표준, 업무, 법·제도 등의 제약조건 • 프로젝트 관리 요구사항 : 프로젝트의 원활한 수행을 위한 관리 방법에 대한 요구사항 • 프로젝트 지원 요구사항 : 프로젝트의 원활한 수행을 위한 지원 사항이나 방안에 대한 요구사항	
사용자 요구사항 (User requirements)	• 사용자 관점에서 본 시스템이 제공해야 할 요구사항 • 사용자를 위한 것으로 친숙한 표현으로 이해하기 쉽게 작성된다.	
시스템 요구사항 (System requirements)	• 개발자 관점에서 본 시스템 전체가 사용자와 다른 시스템에 제공해야 할 요구사항 • 사용자 요구사항에 비해 전문적이고 기술적인 용어로 표현된다. • 소프트웨어 요구사항이라고도 한다.	

3 요구사항 개발 프로세스

25.2, 24.5, 21.5

요구사항 개발 프로세스는 개발 대상에 대한 요구사항을 체계적으로 도출하고 이를 분석한 후 분석 결과를 명세서(Specification Document)에 정리한 다음 마지막으로 이를 확인 및 검증하는 일련의 구조화된 활동이다.

- 요구사항 개발 프로세스가 진행되기 전에 개발 프로세스가 비즈니스 목적에 부합되는지, 예산은 적정한지 등에 대한 정보를 수집, 평가한 보고서를 토대로 타당성 조사(Feasibility Study)가 선행되어야 한다.
- 요구사항 개발은 요구공학(Requirement Engineering)의 한 요소이다.

전문가의 조언

요구사항은 '도출 → 분석 → 명세 → 확인' 과정을 거치는데, 각 단계의 명칭을 보면 해당 단계에서 무엇을 수행하는지 대략적인 윤곽을 잡을 수 있습니다. 요구사항 개발 과정을 순서대로 기억하고 각 단계에서는 무엇을 수행하는지 파악해 두세요.

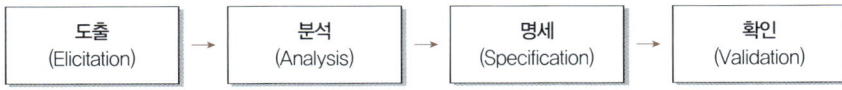

잠깐만요 요구공학(Requirements Engineering) 20.8

요구공학은 무엇을 개발해야 하는지 요구사항을 정의하고, 분석 및 관리하는 프로세스를 연구하는 학문입니다.
- 점점 복잡하고 대형화되어가는 소프트웨어 개발 환경에 따라 사용자 요구사항도 더욱 복잡해지고 잦은 변경이 발생하는 데, 이는 요구사항에 문제가 발생할 가능성을 높이며 요구사항 관리가 잘못될 수 있는 원인이 됩니다.
- 요구공학은 요구사항 변경의 원인과 처리 방법을 이해하고 요구사항 관리 프로세스의 품질을 개선하여 소프트웨어 프로젝트 실패를 최소화하는 것을 목표로 합니다.

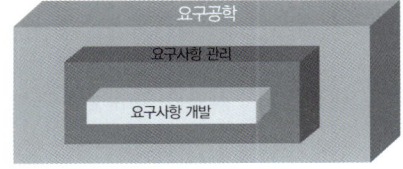

전문가의 조언

요구사항의 도출 과정에서는 청취나 인터뷰 등의 질문 기술이, 분석 과정에서는 분석과 중재 기술이, 명세 과정에서는 관찰 및 모델 작성 기술이 사용된다는 것을 기억해 두세요.

브레인스토밍(Brain Storming)
브레인스토밍은 3인 이상이 자유롭게 의견을 교환하면서 독창적인 아이디어를 산출해 내는 방법입니다.

프로토타이핑(Prototyping)
프로토타이핑은 프로토타입(견본품)을 통해 효과적으로 요구 분석을 수행하면서 명세서를 산출하는 작업으로, 가장 단순한 형태는 설명을 위해 종이에 대략적인 순서나 형태를 그려 보여주는 것입니다.

유스케이스(Use Case)
유스케이스는 사용자의 요구사항을 기능 단위로 표현하는 것입니다.

자료 흐름도(DFD), 자료 사전(DD)은 다음 섹션에서 학습합니다.

❹ 요구사항 도출(Requirement Elicitation, 요구사항 수집)

23.5, 21.8, 20.8

요구사항 도출은 시스템, 사용자, 그리고 시스템 개발에 관련된 사람들이 서로 의견을 교환하여 요구사항이 어디에 있는지, 어떻게 수집할 것인지를 식별하고 이해하는 과정이다.

- 요구사항 도출은 소프트웨어가 해결해야 할 문제를 이해하는 첫 번째 단계이다.
- 요구사항 도출 단계에서 개발자와 고객 사이의 관계가 만들어지고 이해관계자(Stakeholder)가 식별된다.
- 이 단계에서는 다양한 이해관계자 간의 효율적인 의사소통이 중요하다.
- 요구사항 도출은 소프트웨어 개발 생명 주기(SDLC; Software Development Life Cycle) 동안 지속적으로 반복된다.
- 요구사항을 도출하는 주요 기법에는 청취와 인터뷰, 설문, 브레인스토밍*, 워크샵, 프로토타이핑*, 유스케이스* 등이 있다.

❺ 요구사항 분석(Requirement Analysis)

21.5, 20.8

요구사항 분석은 개발 대상에 대한 사용자의 요구사항 중 명확하지 않거나 모호하여 이해되지 않는 부분을 발견하고 이를 걸러내기 위한 과정이다.

- 사용자 요구사항의 타당성을 조사하고 비용과 일정에 대한 제약을 설정한다.
- 내용이 중복되거나 하나로 통합되어야 하는 등 서로 상충되는 요구사항이 있으면 이를 중재하는 과정이다.
- 도출된 요구사항들을 토대로 소프트웨어의 범위를 파악한다.
- 도출된 요구사항들을 토대로 소프트웨어와 주변 환경이 상호 작용하는 방법을 이해한다.
- 요구사항 분석에는 자료 흐름도(DFD)*, 자료 사전(DD)* 등의 도구가 사용된다.

❻ 요구사항 명세(Requirement Specification)

20.8

요구사항 명세는 분석된 요구사항을 바탕으로 모델을 작성하고 문서화하는 것을 의미한다.

- 요구사항을 문서화할 때는 기능 요구사항은 빠짐없이 완전하고 명확하게 기술해야 하며, 비기능 요구사항은 필요한 것만 명확하게 기술해야 한다.
- 요구사항은 사용자가 이해하기 쉬우며, 개발자가 효과적으로 설계할 수 있도록 작성되어야 한다.
- 설계 과정에서 잘못된 부분이 확인될 경우 그 내용을 요구사항 정의서에서 추적할 수 있어야 한다.
- 구체적인 명세를 위해 소단위 명세서(Mini-Spec)가 사용될 수 있다.

> **잠깐만요** 소프트웨어 요구사항 명세서 / 요구사항 명세 기법

소프트웨어 요구사항 명세서(SRS; Software Requirement Specification)
업계 표준 용어로 소프트웨어가 반드시 제공해야 하는 기능, 특징, 제약조건 등을 명시합니다.
- 시스템의 모든 동작뿐만 아니라 성능, 보안, 사용성과 같은 품질도 기술되어야 합니다.
- 프로젝트 유형에 맞게 양식을 만들어 사용합니다.
- 소프트웨어 요구사항 명세서에 포함되는 시스템 기능, 데이터, 외부 인터페이스, 품질 요구사항은 요구사항 단위별로 개별 요구사항 명세서를 작성합니다.

요구사항 명세 기법
요구사항 명세 기법은 정형 명세와 비정형 명세로 구분됩니다.

구분	정형 명세 기법	비정형 명세 기법
기법	수학적 원리 기반, 모델 기반	상태/기능/객체 중심
작성 방법	수학적 기호, 정형화된 표기법	일반 명사, 동사 등의 자연어를 기반으로 서술 또는 다이어그램으로 작성
특징	• 요구사항을 정확하고 간결하게 표현할 수 있음 • 요구사항에 대한 결과가 작성자에 관계없이 일관성이 있으므로 완전성 검증이 가능함 • 표기법이 어려워 사용자가 이해하기 어려움	• 자연어의 사용으로 인해 요구사항에 대한 결과가 작성자에 따라 다를 수 있어 일관성이 떨어지고, 해석이 달라질 수 있음 • 내용의 이해가 쉬워 의사소통이 용이함
종류	VDM, Z, Petri-net, CSP 등	FSM, Decision Table, ER모델링, State Chart(SADT) 등

> **전문가의 조언**
> 정형 명세와 비정형 명세 중 어떤 명세를 말하는지 구분할 수 있도록 특징과 종류를 잘 정리해 두세요.

7 요구사항 확인(Requirement Validation, 요구사항 검증)

요구사항 확인은 개발 자원을 요구사항에 할당하기 전에 요구사항 명세서가 정확하고 완전하게 작성되었는지를 검토하는 활동이다.

- 분석가가 요구사항을 정확하게 이해한 후 요구사항 명세서를 작성했는지 확인(Validation)하는 것이 필요하다.
- 요구사항이 실제 요구를 반영하는지, 서로 상충되는 요구사항은 없는지 등을 점검한다.
- 개발이 완료된 후 문제가 발견되면 재작업 비용이 발생할 수 있으므로 요구사항 검증은 매우 중요하다.
- 요구사항 명세서의 내용이 이해하기 쉬운지, 일관성은 있는지, 회사의 기준에는 맞는지, 그리고 누락된 기능은 없는지 등을 검증(Verification)하는 것이 중요하다.
- 요구사항 문서는 이해관계자들이 검토해야 한다.
- 요구사항 검증 과정을 통해 모든 문제를 확인할 수 있는 것은 아니다.
- 일반적으로 요구사항 관리 도구를 이용하여 요구사항 정의 문서들에 대해 형상 관리*를 수행한다.

> **형상 관리(SCM; Software Configuration Management)**
> 소프트웨어 개발 단계의 각 과정에서 만들어지는 프로그램, 프로그램을 설명하는 문서, 데이터 등을 통칭하여 형상이라고 합니다. 형상 관리는 소프트웨어의 개발 과정에서 만들어지는 형상들의 변경 사항을 관리하는 일련의 활동을 말합니다.

기출문제 따라잡기

22년 4월

1. 요구사항 분석에서 비기능적(Nonfunctional) 요구에 대한 설명으로 옳은 것은?

① 시스템의 처리량(Throughput), 반응 시간 등의 성능 요구나 품질 요구는 비기능적 요구에 해당하지 않는다.
② '차량 대여 시스템이 제공하는 모든 화면이 3초 이내에 사용자에게 보여야 한다'는 비기능적 요구이다.
③ 시스템 구축과 관련된 안전, 보안에 대한 요구사항들은 비기능적 요구에 해당하지 않는다.
④ '금융 시스템은 조회, 인출, 입금, 송금의 기능이 있어야 한다'는 비기능적 요구이다.

① 성능 요구나 품질 요구는 비기능 요구사항에 해당합니다.
② 비기능 요구사항 중 성능 요구사항에 해당합니다.
③ 안전이나 보안에 대한 요구사항은 비기능 요구사항에 해당합니다.
④ 기능 요구사항에 해당합니다.

25년 5월, 24년 5월, 23년 2월

2. 다음 중 비기능 요구사항에 대한 설명으로 옳은 것은?

① 은행의 조회, 입금, 출금, 이체 등이 어떻게 수행되는지 여부는 비기능 요구사항에 해당한다.
② 처리 속도 및 시간, 처리량 등의 성능에 대한 요구사항은 비기능 요구사항에 해당하지 않는다.
③ 보안 및 접근 통제를 위한 요구사항은 비기능 요구사항에 해당하지 않는다.
④ "차량 대여 시스템에서 제공하는 모든 화면은 3초 안에 사용자에게 보여야 한다"는 것은 비기능 요구사항에 해당한다.

• ①번은 시스템이 수행해야 하는 기능에 대한 것으로, 기능 요구사항입니다.
• ②, ④번은 성능에 관한 비기능 요구사항입니다.
• ③번은 보안에 관한 비기능 요구사항입니다.

25년 2월, 24년 5월, 21년 5월

3. 요구사항 개발 프로세스의 순서로 옳은 것은?

| ㉠ 도출(Elicitation) | ㉡ 분석(Analysis) |
| ㉢ 명세(Specification) | ㉣ 확인(Validation) |

① ㉠ → ㉡ → ㉢ → ㉣
② ㉠ → ㉢ → ㉡ → ㉣
③ ㉠ → ㉣ → ㉡ → ㉢
④ ㉠ → ㉡ → ㉣ → ㉢

개발에 대한 타당성이 충족되면 도출된 요구사항을 분석하여 정리한 후 확인하는 과정을 진행합니다.

21년 8월

4. 요구 분석(Requirement Analysis)에 대한 설명으로 틀린 것은?

① 요구 분석은 소프트웨어 개발의 실제적인 첫 단계로, 사용자의 요구에 대해 이해하는 단계라 할 수 있다.
② 요구 추출(Requirement Elicitation)은 프로젝트 계획 단계에 정의한 문제의 범위 안에 있는 사용자의 요구를 찾는 단계이다.
③ 도메인 분석(Domain Analysis)은 요구에 대한 정보를 수집하고 배경을 분석하여 이를 토대로 모델링을 하게 된다.
④ 기능적(Functional) 요구에서 성능, 보안, 품질, 안정 등에 대한 요구사항을 도출한다.

성능, 보안, 품질, 안정 등에 대한 요구사항은 비기능적 요구사항에 해당합니다.

23년 5월, 20년 8월

5. 요구사항을 도출하기 위한 주요 기법이 아닌 것은?

① 사용자 인터뷰
② 설문 조사
③ 사용자 교육
④ 라피도 프로토타이핑

사용자 교육은 요구사항을 도출하는 기법이 아닙니다.

21년 8월

6. 요구사항 검증(Requirements Validation)과 관련한 설명으로 틀린 것은?

① 요구사항이 고객이 정말 원하는 시스템을 제대로 정의하고 있는지 점검하는 과정이다.
② 개발 완료 이후에 문제점이 발견될 경우 막대한 재작업 비용이 들 수 있기 때문에 요구사항 검증은 매우 중요하다.
③ 요구사항이 실제 요구를 반영하는지, 문서상의 요구사항은 서로 상충되지 않는지 등을 점검한다.
④ 요구사항 검증 과정을 통해 모든 요구사항 문제를 발견할 수 있다.

검증 과정에서 모든 요구사항 문제를 발견하기란 쉽지 않습니다.

▶ 정답 : 1. ② 2. ④ 3. ① 4. ④ 5. ③ 6. ④

SECTION 007 요구사항 분석

1 요구사항 분석의 개요

24.7, 24.2, 22.3, 21.8, 21.3, 20.9, 20.6

요구사항 분석은 소프트웨어 개발의 실제적인 첫 단계로 개발 대상에 대한 사용자의 요구사항을 이해하고 문서화(명세화)하는 활동을 의미한다.

- 사용자 요구의 타당성을 조사하고 비용과 일정에 대한 제약을 설정한다.
- 사용자의 요구를 정확하게 추출하여 목표를 정하고, 어떤 방식으로 해결할 것인지를 결정한다.
- 요구사항 분석을 통한 결과는 소프트웨어 설계 단계에서 필요한 기본적인 자료가 되므로 사용자의 요구사항을 정확하고 일관성 있게 분석하여 문서화해야 한다.
- 소프트웨어 분석가에 의해 요구사항 분석이 수행되며, 이 작업 단계를 요구사항 분석 단계라고 한다.
- 요구사항 분석을 위해 애자일(Agile) 방법, UML(Unified Modeling Language), 자료 흐름도(DFD), 자료 사전(DD), 소단위 명세서(Mini-Spec.), 개체 관계도(ERD), 상태 전이도(STD), 제어 명세서 등의 도구를 이용한다.

전문가의 조언

요구사항 분석의 특징을 묻는 문제가 출제되었습니다. 요구사항 분석에 이용되는 도구를 중심으로 특징을 정리해 두세요.

2 구조적 분석 기법

구조적 분석 기법은 자료의 흐름과 처리를 중심으로 하는 요구사항 분석 방법으로, 다음과 같은 특징이 있다.

- 도형 중심의 분석용 도구와 분석 절차를 이용하여 사용자의 요구사항을 파악하고 문서화한다.
- 하향식 방법*을 사용하여 시스템을 세분화할 수 있고, 분석의 중복을 배제할 수 있다.
- 시스템 분석의 질이 향상되고, 시스템 개발의 모든 단계에서 필요한 명세서 작성이 가능하다.

전문가의 조언

구조적 분석 기법의 특징은 가볍게 읽고 넘어가세요.

하향식 방법
한 장의 종이에 소프트웨어의 모든 기능을 모델링할 수 없으므로 소프트웨어의 기능을 전체적인 수준에서 상세 수준까지 위에서 아래로 단계별로 분리하여 모델링하는 것을 의미합니다.

3 자료 흐름도(DFD)

25.8, 25.5, 25.2, 24.5, 24.2, 23.7, 23.2, 22.7, 22.3, 20.9, 20.8, 20.6

자료 흐름도(DFD; Data Flow Diagram)는 요구사항 분석에서 자료의 흐름* 및 변환 과정과 기능을 도형 중심으로 기술하는 방법으로 자료 흐름 그래프, 버블 차트라고도 한다.

- 시스템 안의 프로세스와 자료 저장소 사이에 자료의 흐름을 나타내는 그래프로 자료 흐름과 처리를 중심으로 하는 구조적 분석 기법에 이용된다.

전문가의 조언

자료 흐름도의 구성 요소를 묻는 문제가 출제되었습니다. 자료 흐름도의 네 가지 구성 요소와 표기 방법을 정확히 알아두세요. 구성 요소의 명칭은 영문으로도 알아야 합니다.

자료의 흐름
자료는 각 절차에 따라 컴퓨터 기반의 시스템 내부를 흘러다니는데, 이를 자료의 흐름이라 합니다.

- 자료 흐름도에서는 자료의 흐름과 기능을 프로세스(Process), 자료 흐름(Flow), 자료 저장소(Data Store), 단말(Terminator)의 네 가지 기본 기호로 표시한다.

기호	표기법
24.5, 22.3, 20.9, 20.8, … 프로세스(Process)	물품 확인
24.5, 22.3, 20.9, 20.8, … 자료 흐름(Data Flow)	물품 코드 →
24.5, 22.3, 20.9, 20.8, … 자료 저장소(Data Store)	물품대장
24.5, 22.3, 20.9, 20.8, … 단말(Terminator)	공장

전문가의 조언

자료 흐름도 작성 지침에 대한 문제가 출제되었습니다. 자료 흐름도의 작성 지침이 아닌 것을 고를 수 있도록 기억해 두세요.

작성 지침
- 자료 흐름은 처리(Process)를 거쳐 변환될 때마다 새로운 이름을 부여한다.
- 어떤 처리(Process)가 출력 자료를 산출하기 위해서는 반드시 입력 자료가 발생해야 한다.
- 상위 단계의 처리(Process)와 하위 자료 흐름도의 자료 흐름은 서로 일치되어야 한다.
- 입력 화살표가 있다고 하여 반드시 출력 화살표가 있어야 하는 것은 아니다.

전문가의 조언

자료 사전에서 사용되는 기호들의 의미를 묻는 문제가 출제되었습니다. 자료 사전에서 사용되는 기호들의 종류와 각각의 의미를 정확하게 기억해 두세요.

④ 자료 사전

자료 사전(DD; Data Dictionary)은 자료 흐름도에 있는 자료를 더 자세히 정의하고 기록한 것이며, 이처럼 데이터를 설명하는 데이터를 데이터의 데이터 또는 메타 데이터(Meta Data)라고 한다.

- 자료 흐름도에 시각적으로 표시된 자료에 대한 정보를 체계적이고 조직적으로 모아 개발자나 사용자가 편리하게 사용할 수 있다.
- 자료 사전에서 사용되는 표기 기호는 다음과 같다.

기호	의미
=	자료의 정의 : ~로 구성되어 있다(is composed of)
+	자료의 연결 : 그리고(and)
20.6 ( )	자료의 생략 : 생략 가능한 자료(Optional)
20.9 [|]	자료의 선택 : 또는(or)
20.8 { }	자료의 반복 : Iteration of ① $\{\ \}_n$: n번 이상 반복 ② $\{\ \}^n$: 최대로 n번 반복 ③ $\{\ \}_m^n$: m 이상 n 이하로 반복
* *	자료의 설명 : 주석(Comment)

기출문제 따라잡기

1. 자료 흐름도(DFD)를 작성하는데 지침이 될 수 없는 항목은?

① 자료 흐름은 처리(Process)를 거쳐 변환될 때마다 새로운 이름을 부여한다.
② 어떤 처리(Process)가 출력 자료를 산출하기 위해서는 반드시 입력 자료가 발생해야 한다.
③ 자료 저장소에 입력 화살표가 있으면 반드시 출력 화살표도 표시되어야 한다.
④ 상위 단계의 처리(Process)와 하위 자료 흐름도의 자료 흐름은 서로 일치되어야 한다.

자료 저장소의 입력 화살표는 데이터의 입력 및 수정을 의미하는 것으로, 입력 화살표가 있다고 하여 반드시 출력 화살표가 있어야 하는 것은 아닙니다.

2. 소프트웨어 개발 단계에서 요구분석 과정에 대한 설명으로 거리가 먼 것은?

① 분석 결과의 문서화를 통해 향후 유지보수에 유용하게 활용할 수 있다.
② 개발 비용이 가장 많이 소요되는 단계이다.
③ 자료 흐름도, 자료 사전 등이 효과적으로 이용될 수 있다.
④ 보다 구체적인 명세를 위해 소단위 명세서(Mini-Spec)가 활용될 수 있다.

요구사항 분석은 소프트웨어 개발의 실제적인 첫 단계로, 이 단계에서는 사용자 요구의 타당성을 조사하고 비용과 일정에 대한 제약을 설정합니다. 비용을 설정하는 단계에서 비용이 많이 소요지는 않습니다.

3. 다음 중 요구사항 모델링에 활용되지 않는 것은?

① 애자일(Agile) 방법
② 유스케이스 다이어그램(Use Case Diagram)
③ 시퀀스 다이어그램(Sequence Diagram)
④ 단계 다이어그램(Phase Diagram)

요구사항 분석을 위해 애자일 방법이나 UML 등이 사용됩니다. 유스케이스 다이어그램과 시퀀스 다이어그램은 UML의 다이어그램에 속하지만, 단계(Phase) 다이어그램은 물리 화학 등에서 사용되는 다이어그램으로, 요구사항 모델링과는 관계가 없습니다.

4. 자료 흐름도(DFD)의 각 요소별 표기 형태의 연결이 옳지 않은 것은?

① Process : 원
② Data Flow : 화살표
③ Data Store : 삼각형
④ Terminator : 사각형

자료 저장소(Data Store)는 평행선(=) 안에 자료 저장소 이름을 기입합니다.

5. 자료 흐름도(Data Flow Diagram)의 구성 요소로 옳은 것은?

① process, data flow, data store, comment
② process, data flow, data store, terminator
③ data flow, data store, terminator, data dictionary
④ process, data store, terminator, mini-spec

자료 흐름도(DFD)의 구성 요소에는 프로세스(Process), 자료 흐름(Data Flow), 자료 저장소(Data Store), 단말(Terminator)이 있습니다.

6. 다음 중 자료 사전(Data Dictionary)에서 선택의 의미를 나타내는 것은?

① [ ]
② { }
③ +
④ =

[ ]는 자료의 선택, { }는 자료의 반복, +는 자료의 연결, =는 자료의 정의입니다.

7. 자료 사전에서 자료의 반복을 의미하는 것은?

① =
② ( )
③ { }
④ [ ]

자료의 반복을 의미하는 것은 { }입니다.

8. 자료 사전에서 자료의 생략을 의미하는 기호는?

① { }
② **
③ =
④ ( )

자료의 생략을 의미하는 것은 ( )입니다.

9. 소프트웨어 설계에서 요구사항 분석에 대한 설명으로 틀린 것은?

① 소프트웨어가 무엇을 해야 하는가를 추적하여 요구사항 명세를 작성하는 작업이다.
② 사용자의 요구를 추출하여 목표를 정하고 어떤 방식으로 해결할 것인지 결정하는 단계이다.
③ 소프트웨어 시스템이 사용되는 동안 발견되는 오류를 정리하는 단계이다.
④ 소프트웨어 개발의 출발점이면서 실질적인 첫 번째 단계이다.

소프트웨어 시스템이 사용되는 동안 발견되는 오류를 정리하는 과정은 형상 관리입니다.

▶ 정답 : 1.③ 2.② 3.④ 4.③ 5.② 6.① 7.③ 8.④ 9.③

SECTION 008 요구사항 분석 CASE와 HIPO

요구사항 분석용 도구의 종류와 각각의 의미를 정확하게 알아두세요.

① 요구사항 분석을 위한 CASE(자동화 도구)

- 요구사항 분석을 위한 자동화 도구는 요구사항을 자동으로 분석하고, 요구사항 분석 명세서를 기술하도록 개발된 도구를 의미한다.
- 요구사항 분석을 위한 자동화 도구 사용의 이점은 다음과 같다.
  - 표준화와 보고를 통한 문서화 품질 개선
  - 데이터베이스가 모두에게 이용 가능하다는 점에서 분석자들 간의 적절한 조정
  - 교차 참조도와 보고서를 통한 결함, 생략, 불일치 등의 발견 용이성
  - 변경이 주는 영향 추적의 용이성
  - 명세에 대한 유지보수 비용의 축소

종류

요구사항 분석을 위한 자동화 도구에는 SADT, SREM, PSL/PSA, TAGS, EPOS 등이 있다.

- **SADT(Structured Analysis and Design Technique)**
  - SoftTech 사에서 개발한 것으로 시스템 정의, 소프트웨어 요구사항 분석, 시스템/소프트웨어 설계를 위해 널리 이용되어 온 구조적 분석 및 설계 도구이다.
  - 구조적 요구 분석을 하기 위해 블록 다이어그램을 채택한 자동화 도구이다.
- **SREM(Software Requirements Engineering Methodology) = RSL/REVS**
  - TRW 사가 우주 국방 시스템 그룹에 의해 실시간 처리 소프트웨어 시스템에서 요구사항을 명확히 기술하도록 할 목적으로 개발한 것으로, RSL과 REVS를 사용하는 자동화 도구이다.
  - RSL(Requirement Statement Language) : 요소, 속성, 관계, 구조들을 기술하는 요구사항 기술 언어

요소	요구사항 명세를 개발하기 위해 사용되는 개체와 개념
속성	요소를 수정하거나 수식(修飾= 장식)하기 위한 것
관계	개체들 간의 관계
구조	정보 흐름을 묘사하기 위한 것

  - REVS(Requirement Engineering and Validation System) : RSL로 기술된 요구사항들을 자동으로 분석하여 요구사항 분석 명세서를 출력하는 요구사항 분석기

- PSL/PSA
  - 미시간 대학에서 개발한 것으로 PSL과 PSA를 사용하는 자동화 도구이다.
  - PSL(Problem Statement Language) : 문제(요구사항) 기술 언어
  - PSA(Problem Statement Analyzer) : PSL로 기술한 요구사항을 자동으로 분석하여 다양한 보고서를 출력하는 문제 분석기
- TAGS(Technology for Automated Generation of Systems)
  - 시스템 공학 방법 응용에 대한 자동 접근 방법으로, 개발 주기의 전 과정에 이용할 수 있는 통합 자동화 도구이다.
  - 구성 : IORL, 요구사항 분석과 IORL 처리를 위한 도구, 기초적인 TAGS 방법론
  - IORL : 요구사항 명세 언어

② HIPO

HIPO(Hierarchy Input Process Output)는 시스템의 분석 및 설계나 문서화할 때 사용되는 기법으로, 시스템 실행 과정인 입력, 처리, 출력의 기능을 나타낸다.

- 기본 시스템 모델은 입력, 처리, 출력으로 구성되며, 하향식 소프트웨어 개발을 위한 문서화 도구이다.
- 체계적인 문서 관리가 가능하다.
- 기호, 도표 등을 사용하므로 보기 쉽고 이해하기도 쉽다.
- 기능과 자료의 의존 관계를 동시에 표현할 수 있다.
- 변경, 유지보수가 용이하다.
- 시스템의 기능을 여러 개의 고유 모듈들로 분할하여 이들 간의 인터페이스를 계층 구조로 표현한 것을 HIPO Chart라고 한다.

전문가의 조언

HIPO의 특징을 묻는 문제가 출제되었습니다. HIPO는 하향식 소프트웨어 개발을 위한 도구라는 것을 중심으로 특징을 정리해 두세요.

HIPO Chart의 종류

HIPO Chart의 종류에는 가시적 도표(Visual Table of Contents), 총체적 도표(Overview Diagram), 세부적 도표(Detail Diagram)가 있다.

- **가시적 도표(도식 목차)** : 시스템의 전체적인 기능과 흐름을 보여주는 계층(Tree) 구조도
- **총체적 도표(총괄도표, 개요 도표)** : 프로그램을 구성하는 기능을 기술한 것으로 입력, 처리, 출력에 대한 전반적인 정보를 제공하는 도표
- **세부적 도표(상세 도표)** : 총체적 도표에 표시된 기능을 구성하는 기본 요소들을 상세히 기술하는 도표

기출문제 따라잡기

문제2 2400852

20년 9월
1. SoftTech 사에서 개발한 것으로 구조적 요구 분석을 하기 위해 블록 다이어그램을 채택한 자동화 도구는?

① SREM　　　　　② PSL/PSA
③ HIPO　　　　　④ SADT

> 'SoftTech 사에서 개발, 그리고 블록 다이어그램 채택'은 SADT의 대표적인 특징입니다.

25년 2월, 24년 2월, 23년 7월, 22년 7월, 20년 6월
2. HIPO(Hierarchy Input Process Output)에 대한 설명으로 거리가 먼 것은?

① 상향식 소프트웨어 개발을 위한 문서화 도구이다.
② HIPO 차트 종류에는 가시적 도표, 총체적 도표, 세부적 도표가 있다.
③ 기능과 자료의 의존 관계를 동시에 표현할 수 있다.
④ 보기 쉽고 이해하기 쉽다.

> HIPO는 하향식 소프트웨어 개발을 위한 문서화 도구입니다.

이전기출
3. HIPO(Hierarchy Input Process Output)에 대한 설명으로 옳지 않은 것은?

① HIPO 다이어그램에는 가시적 도표(Visual Table of Contents), 총체적 다이어그램(Overview Diagram), 세부적 다이어그램(Detail Diagram)의 세 종류가 있다.
② 가시적 도표(Visual Table of Contents)는 시스템에 있는 어떤 특별한 기능을 담당하는 부분의 입력, 처리, 출력에 대한 전반적인 정보를 제공한다.
③ HIPO 다이어그램은 분석 및 설계 도구로서 사용된다.
④ HIPO는 시스템의 설계나 시스템 문서화용으로 사용되고 있는 기법이며, 기본 시스템 모델은 입력, 처리, 출력으로 구성된다.

> HIPO에 대한 전반적인 내용에 대해 다루고 있는 문제네요. 하지만 HIPO의 종류만 정확히 구분할 수 있다면 충분히 풀 수 있는 문제입니다. 가시적 도표는 시스템의 전체적인 기능과 흐름을 보여주는 계층(Tree) 구조도이며, ②번의 내용은 총체적 도표를 설명한 것입니다.

이전기출
4. 프로그램을 구성하는 기능을 기술한 것으로 입력, 처리, 출력을 기술하는 HIPO 패키지에 해당하는 것은?

① Overview Diagram
② Detail Diagram
③ Visual Table of Contents
④ Index Diagram

> 가시적 도표는 전체적인 기능을 보여주는 것, 총체적 도표는 기능에 대한 입력, 처리, 출력의 전반적인 정보를 제공하는 것, 세부 도표는 총체적 도표의 기본 요소를 상세히 기술하는 것입니다. 세 가지를 구분할 수 있어야 합니다.

▶ 정답 : 1. ④　2. ①　3. ②　4. ①

SECTION 009 UML(Unified Modeling Language)

1 UML(Unified Modeling Language)의 개요

UML은 시스템 분석, 설계, 구현 등 시스템 개발 과정에서 시스템 개발자와 고객 또는 개발자 상호간의 의사소통이 원활하게 이루어지도록 표준화한 대표적인 객체지향 모델링 언어*이다.

- UML은 Rumbaugh(OMT), Booch, Jacobson 등의 객체지향 방법론의 장점을 통합하였으며, 객체 기술에 관한 국제표준화기구인 OMG(Object Management Group)에서 표준으로 지정하였다.
- UML을 이용하여 시스템의 구조를 표현하는 6개의 구조 다이어그램과 시스템의 동작을 표현하는 7개의 행위 다이어그램을 작성할 수 있다.
- 각각의 다이어그램은 사물과 사물 간의 관계를 용도에 맞게 표현한다.
- UML의 구성 요소에는 사물(Things), 관계(Relationships), 다이어그램(Diagram) 등이 있다.

2 사물(Things)

사물은 모델을 구성하는 가장 중요한 기본 요소로, 다이어그램 안에서 관계가 형성될 수 있는 대상들을 말한다.

- 사물에는 구조 사물, 행동 사물, 그룹 사물, 주해 사물이 있다.

사물	내용
구조 사물 (Structural Things)	• 시스템의 개념적, 물리적 요소를 표현 • 클래스(Class), 유스케이스(Use Case), 컴포넌트(Component)*, 노드(Node) 등
행동 사물 (Behavioral Things)	• 시간과 공간에 따른 요소들의 행위를 표현 • 상호작용(Interaction), 상태 머신(State Machine) 등
그룹 사물 (Grouping Things)	• 요소들을 그룹으로 묶어서 표현 • 패키지(Package)
주해 사물 (Annotation Things)	• 부가적인 설명이나 제약조건 등을 표현 • 노트(Note)

3 관계(Relationships)

관계는 사물과 사물 사이의 연관성을 표현하는 것으로, 연관 관계, 집합 관계, 포함 관계, 일반화 관계, 의존 관계, 실체화 관계 등이 있다.

연관(Association) 관계

연관 관계는 2개 이상의 사물이 서로 관련되어 있음을 표현한다.

- 사물 사이를 실선으로 연결하여 표현하며, 방향성은 화살표로 표현한다.
- 서로에게 영향을 주는 양방향 관계의 경우 화살표를 생략하고 실선으로만 연결한다.
- 연관에 참여하는 객체의 개수를 의미하는 다중도(Multiplicity)를 선 위에 표기한다.

다중도	의미
1	1개의 객체가 연관되어 있다.
n	n개의 객체가 연관되어 있다.
0..1	연관된 객체가 없거나 1개만 존재한다.
0..* 또는 *	연관된 객체가 없거나 다수일 수 있다.
1..*	연관된 객체가 적어도 1개 이상이다.
n..*	연관된 객체가 적어도 n개 이상이다.
n..m	연관된 객체가 최소 n개에서 최대 m개이다.

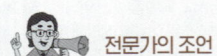

사물, 즉 객체는 유스케이스, 클래스, 컴포넌트와 같이 별도의 표현 형태가 있는 경우를 제외하고는 기본적으로 사각형으로 표현됩니다.

예제 1 사람이 집을 소유하는 관계이다. 사람은 자기가 소유하고 있는 집에 대해 알고 있지만 집은 누구에 의해 자신이 소유되고 있는지 모른다는 의미이다.

해설

- '사람' 쪽에 표기된 다중도가 '1'이므로 집은 한 사람에 의해서만 소유될 수 있다.
- '집' 쪽에 표기된 다중도가 '1'이므로 사람은 집을 하나만 소유할 수 있다.

예제 2 선생님은 학생을 가르치고 학생은 선생님으로부터 가르침을 받는 것과 같이 선생님과 학생은 서로 관계가 있다.

해설

- '선생님' 쪽에 표기된 다중도가 '1..*'이므로 학생은 한 명 이상의 선생님으로부터 가르침을 받는다.
- '학생' 쪽에 표기된 다중도가 '1..*'이므로 선생님은 한 명 이상의 학생을 가르친다.

집합(Aggregation) 관계

집합 관계는 하나의 사물이 다른 사물에 포함되어 있는 관계를 표현한다.

- 포함하는 쪽(전체, Whole)과 포함되는 쪽(부분, Part)은 서로 독립적이다.
- 포함되는 쪽(부분, Part)에서 포함하는 쪽(전체, Whole)으로 속이 빈 마름모를 연결하여 표현한다.

예제 프린터는 컴퓨터에 연결해서 사용할 수 있으며, 다른 컴퓨터에 연결해서 사용할 수도 있다.

포함(Composition) 관계

포함 관계는 집합 관계의 특수한 형태로, 포함하는 사물의 변화가 포함되는 사물에게 영향을 미치는 관계를 표현한다.

- 포함하는 쪽(전체, Whole)과 포함되는 쪽(부분, Part)은 서로 독립될 수 없고 생명주기를 함께한다.
- 포함되는 쪽(부분, Part)에서 포함하는 쪽(전체, Whole)으로 속이 채워진 마름모를 연결하여 표현한다.

> **예제** 문을 열 수 있는 키는 하나이며, 해당 키로 다른 문은 열 수 없다. 문이 없어지면 키도 더 이상 필요하지 않다.

일반화(Generalization) 관계

일반화 관계는 하나의 사물이 다른 사물에 비해 더 일반적인지 구체적인지를 표현한다.

- 예를 들어 사람은 여자와 남자보다 일반적인 개념이고 반대로 여자와 남자는 사람보다 구체적인 개념이다.
- 보다 일반적인 개념을 상위(부모), 보다 구체적인 개념을 하위(자식)라고 부른다.
- 구체적(하위)인 사물에서 일반적(상위)인 사물 쪽으로 속이 빈 화살표를 연결하여 표현한다.

> **예제** 아메리카노와 에스프레소는 커피이다. 다시 말하면, 커피에는 아메리카노와 에스프레소가 있다.

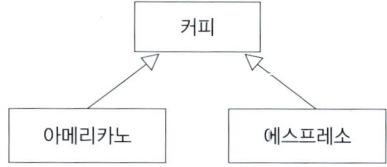

> **전문가의 조언**
> 일반화 관계의 개념을 이해하고, **예제**를 통해 표현 형태를 기억해 두세요.

의존(Dependency) 관계

의존 관계는 연관 관계와 같이 사물 사이에 서로 연관은 있으나 필요에 의해 서로에게 영향을 주는 짧은 시간 동안만 연관을 유지하는 관계를 표현한다.

- 하나의 사물과 다른 사물이 소유 관계는 아니지만 사물의 변화가 다른 사물에도 영향을 미치는 관계이다.
- 일반적으로 한 클래스가 다른 클래스를 오퍼레이션의 매개 변수로 사용하는 경우에 나타나는 관계이다.※
- 영향을 받는 사물(이용자)이 영향을 주는 사물(제공자) 쪽으로 점선 화살표를 연결하여 표현한다.

> **예제** 등급이 높으면 할인율을 적용하고, 등급이 낮으면 할인율을 적용하지 않는다.

예제에서 등급을 이용해 할인율을 적용하는 것처럼 할인율을 적용하기 위해 등급을 매개 변수로 사용하는 관계를 말합니다.

실체화(Realization) 관계

실체화 관계는 사물이 할 수 있거나 해야 하는 기능(오퍼레이션, 인터페이스)으로 서로를 그룹화 할 수 있는 관계를 표현한다.
- 한 사물이 다른 사물에게 오퍼레이션을 수행하도록 지정하는 의미적 관계이다.
- 사물에서 기능 쪽으로 속이 빈 점선 화살표를 연결하여 표현한다.

예제 비행기는 날 수 있고 새도 날 수 있다. 그러므로 비행기와 새는 날 수 있다는 행위로 그룹화 할 수 있다.

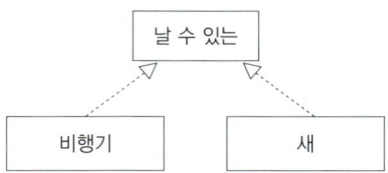

4 다이어그램(Diagram)

25.8, 25.5, 25.2, 23.7, 23.5, 23.2, 22.3, 21.8, 21.5, 21.3, 20.9, 20.8, 20.6

다이어그램은 사물과 관계를 도형으로 표현한 것이다.
- 여러 관점에서 시스템을 가시화한 뷰(View)를 제공함으로써 의사소통에 도움을 준다.
- 정적 모델링에서는 주로 구조적 다이어그램을 사용하고 동적 모델링에서는 주로 행위 다이어그램을 사용한다.

- **구조적(Structural) 다이어그램의 종류**

25.8, 20.6 클래스 다이어그램 (Class Diagram)	• 클래스와 클래스가 가지는 속성, 클래스 사이의 관계를 표현한다. • 시스템의 구조를 파악하고 구조상의 문제점을 도출할 수 있다.
20.6 객체 다이어그램 (Object Diagram)	• 클래스에 속한 사물(객체)들, 즉 인스턴스(Instance)를 특정 시점의 객체와 객체 사이의 관계로 표현한다. • 럼바우(Rumbaugh) 객체지향 분석 기법에서 객체 모델링에 활용된다.
22.3, 20.6 컴포넌트 다이어그램 (Component Diagram)	• 실제 구현 모듈인 컴포넌트 간의 관계나 컴포넌트 간의 인터페이스를 표현한다. • 구현 단계에서 사용되는 다이어그램이다.
22.3 배치 다이어그램 (Deployment Diagram)	• 결과물, 프로세스, 컴포넌트 등 물리적 요소들의 위치를 표현한다. • 노드와 의사소통(통신) 경로로 표현한다. • 구현 단계에서 사용되는 다이어그램이다.
복합체 구조 다이어그램 (Composite Structure Diagram)	클래스나 컴포넌트가 복합 구조를 갖는 경우 그 내부 구조를 표현한다.
22.3 패키지 다이어그램 (Package Diagram)	유스케이스나 클래스 등의 모델 요소들을 그룹화한 패키지들의 관계를 표현한다.

- **행위(Behavioral) 다이어그램의 종류**

21.3, 20.8 유스케이스 다이어그램 (Use Case Diagram)	• 사용자의 요구를 분석하는 것으로 기능 모델링 작업에 사용한다. • 사용자(Actor)와 사용 사례(Use Case)로 구성되며, 사용 사례 간에는 여러 형태의 관계로 이루어진다.

전문가의 조언

중요해요! 다이어그램의 종류를 묻는 문제가 출제됩니다. 다이어그램의 종류를 구조적 다이어그램과 행위 다이어그램으로 구분해서 기억하세요. 구조는 움직이지 않으니 정적이고, 행위는 움직이는 것이니 동적이라고 기억해 두세요.

25.8, 22.3, 20.8 순차 다이어그램 (Sequence Diagram)	상호 작용하는 시스템이나 객체들이 주고받는 메시지를 표현한다.	
커뮤니케이션 다이어그램 (Communication Diagram)	순차 다이어그램과 같이 동작에 참여하는 객체들이 주고받는 메시지를 표현하는데, 메시지뿐만 아니라 객체들 간의 연관까지 표현한다.	
25.8, 23.7, 21.3, 20.9 상태 다이어그램 (State Diagram)	• 하나의 객체가 자신이 속한 클래스의 상태 변화 혹은 다른 객체와의 상호 작용에 따라 상태가 어떻게 변화하는지를 표현한다. • 이벤트(event)에 의한 객체들의 상태 변화를 그림으로 표현한다. • 럼바우(Rumbaugh) 객체지향 분석 기법에서 동적 모델링에 활용된다.	
25.8, 23.2, 20.8 활동 다이어그램 (Activity Diagram)	• 시스템이 어떤 기능을 수행하는지 객체의 처리 로직이나 조건에 따른 처리의 흐름을 순서에 따라 표현한다. • 오퍼레이션이나 처리 과정이 수행되는 동안 일어나는 일들을 단계적으로 표현한다.	
상호작용 개요 다이어그램 (Interaction Overview Diagram)	상호작용 다이어그램 간의 제어 흐름을 표현한다.	
타이밍 다이어그램 (Timing Diagram)	객체 상태 변화와 시간 제약을 명시적으로 표현한다.	

잠깐만요 24.7, 23.7, 22.7, 20.6
스테레오 타입(Stereotype)

스테레오 타입은 UML에서 표현하는 기본 기능 외에 추가적인 기능을 표현하기 위해 사용합니다.
- 길러멧(Guillemet)이라고 부르는 겹화살괄호(《 》) 사이에 표현할 형태를 기술합니다.
- 주로 표현되는 형태는 다음과 같습니다.

《include》	연결된 다른 UML 요소에 대해 포함 관계에 있는 경우
《extend》	연결된 다른 UML 요소에 대해 확장 관계에 있는 경우
《interface》	인터페이스를 정의하는 경우
《exception》	예외를 정의하는 경우
《constructor》	생성자 역할을 수행하는 경우

전문가의 조언

길러멧 기호《 》의 용도를 묻는 문제가 출제되었습니다. 스테레오 타입을 표현할 때 사용하는 기호《 》와 주로 표현되는 형태의 종류를 알아두세요.

기출문제 따라잡기

23년 2월
1. UML의 구성 요소 중 사물(Things)의 종류가 아닌 것은?
① Annotation Things ② Internet of Things
③ Behavioral Things ④ Structural Things

Internet of Things(사물 인터넷)은 사물의 종류가 아니라 정보 통신 기술을 기반으로 실세계와 가상 세계의 다양한 사물들을 인터넷으로 서로 연결하여 진보된 서비스를 제공하기 위한 서비스 기반 기술입니다.

25년 8월, 23년 7월
2. 다음 중 상태 다이어그램에서 객체 전이의 요인이 되는 요소는?
① event ② state
③ message ④ transition

상태 다이어그램은 객체들 사이에서 발생하는 이벤트(event)에 의한 객체들의 상태 변화를 그림으로 표현한 것입니다.

▶ 정답 : 1. ② 2. ①

기출문제 따라잡기

24년 7월, 23년 7월, 22년 7월, 20년 6월
3. UML 확장 모델에서 스테레오 타입 객체를 표현할 때 사용하는 기호로 맞는 것은?
① 《 》 ② ( )
③ { } ④ [ ]

> 스테레오 타입을 표현하는 기호는 겹화살괄호(《 》)입니다.

25년 5월, 24년 7월
4. UML에 대한 설명으로 옳지 않은 것은?
① OMG에서 만든 통합 모델링 언어로서 객체 지향적 분석, 설계 방법론의 표준 지정을 목표로 한다.
② 애플리케이션을 개발할 때 쉽게 이해할 수 있도록 도와주는 여러 가지 유형의 다이어그램을 제공한다.
③ 실시간 시스템 및 분산 시스템과 같은 시스템의 분석과 설계에는 사용될 수 없다.
④ 개발자와 고객 또는 개발자 상호 간의 의사 소통을 원활하게 할 수 있다.

> UML은 실시간 시스템 및 분산 시스템의 시스템 분석과 설계에 사용이 가능합니다.

23년 5월
5. UML 다이어그램 중 동적 다이어그램이 아닌 것은?
① 유스케이스 다이어그램 ② 순차 다이어그램
③ 컴포넌트 다이어그램 ④ 상태 다이어그램

> 컴포넌트 다이어그램은 정적 다이어그램에 해당합니다.

25년 5월, 2월, 22년 3월, 20년 6월
6. UML 다이어그램 중 정적 다이어그램이 아닌 것은?
① 컴포넌트 다이어그램 ② 배치 다이어그램
③ 순차 다이어그램 ④ 패키지 다이어그램

> 순차 다이어그램은 동적 다이어그램입니다.

24년 2월, 23년 5월, 22년 7월, 21년 8월
7. UML 모델에서 한 사물의 명세가 바뀌면 다른 사물에 영향을 주며, 일반적으로 한 클래스가 다른 클래스를 오퍼레이션의 매개 변수로 사용하는 경우에 나타나는 관계는?
① Association ② Dependency
③ Realization ④ Generalization

> 한 사물의 변화가 다른 사물에 영향을 주게되면, 영향을 받는 사물은 영향을 주는 사물에게 의존할 수 밖에 없습니다.

21년 5월
8. UML 모델에서 한 객체가 다른 객체에게 오퍼레이션을 수행하도록 지정하는 의미적 관계로 옳은 것은?
① Dependency ② Realization
③ Generalization ④ Association

> 관계의 종류 중 오퍼레이션, 즉 행위나 기능과 관련된 것은 실체화(Realization) 관계입니다.

23년 2월, 21년 5월
9. UML 다이어그램이 아닌 것은?
① 액티비티 다이어그램(Activity Diagram)
② 절차 다이어그램(Procedural Diagram)
③ 클래스 다이어그램(Class Diagram)
④ 시퀀스 다이어그램(Sequence Diagram)

> UML 다이어그램 중 절차 다이어그램은 없습니다.

25년 8월, 23년 2월
10. 다음 중 활동 다이어그램에 대한 설명으로 옳은 것은?
① 클래스와 클래스가 가지는 속성, 클래스 사이의 관계를 표현한 다이어그램이다.
② 상호 작용하는 시스템이나 객체들이 주고받는 메시지를 표현하는 다이어그램이다.
③ 하나의 객체가 자신이 속한 클래스의 상태 변화 혹은 다른 객체와의 상호 작용에 따라 상태가 어떻게 변하는지를 표현하는 다이어그램이다.
④ 오퍼레이션이나 처리 과정이 수행되는 동안 일어나는 일들을 단계적으로 표현한 다이어그램이다.

> 활동 다이어그램에 대한 설명으로 옳은 것은 ④번입니다. ①번은 클래스 다이어그램, ②번은 순차(Sequence) 다이어그램, ③번은 상태(State) 다이어그램에 대한 설명입니다.

22년 3월
11. 다음의 설명에 해당하는 언어는?

> 객체지향 시스템을 개발할 때 산출물을 명세화, 시각화, 문서화하는 데 사용된다. 즉, 개발하는 시스템을 이해하기 쉬운 형태로 표현하여 분석가, 의뢰인, 설계자가 효율적인 의사소통을 할 수 있게 해 준다. 따라서, 개발 방법론이나 개발 프로세스가 아니라 표준화된 모델링 언어이다.

① JAVA ② C
③ UML ④ Python

> 표준화된(Unified) 모델링(Modeling) 언어(Language)는 UML입니다.

▶ 정답 : 3. ① 4. ③ 5. ③ 6. ③ 7. ② 8. ② 9. ② 10. ④ 11. ③

SECTION 010 주요 UML 다이어그램

1 유스케이스(Use Case) 다이어그램

25.2, 24.5, 23.7, 23.5, 22.4, 21.5, 21.3

유스케이스 다이어그램은 개발될 시스템과 관련된 외부 요소들, 즉 사용자와 다른 외부 시스템들이 개발될 시스템을 이용해 수행할 수 있는 기능을 사용자의 관점(View)에서 표현한 것이다.

- 외부 요소와 시스템 간의 상호 작용을 확인할 수 있다.
- 사용자의 요구사항을 분석하기 위한 도구로 사용된다.
- 시스템의 범위를 파악할 수 있다.

유스케이스 다이어그램의 구성 요소

유스케이스 다이어그램은 시스템 범위, 액터, 유스케이스, 관계로 구성된다.

시스템(System) / 시스템 범위 (System Scope)	시스템 내부에서 수행되는 기능들을 외부 시스템과 구분하기 위해 시스템 내부의 유스케이스들을 사각형으로 묶어 시스템의 범위를 표현함
액터(Actor)	• 시스템과 상호 작용을 하는 모든 외부 요소로, 사람이나 외부 시스템을 의미함 • 주액터 : 시스템을 사용함으로써 이득을 얻는 대상으로, 주로 사람이 해당함 • 부액터(시스템 액터) : 주액터의 목적 달성을 위해 시스템에 서비스를 제공하는 외부 시스템*으로, 조직이나 기관 등이 될 수 있음
유스케이스 (Use Case)	사용자가 보는 관점에서 시스템이 액터에게 제공하는 서비스 또는 기능을 표현한 것
관계 (Relationship)	유스케이스 다이어그램에서 관계는 액터와 유스케이스, 유스케이스와 유스케이스 사이에서 나타날 수 있으며, 연관 관계, 포함 관계*, 확장 관계*, 일반화 관계를 표현할 수 있음

전문가의 조언

유스케이스 다이어그램의 개념과 유스케이스 다이어그램의 구성 요소 중 확장 관계의 개념을 묻는 문제가 출제되었습니다. 유스케이스 다이어그램의 개념을 이해하고 유스케이스 다이어그램 구성 요소의 종류와 각각의 기능을 잘 알아두세요.

외부 시스템
이미 다른 프로젝트에서 개발되어 사용중인 것으로, 원래 프로젝트와 연동되는 또 다른 시스템을 의미합니다.

포함(Include) 관계
- 두 개 이상의 유스케이스에 공통적으로 적용되는 기능을 별도로 분리하여 새로운 유스케이스로 만든 경우, 원래의 유스케이스와 새롭게 분리된 유스케이스와의 관계를 포함 관계라고 합니다.
- 원래의 유스케이스에서 새롭게 만든 포함되는 유스케이스 쪽으로 점선 화살표를 연결한 후 화살표 위에 《include》라고 표기합니다.

24.5, 23.5, 21.3
확장(Extend) 관계
- 유스케이스가 특정 조건에 부합되어 유스케이스의 기능이 확장될 때 원래의 유스케이스와 확장된 유스케이스와의 관계를 확장 관계라고 합니다.
- 확장될 유스케이스에서 원래의 유스케이스 쪽으로 점선 화살표를 연결한 후 화살표 위에 《extends》라고 표기합니다.

 **전문가의 조언**

클래스 다이어그램의 개념과 오퍼레이션의 개념을 묻는 문제가 출제되었습니다. 클래스 다이어그램의 개념, 클래스 다이어그램 구성 요소, 그리고 각 요소들의 개별적인 기능을 잘 알아두세요.

② 클래스(Class) 다이어그램
21.8, 21.3, 실기 22.10

클래스 다이어그램은 시스템을 구성하는 클래스, 클래스의 특성인 속성과 오퍼레이션, 속성과 오퍼레이션에 대한 제약조건, 클래스 사이의 관계를 표현한 것이다.

- 클래스 다이어그램은 시스템을 구성하는 요소에 대해 이해할 수 있는 구조적 다이어그램이다.
- 클래스 다이어그램은 시스템 구성 요소를 문서화하는 데 사용된다.
- 코딩에 필요한 객체의 속성, 함수 등의 정보를 잘 표현하고 있어 시스템을 모델링하는 데 자주 사용된다.

클래스 다이어그램의 구성 요소

클래스 다이어그램은 클래스, 제약조건, 관계 등으로 구성된다.

21.8, 실기 22.10 **클래스(Class)**	• 클래스는 각각의 객체들이 갖는 속성과 오퍼레이션(동작)을 표현함 • 일반적으로 3개의 구획(Compartment)으로 나눠 클래스의 이름, 속성, 오퍼레이션을 표기함 • 속성(Attribute) : 클래스의 상태나 정보를 표현함 • 오퍼레이션(Operation) : 클래스가 수행할 수 있는 동작으로, 함수(메소드, Method)라고도 함
제약조건	속성에 입력될 값에 대한 제약조건이나 오퍼레이션 수행 전후에 지정해야 할 조건이 있다면 이를 적음
관계 **(Relationships)**	• 관계는 클래스와 클래스 사이의 연관성을 표현함 • 클래스 다이어그램에 표현하는 관계에는 연관 관계, 집합 관계, 포함 관계, 일반화 관계, 의존 관계가 있음

 전문가의 조언

순차 다이어그램의 특징이나 구성 요소를 묻는 문제가 출제되고 있습니다. 순차 다이어그램은 동적 다이어그램에 속한다는 것을 중심으로 특징을 정리하고, 순차 다이어그램의 구성 요소를 기억하세요. 구성 요소의 의미를 명칭과 연결지으면 쉽게 기억할 수 있습니다.

 잠깐만요 접근제어자

접근제어자는 속성과 오퍼레이션에 동일하게 적용되며, 표현법은 다음과 같습니다.

접근제어자	표현법	내용
public	+	어떤 클래스에서라도 접근이 가능합니다.
private	−	해당 클래스 내부에서만 접근이 가능합니다.
protected	#	동일 패키지 내의 클래스 또는 해당 클래스를 상속 받은 외부 패키지의 클래스에서 접근이 가능합니다.
package	~	동일 패키지 내부에 있는 클래스에서만 접근이 가능합니다.

순차(Sequence) 다이어그램
24.5, 23.2, 22.7, 22.4, 21.8, 20.8

순차 다이어그램은 시스템이나 객체들이 메시지를 주고받으며 시간의 흐름에 따라 상호 작용하는 과정을 액터, 객체, 메시지 등의 요소를 사용하여 그림으로 표현한 것이다.

- 순차 다이어그램은 시스템이나 객체들의 상호 작용 과정에서 주고받는 메시지를 표현한다.
- 순차 다이어그램을 통해 각 동작에 참여하는 시스템이나 객체들의 수행 기간을 확인할 수 있다.
- 순차 다이어그램에서 수직 방향은 시간의 흐름을 나타낸다.
- 순차 다이어그램은 클래스 내부에 있는 객체들을 기본 단위로 하여 그들의 상호 작용*을 표현한다.
- 순차 다이어그램은 주로 기능 모델링에서 작성한 유스케이스 명세서를 하나의 표현 범위로 하지만, 하나의 클래스에 포함된 오퍼레이션을 하나의 범위로 표현하기도 한다.

> **객체들의 상호 작용을 표현**
> 클래스 내부에 있는 객체들의 상호 작용을 표현한다는 것은 클래스가 수행할 수 있는 동작인 오퍼레이션을 표현한다는 의미입니다. 예를 들어 〈회원〉 클래스에 '로그인 버튼 클릭', '상품 선택', '결제 정보 입력' 등의 오퍼레이션이 있다면 이들 오퍼레이션이 어느 클래스와 상호 작용하는지를 표현하는데, 순차 다이어그램에서는 오퍼레이션을 메시지로 표현합니다.

순차 다이어그램의 구성 요소

순차 다이어그램은 액터, 객체, 생명선, 실행, 메시지 등으로 구성된다.

액터(Actor)	시스템으로부터 서비스를 요청하는 외부 요소로, 사람이나 외부 시스템을 의미함
객체(Object)	메시지를 주고받는 주체
생명선(Lifeline)	객체가 메모리에 존재하는 기간으로, 객체 아래쪽에 점선을 그어 표현함
실행 상자(Active Box)	객체가 메시지를 주고받으며 구동되고 있음을 표현함
메시지(Message)	객체가 상호 작용을 위해 주고받는 메시지
회귀 메시지(Reply/Return Message)	객체가 처리한 반환값이 담긴 메시지
제어 블록(Loop)	반복 처리되는 영역을 표시함

기출문제 따라잡기

22년 7월, 20년 8월
1. UML에서 시퀀스 다이어그램의 구성 항목에 해당하지 않는 것은?
① 생명선　　② 실행
③ 확장　　　④ 메시지

시퀀스 다이어그램의 구성 요소에는 Actor, Object, Lifeline, Active Box, Message 등이 있습니다.

22년 4월
2. 유스케이스(Use Case)의 구성 요소 간의 관계에 포함되지 않는 것은?
① 연관　　② 확장
③ 구체화　④ 일반화

유스케이스 다이어그램에서는 연관 관계, 포함 관계, 확장 관계, 일반화 관계를 표현할 수 있습니다.

▶ 정답 : 1. ③　2. ③

기출문제 따라잡기

21년 8월

3. 클래스 다이어그램의 요소로, 다음 설명에 해당하는 용어는?

- 클래스의 동작을 의미한다
- 클래스에 속하는 객체에 대하여 적용될 메소드를 정의한 것이다.
- UML에서는 동작에 대한 인터페이스를 지칭한다고 볼 수 있다.

① Instance　　② Operation
③ Item　　　　④ Hiding

클래스의 구성 요소 중 동작, 함수, 메소드라고 불리는 것은 오퍼레이션(Operation)입니다.

21년 3월

4. UML 다이어그램 중 시스템 내 클래스의 정적 구조를 표현하고 클래스와 클래스, 클래스의 속성 사이의 관계를 나타내는 것은?

① Activity Diagram　　② Model Diagram
③ State Diagram　　　④ Class Diagram

클래스와 클래스 사이의 관계를 나타내는 것은 클래스 다이어그램입니다.

24년 5월, 22년 4월, 21년 5월

5. 유스케이스(Usecase)에 대한 설명 중 옳은 것은?

① 유스케이스 다이어그램은 개발자의 요구를 추출하고 분석하기 위해 주로 사용한다.
② 액터는 대상 시스템과 상호 작용하는 사람이나 다른 시스템에 의한 역할이다.
③ 사용자 액터는 본 시스템과 데이터를 주고받는 연동 시스템을 의미한다.
④ 연동의 개념은 일방적으로 데이터를 파일이나 정해진 형식으로 넘겨주는 것을 의미한다.

① 유스케이스 다이어그램은 사용자의 요구를 분석하는 데 사용합니다.
③ 사용자 액터(주액터)는 시스템을 사용함으로써 이득을 얻는 대상을 의미합니다. 본 시스템과 데이터를 주고받는 연동 시스템을 시스템 액터(부액터)라고 합니다.
④ 연동은 2개 이상의 시스템이 일방이 아닌 상호 간의 동작에 영향을 줄 수 있도록 연결망을 구성하는 것을 의미합니다.

24년 5월, 22년 4월, 21년 8월

6. 순차 다이어그램(Sequence Diagram)과 관련한 설명으로 틀린 것은?

① 객체들의 상호 작용을 나타내기 위해 사용한다.
② 시간의 흐름에 따라 객체들이 주고 받는 메시지의 전달 과정을 강조한다.
③ 동적 다이어그램보다는 정적 다이어그램에 가깝다.
④ 교류 다이어그램(Interaction Diagram)의 한 종류로 볼 수 있다.

순차 다이어그램은 시간의 흐름에 따라 상호 작용하는 개체들을 표현하는 동적 다이어그램입니다.

25년 2월, 23년 7월, 22년 4월

7. 유스케이스 다이어그램(Use Case Diagram)에 관련된 내용으로 틀린 것은?

① 시스템과 상호 작용하는 외부 시스템은 액터로 파악해서는 안된다.
② 유스케이스는 사용자 측면에서의 요구사항으로, 사용자가 원하는 목표를 달성하기 위해 수행할 내용을 기술한다.
③ 시스템 액터는 다른 프로젝트에서 이미 개발되어 사용되고 있으며, 본 시스템과 데이터를 주고받는 등 서로 연동되는 시스템을 말한다.
④ 액터가 인식할 수 없는 시스템 내부의 기능을 하나의 유스케이스로 파악해서는 안된다.

시스템과 상호 작용하는 모든 외부 요소를 액터라고 합니다.

24년 5월, 23년 5월, 21년 3월

8. 유스케이스 사용 시 특별한 조건이 만족할 경우에만 수행하는 유스케이스를 무엇이라고 하는가?

① 포함　　② 확장
③ 예외　　④ 연결

유스케이스 사용 시 특별한 조건이 만족할 경우에만 수행하는 유스케이스를 확장이라고 합니다.

23년 2월, 22년 4월

9. 순차 다이어그램(Sequence Diagram)과 관련한 설명으로 틀린 것은?

① 주로 정적인 측면에서 모델링을 설계하기 위해 사용한다.
② 시간의 흐름에 따라 객체들이 주고 받는 메시지의 전달 과정을 강조한다.
③ 수직 방향이 시간의 흐름을 나타낸다.
④ 구성 요소에는 회귀 메시지, 제어 블록 등이 있다.

순차 다이어그램은 주로 동적인 측면에서 모델링을 설계하기 위해 사용합니다.

▶ 정답 : 3. ②　4. ④　5. ②　6. ③　7. ①　8. ②　9. ①

1장 핵심요약

001 소프트웨어 생명 주기

❶ 소프트웨어 공학 21.3
- 소프트웨어의 위기를 극복하기 위한 방안으로 연구된 학문이다.
- 소프트웨어의 개발, 운용, 유지보수에 대한 체계적인 접근 방법이다.
- 소프트웨어의 품질과 생산성을 향상시킬 목적으로 한다.
- 경제적인 비용을 들여 신뢰성 높은 소프트웨어를 개발하기 위해 공학적 원리를 정립하고 이를 적용하는 것이다.

❷ 소프트웨어 공학의 기본 원칙 25.8, 24.7, 20.8
- 현대적인 프로그래밍 기술을 계속적으로 적용해야 한다.
- 개발된 소프트웨어의 품질이 유지되도록 지속적으로 검증해야 한다.
- 소프트웨어 개발 관련 사항 및 결과에 대한 명확한 기록을 유지해야 한다.

❸ 폭포수 모형(Waterfall Model) 24.7, 24.2, 21.8, 21.3, 20.9, 20.8, 20.6
- 이전 단계로 돌아갈 수 없다는 전제하에 각 단계를 확실히 매듭짓고 그 결과를 철저하게 검토하여 승인 과정을 거친 후에 다음 단계를 진행하는 개발 방법론이다.
- 보헴(Boehm)이 제시한 고전적 생명 주기 모형이다.
- 가장 오래되고 가장 폭넓게 사용된 전통적인 소프트웨어 생명 주기 모형이다.
- 개발 과정에서 발생하는 요구사항을 반영하기 어렵다.

❹ 프로토타입 모형(Prototype Model, 원형 모형) 25.8, 24.7, 24.5, …
- 사용자의 요구사항을 정확히 파악하기 위해 실제 개발될 소프트웨어에 대한 견본(시제)품(Prototype)을 만들어 최종 결과물을 예측하는 모형이다.
- 시제품은 의뢰자나 개발자 모두에게 공동의 참조 모델이 된다.
- 시스템의 일부 혹은 시스템의 모형을 만드는 과정으로서 요구된 소프트웨어를 구현하는데, 이는 추후 구현 단계에서 사용될 골격 코드가 된다.
- 새로운 요구사항이 도출될 때마다 이를 반영한 프로토타입을 새롭게 만들면서 소프트웨어를 구현하는 방법이다.
- 단기간 제작 목적으로 인하여 비효율적인 언어나 알고리즘이 사용될 수 있다.

❺ 나선형 모형(Spiral Model, 점진적 모형) 25.8, 25.5, 25.2, 24.5, 23.2, …
- 보헴(Boehm)이 제안한 것으로, 폭포수 모형과 프로토타입 모형의 장점에 위험 분석 기능을 추가한 모형이다.
- 나선을 따라 돌듯이 여러 번의 소프트웨어 개발 과정을 거쳐 점진적으로 완벽한 최종 소프트웨어를 개발하는 것이다.
- '계획 수립 → 위험 분석 → 개발 및 검증 → 고객 평가' 과정이 반복적으로 수행된다.
- 핵심 기술에 문제가 있거나 사용자의 요구사항이 이해하기 어려운 경우에 적합한 모델이다.

❻ 애자일 모형(Agile Model) 25.8, 21.5, 20.9
- 고객의 요구사항 변화에 유연하게 대응할 수 있도록 일정한 주기를 반복하면서 개발 과정을 진행한다.
- 애자일 모형을 기반으로 하는 소프트웨어 개발 모형
  - 스크럼(Scrum)
  - XP(eXtreme Programming)
  - 칸반(Kanban)
  - 린(Lean)
  - 크리스탈(Crystal)
  - ASD(Adaptive Software Development)
  - 기능 중심 개발(FDD; Feature Driven Development)
  - DSDM(Dynamic System Development Method)
  - DAD(Disciplined Agile Delivery) 등

1장 핵심요약

❼ 애자일 개발 4가지 핵심 가치 25.8, 24.7, 23.7, 22.4, 22.3, 21.8, 21.3, 20.8

- 프로세스와 도구보다는 개인과 상호작용에 더 가치를 둔다.
- 방대한 문서보다는 실행되는 SW에 더 가치를 둔다.
- 계약 협상보다는 고객과 협업에 더 가치를 둔다.
- 계획을 따르기 보다는 변화에 반응하는 것에 더 가치를 둔다.

- **일일 스크럼 회의(Daily Scrum Meeting)** : 모든 팀원이 매일 약속된 시간에 약 15분 정도의 짧은 시간동안 진행 상황을 점검함
- **스프린트 검토 회의(Sprint Review)** : 부분 또는 전체 완성 제품이 요구사항에 잘 부합되는지 사용자가 포함된 참석자 앞에서 테스팅을 수행함
- **스프린트 회고(Sprint Retrospective)** : 스프린트 주기를 되돌아보며 정해놓은 규칙을 잘 준수했는지, 개선할 점은 없는지 등을 확인하고 기록함

002 스크럼(Scrum) 기법

❶ 스크럼(Scrum) 팀 22.3

- **제품 책임자(PO; Product Owner)**
  - 이해관계자들 중 개발될 제품에 대한 이해도가 높고, 요구사항을 책임지고 의사 결정할 사람으로 선정하는데, 주로 개발 의뢰자나 사용자가 담당한다.
  - 이해관계자들의 의견을 종합하여 제품에 대한 요구사항을 작성하는 주체다.
  - 요구사항이 담긴 백로그(Backlog)를 작성하고 백로그에 대한 우선순위를 지정한다.
- **스크럼 마스터(SM; Scrum Master)** : 스크럼 팀이 스크럼을 잘 수행할 수 있도록 객관적인 시각에서 조언을 해주는 가이드 역할을 수행함
- **개발팀(DT; Development Team)** : 제품 책임자와 스크럼 마스터를 제외한 모든 팀원으로, 개발자 외에도 디자이너, 테스터 등 제품 개발을 위해 참여하는 모든 사람이 대상이 됨

❷ 스크럼 개발 프로세스 24.7, 24.5, 23.2, 22.3

- **제품 백로그(Product Backlog)** : 제품 개발에 필요한 모든 요구사항(User Story)을 우선순위에 따라 나열한 목록
- **스프린트 계획 회의(Sprint Planning Meeting)** : 제품 백로그 중 이번 스프린트에서 수행할 작업을 대상으로 단기 일정을 수립하는 것
- **스프린트(Sprint)** : 실제 개발 작업을 진행하는 과정으로, 보통 2~4주 정도의 기간 내에서 진행함

003 XP(eXtreme Programming) 기법

❶ XP(eXtreme Programming)의 개요 25.8, 25.2, 24.5, 24.2, 23.5, 22.4, 21.8

- 수시로 발생하는 고객의 요구사항에 유연하게 대응하기 위해 고객의 참여와 개발 과정의 반복을 극대화하여 개발 생산성을 향상시키는 방법이다.
- 대표적인 애자일 개발 방법론 중 하나이다.
- 짧고 반복적인 개발 주기, 단순한 설계, 고객의 적극적인 참여를 통해 소프트웨어를 빠르게 개발하는 것을 목적으로 한다.
- 자동화된 테스팅 도구를 사용하여 테스트를 지속적으로 수행한다.
- 애자일 개발 방법론을 기반으로 한다.

❷ XP의 핵심 가치 23.7, 22.7, 20.9, 20.6

- 의사소통(Communication)
- 단순성(Simplicity)
- 용기(Courage)
- 존중(Respect)
- 피드백(Feedback)

❸ XP 개발 프로세스 23.5

- **사용자 스토리(User Story)** : 고객의 요구사항을 간단한 시나리오로 표현한 것
- **릴리즈 계획 수립(Release Planning)** : 몇 개의 스토리가 적용되어 부분적으로 기능이 완료된 제품을 제공하는 것을 릴리즈라고 함

- 스파이크(Spike) : 요구사항의 신뢰성을 높이고 기술 문제에 대한 위험을 감소시키기 위해 별도로 만드는 간단한 프로그램
- 이터레이션(Iteration) : 하나의 릴리즈를 더 세분화 한 단위를 이터레이션(Iteration)이라고 함
- 승인 검사(Acceptance Test, 인수 테스트) : 하나의 이터레이션 안에서 계획된 릴리즈 단위의 부분 완료 제품이 구현되면 수행하는 테스트
- 소규모 릴리즈(Small Release) : 릴리즈를 소규모로 하게 되면, 고객의 반응을 기능별로 확인할 수 있어, 고객의 요구사항에 좀 더 유연하게 대응할 수 있음

④ XP의 주요 실천 방법 [24.7, 24.5, 23.5, 22.4, 20.9]
- Pair Programming(짝 프로그래밍) : 다른 사람과 함께 프로그래밍을 수행함으로써 개발에 대한 책임을 공동으로 나눠 갖는 환경을 조성함
- Collective Ownership(공동 코드 소유) : 개발 코드에 대한 권한과 책임을 공동으로 소유함
- Continuous Integration(계속적인 통합) : 모듈 단위로 나눠서 개발된 코드들은 하나의 작업이 마무리될 때마다 지속적으로 통합됨
- Refactoring(리팩토링) : 프로그램 기능의 변경 없이, 단순화, 유연성 강화 등을 통해 시스템의 내부 구조를 재구성함

004 현행 시스템 파악

① 현행 시스템 파악 절차 [21.3]
- 1단계 : 시스템 구성, 시스템 기능, 시스템 인터페이스 파악
- 2단계 : 아키텍처 구성, 소프트웨어(DBMS, 운영체제 등) 구성 파악
- 3단계 : 하드웨어 구성, 네트워크 구성 파악

005 개발 기술 환경 파악

① DBMS 분석 시 고려사항 [20.6]
- 가용성
- 성능
- 기술 지원
- 상호 호환성
- 구축 비용

② WAS(Web Application Server) [21.3]
- 정적인 콘텐츠 처리를 하는 웹 서버와 달리 사용자의 요구에 따라 변하는 동적인 콘텐츠를 처리하기 위해 사용되는 미들웨어이다.
- 종류 : Tomcat, GlassFish, JBoss, Jetty, JEUS, Resin, WebLogic, WebSphere 등

006 요구사항 정의

① 기능 요구사항 [23.2, 21.8]
- 시스템이 무엇을 하는지, 어떤 기능을 하는지에 대한 사항
- 시스템의 입력이나 출력으로 무엇이 포함되어야 하는지, 시스템이 어떤 데이터를 저장하거나 연산을 수행해야 하는지에 대한 사항
- 시스템이 반드시 수행해야 하는 기능
- 사용자가 시스템을 통해 제공받기를 원하는 기능

② 비기능 요구사항 [25.5, 24.5, 23.2, 21.8]
- 성능 요구사항 : 처리 속도 및 시간, 처리량 등의 요구사항
- 보안 요구사항 : 시스템의 데이터 및 기능, 운영 접근을 통제하기 위한 요구사항
- 품질 요구사항 : 품질 평가 대상에 대한 요구사항

1장 핵심요약

❸ 요구사항 개발 프로세스 25.2, 24.5, 21.5

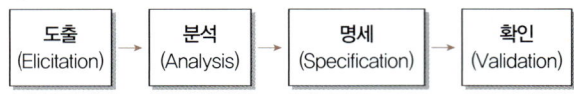

도출(Elicitation) → 분석(Analysis) → 명세(Specification) → 확인(Validation)

❹ 요구사항 도출(Requirement Elicitation, 요구사항 수집) 23.5, 21.8, …

- 시스템, 사용자, 그리고 시스템 개발에 관련된 사람들이 서로 의견을 교환하여 요구사항이 어디에 있는지, 어떻게 수집할 것인지를 식별하고 이해하는 과정이다.
- 요구사항 도출 기법 : 청취와 인터뷰, 설문, 브레인스토밍, 워크샵, 프로토타이핑, 유스케이스 등

❺ 요구사항 명세 기법 20.9

구분	정형 명세 기법	비정형 명세 기법
기법	• 수학적 원리 기반 • 모델 기반	상태/기능/객체 중심
작성 방법	수학적 기호, 정형화된 표기법	• 자연어를 기반으로 작성 • 다이어그램으로 작성
특징	요구사항을 정확하고 간결하게 표현	• 일관성이 떨어짐 • 의사소통이 용이함
종류	VDM, Z, Petri-net, CSP 등	FSM, Decision Table, ER 모델링, State Chart(SADT) 등

❻ 요구사항 확인(요구사항 검증) 21.8

- 분석가가 요구사항을 정확하게 이해한 후 요구사항 명세서를 작성했는지 확인(Validation)하는 것이 필요하다.
- 요구사항이 실제 요구를 반영하는지, 서로 상충되는 요구사항은 없는지 등을 점검한다.
- 개발이 완료된 후 문제가 발견되면 재작업 비용이 발생할 수 있으므로 요구사항 검증은 매우 중요하다.
- 요구사항 검증 과정을 통해 모든 문제를 확인할 수 있는 것은 아니다.

007 요구사항 분석

❶ 요구사항 분석의 개요 24.7, 24.2, 22.3, 21.8, 21.5, 21.3, 20.9, 20.6

- 소프트웨어 개발의 실제적인 첫 단계로 개발 대상에 대한 사용자의 요구사항을 이해하고 문서화(명세화)하는 활동을 의미한다.
- 사용자의 요구를 정확하게 추출하여 목표를 정하고, 어떤 방식으로 해결할 것인지를 결정한다.
- 사용자 요구의 타당성을 조사하고 비용과 일정에 대한 제약을 설정한다.
- 개발 대상에 대한 사용자의 요구사항 중 명확하지 않거나 모호하여 이해되지 않는 부분을 발견하고 이를 걸러내기 위한 과정이다.
- 사용자의 요구사항은 예외가 많고 지속적으로 변하므로 열거와 구조화가 어렵다.
- 내용이 중복되거나 하나로 통합되어야 하는 등 서로 상충되는 요구사항이 있으면 이를 중재하는 과정이다.
- 요구사항 분석을 위해 애자일(Agile) 방법, UML(Unified Modeling Language), 자료 흐름도(DFD), 자료 사전(DD), 소단위 명세서(Mini-Spec.), 개체 관계도(ERD), 상태 전이도(STD), 제어 명세서 등의 도구를 이용한다.

❷ 자료 흐름도의 구성 요소 25.8, 25.5, 25.2, 24.7, 24.2, 23.7, 22.7, 22.3, 20.9, 20.8, 20.6

기호	표기법
프로세스(Process)	(물품 확인)
자료 흐름(Data Flow)	물품 코드 →
자료 저장소(Data Store)	물품대장
단말(Terminator)	공장

❸ 자료 흐름도 작성 지침 23.2

- 자료 흐름은 처리(Process)를 거쳐 변환될 때마다 새로운 이름을 부여한다.
- 어떤 처리(Process)가 출력 자료를 산출하기 위해서는 반드시 입력 자료가 발생해야 한다.

- 상위 단계의 처리(Process)와 하위 자료 흐름도의 자료 흐름은 서로 일치되어야 한다.
- 입력 화살표가 있다고 하여 반드시 출력 화살표가 있어야 하는 것은 아니다.

❹ 자료 사전의 표기 기호 20.9, 20.8, 20.6

기호	의미
=	자료의 정의 : ~로 구성되어 있다(is composed of)
+	자료의 연결 : 그리고(and)
( )	자료의 생략 : 생략 가능한 자료(Optional)
[|]	자료의 선택 : 또는(or)
{ }	자료의 반복 : Iteration of
* *	자료의 설명 : 주석(Comment)

008 요구사항 분석 CASE와 HIPO

❶ SADT 20.9
- SoftTech 사에서 개발한 구조적 분석 및 설계 도구이다.
- 블록 다이어그램을 채택한 자동화 도구이다.

❷ HIPO 25.2, 24.2, 23.7, 22.7, 20.6
- 시스템의 분석 및 설계나 문서화할 때 사용되는 기법으로, 시스템 실행 과정인 입력, 처리, 출력의 기능을 나타낸다.
- 하향식 소프트웨어 개발을 위한 문서화 도구이다.
- 기호, 도표 등을 사용하므로 보기 쉽고 이해하기도 쉽다.
- 기능과 자료의 의존 관계를 동시에 표현할 수 있다.
- 시스템의 기능을 여러 개의 고유 모듈들로 분할하여 이들 간의 인터페이스를 계층 구조로 표현한 것을 HIPO Chart라고 한다.
- HIPO Chart의 종류 : 가시적 도표(Visual Table of Contents), 총체적 도표(Overview Diagram), 세부적 도표(Detail Diagram)

009 UML(Unified Modeling Language)

❶ UML의 개요 25.5, 24.7, 22.3, 20.9
- 시스템 분석, 설계, 구현 등 시스템 개발 과정에서 시스템 개발자와 고객 또는 개발자 상호간의 의사소통이 원활하게 이루어지도록 표준화한 대표적인 객체지향 모델링 언어이다.
- 구성 요소 : 사물(Things), 관계(Relationships), 다이어그램(Diagram)

❷ 사물(Things) 23.2
- 모델을 구성하는 가장 중요한 기본 요소로, 다이어그램 안에서 관계가 형성될 수 있는 대상들을 말한다.
- 종류
  - 구조 사물(Structural Things)
  - 행동 사물(Behavioral Things)
  - 그룹 사물(Grouping Things)
  - 주해 사물(Annotation Things)

❸ 의존(Dependency) 관계 24.2, 23.5, 22.7, 21.8
- 연관 관계와 같이 사물 사이에 서로 연관은 있으나 필요에 의해 서로에게 영향을 주는 짧은 시간 동안만 연관을 유지하는 관계를 표현한다.
- 일반적으로 한 클래스가 다른 클래스를 오퍼레이션의 매개 변수로 사용하는 경우에 나타나는 관계이다.

❹ 실체화(Realization) 관계 21.5
- 사물이 할 수 있거나 해야 하는 기능(오퍼레이션, 인터페이스)으로 서로를 그룹화 할 수 있는 관계를 표현한다.
- 한 사물이 다른 사물에게 오퍼레이션을 수행하도록 지정하는 의미적 관계이다.

1장 핵심요약

❺ 일반화(Generalization) 관계 24.2, 20.8
- 하나의 사물이 다른 사물에 비해 더 일반적인지 구체적인지를 표현한다.
- 예를 들어 차는 버스, 트럭, 택시보다 일반적인 개념이고 반대로 버스, 트럭, 택시는 차보다 구체적인 개념이다.

❻ 구조적(정적) 다이어그램의 종류 25.8, 25.5, 25.2, 23.2, 22.3, 21.8, 20.6
- 클래스 다이어그램
- 객체(Object) 다이어그램
- 컴포넌트 다이어그램
- 배치(Deployment) 다이어그램
- 복합체 구조(Composite Structure) 다이어그램
- 패키지 다이어그램

❼ 행위(동적) 다이어그램의 종류 23.7, 23.5, 23.2, 22.4, 21.8, 21.3, 21.3, 20.8
- 유스케이스 다이어그램
- 순차(Sequence) 다이어그램
- 커뮤니케이션 다이어그램
- 상태(State) 다이어그램
- 활동(Activity) 다이어그램
- 상호작용 개요(Interaction Overview) 다이어그램
- 타이밍 다이어그램

❽ 상태(State) 다이어그램 25.8, 23.7, 21.3, 20.9
- 하나의 객체가 자신이 속한 클래스의 상태 변화 혹은 다른 객체와의 상호 작용에 따라 상태가 어떻게 변화하는지를 표현한다.
- 객체들 사이에서 발생하는 이벤트(event)에 의한 객체들의 상태 변화를 그림으로 표현한다.
- 럼바우(Rumbaugh) 객체지향 분석 기법에서 동적 모델링에 활용된다.

❾ 활동(Activity) 다이어그램 25.8, 23.5, 20.8
- 시스템이 어떤 기능을 수행하는지 객체의 처리 로직이나 조건에 따른 처리의 흐름을 순서에 따라 표현한다.
- 오퍼레이션이나 처리 과정이 수행되는 동안 일어나는 일들을 단계적으로 표현한다.

❿ 스테레오 타입(Stereotype) 24.7, 23.7, 22.7, 20.6
- UML에서 표현하는 기본 기능 외에 추가적인 기능을 표현하기 위해 사용한다.
- 길러멧(Guilemet)이라고 부르는 겹화살괄호(《 》) 사이에 표현할 형태를 기술한다.

010 주요 UML 다이어그램

❶ 유스케이스 다이어그램의 구성 요소 25.2, 24.5, 23.7, 22.4, 21.5
- 시스템/시스템 범위 : 시스템 내부에서 수행되는 기능들을 외부 시스템과 구분하기 위해 시스템 내부의 유스케이스들을 사각형으로 묶어 시스템의 범위를 표현함
- 액터 : 시스템과 상호작용을 하는 모든 외부 요소로, 사람이나 외부 시스템을 의미함
  - 주액터 : 시스템을 사용함으로써 이득을 얻는 대상으로, 주로 사람이 해당함
  - 부액터(시스템 액터) : 주액터의 목적 달성을 위해 시스템에 서비스를 제공하는 외부 시스템으로, 조직이나 기관 등이 될 수 있음
- 유스케이스 : 사용자가 보는 관점에서 시스템이 액터에게 제공하는 서비스 또는 기능을 표현한 것
- 관계(Relationship) : 유스케이스 다이어그램에서 관계는 액터와 유스케이스, 유스케이스와 유스케이스 사이에서 나타날 수 있으며, 연관 관계, 포함 관계, 확장 관계, 일반화 관계를 표현할 수 있음

❷ 유스케이스 확장 관계 24.5, 23.5, 21.3
유스케이스가 특정 조건에 부합되어 유스케이스의 기능이 확장될 때 원래의 유스케이스와 확장된 유스케이스와의 관계이다.

❸ 클래스 다이어그램 – 오퍼레이션(Operation) 21.8
클래스가 수행할 수 있는 동작으로, 함수(메소드, Method)라고도 한다.

④ 순차 다이어그램의 개요 24.5, 23.2, 22.7, 22.4, 21.8, 20.8

- 시스템이나 객체들이 메시지를 주고받으며 시간의 흐름에 따라 상호 작용하는 과정을 액터, 객체, 메시지 등의 요소를 사용하여 그림으로 표현한 것이다.
- 순차 다이어그램은 시스템이나 객체들의 상호 작용 과정에서 주고받는 메시지를 표현한다.
- 순차 다이어그램에서 수직 방향은 시간의 흐름을 나타낸다.

⑤ 순차 다이어그램의 구성 요소 23.2, 22.7, 20.8

- 액터(Actor)
- 객체(Object)
- 생명선(Lifeline)
- 실행 상자(Active Box)
- 메시지(Message)
- 회귀 메시지(Reply/Return Message)
- 제어 블록(Loop)

시나공 동영상 강좌

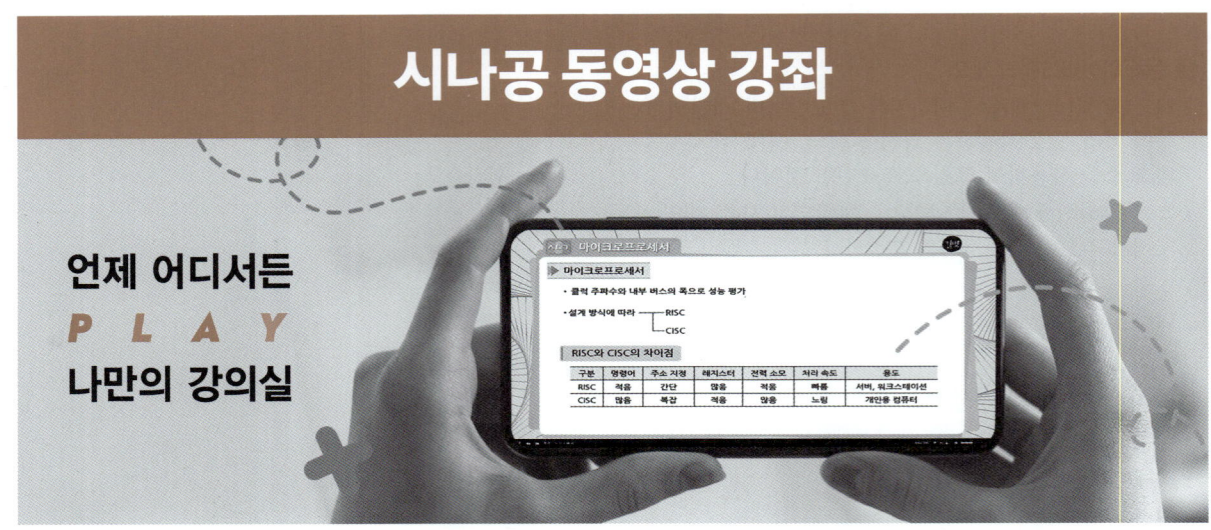

언제 어디서든
P L A Y
나만의 강의실

▶ **동영상 강좌 특징**

선택 수강	기기 무제한	장소 불문	평균 10분
섹션별 강의 구성으로 듣고 싶은 강의만 빠르게 골라서 이용	PC와 모바일 기기의 기종, 개수에 제약 없이 편하게 수강	교재가 없어도 인터넷만 연결된다면 그곳이 내 강의실!	멀티태스킹이 가능한 세대를 위해 강의 시간은 평균 10분

▶ **강좌 종류**

강좌	수강일 및 가격
정보처리기사 필기	150일 수강 | 65,000원
정보처리기사 실기: SPEED UP 특강	150일 수강 | 40,000원
정보처리산업기사 필기	150일 수강 | 65,000원
정보처리산업기사 실기: SPEED UP 특강	150일 수강 | 40,000원

시험 적중률,
가격과 수강일 모두
시나공이
이상적 • 합리적

※ 가격은 변동될 수 있으니, 사이트에서 확인하세요.

▶ **이용 방법**

1. 길벗 동영상강좌(e-learning.gilbut.co.kr)에 접속하여 로그인 하세요.
2. 상단 메뉴 중 **[IT자격증]**을 클릭하세요.
3. 원하는 종목의 강좌를 선택하고 **[수강 신청하기]**를 클릭하세요.
4. 우측 상단의 **[마이 길벗]** → **[나의 동영상 강좌]**로 이동하여 강좌를 수강하세요.

※ 동영상 강좌 이용 문의 : 독자지원 (02-332-0931) 또는 이메일 (content@gilbut.co.kr)

2장 화면 설계

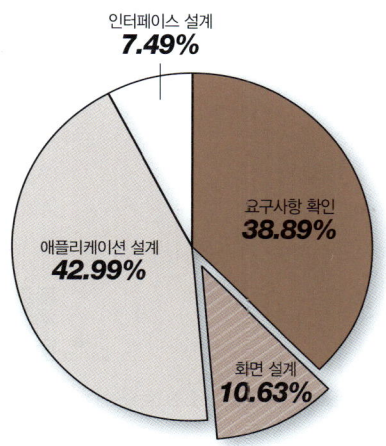

011 사용자 인터페이스 Ⓐ등급
012 UI 설계 도구 Ⓒ등급
013 품질 요구사항 Ⓑ등급
014 UI 상세 설계 Ⓒ등급
015 HCI / UX / 감성공학 Ⓓ등급

꼭 알아야 할 키워드 Best 10

1. 사용자 인터페이스의 구분 2. 사용자 인터페이스의 기본 원칙 3. 사용자 인터페이스의 설계 지침 4. 목업 5. 품질 요구사항 6. 기능성
7. 신뢰성 8. 사용성 9. 이식성 10. UI 요소

SECTION 011

사용자 인터페이스

전문가의 조언

스마트 폰을 사용할 때는 화면을 손가락으로 터치하고 TV 채널을 변경할 때는 리모콘을 누르죠? 터치 화면과 리모콘이 바로 인터페이스입니다. 이처럼 인터페이스는 사람이 기계나 프로그램을 편리하게 사용할 수 있도록 하는 연결점이라고 생각하면 됩니다. 사용자 인터페이스의 개념을 잘 정리해 두세요.

인터페이스(Interface)
인터페이스는 서로 다른 두 시스템이나 소프트웨어 등을 서로 이어주는 부분 또는 접속 장치를 의미합니다.

전문가의 조언

사용자 인터페이스의 특징을 묻는 문제가 출제되었습니다. 사용자 인터페이스는 사용자 중심으로 설계되어야 한다는 것을 염두에 두고 특징을 정리하세요.

전문가의 조언

CLI와 NUI의 의미, 그리고 모바일 제스처의 종류를 묻는 문제가 출제되었습니다. CLI와 NUI를 중심으로 사용자 인터페이스들의 의미를 숙지하고 모바일 제스처의 종류를 기억해 두세요.

23.5, 22.7
주요 모바일 제스처(Mobile Gesture)
- Tap(누르기) : 화면을 가볍게 한 번 터치하는 동작
- Double Tap(두 번 누르기) : 화면을 빠르게 두 번 터치하는 동작
- Drag(누른 채 움직임) : 화면의 특정 위치에 손가락을 댄 상태에서 정해진 방향으로 움직인 후 손가락을 떼는 동작
- Pan(누른 채 계속 움직임) : 화면에 손가락을 댄 후 손가락을 떼지 않고 계속적으로 움직이는 동작으로, 움직이는 방향이나 시간에 제한이 없으며, 손가락을 뗄 때까지의 동작을 패닝(Panning)이라고 함

① 사용자 인터페이스*(UI, User Interface)의 개요
25.2, 22.4, 실기 21.7

사용자 인터페이스(UI)는 사용자와 시스템 간의 상호작용이 원활하게 이뤄지도록 도와주는 장치나 소프트웨어를 의미한다.

- 초기의 사용자 인터페이스는 단순히 사용자와 컴퓨터 간의 상호작용에만 국한되었지만 점차 사용자가 수행할 작업을 구체화시키는 기능 위주로 변경되었고, 최근에는 정보 내용을 전달하기 위한 표현 방법으로 변경되었다.
- 사용자 인터페이스의 세 가지 분야
  - 정보 제공과 전달을 위한 물리적 제어에 관한 분야
  - 콘텐츠의 상세적인 표현과 전체적인 구성에 관한 분야
  - 모든 사용자가 편리하고 간편하게 사용하도록 하는 기능에 관한 분야

② 사용자 인터페이스(UI)의 특징
21.5

- 사용자의 만족도에 가장 큰 영향을 미치는 중요한 요소로, 소프트웨어 영역 중 변경이 가장 많이 발생한다.
- 사용자의 편리성과 가독성을 높임으로써 작업 시간을 단축시키고 업무에 대한 이해도를 높여준다.
- 최소한의 노력으로 원하는 결과를 얻을 수 있게 한다.
- 사용자 중심으로 설계되어 사용자 중심의 상호 작용이 되도록 한다.
- 수행 결과의 오류를 줄인다.
- 사용자의 막연한 작업 기능에 대해 구체적인 방법을 제시해 준다.
- 정보 제공자와 정보 이용자 간의 매개 역할을 수행한다.
- 사용자 인터페이스를 설계하기 위해서는 소프트웨어 아키텍처를 반드시 숙지해야 한다.

③ 사용자 인터페이스의 구분*
25.8, 23.7, 23.5, 22.7, 22.4, 21.8, 실기 22.5

사용자 인터페이스는 상호작용의 수단 및 방식에 따라 다음과 같이 구분된다.
- **CLI(Command Line Interface)** : 명령과 출력이 텍스트 형태로 이뤄지는 인터페이스
- **GUI(Graphical User Interface)** : 아이콘이나 메뉴를 마우스로 선택하여 작업을 수행하는 그래픽 환경의 인터페이스
- **NUI(Natural User Interface)** : 사용자의 말이나 행동*으로 기기를 조작하는 인터페이스

- VUI(Voice User Interface) : 사람의 음성으로 기기를 조작하는 인터페이스
- OUI(Organic User Interface) : 모든 사물과 사용자 간의 상호작용을 위한 인터페이스로, 소프트웨어가 아닌 하드웨어 분야에서 사물 인터넷(Internet of Things), 가상현실(Virtual Reality), 증강현실(Augmented Reality), 혼합현실(Mixed Reality) 등과 함께 대두되고 있음

- Press(오래 누르기) : 화면의 특정 위치를 손가락으로 꾹 누르는 동작
- Flick(빠르게 스크롤) : 화면에 손가락을 터치하면서 수평 또는 수직으로 빠르게 드래그하는 동작
- Pinch(두 손가락으로 넓히기/좁히기) : 두 손가락으로 화면을 터치한 후 두 손가락을 서로 다른 방향으로 움직이는 동작

CLI

GUI

NUI

4 사용자 인터페이스의 기본 원칙

25.5, 22.7, 20.8, 20.6, 실기 20.10, 20.6

사용자 인터페이스의 기본 원칙에는 직관성, 유효성, 학습성, 유연성이 있다.

- **직관성** : 누구나 쉽게 이해하고 사용할 수 있어야 한다.
- **유효성** : 사용자의 목적을 정확하고 완벽하게 달성해야 한다.
- **학습성** : 누구나 쉽게 배우고 익힐 수 있어야 한다.
- **유연성** : 사용자의 요구사항을 최대한 수용하고 실수를 최소화해야 한다.

전문가의 조언

직관성의 의미를 묻는 문제가 출제되었습니다. 사용자 인터페이스의 기본 원칙 4가지의 종류와 각각의 의미를 명확히 기억해 두세요.

5 사용자 인터페이스의 설계 지침

24.5, 22.4, 22.3, 21.8, 20.8, 20.6, 실기 20.10, 20.6

사용자 인터페이스를 설계할 때 고려할 사항은 사용자 중심, 사용성, 일관성, 단순성, 결과 예측 가능, 가시성, 심미성, 표준화, 접근성, 명확성, 오류 발생 해결 등이다.

- **사용자 중심** : 사용자가 쉽게 이해하고 편리하게 사용할 수 있는 환경을 제공하며, 실사용자에 대한 이해가 바탕이 되어야 한다.
- **사용성** : 사용자가 소프트웨어를 얼마나 빠르고 쉽게 이해할 수 있는지, 얼마나 편리하고 효율적으로 사용할 수 있는지를 말하는 것으로, 사용자 인터페이스 설계 시 가장 우선적으로 고려해야 한다.
- **일관성** : 버튼이나 조작 방법 등을 일관성 있게 제공하므로 사용자가 쉽게 기억하고 습득할 수 있게 설계해야 한다.
- **단순성** : 조작 방법을 단순화시켜 인지적 부담을 감소시켜야 한다.
- **결과 예측 가능** : 작동시킬 기능만 보고도 결과를 미리 예측할 수 있게 설계해야 한다.
- **가시성** : 메인 화면에 주요 기능을 노출시켜 최대한 조작이 쉽도록 설계해야 한다.

전문가의 조언

사용자 인터페이스의 올바른 설계 지침을 묻는 문제가 출제됩니다. 사용자 중심, 사용성, 심미성, 오류 발생 해결 항목을 중심으로 사용자 인터페이스의 설계 지침별 의미를 명확히 정리해 두세요.

- **심미성** : 디자인적으로 완성도 높게 글꼴이나 색상을 적용하고 그래픽 요소를 배치하여 가독성을 높일 수 있도록 설계해야 한다.
- **표준화** : 기능 구조와 디자인을 표준화하여 한 번 학습한 이후에는 쉽게 사용할 수 있도록 설계해야 한다.
- **접근성** : 사용자의 연령, 성별, 인종 등 다양한 계층이 사용할 수 있도록 설계해야 한다.
- **명확성** : 사용자가 개념적으로 쉽게 인지할 수 있도록 설계해야 한다.
- **오류 발생 해결** : 오류가 발생하면 사용자가 쉽게 인지할 수 있도록 설계해야 한다.

6 사용자 인터페이스 개발 시스템의 기능

사용자 인터페이스 개발 시스템이 가져야 할 기능은 다음과 같다.
- 사용자의 입력을 검증할 수 있어야 한다.
- 에러 처리와 그와 관련된 에러 메시지를 표시할 수 있어야 한다.
- 도움과 프롬프트(Prompt)를 제공해야 한다.

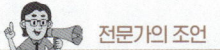

전문가의 조언

사용자 인터페이스 개발 시스템이 가져야 할 기능이 아닌 것을 묻는 문제가 출제되었습니다. 사용자 인터페이스 개발 시스템이 가져야 할 기능 3가지를 잘 기억해 두세요.

기출문제 따라잡기

25년 5월, 22년 7월, 20년 8월, 6월, 실기 20년 10월
1. UI 설계 원칙 중 누구나 쉽게 이해하고 사용할 수 있어야 한다는 원칙은?
① 희소성 ② 유연성
③ 직관성 ④ 멀티운용성

> 보는 즉시 직접적으로 내용을 파악할 수 있어야 누구나 쉽게 이해하고 사용할 수 있습니다.

20년 9월
2. 소프트웨어의 사용자 인터페이스 개발 시스템(User Interface Development System)이 가져야 할 기능이 아닌 것은?
① 사용자 입력의 검증
② 에러 처리와 에러 메시지 처리
③ 도움과 프롬프트(prompt) 제공
④ 소스 코드 분석 및 오류 복구

> 소프트웨어의 사용자 인터페이스 개발 시스템이 가져야 할 기능에는 입력 검증, 에러 처리, 도움 제공이 있습니다.

25년 8월, 23년 5월, 22년 7월
3. 모바일 기기에서 사용하는 NUI 인터페이스에 속하지 않는 것은 무엇인가?
① Pinch ② Press
③ Flow   ④ Flick

> 모바일 기기에서 사용하는 행동, 즉 제스처(Gesture)에는 Tap(누르기), Double Tap(두 번 누르기), Drag(누른 채 움직임), Pan(누른 채 계속 움직임), Press(오래 누르기), Flick(빠르게 스크롤), Pinch(두 손가락으로 넓히기/좁히기) 등이 있습니다.

22년 7월, 21년 8월
4. 대표적으로 DOS 및 Unix 등의 운영체제에서 조작을 위해 사용하던 것으로, 정해진 명령 문자열을 입력하여 시스템을 조작하는 사용자 인터페이스(User Interface)는?
① GUI(Graphical User Interface)
② CLI(Command Line Interface)
③ CUI(Cell User Interface)
④ MUI(Mobile User Interface)

> 명령(Command) 문자열을 이용한 인터페이스(Interface)는 CLI입니다.

기출문제 따라잡기

22년 4월, 3월
5. UI의 설계 지침으로 틀린 것은?
① 이해하기 편하고 쉽게 사용할 수 있는 환경을 제공해야 한다.
② 주요 기능을 메인 화면에 노출하여 조작이 쉽도록 하여야 한다.
③ 치명적인 오류에 대한 부정적인 사항은 사용자가 인지할 수 없도록 한다.
④ 사용자의 직무, 연령, 성별 등 다양한 계층을 수용하여야 한다.

> 오류가 발생하면 사용자가 쉽게 인지할 수 있도록 설계해야 합니다.

23년 7월, 22년 4월
6. UI의 종류로 멀티 터치(Multi-Touch), 동작 인식(Gesture Recognition) 등 사용자의 자연스러운 움직임을 인식하여 서로 주고받는 정보를 제공하는 사용자 인터페이스를 의미하는 것은?
① GUK(Graphical User Interface)
② OUI(Organic User Interface)
③ NUI(Natural User Interface)
④ CLK(Command Line Interface)

> 사용자의 자연스러운 움직임을 인식하여 서로 주고받는 정보를 제공하는 사용자 인터페이스는 NUI(Natural User Interface)입니다.

22년 3월
7. User Interface 설계 시 오류 메시지나 경고에 관한 지침으로 가장 거리가 먼 것은?
① 메시지는 이해하기 쉬워야 한다.
② 오류로부터 회복을 위한 구체적인 설명이 제공되어야 한다.
③ 오류로 인해 발생될 수 있는 부정적인 내용을 적극적으로 사용자들에게 알려야 한다.
④ 소리나 색의 사용을 줄이고 텍스트로만 전달하도록 한다.

> 오류 메시지나 경고는 소리나 색 등을 이용하여 듣거나 보기 쉽게 의미를 전달해야 합니다.

22년 3월
8. 사용자 인터페이스를 설계할 경우 고려해야 할 가이드라인과 가장 거리가 먼 것은?
① 심미성을 사용성보다 우선하여 설계해야 한다.
② 효율성을 높이게 설계해야 한다.
③ 발생하는 오류를 쉽게 수정할 수 있어야 한다.
④ 사용자에게 피드백을 제공해야 한다.

> 사용자 인터페이스 설계 시 사용성을 가장 우선적으로 고려해야 합니다.

21년 5월
9. 사용자 인터페이스(UI)의 특징으로 틀린 것은?
① 구현하고자 하는 결과의 오류를 최소화한다.
② 사용자의 편의성을 높임으로써 작업 시간을 증가시킨다.
③ 막연한 작업 기능에 대해 구체적인 방법을 제시하여 준다.
④ 사용자 중심의 상호 작용이 되도록 한다.

> 사용자 인터페이스(UI)는 사용자의 편리성과 가독성을 높임으로써 작업 시간을 단축시키고 업무에 대한 이해도를 높여줍니다.

25년 2월, 22년 4월
10. 소프트웨어 개발 영역을 결정하는 요소 중 다음 사항과 관계있는 것은?

- 소프트웨어에 의해 간접적으로 제어되는 장치와 소프트웨어를 실행하는 하드웨어
- 기존의 소프트웨어와 새로운 소프트웨어를 연결하는 소프트웨어
- 순서적 연산에 의해 소프트웨어를 실행하는 절차

① 기능(Function)
② 성능(Performance)
③ 제약조건(Constraint)
④ 인터페이스(Interface)

> 서로 다른 두 시스템이나 소프트웨어 등을 서로 이어주는 부분 또는 접속 장치를 인터페이스라고 합니다.

24년 5월, 21년 8월
11. 사용자 인터페이스(User Interface)에 대한 설명으로 틀린 것은?
① 사용자와 시스템이 정보를 주고받는 상호작용이 잘 이루어지도록 하는 장치나 소프트웨어를 의미한다.
② 편리한 유지보수를 위해 개발자 중심으로 설계되어야 한다.
③ 배우기가 용이하고 쉽게 사용할 수 있도록 만들어져야 한다.
④ 사용자 요구사항이 UI에 반영될 수 있도록 구성해야 한다.

> 사용자 인터페이스(UI)는 사용자가 쉽게 이해하고 편리하게 사용할 수 있도록 사용자 중심으로 설계되어야 합니다.

▶ 정답 : 1. ③ 2. ④ 3. ③ 4. ② 5. ③ 6. ③ 7. ④ 8. ① 9. ② 10. ④ 11. ②

SECTION 012 UI 설계 도구

 전문가의 조언

건물을 짓기 전에 건물에 대한 설계도를 그리듯이 UI를 제작할 때도 와이어프레임, 목업, 프로토타입 등을 이용하여 UI에 대한 설계를 먼저 해야 합니다. UI 설계 도구의 종류를 기억하세요. 그리고 각각의 특징을 서로 구분할 수 있을 정도로만 알아두세요.

1 UI 설계 도구

UI 설계 도구는 사용자의 요구사항에 맞게 UI의 화면 구조나 화면 배치 등을 설계할 때 사용하는 도구로, 종류에는 와이어프레임, 목업, 스토리보드, 프로토타입, 유스케이스 등이 있다.

- UI 설계 도구로 작성된 결과물은 사용자의 요구사항이 실제 구현되었을 때 화면은 어떻게 구성되는지, 어떤 방식으로 수행되는지 등을 기획단계에서 미리 보여주기 위한 용도로 사용된다.

2 ^{23.5} 와이어프레임(Wireframe)

와이어프레임은 기획 단계의 초기에 제작하는 것으로, 페이지에 대한 개략적인 레이아웃이나 UI 요소 등에 대한 뼈대를 설계하는 단계이다.

- 와이어프레임을 제작할 때는 각 페이지의 영역 구분, 콘텐츠, 텍스트 배치 등을 화면 단위로 설계한다.
- 개발자나 디자이너 등이 레이아웃을 협의하거나 현재 진행 상태 등을 공유하기 위해 와이어프레임을 사용한다.
- **와이어프레임 툴** : 손그림, 파워포인트, 키노트, 스케치, 일러스트, 포토샵 등

예 와이어프레임 작성

③ 목업(Mockup)

25.2, 24.5, 23.2, 22.3

목업은 디자인, 사용 방법 설명, 평가 등을 위해 와이어프레임보다 좀 더 실제 화면과 유사하게 만든 정적인 형태의 모형이다.

- 시각적으로만 구성 요소를 배치하는 것으로 실제로 구현되지는 않는다.
- **목업 툴** : 파워 목업, 발사믹 목업 등

예 목업 작성

> **전문가의 조언**
>
> 목업의 특징을 묻는 문제가 출제되었습니다. 목업은 시각적으로만 구성 요소를 배치하는 것으로 실제 기능은 구현되지 않는다는 것을 꼭 기억하세요.

④ 스토리보드(Story Board)

스토리보드는 와이어프레임에 콘텐츠에 대한 설명, 페이지 간 이동 흐름 등을 추가한 문서이다.

- 디자이너와 개발자가 최종적으로 참고하는 작업 지침서로, 정책, 프로세스, 콘텐츠 구성, 와이어프레임, 기능 정의 등 서비스 구축을 위한 모든 정보가 들어 있다.
- 스토리보드는 상단이나 우측에는 제목, 작성자 등을 입력하고, 좌측에는 UI 화면, 우측에는 디스크립션(Description)을 기입한다.
- 디스크립션(Description)은 화면에 대한 설명, 전반적인 로직, 분기처리, 예외처리 등을 작성하는 부분으로, 명확하고 세부적으로 작성해야 한다.
- **스토리보드 툴** : 파워포인트, 키노트, 스케치, Axure 등

예 스토리보드 작성

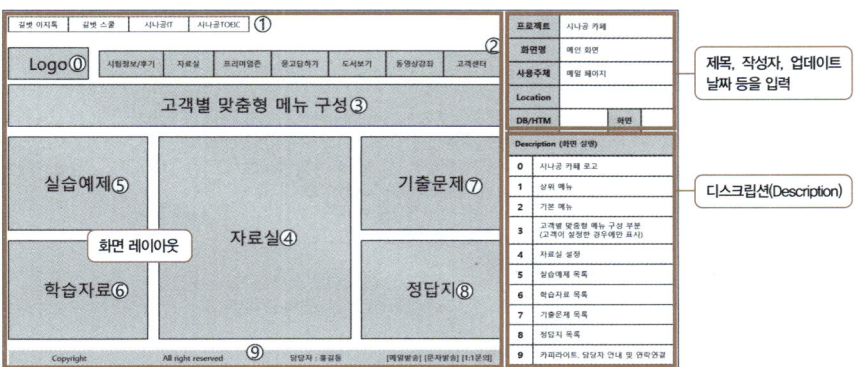

전문가의 조언

프로토타입은 Section 0160에서 자세히 공부하니 이번 섹션에서는 다른 UI 설계 도구와의 차이점 정도만 알아두세요.

인터랙션(Interaction)
사용자와 시스템을 연결하는 것이 UI라면 인터랙션은 UI를 통해 시스템을 사용하는 일련의 상호 작용을 의미합니다. 쉽게 말해 마우스로 화면의 어떤 아이콘을 클릭하면 화면이 그에 맞게 반응하는 것을 말합니다.

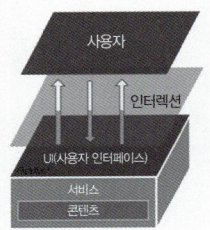

⑤ 프로토타입(Prototype)

프로토타입은 와이어프레임이나 스토리보드 등에 인터랙션*을 적용함으로써 실제 구현된 것처럼 테스트가 가능한 동적인 형태의 모형이다.

- 프로토타입은 사용성 테스트나 작업자 간 서비스 이해를 위해 작성하는 샘플이다.
- 프로토타입은 작성 방법에 따라 페이퍼 프로토타입과 디지털 프로토타입으로 나뉜다.
- **프로토타입 툴** : HTML/CSS, Axure, Flinto, 네이버 프로토나우, 카카오 오븐 등

페이퍼 프로토타입

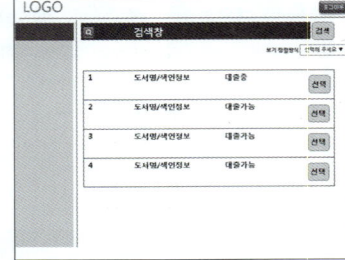

디지털 프로토타입

⑥ 유스케이스(Use Case)

유스케이스는 사용자 측면에서의 요구사항으로, 사용자가 원하는 목표를 달성하기 위해 수행할 내용을 기술한다.

- 사용자의 요구사항을 빠르게 파악함으로써 프로젝트의 초기에 시스템의 기능적인 요구를 결정하고 그 결과를 문서화할 수 있다.
- 유스케이스는 자연어로 작성된 사용자의 요구사항을 구조적으로 표현한 것으로, 일반적으로 다이어그램 형식으로 묘사된다.
- 유스케이스 다이어그램이 완성되면, 각각의 유스케이스에 대해 유스케이스 명세서를 작성한다.

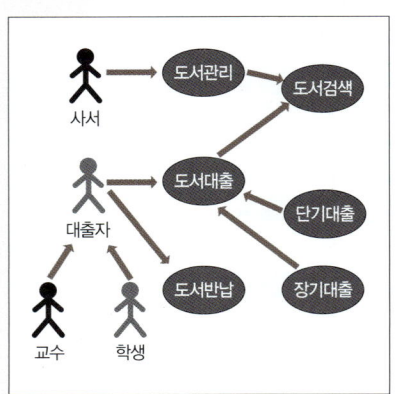

유스케이스 다이어그램

도서 대출 예약 시스템의 도서 반납 유스케이스(Use CASE)
1. 개요
    사용자는 대출반납 기기를 통하여 원하는 도서를 반납한다.
2. 액터
    사용자
3. 이벤트 흐름
    (1) 기본 사항
        (가) 사용자는 '도서대출/반납메인화면'에서 반납 버튼을 누른다.
        (나) 시스템은 반납할 도서의 인식을 요청하는 '반납도서인식요청화면'을 출력한다.
        (다) 사용자는 반납하고자 하는 도서를 대출반납 기기에 인식시킨다.
        (라) 시스템은 데이터베이스에서 대출 정보를 수정한다.
        (마) 시스템은 반납 결과를 보여주는 '반납결과화면'을 출력한다.
        (바) 사용자는 확인 버튼을 누른다.
    (2) 추가 사항
        (가) 사용자가 '반납도서인식요청화면'에서 취소를 누를 경우
        (나) 시스템은 '도서대출/반납메인화면'을 출력한다.
4. 처리내용
    데이터베이스에 대출 정보가 수정된다.

유스케이스 명세서

기출문제 따라잡기

25년 2월, 24년 5월, 23년 2월, 22년 3월

1. 다음 내용이 설명하는 UI 설계 도구는?

- 디자인, 사용 방법 설명, 평가 등을 위해 실제 화면과 유사하게 만든 정적인 형태의 모형
- 시각적으로만 구성 요소를 배치하는 것으로 일반적으로 실제로 구현되지는 않음

① 스토리보드(Storyboard)
② 목업(Mockup)
③ 프로토타입(Prototype)
④ 유스케이스(Usecase)

시각적으로만 배치하는 것으로 실제 기능은 구현되지 않는 것은 목업입니다.

출제예상

2. 다음 중 사용자 인터페이스를 설계할 때 사용하는 툴이 아닌 것은?

① 파워포인트
② 파워 목업
③ 드림위버
④ 액슈어(Axure)

드림위버는 웹페이지 개발에 사용하는 응용 프로그램입니다.

출제예상

3. UI를 설계할 때 화면 단위로 전개될 가상 경로를 예상하여 기획하는 것으로, 화면 설계도이며 구체적인 작업 지침서 역할을 하는 것은?

① 유스케이스
② 레이아웃
③ 내비게이션
④ 스토리보드

구체적인 작업 지침서는 스토리보드입니다.

23년 5월

4. 유스케이스에 대한 설명으로 옳지 않은 것은?

① 사용자 측면에서의 요구사항으로, 사용자가 원하는 목표를 달성하기 위해 수행할 내용을 기술한다.
② 사용자의 요구사항을 빠르게 파악함으로써 프로젝트의 초기에 시스템의 기능적인 요구를 결정하고 그 결과를 문서화할 수 있다.
③ 페이지의 개략적인 레이아웃이나 UI 구성 요소 등 뼈대를 설계하는 단계이다.
④ 자연어로 작성된 사용자의 요구사항을 구조적으로 표현한 것으로, 일반적으로 다이어그램 형식으로 묘사된다.

③번은 와이어프레임(Wireframe)의 개념입니다.

출제예상

5. 다음 중 사용자 인터페이스(User Interface)의 설계 도구에 대한 설명으로 틀린 것은?

① 화면 설계 도구에는 프로토타입, 스토리보드, 와이어프레임, 목업 등이 있다.
② 와이어프레임(Wireframe)은 기획 단계에서 페이지 레이아웃이나 구성 요소 등 뼈대를 설계하는 단계이다.
③ 목업(Mockup)은 와이어프레임의 내용에 디스크립션을 추가한 문서이다.
④ 프로토타입(Prototype)은 테스트가 가능하도록 만든 일종의 샘플이다.

와이어프레임에 디스크립션을 추가한 것은 스토리보드입니다. 목업은 와이어프레임에 비해 실제 화면과 좀 더 유사하지만 디스크립션을 표시하지는 않습니다.

▶ 정답 : 1. ② 2. ③ 3. ④ 4. ③ 5. ③

SECTION 013 품질 요구사항

전문가의 조언

ISO/IEC 9126과 ISO/IEC 25010은 개발자 관점에서 본 소프트웨어 품질의 특성에 대한 표준으로, 총 6개의 특성과 각 특성에 대한 하위 특성으로 이뤄져 있습니다. 먼저 품질 특성의 종류 6가지를 기억하고, 그에 해당하는 하위 특성을 파악해 두세요.

소프트웨어 품질에 대한 주요 국제 표준
- ISO/IEC 9126 : 소프트웨어 품질 특성 및 평가 모델을 정의하는 초기 표준
- ISO/IEC 25000 : 소프트웨어 품질 측정의 기본 개념과 용어를 정의함
- ISO/IEC 25010 : 소프트웨어 제품의 품질 모델을 정의하며, 품질 특성을 설명함
- ISO/IEC 25012 : 데이터 품질 모델을 정의하며, 데이터의 사용 품질을 설명함
- ISO/IEC 25020 : 소프트웨어 품질 측정을 위한 프레임워크를 제공함
- ISO/IEC 25023 : 시스템 및 소프트웨어 제품의 품질 측정을 위한 측정 방법을 제공함
- ISO/IEC 25024 : 데이터의 품질 측정을 위한 측정 방법을 제공함
- ISO/IEC 25030 : 소프트웨어 제품의 품질 요구사항을 명시하는 방법을 제공함
- ISO/IEC 25040 : 소프트웨어 제품 품질을 평가하는 절차와 요구사항을 정의함
- ISO/IEC 25041 : 소프트웨어 품질 평가 도구에 대한 요구사항을 설명함

1 품질 요구사항 25.5, 24.5, 20.6

소프트웨어의 품질은 소프트웨어의 기능, 성능, 만족도 등 소프트웨어에 대한 요구사항이 얼마나 충족하는가를 나타내는 소프트웨어 특성의 총체이다.

- 소프트웨어의 품질은 사용자의 요구사항을 충족시킴으로써 확립된다.
- **ISO/IEC 9126**
  - ISO/IEC 9126은 소프트웨어의 품질 특성과 평가를 위한 표준 지침으로서 국제 표준*으로 널리 사용된다.
  - ISO/IEC 9126은 소프트웨어의 품질에 대한 요구사항을 기술하거나 개발중인 또는 개발이 완료된 소프트웨어의 품질 평가 등에 사용된다.
  - ISO/IEC 9126은 2011년에 호환성과 보안성을 강화하여 ISO/IEC 25010으로 개정되었다.
  - ISO/IEC 9126에서 제시한 소프트웨어의 품질 특성

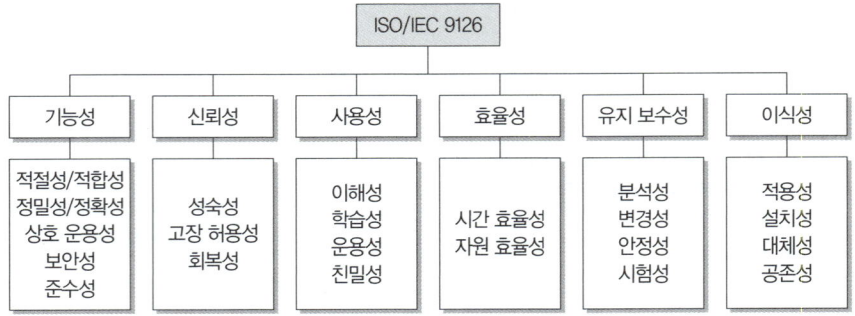

- **ISO/IEC 25010**
  - ISO/IEC 25010은 소프트웨어 제품에 대한 국제 표준으로, 2011년에 ISO/IEC 9126을 개정하여 만들었다.
  - ISO/IEC 25010에서 제시한 소프트웨어의 품질 특성

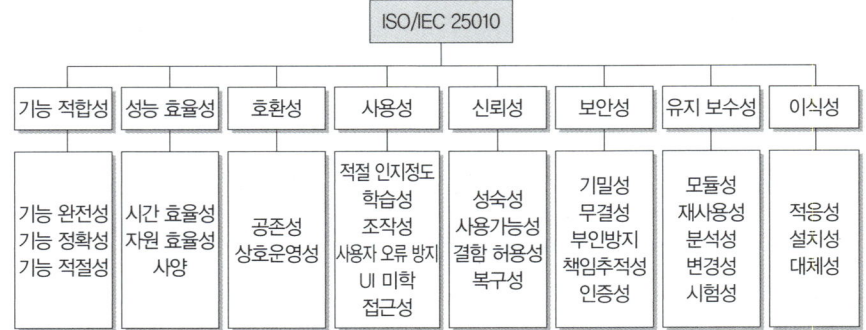

잠깐만요 기타 소프트웨어 품질 관련 표준   25.8, 25.5, 20.8

- **ISO/IEC 12119** : ISO/IEC 9126을 준수한 품질 표준으로, 테스트 절차를 포함하여 규정함
- **ISO/IEC 14598** : 소프트웨어 품질의 측정과 평가에 필요 절차를 규정한 표준으로, 개발자, 구매자, 평가자 별로 수행해야 할 제품 평가 활동을 규정함
- **ISO/IEC 25000** : ISO/IEC 9126과 ISO/IEC 14598을 통합한 소프트웨어 품질 평가 통합 모델 표준으로, SQuaRE라고도 함

> **전문가의 조언**
> ISO/IEC 12119와 25000에 대한 문제가 출제되었습니다. 12119는 테스트 절차가 포함된 표준이고, 25000은 품질 측정이 아니라 품질 평가를 위한 모델이라는 것을 기억해 두세요.

2 기능성(Functionality) 20.6

기능성은 소프트웨어가 사용자의 요구사항을 정확하게 만족하는 기능을 제공하는지 여부를 나타낸다.

상세 품질 요구사항	설명
적절성/적합성(Suitability) 20.6	지정된 작업과 사용자의 목적 달성을 위해 적절한 기능을 제공할 수 있는 능력
정밀성/정확성(Accuracy) 20.6	사용자가 요구하는 결과를 정확하게 산출할 수 있는 능력
상호 운용성(Interoperability)	다른 시스템들과 서로 어울려 작업할 수 있는 능력
보안성(Security) 20.6	정보에 대한 접근을 권한에 따라 허용하거나 차단할 수 있는 능력
준수성(Compliance)*	기능과 관련된 표준, 관례 및 규정을 준수할 수 있는 능력

> **전문가의 조언**
> 기능성의 하위 특성을 묻는 문제가 출제되었습니다. 기능성의 하위 특성의 종류를 기억하고, 각각의 의미는 명칭을 생각하면서 읽어보면 쉽게 기억할 수 있습니다.

> **준수성**
> 각 품질 특성에는 품질 특성과 관련된 표준, 관례, 및 규정을 준수할 수 있는 능력인 '준수성(Compliance)'이 포함되어 있으나, 동일한 내용이므로 기능성에만 포함하였습니다.

3 신뢰성(Reliability) 20.8

신뢰성은 소프트웨어가 요구된 기능을 정확하고 일관되게 오류 없이 수행할 수 있는 정도를 나타낸다.

상세 품질 요구사항	설명
성숙성(Maturity)	결함으로 인한 고장을 피해갈 수 있는 능력
고장 허용성(Fault Tolerance)	결함 또는 인터페이스 결여 시에도 규정된 성능 수준을 유지할 수 있는 능력
회복성(Recoverability)	고장 시 규정된 성능 수준까지 다시 회복하고 직접적으로 영향 받은 데이터를 복구할 수 있는 능력

> **전문가의 조언**
> 신뢰성의 의미를 묻는 문제가 출제되었습니다. 주어진 기능을 오류 없이 수행하는 정도를 뜻하는 신뢰성의 의미를 기억해 두세요.

4 사용성(Usability) 25.2, 21.3

사용성은 사용자와 컴퓨터 사이에 발생하는 어떠한 행위에 대하여 사용자가 쉽게 배우고 사용할 수 있으며, 향후 다시 사용하고 싶은 정도를 나타낸다.

상세 품질 요구사항	설명
이해성(Understandability)	소프트웨어의 적합성, 사용 방법 등을 사용자가 이해할 수 있는 능력
학습성(Learnability)	소프트웨어 애플리케이션을 학습할 수 있도록 하는 능력
운용성(Operability)	사용자가 소프트웨어를 운용하고 제어할 수 있도록 하는 능력
친밀성(Attractiveness)	사용자가 소프트웨어를 다시 사용하고 싶어 하도록 하는 능력

> **전문가의 조언**
> 사용성의 의미를 묻는 문제가 출제되었습니다. 쉽게 배우고 사용할 수 있는 정도를 뜻하는 사용성의 의미를 기억해 두세요.

❺ 효율성(Efficiency)

효율성은 사용자가 요구하는 기능을 할당된 시간 동안 한정된 자원으로 얼마나 빨리 처리할 수 있는지 정도를 나타낸다.

상세 품질 요구사항	설명
시간 효율성 (Time Behaviour)	특정 기능을 수행할 때 적절한 반응 시간 및 처리 시간, 처리율을 제공할 수 있는 능력
자원 효율성 (Resource Behaviour)	특정 기능을 수행할 때 적절한 자원의 양과 종류를 제공할 수 있는 능력

❻ 유지 보수성(Maintainability)

유지 보수성은 환경의 변화 또는 새로운 요구사항이 발생했을 때 소프트웨어를 개선하거나 확장할 수 있는 정도를 나타낸다.

상세 품질 요구사항	설명
분석성(Analyzability)	결함이나 고장의 원인, 수정될 부분들의 식별을 가능하게 하는 능력
변경성(Changeability)	결함 제거 또는 환경 변화로 인한 수정 등을 쉽게 구현할 수 있는 능력
안정성(Stability)	변경으로 인한 예상치 못한 결과를 최소화할 수 있는 능력
시험성(Testability)	소프트웨어의 변경이 검증될 수 있는 능력

❼ 이식성(Portability)
24.7, 24.5, 21.8

이식성은 소프트웨어가 다른 환경에서도 얼마나 쉽게 적용할 수 있는지 정도를 나타낸다.

상세 품질 요구사항	설명
적용성(Adaptability)	원래의 목적으로 제공되는 것 외에 다른 환경으로 변경될 수 있는 능력
설치성(Installability)	임의의 환경에 소프트웨어를 설치할 수 있는 능력
대체성(Replaceability)	동일한 환경에서 동일한 목적을 위해 다른 소프트웨어를 대신하여 사용될 수 있는 능력
공존성(Co-existence)	자원을 공유하는 환경에서 다른 소프트웨어와 공존할 수 있는 능력

> **전문가의 조언**
> 이식성의 의미를 묻는 문제가 출제되었습니다. 다른 환경에서도 쉽게 적용될 수 있는 정도를 뜻하는 이식성의 의미를 기억해 두세요.

기출문제 따라잡기

25년 5월, 20년 6월

1. 소프트웨어 품질 측정을 위해 개발자 관점에서 고려해야 할 항목으로 거리가 먼 것은?

① 정확성 ② 무결성
③ 사용성 ④ 간결성

> 품질 특성에는 기능성, 신뢰성, 사용성, 효율성, 유지 보수성, 이식성, 호환성, 보안성이 있습니다. 정확성은 기능성의 하위 특성이고, 무결성은 보안성의 하위 특성입니다.

20년 6월

2. ISO/IEC 9126의 소프트웨어 품질 특성 중 기능성(Functionality)의 하위 특성으로 옳지 않은 것은?

① 학습성 ② 적합성
③ 정확성 ④ 보안성

> 기능성의 하위 특성에는 적합성, 정확성, 상호 운용성, 보안성, 준수성 등이 있습니다.

20년 8월

3. 패키지 소프트웨어의 일반적인 제품 품질 요구사항 및 테스트를 위한 국제 표준은?

① ISO/IEC 2196 ② IEEE 19554
③ ISO/IEC 12119 ④ ISO/IEC 14959

> 테스트 절차가 포함된 국제 표준은 ISO/IEC 12119입니다.

20년 8월

4. 소프트웨어 품질 목표 중 주어진 시간동안 주어진 기능을 오류 없이 수행하는 정도를 나타내는 것은?

① 직관성 ② 사용 용이성
③ 신뢰성 ④ 이식성

> 주어진 시간동안 주어진 기능을 오류 없이 수행할 수 있는 정도라는 것은 결국 '얼마나 믿을 수 있느냐'를 묻는 것입니다.

25년 2월, 21년 3월

5. 소프트웨어 품질목표 중 쉽게 배우고 사용할 수 있는 정도를 나타내는 것은?

① Correctness ② Reliability
③ Usability ④ Integrity

> 쉽게 배우고 **사용**할 수 있는 **정도**를 가리키는 용어는 사용성입니다.

24년 7월, 5월, 21년 8월

6. 소프트웨어 품질 목표 중 하나 이상의 하드웨어 환경에서 운용되기 위해 쉽게 수정될 수 있는 시스템 능력을 의미하는 것은?

① Portability
② Efficiency
③ Usability
④ Correctness

> 다른 환경에서 운용되기 위해 쉽게 수정될 수 있는 시스템 능력을 이식성(Portability)이라고 합니다.

24년 5월

7. 소프트웨어 품질 관련 국제 표준인 ISO/IEC 25000의 특성이 아닌 것은?

① 호환성 ② 보안성
③ 신뢰성 ④ 반복성

> ISO/IEC 25000의 특성에는 기능성, 효율성, 호환성, 사용성, 신뢰성, 보안성, 유지 보수성, 이식성이 있습니다.

25년 8월, 5월, 23년 2월, 22년 3월

8. 소프트웨어 품질 관련 국제 표준인 ISO/IEC 25000에 관한 설명으로 옳지 않은 것은?

① 소프트웨어 품질 평가를 위한 소프트웨어 품질 평가 통합 모델 표준이다.
② System and Software Quality Requirements and Evaluation으로 줄여서 SQuaRE라고도 한다.
③ ISO/IEC 2501n에서는 소프트웨어의 내부 측정, 외부 측정, 사용 품질 측정, 품질 측정 요소 등을 다룬다.
④ 기존 소프트웨어 품질 평가 모델과 소프트웨어 평가 절차 모델인 ISO/IEC 9126과 ISO/IEC 14598을 통합하였다.

> - ISO/IEC 2501n에서는 소프트웨어의 내부 및 외부 품질과 사용 품질에 대한 모델 등 품질 평가 부분을 다룹니다.
> - 소프트웨어의 내부 측정, 외부 측정, 사용 품질 측정, 품질 측정 요소 등 품질 측정 부분을 다루는 것은 ISO/IEC 2502n입니다.

▶ 정답 : 1. ④ 2. ① 3. ③ 4. ③ 5. ③ 6. ① 7. ④ 8. ③

SECTION 014

UI 상세 설계

전문가의 조언

UI 상세 설계는 흐름 설계에서 작성한 UI 설계서를 토대로 실제 구현을 위한 전체 화면의 세부적인 설계를 하는 부분입니다. UI 상세 설계에서 가장 먼저 하는 작업은 화면 간의 흐름, 다양한 상황에서의 예외 처리 등을 시나리오 문서로 작성하는 것입니다. UI 시나리오 문서를 작성하는 원칙이나 작성 요건 등을 정리해 두세요.

UI 설계서

UI 설계서는 UI 흐름 설계와 UI 상세 설계에서 모두 작성합니다. UI 흐름 설계에서 UI 설계서의 기본적인 토대를 작성한다면 UI 상세 설계에서는 흐름 설계에서 작성한 UI 설계서를 다시 한번 확인하고 추가 또는 수정하여 완성합니다.

인터랙션(Interaction)

사용자와 시스템을 연결하는 것이 UI라면 인터랙션은 UI를 통해 시스템을 사용하는 일련의 상호작용입니다. 쉽게 말해 마우스로 화면의 어떤 아이콘을 클릭하면 화면이 그에 맞게 반응하는 것을 말합니다.

인터랙션 디자이너

인터랙션 디자이너는 제품, 시스템, 서비스에 대한 사용자의 행동과 그에 반응하는 절차를 디자인하는 사람입니다.

전문가의 조언

UI 시나리오의 작성 원칙, 규칙, 요건 등은 정보통신산업진흥원 부설 SW공학센터의 '소프트웨어 개발 UI/UX 참조모델 가이드'(2014)에서 설명한 내용을 토대로 구성하였습니다.

1 UI 시나리오 문서 개요

UI 상세 설계는 UI 설계서*를 바탕으로 실제 설계 및 구현을 위해 모든 화면에 대한 자세한 설계를 진행하는 단계로, UI 상세 설계를 할 때는 반드시 시나리오를 작성해야 한다.

- UI 시나리오 문서는 사용자 인터페이스의 기능 구조, 대표 화면, 화면 간 인터랙션*의 흐름, 다양한 상황에서의 예외 처리 등을 문서로 정리한 것이다.
- UI 시나리오 문서에는 사용자가 최종 목표를 달성하기 위한 방법이 순차적으로 묘사되어 있다.
- UI 설계자 또는 인터랙션 디자이너*가 UI 시나리오 문서를 작성하면 그래픽 디자이너가 시나리오를 바탕으로 디자인을 하고 개발자가 UI를 구현한다.

2 UI 시나리오 문서 작성 원칙

- 개발자가 전체적인 UI의 기능과 작동 방식을 한눈에 이해할 수 있도록 구체적으로 작성한다. 보통 계층(Tree) 구조 또는 플로차트(Flow Chart) 표기법으로 작성한다.
- 모든 기능에 공통적으로 적용될 UI 요소와 인터랙션을 일반 규칙으로 정의한다.
- 대표 화면의 레이아웃과 그 화면에 속할 기능을 정의한다.
- 인터랙션의 흐름을 정의하며, 화면 간 인터랙션의 순서(Sequence), 분기(Branch), 조건(Condition), 루프(Loop) 등을 명시한다.
- 예외 상황에 대비한 다양한 케이스를 정의한다.
- UI 일반 규칙을 지키면서 기능별 상세 기능 시나리오를 정의한다.
- UI 시나리오 규칙을 지정한다.

예 UI 시나리오 작성

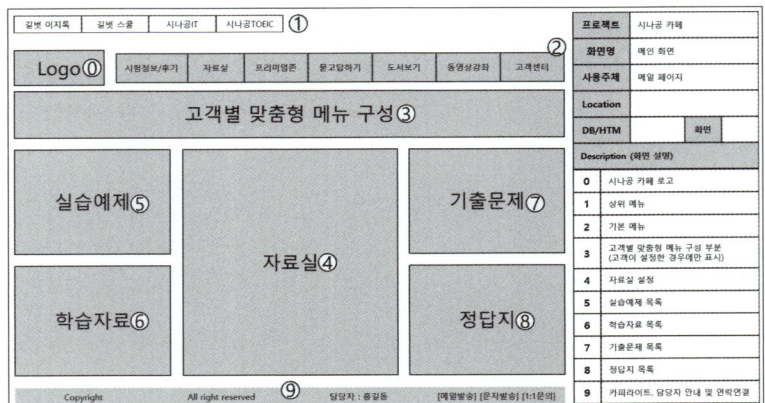

3 UI 시나리오 문서 작성을 위한 일반 규칙

UI 시나리오 문서를 작성하면서 적용할 일반적인 규칙은 다음과 같다.

구분	설명
주요 키의 위치와 기능	모든 화면에 공통적으로 배치되는 주요 키의 위치와 기능을 설명한 것으로, 여러 화면 간의 일관성을 보장한다.
공통 UI 요소	체크 박스, 라디오 버튼, 텍스트 박스 등의 UI 요소를 언제, 어떤 형태로 사용할지를 정의하고, 사용자가 조작하면 어떻게 반응하는지 그 흐름을 설명한다.
기본 스크린 레이아웃 (Basic Screen Layouts)	모든 화면에 공통적으로 나타나는 Titles, Ok/Back, Soft Key, Option, Functional Buttons 등의 위치와 속성을 정의한다.
기본 인터랙션 규칙 (Basic Interaction Rules)	터치 제스처 등에 공통적으로 사용되는 조작 방법과 실행, 이전, 다음, 삭제, 이동 등의 화면 전환 효과 등을 기술한다.
공통 단위 태스크 흐름 (Task Flows)	많은 기능들에 공통적으로 사용되는 삭제, 검색, 매너 모드 상태 등에 대한 인터랙션 흐름을 설명한다.
케이스 문서	다양한 상황에서 공통적으로 적용되는 시스템의 동작을 정의한 문서이다. 예 사운드, 조명, 이벤트 케이스 등

잠깐만요 UI 요소

- 체크 박스(Check Box) : 여러 개의 선택 상황에서 1개 이상의 값을 선택할 수 있는 버튼입니다.
- 라디오 버튼(Radio Button) : 여러 항목 중 하나만 선택할 수 있는 버튼입니다.
- 텍스트 박스(Text Box) : 사용자가 데이터를 입력하고 수정할 수 있는 상자입니다.
- 콤보 상자(Combo Box) : 이미 지정된 목록 상자에 내용을 표시하여 선택하거나 새로 입력할 수 있는 상자입니다.
- 목록 상자(List Box) : 콤보 상자와 같이 목록을 표시하지만 새로운 내용을 입력할 수 없는 상자입니다.

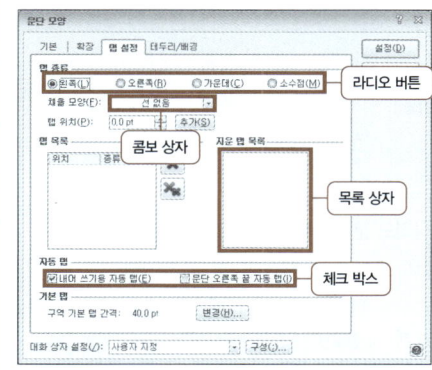

4 UI 시나리오 문서의 요건

완전성(Complete)	• 누락되지 않도록 최대한 상세하게 기술해야 한다. • 해당 시스템의 기능보다는 사용자의 태스크에 초점을 맞춰 기술한다.

일관성(Consistent)	서비스 목표, 시스템 및 사용자의 요구사항, UI 스타일 등이 모두 일관성을 유지해야 한다.
이해성(Understandable)	• 누구나 쉽게 이해할 수 있도록 설명한다. • 불분명하거나 추상적인 표현은 피한다.
가독성(Readable)	• 표준화된 템플릿* 등을 활용하여 문서를 쉽게 읽을 수 있도록 해야 한다. • v1.0, v2.0 등과 같이 문서 인덱스에 대한 규칙이나 목차를 제공한다. • 읽기 쉽도록 줄 간격, 단락, 들여쓰기 등의 기준을 마련한다. • 시각적인 효과를 위해 여백이나 빈 페이지, 하이라이팅을 일관성 있게 지정한다. • 하이퍼링크 등을 지정하여 문서들이 서로 참조될 수 있도록 지정한다.
수정 용이성(Modifiable)	시나리오의 수정이나 개선이 쉬워야 한다.
추적 용이성(Traceable)	변경 사항은 언제, 어떤 부분이, 왜 발생했는지 쉽게 추적할 수 있어야 한다.

템플릿(Template)
템플릿은 형판, 형틀이라는 뜻으로, 화면의 기본 레이아웃 형태를 의미합니다.

5 UI 시나리오 문서로 인한 기대 효과

- 요구사항이나 의사소통에 대한 오류가 감소한다.
- 개발 과정에서의 재작업이 감소하고, 혼선이 최소화된다.
- 불필요한 기능을 최소화한다.
- 소프트웨어 개발 비용을 절감한다.
- 개발 속도를 향상시킨다.

 기출문제 따라잡기

21년 3월
1. 여러 개의 선택 항목 중 하나의 선택만 가능한 경우 사용하는 사용자 인터페이스(UI) 요소는?
① 토글 버튼　② 텍스트 박스
③ 라디오 버튼　④ 체크 박스

선택 항목 중 하나만 선택할 수 있는 요소는 라디오 버튼입니다.

출제예상
2. 완성된 UI 시나리오 문서를 가지고 다음 작업을 진행하는 담당자가 아닌 것은?
① 인터랙션 디자이너　② 개발자
③ 품질 관리자　④ GUI 디자이너

인터랙션 디자이너는 UI 시나리오 문서를 작성하는 사람입니다.

출제예상
3. 다음 중 형판, 형틀이라는 뜻으로 화면의 기본적인 레이아웃 형태를 의미하는 것은?
① 텍스트(Text)　② 인터페이스(Interface)
③ 프레임(Frame)　④ 템플릿(Template)

기본적인 레이아웃 형태를 '템플릿'이라고 합니다.

출제예상
4. 다음 중 UI 시나리오 문서에 대한 설명으로 틀린 것은?
① 해당 시스템의 기능에 초점을 맞춰 작성한다.
② 시각적인 효과를 위해 여백이나 빈 페이지, 하이라이팅을 일관성 있게 지정한다.
③ 시나리오의 수정 또는 개선이 쉬워야 한다.
④ 변경 사항이 있을 경우 언제, 어떤 부분이, 왜 발생했는지 쉽게 추적할 수 있어야 한다.

UI 시나리오 문서는 해당 시스템의 기능보다는 사용자의 태스크에 초점을 맞춰 작성해야 합니다.

▶ 정답 : 1. ③　2. ①　3. ④　4. ①

SECTION 015 HCI / UX / 감성공학

1 HCI(Human Computer Interaction or Interface)

HCI는 사람이 시스템을 보다 편리하고 안전하게 사용할 수 있도록 연구하고 개발하는 학문으로, 최종 목표는 시스템을 사용하는데 있어 최적의 사용자 경험(UX)을 만드는 것이다.

- 원래 HCI는 사람과 컴퓨터의 상호작용을 연구해서 사람이 컴퓨터를 편리하게 사용하도록 만드는 학문이었으나, 대상이 컴퓨터뿐만 아니라 서비스, 디지털 콘텐츠 등으로, 사람도 개인뿐만 아니라 사회나 집단으로 확대되었다.
- HCI는 어떤 제품이 좋은 제품인지, 어떻게 하면 좋은 제품을 만들 수 있는지 등을 연구한다.

전문가의 조언

UX가 제품을 사용하고 느낀 총체적인 경험이라면 감성공학은 이런 경험을 통해 얻은 복합적인 감각을 의미합니다. UI를 기준으로 HCI, UX, 감성공학의 개념이 구분되도록 알아두세요.

2 UX(User Experience)

UX는 사용자가 시스템이나 서비스를 이용하면서 느끼고 생각하게 되는 총체적인 경험을 말한다. 단순히 기능이나 절차상의 만족뿐만 아니라 사용자가 참여, 사용, 관찰하고, 상호 교감을 통해서 알 수 있는 가치 있는 경험을 말한다.

- UX는 기술을 효용성 측면에서만 보는 것이 아니라 사용자의 삶의 질을 향상시키는 하나의 방향으로 보는 새로운 개념이다.
- UI가 사용성, 접근성, 편의성을 중시한다면 UX는 이러한 UI를 통해 사용자가 느끼는 만족이나 감정을 중시한다.
- UX의 특징
  - 주관성(Subjectivity) : 사람들의 개인적, 신체적, 인지적 특성에 따라 다르므로 주관적이다.
  - 정황성(Contextuality) : 경험이 일어나는 상황 또는 주변 환경에 영향을 받는다.
  - 총체성(Holistic) : 개인이 느끼는 총체적인 심리적, 감성적인 결과이다.

3 감성*공학

감성공학은 제품이나 작업환경을 사용자의 감성에 알맞도록 설계 및 제작하는 기술로, 인문사회과학, 공학, 의학 등 여러 분야의 학문이 공존하는 종합과학이다.

- '감성'을 과학적으로 측정하기 위해서는 생체계측 기술, 감각계측 기술, 센서, 인공지능, 생체제어 기술 등이 요구된다.
- 감성공학의 목적은 인간의 삶을 편리하고 안전하며 쾌적하게 만드는 것이다.
- 감성공학은 인간의 감성을 구체적으로 제품 설계에 적용하기 위해 공학적인 접근 방법을 사용한다.

감성
여기서의 '감성'은 사용자가 제품을 사용한 경험을 통해 얻은 복합적인 감각을 의미합니다.

- 감성공학은 인간의 신체적, 정신적 특성을 배려한 제품 설계에서 더 나아가 인간의 감성까지 고려한다.
- 감성공학은 인간과 컴퓨터의 상호작용을 나타내는 HCI(Human Computer Interaction or Interface) 설계에 인간의 특성과 감성을 반영하였다.
- 감성공학의 요소기술
    - 기반 기술 : 제품 설계에 적용할 인간의 특성을 파악한다.
    - 구현 기술 : 인간의 특성에 맞는 인터페이스를 구현한다.
    - 응용 기술 : 인간에 맞는지 파악하여 새로운 감성을 만든다.

 기출문제 따라잡기

출제예상

1. 감성공학을 디자인의 기능적인 측면에서 봤을 경우 해당하는 기능은?

① 물리적 기능
② 생리적 기능
③ 심리적 기능
④ 사회적 기능

감성은 사용자의 경험을 통해 얻는 감각으로, 감성공학은 개인이 느끼는 총제적인 심리적, 감성적인 기능에 해당합니다.

출제예상

2. 다음 설명에 가장 근접한 것은 무엇인가?

사람과 컴퓨터 시스템 간의 상호작용을 연구하고 설계하는 것으로, 사람이 컴퓨터를 편리하게 사용할 수 있도록 한다.

① UX   ② UI
③ HCI   ④ IA

지문에 제시된 내용은 HCI의 개념입니다.

▶ 정답 : 1. ③ 2. ③

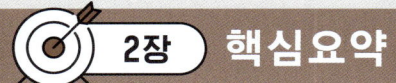

2장 핵심요약

011 사용자 인터페이스

❶ 인터페이스(Interface) 25.2, 22.4

서로 다른 두 시스템이나 소프트웨어 등을 서로 이어주는 부분 또는 접속 장치를 의미한다.

❷ 사용자 인터페이스(UI)의 특징 21.5

- 사용자의 편리성과 가독성을 높임으로써 작업 시간을 단축시키고 업무에 대한 이해도를 높여준다.
- 최소한의 노력으로 원하는 결과를 얻을 수 있게 한다.
- 사용자 중심으로 설계되어 사용자 중심의 상호 작용이 되도록 한다.
- 수행 결과의 오류를 줄인다.
- 사용자의 막연한 작업 기능에 대해 구체적인 방법을 제시해 준다.

❸ 사용자 인터페이스의 구분 25.8, 23.7, 23.5, 22.7, 22.4, 21.8

- CLI(Command Line Interface) : 명령과 출력이 텍스트 형태로 이뤄지는 인터페이스
- GUI(Graphical User Interface) : 아이콘이나 메뉴를 마우스로 선택하여 작업을 수행하는 그래픽 환경의 인터페이스
- NUI(Natural User Interface) : 사용자의 말이나 행동으로 기기를 조작하는 인터페이스

❹ 주요 모바일 제스처(Mobile Gesture) 23.5, 22.7

- Tap(누르기) : 화면을 가볍게 한 번 터치하는 동작
- Double Tap(두 번 누르기) : 화면을 빠르게 두 번 터치하는 동작
- Press(오래 누르기) : 화면의 특정 위치를 손가락으로 꾹 누르는 동작
- Flick(빠르게 스크롤) : 화면에 손가락을 터치하면서 수평 또는 수직으로 빠르게 드래그하는 동작
- Pinch(두 손가락으로 넓히기/좁히기) : 두 손가락으로 화면을 터치한 후 두 손가락을 서로 다른 방향으로 움직이는 동작

❺ 사용자 인터페이스의 기본 원칙 25.5, 22.7, 20.8, 20.6

- 직관성 : 누구나 쉽게 이해하고 사용할 수 있어야 함
- 유효성 : 사용자의 목적을 정확하고 완벽하게 달성해야 함
- 학습성 : 누구나 쉽게 배우고 익힐 수 있어야 함
- 유연성 : 사용자의 요구사항을 최대한 수용하고 실수를 최소화해야 함

❻ 사용자 인터페이스의 설계 지침 24.5, 22.4, 21.8, 20.8, 20.6

- 사용자 중심 : 사용자가 쉽게 이해하고 편리하게 사용할 수 있는 환경을 제공하며, 실사용자에 대한 이해가 바탕이 되어야 함
- 사용성 : 사용자가 소프트웨어를 얼마나 빠르고 쉽게 이해할 수 있는지, 얼마나 편리하고 효율적으로 사용할 수 있는지를 말하는 것으로, 사용자 인터페이스 설계 시 가장 우선적으로 고려해야 함
- 심미성 : 디자인적으로 완성도 높게 글꼴이나 색상을 적용하고 그래픽 요소를 배치하여 가독성을 높일 수 있도록 설계해야 함
- 오류 발생 해결 : 오류가 발생하면 사용자가 쉽게 인지할 수 있도록 설계해야 함

❼ 사용자 인터페이스 개발 시스템의 기능 20.9

- 사용자의 입력을 검증할 수 있어야 한다.
- 에러 처리와 그와 관련된 에러 메시지를 표시할 수 있어야 한다.
- 도움과 프롬프트(Prompt)를 제공해야 한다.

2장 핵심요약

012 UI 설계 도구

❶ 와이어프레임 [23.5]

기획 단계의 초기에 제작하는 것으로, 페이지에 대한 개략적인 레이아웃이나 UI 요소 등에 대한 뼈대를 설계하는 단계이다.

❷ 목업(Mockup) [25.2, 24.5, 23.2, 22.3]

- 디자인, 사용 방법 설명, 평가 등을 위해 와이어프레임보다 좀 더 실제 화면과 유사하게 만든 정적인 형태의 모형이다.
- 시각적으로만 구성 요소를 배치하는 것으로 실제로 구현되지는 않는다.
- 목업 툴 : 파워 목업, 발사믹 목업 등

❸ 유스케이스(Use Case) [23.5]

- 사용자 측면에서의 요구사항으로, 사용자가 원하는 목표를 달성하기 위해 수행할 내용을 기술한다.
- 사용자의 요구사항을 빠르게 파악함으로써 프로젝트의 초기에 시스템의 기능적인 요구를 결정하고 그 결과를 문서화할 수 있다.
- 유스케이스는 자연어로 작성된 사용자의 요구사항을 구조적으로 표현한 것으로, 일반적으로 다이어그램 형식으로 묘사된다.
- 유스케이스 다이어그램이 완성되면, 각각의 유스케이스에 대해 유스케이스 명세서를 작성한다.

013 품질 요구사항

❶ ISO/IEC 12119 [20.8]

- ISO/IEC 9126을 준수한 품질 표준이다.
- 테스트 절차를 포함하여 규정한다.

❷ ISO/IEC 25000 [25.8, 25.5, 23.2, 22.3]

- ISO/IEC 9126과 ISO/IEC 14598을 통합한 소프트웨어 품질 평가 통합 모델 표준이다.
- SQuaRE라고도 한다.

❸ 기능성(Functionality) [20.6]

- 소프트웨어가 사용자의 요구사항을 정확하게 만족하는 기능을 제공하는지 여부를 나타낸다.
- 하위 특성 : 적절성/적합성, 정밀성/정확성, 상호 운용성, 보안성, 준수성

❹ 신뢰성(Reliability) [20.8]

소프트웨어가 요구된 기능을 정확하고 일관되게 오류 없이 수행할 수 있는 정도를 나타낸다.

❺ 사용성(Usability) [25.2, 21.3]

사용자와 컴퓨터 사이에 발생하는 어떠한 행위에 대하여 사용자가 쉽게 배우고 사용할 수 있으며, 향후 다시 사용하고 싶은 정도를 나타낸다.

❻ 이식성(Portability) [24.7, 24.5, 21.8]

소프트웨어가 다른 환경에서도 얼마나 쉽게 적용할 수 있는지 정도를 나타낸다.

014 UI 상세 설계

❶ UI 요소 [21.3]
- 체크 박스(Check Box) : 여러 개의 선택 상황에서 1개 이상의 값을 선택할 수 있는 버튼
- 라디오 버튼(Radio Button) : 여러 항목 중 하나만 선택할 수 있는 버튼
- 텍스트 박스(Text Box) : 사용자가 데이터를 입력하고 수정할 수 있는 상자
- 콤보 상자(Combo Box) : 이미 지정된 목록 상자에 내용을 표시하여 선택하거나 새로 입력할 수 있는 상자
- 목록 상자(List Box) : 콤보 상자와 같이 목록을 표시하지만 새로운 내용을 입력할 수 없는 상자

015 HCI / UX / 감성공학

❶ HCI(Human Computer Interaction or Interface)
사람이 시스템을 보다 편리하고 안전하게 사용할 수 있도록 연구하고 개발하는 학문으로, 최종 목표는 시스템을 사용하는데 있어 최적의 사용자 경험(UX)을 만드는 것이다.

❷ UX(User Experience)
- 사용자가 시스템이나 서비스를 이용하면서 느끼고 생각하게 되는 총체적인 경험을 말한다.
- 단순히 기능이나 절차상의 만족뿐만 아니라 사용자가 참여, 사용, 관찰하고, 상호 교감을 통해서 알 수 있는 가치 있는 경험을 말한다.

❸ UX의 특징
- 주관성(Subjectivity) : 사람들의 개인적, 신체적, 인지적 특성에 따라 다르므로 주관적이다.
- 정황성(Contextuality) : 경험이 일어나는 상황 또는 주변 환경에 영향을 받는다.
- 총체성(Holistic) : 개인이 느끼는 총체적인 심리적, 감성적인 결과이다.

❹ 감성공학
제품이나 작업환경을 사용자의 감성에 알맞도록 설계 및 제작하는 기술로, 인문사회과학, 공학, 의학 등 여러 분야의 학문이 공존하는 종합과학이다.

합격수기 코너는 시나공으로 공부하신 독자분들이 시험에 합격하신 후에
직접 **시나공 홈페이지(sinagong.co.kr)**에 올려주신 자료를 토대로 구성됩니다.

정보처리 독학으로 필기 합격했어요^^

정말 이번 방학 때 시험공부를 하면서 합격 수기에 글을 남기고 싶다는 생각을 했었는데…
가채점해 보고 합격이란 걸 짐작할 수 있었지만 혹시 하는 마음에 확인한 다음 합격 수기에 글을 올립니다.^^

1과목 90점, 2과목 55점(어찌나 조마조마했는지 ㅠㅠ), 3과목 85점, 4과목 85점, 5과목 70점으로 77점으로 합격했어요~

합격할 수 있었던 방법을 말씀드리자면 정말 아주 간단합니다.

보고 또 보고, 대신 모르는 부분은 넘어갔다가 다시 보는 거죠. 앞에 있었던 모르는 용어들은 심심할 때 전자사전으로 한번 훑고 넘어갔어요. 그래도 괜찮은 것이 중요한 용어들은 다음 테마, 혹은 과목에서 또 나오거든요. 단, 이렇게 앞에서는 몰랐던 용어가 나중에 나오면 다시 앞으로 가서 그쪽 부분은 한번 훑어주는 센스!

그래서 상대적으로 1과목은 쉽기도 하지만 복습도 많이 해서 점수가 가장 잘 나온 거 같아요. 그리고 아쉬운 점은 시나공 마지막 모의고사 자료를 정말 그 전날까지 안 봤다는 거예요. 마지막에 정리하려고 일부러 안본 건데 그게 조금 후회돼요. 그런데 가채점할 때 비슷한 문제가 많이 나와서 그걸로 채점하기도 했답니다. -_-;

그런데 이번에만 그런 건지 2과목에서는 시나공에서도 다루지 않은 부분이 많이 나왔어요. 그러니 항상 시나공에 나와 있는 것만이라도 꼭 숙지한다면 과락 걱정은 안 해도 될 것 같습니다.

얼마나 도움이 되었는지 모르겠네요.^^
이상 제 후기 마치겠습니다~^^ 수험생 여러분 화이팅!!

홍지수 • jswh0827

3장 애플리케이션 설계

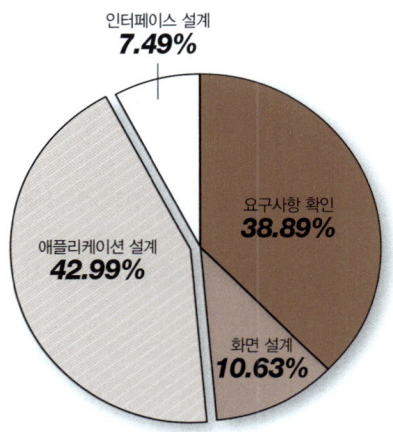

- 인터페이스 설계 7.49%
- 요구사항 확인 38.89%
- 화면 설계 10.63%
- 애플리케이션 설계 42.99%

016 소프트웨어 아키텍처 Ⓐ등급
017 아키텍처 패턴 Ⓑ등급
018 객체지향(Object-Oriented) Ⓐ등급
019 객체지향 분석 및 설계 Ⓐ등급
020 모듈 Ⓐ등급
021 공통 모듈 Ⓑ등급
022 코드 Ⓒ등급
023 디자인 패턴 Ⓐ등급

꼭 알아야 할 키워드 Best 10

1. 파이프-필터 패턴 2. 캡슐화 3. 럼바우의 분석 기법 4. 객체지향 설계 원칙 5. 결합도 6. 응집도 7. 효과적인 모듈 설계 방안
8. 생성 패턴 9. 구조 패턴 10. 행위 패턴

SECTION 016 소프트웨어 아키텍처

1 소프트웨어 아키텍처의 설계

소프트웨어 아키텍처는 소프트웨어의 골격이 되는 기본 구조이자, 소프트웨어를 구성하는 요소들 간의 관계를 표현하는 시스템의 구조 또는 구조체이다.

- 소프트웨어 개발 시 적용되는 원칙과 지침이며, 이해 관계자들의 의사소통 도구로 활용된다.
- 소프트웨어 아키텍처의 설계는 기본적으로 좋은 품질을 유지하면서 사용자의 비기능적 요구사항*으로 나타난 제약을 반영하고, 기능적 요구사항*을 구현하는 방법을 찾는 해결 과정이다.
- 애플리케이션의 분할 방법과 분할된 모듈에 할당될 기능, 모듈 간의 인터페이스 등을 결정한다.
- 소프트웨어 아키텍처 설계의 기본 원리로는 모듈화, 추상화, 단계적 분해, 정보은닉이 있다.

> **잠깐만요** 상위 설계와 하위 설계 20.9
>
> 소프트웨어 개발의 설계 단계는 크게 상위 설계와 하위 설계로 구분할 수 있습니다.
>
> | | 상위 설계 | 하위 설계 |
> |---|---|---|
> | 별칭 | 아키텍처 설계, 예비 설계 | 모듈 설계, 상세 설계 |
> | 설계 대상 | 시스템의 전체적인 구조 | 시스템의 내부 구조 및 행위 |
> | 세부 목록 | 구조, DB, 인터페이스 | 컴포넌트, 자료 구조, 알고리즘 |

2 모듈화(Modularity) 24.5, 23.7, 22.3, 21.8

모듈화란 소프트웨어의 성능을 향상시키거나 시스템의 수정 및 재사용, 유지 관리 등이 용이하도록 시스템의 기능들을 모듈* 단위로 나누는 것을 의미한다.

- 자주 사용되는 계산식이나 사용자 인증과 같은 기능들을 공통 모듈로 구성하여 프로젝트의 재사용성을 향상시킬 수 있다.
- 모듈의 크기를 너무 작게 나누면 개수가 많아져 모듈 간의 통합 비용이 많이 들고, 너무 크게 나누면 개수가 적어 통합 비용은 적게 들지만 모듈 하나의 개발 비용이 많이 든다.
- 모듈화를 통해 기능의 분리가 가능하여 인터페이스가 단순해진다.
- 모듈화를 통해 프로그램의 효율적인 관리가 가능하고 오류의 파급 효과를 최소화할 수 있다.

전문가의 조언

- 소프트웨어 아키텍처의 특징과 역할, 설계의 기본 원리들을 확실히 파악하고 넘어가세요.
- 소프트웨어 아키텍처의 설계는 건축과 비교하면 쉽게 이해할 수 있습니다. 먼저 의뢰자의 요구사항에 맞춰 건물의 용도와 형태를 정하고, 땅을 어떻게 다질지, 골조는 어떻게 세울 것인지와 같이 대략적인 것을 정하는 과정이죠.

기능적/비기능적 요구사항
시스템이 갖춰야할 필수적인 기능에 대한 요구항목들을 기능적 요구사항이라고 하며, 그 외의 품질이나 제약사항에 관한 것을 비기능적 요구사항이라고 합니다. 요구사항에 대한 자세한 내용은 Section 006을 참조하세요.

전문가의 조언

상위와 하위의 개념을 생각하면서 상위 설계와 하위 설계의 항목들을 비교해 보면 생각보다 쉽게 구분됩니다. 잘 기억해 두세요.

전문가의 조언

모듈화의 특징을 묻는 문제가 출제되었습니다. 모듈의 수가 증가하면 상대적으로 각 모듈의 크기가 작아진다는 것을 중심으로 모듈화의 특징을 정리하세요.

모듈(Module)
모듈은 모듈화를 통해 분리된 시스템의 각 기능들로, 서브루틴, 서브시스템, 소프트웨어 내의 프로그램, 작업 단위 등과 같은 의미로 사용됩니다. 모듈에 대한 자세한 내용은 Section 020을 참조하세요.

③ 추상화(Abstraction) ^{24.7, 21.8}

추상화는 문제의 전체적이고 포괄적인 개념을 설계한 후 차례로 세분화하여 구체화시켜 나가는 것이다.

- 인간이 복잡한 문제를 다룰 때 가장 기본적으로 사용하는 방법으로, 완전한 시스템을 구축하기 전에 그 시스템과 유사한 모델을 만들어서 여러 가지 요인들을 테스트할 수 있다.
- 추상화는 최소의 비용으로 실제 상황에 대처할 수 있고, 시스템의 구조 및 구성을 대략적으로 파악할 수 있게 해준다.
- **추상화의 유형**

과정 추상화	자세한 수행 과정을 정의하지 않고, 전반적인 흐름만 파악할 수 있게 설계하는 방법
데이터 추상화	데이터의 세부적인 속성이나 용도를 정의하지 않고, 데이터 구조를 대표할 수 있는 표현으로 대체하는 방법
제어 추상화	이벤트 발생의 정확한 절차나 방법을 정의하지 않고, 대표할 수 있는 표현으로 대체하는 방법

> **전문가의 조언**
>
> 추상화의 유형이 아닌 것을 묻는 문제가 출제되었습니다. 추상화의 유형에는 제어, 과정, 자료(데이터)가 있는데, 유형의 앞 글자만 따서 **제과자**로 기억해 두세요.

④ 단계적 분해(Stepwise Refinement) ^{25.8, 24.2}

단계적 분해는 Niklaus Wirth에 의해 제안된 하향식 설계 전략으로, 문제를 상위의 중요 개념으로부터 하위의 개념으로 구체화시키는 분할 기법이다.

- 추상화의 반복에 의해 세분화된다.
- 소프트웨어의 기능에서부터 시작하여 점차적으로 구체화하고, 알고리즘, 자료 구조 등 상세한 내역은 가능한 한 뒤로 미루어 진행한다.

> **전문가의 조언**
>
> 건축을 예로 들면, 먼저 건물의 골조를 설계한 다음, 건물 내 층과 각 방의 경계를 정하고, 그 다음 방들의 인테리어를 구상하는 것과 같이 대략적인 설계에서 점차 세부인 설계로 넘어가는 것과 같다고 할 수 있습니다.

⑤ 정보 은닉(Information Hiding) ^{25.5, 24.5, 21.8}

정보 은닉은 한 모듈 내부에 포함된 절차와 자료들의 정보가 감추어져 다른 모듈이 접근하거나 변경하지 못하도록 하는 기법이다.

- 어떤 모듈이 소프트웨어 기능을 수행하는데 반드시 필요한 기능이 있어 정보 은닉된 모듈과 커뮤니케이션할 필요가 있을 때는 필요한 정보만 인터페이스를 통해 주고 받는다.
- 정보 은닉을 통해 모듈을 독립적으로 수행할 수 있고, 하나의 모듈이 변경되더라도 다른 모듈에 영향을 주지 않으므로 수정, 시험, 유지보수가 용이하다.

> **전문가의 조언**
>
> 정보 은닉의 특징을 묻는 문제가 출제되었습니다. 캡슐로 된 감기약을 예로 들면, 정보 은닉은 감기약 캡슐에 어떤 재료가 들어 있는지 몰라도 감기 걸렸을 때 먹는 약이라는 것만 알고 복용하는 것과 같은 의미입니다. 이를 염두에 두고 특징을 정리하세요.

⑥ 소프트웨어 아키텍처의 품질 속성 ^{21.5}

소프트웨어 아키텍처의 품질 속성은 소프트웨어 아키텍처가 이해 관계자들이 요구하는 수준의 품질을 유지 및 보장할 수 있게 설계되었는지를 확인하기 위해 품질 평가 요소들을 시스템 측면, 비즈니스 측면, 아키텍처 측면으로 구분하여 구체화시켜 놓은 것이다.

> **전문가의 조언**
>
> 시스템 측면의 품질 속성이 아닌 것을 찾는 문제가 출제되었습니다. 시스템 측면을 중심으로 문제에서 요구하는 속성이 어떤 측면에 해당하는 것인지 가려낼 수 있도록 정리해 두세요.

- 시스템 측면

품질 속성	내용
성능	사용자의 요청과 같은 이벤트가 발생했을 때, 이를 적절하고 빠르게 처리하는 것이다.
보안	허용되지 않은 접근을 막고, 허용된 접근에는 적절한 서비스를 제공하는 것이다.
가용성	장애 없이 정상적으로 서비스를 제공하는 것이다.
기능성	사용자가 요구한 기능을 만족스럽게 구현하는 것이다.
사용성	사용자가 소프트웨어를 사용하는데 헤매지 않도록 명확하고 편리하게 구현하는 것이다.
변경 용이성	소프트웨어가 처음 설계 목표와 다른 하드웨어나 플랫폼에서도 동작할 수 있도록 구현하는 것이다.
확장성	시스템의 용량, 처리능력 등을 확장시켰을 때 이를 효과적으로 활용할 수 있도록 구현하는 것이다.
기타 속성	테스트 용이성, 배치성, 안정성 등이 있다.

- 비즈니스 측면

품질 속성	내용
시장 적시성	정해진 시간에 맞춰 프로그램을 출시하는 것이다.
비용과 혜택	• 개발 비용을 더 투자하여 유연성이 높은 아키텍처를 만들 것인지를 결정하는 것이다. • 유연성이 떨어지는 경우 유지보수에 많은 비용이 소모될 수 있다는 것을 고려해야 한다.
예상 시스템 수명	• 시스템을 얼마나 오랫동안 사용할 것인지를 고려하는 것이다. • 수명이 길어야 한다면 시스템 품질의 '변경 용이성', '확장성'을 중요하게 고려해야 한다.
기타 속성	목표 시장, 공개 일정, 기존 시스템과의 통합 등이 있다.

- 아키텍처 측면

품질 속성	내용
개념적 무결성	전체 시스템과 시스템을 이루는 구성요소들 간의 일관성을 유지하는 것이다.
정확성, 완결성	요구사항과 요구사항을 구현하기 위해 발생하는 제약사항들을 모두 충족시키는 것이다.
구축 가능성	모듈 단위로 구분된 시스템을 적절하게 분배하여 유연하게 일정을 변경할 수 있도록 하는 것이다.
기타 속성	변경성, 시험성, 적응성, 일치성, 대체성 등이 있다.

7 소프트웨어 아키텍처의 설계 과정

23.5, 23.2, 22.3

아키텍처의 설계 과정은 설계 목표 설정, 시스템 타입 결정, 아키텍처 패턴* 적용, 서브시스템 구체화, 검토 순으로 진행된다.

❶ **설계 목표 설정** : 시스템의 개발 방향을 명확히 하기 위해 설계에 영향을 주는 비즈니스 목표, 우선순위 등의 요구사항을 분석하여 전체 시스템의 설계 목표를 설정한다.

❷ **시스템 타입 결정** : 시스템과 서브시스템의 타입을 결정하고, 설계 목표와 함께 고려하여 아키텍처 패턴을 선택한다.

❸ **아키텍처 패턴 적용** : 아키텍처 패턴을 참조하여 시스템의 표준 아키텍처를 설계한다.

❹ **서브시스템 구체화** : 서브시스템의 기능 및 서브시스템 간의 상호작용을 위한 동작과 인터페이스를 정의한다.

❺ **검토** : 아키텍처가 설계 목표에 부합하는지, 요구사항이 잘 반영되었는지, 설계의 기본 원리를 만족하는지 등을 검토한다.

잠깐만요 — 시스템 타입 / 협약에 의한 설계

20.8

시스템 타입

시스템 타입은 일반적으로 다음 네 가지 타입으로 나눌 수 있습니다.

- **대화형 시스템** : 사용자의 요구가 발생하면 시스템이 이를 처리하고 반응하는 시스템
  - 예) 온라인 쇼핑몰과 같은 대부분의 웹 애플리케이션
- **이벤트 중심 시스템** : 외부의 상태 변화에 따라 동작하는 시스템
  - 예) 전화, 비상벨 등의 내장 소프트웨어
- **변환형 시스템** : 데이터가 입력되면 정해진 작업들을 수행하여 결과를 출력하는 시스템
  - 예) 컴파일러, 네트워크 프로토콜 등
- **객체 영속형 시스템** : 데이터베이스를 사용하여 파일을 효과적으로 저장·검색·갱신할 수 있는 시스템
  - 예) 서버 관리 소프트웨어

협약(Contract)에 의한 설계

컴포넌트를 설계할 때 클래스에 대한 여러 가정을 공유할 수 있도록 명세한 것으로, 소프트웨어 컴포넌트에 대한 정확한 인터페이스를 명세한다.

- 협약에 의한 설계 시 명세에 포함될 조건에는 선행 조건, 결과 조건, 불변 조건이 있다.

선행 조건(Precondition)	오퍼레이션이 호출되기 전에 참이 되어야 할 조건
결과 조건(Postcondition)	오퍼레이션이 수행된 후 만족되어야 할 조건
불변 조건(Invariant)	오퍼레이션이 실행되는 동안 항상 만족되어야 할 조건

전문가의 조언

소프트웨어 아키텍처의 설계 과정을 묻는 문제가 출제되었습니다. 아키텍처 설계 과정을 순서대로 암기하고 각 단계에서 수행하는 내용은 가볍게 읽어보세요.

아키텍처 패턴
아키텍처 패턴은 여러 다양한 상황에서 아키텍처를 설계하는데 발생하는 문제들을 해결하기 위해 미리 만들어 놓은 전형적인 해결 방식 또는 예제를 의미합니다. 아키텍처 패턴을 선택하고 이를 참조하여 표준 아키텍처를 설계한다는 말은 건물을 지을 때 전원주택 기본 구조도, 아파트 기본 구조도, 오피스텔 기본 구조도 등 이미 용도에 맞게 설계되어 있는 구조도 중 자신의 용도에 맞는 구조도를 하나 선택하고, 선택한 구조도를 수정하여 자신만의 구조도를 만드는 과정과 같습니다. 아키텍처 패턴에 대한 자세한 내용은 Section 017을 참조하세요.

전문가의 조언

협약에 의한 설계를 할 때 명세에 포함될 조건에 대한 문제가 출제되었습니다. 협약에 의한 설계의 개념과 함께 설계 시 포함될 조건을 잘 정리해 두세요.

기출문제 따라잡기

24년 5월, 22년 3월

1. 소프트웨어 모듈화의 장점이 아닌 것은?

① 오류의 파급 효과를 최소화한다.
② 기능의 분리가 가능하여 인터페이스가 복잡하다.
③ 모듈의 재사용 가능으로 개발과 유지보수가 용이하다.
④ 프로그램의 효율적인 관리가 가능하다.

> 모듈화의 장점은 기능의 분리가 가능하여 인터페이스가 단순해지는 것입니다.

23년 2월, 20년 8월

2. 다음 ( ) 안에 들어갈 내용으로 옳은 것은?

> 컴포넌트 설계 시 "( )에 의한 설계"를 따를 경우, 해당 명세에서는
> (1) 컴포넌트의 오퍼레이션 사용 전에 참이 되어야 할 선행조건
> (2) 사용 후 만족되어야 할 결과조건
> (3) 오퍼레이션이 실행되는 동안 항상 만족되어야 할 불변조건 등이 포함되어야 한다.

① 협약(Contract)   ② 프로토콜(Protocol)
③ 패턴(Pattern)   ④ 관계(Relation)

> 문제의 지문에 제시된 내용은 협약에 의한 설계에 대한 내용입니다.

24년 7월, 21년 8월

3. 소프트웨어 설계에서 사용되는 대표적인 추상화(Abstraction) 기법이 아닌 것은?

① 자료 추상화   ② 제어 추상화
③ 과정 추상화   ④ 강도 추상화

> 추상화의 유형은 제어, 과정, 자료(데이터)입니다.

24년 5월, 21년 8월

4. 객체지향 설계에서 정보 은닉(Information Hiding)과 관련한 설명으로 틀린 것은?

① 필요하지 않은 정보는 접근할 수 없도록 하여 한 모듈 또는 하부 시스템이 다른 모듈의 구현에 영향을 받지 않게 설계되는 것을 의미한다.
② 모듈들 사이의 독립성을 유지시키는 데 도움이 된다.
③ 설계에서 은닉되어야 할 기본 정보로는 IP주소와 같은 물리적 코드, 상세 데이터 구조 등이 있다.
④ 모듈 내부의 자료 구조와 접근 동작들에만 수정을 국한하기 때문에 요구사항 등 변화에 따른 수정이 불가능하다.

> 정보 은닉을 통해 다른 모듈에 영향을 주지 않으므로 수정, 시험, 유지보수가 용이합니다.

21년 5월

5. 소프트웨어 아키텍처 설계에서 시스템 품질 속성이 아닌 것은?

① 가용성(Availability)
② 독립성(Isolation)
③ 변경 용이성(Modifiability)
④ 사용성(Usability)

> 시스템 품질 속성에는 **성능, 변경 용이성, 사용성, 기능성, 가용성, 확장성, 보안** 등이 있습니다. 이렇게 암기해 보세요. 성능 좋은 폰으로 변경해서 용강이 사기가(4G) 확보됐다.

23년 5월, 22년 3월

6. 아키텍처 설계 과정이 올바른 순서로 나열된 것은?

> ㉮ 설계 목표 설정
> ㉯ 시스템 타입 결정
> ㉰ 스타일 적용 및 커스터마이즈
> ㉱ 서브시스템의 기능, 인터페이스 동작 작성
> ㉲ 아키텍처 설계 검토

① ㉮ → ㉯ → ㉰ → ㉱ → ㉲
② ㉲ → ㉮ → ㉯ → ㉱ → ㉰
③ ㉮ → ㉲ → ㉯ → ㉰ → ㉱
④ ㉮ → ㉯ → ㉰ → ㉲ → ㉱

> 먼저 **목표**를 설정하고 **타입**을 결정한 후 **스타일(패턴)**을 적용합니다. 이어서 **서브시스템**을 구체화하고 아키텍처를 최종적으로 **검토**합니다.

23년 7월, 21년 8월

7. 모듈화(Modularity)와 관련한 설명으로 틀린 것은?

① 소프트웨어의 모듈은 프로그래밍 언어에서 Subroutine, Function 등으로 표현될 수 있다.
② 모듈의 수가 증가하면 상대적으로 각 모듈의 크기가 커지며, 모듈 사이의 상호교류가 감소하여 과부하(Overload) 현상이 나타난다.
③ 모듈화는 시스템을 지능적으로 관리할 수 있도록 해주며, 복잡도 문제를 해결하는 데 도움을 준다.
④ 모듈화는 시스템의 유지보수와 수정을 용이하게 한다.

> 모듈의 수가 증가하면 상대적으로 각 모듈의 크기는 작아집니다.

▶ 정답 : 1. ② 2. ① 3. ④ 4. ④ 5. ② 6. ① 7. ②

SECTION 017 아키텍처 패턴

1 아키텍처 패턴(Patterns)의 개요

아키텍처 패턴은 아키텍처를 설계할 때 참조할 수 있는 전형적인 해결 방식 또는 예제를 의미한다.

- 아키텍처 패턴은 소프트웨어 시스템의 구조를 구성하기 위한 기본적인 윤곽을 제시한다.
- 아키텍처 패턴에는 서브시스템들과 그 역할이 정의되어 있으며, 서브시스템 사이의 관계와 여러 규칙·지침 등이 포함되어 있다.
- 아키텍처 패턴을 아키텍처 스타일 또는 표준 아키텍처라고도 한다.
- 아키텍처 패턴의 장점
  - 시행착오를 줄여 개발 시간을 단축시키고, 고품질의 소프트웨어를 생산할 수 있다.
  - 검증된 구조로 개발하기 때문에 안정적인 개발이 가능하다.
  - 이해관계자들이 공통된 아키텍처를 공유할 수 있어 의사소통이 간편해진다.
  - 시스템의 구조를 이해하는 것이 쉬워 개발에 참여하지 않은 사람도 손쉽게 유지보수를 수행할 수 있다.
  - 시스템의 특성을 개발 전에 예측하는 것이 가능해진다.
- 아키텍처 패턴의 종류에는 레이어 패턴, 클라이언트-서버 패턴, 파이프-필터 패턴, 모델-뷰-컨트롤러 패턴 등이 있다.

2 레이어 패턴(Layers pattern)

레이어 패턴은 시스템을 계층(Layer)으로 구분하여 구성하는 고전적인 방법 중의 하나다.

- 레이어 패턴은 각각의 서브시스템들이 계층 구조를 이루며, 하위 계층은 상위 계층에 대한 서비스 제공자가 되고, 상위 계층은 하위 계층의 클라이언트가 된다.
- 레이어 패턴은 서로 마주보는 두 개의 계층 사이에서만 상호작용이 이루어지며, 변경 사항을 적용할 때도 서로 마주보는 두 개의 계층에만 영향을 미치므로 변경 작업이 용이하다.
- 레이어 패턴은 특정 계층만을 교체해 시스템을 개선하는 것이 가능하다.
- 대표적으로 OSI 참조 모델*이 있다.

컴포넌트(Component)
컴포넌트는 독립적인 업무 또는 기능을 수행하는 실행코드 기반으로 작성된 모듈입니다.

❸ 클라이언트-서버 패턴(Client-Server Pattern)

클라이언트-서버 패턴은 하나의 서버 컴포넌트*와 다수의 클라이언트 컴포넌트로 구성되는 패턴이다.

- 클라이언트-서버 패턴에서 사용자는 클라이언트와만 의사소통을 한다. 즉 사용자가 클라이언트를 통해 서버에 요청하고 클라이언트가 응답을 받아 사용자에게 제공하는 방식으로 서비스를 제공한다.
- 서버는 클라이언트의 요청에 대비해 항상 대기 상태를 유지해야 한다.
- 클라이언트나 서버는 요청과 응답을 받기 위해 동기화되는 경우를 제외하고는 서로 독립적이다.

 전문가의 조언

파이프 필터 패턴의 개념과 특징을 묻는 문제가 출제되었습니다. 시스템이 파이프처럼 연결되어 있어서 앞 시스템의 처리 결과물을 파이프를 통해 전달받아 처리한 후 그 결과물을 다시 파이프를 통해 다음 시스템으로 넘겨주는 패턴을 반복하는 것이 파이프 필터 패턴입니다. 이를 염두에 두고 파이프 필터 패턴의 개념과 특징을 정리해 두세요.

데이터 스트림(Data Stream)
데이터 스트림은 데이터가 송·수신되거나 처리되는 일련의 연속적인 흐름입니다.

파이프라인(Pipeline)
파이프라인은 필터와 파이프를 통해 처리되는 일련의 처리 과정입니다.

❹ 파이프-필터 패턴(Pipe-Filter Pattern)
25.8, 24.7, 23.7, 22.7, 21.8, 21.5, 20.9

파이프-필터 패턴은 데이터 스트림* 절차의 각 단계를 필터(Filter) 컴포넌트로 캡슐화하여 파이프(Pipe)를 통해 데이터를 전송하는 패턴이다.

- 필터 컴포넌트는 재사용성이 좋고, 추가가 쉬워 확장이 용이하다.
- 필터 컴포넌트들을 재배치하여 다양한 파이프라인*을 구축하는 것이 가능하다.
- 파이프-필터 패턴은 데이터 변환, 버퍼링, 동기화 등에 주로 사용된다.
- 필터 간 데이터 이동 시 데이터 변환으로 인한 오버헤드가 발생한다.
- 대표적으로 UNIX의 쉘(Shell)이 있다.

 전문가의 조언

모델-뷰-컨트롤러 패턴의 각 부분별 역할을 묻는 문제가 출제되었습니다. **모델은 보관, 제어는 변경, 뷰(View)는 보이는 역할**을 합니다.

대화형 애플리케이션
대화형 애플리케이션은 온라인 쇼핑몰 사이트나 스마트폰 앱과 같이 사용자의 요구가 발생하면 시스템이 이를 처리하고 반응하는 소프트웨어를 의미합니다.

❺ 모델-뷰-컨트롤러 패턴(Model-View-Controller Pattern)
25.5, 24.7, 23.2, 22.4

모델-뷰-컨트롤러 패턴은 서브시스템을 3개의 부분으로 구조화하는 패턴이며, 각 부분의 역할은 다음과 같다.

- 모델(Model) : 서브시스템의 핵심 기능과 데이터를 보관한다.
- 뷰(View) : 사용자에게 정보를 표시한다.
- 컨트롤러(Controller) : 사용자로부터 입력된 변경 요청을 처리하기 위해 모델에게 명령을 보낸다.
- 모델-뷰-컨트롤러 패턴의 각 부분은 별도의 컴포넌트로 분리되어 있으므로 서로 영향을 받지 않고 개발 작업을 수행할 수 있다.
- 모델-뷰-컨트롤러 패턴에서는 여러 개의 뷰를 만들 수 있으므로 한 개의 모델에 대해 여러 개의 뷰를 필요로 하는 대화형 애플리케이션*에 적합하다.

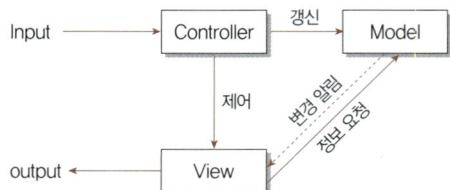

6 기타 패턴

24.5, 23.5, 21.8

패턴	설명
24.5, 23.5, 21.8 **마스터-슬레이브 패턴** (Master-Slave Pattern)	• 마스터 컴포넌트는 동일한 구조의 슬레이브 컴포넌트로 작업을 분할한 후, 슬레이브 컴포넌트에서 처리된 결과물을 다시 돌려받는 방식으로 작업을 수행하는 패턴이다. • 마스터 컴포넌트는 모든 작업의 주체이고, 슬레이브 컴포넌트는 마스터 컴포넌트의 지시에 따라 작업을 수행하여 결과를 반환한다. • 장애 허용 시스템*과 병렬 컴퓨팅 시스템에서 주로 활용된다.
브로커 패턴 (Broker Pattern)	• 사용자가 원하는 서비스와 특성을 브로커 컴포넌트에 요청하면 브로커 컴포넌트가 요청에 맞는 컴포넌트와 사용자를 연결해준다. • 원격 서비스 호출에 응답하는 컴포넌트들이 여러 개 있을 때 적합한 패턴이다. • 분산 환경 시스템에서 주로 활용된다.
피어-투-피어 패턴 (Peer-To-Peer Pattern)	• 피어(Peer)를 하나의 컴포넌트로 간주하며, 각 피어는 서비스를 호출하는 클라이언트가 될 수도, 서비스를 제공하는 서버가 될 수도 있는 패턴이다. • 피어-투-피어 패턴에서 클라이언트와 서버는 전형적인 멀티스레딩* 방식을 사용한다.

이벤트-버스 패턴
(Event-Bus Pattern)
	• 소스가 특정 채널에 이벤트 메시지*를 발행(Publish)하면, 해당 채널을 구독(Subscribe)한 리스너들이 메시지를 받아 이벤트를 처리하는 방식이다.
	• 4가지 주요 컴포넌트
	  – 이벤트를 생성하는 소스(Source)
	  – 이벤트를 수행하는 리스너(Listener)
	  – 이벤트의 통로인 채널(Channel)
	  – 채널들을 관리하는 버스(Bus)

블랙보드 패턴 (Blackboard Pattern)	• 모든 컴포넌트들이 공유 데이터 저장소와 블랙보드 컴포넌트에 접근이 가능한 형태로, 컴포넌트들은 검색을 통해 블랙보드에서 원하는 데이터를 찾을 수 있다. • 해결책이 명확하지 않은 문제를 처리하는데 유용한 패턴이다. • 음성 인식, 차량 식별, 신호 해석 등에 주로 활용된다.
인터프리터 패턴 (Interpreter Pattern)	• 프로그램 코드의 각 라인을 수행하는 방법을 지정하고, 기호마다 클래스를 갖도록 구성된다. • 특정 언어로 작성된 프로그램 코드를 해석하는 컴포넌트를 설계할 때 사용되어진다.

장애 허용 시스템(Fault Tolerance System)
장애 허용 시스템은 시스템의 일부가 결함 또는 고장으로 기능이 정지되더라도 해당 부분의 기능만 수행이 불가능할 뿐 전체 시스템은 정상적으로 수행이 가능한 시스템을 말합니다.

멀티스레딩(Multi Threading)
멀티스레딩은 프로세스를 두 개 이상의 실행 단위로 구분하여 자원을 공유하며 병렬로 수행하는 기능입니다.

메시지(Message)
메시지는 객체들 간에 상호작용을 하는 데 사용되는 수단으로, 객체에게 어떤 행위를 하도록 지시하는 명령 또는 요구사항입니다.

기출문제 따라잡기

문제2 2402252

25년 8월, 24년 7월, 23년 7월, 22년 7월, 20년 9월
1. 파이프 필터 형태의 소프트웨어 아키텍처에 대한 설명으로 옳은 것은?

① 노드와 간선으로 구성된다.
② 서브시스템이 입력 데이터를 받아 처리하고 결과를 다음 서브시스템으로 넘겨주는 과정을 반복한다.
③ 계층 모델이라고도 한다.
④ 3개의 서브시스템(모델, 뷰, 제어)으로 구성되어 있다.

앞 시스템의 처리 결과물을 파이프를 통해 전달받아 처리한 후 그 결과물을 다시 파이프를 통해 다음 시스템으로 넘겨주는 패턴을 반복하는 것이 파이프 필터 패턴입니다.

21년 8월
2. 소프트웨어 아키텍처와 관련한 설명으로 틀린 것은?

① 파이프 필터 아키텍처에서 데이터는 파이프를 통해 양방향으로 흐르며, 필터 이동 시 오버헤드가 발생하지 않는다.
② 외부에서 인식할 수 있는 특성이 담긴 소프트웨어의 골격이 되는 기본 구조로 볼 수 있다.
③ 데이터 중심 아키텍처는 공유 데이터저장소를 통해 접근자 간의 통신이 이루어지므로 각 접근자의 수정과 확장이 용이하다.
④ 이해 관계자들의 품질 요구사항을 반영하여 품질 속성을 결정한다.

▶ 정답: 1. ② 2. ①

기출문제 따라잡기

파이프 필터 패턴은 데이터가 필터를 통과할 때 변환이 필요하며, 이로 인해 오버헤드가 발생합니다.

21년 5월

3. 서브시스템이 입력 데이터를 받아 처리하고 결과를 다른 시스템에 보내는 작업이 반복되는 아키텍처 스타일은?

① 클라이언트 서버 구조 ② 계층 구조
③ MVC 구조 ④ 파이프 필터 구조

시스템이 파이프처럼 연결되어 있어서 앞 시스템의 처리 결과물을 파이프를 통해 전달받아 처리한 후 그 결과물을 다시 파이프를 통해 다음 시스템으로 넘겨주는 패턴을 반복하는 아키텍처 스타일은 파이프-필터입니다.

24년 5월, 23년 5월, 21년 8월

4. 분산 시스템을 위한 마스터-슬레이브(Master-Slave) 아키텍처에 대한 설명으로 틀린 것은?

① 일반적으로 실시간 시스템에서 사용된다.
② 마스터 프로세스는 일반적으로 연산, 통신, 조정을 책임진다.
③ 슬레이브 프로세스는 데이터 수집 기능을 수행할 수 없다.
④ 마스터 프로세스는 슬레이브 프로세스들을 제어할 수 있다.

마스터와 슬레이브는 구조가 동일하므로 기능도 동일하게 수행할 수 있습니다. 다만 연산, 통신, 조정 기능은 슬레이브 제어를 위해 일반적으로 마스터가 수행합니다.

출제예상

5. 네트워크 프로토콜의 OSI 참조 모델과 가장 관련이 깊은 아키텍처 모델은?

① Peer-To-Peer Model ② Mvc Model
③ Layers Model ④ Client-Server Model

OSI 참조 모델은 네트워크 프로토콜을 계층(Layer) 별로 구분한 모델입니다.

25년 8월, 24년 7월, 23년 2월, 22년 4월

6. 소프트웨어 아키텍처 모델 중 MVC(Model-View-Controller)와 관련한 설명으로 틀린 것은?

① MVC 모델은 사용자 인터페이스를 담당하는 계층의 응집도를 높일 수 있고, 여러 개의 다른 UI를 만들어 그 사이에 결합도를 낮출 수 있다.
② 모델(Model)은 뷰(View)와 제어(Controller) 사이에서 전달자 역할을 하며, 뷰마다 모델 서브시스템이 각각 하나씩 연결된다.
③ 뷰(View)는 모델(Model)에 있는 데이터를 사용자 인터페이스에 보이는 역할을 담당한다.
④ 제어(Controller)는 모델(Model)에 명령을 보냄으로써 모델의 상태를 변경할 수 있다.

모델(Model)은 보관, 제어(Control)는 변경, 뷰(View)는 보이는 역할을 합니다.

출제예상

7. 아키텍처 패턴(Architecture Pattern)에 대한 설명 중 가장 옳지 않은 것은?

① 소프트웨어 초기 설계에서 발생하는 문제들을 해결하기 위한 전형적인 해결 방식들을 의미한다.
② 검증된 구조로 개발하기 때문에 오류가 적어 개발시간을 단축할 수 있다.
③ 서브시스템들에 대한 역할을 정의하고 있지만, 그들 간의 인터페이스에 대한 지침은 없다.
④ 시스템에 대한 이해가 쉬워지고, 특성을 예측할 수 있게 된다.

아키텍처 패턴은 서브시스템들의 역할을 사전에 정의할 뿐만 아니라, 시스템 간의 관계(Interface)를 정리하기 위한 규칙과 지침이 포함되어 있습니다.

출제예상

8. 다음 중 클라이언트-서버(Client-Server) 모델에 대한 설명으로 가장 거리가 먼 것은?

① 사용자는 클라이언트를 통해서 요청을 전달하며, 서버는 이에 응답하는 방식이다.
② 서버는 클라이언트의 요청에 대비하여 항상 대기 상태를 유지한다.
③ 서버와 클라이언트는 서로 독립적이다.
④ 다수의 서버와 하나의 클라이언트로 구성되는 패턴으로 분산 환경 시스템에 적합하다.

클라이언트-서버(Client-Server) 패턴은 하나의 서버와 다수의 클라이언트로 구성되는 패턴입니다.

출제예상

9. 여러 컴포넌트들 중 각 컴포넌트들이 서비스를 제공하는 서버가 될 수도 있고, 서비스를 요청하는 클라이언트도 될 수 있는 패턴으로 전형적인 멀티스레딩을 사용하는 방식의 패턴을 무엇이라 하는가?

① 클라이언트-서버 ② 블랙보드
③ 이벤트-버스 ④ 피어-투-피어

패턴의 종류 중 멀티스레드 방식이면 피어-투-피어(Peer-to-Peer)라는 것을 기억하세요.

▶ 정답: 3.④ 4.③ 5.③ 6.② 7.③ 8.④ 9.④

SECTION 018 객체지향(Object-Oriented)

1 객체지향의 개요
^{21.8}

객체지향은 현실 세계의 개체(Entity)*를 기계의 부품처럼 하나의 객체(Object)로 만들어, 기계적인 부품들을 조립하여 제품을 만들 듯이 소프트웨어를 개발할 때에도 객체들을 조립해서 작성할 수 있는 기법을 말한다.

- 객체지향 기법은 구조적 기법의 문제점*으로 인한 소프트웨어 위기의 해결책으로 채택되어 사용되고 있다.
- 객체지향은 소프트웨어의 재사용 및 확장이 용이하여 고품질의 소프트웨어를 빠르게 개발할 수 있고 유지보수가 쉽다.
- 객체지향은 복잡한 구조를 단계적·계층적으로 표현하고, 멀티미디어 데이터 및 병렬 처리를 지원한다.
- 객체지향은 현실 세계를 모형화하므로 사용자와 개발자가 쉽게 이해할 수 있다.
- 객체지향의 주요 구성 요소와 개념에는 객체(Object), 클래스(Class), 캡슐화(Encapsulation), 상속(Inheritance), 다형성(Polymorphism), 연관성(Relationship)이 있다.

2 객체(Object)
25.2, 24.7, 24.2, 23.7, 23.2, 22.7, 22.4, 21.5

객체는 데이터와 데이터를 처리하는 함수를 묶어 놓은(캡슐화한) 하나의 소프트웨어 모듈이다.

데이터	• 객체가 가지고 있는 정보로 속성이나 상태, 분류 등을 나타낸다. • 속성(Attribute), 상태, 변수, 상수, 자료 구조라고도 한다.
함수	• 객체가 수행하는 기능으로 객체가 갖는 데이터(속성, 상태)를 처리하는 알고리즘이다. • 객체의 상태를 참조하거나 변경하는 수단이 되는 것으로 메소드(Method, 행위), 서비스(Service), 동작(Operation), 연산이라고도 한다.

- **객체의 특성**
  - 객체는 독립적으로 식별 가능한 이름을 가지고 있다.
    - 예 자동차는 번호판으로 다른 자동차 객체와 구별된다.
  - 객체가 가질 수 있는 조건을 상태(State)라고 하는데, 일반적으로 상태는 시간에 따라 변한다.
    - 예 자동차는 '정지', '이동' 등의 상태가 존재하며, 이러한 '정지'와 '이동'의 상태는 고정된 것이 아니라 시간에 따라 변한다.
  - 객체와 객체는 상호 연관성에 의한 관계가 형성된다.
    - 예 화재 발생 시 소방차, 구급차, 경찰차는 긴밀하게 협조하여 화재를 진압하고 환자를 이송하며, 교통을 정리하는 관계가 형성된다.

전문가의 조언

객체지향의 특징을 묻는 문제가 출제되었습니다. 객체지향의 특징과 객체지향과 관련된 용어들을 확실히 파악하고 넘어가세요.

현실 세계의 개체
현실 세계의 개체는 사람, 자동차, 컴퓨터, 고양이 등과 같이 우리 주위에서 사용되는 물질적이거나 개념적인 것으로, 명사로 사용됩니다.

구조적 기법
구조적 기법은 프로시저에 근간을 두고 하나의 커다란 작업을 여러 개의 작은 작업으로 분할하고, 분할된 각각의 소작업을 수행하는 모듈을 작성한 다음 이들을 한 곳에 모아 큰 작업을 수행하는 하나의 완벽한 프로그램으로 작성하는 기법입니다.

구조적 기법의 문제점
- 유지보수는 고려하지 않고 개발 공정에만 너무 집중합니다.
- 개발이 시작된 이후 추가적인 요구사항에 대응하기 어렵습니다.
- 재사용이 어려워 이전에 개발한 소프트웨어와 유사한 소프트웨어를 다시 개발할 때도 시간과 인력이 동일하게 소모됩니다.

전문가의 조언

객체와 메시지의 개념을 묻는 문제가 출제되었습니다. 객체는 데이터와 함수를 묶어 놓은 하나의 모듈이고 메시지는 객체에게 어떤 행위를 하도록 지시하는 명령이라는 것을 기억하세요.

- 객체가 반응할 수 있는 메시지(Message)*의 집합을 행위라고 하며, 객체는 행위의 특징을 나타낼 수 있다.
  - 예 자동차 객체는 '가속 페달을 밟는' 행위를 하면 '가속'하는 특징을 나타내고, '브레이크를 밟는' 행위를 하면 '감속'하는 특징을 나타낸다.
- 객체는 일정한 기억장소를 가지고 있다.
  - 예 자동차는 주차장에 있거나 도로 위에 있거나, 일정한 물리적 공간을 점유한다.
- 객체의 메소드는 다른 객체로부터 메시지를 받았을 때 정해진 기능을 수행한다.

메시지(Message)
메시지는 객체들 간에 상호작용을 하는 데 사용되는 수단으로, 객체에게 어떤 행위를 하도록 지시하는 명령 또는 요구사항입니다.

 ③ 클래스(Class) 25.8, 25.5, 25.2, 24.2, 23.5, 22.3, 21.5, 20.8, 20.6

클래스는 공통된 속성과 연산(행위)을 갖는 객체의 집합으로, 객체의 일반적인 타입(Type)을 의미한다.
- 클래스는 각각의 객체들이 갖는 속성과 연산을 정의하고 있는 틀이다.
- 클래스는 객체지향 프로그램에서 데이터를 추상화하는 단위이다.
- 클래스에 속한 각각의 객체를 인스턴스(Instance)라 하며, 클래스로부터 새로운 객체를 생성하는 것을 인스턴스화(Instantiation)라고 한다.
- 동일 클래스에 속한 각각의 객체(인스턴스)들은 공통된 속성과 행위를 가지고 있으면서, 그 속성에 대한 정보가 서로 달라서 동일 기능을 하는 여러 가지 객체를 나타내게 된다.
- 최상위 클래스는 상위 클래스를 갖지 않는 클래스를 의미한다.
- 슈퍼 클래스(Super Class)는 특정 클래스의 상위(부모) 클래스이고, 서브 클래스(Sub Class)는 특정 클래스의 하위(자식) 클래스를 의미한다.

전문가의 조언
클래스의 개념과 특징을 묻는 문제가 출제되었습니다. 클래스는 하나 이상의 유사한 객체를 묶어서 하나의 공통된 특성을 표현한 것으로, 객체지향 프로그램에서 데이터를 추상화하는 단위가 됩니다. 이를 중심으로 클래스의 특징을 정리하세요.

 ④ 캡슐화(Encapsulation) 24.5, 24.2, 23.5, 22.7, 22.4, 21.5, 21.3, 20.9, 20.8

캡슐화는 데이터(속성)와 데이터를 처리하는 함수를 하나로 묶는 것을 의미한다.
- 캡슐화된 객체는 인터페이스를 제외한 세부 내용이 은폐(정보 은닉)되어 외부에서의 접근이 제한적이기 때문에 외부 모듈의 변경으로 인한 파급 효과가 적다.
- 캡슐화된 객체들은 재사용이 용이하다.
- 객체들 간의 메시지를 주고받을 때 상대 객체의 세부 내용은 알 필요가 없으므로 인터페이스가 단순해지고, 객체 간의 결합도가 낮아진다.

전문가의 조언
- 캡슐로 된 알약과 비교하면 이해가 쉽습니다. 특정 질환을 치료하기 위해 서로 다른 약들을 조합하여 캡슐에 담아놓는 것과 같이 데이터와 함수들을 묶었다고 생각하면 됩니다.
- 캡슐화의 개념과 특징을 묻는 문제가 출제되었습니다. 캡슐화된 객체는 내부의 세부 정보가 숨겨져 외부의 변경으로 인한 파급 효과가 적다는 것을 중심으로 캡슐화의 특징을 정리하세요.

 ⑤ 상속(Inheritance) 24.2, 22.3, 21.8

상속은 이미 정의된 상위 클래스(부모 클래스)의 모든 속성과 연산을 하위 클래스(자식 클래스)가 물려받는 것이다.
- 상속을 이용하면 하위 클래스는 상위 클래스의 모든 속성과 연산을 자신의 클래스 내에서 다시 정의하지 않고서도 즉시 자신의 속성으로 사용할 수 있다.
- 하위 클래스는 상위 클래스로부터 상속받은 속성과 연산 외에 새로운 속성과 연산을 첨가하여 사용할 수 있다.

전문가의 조언
상속의 개념을 묻는 문제가 출제되었습니다. 상속은 '학생'을 정의하는 상위 클래스를 하위 클래스가 물려받아 '남자'라는 속성을 첨가하면 상위 클래스에 비해 좀 더 구체적인 '남학생'이라는 클래스가 구성되는 것이라고 생각하면 됩니다. 이를 염두에 두고 상속의 개념을 기억해 두세요.

- 상위 클래스의 속성과 연산을 하위 클래스가 사용할 수 있기 때문에 객체와 클래스의 재사용, 즉 소프트웨어의 재사용(Reuse)을 높이는 중요한 개념이다.
- **다중 상속(Multiple Inheritance)**※ : 한 개의 클래스가 두 개 이상의 상위 클래스로부터 속성과 연산을 상속받는 것이다.

> **다중 상속**
> 다중 상속은 클래스 계층을 복잡하게 만들어 상속 순서 추적이 어렵고, 상위 클래스의 변경이 하위 클래스에 의도하지 않은 영향을 미칠 수도 있어 다중 상속을 허용하지 않는 프로그래밍 언어들도 있습니다. 다중 상속이 가능한 프로그래밍 언어에서도 다중 상속을 이용할 때는 이를 고려하여 신중히 사용해야 합니다.

6 다형성(Polymorphism)

25.8, 24.2, 23.2, 22.4

다형성은 메시지에 의해 객체(클래스)가 연산을 수행하게 될 때 하나의 메시지에 대해 각각의 객체(클래스)가 가지고 있는 고유한 방법(특성)으로 응답할 수 있는 능력을 의미한다.

- 객체(클래스)들은 동일한 메소드명을 사용하며 같은 의미의 응답을 한다.
- 응용 프로그램 상에서 하나의 함수나 연산자가 두 개 이상의 서로 다른 클래스의 인스턴스들을 같은 클래스에 속한 인스턴스처럼 수행할 수 있도록 하는 것이다.

예1 '+' 연산자의 경우 숫자 클래스에서는 덧셈, 문자 클래스에서는 문자열의 연결 기능으로 사용된다.

예2 오버로딩(Overloading) 기능의 경우 메소드(Method)의 이름은 같지만 인수를 받는 자료형과 개수를 달리하여 여러 기능을 정의할 수 있다.

예3 오버라이딩(Overriding, 메소드 재정의) 기능의 경우 상위 클래스에서 정의한 메소드(Method)와 이름은 같지만 메소드 안의 실행 코드를 달리하여 자식 클래스에서 재정의해서 사용할 수 있다.

> **전문가의 조언**
> 다형성의 개념과 특징을 묻는 문제가 출제되었습니다. 다형성은 여러 가지 형태를 가지고 있다는 의미로 하나의 메시지에 대해 여러 가지 형태의 응답이 있다는 것을 의미합니다. 다형성의 의미를 정확히 기억하고, 특징을 파악해 두세요.

7 연관성(Relationship)

25.5, 24.2, 20.6

연관성은 두 개 이상의 객체(클래스)들이 상호 참조하는 관계를 말하며 종류는 다음과 같다.

종류	의미	특징
is member of	연관화(Association)	2개 이상의 객체가 상호 관련되어 있음을 의미함
is instance of	분류화(Classfication)	동일한 형의 특성을 갖는 객체들을 모아 구성하는 것
is part of 25.5, 24.2, 20.6	집단화(Aggregation)	관련 있는 객체들을 묶어 하나의 상위 객체를 구성하는 것
is a	일반화(Generalization)	공통적인 성질들로 추상화한 상위 객체를 구성하는 것
	특수화/ 상세화(Specialization)	상위 객체를 구체화하여 하위 객체를 구성하는 것

> **전문가의 조언**
> 연관성의 종류 중 집단화의 개념을 묻는 문제가 출제되었습니다. 연관성의 종류를 기억하고, 각각의 의미는 서로를 구분할 수 있을 정도로 파악해 두세요.

기출문제 따라잡기

문제1 2402351

22년 4월

1. 객체에 대한 설명으로 틀린 것은?

① 객체는 상태, 동작, 고유 식별자를 가진 모든 것이라 할 수 있다.
② 객체는 공통 속성을 공유하는 클래스들의 집합이다.
③ 객체는 필요한 자료 구조와 이에 수행되는 함수들을 가진 하나의 독립된 존재이다.
④ 객체의 상태는 속성값에 의해 정의된다.

> 객체가 클래스의 집합이 아니라 클래스가 공통된 속성과 연산(행위)을 갖는 객체의 집합입니다.

▶ **정답** : 1. ②

기출문제 따라잡기

25년 8월, 5월, 2월, 23년 5월, 22년 3월, 20년 8월, 6월
2. 객체지향 개념 중 하나 이상의 유사한 객체들을 묶어 공통된 특성을 표현한 데이터 추상화를 의미하는 것은?
① Method ② Class
③ Field   ④ Message

'데이터 추상화'는 클래스의 가장 큰 특징입니다.

24년 2월, 21년 8월, 20년 9월
3. 객체지향의 주요 개념에 대한 설명으로 틀린 것은?
① 캡슐화는 상위 클래스에서 속성이나 연산을 전달받아 새로운 형태의 클래스로 확장하여 사용하는 것을 의미한다.
② 객체는 실세계에 존재하거나 생각할 수 있는 것을 말한다.
③ 클래스는 하나 이상의 유사한 객체들을 묶어 공통된 특성을 표현한 것이다.
④ 다형성은 상속받은 여러 개의 하위 객체들이 다른 형태의 특성을 갖는 객체로 이용될 수 있는 성질이다.

상위 클래스에서 무언가를 전달받아 사용하는 것은 마치 부모의 재산을 자식이 물려받아 사용하는 것과 같은 개념은 상속입니다.

20년 8월
4. 객체지향에서 정보 은닉과 가장 밀접한 관계가 있는 것은?
① Encapsulation ② Class
③ Method   ④ Instance

정보 은닉과 가장 밀접한 관계가 있는 것은 캡슐화입니다.

23년 7월
5. 객체지향의 주요 구성 요소 중 데이터와 데이터를 처리하는 메소드를 묶어 놓은 하나의 소프트웨어 모듈을 무엇이라고 하는가?
① 클래스(Class)   ② 객체(Object)
③ 상속(Inheritance) ④ 관계(Relationship)

데이터와 데이터를 처리하는 메소드(함수)를 묶어 놓은 하나의 소프트웨어 모듈을 객체(Object)라고 합니다.

25년 2월, 24년 7월, 23년 2월, 22년 7월, 21년 5월
6. 객체에게 어떤 행위를 하도록 지시하는 명령은?
① Class   ② Package
③ Object   ④ Message

객체에게 어떤 행위를 하도록 지시하는 명령은 Message입니다.

21년 5월
7. 객체지향 기법에서 같은 클래스에 속한 각각의 객체를 의미하는 것은?
① Instance ② Message
③ Method   ④ Module

클래스에 속한 각각의 객체를 인스턴스(Instance)라 하며, 클래스로부터 새로운 객체를 생성하는 것을 인스턴스화(Instantiation)라고 합니다.

24년 5월, 23년 5월, 2월, 22년 7월, 4월, 21년 5월, 3월
8. 객체지향 개념에서 연관된 데이터와 함수를 함께 묶어 외부와 경계를 만들고 필요한 인터페이스만을 밖으로 드러내는 과정은?
① 메시지(Message)   ② 캡슐화(Encapsulation)
③ 다형성(Polymorphism) ④ 상속(Inheritance)

문제에 제시된 내용은 캡슐화의 개념입니다.

23년 2월, 22년 3월
9. 객체지향 기법에서 상위 클래스의 메소드와 속성을 하위 클래스가 물려받는 것을 의미하는 것은?
① Abstraction   ② Polymorphism
③ Encapsulation ④ Inheritance

부모의 재산을 자식이 물려받는 것을 상속(Inheritance)이라고 합니다.

23년 2월, 22년 4월
10. 객체지향 개념에서 다형성(Polymorphism)과 관련한 설명으로 틀린 것은?
① 다형성은 현재 코드를 변경하지 않고 새로운 클래스를 쉽게 추가할 수 있게 한다.
② 다형성이란 여러 가지 형태를 가지고 있다는 의미로, 여러 형태를 받아들일 수 있는 특징을 말한다.
③ 메소드 오버라이딩(Overriding)은 상위 클래스에서 정의한 일반 메소드의 구현을 하위 클래스에서 무시하고 재정의할 수 있다.
④ 메소드 오버로딩(Overloading)의 경우 매개 변수 타입은 동일하지만 메소드명을 다르게 함으로써 구현, 구분할 수 있다.

메소드 오버로딩(Overloading)은 메소드명은 같지만 매개 변수의 개수나 타입을 다르게 함으로써 구현, 구분할 수 있습니다.

▶ 정답: 2.② 3.① 4.① 5.② 6.④ 7.① 8.② 9.④ 10.④

SECTION 019 객체지향 분석 및 설계

1. 객체지향 분석의 개념

객체지향 분석(OOA; Object Oriented Analysis)은 사용자의 요구사항을 분석하여 요구된 문제와 관련된 모든 클래스(객체), 이와 연관된 속성과 연산, 그들 간의 관계 등을 정의하여 모델링하는 작업이다.

- 소프트웨어를 개발하기 위한 비즈니스(업무)를 객체와 속성, 클래스와 멤버, 전체와 부분 등으로 나누어서 분석한다.
- 분석가에게 중요한 모델링 구성 요소인 클래스, 객체, 속성, 연산들을 표현해서 문제를 모형화할 수 있게 해준다.
- 객체는 클래스로부터 인스턴스화되고, 이 클래스를 식별하는 것이 객체지향 분석의 주요한 목적이다.

전문가의 조언
객체지향 분석의 개념을 묻는 문제가 출제되었습니다. 객체지향 분석은 객체, 속성, 클래스와 관련된 분석 기법이라는 것을 기억해 두세요.

2. 객체지향 분석의 방법론

객체지향 분석을 위한 여러 방법론이 제시되었으며 각 방법론은 다음과 같다.

- **Rumbaugh(럼바우) 방법** : 가장 일반적으로 사용되는 방법으로 분석 활동을 객체 모델, 동적 모델, 기능 모델로 나누어 수행하는 방법이다.
- **Booch(부치) 방법** : 미시적(Micro) 개발 프로세스와 거시적(Macro) 개발 프로세스를 모두 사용하는 분석 방법으로, 클래스와 객체들을 분석 및 식별하고 클래스의 속성과 연산을 정의한다.
- **Jacobson 방법** : Use Case*를 강조하여 사용하는 분석 방법이다.
- **Coad와 Yourdon 방법** : E-R 다이어그램을 사용하여 객체의 행위를 모델링하며, 객체 식별, 구조 식별, 주제 정의, 속성과 인스턴스 연결 정의, 연산과 메시지 연결 정의 등의 과정으로 구성하는 기법이다.
- **Wirfs-Brock 방법** : 분석과 설계 간의 구분이 없고, 고객 명세서를 평가해서 설계 작업까지 연속적으로 수행하는 기법이다.

전문가의 조언
객체지향 분석 방법론 중 Coad와 Yourdon 방법의 개념을 묻는 문제가 출제되었습니다. E-R 다이어그램을 사용하는 방법은 'Coad와 Yourdon 방법'이라는 것을 기억하고, 나머지 방법론들의 개념을 간단히 정리해 두세요.

Use Case(사용 사례)
사용자, 외부 시스템, 다른 요소들이 시스템과 상호 작용하는 방법을 기술한 설명

3. 럼바우(Rumbaugh)의 분석 기법

럼바우의 분석 기법은 모든 소프트웨어 구성 요소를 그래픽 표기법을 이용하여 모델링하는 기법으로, 객체 모델링 기법(OMT, Object-Modeling Technique)이라고도 한다.

- 분석 활동은 '객체 모델링 → 동적 모델링 → 기능 모델링' 순으로 통해 이루어진다.

전문가의 조언
럼바우 분석 기법 3가지를 묻는 문제가 자주 출제됩니다. 럼바우 분석 기법하면 '객체, 동적, 기능'를 확실히 기억해 두세요. 각각의 의미는 무엇을 말하는지 찾아낼 수 있을 정도로만 알아두면 됩니다.

객체 다이어그램
소프트웨어를 구성하는 객체와 객체 간의 관계를 표현하는 그래픽 표기법

상태 다이어그램
객체의 상태가 시간에 따라 어떻게 변하는지를 표현하는 그래픽 표기법

전문가의 조언
객체지향 설계 원칙의 개별적인 개념을 묻는 문제가 출제됩니다. 객체지향 설계 원칙의 종류 다섯 가지를 기억하고 각각의 개념을 파악해 두세요.

25.2, 21.3, 20.9, 20.8 객체 모델링 (Object Modeling)	정보 모델링이라고도 하며, 시스템에서 요구되는 객체를 찾아내어 속성과 연산 식별 및 객체들 간의 관계를 규정하여 객체 다이어그램*으로 표시하는 것이다.
25.2, 20.9, 20.8 동적 모델링 (Dynamic Modeling)	상태 다이어그램*(상태도)을 이용하여 시간의 흐름에 따른 객체들 간의 제어 흐름, 상호 작용, 동작 순서 등의 동적인 행위를 표현하는 모델링이다.
25.8, 24.7, 24.2, 21.8, 20.9, 20.8 기능 모델링 (Functional Modeling)	자료 흐름도(DFD)를 이용하여 다수의 프로세스들 간의 자료 흐름을 중심으로 처리 과정을 표현한 모델링이다.

 25.8, 24.5, 24.2, 23.5, 23.2, 22.7, 22.3, 20.9, 20.8, 실기 22.7
4 객체지향 설계 원칙

2402404

객체지향 설계 원칙은 시스템 변경이나 확장에 유연한 시스템을 설계하기 위해 지켜야 할 다섯 가지 원칙으로, 다섯 가지 원칙의 앞 글자를 따 SOLID 원칙이라고도 불린다.

22.3 단일 책임 원칙(SRP, Single Responsibility Principle)	• 객체는 단 하나의 책임만 가져야 한다는 원칙이다. • 응집도는 높고, 결합도는 낮게 설계하는 것을 의미한다.
22.3 개방-폐쇄 원칙(OCP, Open-Closed Principle)	• 기존의 코드를 변경하지 않고 기능을 추가할 수 있도록 설계해야 한다는 원칙이다. • 공통 인터페이스를 하나의 인터페이스로 묶어 캡슐화하는 방법이 대표적이다.
22.3, 20.8 리스코프 치환 원칙 (LSP, Liskov Substitution Principle)	• 자식 클래스는 최소한 자신의 부모 클래스에서 가능한 행위는 수행할 수 있어야 한다는 설계 원칙이다. • 자식 클래스는 부모 클래스의 책임을 무시하거나 재정의하지 않고 확장만 수행하도록 해야한다.
24.5, 23.5, 20.9, 실기 22.7 인터페이스 분리 원칙(ISP, Interface Segregation Principle)	• 자신이 사용하지 않는 인터페이스와 의존 관계를 맺거나 영향을 받지 않아야 한다는 원칙이다. • 단일 책임 원칙이 객체가 갖는 하나의 책임이라면, 인터페이스 분리 원칙은 인터페이스가 갖는 하나의 책임이다.
24.2, 22.3 의존 역전 원칙(DIP, Dependency Inversion Principle)	• 각 객체들 간의 의존 관계가 성립될 때, 추상성이 낮은 클래스보다 추상성이 높은 클래스와 의존 관계를 맺어야 한다는 원칙이다. • 일반적으로 인터페이스를 활용하면 이 원칙은 준수된다.

기출문제 따라잡기

21년 3월, 20년 6월

1. 객체지향 분석 방법론 중 Coad-Yourdon 방법에 해당하는 것은?

① E-R 다이어그램을 사용하여 객체의 행위를 데이터 모델링하는데 초점을 둔 방법이다.
② 객체, 동적, 기능 모델로 나누어 수행하는 방법이다.
③ 미시적 개발 프로세스와 거시적 개발 프로세스를 모두 사용하는 방법이다.
④ Use-Case를 강조하여 사용하는 방법이다.

> E-R 다이어그램은 Coad와 Yourdon, 미시적(Micro)과 거시적(Macro)은 Booch, Use-Case 강조는 Jacobson, 객체, 동적, 기능 모델은 Rumbaugh입니다.

25년 5월, 24년 7월, 22년 7월, 3월, 20년 9월, 8월

2. 그래픽 표기법을 이용하여 소프트웨어 구성 요소를 모델링하는 럼바우 분석 기법에 포함되지 않는 것은?

① 객체 모델링
② 기능 모델링
③ 동적 모델링
④ 블랙박스 분석 모델링

> 럼바우(Rumbaugh)하면, '객체, 동적, 기능'를 기억하세요.

23년 7월, 21년 5월, 20년 6월

3. 럼바우(Rumbaugh)의 객체지향 분석 절차를 가장 바르게 나열한 것은?

① 객체 모형 → 동적 모형 → 기능 모형
② 객체 모형 → 기능 모형 → 동적 모형
③ 기능 모형 → 동적 모형 → 객체 모형
④ 기능 모형 → 객체 모형 → 동적 모형

> 럼바우의 객체지향 분석 절차는 '객체 → 동적 → 기능' 순입니다.

24년 5월, 23년 5월, 20년 9월

4. 다음 내용이 설명하는 객체지향 설계 원칙은?

- 클라이언트는 자신이 사용하지 않는 메소드와 의존관계를 맺으면 안 된다.
- 클라이언트가 사용하지 않는 인터페이스 때문에 영향을 받아서는 안 된다.

① 인터페이스 분리 원칙
② 단일 책임 원칙
③ 개방 폐쇄의 원칙
④ 리스코프 교체의 원칙

> 문제의 지문에 제시된 내용은 인터페이스 분리 원칙의 특징입니다.

20년 8월

5. 객체지향 설계 원칙 중 서브타입(상속받은 하위 클래스)은 어디에서나 자신의 기반타입(상위 클래스)으로 교체할 수 있어야 함을 의미하는 원칙은?

① ISP(Interface Segregation Principle)
② DIP(Dependency Inversion Principle)
③ LSP(Liskov Substitution Principle)
④ SRP(Single Responsibility Principle)

> 자식(하위) 클래스와 부모(상위) 클래스 간의 설계 원칙은 LSP(리스코프 치환 원칙)입니다.

21년 3월

6. 소프트웨어를 개발하기 위한 비즈니스(업무)를 객체와 속성, 클래스와 멤버, 전체와 부분 등으로 나누어서 분석해 내는 기법은?

① 객체지향 분석
② 구조적 분석
③ 기능적 분석
④ 실시간 분석

> 객체, 속성, 클래스와 관련된 분석 기법은 객체지향 분석입니다.

24년 7월, 2월, 21년 8월

7. 럼바우(Rumbaugh)의 객체지향 분석 기법 중 자료 흐름도(DFD)를 주로 이용하는 것은?

① 기능 모델링
② 동적 모델링
③ 객체 모델링
④ 정적 모델링

> 객체 모델링은 객체 다이어그램, 동적 모델링은 상태 다이어그램, 기능 모델링은 자료 흐름도(DFD)를 이용합니다.

25년 2월, 21년 3월

8. 럼바우(Rumbaugh) 분석 기법에서 정보 모델링이라고도 하며, 시스템에서 요구되는 객체를 찾아내어 속성과 연산 식별 및 객체들 간의 관계를 규정하여 다이어그램을 표시하는 모델링은?

① Object
② Dynamic
③ Function
④ Static

> 객체의 식별이나 객체들 간의 관계는 객체(Object) 모델링, 객체들 간의 동적인 행위를 표현하는 것은 동적(Dynamic) 모델링, 자료 흐름을 중심으로 처리 과정을 표현한 것은 기능(Functional) 모델링입니다.

▶ 정답 : 1.① 2.④ 3.① 4.① 5.③ 6.① 7.① 8.①

기출문제 따라잡기

25년 8월, 24년 5월, 23년 2월
9. 다음 중 객체지향 설계 원칙에 속하지 않는 것은?

① 개방-폐쇄 원칙(OCP; Open-Closed Principle)
② 의존 역전 원칙(DIP; Dependency Inversion Principle)
③ 인터페이스 통합 원칙(IIP; Interface Integration Principle)
④ 단일 책임 원칙(SRP; Single Responsibility Principle)

> 객체지향 설계 원칙 중 하나는 인터페이스 통합 원칙이 아니라 인터페이스 분리 원칙입니다.

20년 6월
10. 객체지향 분석 방법론 중 E-R 다이어그램을 사용하여 객체의 행위를 모델링하며, 객체 식별, 구조 식별, 주체 정의, 속성 및 관계 정의, 서비스 정의 등의 과정으로 구성되는 것은?

① Coad와 Yourdon 방법
② Booch 방법
③ Jacobson 방법
④ Wirfs-Brocks 방법

> 객체지향 분석 방법론 중 E-R 다이어그램을 사용하는 것은 Coad와 Yourdon 방법입니다.

22년 3월, 20년 8월
11. 클래스 설계 원칙에 대한 바른 설명은?

① 단일 책임 원칙 : 하나의 클래스만 변경 가능해야 한다.
② 개방-폐쇄의 원칙 : 클래스는 확장에 대해 열려 있어야 하며 변경에 대해 닫혀 있어야 한다.
③ 리스코프 교체의 원칙 : 여러 개의 책임을 가진 클래스는 하나의 책임을 가진 클래스로 대체되어야 한다.
④ 의존관계 역전의 원칙 : 클라이언트는 자신이 사용하는 메소드와 의존관계를 갖지 않도록 해야 한다.

> ① 단일 책임 원칙은 객체는 단 하나의 책임만 가져야 한다는 원칙입니다.
> ③ 리스코프 교체의 원칙은 자식 클래스는 최소한 자신의 부모 클래스에서 가능한 행위는 수행할 수 있어야 한다는 설계 원칙입니다.
> ④ 의존관계 역전의 원칙은 각 객체들이 의존 관계가 성립될 때, 추상성이 낮은 클래스보다 추상성이 높은 클래스와 의존 관계를 맺어야 한다는 원칙입니다.

24년 2월
12. 다음 내용이 설명하는 객체지향 설계 원칙은?

> 각 객체들 간의 의존 관계가 성립될 때, 추상성이 낮은 클래스보다 추상성이 높은 클래스와 의존 관계를 맺어야 한다는 원칙이다.

① 의존 역전 원칙
② 리스코프 교체의 원칙
③ 인터페이스 분리 원칙
④ 개방 폐쇄의 원칙

> 문제의 지문에 제시된 내용은 의존 역전 원칙(DIP; Dependency Inversion Principle)의 개념입니다.

25년 2월
13. 럼바우의 객체지향 분석 기법에서 시간의 흐름에 따라 변하는 객체들 사이의 제어흐름, 상호작용, 연산순서 등의 동적인 행위를 상태 다이어그램으로 나타낸 것은?

① 객체 모델링
② 기능 모델링
③ 동적 모델링
④ 정적 모델링

> 럼바우의 객체지향 분석 기법에서 시간의 흐름에 따라 변하는 객체들 사이의 동적인 행위를 상태 다이어그램으로 나타낸 것은 동적 모델링입니다.

▶ 정답 : 9. ③ 10. ① 11. ② 12. ① 13. ③

SECTION 020 모듈

1 모듈(Module)의 개요

모듈은 모듈화*를 통해 분리된 시스템의 각 기능들로, 서브루틴*, 서브시스템*, 소프트웨어 내의 프로그램, 작업 단위 등과 같은 의미로 사용된다.

- 모듈은 단독으로 컴파일이 가능하며, 재사용 할 수 있다.
- 모듈의 기능적 독립성은 소프트웨어를 구성하는 각 모듈의 기능이 서로 독립됨을 의미하는 것으로, 모듈이 하나의 기능만을 수행하고 다른 모듈과의 과도한 상호작용을 배제함으로써 이루어진다.
- 독립성이 높은 모듈일수록 모듈을 수정하더라도 다른 모듈들에게는 거의 영향을 미치지 않으며, 오류가 발생해도 쉽게 발견하고 해결할 수 있다.
- 모듈의 독립성은 결합도(Coupling)와 응집도(Cohesion)에 의해 측정되며, 독립성을 높이려면 모듈의 결합도는 약하게, 응집도는 강하게, 모듈의 크기는 작게 만들어야 한다.

전문가의 조언
모듈의 특징을 묻는 문제가 출제되었습니다. 모듈은 다른 모듈에서 접근이 가능해야 한다는 것을 중심으로 특징을 정리하세요.

모듈화(Modularity)
모듈화는 소프트웨어의 성능을 향상시키거나 시스템의 수정 및 재사용, 유지 관리 등이 용이하도록 시스템의 기능들을 모듈 단위로 분해하는 것을 의미합니다.

- 루틴(Routine) : 기능을 가진 명령들의 모임
- 메인 루틴(Main Routine) : 프로그램 실행의 큰 줄기가 되는 것
- 서브 루틴(Subroutine) : 메인 루틴에 의해 필요할 때 마다 호출되는 루틴

서브시스템(Subsystem)
서브시스템은 시스템을 구성하는 요소의 하나로, '단위시스템'이라고도 불리며, 서브시스템 자체로도 하나의 시스템에 필요한 요소들을 갖추고 있습니다. 예를 들어 메인 시스템이 '통합 경영정보 시스템'이라면 여기에 속하는 서브시스템으로 '영업관리 시스템', '생산관리 시스템', '인사관리 시스템' 등이 있을 수 있습니다.

2 결합도(Coupling)

결합도는 모듈 간에 상호 의존하는 정도 또는 두 모듈 사이의 연관 관계를 의미한다.

- 다양한 결합으로 모듈을 구성할 수 있으나 결합도가 약할수록 품질이 높고, 강할수록 품질이 낮다.
- 결합도가 강하면 시스템 구현 및 유지보수 작업이 어렵다.
- 결합도의 종류에는 자료 결합도, 스탬프 결합도, 제어 결합도, 외부 결합도, 공통 결합도, 내용 결합도가 있으며 결합도의 정도는 다음과 같다.

자료 결합도	스탬프 결합도	제어 결합도	외부 결합도	공통 결합도	내용 결합도

결합도 약함 ←――――――――――――――――――→ 결합도 강함

자료 결합도 (Data Coupling)	• 모듈 간의 인터페이스가 자료 요소로만 구성될 때의 결합도이다. • 어떤 모듈이 다른 모듈을 호출하면서 매개 변수나 인수로 데이터를 넘겨주고, 호출 받은 모듈은 받은 데이터에 대한 처리 결과를 다시 돌려주는 방식이다. • 모듈 간의 내용을 전혀 알 필요가 없는 상태로서 한 모듈의 내용을 변경하더라도 다른 모듈에는 전혀 영향을 미치지 않는 가장 바람직한 결합도이다.
스탬프(검인) 결합도 (Stamp Coupling)	• 모듈 간의 인터페이스로 배열이나 레코드 등의 자료 구조가 전달될 때의 결합도이다. • 두 모듈이 동일한 자료 구조를 조회하는 경우의 결합도이며, 자료 구조의 어떠한 변화, 즉 포맷이나 구조의 변화는 그것을 조회하는 모든 모듈 및 변화되는 필드를 실제로 조회하지 않는 모듈에까지도 영향을 미치게 된다.

전문가의 조언
- 결합도는 두 사람이 붙어있는 것과 비교하면 이해가 쉽습니다. 손만 잡고 있는지, 팔짱을 끼고 있는지, 포옹을 하고 있는지에 따라 서로 떨어뜨리기가 어려워지겠죠.
- 결합도의 개념과 종류, 결합 강도에 따른 순서, 결합도들의 개별적인 의미 등 교재에 수록된 내용이 모두 중요합니다. 자세히 공부하고 넘어가세요.

20.8 제어 결합도 (Control Coupling)	• 어떤 모듈이 다른 모듈 내부의 논리적인 흐름을 제어하기 위해 제어 신호를 이용하여 통신하거나 제어 요소(Function Code, Switch, Tag, Flag)를 전달하는 결합도이다. • 한 모듈이 다른 모듈의 상세한 처리 절차를 알고 있어 이를 통제하는 경우나 처리 기능이 두 모듈에 분리되어 설계된 경우에 발생한다. • 하위 모듈에서 상위 모듈로 제어 신호가 이동하여 하위 모듈이 상위 모듈에게 처리 명령을 내리는 권리 전도현상이 발생하게 된다.
25.8, 22.7 외부 결합도 (External Coupling)	• 어떤 모듈에서 선언한 데이터(변수)를 외부의 다른 모듈에서 참조할 때의 결합도이다. • 참조되는 데이터의 범위를 각 모듈에서 제한할 수 있다.
23.7, 20.9, 실기 25.4 공통(공유) 결합도 (Common Coupling)	• 공유되는 공통 데이터 영역을 여러 모듈이 사용할 때의 결합도이다. • 공통 데이터 영역의 내용을 조금만 변경하더라도 이를 사용하는 모든 모듈에 영향을 미치므로 모듈의 독립성을 약하게 만든다.
25.8, 23.7, 22.7, 22.4, 20.9, 실기 25.4 내용 결합도 (Content Coupling)	• 한 모듈이 다른 모듈의 내부 기능 및 그 내부 자료를 직접 참조하거나 수정할 때의 결합도이다. • 한 모듈에서 다른 모듈의 내부로 제어가 이동하는 경우에도 내용 결합도에 해당된다.

3 응집도(Cohesion)

25.8, 24.5, 23.5, 22.4, 21.8, 21.5, 21.3, 20.9, 20.8, 20.6, 실기 24.7, 24.4, 21.7

응집도는 정보 은닉* 개념을 확장한 것으로, 명령어나 호출문 등 모듈의 내부 요소들의 서로 관련되어 있는 정도, 즉 모듈이 독립적인 기능으로 정의되어 있는 정도를 의미한다.

- 다양한 기준으로 모듈을 구성할 수 있으나 응집도가 강할수록 품질이 높고, 약할수록 품질이 낮다.
- 응집도의 종류에는 우연적 응집도, 논리적 응집도, 시간적 응집도, 절차적 응집도, 교환(통신)적 응집도, 순차적 응집도, 기능적 응집도가 있으며 응집도의 정도는 다음과 같다.

우연적 응집도	논리적 응집도	시간적 응집도	절차적 응집도	교환적 응집도	순차적 응집도	기능적 응집도

응집도 약함 ←―――――――――――――――――――→ 응집도 강함

20.9 우연적 응집도 (Coincidental Cohesion)	모듈 내부의 각 구성 요소들이 서로 관련 없는 요소로만 구성된 경우의 응집도
논리적 응집도 (Logical Cohesion)	유사한 성격을 갖거나 특정 형태로 분류되는 처리 요소들로 하나의 모듈이 형성되는 경우의 응집도
21.8 시간적 응집도 (Temporal Cohesion)	특정 시간에 처리되는 몇 개의 기능을 모아 하나의 모듈로 작성할 경우의 응집도
20.8 절차적 응집도 (Procedural Cohesion)	모듈이 다수의 관련 기능을 가질 때 모듈 안의 구성 요소들이 그 기능을 순차적으로 수행할 경우의 응집도
교환(통신)적 응집도 (Communication Cohesion)	동일한 입력과 출력을 사용하여 서로 다른 기능을 수행하는 구성 요소들이 모였을 경우의 응집도
순차적 응집도 (Sequential Cohesion)	모듈 내 하나의 활동으로부터 나온 출력 데이터를 그 다음 활동의 입력 데이터로 사용할 경우의 응집도

전문가의 조언

- 응집도는 어질러진 방의 물건들을 상자에 정리하는 것과 비교하면 이해가 쉽습니다. 용도나 종류에 따라 구분하여 박스에 정리했다면 응집도가 강하다고 할 수 있고, 구분없이 박스에 집어넣었다면 응집도가 약하다고 할 수 있습니다.
- 결합도와 마찬가지로 출제율이 높습니다. 응집도의 개념과 응집도들의 개별적인 의미를 파악해야 하며, 응집도의 종류를 응집 강도 순으로 나열할 수 있어야 합니다.

정보 은닉(Information Hiding)
정보 은닉은 한 모듈 내부에 포함된 절차와 자료들의 정보가 감추어져 다른 모듈이 접근하거나 변경하지 못하도록 하는 기법입니다.

기능적 응집도 (Functional Cohesion)	모듈 내부의 모든 기능 요소들이 단일 문제와 연관되어 수행될 경우의 응집도

4 팬인(Fan-In) / 팬아웃(Fan-Out)

22.7, 21.3, 실기 22.7, 20.5

- 팬인은 어떤 모듈을 제어(호출)하는 모듈의 수를 나타낸다.
- 팬아웃은 어떤 모듈에 의해 제어(호출)되는 모듈의 수를 나타낸다.
- 팬인과 팬아웃을 분석하여 시스템의 복잡도를 알 수 있다.
- 팬인이 높다는 것은 재사용 측면에서 설계가 잘 되어있다고 볼 수 있으나, 단일 장애점*이 발생할 수 있으므로 중점적인 관리 및 테스트가 필요하다.
- 팬아웃이 높은 경우 불필요하게 다른 모듈을 호출하고 있는지 검토하고, 단순화시킬 수 있는지 여부에 대한 검토가 필요하다.
- 시스템의 복잡도를 최적화하려면 팬인은 높게, 팬아웃은 낮게 설계해야 한다.

예제 다음의 시스템 구조도에서 각 모듈의 팬인(Fan-In)과 팬아웃(Fan-Out)을 구하시오.

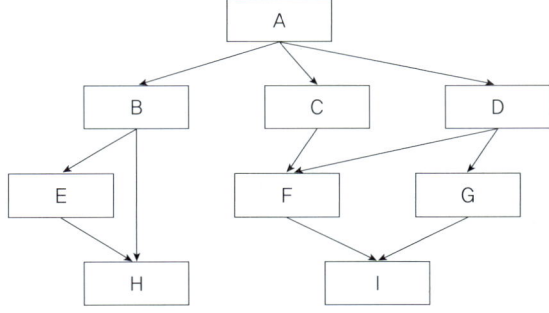

해설

- 팬인(Fan-In) : A는 0, B·C·D·E·G는 1, F·H·I는 2
- 팬아웃(Fan-Out) : H·I는 0, C·E·F·G는 1, B·D는 2, A는 3

잠깐만요 N-S 차트(Nassi-Schneiderman Chart)

25.5, 24.2, 22.3, 20.9

N-S 차트는 논리의 기술에 중점을 둔 도형을 이용한 표현 방법으로 박스 다이어그램, Chapin Chart라고도 합니다.
- 연속, 선택 및 다중 선택, 반복 등의 제어 논리 구조를 표현합니다.
- GOTO나 화살표를 사용하지 않습니다.
- 조건이 복합되어 있는 곳의 처리를 시각적으로 명확히 식별하는 데 적합합니다.
- 선택과 반복 구조를 시각적으로 표현합니다.
- 이해하기 쉽고, 코드 변환이 용이합니다.
- 읽기는 쉽지만 작성하기가 어려우며, 임의로 제어를 전이하는 것이 불가능합니다.
- 총체적인 구조 표현과 인터페이스를 나타내기가 어렵습니다.
- 단일 입구와 단일 출구로 표현합니다.

전문가의 조언

- 팬인, 팬아웃은 단순하게 생각하면 이해가 쉬워요. 모듈에 들어오면(In) 팬인, 모듈에서 나가면(out) 팬아웃입니다.
- 팬인과 팬아웃의 개념을 파악한 다음 예제를 통해 팬인과 팬아웃 계산 방법을 익히세요.

단일 장애점(SPOF, Single Point Of Failure)
단일 장애점은 시스템의 구성 요소 중 동작하지 않으면 전체 시스템이 중단되어 버리는 요소를 의미하며, 단일 실패점이라고도 합니다.

전문가의 조언

N-S 차트의 특징을 묻는 문제가 대부분입니다. 특징을 확실히 정리하세요.

기출문제 따라잡기

23년 7월, 22년 4월, 20년 9월
1. 결합도(Coupling)에 대한 설명으로 틀린 것은?

① 데이터 결합도(Data Coupling)는 두 모듈이 매개변수로 자료를 전달할 때, 자료 구조 형태로 전달되어 이용될 때 데이터가 결합되어 있다고 한다.
② 내용 결합도(Content Coupling)는 하나의 모듈이 직접적으로 다른 모듈의 내용을 참조할 때 두 모듈은 내용적으로 결합되어 있다고 한다.
③ 공통 결합도(Common Coupling)는 두 모듈이 동일한 전역 데이터를 접근한다면 공통 결합되어 있다고 한다.
④ 결합도(Coupling)는 두 모듈 간의 상호작용, 또는 의존도 정도를 나타내는 것이다.

> 자료 구조 형태로 전달되는 것은 스탬프 결합도입니다.

24년 5월, 20년 8월
2. 다음 중 가장 결합도가 강한 것은?

① Data Coupling ② Stamp Coupling
③ Common Coupling ④ Control Coupling

> 보기 중 결합도가 가장 강한 것은 Common Coupling입니다.

22년 7월, 20년 8월
3. 어떤 모듈이 다른 모듈의 내부 논리 조직을 제어하기 위한 목적으로 제어 신호를 이용하여 통신하는 경우이며, 하위 모듈에서 상위 모듈로 제어 신호가 이동하여 상위 모듈에게 처리 명령을 부여하는 권리 전도 현상이 발생하게 되는 결합도는?

① Data Coupling ② Stamp Coupling
③ Control Coupling ④ Common Coupling

> 어떤 모듈이 다른 모듈을 제어(Control)하기 위한 목적의 결합도는 제어 결합도입니다.

21년 8월
4. 모듈 내 구성 요소들이 서로 다른 기능을 같은 시간대에 함께 실행하는 경우의 응집도(Cohesion)는?

① Temporal Cohesion
② Logical Cohesion
③ Coincidental Cohesion
④ Sequential Cohesion

> 같은 시간대에 실행되는 경우의 응집도는 Temporal Cohesion(시간적 응집도)입니다.

20년 9월
5. 응집도의 종류 중 서로 간에 어떠한 의미 있는 연관 관계도 지니지 않은 기능 요소로 구성되는 경우이며, 서로 다른 상위 모듈에 의해 호출되어 처리상의 연관성이 없는 서로 다른 기능을 수행하는 경우의 응집도는?

① Functional Cohesion ② Sequential Cohesion
③ Logical Cohesion ④ Coincidental Cohesion

> 서로 간에 어떠한 의미 있는 연관 관계도 지니지 않았다면, 우연적으로 형성된 관계입니다.

22년 4월, 3월
6. 모듈화(Modularity)와 관련한 설명으로 틀린 것은?

① 시스템을 모듈로 분할하면 각각의 모듈을 별개로 만들고 수정할 수 있기 때문에 좋은 구조가 된다.
② 응집도는 모듈과 모듈 사이의 상호의존 또는 연관 정도를 의미한다.
③ 모듈 간의 결합도가 약해야 독립적인 모듈이 될 수 있다.
④ 모듈 내 구성 요소들 간의 응집도가 강해야 좋은 모듈 설계이다.

> 모듈과 모듈 사이와 같이 모듈 외부와 관련된 건 결합도, 모듈 내부의 명령이나 호출문과 같이 모듈 내부 요소들과 관련된 건 응집도입니다.

22년 4월, 20년 6월
7. 응집도가 가장 낮은 것은?

① 기능적 응집도 ② 시간적 응집도
③ 절차적 응집도 ④ 우연적 응집도

> 모듈 내부 요소들 간의 관련성이 많으면 응집도가 높은 것입니다.

24년 2월, 22년 3월, 20년 9월
8. N-S(Nassi-Schneiderman) Chart에 대한 설명으로 거리가 먼 것은?

① 논리의 기술에 중점을 둔 도형식 표현 방법이다.
② 연속, 선택 및 다중 선택, 반복 등의 제어 논리 구조로 표현한다.
③ 주로 화살표를 사용하여 논리적인 제어 구조로 흐름을 표현한다.
④ 조건이 복합되어 있는 곳의 처리를 시각적으로 명확히 식별하는데 적합하다.

> N-S 차트에서는 GOTO나 화살표를 사용하지 않습니다.

기출문제 따라잡기

9. 결합도가 낮은 것부터 높은 순으로 옳게 나열한 것은?

(ㄱ) 내용 결합도	(ㄴ) 자료 결합도
(ㄷ) 공통 결합도	(ㄹ) 스탬프 결합도
(ㅁ) 외부 결합도	(ㅂ) 제어 결합

① (ㄱ) → (ㄴ) → (ㄹ) → (ㅂ) → (ㅁ) → (ㄷ)
② (ㄴ) → (ㄹ) → (ㅁ) → (ㅂ) → (ㄷ) → (ㄱ)
③ (ㄴ) → (ㄹ) → (ㅂ) → (ㅁ) → (ㄷ) → (ㄱ)
④ (ㄱ) → (ㄴ) → (ㄹ) → (ㅁ) → (ㅂ) → (ㄷ)

강한 것에서 약한 것 순으로 나열하면 내공은 외제를 쓰(스)자입니다.

10. 다음 중 가장 강한 응집도(Cohesion)는?

① Sequential Cohesion
② Procedural Cohesion
③ Logical Cohesion
④ Coincidental Cohesion

강한 것에서 약한 것 순으로 나열하면 '기능적 → 순차적 → 교환(통신)적 → 절차적 → 시간적 → 논리적 → 우연적' 응집도 순입니다.

11. 다음은 어떤 프로그램 구조를 나타낸다. 모듈 F에서의 fan-in과 fan-out의 수는 얼마인가?

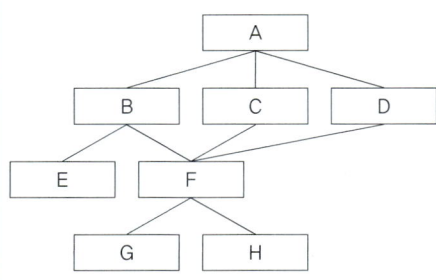

① fan-in : 2, fan-out : 3
② fan-in : 3, fan-out : 2
③ fan-in : 1, fan-out : 2
④ fan-in : 2, fan-out : 1

모듈에 들어오면(in) 팬인(fan-in), 모듈에서 나가면(out) 팬아웃(fan-out)입니다. F에 들어오는 선은 3개, 나가는 선은 2개이므로, 팬인과 팬아웃은 각각 3과 2입니다.

12. 프로그램 설계도의 하나인 NS Chart에 대한 설명으로 가장 거리가 먼 것은?

① 논리의 기술에 중점을 두고 도형을 이용한 표현 방법이다.
② 이해하기 쉽고 코드 변환이 용이하다.
③ 화살표나 GOTO를 사용하여 이해하기 쉽다.
④ 연속, 선택, 반복 등의 제어 논리 구조를 표현한다.

N-S 차트에서는 GOTO나 화살표를 사용하지 않습니다.

13. 한 모듈 내의 각 구성 요소들이 공통의 목적을 달성하기 위하여 서로 얼마나 관련이 있는지의 기능적 연관의 정도를 나타내는 것은?

① Cohesion   ② Coupling
③ Structure   ④ Unity

모듈의 내부 요소들의 서로 관련되어 있는 정도를 응집도(Cohesion)라고 합니다.

14. 소프트웨어 개발에서 모듈(Module)이 되기 위한 주요 특징에 해당하지 않는 것은?

① 다른 것들과 구별될 수 있는 독립적인 기능을 가진 단위(Unit)이다.
② 독립적인 컴파일이 가능하다.
③ 유일한 이름을 가져야 한다.
④ 다른 모듈에서의 접근이 불가능해야 한다.

모듈들은 상호 작용을 통해 더 큰 시스템을 구성해야 하므로 모듈은 상호 접근이 가능해야 합니다.

15. 다음 설명에 부합하는 용어로 옳은 것은?

- 소프트웨어 구조를 이루며, 다른 것들과 구별될 수 있는 독립적인 기능을 갖는 단위이다.
- 하나 또는 몇 개의 논리적인 기능을 수행하기 위한 명령어들의 집합이라고도 할 수 있다.
- 서로 모여 하나의 완전한 프로그램으로 만들어질 수 있다.

① 통합 프로그램   ② 저장소
③ 모듈   ④ 데이터

소프트웨어를 구성하는 독립적인 각 기능들로, 소프트웨어 내의 프로그램, 작업 단위 등과 같은 의미로 사용되는 것은 모듈입니다.

▶ 정답 : 1.① 2.③ 3.③ 4.① 5.④ 6.② 7.④ 8.③ 9.① 10.① 11.② 12.③ 13.① 14.④ 15.③

SECTION 021 공통 모듈

전문가의 조언
공통 모듈 구현 시 준수해야 할 명세 중 명확성의 의미를 묻는 문제가 출제되었습니다. 공통 모듈의 개념을 이해하고 공통 모듈 구현 시 준수해야 할 명세의 종류와 각각의 의미를 파악해 두세요.

1 공통 모듈의 개요

공통 모듈은 여러 프로그램에서 공통적으로 사용할 수 있는 모듈을 의미한다.
- 자주 사용되는 계산식이나 매번 필요한 사용자 인증과 같은 기능들이 공통 모듈로 구성될 수 있다.
- 모듈의 재사용성 확보와 중복 개발 회피를 위해 설계 과정에서 공통 부분을 식별하고 명세를 작성할 필요가 있다.
- 공통 모듈을 구현할 때는 다른 개발자들이 해당 기능을 명확히 이해할 수 있도록 다음의 명세 기법을 준수해야 한다.

정확성(Correctness)	시스템 구현 시 해당 기능이 필요하다는 것을 알 수 있도록 정확히 작성한다.
명확성(Clarity)	해당 기능을 이해할 때 중의적으로 해석되지 않도록 명확하게 작성한다.
완전성(Completeness)	시스템 구현을 위해 필요한 모든 것을 기술한다.
일관성(Consistency)	공통 기능들 간 상호 충돌이 발생하지 않도록 작성한다.
추적성(Traceability)	기능에 대한 요구사항의 출처, 관련 시스템 등의 관계를 파악할 수 있도록 작성한다.

전문가의 조언
인터넷 쇼핑몰 사이트의 '로그인' 기능이 공통 모듈의 대표적인 예입니다. 사이트의 첫 페이지에서 '로그인'을 할 수도 있고, 상품 구매 버튼을 누른 후에 나오는 '로그인' 창에서 할 수도 있습니다. 두개의 '로그인'은 발생하는 위치는 다르지만 동일한 기능을 갖고 있어 공통 모듈로 구성하기에 적합합니다.

2 재사용(Reuse)

재사용은 비용과 개발 시간을 절약하기 위해 이미 개발된 기능들을 파악하고 재구성하여 새로운 시스템 또는 기능 개발에 사용하기 적합하도록 최적화 시키는 작업이다.
- 재사용을 위해서는 누구나 이해할 수 있고 사용이 가능하도록 사용법을 공개해야 한다.
- 재사용되는 대상은 외부 모듈과의 결합도는 낮고, 응집도는 높아야 한다.
- **재사용 규모에 따른 분류**

함수와 객체*	클래스*나 메소드 단위의 소스 코드를 재사용한다.
컴포넌트	• 독립적인 업무 또는 기능을 수행하는 실행 코드 기반으로 작성된 모듈이다. • 컴포넌트 자체에 대한 수정 없이 인터페이스를 통해 통신하는 방식으로 재사용한다.
애플리케이션*	공통된 기능들을 제공하는 애플리케이션을 공유하는 방식으로 재사용한다.

전문가의 조언
재사용 규모에 따른 분류 항목의 종류와 컴포넌트의 의미를 묻는 문제가 출제되었습니다. 재사용 규모에 따른 분류 항목 3가지는 물론 각각의 의미도 기억하고 있어야 합니다.

- **함수=메소드** : 객체의 데이터를 처리하는 알고리즘
- **객체** : 데이터와 함수를 캡슐화한 소프트웨어 모듈
- **클래스** : 객체를 정의하는 틀
- **애플리케이션** : 어떠한 목적을 갖고 개발된 소프트웨어

③ 효과적인 모듈 설계 방안

24.7, 22.3, 21.3, 20.9, 20.8

- 결합도*는 줄이고 응집도*는 높여서 모듈의 독립성과 재사용성을 높인다.
- 모듈의 제어 영역* 안에서 그 모듈의 영향 영역*을 유지시킨다.
- 복잡도와 중복성을 줄이고 일관성을 유지시킨다.
- 모듈의 기능은 예측이 가능해야 하며 지나치게 제한적이어서는 안 된다.
- 유지보수가 용이해야 한다.
- 모듈 크기는 시스템의 전반적인 기능과 구조를 이해하기 쉬운 크기로 분해한다.
- 하나의 입구와 하나의 출구를 갖도록 해야 한다.
- 인덱스 번호나 기능 코드들이 전반적인 처리 논리 구조에 예기치 못한 영향을 끼치지 않도록 모듈 인터페이스를 설계해야 한다.
- 효과적인 제어를 위해 모듈 간의 계층적 관계를 정의하는 자료가 제시되어야 한다.

전문가의 조언

효과적인 모듈 설계 방안을 묻는 문제가 출제되었습니다. 결합도는 줄이고, 응집도는 높여야 한다는 것을 중심으로 효과적인 모듈 설계 방안을 정리해 두세요.

결합도 / 응집도
- **결합도** : 모듈 간에 상호 의존하는 정도 또는 두 모듈 사이의 연관 관계
- **응집도** : 모듈의 내부 요소들의 서로 관련되어 있는 정도

모듈의 제어 / 영향 영역
- **모듈의 제어 영역** : 프로그램의 계층 구조 내에서 어떤 특정 모듈이 제어하는 하위 모듈
- **모듈의 영향 영역** : 특정 모듈이 다른 모듈들에게 미치게 되는 영향의 범위

기출문제 따라잡기

20년 6월
1. 공통 모듈에 대한 명세 기법 중 해당 기능에 대해 일관되게 이해되고 한 가지로 해석될 수 있도록 작성하는 원칙은?
① 상호작용성 ② 명확성
③ 독립성 ④ 내용성

하나의 내용에 대해 누구나 동일하게 해석될 수 있다는 것은 내용이 명확하다는 것입니다.

20년 9월
2. 공통 모듈의 재사용 범위에 따른 분류가 아닌 것은?
① 컴포넌트 재사용 ② 더미코드 재사용
③ 함수와 객체 재사용 ④ 애플리케이션 재사용

재사용 규모에 따라 함수와 객체, 컴포넌트, 애플리케이션으로 분류할 수 있습니다.

22년 4월
3. 명백한 역할을 가지고 독립적으로 존재할 수 있는 시스템의 부분으로 넓은 의미에서는 재사용되는 모든 단위라고 볼 수 있으며, 인터페이스를 통해서만 접근할 수 있는 것은?
① Model ② Sheet
③ Component ④ Cell

인터페이스를 통해서만 접근할 수 있는 재사용 단위는 컴포넌트(Component)입니다.

24년 7월, 22년 3월, 21년 3월, 20년 9월
4. 바람직한 소프트웨어 설계 지침이 아닌 것은?
① 적당한 모듈의 크기를 유지한다.
② 모듈 간의 접속 관계를 분석하여 복잡도와 중복을 줄인다.
③ 모듈 간의 결합도는 강할수록 바람직하다.
④ 모듈 간의 효과적인 제어를 위해 설계에서 계층적 자료 조직이 제시되어야 한다.

효과적으로 모듈을 설계하려면, 결합도는 줄이고 응집도는 높여야 합니다.

21년 3월
5. 소프트웨어의 일부분을 다른 시스템에서 사용할 수 있는 정도를 의미하는 것은?
① 신뢰성(Reliability)
② 유지보수성(Maintainability)
③ 가시성(Visibility)
④ 재사용성(Reusability)

다른 시스템에서 다시 사용하는 것은 재사용성입니다.

▶ 정답 : 1. ② 2. ② 3. ③ 4. ③ 5. ④

SECTION 022 코드

전문가의 조언
코드의 기능이 아닌 것을 찾는 문제가 출제되었습니다. 코드의 개념을 이해하고, 코드의 주요 기능 5가지를 확실히 기억해 두세요.

1 코드(Code)의 개요

코드는 컴퓨터를 이용하여 자료를 처리하는 과정에서 분류·조합 및 집계를 용이하게 하고, 특정 자료의 추출을 쉽게 하기 위해서 사용하는 기호이다.

- 코드는 정보를 신속·정확·명료하게 전달할 수 있게 한다.
- 코드는 일정한 규칙에 따라 작성되며, 정보 처리의 효율과 처리된 정보의 가치에 많은 영향을 미친다.
- 일반적인 코드의 예로 주민등록번호, 학번, 전화번호 등이 있다.
- 코드의 주요 기능에는 식별 기능, 분류 기능, 배열 기능, 표준화 기능, 간소화 기능이 있다.

식별 기능	데이터 간의 성격에 따라 구분이 가능하다.
분류 기능	특정 기준이나 동일한 유형에 해당하는 데이터를 그룹화 할 수 있다.
배열 기능	의미를 부여하여 나열할 수 있다.
표준화 기능	다양한 데이터를 기준에 맞추어 표현할 수 있다.
간소화 기능	복잡한 데이터를 간소화할 수 있다.

전문가의 조언
순차 코드와 표의 숫자 코드의 개념을 묻는 문제가 출제되었습니다. 무슨 코드를 말하는지 찾아낼 수 있도록 각 코드의 개념을 확실히 파악하고 넘어가세요.

2 코드의 종류

코드의 종류에는 다음과 같은 것들이 있다.

순차 코드 (Sequence Code)	자료의 발생 순서, 크기 순서 등 일정 기준에 따라서 최초의 자료부터 차례로 일련번호를 부여하는 방법으로, 순서 코드 또는 일련번호 코드라고도 한다. 예 1, 2, 3, 4, …
블록 코드 (Block Code)	코드화 대상 항목 중에서 공통성이 있는 것끼리 블록으로 구분하고, 각 블록 내에서 일련번호를 부여하는 방법으로, 구분 코드라고도 한다. 예 1001~1100 : 총무부, 1101~1200 : 영업부
10진 코드 (Decimal Code)	코드화 대상 항목을 0~9까지 10진 분할하고, 다시 그 각각에 대하여 10진 분할하는 방법을 필요한 만큼 반복하는 방법으로, 도서 분류식 코드라고도 한다. 예 1000 : 공학, 1100 : 소프트웨어 공학, 1110 : 소프트웨어 설계
그룹 분류 코드 (Group Classification Code)	코드화 대상 항목을 일정 기준에 따라 대분류, 중분류, 소분류 등으로 구분하고, 각 그룹 안에서 일련번호를 부여하는 방법이다. 예 1-01-001 : 본사–총무부–인사계, 2-01-001 : 지사–총무부–인사계
연상 코드 (Mnemonic Code)	코드화 대상 항목의 명칭이나 약호*와 관계있는 숫자나 문자, 기호를 이용하여 코드를 부여하는 방법이다. 예 TV-40 : 40인치 TV, L-15-220 : 15W 220V의 램프

약호
약호는 간단하고 알기 쉽게 만든 부호를 의미합니다.

표의 숫자 코드 (Significant Digit Code) 23.2, 20.9	코드화 대상 항목의 성질, 즉 길이, 넓이, 부피, 지름, 높이 등의 물리적 수치를 그대로 코드에 적용시키는 방법으로, 유효 숫자 코드라고도 한다. 예 120-720-1500 : 두께×폭×길이가 120×720×1500인 강판
합성 코드 (Combined Code)	필요한 기능을 하나의 코드로 수행하기 어려운 경우 2개 이상의 코드를 조합하여 만드는 방법이다. 예 연상 코드 + 순차 코드 　　KE-711 : 대한항공 711기, AC-253 : 에어캐나다 253기

3 코드 부여 체계

코드 부여 체계는 이름만으로 개체*의 용도와 적용 범위를 알 수 있도록 코드를 부여하는 방식을 말한다.

- 코드 부여 체계는 각 개체에 유일한 코드를 부여하여 개체들의 식별 및 추출을 용이하게 한다.
- 코드를 부여하기 전에 각 단위 시스템의 고유한 코드와 개체를 나타내는 코드 등이 정의되어야 한다.
- 코드 부여 체계를 담당하는 자는 코드의 자릿수와 구분자, 구조 등을 상세하게 명시해야 한다.

개체
소프트웨어 개발에서 코드를 부여할 대상이 되는 개체에는 모듈, 컴포넌트, 인터페이스 등이 있습니다.

예1 모듈 식별을 위한 코드 부여 체계

자리수	구분자를 포함한 11자리
기본 구조	AAA-MOD-000
상세 구조	AAA • 영문 및 숫자 3자리 • 단위 시스템의 코드 3자리 • 전체 시스템의 경우 'PJC' 고정 MOD • 영문 3자리 • 모듈은 MOD, 공통 모듈은 COM을 사용 000 • 숫자 3자리 • 순차적 일련번호 001~999

예2 코드 부여 체계에 따른 코드 작성

- PJC-COM-003 : 전체 시스템 단위의 3번째 공통 모듈
- PY3-MOD-010 : PY3이라는 단위 시스템의 10번째 모듈

기출문제 따라잡기

20년 8월
1. 코드의 기본 기능으로 거리가 먼 것은?
① 복잡성　　　　② 표준화
③ 분류　　　　　④ 식별

> 코드의 기능에는 식별, 분류, 배열, 표준화, 간소화 기능이 있습니다.

23년 7월, 20년 6월
2. 코드 설계에서 일정한 일련번호를 부여하는 방식의 코드는?
① 연상 코드　　　② 블록 코드
③ 순차 코드　　　④ 표의 숫자 코드

> 일정한 기준에 따라서 최초의 자료부터 차례로 부여하는 것은 순차 코드입니다.

23년 2월, 20년 9월
3. 코드화 대상 항목의 중량, 면적, 용량 등의 물리적 수치를 이용하여 만든 코드는?
① 순차 코드　　　② 10진 코드
③ 표의 숫자 코드　④ 블록 코드

> 표의 숫자 코드는 대상체의 성질을 그대로 표시하므로 기억하기 쉽습니다.

이전기출
4. 사원 번호의 발급 과정에서 둘 이상의 서로 다른 사람에게 동일한 번호가 부여된 경우에 코드의 어떤 기능을 만족시키지 못한 것인가?
① 표준화 기능　　② 식별 기능
③ 배열 기능　　　④ 연상 기능

> 동일한 번호가 부여되면 식별할 수 없습니다.

이전기출
5. 회사에서 각 부서의 명칭을 코드화하기 위하여 대분류, 중분류, 소분류 등으로 나누어 나타내고자 한다. 이 때 가장 적합한 코드의 종류는?
① 구분 코드(Block Code)
② 그룹 분류 코드(Group Classification Code)
③ 연상 기호 코드(Mnemonic Code)
④ 순차 코드(Sequence Code)

> 대분류, 중분류, 소분류로 나누어 코드를 분류하는 것은 그룹으로 분류하는 것입니다.

이전기출
6. 코드화 대상 자료 전체를 계산하여 이를 필요로 하는 분류 단위로 블록을 구분하고, 각 블록 내에서 순서대로 번호를 부여하는 방식으로, 적은 자릿수로 많은 항목의 표시가 가능하고 예비 코드를 사용할 수 있어 추가가 용이하다. 구분 순차 코드라고도 하는 이것을 무엇이라 하는가?
① 순차(Sequence) 코드
② 표의 숫자(Significant Digit) 코드
③ 블록(Block) 코드
④ 연상(Mnemonic) 코드

> 문제에 제시된 내용은 블록 코드의 특징입니다.

출제예상
7. 코드 부여 체계에 대한 설명으로 옳지 않은 것은?
① 모듈이나 컴포넌트에 식별할 수 있는 코드를 부여하는 것을 말한다.
② 프로그래머가 모듈을 개발할 때 마다 임의로 코드를 부여한다.
③ 하나 이상의 코드를 조합하여 사용한다.
④ 코드 부여 체계의 담당자는 코드 규칙을 상세히 정의해야 한다.

> 코드 부여 체계는 모듈이나 컴포넌트 등에 코드를 부여하는 방식을 의미하기 때문에 코드는 프로그래머가 임의로 부여하는 것이 아닌 코드 부여 체계에 맞게 부여해야 합니다.

▶ 정답 : 1. ①　2. ③　3. ③　4. ②　5. ②　6. ③　7. ②

SECTION 023 디자인 패턴

1 디자인 패턴(Design Pattern)의 개요
25.8, 24.7, 23.5, 22.3, 20.9, 20.8, 실기 20.11

디자인 패턴은 각 모듈의 세분화된 역할이나 모듈들 간의 인터페이스와 같은 코드를 작성하는 수준의 세부적인 구현 방안을 설계할 때 참조할 수 있는 전형적인 해결 방식 또는 예제를 의미한다.

- 디자인 패턴은 문제 및 배경, 실제 적용된 사례, 재사용이 가능한 샘플 코드 등으로 구성되어 있다.
- '바퀴를 다시 발명하지 마라(Don't reinvent the wheel)'*라는 말과 같이, 개발 과정 중에 문제가 발생하면 새로 해결책을 구상하는 것보다 문제에 해당하는 디자인 패턴을 참고하여 적용하는 것이 더 효율적이다.
- 디자인 패턴은 한 패턴에 변형을 가하거나 특정 요구사항을 반영하면 유사한 형태의 다른 패턴으로 변화되는 특징*이 있다.
- 디자인 패턴은 1995년 GoF(Gang of Four)라고 불리는 에릭 감마(Erich Gamma), 리차드 헬름(Richard Helm), 랄프 존슨(Ralph Johnson), 존 블리시디스(John Vlissides)가 처음으로 구체화 및 체계화하였다.
- GoF의 디자인 패턴은 수많은 디자인 패턴들 중 가장 일반적인 사례에 적용될 수 있는 패턴들을 분류하여 정리함으로써, 지금까지도 소프트웨어 공학이나 현업에서 가장 많이 사용되는 디자인 패턴이다.
- GoF의 디자인 패턴은 유형에 따라 생성 패턴 5개, 구조 패턴 7개, 행위 패턴 11개 총 23개의 패턴으로 구성된다.

잠깐만요 | 아키텍처 패턴 vs 디자인 패턴

아키텍처 패턴과 디자인 패턴은 모두 소프트웨어 설계를 위한 참조 모델이지만 다음과 같은 차이가 있습니다.
- 아키텍처 패턴은 디자인 패턴보다 상위 수준의 설계에 사용됩니다.
- 아키텍처 패턴이 전체 시스템의 구조를 설계하기 위한 참조 모델이라면, 디자인 패턴은 서브시스템에 속하는 컴포넌트*들과 그 관계를 설계하기 위한 참조 모델입니다.
- 몇몇 디자인 패턴은 특정 아키텍처 패턴을 구현하는데 유용하게 사용됩니다.

2 디자인 패턴 사용의 장·단점
25.2, 21.3, 20.9

- 범용적인 코딩 스타일로 인해 구조 파악이 용이하다.
- 객체지향 설계 및 구현의 생산성을 높이는 데 적합하다.

전문가의 조언

- 아키텍처 패턴에서 건물의 윤곽을 잡는 가이드라인을 제시했다면, 디자인 패턴은 그보다 더 세밀한 부분인 건물의 각 방들을 인테리어 하는 과정이라고 보면 됩니다.
- 디자인 패턴의 개념, 구성 요소, 디자인 패턴의 유형에 대한 문제가 출제되었습니다. 디자인 패턴이 무엇인지 파악한 후 디자인 패턴의 특징을 정리하세요. 그리고 디자인 패턴의 구성 요소와 디자인 패턴의 유형 3가지를 기억하세요.

바퀴를 다시 발명하지 마라
'바퀴를 다시 발명하지 마라'는 이미 존재하는 기술이나 제품을 굳이 다시 만들기 위해 시간과 노동력을 소모하지 말라는 의미의 관용구입니다.

디자인 패턴이 변화되는 특징
디자인 패턴이 변화되는 특징은 건축과 비교하면 이해가 쉽습니다. 예를 들어 설계자가 처음에는 '원룸'이라는 패턴을 적용하여 설계하였으나, '주방을 분리'하라는 요청이 있어 이를 반영하고 보니 '투룸'이라는 유사한 형태의 다른 패턴이 되어버린 것과 비교할 수 있습니다.

컴포넌트(Component)
컴포넌트는 독립적인 업무 또는 기능을 수행하는 실행 코드 기반으로 작성된 모듈입니다.

전문가의 조언

디자인 패턴을 사용할 때의 장점과 단점을 확실히 파악해 두세요.

초기 투자 비용과 개발 비용
요구사항을 직관적으로 구현하는 것이 아니고 디자인 패턴에 맞게 구현해야하기 때문에 초기에 드는 많은 노력과 시간이 비용부담으로 작용할 수 있지만, 이후에는 검증된 구조를 재사용함으로써 요구사항 변경에 유연하게 대처할 수 있고, 안정적인 유지보수가 가능해지므로 개발의 전체적인 측면에서는 비용이 절약된다고 할 수 있습니다.

 전문가의 조언

보기에 주어진 패턴을 보고 생성, 구조, 행위 패턴 중 어떤 패턴에 속하는지 구분할 수 있어야 합니다. 필기시험의 특성상 생성 패턴과 구조 패턴의 종류만 알아도 다 맞힐 수 있으니 먼저 암기해 두세요.

 전문가의 조언

각 패턴의 이름과 의미를 연결 지어 기억해 두세요. 추상 팩토리는 서로 다른 부품을 조립만 하는 조립 공장(Factory), 빌더는 건축가(Builder)가 블록을 조립하는 모습, 팩토리 메소드는 부품부터 완성품까지 통째로 찍어내는 공장(Factory), 프로토타입은 원형(Prototype)을 두고 복제품을 만드는 것, 싱글톤은 식당에서 누구나 사용할 수 있지만 하나뿐인(Singleton) 정수기를 염두에 두고 기억해 보세요.

인스턴스(Instance)
인스턴스는 클래스에 속한 각각의 객체를 의미합니다.

 전문가의 조언

어댑터는 전압을 맞춰주는 변압기(Adapter), 브리지는 두 섬을 연결하는 다리(Bridge), 컴포지트는 폴더와 파일을 합성(Composite)한 것, 데코레이터는 온갖 것으로 장식된(Decorator) 눈사람, 퍼싸드는 외부(Facade)의 리모컨 버튼만으로 복잡한 명령들을 간편하게 수행하는 것, 플라이웨이트는 부담을 가볍게(Flyweight) 하기 위해 물품을 공유하는 것, 프록시는 내가 하기 어려운 법률업무를 대리(Proxy)해서 처리해주는 변호사라고 생각하면서 암기해 보세요.

- 검증된 구조의 재사용을 통해 개발 시간과 비용이 절약된다*.
- 초기 투자 비용이 부담될 수 있다*.
- 개발자 간의 원활한 의사소통이 가능하다.
- 설계 변경 요청에 대한 유연한 대처가 가능하다.
- 객체지향을 기반으로 한 설계와 구현을 다루므로 다른 기반의 애플리케이션 개발에는 적합하지 않다.

③ 생성 패턴(Creational Pattern)
25.5, 25.2, 24.5, 24.2, 23.7, 23.5, 23.2, 22.7, 22.3, 21.8, 21.5, 21.3, 20.8, 실기 24.4, 23.7

생성 패턴은 객체의 생성과 관련된 패턴으로 총 5개의 패턴이 있다.

- 생성 패턴은 객체의 생성과 참조 과정을 캡슐화 하여 객체가 생성되거나 변경되어도 프로그램의 구조에 영향을 크게 받지 않도록 하여 프로그램에 유연성을 더해준다.

22.3, 21.5, 실기 24.4 **추상 팩토리** (Abstract Factory)	• 구체적인 클래스에 의존하지 않고, 인터페이스를 통해 서로 연관·의존하는 객체들의 그룹으로 생성하여 추상적으로 표현한다. • 연관된 서브 클래스를 묶어 한 번에 교체하는 것이 가능하다.
빌더(Builder)	• 작게 분리된 인스턴스*를 건축 하듯이 조합하여 객체를 생성한다. • 객체의 생성 과정과 표현 방법을 분리하고 있어, 동일한 객체 생성에서도 서로 다른 결과를 만들어 낼 수 있다.
25.5, 23.7, 23.2, 20.8 **팩토리 메소드** (Factory Method)	• 객체 생성을 서브 클래스에서 처리하도록 분리하여 캡슐화한 패턴이다. • 상위 클래스에서 인터페이스만 정의하고 실제 생성은 서브 클래스가 담당한다. • 가상 생성자(Virtual Constructor) 패턴이라고도 한다.
23.5, 23.2, 21.5, 20.8 **프로토타입**(Prototype)	• 원본 객체를 복제하는 방법으로 객체를 생성하는 패턴이다. • 일반적인 방법으로 객체를 생성하며, 비용이 큰 경우 주로 이용한다.
25.2, 24.2, 23.5, 22.7, 21.8, 실기 23.7 **싱글톤**(Singleton)	• 하나의 객체를 생성하면 생성된 객체를 어디서든 참조할 수 있지만, 여러 프로세스가 동시에 참조할 수는 없다. • 클래스 내에서 인스턴스가 하나뿐임을 보장하며, 불필요한 메모리 낭비를 최소화 할 수 있다.

④ 구조 패턴(Structural Pattern)
25.8, 25.5, 23.7, 23.2, 22.4, 21.5, 실기 25.5, 25.4, 23.4, 22.10

구조 패턴은 클래스나 객체들을 조합하여 더 큰 구조로 만들 수 있게 해주는 패턴으로 총 7개의 패턴이 있다.

- 구조 패턴은 구조가 복잡한 시스템을 개발하기 쉽게 도와준다.

22.4, 실기 25.4 **어댑터**(Adapter)	• 호환성이 없는 클래스들의 인터페이스를 다른 클래스가 이용할 수 있도록 변환해주는 패턴이다. • 기존의 클래스를 이용하고 싶지만 인터페이스가 일치하지 않을 때 이용한다.
23.2, 22.4, 21.5, 실기 22.10 **브리지**(Bridge)	• 구현부에서 추상층을 분리하여, 서로가 독립적으로 확장할 수 있도록 구성한 패턴이다. • 기능과 구현을 두 개의 별도 클래스로 구현한다.

23.5 컴포지트(Composite)	• 여러 객체를 가진 복합 객체와 단일 객체를 구분 없이 다루고자 할 때 사용하는 패턴이다. • 객체들을 트리 구조로 구성하여 디렉터리 안에 디렉터리가 있듯이 복합 객체 안에 복합 객체가 포함되는 구조를 구현할 수 있다.	
데코레이터(Decorator)	• 객체 간의 결합을 통해 능동적으로 기능들을 확장할 수 있는 패턴이다. • 임의의 객체에 부가적인 기능을 추가하기 위해 다른 객체들을 덧붙이는 방식으로 구현한다.	
퍼싸드(Facade)	• 복잡한 서브 클래스들을 피해 더 상위에 인터페이스를 구성함으로써 서브 클래스들의 기능을 간편하게 사용할 수 있도록 하는 패턴이다. • 서브 클래스들 사이의 통합 인터페이스를 제공하는 Wrapper 객체가 필요하다.	
플라이웨이트 (Flyweight)	• 인스턴스가 필요할 때마다 매번 생성하는 것이 아니고 가능한 한 공유해서 사용함으로써 메모리를 절약하는 패턴이다. • 다수의 유사 객체를 생성하거나 조작할 때 유용하게 사용할 수 있다.	
22.4, 실기 25.7, 23.4 프록시(Proxy)	• 접근이 어려운 객체와 여기에 연결하려는 객체 사이에서 인터페이스 역할을 수행하는 패턴이다. • 네트워크 연결, 메모리의 대용량 객체로의 접근 등에 주로 이용된다.	

5 행위 패턴(Behavioral Pattern)

25.5, 24.2, 23.5, 23.2, 21.8, 21.5, 20.8, 20.6, 실기 24.10, 24.7, 23.7, 22.10, 21.7, 20.7

행위 패턴은 클래스나 객체들이 서로 상호작용하는 방법이나 책임 분배 방법을 정의하는 패턴으로 총 11개의 패턴이 있다.

• 행위 패턴은 하나의 객체로 수행할 수 없는 작업을 여러 객체로 분배하면서 결합도를 최소화 할 수 있도록 도와준다.

책임 연쇄 (Chain of Responsibility)	• 요청을 처리할 수 있는 객체가 둘 이상 존재하여 한 객체가 처리하지 못하면 다음 객체로 넘어가는 형태의 패턴이다. • 요청을 처리할 수 있는 각 객체들이 고리(Chain)로 묶여 있어 요청이 해결될 때까지 고리를 따라 책임이 넘어간다.	
20.8 커맨드(Command)	• 요청을 객체의 형태로 캡슐화하여 재이용하거나 취소할 수 있도록 요청에 필요한 정보를 저장하거나 로그에 남기는 패턴이다. • 요청에 사용되는 각종 명령어들을 추상 클래스*와 구체 클래스*로 분리하여 단순화한다.	
인터프리터(Interpreter)	• 언어에 문법 표현을 정의하는 패턴이다. • SQL이나 통신 프로토콜과 같은 것을 개발할 때 사용한다.	
실기 24.7 반복자(Iterator)	• 자료 구조와 같이 접근이 잦은 객체에 대해 동일한 인터페이스를 사용하도록 하는 패턴이다. • 내부 표현 방법의 노출 없이 순차적인 접근이 가능하다.	
23.5, 23.2, 21.5 중재자(Mediator)	• 수많은 객체들 간의 복잡한 상호작용(Interface)을 캡슐화하여 객체로 정의하는 패턴이다. • 객체 사이의 의존성을 줄여 결합도를 감소시킬 수 있다. • 중재자는 객체 간의 통제와 지시의 역할을 수행한다.	
메멘토(Memento)	• 특정 시점에서의 객체 내부 상태를 객체화함으로써 이후 요청에 따라 객체를 해당 시점의 상태로 돌릴 수 있는 기능을 제공하는 패턴이다. • [Ctrl]+[Z]와 같은 되돌리기 기능을 개발할 때 주로 이용된다.	

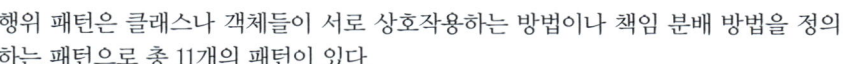

전문가의 조언

책임 연쇄는 위에서 쏟아지는 물을 여러 물받이가 연속(Chain)해서 나눠 받는(Responsibility) 물레방아, 커맨드는 각종 명령어(Command)를 하나로 합쳐둔 것, 인터프리터는 언어 번역가(Interpreter), 반복자는 음악파일의 다음 곡 재생처럼 같은 명령의 반복(Iterator), 중재자는 물품 매매를 중개해주는(Mediator) 인터넷 사이트, 메멘토는 기억 속의 그 때(Memento)로 돌아가는 것, 옵서버는 변화를 지켜보고(Observer) 알려주는 것, 상태는 환자의 상태(State)에 따라 치료방법이 다른 것, 전략은 여러 전략들을 A·b·c 등으로 정하고 필요할 때 원하는 전략(Strategy)을 선택하여 쓰는 것, 템플릿 메소드는 세모·네모·동그라미를 그리는 방법(Method)들을 도형이라는 하나의 큰 틀(Template)로 묶는 것, 방문자는 책을 만들기 위해 저자·편집자·홍보팀을 번갈아가며 방문(Visitor)하는 것과 비교할 수 있습니다.

추상 클래스(Abstract Class)

추상 클래스는 구체 클래스에서 구현하려는 기능들의 공통점만을 모아 추상화한 클래스로, 인스턴스 생성이 불가능하여 구체 클래스가 추상 클래스를 상속받아 구체화한 후 구체 클래스의 인스턴스를 생성하는 방식으로 사용합니다.

구체 클래스(Concrete Class)

구체 클래스는 인스턴스 생성이 가능한 일반적인 클래스를 의미하는 용어로, 추상 클래스와 구분하기 위해 사용됩니다. 구상 클래스 또는 구현 클래스라고도 합니다.

20.8, 실기 22.10	옵서버(Observer)	• 한 객체의 상태가 변화하면 객체에 상속되어 있는 다른 객체들에게 변화된 상태를 전달하는 패턴이다. • 주로 분산된 시스템 간에 이벤트를 생성·발행(Publish)하고, 이를 수신(Subscribe)해야 할 때 이용한다.
20.8	상태(State)	• 객체의 상태에 따라 동일한 동작을 다르게 처리해야 할 때 사용하는 패턴이다. • 객체 상태를 캡슐화하고 이를 참조하는 방식으로 처리한다.
24.2, 21.8	전략(Strategy)	• 동일한 계열의 알고리즘들을 개별적으로 캡슐화하여 상호 교환할 수 있게 정의하는 패턴이다. • 클라이언트는 독립적으로 원하는 알고리즘을 선택하여 사용할 수 있으며, 클라이언트에 영향 없이 알고리즘의 변경이 가능하다.
23.5	템플릿 메소드 (Template Method)	• 상위 클래스에서 골격을 정의하고, 하위 클래스에서 세부 처리를 구체화하는 구조의 패턴이다. • 유사한 서브 클래스를 묶어 공통된 내용을 상위 클래스에서 정의함으로써 코드의 양을 줄이고 유지보수를 용이하게 해준다.
20.6, 실기 23.7	방문자(Visitor)	• 각 클래스들의 데이터 구조에서 처리 기능을 분리하여 별도의 클래스로 구성하는 패턴이다. • 분리된 처리 기능은 각 클래스를 방문(Visit)하여 수행한다.

기출문제 따라잡기

문제3 2402853

24년 7월, 22년 3월
1. 소프트웨어 설계에서 자주 발생하는 문제에 대한 일반적이고 반복적인 해결 방법을 무엇이라고 하는가?

① 모듈 분해 ② 디자인 패턴
③ 연관 관계 ④ 클래스 도출

> 설계할 때 참조할 수 있는 전형적인 해결 방법이나 예제를 디자인 패턴이라고 합니다.

22년 3월
2. GoF(Gangs of Four) 디자인 패턴에서 생성(Creational) 패턴에 해당하는 것은?

① 컴포지트(Composite)
② 어댑터(Adapter)
③ 추상 팩토리(Abstract Factory)
④ 옵서버(Observer)

> 추상 팩토리(Abstract Factory)는 생성 패턴, 컴포지트(Composite)와 어댑터(Adapter)는 구조 패턴, 옵서버(Observer)는 행위 패턴에 해당합니다.

20년 9월
3. 디자인 패턴 사용의 장단점에 대한 설명으로 거리가 먼 것은?

① 소프트웨어 구조 파악이 용이하다.
② 객체지향 설계 및 구현의 생산성을 높이는데 적합하다.
③ 재사용을 위한 개발 시간이 단축된다.
④ 절차형 언어와 함께 이용될 때 효율이 극대화된다.

> 디자인 패턴은 객체지향을 기반으로 한 설계와 구현을 다루므로 다른 기반의 애플리케이션 개발에는 적합하지 않습니다.

25년 5월, 23년 7월, 20년 8월
4. 다음 내용이 설명하는 디자인 패턴은?

• 객체를 생성하기 위한 인터페이스를 정의하여 어떤 클래스가 인스턴스화 될 것인지는 서브 클래스가 결정하도록 하는 것
• Virtual-Constructor 패턴이라고도 함

① Visitor 패턴   ② Observer 패턴
③ Factory Method 패턴 ④ Bridge 패턴

> 가상 생성자(Virtual-Constructor) 하면, 팩토리 메소드(Factory Method)를 기억하세요.

기출문제 따라잡기

25년 8월, 5월, 23년 7월, 2월, 22년 4월
5. 디자인 패턴 중 구조 패턴에 속하지 않는 것은?
① Observer
② Decorator
③ Adapter
④ Proxy

> Observer는 행위 패턴입니다.

20년 8월, 6월
6. 디자인 패턴 중에서 행위적 패턴에 속하지 않는 것은?
① 커맨드(Command) 패턴
② 옵서버(Observer) 패턴
③ 프로토타입(Prototype) 패턴
④ 상태(State) 패턴

> 프로토타입(Prototype) 패턴은 생성 패턴에 속합니다.

20년 8월
7. 객체지향 소프트웨어 설계 시 디자인 패턴을 구성하는 요소로서 가장 거리가 먼 것은?
① 개발자 이름
② 문제 및 배경
③ 사례
④ 샘플 코드

> 개발자 이름은 디자인 패턴의 구성 요소가 아닙니다. 디자인 패턴은 일반적으로 해당 패턴을 만들게 된 배경, 실제 적용된 사례, 다른 개발자들이 이해 및 사용하기 쉽도록 제시된 샘플 코드로 이루어져 있습니다.

23년 2월, 21년 5월
8. GoF(Gangs of Four) 디자인 패턴에 대한 설명으로 틀린 것은?
① Factory Method Pattern은 상위클래스에서 객체를 생성하는 인터페이스를 정의하고, 하위클래스에서 인스턴스를 생성하도록 하는 방식이다.
② Prototype Pattern은 Prototype을 먼저 생성하고 인스턴스를 복제하여 사용하는 구조이다.
③ Bridge Pattern은 기존에 구현되어 있는 클래스에 기능 발생 시 기존 클래스를 재사용할 수 있도록 중간에서 맞춰주는 역할을 한다.
④ Mediator Pattern은 객체간의 통제와 지시의 역할을 하는 중재자를 두어 객체지향의 목표를 달성하게 해준다.

> 브리지 패턴(Bridge Pattern)은 구현부에서 추상층을 분리하여, 서로 독립적으로 확장할 수 있도록 구성한 패턴입니다. 기존 클래스를 이용하고 싶을 때 중간에서 맞춰주는 역할을 수행하는 패턴은 어댑터(Adapter)입니다.

24년 5월, 21년 5월
9. GoF(Gangs of Four) 디자인 패턴 중 생성 패턴으로 옳은 것은?
① Singleton Pattern
② Adapter Pattern
③ Decorator Pattern
④ State Pattern

> GoF 디자인 패턴의 생성 패턴에는 추상 팩토리(Abstract Factory), 빌더(Builder), 팩토리 메소드(Factory Method), 프로토타입(Prototype), 싱글톤(Singleton)이 있습니다.

21년 3월
10. GoF(Gangs of Four) 디자인 패턴의 생성 패턴에 속하지 않는 것은?
① 추상 팩토리(Abstract Factory)
② 빌더(Builder)
③ 어댑터(Adapter)
④ 싱글턴(Singleton)

> 어댑터(Adpater) 패턴은 구조 패턴에 속합니다.

24년 2월, 21년 8월, 20년 9월
11. GoF(Gang of Four) 디자인 패턴과 관련한 설명으로 틀린 것은?
① 디자인 패턴을 목적(Purpose)으로 분류할 때 생성, 구조, 행위로 분류할 수 있다.
② Strategy 패턴은 대표적인 구조 패턴으로 인스턴스를 복제하여 사용하는 구조를 말한다.
③ 행위 패턴은 클래스나 객체들이 상호작용하는 방법과 책임을 분산하는 방법을 정의한다.
④ Singleton 패턴은 특정 클래스의 인스턴스가 오직 하나임을 보장하고, 이 인스턴스에 대한 접근 방법을 제공한다.

> 전략(Strategy) 패턴은 동일한 계열의 알고리즘들을 개별적으로 캡슐화하여 상호 교환할 수 있게 정의하는 행위 패턴입니다. 인스턴스를 복제하여 사용하는 패턴은 프로토타입(Prototype) 패턴입니다.

25년 2월, 24년 7월, 23년 5월, 20년 9월
12. GoF(Gangs of Four) 디자인 패턴 분류에 해당하지 않는 것은?
① 생성 패턴
② 객체 패턴
③ 행위 패턴
④ 구조 패턴

> GoF의 디자인 패턴은 생성 패턴, 구조 패턴, 행위 패턴으로 분류됩니다.

▶ 정답 : 1.② 2.③ 3.④ 4.③ 5.① 6.③ 7.① 8.③ 9.① 10.③ 11.② 12.②

기출문제 따라잡기

문제15 2402857

25년 2월, 23년 5월

13. 디자인 패턴 중 Singleton에 대한 설명으로 옳은 것은?

① 하나의 객체를 생성하면 생성된 객체를 어디서든 참조할 수 있지만, 여러 프로세스가 동시에 참조할 수는 없는 패턴이다.
② 원본 객체를 복제하는 방법으로 객체를 생성하는 패턴이다.
③ 여러 객체를 가진 복합 객체와 단일 객체를 구분 없이 다루고자 할 때 사용하는 패턴이다.
④ 수많은 객체들 간의 복잡한 상호작용을 캡슐화하여 객체로 정의하는 패턴이다.

> Singleton 패턴에 대한 설명으로 옳은 것은 ①번입니다. ②번은 프로토타입, ③번은 컴포지트(Composite), ④번은 중재자(Mediator) 패턴에 대한 설명입니다.

23년 5월

14. 디자인 패턴 중 알고리즘은 상위 클래스에서 정의하고 나머지는 하위 클래스에서 구체화하는 패턴은 무엇인가?

① 옵서버
② 템플릿 메소드
③ 상태
④ 컴포지트

> 알고리즘은 상위 클래스에서 정의하고 나머지는 하위 클래스에서 구체화하는 패턴은 템플릿 메소드(Template Method)입니다.

25년 2월, 21년 3월

15. 디자인 패턴을 이용한 소프트웨어 재사용으로 얻어지는 장점이 아닌 것은?

① 소프트웨어 코드의 품질을 향상시킬 수 있다.
② 개발 프로세스를 무시할 수 있다.
③ 개발자들 사이의 의사소통을 원활하게 할 수 있다.
④ 소프트웨어의 품질과 생산성을 향상시킬 수 있다.

> 디자인 패턴을 이용하더라도 기존의 개발 프로세스를 무시할 수는 없습니다.

25년 5월

16. GoF(Gang of Four)의 디자인 패턴에서 행위 패턴에 속하는 것은?

① Builder
② Visitor
③ Prototype
④ Bridge

> 방문자(Visitor)는 행위 패턴, Builder와 Prototype은 생성 패턴, Bridge는 구조 패턴에 속합니다.

▶ 정답 : 13. ① 14. ② 15. ② 16. ②

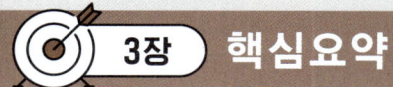

3장 핵심요약

016 소프트웨어 아키텍처

❶ 상위 설계와 하위 설계 20.9

	상위 설계	하위 설계
별칭	아키텍처 설계, 예비 설계	모듈 설계, 상세 설계
설계 대상	시스템의 전체적인 구조	시스템의 내부 구조 및 행위
세부 목록	구조, DB, 인터페이스	컴포넌트, 자료 구조, 알고리즘

❷ 모듈화 24.5, 23.7, 22.3, 21.8

- 소프트웨어의 성능을 향상시키거나 시스템의 수정 및 재사용, 유지 관리 등이 용이하도록 시스템의 기능들을 모듈 단위로 나누는 것을 의미한다.
- 모듈화를 통해 기능의 분리가 가능하여 인터페이스가 단순해진다.
- 모듈화를 통해 프로그램의 효율적인 관리가 가능하고 오류의 파급 효과를 최소화할 수 있다.
- 모듈의 크기를 너무 작게 나누면 개수가 많아져 모듈 간의 통합 비용이 많이 들고, 너무 크게 나누면 개수가 적어 통합 비용은 적게 들지만 모듈 하나의 개발 비용이 많이 든다.

❸ 추상화의 유형 24.7, 21.8

- 과정 추상화
- 데이터(자료) 추상화
- 제어 추상화

❹ 정보 은닉 25.5, 24.5, 21.8

- 한 모듈 내부에 포함된 절차와 자료들의 정보가 감추어져 다른 모듈이 접근하거나 변경하지 못하도록 하는 기법이다.
- 어떤 모듈이 소프트웨어 기능을 수행하는데 반드시 필요한 기능이 있어 정보 은닉된 모듈과 커뮤니케이션할 필요가 있을 때는 필요한 정보만 인터페이스를 통해 주고 받는다.
- 정보 은닉을 통해 모듈을 독립적으로 수행할 수 있고, 하나의 모듈이 변경되더라도 다른 모듈에 영향을 주지 않으므로 수정, 시험, 유지보수가 용이하다.

❺ 소프트웨어 아키텍처의 설계 과정 23.5, 23.2, 22.3

설계 목표 설정 → 시스템 타입 결정 → 아키텍처 패턴 적용 → 서브시스템 구체화 → 검토

017 아키텍처 패턴

❶ 파이프-필터 패턴 25.8, 24.7, 23.7, 22.7, 21.8, 21.5, 20.9

- 데이터 스트림 절차의 각 단계를 필터(Filter) 컴포넌트로 캡슐화하여 파이프(Pipe)를 통해 데이터를 전송하는 패턴이다.
- 필터 간 데이터 이동 시 데이터 변환으로 인한 오버헤드가 발생한다.

❷ MVC(Model-View-Controller) 패턴 25.5, 24.7, 23.2, 22.4

- 모델(Model) : 서브시스템의 핵심 기능과 데이터를 보관함
- 뷰(View) : 사용자에게 정보를 표시함
- 컨트롤러(Controller) : 사용자로부터 입력된 변경 요청을 처리하기 위해 모델에게 명령을 보냄

❸ 마스터-슬레이브 패턴 24.5, 23.5, 21.8

- 동일한 구조의 슬레이브 컴포넌트로 작업을 분할한 후, 슬레이브 컴포넌트에서 처리된 결과물을 다시 돌려받는 방식으로 작업을 수행하는 패턴이다.
- 마스터 컴포넌트는 모든 작업의 주체이고, 슬레이브 컴포넌트는 마스터 컴포넌트의 지시에 따라 작업을 수행하여 결과를 반환한다.
- 장애 허용 시스템과 병렬 컴퓨팅 시스템에서 주로 활용된다.

3장 애플리케이션 설계 **127**

3장 핵심요약

018 객체지향(Object-Oriented)

❶ 객체(Object) 25.2, 24.2, 23.7, 23.2, 22.7, 22.4, 21.5

데이터와 데이터를 처리하는 함수를 묶어 놓은(캡슐화한) 하나의 소프트웨어 모듈이다.

❷ 메시지(Message) 25.8, 25.5, 25.2, 24.7, 22.7, 21.5

객체들 간에 상호작용을 하는 데 사용되는 수단으로, 객체에게 어떤 행위를 하도록 지시하는 명령 또는 요구사항이다.

❸ 클래스(Class) 25.8, 25.5, 25.2, 24.7, 24.2, 23.5, 22.3, 21.5, 20.8, 20.6

- 공통된 속성과 연산(행위)을 갖는 객체의 집합으로, 객체의 일반적인 타입(Type)을 의미한다.
- 클래스에 속한 각각의 객체를 인스턴스(Instance)라 한다.

❹ 캡슐화(Encapsulation) 24.5, 24.2, 23.5, 22.7, 22.4, 21.5, 21.3, 20.9, 20.8

- 데이터(속성)와 데이터를 처리하는 함수를 하나로 묶는 것을 의미한다.
- 캡슐화된 객체는 외부 모듈의 변경으로 인한 파급 효과가 적다.
- 캡슐화를 수행하면 인터페이스가 단순화된다.
- 캡슐화된 객체들은 재사용이 용이하다.

❺ 상속(Inheritance) 24.2, 22.3, 21.8

이미 정의된 상위 클래스(부모 클래스)의 모든 속성과 연산을 하위 클래스(자식 클래스)가 물려받는 것이다.

❻ 다형성(Polymorphism) 25.8, 24.2, 23.2, 22.4

메시지에 의해 객체(클래스)가 연산을 수행하게 될 때 하나의 메시지에 대해 각각의 객체(클래스)가 가지고 있는 고유한 방법(특성)으로 응답할 수 있는 능력을 의미한다.

예1 오버로딩(Overloading) 기능의 경우 메소드(Method)의 이름은 같지만 인수를 받는 자료형과 개수를 달리하여 여러 기능을 정의할 수 있다.

예2 오버라이딩(Overriding, 메소드 재정의) 기능의 경우 상위 클래스에서 정의한 메소드(Method)와 이름은 같지만 메소드 안의 실행 코드를 달리하여 자식 클래스에서 재정의해서 사용할 수 있다.

❼ 집단화(Aggregation) 25.5, 24.2

- 클래스들 사이의 '부분-전체(Part-Whole)' 관계 또는 '부분(is-a-part-of)'의 관계로 설명되는 연관성의 한 종류이다.
- 관련 있는 객체들을 묶어 하나의 상위 객체를 구성하는 것이다.

019 객체지향 분석 및 설계

❶ 객체지향 분석 방법론 – Coad와 Yourdon 방법 21.3, 20.6

E-R 다이어그램을 사용하여 객체의 행위를 모델링하며, 객체 식별, 구조 식별, 주제 정의, 속성과 인스턴스 연결 정의, 연산과 메시지 연결 정의 등의 과정으로 구성하는 기법이다.

❷ 럼바우(Rumbaugh)의 분석 기법 25.5, 25.2, 24.7, 24.2, 23.7, 22.7, 22.3, 21.8, …

- 객체(Object) 모델링 : 정보 모델링이라고도 하며, 시스템에서 요구되는 객체를 찾아내어 속성과 연산 식별 및 객체들 간의 관계를 규정하여 객체 다이어그램으로 표시하는 것
- 동적(Dynamic) 모델링 : 상태 다이어그램(상태도)을 이용하여 시간의 흐름에 따른 객체들 간의 제어 흐름, 상호작용, 동작 순서 등의 동적인 행위를 표현하는 모델링
- 기능(Functional) 모델링 : 자료 흐름도(DFD)를 이용하여 다수의 프로세스들 간의 자료 흐름을 중심으로 처리 과정을 표현한 모델링

❸ 객체지향 설계 원칙(SOLID 원칙) 25.8, 24.5, 24.2, 23.5, 23.2, 22.7, 22.3, …

- 단일 책임 원칙(SRP; Single Responsibility Principle) : 객체는 단 하나의 책임만 가져야 한다는 원칙으로, 응집도는 높고, 결합도는 낮게 설계하는 것을 의미함

- 개방-폐쇄 원칙(OCP; Open-Closed Principle) : 기존의 코드를 변경하지 않고 기능을 추가할 수 있도록 설계해야 한다는 원칙으로, 공통 인터페이스를 하나의 인터페이스로 묶어 캡슐화하는 방법이 대표적임
- 리스코프 치환 원칙(LSP; Liskov Substitution Principle) : 자식 클래스는 최소한 자신의 부모 클래스에서 가능한 행위는 수행할 수 있어야 한다는 설계 원칙으로, 자식 클래스는 부모 클래스의 책임을 무시하거나 재정의하지 않고 확장만 수행하도록 해야함
- 인터페이스 분리 원칙(ISP; Interface Segregation Principle) : 자신이 사용하지 않는 인터페이스와 의존 관계를 맺거나 영향을 받지 않아야 한다는 원칙으로, 단일 책임 원칙이 객체가 갖는 하나의 책임이라면, 인터페이스 분리 원칙은 인터페이스가 갖는 하나의 책임임
- 의존 역전 원칙(DIP; Dependency Inversion Principle) : 각 객체들 간의 의존 관계가 성립될 때, 추상성이 낮은 클래스보다 추상성이 높은 클래스와 의존 관계를 맺어야 한다는 원칙으로, 일반적으로 인터페이스를 활용하면 이 원칙은 준수됨

020 모듈

❶ 모듈(Module)의 개요 22.4, 22.3
- 모듈화를 통해 분리된 시스템의 각 기능들로, 서브루틴, 서브시스템, 소프트웨어 내의 프로그램, 작업 단위 등과 같은 의미로 사용된다.
- 모듈은 단독으로 컴파일이 가능하며, 재사용 할 수 있다.
- 모듈은 다른 모듈에서의 접근이 가능하다.

❷ 결합도의 종류 25.8, 24.5, 23.7, 22.7, 22.4, 20.9, 20.8
- 자료(Data) 결합도 : 모듈 간의 인터페이스가 자료 요소로만 구성될 때의 결합도
- 스탬프(Stamp) 결합도 : 모듈 간의 인터페이스로 배열이나 레코드 등의 자료 구조가 전달될 때의 결합도
- 제어(Control) 결합도 : 어떤 모듈이 다른 모듈 내부의 논리적인 흐름을 제어하기 위해 제어 신호를 이용하여 통신하거나 제어 요소를 전달하는 결합도

- 외부(External) 결합도 : 어떤 모듈에서 선언한 데이터(변수)를 외부의 다른 모듈에서 참조할 때의 결합도
- 공통(Common) 결합도 : 공유되는 공통 데이터 영역을 여러 모듈이 사용할 때의 결합도
- 내용(Content) 결합도 : 한 모듈이 다른 모듈의 내부 기능 및 그 내부 자료를 직접 참조하거나 수정할 때의 결합도

❸ 결합도의 정도(약함 → 강함) 25.2, 23.2, 21.5, 21.3, 20.8
자료 결합도 → 스탬프 결합도 → 제어 결합도 → 외부 결합도 → 공통 결합도 → 내용 결합도

❹ 응집도 25.8, 23.5
명령어나 호출문 등 모듈의 내부 요소들의 서로 관련되어 있는 정도, 즉 모듈이 독립적인 기능으로 정의되어 있는 정도를 의미한다.

❺ 응집도의 종류 24.5, 21.8, 20.9, 20.8
- 우연적(Coincidental) 응집도 : 모듈 내부의 각 구성 요소들이 서로 관련 없는 요소로만 구성된 경우의 응집도
- 논리적(Logical) 응집도 : 유사한 성격을 갖거나 특정 형태로 분류되는 처리 요소들로 하나의 모듈이 형성되는 경우의 응집도
- 시간적(Temporal) 응집도 : 특정 시간에 처리되는 몇 개의 기능을 모아 하나의 모듈로 작성할 경우의 응집도
- 절차적(Procedural) 응집도 : 모듈이 다수의 관련 기능을 가질 때 모듈 안의 구성 요소들이 그 기능을 순차적으로 수행할 경우의 응집도
- 교환적(Communication) 응집도 : 동일한 입력과 출력을 사용하여 서로 다른 기능을 수행하는 구성 요소들이 모였을 경우의 응집도
- 순차적(Sequential) 응집도 : 모듈 내 하나의 활동으로부터 나온 출력 데이터를 그 다음 활동의 입력 데이터로 사용할 경우의 응집도
- 기능적(Functional) 응집도 : 모듈 내부의 모든 기능 요소들이 단일 문제와 연관되어 수행될 경우의 응집도

❻ 응집도의 정도(약함 → 강함) 22.4, 21.5, 21.3, 20.6
우연적 응집도 → 논리적 응집도 → 시간적 응집도 → 절차적 응집도 → 교환적 응집도 → 순차적 응집도 → 기능적 응집도

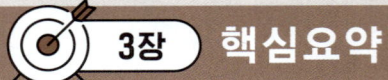

3장 핵심요약

⑦ 팬인(Fan-In) / 팬아웃(Fan-Out) 22.7, 21.3
- 팬인 : 어떤 모듈을 제어(호출)하는 모듈의 수
- 팬아웃 : 어떤 모듈에 의해 제어(호출)되는 모듈의 수

⑧ N-S 차트(Nassi-Schneiderman Chart) 25.5, 24.2, 22.3, 20.9
- 논리의 기술에 중점을 둔 도형을 이용한 표현 방법으로 박스 다이어그램, Chapin Chart라고도 한다.
- 연속, 선택 및 다중 선택, 반복 등의 제어 논리 구조를 표현한다.
- GOTO나 화살표를 사용하지 않는다.
- 조건이 복합되어 있는 곳의 처리를 시각적으로 명확히 식별하는 데 적합하다.
- 이해하기 쉽고, 코드 변환이 용이하다.

문제 1 다음은 소프트웨어의 구성 요소인 모듈의 계층적 구성을 나타내는 프로그램 구조도이다. 모듈 G에서의 팬인(Fan In)과 팬아웃(Fan Out)을 쓰시오.

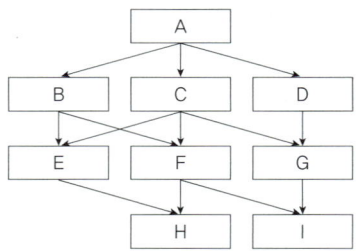

답
- ① 팬인(Fan In) :
- ② 팬아웃(Fan Out) :

해설
모듈에 들어오면(in) 팬인(fan-in), 모듈에서 나가면(out) 팬아웃(fan-out)입니다. 모듈 G에 들어오는 선은 2개, 나가는 선은 1개이므로, 팬인과 팬아웃은 각각 2와 1입니다.

---

021 공통 모듈

① 명확성(Clarity) 20.6
해당 기능을 이해할 때 중의적으로 해석되지 않도록 명확하게 작성하는 원칙이다.

② 재사용(Reuse) 21.3, 20.9
- 이미 개발된 기능을 새로운 시스템이나 기능 개발에 사용할 수 있는 정도를 의미한다.
- 재사용 규모에 따른 분류 : 함수와 객체, 컴포넌트, 애플리케이션

③ 컴포넌트 22.4
- 독립적인 업무 또는 기능을 수행하는 실행 코드 기반으로 작성된 모듈이다.
- 컴포넌트 자체에 대한 수정 없이 인터페이스를 통해 통신하는 방식으로 재사용한다.

④ 효과적인 모듈 설계 방안 24.7, 22.3, 21.3, 20.9, 20.8
- 결합도는 줄이고 응집도는 높여서 모듈의 독립성과 재사용성을 높인다.
- 모듈의 제어 영역 안에서 그 모듈의 영향 영역을 유지시킨다.
- 복잡도와 중복성을 줄이고 일관성을 유지시킨다.
- 모듈의 기능은 예측이 가능해야 하며 지나치게 제한적이어서는 안 된다.
- 유지보수가 용이해야 한다.

022 코드

❶ 순차 코드 23.7, 20.6

자료의 발생 순서, 크기 순서 등 일정 기준에 따라서 최초의 자료부터 차례로 일련번호를 부여하는 방법으로, 순서 코드 또는 일련번호 코드라고도 한다.

❷ 표의 숫자 코드 23.2, 20.9

코드화 대상 항목의 성질, 즉 길이, 넓이, 부피, 지름, 높이 등의 물리적 수치를 그대로 코드에 적용시키는 방법으로, 유효 숫자 코드라고도 한다.

023 디자인 패턴

❶ 디자인 패턴(Design Pattern) 25.8, 24.7, 23.5, 22.3, 20.9, 20.8

- 각 모듈의 세분화된 역할이나 모듈들 간의 인터페이스와 같은 코드를 작성하는 수준의 세부적인 구현 방안을 설계할 때 참조할 수 있는 전형적인 해결 방식 또는 예제를 의미한다.
- 디자인 패턴 유형 : 생성 패턴, 구조 패턴, 행위 패턴

❷ 디자인 패턴 사용의 장·단점 25.2, 21.3, 20.9

- 범용적인 코딩 스타일로 인해 구조 파악이 용이하다.
- 객체지향 설계 및 구현의 생산성을 높이는 데 적합하다.
- 검증된 구조의 재사용을 통해 개발 시간과 비용이 절약된다.
- 초기 투자 비용이 부담될 수 있다.
- 개발자 간의 원활한 의사소통이 가능하다.

❸ 생성 패턴(Creational Pattern) 25.5, 25.2, 24.5, 23.7, 23.5, 23.2, 22.7, 22.3, 21.8, …

- 추상 팩토리(Abstract Factory) : 구체적인 클래스에 의존하지 않고, 인터페이스를 통해 서로 연관·의존하는 객체들의 그룹으로 생성하여 추상적으로 표현함
- 빌더(Builder) : 작게 분리된 인스턴스를 건축 하듯이 조합하여 객체를 생성함
- 팩토리 메소드(Factory Method) : 객체 생성을 서브 클래스에서 처리하도록 분리하여 캡슐화한 패턴으로, 상위 클래스에서 인터페이스만 정의하고 실제 생성은 서브 클래스가 담당함. 가상 생성자(Virtual Constructor) 패턴이라고도 함
- 프로토타입(Prototype) : 원본 객체를 복제하는 방법으로 객체를 생성하는 패턴
- 싱글톤(Singleton) : 하나의 객체를 생성하면 생성된 객체를 어디서든 참조할 수 있지만, 여러 프로세스가 동시에 참조할 수는 없음

❹ 구조 패턴(Structural Pattern) 25.8, 25.5, 23.7, 23.2, 22.4, 21.5

- 어댑터(Adapter) : 호환성이 없는 클래스들의 인터페이스를 다른 클래스가 이용할 수 있도록 변환해주는 패턴
- 브리지(Bridge) : 구현부에서 추상층을 분리하여, 서로가 독립적으로 확장할 수 있도록 구성한 패턴
- 컴포지트(Composite) : 여러 객체를 가진 복합 객체와 단일 객체를 구분 없이 다루고자 할 때 사용하는 패턴
- 데코레이터(Decorator) : 객체 간의 결합을 통해 능동적으로 기능들을 확장할 수 있는 패턴으로, 임의의 객체에 부가적인 기능을 추가하기 위해 다른 객체들을 덧붙이는 방식으로 구현함
- 퍼싸드(Facade) : 복잡한 서브 클래스들을 피해 더 상위에 인터페이스를 구성함으로써 서브 클래스들의 기능을 간편하게 사용할 수 있도록 하는 패턴
- 플라이웨이트(Flyweight) : 인스턴스가 필요할 때마다 매번 생성하는 것이 아니고 가능한 한 공유해서 사용함으로써 메모리를 절약하는 패턴
- 프록시(Proxy) : 접근이 어려운 객체와 여기에 연결하려는 객체 사이에서 인터페이스 역할을 수행하는 패턴

정답 1. ① 2 ② 1

3장 핵심요약

⑤ 행위 패턴(Behavioral Pattern) 25.5, 23.5, 23.2, 21.8, 21.5, 20.8, 20.6

- 책임 연쇄(Chain of Responsibility) : 요청을 처리할 수 있는 객체가 둘 이상 존재하여 한 객체가 처리하지 못하면 다음 객체로 넘어가는 형태의 패턴
- 커맨드(Command) : 요청을 객체의 형태로 캡슐화하여 재이용하거나 취소할 수 있도록 요청에 필요한 정보를 저장하거나 로그에 남기는 패턴
- 인터프리터(Interpreter) : 언어에 문법 표현을 정의하는 패턴으로, SQL이나 통신 프로토콜과 같은 것을 개발할 때 사용함
- 반복자(Iterator) : 자료 구조와 같이 접근이 잦은 객체에 대해 동일한 인터페이스를 사용하도록 하는 패턴
- 중재자(Mediator) : 수많은 객체들 간의 복잡한 상호작용(Interface)을 캡슐화하여 객체로 정의하는 패턴
- 메멘토(Memento) : 특정 시점에서의 객체 내부 상태를 객체화함으로써 이후 요청에 따라 객체를 해당 시점의 상태로 돌릴 수 있는 기능을 제공하는 패턴으로, Ctrl + Z와 같은 되돌리기 기능을 개발할 때 주로 이용함
- 옵서버(Observer) : 한 객체의 상태가 변화하면 객체에 상속되어 있는 다른 객체들에게 변화된 상태를 전달하는 패턴
- 상태(State) : 객체의 상태에 따라 동일한 동작을 다르게 처리해야 할 때 사용하는 패턴
- 전략(Strategy) : 동일한 계열의 알고리즘들을 개별적으로 캡슐화하여 상호 교환할 수 있게 정의하는 패턴
- 템플릿 메소드(Template Method) : 상위 클래스에서 골격을 정의하고, 하위 클래스에서 세부 처리를 구체화하는 구조의 패턴
- 방문자(Visitor) : 각 클래스들의 데이터 구조에서 처리 기능을 분리하여 별도의 클래스로 구성하는 패턴

4장 인터페이스 설계

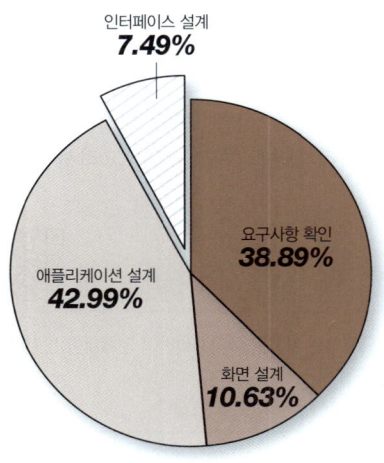

024 시스템 인터페이스 요구사항 분석 Ⓓ등급
025 인터페이스 요구사항 검증 Ⓑ등급
026 인터페이스 방법 명세화 Ⓒ등급
027 미들웨어 솔루션 명세 Ⓑ등급

꼭 알아야 할 키워드 Best 10

1. 요구사항 명세서 2. 시스템 인터페이스 요구사항 분석 3. 요구사항 검토 4. API/Open API 5. Socket 6. 송신 시스템 7. 미들웨어
8. RPC 9. MOM 10. TP-Monitor

SECTION 024

시스템 인터페이스 요구사항 분석

전문가의 조언

시스템 인터페이스와 관련된 요구사항 분석을 위해 요구사항에 명시되어야 할 구성 요소에는 어떤 것들이 있는지를 알아야 하고, 요구사항을 기능적인 요구사항과 비기능적인 요구사항으로 구분할 수 있어야 합니다. 이를 바탕으로 요구사항 명세서에서 시스템 인터페이스 관련 요구사항을 분석하는 방법을 알아두세요.

전문가의 조언

오른쪽의 요구사항 명세서는 '소프트웨어 사업 관리감독에 관한 일반기준'에 명시되어 있는 '요구사항 내용 작성표' 양식에 맞춰 작성된 것입니다. 공공 소프트웨어 사업 제안요청서는 이 양식에 맞춰 요구사항을 작성해야 하며, 일반 기업의 소프트웨어 사업 제안요청서는 이 양식을 사용해도 되지만 대부분 기업 내에서 정한 표준 양식에 맞춰 작성합니다.

❶ 인터페이스 이름
❷ 연계 대상 시스템
❸ 연계 범위 및 내용
❹ 송신 데이터
❺ 연계 방식
❻ 인터페이스 주기
❼ 기타 고려사항

1 시스템 인터페이스 요구사항 구성

시스템 인터페이스는 독립적으로 떨어져 있는 시스템들끼리 서로 연동하여 상호 작용하기 위한 접속 방법이나 규칙을 의미한다.

- 시스템 인터페이스 요구사항은 개발을 목표로 하는 시스템과 외부 시스템을 연동하는데 필요한 시스템 인터페이스에 대한 요구사항을 기술한 것이다.
- 시스템 인터페이스 요구사항 명세서에는 인터페이스 이름, 연계 대상 시스템, 연계 범위 및 내용, 연계 방식, 송신 데이터, 인터페이스 주기, 기타 고려사항 등이 포함되어야 한다.

잠깐만요 요구사항 명세서

요구사항 명세서는 프로젝트 개발 시 기업이나 업체가 요구하는 사항들을 구체화하여 명세화한 문서로, 시스템 기능, 데이터, 인터페이스, 품질 등의 요구사항 단위별로 작성합니다.
다음은 고객 관리 시스템의 시스템 인터페이스 요구사항 명세서에 대한 작성 예입니다.

요구사항 분류	시스템 인터페이스 요구사항
요구사항 고유번호	SIR-001 ※ 요구사항 분류와 일련번호를 조합하여 작성한다.
요구사항 명칭	❶ VOC와 CRM 연계
요구사항 상세설명 — 정의	❷ VOC 시스템과 CRM 시스템 간의 인터페이스
요구사항 상세설명 — 세부내용 ❸❼	• VOC 시스템을 통해 들어온 ❹ 고객의 의견 및 불만사항 등에 관한 데이터를 ❺ EAI를 통해 CRM 시스템에 ❻ 매일 1회 전달함 • 예상되는 데이터 전달 건수는 1일 1000개임 [고려사항] • VOC 시스템 담당자는 송신 시스템인 VOC 시스템에서 수신 시스템인 CRM 시스템으로 고객의 의견 및 불만사항 등에 관한 데이터를 송신할 수 있도록 프로그램을 작성함 • 목표 시스템 구축 업체는 VOC 시스템에서 송신한 데이터를 CRM 시스템에서 수신할 수 있도록 프로그램을 작성하고, VOC 시스템과의 연동 테스트를 실시함 ※ 프로젝트 이해관계자가 요구사항을 명확하게 이해할 수 있도록 구체적으로 작성한다.
산출 정보	고객 불만사항 보고서
관련 요구사항	SIR-002 인터페이스 보안 ※ 해당 기능과 연관된 요구사항 고유번호와 명칭을 조합하여 작성한다.
요구사항 출처	CRM 업무 담당자

❷ 시스템 인터페이스 요구사항 분석

시스템 인터페이스 요구사항 분석은 요구사항 명세서에서 요구사항을 기능적 요구사항*과 비기능적 요구사항*으로 분류하고 조직화하여 요구사항 명세*를 구체화하고 이를 이해관계자에게 전달하는 일련의 과정이다.
- 요구사항 분석은 소프트웨어 요구사항 분석 기법*을 적절히 이용한다.
- 요구사항의 분해가 필요한 경우 적절한 수준으로 세분화한다.
- 요구사항 분석 시 누락된 요구사항이나 제한조건을 추가한다.
- 요구사항에 대한 상대적 중요도를 평가하여 우선순위를 부여한다.

❸ 시스템 인터페이스 요구사항 분석 절차

시스템 인터페이스 요구사항 분석 절차는 다음과 같다.
❶ 소프트웨어 요구사항 목록*에서 시스템 인터페이스 관련 요구사항을 선별하여 별도로 시스템 인터페이스 요구사항 목록을 만든다.
❷ 시스템 인터페이스와 관련된 요구사항 및 아키텍처 정의서, 현행 시스템의 대·내외 연계 시스템 현황 자료 등 시스템 인터페이스 요구사항과 관련된 자료를 준비한다.
❸ 시스템 인터페이스에 대한 요구사항 명세서를 확인하여 기능적인 요구사항과 비기능적인 요구사항으로 분류한다.

> 예 다음은 회계 관련 시스템의 요구사항 명세서에서 시스템 인터페이스 관련 요구사항을 기능적/비기능적 요구사항으로 분류한 것이다.

요구사항 유형	요구사항 번호	요구사항 명칭
기능	SIR-001	고객 대상 채널 업무 연계 기능 구현
	SIR-002	은행 자금 관리 서비스(CMS) 연동
	SIR-003	인사 및 조직 정보 연계
비기능	SIR-004	대·내외 인터페이스 구현 방안

❹ 시스템 인터페이스 요구사항 명세서와 시스템 인터페이스 요구사항 목록 및 기타 관련 자료들을 비교하여 요구사항을 분석하고 내용을 추가하거나 수정한다.
❺ 추가·수정한 시스템 인터페이스 요구사항 명세서와 시스템 인터페이스 요구사항 목록을 관련 이해관계자에게 전달한다.

기능적/비기능적 요구사항
요구사항이란 어떠한 문제를 해결하기 위해 필요한 조건이나 제약사항을 의미하며, 크게 기능적 요구사항과 비기능적 요구사항으로 분류합니다. 기능적 요구사항은 시스템이 무엇을 하는지, 어떤 기능을 하는지에 대한 것이고, 비기능적 요구사항은 기능적 요구사항을 제외한 시스템이나 프로젝트 개발 과정에서 지켜야 할 제약사항을 의미합니다. 자세한 내용은 Section 006을 참조하세요.

요구사항 명세
여기서 말하는 요구사항 명세는 시스템 인터페이스 요구사항과 관련된 자료를 이용하여 시스템 인터페이스 요구사항 명세서와 목록을 추가·수정하는 작업을 의미합니다.

소프트웨어 요구사항 분석 기법
소프트웨어 요구사항 분석 기법에는 요구사항 분류, 개념 모델링, 요구사항 할당, 요구사항 협상, 정형 분석 등이 있습니다.

소프트웨어 요구사항 목록
소프트웨어 요구사항 목록은 소프트웨어가 사용자 요구사항에 따른 문제 해결을 위해 제공하는 서비스에 대한 설명과 정상적으로 운영되기 위해 필요한 제약조건 등을 나타내는 소프트웨어 요구사항을 정리한 목록을 의미합니다.

기출문제 따라잡기

문제2 2402952

출제예상
1. 다음 중 시스템 인터페이스 요구사항 명세서의 구성에 포함되지 않는 것은?

① 연계 대상 시스템
② 사용하는 장비
③ 인터페이스 이름
④ 인터페이스 주기

사용하는 장비는 인터페이스와 관련이 없습니다.

출제예상
2. 다음 중 시스템 인터페이스 요구사항 분석에 대한 설명으로 옳지 않은 것은?

① 시스템 인터페이스 요구사항 분석은 요구사항 명세서를 통해 요구사항을 기능·비기능적 요구사항으로 분류하고 명세화 하는 것이다.
② 시스템 인터페이스 요구사항 분석은 소프트웨어 요구사항 분석 기법을 적절히 이용한다.
③ 시스템 인터페이스 요구사항 분석 시 정의된 인터페이스 요구사항은 분해할 수 없다.
④ 시스템 인터페이스 요구사항 분석 시 요구사항의 중요도에 따라 우선순위를 부여할 수 있다.

필요한 경우 인터페이스 요구사항을 분해할 수 있습니다.

출제예상
3. 다음 중 시스템 인터페이스 요구사항 분석 절차를 올바르게 나열한 것은?

> ㉠ 요구사항 분석 및 명세서 구체화
> ㉡ 요구사항 분류
> ㉢ 요구사항 관련 자료 준비
> ㉣ 요구사항 선별
> ㉤ 요구사항 명세서 공유

① ㉢ → ㉡ → ㉣ → ㉠ → ㉤
② ㉣ → ㉡ → ㉢ → ㉠ → ㉤
③ ㉢ → ㉣ → ㉡ → ㉠ → ㉤
④ ㉣ → ㉢ → ㉡ → ㉠ → ㉤

시스템 인터페이스 요구사항 분석 절차로 올바르게 나열한 것은 ④번입니다.

출제예상
4. 시스템 인터페이스 관련 요구사항 중 비기능적 요구사항에 해당하지 않는 것은?

① 인사 및 조직 정보 등록
② 운영 접근 통제
③ 처리 속도 및 시간
④ 시스템 장애 대응

비기능적 요구사항은 시스템이나 프로젝트 개발 과정 등에서 지켜야 할 제약사항을 의미합니다.

▶ 정답 : 1. ② 2. ③ 3. ④ 4. ①

SECTION 025 인터페이스 요구사항 검증

1 요구사항 검증(Requirements Verification)

요구사항 검증은 인터페이스의 설계 및 구현 전에 사용자들의 요구사항이 요구사항 명세서에 정확하고 완전하게 기술되었는지 검토하고 개발 범위의 기준인 베이스라인을 설정하는 것이다.

- 인터페이스의 설계 및 구현 중에 요구사항 명세서의 오류가 발견되어 이를 수정할 경우 많은 비용이 소요되므로 프로젝트에서 요구사항 검증은 매우 중요하다.
- 인터페이스 요구사항 검증은 '요구사항 검토 계획 수립 → 검토 및 오류 수정 → 베이스라인 설정' 순으로 수행한다.

전문가의 조언

요구사항 검증은 요구사항 명세서에 명시되어 있는 사용자의 요구사항들이 실제로 실현 가능한지를 확인하는 단계라고 생각하면 됩니다. 요구사항 검증 절차의 각 단계별 특징에 대해 알아두고 요구사항의 검증 항목과 검증 방법에는 어떤 것들이 있는지 숙지하세요.

2 인터페이스 요구사항 검토 계획 수립

프로젝트 이해관계자*들이 프로젝트 품질 관리 계획을 참조하여 다음과 같이 인터페이스 요구사항 검토 계획을 수립한다.

검토 기준 및 방법	프로젝트의 규모와 참여 인력, 검토 기간 등을 고려하여 검토 기준 및 방법을 정한다.
참여자	프로젝트 규모에 따라 이해관계자들을 파악하여 프로젝트 관리자, 품질 관리자, 인터페이스 분석가, 소프트웨어 아키텍트*, 시스템 사용자, 테스트 관리자 등 요구사항 검토 참여자를 선정한다.
체크리스트	완전성, 일관성, 명확성 등의 항목을 점검할 수 있는 요구사항 검토 체크리스트를 작성한다.
관련 자료	인터페이스 요구사항 목록, 인터페이스 요구사항 명세서, 현행 및 표준 시스템 구성도 등 인터페이스 요구사항 검토에 필요한 자료들을 준비한다.
일정	인터페이스 요구사항 검토 일정을 정한다.

- 검토 계획이 수립되면 인터페이스 요구사항 검토 참여자들에게 검토 관련 자료와 일정 등을 전달한다.

프로젝트 이해관계자

프로젝트 이해관계자에는 품질 관리자, 프로젝트 관리자, 기술 아키텍처 전문가, 인터페이스 전문가 등이 있습니다.

소프트웨어 아키텍트(Software Architect)

- 소프트웨어 아키텍트는 아키텍처를 설계 및 구축하는 사람으로 TA, SA 등이 있습니다.
- TA(Technical Architect) : 기술 아키텍처의 설계 및 구축을 담당하는 아키텍트
- SA(Solution Architect) : 소프트웨어 아키텍처의 설계 및 구축을 담당하는 아키텍트

3 인터페이스 요구사항 검토 및 오류 수정

인터페이스 요구사항 검토는 검토 체크리스트의 항목에 따라 인터페이스 요구사항 명세서를 검토하는 것이다.

- 요구사항 검토 시 오류가 발견되면 오류를 수정할 수 있도록 오류 목록과 시정 조치서를 작성한다.
- 오류 수정과 요구사항 승인 절차를 진행할 수 있도록 요구사항 검토 결과를 검토 관련자들에게 전달한다.

- 시정 조치서를 작성한 경우 시정 조치가 완료되었는지 확인하여 시정 조치가 완료되면 인터페이스 요구사항 검토 작업을 완료한다.

4 인터페이스 요구사항 베이스라인 설정

전문가의 조언

베이스라인을 설정한 후 인터페이스 요구사항의 변경은 공식적인 변경 통제 절차로만 가능합니다.

인터페이스 요구사항 검토를 통해 검증된 인터페이스 요구사항은 프로젝트 관리자와 주요 의사 결정자에게 공식적으로 승인 받는다.
- 소프트웨어 설계 및 구현을 위해 요구사항 명세서의 베이스라인을 설정한다.

5 요구사항 검증 방법

25.8, 25.2, 24.7, 24.5, 24.2, 23.7, 22.7, 22.4, 20.8, 20.6

전문가의 조언

요구사항 검증에 대한 문제가 출제되었습니다. 어떤 방법을 말하는지 찾아낼 수 있도록 각각의 특징을 정리하세요.

인터페이스 요구사항 검증은 다음과 같은 검증 방법을 적절하게 이용한다.
- **요구사항 검토(Requirements Review)** : 요구사항 명세서의 오류 확인 및 표준 준수 여부 등의 결함 여부를 검토 담당자들이 수작업으로 분석하는 방법으로, 동료검토, 워크스루, 인스펙션 등이 있다.

20.8 **동료검토(Peer Review)***	요구사항 명세서 작성자가 명세서 내용을 직접 설명하고 동료들이 이를 들으면서 결함을 발견하는 형태의 검토 방법이다.
25.8, 25.2, 24.7, 24.5, 20.8, 20.6 **워크스루(Walk Through)***	검토 회의 전에 요구사항 명세서를 미리 배포하여 사전 검토한 후에 짧은 검토 회의를 통해 결함을 발견하는 형태의 검토 방법이다.
24.2, 23.7, 20.8 **인스펙션(Inspection)***	요구사항 명세서 작성자를 제외한 다른 검토 전문가들이 요구사항 명세서를 확인하면서 결함을 발견하는 형태의 검토 방법이다.

동료검토/워크스루/인스펙션
동료검토는 **개발자**가 동료 개발자들에게 **자신이 개발한 코드를 설명**하면서 **검토**하는 것이고, **워크스루**는 **개발자**가 동료 개발자들과 **코드를 검토**하는 것이며, **인스펙션**은 개발자가 제외된 상태에서 **전문가가 검토**하는 방법입니다. 동료 검토와 워크스루가 비공식적인 검토 방법인데 반해 인스펙션은 공식적인 검토 방법입니다.

- **프로토타이핑(Prototyping)** : 사용자의 요구사항을 정확히 파악하기 위해 실제 개발될 소프트웨어에 대한 견본품(Prototype)을 만들어 최종 결과물을 예측한다.
- **테스트 설계** : 요구사항은 테스트할 수 있도록 작성되어야 하며, 이를 위해 테스트 케이스(Test Case)를 생성하여 이후에 요구사항이 현실적으로 테스트 가능한지를 검토한다.
- **CASE(Computer Aided Software Engineering) 도구 활용** : 일관성 분석(Consistency Analysis)을 통해 요구사항 변경사항의 추적 및 분석, 관리하고, 표준 준수 여부를 확인한다.

6 인터페이스 요구사항 검증의 주요 항목

인터페이스 요구사항 검증은 다음과 같은 항목들을 중심으로 수행한다.
- **완전성(Completeness)** : 사용자의 모든 요구사항이 누락되지 않고 완전하게 반영되어 있는가?
- **일관성(Consistency)** : 요구사항이 모순되거나 충돌되는 점 없이 일관성을 유지하고 있는가?
- **명확성(Unambiguity)** : 모든 참여자가 요구사항을 명확히 이해할 수 있는가?

- **기능성(Functionality)** : 요구사항이 '어떻게(How to)' 보다 '무엇을(What)'에 중점을 두고 있는가?
- **검증 가능성(Verifiability)** : 요구사항이 사용자의 요구를 모두 만족하고, 개발된 소프트웨어가 사용자의 요구 내용과 일치하는지를 검증할 수 있는가?
- **추적 가능성(Traceability)** : 요구사항 명세서와 설계서를 추적할 수 있는가?
- **변경 용이성(Easily Changeable)** : 요구사항 명세서의 변경이 쉽도록 작성되었는가?

기출문제 따라잡기

25년 2월, 20년 6월

1. 검토 회의 전에 요구사항 명세서를 미리 배포하여 사전 검토한 후 짧은 검토 회의를 통해 오류를 조기에 검출하는데 목적을 두는 요구사항 검토 방법은?

① 빌드 검증 ② 동료검토
③ 워크스루 ④ 개발자검토

요구사항 검증 방법의 종류별 핵심 키워드를 살펴볼까요? 동료검토는 '작성자가 명세서 내용을 직접 설명', 워크스루는 '명세서를 미리 배포', 인스펙션은 '검토 전 문가들이 명세서 확인', 프로토타이핑은 '견본품(Prototype)을 통한 결과물 예측', 테스트 설계는 '테스트 케이스를 생성', CASE 도구는 '일관성 분석, 추적 및 분석, 관리'입니다.

20년 8월

2. 인터페이스 요구사항 검토 방법에 대한 설명이 옳은 것은?

① 리팩토링 : 작성자 이외의 전문 검토 그룹이 요구사항 명세서를 상세히 조사하여 결함, 표준 위배, 문제점 등을 파악
② 동료검토 : 요구사항 명세서 작성자가 요구사항 명세서를 설명하고 이해관계자들이 설명을 들으면서 결함을 발견
③ 인스펙션 : 자동화된 요구사항 관리 도구를 이용하여 요구사항 추적성과 일관성을 검토
④ CASE 도구 : 검토 자료를 회의 전에 배포해서 사전 검토한 후 짧은 시간 동안 검토 회의를 진행하면서 결함을 발견

①번은 인스펙션, ③번은 CASE 도구 활용, ④번은 워크스루에 대한 설명입니다.

25년 8월, 24년 7월, 5월, 22년 7월, 4월

3. 소프트웨어 공학에서 워크스루(Walkthrough)에 대한 설명으로 틀린 것은?

① 사용사례를 확장하여 명세하거나 설계 다이어그램, 원시코드, 테스트 케이스 등에 적용할 수 있다.
② 복잡한 알고리즘 또는 반복, 실시간 동작, 병행 처리와 같은 기능이나 동작을 이해하려고 할 때 유용하다.
③ 인스펙션(Inspection)과 동일한 의미를 가진다.
④ 단순한 테스트 케이스를 이용하여 프로덕트를 수작업으로 수행해 보는 것이다.

워크스루는 ①, ②, ④번과 같은 방법으로 동료 혹은 개발자 그룹 내에서 수행하는 비공식적인 검토 방법인데 반해 인스펙션은 개발자가 제외된 상태에서 전문가가 검토를 수행하는 공식적인 방법으로 워크스루와 인스펙션은 서로 다릅니다.

24년 2월, 23년 7월

4. 프로그램의 소스나 코드에서 결함을 찾아내고 이를 확인하려는 작업을 의미하는 것은?

① 소스 코드 인스펙션
② 재공학
③ 역공학
④ 재사용

결함을 발견하는 형태의 검토 방법을 인스펙션이라고 하는데, 검토 대상이 프로그램의 소스나 코드인 경우를 소스 코드 인스펙션이라고 합니다.

▶ 정답 : 1. ③ 2. ② 3. ③ 4. ①

SECTION 026

인터페이스 방법 명세화

 전문가의 조언

인터페이스 방법 명세화란 내·외부 시스템이 연계하여 작동할 때 데이터를 주고받는 방법, 주고받는 데이터의 종류, 에러 발생 시 처리해야 할 내용들을 문서로 명확하게 정리하는 것을 말합니다. 시스템 연계 기술 중 소켓(Socket)의 개념을 묻는 문제가 출제되었습니다. 소켓을 중심으로 시스템 연계 기술별로 개념을 정리하세요.

API(Application Programming Interface)/Open API
API는 운영체제나 프로그래밍 언어 등에 있는 라이브러리를 응용 프로그램 개발 시 이용할 수 있도록 규칙 등에 대해 정의해 놓은 인터페이스를 말하고, Open API는 이러한 기능을 누구나 무료로 사용하여 프로그램을 개발하거나 Open API에 새로운 API를 추가할 수 있도록 공개된 API를 말합니다.

EAI(Enterprise Application Integration)
EAI는 송·수신 데이터를 식별하기 위해 송·수신 처리 및 진행 현황을 모니터링하고 통제하는 시스템입니다.

- **WSDL(Web Services Description Language)** : 웹 서비스와 관련된 서식이나 프로토콜 등을 표준적인 방법으로 기술하고 게시하기 위한 언어
- **UDDI(Universal Description, Discovery and Integration)** : 인터넷에서 전 세계의 비즈니스 업체 목록에 자신의 목록을 등록하기 위한 확장성 생성 언어(XML) 기반의 규격
- **SOAP(Simple Object Access Protocol)** : 웹 서비스를 실제로 이용하기 위한 객체 간의 통신 규약

1 인터페이스 방법 명세화의 개념

인터페이스 방법 명세화는 내·외부 시스템이 연계하여 작동할 때 인터페이스별 송·수신 방법, 송·수신 데이터, 오류 식별 및 처리 방안에 대한 내용을 문서로 명확하게 정리하는 것이다.

- 인터페이스별로 송·수신 방법을 명세화하기 위해서는 시스템 연계 기술, 인터페이스 통신 유형, 처리 유형, 발생 주기 등에 대한 정보가 필요하다.

2 시스템 연계 기술 21.3

시스템 연계 기술은 개발할 시스템과 내·외부 시스템을 연계할 때 사용되는 기술을 의미한다.

- 주요 시스템 연계 기술에는 DB Link, API/Open API, 연계 솔루션, Socket, Web Service 등이 있다.
  - **DB Link** : DB에서 제공하는 DB Link 객체를 이용하는 방식이다.
  - **API/Open API*** : 송신 시스템의 데이터베이스(DB)에서 데이터를 읽어 와 제공하는 애플리케이션 프로그래밍 인터페이스 프로그램이다.
  - **연계 솔루션** : EAI* 서버와 송·수신 시스템에 설치되는 클라이언트(Client)를 이용하는 방식이다.
  - **Socket** : 서버는 통신을 위한 소켓(Socket)을 생성하여 포트를 할당하고 클라이언트의 통신 요청 시 클라이언트와 연결하여 통신하는 네트워크 기술이다.
  - **Web Service** : 웹 서비스(Web Service)에서 WSDL*과 UDDI*, SOAP* 프로토콜을 이용하여 연계하는 서비스이다.

3 인터페이스 통신 유형

인터페이스 통신 유형은 개발할 시스템과 내·외부 시스템 간 데이터를 송·수신하는 형태를 의미한다.

- 인터페이스 통신 유형에는 단방향, 동기, 비동기 방식 등이 있다.
  - **단방향** : 시스템에서 거래를 요청만 하고 응답이 없는 방식이다.
  - **동기** : 시스템에서 거래를 요청하고 응답이 올 때까지 대기(Request-Reply)하는 방식이다.
  - **비동기** : 시스템에서 거래를 요청하고 다른 작업을 수행하다 응답이 오면 처리하는 방식(Send-Receive, Send-Receive-Acknowledge, Publish-Subscribe)이다.

④ 인터페이스 처리 유형

인터페이스 처리 유형은 송·수신 데이터를 어떤 형태로 처리할 것인지에 대한 방식을 의미한다.

- 업무의 성격과 송·수신 데이터 전송량을 고려하여 실시간, 지연 처리, 배치 방식 등으로 구분한다.
  - 실시간 방식 : 사용자가 요청한 내용을 바로 처리해야 할 때 사용하는 방식이다.
  - 지연 처리 방식 : 데이터를 매건 단위로 처리할 경우 비용이 많이 발생할 때 사용하는 방식이다.
  - 배치 방식 : 대량의 데이터를 처리할 때 사용하는 방식이다.

⑤ 인터페이스 발생 주기

인터페이스 발생 주기는 개발할 시스템과 내·외부 시스템 간 송·수신 데이터가 전송되어 인터페이스가 사용되는 주기를 의미한다.

- 인터페이스 발생 주기는 업무의 성격과 송·수신 데이터 전송량을 고려하여 매일, 수시, 주 1회 등으로 구분한다.

⑥ 송·수신 방법 명세화

송·수신 방법 명세화는 내·외부 인터페이스 목록에 있는 각각의 인터페이스에 대해 연계 방식, 통신 및 처리 유형, 발생 주기 등의 송·수신 방법을 정의하고 명세를 작성하는 것이다.

- 연계 방식, 통신 유형, 연계 처리 형태는 시스템 인터페이스 설계 시 작성한 아키텍처 정의서를 기반으로 하여 업무 및 데이터의 성격, 연계 데이터 발생 건수, 연계 시스템의 기술 구조, 시스템 간의 성능 등을 고려하여 작성한다.

예 인터페이스 송·수신 방법 명세화

인터페이스 ID	인터페이스명	송신 시스템	수신 시스템	연계 방식	통신 유형	연계 처리 형태	연계 주기
IFID-001	지급 정보 전송	회계	길벗은행	EAI	요청/응답	실시간	매일
IFID-002	은행 수금 내역 수신	회계	길벗은행	EAI	요청/응답	실시간	매일
IFID-003	은행 계좌 잔액 수신	회계	길벗은행	Soket	요청/응답	실시간	수시
IFID-004	예금주 조회	회계	길벗은행	Soket	요청/응답	실시간	수시
IFID-005	법인 카드 사용 내역 조회	회계	길벗카드	Web Service	요청/응답	실시간	매일
IFID-006	고객 로그인	홈페이지	고객	EAI	단방향	배치	매일
IFID-007	고객 계약 조회	홈페이지	고객	DB Link	단방향	배치	매일

테이블 정의서
테이블 정의서는 테이블에서 관리되는 컬럼들의 특징, 인덱스, 업무 규칙 등을 정의한 문서입니다.

- **Field** : 테이블 정의서의 필드 ID를 기재합니다.
- **Key** : 필드가 키(Key)인 경우에만 기재합니다.
- **Size** : 필드의 길이는 바이트(Byte) 단위로 기재합니다.
- **Description** : 필드의 간단한 설명을 기재합니다.
- **Condition** : 암호화 적용 여부 또는 공통 코드 여부를 기재합니다.
- **암호화** : 보안이 중요한 데이터 항목의 경우 법률적 근거와 기업의 개인정보 규정 등을 참조하여 암호화 대상을 선택하고 암호화 적용 여부를 기재합니다. 법률에서 정한 암호화 필수 적용 대상 항목에는 주민등록번호, 패스워드, 계좌번호, 공개에 동의하지 않은 개인정보 등이 있습니다.

 전문가의 조언

송신 시스템의 역할을 묻는 문제가 출제되었습니다. 송신 시스템, 수신 시스템, 연계 서버의 역할을 구분해서 알아두세요.

연계 매커니즘 구성요소
- **송신 시스템** : 연계 프로그램으로부터 생성된 데이터를 전송 형식에 맞게 인터페이스 테이블이나 파일(xml, csv, text 등)로 변환한 후 송신하는 시스템
- **수신 시스템** : 수신한 인터페이스 테이블이나 파일을 연계 프로그램에서 처리할 수 있는 형식으로 변환한 후 연계 프로그램에 반영하는 시스템
- **연계 서버** : 송·수신 시스템 사이에 위치하여 데이터의 송·수신 현황을 모니터링하는 역할을 수행함

---

❼ 송·수신 데이터 명세화

송·수신 데이터 명세화는 내·외부 인터페이스 목록에 있는 각각의 인터페이스에 대해 인터페이스 시 필요한 송·수신 데이터에 대한 명세를 작성하는 것이다.

- 인터페이스별로 테이블 정의서*와 파일 레이아웃에서 연계하고자 하는 테이블 또는 파일 단위로 송·수신 데이터에 대한 명세를 작성한다.

예 송·수신 데이터 명세화

인터페이스 ID	IFID-006
송·수신 구분	수신
시스템명	고객 시스템
업무	고객 정보 관리
서비스명	고객 정보 저장

데이터 항목

Seq	Field*	Key*	Type	Size*	Null 허용	Description*	Condition*
1	CON_NO	Y	varchar	13	N	고객번호	
2	REQ_CNT	Y	varchar	2	N	반복회차	
3	SEQ		varchar	2	N	순번	
4	SSN		char	13	N	주민번호	암호화*
5	NAME		char	10	N	이름	암호화
6	LICN_CODE		char	16	N	자격코드	코드

❽ 오류 식별 및 처리 방안 명세화

오류 식별 및 처리 방안 명세화는 내·외부 인터페이스 목록에 있는 각각의 인터페이스에 대해 인터페이스 시 발생할 수 있는 오류를 식별하고 오류 처리 방안에 대한 명세를 작성하는 것이다.

- 시스템 및 전송 오류, 연계 프로그램 등에서 정의한 예외 상황 등 대·내외 시스템 연계 시 발생할 수 있는 다양한 오류 상황을 식별하고 분류한다.

인터페이스 오류 발생 영역

- 오류 상황에 대해 오류 코드, 오류 메시지, 오류 설명, 해결 방법 등을 명세화 한다.

에 오류 식별 및 처리 방안 명세화

오류 코드*	오류 메시지	설명	해결 방법
ES10001	연계 서버에 접속할 수 없음	연계 서버의 네트워크 회선 오류 등으로 인해 연계 서버에 접속할 수 없음	연계 서버의 네트워크 회선 오류 여부를 확인 후 조치
ES50001	연계 서버에서 데이터 변환 에러가 발생함	연계 서버에서 데이터 변환 과정에서 유효하지 않은 코드값으로 인해 매핑 오류가 발생함	미등록 코드를 코드 테이블과 매핑 정의서에 등록한 후 재실행
SD40001	송신 시스템에서 데이터 조회에 실패함	송신 시스템의 인터페이스 프로그램에서 전송할 데이터를 DB에서 읽어 오지 못함	데이터베이스 접근 권한 문제, 작동 여부, 데이터 테이블 삭제 등을 확인 후 재실행

오류 코드
오류 코드는 표준화된 오류 코드 작성 규칙을 준수해야 하지만 표준 작성 규칙이 없을 경우 이해관계자들의 합의를 통해 지정합니다.

에 오류 코드 명명 규칙
ES | 100 | 01
— 일련번호
— 오류 그룹번호
— 오류 발생 영역 구분자

기출문제 따라잡기

문제1 2403351

21년 3월

1. 통신을 위한 프로그램을 생성하여 포트를 할당하고, 클라이언트의 통신 요청 시 클라이언트와 연결하는 내·외부 송·수신 연계 기술은?

① DB링크 기술
② 소켓 기술
③ 스크럼 기술
④ 프로토타입 기술

일반적으로 회선이나 장치에 연결할 때 사용되는 단자를 소켓(Socket)이라고 합니다.

21년 5월

2. 다음 설명에 해당하는 시스템으로 옳은 것은?

시스템 인터페이스를 구성하는 시스템으로, 연계할 데이터를 데이터베이스와 애플리케이션으로부터 연계 테이블 또는 파일 형태로 생성하며 송신하는 시스템이다.

① 연계 서버
② 중계 서버
③ 송신 시스템
④ 수신 시스템

문제의 지문에 제시된 내용은 송신 시스템의 개념입니다.

출제예상

3. 다음 중 인터페이스 통신 유형으로 올바르게 구성된 것은?

① 단방향, 실시간, 동기
② 단방향, 동기, 비동기
③ 동기, 비동기, 배치
④ 실시간, 지연, 배치

인터페이스 통신 유형은 '단방향, 동기, 비동기'로 구분됩니다.

출제예상

4. 다음 중 인터페이스 처리 유형과 발생 주기에 대한 설명으로 가장 옳지 않은 것은?

① 인터페이스 처리 유형은 업무의 성격 및 전송량을 고려하여 정의한다.
② 인터페이스 발생 주기는 업무 성격과 송·수신 데이터양을 고려하여 매일, 수시 등으로 정의한다.
③ 인터페이스 처리 유형 중 지연 처리 방식은 데이터를 매건 단위로 처리할 경우 비용이 많이 발생할 때 사용한다.
④ 인터페이스 처리 유형 중 배치 방식은 소량의 데이터를 처리할 경우 사용한다.

배치 방식은 소량이 아니라 대량의 데이터를 처리할 경우 사용합니다.

▶ 정답 : 1. ② 2. ③ 3. ② 4. ④

SECTION 027

미들웨어 솔루션 명세

전문가의 조언

- 미들웨어는 클라이언트가 서버 측에 어떠한 처리를 요구하고, 또 서버가 그 처리한 결과를 클라이언트에게 돌려주는 과정을 효율적으로 수행하도록 도와주는 소프트웨어입니다. 예를 들어 미들웨어는 웹 서버와 DB 서버 사이에서 웹 서버가 요구하는 다양한 요청사항들을 DB 서버에 적합한 인터페이스로 변환하여 요청하고 그 결과를 다시 웹 서버에 반환함으로써 원활하게 데이터가 오갈 수 있도록 도와주는 중계자의 역할을 수행합니다. 미들웨어의 개념과 종류별 특징을 구분할 수 있도록 알아두세요.
- 미들웨어와 RPC, MOM, TP-Monitor의 개념이나 특징을 묻는 문제가 출제되었습니다. 출제된 내용을 중심으로 잘 정리하세요.

위치 투명성(Location Transparency)
액세스하려는 시스템의 실제 위치를 알 필요 없이 단지 시스템의 논리적인 명칭만으로 액세스할 수 있는 것을 의미합니다.

1 미들웨어(Middleware)의 개념

25.2, 24.7, 24.2, 22.7, 22.4, 21.8, 21.3, 20.9, 20.8

미들웨어는 미들(Middle)과 소프트웨어(Software)의 합성어이다.

- 분산 컴퓨팅 환경에서 서로 다른 기종 간의 하드웨어나 프로토콜, 통신 환경 등을 연결하여 운영체제와 응용 프로그램, 또는 서버와 클라이언트 사이에서 원만한 통신이 이루어지도록 다양한 서비스를 제공한다.
- 표준화된 인터페이스를 제공함으로써 시스템 간의 데이터 교환에 일관성을 보장한다.
- 위치 투명성*을 제공한다.
- 사용자가 미들웨어의 내부 동작을 확인하려면 별도의 응용 소프트웨어를 사용해야 한다.
- 시스템들을 1:1, 1:N, N:M 등 여러 가지 형태로 연결할 수 있다.
- **미들웨어의 종류**: DB, RPC, MOM, TP-Monitor, ORB, WAS 등

2 DB(DataBase)

25.8, 23.7, 23.2

DB는 데이터베이스 벤더에서 제공하는 클라이언트에서 원격의 데이터베이스와 연결하기 위한 미들웨어이다.

- DB를 사용하여 시스템을 구축하는 경우 보통 2-Tier 아키텍처라고 한다.
- 대표적인 DB의 종류에는 마이크로소프트의 ODBC, 볼랜드의 IDAPI, 오라클의 Glue 등이 있다.

3 RPC(Remote Procedure Call)

23.7, 21.3

RPC(원격 프로시저 호출)는 응용 프로그램의 프로시저를 사용하여 원격 프로시저를 마치 로컬 프로시저처럼 호출하는 방식의 미들웨어이다.

- 대표적인 RPC의 종류에는 이큐브시스템스의 Entera, OSF의 ONC/RPC 등이 있다.

4 MOM(Message Oriented Middleware)

25.8, 23.7, 23.2, 22.4

MOM(메시지 지향 미들웨어)은 메시지 기반의 비동기형 메시지를 전달하는 방식의 미들웨어이다.

- 온라인 업무보다는 이기종 분산 데이터 시스템의 데이터 동기를 위해 많이 사용된다.

- 서로 다른 플랫폼에서 독립적으로 실행되는 소프트웨어 간의 상호 작용을 통해 하나의 통합된 시스템처럼 동작되도록 한다.
- 대표적인 MOM의 종류에는 IBM의 MQ, 오라클의 Message Q, JCP의 JMS 등이 있다.

❺ TP-Monitor(Transaction Processing Monitor)

25.8, 23.5, 20.6

TP-Monitor(트랜잭션 처리* 모니터)는 항공기나 철도 예약 업무 등과 같은 온라인 트랜잭션 업무에서 트랜잭션을 처리 및 감시하는 미들웨어이다.
- 사용자 수가 증가해도 빠른 응답 속도를 유지해야 하는 업무에 주로 사용된다.
- 대표적인 TP-Monitor의 종류에는 오라클의 tuxedo, 티맥스소프트의 tmax 등이 있다.

트랜잭션 처리
트랜잭션 처리는 온라인 업무 처리 형태의 하나로 네트워크 상의 여러 이용자가 실시간으로 데이터베이스의 데이터를 갱신하거나 검색하는 등의 단위 작업을 처리하는 방식을 말합니다. 작업이 온라인으로 처리되기 때문에 온라인 트랜잭션 처리(OLTP: Online Transaction Processing)라고도 부릅니다.

❻ ORB(Object Request Broker)

25.8, 23.7, 23.2

ORB(객체 요청 브로커)는 객체 지향 미들웨어로 코바(CORBA)* 표준 스펙을 구현한 미들웨어이다.
- 최근에는 TP-Monitor의 장점인 트랜잭션 처리와 모니터링 등을 추가로 구현한 제품도 있다.
- 대표적인 ORB의 종류에는 Micro Focus의 Orbix, OMG의 CORBA 등이 있다.

코바(CORBA; Common Object Request Broker Architecture)
코바는 네트워크에서 분산 프로그램 객체를 생성, 배포, 관리하기 위한 규격을 의미합니다.

❼ WAS(Web Application Server)

25.8, 23.7, 23.2

WAS(웹 애플리케이션 서버)는 정적인 콘텐츠를 처리하는 웹 서버와 달리 사용자의 요구에 따라 변하는 동적인 콘텐츠를 처리하기 위해 사용되는 미들웨어이다.
- 클라이언트/서버 환경보다는 웹 환경을 구현하기 위한 미들웨어이다.
- HTTP 세션 처리를 위한 웹 서버 기능뿐만 아니라 미션-크리티컬*한 기업 업무까지 JAVA, EJB* 컴포넌트 기반으로 구현이 가능하다.
- 대표적인 WAS의 종류에는 오라클의 WebLogic, IBM의 WebSphere 등이 있다.

미션-크리티컬
미션-크리티컬이란 업무를 수행하는 데 있어 가장 중요한 요소를 의미합니다.

EJB(Enterprise JavaBeans)
EJB는 클라이언트/서버 모델의 서버 부분에서 운영되는 자바 프로그램 컴포넌트들을 설정하기 위한 아키텍처로, 대규모의 분산 객체 환경을 쉽게 구현할 수 있도록 도와줍니다.

❽ 미들웨어 솔루션 식별

미들웨어 솔루션 식별은 개발 및 운영 환경에 사용될 미들웨어 솔루션을 확인하고 목록을 작성하는 것이다.
- 소프트웨어 아키텍처에서 정의한 아키텍처 구성 정보와 프로젝트에서 구매가 진행 중이거나 구매 예정인 소프트웨어 내역을 확인하여 개발 및 운영 환경에서 사용될 미들웨어 솔루션을 식별한다.
- 식별한 미들웨어 솔루션들에 대해 솔루션의 시스템, 구분, 솔루션명, 버전, 제조사 등의 정보를 정리한 미들웨어 솔루션 목록을 작성한다.

- 작성된 미들웨어 솔루션 목록은 이해관계자 등에게 전달하여 오류 및 누락을 확인하고 수정한다.

📋 미들웨어 솔루션 목록

시스템	구분	솔루션명	버전	제조사
사용자 관리 시스템	WAS	nginx	ver 4.1	nginxsoft
데이터 관리 시스템	TP-Monitor	tuxedo	ver 2.0	oracle
결제 관리 시스템	WAS	jeus	ver 3.0	tmaxsoft
콘텐츠 관리 시스템	MOM	titan	ver 1.2	h2o

9 미들웨어 솔루션 명세서 작성

미들웨어 솔루션 명세서는 미들웨어 솔루션 목록의 미들웨어 솔루션별로 관련 정보들을 상세하게 기술하는 것이다.

- 미들웨어 솔루션 제품 명칭 및 버전, 제품 사용 목적 등을 솔루션에 대한 제품안내서 및 설명 자료 등을 통해 검토한다.
- 미들웨어 솔루션 제품에 대한 사용 환경과 특징 등을 솔루션 설명 자료나 관련 담당자를 통해 검토한다.
- 미들웨어 솔루션이 지원하는 시스템 범위와 정상적인 서비스 제공을 위한 환경 구성, 제공 기능 등에 대한 제약사항이 존재하는지 제품안내서 및 기술 지원 담당자를 통해 검토한다.
- 미들웨어 솔루션에 대한 상세 정보 및 제공 기능, 특징, 시스템 구성 환경 등에 대한 제약사항을 정리하여 솔루션에 대한 명세서를 작성한다.

기출문제 따라잡기

22년 7월, 21년 3월

1. 분산 컴퓨팅 환경에서 서로 다른 기종 간의 하드웨어나 프로토콜, 통신환경 등을 연결하여 응용 프로그램과 운영환경 간에 원만한 통신이 이루어질 수 있게 서비스를 제공하는 소프트웨어는?

① 미들웨어 ② 하드웨어
③ 오픈허브웨어 ④ 그레이웨어

> 서로 다른 기종이나 응용 프로그램과 운영환경 사이(Middle)에서 서비스를 제공하는 소프트웨어(Software)는 미들웨어입니다.

24년 7월, 21년 8월

2. 분산 시스템에서의 미들웨어(Middleware)와 관련한 설명으로 틀린 것은?

① 분산 시스템에서 다양한 부분을 관리하고 통신하며 데이터를 교환하게 해주는 소프트웨어로 볼 수 있다.
② 위치 투명성(Location Transparency)을 제공한다.
③ 분산 시스템의 여러 컴포넌트가 요구하는 재사용 가능한 서비스의 구현을 제공한다.
④ 애플리케이션과 사용자 사이에서만 분산 서비스를 제공한다.

> 미들웨어는 클라이언트와 서버 사이에서도 다양한 서비스를 제공합니다.

기출문제 따라잡기

21년 3월

3. 응용 프로그램의 프로시저를 사용하여 원격 프로시저를 로컬 프로시저처럼 호출하는 방식의 미들웨어는?

① WAS(Web Application Server)
② MOM(Message Oriented Middleware)
③ RPC(Remote Procedure Call)
④ ORB(Object Request Broker)

원격(Remote) 프로시저(Procedure)를 호출(Call)하는 방식의 미들웨어는 RPC입니다.

23년 5월, 20년 6월

4. 트랜잭션이 올바르게 처리되고 있는지 데이터를 감시하고 제어하는 미들웨어는?

① RPC
② ORB
③ TP Monitor
④ HUB

트랜잭션(Transaction)을 처리(Processing)하고 감시(Monitoring)하는 미들웨어는 TP Monitor입니다.

20년 8월

5. 미들웨어 솔루션의 유형에 포함되지 않는 것은?

① WAS
② Web Server
③ RPC
④ ORB

미들웨어의 유형에는 DB, RPC, MOM, TP-Monitor, ORB, WAS 등이 있습니다.

20년 9월

6. 클라이언트와 서버 간의 통신을 담당하는 시스템 소프트웨어를 무엇이라고 하는가?

① 웨어러블
② 하이웨어
③ 미들웨어
④ 응용 소프트웨어

클라이언트와 서버 중간(Middle)에 있는 소프트웨어(Software)는 미들웨어입니다.

25년 2월, 24년 2월, 22년 4월

7. 미들웨어(Middleware)에 대한 설명으로 틀린 것은?

① 여러 운영체제에서 응용 프로그램들 사이에 위치한 소프트웨어이다.
② 미들웨어의 서비스 이용을 위해 사용자가 정보 교환 방법 등의 내부 동작을 쉽게 확인할 수 있어야 한다.
③ 소프트웨어 컴포넌트를 연결하기 위한 준비된 인프라 구조를 제공한다.
④ 여러 컴포넌트를 1대 1, 1대 다, 다대 다 등 여러 가지 형태로 연결이 가능하다.

사용자가 미들웨어의 정보 교환 방법 등의 내부 동작을 쉽게 확인할 수 있다면, 보안의 위험이 될 수 있으므로 확인할 수 없도록 해야 합니다.

22년 4월

8. 메시지 지향 미들웨어(Message-Oriented Middleware, MOM)에 대한 설명으로 틀린 것은?

① 느리고 안정적인 응답보다는 즉각적인 응답이 필요한 온라인 업무에 적합하다.
② 독립적인 애플리케이션을 하나의 통합된 시스템으로 묶기 위한 역할을 한다.
③ 송신측과 수신측의 연결 시 메시지 큐를 활용하는 방법이 있다.
④ 상이한 애플리케이션 간 통신을 비동기 방식으로 지원한다.

MOM은 온라인 업무보다는 이기종 분산 데이터 시스템의 데이터 동기를 위해 많이 사용됩니다.

23년 7월

9. 미들웨어에 대한 설명으로 옳지 않은 것은?

① DB는 데이터베이스 벤더에서 제공하는 클라이언트에서 원격의 데이터베이스와 연결하기 위한 미들웨어이다.
② WAS는 사용자의 요구에 따라 변하는 동적인 콘텐츠를 처리하기 위해 사용되는 미들웨어이다.
③ MOM은 메시지 기반의 비동기형 메시지를 전달하는 방식의 미들웨어이다.
④ RPC는 코바(CORBA) 표준 스펙을 구현한 객체 지향 미들웨어이다.

④번은 ORB(Object Request Broker)에 대한 설명입니다. RPC(Remote Procedure Call)는 응용 프로그램의 프로시저를 사용하여 원격 프로시저를 마치 로컬 프로시저처럼 호출하는 방식의 미들웨어입니다.

25년 8월, 23년 2월

10. 미들웨어에 대한 설명으로 틀린 것은?

① WAS : 웹 콘텐츠를 처리하기 위한 미들웨어
② ORB : 객체 지향 미들웨어로 코바 표준 스펙을 구현한 미들웨어
③ MOM : 온라인 트랜잭션 업무에서 트랜잭션을 처리 및 감시하는 미들웨어
④ DB : 데이터베이스와 데이터베이스 관리 시스템을 연결하기 위한 미들웨어

③번은 TP-Monitor(트랜잭션 처리 모니터)에 대한 설명입니다. MOM(메시지 지향 미들웨어)은 메시지 기반의 비동기형 메시지를 전달하는 방식의 미들웨어입니다.

▶ 정답 : 1. ① 2. ④ 3. ③ 4. ③ 5. ② 6. ③ 7. ② 8. ① 9. ④ 10. ③

4장 핵심요약

024 시스템 인터페이스 요구사항 분석

1) 시스템 인터페이스 요구사항 분석
- 요구사항 분석은 소프트웨어 요구사항 분석 기법을 적절히 이용한다.
- 요구사항의 분해가 필요한 경우 적절한 수준으로 세분화한다.
- 요구사항 분석 시 누락된 요구사항이나 제한조건을 추가한다.

2) 시스템 인터페이스 요구사항 분석 절차
요구사항 선별 → 요구사항 관련 자료 준비 → 요구사항 분류 → 요구사항 분석 및 명세서 구체화 → 요구사항 명세서 공유

025 인터페이스 요구사항 검증

1) 요구사항 검증 방법 [25.8, 25.2, 24.7, 24.5, 24.2, 22.7, 22.4, 20.8, 20.6]
- 동료검토(Peer Review) : 요구사항 명세서 작성자가 명세서 내용을 직접 설명하고 동료들이 이를 들으면서 결함을 발견하는 형태의 검토 방법
- 워크스루(Walk Through) : 검토 회의 전에 요구사항 명세서를 미리 배포하여 사전 검토한 후에 짧은 검토 회의를 통해 결함을 발견하는 형태의 검토 방법
- 인스펙션(Inspection) : 요구사항 명세서 작성자를 제외한 다른 검토 전문가들이 요구사항 명세서를 확인하면서 결함을 발견하는 형태의 검토 방법
- 동료검토와 워크스루가 비공식적인 검토 방법인데 반해 인스펙션은 공식적인 검토 방법이다.

026 인터페이스 방법 명세화

1) 시스템 연계 기술 - Socket [21.3]
서버는 통신을 위한 소켓(Socket)을 생성하여 포트를 할당하고 클라이언트의 통신 요청 시 클라이언트와 연결하여 통신하는 네트워크 기술이다.

2) 연계 매커니즘 구성요소 [21.5]
- 송신 시스템 : 연계 프로그램으로부터 생성된 데이터를 전송 형식에 맞게 인터페이스 테이블이나 파일(xml, csv, text 등)로 변환한 후 송신하는 시스템
- 수신 시스템 : 수신한 인터페이스 테이블이나 파일을 연계 프로그램에서 처리할 수 있는 형식으로 변환한 후 연계 프로그램에 반영하는 시스템
- 연계 서버 : 송·수신 시스템 사이에 위치하여 데이터의 송·수신 현황을 모니터링하는 역할을 수행함

027 미들웨어 솔루션 명세

1) 미들웨어 [25.2, 24.7, 24.2, 22.7, 22.4, 21.8, 21.3, 20.9, 20.8]
- 분산 컴퓨팅 환경에서 서로 다른 기종 간의 하드웨어나 프로토콜, 통신 환경 등을 연결한다.
- 운영체제와 응용 프로그램, 또는 서버와 클라이언트 사이에서 원만한 통신이 이루어지도록 다양한 서비스를 제공한다.
- 위치 투명성을 제공한다.
- 사용자가 미들웨어의 내부 동작을 확인하려면 별도의 응용 소프트웨어를 사용해야 한다.
- 시스템들을 1:1, 1:N, N:M 등 여러 가지 형태로 연결할 수 있다.
- 종류 : DB, RPC, MOM, TP-Monitor, ORB, WAS 등

2) DB [25.8, 23.7, 23.2]
데이터베이스 벤더에서 제공하는 클라이언트에서 원격의 데이터베이스와 연결하기 위한 미들웨어이다.

❸ **RPC** [23.7, 21.3]
응용 프로그램의 프로시저를 사용하여 원격 프로시저를 마치 로컬 프로시저처럼 호출하는 방식의 미들웨어이다.

❹ **MOM** [25.8, 23.7, 23.2, 22.4]
메시지 기반의 비동기형 메시지를 전달하는 방식의 미들웨어이다.

❺ **TP-Monitor(트랜잭션 처리 모니터)** [25.8, 23.5, 20.6]
항공기나 철도 예약 업무 등과 같은 온라인 트랜잭션 업무에서 트랜잭션을 처리 및 감시하는 미들웨어이다.

❻ **ORB(객체 요청 브로커)** [25.8, 23.7, 23.2]
객체 지향 미들웨어로 코바(CORBA) 표준 스펙을 구현한 미들웨어이다.

❼ **WAS(웹 애플리케이션 서버)** [25.8, 23.7, 23.2]
정적인 콘텐츠를 처리하는 웹 서버와 달리 사용자의 요구에 따라 변하는 동적인 콘텐츠를 처리하기 위해 사용되는 미들웨어이다.

합격수기 코너는 시나공으로 공부하신 독자분들이 시험에 합격하신 후에
직접 **시나공 홈페이지(sinagong.co.kr)**에 올려주신 자료를 토대로 구성됩니다.

제일 중요한건 절대로 시험 날짜에 닥쳐서 공부하지 말라는 거예요.

오늘 아침에 합격했다는 문자를 받고나서 기분이 정말 좋습니다. 사실 시험 볼 때 액세스 문제에서 당황해서 불합격 할 줄 알았거든요. 그런데 이렇게 떡하니 붙어서 얼마나 기분이 좋은지 모릅니다. 정보처리 기사 자격증 시험 볼 때 시나공을 선택해서 한 번에 붙은 기억 때문에 이번에도 주저 없이 시나공을 선택했는데, 역시 저에게 또 한 번의 합격을 주었네요. 컴퓨터활용능력 필기도 시나공으로 공부해서 합격했다는 문자를 받았었는데, 역시 시나공이 컴퓨터 수험서 중에서는 제일인 것 같아요.

한 번에 합격할 수 있었던 공부 비법을 몇 가지 말씀드리겠습니다. 제일 중요한건 절대로 시험 날짜에 닥쳐서 공부하지 말라는 거예요. 인터넷에 보면 간혹 "2~3일만 공부하면 돼요.", "기출문제만 풀어보세요.", "걱정 마세요" 등 짧게 공부해도 누구나 합격할 수 있을 것 같은 유혹의 말들이 있는데, 저처럼 컴퓨터 전공자가 아니라면 더더구나 이런 말에 현혹돼선 안 됩니다. 최소한 1주일 이상의 시간을 두고 공부를 해야만 실제 시험에서 당황하지 않고 문제를 풀 수 있습니다.

그 다음은, 공부할 때 절대 대충 넘어가지 말라는 거예요. 보통 기출문제는 풀지 않고 설명만 읽어보거나, 이론을 공부하지 않고 문제만 풀어보는데, 그러지 말고 이론 부분의 설명을 먼저 읽고 나서 문제를 풀어보며 꼼꼼하게 살피세요.

마지막으로, 시나공 사이트에 자주 들어오세요. 궁금한 점이나 먼저 합격하신 분들의 이야기를 듣다보면 어느새 합격의 문턱에 와있는 자신의 모습을 발견 할 수 있을 거예요.

반복되는 직장생활에 삶에 대한 긴장이 풀어졌는데, 이렇게 컴퓨터 자격증 공부를 하며 시험을 보니 긴장감도 생기고 모르는 것도 알게 되니 정말 좋네요.
여러분들도 항상 좋은 결과가 함께하길 바랍니다.^^

황정연 • wjddusyo

2 과목

소프트웨어 개발

1장 데이터 입·출력 구현

2장 통합 구현

3장 제품 소프트웨어 패키징

4장 애플리케이션 테스트 관리

5장 인터페이스 구현

전문가가 분석한 2과목 출제 경향

2과목은 1과목의 소프트웨어 설계를 직접 구현하는 내용들로 구성되어 있으므로 1과목과 연관 지어 학습하면 효율적입니다. 매 섹션의 시작 부분에 있는 '전문가의 조언'에 따라 차분하게 학습하면 20개 중 14개는 무난히 맞힐 수 있습니다. 섹션마다 중심이 되는 개념을 먼저 파악하고 나머지 내용들을 공부하되, 이해 안 되는 부분들을 완전히 이해하려고 너무 노력하지는 마세요. 시간이 부족할 때는 **1, 3, 4장을 집중**적으로 학습하고 나머지 장에서는 A, B 등급만 찾아서 학습하세요.

IT 자격증 전문가 강윤석

1장 데이터 입·출력 구현

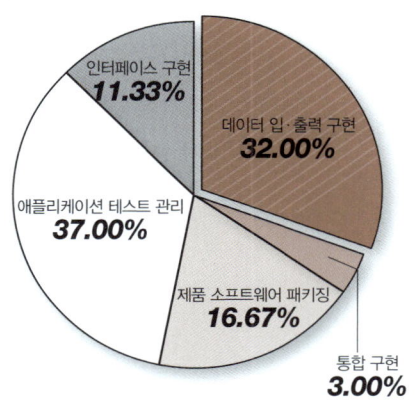

- 인터페이스 구현 **11.33%**
- 데이터 입·출력 구현 **32.00%**
- 애플리케이션 테스트 관리 **37.00%**
- 제품 소프트웨어 패키징 **16.67%**
- 통합 구현 **3.00%**

028 자료 구조 Ⓐ등급
029 트리(Tree) Ⓐ등급
030 정렬(Sort) Ⓐ등급
031 검색 - 이분 검색 / 해싱 Ⓐ등급
032 데이터베이스 개요 Ⓑ등급
033 절차형 SQL Ⓒ등급

꼭 알아야 할 키워드 Best 10

1. 연결 리스트 2. 스택 3. 큐 4. 데크 5. 트리 6. 정렬 7. 이분 검색 8. 해싱 함수 9. DBMS 10. 스키마

SECTION 028 자료 구조

전문가의 조언

자료 구조를 선형 구조와 비선형 구조로 구분할 수 있도록 확실히 기억하고, 각 자료 구조의 특징을 학습하세요.

1 자료 구조의 정의

25.5, 24.7, 24.2, 23.7, 22.3, 21.8, 21.3

효율적인 프로그램을 작성할 때 가장 우선적인 고려사항은 저장 공간의 효율성과 실행시간의 신속성이다. 자료 구조는 프로그램에서 사용하기 위한 자료를 기억장치의 공간 내에 저장하는 방법과 저장된 그룹 내에 존재하는 자료 간의 관계, 처리 방법 등을 연구 분석하는 것을 말한다.

- 자료 구조의 분류

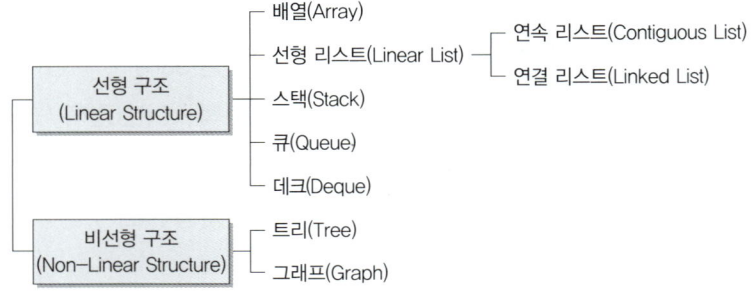

2 배열(Array)

배열은 동일한 자료형의 데이터들이 같은 크기로 나열되어 순서를 갖고 있는 집합이다.

- 배열은 정적인 자료 구조로 기억장소의 추가가 어렵고, 데이터 삭제 시 데이터가 저장되어 있던 기억장소는 빈 공간으로 남아있어 메모리의 낭비가 발생한다.
- 배열은 첨자를 이용하여 데이터에 접근한다.
- 배열은 반복적인 데이터 처리 작업에 적합한 구조이다.
- 배열은 데이터마다 동일한 이름의 변수를 사용하여 처리가 간편하다.
- 배열은 사용한 첨자의 개수에 따라 n차원 배열이라고 부른다.

3 선형 리스트(Linear List)

25.5, 22.7

선형 리스트는 일정한 순서에 의해 나열된 자료 구조이다.

- 선형 리스트는 배열을 이용하는 연속 리스트(Contiguous List)와 포인터를 이용하는 연결 리스트(Linked List)로 구분된다.
- **연속 리스트(Contiguous List)**
  - 연속 리스트는 배열과 같이 연속되는 기억장소에 저장되는 자료 구조이다.
  - 연속 리스트는 기억장소를 연속적으로 배정받기 때문에 기억장소 이용 효율은 밀도가 1*로서 가장 좋다.

전문가의 조언

선형 리스트는 빈 공간 없이 차례차례 데이터가 저장된다는 것을 염두에 두고 특징을 정리하세요.

밀도가 1

밀도란 일정한 면적에 무엇이 빽빽이 들어 있는 정도를 말하는 것입니다. 연속 리스트의 기억장소 이용 효율을 '밀도가 1'이라고 표현한 것은 연속 리스트는 기억장소를 연속적으로 배정받아 데이터를 기억하므로 배정된 기억장소를 빈 공간없이 꽉 차게 사용한다는 의미입니다.

- 연속 리스트는 중간에 데이터를 삽입하기 위해서는 연속된 빈 공간이 있어야 하며, 삽입·삭제 시 자료의 이동이 필요하다.

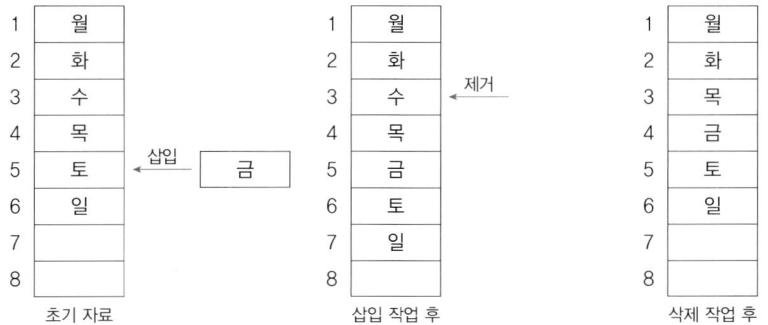

- **연결 리스트(Linked List)**
  - 연결 리스트는 자료들을 반드시 연속적으로 배열시키지는 않고 임의의 기억공간에 기억시키되, 자료 항목의 순서에 따라 노드*의 포인터* 부분을 이용하여 서로 연결시킨 자료 구조이다.
  - 연결 리스트는 노드의 삽입·삭제 작업이 용이하다.
  - 기억 공간이 연속적으로 놓여 있지 않아도 저장할 수 있다.
  - 연결 리스트는 연결을 위한 링크(포인터) 부분이 필요하기 때문에 순차 리스트에 비해 기억 공간의 이용 효율이 좋지 않다.
  - 연결 리스트는 연결을 위한 포인터를 찾는 시간이 필요하기 때문에 접근 속도가 느리다.
  - 연결 리스트는 중간 노드 연결이 끊어지면 그 다음 노드를 찾기 힘들다.

예 연결 리스트 기억장치 내에서의 표현 방법

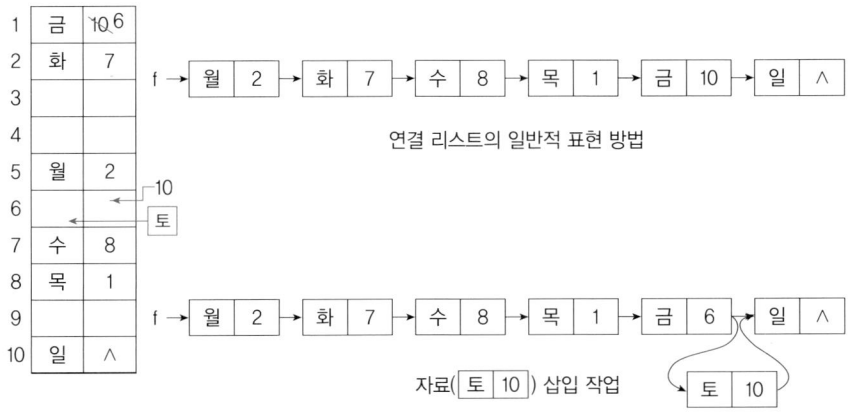

노드(Node)

| Data 부분 | Link 부분 |

노드는 자료를 저장하는 데이터 부분과 다음 노드를 가리키는 포인터인 링크 부분으로 구성된 기억 공간입니다.

포인터(Pointer)

포인터는 현재의 위치에서 다음 노드의 위치를 알려주는 요소입니다.

- **프런트 포인터**(F, Front Pointer) : 리스트를 구성하는 최초의 노드 위치를 가리키는 요소
- **널 포인터**(Null Pointer, Nil Pointer) : 다음 노드가 없음을 나타내는 포인터로, 일반적으로 마지막 노드의 링크 부분에 0, ∧, \0 등의 기호를 입력하여 표시

전문가의 조언

스택에 대한 다양한 문제가 출제되고 있습니다. 한쪽으로만 입·출력이 가능한 스택의 개념을 숙지하고, 삽입 시 발생하는 오버플로와 삭제 시 발생하는 언더플로의 조건을 기억하세요.

4 스택(Stack)

25.8, 25.5, 25.2, 23. 7, 23.2, 22.7, 22.4, 22.3, 21.8, 21.5, 21.3

스택은 리스트의 한쪽 끝으로만 자료의 삽입, 삭제 작업이 이루어지는 자료 구조이다.

- 스택은 가장 나중에 삽입된 자료가 가장 먼저 삭제되는 후입선출(LIFO; Last In First Out) 방식으로 자료를 처리한다.
- **Stack의 응용 분야** : 함수 호출의 순서 제어, 인터럽트의 처리, 수식 계산 및 수식 표기법, 컴파일러를 이용한 언어 번역, 부 프로그램 호출 시 복귀 주소 저장, 서브루틴 호출 및 복귀 주소 저장
- 스택의 모든 기억 공간이 꽉 채워져 있는 상태에서 데이터가 삽입되면 오버플로(Overflow)가 발생하며, 더 이상 삭제할 데이터가 없는 상태에서 데이터를 삭제하면 언더플로(Underflow)가 발생한다.

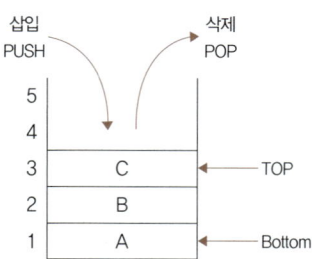

- **TOP** : 스택으로 할당된 기억 공간에 가장 마지막으로 삽입된 자료가 기억된 위치를 가리키는 요소이다.
- **Bottom** : 스택의 가장 밑바닥이다.
- **자료의 삽입(Push)**

Top=Top + 1
If Top > M Then
   Overflow
Else
   X(Top) ← Item
	스택 포인터(Top)를 1 증가시킨다.
	스택 포인터가 스택의 크기보다 크면, 더이상 자료를 삽입할 수 없으므로 Overflow를 처리한다.
	그렇지 않으면
	Item이 가지고 있는 값을 스택의 Top 위치에 삽입한다.

- M : 스택의 크기
- Top : 스택 포인터
- X : 스택의 이름
- Overflow : 스택으로 할당받은 메모리 부분의 마지막 주소가 M번지라고 할 때, Top Pointer의 값이 M보다 커지면 스택의 모든 기억장소가 꽉 채워져 있는 상태이므로 더 이상 자료를 삽입할 수 없어 Overflow를 발생시킨다.

예제 순서가 A, B, C, D로 정해진 입력 자료를 스택에 입력하였다가 B, C, D, A 순서로 출력하는 과정을 나열하시오.

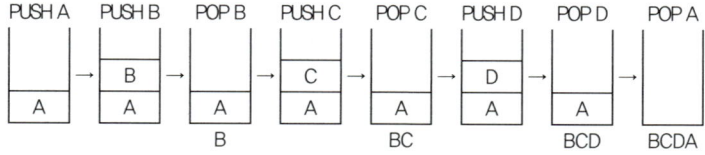

스택의 삽입 알고리즘

스택 삽입 시, 스택 포인터를 증가시키기 전에 오버플로를 먼저 검사하면 삽입 알고리즘이 다음과 같이 변경됩니다.

If Top ≥ M THEN Overflow
Else
   Top = Top + 1
   X(Top) ← Item

※ 오버플로를 검사할 때 스택 포인터가 스택의 크기(M) 이상(≥)인지를 묻고 그렇지 않으면(M보다 작으면) 스택 포인터를 하나 증가시키고 아이템을 스택의 Top 위치에 삽입합니다.

- **자료의 삭제(Pop Up)**

If Top = 0 Then
　　Underflow
Else
　　Item ← X(Top)
　　Top = Top−1
	스택 포인터가 0이면, 스택의 바닥이므로 더 이상 삭제할 자료가 없으므로
	Underflow를 처리한다.
	그렇지 않으면
	Top 위치에 있는 값을 Item으로 옮기고
	스택 포인터를 1 감소시킨다.

- Underflow : Top Pointer가 주소 0을 가지고 있다면 스택에는 삭제할 자료가 없으므로 Underflow를 발생시킨다.

5 큐(Queue)

큐는 리스트의 한쪽에서는 삽입 작업이 이루어지고 다른 한쪽에서는 삭제 작업이 이루어지도록 구성한 자료 구조이다.

- 큐는 가장 먼저 삽입된 자료가 가장 먼저 삭제되는 선입선출(FIFO; First In First Out) 방식으로 처리한다.
- 큐는 시작과 끝을 표시하는 두 개의 포인터가 있다.

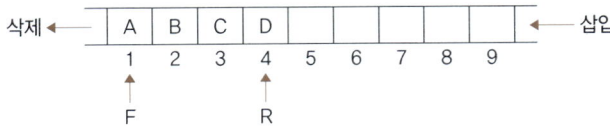

- **프런트(F, Front) 포인터** : 가장 먼저 삽입된 자료의 기억 공간을 가리키는 포인터로, 삭제 작업을 할 때 사용한다.
- **리어(R, Rear) 포인터** : 가장 마지막에 삽입된 자료가 위치한 기억 공간을 가리키는 포인터로, 삽입 작업을 할 때 사용한다.
- 큐는 운영체제의 작업 스케줄링에 사용한다.

> **전문가의 조언**
> 한쪽으로는 입력만, 다른 한쪽으로는 출력만 가능한 큐의 개념을 숙지하세요.

6 데크(Deque)

- 삽입과 삭제가 리스트의 양쪽 끝에서 모두 발생할 수 있는 자료 구조이다.
- Double Ended Queue의 약자이다.
- Stack과 Queue의 장점만 따서 구성한 것이다.

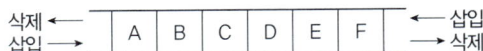

- 입력이 한쪽에서만 발생하고 출력은 양쪽에서 일어날 수 있는 입력 제한과, 입력은 양쪽에서 일어나고 출력은 한 곳에서만 이루어지는 출력 제한이 있다.
- **입력 제한 데크** : Scroll
- **출력 제한 데크** : Shelf

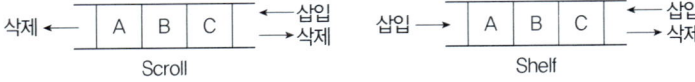

> **전문가의 조언**
> 데크의 특징을 묻는 문제가 출제되었습니다. 데크는 삽입과 삭제가 리스트의 양쪽 끝에서 발생할 수 있다는 것을 기억해 두세요.

❼ 그래프(Graph)

그래프 G는 정점 V(Vertex)와 간선 E(Edge)의 두 집합으로 이루어진다.

- 간선의 방향성 유무에 따라 방향 그래프와 무방향 그래프로 구분된다.
- 통신망(Network), 교통망, 이항관계, 연립방정식, 유기화학 구조식, 무향선분 해법 등에 응용된다.
- 트리(Tree)는 사이클이 없는 그래프(Graph)이다.

전문가의 조언

그래프의 최대 간선 수를 구하는 문제가 출제되었습니다. 그래프의 최대 간선수는 식을 외우지 않아도 노드에 간선을 그어보면 금방 이해할 수 있습니다. 어렵지 않으니 꼭 이해하고 넘어가세요.

 23.2, 20.9

잠깐만요 방향/무방향 그래프의 최대 간선 수

n개의 정점으로 구성된 무방향 그래프에서 최대 간선 수는 n(n-1)/2이고, 방향 그래프에서 최대 간선 수는 n(n-1)입니다.

예 정점이 4개인 경우 무방향 그래프와 방향 그래프의 최대 간선 수는 다음과 같습니다.

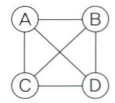

- 무방향 그래프의 최대 간선 수 : 4(4-1)/2 = 6

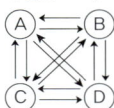

- 방향 그래프의 최대 간선 수 : 4(4-1) = 12

전문가의 조언

방향성 그래프를 인접행렬로 표현하는 문제가 출제되었습니다. 방향성 그래프와 무방향성 그래프를 인접행렬로 표현 또는 그 반대의 경우로 표현하는 방법을 확실히 정리하세요.

❽ 인접행렬(Adjacency Matrix)을 이용한 그래프의 표현 방법

 24.5

- 방향 그래프에서 V_iV_j 관계를 나타내는 행렬의 원소를 P_{ij}라 할 때, 방향 간선이 있으면 행렬의 P_{ij} = 1, 없으면 P_{ij} = 0

예

```
①→②→③→④→⑤
         ↑___|
```

	1	2	3	4	5	
1	0	1	0	0	0	(1→2)
2	0	0	1	0	0	(2→3)
3	0	0	0	1	0	(3→4)
4	0	0	0	0	1	(4→5)
5	0	0	1	0	0	(5→3)

- 무방향 그래프에서 V_i와 V_j가 서로 인접하면 P_{ij} = 1, 인접하지 않으면 P_{ij} = 0

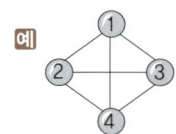

예

	1	2	3	4	
1	0	1	1	1	(1, 2)
2	1	0	1	1	(2, 1)
3	1	1	0	1	
4	1	1	1	0	

기출문제 따라잡기

25년 5월, 24년 7월, 2월, 23년 7월, 22년 3월, 21년 8월
1. 다음 중 선형 구조로만 묶인 것은?

① 스택, 트리
② 큐, 데크
③ 큐, 그래프
④ 리스트, 그래프

> 비선형 구조는 트리와 그래프뿐입니다.

25년 8월, 21년 8월
2. 다음은 스택의 자료 삭제 알고리즘이다. ⓐ에 들어 갈 내용으로 옳은 것은? (단, Top : 스택포인터, S : 스택의 이름)

```
if Top = 0 Then
   (  ⓐ  )
Else {
   remove S(Top)
   Top = Top − 1
}
```

① Overflow
② Top = Top + 1
③ Underflow
④ Top = Top

> 스택 포인터가 0이면 스택의 바닥이므로 더 이상 삭제할 자료가 없는 것을 의미합니다. 이런 경우 Underflow를 처리합니다.

23년 7월, 2월
3. 다음 설명이 의미하는 것은?

- 삽입과 삭제가 리스트의 양쪽 끝에서 발생할 수 있는 형태이다.
- 입력이 한쪽에서만 발생하고 출력은 양쪽에서 일어날 수 있는 입력 제한과, 입력은 양쪽에서 일어나고 출력은 한 곳에서만 이루어지는 출력 제한이 있다.

① 스택
② 큐
③ 다중 스택
④ 데크

> 삽입과 삭제가 리스트의 양쪽 끝에서 발생할 수 있는 자료 구조는 데크(Deque)입니다.

21년 5월
4. 다음 중 스택을 이용한 연산과 거리가 먼 것은?

① 선택 정렬
② 재귀 호출
③ 후위 표현(Post-Fix Expression)의 연산
④ 깊이 우선 탐색

> 스택(Stack)을 이용한 연산은 '재귀 호출, 후위(Postfix) 표기법, 깊이 우선 탐색'과 같이 왔던 길을 되돌아가는 경우에 사용합니다.

25년 5월, 23년 7월, 2월, 22년 7월, 3월, 21년 8월
5. 순서가 A, B, C, D로 정해진 입력 자료를 스택에 입력한 후 출력한 결과로 불가능한 것은?

① D, C, B, A
② B, C, D, A
③ C, B, A, D
④ D, B, C, A

> A, B, C, D 순으로 입력된 상태에서는 D, B, C, A 순으로 출력할 수 없습니다.
> ①번을 먼저 살펴볼까요.

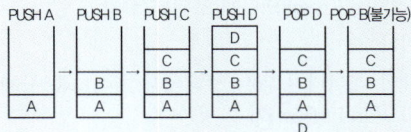

> ④번은 D를 출력한 후 B를 출력해야 하는데, C를 출력하지 않고서 B를 출력할 수 없으므로 불가능합니다.

> ②, ③번도 위와 같은 방법으로 스택에 자료를 넣었다 꺼내보면서 출력이 될 수 있는지 확인해 보세요.

24년 5월
6. 다음 그래프의 인접행렬(Adjacency Matrix) 표현 시 옳은 것은?

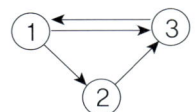

① $\begin{bmatrix} 0 & 1 & 1 \\ 0 & 0 & 1 \\ 1 & 0 & 0 \end{bmatrix}$
② $\begin{bmatrix} 0 & 1 & 1 \\ 0 & 1 & 1 \\ 1 & 0 & 0 \end{bmatrix}$
② $\begin{bmatrix} 0 & 1 & 1 \\ 0 & 1 & 1 \\ 1 & 0 & 0 \end{bmatrix}$
② $\begin{bmatrix} 0 & 1 & 1 \\ 0 & 1 & 1 \\ 1 & 0 & 0 \end{bmatrix}$

> 방향성 그래프에서 0은 방향 간선이 없는 것이고, 1은 방향 간선이 있는 것이므로 1이 있는 곳은 1 → 2, 1 → 3, 2 → 3, 3 → 1입니다.

▶ 정답 : 1. ② 2. ③ 3. ④ 4. ① 5. ④ 6. ①

기출문제 따라잡기

25년 2월, 22년 7월
7. 연결 리스트(Linked List)에 대한 설명으로 거리가 먼 것은?
① 노드의 삽입이나 삭제가 쉽다.
② 노드들이 포인터로 연결되어 검색이 빠르다.
③ 연결을 해주는 포인터(Pointer)를 위한 추가 공간이 필요하다.
④ 연결 리스트 중에서 중간 노드 연결이 끊어지면 그 다음 노드를 찾기 힘들다.

연결 리스트는 포인터로 연결되어 포인터를 찾아가는 시간이 필요하므로 선형 리스트에 비해 접근 속도가 느립니다.

23년 2월
8. 정점이 5개인 방향 그래프가 가질 수 있는 최대 간선 수는? (단, 자기 간선과 중복 간선은 배제한다.)
① 7개　　② 10개
③ 20개　　④ 27개

n개의 정점으로 구성된 방향 그래프에서 최대 간선 수는 n(n-1)이므로, 5(5-1) = 20개입니다.

22년 4월, 21년 3월
9. 스택에 대한 설명으로 틀린 것은?
① 입출력이 한쪽 끝으로만 제한된 리스트이다.
② Head(front)와 Tail(rear)의 2개 포인터를 갖고 있다.
③ LIFO 구조이다.
④ 더 이상 삭제할 데이터가 없는 상태에서 데이터를 삭제하면 언더플로(Underflow)가 발생한다.

Head(front)와 Tail(rear)의 2개 포인터를 갖고 있는 자료 구조는 큐(Queue)입니다.

20년 9월
10. n개의 노드로 구성된 무방향 그래프의 최대 간선수는?
① n-1　　② n/2
③ n(n-1)/2　　④ n(n+1)

n개의 정점으로 구성된 무방향 그래프에서 최대 간선 수는 n(n-1)/2이고, 방향 그래프에서 최대 간선 수는 n(n-1)입니다.

21년 3월
11. 자료 구조에 대한 설명으로 틀린 것은?
① 큐는 비선형 구조에 해당한다.
② 큐는 First In - First Out 처리를 수행한다.
③ 스택은 Last In - First Out 처리를 수행한다.
④ 스택은 서브루틴 호출, 인터럽트 처리, 수식 계산 및 수식 표기법에 응용된다.

큐는 선형 구조입니다.

25년 2월, 22년 7월
12. 스택(STACK)의 응용 분야로 거리가 먼 것은?
① 인터럽트의 처리
② 수식의 계산
③ 서브루틴의 복귀 번지 저장
④ 운영체제의 작업 스케줄링

운영체제의 작업 스케줄링에 사용되는 것은 큐(Queue)입니다.

25년 5월, 23년 2월, 22년 3월
13. 스택(Stack)에 대한 옳은 내용으로만 나열된 것은?

> ㉠ FIFO 방식으로 처리된다.
> ㉡ 순서 리스트의 뒤(Rear)에서 노드가 삽입되며, 앞(Front)에서 노드가 제거된다.
> ㉢ 선형 리스트의 양쪽 끝에서 삽입과 삭제가 모두 가능한 자료 구조이다.
> ㉣ 인터럽트 처리, 서브루틴 호출 작업 등에 응용된다.

① ㉠, ㉡　　② ㉡, ㉢
③ ㉣　　　　④ ㉠, ㉡, ㉢, ㉣

㉠ 스택은 후입선출(LIFO; Last In First Out) 방식으로 자료를 처리합니다.
㉡은 큐(Queue), ㉢은 데크(Deque)에 대한 설명입니다.

▶ 정답 : 7. ② 8. ③ 9. ② 10. ③ 11. ① 12. ④ 13. ③

SECTION 029

트리(Tree)

1 트리의 개요

25.8, 24.7, 23.7, 23.2, 21.3, 20.8, 20.6

트리는 정점(Node, 노드)과 선분(Branch, 가지)을 이용하여 사이클을 이루지 않도록 구성한 그래프(Graph)의 특수한 형태이다.

- 트리는 하나의 기억 공간을 노드(Node)라고 하며, 노드와 노드를 연결하는 선을 링크(Link)라고 한다.
- 트리는 가족의 계보(족보), 조직도 등을 표현하기에 적합하다.
- 트리 관련 용어

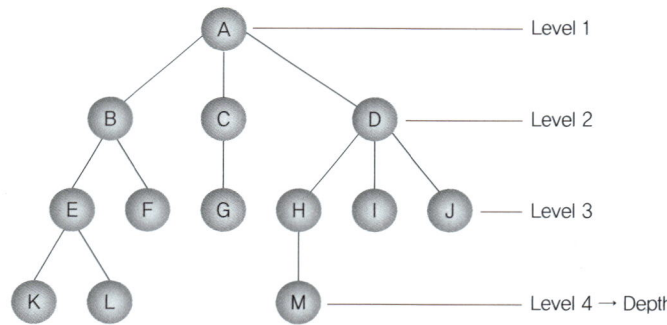

- **노드(Node)**: 트리의 기본 요소로서 자료 항목과 다른 항목에 대한 가지(Branch)를 합친 것
  - 예 A, B, C, D, E, F, G, H, I, J, K, L, M
- **근 노드(Root Node)**: 트리의 맨 위에 있는 노드
  - 예 A
- **디그리(Degree, 차수)**: 각 노드에서 뻗어 나온 가지의 수
  - 예 A = 3, B = 2, C = 1, D = 3
- **단말 노드(Terminal Node) = 잎 노드(Leaf Node)**: 자식이 하나도 없는 노드, 즉 디그리가 0인 노드
  - 예 K, L, F, G, M, I, J
- **자식 노드(Son Node)**: 어떤 노드에 연결된 다음 레벨의 노드들
  - 예 D의 자식 노드: H, I, J
- **부모 노드(Parent Node)**: 어떤 노드에 연결된 이전 레벨의 노드들
  - 예 E, F의 부모 노드: B
- **형제 노드(Brother Node, Sibling)**: 동일한 부모를 갖는 노드들
  - 예 H의 형제 노드: I, J

> **전문가의 조언**
>
> 트리 관련 용어는 시험에도 출제될 뿐만 아니라 트리를 배우는 동안 계속 사용되니 주어진 예를 통하여 확실히 숙지하세요.

– 트리의 디그리 : 노드들의 디그리 중에서 가장 많은 수

예 노드 A나 D가 3개의 디그리를 가지므로 앞 트리의 디그리는 3이다.

2 트리의 운행법

트리를 구성하는 각 노드들을 찾아가는 방법을 운행법(Traversal)이라 한다.

- 이진 트리를 운행하는 방법은 산술식의 표기법과 연관성을 갖는다.
- 이진 트리의 운행법*은 다음 세 가지가 있다.

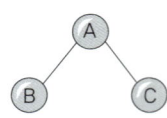

- **Preorder 운행** : Root → Left → Right 순으로 운행한다. A, B, C
- **Inorder 운행** : Left → Root → Right 순으로 운행한다. B, A, C
- **Postorder 운행** : Left → Right → Root 순으로 운행한다. B, C, A

예제 다음 트리를 Inorder, Preorder, Postorder 방법으로 운행했을 때 각 노드를 방문한 순서는?

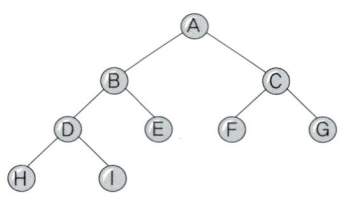

Preorder 운행법의 방문 순서

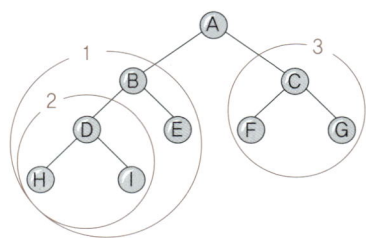

※ 서브트리를 하나의 노드로 생각할 수 있도록 그림과 같이 서브트리 단위로 묶는다. Preorder, Inorder, Postorder 모두 공통으로 사용한다.

❶ Preorder는 Root → Left → Right이므로 A13이 된다.

❷ 1은 B2E이므로 **AB2E**3이 된다.

❸ 2는 DHI이므로 AB**DHI**E3이 된다.

❹ 3은 CFG이므로 ABDHIE**CFG**가 된다.

- **방문 순서** : ABDHIECFG

Inorder 운행법의 방문 순서

❶ Inorder는 Left → Root → Right이므로 1A3이 된다.

❷ 1은 2BE이므로 **2BE**A3이 된다.

❸ 2는 HDI이므로 **HDI**BEA3이 된다.

❹ 3은 FCG이므로 HDIBEA**FCG**가 된다.

- **방문 순서** : HDIBEAFCG

Postorder

❶ Postorder는 Left → Right → Root이므로 13A가 된다.
❷ 1은 2EB이므로 **2EB**3A가 된다.
❸ 2는 HID이므로 **HID**EB3A가 된다.
❹ 3은 FGC이므로 HIDEB**FGC**A가 된다.
- 방문 순서 : HIDEBFGCA

3 수식의 표기법

24.7, 24.5, 21.5, 21.3, 20.9

산술식을 계산하기 위해 기억공간에 기억시키는 방법으로 이진 트리를 많이 사용한다. 이진 트리로 만들어진 수식을 인오더, 프리오더, 포스트오더로 운행하면 각각 중위(Infix), 전위(Prefix), 후위(Postfix) 표기법이 된다.

전문가의 조언

Postfix 연산식에 대한 연산 결과를 구하거나 전위식(Prefix)을 후위식(Postfix)으로 변환하는 문제가 출제되었습니다. 중위식에서 후위식, 전위식 또는 반대의 관계로 변환할 수 있도록 연습하세요.

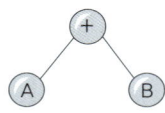

- **전위 표기법(PreFix)** : 연산자 → Left → Right, +AB
- **중위 표기법(InFix)** : Left → 연산자 → Right, A+B
- **후위 표기법(PostFix)** : Left → Right → 연산자, AB+

Infix 표기를 Postfix나 Prefix로 바꾸기

- Postfix나 Prefix는 스택을 이용하여 처리하므로 Infix는 Postfix나 Prefix로 바꾸어 처리한다.

예제 1 다음과 같이 Infix로 표기된 수식을 Prefix와 Postfix로 변환하시오.

$$X = A / B * (C + D) + E$$

- Prefix로 변환하기

  ❶ 연산 우선순위에 따라 괄호로 묶는다.

  (X = (((A / B) * (C + D)) + E))

  ❷ 연산자를 해당 괄호의 앞(왼쪽)으로 옮긴다.

  (X = (((A / B) * (C + D)) + E)) → = (X + (* (/ (AB) + (CD)) E))

  ❸ 필요없는 괄호를 제거한다.

  prefix 표기 : = X + * / A B + C D E

- Postfix로 변환하기

  ❶ 연산 우선순위에 따라 괄호로 묶는다.

  (X = (((A / B) * (C + D)) + E))

❷ 연산자를 해당 괄호의 뒤(오른쪽)로 옮긴다.

(X = (((A / B) * (C + D)) + E)) → (X (((A B) / (C D) +) * E) +) =

❸ 필요없는 괄호를 제거한다.

Postfix 표기 : X A B / C D + * E + =

Postfix나 Prefix로 표기된 수식을 Infix로 바꾸기

예제 2 다음과 같이 Postfix로 표기된 수식을 Infix로 변환하시오.

A B C − / D E F + * +

- Postfix는 Infix 표기법에서 연산자를 해당 피연산자 두 개의 뒤로 이동한 것이므로 연산자를 다시 해당 피연산자 두 개의 가운데로 옮기면 된다.

  ❶ 먼저 인접한 피연산자 두 개와 오른쪽의 연산자를 괄호로 묶는다.

  ((A (B C −) /) (D (E F +) *) +)

  ❷ 연산자를 해당 피연산자의 가운데로 이동시킨다.

  ((A (B C −) /) (D (E F +) *) +) → ((A / (B − C)) + (D * (E + F)))

  ❸ 필요 없는 괄호를 제거한다.

  ((A / (B − C)) + (D * (E + F))) → A / (B − C) + D * (E + F)

예제 3 다음과 같이 Prefix로 표기된 수식을 Infix로 변환하시오.

+ / A − B C * D + E F

- Prefix는 Infix 표기법에서 연산자를 해당 피연산자 두 개의 앞으로 이동한 것이므로 연산자를 다시 해당 피연산자 두 개의 가운데로 옮기면 된다.

  ❶ 먼저 인접한 피연산자 두 개와 왼쪽의 연산자를 괄호로 묶는다.

  (+ (/ A (− B C)) (* D (+ E F)))

  ❷ 연산자를 해당 피연산자 사이로 이동시킨다.

  (+ (/ A (− B C)) (* D (+ E F))) → ((A/(B−C)) + (D * (E+F)))

  ❸ 필요 없는 괄호를 제거한다.

  ((A/(B−C)) + (D*(E+F))) → A/(B−C)+D*(E+F)

기출문제 따라잡기

25년 8월, 24년 7월, 23년 2월, 20년 8월, 6월
1. 다음 트리의 차수(Degree)와 단말 노드(Terminal Node)의 수는?

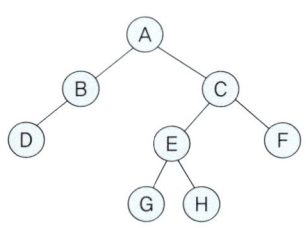

① 차수 : 4, 단말 노드 : 4
② 차수 : 2, 단말 노드 : 4
③ 차수 : 4, 단말 노드 : 8
④ 차수 : 2, 단말 노드 : 8

> 트리의 차수(Degree)는 가장 차수가 많은 노드의 차수이고, 단말 노드(Terminal Node)는 자식이 하나도 없는 노드입니다.

23년 7월
2. 이진 트리의 특성으로 틀린 것은? (단, n_0 : 단말 노드 수, n_1 : 차수 1인 노드 수, n_2 : 차수 2인 노드 수, n : 노드 총 수, e : 간선 총 수)

① $n_0 = n_2 + 2$
② $e = n_1 + 2n_2$
③ $n = e + 1$
④ $n = n_0 + n_1 + n_2$

> 다음 트리를 예로 들어 값을 구해보도록 하겠습니다.
> - n_0 : 단말 노드의 수는 3(D, E, F)입니다.
> - n_1 : 차수가 1인 노드의 수는 1(B)입니다.
> - n_2 : 차수가 2인 노드의 수는 2(A, C)입니다.
> - n : 노드의 총수는 6(A~F)입니다.
> - e : 간선의 총수는 5입니다.
> ① $n_0 = n_2 + 2 : 3 \neq 2 + 2$
> ② $e = n_1 + 2n_2 : 5 = 1 + 4(2 \times 2)$
> ③ $n = e + 1 : 6 = 5 + 1$
> ④ $n = n_0 + n_1 + n_2 : 6 = 3 + 1 + 2$

24년 5월, 20년 6월
3. 다음 트리를 전위 순회(Preorder Traversal)한 결과는?

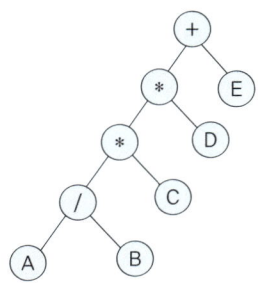

① $+ * A B / * C D E$
② $A B / C * D * E +$
③ $A / B * C * D + E$
④ $+ * * / A B C D E$

> 먼저 서브트리를 하나의 노드로 생각할 수 있도록 서브트리 단위로 묶습니다.
> ❶ Preorder는 Root → Left → Right 이므로 +1E입니다.
> ❷ 1은 *2D이므로 +*2DE입니다.
> ❸ 2는 *3C이므로 +**3CDE입니다.
> ❹ 3은 /AB이므로 +**/ABCDE입니다.

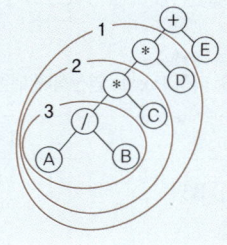

25년 2월, 21년 3월, 20년 8월
4. 다음 트리를 Preorder 운행법으로 운행할 경우 가장 먼저 탐색되는 것은?

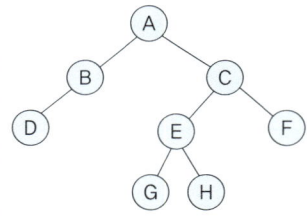

① A   ② B
③ D   ④ G

> 먼저 서브트리를 하나의 노드로 생각할 수 있도록 서브트리 단위로 묶습니다.
> ❶ Preorder는 Root → Left → Right 이므로 A12가 됩니다.
> ❷ 1은 BD이므로 ABD2가 됩니다.
> ❸ 2는 C3F이므로 ABDC3F가 됩니다.
> ❹ 3은 EGH이므로 ABDCEGHF가 됩니다.

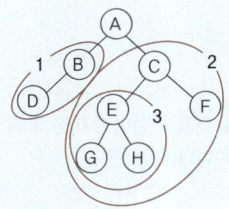

24년 2월, 23년 5월, 21년 8월, 20년 9월
5. 다음 트리에 대한 INORDER 운행 결과는?

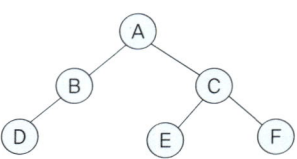

① D B A E C F   ② A B D C E F
③ D B E C F A   ④ A B C D E F

▶ 정답 : 1. ② 2. ① 3. ④ 4. ① 5. ①

기출문제 따라잡기

먼저 서브트리를 하나의 노드로 생각할 수 있도록 서브트리 단위로 묶습니다.
❶ Inorder는 Left → Root → Right 이므로 1A2가 됩니다.
❷ 1은 DB이므로 DBA2가 됩니다.
❸ 2는 ECF이므로 DBAECF가 됩니다.

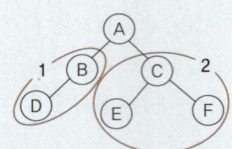

21년 5월, 20년 9월
6. 다음 Postfix 연산식에 대한 연산 결과로 옳은 것은?

$$3\ 4\ *\ 5\ 6\ *\ +$$

① 35　　② 42
③ 77　　④ 360

후위 표기(Postfix)란 연산자가 해당 피연산자 2개의 뒤(오른쪽)에 표기되어 있는 것을 말합니다. 그러므로 피연산자 2개와 연산자를 묶은 후 연산자를 피연산자 사이에 옮겨 놓고 계산하면 됩니다.

$((3\ 4\ *)\ (5\ 6\ *)\ +) → ((3*4)+(5*6)) = 12 + 30 = 42$

21년 3월
7. 다음 전위식(Prefix)을 후위식(Postfix)으로 옳게 표현한 것은?

$$-\ /\ *\ A\ +\ B\ C\ D\ E$$

① A B C + D / * E −　　② A B * C D / + E −
③ A B * C + D / E −　　④ A B C + * D / E −

인접한 피연산자 두 개와 왼쪽의 연산자를 괄호로 묶고 해당 괄호의 뒤(오른쪽)로 연산자를 옮깁니다.
$(-(/(*A(+BC))D)E)$

이전기출
8. 다음과 같이 주어진 후위 표기 방식의 수식을 중위 표기 방식으로 나타낸 것은?

$$A B C − / D E F + * +$$

① A / (B − C) + F * E + D
② A / (B − C) + D * (E + F)
③ A / (B − C) + D + E * F
④ A / (B − C) * D + E + F

Postfix는 Infix로 표기된 것에서 연산자를 해당 피연산자 두 개의 뒤(오른쪽)로 이동한 것이므로 연산자를 다시 해당 피연산자 두 개의 가운데로 옮기면 됩니다.

24년 7월, 5월
9. 중위 표기법(Infix)의 수식 (A + B) * C + (D + E)를 후위 표기법(Postfix)으로 옳게 표기한 것은?
① A B + C D E * + +
② A B + C * D E + +
③ + A B * C + D E +
④ + * + A B C + D E

연산자의 우선순위에 따라 괄호로 묶고 해당 괄호의 뒤(오른쪽)로 연산자를 옮깁니다.
$(((A+B)*C)+(D+E))$

25년 8월, 5월, 22년 7월, 4월
10. 아래 이진 트리를 후위 순서(Postorder)로 운행한 결과는?

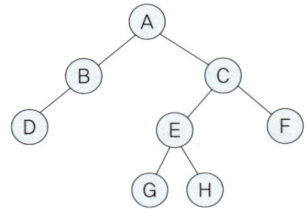

① ABCDEFGH　　② DBGHEFCA
③ ABDCEGHF　　④ BDGHEFAC

먼저 서브트리를 하나의 노드로 생각할 수 있도록 서브트리 단위로 묶습니다.
❶ Postorder는 Left → Right → Root이므로 12A가 됩니다.
❷ 1은 DB이므로 DB2A가 됩니다.
❸ 2는 3FC이므로 DB3FCA가 됩니다.
❹ 3은 GHE이므로 DBGHEFCA가 됩니다.

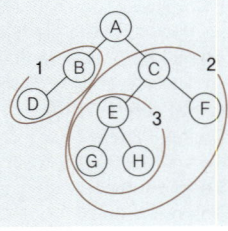

21년 3월
11. 그래프의 특수한 형태로, 노드(Node)와 선분(Branch)으로 되어 있고, 정점 사이에 사이클(Cycle)이 형성되어 있지 않으며, 자료 사이의 관계성이 계층 형식으로 나타나는 비선형 구조는?
① Tree　　② Network
③ Stack　　④ Distributed

자료 사이의 관계성이 계층 형식으로 나타나는 비선형 구조는 트리(tree)입니다.

▶ 정답 : 6. ② 7. ④ 8. ② 9. ② 10. ② 11. ①

SECTION 030 정렬(Sort)

1 삽입 정렬(Insertion Sort)

25.8, 24.2, 20.9

삽입 정렬은 가장 간단한 정렬 방식으로 이미 순서화된 파일에 새로운 하나의 레코드를 순서에 맞게 삽입시켜 정렬한다.

- 두 번째 키와 첫 번째 키를 비교해 순서대로 나열(1회전)하고, 이어서 세 번째 키를 첫 번째, 두 번째 키와 비교해 순서대로 나열(2회전)하고, 계속해서 n번째 키를 앞의 n-1개의 키와 비교하여 알맞은 순서에 삽입하여 정렬하는 방식이다.
- 평균과 최악 모두 수행 시간 복잡도는 $O(n^2)$이다.

예제 8, 5, 6, 2, 4를 삽입 정렬로 정렬하시오.

- 초기 상태 : | 8 | 5 | 6 | 2 | 4 |

- 1회전 : | 8 | 5 | 6 | 2 | 4 | → | 5 | 8 | 6 | 2 | 4 |

  두 번째 값을 첫 번째 값과 비교하여 5를 첫 번째 자리에 삽입하고 8을 한 칸 뒤로 이동시킨다.

- 2회전 : | 5 | 8 | 6 | 2 | 4 | → | 5 | 6 | 8 | 2 | 4 |

  세 번째 값을 첫 번째, 두 번째 값과 비교하여 6을 8자리에 삽입하고 8은 한 칸 뒤로 이동시킨다.

- 3회전 : | 5 | 6 | 8 | 2 | 4 | → | 2 | 5 | 6 | 8 | 4 |

  네 번째 값 2를 처음부터 비교하여 맨 처음에 삽입하고 나머지를 한 칸씩 뒤로 이동시킨다.

- 4회전 : | 2 | 5 | 6 | 8 | 4 | → | 2 | 4 | 5 | 6 | 8 |

  다섯 번째 값 4를 처음부터 비교하여 5자리에 삽입하고 나머지를 한 칸씩 뒤로 이동시킨다.

2 쉘 정렬(Shell Sort)

쉘 정렬은 삽입 정렬(Insertion Sort)을 확장한 개념이다.

- 입력 파일을 어떤 매개변수(h)의 값으로 서브파일을 구성하고, 각 서브파일을 Insertion 정렬 방식으로 순서 배열하는 과정을 반복하는 정렬 방식(보통 $h = \sqrt[3]{n}$), 즉 임의의 레코드 키와 h값만큼 떨어진 곳의 레코드 키를 비교하여 순서화되어 있지 않으면 서로 교환하는 것을 반복하는 정렬 방식이다.
- 입력 파일이 부분적으로 정렬되어 있는 경우에 유리한 방식이다.
- 평균 수행 시간 복잡도는 $O(n^{1.5})$이고, 최악의 수행 시간 복잡도는 $O(n^2)$이다.

> **전문가의 조언**
>
> **중요해요!** 정렬에 대한 문제는 자주 출제됩니다. 각 정렬 방식의 주요 특징을 암기하고 삽입, 선택, 버블, heap, 2-Way 합병 정렬은 정렬 방식을 이해해야 합니다. 삽입 정렬의 키 워드는 "이미 순서화된 파일에…, n번째 키를 앞의 n-1개의 키와 비교…"입니다.

> **전문가의 조언**
>
> 쉘 정렬의 키워드는 "매개변수"입니다.

전문가의 조언

선택 정렬의 키워드는 'n개의 레코드 중에서 최소값을 찾아서…'입니다.

③ 선택 정렬(Selection Sort)

25.5, 24.7, 24.5, 22.7, 21.3, 20.8

선택 정렬은 n개의 레코드 중에서 최소값을 찾아 첫 번째 레코드 위치에 놓고, 나머지 (n-1)개 중에서 다시 최소값을 찾아 두 번째 레코드 위치에 놓는 방식을 반복하여 정렬하는 방식이다.

- 평균과 최악 모두 수행 시간 복잡도는 $O(n^2)$이다.

예제 8, 5, 6, 2, 4를 선택 정렬로 정렬하시오.

- 초기 상태 : | 8 | 5 | 6 | 2 | 4 |

- 1회전 : | 8 | 5 | 6 | 2 | 4 | → | 8 | 5 | 6 | [2] | 4 | → | 2 | 5 | 6 | 8 | 4 |
  첫 번째부터 마지막 값 중 최소값 2를 찾아 첫 번째 값 8과 위치를 교환한다.

- 2회전 : | 2 | 5 | 6 | 8 | 4 | → | 2 | 5 | 6 | 8 | [4] | → | 2 | 4 | 6 | 8 | 5 |
  두 번째부터 마지막 값 중 최소값 4를 찾아 두 번째 값 5와 위치를 교환한다.

- 3회전 : | 2 | 4 | 6 | 8 | 5 | → | 2 | 4 | 6 | 8 | [5] | → | 2 | 4 | 5 | 8 | 6 |
  세 번째부터 마지막 값 중 최소값 5를 찾아 세 번째 값 6과 위치를 교환한다.

- 4회전 : | 2 | 4 | 5 | 8 | 6 | → | 2 | 4 | 5 | 8 | [6] | → | 2 | 4 | 5 | 6 | 8 |
  네 번째부터 마지막 값 중 최소값 6을 찾아 네 번째 값 8과 위치를 교환한다.

전문가의 조언

버블 정렬의 키워드는 '인접한 두 개의 레코드…'입니다.

④ 버블 정렬(Bubble Sort)

25.2, 23.2, 22.4, 21.8, 21.5

- 버블 정렬은 주어진 파일에서 인접한 두 개의 레코드 키 값을 비교하여 그 크기에 따라 레코드 위치를 서로 교환하는 정렬 방식이다.
- 계속 정렬 여부를 플래그 비트(f)로 결정한다.
- 평균과 최악 모두 수행 시간 복잡도는 $O(n^2)$이다.

예제 8, 5, 6, 2, 4를 버블 정렬로 정렬하시오.

- 초기 상태 : | 8 | 5 | 6 | 2 | 4 |

- 1회전 : | 5 | 8 | 6 | 2 | 4 | → | 5 | 6 | 8 | 2 | 4 | → | 5 | 6 | 2 | 8 | 4 | → | 5 | 6 | 2 | 4 | 8 |

- 2회전 : | 5 | 6 | 2 | 4 | 8 | → | 5 | 2 | 6 | 4 | 8 | → | 5 | 2 | 4 | 6 | 8 |

- 3회전 : | 2 | 5 | 4 | 6 | 8 | → | 2 | 4 | 5 | 6 | 8 |

- 4회전 : | 2 | 4 | 5 | 6 | 8 |

❺ 퀵 정렬(Quick Sort)

25.5, 24.2, 23.5, 23.2, 22.3, 21.3

퀵 정렬은 레코드의 많은 자료 이동을 없애고 하나의 파일을 부분적으로 나누어 가면서 정렬하는 방법으로 키를 기준으로 작은 값은 왼쪽에, 큰 값은 오른쪽 서브파일로 분해시키는 방식으로 정렬한다.

- 위치에 관계없이 임의의 키를 분할 원소로 사용할 수 있다.
- 정렬 방식 중에서 가장 빠른 방식이다.
- 프로그램에서 되부름을 이용하기 때문에 스택(Stack)이 필요하다.
- 분할(Divide)과 정복(Conquer)을 통해 자료를 정렬한다.
  - 분할(Divide) : 기준값인 피봇(Pivot)을 중심으로 정렬할 자료들을 2개의 부분집합으로 나눈다.
  - 정복(Conquer) : 부분집합의 원소들 중 피봇(Pivot)보다 작은 원소들은 왼쪽, 피봇(Pivot)보다 큰 원소들은 오른쪽 부분집합으로 정렬한다.
  - 부분집합의 크기가 더 이상 나누어질 수 없을 때까지 분할과 정복을 반복 수행한다.
- 평균 수행 시간 복잡도는 $O(nlog_2n)$이고, 최악의 수행 시간 복잡도는 $O(n^2)$이다.

> **전문가의 조언**
> 퀵 정렬의 키워드는 '하나의 파일을 부분적으로 나누어…'입니다.

❻ 힙 정렬(Heap Sort)

25.8, 24.2, 23.5, 21.5

힙 정렬은 완전 이진 트리(Complete Binary Tree)를 이용한 정렬 방식이다.

- 구성된 완전 이진 트리를 Heap Tree로 변환하여 정렬한다.
- 평균과 최악 모두 시간 복잡도는 $O(nlog_2n)$이다.

> **전문가의 조언**
> 힙 정렬의 키워드는 '완전 이진 트리(Complete Binary Tree)…'입니다.

예제 17, 14, 13, 15, 16, 19, 11, 18, 12를 Heap 트리로 구성하시오.

❶ 주어진 파일의 레코드들을 완전 이진 트리로 구성한다.

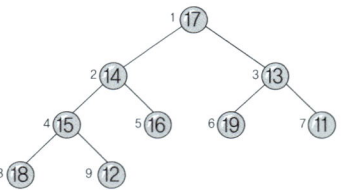

❷ 완전 이진 트리의 노드의 역순으로 자식 노드와 부모 노드를 비교하여 큰 값을 위로 올린다.

❸ 교환된 노드들을 다시 검토하여 위의 과정을 반복한다.

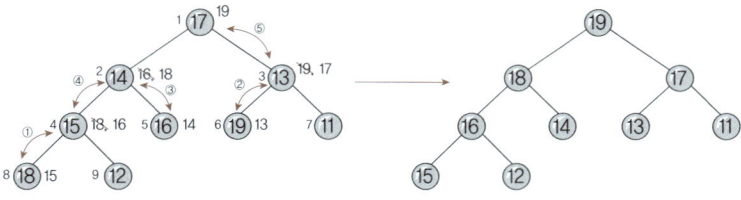

 **전문가의 조언**

2-Way 합병 정렬의 키워드는 '이미 정렬된 두 개의 파일을 한 개의 파일로…'입니다.

❼ 2-Way 합병 정렬(Merge Sort)

2-Way Merge Sort는 이미 정렬되어 있는 두 개의 파일을 한 개의 파일로 합병하는 정렬 방식이다. 그 방법은 다음과 같다.

- 두 개의 키들을 한 쌍으로 하여 각 쌍에 대하여 순서를 정한다.
- 순서대로 정렬된 각 쌍의 키들을 합병하여 하나의 정렬된 서브리스트로 만든다.
- 위 과정에서 정렬된 서브리스트들을 하나의 정렬된 파일이 될 때까지 반복한다.
- 평균과 최악 모두 시간 복잡도는 $O(nlog_2n)$이다.

예제 71, 2, 38, 5, 7, 61, 11, 26, 53, 42를 2-Way 합병 정렬로 정렬하시오.

- **1회전** : 두 개씩 묶은 후 각각의 묶음 안에서 정렬한다.

  (71, 2) (38, 5) (7, 61) (11, 26) (53, 42)
  ↓
  (2, 71) (5, 38) (7, 61) (11, 26) (42, 53)

- **2회전** : 묶여진 묶음을 두 개씩 묶은 후 각각의 묶음 안에서 정렬한다.

  ((2, 71) (5, 38)) ((7, 61) (11, 26)) (42, 53)
  ↓
  (2, 5, 38, 71) (7, 11, 26, 61) (42, 53)

- **3회전** : 묶여진 묶음을 두 개씩 묶은 후 각각의 묶음 안에서 정렬한다.

  ((2, 5, 38, 71) (7, 11, 26, 61)) (42, 53)
  ↓
  (2, 5, 7, 11, 26, 38, 61, 71) (42, 53)

- **4회전** : 묶여진 묶음 두 개를 하나로 묶은 후 정렬한다.

  ((2, 5, 7, 11, 26, 38, 61, 71) (42, 53))
  ↓
  2, 5, 7, 11, 26, 38, 42, 53, 61, 71

 **전문가의 조언**

기수 정렬의 키워드는 '버킷'입니다.

❽ 기수 정렬(Radix Sort) = Bucket Sort

기수 정렬은 Queue를 이용하여 자릿수(Digit)별로 정렬하는 방식이다.

- 레코드의 키 값을 분석하여 같은 수 또는 같은 문자끼리 그 순서에 맞는 버킷에 분배 하였다가 버킷의 순서대로 레코드를 꺼내어 정렬한다.
- 평균과 최악 모두 시간 복잡도는 $O(dn)$이다.

기출문제 따라잡기

문제1 2403851   문제2 2403852    문제3 2403853

25년 5월, 24년 7월, 5월, 22년 7월, 21년 3월, 20년 8월
1. 다음 자료에 대하여 선택(Selection) 정렬을 이용하여 오름차순으로 정렬하고자 한다. 3회전 후의 결과로 옳은 것은?

| 37, 14, 17, 40, 35 |

① 14, 17, 37, 40, 35   ② 14, 37, 17, 40, 35
③ 17, 14, 37, 35, 40   ④ 14, 17, 35, 40, 37

- 1회전: 37 14 17 40 35 → 14 37 17 40 35
  첫 번째부터 마지막 값 중 최소값 14를 찾아 첫 번째 값 37과 위치를 교환합니다.
- 2회전: 14 37 17 40 35 → 14 17 37 40 35
  두 번째부터 마지막 값 중 최소값 17을 찾아 두 번째 값 37과 위치를 교환합니다.
- 3회전: 14 17 37 40 35 → 14 17 35 40 37
  세 번째부터 마지막 값 중 최소값 35를 찾아 세 번째 값 37과 위치를 교환합니다.
- 4회전: 14 17 35 40 37 → 14 17 35 37 40
  네 번째부터 마지막 값 중 최소값 37을 찾아 네 번째 값 40과 위치를 교환합니다.

25년 8월, 24년 2월, 20년 9월
2. 다음 초기 자료에 대하여 삽입 정렬(Insertion Sort)을 이용하여 오름차순 정렬할 경우 1회전 후의 결과는?

| 초기 자료 : 8, 3, 4, 9, 7 |

① 3, 4, 8, 7, 9   ② 3, 4, 9, 7, 8
③ 7, 8, 3, 4, 9   ④ 3, 8, 4, 9, 7

- 1회전: 8 3 4 9 7 → 3 8 4 9 7
  두 번째 값 3을 첫 번째 값과 비교하여 첫 번째 자리에 삽입하고 8을 한 칸 뒤로 이동시킵니다.
- 2회전: 3 8 4 9 7 → 3 4 8 9 7
  세 번째 값 4를 첫 번째, 두 번째 값과 비교하여 8자리에 삽입하고 8을 한 칸 뒤로 이동시킵니다.
- 3회전: 3 4 8 9 7 → 3 4 8 9 7
  네 번째 값 9를 첫 번째, 두 번째, 세 번째 값과 비교한 후 삽입할 곳이 없다면 다음 회전으로 넘어갑니다.
- 4회전: 3 4 8 9 7 → 3 4 7 8 9
  다섯 번째 값 7을 처음부터 비교하여 8자리에 삽입하고 나머지를 한 칸씩 뒤로 이동시킵니다.

25년 2월, 23년 2월, 22년 4월, 21년 8월, 5월
3. 다음 자료를 버블 정렬을 이용하여 오름차순으로 정렬할 경우 PASS 2의 결과는?

| 9, 6, 7, 3, 5 |

① 3, 5, 6, 7, 9   ② 6, 7, 3, 5, 9
③ 3, 5, 9, 6, 7   ④ 6, 3, 5, 7, 9

- 1회전: 6 9 7 3 5 → 6 7 9 3 5 → 6 7 3 9 5 → 6 7 3 5 9
- 2회전: 6 7 3 5 9 → 6 3 7 5 9 → 6 3 5 7 9
- 3회전: 3 6 5 7 9 → 3 5 6 7 9
- 4회전: 3 5 6 7 9

25년 5월, 24년 2월, 23년 5월, 2월, 22년 5월, 21년 3월
4. 다음 설명에 해당하는 정렬(Sort)은?

- 레코드의 많은 자료 이동을 없애고 하나의 파일을 부분적으로 나누어 가면서 정렬하는 방법이다.
- 분할(Divide)과 정복(Conquer)을 통해 자료를 정렬한다.
- 피봇(pivot)을 사용하며, 최악의 경우 n(n-1)/2회의 비교를 수행해야 한다.

① 힙 정렬   ② 퀵 정렬
③ 선택 정렬   ④ 버블 정렬

하나의 파일을 부분적으로 나누어 가면서 정렬하는 방법은 퀵 정렬(Quick Sort)입니다.

21년 5월
5. 힙 정렬(Heap Sort)에 대한 설명으로 틀린 것은?

① 정렬할 입력 레코드들로 힙을 구성하고 가장 큰 키 값을 갖는 루트 노드를 제거하는 과정을 반복하여 정렬하는 기법이다.
② 평균 수행 시간은 $O(n\log_2 n)$이다.
③ 완전 이진 트리(Complete Binary Tree)로 입력자료의 레코드를 구성한다.
④ 최악의 수행 시간은 $O(2n^4)$이다.

평균과 최악 수행 시간이 $O(n\log_2 n)$으로 같은 정렬은 힙 정렬과 2-Way 합병 정렬! 잊지마세요.

▶ 정답 : 1.④ 2.④ 3.④ 4.② 5.④

SECTION 031

검색 - 이분 검색 / 해싱

전문가의 조언

이분 검색의 특징과 이분 검색 시 비교 횟수를 묻는 문제가 출제되었습니다. 이분 검색은 찾고자 하는 값을 파일의 중간값과 비교하면서 검색을 반복한다는 것을 염두에 두고 특징과 원리를 이해하세요.

1 이분 검색

25.8, 23.7, 22.4, 21.3

- 이분 검색(이진 검색, Binary Search)은 전체 파일을 두 개의 서브파일로 분리해 가면서 Key 레코드를 검색하는 방식이다.
- 이분 검색은 반드시 순서화된 파일이어야 검색할 수 있다.
- 찾고자 하는 Key 값을 파일의 중간 레코드 Key 값과 비교하면서 검색한다.
- 비교 횟수를 거듭할 때마다 검색 대상이 되는 데이터의 수가 절반으로 줄어듦으로 탐색 효율이 좋고 탐색 시간이 적게 소요된다.
- 중간 레코드 번호 $M = \dfrac{(F + L)}{2}$ (단, F : 첫 번째 레코드 번호, L : 마지막 레코드 번호)

예제 1~100까지의 숫자 중 15를 찾는 데 걸리는 횟수는?

❶ 첫 번째 값(F)과 마지막 값(L)을 이용하여 중간값 M을 구하여 찾으려는 값과 비교한다.
$M = \dfrac{1+100}{2} = 50.5 \rightarrow 50$ (정수만 취한다.)

❷ 50이 찾으려는 값과 같은지, 아니면 작은지, 아니면 큰지를 확인한다. 50은 찾으려는 값보다 크다. 그러므로 찾으려는 값은 1~49 사이에 있다. → 1회 비교

❸ 이제 첫 번째 값은 1이고 마지막 값은 49이다. 찾으려는 값이 50 사이에 있지만 50은 아니므로 49가 마지막 값이 된다. 다시 중간값을 구한다.
$M = \dfrac{1+49}{2} = 25 \rightarrow$ 2회 비교

❹ 25는 찾으려는 값보다 크다. 그러므로 찾으려는 값은 1~24 사이에 있다. 다시 중간값을 계산한다.
$M = \dfrac{1+24}{2} = 12.5 \rightarrow 12 \rightarrow$ 3회 비교

❺ 12는 찾으려는 값보다 작다. 그러므로 찾으려는 값은 13~24 사이에 있다.
$M = \dfrac{13+24}{2} = 18.5 \rightarrow 18 \rightarrow$ 4회 비교

❻ 18은 찾으려는 값보다 크다. 그러므로 찾으려는 값은 13~17 사이에 있다.
$M = \dfrac{13+17}{2} = 15 \rightarrow$ 5회 비교

❼ 15는 찾으려는 값과 같다.

※ 총 비교 횟수는 5회이다.

2 해싱 24.7, 24.2, 22.7, 21.3, 20.9

해싱(Hashing)은 해시 테이블(Hash Table)이라는 기억공간을 할당하고, 해시 함수(Hash Function)를 이용하여 레코드 키에 대한 해시 테이블 내의 홈 주소(Home Address)를 계산한 후 주어진 레코드를 해당 기억장소에 저장하거나 검색 작업을 수행하는 방식으로, 키-주소 변환 방법이라고도 한다.

> **전문가의 조언**
> 해싱 함수의 종류, 폴딩법의 의미, 해시 테이블 관련 문제가 출제됩니다. 폴딩법을 중심으로 함수들의 특징을 정리하고, 해시 테이블과 관련해서는 Synonym과 Collision을 구분할 수 있도록 각각의 의미를 잘 파악해 두세요.

해시 테이블(Hash Table)

레코드를 한 개 이상 보관할 수 있는 버킷들로 구성된 기억공간으로, 보조기억장치에 구성할 수도 있고 주기억장치에 구성할 수도 있다.

버킷(Bucket)	• 하나의 주소를 갖는 파일의 한 구역을 의미한다. • 버킷의 크기는 같은 주소에 포함될 수 있는 레코드 수를 의미한다.
슬롯(Slot)	한 개의 레코드를 저장할 수 있는 공간으로 n개의 슬롯이 모여 하나의 버킷을 형성한다.
Collision (충돌 현상)	서로 다른 두 개 이상의 레코드가 같은 주소를 갖는 현상이다.
Synonym	충돌로 인해 같은 Home Address를 갖는 레코드들의 집합이다.
Overflow	계산된 Home Address의 Bucket 내에 저장할 기억공간이 없는 상태로, Bucket을 구성하는 Slot이 여러 개일 때 Collision은 발생해도 Overflow는 발생하지 않을 수 있다.

해싱 함수(Hashing Function)

제산법(Division) 24.2, 22.7, 21.3	레코드 키(K)를 해시표(Hash Table)의 크기보다 큰 수 중에서 가장 작은 소수(Prime, Q)로 나눈 나머지를 홈 주소로 삼는 방식, 즉 h(K) = K mod Q이다.
제곱법(Mid-Square) 24.2, 22.7, 21.3	레코드 키 값(K)을 제곱한 후 그 중간 부분의 값을 홈 주소로 삼는 방식이다.
폴딩법(Folding) 20.9	레코드 키 값(K)을 여러 부분으로 나눈 후 각 부분의 값을 더하거나 XOR(배타적 논리합)한 값을 홈 주소로 삼는 방식이다.
기수 변환법(Radix)	키 숫자의 진수를 다른 진수로 변환시켜 주소 크기를 초과한 높은 자릿수는 절단하고, 이를 다시 주소 범위에 맞게 조정하는 방법이다.
대수적 코딩법(Algebraic Coding)	키 값을 이루고 있는 각 자리의 비트 수를 한 다항식의 계수로 간주하고, 이 다항식을 해시표의 크기에 의해 정의된 다항식으로 나누어 얻은 나머지 다항식의 계수를 홈 주소로 삼는 방식이다.
숫자 분석법(Digit Analysis, 계수 분석법) 24.2, 22.7, 21.3	키 값을 이루는 숫자의 분포를 분석하여 비교적 고른 자리를 필요한 만큼 택해서 홈 주소로 삼는 방식이다.
무작위법(Random)	난수(Random Number)를 발생시켜 나온 값을 홈 주소로 삼는 방식이다.

> **잠깐만요** **Collision(충돌 현상) 해결 방법** 25.5, 23.5
>
> - 체이닝(Chaining) : Collision이 발생하면 버킷에 할당된 연결 리스트(Linked List)에 데이터를 저장하는 방법입니다.
> - 개방 주소법(Open Addressing) : Collision이 발생하면 순차적으로 그 다음 빈 버킷을 찾아 데이터를 저장하는 방법입니다.
> - 재해싱(Rehashing) : Collision이 발생하면 새로운 해싱 함수로 새로운 홈 주소를 구하는 방법입니다.

> **전문가의 조언**
> 단순히 체이닝(Chaining)의 개념을 묻는 문제가 출제되었으니 정확히 기억해 두세요.

기출문제 따라잡기

21년 3월
1. 이진 검색 알고리즘에 대한 설명으로 틀린 것은?
① 탐색 효율이 좋고 탐색 시간이 적게 소요된다.
② 검색할 데이터가 정렬되어 있어야 한다.
③ 피보나치 수열에 따라 다음에 비교할 대상을 선정하여 검색한다.
④ 비교 횟수를 거듭할 때마다 검색 대상이 되는 데이터의 수가 절반으로 줄어든다.

> 이분 검색은 피보나치 수열을 이용하지 않습니다. 이분 검색은 파일을 둘로 나눠가면서 Key 레코드와 비교하는 방법을 사용합니다.

24년 2월, 22년 7월, 21년 3월
2. 해싱 함수(Hashing Function)의 종류가 아닌 것은?
① 제곱법(Mid-Square)
② 숫자 분석법(Digit Analysis)
③ 개방 주소법(Open Addressing)
④ 제산법(Division)

> 해싱 함수의 종류에는 제산법, 제곱법, 폴딩법, 기수 변환법, 대수적 코딩법, 계수 분석법(숫자 분석법), 무작위법이 있습니다.

25년 8월, 23년 7월, 22년 4월
3. 다음과 같이 레코드가 구성되어 있을 때, 이진 검색 방법으로 14를 찾을 경우 비교되는 횟수는?

1 2 3 4 5 6 7 8 9 10 11 12 13 14 15

① 2　　　　　　　　② 3
③ 4　　　　　　　　④ 5

> ❶ 첫 번째 값(F)과 마지막 값(L)을 이용하여 중간 값 M을 구한 후 찾으려는 값과 비교합니다.
> M = (1+15) / 2 = 8, 8이 찾으려는 값인지 확인합니다. 8은 찾으려는 값 14보다 작으므로 찾을 값은 9~15에 있습니다. ← 1회 비교
> ❷ F = 9, L = 15, M = (9+15) / 2 = 12, 12가 찾으려는 값인지 확인합니다. 12는 찾으려는 값 14보다 작으므로 찾을 값은 13~15에 있습니다. ← 2회 비교
> ❸ F = 13, L = 15, M = (13+15) / 2 = 14, 14가 찾으려는 값인지 비교합니다. 14는 찾는 값입니다. ← 3회 비교

20년 9월
4. 해싱 함수 중 레코드 키를 여러 부분으로 나누고, 나눈 부분의 각 숫자를 더하거나 XOR한 값을 홈 주소로 사용하는 방식은?
① 제산법
② 폴딩법
③ 기수 변환법
④ 숫자 분석법

> XOR한 값을 홈 주소로 사용하는 방식은 폴딩법(Folding)입니다.

25년 5월, 23년 5월
5. 해시 함수가 서로 다른 키에 대해 같은 주소값을 반환해서 충돌이 발생하면 각 데이터를 해당 주소에 있는 링크드 리스트(Linked List)에 삽입하여 문제를 해결하는 기법은?
① Chaining
② Rehashing
③ Open Addressing
④ Linear Probing

> 각 데이터를 해당 주소에 있는 연결 리스트(Linked List)에 삽입하여 문제를 해결하는 기법은 체이닝(Chaining)입니다.

24년 7월
6. 탐색 방법 중 키 값으로부터 레코드가 저장되어 있는 주소를 직접 계산하여, 산출된 주소로 바로 접근하는 방법으로 키-주소 변환 방법이라고도 하는 것은?
① 이진 탐색
② 피보나치 탐색
③ 해싱 탐색
④ 블록 탐색

> 키-주소 변환 방법이라고도 불리는 탐색 방법은 해싱 탐색입니다.

▶ 정답 : 1.③　2.③　3.②　4.②　5.①　6.③

SECTION 032 데이터베이스 개요

1 데이터저장소

데이터저장소는 소프트웨어 개발 과정에서 다루어야 할 데이터들을 논리적인 구조로 조직화하거나, 물리적인 공간에 구축한 것을 의미한다.

- 데이터저장소는 논리 데이터저장소와 물리 데이터저장소로 구분된다.
- 논리 데이터저장소는 데이터 및 데이터 간의 연관성, 제약조건을 식별하여 논리적인 구조로 조직화한 것을 의미한다.
- 물리 데이터저장소는 논리 데이터저장소에 저장된 데이터와 구조들을 소프트웨어가 운용될 환경의 물리적 특성을 고려하여 하드웨어적인 저장장치에 저장한 것을 의미한다.
- 논리 데이터저장소를 거쳐 물리 데이터저장소를 구축하는 과정은 데이터베이스를 구축하는 과정과 동일하다.

전문가의 조언
- 데이터베이스와 관련된 자세한 내용은 3과목에서 다루고 있습니다. 여기서는 제시된 용어들의 정의와 간단한 특징들만 정리하고 넘어가세요.
- 데이터베이스 구축 및 설계에 대한 자세한 내용은 Section 060을 참조하세요.

2 데이터베이스

데이터베이스는 특정 조직의 업무를 수행하는 데 필요한 상호 관련된 데이터들의 모임으로 다음과 같이 정의할 수 있다.

- **통합된 데이터(Integrated Data)** : 자료의 중복을 배제한 데이터의 모임이다.
- **저장된 데이터(Stored Data)** : 컴퓨터가 접근할 수 있는 저장 매체에 저장된 자료이다.
- **운영 데이터(Operational Data)** : 조직의 고유한 업무를 수행하는 데 존재 가치가 확실하고 없어서는 안 될 반드시 필요한 자료이다.
- **공용 데이터(Shared Data)** : 여러 응용 시스템들이 공동으로 소유하고 유지하는 자료이다.

전문가의 조언

데이터베이스의 정의는 여러 사람에 의해 **공동**으로 사용될 데이터를 중복을 배제하여 **통합**하고, 쉽게 접근하여 처리할 수 있도록 저장장치에 **저장**하여 항상 사용할 수 있도록 운영하는 **운영** 데이터라고 생각하면 쉽습니다.

운영 데이터
단순한 입·출력 자료나 작업 처리 상 일시적으로 필요한 임시 자료는 운영 자료로 취급되지 않습니다.

3 DBMS(DataBase Management System; 데이터베이스 관리 시스템)
23.2

DBMS란 사용자와 데이터베이스 사이에서 사용자의 요구에 따라 정보를 생성해주고, 데이터베이스를 관리해 주는 소프트웨어이다.

- DBMS는 기존의 파일 시스템이 갖는 데이터의 종속성과 중복성의 문제를 해결하기 위해 제안된 시스템으로, 모든 응용 프로그램들이 데이터베이스를 공용할 수 있도록 관리해 준다.
- DBMS는 데이터베이스의 구성, 접근 방법, 유지관리에 대한 모든 책임을 진다.
- DBMS의 필수 기능에는 정의(Definition), 조작(Manipulation), 제어(Control) 기능이 있다.

전문가의 조언

MS-Office 프로그램에 포함되어 있는 액세스 프로그램도 DBMS의 한 종류입니다. DBMS의 정의와 필수 기능 세 가지를 꼭 알고 넘어가세요.

- 정의(Definition) 기능 : 모든 응용 프로그램들이 요구하는 데이터 구조를 지원하기 위해 데이터베이스에 저장될 데이터의 형(Type)과 구조에 대한 정의, 이용 방식, 제약 조건 등을 명시하는 기능이다.
- 조작(Manipulation) 기능 : 데이터 검색, 갱신, 삽입, 삭제 등을 체계적으로 처리하기 위해 사용자와 데이터베이스 사이의 인터페이스 수단을 제공하는 기능이다.
- 제어(Control) 기능*
  - ▶ 데이터베이스를 접근하는 갱신, 삽입, 삭제 작업이 정확하게 수행되어 데이터의 무결성이 유지되도록 제어해야 한다.
  - ▶ 정당한 사용자가 허가된 데이터만 접근할 수 있도록 보안(Security)을 유지하고 권한(Authority)을 검사할 수 있어야 한다.
  - ▶ 여러 사용자가 데이터베이스를 동시에 접근하여 데이터를 처리할 때 처리 결과가 항상 정확성을 유지하도록 병행 제어(Concurrency Control)를 할 수 있어야 한다.

DBMS의 제어 기능
무결성, 권한 검사, 병행 제어

4 DBMS의 장·단점

장점	단점
• 데이터의 논리적, 물리적 독립성이 보장된다. • 데이터의 중복을 피할 수 있어 기억 공간이 절약된다. • 저장된 자료를 공동으로 이용할 수 있다. • 데이터의 일관성을 유지할 수 있다. • 데이터의 무결성을 유지할 수 있다. • 보안을 유지할 수 있다. • 데이터를 표준화할 수 있다. • 데이터를 통합하여 관리할 수 있다. • 항상 최신의 데이터를 유지한다. • 데이터의 실시간 처리가 가능하다.	• 데이터베이스의 전문가가 부족하다. • 전산화 비용이 증가한다. • 대용량 디스크로의 집중적인 Access로 과부하(Overhead)가 발생한다. • 파일의 예비(Backup*)와 회복(Recovery)이 어렵다. • 시스템이 복잡하다.

전문가의 조언
DBMS의 장·단점은 무작정 암기하려 하지 말고 데이터베이스의 정의나 특징을 유지하면서 기존 파일 시스템의 문제점을 해결한 시스템이라는 것을 염두에 두고 이해하세요.

백업(Backup)
백업은 장비 고장 등의 비상사태에도 데이터베이스가 보존되도록 복사하는 작업을 말합니다.

잠깐만요 데이터의 독립성

데이터의 독립성은 종속성에 대비되는 말로 DBMS의 궁극적 목표이기도 합니다. 데이터의 독립성에는 논리적 독립성과 물리적 독립성이 있습니다.
- **논리적 독립성** : 응용 프로그램과 데이터베이스를 독립시킴으로써, 데이터의 논리적 구조를 변경시키더라도 응용 프로그램은 변경되지 않습니다.
- **물리적 독립성** : 응용 프로그램과 보조기억장치 같은 물리적 장치를 독립시킴으로써, 데이터베이스 시스템의 성능 향상을 위해 새로운 디스크를 도입하더라도 응용 프로그램에는 영향을 주지 않고 데이터의 물리적 구조만을 변경합니다.

5 스키마

25.5, 21.3, 20.9, 실기 23.4, 20.10

스키마(Schema)는 데이터베이스의 구조와 제약 조건에 관한 전반적인 명세(Specification)를 기술(Description)한 메타데이터(Meta-Data)의 집합이다.

- 스키마는 데이터베이스를 구성하는 데이터 개체(Entity), 속성(Attribute), 관계(Relationship) 및 데이터 조작 시 데이터 값들이 갖는 제약 조건 등에 관해 전반적으로 정의한다.
- 스키마는 사용자의 관점에 따라 외부 스키마, 개념 스키마, 내부 스키마로 나누어진다.

외부 스키마	사용자나 응용 프로그래머가 각 개인의 입장에서 필요로 하는 데이터베이스의 논리적 구조를 정의한 것이다.
개념 스키마	• 데이터베이스의 전체적인 논리적 구조로서, 모든 응용 프로그램이나 사용자들이 필요로 하는 데이터를 종합한 조직 전체의 데이터베이스로, 하나만 존재한다. • 개체 간의 관계와 제약 조건을 나타내고, 데이터베이스의 접근 권한, 보안 및 무결성 규칙에 관한 명세를 정의한다.
내부 스키마	물리적 저장장치의 입장에서 본 데이터베이스 구조로서, 실제로 데이터베이스에 저장될 레코드의 형식을 정의하고 저장 데이터 항목의 표현 방법, 내부 레코드의 물리적 순서 등을 나타낸다.

전문가의 조언

개념 스키마와 내부 스키마의 개념을 묻는 문제가 출제되었습니다. 어떤 경우에도 3계층을 구분할 수 있을 정도로 3계층 각각의 개념을 명확히 하세요. 아울러 세 가지는 외부, 내부, 개념 스키마라는 것도 꼭 기억하세요.

궁금해요 시나공 Q&A 베스트

Q 필기 책에 왜 기출 년월이 표시되어 있나요?

A 정보처리기사 시험은 필기와 실기가 시험 범위가 같습니다. 동일한 내용이 객관식으로 필기시험에 나올 수도 있고, 단답형이나 서술식으로 실기시험에 나올 수도 있습니다. 공부하다 보면 알겠지만 필기시험과 실기시험에 중복해서 나온 필드가 많습니다. 자격 시험은 나온 문제가 또 나올 수 있다는 걸 명심하세요.

기출문제 따라잡기

출제예상

1. 다음 중 데이터저장소에 대한 설명으로 옳지 않은 것은?

① 논리 데이터저장소는 데이터들을 논리적인 구조로 조직화한 것이다.
② 물리 데이터저장소는 논리 데이터저장소의 데이터와 구조를 하드웨어 저장장치에 저장한 것이다.
③ 물리 데이터저장소를 구축할 때는 소프트웨어가 운용될 환경의 물리적 특성을 고려해야 한다.
④ 데이터저장소의 구축 과정과 데이터베이스의 구축 과정은 상이하다.

논리 데이터저장소를 거쳐 물리 데이터저장소를 구축하는 과정은 데이터베이스를 구축하는 과정과 동일합니다.

이전기출

2. 데이터베이스의 정의 중 '데이터베이스는 어떤 조직의 고유 기능을 수행하기 위해 반드시 필요한 데이터를 의미한다.'에 해당되는 것은?

① 통합된 데이터(Integrated Data)
② 저장 데이터(Stored Data)
③ 운영 데이터(Operational Data)
④ 공용 데이터(Shared Data)

조직의 고유한 업무 또는 기능을 수행하기 위한 데이터는 운영 데이터를 가리킵니다.

▶ 정답 : 1. ④ 2. ③

기출문제 따라잡기

23년 2월

3. DBMS의 필수 기능 중 모든 응용 프로그램들이 요구하는 데이터 구조를 지원하기 위해 데이터베이스에 저장될 데이터의 타입과 구조에 대한 정의, 이용 방식, 제약 조건 등을 명시하는 것은?

① Manipulation 기능 ② Definition 기능
③ Control 기능 ④ Procedure 기능

> 데이터의 형(Type)과 구조에 대한 정의, 이용 방식, 제약 조건 등을 명시하는 DBMS 기능은 정의(Definition) 기능입니다.

이전기출

4. DBMS의 필수 기능 중 데이터베이스를 접근하여 데이터의 검색, 삽입, 삭제, 갱신 등의 연산 작업을 위한 사용자와 데이터베이스 사이의 인터페이스 수단을 제공하는 기능은?

① 정의 기능 ② 조작 기능
③ 제어 기능 ④ 절차 기능

> 데이터의 검색, 삽입, 삭제, 갱신 등의 연산 작업을 위한 DBMS 기능은 조작(Manipulation) 기능입니다.

이전기출

5. 데이터베이스 관리 시스템(DBMS)의 주요 필수 기능과 거리가 먼 것은?

① 데이터베이스 구조를 정의할 수 있는 정의 기능
② 데이터 사용자의 통제 및 보안 기능
③ 데이터베이스 내용의 정확성과 안정성을 유지할 수 있는 제어 기능
④ 데이터 조작어로 데이터베이스를 조작할 수 있는 조작 기능

> DBMS의 필수 기능 3가지는 **정**의 · **조**작 · **제**어 기능입니다.

이전기출

6. 데이터베이스 관리 시스템(DBMS)의 필수 기능 중 제어 기능에 대한 설명으로 거리가 먼 것은?

① 데이터베이스를 접근하는 갱신, 삽입, 삭제 작업이 정확하게 수행되어 데이터의 무결성이 유지되도록 제어해야 한다.
② 데이터의 논리적 구조와 물리적 구조 사이에 변환이 가능하도록, 두 구조 사이의 사상(Mapping)을 명시하여야 한다.
③ 정당한 사용자가 허가된 데이터만 접근할 수 있도록 보안(Security)을 유지하고 권한(Authorit)을 검사할 수 있어야 한다.
④ 여러 사용자가 데이터베이스를 동시에 접근하여 데이터를 처리할 때 처리 결과가 항상 정확성을 유지하도록 병행 제어(Concurrency Control)를 할 수 있어야 한다.

> ②번은 데이터베이스를 생성하기 위한 정의 기능에 해당됩니다. 제어 기능의 핵심은 무결성, 보안, 권한, 병행 제어입니다.

이전기출

7. 데이터베이스 구성의 장점이 아닌 것은?

① 데이터 중복 최소화
② 여러 사용자에 의한 데이터 공유
③ 데이터 간의 종속성 유지
④ 데이터 내용의 일관성 유지

> 데이터베이스의 구성의 장점 중 하나는 데이터 간의 종속성 유지가 아닌 독립성 보장입니다.

20년 9월

8. 다음 설명에 해당하는 것은?

> 물리적 저장장치의 입장에서 본 데이터베이스 구조로서, 실제로 데이터베이스에 저장될 레코드의 형식을 정의하고 저장 데이터 항목의 표현 방법, 내부 레코드의 물리적 순서 등을 나타낸다.

① 외부 스키마 ② 내부 스키마
③ 개념 스키마 ④ 슈퍼 스키마

> 물리적 저장장치와 관계가 깊은 스키마는 내부 스키마입니다.

25년 5월, 21년 3월

9. 다음에서 설명하는 스키마(Schema)는?

> 데이터베이스 전체를 정의한 것으로, 데이터 개체, 관계, 제약 조건, 접근 권한, 무결성 규칙 등을 명세한 것

① 개념 스키마 ② 내부 스키마
③ 외부 스키마 ④ 내용 스키마

> 데이터베이스 전체 정의, 데이터 개체, 관계, 제약 조건 등을 명세한 것은? 개념 스키마입니다.

▶ 정답 : 3. ② 4. ② 5. ② 6. ② 7. ③ 8. ② 9. ①

SECTION 033 절차형 SQL

1 절차형 SQL의 개요

절차형 SQL은 C, JAVA 등의 프로그래밍 언어와 같이 연속적인 실행이나 분기, 반복 등의 제어가 가능한 SQL을 의미한다.

- 절차형 SQL은 일반적인 프로그래밍 언어에 비해 효율은 떨어지지만 단일 SQL 문장으로 처리하기 어려운 연속적인 작업들을 처리하는데 적합하다.
- 절차형 SQL을 활용하여 다양한 기능을 수행하는 저장 모듈을 생성할 수 있다.
- 절차형 SQL은 DBMS 엔진에서 직접 실행되기 때문에 입·출력 패킷이 적은 편이다.
- BEGIN ~ END 형식으로 작성되는 블록(Block) 구조로 되어 있기 때문에 기능별 모듈화가 가능하다.
- 절차형 SQL의 종류에는 프로시저, 트리거, 사용자 정의 함수가 있다.
  - 프로시저(Procedure) : 특정 기능을 수행하는 일종의 트랜잭션 언어*로, 호출을 통해 실행되어 미리 저장해 놓은 SQL 작업을 수행한다.
  - 트리거(Trigger) : 데이터베이스 시스템에서 데이터의 입력, 갱신, 삭제 등의 이벤트(Event)*가 발생할 때마다 관련 작업이 자동으로 수행된다.
  - 사용자 정의 함수 : 프로시저와 유사하게 SQL을 사용하여 일련의 작업을 연속적으로 처리하며, 종료 시 예약어 Return을 사용하여 처리 결과를 단일값으로 반환한다.

2 절차형 SQL의 테스트*와 디버깅*

25.8, 21.5

절차형 SQL은 디버깅을 통해 기능의 적합성 여부를 검증하고, 실행을 통해 결과를 확인하는 테스트 과정을 수행한다.

- 절차형 SQL은 테스트 전에 생성을 통해 구문 오류(Syntax Error)*나 참조 오류의 존재 여부를 확인한다.
- 많은 코드로 구성된 절차형 SQL의 특성상 오류 및 경고 메시지가 상세히 출력되지 않으므로 SHOW 명령어를 통해 내용을 확인하고 문제를 수정한다.
- 정상적으로 생성된 절차형 SQL은 디버깅을 통해 로직을 검증하고, 결과를 통해 최종적으로 확인한다.
- 절차형 SQL의 디버깅은 실제로 데이터베이스에 변화를 줄 수 있는 삽입 및 변경 관련 SQL문을 주석*으로 처리하고, 출력문을 이용하여 화면에 출력하여 확인한다.

전문가의 조언

절차형 SQL은 데이터베이스 전용의 간단한 프로그래밍이라고 할 수 있습니다. 절차형 SQL의 종류에 대한 세부적인 내용이나 코드들은 3과목에서 다루고 있으니 여기서는 절차형 SQL의 개념과 디버깅, 최적화 등이 어떤 방식으로 수행되는지를 개략적으로 파악해 두세요.

트랜잭션 언어
트랜잭션 언어는 데이터베이스를 조작하고 트랜잭션을 처리하는 언어로, SQL과 TCL이 트랜잭션 언어에 속합니다.

이벤트(Event)
이벤트는 시스템에 어떤 일이 발생한 것을 말하며, 트리거에서 이벤트는 데이터의 입력, 갱신, 삭제와 같이 데이터 조작 작업이 발생했음을 의미합니다.

25.8, 21.5
테스트와 디버깅의 목적
테스트(Test)를 통해 오류를 발견한 후 디버깅(Debugging)을 통해 오류가 발생한 소스 코드를 추적하며 수정합니다.

구문 오류(Syntax Error)
구문 오류란 잘못된 문법으로 작성된 SQL문을 실행하면 출력되는 오류를 말합니다.

주석(Comment)
주석은 설명을 위해 입력한 부분을 의미합니다. 즉 주석은 사람만 알아볼 수 있으며, 컴파일 되지도 않습니다. 때문에 잠시 사용하지 않을 SQL 코드를 주석으로 처리해 두면 지우지 않고도 해당 코드를 무시하고 SQL 문을 수행할 수 있습니다.

전문가의 조언

SQL이 구조화 질의 언어라는 것을 잊지 않았죠? SQL을 통해 데이터베이스에 정보를 요청하는 것을 질의 또는 쿼리라고 하며, 이것이 좀 더 효율적으로 수행되도록 수정하는 작업을 쿼리 성능 최적화라고 합니다.

APM(Application Performance Management/Monitoring)
APM은 애플리케이션의 성능 관리를 위해 접속자, 자원 현황, 트랜잭션 수행 내역, 장애 진단 등 다양한 모니터링 기능을 제공하는 도구입니다.

옵티마이저(Optimizer)
옵티마이저는 DBMS에 내장되어 작성된 SQL이 효율적으로 수행되도록 최적의 경로를 찾아 주는 모듈입니다.

3 쿼리 성능 최적화

쿼리 성능 최적화는 데이터 입·출력 애플리케이션의 성능 향상을 위해 SQL 코드를 최적화하는 것이다.

- 쿼리 성능을 최적화하기 전에 성능 측정 도구인 APM*을 사용하여 최적화 할 쿼리를 선정해야 한다.
- 최적화 할 쿼리에 대해 옵티마이저*가 수립한 실행 계획을 검토하고 SQL 코드와 인덱스를 재구성한다.

 기출문제 따라잡기

문제1 2404251

출제예상
1. 절차형 SQL에 대한 설명으로 옳지 않은 것은?
① 절차형 SQL의 종류에는 프로시저, 트리거, 사용자 정의 함수가 있다.
② 프로시저는 특정 기능을 수행하는 트랜잭션 언어로, 처리 결과를 단일값으로 반환한다.
③ 트리거는 데이터베이스에 이벤트가 발생할 때 수행되는 작업이다.
④ 사용자 정의 함수는 프로시저와 유사하며, 예약어 RETURN을 사용하는 것이 특징이다.

> 프로시저는 처리 결과를 반환하지 않거나 한 개 이상의 값을 반환합니다.

25년 8월, 21년 5월
2. 테스트와 디버그의 목적으로 옳은 것은?
① 테스트는 오류를 찾는 작업이고 디버깅은 오류를 수정하는 작업이다.
② 테스트는 오류를 수정하는 작업이고 디버깅은 오류를 찾는 작업이다.
③ 둘 다 소프트웨어의 오류를 찾는 작업으로 오류 수정은 하지 않는다.
④ 둘 다 소프트웨어 오류의 발견, 수정과 무관하다.

> 테스트는 오류 찾기! 디버깅은 오류 수정! 기억해 두세요.

출제예상
3. 절차형 SQL의 생성부터 최적화까지의 과정에 대한 설명으로 거리가 먼 것은?
① 절차형 SQL을 생성할 때 오류가 발생했다면 SHOW 명령을 통해 오류 내용을 확인한다.
② 절차형 SQL을 실행하기 전에 디버깅을 통해 로직을 검증한다.
③ 디버깅 시 데이터베이스의 데이터들이 변경되지 않도록 관련 코드들을 주석으로 처리한다.
④ 절차형 SQL의 성능이 느리다면 사용된 SQL 코드 중 가장 긴 SQL 코드의 최적화를 수행한다.

> SQL 코드가 길다고 무조건 비효율적인 쿼리라고 볼 수 없습니다. 최적화는 성능 측정 도구인 APM을 사용하여 각 쿼리의 성능을 확인한 후 성능이 떨어지는 쿼리를 대상으로 최적화를 수행합니다.

▶ 정답 : 1. ② 2. ① 3. ④

1장 핵심요약

028 자료 구조

❶ 자료 구조의 분류 25.5, 24.7, 24.2, 23.7, 22.3, 21.8
- 선형 구조 : 배열(Array), 선형 리스트(Linear List), 스택(Stack), 큐(Queue), 데크(Deque)
- 비선형 구조 : 트리(Tree), 그래프(Graph)

❷ 연결 리스트(Linked List) 25.5, 22.7
- 노드의 삽입·삭제 작업이 용이하다.
- 연결을 위한 링크(포인터) 부분이 필요하다.
- 연결을 위한 포인터를 찾는 시간이 필요하기 때문에 접근 속도가 느리다.
- 중간 노드 연결이 끊어지면 그 다음 노드를 찾기 힘들다.

❸ 스택(Stack) 25.8, 25.5, 23.2, 22.4, 22.3, 21.5, 21.3
- 리스트의 한쪽 끝으로만 자료의 삽입, 삭제 작업이 이루어지는 자료 구조이다.
- 스택은 가장 나중에 삽입된 자료가 가장 먼저 삭제되는 후입선출(LIFO) 방식으로 자료를 처리한다.
- 스택을 이용한 연산은 '재귀 호출, 후위(Postfix) 표기법, 깊이 우선 탐색'과 같이 왔던 길을 되돌아가는 경우에 사용한다.
- 스택의 모든 기억 공간이 꽉 채워져 있는 상태에서 데이터가 삽입되면 오버플로(Overflow)가 발생하며, 더 이상 삭제할 데이터가 없는 상태에서 데이터를 삭제하면 언더플로(Underflow)가 발생한다.

❹ 스택의 응용 분야 25.2, 22.7, 22.3, 21.3
- 함수 호출의 순서 제어
- 인터럽트의 처리
- 수식 계산 및 수식 표기법
- 서브루틴 호출 및 복귀 주소 저장

❺ 스택의 삽입(Push)과 삭제(Pop) 25.5, 23.7, 23.2, 22.7, 22.3, 21.8
PUSH는 스택에 자료를 입력하는 명령이고, POP은 스택에서 자료를 출력하는 명령이다.

예 순서가 A, B, C, D로 정해진 입력 자료를 스택에 입력하였다가 B, C, D, A 순서로 출력하는 과정을 나열하시오.

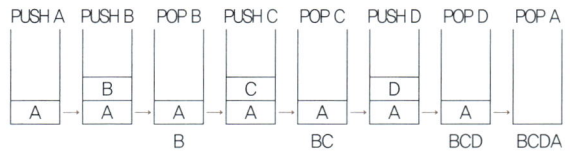

❻ 큐(Queue) 21.3
- 리스트의 한쪽에서는 삽입 작업이 이루어지고 다른 한쪽에서는 삭제 작업이 이루어지도록 구성한 자료 구조이다.
- 큐는 가장 먼저 삽입된 자료가 가장 먼저 삭제되는 선입선출(FIFO) 방식으로 처리한다.

❼ 데크(Deque) 23.7, 23.2
- 삽입과 삭제가 리스트의 양쪽 끝에서 모두 발생할 수 있는 자료 구조이다.
- 입력이 한쪽에서만 발생하고 출력은 양쪽에서 일어날 수 있는 입력 제한과, 입력은 양쪽에서 일어나고 출력은 한 곳에서만 이루어지는 출력 제한이 있다.

❽ 방향/무방향 그래프의 최대 간선 수 23.2, 20.9
n개의 정점으로 구성된 무방향 그래프에서 최대 간선 수는 $\frac{n(n-1)}{2}$이고, 방향 그래프에서 최대 간선 수는 $n(n-1)$이다.

❾ 인접행렬을 이용한 그래프 표현 방법 24.5
- 방향 그래프에서 $V_i V_j$ 관계를 나타내는 행렬의 원소를 P_{ij}라 할 때, 방향 간선이 있으면 행렬의 $P_{ij}=1$, 없으면 $P_{ij}=0$이다.
- 무방향 그래프에서 V_i와 V_j가 서로 인접하면 $P_{ij}=1$, 인접하지 않으면 $P_{ij}=0$이다.

> **문제 1** 정점이 4인 방향 그래프가 가질 수 있는 최대 간선 수를 계산하시오.
> 답 :
>
> **해설**
> n개의 정점으로 구성된 방향 그래프에서 최대 간선 수는 $n(n-1)$이므로, $4(4-1) = 12$개입니다.

정답 1. 12

1장 핵심요약

문제1 스택(Stack)에서 순서가 A, B, C, D로 정해진 입력 자료를, push → push → pop → push → push → pop → pop → pop으로 연산 했을 때 출력 결과를 쓰시오.

답 :

해설
PUSH는 스택에 자료를 입력하는 명령이고, POP은 스택에서 자료를 출력하는 명령입니다. 문제에 제시된 대로 PUSH와 POP을 수행하면 다음의 순서로 입출력이 발생합니다.

PUSH	PUSH	POP	PUSH	PUSH	POP	POP	POP
	B				BD	BDC	BDCA
A	B/A	A	C/A	D/C/A	C/A	A	

029 트리(Tree)

❶ 트리의 개요 25.8, 24.7, 23.7, 23.2, 21.3, 20.8, 20.6

트리는 정점(Node)과 선분(Branch)을 이용하여 사이클을 이루지 않도록 구성한 그래프의 특수한 형태이다.

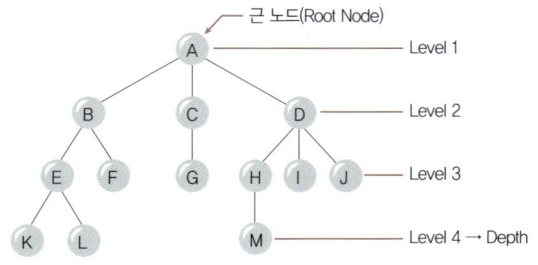

- 디그리(Degree, 차수) : 각 노드에서 뻗어나온 가지의 수
  예 A = 3, B = 2, C = 1, D = 3
- 단말 노드(Terminal Node) : 자식이 하나도 없는 노드, 즉 디그리가 0인 노드
  예 K, L, F, G, M, I, J

❷ 트리의 운행법 25.8, 25.5, 25.2, 24.7, 24.5, 24.2, 23.5, 22.7, 22.4, 21.8, 21.3, 20.9, 20.8, 20.6

예 다음 트리를 Inorder, Preorder, Postorder 방법으로 운행했을 때 각 노드를 방문한 순서는?

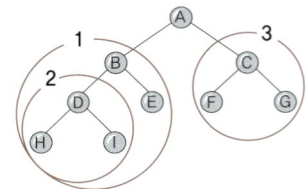

Preorder 운행법의 방문 순서
① Preorder는 Root → Left → Right이므로 A①③이 된다.
② ①은 B②E이므로 AB②E③이 된다.
③ ②는 DHI이므로 ABDHIE③이 된다.
④ ③은 CFG이므로 ABDHIECFG가 된다.
∴ 방문 순서 : ABDHIECFG

Inorder 운행법의 방문 순서
① Inorder는 Left → Root → Right이므로 ①A③이 된다.
② ①은 ②BE이므로 ②BEA③이 된다.
③ ②는 HDI이므로 HDIBEA③이 된다.
④ ③은 FCG이므로 HDIBEAFCG가 된다.
∴ 방문 순서 : HDIBEAFCG

Postorder의 방문 순서
① Postorder는 Left → Right → Root이므로 ①③A가 된다.
② ①은 ②EB이므로 ②EB③A가 된다.
③ ②는 HID이므로 HIDEB③A가 된다.
④ ③은 FGC이므로 HIDEBFGCA가 된다.
∴ 방문 순서 : HIDEBFGCA

❸ 수식의 표기법(Infix → Postfix) 24.5, 21.5, 21.3, 20.9

Infix로 표기된 수식에서 연산자를 해당 피연산자 두 개의 뒤(오른쪽)에 오도록 이동하면 Postfix가 된다.

$$X = A / B * (C + D) + E \quad \rightarrow \quad X A B / C D + * E + =$$

① 연산 우선순위에 따라 괄호로 묶는다.
  (X = (((A / B) * (C + D)) + E))

② 연산자를 해당 괄호의 뒤로 옮긴다.

X = (((A / B) * (C + D)) + E))
↓
(X (((AB) / (CD) +) * E) +) =

③ 괄호를 제거한다.

X A B / C D + * E + =

문제2 다음 트리의 차수(Degree)와 단말 노드(Terminal Node)의 수를 계산하시오.

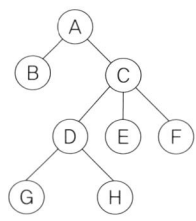

답

① 차수 :

② 단말 노드 :

해설
- 트리의 차수(Degree)는 가장 차수가 많은 노드의 차수이고, 단말 노드(Terminal Node)는 자식이 하나도 없는 노드입니다.
- C의 차수가 가장 많으므로 트리의 차수는 3입니다.
- 자식이 하나도 없는 노드는 B, E, F, G, H로 총 5개입니다.

문제3 다음 트리를 Preorder 운행법으로 운행할 경우 다섯 번째로 탐색되는 것을 쓰시오.

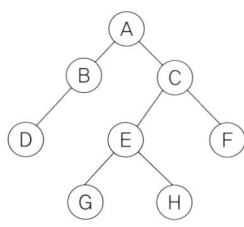

답 :

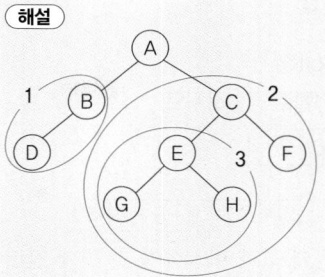

먼저 서브트리를 하나의 노드로 생각할 수 있도록 서브트리 단위로 묶습니다.
❶ Preorder는 Root → Left → Right 이므로 A12입니다.
❷ 1은 BD이므로 ABD2입니다.
❸ 2는 C3F이므로 ABDC3F입니다.
❹ 3은 EGH이므로 ABDCEGHF입니다.

문제4 다음 중위 표기법(Infix)의 수식을 후위 표기법(Postfix)으로 표기하시오.

(A+B)*C+(D+E)

답 :

해설
❶ 연산 우선순위에 따라 괄호로 묶습니다.
(((A + B) * C) + (D + E))
❷ 연산자를 해당 괄호의 뒤로 옮깁니다.
(((A + B) * C) + (D + E))
↓
(((A B) + C) * (D E) +) +
❸ 괄호를 제거합니다.
A B + C * D E + +

정답 1. BDCA 2. ① 3 ② 5 3. E 4. A B + C * D E + +

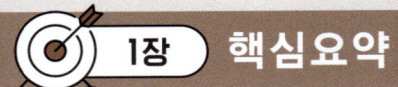

030 정렬(Sort)

❶ 삽입 정렬(Insertion Sort) 25.8, 24.2, 20.9
예) 8, 5, 6, 2, 4를 삽입 정렬로 정렬하시오.

- 초기 상태 : 8 5 6 2 4

- 1회전 : 8 5 6 2 4 → 5 8 6 2 4
  두 번째 값 5를 첫 번째 값과 비교하여 첫 번째 자리에 삽입하고 8을 한 칸 뒤로 이동시킨다.

- 2회전 : 5 8 6 2 4 → 5 6 8 2 4
  세 번째 값 6을 첫 번째, 두 번째 값과 비교하여 8자리에 삽입하고 8을 한 칸 뒤로 이동시킨다.

- 3회전 : 5 6 8 2 4 → 2 5 6 8 4
  네 번째 값 2를 처음부터 비교하여 맨 처음에 삽입하고 나머지를 한 칸씩 뒤로 이동시킨다.

- 4회전 : 2 5 6 8 4 → 2 4 5 6 8
  다섯 번째 값 4를 처음부터 비교하여 5자리에 삽입하고 나머지를 한 칸씩 뒤로 이동시킨다.

❷ 선택 정렬(Selection Sort) 25.5, 24.7, 24.5, 22.7, 21.3, 20.8
n개의 레코드 중에서 최소값을 찾아 첫 번째 레코드 위치에 놓고, 나머지 (n-1)개 중에서 다시 최소값을 찾아 두 번째 레코드 위치에 놓는 방식을 반복하여 정렬한다.

예) 8, 5, 6, 2, 4를 선택 정렬로 정렬하시오.

- 초기 상태 : 8 5 6 2 4

- 1회전 : 8 5 6 2 4 → 2 5 6 8 4
  첫 번째부터 마지막 값 중 최소값 2를 찾아 첫 번째 값 8과 위치를 교환한다.

- 2회전 : 2 5 6 8 4 → 2 4 6 8 5
  두 번째부터 마지막 값 중 최소값 4를 찾아 두 번째 값 5와 위치를 교환한다.

- 3회전 : 2 4 6 8 5 → 2 4 5 8 6
  세 번째부터 마지막 값 중 최소값 5를 찾아 세 번째 값 6과 위치를 교환한다.

- 4회전 : 2 4 5 8 6 → 2 4 5 6 8
  네 번째부터 마지막 값 중 최소값 6을 찾아 네 번째 값 8과 위치를 교환한다.

❸ 버블 정렬(Bubble Sort) 25.2, 23.2, 22.4, 21.8, 21.5
주어진 파일에서 인접한 두 개의 레코드 키 값을 비교하여 그 크기에 따라 레코드 위치를 서로 교환한다.

예) 8, 5, 6, 2, 4를 버블 정렬로 정렬하시오.

- 초기 상태 : 8 5 6 2 4

- 1회전 : 5 8 6 2 4 → 5 6 8 2 4
  → 5 6 2 8 4 → 5 6 2 4 8

- 2회전 : 5 6 2 4 8 → 5 2 6 4 8
  → 5 2 4 6 8

- 3회전 : 2 5 4 6 8 → 2 4 5 6 8

- 4회전 : 2 4 5 6 8

❹ 퀵 정렬(Quick Sort) 25.5, 24.2, 23.5, 23.2, 22.3, 21.3
- 레코드의 많은 자료 이동을 없애고 하나의 파일을 부분적으로 나누어 가면서 정렬하는 방법이다.
- 분할(Divide)과 정복(Conquer)을 통해 자료를 정렬한다.
- 피봇(pivot)을 사용하며, 최악의 경우 $\frac{n(n-1)}{2}$회의 비교를 수행한다.

❺ 힙 정렬(Heap Sort) 25.8, 24.2, 23.5, 21.5
- 완전 이진 트리(Complete Binary Tree)를 이용한 정렬 방식이다.
- 평균과 최악 모두 시간 복잡도는 $O(n\log_2 n)$이다.

문제1 다음 자료에 대하여 삽입(Insertion) 정렬을 이용하여 오름차순 정렬할 경우 1회전 후의 결과를 쓰시오.

> 5, 4, 3, 2, 1

답 :

해설
- 1회전 : 5 4 3 2 1 → 4 5 3 2 1
  두 번째 값 4를 첫 번째 값과 비교하여 첫 번째 자리에 삽입하고 5를 한 칸 뒤로 이동시킵니다.
- 2회전 : 4 5 3 2 1 → 3 4 5 2 1
  세 번째 값 3을 첫 번째, 두 번째 값과 비교하여 4자리에 삽입하고 4, 5는 한 칸씩 뒤로 이동시킵니다.
- 3회전 : 3 4 5 2 1 → 2 3 4 5 1
  네 번째 값 2를 첫 번째, 두 번째, 세 번째 값과 비교하여 3자리에 삽입하고 3, 4, 5는 한 칸씩 뒤로 이동시킵니다.
- 4회전 : 2 3 4 5 1 → 1 2 3 4 5
  다섯 번째 값 1을 처음부터 비교하여 2자리에 삽입하고 나머지를 한 칸씩 뒤로 이동시킵니다.

문제2 다음 자료에 대하여 선택(Selection) 정렬을 이용하여 오름차순 정렬할 경우 1회전 후의 결과를 쓰시오.

> 8, 3, 4, 9, 7

답 :

해설
- 1회전 : 8 3 4 9 7 → 3 8 4 9 7
  첫 번째부터 마지막 값 중 최소값 3을 찾아 첫 번째 값 8과 위치를 교환합니다.
- 2회전 : 3 8 4 9 7 → 3 4 8 9 7
  두 번째부터 마지막 값 중 최소값 4를 찾아 두 번째 값 8과 위치를 교환합니다.
- 3회전 : 3 4 8 9 7 → 3 4 7 9 8
  세 번째부터 마지막 값 중 최소값 7을 찾아 세 번째 값 8과 위치를 교환합니다.
- 4회전 : 3 4 7 9 8 → 3 4 7 8 9
  네 번째부터 마지막 값 중 최소값 8을 찾아 네 번째 값 9와 위치를 교환합니다.

문제3 다음 자료에 대하여 버블(Bubble) 정렬을 이용하여 오름차순 정렬할 경우 1회전 후의 결과를 쓰시오.

> 9, 4, 5, 1, 3

답 :

해설
- 1회전 : 4 9 5 1 3 → 4 5 9 1 3 → 4 5 1 9 3 → 4 5 1 3 9
- 2회전 : 4 5 1 3 9 → 4 1 5 3 9 → 4 1 3 5 9
- 3회전 : 1 4 3 5 9 → 1 3 4 5 9
- 4회전 : 1 3 4 5 9

문제4 이진 트리의 레코드 R = (88, 74, 63, 55, 37, 25, 33, 19, 26, 14, 9)에 대하여 힙(Heap)으로 구성했을 때, 37의 왼쪽과 오른쪽의 자노드(Child Node)의 값을 쓰시오.

답 :

해설

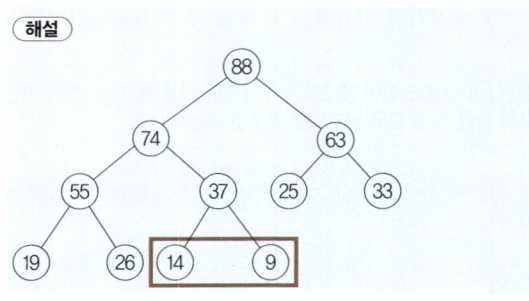

031 검색 - 이분 검색 / 해싱

① 이분 검색(이진 검색) 25.8, 23.7, 22.4, 21.3
- 반드시 순서화(정렬)된 파일이어야 검색할 수 있다.
- 비교 횟수를 거듭할 때마다 검색 대상이 되는 데이터의 수가 절반으로 줄어든다.

정답 1. 4, 5, 3, 2, 1 2. 3, 8, 4, 9, 7 3. 4, 5, 1, 3, 9 4. 14, 9

1장 핵심요약

- 탐색 효율이 좋고 탐색 시간이 적게 소요된다.
- 중간 레코드 번호(M) : $\frac{F + L}{2}$

(단, F : 첫 번째 레코드 번호, L : 마지막 레코드 번호)

❷ 주요 해싱 함수

- 제산법(Division) : 레코드 키(K)를 해시표(Hash Table)의 크기보다 큰 수 중에서 가장 작은 소수(Prime, Q)로 나눈 나머지를 홈 주소로 삼는 방식
- 제곱법(Mid-Square) : 레코드 키 값(K)을 제곱한 후 그 중간 부분의 값을 홈 주소로 삼는 방식
- 폴딩법(Folding) : 레코드 키 값(K)을 여러 부분으로 나눈 후 각 부분의 값을 더하거나 XOR(배타적 논리합)한 값을 홈 주소로 삼는 방식
- 숫자 분석법(Digit Analysis) : 키 값을 이루는 숫자의 분포를 분석하여 비교적 고른 자리를 필요한 만큼 택해서 홈 주소로 삼는 방식

❸ 체이닝(Chaining)

Collision이 발생하면 버킷에 할당된 연결 리스트(Linked List)에 데이터를 저장하여 문제를 해결하는 방법이다.

문제1 다음과 같이 레코드가 구성되어 있을 때, 이진 검색 방법으로 10을 찾을 경우 비교되는 횟수를 계산하시오.

| 1 2 3 4 5 6 7 8 9 10 11 12 13 14 15 |

답 :

해설

❶ 첫 번째 값(F)과 마지막 값(L)을 이용하여 중간 값 M을 구한 후 찾으려는 값과 비교합니다.
M = (1+15) / 2 = 8, 8이 찾으려는 값인지 확인합니다. 8은 찾으려는 값 10보다 작으므로 찾는 값은 9~15에 있습니다. ← 1회 비교

❷ F = 9, L = 15, M = (9+15) / 2 = 12, 12가 찾으려는 값인지 확인합니다. 12는 찾으려는 값 10보다 크므로 찾는 값은 9~11에 있습니다. ← 2회 비교

❸ F = 9, L = 11, M = (9+11) / 2 = 10, 10이 찾으려는 값인지 비교합니다. 10은 찾는 값입니다. ← 3회 비교

---

032 데이터베이스 개요

❶ DBMS의 필수 기능

- 정의 기능(Definition) : 모든 응용 프로그램들이 요구하는 데이터 구조를 지원하기 위해 데이터베이스에 저장될 데이터의 형(Type)과 구조에 대한 정의, 이용 방식, 제약 조건 등을 명시하는 기능
- 조작 기능(Manipulation) : 데이터 검색, 갱신, 삽입, 삭제 등을 체계적으로 처리하기 위해 사용자와 데이터베이스 사이의 인터페이스 수단을 제공하는 기능
- 제어 기능(Control) : 데이터베이스를 접근하는 갱신, 삽입, 삭제 작업이 정확하게 수행되어 데이터의 무결성이 유지되도록 제어하는 기능

❷ 스키마 3계층

- 외부 스키마 : 사용자나 응용 프로그래머가 각 개인의 입장에서 필요로 하는 데이터베이스의 논리적 구조를 정의한 것
- 개념 스키마 : 데이터베이스의 전체적인 논리적 구조로서, 개체 간의 관계와 제약 조건을 나타내고, 데이터베이스의 접근 권한, 보안 및 무결성 규칙에 관한 명세를 정의함
- 내부 스키마 : 물리적 저장장치의 입장에서 본 데이터베이스 구조로서, 실제로 데이터베이스에 저장될 레코드의 형식을 정의하고 저장 데이터 항목의 표현 방법, 내부 레코드의 물리적 순서 등을 나타냄

033 절차형 SQL

❶ 테스트와 디버깅의 목적

테스트(Test)를 통해 오류를 발견한 후 디버깅(Debugging)을 통해 오류가 발생한 소스 코드를 추적하며 수정한다.

2장 통합 구현

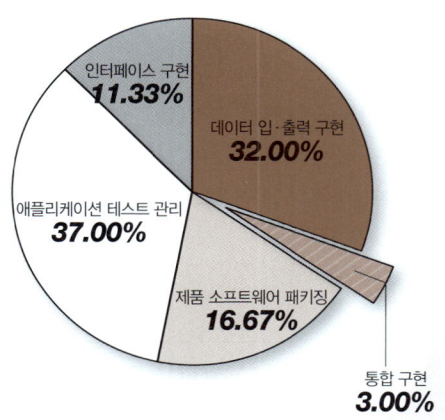

034 단위 모듈 구현 Ⓓ등급
035 단위 모듈 테스트 Ⓒ등급
036 개발 지원 도구 Ⓑ등급

꼭 알아야 할 키워드 | Best 10

1. 단위 기능 명세서 2. IPC 3. 테스트 케이스 4. 단위 모듈 테스트 5. 테스트 프로세스 6. IDE 7. 빌드 도구 8. 단위 모듈 9. Ant
10. Maven

SECTION 034 단위 모듈 구현

 전문가의 조언
단위 모듈과 단위 기능의 개념을 이해하고 구현 방법과 과정을 확실히 파악하고 넘어가세요.

1 단위 모듈(Unit Module)의 개요

단위 모듈은 소프트웨어 구현에 필요한 여러 동작 중 한 가지 동작을 수행하는 기능을 모듈로 구현한 것이다.
- 단위 모듈로 구현되는 하나의 기능을 단위 기능이라고 부른다.
- 단위 모듈은 사용자나 다른 모듈로부터 값을 전달받아 시작되는 작은 프로그램을 의미하기도 한다.
- 두 개의 단위 모듈이 합쳐질 경우 두 개의 기능을 구현할 수 있다.
- 단위 모듈의 구성 요소에는 처리문, 명령문, 데이터 구조 등이 있다.
- 단위 모듈은 독립적인 컴파일이 가능하며, 다른 모듈에 호출되거나 삽입되기도 한다.
- 단위 모듈을 구현하기 위해서는 단위 기능 명세서를 작성한 후 입·출력 기능과 알고리즘을 구현해야 한다.

단위 기능 명세서 작성 → 입·출력 기능 구현 → 알고리즘 구현

2 단위 기능 명세서 작성

단위 기능 명세서는 설계 과정에서 작성하는 기능 및 코드 명세서나 설계 지침과 같이 단위 기능을 명세화한 문서들을 의미한다.
- 단위 기능 명세서를 작성하는 단계에서는 복잡한 시스템을 단순하게 구현하기 위한 추상화 작업이 필요하다.
- 단위 기능 명세서를 작성하는 단계에서는 대형 시스템을 분해하여 단위 기능별로 구분하고, 각 기능들을 계층적으로 구성하는 구조화 과정을 거친다.
- 단위 기능 명세서 작성 시 모듈의 독립적인 운용과 한 모듈 내의 정보가 다른 모듈에 영향을 주지 않도록 정보 은닉*의 원리를 고려한다.

정보 은닉
정보 은닉은 한 모듈 내부에 포함된 절차와 자료들의 정보가 감추어져 다른 모듈이 접근하거나 변경하지 못하도록 하는 것입니다.

3 입·출력 기능 구현

입·출력 기능 구현 단계에서는 단위 기능 명세서에서 정의한 데이터 형식에 따라 입·출력 기능을 위한 알고리즘 및 데이터를 구현한다.
- 입·출력 기능 구현 단계에서는 단위 모듈 간의 연동 또는 통신을 위한 입·출력 데이터를 구현한다.

- 입·출력 기능 구현 시 사용자 인터페이스인 CLI*, GUI*와의 연동을 고려한다.
- 입·출력 기능 구현 시 네트워크나 외부 장치와의 입·출력은 무료로 공개되어 있는 Open Source* API를 이용하면 간편하게 구현할 수 있다.

잠깐만요 실기 21.4
IPC(Inter-Process Communication)

IPC는 모듈 간 통신 방식을 구현하기 위해 사용되는 대표적인 프로그래밍 인터페이스 집합으로, 복수의 프로세스를 수행하며 이뤄지는 프로세스 간 통신까지 구현이 가능합니다.

- IPC의 대표 메소드 5가지

Shared Memory	다수의 프로세스가 공유 가능한 메모리를 구성하여 프로세스 간 통신을 수행합니다.
Socket	네트워크 소켓을 이용하여 네트워크를 경유하는 프로세스들 간 통신을 수행합니다.
Semaphores	공유 자원에 대한 접근 제어를 통해 프로세스 간 통신을 수행합니다.
Pipes&named Pipes	• 'Pipe'라고 불리는 선입선출 형태로 구성된 메모리를 여러 프로세스가 공유하여 통신을 수행합니다. • 하나의 프로세스가 Pipe를 이용 중이라면 다른 프로세스는 접근할 수 없습니다.
Message Queueing	메시지가 발생하면 이를 전달하는 형태로 프로세스 간 통신을 수행합니다.

CLI(Command Line Interface)
CLI는 Telnet이나 DOS와 같이 키보드를 통해 명령어를 입력받는 사용자 인터페이스(UI)입니다.

GUI(Graphical User Interface)
GUI는 윈도우나 MacOS와 같이 키보드뿐만 아니라 마우스 등의 도구를 통해 화면의 아이콘, 메뉴 등의 다양한 그래픽적 요소로 명령을 입력받는 사용자 인터페이스(UI)입니다.

Open Source
Open Source는 일정한 조건을 준수하면 누구나 무료로 사용·수정·재배포가 허가되는 소스 코드입니다.

④ 알고리즘 구현

알고리즘 구현 단계에서는 입·출력 데이터를 바탕으로 단위 기능별 요구 사항들을 구현 가능한 언어를 이용하여 모듈로 구현한다.

- 알고리즘 구현 단계에서는 구현된 단위 기능들이 사용자의 요구와 일치하는지 확인하는 과정이 필요하다.
- 구현되는 모듈은 단위 기능의 종류에 따라 디바이스 드라이버 모듈, 네트워크 모듈, 파일 모듈, 메모리 모듈, 프로세스 모듈 등으로 구분된다.

디바이스 드라이버 모듈	하드웨어 주변 장치의 동작을 구현한 모듈
네트워크 모듈	네트워크 장비 및 데이터 통신을 위한 기능을 구현한 모듈
파일 모듈	컴퓨터 내부의 데이터 구조 영역에 접근하는 방법을 구현한 모듈
메모리 모듈	파일을 프로세스의 가상 메모리에 매핑/해제하는 방법, 프로세스 사이의 통신 기능을 구현한 모듈
프로세스 모듈	하나의 프로세스 안에서 다른 프로세스를 생성하는 방법을 구현한 모듈

기출문제 따라잡기

 문제4 2404354  문제5 2404355

출제예상

1. 소프트웨어 구현을 위해 필요한 여러 동작 중 한 가지 동작을 수행하는 작은 기능을 모듈로 구현한 것은?

① 통합 모듈   ② 단위 모듈
③ 컴포넌트   ④ 인터페이스

> 한 가지 동작을 수행하는 작은 기능을 단위 기능이라 하고, 단위 기능을 구현한 모듈을 단위 모듈이라고 합니다.

출제예상

2. 단위 모듈에 대한 설명으로 가장 옳지 않은 것은?

① 처리문, 명령문, 데이터 구조 등이 포함되어 있다.
② 사용자나 다른 모듈로부터 값을 제공받아 시작되는 작은 프로그램이라고 할 수 있다.
③ 하나의 기능을 구현하므로, 두 개의 모듈을 통합하는 경우 두 개의 기능을 구현할 수 있다.
④ 독립적인 컴파일이 불가능하여, 모듈 통합이 이루어진 후에야 컴파일이 가능하다.

> 단위 모듈은 독립적인 컴파일이 가능하며, 다른 모듈에 호출되거나 삽입될 수도 있습니다.

출제예상

3. 다음 중 단위 모듈을 구현하는 과정에 속하지 않는 것은?

① 단위 기능 명세서 작성   ② 입·출력 기능 구현
③ 알고리즘 구현   ④ 모듈 통합

> 단위 모듈의 구현 과정은 '단위 기능 명세서 작성 → 입·출력 기능 구현 → 알고리즘 구현' 순으로 진행됩니다. 모듈 통합은 각 단위 모듈들이 모두 완성된 후 수행하는 절차입니다.

출제예상

4. 단위 모듈의 구현 과정 중 입·출력 기능 구현에 관한 설명으로 가장 거리가 먼 것은?

① 각 장치와의 입·출력은 Open Source API를 통해 간편히 구현할 수 있다.
② 완성된 모듈 간의 통신이 원활히 이루어지는지 확인해야 한다.
③ 단위 모듈 간의 연동 또는 외부와의 통신을 위한 입·출력 데이터를 구현하는 단계다.
④ 사용자 인터페이스가 CLI를 사용하는지, GUI를 사용하는지를 고려해야 한다.

> 완성된 모듈을 테스트 하려면 먼저 모듈이 완성되어야겠죠. 모듈이 완성되려면 알고리즘 구현까지 완료되어야 합니다.

출제예상

5. 단위 모듈의 구현 과정에서 각 모듈과 모듈에 대한 설명 중 틀린 것은?

① 디바이스 드라이버 모듈은 하드웨어 주변 장치의 동작을 구현한다.
② 파일 모듈은 파일을 프로세스의 가상 메모리에 매핑 또는 해제하는 방법을 구현한다.
③ 프로세스 모듈은 하나의 프로세스 안에서 다른 프로세스를 생성하는 방법을 구현한다.
④ 네트워크 모듈은 네트워크 장비 및 데이터 통신을 위한 기능을 구현한다.

> 파일 모듈은 파일을 사용하는 방법을 구현해야 하고, 메모리 모듈은 메모리를 사용하는 방법을 구현해야 합니다.

출제예상

6. 단위 모듈의 데이터 입·출력을 구현하는 과정 중 다음 설명이 의미하는 것은?

> • 모듈 간 통신 방식을 구현하기 위해 사용되는 대표적인 프로그래밍 인터페이스 집합이다.
> • 복수의 프로세스를 수행하며 이뤄지는 프로세스 간 통신까지 구현이 가능하다.
> • 대표적인 메소드로 Shared Memory, Socket, Semaphores 등이 있다.

① IPC(Inter-Process Communication)
② API(Application Interface)
③ Spring
④ ORM(Object-Relational Mapping)

> 모듈 간 통신 방식을 구현하기 위해 사용되는 대표적인 프로그래밍 인터페이스 집합을 IPC(Inter-Process Communication)라고 합니다.

▶ 정답 : 1. ② 2. ④ 3. ④ 4. ② 5. ② 6. ①

SECTION 035 단위 모듈 테스트

1 단위 모듈 테스트의 개요

단위 모듈 테스트는 프로그램의 단위 기능을 구현하는 모듈이 정해진 기능을 정확히 수행하는지 검증하는 것이다.

- 단위 모듈 테스트는 단위 테스트(Unit Test)라고도 하며, 화이트박스 테스트*와 블랙박스 테스트* 기법을 사용한다.
- 단위 모듈 테스트를 수행하기 위해서는 모듈을 단독적으로 실행할 수 있는 환경과 테스트에 필요한 데이터가 모두 준비되어야 한다.
- 모듈의 통합 이후에는 오랜 시간 추적해야 발견할 수 있는 에러들도 단위 모듈 테스트를 수행하면 쉽게 발견하고 수정할 수 있다.
- 단위 모듈 테스트의 기준은 단위 모듈에 대한 코드이므로 시스템 수준의 오류는 잡아낼 수 없다.

> **전문가의 조언**
> 테스트 케이스의 개념을 이해하고 테스트 수행 과정을 확실히 파악하고 넘어가세요.
>
> **화이트박스/블랙박스 테스트**
> 화이트박스 테스트는 모듈의 소스 코드를 오픈시킨 상태에서 소스 코드의 모든 논리적인 경로를 테스트하는 방법이며, 블랙박스 테스트는 소프트웨어가 수행할 특정 기능이 완전히 작동되는 것을 입증하는 테스트입니다. 자세한 내용은 Section 046을 참조하세요.

2 테스트 케이스(Test Case) ^{21.3}

테스트 케이스는 구현된 소프트웨어가 사용자의 요구사항을 정확하게 준수했는지를 확인하기 위해 설계된 입력 값, 실행 조건, 기대 결과 등으로 구성된 테스트 항목에 대한 명세서로, 명세 기반 테스트*의 설계 산출물에 해당된다.

- 단위 모듈을 테스트하기 전에 테스트에 필요한 입력 데이터, 테스트 조건, 예상 결과 등을 모아 테스트 케이스를 만든다.
- 테스트 케이스를 이용하지 않고 수행하는 직관적인 테스트는 특정 요소에 대한 검증이 누락되거나 불필요한 검증의 반복으로 인해 인력과 시간을 낭비할 수 있다.
- ISO/IEC/IEEE 29119-3 표준에 따른 테스트 케이스의 구성 요소는 다음과 같다.

식별자(Identifier)	항목 식별자, 일련번호
테스트 항목(Test Item)	테스트 대상(모듈 또는 기능)
입력 명세(Input Specification)	입력 데이터 또는 테스트 조건
출력 명세(Output Specification)	테스트 케이스 수행 시 예상되는 출력 결과
환경 설정(Environmental Needs)	필요한 하드웨어나 소프트웨어의 환경
특수 절차 요구 (Special Procedure Requirement)	테스트 케이스 수행 시 특별히 요구되는 절차
의존성 기술 (Inter-case Dependencies)	테스트 케이스 간의 의존성

> **전문가의 조언**
> - 테스트 케이스는 모듈이 올바르게 작성되었는지 확인하기 위해 모듈에 입력될 수 있는 여러 값과 예상 결과들을 나열하여 목록을 만드는 과정입니다.
> - 테스트 케이스에 포함되는 항목에 대한 문제가 출제되었습니다. 테스트 케이스는 입력 데이터, 테스트 조건, 예상 결과 등을 모아 만든다는 것을 기억하세요.
>
> **명세 기반 테스트**
> 명세 기반 테스트는 사용자의 요구사항에 대한 명세를 빠짐없이 테스트 케이스로 구현하고 있는지 확인하는 것으로, 테스트의 수행 증거로도 활용됩니다.

③ 테스트 프로세스

테스트 프로세스는 테스트를 위해 수행하는 모든 작업들이 테스트의 목적과 조건을 달성할 수 있도록 도와주는 과정이다.

테스트 프로세스 5단계

❶ 계획 및 제어 단계 : 테스트 목표를 달성하기 위한 계획을 수립하고, 계획대로 진행되도록 제어하는 단계

❷ 분석 및 설계 단계 : 테스트 목표를 구체화하여 테스트 시나리오*와 테스트 케이스를 작성하는 단계

❸ 구현 및 실현 단계
- 효율적인 테스트 수행을 위해 테스트 케이스들을 조합하여 테스트 프로시저*에 명세하는 단계이다.
- 모듈의 환경에 적합한 단위 테스트 도구를 이용하여 테스트를 수행하는 단계이다.

❹ 평가 단계 : 테스트가 계획과 목표에 맞게 수행되었는지 평가하고 기록하는 단계

❺ 완료 단계 : 이후의 테스트를 위한 참고 자료 및 테스트 수행에 대한 증거 자료로 활용하기 위해 수행 과정과 산출물을 기록 및 저장하는 단계

테스트 시나리오(Test Scenario)
테스트 시나리오는 테스트 케이스를 적용하는 순서에 따라 여러 개의 테스트 케이스들을 묶은 집합으로, 테스트 케이스들을 적용하는 구체적인 절차를 명세한 문서를 말합니다.

테스트 프로시저(Test Procedure)
테스트 프로시저는 테스트 케이스의 실행 순서를 의미하며, 테스트 스크립트(Test Script)라고도 불립니다.

 기출문제 따라잡기

21년 3월

1. 테스트 케이스에 일반적으로 포함되는 항목이 아닌 것은?

① 테스트 조건
② 테스트 데이터
③ 테스트 비용
④ 예상 결과

> 단위 모듈을 테스트하기 전에 테스트에 필요한 입력 데이터, 테스트 조건, 예상 결과 등을 모아 테스트 케이스를 만듭니다.

출제예상

2. 다음 중 단위 테스트(Unit Test)에 대한 설명으로 옳은 것은?

① 특별한 환경과 데이터를 갖추지 않아도 테스트가 가능하다.
② 시스템 수준의 오류를 찾아내는데 적합한 테스트이다.
③ 모듈이 의도한 기능을 정확히 수행하는지 확인하기 위한 테스트이다.
④ 서브시스템 단위의 테스트를 의미한다.

> 단위 테스트는 테스트 케이스를 작성하여 모듈 수준의 오류를 찾아내는 테스트 기법입니다.

기출문제 따라잡기

출제예상
3. 단위 모듈 테스트를 위한 테스트 케이스(Test Case)에 대한 설명으로 가장 거리가 먼 것은?

① 테스트 케이스 작성에 대한 표준은 ISO/IEC/IEEE 29119에 정의되어 있다.
② 테스트에 필요한 입력 데이터, 조건, 예상 결과 등을 문서화시킨 것이다.
③ 테스트 케이스 작성 없이 테스트를 수행하는 경우 특정 요소에 대한 검증이 누락될 수 있다.
④ 테스트 케이스는 프로젝트를 장기화하는 요인에 해당하기 때문에 적절히 수행해야 한다.

테스트 케이스를 이용하지 않는 직관적인 테스트는 검증의 누락이나 반복으로 인해 인력과 시간을 낭비할 수 있습니다.

출제예상
4. ISO/IEC/IEEE 29119-3 표준에 따른 테스트 케이스의 구성 요소에 해당하지 않는 것은?

① Test Item
② Input Specification
③ Output Specification
④ Expected Result Value

Expected Result Value는 예상 결과값이라는 의미로, 테스트 케이스 수행 시 예상 결과값은 Output Specification에 기입합니다.

출제예상
5. 단위 모듈의 테스트 과정 중 계획/제어 단계에 대한 설명으로 가장 적합한 것은?

① 테스트 시나리오와 케이스를 작성하는 단계
② 효율적인 테스트 수행을 위해 테스트 케이스를 조합하고, 프로시저를 명세하는 단계
③ 테스트 수행 과정 중의 산출물을 기록 및 저장하는 단계
④ 테스트에 대한 계획을 수립하고, 테스트가 계획대로 진행될 수 있도록 제어하는 단계

계획 및 제어 단계는 테스트에 대한 계획을 수립하고, 테스트가 계획대로 진행될 수 있도록 제어하는 단계를 의미합니다.

출제예상
6. 단위 모듈의 테스트를 위한 테스트 프로세스 5단계 중 다음 설명에 해당하는 것은?

- 효율적인 테스트 수행을 위해 테스트 케이스들을 조합한다.
- 조합된 테스트 케이스들을 테스트 프로시저에 명세하여 테스트 수행을 준비한다.
- JUnit, CUnit, NUnit 등의 단위 테스트 도구를 사용하여 테스트를 수행한다.

① 계획/제어
② 분석/설계
③ 구현/실행
④ 평가

효율적인 테스트 수행을 위해 테스트 케이스들을 조합하는 단계는 구현 및 실행 단계입니다.

출제예상
7. 단위 모듈 테스트에 대한 설명 중 가장 옳지 않은 것은?

① 블랙박스 테스트 기법 외에는 사용이 불가능하다.
② 모듈 통합 이후에는 찾기 어려운 에러들을 간단히 찾을 수 있도록 해준다.
③ 단위 모듈에 대한 코드이므로 시스템 수준의 오류들을 찾아내기는 어렵다.
④ 테스트 케이스를 활용하여 수행할 수 있다.

단위 모듈 테스트는 화이트박스 테스트나 블랙박스 테스트 기법을 사용할 수 있습니다.

▶ 정답 : 1. ③ 2. ③ 3. ④ 4. ④ 5. ④ 6. ③ 7. ①

SECTION 036 개발 지원 도구

전문가의 조언

- 통합 개발 환경은 공구함과 비교하면 이해가 쉽습니다. 무언가 만들고, 수리하는데 필요한 망치, 못, 본드, 드라이버 등 모든 공구들을 모아둔 상자와 같죠.
- 통합 개발 환경 도구의 특징과 기능에 대한 문제가 출제되었습니다. 컴파일을 중심으로 통합 개발 환경 도구의 기능들을 정리하세요.

① 통합 개발 환경(IDE; Integrated Development Environment) 25.2, 23.7, 23.5, 22.4

통합 개발 환경은 코딩, 디버그, 컴파일, 배포 등 프로그램 개발과 관련된 모든 작업을 하나의 프로그램에서 처리할 수 있도록 제공하는 소프트웨어적인 개발 환경을 말한다.

- 기존 소프트웨어 개발에서는 편집기(Editor), 컴파일러(Compiler), 디버거(Debugger) 등의 다양한 툴을 별도로 사용했으나 현재는 하나의 인터페이스로 통합하여 제공한다.
- 통합 개발 환경 도구는 통합 개발 환경을 제공하는 소프트웨어를 의미한다.
- 통합 개발 환경을 지원하는 도구는 플랫폼, 운영체제, 언어별로 다양하게 존재하며, 대표적인 도구는 다음과 같다.

프로그램	개발사	플랫폼	운영체제	지원 언어
이클립스(Eclipse)	Eclipse Foundation, IBM	크로스 플랫폼*	Windows, Linux, MacOS 등	Java, C, C++, PHP, JSP, Python 등
비주얼 스튜디오 (Visual Studio)	Microsoft	Win32, Win64	Windows	Basic, C, C++, Python 등
엑스 코드(Xcode)	Apple	Mac, iPhone	MacOS, iOS	C, C++, C# Java, Python, AppleScript 등
안드로이드 스튜디오 (Android Studio)	Google	Android	Windows, Linux, MacOS	Java, C, C++
IDEA	JetBrains (이전 IntelliJ)	크로스 플랫폼	Windows, Linux, MacOS	Java, JSP, XML, Go, Kotlin, PHP 등

크로스 플랫폼(Cross Platform)

크로스 플랫폼은 여러 종류의 시스템에서 공통으로 사용될 수 있는 소프트웨어, 멀티 플랫폼(Multiple Platform)이라고도 불립니다.

- 통합 개발 환경 도구의 대표적인 기능은 다음과 같다.

코딩(Coding)	C, JAVA, Python 등의 프로그래밍 언어로 프로그램을 작성하는 기능이다.
컴파일(Compile)	개발자가 작성한 고급 언어로 된 프로그램을 컴퓨터가 이해할 수 있는 목적 프로그램으로 번역하여 컴퓨터에서 실행 가능한 형태로 변환하는 기능이다.
디버깅(Debugging)	소프트웨어나 하드웨어의 오류나 잘못된 동작, 즉 버그(Bug)를 찾아 수정하는 기능이다.
배포(Deployment)	소프트웨어를 사용자에게 전달하는 기능이다.

② 빌드 도구 23.5, 22.3

빌드는 소스 코드 파일들을 컴퓨터에서 실행할 수 있는 제품 소프트웨어로 변환하는 과정 또는 결과물을 말한다.

- 빌드 도구는 소스 코드를 소프트웨어로 변환하는 과정에 필요한 전처리(Preprocessing)*, 컴파일(Compile) 등의 작업들을 수행하는 소프트웨어를 말한다.
- 대표적인 도구로는 Ant, Maven, Gradle 등이 있다.

Ant (Another Neat Tool)	• 아파치 소프트웨어 재단(Apache Software Foundation)에서 개발한 소프트웨어로, 자바 프로젝트의 공식적인 빌드 도구로 사용되고 있다. • XML* 기반의 빌드 스크립트를 사용하며, 자유도와 유연성이 높아 복잡한 빌드 환경에도 대처가 가능하다. • 정해진 규칙이나 표준이 없어 개발자가 모든 것을 정의하며, 스크립트의 재사용이 어렵다.
Maven	• Ant와 동일한 아파치 소프트웨어 재단에서 개발된 것으로, Ant의 대안으로 개발되었다. • 규칙이나 표준이 존재하여 예외 사항만 기록하면 되며, 컴파일과 빌드를 동시에 수행할 수 있다. • 의존성(Dependency)*을 설정하여 라이브러리*를 관리한다.
Gradle	• 기존의 Ant와 Maven을 보완하여 개발된 빌드 도구이다. • 한스 도커(Hans Dockter) 외 6인의 개발자가 모여 공동 개발하였다. • 안드로이드 스튜디오의 공식 빌드 도구로 채택된 소프트웨어이다. • Maven과 동일하게 의존성을 활용하며, 그루비(Groovy)* 기반의 빌드 스크립트를 사용한다.

③ 기타 협업 도구

협업 도구는 개발에 참여하는 사람들이 서로 다른 작업 환경에서 원활히 프로젝트를 수행할 수 있도록 도와주는 도구(Tool)로, 협업 소프트웨어, 그룹웨어(Groupware) 등으로도 불린다.

- 협업 도구의 종류

프로젝트 및 일정 관리	• 전체 프로젝트와 개별 업무들의 진행 상태, 일정 등을 공유하는 기능을 제공한다. • 종류 : 구글 캘린더(Google Calendar), 분더리스트(Wunderlist), 트렐로(Trello), 지라(Jira), 플로우(Flow) 등
정보 공유 및 커뮤니케이션	• 주제별로 구성원들을 지목하여 방을 개설한 후 정보를 공유하고 대화하는 것이 가능하다. • 파일 관리가 간편하고, 의사소통이 자유로운 것이 특징이다. • 종류 : 슬랙(Slack), 잔디(Jandi), 태스크월드(Taskworld) 등
디자인	• 디자이너가 설계한 UI나 이미지의 정보들을 코드화하여 개발자에게 전달하는 기능을 제공한다. • 종류 : 스케치(Sketch), 제플린(Zeplin) 등
기타	• 아이디어 공유에 사용되는 에버노트(Evernote) • API를 문서화하여 개발자들 간 협업을 도와주는 스웨거(Swagger) • 깃(Git)의 웹호스팅 서비스인 깃허브(GitHub)

전문가의 조언

단순히 빌드 도구가 아닌 것을 찾는 문제가 출제되었습니다. 대표적인 빌드 도구에는 Ant, Maven, Gradle이 있다는 것을 기억하고, 각 도구를 구분할 수 있도록 특징을 정리하세요.

전처리(Preprocessing)
전처리는 컴파일에 앞서 코드에 삽입된 주석을 제거하거나 매크로들을 처리하는 과정을 말합니다.

XML
XML은 W3C(World Wide Web Consortium)가 채택한 인터넷 표준 언어로, 인터넷 환경에 적합하도록 구성된 메타 언어입니다.
※ 메타 언어 : 프로그램 언어의 규칙을 기술하는데 사용하는 언어

의존성(Dependency)
Maven이나 Gradle에서 라이브러리를 관리할 때 사용하는 명령어로, 빌드 스크립트 안에 사용하고자 하는 라이브러리를 〈dependency〉 예약어로 등록하면, 빌드 수행 시 인터넷상의 라이브러리 저장소에서 해당 라이브러리를 찾아 코드에 추가해 줍니다.

라이브러리(Library)
라이브러리는 개발 편의를 위해 자주 사용되는 코드, API, 클래스, 값, 자료형 등의 다양한 자원들을 모아놓은 것을 의미합니다.

그루비(Groovy)
그루비는 자바를 기반으로 여러 프로그래밍 언어들의 장점을 모아 만들어진 동적 객체지향 프로그래밍 언어입니다.

기출문제 따라잡기

문제2 2404552

23년 5월

1. 소프트웨어나 하드웨어의 오류나 잘못된 동작 등을 찾아 수정하는 기능은?

① Coding ② Compile
③ Debugging ④ Deployment

소프트웨어나 하드웨어의 오류나 잘못된 동작 등을 찾아 수정하는 기능을 디버깅(Debugging)이라고 합니다.

23년 7월, 22년 4월

2. IDE(Integrated Development Environment) 도구의 각 기능에 대한 설명으로 틀린 것은?

① Coding – 프로그래밍 언어를 가지고 컴퓨터 프로그램을 작성할 수 있는 환경을 제공
② Compile – 저급 언어의 프로그램을 고급 언어 프로그램으로 변환하는 기능
③ Debugging – 프로그램에서 발견되는 버그를 찾아 수정할 수 있는 기능
④ Deployment – 소프트웨어를 최종 사용자에게 전달하기 위한 기능

컴파일(Compile)은 고급 언어로 작성한 프로그램을 컴퓨터가 이해할 수 있는 기계어(저급 언어)로 변환하는 기능입니다.

25년 2월, 23년 5월

3. 통합 개발 환경(IDE)에 대한 설명으로 옳지 않은 것은?

① 프로그램 개발과 관련된 모든 작업을 하나의 프로그램에서 처리할 수 있도록 제공하는 소프트웨어적인 개발 환경을 말한다.
② 통합 개발 환경 도구의 기능에는 코딩, 컴파일, 디버깅 등이 있다.
③ C, JAVA 등의 다양한 프로그래밍 언어로 프로그램을 작성하는 기능을 지원한다.
④ Python과 같은 인터프리터 언어로 프로그램을 작성하는 기능은 지원하지 않는다.

통합 개발 환경(IDE)은 Python과 같은 인터프리터 언어로 프로그램을 작성하는 기능도 지원합니다.

출제예상

4. 개발 지원 도구 중 다음 설명에 해당하는 소프트웨어는?

- 안드로이드 스튜디오의 공식 빌드 도구이다.
- 의존성(Dependency)을 활용하여 라이브러리를 관리한다.
- 동적 객체지향 프로그래밍 언어 Groovy를 빌드 스크립트로 사용한다.

① Ant ② Maven
③ Zeplin ④ Gradle

Gradle은 Groovy를 이용한 빌드 자동화 도구입니다.

23년 5월, 22년 3월

5. 개발 환경 구성을 위한 빌드(Build) 도구에 해당하지 않는 것은?

① Ant ② Kerberos
③ Maven ④ Gradle

빌드 도구에는 Ant, Maven, Gradle 등이 있습니다.

▶ 정답 : 1. ③ 2. ② 3. ④ 4. ④ 5. ②

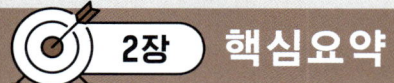

034 단위 모듈 구현

❶ 단위 모듈(Unit Module)의 개요
- 소프트웨어 구현에 필요한 여러 동작 중 한 가지 동작을 수행하는 기능을 모듈로 구현한 것이다.
- 단위 기능 명세서 : 설계 과정에서 작성하는 기능 및 코드 명세서나 설계 지침과 같이 단위 기능을 명세화한 문서들을 의미함
- 입·출력 기능 구현 : 단위 기능 명세서에서 정의한 데이터 형식에 따라 입·출력 기능을 위한 알고리즘 및 데이터를 구현함
- 알고리즘 구현 : 입·출력 데이터를 바탕으로 단위 기능별 요구 사항들을 구현 가능한 언어를 이용하여 모듈로 구현함

❷ IPC(Inter-Process Communication)
- 모듈 간 통신 방식을 구현하기 위해 사용되는 대표적인 프로그래밍 인터페이스 집합이다.
- 복수의 프로세스를 수행하며 이뤄지는 프로세스 간 통신까지 구현이 가능하다.

036 개발 지원 도구

❶ 통합 개발 환경(IDE; Integrated Development Environment)
코딩, 디버그, 컴파일, 배포 등 프로그램 개발과 관련된 모든 작업을 하나의 프로그램에서 처리할 수 있도록 제공하는 소프트웨어적인 개발 환경을 말한다.

❷ 통합 개발 환경 도구의 기능
- 코딩(Coding) : C, JAVA, Python 등의 프로그래밍 언어로 프로그램을 작성하는 기능
- 컴파일(Compile) : 개발자가 작성한 고급 언어로 된 프로그램을 컴퓨터가 이해할 수 있는 목적 프로그램으로 번역하여 컴퓨터에서 실행 가능한 형태로 변환하는 기능
- 디버깅(Debugging) : 소프트웨어나 하드웨어의 오류나 잘못된 동작, 즉 버그(Bug)를 찾아 수정하는 기능
- 배포(Deployment) : 소프트웨어를 사용자에게 전달하는 기능

❸ 빌드 도구의 종류
- Ant
- Maven
- Gradle

035 단위 모듈 테스트

❶ 테스트 케이스의 구성 요소
- 식별자 : 항목 식별자, 일련번호
- 테스트 항목 : 테스트 대상(모듈 또는 기능)
- 입력 명세 : 입력 데이터 또는 테스트 조건
- 출력 명세 : 테스트 케이스 수행 시 예상되는 출력 결과
- 환경 설정 : 필요한 하드웨어나 소프트웨어의 환경
- 특수 절차 요구 : 테스트 케이스 수행 시 특별히 요구되는 절차
- 의존성 기술 : 테스트 케이스 간의 의존성

합격수기 코너는 시나공으로 공부하신 독자분들이 시험에 합격하신 후에 직접 **시나공 홈페이지(sinagong.co.kr)**에 올려주신 자료를 토대로 구성됩니다.

시나공만 있다면 누구나 독학으로 합격!

안녕하세요. 저는 워드프로세서와 정보처리 시험에 합격했습니다.
다른 사람들은 학원을 다니면서 공부한다고 하지만 절~~대!! 그럴 필요 없습니다.
시나공만 있다면 독학으로도 충분합니다!
두 자격증 모두 시나공으로 독학해서 취득했습니다(참고로 저는 컴퓨터에 관한 한 정말 무지하답니다. 그냥 남들처럼 인터넷하고 리포트 작성하는 정도가 전부지요).
우선 저는 제가 직접 책을 고르는 편이라 학교 도서관에 있는 관련 서적을 쭉~훑어보기도 하고 인터넷에서 추천 도서를 검색한 끝에 시나공을 선택했습니다.
시나공의 좋은 점은 부분별(섹션별)로 중요도에 따라 4단계로 나누어져 있고 보기에도 아~주 편리하게 편집되어 있다는 것입니다.
특히 본문 옆에는 전문가의 조언이라는 코너를 두어 시험에 대한 Tip을 알려주고 있고, 본문 다음에는 기출문제가 있어 바로 바로 실전에 대비할 수 있게 구성되어 있습니다. 또 기출문제집이 따로 부록으로 제공되어 제공되는 내용 정도만 풀어도 합격할 수 있을 것입니다(인터넷에서 미리 뽑아두었던 기출... 이면지 처리됐습니다).
저의 경우 책의 내용은 다 볼 수가 없어서 A등급과 B등급만 조금 읽어 보고 기출문제 3, 4회 정도 풀면서 틀린 거 다시 이론 읽어 보고, 시험장에 들어갔습니다(시험 시간은 꼭 엄수해야 한다는 것 잊지 마세요).
정말 컴퓨터와 친하지 않은 제가 시나공 몇 번 읽어 보고 한 번에 합격한 걸 보면, 여러분들도 다 합격할 수 있을 것이라 생각합니다. ^^
수험생 여러분 모두 힘내세요. 아자!

유미 • rmwj

3장 제품 소프트웨어 패키징

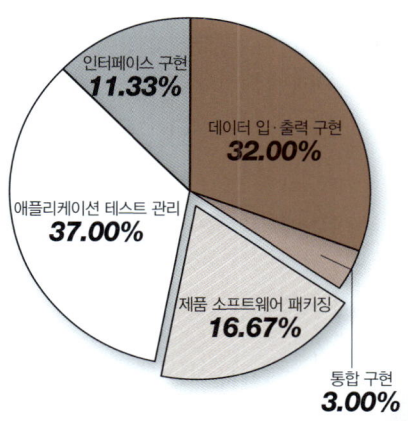

037 소프트웨어 패키징 Ⓑ등급
038 디지털 저작권 관리(DRM) Ⓐ등급
039 소프트웨어 설치 매뉴얼 작성 Ⓒ등급
040 소프트웨어 사용자 매뉴얼 작성 Ⓒ등급
041 소프트웨어 버전 등록 Ⓐ등급
042 소프트웨어 버전 관리 도구 Ⓒ등급
043 빌드 자동화 도구 Ⓒ등급

꼭 알아야 할 키워드 　Best 10

1. 소프트웨어 패키징　2. DRM　3. 소프트웨어 설치 매뉴얼　4. 소프트웨어 사용자 매뉴얼　5. 형상 관리　6. 체크인　7. RCS
8. 분산 저장소 방식　9. Jenkins　10. Gradle

SECTION 037 소프트웨어 패키징

전문가의 조언

- 일반적으로 패키징(Packaging)이란 관련된 것들을 하나로 묶는 것을 말하며, 소프트웨어 패키징이란 기능별로 생성한 실행 파일들을 묶어 배포용 설치 파일을 만드는 것을 의미합니다.
- 소프트웨어 패키징의 특징을 묻는 문제가 출제되었습니다. 소프트웨어 패키징은 사용자를 중심으로 진행한다는 것을 기억해 두세요.

모듈화(Modularity)

모듈화란 소프트웨어의 성능을 향상시키거나 시스템의 수정 및 재사용, 유지 관리 등이 용이하도록 시스템을 각 기능별로 나누는 것을 말합니다.

전문가의 조언

소프트웨어 패키징 시 고려사항에 대한 문제가 출제되었습니다. 소프트웨어 패키징 시 여러 콘텐츠 및 단말기 간 연동을 고려해야 한다는 것을 기억하세요.

UI(User Interface)

여기서의 UI는 사용자가 소프트웨어를 사용하면서 접하게 되는 다양한 화면을 의미합니다.

Managed Service

Managed Service는 고객이 사용 중인 소프트웨어를 24시간 모니터링하면서 문제 발생 시 현장에 바로 출동하여 필요한 점검을 수행하는 등의 체계적인 운영 관리와 유지 보수를 수행하는 서비스입니다.

전문가의 조언

최근에는 Eclipse, Visual Studio, Xcode, Android Studio 등의 IDE 도구가 프로그램 코딩부터 배포까지 대부분의 과정을 지원하며, 별도의 버전 관리 프로그램을 연동하면 버전 관리 작업까지도 지원하기 때문에 별도의 패키징 도구를 사용하지 않습니다. 패키징된 소프트웨어는 사용자가 직접 다운받아 설치할 수 있도록 웹 사이트나 앱 스토어 등에 등록되어 배포됩니다.

1. 소프트웨어 패키징의 개요

25.2, 23.2, 22.7, 22.3, 21.5

소프트웨어 패키징이란 모듈별로 생성한 실행 파일들을 묶어 배포용 설치 파일을 만드는 것을 말한다.

- 개발자가 아니라 사용자를 중심으로 진행한다.
- 소스 코드는 향후 관리를 고려하여 모듈화*하여 패키징한다.
- 사용자가 소프트웨어를 사용하게 될 환경을 이해하여, 다양한 환경에서 소프트웨어를 손쉽게 사용할 수 있도록 일반적인 배포 형태로 패키징한다.

2. 패키징 시 고려사항

24.2, 20.9, 20.8, 20.6

- 사용자의 시스템 환경, 즉 운영체제(OS), CPU, 메모리 등에 필요한 최소 환경을 정의한다.
- UI(User Interface)*는 사용자가 눈으로 직접 확인할 수 있도록 시각적인 자료와 함께 제공하고 매뉴얼과 일치시켜 패키징한다.
- 소프트웨어는 단순히 패키징하여 배포하는 것으로 끝나는 것이 아니라 하드웨어와 함께 관리될 수 있도록 Managed Service* 형태로 제공하는 것이 좋다.
- 사용자에게 배포되는 소프트웨어이므로 내부 콘텐츠에 대한 암호화 및 보안을 고려한다.
- 다른 여러 콘텐츠 및 단말기 간 DRM(디지털 저작권 관리) 연동을 고려한다.
- 사용자의 편의성을 위한 복잡성 및 비효율성 문제를 고려한다.
- 제품 소프트웨어 종류에 적합한 암호화 알고리즘을 적용한다.

3. 패키징 작업 순서

패키징 주기는 소프트웨어 개발 기법에 따라 달라지는데, 짧은 개발 주기를 반복하는 애자일 기법인 경우에는 보통 2 ~ 4주 내에서 지정하며, 각 주기가 끝날 때마다 패키징을 수행한다.

- 프로젝트 개발 과정에서 주기별로 패키징한 결과물은 테스트 서버에 배포한다.
- 마지막 개발 과정을 거쳐 최종 패키징한 결과물은 고객이 사용할 수 있도록 온라인 또는 오프라인으로 배포한다.
  - 온라인 배포 : 별도로 마련한 운영 서버에 설치 및 사용 매뉴얼과 함께 배포 파일을 등록하여 고객이 직접 다운받아 사용할 수 있도록 한다.
  - 오프라인 배포 : CD-ROM이나 DVD, USB 등에 설치 및 사용 매뉴얼과 함께 배포 파일을 담는다.

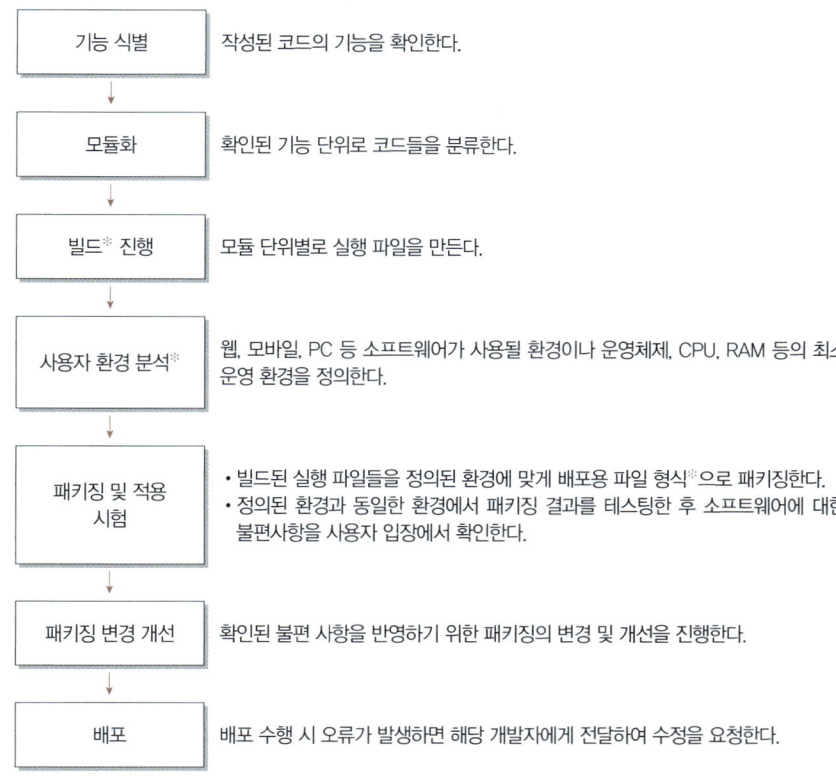

빌드(Build)
빌드는 소스 코드 파일들을 컴퓨터에서 실행할 수 있는 제품 소프트웨어로 변환하는 과정 또는 결과물을 말합니다.

사용자 환경 분석
사용자 실행 환경은 운영체제(OS), 시스템 사양, 사용 방법 등을 최대한 자세하게 구분하여 미리 정의해 놓아야 하며, 실행 환경이 다양한 경우에는 각 환경별로 배포본을 만들기 위해 여러 번의 패키징을 수행해야 합니다. 예를 들면, Windows 10 운영체제는 32비트와 64비트를 선택하여 설치할 수 있도록 Win10_32bit.msi와 Win10_64bit.msi 두 가지 버전으로 패키징하여 배포됩니다.

주요 배포용 파일 형식
- msi : Windows용 패키지 형식
- dmg : Mac OS용 패키지 형식
- jar : java 응용 소프트웨어나 라이브러리를 배포하기 위한 패키지 형식
- war : java Servlet, java Class, xml 및 웹 애플리케이션 서비스를 제공하기 위한 패키지 형식
- ear : jar와 war를 묶어 하나의 애플리케이션 서비스를 제공할 수 있는 패키지 형식
- apk : 안드로이드용 앱 패키지 형식
- ipa : iOS용 앱 패키지 형식

 기출문제 따라잡기
문제2 2404652

24년 2월, 20년 9월, 8월, 6월
1. 소프트웨어 패키징 도구 활용 시 고려사항으로 틀린 것은?
① 반드시 내부 콘텐츠에 대한 암호화 및 보안을 고려한다.
② 보안을 위하여 이기종 연동을 고려하지 않아도 된다.
③ 사용자 편의성을 위한 복잡성 및 비효율성 문제를 고려한다.
④ 제품 소프트웨어 종류에 적합한 암호화 알고리즘을 적용한다.

패키징 도구를 활용하여 패키징 할 때는 다른 여러 콘텐츠 및 단말기 간 연동을 고려해야 합니다.

25년 2월, 23년 2월, 22년 7월, 3월, 21년 5월
2. 소프트웨어 패키징에 대한 설명으로 틀린 것은?
① 패키징은 개발자 중심으로 진행한다.
② 신규 및 변경 개발소스를 식별하고, 이를 모듈화하여 상용제품으로 패키징 한다.
③ 고객의 편의성을 위해 매뉴얼 및 버전관리를 지속적으로 한다.
④ 범용 환경에서 사용이 가능하도록 일반적인 배포 형태로 패키징이 진행된다.

소프트웨어를 설계하거나 개발할 때 그리고 개발된 소프트웨어를 패키징 할 때까지도 모든 과정에서 가장 먼저 고려되어야 할 대상은 소프트웨어를 사용할 사용자입니다.

▶ 정답 : 1. ② 2. ①

SECTION 038 디지털 저작권 관리(DRM)

전문가의 조언

소프트웨어는 고객이 쉽게 설치하고 편리하게 사용할 수 있도록 제공하는 것도 중요하지만 소프트웨어에 대한 불법 사용이나 복제 등을 방지하기 위한 암호화 및 보안 기능을 부가하여 제공해야 합니다. 이번 섹션에서는 소프트웨어를 안전하게 유통할 수 있도록 도와주는 디지털 저작권 관리(DRM) 기술에 대해 학습합니다. 저작권의 개념과 디지털 저작권 관리(DRM)에서 사용되는 용어들을 확실히 정리하고 넘어가세요.

1 저작권의 개요

저작권이란 소설, 시, 논문, 강연, 연술, 음악, 연극, 무용, 회화, 서예, 건축물, 사진, 영상, 지도, 도표, 컴퓨터 프로그램 저작물 등에 대하여 창작자가 가지는 배타적 독점적 권리로 타인의 침해를 받지 않을 고유한 권한이다.

- 컴퓨터 프로그램들과 같이 복제하기 쉬운 저작물에 대해 불법 복제 및 배포 등을 막기 위한 기술적인 방법을 통칭해 저작권 보호 기술이라고 한다.

2 ^{23.5, 22.4} 디지털 저작권 관리(DRM; Digital Right Management)의 개요

디지털 저작권 관리는 저작권자가 배포한 디지털 콘텐츠가 저작권자가 의도한 용도로만 사용되도록 디지털 콘텐츠의 생성, 유통, 이용까지의 전 과정에 걸쳐 사용되는 디지털 콘텐츠 관리 및 보호 기술이다.

- 원본 콘텐츠가 아날로그인 경우에는 디지털로 변환한 후 패키저(Packager)에 의해 DRM 패키징을 수행한다.
- 콘텐츠의 크기에 따라 음원이나 문서와 같이 크기가 작은 경우에는 사용자가 콘텐츠를 요청하는 시점에서 실시간으로 패키징을 수행하고, 크기가 큰 경우에는 미리 패키징을 수행한 후 배포한다.
- 패키징을 수행하면 콘텐츠에는 암호화된 저작권자의 전자서명이 포함되고 저작권자가 설정한 라이선스 정보가 클리어링 하우스(Clearing House)*에 등록된다.
- 사용자가 콘텐츠를 사용하기 위해서는 클리어링 하우스에 등록된 라이선스 정보를 통해 사용자 인증과 콘텐츠 사용 권한 소유 여부를 확인받아야 한다.
- 종량제 방식*을 적용한 소프트웨어의 경우 클리어링 하우스를 통해 서비스의 실제 사용량을 측정하여 이용한 만큼의 요금을 부과한다.

클리어링 하우스
(Clearing House)
- 클리어링 하우스는 디지털 저작권 라이선스의 중개 및 발급을 수행하는 곳으로, 디지털 저작물의 이용 내역을 근거로 저작권료의 정산 및 분배가 수행됩니다.
- 'Clearing'에는 '결제', '청산'이라는 의미도 있으므로 클리어링 하우스란 '결제가 이루어지는 곳'으로 해석할 수도 있습니다.

종량제 방식
종량제 방식이란 실제 사용한 양에 따라 요금을 차등 적용하는 방식을 말합니다.

③ 디지털 저작권 관리의 흐름 및 구성 요소

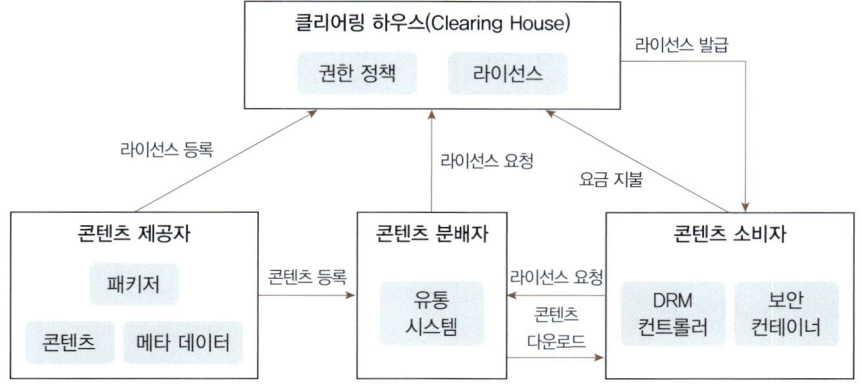

- **클리어링 하우스(Clearing House)** : 저작권에 대한 사용 권한, 라이선스 발급, 암호화된 키 관리, 사용량에 따른 결제 관리 등을 수행하는 곳
- **콘텐츠 제공자(Contents Provider)** : 콘텐츠를 제공하는 저작권자
- **패키저(Packager)** : 콘텐츠를 메타 데이터*와 함께 배포 가능한 형태로 묶어 암호화하는 프로그램
- **콘텐츠 분배자(Contents Distributor)** : 암호화된 콘텐츠를 유통하는 곳이나 사람
- **콘텐츠 소비자(Customer)** : 콘텐츠를 구매해서 사용하는 주체
- **DRM 컨트롤러(DRM Controller)** : 배포된 콘텐츠의 이용 권한을 통제하는 프로그램
- **보안 컨테이너(Security Container)** : 콘텐츠 원본을 안전하게 유통하기 위한 전자적 보안 장치

④ 디지털 저작권 관리의 기술 요소

디지털 저작권 관리를 위해 사용되는 기술은 다음과 같다.

구성 요소	설명
암호화(Encryption)	콘텐츠 및 라이선스를 암호화하고 전자 서명*을 할 수 있는 기술
키 관리(Key Management)	콘텐츠를 암호화한 키에 대한 저장 및 분배 기술
암호화 파일 생성(Packager)	콘텐츠를 암호화된 콘텐츠로 생성하기 위한 기술
식별 기술(Identification)	콘텐츠에 대한 식별 체계 표현 기술
저작권 표현(Right Expression)	라이선스의 내용 표현 기술
정책 관리(Policy Management)	라이선스 발급 및 사용에 대한 정책 표현 및 관리 기술
크랙* 방지(Tamper Resistance)	크랙에 의한 콘텐츠 사용 방지 기술
인증(Authentication)	라이선스 발급 및 사용의 기준이 되는 사용자 인증 기술

전문가의 조언

디지털 저작권 관리의 구성 요소를 묻는 문제가 출제되었습니다. 어떤 구성 요소를 말하는지 찾아낼 수 있도록 각각의 특징을 정리하고, 디지털 저작권 관리의 흐름을 파악해 두세요.

메타 데이터(Meta Data)
메타 데이터는 데이터에 대한 데이터, 즉 데이터에 대한 속성 정보 등을 설명하기 위한 데이터입니다.

전문가의 조언

디지털 저작권 관리 기술 요소에 대한 문제가 출제되었습니다. 보기 중에서 디지털 저작권 관리에 사용되는 기술이 아닌 것을 찾아낼 수 있도록 기술 요소들의 종류와 특징을 파악하고 있어야 합니다.

전자 서명(Digital Signature)
전자 서명이란 전자 문서의 변경 여부를 확인할 수 있도록 작성자의 고유 정보를 암호화하여 문서에 포함하는 기술을 말합니다.

크랙(Crack)
크랙이란 '깨다', '부수다'라는 의미 그대로 불법적인 방법으로 소프트웨어에 적용된 저작권 보호 기술을 해제하여 무단으로 사용할 수 있도록 하는 기술이나 도구를 말합니다.

기출문제 따라잡기

 문제2 2404852   문제6 2404856

출제예상
1. 다음이 설명하는 것은 무엇인가?

> 소설, 시, 논문, 강연, 연술, 음악, 연극, 무용, 회화, 서예, 건축물, 사진, 영상, 지도, 도표, 컴퓨터 프로그램 저작물 등에 대하여 창작자가 가지는 배타적 독점적 권리로 타인의 침해를 받지 않을 고유한 권한이다.

① 제작권   ② 사용권
③ 저작권   ④ 재산권

> 소설, 시 등 창작자가 가지는 배타적 독점적 권리를 저작권이라고 합니다.

21년 8월, 20년 9월
2. 저작권 관리 구성 요소에 대한 설명이 틀린 것은?
① 콘텐츠 제공자(Contents Provider) : 콘텐츠를 제공하는 저작권자
② 콘텐츠 분배자(Contents Distributor) : 콘텐츠를 메타 데이터와 함께 배포 가능한 단위로 묶는 기능
③ 클리어링 하우스(Clearing House) : 키 관리 및 라이선스 발급 관리
④ DRM 컨트롤러 : 배포된 콘텐츠의 이용 권한을 통제

> 콘텐츠 분배자는 암호화된 콘텐츠를 유통하는 곳이나 사람을 의미합니다.

24년 2월, 20년 9월, 8월
3. 디지털 저작권 관리(DRM) 기술과 거리가 먼 것은?
① 콘텐츠 암호화 및 키 관리
② 콘텐츠 식별 체계 표현
③ 콘텐츠 오류 감지 및 복구
④ 라이센스 발급 및 관리

> 디지털 저작권 관리에 사용되는 기술 요소가 아닌 것을 찾아낼 수 있어야 합니다.

25년 2월, 24년 5월, 23년 7월, 2월, 22년 7월, 21년 3월, 20년 6월
4. 디지털 저작권 관리(DRM)의 기술 요소가 아닌 것은?
① 크랙 방지 기술   ② 정책 관리 기술
③ 암호화 기술   ④ 방화벽 기술

> 방화벽 기술은 기업이나 조직 내부의 네트워크와 인터넷 간에 전송되는 정보를 선별하여 수용·거부·수정하는 침입 차단 시스템입니다.

21년 5월
5. 디지털 저작권 관리(DRM) 구성 요소가 아닌 것은?
① Dataware House   ② DRM Controller
③ Packager   ④ Contents Distributor

> 디지털 저작권 관리의 구성 요소는 데이터웨어 하우스(Dataware House)가 아니라 클리어링 하우스(Clearing House)입니다.

23년 5월, 22년 4월
6. DRM(Digital Rights Management)과 관련한 설명으로 틀린 것은?
① 디지털 콘텐츠와 디바이스의 사용을 제한하기 위해 하드웨어 제조업자, 저작권자, 출판업자 등이 사용할 수 있는 접근 제어 기술을 의미한다.
② 디지털 미디어의 생명 주기 동안 발생하는 사용 권한 관리, 과금, 유통 단계를 관리하는 기술로도 볼 수 있다.
③ 클리어링 하우스(Clearing House)는 사용자에게 콘텐츠 라이센스를 발급하고 권한을 부여해주는 시스템을 말한다.
④ 원본을 안전하게 유통하기 위한 전자적 보안은 고려하지 않기 때문에 불법 유통과 복제의 방지는 불가능하다.

> DRM은 콘텐츠를 안전하게 유통하기 위한 전자적 보안 장치인 보안 컨테이너(Security Container)를 통해 불법 유통과 복제를 방지할 수 있습니다.

▶ 정답 : 1.③ 2.② 3.③ 4.④ 5.① 6.④

SECTION 039 소프트웨어 설치 매뉴얼 작성

1 소프트웨어 설치 매뉴얼의 개요

소프트웨어 설치 매뉴얼은 개발 초기에서부터 적용된 기준이나 사용자가 소프트웨어를 설치하는 과정에 필요한 내용을 기록한 설명서와 안내서이다.

- 설치 매뉴얼은 사용자 기준으로 작성한다.
- 설치 시작부터 완료할 때까지의 전 과정을 빠짐없이 순서대로 설명한다.
- 설치 과정에서 표시될 수 있는 오류 메시지 및 예외 상황에 관한 내용을 별도로 분류하여 설명한다.
- 소프트웨어 설치 매뉴얼에는 목차 및 개요, 서문, 기본 사항 등이 기본적으로 포함되어야 한다.
- 소프트웨어 설치 매뉴얼의 목차에는 전체 설치 과정을 순서대로 요약한 후 관련 내용의 시작 페이지를 함께 기술한다.
- 소프트웨어 설치 매뉴얼의 개요에는 설치 매뉴얼의 주요 특징, 구성과 설치 방법, 순서 등의 내용을 기술한다.

전문가의 조언

이번 섹션에서는 사용자가 소프트웨어를 구매한 후 설치하는 과정에서 사용할 매뉴얼 작성 방법에 대해 학습합니다. 설치 매뉴얼에는 이를 보는 사용자를 기준으로 설치 과정에 대한 모든 내용이 순서대로 빠짐없이 수록되어야 한다는 것을 염두에 두고 읽어본다면 어렵지 않게 이해할 수 있는 내용들입니다. 가볍게 읽으면서 정리하세요.

2 서문

서문에는 문서 이력, 설치 매뉴얼의 주석, 설치 도구의 구성, 설치 환경 체크 항목을 기술한다.

- **문서 이력**

버전	작성자	작성일	검토자	일시	검수인
v0.1	박개발	2021-04-12	황종근	2021-04-15	박인식
변경 내용	최초 작성				
v1.1	홍진수	2021-04-25	황종근	2021-04-26	박인식
변경 내용	설치 초기 화면과 설치 완료 화면에 사용될 회사 로고 변경				

- **설치 매뉴얼의 주석** : 주의 사항과 참고 사항을 기술한다.
  - **주의 사항** : 소프트웨어를 설치할 때 사용자가 반드시 알고 있어야 하는 중요한 내용을 기술한다.
  - **참고 사항** : 설치에 영향을 미칠 수 있는 사용자의 환경이나 상황에 대한 내용을 기술한다.
- **설치 도구의 구성**
  - exe*, dll*, ini*, chm* 등의 설치 관련 파일에 대해 설명한다.
  - 폴더 및 설치 프로그램 실행 파일에 대해 설명한다.
  - 설치 과정 및 결과가 기록되는 log* 폴더에 대해 설명한다.

- **exe** : 실행 가능한(executable) 파일의 확장자
- **dll** : 장치의 드라이버 등 프로그램 설치 과정에서 필요한 경우 호출해서 사용하는 동적 링크 라이브러리(dynamic link library) 파일의 확장자
- **ini** : Windows 기반 컴퓨터의 기본 구성 값을 변경해야 하는 경우 사용되는 설정 초기화(initialization) 파일의 확장자
- **chm** : HTML(Microsoft Compiled HTML)로 구성된 도움말 파일의 확장자
- **log** : 프로그램이 실행되는 과정에서 발생하는 오류나 작업 결과 등이 기록된 파일로, 향후 문제 발생 시 이를 진단하기 위한 자료로 사용됨

• 설치 환경 체크 항목

항목	내용
사용자 환경	CPU, Memory, OS(운영체제) 등
응용 프로그램	설치 전 다른 응용 프로그램 종료
업그레이드 버전	업그레이드 이전 버전에 대한 존재 유무 확인
백업 폴더 확인	데이터 저장 폴더를 확인하여 설치 시 폴더를 동기화시킴

③ 기본 사항

25.2, 23.5, 21.3

소프트웨어와 관련하여 기본적으로 설명되어야 할 항목들은 다음과 같다.

항목	설명
25.2, 23.5, 21.3 소프트웨어 개요	• 소프트웨어의 주요 기능 및 UI* 설명 • UI 및 화면 상의 버튼, 프레임 등을 그림으로 설명
25.2, 23.5, 21.3 설치 관련 파일	• 소프트웨어 설치에 필요한 파일 설명 • exe, ini, log 등의 파일 설명
설치 아이콘(Installation)	설치 아이콘 설명
25.2, 23.5, 21.3 프로그램 삭제	설치된 소프트웨어의 삭제 방법 설명
관련 추가 정보	• 소프트웨어 이외의 관련 설치 프로그램 정보 • 소프트웨어 제작사 등의 추가 정보 기술

전문가의 조언

소프트웨어 설치 매뉴얼에 포함되어야 할 항목을 묻는 문제가 출제되었습니다. 표에 제시된 5가지 항목을 정확히 기억해 두세요.

UI(User Interface)
여기서의 UI는 사용자가 소프트웨어를 사용하면서 접하게 되는 다양한 화면을 의미합니다.

④ 설치 매뉴얼 작성 순서

소프트웨어 설치 매뉴얼은 다음과 같은 순서로 작성한다.

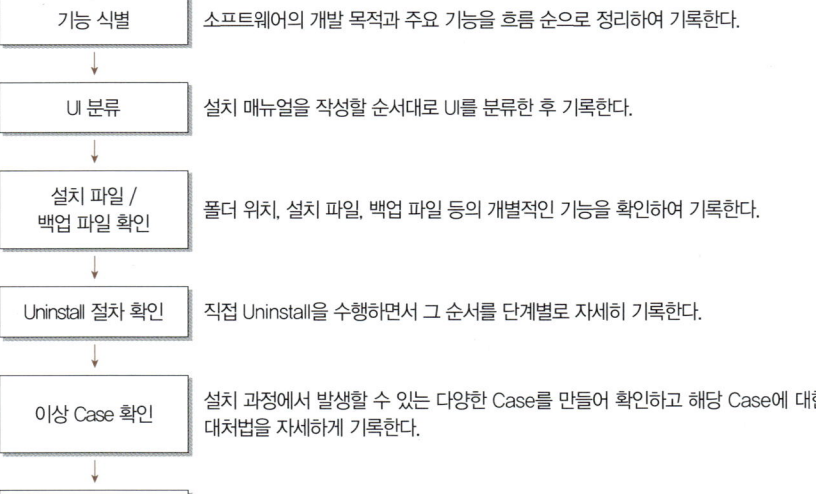

기능 식별 — 소프트웨어의 개발 목적과 주요 기능을 흐름 순으로 정리하여 기록한다.

UI 분류 — 설치 매뉴얼을 작성할 순서대로 UI를 분류한 후 기록한다.

설치 파일 / 백업 파일 확인 — 폴더 위치, 설치 파일, 백업 파일 등의 개별적인 기능을 확인하여 기록한다.

Uninstall 절차 확인 — 직접 Uninstall을 수행하면서 그 순서를 단계별로 자세히 기록한다.

이상 Case 확인 — 설치 과정에서 발생할 수 있는 다양한 Case를 만들어 확인하고 해당 Case에 대한 대처법을 자세하게 기록한다.

최종 매뉴얼 적용 — • 설치가 완료된 화면과 메시지를 캡쳐하여 추가한다.
• 완성된 매뉴얼을 검토하고 고객 지원에 대한 내용을 기록한다.

기출문제 따라잡기

20년 9월

1. 소프트웨어 설치 매뉴얼에 대한 설명으로 틀린 것은?

① 설치 과정에서 표시될 수 있는 예외 상황에 관련 내용을 별도로 구분하여 설명한다.
② 설치 시작부터 완료할 때까지의 전 과정을 빠짐없이 순서대로 설명한다.
③ 설치 매뉴얼은 개발자 기준으로 작성한다.
④ 설치 매뉴얼에는 목차, 개요, 기본 사항 등이 기본적으로 포함되어야 한다.

설치 매뉴얼을 보는 사람이 사용자이므로, 사용자 기준으로 작성해야 합니다.

25년 2월, 23년 5월, 21년 3월

2. 소프트웨어 설치 매뉴얼에 포함될 항목이 아닌 것은?

① 제품 소프트웨어 개요
② 설치 관련 파일
③ 프로그램 삭제
④ 소프트웨어 개발 기간

소프트웨어 설치 매뉴얼의 기본적인 포함 사항에는 소프트웨어 개요, 설치 관련 파일, 설치 아이콘, 프로그램 삭제, 관련 추가 정보 등이 있습니다.

▶ 정답 : 1. ③ 2. ④

SECTION 040 소프트웨어 사용자 매뉴얼 작성

전문가의 조언

이번 섹션에서는 사용자가 소프트웨어를 설치한 후 사용하는 과정에서 필요한 사용자 매뉴얼 작성 방법에 대해 학습합니다. 사용자 매뉴얼에는 사용자가 소프트웨어를 사용하면서 필요한 제반 사항이 모두 포함되도록 작성되어야 한다는 것을 염두에 두고 읽어본다면 어렵지 않게 이해할 수 있는 내용들입니다. 이번 섹션도 가볍게 읽으면서 정리하세요.

패치(Patch)
패치는 이미 제작하여 배포된 프로그램의 오류 수정이나 성능 향상을 위해 프로그램의 일부 파일을 변경하는 것을 말합니다.

컴포넌트(Component)
컴포넌트는 독립적인 업무 또는 기능을 수행하는 단위이며, 실행 코드 기반으로 작성된 모듈입니다.

컴포넌트 명세서
컴포넌트 명세서는 컴포넌트의 개요 및 내부 클래스의 동작, 외부와의 통신 명세 등을 정의한 문서입니다.

컴포넌트 설계서
컴포넌트 설계서는 컴포넌트 구현에 필요한 컴포넌트 구조도, 컴포넌트 목록, 컴포넌트 명세, 인터페이스 명세로 구성된 설계서입니다.

1 소프트웨어 사용자 매뉴얼의 개요

소프트웨어 사용자 매뉴얼은 사용자가 소프트웨어를 사용하는 과정에서 필요한 내용을 문서로 기록한 설명서와 안내서이다.

- 사용자 매뉴얼은 사용자가 소프트웨어 사용에 필요한 절차, 환경 등의 제반 사항이 모두 포함되도록 작성한다.
- 소프트웨어 배포 후 발생될 수 있는 오류에 대한 패치*나 기능에 대한 업그레이드를 위해 매뉴얼의 버전을 관리한다.
- 개별적으로 동작이 가능한 컴포넌트* 단위로 매뉴얼을 작성한다.
- 사용자 매뉴얼은 컴포넌트 명세서*와 컴포넌트 구현 설계서*를 토대로 작성한다.
- 사용자 매뉴얼에는 목차 및 개요, 서문, 기본 사항 등이 기본적으로 포함되어야 한다.
- 사용자 매뉴얼의 목차에는 매뉴얼 전체 내용을 순서대로 요약한 후 관련 내용의 시작 페이지를 함께 기술한다.
- 사용자 매뉴얼의 개요에는 소프트웨어의 주요 특징, 매뉴얼의 구성과 실행 방법, 사용법, 항목별 점검 기준, 항목별 설정 방법 등에 대한 내용을 기술한다.

2 서문

서문에는 문서 이력, 사용자 매뉴얼의 주석, 기록 보관을 위해 필요한 내용을 기술한다.

- **문서 이력**

버전	작성자	작성일	검토자	일시	검수인
v0.1	박정호	2021-04-12	황종근	2021-04-15	박인식
변경 내용	최초 작성				
v1.1	신동석	2021-04-20	황종근	2021-04-21	박인식
변경 내용	제품 등록 방법 변경				

- **사용자 매뉴얼의 주석** : 주의 사항과 참고 사항을 기술한다.
    - 주의 사항 : 소프트웨어를 사용할 때 사용자가 반드시 알고 있어야 하는 중요한 내용을 기술한다.
    - 참고 사항 : 특별한 사용자의 환경이나 상황에 대한 내용을 기술한다.
- **기록 보관 내용**
    - 소프트웨어를 사용하면서 필요한 기술 지원이나 추가 정보를 얻기 위한 소프트웨어 등록 정보를 기술한다.

- 소프트웨어 등록 시 필요한 정보는 소프트웨어 명칭, 모델명, 문서 번호*, 제품 번호*, 구입 날짜 등이다.

③ 기본 사항

소프트웨어와 관련하여 기본적으로 설명되어야 할 항목들은 다음과 같다.

항목	설명
소프트웨어 개요	• 소프트웨어의 주요 기능 및 UI* 설명 • UI 및 화면 상의 버튼, 프레임 등을 그림으로 설명
소프트웨어 사용 환경	• 소프트웨어 사용을 위한 최소 환경 설명 • CPU, 메모리 등의 PC 사양, 운영체제(OS) 버전 설명 • 최초 구동에 대한 설명 • 소프트웨어 사용 시 발생할 수 있는 프로그램 충돌이나 개인정보, 보안 등에 관한 주의사항을 설명한다.
소프트웨어 관리	소프트웨어의 사용 종료 및 관리 등에 관한 내용 설명
모델, 버전별 특징	모델 및 버전별로 UI 및 기능의 차이점을 간략하게 요약한다.
기능, 인터페이스의 특징	제품의 기능과 인터페이스의 특징을 간략하게 요약한다.
소프트웨어 구동 환경	• 개발에 사용한 언어 및 호환 가능한 운영체제(OS)에 대해 설명한다. • 설치 후 구동하기까지의 과정을 운영체제(OS)별로 설명한다.

④ 사용자 매뉴얼 작성 순서
21.8

소프트웨어 사용자 매뉴얼은 다음과 같은 순서로 작성한다.

작성 지침 정의
• 사용자 매뉴얼을 작성하기 위한 지침을 기록한다.
• 작성 지침은 사용자 환경에 필요한 정보를 제공할 수 있는 형태로 기록한다.

↓

사용자 매뉴얼 구성 요소 정의
소프트웨어의 기능, 구성 객체 목록, 객체별 메소드, 메소드의 파라미터, 실제 사용 예, 사용자 환경 셋팅 방법 등을 기록한다.

↓

구성 요소별 내용 작성
사용자 매뉴얼 구성 요소별로 내용을 기록한다.

↓

사용자 매뉴얼 검토
작성된 구성 요소별 내용이 올바른지, 부족한 부분은 없는지 등을 검토하여 수정 및 보완한다.

• **문서 번호** : 릴리즈 번호(Rev), 날짜 등 고유한 문서번호를 기재함
• **제품 번호** : 소프트웨어의 고유한 시리얼 넘버(Serial Number)를 기재함
※ **릴리즈(Release)** : Release는 '풀어놓다'라는 의미로, 개발이 완성된 소프트웨어를 출시, 즉 배포하는 것을 말함
※ **Serial** : 소프트웨어를 구별하기 위해 할당된 일련의 고유한 번호로, 숫자 또는 숫자와 문자가 혼합되어 구성됨

UI(User Interface)
여기서의 UI는 사용자가 소프트웨어를 사용하면서 접하게 되는 다양한 화면을 의미합니다.

전문가의 조언
소프트웨어 사용자 매뉴얼 작성 순서를 묻는 문제가 출제되었습니다. 작성 순서는 정확히 기억하고, 각 단계에 대한 설명은 어떤 단계를 말하는지 구분할 수 있을 정도면 됩니다.

기출문제 따라잡기

21년 8월

1. 제품 소프트웨어의 사용자 매뉴얼 작성 절차로 (가)~(다)와 [보기]의 기호를 바르게 연결한 것은?

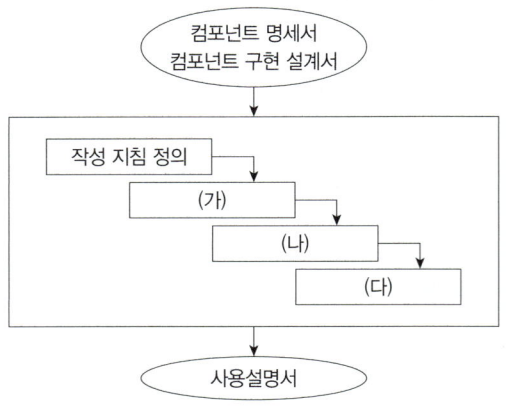

- ㉠ 사용 설명서 검토
- ㉡ 구성 요소별 내용 작성
- ㉢ 사용 설명서 구성 요소 정의

① (가)-㉠, (나)-㉡, (다)-㉢
② (가)-㉢, (나)-㉡, (다)-㉠
③ (가)-㉠, (나)-㉢, (다)-㉡
④ (가)-㉢, (나)-㉠, (다)-㉡

소프트웨어 사용자 매뉴얼은 **작성 지침을 정의**하고 **구성 요소를 정의**한 후 **내용을 작성**하고 **검토**하는 순으로 작성합니다.

출제예상

2. 소프트웨어 사용자 매뉴얼에 대한 설명으로 잘못된 것은?

① 사용자 매뉴얼은 사용자가 설치와 사용에 필요한 절차, 환경 등의 제반 사항 모두가 포함되도록 작성한다.
② 사용자가 기술 지원을 받기 위해 소프트웨어를 등록할 때 소프트웨어명, 소프트웨어 모델명, 제품 번호, 구입 날짜 등을 기재할 수 있도록 관련 내용을 사용자 매뉴얼에 포함한다.
③ 개별적으로 동작이 가능한 컴포넌트 단위로 매뉴얼이 작성되어야 한다.
④ 소프트웨어 구동 환경에 대한 내용은 해당 소프트웨어에 가장 최적화된 운영체제만을 대상으로 설명한다.

소프트웨어 사용자의 환경은 다양하므로 매뉴얼에는 다양한 환경들에 대한 정보가 모두 포함되도록 작성되어야 합니다.

▶ 정답 : 1. ② 2. ④

SECTION 041 소프트웨어 버전 등록

1 소프트웨어 패키징의 형상 관리

25.8, 25.2, 23.7, 22.7, 22.4, 21.8, 21.5, 21.3, 20.9, 20.6, 실기 22.10, 20.7

형상* 관리(SCM; Software Configuration Management)는 소프트웨어의 개발 과정에서 소프트웨어의 변경 사항을 관리하기 위해 개발된 일련의 활동이다.

- 소프트웨어 변경의 원인을 알아내고 제어하며, 적절히 변경되고 있는지 확인하여 해당 담당자에게 통보한다.
- 형상 관리는 소프트웨어 개발의 전 단계에 적용되는 활동이며, 유지보수 단계에서도 수행된다.
- 형상 관리는 소프트웨어 개발의 전체 비용을 줄이고, 개발 과정의 여러 방해 요인이 최소화되도록 보증하는 것을 목적으로 한다.
- 관리 항목에는 소스 코드뿐만 아니라 프로젝트 계획, 분석서, 설계서, 프로그램, 테스트 케이스 등이 포함된다.
- 형상 관리를 통해 가시성*과 추적성을 보장함으로써 소프트웨어의 생산성과 품질을 높일 수 있다.
- 대표적인 형상 관리 도구에는 Git, CVS, Subversion 등이 있다.

2 형상 관리의 중요성

20.8

- 지속적인 소프트웨어의 변경 사항을 체계적으로 추적하고 통제할 수 있다.
- 제품 소프트웨어에 대한 무절제한 변경을 방지할 수 있다.
- 제품 소프트웨어에서 발견된 버그나 수정 사항을 추적할 수 있다.
- 소프트웨어는 형태가 없어 가시성*이 결핍되므로 진행 정도를 확인하기 위한 기준으로 사용될 수 있다.
- 소프트웨어의 배포본을 효율적으로 관리할 수 있다.
- 소프트웨어를 여러 명의 개발자가 동시에 개발할 수 있다.

3 형상 관리 기능

21.8, 21.3, 실기 20.10

형상 관리는 품질 보증을 위한 중요한 요소로서 다음과 같은 기능을 수행한다.

- **형상 식별** : 형상 관리 대상에 이름과 관리 번호를 부여하고, 계층(Tree) 구조로 구분하여 수정 및 추적이 용이하도록 하는 작업
- **버전 제어** : 소프트웨어 업그레이드나 유지 보수 과정에서 생성된 다른 버전의 형상 항목을 관리하고, 이를 위해 특정 절차와 도구(Tool)를 결합시키는 작업
- **형상 통제(변경 관리)** : 식별된 형상 항목에 대한 변경 요구를 검토하여 현재의 기준선(Base Line)*이 잘 반영될 수 있도록 조정하는 작업

전문가의 조언

고객으로부터 소프트웨어 대한 오류가 접수되면, 개발자는 해당 오류가 어느 단계에서 어떻게 적용되었는지를 확인해야 문제의 실마리를 찾을 수 있습니다. 이와 같이 오류 수정이나 제품의 지속적인 기능 향상을 위해서는 소프트웨어의 변경 내역이 개발 단계에서부터 지속적으로 관리되어야 하는데, 이를 형상 관리 또는 버전 관리라고 합니다. 형상 관리에 대해서는 개념, 관리 항목, 중요성 등 다양한 문제가 출제되고 있습니다. 먼저 형상 관리의 개념을 명확히 잡고 형상 관리의 중요성과 기능 그리고 소프트웨어 버전 등록 시 사용되는 주요 용어들을 정리하세요.

형상
형상이란 소프트웨어 개발 단계의 각 과정에서 만들어지는 프로그램, 프로그램을 설명하는 문서, 데이터 등을 통칭하는 말입니다.

가시성(Visibility)
일반적으로 가시성이란 대상을 확인할 수 있는 정도를 의미합니다.

기준선(Base Line, 변경 통제 시점)
기준선은 정식으로 검토되고 합의된 명세서나 제품으로, 소프트웨어 개발 시 소프트웨어 변경을 적절히 제어할 수 있도록 도와줍니다.

무결성(無缺性)
무결성은 결점이 없다는 것으로, 정해진 기준에 어긋나지 않고 조건을 충실히 만족하는 정도라고 이해할 수 있습니다.

- **형상 감사** : 기준선의 무결성*을 평가하기 위해 확인, 검증, 검열 과정을 통해 공식적으로 승인하는 작업
- **형상 기록(상태 보고)** : 형상의 식별, 통제, 감사 작업의 결과를 기록·관리하고 보고서를 작성하는 작업

4 소프트웨어의 버전 등록 관련 주요 기능

소프트웨어 개발 과정에서 코드와 라이브러리, 관련 문서 등의 버전을 관리하기 위해 자료를 등록하고 갱신하는 과정에서 사용되는 주요 용어와 의미는 다음과 같다.

항목	설명
저장소(Repository)	최신 버전의 파일들과 변경 내역에 대한 정보들이 저장되어 있는 곳이다.
가져오기(Import)	버전 관리가 되고 있지 않은 아무것도 없는 저장소(Repository)에 처음으로 파일을 복사한다.
체크아웃(Check-Out)	• 프로그램을 수정하기 위해 저장소(Repository)에서 파일을 받아온다. • 소스 파일과 함께 버전 관리를 위한 파일들도 받아온다.
체크인(Check-In)	체크아웃 한 파일의 수정을 완료한 후 저장소(Repository)의 파일을 새로운 버전으로 갱신한다.
커밋(Commit)	체크인을 수행할 때 이전에 갱신된 내용이 있는 경우에는 충돌(Conflict)을 알리고 diff 도구*를 이용해 수정한 후 갱신을 완료한다.
동기화(Update)	저장소에 있는 최신 버전으로 자신의 작업 공간을 동기화한다.

diff 도구
diff 도구는 비교 대상이 되는 파일들의 내용(소스 코드)을 비교하며 서로 다른 부분을 찾아 표시해 주는 도구입니다.

5 소프트웨어 버전 등록 과정

소프트웨어의 버전 등록은 다음과 같은 순서로 진행한다.

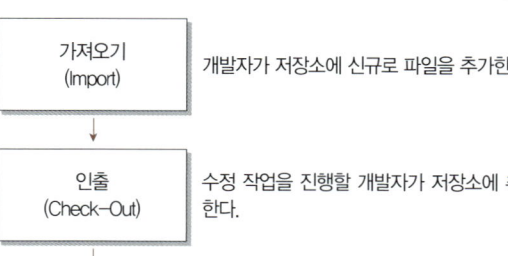

가져오기(Import)	개발자가 저장소에 신규로 파일을 추가한다.
인출(Check-Out)	수정 작업을 진행할 개발자가 저장소에 추가된 파일을 자신의 작업 공간으로 인출한다.
예치(Commit)	인출한 파일을 수정한 후 설명을 붙여 저장소에 예치한다.
동기화(Update)	커밋(Commit) 후 새로운 개발자가 자신의 작업 공간을 동기화(Update)한다. 이때 기존 개발자가 추가했던 파일이 전달된다.
차이(Diff)	새로운 개발자가 추가된 파일의 수정 기록(Change Log)을 확인하면서 이전 개발자가 처음 추가한 파일과 이후 변경된 파일의 차이를 확인한다.

전문가의 조언

버전 관리 프로그램에 따라 방법은 다를 수 있지만, diff 〈commit1〉 〈commit2〉와 같이 지정하면, 지정한 두 커밋(Commit) 사이의 수정 내역을 확인할 수 있습니다. 이와 같이 이전 개발자들의 수정 내역을 확인하고 싶을 때 diff 명령을 사용합니다.

기출문제 따라잡기

25년 2월, 23년 7월, 22년 4월

1. 소프트웨어의 개발 과정에서 소프트웨어의 변경 사항을 관리하기 위해 개발된 일련의 활동을 뜻하는 것은?

① 복호화
② 형상 관리
③ 저작권
④ 크랙

> 소프트웨어의 변경 사항을 관리하기 위해 개발된 일련의 활동을 형상 관리(SCM)라고 합니다.

20년 9월

2. 소프트웨어 형상 관리에서 관리 항목에 포함되지 않는 것은?

① 프로젝트 요구 분석서
② 소스 코드
③ 운영 및 설치 지침서
④ 프로젝트 개발 비용

> 소프트웨어 형상 관리의 관리 항목에는 소스 코드와 각종 정의서, 지침서, 분석서 등이 포함됩니다.

20년 8월

3. 제품 소프트웨어의 형상 관리 역할로 틀린 것은?

① 형상 관리를 통해 이전 리버전이나 버전에 대한 정보에 접근 가능하여 배포본 관리에 유용
② 불필요한 사용자의 소스 수정 제한
③ 프로젝트 개발 비용을 효율적으로 관리
④ 동일한 프로젝트에 대해 여러 개발자 동시 개발 가능

> 형상 관리 항목에는 비용 관련 내용이 포함되지 않습니다.

20년 8월

4. 형상 관리 도구의 주요 기능으로 거리가 먼 것은?

① 정규화(Normalization)
② 체크인(Check-in)
③ 체크아웃(Check-out)
④ 커밋(Commit)

> 형상 관리 도구의 주요 기능은 '동체가 커져(**동**기화, **체**크인/체크아웃, **가**져오기, **커**밋, **저**장소)'입니다.

25년 8월, 21년 5월

5. 소프트웨어 형상 관리에 대한 설명으로 거리가 먼 것은?

① 소프트웨어에 가해지는 변경을 제어하고 관리한다.
② 프로젝트 계획, 분석서, 설계서, 프로그램, 테스트 케이스 모두 관리 대상이다.
③ 대표적인 형상 관리 도구로 Ant, Maven, Gradle 등이 있다.
④ 유지 보수 단계뿐만 아니라 개발 단계에도 적용할 수 있다.

> Ant, Maven, Gradle은 빌드 자동화 도구입니다. 형상 관리 도구에는 Git, CVS, Subversion, Mercurial 등이 있습니다.

24년 7월, 2월, 23년 2월, 21년 5월

6. 버전 관리 항목 중 저장소에 새로운 버전의 파일로 갱신하는 것을 의미하는 용어는?

① 형상 감사(Configuration Audit)
② 롤백 (Rollback)
③ 단위 테스트(Unit Test)
④ 체크인(Check-In)

> 프로그램을 수정하기 위해 저장소에서 파일을 받아오는 것은 체크아웃(Check-Out), 저장소의 파일을 새로운 버전으로 갱신하는 것은 체크인(Check-In)입니다.

22년 7월, 21년 3월

7. 소프트웨어 형상 관리(Configuration Management)에 관한 설명으로 틀린 것은?

① 소프트웨어에서 일어나는 수정이나 변경을 알아내고 제어하는 것을 의미한다.
② 소프트웨어 개발의 전체 비용을 줄이고, 개발 과정의 여러 방해 요인이 최소화되도록 보증하는 것을 목적으로 한다.
③ 형상 관리를 위하여 구성된 팀을 "Chief Programmer Team"이라고 한다.
④ 형상 관리의 기능 중 하나는 버전 제어 기술이다.

> 'Chief Programmer Team'은 효율성을 증대시키기 위해 경험과 능력이 풍부한 책임 프로그래머를 중심으로 구성한 개발 팀의 구성 방식 중 하나로 형상 관리와는 관계가 없습니다.

▶ 정답 : 1. ② 2. ④ 3. ③ 4. ① 5. ③ 6. ④ 7. ③

SECTION 042 소프트웨어 버전 관리 도구

 전문가의 조언

- 소프트웨어 버전 관리 도구는 버전 관리 자료가 로컬 컴퓨터의 공유 폴더에 저장되어 관리되는 공유 폴더 방식, 서버에 저장되어 관리되는 클라이언트/서버 방식, 그리고 하나의 원격 저장소와 분산된 개발자 PC의 로컬 저장소에 함께 저장되어 관리되는 분산 저장소 방식으로 분류할 수 있습니다.
- RCS의 개념과 분산 저장소 방식의 특징에 대한 문제가 출제되었습니다. RCS의 개념을 기억하고, 분산 저장소 방식을 중심으로 버전 관리 도구의 유형별 특징을 정리하세요. 그리고 버전 관리 도구 중 현업에서 많이 사용되고 있는 Subversion과 Git의 특징뿐만 아니라 주요 명령어의 기능도 정리해 두세요.

22.4
RCS(Revision Control System)
RCS는 여러 개발자가 프로젝트를 수행할 때 시간에 따른 파일 변화 과정을 관리하는 소프트웨어 버전 관리 도구로, 소스 파일을 동시에 수정하는 것을 방지하고, 다른 방향으로 진행된 개발 결과를 합치거나 변경 내용을 추적할 수 있습니다.

① 공유 폴더 방식 ^{22.4}

공유 폴더 방식은 버전 관리 자료가 로컬 컴퓨터의 공유 폴더에 저장되어 관리되는 방식으로, 다음과 같은 특징이 있다.

- 개발자들은 개발이 완료된 파일을 약속된 공유 폴더에 매일 복사한다.
- 담당자는 공유 폴더의 파일을 자기 PC로 복사한 후 컴파일 하여 이상 유무를 확인한다.
- 이상 유무 확인 과정에서 파일의 오류가 확인되면, 해당 파일을 등록한 개발자에게 수정을 의뢰한다.
- 파일에 이상이 없다면 다음날 각 개발자들이 동작 여부를 다시 확인한다.
- 파일을 잘못 복사하거나 다른 위치로 복사하는 것에 대비하기 위해 파일의 변경 사항을 데이터베이스에 기록하여 관리한다.
- 종류에는 SCCS, RCS[*], PVCS, QVCS 등이 있다.

② 클라이언트/서버 방식 ^{25.8}

클라이언트/서버 방식은 버전 관리 자료가 중앙 시스템(서버)에 저장되어 관리되는 방식으로, 다음과 같은 특징이 있다.

- 서버의 자료를 개발자별로 자신의 PC(클라이언트)로 복사하여 작업한 후 변경된 내용을 서버에 반영한다.
- 모든 버전 관리는 서버에서 수행된다.
- 하나의 파일을 서로 다른 개발자가 작업할 경우 경고 메시지를 출력한다.
- 서버에 문제가 생기면, 서버가 복구되기 전까지 다른 개발자와의 협업 및 버전 관리 작업은 중단된다.
- 종류에는 CVS, SVN(Subversion), CVSNT, Clear Case, CMVC, Perforce 등이 있다.

③ 분산 저장소 방식 ^{25.8, 21.5}

분산 저장소 방식은 버전 관리 자료가 하나의 원격 저장소와 분산된 개발자 PC의 로컬 저장소에 함께 저장되어 관리되는 방식으로, 다음과 같은 특징이 있다.

- 개발자별로 원격 저장소의 자료를 자신의 로컬 저장소로 복사하여 작업한 후 변경된 내용을 로컬 저장소에서 우선 반영(버전 관리)한 다음 이를 원격 저장소에 반영한다.

- 로컬 저장소에서 버전 관리가 가능하므로 원격 저장소에 문제가 생겨도 로컬 저장소의 자료를 이용하여 작업할 수 있다.
- 종류에는 Git, GNU arch, DCVS, Bazaar, Mercurial, TeamWare, Bitkeeper, Plastic SCM 등이 있다.

④ Subversion(서브버전, SVN)

Subversion은 CVS*를 개선한 것으로, 아파치 소프트웨어 재단에서 2000년에 발표하였다.

- 클라이언트/서버 구조로, 서버(저장소, Repository)에는 최신 버전의 파일들과 변경 내역이 관리된다.
- 서버의 자료를 클라이언트로 복사해와 작업한 후 변경 내용을 서버에 반영(Commit)한다.
- 모든 개발 작업은 trunk* 디렉터리에서 수행되며, 추가 작업은 branches* 디렉터리 안에 별도의 디렉터리를 만들어 작업을 완료한 후 trunk 디렉터리와 병합(merge)한다.
- 커밋(Commit)할 때마다 리비전(Revision)*이 1씩 증가한다.
- 클라이언트는 대부분의 운영체제에서 사용되지만, 서버는 주로 유닉스를 사용한다.
- 소스가 오픈되어 있어 무료로 사용할 수 있다.
- CVS의 단점이었던 파일이나 디렉터리의 이름 변경, 이동 등이 가능하다.
- 다음은 Subversion의 주요 명령어이다.

명령어	의미
add	• 새로운 파일이나 디렉터리를 버전 관리 대상으로 등록한다. • add로 등록되지 않은 대상은 commit이 적용되지 않는다.
commit	버전 관리 대상으로 등록된 클라이언트의 소스 파일을 서버의 소스 파일에 적용한다.
update	• 서버의 최신 commit 이력을 클라이언트의 소스 파일에 적용한다. • commit 전에는 매번 update를 수행하여 클라이언트에 적용되지 않은 서버의 변동 내역을 클라이언트에 적용한다.
checkout	버전 관리 정보와 소스 파일을 서버에서 클라이언트로 받아온다.
lock/unlock	서버의 소스 파일이나 디렉터리를 잠그거나 해제한다.
import	아무것도 없는 서버의 저장소에 맨 처음 소스 파일을 저장하는 명령으로, 한 번 사용하면 다시 사용하지 않는다.
export	버전 관리에 대한 정보를 제외한 순수한 소스 파일만을 서버에서 받아온다.
info	지정한 파일에 대한 위치나 마지막 수정 일자 등에 대한 정보를 표시한다.
diff	지정된 파일이나 경로에 대해 이전 리비전과의 차이를 표시한다.
merge	다른 디렉터리에서 작업된 버전 관리 내역을 기본 개발 작업과 병합한다.

CVS(Concurrent Version System)
CVS는 공동 개발을 편리하게 작업할 수 있도록 각종 소스의 버전 관리를 도와주는 시스템입니다.

trunk
trunk는 '몸통', '줄기'라는 의미로, 개발 과정에서 가장 중심이 되는 디렉터리입니다. trunk 디렉터리 안에 소스 파일과 추가 작업을 위한 서브 디렉터리인 branches 디렉터리가 있습니다.

branches
branch는 '가지', '부문'이라는 의미로, 메인 개발 과정과는 별도로 새로운 기능의 테스트와 같이 추가적인 작업을 수행하기 위한 디렉터리입니다. branches 디렉터리 하위에 작업별로 디렉터리를 만들어 그 안에서 개발을 진행합니다. 이후 별도의 디렉터리에서 진행된 개발 결과를 trunk와 병합할 수 있습니다.

리비전(Revision)
리비전은 커밋의 버전으로, 처음 저장소를 만들면 리비전은 0이 됩니다. 이후 커밋이 수행될 때마다 리비전이 1씩 증가합니다.

전문가의 조언

Subversion을 이용해 버전 관리 작업을 시작할 때는 먼저 'import' 명령으로 모든 소스 파일을 서버에 등록합니다. 이후 버전 관리는 'checkout → 작업 → add → update → commit' 과정으로 진행합니다. 나머지 명령은 작업 과정이나 자료 송수신 과정에서 필요에 의해 수행합니다.

원격 저장소
원격 저장소는 주로 웹 서버를 빌려 사용하는데, Git 사용자들이 가장 많이 사용하는 웹 호스팅 서비스는 깃 허브(Github.com)입니다.

브랜치(Branch)
Git에서는 저장소가 처음 만들어지면 마스터(Mater) 브랜치가 생성되고 이 브랜치에서 기본적인 버전 관리가 진행됩니다. 새로운 기능을 추가하는 작업은 새로운 브랜치를 만들어 작업을 수행하며, 작업이 정상적으로 마무리되면 작업 내역을 마스터 브랜치에 병합합니다. 이렇게 마스터 브랜치와 별도로 생성하는 브랜치를 토픽(Topic) 브랜치 또는 피처(Feature) 브랜치라고 합니다. 각각의 브랜치는 다른 브랜치에 영향을 주지 않으므로 독립적인 여러 작업을 동시에 진행할 수 있습니다.

스냅샷(Snapshot)
스냅샷은 영문자와 숫자가 혼합된 40자리 문자열로 표시됩니다.

포인터(Pointer)
포인터는 접근하고자 하는 데이터가 기억되어 있는 위치에 대한 정보를 의미합니다.

스테이징(Staging) 영역
작업 내역을 바로 commit해 지역 저장소에 저장하지 않고 스테이징 영역에 저장했다가 commit을 하는 이유는 스테이징 영역에서 작업 내용을 한 번 더 확인하여 선별적으로 지역 저장소에 반영하기 위함입니다. 이렇게 하면 스테이징 영역을 사용하지 않을 때보다 시간은 더 소요되지만 좀 더 안정된 버전 관리 작업이 가능합니다.

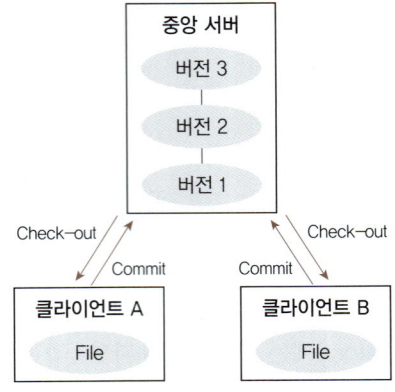

Subversion을 이용한 버전 관리

5 Git(깃)

Git은 리누스 토발즈(Linus Torvalds)가 2005년 리눅스 커널 개발에 사용할 관리 도구로 개발한 이후 주니오 하마노(Junio Hamano)에 의해 유지 보수되고 있다.

- Git은 분산 버전 관리 시스템으로 2개의 저장소, 즉 지역(로컬) 저장소와 원격 저장소*가 존재한다.
- 지역 저장소는 개발자들이 실제 개발을 진행하는 장소로, 버전 관리가 수행된다.
- 원격 저장소는 여러 사람들이 협업을 위해 버전을 공동 관리하는 곳으로, 자신의 버전 관리 내역을 반영하거나 다른 개발자의 변경 내용을 가져올 때 사용한다.
- 버전 관리가 지역 저장소에서 진행되므로 버전 관리가 신속하게 처리되고, 원격 저장소나 네트워크에 문제가 있어도 작업이 가능하다.
- 브랜치*를 이용하면 기본 버전 관리 틀에 영향을 주지 않으면서 다양한 형태의 기능 테스팅이 가능하다.
- 파일의 변화를 스냅샷(Snapshot)*으로 저장하는데, 스냅샷은 이전 스냅샷의 포인터*를 가지므로 버전의 흐름을 파악할 수 있다.
- 다음은 Git의 주요 명령어이다.

명령어	의미
add	• 작업 내역을 지역 저장소에 저장하기 위해 스테이징 영역(Staging Area)*에 추가한다. • '--all' 옵션으로 작업 디렉터리의 모든 파일을 스테이징 영역에 추가할 수 있다.
commit	작업 내역을 지역 저장소에 저장한다.
branch	• 새로운 브랜치를 생성한다. • 최초로 commit을 하면 마스터(master) 브랜치가 생성된다. • commit 할 때마다 해당 브랜치는 가장 최근의 commit한 내용을 가리키게 된다. • '-d' 옵션으로 브랜치를 삭제할 수 있다.
checkout	• 지정한 브랜치로 이동한다. • 현재 작업 중인 브랜치는 HEAD 포인터가 가리키는데, checkout 명령을 통해 HEAD 포인터를 지정한 브랜치로 이동시킨다.

merge	지정한 브랜치의 변경 내역을 현재 HEAD 포인터가 가리키는 브랜치에 반영함으로써 두 브랜치를 병합한다.
init	지역 저장소를 생성한다.
remote add	원격 저장소에 연결한다.
push	로컬 저장소의 변경 내역을 원격 저장소에 반영한다.
fetch	원격 저장소의 변경 이력만을 지역 저장소로 가져와 반영한다.

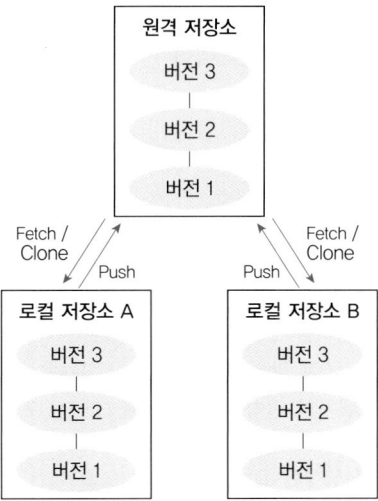

Git을 이용한 버전 관리

전문가의 조언

Git을 이용해 버전 관리 작업을 시작할 때는 먼저 'init' 명령으로 지역 저장소를 만들고, 'remote add' 명령으로 원격 저장소에 연결한 후 'add -all → commit → push'를 합니다. 이후 버전 관리는 'fetch → 작업 → add → commit → push' 과정으로 진행합니다. 나머지 명령은 작업 과정이나 자료 송수신 과정에서 필요에 의해 수행합니다.

기출문제 따라잡기

21년 5월
1. 다음 설명의 소프트웨어 버전 관리 도구 방식은?

- 버전 관리 자료가 원격 저장소와 로컬 저장소에 함께 저장되어 관리된다.
- 로컬 저장소에서 버전 관리가 가능하므로 원격 저장소에 문제가 생겨도 로컬 저장소의 자료를 이용하여 작업할 수 있다.
- 대표적인 버전 관리 도구로 Git이 있다.

① 단일 저장소 방식
② 분산 저장소 방식
③ 공유 폴더 방식
④ 클라이언트 · 서버 방식

문제의 지문에서 설명하는 소프트웨어 버전 관리 도구 방식은 분산 저장소 방식입니다.

출제예상
2. 다음은 버전 관리 도구인 Subversion에 대한 설명이다. 잘못된 것은?

① 클라이언트/서버 구조로, 서버에는 최신 버전과 버전의 변화를 저장한다.
② 클라이언트에서는 서버의 자료를 복사해와 작업한 후 변경된 내용을 서버에 반영(Commit)한다.
③ 모든 개발 작업은 trunk 디렉터리에서 수행되며, 부가적인 추가 작업은 branches 디렉터리 안에 별도의 디렉터리를 만들어 작업을 완료한 후 trunk 디렉터리의 작업과 병합한다.
④ 커밋(Commit)할 때마다 커밋의 버전이라고 할 수 있는 스냅샷(Snapshot)이 일정하게 증가한다.

Subversion과 Git은 커밋이 완료되었을 때 이전 파일과의 차이를 표현되는 방법이 다릅니다. Subversion은 번호를 달리하여 표시하고 Git은 영문자와 숫자가 혼합된 40자리 문자열로 표시합니다.

22년 4월
3. 동시에 소스를 수정하는 것을 방지하며 다른 방향으로 진행된 개발 결과를 합치거나 변경 내용을 추적할 수 있는 소프트웨어 버전 관리 도구는?

① RCS(Revision Control System)
② RTS(Reliable Transfer Service)
③ RPC(Remote Procedure Call)
④ RVS(Relative Version System)

소스의 동시 수정 방지 및 변경 내용의 추적 등을 수행할 수 있는 소프트웨어 버전 관리 도구는 RCS입니다.

출제예상
4. 다음은 버전 관리 도구인 Subversion에서 사용하는 명령어들에 대한 설명이다. 잘못된 것은?

① add : commit을 수행할 버전 관리 대상을 등록한다.
② update : 최신 commit 이력을 소스 파일에 적용한다.
③ export : 아무것도 없는 서버의 저장소에 맨 처음 소스 파일을 저장한다.
④ checkout : 서버에서 클라이언트로 버전 관리를 위한 내용과 소스 파일을 받아온다.

export는 서버에서 버전 관리를 위한 내용을 제외한 순수한 소스 파일만 받아오는 명령어고, 아무것도 없는 서버의 저장소에 맨 처음 소스 파일을 저장하는 명령어는 import입니다.

출제예상
5. 다음은 버전 관리 도구인 Git에서 사용하는 명령어들에 대한 설명이다. 잘못된 것은?

① branch : 새로운 브랜치를 생성하거나 삭제한다.
② push : 원격 저장소의 전체 내용을 지역 저장소로 보낸다.
③ merge : 지정한 브랜치의 변경 내역을 현재 HEAD 포인터가 가리키는 브랜치에 반영한다.
④ init : 지역 저장소를 생성한다.

push는 로컬 저장소의 변경 내역을 원격 저장소에 반영하는 명령어고, 원격 저장소의 전체 내용을 지역 저장소로 복제하는 명령어는 clone입니다.

25년 8월
6. 소프트웨어 버전 관리 도구가 아닌 것은?

① BitKeeper
② SVN
③ CVS
④ Maven

Maven은 빌드 자동화 도구에 해당합니다.

▶ 정답 : 1.② 2.④ 3.① 4.③ 5.② 6.④

SECTION 043 빌드 자동화 도구

1 빌드 자동화 도구의 개요

빌드란 소스 코드 파일들을 컴파일한 후 여러 개의 모듈을 묶어 실행 파일로 만드는 과정이며, 이러한 빌드를 포함하여 테스트 및 배포를 자동화하는 도구를 빌드 자동화 도구라고 한다.

- 애자일 환경에서는 하나의 작업이 마무리될 때마다 모듈 단위로 나눠서 개발된 코드들이 지속적으로 통합되는데, 이러한 지속적인 통합(Continuous Integration) 개발 환경에서 빌드 자동화 도구는 유용하게 활용된다.
- 빌드 자동화 도구에는 Ant, Make, Maven, Gradle, Jenkins 등이 있으며, 이중 Jenkins와 Gradle이 가장 대표적이다.

전문가의 조언
- 빌드 자동화 도구에 대한 전반적인 내용을 알고 있어야 풀 수 있는 문제가 출제되었습니다. 빌드 자동화 도구의 개념 및 특징을 잘 정리하세요.
- 대표적인 빌드 자동화 도구인 Jenkins와 Gradle은 서로를 구분할 수 있도록 각각의 특징을 기억해 두세요.

2 Jenkins

Jenkins는 JAVA 기반의 오픈 소스 형태로, 가장 많이 사용되는 빌드 자동화 도구이다.

- 서블릿 컨테이너*에서 실행되는 서버 기반 도구이다.
- SVN, Git 등 대부분의 형상 관리 도구와 연동이 가능하다.
- 친숙한 Web GUI 제공으로 사용이 쉽다.
- 여러 대의 컴퓨터를 이용한 분산 빌드나 테스트가 가능하다.

서블릿 컨테이너
서블릿 컨테이너는 클라이언트의 요청을 처리해 주기 위해 서버 측에서 실행되는 작은 프로그램(Server Side Applet)인 서블릿을 실행하고 서블릿의 생명주기를 관리하는 역할을 합니다.

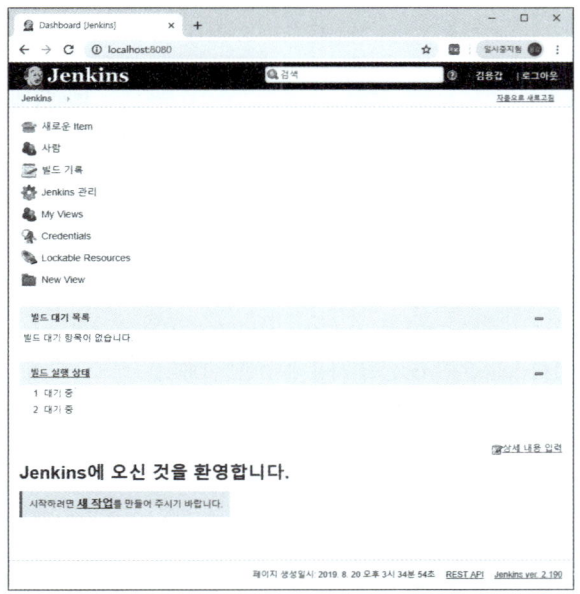

Jenkins 초기 화면

③ Gradle
25.2, 20.9

Gradle은 Groovy*를 기반으로 한 오픈 소스 형태의 자동화 도구로, 안드로이드 앱 개발 환경에서 사용된다.

- 안드로이드 뿐만 아니라 플러그인을 설정하면, JAVA, C/C++, Python 등의 언어도 빌드가 가능하다.
- Groovy를 사용해서 만든 DSL(Domain Specific Language)*을 스크립트 언어*로 사용한다.
- Gradle은 실행할 처리 명령들을 모아 태스크(Task)로 만든 후 태스크 단위로 실행한다.
- 이전에 사용했던 태스크를 재사용하거나 다른 시스템의 태스크를 공유할 수 있는 빌드 캐시 기능을 지원하므로 빌드의 속도를 향상시킬 수 있다.

Groovy
Groovy는 자바에 Python, Ruby, Smalltalk 등의 장점을 결합한 동적 객체 지향 프로그래밍 언어입니다.

DSL(Domain Specific Language)
DSL이란 웹페이지 영역에 특화되어 사용되는 HTML과 같이 특정한 도메인, 즉 영역이나 용도에 맞게 기능을 구성한 언어를 말합니다.

스크립트 언어(Script Language)
스크립트 언어는 HTML 문서 안에 직접 프로그래밍 언어를 삽입하여 사용하는 것으로, 기계어로 컴파일되지 않고 별도의 번역기가 소스를 분석하여 동작하게 하는 언어입니다.

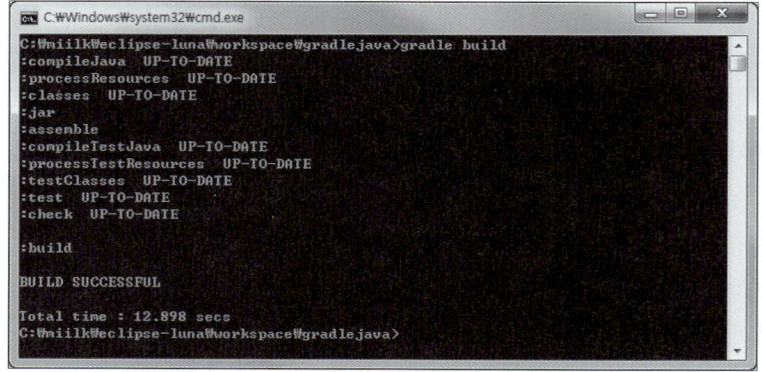

Windows의 명령 프롬프트를 이용한 Gradle 빌드 화면

 기출문제 따라잡기

문제1 2405351

25년 2월, 20년 9월
1. 빌드 자동화 도구에 대한 설명으로 틀린 것은?
① Gradle은 실행할 처리 명령들을 모아 태스크로 만든 후 태스크 단위로 실행한다.
② 빌드 자동화 도구는 지속적인 통합 개발 환경에서 유용하게 활용된다.
③ 빌드 자동화 도구에는 Ant, Gradle, Jenkins 등이 있다.
④ Jenkins는 Groovy를 기반으로 한 오픈 소스로 안드로이드 앱 개발 환경에서 사용된다.

> Jenkins는 Java 기반 오픈소스 형태의 서버 서블릿 컨테이너에서 실행되는 서버 기반 도구입니다. ④번은 Gradle에 대한 설명입니다.

출제예상
2. 대표적인 빌드 자동화 도구인 Jenkins와 Gradle에 대한 설명으로 잘못된 것은?
① 빌드, 테스트, 배포 과정을 자동화하는 도구이다.
② Jenkins는 친숙한 Web GUI 제공으로 사용이 쉽다.
③ Gradle은 Groovy를 사용해서 만든 DSL을 스크립트 언어로 사용한다.
④ Jenkins는 실행할 처리 명령들을 모아 태스크(Task)로 만든 후 태스크 단위로 실행한다.

> 태스크의 재사용이나 다른 시스템의 태스크를 공유할 수 있는 빌드 캐시 기능이 지원되는 빌드 자동화 도구는 Gradle입니다.

▶ 정답 : 1. ④ 2. ④

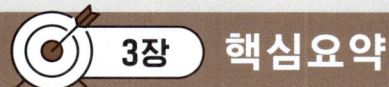

3장 핵심요약

037 소프트웨어 패키징

① 소프트웨어 패키징의 개요 25.2, 24.2, 23.2, 22.7, 22.3, 21.5
- 개발자가 아니라 사용자를 중심으로 진행한다.
- 소스 코드는 향후 관리를 고려하여 모듈화하여 패키징 한다.
- 다양한 환경에서 소프트웨어를 손쉽게 사용할 수 있도록 일반적인 배포 형태로 패키징한다.

② 패키징 시 고려사항 20.9, 20.8, 20.6
- 사용자에게 배포되는 소프트웨어이므로 내부 콘텐츠에 대한 암호화 및 보안을 고려한다.
- 다른 여러 콘텐츠 및 단말기 간 DRM(디지털 저작권 관리) 연동을 고려한다.
- 사용자의 편의성을 위한 복잡성 및 비효율성 문제를 고려한다.
- 제품 소프트웨어 종류에 적합한 암호화 알고리즘을 적용한다.

038 디지털 저작권 관리(DRM)

① 디지털 저작권 관리(DRM; Digital Right Management) 23.5, 22.4
저작권자가 배포한 디지털 콘텐츠가 저작권자가 의도한 용도로만 사용되도록 디지털 콘텐츠의 생성, 유통, 이용까지의 전 과정에 걸쳐 사용되는 디지털 콘텐츠 관리 및 보호 기술이다.

② 디지털 저작권 관리(DRM)의 구성 요소 22.4, 21.8, 21.5, 20.9
- 클리어링 하우스(Clearing House) : 저작권에 대한 사용 권한, 라이선스 발급, 사용량에 따른 결제 관리 등을 수행하는 곳
- 콘텐츠 제공자(Contents Provider) : 콘텐츠를 제공하는 저작권자
- 패키저(Packager) : 콘텐츠를 메타 데이터와 함께 배포 가능한 형태로 묶어 암호화하는 프로그램
- 콘텐츠 분배자(Contents Distributor) : 암호화된 콘텐츠를 유통하는 곳이나 사람
- DRM 컨트롤러(DRM Controller) : 배포된 콘텐츠의 이용 권한을 통제하는 프로그램
- 보안 컨테이너(Security Container) : 콘텐츠 원본을 안전하게 유통하기 위한 전자적 보안 장치

③ DRM(디지털 저작권 관리)의 기술 요소 25.2, 24.5, 24.2, 23.7, 23.2, 22.7, …
- 암호화 : 콘텐츠 및 라이선스 암호화 기술
- 키 관리 : 콘텐츠를 암호화한 키에 대한 저장 및 분배 기술
- 식별 기술 : 콘텐츠에 대한 식별 체계 표현 기술
- 저작권 표현 : 라이선스의 내용 표현 기술
- 정책 관리 : 라이선스 발급 및 사용에 대한 정책 표현 및 관리 기술
- 크랙 방지 : 크랙에 의한 콘텐츠 사용 방지 기술

039 소프트웨어 설치 매뉴얼 작성

① 소프트웨어 설치 매뉴얼 25.2, 23.5, 21.3, 20.9
- 설치 매뉴얼은 사용자를 기준으로 작성한다.
- 기본 사항 : 소프트웨어 개요, 설치 관련 파일, 설치 아이콘, 프로그램 삭제, 관련 추가 정보

040 소프트웨어 사용자 매뉴얼 작성

① 소프트웨어 사용자 매뉴얼 작성 순서 21.8
작성 지침 정의 → 사용자 매뉴얼 구성 요소 정의 → 구성 요소별 내용 작성 → 사용자 매뉴얼 검토

3장 핵심요약

041 소프트웨어 버전 등록

❶ 소프트웨어 패키징의 형상 관리 25.8, 25.2, 23.7, 22.7, 22.4, 21.8, 21.5, 21.3, …

- 소프트웨어의 개발 과정에서 소프트웨어의 변경 사항을 관리하기 위해 개발된 일련의 활동이다.
- 소프트웨어 개발의 전체 비용을 줄이고, 개발 과정의 여러 방해 요인이 최소화되도록 보증하는 것을 목적으로 한다.
- 관리 항목 : 소스 코드, 프로젝트 계획, 분석서, 설계서, 프로그램, 테스트 케이스 등
- 형상 관리 도구 : Git, CVS, Subversion 등

❷ 형상 관리 기능 21.8, 21.3

- **형상 식별** : 형상 관리 대상에 이름과 관리 번호를 부여하고, 계층(Tree) 구조로 구분하여 수정 및 추적이 용이하도록 하는 작업
- **버전 제어** : 소프트웨어 업그레이드나 유지 보수 과정에서 생성된 다른 버전의 형상 항목을 관리하고, 이를 위해 특정 절차와 도구를 결합시키는 작업
- **형상 통제** : 식별된 형상 항목에 대한 변경 요구를 검토하여 현재의 기준선(Base Line)이 잘 반영될 수 있도록 조정하는 작업
- **형상 감사** : 기준선의 무결성을 평가하기 위해 확인, 검증, 검열 과정을 통해 공식적으로 승인하는 작업
- **형상 기록** : 형상의 식별, 통제, 감사 작업의 결과를 기록·관리하고 보고서를 작성하는 작업

❸ 소프트웨어의 버전 등록 관련 주요 기능 24.7, 24.2, 23.2, 21.5, 20.8

- **체크아웃(Check-Out)** : 프로그램을 수정하기 위해 저장소(Repository)에서 파일을 받아옴
- **체크인(Check-In)** : 체크아웃 한 파일의 수정을 완료한 후 저장소(Repository)의 파일을 새로운 버전으로 갱신함
- **커밋(Commit)** : 체크인을 수행할 때 이전에 갱신된 내용이 있는 경우에는 충돌(Conflict)을 알리고 diff 도구를 이용해 수정한 후 갱신을 완료함

042 소프트웨어 버전 관리 도구

❶ 분산 저장소 방식 21.5

- 버전 관리 자료가 하나의 원격 저장소와 분산된 개발자 PC의 로컬 저장소에 함께 저장되어 관리되는 방식이다.
- 대표적인 종류에는 Git이 있다.

❷ RCS(Revision Control System) 22.4

- 여러 개발자가 프로젝트를 수행할 때 시간에 따른 파일 변화 과정을 관리하는 소프트웨어 버전 관리 도구이다.
- 소스 파일을 동시에 수정하는 것을 방지하고, 다른 방향으로 진행된 개발 결과를 합치거나 변경 내용을 추적할 수 있다.

❸ 대표적인 소프트웨어 버전 관리 도구 25.8

- RCS
- CVS
- SVN
- BitKeeper

043 빌드 자동화 도구

❶ Jenkins / Gradle 25.2, 20.9

- **Jenkins** : JAVA 기반의 오픈 소스 형태로, 가장 많이 사용되는 빌드 자동화 도구
- **Gradle** : Groovy를 기반으로 한 오픈 소스 형태의 자동화 도구로, 안드로이드 앱 개발 환경에서 사용됨

4장 애플리케이션 테스트 관리

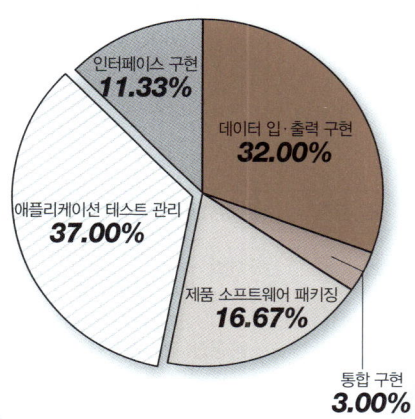

044 애플리케이션 테스트 Ⓑ등급
045 애플리케이션 테스트의 분류 Ⓒ등급
046 테스트 기법에 따른 애플리케이션 테스트 Ⓐ등급
047 개발 단계에 따른 애플리케이션 테스트 Ⓐ등급
048 통합 테스트 Ⓐ등급
049 테스트 케이스 / 테스트 시나리오 / 테스트 오라클 Ⓑ등급
050 테스트 자동화 도구 Ⓑ등급
051 결함 관리 Ⓒ등급
052 복잡도 Ⓐ등급
053 애플리케이션 성능 개선 Ⓐ등급

꼭 알아야 할 키워드 Best 10

1. 화이트박스 테스트   2. 블랙박스 테스트   3. 단위 테스트   4. 통합 테스트   5. 하향식 통합 테스트   6. 상향식 통합 테스트   7. 테스트 케이스
8. 테스트 오라클   9. 빅오 표기법   10. 순환 복잡도

SECTION 044 애플리케이션 테스트

전문가의 조언

• 애플리케이션 테스트는 개발한 애플리케이션이 사용자의 요구를 만족시키는지, 기능이 정상적으로 작동하는지 등을 테스트하는 것입니다. 애플리케이션 테스트의 개념을 기반으로 애플리케이션 테스트의 필요성을 숙지해 두세요.

• 확인(Validation)과 검증(Verification)의 개념을 묻는 문제가 출제되었습니다. **확인**은 **사용자**, **검증**은 **개발자 중심**이라는 것을 기억하세요.

24.2, 21.8
Validation
Validation은 사용자의 입장에서 개발한 소프트웨어가 고객의 요구사항에 맞게 구현되었는지를 확인하는 것입니다.

24.2, 21.8
Verification
Verification은 개발자의 입장에서 개발한 소프트웨어가 명세서에 맞게 만들어졌는지를 점검하는 것입니다.

전문가의 조언

'미래창조과학부'는 국내외 시장상황을 반영하여 국내외 주요 상용 소프트웨어를 산업 범용 소프트웨어와 산업 특화 소프트웨어로 구분하고 이를 각각 대분류(16개), 중분류(46개), 소분류(126개)로 분류한 '글로벌 상용 소프트웨어' 분류 체계를 발표하였습니다.

❶ 애플리케이션 테스트의 개요
24.2, 21.8

애플리케이션 테스트는 애플리케이션에 잠재되어 있는 결함을 찾아내는 일련의 행위 또는 절차이다.

• 애플리케이션 테스트는 개발된 소프트웨어가 고객의 요구사항을 만족시키는지 확인(Validation)*하고 소프트웨어가 기능을 정확히 수행하는지 검증(Verification)*한다.

• 애플리케이션 테스트를 실행하기 전에 개발한 소프트웨어의 유형을 분류하고 특성을 정리해서 중점적으로 테스트할 사항을 정리해야 한다.

예 소프트웨어 유형별 특성

소프트웨어명	제공 유형	기능 유형	사용 환경	개발 유형	중점 사항
A. xx오픈DB 구축	서비스 제공 소프트웨어	산업 특화	Web	신규 개발	기능 구현 시 사용자 요구사항의 누락 여부
B. xx통합서비스 구현	서비스 제공 소프트웨어	산업 특화	Web	시스템 통합	기존 시스템과 신규 시스템의 데이터 손실 및 정합성 여부
C. xx오피스	상용 소프트웨어	산업 범용	C/S	신규 개발	다양한 OS환경 지원 여부

잠깐만요 소프트웨어의 분류

소프트웨어(Software)는 하드웨어를 동작시켜 사용자가 작업을 편리하게 수행하도록 하는 프로그램과 자료 구조 등을 총칭하는 것으로, 상용 소프트웨어와 서비스 제공 소프트웨어로 구분됩니다.

• **상용 소프트웨어** : 보통의 사용자들이 공통적으로 필요로 하는 기능을 제공하는 소프트웨어로, 산업의 특성에 따라 산업 범용 소프트웨어와 산업 특화 소프트웨어로 구분됩니다.

산업 범용 소프트웨어	• **시스템 소프트웨어** : 하드웨어 전체를 제어하고 운영하는 소프트웨어로, 운영체제, 데이터 관리, 스토리지 소프트웨어, 소프트웨어 공학 도구, 가상화 소프트웨어, 시스템 보안 소프트웨어로 구분됩니다. • **미들웨어** : 운영체제와 해당 운영체제에 의해 실행되는 응용 프로그램 사이에서 운영체제가 제공하는 서비스 이외에 추가적인 서비스를 제공하는 소프트웨어로, 분산 시스템 소프트웨어, IT 자원 관리, 서비스 플랫폼, 네트워크 보안 소프트웨어로 구분됩니다. • **응용 소프트웨어** : 특정 업무를 처리하기 위한 소프트웨어로 영상 처리, CG/VR, 콘텐츠 배포, 자연어 처리, 음성 처리, 기업용 소프트웨어로 구분됩니다.
산업 특화 소프트웨어	특정 분야에서 요구하는 기능만을 구현한 소프트웨어로, 자동차, 항공, 조선, 건설, 패션 의류, 농업, 의료, 국방, 공공 분야 등을 지원하는 소프트웨어가 있습니다.

- **서비스 제공 소프트웨어** : 소프트웨어를 개발하여 판매하려는 것이 아니라 특정 사용자가 필요로 하는 기능만을 구현해서 제공하는 소프트웨어입니다.

신규 개발 소프트웨어	새로운 서비스를 제공하기 위해 개발된 소프트웨어
기능 개선 소프트웨어	사용자 편의성, 응답 속도, 화면 UI(User Interface), 업무 프로세스 등 기존 서비스 기능을 개선하기 위해 개발된 소프트웨어
추가 개발 소프트웨어	업무나 산업 환경의 변화, 법이나 제도의 개정 등으로 인해 기존 시스템에 새로운 기능을 추가하기 위해 개발된 소프트웨어
시스템 통합 소프트웨어	시스템별로 서비스되던 것을 원스톱(One-Stop) 서비스로 제공하기 위해 업무 기능이나 데이터 등을 통합하여 개발한 소프트웨어

② 애플리케이션 테스트의 필요성

- 애플리케이션 테스트를 통해 프로그램 실행 전에 오류를 발견하여 예방할 수 있다.
- 애플리케이션 테스트는 프로그램이 사용자의 요구사항이나 기대 수준 등을 만족시키는지 반복적으로 테스트하므로 제품의 신뢰도를 향상시킨다.
- 애플리케이션의 개발 초기부터 애플리케이션 테스트를 계획하고 시작하면 단순한 오류 발견뿐만 아니라 새로운 오류의 유입도 예방할 수 있다.
- 애플리케이션 테스트를 효과적으로 수행하면 최소한의 시간과 노력으로 많은 결함을 찾을 수 있다.

③ 애플리케이션 테스트의 기본 원리

25.5, 24.7, 24.2, 22.7, 21.5, 20.6, 실기 20.5

- 애플리케이션 테스트는 소프트웨어의 잠재적인 결함을 줄일 수 있지만 소프트웨어에 결함이 없다고 증명할 수는 없다. 즉 완벽한 소프트웨어 테스팅은 불가능하다.
- 애플리케이션의 결함은 대부분 개발자의 특성이나 애플리케이션의 기능적 특징 때문에 특정 모듈에 집중*되어 있다. 애플리케이션의 20%에 해당하는 코드에서 전체 80%의 결함이 발견된다고 하여 파레토 법칙*을 적용하기도 한다.
- 애플리케이션 테스트에서는 동일한 테스트 케이스로 동일한 테스트를 반복하면 더 이상 결함이 발견되지 않는 '살충제 패러독스(Pesticide Paradox)*' 현상이 발생한다. 살충제 패러독스를 방지하기 위해서 테스트 케이스를 지속적으로 보완 및 개선해야 한다.
- 애플리케이션 테스트는 소프트웨어 특징, 테스트 환경, 테스터 역량 등 정황(Context)에 따라 테스트 결과가 달라질 수 있으므로, 정황에 따라 테스트를 다르게 수행해야 한다.
- 소프트웨어의 결함을 모두 제거해도 사용자의 요구사항을 만족시키지 못하면 해당 소프트웨어는 품질이 높다고 말할 수 없다. 이것을 오류-부재의 궤변(Absence of Errors Fallacy)이라고 한다.

전문가의 조언

결함 집중과 파레토 법칙에 대한 문제가 출제되었습니다. 애플리케이션의 결함은 대부분 특정 모듈에 집중되어 있다는 것을 중심으로 애플리케이션 테스트의 기본 원리를 정리하세요. 그리고 파레토 법칙하면 '오류의 80%는 전체 모듈의 20% 내에서 발견'이란 걸 잊지마세요.

24.2, 21.5
특정 모듈 집중
대부분의 결함이 소수의 특정 모듈에 집중해서 발생하는 것을 결함 집중(Defect Clustering)이라고 합니다.

25.5, 24.7, 24.2, 22.7, 20.6
파레토 법칙(Pareto Principle)
파레토의 법칙은 상위 20% 사람들이 전체 부의 80%를 가지고 있다거나, 상위 20% 고객이 매출의 80%를 창출한다는 의미로, 이 법칙이 애플리케이션 테스트에도 적용된다는 것입니다. 즉 테스트로 발견된 80%의 오류는 20%의 모듈에서 발견되므로 20%의 모듈을 집중적으로 테스트하여 효율적으로 오류를 찾자는 것입니다.

실기 20.5
살충제 패러독스(Pesticide Paradox)
살충제 패러독스는 살충제를 지속적으로 뿌리면 벌레가 내성이 생겨서 죽지 않는 현상을 의미합니다.

- 테스트와 위험은 반비례한다. 테스트를 많이 하면 할수록 미래에 발생할 위험을 줄일 수 있다.
- 테스트는 작은 부분에서 시작하여 점점 확대하며 진행해야 한다.
- 테스트는 개발자와 관계없는 별도의 팀에서 수행해야 한다.

 기출문제 따라잡기

24년 2월, 21년 8월

1. 소프트웨어 테스트에서 검증(Verification)과 확인(Validation)에 대한 설명으로 틀린 것은?

① 소프트웨어 테스트에서 검증과 확인을 구별하면 찾고자 하는 결함 유형을 명확하게 하는 데 도움이 된다.
② 검증은 소프트웨어 개발 과정을 테스트하는 것이고, 확인은 소프트웨어 결과를 테스트 것이다.
③ 검증은 작업 제품이 요구 명세의 기능, 비기능 요구사항을 얼마나 잘 준수하는지 측정하는 작업이다.
④ 검증은 작업 제품이 사용자의 요구에 적합한지 측정하며, 확인은 작업 제품이 개발자의 기대를 충족시키는지를 측정한다.

> 검증(Verification)은 개발자의 입장에서 개발한 소프트웨어가 명세서에 맞게 만들어졌는지를 점검하는 것이고, 확인(Validation)은 사용자의 입장에서 개발한 소프트웨어가 고객의 요구사항에 맞게 구현되었는지를 확인하는 것입니다.

출제예상

2. 다음 중 애플리케이션 테스트에 대한 설명으로 틀린 것은?

① 애플리케이션 테스트는 프로그램 실행 전에 코드 리뷰, 인스펙션 등을 통해 사전에 오류를 발견하여 예방할 수 있다.
② 애플리케이션 테스트를 반복적으로 실행하여 제품의 신뢰도를 향상시킬 수 있다.
③ 테스팅은 프로그램 개발이 완료된 후 체계적으로 계획하여 실행해야 한다.
④ 성공적인 테스트는 아직 발견되지 않은 오류를 찾아내는 것이다.

> 테스팅은 프로그램 개발 초기부터 계획하고 시작해야 오류 발견뿐만 아니라 새로운 오류의 유입도 예방할 수 있습니다.

24년 2월, 21년 5월

3. 다음 설명의 소프트웨어 테스트의 기본 원칙은?

- 파레토 법칙이 좌우한다.
- 애플리케이션 결함의 대부분은 소수의 특정 모듈에 집중되어 존재한다.
- 결함은 발생한 모듈에서 계속 추가로 발생할 가능성이 높다.

① 살충제 패러독스
② 결함 집중
③ 오류 부재의 궤변
④ 완벽한 테스팅은 불가능

> 파레토 법칙과 같이 대부분의 결함이 소수의 특정 모듈에 집중해서 발생하는 현상을 결함 집중(Defect Clustering)이라고 합니다.

25년 5월, 24년 7월, 2월, 22년 7월, 20년 6월

4. 소프트웨어 테스트에서 오류의 80%는 전체 모듈의 20% 내에서 발견된다는 법칙은?

① Brooks의 법칙
② Boehm의 법칙
③ Pareto의 법칙
④ Jackson의 법칙

> 소프트웨어 테스트에서 오류의 80%는 전체 모듈의 20% 내에서 발견된다는 법칙은 파레토 법칙(Pareto Principle)입니다.

▶ 정답 : 1. ④ 2. ③ 3. ② 4. ③

SECTION 045 애플리케이션 테스트의 분류

1 프로그램 실행 여부에 따른 테스트

실기 20.7

애플리케이션을 테스트 할 때 프로그램의 실행 여부에 따라 정적 테스트와 동적 테스트로 나뉜다.

실기 20.7 정적 테스트	• 프로그램을 실행하지 않고 명세서나 소스 코드를 대상으로 분석하는 테스트이다. • 소프트웨어 개발 초기에 결함을 발견할 수 있어 소프트웨어의 개발 비용을 낮추는데 도움이 된다. • 종류 : 워크스루*, 인스펙션*, 코드 검사 등
동적 테스트	• 프로그램을 실행하여 오류를 찾는 테스트로, 소프트웨어 개발의 모든 단계에서 테스트를 수행할 수 있다. • 종류 : 블랙박스 테스트, 화이트박스 테스트

2 테스트 기반(Test Bases)에 따른 테스트

애플리케이션을 테스트 할 때 무엇을 기반으로 수행하느냐에 따라 명세 기반, 구조 기반, 경험 기반 테스트로 나뉜다.

명세 기반 테스트	• 사용자의 요구사항에 대한 명세를 빠짐없이 테스트 케이스*로 만들어 구현하고 있는지 확인하는 테스트이다. • 종류 : 동등 분할, 경계 값 분석 등
구조 기반 테스트	• 소프트웨어 내부의 논리 흐름에 따라 테스트 케이스를 작성하고 확인하는 테스트이다. • 종류 : 구문 기반, 결정 기반, 조건 기반 등
경험 기반 테스트	• 유사 소프트웨어나 기술 등에 대한 테스터의 경험을 기반으로 수행하는 테스트이다. • 경험 기반 테스트는 사용자의 요구사항에 대한 명세가 불충분하거나 테스트 시간에 제약이 있는 경우 수행하면 효과적이다. • 종류 : 에러 추정, 체크 리스트, 탐색적 테스팅

3 시각에 따른 테스트

애플리케이션을 테스트 할 때 누구를 기준으로 하느냐에 따라 검증(Verification) 테스트와 확인(Validation) 테스트로 나뉜다.

검증(Verification) 테스트	개발자의 시각에서 제품의 생산 과정을 테스트하는 것으로, 제품이 명세서대로 완성됐는지를 테스트한다.
확인(Validation) 테스트	사용자의 시각에서 생산된 제품의 결과를 테스트하는 것으로, 사용자가 요구한대로 제품이 완성됐는지, 제품이 정상적으로 동작하는지를 테스트한다.

전문가의 조언

애플리케이션 테스트는 테스트 시 프로그램의 실행 여부 또는 진행 목적 등에 따라 다양하게 분류됩니다. 각각에 해당하는 테스트 종류를 서로 구분할 수 있을 정도로 정리해 두세요.

워크스루(Walkthrough, 검토 회의)
- 워크스루는 소프트웨어 개발자의 작업 내역을 개발자가 모집한 전문가들이 검토하는 것을 말합니다.
- 소프트웨어 검토를 위해 미리 준비된 자료를 바탕으로 정해진 절차에 따라 평가합니다.
- 오류의 조기 검출을 목적으로 하며 발견된 오류는 문서화합니다.

인스펙션(Inspection)
인스펙션은 워크스루를 발전시킨 형태로, 소프트웨어 개발 단계에서 산출된 결과물의 품질을 평가하며 이를 개선하기 위한 방법 등을 제시합니다.

테스트 케이스(Test Case)
테스트 케이스는 구현된 소프트웨어가 사용자의 요구사항을 정확하게 준수했는지를 확인하기 위해 설계된 입력 값, 실행 조건, 기대 결과 등으로 구성된 테스트 항목에 대한 명세서입니다.

④ 목적에 따른 테스트

애플리케이션을 테스트 할 때 무엇을 목적으로 테스트를 진행하느냐에 따라 회복(Recovery), 안전(Security), 강도(Stress), 성능(Performance), 구조(Structure), 회귀(Regression), 병행(Parallel) 테스트로 나뉜다.

회복(Recovery) 테스트	시스템에 여러 가지 결함을 주어 실패하도록 한 후 올바르게 복구되는지를 확인하는 테스트이다.
안전(Security) 테스트	시스템에 설치된 시스템 보호 도구가 불법적인 침입으로부터 시스템을 보호할 수 있는지를 확인하는 테스트이다.
강도(Stress) 테스트	시스템에 과도한 정보량이나 빈도 등을 부과하여 과부하 시에도 소프트웨어가 정상적으로 실행되는지를 확인하는 테스트이다.
성능(Performance) 테스트	소프트웨어의 실시간 성능이나 전체적인 효율성을 진단하는 테스트로, 소프트웨어의 응답 시간, 처리량 등을 테스트한다.
구조(Structure) 테스트	소프트웨어 내부의 논리적인 경로, 소스 코드의 복잡도 등을 평가하는 테스트이다.
회귀(Regression) 테스트	소프트웨어의 변경 또는 수정된 코드에 새로운 결함이 없음을 확인하는 테스트이다.
병행(Parallel) 테스트	변경된 소프트웨어와 기존 소프트웨어에 동일한 데이터를 입력하여 결과를 비교하는 테스트이다.

기출문제 따라잡기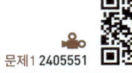

21년 8월
1. 테스트를 목적에 따라 분류했을 때, 강도(Stress) 테스트에 대한 설명으로 옳은 것은?
① 시스템에 고의로 실패를 유도하고 시스템이 정상적으로 복귀하는지 테스트한다.
② 시스템에 과다 정보량을 부과하여 과부하 시에도 시스템이 정상적으로 작동되는지를 테스트한다.
③ 사용자의 이벤트에 시스템이 응답하는 시간, 특정 시간 내에 처리하는 업무량, 사용자 요구에 시스템이 반응하는 속도 등을 테스트한다.
④ 부당하고 불법적인 침입을 시도하여 보안 시스템이 불법적인 침투를 잘 막아내는지 테스트한다.

강도(Stress) 테스트는 시스템에 과도한 정보량이나 빈도 등을 부과하여 과부하 시에도 소프트웨어가 정상적으로 실행되는지를 확인하는 테스트입니다.

출제예상
2. 다음 중 정적 테스트와 동적 테스트에 대한 설명으로 틀린 것은?
① 정적 테스트는 개발한 프로그램을 실행하지 않고 테스트한다.
② 동적 테스트는 개발한 프로그램을 직접 실행하면서 오류를 찾는 테스트이다.
③ 동적 테스트에는 워크스루, 인스펙션, 코드 검사 등이 있다.
④ 정적 테스트는 개발 초기에 결함을 발견함으로써 개발 비용을 낮추는데 도움이 된다.

워크스루, 인스펙션, 코드 검사는 정적 테스트입니다.

출제예상
3. 다음 중 확인(Validation) 테스트에 대한 설명으로 옳은 것은?
① 개발자의 시각에서 테스트를 진행한다.
② 제품이 올바르게 생산되고 있는가를 확인한다.
③ 소프트웨어가 명세서대로 만들어졌는지를 중점을 두고 테스트한다.
④ 소프트웨어가 사용자의 요구사항을 충족시키는가에 중점을 두고 테스트한다.

①, ②, ③번은 검증(Verification) 테스트에 대한 설명입니다.

▶ 정답 : 1. ② 2. ③ 3. ④

SECTION 046 테스트 기법에 따른 애플리케이션 테스트

1 화이트박스 테스트(White Box Test)

24.2, 23.7, 23.2, 22.7, 22.4, 21.5, 20.6

화이트박스 테스트는 모듈의 원시 코드를 오픈시킨 상태에서 원시 코드의 논리적인 모든 경로를 테스트하여 테스트 케이스를 설계하는 방법이다.

- 화이트박스 테스트는 설계된 절차에 초점을 둔 구조적 테스트로 프로시저 설계의 제어 구조를 사용하여 테스트 케이스를 설계하며, 테스트 과정의 초기에 적용된다.
- 모듈 안의 작동을 직접 관찰한다.
- 원시 코드(모듈)의 모든 문장을 한 번 이상 실행함으로써 수행된다.
- 프로그램의 제어 구조에 따라 선택, 반복 등의 분기점 부분들을 수행함으로써 논리적 경로를 제어한다.

> **전문가의 조언**
>
> • 애플리케이션 테스트는 소프트웨어 내부 구조의 참조 여부에 따라 블랙박스 테스트와 화이트박스 테스트로 나뉩니다. **중요해요!** 블랙박스 테스트와 화이트박스 테스트에 대한 문제는 자주 출제됩니다. 두 테스트의 개념, 차이점, 종류 등을 모두 숙지해 두세요.
> • 화이트박스 테스트의 의미는 '논리'라는 단어를 중심으로 알아두세요. 화이트박스 테스트는 투명한 박스라는 의미로 모듈 안의 내용을 볼 수 있어서 내부의 논리적인 경로를 테스트한다고 생각하면 됩니다.

2 화이트박스 테스트의 종류

24.2, 23.7, 22.3, 21.5, 20.6, 실기 22.5, 21.7

화이트 박스 테스트의 종류에는 기초 경로 검사, 제어 구조 검사 등이 있다.

24.2, 23.7, 22.3, 21.5, 20.6 **기초 경로* 검사** (Base Path Testing)	• 대표적인 화이트박스 테스트 기법이다. • 테스트 케이스 설계자가 절차적 설계의 논리적 복잡성을 측정할 수 있게 해주는 테스트 기법으로, 테스트 측정 결과는 실행 경로의 기초를 정의하는 데 지침으로 사용된다.
제어 구조 검사 (Control Structure Testing)	• **조건 검사**(Condition Testing) : 프로그램 모듈 내에 있는 논리적 조건을 테스트하는 테스트 케이스 설계 기법 • **루프 검사**(Loop Testing) : 프로그램의 반복(Loop) 구조에 초점을 맞춰 실시하는 테스트 케이스 설계 기법 • **데이터 흐름 검사**(Data Flow Testing) : 프로그램에서 변수의 정의와 변수 사용의 위치에 초점을 맞춰 실시하는 테스트 케이스 설계 기법

> **기초 경로**
> 기초 경로(Base Path = Basis Path)는 수행 가능한 모든 경로를 의미합니다.

3 화이트박스 테스트의 검증 기준

22.4, 실기 25.7, 25.4, 24.10, 24.4, 21.7, 20.10

화이트박스 테스트의 검증 기준은 테스트 케이스들이 테스트에 얼마나 적정한지를 판단하는 기준으로, 문장 검증 기준, 분기 검증 기준, 조건 검증 기준, 분기/조건 기준이 있다.

실기 25.4 **문장 검증 기준** (Statement Coverage)	소스 코드의 모든 구문이 한 번 이상 수행되도록 테스트 케이스 설계
실기 25.7 **분기 검증 기준** (Branch Coverage)	결정 검증 기준(Decision Coverage)이라고도 불리며, 소스 코드의 모든 조건문에 대해 조건이 True인 경우와 False인 경우가 한 번 이상 수행되도록 테스트 케이스 설계

조건 검증 기준 (Condition Coverage)	소스 코드의 조건문에 포함된 개별 조건식의 결과가 True인 경우와 False인 경우가 한 번 이상 수행되도록 테스트 케이스 설계
분기/조건 기준 (Branch/Condition Coverage)	분기 검증 기준과 조건 검증 기준을 모두 만족하는 설계로, 조건문이 True인 경우와 False인 경우에 따라 조건 검증 기준의 입력 데이터를 구분하는 테스트 케이스 설계

❹ 블랙박스 테스트(Black Box Test)

25.5, 25.2, 24.5, 23.2, 22.7, 21.5, 실기 20.10

블랙박스 테스트는 소프트웨어가 수행할 특정 기능을 알기 위해서 각 기능이 완전히 작동되는 것을 입증하는 테스트로, 기능 테스트라고도 한다.

- 프로그램의 구조를 고려하지 않기 때문에 테스트 케이스는 프로그램 또는 모듈의 요구나 명세를 기초로 결정한다.
- 소프트웨어 인터페이스에서 실시되는 테스트이다.
- 부정확하거나 누락된 기능, 인터페이스 오류, 자료 구조나 외부 데이터베이스 접근에 따른 오류, 행위나 성능 오류, 초기화와 종료 오류 등을 발견하기 위해 사용되며, 테스트 과정의 후반부에 적용된다.
- 블랙박스 테스트의 종류에는 동치 분할 검사, 경계값 분석, 원인-효과 그래프 검사, 오류 예측 검사, 비교 검사 등이 있다.

❺ 블랙박스 테스트의 종류

25.8, 25.5, 25.2, 24.7, 24.5, 23.5, 21.5, 21.3, 20.9, 20.8, 20.6, 실기 22.10, 22.5, 21.4, 20.11

25.8, 25.5, 24.7, 24.5, 23.5, 21.5, 20.9, … 동치 분할 검사 (Equivalence Partitioning Testing, 동치 클래스 분해)	• 입력 자료에 초점을 맞춰 테스트 케이스(동치 클래스)를 만들고 검사하는 방법으로 동등 분할 기법이라고도 한다. • 프로그램의 입력 조건에 타당한 입력 자료와 타당하지 않은 입력 자료의 개수를 균등하게 하여 테스트 케이스를 정하고, 해당 입력 자료에 맞는 결과가 출력되는지 확인하는 기법이다.
25.8, 25.5, 25.2, 24.7, 21.5, 21.3, 20.9, … 경계값 분석 (Boundary Value Analysis)	• 입력 자료에만 치중한 동치 분할 기법을 보완하기 위한 기법이다. • 입력 조건의 중간값보다 경계값에서 오류가 발생될 확률이 높다는 점을 이용하여 입력 조건의 경계값을 테스트 케이스로 선정하여 검사하는 기법이다.
20.9 원인-효과 그래프 검사 (Cause-Effect Graphing Testing)	입력 데이터 간의 관계와 출력에 영향을 미치는 상황을 체계적으로 분석한 다음 효용성이 높은 테스트 케이스를 선정하여 검사하는 기법이다.
25.5, 24.7, 20.8 오류 예측 검사 (Error Guessing)	• 과거의 경험이나 확인자의 감각으로 테스트하는 기법이다. • 다른 블랙 박스 테스트 기법으로는 찾아낼 수 없는 오류를 찾아내는 일련의 보충적 검사 기법이며, 데이터 확인 검사라고도 한다.
비교 검사 (Comparison Testing)	여러 버전의 프로그램에 동일한 테스트 자료를 제공하여 동일한 결과가 출력되는지 테스트하는 기법이다.

전문가의 조언

- 블랙박스는 박스 안을 들여다 볼 수 없는 검은 상자입니다. 즉 블랙박스 안에서 어떤 일이 일어나는지 알 수는 없지만 입력된 데이터가 블랙박스를 통과하여 출력될 때 그 결과물이 정확한지를 검사하는 것입니다. 이런 블랙박스 테스트의 개념을 염두에 두고 개별적인 검사 기법을 잘 이해해 두세요. 블랙박스 테스트의 종류도 기억해야 합니다.
- Section 045에서 학습한 명세 기반 테스트, 경험 기반 테스트는 블랙박스 테스트, 구조 기반 테스트는 화이트박스 테스트에 해당합니다.

예제 A 애플리케이션에서 평가점수에 따른 성적부여 기준이 다음과 같을 때, 동치 분할 검사와 경계값 분석의 테스트 케이스를 확인하시오.

평가점수	성적
90~100	A
80~89	B
70~79	C
0~69	D

〈동치 분할 검사〉

테스트 케이스	1	2	3	4
입력값	60	75	82	96
예상 결과값	D	C	B	A
실제 결과값	D	C	B	A

해설 동치 분할 검사는 입력 자료에 초점을 맞춰 테스트 케이스를 만들어 검사하므로 평가점수를 입력한 후 점수에 맞는 성적이 출력되는지 확인한다.

〈경계값 분석〉

테스트 케이스	1	2	3	4	5	6	7	8	9	10
입력 값	-1	0	69	70	79	80	89	90	100	101
예상 결과 값	오류	D	D	C	C	B	B	A	A	오류
실제 결과 값	오류	D	D	C	C	B	B	A	A	오류

해설 경계값 분석은 입력 조건의 경계값을 테스트 케이스로 선정하여 검사하므로 평가점수의 경계값에 해당하는 점수를 입력한 후 올바른 성적이 출력되는지 확인한다.

기출문제 따라잡기

24년 2월, 22년 7월, 21년 5월
1. 소프트웨어 테스트와 관련한 설명으로 틀린 것은?
① 화이트박스 테스트는 모듈의 논리적인 구조를 체계적으로 점검할 수 있다.
② 블랙박스 테스트는 프로그램의 구조를 고려하지 않는다.
③ 테스트 케이스에는 일반적으로 시험 조건, 테스트 데이터, 예상 결과가 포함되어야 한다.
④ 화이트박스 테스트에서 기본 경로(Basis Path)란 흐름 그래프의 시작 노드에서 종료 노드까지의 서로 독립된 경로로 싸이클을 허용하지 않는 경로를 말한다.

기본 경로(Basis Path)는 수행 가능한 모든 경로를 의미합니다.

23년 7월, 20년 6월
2. White Box Testing에 대한 설명으로 옳지 않은 것은?
① Base Path Testing, Boundary Value Analysis가 대표적인 기법이다.
② Source Code의 모든 문장을 한 번 이상 수행함으로써 진행된다.
③ 모듈 안의 작동을 직접 관찰할 수 있다.
④ 산출물의 각 기능별로 적절한 프로그램의 제어 구조에 따라 선택, 반복 등의 부분들을 수행함으로써 논리적 경로를 점검한다.

경계값 분석(Boundary Value Analysis)은 블랙박스 테스트 기법입니다.

▶ 정답 : 1. ④ 2. ①

기출문제 따라잡기

25년 5월, 23년 2월, 21년 5월

3. 블랙박스 테스트를 이용하여 발견할 수 있는 오류가 아닌 것은?

① 비정상적인 자료를 입력해도 오류 처리를 수행하지 않는 경우
② 정상적인 자료를 입력해도 요구된 기능이 제대로 수행되지 않는 경우
③ 반복 조건을 만족하는데도 루프 내의 문장이 수행되지 않는 경우
④ 경계값을 입력할 경우 요구된 출력 결과가 나오지 않는 경우

> 블랙박스 테스트는 수행할 기능을 알기 위한 테스트로, 루프 내의 문장 수행여부를 알수는 없습니다.

25년 5월, 24년 7월, 20년 9월, 8월

4. 블랙박스 테스트 기법으로 거리가 먼 것은?

① 기초 경로 검사   ② 동치 클래스 분해
③ 경계값 분석   ④ 원인 결과 그래프

> 기초 경로 검사는 화이트박스 테스트 기법에 해당합니다.

25년 8월, 2월, 20년 6월

5. 평가점수에 따른 성적부여는 다음 표와 같다. 이를 구현한 소프트웨어를 경계값 분석 기법으로 테스트 하고자 할 때 다음 중 테스트 케이스의 입력값으로 옳지 않은 것은?

평가점수	성적
80~100	A
60~79	B
0~59	C

① 59   ② 80   ③ 90   ④ 101

> 경계값 분석 기법은 입력 조건의 경계값을 테스트 케이스로 선정하여 검사하는 기법으로, 성적이 분리되는 평가점수의 경계값인 101, 100, 80, 79, 60, 59, 0, -1이 적절한 입력값에 해당합니다.

23년 7월, 22년 3월

6. 화이트박스 검사 기법에 해당하는 것으로만 짝지어진 것은?

> ㉠ 데이터 흐름 검사   ㉡ 루프 검사
> ㉢ 동등 분할 검사   ㉣ 경계값 분석
> ㉤ 원인 결과 그래프 기법 ㉥ 오류 예측 기법

① ㉠, ㉡   ② ㉠, ㉢
③ ㉡, ㉤   ④ ㉢, ㉥

> '데이터 흐름 검사'와 '루프 검사'는 화이트박스 테스트이고, 나머지는 블랙박스 테스트입니다.

23년 2월, 22년 4월

7. 화이트박스 테스트와 관련한 설명으로 틀린 것은?

① 화이트박스 테스트의 이해를 위해 논리 흐름도(Logic-Flow Diagram)를 이용할 수 있다.
② 테스트 데이터를 이용해 실제 프로그램을 실행함으로써 오류를 찾는 동적 테스트(Dynamic Test)에 해당한다.
③ 프로그램의 구조를 고려하지 않기 때문에 테스트 케이스는 프로그램 또는 모듈의 요구나 명세를 기초로 결정한다.
④ 테스트 데이터를 선택하기 위하여 검증 기준(Test Coverage)을 정한다.

> ③번은 블랙박스 테스트에 대한 설명입니다.

25년 8월, 24년 5월, 23년 5월

8. 명세 기반 테스트 중 프로그램의 입력 조건에 중점을 두고, 어느 하나의 입력 조건에 대하여 타당한 값과 그렇지 못한 값을 설정하여 해당 입력 자료에 맞는 결과가 출력되는지 확인하는 테스트 기법은?

① Cause-Effect Graphing Testing
② Equivalence Partitioning Testing
③ Boundary Value Analysis
④ Comparison Testing

> 문제에 제시된 내용은 동치 분할 검사(Equivalence Partitioning Testing)에 대한 설명입니다.

24년 5월

9. 블랙 박스 검사에 관하여 기술한 것 중 잘못된 것은?

① 모듈의 구조보다 기능을 검사한다.
② 동치 분할(Equivalence Partitioning)이라는 기법을 사용한다.
③ Nassi-Shneiderman 도표를 사용하여 검정 기준을 작성할 수 있다.
④ 원인-결과 그래프(Cause and Effect Graph)로 테스트 케이스를 작성할 수 있다.

> N-S 차트는 논리의 기술에 중점을 둔 도형을 이용한 표현 방법으로 화이트박스 테스트에서 사용됩니다.

▶ 정답 : 1. ④ 2. ① 3. ③ 4. ① 5. ③ 6. ① 7. ③ 8. ② 9. ③

SECTION 047 개발 단계에 따른 애플리케이션 테스트

1 개발 단계에 따른 애플리케이션 테스트

24.7, 24.5, 22.3, 실기 22.5

애플리케이션 테스트는 소프트웨어의 개발 단계에 따라 단위 테스트, 통합 테스트, 시스템 테스트, 인수 테스트로 분류된다. 이렇게 분류된 것을 테스트 레벨이라고 한다.

- 애플리케이션 테스트는 소프트웨어의 개발 단계에서부터 테스트를 수행하므로 단순히 소프트웨어에 포함된 코드 상의 오류뿐만 아니라 요구 분석의 오류, 설계 인터페이스 오류 등도 발견할 수 있다.
- 애플리케이션 테스트와 소프트웨어 개발 단계를 연결하여 표현한 것을 V-모델이라 한다.

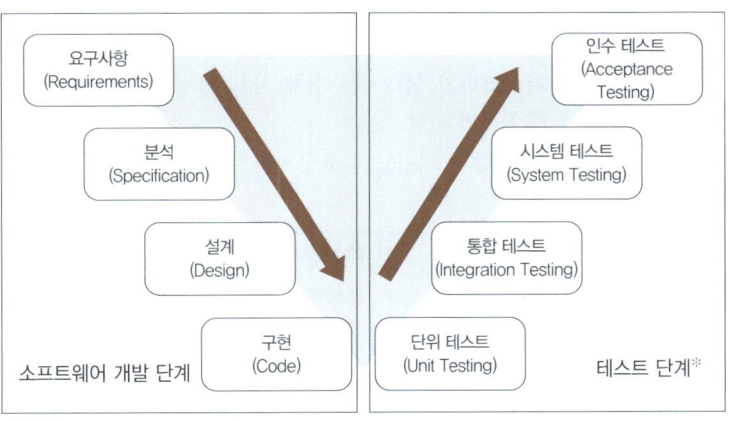

소프트웨어 생명 주기의 V-모델

> **전문가의 조언**
>
> 애플리케이션 테스트는 소프트웨어의 개발 과정과 함께 지속적으로 진행됩니다. 모듈을 개발하면 모듈에 대한 단위 테스트를 실행하고, 여러 개의 모듈을 결합하여 시스템으로 완성시키는 과정에서는 통합 테스트를, 그리고 설계된 소프트웨어가 시스템에서 정상적으로 수행되는지를 확인하기 위해서 시스템 테스트를 수행합니다. 최종적으로 소프트웨어가 완성되면 사용자에게 인도하기 전에 인수 테스트를 수행합니다. 이러한 과정을 염두에 두고 테스트 진행 순서와 각 테스트의 특징을 정리하세요.

> 개발 단계에 따른 테스트들을 검증과 확인 테스트로 구분하면 다음과 같습니다.
> - **검증(Verification) 테스트** : 개발자 기준의 테스트로, 단위 테스트, 통합 테스트, 시스템 테스트가 해당됨
> - **확인(Validation) 테스트** : 사용자 기준의 테스트로, 인수 테스트가 해당됨

2 단위 테스트(Unit Test)

25.5, 24.7, 23.5, 22.4, 21.8, 21.5, 실기 21.4

단위 테스트는 코딩 직후 소프트웨어 설계의 최소 단위인 모듈이나 컴포넌트에 초점을 맞춰 테스트하는 것이다.

- 단위 테스트에서는 인터페이스, 외부적 I/O, 자료 구조, 독립적 기초 경로, 오류 처리 경로, 경계 조건 등을 검사한다.
- 단위 테스트는 사용자의 요구사항을 기반으로 한 기능성 테스트를 최우선으로 수행한다.
- 단위 테스트는 구조 기반 테스트와 명세 기반 테스트로 나뉘지만 주로 구조 기반 테스트를 시행한다.
- **단위 테스트로 발견 가능한 오류** : 알고리즘 오류에 따른 원치 않는 결과, 탈출구가 없는 반복문의 사용, 틀린 계산 수식에 의한 잘못된 결과

> **전문가의 조언**
>
> 단위 테스트의 개념이나 특징을 묻는 문제가 출제되고 있습니다. 단위 테스트는 모듈이나 컴포넌트에 초점을 맞춰 테스트한다는 것을 중심으로 개념과 특징을 정리하세요.

테스트 방법	테스트 내용	테스트 목적
구조 기반 테스트	프로그램 내부 구조 및 복잡도를 검증하는 화이트박스(White Box) 테스트 시행	제어 흐름, 조건 결정
명세 기반 테스트	목적 및 실행 코드 기반의 블랙박스(Black Box) 테스트 시행	동등 분할, 경계 값 분석

전문가의 조언

통합 테스트는 다음 섹션에서 자세히 공부하니 여기에서는 통합 테스트가 무엇인지 정도만 알아두세요.

③ 통합 테스트(Integration Test)

실기 21.4

통합 테스트는 단위 테스트가 완료된 모듈들을 결합하여 하나의 시스템으로 완성시키는 과정에서의 테스트를 의미한다.

- 통합 테스트는 모듈 간 또는 통합된 컴포넌트 간의 상호 작용 오류를 검사한다.

④ 시스템 테스트(System Test)

시스템 테스트는 개발된 소프트웨어가 해당 컴퓨터 시스템에서 완벽하게 수행되는가를 점검하는 테스트이다.

- 환경적인 장애 리스크*를 최소화하기 위해서는 실제 사용 환경과 유사하게 만든 테스트 환경에서 테스트를 수행해야 한다.
- 시스템 테스트는 기능적 요구사항과 비기능적 요구사항으로 구분하여 각각을 만족하는지 테스트한다.

환경적인 장애 리스크
환경적인 장애 리스크는 OS, DBMS, 시스템 운영 장비 등 테스트 시 사용할 물리적, 논리적 테스트 환경과 실제 소프트웨어를 사용할 환경이 달라서 발생할 수 있는 바람직하지 못한 결과를 의미합니다.

테스트 방법	테스트 내용
기능적 요구사항	요구사항 명세서, 비즈니스 절차, 유스케이스 등 명세서 기반의 블랙박스(Black Box) 테스트 시행
비기능적 요구사항	성능 테스트, 회복 테스트, 보안 테스트, 내부 시스템의 메뉴 구조, 웹 페이지의 네비게이션 등 구조적 요소에 대한 화이트박스(White Box) 테스트 시행

전문가의 조언

인수 테스트의 개념과 종류, 알파 테스트와 베타 테스트의 개념 등에 대한 문제가 출제되었습니다. 인수 테스트의 종류 6가지를 기억하고, 어떤 테스트를 말하는지 찾아낼 수 있도록 각각의 특징을 정리하세요.

⑤ 인수 테스트(Acceptance Test)

25.8, 24.7, 24.5, 24.2, 23.7, 23.5, 21.3, 20.9, 20.8, 20.6, 실기 22.7

인수 테스트는 개발한 소프트웨어가 사용자의 요구사항을 충족하는지에 중점을 두고 테스트하는 방법이다.

- 인수 테스트는 개발한 소프트웨어를 사용자가 직접 테스트한다.
- 인수 테스트에 문제가 없으면 사용자는 소프트웨어를 인수하게 되고, 프로젝트는 종료된다.
- 인수 테스트는 다음과 같이 6가지의 종류로 구분해서 테스트한다.

테스트 종류	설명
사용자 인수 테스트	사용자가 시스템 사용의 적절성 여부를 확인한다.
운영상의 인수 테스트	시스템 관리자가 시스템 인수 시 수행하는 테스트 기법으로, 백업/복원 시스템, 재난 복구, 사용자 관리, 정기 점검 등을 확인한다.

계약 인수 테스트	계약상의 인수/검사 조건을 준수하는지 여부를 확인한다.
규정 인수 테스트	소프트웨어가 정부 지침, 법규, 규정 등 규정에 맞게 개발되었는지 확인한다.
23.7, 20.9, 20.8, 20.6, 실기 22.7 알파 테스트	• 개발자의 장소에서 사용자가 개발자 앞에서 행하는 테스트 기법이다. • 테스트는 통제된 환경에서 행해지며, 오류와 사용상의 문제점을 사용자와 개발자가 함께 확인하면서 기록한다.
21.3, 20.8, 실기 22.7 베타 테스트	• 선정된 최종 사용자가 여러 명의 사용자 앞에서 행하는 테스트 기법으로, 필드 테스팅(Field Testing)이라고도 불린다. • 실업무를 가지고 사용자가 직접 테스트하는 것으로, 개발자에 의해 제어되지 않은 상태에서 테스트가 행해지며, 발견된 오류와 사용상의 문제점을 기록하고 개발자에게 주기적으로 보고한다.

기출문제 따라잡기

25년 5월, 21년 8월
1. 개별 모듈을 시험하는 것으로, 모듈이 정확하게 구현되었는지, 예정한 기능이 제대로 수행되는지를 점검하는 것이 주 목적인 테스트는?

① 통합 테스트(Integration Test)
② 단위 테스트(Unit Test)
③ 시스템 테스트(System Test)
④ 인수 테스트(Acceptance Test)

> 모듈이나 컴포넌트 단위로 기능을 확인하는 테스트는 단위 테스트(Unit Test)입니다.

23년 5월, 21년 5월
2. 다음 중 단위 테스트를 통해 발견할 수 있는 오류가 아닌 것은?

① 알고리즘 오류에 따른 원치 않는 결과
② 탈출구가 없는 반복문의 사용
③ 모듈 간의 비정상적 상호 작용으로 인한 원치 않는 결과
④ 틀린 계산 수식에 의한 잘못된 결과

> 모듈 간의 비정상적 상호 작용 오류 검사를 위해서는 통합 테스트를 수행해야 합니다.

23년 7월, 20년 9월, 6월
3. 검증(Validation) 검사 기법 중 개발자의 장소에서 사용자가 개발자 앞에서 행해지며, 오류와 사용상의 문제점을 사용자와 개발자가 함께 확인하면서 검사하는 기법은?

① 디버깅 검사
② 형상 검사
③ 자료구조 검사
④ 알파 검사

> 사용자가 개발자 앞에서 행하는 검사는 알파 검사, 사용자가 여러 명의 사용자 앞에서 행하는 검사는 베타 검사입니다.

25년 8월, 24년 7월, 2월, 22년 7월, 20년 8월
4. 알파, 베타 테스트와 가장 밀접한 연관이 있는 테스트 단계는?

① 단위 테스트
② 인수 테스트
③ 통합 테스트
④ 시스템 테스트

> 알파 테스트와 베타 테스트는 인수 테스트의 한 종류입니다.

21년 3월
5. 필드 테스팅(Field Testing)이라고도 불리며, 개발자 없이 고객의 사용 환경에 소프트웨어를 설치하여 검사를 수행하는 인수검사 기법은?

① 베타 검사
② 알파 검사
③ 형상 검사
④ 복구 검사

> 사용자가 여러 명의 사용자 앞에서 행하는 검사는 베타 검사, 사용자가 개발자 앞에서 행하는 검사는 알파 검사입니다.

25년 8월, 24년 5월, 23년 5월
6. 개발한 소프트웨어가 사용자의 요구사항을 충족하는지에 중점을 두고 테스트하는 방법은?

① 단위 테스트
② 인수 테스트
③ 시스템 테스트
④ 통합 테스트

> 사용자의 요구사항에 중점을 두고 하는 테스트는 인수 테스트(Acceptance Test)입니다.

▶ 정답 : 1. ② 2. ③ 3. ④ 4. ② 5. ① 6. ②

SECTION 048 통합 테스트

 전문가의 조언

통합 테스트에서는 상향식 테스트와 하향식 테스트가 중요합니다. 어떤 테스트를 말하는지 구분할 수 있도록 각각의 특징을 잘 알아두세요.

빅뱅 통합 테스트
모듈 간의 상호 인터페이스를 고려하지 않고 단위 테스트가 끝난 모듈을 한꺼번에 결합시켜 테스트하는 방법입니다. 주로 소규모 프로그램이나 프로그램의 일부만을 대상으로 테스트 할 때 사용됩니다.

- **깊이 우선 통합법** : 주요 제어 모듈을 중심으로 해당 모듈에 종속된 모든 모듈을 통합하는 것으로, 다음 그림에 대한 통합 순서는 A1, A2, A3, A4, A5, A6, A7, A8, A9 순입니다.

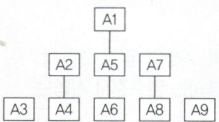

- **넓이 우선 통합법** : 구조의 수평을 중심으로 해당하는 모듈을 통합하는 것으로, 다음 그림에 대한 통합 순서는 A1, A2, A3, A4, A5, A6, A7, A8, A9 순입니다.

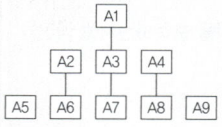

회귀 테스트
이미 테스트된 프로그램의 테스팅을 반복하는 것으로, 통합 테스트로 인해 변경된 모듈이나 컴포넌트에 새로운 오류가 있는지 확인하는 테스트입니다.

❶ 통합 테스트(Integration Test)

통합 테스트는 단위 테스트가 끝난 모듈을 통합하는 과정에서 발생하는 오류 및 결함을 찾는 테스트 기법이다.

- 통합 테스트 방법에는 비점진적 통합 방식과 점진적 통합 방식이 있다.

비점진적 통합 방식	• 단계적으로 통합하는 절차 없이 모든 모듈이 미리 결합되어 있는 프로그램 전체를 테스트하는 방법으로, 빅뱅 통합 테스트* 방식이 있다. • 규모가 작은 소프트웨어에 유리하며 단시간 내에 테스트가 가능하다. • 전체 프로그램을 대상으로 하기 때문에 오류 발견 및 장애 위치 파악 및 수정이 어렵다.
점진적 통합 방식	• 모듈 단위로 단계적으로 통합하면서 테스트하는 방법으로, 하향식, 상향식, 혼합식 통합 방식이 있다. • 오류 수정이 용이하고, 인터페이스와 연관된 오류를 완전히 테스트할 가능성이 높다.

❷ 하향식 통합 테스트(Top Down Integration Test)

하향식 통합 테스트는 프로그램의 상위 모듈에서 하위 모듈 방향으로 통합하면서 테스트하는 기법이다.

- 주요 제어 모듈을 기준으로 하여 아래 단계로 이동하면서 통합하는데, 이때 깊이 우선 통합법*이나 넓이 우선 통합법*을 사용한다.
- 테스트 초기부터 사용자에게 시스템 구조를 보여줄 수 있다.
- 상위 모듈에서는 테스트 케이스를 사용하기 어렵다.
- 하향식 통합 방법은 다음과 같은 절차로 수행된다.
  ❶ 주요 제어 모듈은 작성된 프로그램을 사용하고, 주요 제어 모듈의 종속 모듈들은 스텁(Stub)으로 대체한다.
  ❷ 깊이 우선 또는 넓이 우선 등의 통합 방식에 따라 하위 모듈인 스텁들이 한 번에 하나씩 실제 모듈로 교체된다.
  ❸ 모듈이 통합될 때마다 테스트를 실시한다.
  ❹ 새로운 오류가 발생하지 않음을 보증하기 위해 회귀 테스트*를 실시한다.

❸ 상향식 통합 테스트(Bottom Up Integration Test)

상향식 통합 테스트는 프로그램의 하위 모듈에서 상위 모듈 방향으로 통합하면서 테스트하는 기법이다.

- 가장 하위 단계의 모듈부터 통합 및 테스트가 수행되므로 스텁(Stub)은 필요하지 않지만, 하나의 주요 제어 모듈과 관련된 종속 모듈의 그룹인 클러스터(Cluster)가 필요하다.

- 상향식 통합 방법은 다음과 같은 절차로 수행된다.
  ❶ 하위 모듈들을 클러스터(Cluster)로 결합한다.
  ❷ 상위 모듈에서 데이터의 입·출력을 확인하기 위해 더미 모듈인 드라이버(Driver)를 작성한다.
  ❸ 통합된 클러스터 단위로 테스트한다.
  ❹ 테스트가 완료되면 클러스터는 프로그램 구조의 상위로 이동하여 결합하고 드라이버는 실제 모듈로 대체된다.

잠깐만요 ─ 테스트 드라이버와 테스트 스텁의 차이점

25.8, 25.5, 24.5, 24.2, 22.7, 21.8, 21.3, 20.6, 실기 23.7

구분	드라이버(Driver) 25.5, 22.7, 21.8	스텁(Stub) 25.8, 24.5, 24.2, 21.3, 20.6
개념	테스트 대상의 하위 모듈을 호출하는 도구로, 매개 변수(Parameter)를 전달하고, 모듈 테스트 수행 후의 결과를 도출합니다.	제어 모듈이 호출하는 타 모듈의 기능을 단순히 수행하는 도구로, 일시적으로 필요한 조건만을 가지고 있는 시험용 모듈입니다.
필요 시기	상위 모듈 없이 하위 모듈이 있는 경우 하위 모듈 구동	상위 모듈은 있지만 하위 모듈이 없는 경우 하위 모듈 대체
테스트 방식	상향식(Bottom Up) 테스트	하향식(Top–Down) 테스트
개념도	M1 ← D1, D2 ← M2, M3, M4, M5	M1 → M2, S3; M2 → M4, S5; S3 → S6
공통점	소프트웨어 개발과 테스트를 병행할 경우 이용	
차이점	• 이미 존재하는 하위 모듈과 존재하지 않는 상위 모듈 간의 인터페이스 역할을 합니다. • 소프트웨어 개발이 완료되면 드라이버는 본래의 모듈로 교체됩니다.	• 일시적으로 필요한 조건만을 가지고 임시로 제공되는 가짜 모듈의 역할을 합니다. • 시험용 모듈이기 때문에 일반적으로 드라이버보다 작성하기 쉽습니다.

> **전문가의 조언**
> 테스트 스텁과 테스트 드라이버의 개념, 특징을 묻는 문제가 출제되었습니다. 테스트 스텁은 하향식 테스트, 테스트 드라이버는 상향식 테스트라는 것을 염두에 두고 각각의 개념과 특징을 정리하세요.

❹ 혼합식 통합 테스트

혼합식 통합 테스트는 하위 수준에서는 상향식 통합, 상위 수준에서는 하향식 통합을 사용하여 최적의 테스트를 지원하는 방식으로, 샌드위치(Sandwich)식 통합 테스트 방법이라고도 한다.

5 회귀 테스팅(Regression Testing)

실기 22.7

회귀 테스트는 이미 테스트된 프로그램의 테스팅을 반복하는 것으로, 통합 테스트로 인해 변경된 모듈이나 컴포넌트에 새로운 오류가 있는지 확인하는 테스트이다.

- 회귀 테스트는 수정한 모듈이나 컴포넌트가 다른 부분에 영향을 미치는지, 오류가 생기지 않았는지 테스트하여 새로운 오류가 발생하지 않음을 보증하기 위해 반복 테스트한다.
- 회귀 테스트는 모든 테스트 케이스를 이용해 테스팅하는 것이 가장 좋지만 시간과 비용이 많이 필요하므로 기존 테스트 케이스 중 변경된 부분을 테스트할 수 있는 테스트 케이스만을 선정하여 수행한다.
- 회귀 테스트의 테스트 케이스 선정 방법
  - 모든 애플리케이션의 기능을 수행할 수 있는 대표적인 테스트 케이스를 선정한다.
  - 애플리케이션 기능 변경에 의한 파급 효과를 분석하여 파급 효과가 높은 부분이 포함된 테스트 케이스를 선정한다.
  - 실제 수정이 발생한 모듈 또는 컴포넌트에서 시행하는 테스트 케이스를 선정한다.

 기출문제 따라잡기

문제2 2405852

25년 5월, 22년 7월, 21년 8월

1. 테스트 드라이버(Test Driver)에 대한 설명으로 틀린 것은?

① 시험 대상 모듈을 호출하는 간이 소프트웨어이다.
② 필요에 따라 매개 변수를 전달하고 모듈을 수행한 후의 결과를 보여줄 수 있다.
③ 상향식 통합 테스트에서 사용된다.
④ 테스트 대상 모듈이 호출하는 하위 모듈의 역할을 한다.

> 비어있는 하위 모듈을 대체하는 것은 스텁(Stub), 상위 모듈을 대체하는 것은 드라이버(Driver)입니다.

22년 4월

2. 통합 테스트(Integration Test)와 관련한 설명으로 틀린 것은?

① 시스템을 구성하는 모듈의 인터페이스와 결합을 테스트 하는 것이다.
② 하향식 통합 테스트의 경우 넓이 우선(Breadth First) 방식으로 테스트를 할 모듈을 선택할 수 있다.
③ 상향식 통합 테스트의 경우 시스템 구조도의 최상위에 있는 모듈을 먼저 구현하고 테스트한다.
④ 모듈 간의 인터페이스와 시스템의 동작이 정상적으로 잘되고 있는지를 빨리 파악하고자 할 때 상향식 보다는 하향식 통합 테스트를 사용하는 것이 좋다.

> 상향식 통합 테스트는 프로그램의 하위 모듈에서 상위 모듈 방향으로 통합하면서 테스트하는 기법입니다.

25년 8월, 24년 5월, 2월, 21년 3월, 20년 6월

3. 하향식 통합에 있어서 모듈 간의 통합 시험을 위해 일시적으로 필요한 조건만을 가지고 임시로 제공되는 시험용 모듈을 무엇이라고 하는가?

① Stub ② Driver
③ Procedure ④ Function

> 하향식 통합 테스트에서 임시로 제공되는 시험용 모듈을 스텁(Stub)이라고 합니다.

25년 8월, 20년 8월

4. 다음이 설명하는 애플리케이션 통합 테스트 유형은?

- 깊이 우선 방식 또는 너비 우선 방식이 있다.
- 상위 컴포넌트를 테스트 하고 점증적으로 하위 컴포넌트를 테스트 한다.
- 하위 컴포넌트 개발이 완료되지 않은 경우 스텁(Stub)을 사용하기도 한다.

① 하향식 통합 테스트 ② 상향식 통합 테스트
③ 회귀 테스트 ④ 빅뱅 테스트

> 상위 컴포넌트를 먼저 테스트하고 하위 컴포넌트를 테스트 한다는 것은 하향식으로 테스트를 수행한다는 의미입니다.

▶ 정답 : 1. ④ 2. ③ 3. ① 4. ①

SECTION 049 테스트 케이스 / 테트 시나리오 / 테스트 오라클

1 테스트 케이스(Test Case)

25.5, 22.4

테스트 케이스는 구현된 소프트웨어가 사용자의 요구사항을 정확하게 준수했는지를 확인하기 위해 설계된 입력 값, 실행 조건, 기대 결과 등으로 구성된 테스트 항목에 대한 명세서로, 명세 기반 테스트의 설계 산출물에 해당된다.

- 테스트 케이스를 미리 설계하면 테스트 오류를 방지할 수 있고 테스트 수행에 필요한 인력, 시간 등의 낭비를 줄일 수 있다.
- 테스트 케이스는 테스트 목표와 방법을 설정한 후 작성한다.
- 테스트 케이스는 시스템 설계 단계에서 작성하는 것이 가장 이상적이다.

2 테스트 케이스 작성 순서

테스트 케이스는 테스트 전략이나 테스트 계획서 등을 기반으로 하여 다음과 같은 순서로 작성된다.

1. 테스트 계획 검토 및 자료 확보	• 테스트 계획서를 재검토하여 테스트 대상 범위 및 접근 방법 등을 이해한다. • 시스템 요구사항과 기능 명세서를 검토하고 테스트 대상 시스템의 정보를 확보한다.
2. 위험 평가 및 우선순위 결정	결함의 위험 정도에 따른 우선순위를 결정하고, 어느 부분에 초점을 맞춰 테스트할지를 결정한다.
3. 테스트 요구사항 정의	시스템에 대한 사용자 요구사항이나 테스트 대상을 재검토하고, 테스트 특성, 조건, 기능 등을 분석한다.
4. 테스트 구조 설계 및 테스트 방법 결정	• 테스트 케이스의 형식과 분류 방법을 결정한다. • 테스트 절차, 장비, 도구, 테스트 문서화 방법을 결정한다.
5. 테스트 케이스 정의	요구사항에 따라 테스트 케이스를 작성하고, 입력 값, 실행 조건, 예상 결과 등을 기술한다.
6. 테스트 케이스 타당성 확인 및 유지 보수	• 소프트웨어의 기능 또는 환경 변화에 따라 테스트 케이스를 갱신한다. • 테스트 케이스의 유용성을 검토한다.

전문가의 조언

- 테스트 케이스는 개발한 소프트웨어가 제대로 작동하는지를 확인하기 위한 데이터나 실행 조건 등의 집합이고, 테스트 시나리오는 여러 개의 테스트 케이스가 있을 때 이를 적용하는 순서입니다. 그리고 테스트 오라클은 테스트한 결과가 옳은지를 확인하는 도구입니다.
- 테스트 케이스의 특징을 묻는 문제가 출제되었습니다. 테스트 케이스는 테스트 목표와 방법을 설정한 후 작성한다는 것을 기억하세요.

명세 기반 테스트
명세 기반 테스트란 사용자의 요구사항에 대한 명세를 빠짐없이 테스트 케이스로 구현하고 있는지를 확인하는 것입니다.

③ 테스트 시나리오(Test Scenario)

테스트 시나리오는 테스트 케이스를 적용하는 순서에 따라 여러 개의 테스트 케이스들을 묶은 집합으로, 테스트 케이스들을 적용하는 구체적인 절차를 명세한 문서이다.

- 테스트 시나리오에는 테스트 순서에 대한 구체적인 절차, 사전 조건, 입력 데이터 등이 설정되어 있다.
- 테스트 시나리오를 통해 테스트 순서를 미리 정함으로써 테스트 항목을 빠짐없이 수행할 수 있다.

④ 테스트 시나리오 작성 시 유의 사항

- 테스트 시나리오는 시스템별, 모듈별, 항목별 등과 같이 여러 개의 시나리오로 분리하여 작성해야 한다.
- 테스트 시나리오는 사용자의 요구사항과 설계 문서 등을 토대로 작성해야 한다.
- 각각의 테스트 항목은 식별자 번호, 순서 번호, 테스트 데이터, 테스트 케이스, 예상 결과, 확인 등을 포함해서 작성해야 한다.
- 테스트 시나리오는 유스케이스(Use Case)* 간 업무 흐름이 정상적인지를 테스트할 수 있도록 작성해야 한다.
- 테스트 시나리오는 개발된 모듈 또는 프로그램 간의 연계가 정상적으로 동작하는지 테스트할 수 있도록 작성해야 한다.

⑤ 테스트 오라클(Test Oracle)

24.2, 23.2, 22.4, 20.9

테스트 오라클은 테스트 결과가 올바른지 판단하기 위해 사전에 정의된 참 값을 대입하여 비교하는 기법 및 활동을 말한다.

- 테스트 오라클은 결과를 판단하기 위해 테스트 케이스에 대한 예상 결과를 계산하거나 확인한다.
- 테스트 오라클의 특징
  - 제한된 검증 : 테스트 오라클을 모든 테스트 케이스에 적용할 수 없다.
  - 수학적 기법 : 테스트 오라클의 값을 수학적 기법을 이용하여 구할 수 있다.
  - 자동화 가능 : 테스트 대상 프로그램의 실행, 결과 비교, 커버리지 측정 등을 자동화 할 수 있다.
- 오라클의 종류에는 참(True) 오라클, 샘플링(Sampling) 오라클, 추정(Heuristic) 오라클, 일관성(Consistent) 검사 오라클 등이 있다.

유스케이스(Use Case)
유스케이스는 사용자 측면에서의 요구사항으로, 사용자가 원하는 목표를 달성하기 위해 수행할 내용을 기술합니다.

전문가의 조언
테스트 오라클의 개념을 묻는 문제가 출제되었습니다. 테스트 케이스를 적용한 결과가 맞았는지, 틀렸는지를 판단하려면 기준 값이 있어야 합니다. 그 값을 계산하거나 확인하는 기법을 테스트 오라클이라고 합니다. 테스트 오라클이 무엇인지 기억해 두세요.

6 테스트 오라클의 종류

25.2, 22.7, 실기 20.11

참 오라클은 주로 항공기, 은행, 발전소 소프트웨어 등 미션 크리티컬*한 업무에 사용되고, 샘플링 오라클과 추정 오라클은 일반적인 업무, 게임, 오락 등에 사용된다.

참(True) 오라클 22.7, 실기 20.11	모든 테스트 케이스의 입력 값에 대해 기대하는 결과*를 제공하는 오라클로, 발생된 모든 오류를 검출할 수 있다.
샘플링(Sampling) 오라클 25.2, 22.7	특정한 몇몇 테스트 케이스의 입력 값들에 대해서만 기대하는 결과를 제공하는 오라클이다.
추정(Heuristic) 오라클 25.2, 22.7, 실기 20.11	샘플링 오라클을 개선한 오라클로, 특정 테스트 케이스의 입력 값에 대해 기대하는 결과를 제공하고, 나머지 입력 값들에 대해서는 추정으로 처리하는 오라클이다.
일관성(Consistent) 검사 오라클 25.2, 22.7, 실기 20.11	애플리케이션의 변경이 있을 때, 테스트 케이스의 수행 전과 후의 결과 값이 동일한지를 확인하는 오라클이다.

전문가의 조언

테스트 오라클의 종류에 대한 문제가 출제되었습니다. 테스트 오라클의 종류에는 참, 샘플링, 추정, 일관성 검사 오라클이 있다는 것을 기억하고, 각각의 특징을 정리하세요.

미션 크리티컬(Mission Critical)
미션 크리티컬은 단 한 번이라도 다운되면 시스템 전체에 치명적인 영향을 주므로 절대 다운되면 안 되는 시스템으로, 항공기 운행, 은행의 온라인 시스템 등이 해당됩니다.

기대하는 결과
예를 들면, 퇴직금을 계산하는 프로그램에서 근무기간을 5로 넣어 테스트 케이스를 실행하였을 경우 예상되는 퇴직금이 기대 결과가 되는 것입니다.

기출문제 따라잡기

1. 다음이 설명하는 테스트 용어는?
24년 2월, 23년 2월, 20년 9월

- 테스트의 결과가 참인지 거짓인지를 판단하기 위해서 사전에 정의된 참값을 입력하여 비교하는 기법 및 활동을 말한다.
- 종류에는 참, 샘플링, 휴리스틱, 일관성 검사가 존재한다.

① 테스트 케이스　　② 테스트 시나리오
③ 테스트 오라클　　④ 테스트 데이터

사전에 정의된 참값을 입력하여 비교하는 기법은 테스트 오라클(Test Oracle)입니다.

2. 다음 중 테스트 오라클에 대한 설명으로 옳지 않은 것은?
22년 7월

① 샘플링 오라클 : 특정한 몇몇 테스트 케이스의 입력 값들에 대해서만 기대하는 결과를 제공하는 오라클이다.
② 토탈 오라클 : 모든 테스트 케이스의 입력 값에 대해 기대하는 결과를 제공하는 오라클이다.
③ 휴리스틱 오라클 : 특정 테스트 케이스의 입력 값에 대해 기대하는 결과를 제공하고, 나머지 입력 값들에 대해서는 추정으로 처리하는 오라클이다.
④ 일관성 검사 오라클 : 애플리케이션의 변경이 있을 경우 테스트 케이스의 수행 전과 후의 결과 값이 동일한지를 확인하는 오라클이다.

모든 테스트 케이스의 입력 값에 대해 기대하는 결과를 제공하는 오라클은 참 오라클입니다.

3. 테스트 케이스와 관련한 설명으로 틀린 것은?
25년 5월, 22년 4월

① 테스트의 목표 및 테스트 방법을 결정하기 전에 테스트 케이스를 작성해야 한다.
② 프로그램에 결함이 있더라도 입력에 대해 정상적인 결과를 낼 수 있기 때문에 결함을 검사할 수 있는 테스트 케이스를 찾는 것이 중요하다.
③ 개발된 서비스가 정의된 요구사항을 준수하는지 확인하기 위한 입력 값과 실행 조건, 예상 결과의 집합으로 볼 수 있다.
④ 테스트 케이스 실행이 통과되었는지 실패하였는지 판단하기 위한 기준을 테스트 오라클(Test Oracle)이라고 한다.

테스트 케이스는 테스트 목표와 방법을 설정한 후 작성합니다.

4. 다음 중 테스트 오라클의 종류에 해당하지 않는 것은?
25년 2월

① 샘플링 오라클　　② 일관성 검사 오라클
③ 토탈 오라클　　　④ 휴리스틱 오라클

테스트 오라클의 종류에는 참(True), 샘플링(Sampling), 추정(Heuristic), 일관성(Consistent) 검사 오라클이 있습니다.

▶ 정답 : 1. ③　2. ②　3. ①　4. ③

SECTION 050 테스트 자동화 도구

전문가의 조언

테스트 자동화 도구는 말 그대로 테스트를 자동화 할 수 있도록 도와주는 도구입니다. 왜 테스트를 자동화하는지를 생각하며 테스트 자동화 도구의 장/단점, 자동화 수행 시 고려사항 등을 정리해 두세요.

테스트 스크립트(Test Script)
테스트 스크립트는 테스트 실행 절차나 수행 방법 등을 스크립트 언어로 작성한 파일입니다.
※ **스크립트 언어** : 소스 코드를 컴파일하지 않고도 내장된 번역기에 의해 번역되어 바로 실행할 수 있는 언어

휴먼 에러(Human Error)
휴먼 에러는 사람의 판단 실수나 조작 실수 등으로 인해 발생하는 에러입니다.

비공개 상용 도구
비공개 상용 도구는 특정 기업체 전용으로 개발되어 독점 공급되는 소프트웨어를 의미합니다.

1 테스트 자동화의 개요

테스트 자동화는 사람이 반복적으로 수행하던 테스트 절차를 스크립트* 형태로 구현하는 자동화 도구를 적용함으로써 쉽고 효율적으로 테스트를 수행할 수 있도록 한 것이다.

- 테스트 자동화 도구를 사용함으로써 휴먼 에러(Human Error)*를 줄이고 테스트의 정확성을 유지하면서 테스트의 품질을 향상시킬 수 있다.

2 테스트 자동화 도구의 장점 / 단점

장점	• 테스트 데이터의 재입력, 재구성 같은 반복적인 작업을 자동화함으로써 인력 및 시간을 줄일 수 있다. • 다중 플랫폼 호환성, 소프트웨어 구성, 기본 테스트 등 향상된 테스트 품질을 보장한다. • 사용자의 요구사항 등을 일관성 있게 검증할 수 있다. • 테스트 결과에 대한 객관적인 평가 기준을 제공한다. • 테스트 결과를 그래프 등 다양한 표시 형태로 제공한다. • UI가 없는 서비스도 정밀 테스트가 가능하다.
단점	• 테스트 자동화 도구의 사용 방법에 대한 교육 및 학습이 필요하다. • 자동화 도구를 프로세스 단계별로 적용하기 위한 시간, 비용, 노력이 필요하다. • 비공개 상용 도구*의 경우 고가의 추가 비용이 필요하다.

3 테스트 자동화 수행 시 고려사항

- 테스트 절차를 고려하여 재사용 및 측정이 불가능한 테스트 프로그램은 제외한다.
- 모든 테스트 과정을 자동화 할 수 있는 도구는 없으므로 용도에 맞는 적절한 도구를 선택해서 사용한다.
- 자동화 도구의 환경 설정 및 습득 기간을 고려해서 프로젝트 일정을 계획해야 한다.
- 테스트 엔지니어의 투입 시기가 늦어지면 프로젝트의 이해 부족으로 인해 불완전한 테스트를 초래할 수 있으므로 반드시 프로젝트 초기에 테스트 엔지니어의 투입 시기를 계획해야 한다.

전문가의 조언

테스트 케이스 생성 도구와 성능 테스트 도구에 대한 문제가 출제되었습니다. 이 둘을 중심으로 테스트 자동화 도구들의 특징을 정리하세요.

4 23.2, 21.8, 21.5 테스트 자동화 도구의 유형

테스트 자동화 도구는 테스트를 수행하는 유형에 따라 다음과 같이 분류된다.

정적 분석 도구 (Static Analysis Tools)	• 프로그램을 실행하지 않고 분석하는 도구로, 소스 코드에 대한 코딩 표준, 코딩 스타일, 코드 복잡도 및 남은 결함 등을 발견하기 위해 사용된다. • 테스트를 수행하는 사람이 작성된 소스 코드를 이해하고 있어야만 분석이 가능하다.
23.2, 21.8 테스트 케이스 생성 도구 (Test Case Generation Tools)	• **자료 흐름도** : 자료 원시 프로그램을 입력받아 파싱한 후 자료 흐름도를 작성함 • **기능 테스트** : 주어진 기능을 구동시키는 모든 가능한 상태를 파악하여 이에 대한 입력을 작성함 • **입력 도메인 분석** : 원시 코드의 내부를 참조하지 않고, 입력 변수의 도메인을 분석하여 테스트 데이터를 작성함 • **랜덤 테스트** : 입력 값을 무작위로 추출하여 테스트함

테스트 실행 도구
(Test Execution Tools)
	• 스크립트 언어를 사용하여 테스트를 실행하는 방법으로, 테스트 데이터와 테스트 수행 방법 등이 포함된 스크립트를 작성한 후 실행한다.
	• 데이터 주도 접근 방식
	  – 스프레드시트에 테스트 데이터를 저장하고, 이를 읽어 실행하는 방식이다.
	  – 다양한 테스트 데이터를 동일한 테스트 케이스로 반복하여 실행할 수 있다.
	  – 스크립트에 익숙하지 않은 사용자도 미리 작성된 스크립트에 테스트 데이터만 추가하여 테스트할 수 있다.
	• 키워드 주도 접근 방식
	  – 스프레드시트에 테스트를 수행할 동작을 나타내는 키워드와 테스트 데이터를 저장하여 실행하는 방식이다.
	  – 키워드를 이용하여 테스트를 정의할 수 있다.

21.5 성능 테스트 도구 (Performance Test Tools)	애플리케이션의 처리량, 응답 시간, 경과 시간, 자원 사용률 등을 인위적으로 적용한 가상의 사용자를 만들어 테스트를 수행함으로써 성능의 목표 달성 여부를 확인한다.
테스트 통제 도구 (Test Control Tools)	테스트 계획 및 관리, 테스트 수행, 결함 관리 등을 수행하는 도구로, 종류에는 형상 관리 도구*, 결함 추적/관리 도구 등이 있다.
테스트 하네스 도구 (Test Harness Tools)	• 테스트 하네스는 애플리케이션의 컴포넌트 및 모듈을 테스트하는 환경의 일부분으로, 테스트를 지원하기 위해 생성된 코드와 데이터를 의미한다. • 테스트 하네스 도구는 테스트가 실행될 환경을 시뮬레이션 하여 컴포넌트 및 모듈이 정상적으로 테스트되도록 한다.

형상 관리 도구
형상 관리 도구는 테스트 수행에 필요한 다양한 도구 및 데이터를 관리하는 도구입니다.

잠깐만요 22.3 테스트 하네스(Test Harness)의 구성 요소

- 테스트 드라이버(Test Driver) : 테스트 대상의 하위 모듈을 호출하고, 매개 변수(Parameter)를 전달하고, 모듈 테스트 수행 후의 결과를 도출하는 도구
- 테스트 스텁(Test Stub) : 제어 모듈이 호출하는 타 모듈의 기능을 단순히 수행하는 도구로, 일시적으로 필요한 조건만을 가지고 있는 테스트용 모듈
- 테스트 슈트*(Test Suites) : 테스트 대상 컴포넌트나 모듈, 시스템에 사용되는 테스트 케이스의 집합
- 테스트 케이스(Test Case) : 사용자의 요구사항을 정확하게 준수했는지 확인하기 위한 입력 값, 실행 조건, 기대 결과 등으로 만들어진 테스트 항목의 명세서
- 테스트 스크립트(Test Script) : 자동화된 테스트 실행 절차에 대한 명세서
- 목 오브젝트(Mock Object) : 사전에 사용자의 행위를 조건부로 입력해 두면, 그 상황에 맞는 예정된 행위를 수행하는 객체

전문가의 조언

테스트 드라이버의 개념을 묻는 문제가 출제되었습니다. 테스트 드라이버를 중심으로 테스트 하네스 구성 요소들의 개념을 정리하세요.

테스트 슈트와 테스트 시나리오의 차이
테스트 슈트와 테스트 시나리오는 둘 다 테스트 케이스의 묶음입니다. 테스트 슈트가 여러 개의 테스트 케이스의 단순한 묶음이라면 테스트 시나리오는 테스트 케이스의 동작 순서에 따른 묶음입니다.

5 테스트 수행 단계별 테스트 자동화 도구

테스트 수행 단계를 테스트 계획, 테스트 분석/설계, 테스트 수행, 테스트 관리로 분류하였을 경우 각 단계에 해당하는 테스트 자동화 도구는 다음과 같다.

테스트 단계	자동화 도구	설명
테스트 계획	요구사항 관리	사용자의 요구사항 정의 및 변경 사항 등을 관리하는 도구
테스트 분석/설계	테스트 케이스 생성	테스트 기법에 따른 테스트 데이터 및 테스트 케이스 작성을 지원하는 도구
테스트 수행	테스트 자동화	테스트의 자동화를 도와주는 도구로 테스트의 효율성을 높임
	정적 분석	코딩 표준, 런타임 오류 등을 검증하는 도구
	동적 분석	대상 시스템의 시뮬레이션을 통해 오류를 검출하는 도구
	성능 테스트	가상의 사용자를 생성하여 시스템의 처리 능력을 측정하는 도구
	모니터링	CPU, Memory 등과 같은 시스템 자원의 상태 확인 및 분석을 지원하는 도구
테스트 관리	커버리지 분석	테스트 완료 후 테스트의 충분성 여부 검증을 지원하는 도구
	형상 관리	테스트 수행에 필요한 다양한 도구 및 데이터를 관리하는 도구
	결함 추적/관리	테스트 시 발생한 결함 추적 및 관리 활동을 지원하는 도구

 기출문제 따라잡기

23년 2월, 21년 8월
1. 테스트 케이스 자동 생성 도구를 이용하여 테스트 데이터를 찾아내는 방법이 아닌 것은?

① 스텁(Stub)과 드라이버(Driver)
② 입력 도메인 분석
③ 랜덤(Random) 테스트
④ 자료 흐름도

테스트 케이스 생성 도구는 '자료 흐름도, 기능 테스트, 랜덤 테스트, 입력 도메인 분석'입니다.

21년 5월
2. 애플리케이션의 처리량, 응답 시간, 경과 시간, 자원 사용률에 대해 가상의 사용자를 생성하고 테스트를 수행함으로써 성능 목표를 달성하였는지를 확인하는 테스트 자동화 도구는?

① 명세 기반 테스트 설계 도구
② 코드 기반 테스트 설계 도구
③ 기능 테스트 수행 도구
④ 성능 테스트 도구

문제의 내용은 성능 테스트 도구에 대한 설명입니다.

22년 3월
3. 단위 테스트에서 테스트의 대상이 되는 하위 모듈을 호출하고, 파라미터를 전달하는 가상의 모듈로 상향식 테스트에 필요한 것은?

① 테스트 스텁(Test Stub)
② 테스트 드라이버(Test Driver)
③ 테스트 슈트(Test Suites)
④ 테스트 케이스(Test Case)

테스트의 대상이 되는 하위 모듈을 호출하고, 매개 변수(Parameter)를 전달하는 것은 테스트 드라이버(Test Driver)입니다.

▶ 정답 : 1. ① 2. ④ 3. ②

SECTION 051 결함 관리

1 결함(Fault)의 정의

결함은 오류 발생, 작동 실패 등과 같이 소프트웨어가 개발자가 설계한 것과 다르게 동작하거나 다른 결과가 발생되는 것을 의미한다.
- 사용자가 예상한 결과와 실행 결과 간의 차이나 업무 내용과의 불일치 등으로 인해 변경이 필요한 부분도 모두 결함에 해당된다.

2 결함 관리 프로세스

결함 관리 프로세스는 애플리케이션 테스트에서 발견된 결함을 처리하는 것으로, 처리 순서는 다음과 같다.

① **결함 관리 계획** : 전체 프로세스에 대한 결함 관리 일정, 인력, 업무 프로세스 등을 확보하여 계획을 수립하는 단계이다.
② **결함 기록** : 테스터는 발견된 결함을 결함 관리 DB에 등록한다.
③ **결함 검토** : 테스터, 프로그램 리더*, 품질 관리(QA) 담당자* 등은 등록된 결함을 검토하고 결함을 수정할 개발자에게 전달한다.
④ **결함 수정** : 개발자는 전달받은 결함을 수정한다.
⑤ **결함 재확인** : 테스터는 개발자가 수정한 내용을 확인하고 다시 테스트를 수행한다.
⑥ **결함 상태 추적 및 모니터링 활동** : 결함 관리 DB를 이용하여 프로젝트별 결함 유형, 발생률 등을 한눈에 볼 수 있는 대시보드* 또는 게시판 형태의 서비스를 제공한다.
⑦ **최종 결함 분석 및 보고서 작성** : 발견된 결함에 대한 정보와 이해관계자들의 의견이 반영된 보고서를 작성하고 결함 관리를 종료한다.

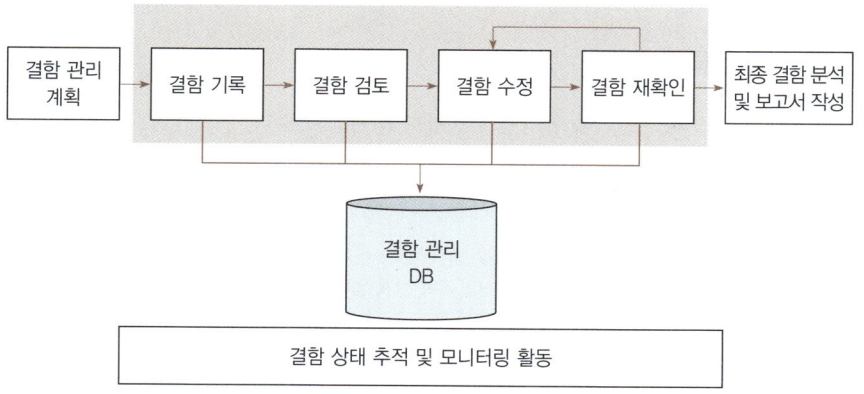

결함 관리 프로세스 흐름도

전문가의 조언

- 결함을 발견하는 것만큼이나 발견된 결함을 체계적으로 관리하는 것도 중요합니다. 테스트에서 발견된 결함을 기록하고 결함의 원인을 분석하여 해결한 후 결함의 재발생을 방지하기 위한 활동 등이 모두 결함 관리에 해당합니다.
- 결함의 개념을 묻는 문제가 출제되었습니다. 결함의 개념을 정확히 숙지하고, 결함 관리의 개념을 바탕으로 결함 관리 및 추적 순서 등을 정리해 두세요.

- **프로그램 리더** : 소프트웨어 설계, 구현 등 소프트웨어의 기술 분야를 책임지는 사람
- **품질 관리(QA) 담당자** : 제품에 대한 고객만족을 목표로 제품의 생산부터 판매, 폐기에 이르는 전 과정을 관리하는 사람

대시보드
대시보드는 다양한 데이터를 쉽게 모니터링 할 수 있도록 만든 일종의 상황판을 말합니다.

③ 결함 상태 추적

테스트에서 발견된 결함은 지속적으로 상태 변화를 추적하고 관리해야 한다.
- 발견된 결함에 대해 결함 관리 측정 지표의 속성 값들을 분석하여 향후 결함이 발견될 모듈 또는 컴포넌트를 추정할 수 있다.
- 결함 관리 측정 지표

결함 분포	모듈 또는 컴포넌트의 특정 속성에 해당하는 결함 수 측정
결함 추세	테스트 진행 시간에 따른 결함 수의 추이 분석
결함 에이징	특정 결함 상태로 지속되는 시간 측정

④ 결함 추적 순서

결함 추적은 결함이 발견된 때부터 결함이 해결될 때까지 전 과정을 추적하는 것으로 순서는 다음과 같다.

❶ **결함 등록(Open)** : 테스터와 품질 관리(QA) 담당자에 의해 발견된 결함이 등록된 상태
❷ **결함 검토(Reviewed)** : 등록된 결함을 테스터, 품질 관리(QA) 담당자, 프로그램 리더, 담당 모듈 개발자에 의해 검토된 상태
❸ **결함 할당(Assigned)** : 결함을 수정하기 위해 개발자와 문제 해결 담당자에게 결함이 할당된 상태
❹ **결함 수정(Resolved)** : 개발자가 결함 수정을 완료한 상태
❺ **결함 조치 보류(Deferred)** : 결함의 수정이 불가능해 연기된 상태로, 우선순위, 일정 등에 따라 재오픈을 준비중인 상태
❻ **결함 종료(Closed)** : 결함이 해결되어 테스터와 품질 관리(QA) 담당자가 종료를 승인한 상태
❼ **결함 해제(Clarified)** : 테스터, 프로그램 리더, 품질 관리(QA) 담당자가 종료 승인한 결함을 검토하여 결함이 아니라고 판명한 상태

⑤ 결함 분류

테스트에서 발견되는 결함을 유형별로 분류하면 다음과 같다.

시스템 결함	시스템 다운, 애플리케이션의 작동 정지, 종료, 응답 시간 지연, 데이터베이스 에러 등 주로 애플리케이션 환경이나 데이터베이스 처리에서 발생된 결함
기능 결함	사용자의 요구사항 미반영/불일치, 부정확한 비즈니스 프로세스, 스크립트 오류, 타 시스템 연동 시 오류 등 애플리케이션의 기획, 설계, 업무 시나리오 등의 단계에서 유입된 결함
GUI 결함	UI 비일관성, 데이터 타입의 표시 오류, 부정확한 커서/메시지 오류 등 사용자 화면 설계에서 발생된 결함

문서 결함	사용자의 요구사항과 기능 요구사항의 불일치로 인한 불완전한 상태의 문서, 사용자의 온라인/오프라인 매뉴얼의 불일치 등 기획자, 사용자, 개발자 간의 의사소통 및 기록이 원활하지 않아 발생된 결함

잠깐만요) 테스트 단계별 유입 결함

- 기획 시 유입되는 결함 : 사용자 요구사항의 표준 미준수로 인한 테스트 불가능, 요구사항 불명확/불완전/불일치 결함 등
- 설계 시 유입되는 결함 : 설계 표준 미준수로 인한 테스트 불가능, 기능 설계 불명확/불완전/불일치 결함 등
- 코딩 시 유입되는 결함 : 코딩 표준 미준수로 인한 기능의 불일치/불완전, 데이터 결함, 인터페이스 결함 등
- 테스트 부족으로 유입되는 결함 : 테스트 수행 시 테스트 완료 기준의 미준수, 테스트팀과 개발팀의 의사소통 부족, 개발자의 코딩 실수로 인한 결함 등

6 결함 심각도

결함 심각도는 애플리케이션에 발생한 결함이 전체 시스템에 미치는 치명도를 나타내는 척도이다.

- 결함 심각도를 우선순위에 따라 분류※하면 다음과 같다.

High	핵심 요구사항 미구현, 장시간 시스템 응답 지연, 시스템 다운 등과 같이 더 이상 프로세스를 진행할 수 없도록 만드는 결함
Medium	부정확한 기능이나 데이터베이스 에러 등과 같이 시스템 흐름에 영향을 미치는 결함
Low	부정확한 GUI 및 메시지, 에러 시 메시지 미출력, 화면상의 문법/철자 오류 등과 같이 시스템 흐름에는 영향을 미치지 않는 결함

결함 심각도 분류
결함 심각도는 High, Medium, Low 외에 다른 기준으로도 분류할 수 있습니다.
예 치명적(Critical), 주요(Major), 보통(Normal), 경미(Minor), 단순(Simple)

7 결함 우선순위

결함의 우선순위는 발견된 결함 처리에 대한 신속성을 나타내는 척도로, 결함의 중요도와 심각도에 따라 설정되고 수정 여부가 결정된다.

- 일반적으로 결함의 심각도가 높으면 우선순위도 높지만 애플리케이션의 특성에 따라 우선순위가 결정될 수도 있기 때문에 심각도가 높다고 반드시 우선순위가 높은 것은 아니다.
- 결함 우선순위는 결정적(Critical), 높음(High), 보통(Medium), 낮음(Low) 또는 즉시 해결, 주의 요망, 대기, 개선 권고 등으로 분류된다.

8 결함 관리 도구

결함 관리 도구는 소프트웨어에 발생한 결함을 체계적으로 관리할 수 있도록 도와주는 도구로, 다음과 같은 것들이 있다.

Mantis	결함 및 이슈 관리 도구로, 소프트웨어 설계 시 단위별 작업 내용을 기록할 수 있어 결함 추적도 가능하다.
Trac	결함 추적은 물론 결함을 통합하여 관리할 수 있는 도구
Redmine	프로젝트 관리 및 결함 추적이 가능한 도구
Bugzilla	결함 신고, 확인, 처리 등 결함을 지속적으로 관리할 수 있는 도구로, 결함의 심각도와 우선순위를 지정할 수도 있다.

기출문제 따라잡기

21년 8월
1. 소프트웨어 개발 활동을 수행함에 있어서 시스템이 고장(Failure)을 일으키게 하며, 오류(Error)가 있는 경우 발생하는 것은?

① Fault ② Testcase
③ Mistake ④ Inspection

> 고장, 오류, 오작동 등을 결함(Fault)이라고 합니다.

출제예상
2. 다음 중 결함에 관한 설명으로 틀린 것은?

① 결함은 사용자의 기대 결과와 실제 소프트웨어를 실행했을 때의 결과 간의 차이를 의미한다.
② 결함 심각도는 우선순위에 따라 High, Medium, Low로 분류하기도 한다.
③ 결함 에이징은 테스트 진행 시간에 따른 결함 수를 측정한다.
④ 결함의 우선순위는 결함의 중요도와 심각도에 따라 결정된다.

> 결함 에이징은 특정 결함 상태로 지속되는 시간을 측정합니다. 테스트 진행 시간에 따른 결함 수를 측정하는 것은 결함 추세를 분석하기 위함입니다.

▶ 정답 : 1. ① 2. ③

SECTION 052 복잡도

1 복잡도의 개요

복잡도(Complexity)는 시스템이나 시스템 구성 요소 또는 소프트웨어의 복잡한 정도를 나타내는 말로, 시스템 또는 소프트웨어를 어느 정도의 수준까지 테스트해야 하는지 또는 개발하는데 어느 정도의 자원이 소요되는지 예측하는데 사용된다.

- 시스템의 복잡도가 높으면 장애가 발생할 수 있으므로 정밀한 테스트를 통해 미리 오류를 제거할 필요가 있다.
- 주요 복잡도 측정 방법에는 LOC(Line Of Code)*, 순환 복잡도(Cyclomatic Complexity) 등이 있다.

> **전문가의 조언**
> 복잡도의 개념과 측정 방법 두 가지를 기억해 두세요.

> **LOC(source Line Of Code)**
> 소프트웨어의 개별적인 기능에 대해 원시 코드 라인 수의 비관치, 낙관치, 기대치를 측정하여 예측치를 구하고 이를 이용하여 비용을 산정하는 기법입니다. 자세한 내용은 Section 128을 참조하세요.

2 시간 복잡도

시간 복잡도는 알고리즘의 실행시간, 즉 알고리즘을 수행하기 위해 프로세스가 수행하는 연산 횟수를 수치화한 것을 의미한다.

- 시간 복잡도가 낮을수록 알고리즘의 실행시간이 짧고, 높을수록 실행시간이 길어진다.
- 시간 복잡도는 알고리즘의 실행시간이 하드웨어적 성능이나 프로그래밍 언어의 종류에 따라 달라지기 때문에 시간이 아닌 명령어의 실행 횟수를 표기하는데, 이러한 표기법을 점근 표기법이라고 한다.
- 점근 표기법의 종류

빅오 표기법 (Big-O Notation)	• 알고리즘의 실행시간이 최악일 때를 표기하는 방법이다. • 입력값에 대해 알고리즘을 수행했을 때 명령어의 실행 횟수는 어떠한 경우에도 표기 수치보다 많을 수 없다.
세타 표기법 (Big-θ Notation)	• 알고리즘의 실행시간이 평균일 때를 표기하는 방법이다. • 입력값에 대해 알고리즘을 수행했을 때 명령어 실행 횟수의 평균적인 수치를 표기한다.
오메가 표기법 (Big-Ω Notation)	• 알고리즘의 실행시간이 최상일 때를 표기하는 방법이다. • 입력값에 대해 알고리즘을 수행했을 때 명령어의 실행 횟수는 어떠한 경우에도 표기 수치보다 적을 수 없다.

> **전문가의 조언**
> 시간 복잡도의 개념과 특징, 그리고 시간 복잡도 표현을 위한 점근 표기법의 종류 3가지를 기억해 두세요.

3 빅오 표기법(Big-O Notation)

25.5, 24.7, 23.7, 22.7, 21.8, 21.5, 20.6

빅오 표기법은 알고리즘의 실행시간이 최악일 때를 표기하는 방법으로, 신뢰성이 떨어지는 오메가 표기법이나 평가하기 까다로운 세타 표기법에 비해 성능을 예측하기 용이하여 주로 사용된다.

> **전문가의 조언**
> O(1)의 의미와 O(Nlog₂N)에 해당하는 알고리즘을 묻는 문제가 출제되었습니다. 이 둘을 중심으로 빅오 표기법으로 표현한 시간 복잡도들의 개별적인 의미와 각각에 해당하는 알고리즘을 기억해 두세요.

- 일반적인 알고리즘에 대한 최악의 시간 복잡도를 빅오 표기법으로 표현하면 다음과 같다.

23.7, 22.7, 20.6 O(1)	입력값(n)에 관계 없이 일정하게 문제 해결에 하나의 단계만을 거친다. 예 스택의 삽입(Push), 삭제(Pop)
O($\log_2 n$)	문제 해결에 필요한 단계가 입력값(n) 또는 조건에 의해 감소한다. 예 이진 트리(Binary Tree), 이진 검색(Binary Search)
O(n)	문제 해결에 필요한 단계가 입력값(n)과 1:1의 관계를 가진다. 예 for문
25.5, 24.7, 23.7, … O($n\log_2 n$)	문제 해결에 필요한 단계가 n($\log_2 n$)번만큼 수행된다. 예 힙 정렬(Heap Sort), 2-Way 합병 정렬(Merge Sort)
O(n^2)	문제 해결에 필요한 단계가 입력값(n)의 제곱만큼 수행된다. 예 삽입 정렬(Insertion Sort), 쉘 정렬(Shell Sort), 선택 정렬(Selection Sort), 버블 정렬(Bubble Sort), 퀵 정렬(Quick Sort)
O(2^n)	문제 해결에 필요한 단계가 2의 입력값(n) 제곱만큼 수행된다. 예 피보나치 수열(Fibonacci Sequence)

4 순환 복잡도

25.5, 24.7, 24.5, 23.2, 20.8

순환 복잡도(Cyclomatic Complexity)는 한 프로그램의 논리적인 복잡도를 측정하기 위한 소프트웨어의 척도로, 맥케이브 순환도(McCabe's Cyclomatic) 또는 맥케이브 복잡도 메트릭(McCabe's Complexity Metrics)라고도 하며, 제어 흐름도 이론에 기초를 둔다.

- 순환 복잡도를 이용하여 계산된 값은 프로그램의 독립적인 경로의 수를 정의하고, 모든 경로가 한 번 이상 수행되었음을 보장하기 위해 행해지는 테스트 횟수의 상한선을 제공한다.
- 제어 흐름도 G에서 순환 복잡도 V(G)는 다음과 같은 방법으로 계산할 수 있다.

  방법 1 순환 복잡도는 제어 흐름도의 영역 수와 일치하므로 영역 수를 계산한다.

  방법 2 V(G) = E − N + 2 : E는 화살표 수, N은 노드의 수

예제 제어 흐름도가 다음과 같을 때 순환 복잡도(Cyclomatic Complexity)를 계산하시오.

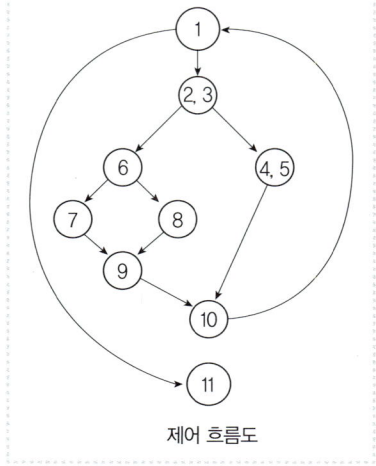

제어 흐름도

해설 순환 복잡도는 다음 두 가지 방법으로 구할 수 있습니다.

방법 1 제어 흐름도에서 화살표로 구분되는 각 영역의 개수를 구하면 4입니다.

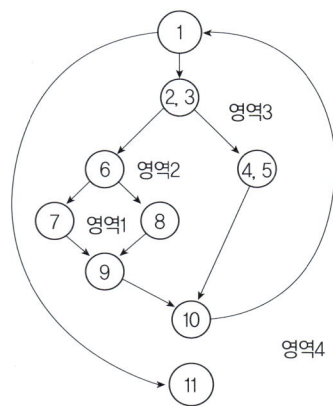

방법 2 순환 복잡도 = 화살표의 수 − 노드의 수 + 2 이므로 11 − 9 + 2 = 4입니다.

기출문제 따라잡기

25년 5월, 23년 7월, 22년 7월, 20년 6월
1. 알고리즘 시간 복잡도 O(1)이 의미하는 것은?
① 컴퓨터 처리가 불가
② 알고리즘 입력 데이터 수가 한 개
③ 알고리즘 수행시간이 입력 데이터 수와 관계 없이 일정
④ 알고리즘 길이가 입력 데이터보다 작음

O(1)은 입력값 n에 관계 없이 문제 해결에 하나의 단계만을 거친다는 것을 의미합니다.

24년 7월, 23년 7월, 21년 5월, 20년 6월
2. 정렬된 N개의 데이터를 처리하는데 O(Nlog₂N)의 시간이 소요되는 정렬 알고리즘은?
① 선택 정렬 ② 삽입 정렬
③ 버블 정렬 ④ 합병 정렬

힙 정렬과 2-Way 합병 정렬의 시간 복잡도는 O(nlog₂n), 나머지 정렬의 시간 복잡도는 O(n²)입니다.

25년 5월, 24년 7월, 5월, 20년 8월
3. 제어 흐름 그래프가 다음과 같을 때 McCabe의 Cyclomatic 수는 얼마인가?

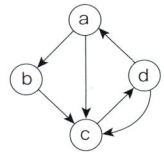

① 3   ② 4
③ 5   ④ 6

순환 복잡도는 화살표로 구분되는 각 영역의 개수를 구하면 됩니다.

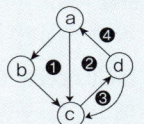

내부 영역 3(❶, ❷, ❸) + 외부 영역 1(❹) = 4

▶ 정답 : 1. ③ 2. ④ 3. ②

SECTION 053 애플리케이션 성능 개선

전문가의 조언

- 애플리케이션의 성능을 개선하려면 소스 코드 최적화를 수행하여 나쁜 코드를 클린 코드로 수정하고, 소스 코드 품질 분석 도구를 이용하여 소스 코드의 스타일이나 코딩 표준 등을 분석해야 합니다.
- 외계인 코드의 개념과 클린 코드의 작성 원칙에 대한 문제가 출제되었습니다. 외계인 코드의 개념을 정확히 기억하고, 클린 코드 작성 원칙의 종류와 각각의 특징을 잘 파악해 두세요.

① 소스 코드 최적화

24.7, 24.5, 24.2, 22.7, 22.3, 21.8, 21.5, 20.9, 20.8, 20.6

소스 코드 최적화는 나쁜 코드(Bad Code)를 배제하고, 클린 코드(Clean Code)로 작성하는 것이다.

- **클린 코드(Clean Code)** : 누구나 쉽게 이해하고 수정 및 추가할 수 있는 단순, 명료한 코드, 즉 잘 작성된 코드를 의미한다.
- **나쁜 코드(Bad Code)**
  - 프로그램의 로직(Logic)이 복잡하고 이해하기 어려운 코드로, 스파게티 코드와 외계인 코드가 여기에 해당한다.
  - **스파게티 코드(Spaghetti Code)** : 코드의 로직이 서로 복잡하게 얽혀 있는 코드
  - **외계인 코드(Alien Code)** : 아주 오래되거나 참고문서 또는 개발자가 없어 유지보수 작업이 어려운 코드
- 나쁜 코드로 작성된 애플리케이션의 코드를 클린 코드로 수정하면 애플리케이션의 성능이 개선된다.
- **클린 코드 작성 원칙**

24.2, 22.3, 21.5, 20.8 가독성	• 누구든지 코드를 쉽게 읽을 수 있도록 작성한다. • 코드 작성 시 이해하기 쉬운 용어를 사용하거나 들여쓰기 기능 등을 사용한다.	
24.2, 21.5, 20.9, 20.8 단순성	• 코드를 간단하게 작성한다. • 한 번에 한 가지를 처리하도록 코드를 작성하고 클래스/메소드/함수 등을 최소 단위로 분리한다.	
24.2, 22.3, 21.5, 20.8 의존성 배제	• 코드가 다른 모듈에 미치는 영향을 최소화한다. • 코드 변경 시 다른 부분에 영향이 없도록 작성한다.	
24.2, 22.3, 21.5, 20.8 중복성 최소화	• 코드의 중복을 최소화한다. • 중복된 코드는 삭제하고 공통된 코드를 사용한다.	
22.3 추상화	상위 클래스/메소드/함수에서는 간략하게 애플리케이션의 특성을 나타내고, 상세 내용은 하위 클래스/메소드/함수에서 구현한다.	

응집도(Cohesion)
응집도는 명령어나 호출문 등 모듈의 내부 요소들이 서로 관련되어 있는 정도, 즉 모듈이 독립적인 기능으로 정의되어 있는 정도를 의미합니다.

인터페이스 클래스
인터페이스 클래스는 클래스나 객체의 사용 방법을 정의한 것으로, 개발 코드와 클래스 사이에서 통신 역할을 합니다. 개발 코드가 클래스의 메소드를 직접 호출하지 않고 중간 매체인 인터페이스 클래스를 사용하는 이유는 개발 코드를 수정하지 않고 실행 내용이나 리턴값을 다양하게 변경할 수 있기 때문입니다. 이럴 경우 클래스를 직접 사용하지 않으므로 클래스 간 의존성이 줄어듭니다.

추상화(Abstraction)
추상화는 불필요한 부분을 생략하고 객체의 속성 중 가장 중요한 것에만 중점을 두어 개략화하는 것, 즉 모델화하는 것입니다.

② 소스 코드 최적화 유형

- **클래스 분할 배치** : 하나의 클래스는 하나의 역할만 수행하도록 응집도*를 높이고, 크기를 작게 작성한다.
- **느슨한 결합(Loosely Coupled)** : 인터페이스 클래스*를 이용하여 추상화*된 자료 구조와 메소드를 구현함으로써 클래스 간의 의존성을 최소화한다.

- **코딩 형식 준수** : 코드 작성 시 다음의 형식을 준수한다.
  - 줄 바꿈 사용
  - 개념적 유사성이 높은 종속 함수 사용
  - 호출하는 함수는 선배치, 호출되는 함수는 후배치
  - 지역 변수는 각 함수의 맨 처음에 선언
- **좋은 이름 사용** : 변수나 함수 등의 이름은 기억하기 좋은 이름, 발음이 쉬운 용어, 접두어 사용 등 기본적인 이름 명명 규칙(Naming Rule)을 정의하고 규칙에 맞는 이름을 사용한다.
- **적절한 주석문 사용** : 소스 코드 작성 시 앞으로 해야 할 일을 기록하거나 중요한 코드를 강조할 때 주석문을 사용한다.

3 소스 코드 품질 분석 도구

25.5, 23.7, 22.7, 21.8, 20.9, 20.6, 실기 22.5

소스 코드 품질 분석 도구는 소스 코드의 코딩 스타일, 코드에 설정된 코딩 표준, 코드의 복잡도, 코드에 존재하는 메모리 누수 현상, 스레드* 결함 등을 발견하기 위해 사용하는 분석 도구로, 크게 정적 분석 도구와 동적 분석 도구로 나뉜다.

- 정적 분석 도구
  - 작성한 소스 코드를 실행하지 않고 코딩 표준이나 코딩 스타일, 결함 등을 확인하는 코드 분석 도구이다.
  - 비교적 애플리케이션 개발 초기의 결함을 찾는데 사용되고, 개발 완료 시점에서는 개발된 소스 코드의 품질을 검증하는 차원에서 사용된다.
  - 자료 흐름이나 논리 흐름을 분석하여 비정상적인 패턴을 찾을 수 있다.
  - 동적 분석 도구로는 발견하기 어려운 결함을 찾아내고, 소스 코드에서 코딩의 복잡도, 모델 의존성, 불일치성 등을 분석할 수 있다.
  - 종류 : pmd, cppcheck, SonarQube, checkstyle, ccm, cobertura 등
- 동적 분석 도구
  - 작성한 소스 코드를 실행하여 코드에 존재하는 메모리 누수, 스레드 결함 등을 분석하는 도구이다.
  - 종류 : Avalanche, Valgrind 등

> **전문가의 조언**
>
> 정적 분석 도구의 특징과 종류에 대한 문제가 출제되었습니다. 정적 분석 도구와 동적 분석 도구를 구분할 수 있도록 각각의 특징을 정리하고, 정적 분석 도구의 종류를 잘 기억해 두세요.
>
> **스레드(Thread)**
> 스레드는 프로세스 내에서의 작업 단위로서 시스템의 여러 자원을 할당받아 실행하는 프로그램의 단위를 의미합니다.

4 소스 코드 품질 분석 도구의 종류

도구	설명	지원 환경
pmd	소스 코드에 대한 미사용 변수, 최적화되지 않은 코드 등 결함을 유발할 수 있는 코드를 검사한다.	Linux, Windows
cppcheck	C/C++ 코드에 대한 메모리 누수, 오버플로우 등 분석	Windows
SonarQube	중복 코드, 복잡도, 코딩 설계 등을 분석하는 소스 분석 통합 플랫폼	Cross-Platform
checkstyle	• 자바 코드에 대해 소스 코드 표준을 따르고 있는지 검사한다. • 다양한 개발 도구에 통합하여 사용 가능하다.	Cross-Platform

ccm	다양한 언어의 코드 복잡도를 분석한다.	Cross-Platform
cobertura	자바 언어의 소스 코드 복잡도 분석 및 테스트 커버리지를 측정한다.	Cross-Platform
Avalanche	• Valgrind 프레임워크 및 STP 기반으로 구현된다. • 프로그램에 대한 결함 및 취약점 등을 분석한다.	Linux, Android
Valgrind	프로그램 내에 존재하는 메모리 및 쓰레드 결함 등을 분석한다.	Cross-Platform

기출문제 따라잡기

문제3 2406553 문제5 2406555

25년 5월, 23년 7월, 22년 7월, 20년 6월
1. 소스 코드 품질 분석 도구 중 정적 분석 도구가 아닌 것은?
① pmd
② checkstyle
③ valMeter
④ cppcheck

> 정적 분석 도구에는 pmd, checkstyle, cppcheck, SonarQube, ccm, cobertura 등이 있습니다.

24년 5월, 22년 3월, 20년 6월
2. 외계인 코드(Alien Code)에 대한 설명으로 옳은 것은?
① 프로그램의 로직이 복잡하여 이해하기 어려운 프로그램을 의미한다.
② 아주 오래되거나 참고문서 또는 개발자가 없어 유지보수 작업이 어려운 프로그램을 의미한다.
③ 오류가 없어 디버깅 과정이 필요 없는 프로그램을 의미한다.
④ 사용자가 직접 작성한 프로그램을 의미한다.

> 이해하기 어려운 프로그램은 스파게티 코드, 유지보수 작업이 어려운 프로그램은 외계인 코드입니다.

24년 2월, 22년 7월, 21년 5월, 20년 8월
3. 다음 중 클린 코드 작성 원칙으로 거리가 먼 것은?
① 누구든지 쉽게 이해하는 코드 작성
② 중복이 최대화된 코드 작성
③ 다른 모듈에 미치는 영향 최소화
④ 단순, 명료한 코드 작성

> 클린 코드로 작성하려면 코드의 중복을 최소화해야 합니다.

20년 9월
4. 다음에서 설명하는 클린 코드 작성 원칙은?

> • 한 번에 한 가지 처리만 수행한다.
> • 클래스/메소드/함수를 최소 단위로 분리한다.

① 다형성
② 단순성
③ 추상화
④ 의존성

> 한 번에 한 가지를 처리하도록 코드를 작성하는 원칙은 단순성입니다.

21년 8월
5. 소스 코드 정적 분석(Static Analysis)에 대한 설명으로 틀린 것은?
① 소스 코드를 실행시키지 않고 분석한다.
② 코드에 있는 오류나 잠재적인 오류를 찾아내기 위한 활동이다.
③ 하드웨어적인 방법으로만 코드 분석이 가능하다.
④ 자료 흐름이나 논리 흐름을 분석하여 비정상적인 패턴을 찾을 수 있다.

> 소스 코드 정적 분석 도구 중 pmd, cppcheck는 소프트웨어적인 방법으로 코드를 분석합니다.

24년 5월
6. 누구나 쉽게 이해하고 수정 및 추가할 수 있는 단순, 명료한 코드를 의미하는 것은?
① 나쁜 코드
② 클린 코드
③ 스파게티 코드
④ 외계인 코드

> 누구나 쉽게 이해하고 수정 및 추가할 수 있는 코드는 클린 코드, 프로그램의 로직(Logic)이 복잡하고 이해하기 어려운 코드는 나쁜 코드입니다.

▶ 정답 : 1. ③ 2. ② 3. ② 4. ② 5. ③ 6. ②

4장 핵심요약

044 애플리케이션 테스트

❶ 확인(Validation) / 검증(Verification) 24.2, 21.8
- 확인(Validation) : 사용자의 입장에서 개발한 소프트웨어가 고객의 요구사항에 맞게 구현되었는지를 확인하는 것
- 검증(Verification) : 개발자의 입장에서 개발한 소프트웨어가 명세서에 맞게 만들어졌는지를 점검하는 것

❷ 파레토 법칙(Pareto Principle) 25.5, 24.7, 24.2, 22.7, 20.6
소프트웨어 테스트에서 오류의 80%는 전체 모듈의 20% 내에서 발견된다는 법칙이다.

❸ 결함 집중 24.2, 21.5
- 애플리케이션 대부분의 결함이 소수의 특정 모듈에 집중해서 발생하는 것을 의미한다.
- 파레토 법칙이 좌우한다.
- 결함은 발생한 모듈에서 계속 추가로 발생할 가능성이 높다.

045 애플리케이션 테스트의 분류

❶ 강도(Stress) 테스트 21.8
시스템에 과도한 정보량이나 빈도 등을 부과하여 과부하 시에도 소프트웨어가 정상적으로 실행되는지를 확인하는 테스트이다.

046 테스트 기법에 따른 애플리케이션 테스트

❶ 화이트박스 테스트(White Box Test) 24.2, 23.7, 23.2, 22.7, 22.4, 21.5, 20.6
- 모듈의 원시 코드를 오픈시킨 상태에서 원시 코드의 논리적인 모든 경로를 테스트하여 테스트 케이스를 설계하는 방법이다.
- 원시 코드(모듈)의 모든 문장을 한 번 이상 실행함으로써 수행된다.
- 프로그램의 제어 구조에 따라 선택, 반복 등의 분기점 부분들을 수행함으로써 논리적 경로를 제어한다.

❷ 화이트박스 테스트의 종류 25.2, 24.2, 23.7, 22.3, 21.5, 20.6
- 기초 경로 검사(Base Path Testing)
- 제어 구조 검사(Control Structure Testing) : 조건 검사, 루프 검사, 데이터 흐름 검사

❸ 블랙박스 테스트로 발견 가능한 오류 25.5, 23.2, 21.5
- 비정상적인 자료를 입력해도 오류 처리를 수행하지 않는 경우
- 정상적인 자료를 입력해도 요구된 기능이 제대로 수행되지 않는 경우
- 경계값을 입력할 경우 요구된 출력 결과가 나오지 않는 경우

❹ 블랙박스 테스트의 종류 25.8, 25.5, 25.2, 24.7, 24.5, 23.2, 21.5, 21.3, 20.9, 20.8, 20.6
- 동치 분할 검사(Equivalence Partitioning Testing) : 프로그램의 입력 조건에 타당한 입력 자료와 타당하지 않은 입력 자료의 개수를 균등하게 하여 테스트 케이스를 정하고, 해당 입력 자료에 맞는 결과가 출력되는지 확인하는 기법
- 경계값 분석(Boundary Value Analysis) : 입력 조건의 중간 값보다 경계값에서 오류가 발생될 확률이 높다는 점을 이용하여 입력 조건의 경계값을 테스트 케이스로 선정하여 검사하는 기법
- 원인-효과 그래프 검사(Cause-Effect Graphing Testing) : 입력 데이터 간의 관계와 출력에 영향을 미치는 상황을 체계적으로 분석한 다음 효용성이 높은 테스트 케이스를 선정하여 검사하는 기법
- 오류 예측 검사(Error Guessing) : 과거의 경험이나 확인자의 감각으로 테스트하는 기법
- 비교 검사(Comparison Testing) : 여러 버전의 프로그램에 동일한 테스트 자료를 제공하여 동일한 결과가 출력되는지 테스트하는 기법

4장 핵심요약

047 개발 단계에 따른 애플리케이션 테스트

❶ 소프트웨어 생명 주기의 V-모델 24.7, 24.5, 22.3

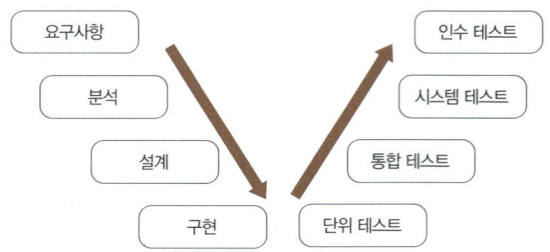

❷ 단위 테스트(Unit Test) 25.5, 23.5, 21.8, 21.5
- 코딩 직후 소프트웨어 설계의 최소 단위인 모듈이나 컴포넌트에 초점을 맞춰 테스트하는 것이다.
- 단위 테스트로 발견 가능한 오류
  - 알고리즘 오류에 따른 원치 않는 결과
  - 탈출구가 없는 반복문의 사용
  - 틀린 계산 수식에 의한 잘못된 결과

❸ 인수 테스트 25.8, 24.7, 24.5, 24.2, 23.7, 23.5, 22.7, 21.3, 20.9, 20.8, 20.6
- 개발한 소프트웨어가 사용자의 요구사항을 충족하는지에 중점을 두고 테스트하는 방법이다.
- 알파 테스트 : 개발자의 장소에서 사용자가 개발자 앞에서 행하는 테스트 기법
- 베타 테스트 : 선정된 최종 사용자가 여러 명의 사용자 앞에서 행하는 테스트 기법으로, 필드 테스팅(Field Testing)이라고도 불림

048 통합 테스트

❶ 하향식 통합 테스트(Top Down Integration Test) 25.8, 22.4, 20.8
- 프로그램의 상위 모듈에서 하위 모듈 방향으로 통합하면서 테스트하는 기법이다.
- 깊이 우선 통합법이나 넓이 우선 통합법을 사용한다.

❷ 상향식 통합 테스트(Bottom Up Integration Test) 22.4
- 프로그램의 하위 모듈에서 상위 모듈 방향으로 통합하면서 테스트하는 기법이다.
- 스텁(Stub)은 필요하지 않지만 클러스터(Cluster)가 필요하다.

❸ 테스트 드라이버(Test Driver) 25.5, 22.7, 21.8
- 테스트 대상의 하위 모듈을 호출하는 도구로, 매개 변수(Parameter)를 전달하고, 모듈 테스트 수행 후의 결과를 도출한다.
- 상위 모듈 없이 하위 모듈이 있는 경우 하위 모듈을 구동한다.
- 상향식 통합 테스트에 사용된다.

❹ 테스트 스텁(Test Stub) 25.8, 24.5, 24.2, 21.3, 20.6
- 제어 모듈이 호출하는 타 모듈의 기능을 단순히 수행하는 도구로, 일시적으로 필요한 조건만을 가지고 있는 시험용 모듈이다.
- 상위 모듈은 있지만 하위 모듈이 없는 경우 하위 모듈을 대체한다.
- 하향식 통합 테스트에 사용된다.

049 테스트 케이스 / 테스트 오라클

❶ 테스트 케이스(Test Case) 25.5, 22.4
- 구현된 소프트웨어가 사용자의 요구사항을 정확하게 준수했는지를 확인하기 위해 설계된 입력 값, 실행 조건, 기대 결과 등으로 구성된 테스트 항목에 대한 명세서이다.
- 테스트 케이스는 테스트 목표와 방법을 설정한 후 작성한다.

❷ 테스트 오라클(Test Oracle) 24.2, 23.2, 22.4, 20.9
테스트 결과가 올바른지 판단하기 위해 사전에 정의된 참 값을 대입하여 비교하는 기법 및 활동을 말한다.

③ 테스트 오라클의 종류 25.2, 22.7

- **참(True) 오라클** : 모든 테스트 케이스의 입력 값에 대해 기대하는 결과를 제공하는 오라클로, 발생된 모든 오류를 검출할 수 있음
- **샘플링(Sampling) 오라클** : 특정한 몇몇 테스트 케이스의 입력 값들에 대해서만 기대하는 결과를 제공하는 오라클
- **추정(Heuristic) 오라클** : 특정 테스트 케이스의 입력 값에 대해 기대하는 결과를 제공하고, 나머지 입력 값들에 대해서는 추정으로 처리하는 오라클
- **일관성 검사(Consistent) 오라클** : 애플리케이션의 변경이 있을 때, 테스트 케이스의 수행 전과 후의 결과 값이 동일한지를 확인하는 오라클

050 테스트 자동화 도구

① 테스트 케이스 생성 도구 23.2, 21.8
- 자료 흐름도
- 기능 테스트
- 입력 도메인 분석
- 랜덤 테스트

② 성능 테스트 도구 21.5
애플리케이션의 처리량, 응답 시간, 경과 시간, 자원 사용률 등을 인위적으로 적용한 가상의 사용자를 만들어 테스트를 수행함으로써 성능의 목표 달성 여부를 확인한다.

051 결함 관리

① 결함(Fault) 21.8
오류(Error) 발생, 작동 실패 등과 같이 소프트웨어가 개발자가 설계한 것과 다르게 동작하거나 다른 결과가 발생되는 것을 의미한다.

052 복잡도

① 주요 최악의 시간 복잡도 25.5, 24.7, 23.7, 22.7, 21.5, 20.6

O(1)	입력값(n)에 관계 없이 일정하게 문제 해결에 하나의 단계만을 거침 예 스택의 삽입(Push), 삭제(Pop)
O(nlog$_2$n)	문제 해결에 필요한 단계가 n(log$_2$n)번큼 수행됨 예 힙 정렬(Heap Sort), 2-Way 합병 정렬(Merge Sort)

② 순환 복잡도 25.5, 24.7, 24.5, 23.2, 20.8

예제 제어 흐름 그래프가 다음과 같을 때 McCabe의 Cyclomatic 수를 계산하시오.

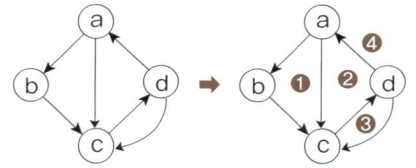

내부 영역 3(❶, ❷, ❸) + 외부 영역 1(❹) = 4

문제1 제어 흐름 그래프가 다음과 같을 때 McCabe의 Cyclomatic 수를 계산하시오.

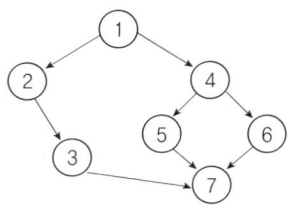

답 :

해설
내부 영역 2(❶, ❷) + 외부 영역 1(❸) = 3

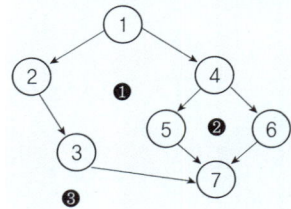

정답 1. 3

4장 핵심요약

053 애플리케이션 성능 개선

❶ 클린 코드(Clean Code) [24.7]

누구나 쉽게 이해하고 수정 및 추가할 수 있는 단순, 명료한 코드, 즉 잘 작성된 코드를 의미한다.

❷ 클린 코드 작성 원칙 [24.2, 22.7, 22.3, 21.5, 20.9, 20.8]

- 가독성 : 누구든지 코드를 쉽게 읽을 수 있도록 작성함
- 단순성 : 코드를 간단하게 작성함
- 의존성 배제 : 코드가 다른 모듈에 미치는 영향을 최소화함
- 중복성 최소화 : 코드의 중복을 최소화함
- 추상화 : 상위 클래스/메소드/함수에서는 간략하게 애플리케이션의 특성을 나타내고, 상세 내용은 하위 클래스/메소드/함수에서 구현함

❸ 외계인 코드(Alien Code) [24.5, 22.3, 20.6]

아주 오래되거나 참고문서 또는 개발자가 없어 유지 보수 작업이 어려운 코드를 의미한다.

❹ 소스 코드 품질 분석 도구 – 정적 분석 도구 [25.5, 23.7, 22.7, 21.8, ...]

- 작성한 소스 코드를 실행하지 않고 코딩 표준이나 코딩 스타일, 결함 등을 확인한다.
- 하드웨어적인 방법 또는 소프트웨어적인 방법으로 코드를 분석한다.
- 종류 : pmd, checkstyle, cppcheck 등

5장 인터페이스 구현

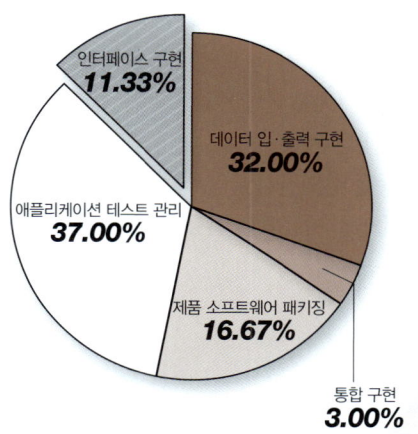

054 모듈 간 공통 기능 및 데이터 인터페이스 확인 Ⓓ등급
055 모듈 연계를 위한 인터페이스 기능 식별 Ⓑ등급
056 모듈 간 인터페이스 데이터 표준 확인 Ⓒ등급
057 인터페이스 구현 Ⓑ등급
058 인터페이스 보안 Ⓐ등급
059 인터페이스 구현 검증 Ⓐ등급

꼭 알아야 할 키워드 Best 10

1. 인터페이스 기능 2. 데이터 인터페이스 3. EAI 4. Hybrid 5. JSON 6. AJAX 7. Tripwire 8. xUnit 9. STAF 10. NTAF

SECTION 054 모듈 간 공통 기능 및 데이터 인터페이스 확인

전문가의 조언

모듈 간 공통 기능 및 데이터 인터페이스를 확인하는 것은, 쉽게 말해 모듈 간 연계를 위해 주고받아야 할 데이터가 무엇인지를 찾는 것을 말합니다. 이를 위해 인터페이스 설계서에서 정의한 모듈을 기반으로 공통적으로 제공되는 기능을 식별하고, 이를 바탕으로 각 데이터의 인터페이스를 확인합니다. 인터페이스 설계서를 서로 구분할 수 있도록 각각의 특징을 정리하고, 모듈 간 공통 기능과 각 데이터의 인터페이스를 확인하는 방법을 알아두세요.

※ **모듈 간 연계** : 내부 모듈과 외부 모듈 또는 내부 모듈 간 데이터 교환을 위해 관계를 설정하는 것

파라미터(Parameter, 매개변수)
파라미터는 함수를 통해 어떠한 작업을 수행 할 때 해당 함수 수행에 필요한 값을 전달하기 위해 사용되는 변수를 의미합니다.

인터페이스 설계서
인터페이스 설계서를 인터페이스 정의서라고도 합니다.

1 모듈 간 공통 기능 및 데이터 인터페이스의 개요

- 공통 기능은 모듈의 기능 중에서 공통적으로 제공되는 기능을 의미한다.
- 데이터 인터페이스는 모듈 간 교환되는 데이터가 저장될 파라미터*를 의미한다.
- 모듈 간 공통 기능 및 데이터 인터페이스는 인터페이스 설계서에서 정의한 모듈의 기능을 기반으로 확인한다.
- 확인된 공통 기능 및 데이터 인터페이스는 모듈 간 연계가 필요한 인터페이스의 기능을 식별하는데 사용된다.
- 모듈 간 공통 기능 및 데이터 인터페이스 확인 순서
  ❶ 인터페이스 설계서를 통해 모듈별 기능을 확인한다.
  ❷ 외부 및 내부 모듈을 기반으로 공통적으로 제공되는 기능과 각 데이터의 인터페이스를 확인한다.

2 인터페이스 설계서*

인터페이스 설계서는 시스템 사이의 데이터 교환 및 처리를 위해 교환 데이터 및 관련 업무, 송·수신 시스템 등에 대한 내용을 정의한 문서이다.

- 인터페이스 설계서는 일반적인 형태의 설계서와 정적·동적 모형을 통한 설계서로 구분된다.

일반적인 인터페이스 설계서

시스템의 인터페이스 목록, 각 인터페이스의 상세 데이터 명세, 각 기능의 세부 인터페이스 정보를 정의한 문서이다.

- 일반적인 인터페이스 설계서는 시스템 인터페이스 설계서와 상세 기능별 인터페이스 명세서로 구분된다.
  – 시스템 인터페이스 설계서 : 시스템 인터페이스 목록을 만들고 각 인터페이스 목록에 대한 상세 데이터 명세를 정의하는 것이다.
  – 상세 기능별 인터페이스 명세서
    ▶ 각 기능의 세부 인터페이스 정보를 정의한 문서이다.
    ▶ 인터페이스를 통한 각 세부 기능의 개요, 세부 기능이 동작하기 전에 필요한 사전/사후 조건, 인터페이스 데이터, 호출 이후 결과를 확인하기 위한 반환값 등으로 구성된다.

정적·동적 모형을 통한 인터페이스 설계서

정적·동적 모형으로 각 시스템의 구성 요소를 표현한 다이어그램을 이용하여 만든 문서이다.

- 시스템을 구성하는 주요 구성 요소 간의 트랜잭션을 통해 해당 인터페이스가 시스템의 어느 부분에 속하고, 해당 인터페이스를 통해 상호 교환되는 트랜잭션의 종류를 확인할 수 있다.

❸ 인터페이스 설계서별 모듈 기능 확인

인터페이스 설계서에서 정의한 모듈을 기반으로 각 모듈의 기능을 확인한다.
- 시스템 인터페이스 목록에서 송신 및 전달 부분은 외부 모듈, 수신 부분은 내부 모듈에 해당된다.
- 시스템 인터페이스 설계서에서 데이터 송신 시스템 부분은 외부 모듈, 데이터 수신 시스템 부분은 내부 모듈에 해당된다.
- 상세 기능 인터페이스 명세서에서 오퍼레이션과 사전 조건은 외부 모듈, 사후 조건은 내부 모듈에 해당된다.
- 정적·동적 모형을 통한 인터페이스 설계에서 인터페이스 영역을 기준으로 상위 모듈, 하위 모듈이 내부 모듈에 해당된다.

> **전문가의 조언**
> 인터페이스 설계서에서 확인된 내·외부 모듈의 기능들을 기반으로 모듈 간 공통 기능 및 데이터 인터페이스를 확인합니다.

❹ 모듈 간 공통 기능 및 데이터 인터페이스 확인

- 내·외부 모듈 기능을 통해 공통적으로 제공되는 기능을 확인한다.

  예 내·외부 모듈 기능을 통한 공통 기능

외부 모듈(인사)	내부 모듈(회계)	공통 기능
인사 발령	전표 발생	전표 발생
전표 발생	지출 결의서 확인	
급여 계산	지출 처리	
급여 결과 확인		

- 내·외부 모듈 기능과 공통 기능을 기반으로 필요한 데이터 인터페이스 항목을 확인한다.

  예 내·외부 모듈과 공통 기능을 통해 확인된 인터페이스 및 데이터 인터페이스

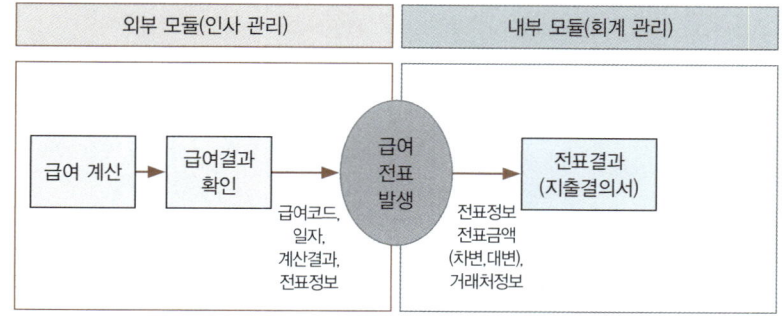

> **전문가의 조언**
> 왼쪽 그림에서 인터페이스는 '급여전표발생'이고, 데이터 인터페이스는 '급여코드, 일자, 계산결과, 전표정보, 전표금액, 거래처정보'입니다.

기출문제 따라잡기

출제예상
1. 다음 중 인터페이스 설계서에 대한 내용으로 가장 옳지 않은 것은?

① 인터페이스 설계서는 각 시스템의 교환 데이터 및 업무, 송·수신 주체 등이 정의되어 있다.
② 인터페이스 설계서를 통하여 인터페이스와 통신하는 외부 및 내부 모듈의 기능을 확인할 수 있다.
③ 인터페이스 설계서는 일반적인 내용이 포함된 인터페이스 설계서와 다양한 다이어그램 및 데이터 포맷을 포함한 형태의 인터페이스 설계서가 있다.
④ 인터페이스 설계서는 하나의 독립적인 기능을 수행하는 모듈의 구성 요소와 세부적인 동작 등이 정의되어 있다.

> 모듈에 대한 내용을 정의한 설계서는 모듈 세부 설계서입니다.

출제예상
2. 다음이 설명하는 것은?

> 각 시스템의 구성 요소를 표현한 다이어그램을 통해 만든 설계서로, 시스템을 구성하는 주요 구성 요소 간 트랜잭션을 보여 주고 이를 통해 시스템에서 인터페이스는 어디에 속하고 어떤 트랜잭션이 인터페이스를 통해 상호 교환되는지 확인할 수 있다.

① 정적·동적 모형을 통한 인터페이스 설계서
② 시스템 인터페이스 설계서
③ 데이터 정의를 통한 인터페이스 설계서
④ 상세 기능별 인터페이스 명세서

> 문제의 지문은 정적·동적 모형을 통한 인터페이스 설계서에 대한 설명입니다.

출제예상
3. 다음 중 내부, 외부 모듈 간 공통 기능 및 데이터 인터페이스 확인에 대한 설명으로 옳지 않은 것은?

① 인터페이스 설계서에서 정의한 내·외부 모듈을 기반으로 각 모듈의 기능을 확인한다.
② 상세 기능 인터페이스 명세서의 오퍼레이션 및 사전 조건은 내부 모듈, 사후 조건은 외부 모듈에 포함된다.
③ 인터페이스 목록의 송신 및 전달 영역까지는 외부 모듈, 수신 측 영역은 내부 모듈에 포함된다.
④ 인터페이스 설계서의 데이터 수신 시스템 부분은 내부 모듈, 데이터 송신 시스템 부분은 외부 모듈에 포함된다.

> 상세 기능 인터페이스 명세서의 오퍼레이션 및 사전 조건은 외부 모듈, 사후 조건은 내부 모듈에 포함됩니다.

▶ 정답 : 1. ④ 2. ① 3. ②

SECTION 055 모듈 연계를 위한 인터페이스 기능 식별

1 모듈 연계의 개요

모듈 연계는 내부 모듈과 외부 모듈 또는 내부 모듈 간 데이터의 교환을 위해 관계를 설정하는 것으로, 대표적인 모듈 연계 방법에는 EAI와 ESB 방식이 있다.

EAI(Enterprise Application Integration)

- EAI는 기업 내 각종 애플리케이션 및 플랫폼 간의 정보 전달, 연계, 통합 등 상호 연동이 가능하게 해주는 솔루션이다.
- EAI는 비즈니스 간 통합 및 연계성을 증대시켜 효율성 및 각 시스템 간의 확장성(Determinacy)을 높여 준다.
- EAI의 구축 유형은 다음과 같다.

유형	기능	
Point-to-Point	• 가장 기본적인 애플리케이션 통합 방식으로, 애플리케이션을 1:1로 연결한다. • 변경 및 재사용이 어렵다.	
Hub & Spoke	• 단일 접점인 허브 시스템을 통해 데이터를 전송하는 중앙집중형 방식이다. • 확장 및 유지 보수가 용이하다. • 허브 장애 발생 시 시스템 전체에 영향을 미친다.	
Message Bus (ESB 방식)	• 애플리케이션 사이에 미들웨어를 두어 처리하는 방식이다. • 확장성이 뛰어나며 대용량 처리가 가능하다.	
Hybrid	• Hub & Spoke와 Message Bus의 혼합 방식이다. • 그룹 내에서는 Hub & Spoke 방식을, 그룹 간에는 Message Bus 방식을 사용한다. • 필요한 경우 한 가지 방식으로 EAI 구현이 가능하다. • 데이터 병목 현상을 최소화할 수 있다.	

ESB(Enterprise Service Bus)

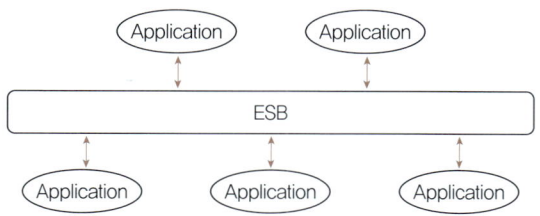

- ESB는 애플리케이션 간 연계, 데이터 변환, 웹 서비스 지원 등 표준 기반의 인터페이스를 제공하는 솔루션이다.

전문가의 조언

EAI의 구축 유형의 종류 및 특징을 묻는 문제가 출제되었습니다. 어떤 유형을 말하는지 구분할 수 있도록 각각의 특징을 정리하세요. 그리고, 개발하고자 하는 응용 소프트웨어와 관련된 모듈 간 연계가 필요한 인터페이스의 기능을 식별하는 방법을 알아두세요.

미들웨어(Middle Ware)

미들웨어는 운영체제와 해당 운영체제에 의해 실행되는 응용 프로그램 사이에서 운영체제가 제공하는 서비스 이외에 추가적인 서비스를 제공하는 소프트웨어를 말합니다.

- ESB는 애플리케이션 통합 측면에서 EAI와 유사하지만 애플리케이션 보다는 서비스 중심의 통합을 지향한다.
- ESB는 특정 서비스에 국한되지 않고 범용적으로 사용하기 위하여 애플리케이션과의 결합도(Coupling)*를 약하게(Loosely) 유지한다.
- 관리 및 보안 유지가 쉽고, 높은 수준의 품질 지원이 가능하다.

결합도(Coupling)
결합도는 모듈 간에 상호 의존하는 정도 또는 두 모듈 사이의 연관 관계를 의미합니다.

❷ 모듈 간 연계 기능 식별

- 모듈 간 공통 기능 및 데이터 인터페이스*를 기반으로 모듈과 연계된 기능을 시나리오 형태로 구체화하여 식별한다.
- 식별된 연계 기능은 인터페이스 기능을 식별하는데 사용된다.

모듈 간 공통 기능 및 데이터 인터페이스 확인에 대한 자세한 내용은 Section 054를 참조하세요.

예 모듈 간 연계 기능 식별

구분	주요 기능	시나리오
외부 모듈	급여 계산	• 사전 조건 : 급여일자가 확정되어야 한다. • 기능 동작 시나리오 : 급여가 급여 정보에 따라 계산한다. • 사후 조건 : 전표 발생용 기본 정보가 생성된다.
	급여 결과 확인	• 사전 조건 : 급여가 계산된다. • 기능 동작 시나리오 : 개인별, 조직별, 직급별 급여 명세서가 조회된다. • 사후 조건 : 회계 전표 보고서 기준으로 전표가 발생된다.
내부 모듈	급여 전표 발생	• 사전 조건 : 회계 전표 발생에 필요한 정보를 계산한다. • 기능 동작 시나리오 : 급여 결과를 회계 정보에 맞게 변환하여 전표를 작성한다. • 사후 조건 : 입력값과 결과값의 정합성이 맞는지 체크한다.

❸ 모듈 간 인터페이스 기능 식별

- 식별된 모듈 간 관련 기능을 검토하여 인터페이스 동작에 필요한 기능을 식별한다.
- 인터페이스 동작은 대부분 외부 모듈의 결과 또는 요청에 의해 수행되므로 외부 및 인터페이스 모듈 간 동작하는 기능을 통해 인터페이스 기능을 식별한다.
- 내부 모듈의 동작은 외부 모듈에서 호출된 인터페이스에 의해 수행되고 결과를 나타내는 것이므로 해당 업무에 대한 시나리오를 통해 내부 모듈과 관련된 인터페이스 기능을 식별한다.
- 식별된 인터페이스 기능 중에서 실제적으로 필요한 인터페이스 기능을 최종적으로 선별한다.
- 식별된 인터페이스 기능은 인터페이스 기능 구현을 정의하는데 사용된다.

기출문제 따라잡기

출제예상

1. 내·외부 모듈 연계 방법 중 ESB(Enterprise Service Bus)에 대한 설명으로 가장 옳지 않은 것은?

① ESB는 애플리케이션과의 결합도(Coupling)를 약하게 (Loosely) 유지한다.
② ESB는 크게 Point-to-Point형, Hub & Spoke 방식, Hybrid 형태의 구성으로 분류될 수 있다.
③ 높은 수준의 품질 지원이 가능하다.
④ 관리 및 보안이 쉽다.

Point-to-Point, Hub & Spoke, Hybrid는 EAI의 구축 유형입니다.

출제예상

2. EAI 구축 유형 중 Message Bus에 대한 설명으로 옳은 것은?

① 애플리케이션 사이에 미들웨어(버스)를 두어 처리하는 방식이다.
② 단일 접점이 허브 시스템을 통해 데이터를 전송하는 중앙 집중형 방식이다.
③ 각 애플리케이션들이 트리 형태로 연결된 구조이다.
④ 각 애플리케이션을 Point to Point 형태로 연결하는 가장 기본적인 방식이다.

Message Bus는 애플리케이션 사이에 미들웨어를 두어 처리하는 방식입니다.

출제예상

3. 다음 중 내·외부 모듈 간 연계를 위한 인터페이스 기능의 식별에 대한 설명으로 옳지 않은 것은?

① 인터페이스가 포함된 내·외부 모듈을 통해 연계된 기능을 시나리오 형태로 구체화하여 기능을 식별한다.
② 외부 모듈과 인터페이스 모듈 간의 동작 기능에 기반하여 인터페이스의 기능을 식별한다.
③ 내부 모듈 관련 인터페이스 기능은 외부 모듈 관련 인터페이스 기능을 식별하는 방법과 상반된 방법으로 식별한다.
④ 외부, 공통 및 내부 모듈 기능 분석을 통한 인터페이스 기능을 통해 필요한 인터페이스 기능을 종합적으로 식별한다.

내부 모듈의 동작은 외부 모듈에서 호출된 인터페이스에 의해 수행되므로 내부 모듈과 외부 모듈 관련 인터페이스 기능을 식별하는 방법은 서로 크게 다르지 않습니다.

23년 2월, 22년 7월, 20년 6월

4. EAI(Enterprise Application Integration)의 구축 유형으로 옳지 않은 것은?

① Point-to-Point
② Hub & Spoke
③ Message Bus
④ Tree

EAI의 구축 유형 4가지는 Point-to-Point, Hub & Spoke, Message Bus, Hybrid입니다.

20년 9월

5. EAI(Enterprise Application Integration) 구축 유형 중 Hybrid에 대한 설명으로 틀린 것은?

① Hub & Spoke와 Message Bus의 혼합 방식이다.
② 필요한 경우 한 가지 방식으로 EAI 구현이 가능하다.
③ 데이터 병목 현상을 최소화할 수 있다.
④ 중간에 미들웨어를 두지 않고 각 애플리케이션을 Point to Point로 연결한다.

Hybrid는 Hub & Spoke와 Message Bus의 혼합 방식으로, 단말들 사이에 버스와 허브를 미들웨어로 두어 애플리케이션을 연결합니다.

▶ 정답 : 1.② 2.① 3.③ 4.④ 5.④

SECTION 056 모듈 간 인터페이스 데이터 표준 확인

전문가의 조언

모듈 간 인터페이스 데이터 표준 확인은 쉽게 말해 모듈 간 원활한 데이터 교환을 위해 인터페이스에 사용되는 데이터 요소의 명칭, 정의, 규칙 등에 대한 원칙을 만드는 것입니다. 인터페이스 데이터 표준을 확인하는데 사용되는 정보를 묻는 문제가 출제되었습니다. 인터페이스 데이터 표준은 '인터페이스 기능'과 '데이터 인터페이스'를 통해 확인할 수 있다는 것을 중심으로 인터페이스 데이터 표준의 확인 방법에 대해 정리하세요.

① 인터페이스 데이터 표준의 개요
23.5

인터페이스 데이터 표준은 모듈 간 인터페이스에 사용되는 데이터의 형식을 표준화하는 것이다.

- 인터페이스 데이터 표준은 기존의 데이터 중에서 공통 영역을 추출하거나 어느 한 쪽의 데이터를 변환하여 정의한다.
- 확인된 인터페이스 데이터 표준은 인터페이스 기능 구현을 정의하는데 사용된다.
- 모듈 간 인터페이스 데이터 표준 확인 순서
  ① 데이터 인터페이스를 통해 인터페이스 데이터 표준을 확인한다.
  ② 인터페이스 기능을 통해 인터페이스 표준을 확인한다.
  ③ 데이터 인터페이스와 인터페이스 기능을 통해 확인된 인터페이스 표준을 검토하여 최종적인 인터페이스 데이터 표준을 확인한다.

② 데이터 인터페이스 확인

- 데이터 표준을 위해 식별된 데이터 인터페이스에서 입·출력값의 의미와 데이터의 특성 등을 구체적으로 확인한다.
- 확인된 데이터 인터페이스의 각 항목을 통해 데이터 표준을 확인한다.

예 데이터 인터페이스의 데이터 표준

구분	파라미터	의미	데이터 표준
입력값	급여 코드	급여 작업의 단위를 나타내는 Key 값	• 급여 지급 연월의 숫자 6자리 • 정규직 R, 계약직 T • 3자리 숫자로, 급여코드 증가 시 숫자 증가
	급여 계산 결과	• 각 직원별 급여 계산 결과 • 직원정보, 총액, 공제액	항목 : 사번, 소속, 직급, 근무일수, 급여, 상여, 비과세급여, 총지급액, 국민연금, 건강보험, 고용보험, 소득세, 주민세, 실지급액 등
출력 정보	전표 정보	• 발생 시기 • 전표의 매입/매출 • 세금 신고 여부	• 발생 시기 : YYYYMMDD 형식의 8자리 • 전표 구분 : 매입 AP, 매출 AR
	차·대변	• 각 계정별 마스터 정보 발생 • 디테일 정보 발생	• 각 계정별 급여, 상여 세금, 사내 공제 항목 등의 마스터 정보 발생 • 각 부서별 급여합계 등의 디테일 정보 발생

❸ 인터페이스 기능 확인

- 데이터 표준을 위해 식별된 인터페이스 기능을 기반으로 인터페이스 기능 구현을 위해 필요한 데이터 항목을 확인한다.
- 확인된 데이터 항목과 데이터 인터페이스에서 확인된 데이터 표준에서 수정·추가·삭제될 항목이 있는지 확인한다.

예) 인터페이스 기능 구현을 위해 필요한 데이터 항목

인터페이스 기능	필요 데이터 항목	데이터 인터페이스 항목
외부 모듈로부터 전표 발생을 위한 필수 입력값을 수신한다.	• 전표 일자, 계정, 금액 • 발의 부서, 귀속 부서 • 거래처, 지급 여부	• 급여 코드 • 급여 일자 • 급여 계산 결과 전표 • 계정 정보
회계 시스템에서 발생된 전표 발생 작업의 결과를 수신한다.	• 전표 발생 여부 • 차, 대변 검증 여부 • 부서별 금액, 계정별 금액	• 전표 금액 • 차, 대변 금액 • 차, 대변 검증 결과

❹ 인터페이스 데이터 표준 확인

- 데이터 인터페이스에서 확인된 데이터 표준과 인터페이스 기능을 통해 확인된 데이터 항목들을 검토하여 최종적으로 데이터 표준을 확인한다.
- 확인된 데이터 표준은 항목별로 데이터 인터페이스와 인터페이스 기능 중 출처를 구분하여 기록한다.

예) 확인된 인터페이스 데이터 표준

구분	파라미터	데이터 표준	출처
입력값	급여 코드	• 급여 지급 연월을 숫자 6자리 • 정규직 R, 계약직 T • 3자리 숫자로 급여코드 증가 시 숫자 증가	데이터 인터페이스
	급여 계산 결과	항목 : 사번, 소속, 직급, 근무일수, 급여, 상여, 비과세급여, 총지급액, 국민연금, 건강보험, 고용보험, 소득세, 주민세, 실지급액 등	데이터 인터페이스
출력정보	전표 정보	• 발생 시기 : YYYYMMDD 형식의 8자리 • 전표 구분 : 매입 AP, 매출 AR	데이터 인터페이스
	차·대변 검증	부서별, 계정별 항목 수와 총금액 검증	인터페이스 기능

기출문제 따라잡기

출제예상
1. 다음 설명이 의미하는 것은?

> 인터페이스를 위해 인터페이스가 되어야 할 범위의 데이터들의 형식과 표준을 정의하는 것으로, 기존에 있던 데이터 중 공통의 영역을 추출하여 정의하는 경우도 있고 인터페이스를 위해 한쪽의 데이터를 변환하는 경우도 있다.

① 인터페이스 요구사항 정의서
② 프로그램 명세서
③ 인터페이스 데이터 표준
④ 인터페이스 목록

인터페이스가 되어야 할 범위의 데이터들의 형식과 표준을 정의하는 것은 인터페이스 데이터 표준입니다.

출제예상
2. 다음 중 내·외부 모듈 간 인터페이스 데이터 표준 확인에 대한 설명으로 옳지 않은 것은?

① 외부 및 내부 모듈 간 데이터를 교환하고 상호 호환이 되게 하기 위해서 인터페이스 데이터 표준을 정의하고 이를 관리하여야 한다.
② 인터페이스 데이터의 형태가 동일한 경우에만 인터페이스 데이터 표준을 정의할 수 있다.
③ 식별된 데이터 인터페이스를 통해 인터페이스 데이터 표준을 확인한다.
④ 식별된 인터페이스 기능을 통해 인터페이스 표준을 확인한다.

인터페이스를 위해 한쪽의 데이터를 변환하는 경우도 있습니다. 즉 인터페이스 데이터 표준은 인터페이스 데이터 형태의 동일 여부와 관계없이 정의할 수 있습니다.

23년 5월
3. 다음 중 내·외부 모듈 간 인터페이스 데이터 표준을 확인하는데 사용되는 정보로만 짝지어진 것은?

① 인터페이스 목록, 인터페이스 명세
② 인터페이스 명세, 데이터 인터페이스
③ 인터페이스 기능, 인터페이스 목록
④ 데이터 인터페이스, 인터페이스 기능

인터페이스 데이터 표준은 '인터페이스 기능'과 '데이터 인터페이스'를 통해 확인할 수 있습니다.

▶ 정답: 1. ③ 2. ② 3. ④

SECTION 057 인터페이스 구현

1 인터페이스 구현

인터페이스 구현은 송·수신 시스템 간의 데이터 교환 및 처리를 실현해 주는 작업을 의미한다.

- 정의된 인터페이스 기능 구현을 기반으로 구현 방법 및 범위 등을 고려하여 인터페이스 구현 방법을 분석한다.
- 분석된 인터페이스 구현 정의를 기반으로 인터페이스를 구현한다.
- 인터페이스를 구현하는 대표적인 방법에는 데이터 통신을 이용한 방법과 인터페이스 엔티티를 이용한 방법이 있다.

전문가의 조언

인터페이스 구현은 송신 측에서 전송한 데이터를 수신 측에서 받아 처리할 수 있도록 지원하는 작업입니다. 인터페이스를 구현하는 방법에는 여러 가지가 있지만 가장 많이 사용되는 데이터 통신을 이용한 인터페이스 구현 방법과 인터페이스 엔티티를 이용한 인터페이스 구현 방법에 대해 공부하도록 하겠습니다. 두 인터페이스 구현 방법을 구분할 수 있도록 정리하세요.

2 데이터 통신을 이용한 인터페이스 구현

데이터 통신을 이용한 인터페이스 구현은 애플리케이션 영역에서 인터페이스 형식에 맞춘 데이터 포맷을 인터페이스 대상으로 전송하고 이를 수신 측에서 파싱(Parsing)*하여 해석하는 방식이다.

- 주로 JSON이나 XML 형식의 데이터 포맷을 사용하여 인터페이스를 구현한다.

예 JSON을 이용한 인터페이스 구현 순서
① 인터페이스의 객체 생성 및 전송을 위해 인터페이스 객체를 생성할 데이터*를 각 시스템 및 환경에 맞게 선택한다.
② 선택한 데이터를 JSON을 이용하여 인터페이스 객체를 생성한다.
③ 송신 측에서 JSON으로 생성한 인터페이스 객체를 AJAX 기술 등을 이용하여 수신 측으로 보낸다.
④ 수신 측에서 인터페이스 객체를 수신해 파싱한 후 처리한다.
⑤ 수신 측에서 송신 측에 처리 결과를 보낸다.

파싱(Parsing)
파싱은 주어진 문장이 정의된 문법 구조에 따라 완전한 문장으로 사용될 수 있는가를 확인하는 작업을 말합니다.

인터페이스 객체를 생성할 데이터
인터페이스 객체를 생성할 데이터는 일반적으로 데이터베이스에 있는 정보를 SQL을 통해 선택한 후 JSON으로 생성합니다.

24.5, 24.2, 23.5, 22.4, 20.8, 20.6, 실기 25.7, 23.4

잠깐만요 JSON / XML / AJAX

JSON(JavaScript Object Notation)
JSON은 속성-값 쌍(Attribute-Value Pairs)으로 이루어진 데이터 객체를 전달하기 위해 사람이 읽을 수 있는 텍스트를 사용하는 개방형 표준 포맷입니다.
- 비동기 처리에 사용되는 AJAX에서 XML을 대체하여 사용되고 있습니다.

XML(eXtensible Markup Language)
XML은 특수한 목적을 갖는 마크업 언어를 만드는 데 사용되는 다목적 마크업 언어입니다.
- 웹 페이지의 기본 형식인 HTML의 문법이 각 웹 브라우저에서 상호 호환적이지 못하다는 문제와 SGML*의 복잡함을 해결하기 위하여 개발되었습니다.

AJAX(Asynchronous JavaScript and XML)
AJAX는 자바 스크립트(JavaScript) 등을 이용하여 클라이언트와 서버 간에 XML 데이터를 교환 및 제어함으로써 이용자가 웹 페이지와 자유롭게 상호 작용할 수 있도록 하는 비동기 통신 기술을 의미합니다.

전문가의 조언
자주 나오는 내용입니다. 어떤 것을 말하는지 찾아낼 수 있도록 JSON, XML, AJAX의 개념을 잘 정리해 두세요.

SGML(Stand Generalized Markup Language)
텍스트, 이미지, 오디오 및 비디오 등을 포함하는 멀티미디어 전자문서들을 다른 기종의 시스템들과 정보의 손실 없이 효율적으로 전송, 저장 및 자동 처리하기 위한 언어입니다.

③ 인터페이스 엔티티를 이용한 인터페이스 구현

인터페이스 엔티티를 이용한 인터페이스 구현은 인터페이스가 필요한 시스템 사이에 별도의 인터페이스 엔티티를 두어 상호 연계하는 방식이다.

- 일반적으로 인터페이스 테이블을 엔티로 활용한다.
- 인터페이스 테이블은 한 개 또는 송신 및 수신 인터페이스 테이블을 각각 두어 활용한다.
- 송신 및 수신 인터페이스 테이블의 구조는 대부분 같지만 상황에 따라 서로 다르게 설계할 수도 있다.

예 인터페이스 테이블을 이용한 인터페이스 구현 순서

❶ 인터페이스 이벤트가 발생하면 인터페이스 테이블에 인터페이스 데이터를 기록한다(Write)*.
❷ 송신 측 인터페이스 테이블에서 정해진 주기*에 따라 인터페이스 데이터를 전송*한다.
❸ 수신 측 인터페이스 테이블에 인터페이스 데이터가 입력되면 정해진 주기에 따라 인터페이스 데이터를 읽는다(Read).
❹ 수신 측 인터페이스 테이블에서 인터페이스 데이터를 읽은 후 사전에 정의된 데이터 트랜잭션을 수행한다.

인터페이스 데이터 기록
인터페이스 데이터 기록(Write)은 데이터 무결성 유지 및 인터페이스 이력 관리 등을 위해 삽입(Insert)만 가능하고 수정(Update) 및 삭제(Delete)는 불가능합니다.

정해진 주기
일반적으로 정해진 주기는 즉시, 주기적, 특정기간 이후 등이 있습니다.

인터페이스 데이터 전송
인터페이스 데이터 전송을 위해서는 일반적으로 디비 커넥션(DB Connection)이 수신 측 인터페이스 테이블과 연결되어 있어야 하고 프로시저(Procedure)나 트리거(Trigger) 등을 통해 수신 인터페이스 테이블로 전송합니다.

기출문제 따라잡기

24년 5월, 2월, 23년 5월, 22년 4월, 20년 6월
1. 웹과 컴퓨터 프로그램에서 용량이 적은 데이터를 교환하기 위해 데이터 객체를 속성·값의 쌍 형태로 표현하는 형식으로, 자바 스크립트(JavaScript)를 토대로 개발되어진 형식은?

① Python ② XML
③ JSON ④ WEB SEVER

> 데이터 객체를 속성·값의 쌍 형태로 표현하고, 스크립트(JavaScript)를 토대로 개발된 형식은 JSON입니다.

20년 8월
2. 인터페이스 구현 시 사용하는 기술 중 다음 내용이 설명하는 것은?

> JavaScript를 사용한 비동기 통신 기술로, 클라이언트와 서버 간에 XML 데이터를 주고 받는 기술

① Procedure ② Trigger
③ Greedy ④ AJAX

> JavaScript를 사용한 비동기 통신기술로, 클라이언트와 서버 간에 XML 데이터를 주고받는 기술을 AJAX라고 합니다.

▶ 정답 : 1. ③ 2. ④

SECTION 058 인터페이스 보안

1 인터페이스 보안의 개요

- 인터페이스는 시스템 모듈 간 통신 및 정보 교환을 위한 통로로 사용되므로 충분한 보안 기능을 갖추지 않으면 시스템 모듈 전체에 악영향을 주는 보안 취약점이 될 수 있다.
- 인터페이스의 보안성 향상을 위해서는 인터페이스의 보안 취약점을 분석한 후 적절한 보안 기능을 적용한다.

2 인터페이스 보안 취약점 분석

- 인터페이스 기능이 수행되는 각 구간들의 구현 현황을 확인하고 각 구간에 어떤 보안 취약점이 있는지를 분석한다.
- 인터페이스 기능이 수행되는 각 구간의 구현 현황은 송·수신 영역의 구현 기술 및 특징 등을 구체적으로 확인한다.
- 확인된 인터페이스 기능을 기반으로 송신 데이터 선택, 송신 객체 생성, 인터페이스 송·수신, 데이터 처리 결과 전송 등 영역별로 발생할 수 있는 보안 취약점을 시나리오 형태로 작성한다.

3 인터페이스 보안 기능 적용

20.9, 20.8, 20.6, 실기 20.7

- 분석한 인터페이스 기능과 보안 취약점을 기반으로 인터페이스 보안 기능을 적용한다.
- 인터페이스 보안 기능은 일반적으로 네트워크, 애플리케이션, 데이터베이스 영역에 적용한다.

20.9, 20.8, 20.6, 실기 20.7 **네트워크 영역**	• 인터페이스 송·수신 간 스니핑(Sniffing) 등을 이용한 데이터 탈취 및 변조 위협을 방지하기 위해 네트워크 트래픽에 대한 암호화를 설정한다. • 암호화는 인터페이스 아키텍처에 따라 IPSec, SSL, S-HTTP 등의 다양한 방식으로 적용한다.
애플리케이션 영역	소프트웨어 개발 보안 가이드를 참조하여 애플리케이션 코드 상의 보안 취약점을 보완하는 방향으로 애플리케이션 보안 기능을 적용한다.
데이터베이스 영역	• 데이터베이스, 스키마, 엔티티의 접근 권한과 프로시저(Procedure), 트리거(Trigger)* 등 데이터베이스 동작 객체의 보안 취약점에 보안 기능을 적용한다. • 개인 정보나 업무상 민감한 데이터의 경우 암호화나 익명화* 등 데이터 자체의 보안 방안도 고려한다.

전문가의 조언

인터페이스는 서로 다른 시스템 사이에서 데이터를 원활히 주고받을 수 있는 통로로 사용되므로 데이터 변조 및 탈취 등의 위협에 노출되어 있습니다. 인터페이스의 보안성 향상을 위해서는 인터페이스가 구현되는 각 구간에서 보안에 취약한 부분을 확인한 후 알맞은 보안 기능을 적용해야 합니다. 보안성 향상을 위한 인터페이스 보안 취약점 분석 및 보안 기능 적용 방법 그리고 데이터 무결성 검사 도구의 용도와 종류를 정리하세요.

트리거(Trigger)
트리거는 데이터베이스 시스템에서 데이터의 입력, 갱신, 삭제 등의 이벤트가 발생할 때마다 자동적으로 수행되는 절차형 SQL을 의미합니다.

데이터 익명화
데이터 익명화는 데이터에 포함된 개인식별정보를 영구적으로 삭제하거나 알아볼 수 없는 형태로 변환하는 것을 의미합니다.

AH/ESP
AH는 발신지 인증, 데이터 무결성만을 보장하는 반면, ESP는 발신지 인증, 데이터 무결성, 기밀성을 모두 보장합니다.

> **잠깐만요** IPsec / SSL / S-HTTP 25.8, 24.7, 24.2, 22.7, 21.5
>
> - **IPsec(IP Security)**
>   - 네트워크 계층에서 IP 패킷 단위의 데이터 변조 방지 및 은닉 기능을 제공하는 프로토콜입니다.
>   - 암호화 수행 시 암호화와 복호화가 모두 가능한 양방향 암호화 방식을 사용합니다.
>   - 구성 요소 : AH(Authentication Header)*, ESP(Encapsulated Security Payload)*
>   - 운영 모드 : 터널 모드(Tunnel Mode), 전송 모드(Transport Mode)
> - **SSL(Secure Sockets Layer)** : TCP/IP 계층과 애플리케이션 계층 사이에서 인증, 암호화, 무결성을 보장하는 프로토콜
> - **S-HTTP(Secure Hypertext Transfer Protocol)** : 클라이언트와 서버 간에 전송되는 모든 메시지를 암호화 하는 프로토콜

4 데이터 무결성 검사 도구 24.2, 21.3, 20.6

- 데이터 무결성 검사 도구는 시스템 파일의 변경 유무를 확인하고, 파일이 변경되었을 경우 이를 관리자에게 알려주는 도구로, 인터페이스 보안 취약점을 분석하는 데 사용된다.
- 크래커나 허가받지 않은 내부 사용자들이 시스템에 침입하면 백도어를 만들어 놓거나 시스템 파일을 변경하여 자신의 흔적을 감추는데, 무결성 검사 도구를 이용하여 이를 감지할 수 있다.
- 해시(Hash) 함수를 이용하여 현재 파일 및 디렉토리의 상태를 DB에 저장한 후 감시하다가 현재 상태와 DB의 상태가 달라지면 관리자에게 변경 사실을 알려준다.
- 대표적인 데이터 무결성 검사 도구에는 Tripwire, AIDE, Samhain, Claymore, Slipwire, Fcheck 등이 있다.

 기출문제 따라잡기

20년 9월, 8월, 6월
1. 인터페이스 보안을 위해 네트워크 영역에 적용될 수 있는 것으로 거리가 먼 것은?
① IPSec   ② SSL
③ SMTP   ④ S-HTTP

> 네트워크 영역에 적용될 수 있는 암호화 3가지는 IPSec, SSL, S-HTTP입니다.

24년 2월, 21년 3월, 20년 6월
2. 크래커가 침입하여 백도어를 만들어 놓거나, 설정 파일을 변경했을 때 분석하는 도구는?
① trace   ② tripwire
③ udpdump   ④ cron

> 크래커가 침입하여 백도어를 만들어 놓거나, 설정 파일을 변경했을 때 분석하는 도구를 데이터 무결성 도구라고 하며, 종류에는 Tripwire, AIDE, Samhain, Claymore, Slipwire, Fcheck 등이 있습니다.

25년 8월, 24년 7월, 2월, 22년 7월, 21년 5월
3. IPSec(IP Security)에 대한 설명으로 틀린 것은?
① 암호화 수행 시 일방향 암호화만 지원한다.
② ESP는 발신지 인증, 데이터 무결성, 기밀성 모두를 보장한다.
③ 운영 모드는 Tunnel 모드와 Transport 모드로 분류된다.
④ AH는 발신지 호스트를 인증하고, IP 패킷의 무결성을 보장한다.

> IPSec는 암호화와 복호화가 모두 가능한 양방향 암호 방식입니다.

▶ 정답 : 1. ③ 2. ② 3. ①

SECTION 059 인터페이스 구현 검증

1 인터페이스 구현 검증의 개요

인터페이스 구현 검증은 인터페이스가 정상적으로 문제없이 작동하는지 확인하는 것이다.

- 인터페이스 구현 검증 도구와 감시 도구※를 이용하여 인터페이스의 동작 상태를 확인한다.

전문가의 조언

- 인터페이스 구현 검증은 인터페이스와 관련된 프로그램이 정상적으로 구현되어 작동하는지 확인하는 것을 말합니다.
- 인터페이스 구현 검증 도구나 STAF의 특징에 대한 문제가 출제됩니다. 인터페이스 구현 검증 도구의 종류를 기억하고, STAF를 중심으로 각 도구의 특징을 정리하세요.

인터페이스 구현 검증과 감시의 차이점
인터페이스 구현 검증은 인터페이스의 입·출력값이 예상과 일치하는지 확인하는 것이고, 인터페이스 구현 감시는 구현된 인터페이스가 외부 시스템과 연결 모듈 사이에서 정상적으로 동작하는지 확인하는 것입니다.

2 인터페이스 구현 검증 도구

24.7, 24.5, 24.2, 23.7, 23.2, 22.7, 22.4, 21.5, 20.9, 20.8, 실기 22.5

- 인터페이스 구현을 검증하기 위해서는 인터페이스 단위 기능과 시나리오 등을 기반으로 하는 통합 테스트가 필요하다.
- 통합 테스트는 다음과 같은 테스트 자동화 도구를 이용하면 효율적으로 수행할 수 있다.

도구	기능
24.7, 24.5, 24.2, … xUnit	• 같은 테스트 코드를 여러 번 작성하지 않게 도와주고, 테스트마다 예상 결과를 기억할 필요가 없게 하는 자동화된 해법을 제공하는 단위 테스트 프레임워크이다. • Smalltalk에 처음 적용되어 SUnit이라는 이름이었으나 Java용의 JUnit, C++용의 CppUnit, .NET용의 NUnit, Http용의 HttpUnit 등 다양한 언어에 적용되면서 xUnit으로 통칭되고 있다.
24.7, 24.5, 24.2, … STAF	• 서비스 호출 및 컴포넌트 재사용 등 다양한 환경을 지원하는 테스트 프레임워크이다. • 크로스 플랫폼, 분산 소프트웨어 테스트 환경을 조성할 수 있도록 지원한다. • 분산 소프트웨어의 경우 각 분산 환경에 설치된 데몬※이 프로그램 테스트에 대한 응답을 대신하며, 테스트가 완료되면 이를 통합하고 자동화하여 프로그램을 완성한다.
24.7, 24.5, 23.2 FitNesse	웹 기반 테스트케이스 설계, 실행, 결과 확인 등을 지원하는 테스트 프레임워크이다.
24.7, 24.5, 24.2, … NTAF	FitNesse의 장점인 협업 기능과 STAF의 장점인 재사용 및 확장성을 통합한 NHN(Naver)의 테스트 자동화 프레임워크이다.
Selenium	다양한 브라우저 및 개발 언어를 지원하는 웹 애플리케이션 테스트 프레임워크이다.
23.7, 21.5 watir	Ruby※를 사용하는 애플리케이션 테스트 프레임워크이다.

데몬(Daemon)
데몬은 사용자의 직접적인 개입 없이 특정 상태가 되면 자동으로 동작하는 시스템 프로그램입니다.

Ruby
Ruby는 마츠모토 유키히로가 개발한 인터프리터 방식의 객체 지향 스크립트 언어입니다.

3 인터페이스 구현 감시 도구

- 인터페이스 동작 상태는 APM을 사용하여 감시(Monitoring)할 수 있다.
- 애플리케이션 성능 관리 도구를 통해 데이터베이스와 웹 애플리케이션의 트랜잭션, 변수값, 호출 함수, 로그 및 시스템 부하 등 종합적인 정보를 조회하고 분석할 수 있다.

스카우터(Scouter)
스카우터는 애플리케이션 및 OS 자원에 대한 모니터링 기능을 제공하는 오픈소스 APM 소프트웨어입니다.

제니퍼(Jennifer)
제니퍼는 애플리케이션의 개발부터 테스트, 오픈, 운영, 안정화까지 전 단계에 걸쳐 성능을 모니터링하고 분석해주는 APM 소프트웨어입니다.

- 대표적인 애플리케이션 성능 관리 도구에는 스카우터(Scouter)*, 제니퍼(Jennifer)* 등이 있다.

> **잠깐만요** **APM(Application Performance Management/Monitoring)**
>
> APM은 애플리케이션의 성능 관리를 위해 접속자, 자원 현황, 트랜잭션 수행 내역, 장애 진단 등 다양한 모니터링 기능을 제공하는 도구를 의미합니다.
> - APM은 리소스 방식과 엔드투엔드(End-to-End)의 두 가지 유형이 있습니다.
>   - 리소스 방식 : Nagios, Zabbix, Cacti 등
>   - 엔드투엔드 방식 : VisualVM, 제니퍼, 스카우터 등

④ 인터페이스 구현 검증 도구 및 감시 도구 선택

- 인터페이스 기능 구현 정의를 통해 구현된 인터페이스 명세서의 세부 기능을 참조하여 인터페이스의 정상적인 동작 여부를 확인하기 위한 검증 도구와 감시 도구의 요건을 분석한다.
- 분석이 끝나면 시장 및 솔루션 조사를 통해서 적절한 인터페이스 구현을 검증하고 감시하는데 필요한 인터페이스 구현 검증 도구와 감시 도구를 선택한다.

⑤ 인터페이스 구현 검증 확인

- 인터페이스 구현 검증 도구를 이용하여 외부 시스템과 연계 모듈의 동작 상태를 확인한다.
- 최초 입력값과 입력값에 의해 선택되는 데이터, 생성되는 객체의 데이터 등 전반적인 인터페이스 동작 프로세스상에서 예상되는 결과값과 실제 검증값이 동일한지를 비교한다.
- 추가적으로 각 단계별 오류 처리도 적절하게 구현되어 있는지 확인한다.

⑥ 인터페이스 구현 감시 확인

- 인터페이스 구현 감시 도구를 이용하여 외부 시스템과 연결 모듈이 서비스를 제공하는 동안 정상적으로 동작하는지 확인한다.
- 인터페이스 동작 여부, 에러 발생 여부 등 감시 도구에서 제공해 주는 리포트를 활용한다.

기출문제 따라잡기

출제예상
1. 다음 중 인터페이스 구현 검증 및 감시에 대한 설명으로 가장 옳지 않은 것은?

① 인터페이스 구현 검증은 인터페이스 구현 및 감시 도구를 통해서 동작 상태를 검증 및 감시하는 것이다.
② 인터페이스 구현 검증 도구에는 스카우터, 제니퍼 등이 있다.
③ 외부 시스템과 연계 모듈 간의 동작 상태를 확인할 때 각 단계별 에러 처리도 적절하게 구현되어 있는지 확인한다.
④ 인터페이스 감시 도구인 APM을 사용하여 인터페이스 동작 상태를 감시할 수 있다.

인터페이스 구현 검증 도구에는 xUnit, STAF, FitNesse, NTAF, Selenium, watir 등이 있습니다. 스카우터, 제니퍼는 인터페이스 감시 도구입니다.

출제예상
2. 다음 중 애플리케이션의 흐름 모니터링과 성능 예측을 통해 최적의 애플리케이션 상태를 보장 및 관리하는 것을 의미하는 용어는?

① APM ② EAI
③ API ④ ESB

애플리케이션(Application)의 성능(Performance)을 관리(Management)해 주는 것은 APM입니다.

20년 6월
3. 인터페이스 구현 검증 도구 중 아래에서 설명하는 것은?

- 서비스 호출, 컴포넌트 재사용 등 다양한 환경을 지원하는 테스트 프레임워크
- 각 테스트 대상 분산 환경에 데몬을 사용하여 테스트 대상 프로그램을 통해 테스트를 수행하고, 통합하여 자동화하는 검증 도구

① xUnit ② STAF
③ FitNesse ④ RubyNode

서비스 호출, 컴포넌트 재사용 등 다양한 환경을 지원하는 테스트 프레임워크는 STAF입니다.

24년 2월, 23년 7월, 22년 7월, 21년 5월, 20년 9월
4. 인터페이스 구현 검증 도구가 아닌 것은?

① ESB ② xUnit
③ STAF ④ NTAF

ESB는 대표적인 모듈 연계 방법입니다.

22년 4월
5. 다음 중 단위 테스트 도구로 사용될 수 없는 것은?

① CppUnit ② JUnit
③ HttpUnit ④ IgpUnit

xUnit의 종류에는 JUnit, CppUnit, NUnit, HttpUnit 등이 있습니다.

24년 7월, 5월, 23년 2월
6. 다음 중 인터페이스 구현 검증 도구에 대한 설명으로 옳지 않은 것은?

① STAF : Ruby를 사용하는 애플리케이션 테스트 프레임워크이다.
② xUnit : NUnit, JUnit 등 다양한 언어를 지원하는 단위 테스트 프레임워크이다.
③ FitNesse : 웹 기반 테스트케이스 설계, 실행, 결과 확인 등을 지원하는 테스트 프레임워크이다.
④ NTAF : Naver의 테스트 자동화 프레임워크로, FitNesse와 STAF을 통합하였다.

STAF는 서비스 호출 및 컴포넌트 재사용 등 다양한 환경을 지원하는 테스트 프레임워크입니다. ①번은 watir에 대한 설명입니다.

▶ 정답 : 1.② 2.① 3.② 4.① 5.④ 6.①

5장 핵심요약

054 모듈 간 공통 기능 및 데이터 인터페이스 확인

❶ 모듈 간 공통 기능 및 데이터 인터페이스의 개요

- 공통 기능 : 모듈의 기능 중에서 공통적으로 제공되는 기능을 의미함
- 데이터 인터페이스 : 모듈 간 교환되는 데이터가 저장될 파라미터(매개변수)를 의미함

❷ 인터페이스 설계서

시스템 사이의 데이터 교환 및 처리를 위해 교환 데이터 및 관련 업무, 송·수신 시스템 등에 대한 내용을 정의한 문서이다.

055 모듈 연계를 위한 인터페이스 기능 식별

❶ EAI의 구축 유형 [23.2, 22.7, 21.5, 20.9, 20.6]

- Point-to-Point : 애플리케이션을 1:1로 연결함
- Hub & Spoke : 단일 접점인 허브 시스템을 통해 데이터를 전송하는 중앙 집중형 방식
- Message Bus(ESB 방식) : 애플리케이션 사이에 미들웨어를 두어 처리하는 방식
- Hybrid : Hub & Spoke와 Message Bus의 혼합 방식

056 모듈 간 인터페이스 데이터 표준 확인

❶ 인터페이스 데이터 표준의 개요 [23.5]

- 모듈 간 인터페이스에 사용되는 데이터의 형식을 표준화하는 것이다.
- '데이터 인터페이스'와 '인터페이스 기능'을 통해 인터페이스 표준을 확인 및 검토하여 최종적인 인터페이스 데이터 표준을 확인한다.

057 인터페이스 구현

❶ JSON(JavaScript Object Notation) [24.5, 24.2, 23.5, 22.4, 20.6]

속성-값 쌍(Attribute-Value Pairs)으로 이루어진 데이터 객체를 전달하기 위해 사람이 읽을 수 있는 텍스트를 사용하는 개방형 표준 포맷이다.

❷ AJAX(Asynchronous JavaScript and XML) [20.8]

자바 스크립트(JavaScript) 등을 이용하여 클라이언트와 서버 간에 XML 데이터를 교환 및 제어함으로써 이용자가 웹 페이지와 자유롭게 상호 작용할 수 있도록 하는 비동기 통신 기술을 의미한다.

058 인터페이스 보안

❶ 인터페이스 보안 기능 적용 - 네트워크 영역 [20.9, 20.8, 20.6]

- 인터페이스 송·수신 간 스니핑 등을 이용한 데이터 탈취 및 변조 위협을 방지하기 위해 네트워크 트래픽에 대한 암호화를 설정한다.
- 암호화는 인터페이스 아키텍처에 따라 IPSec, SSL, S-HTTP 등의 다양한 방식으로 적용한다.

❷ IPSec(IP Security) [24.7, 24.2, 22.7, 21.5]

- 네트워크 계층에서 IP 패킷 단위의 데이터 변조 방지 및 은닉 기능을 제공하는 프로토콜이다.
- 암호화와 복호화가 모두 가능한 양방향 암호 방식이다.

❸ 데이터 무결성 검사 도구 [24.2, 21.3, 20.6]

- 시스템 파일의 변경 유무를 확인하고, 파일이 변경되었을 경우 이를 관리자에게 알려주는 도구이다.
- 크래커 등이 시스템에 침입하면 백도어를 만들어 놓거나 시스템 파일을 변경하여 자신의 흔적을 감추는데, 무결성 검사 도구를 이용하여 이를 감지할 수 있다.
- 종류 : Tripwire, AIDE, Samhain 등

059 인터페이스 구현 검증

❶ 인터페이스 구현 검증 도구 _{24.7, 24.5, 24.2, 23.7, 23.2, 22.7, 22.4, 21.5, 20.9, 20.6}

- xUnit : JUnit, CppUnit, NUnit, HttpUnit 등 다양한 언어에 적용되는 단위 테스트 프레임워크
- STAF : 서비스 호출 및 컴포넌트 재사용 등 다양한 환경을 지원하는 테스트 프레임워크
- FitNesse : 웹 기반 테스트케이스 설계, 실행, 결과 확인 등을 지원하는 테스트 프레임워크
- NTAF : FitNesse와 STAF의 장점을 통합한 NHN(Naver)의 테스트 자동화 프레임워크
- watir : Ruby를 사용하는 애플리케이션 테스트 프레임워크

합격수기 코너는 시나공으로 공부하신 독자분들이 시험에 합격하신 후에 직접 **시나공 홈페이지(sinagong.co.kr)**에 올려주신 자료를 토대로 구성됩니다.

14일만에 정보처리 필기에 합격했어요~

컴퓨터 고장으로 이제야 글을 올립니다. 일단 합격하고 나니 너무 뿌듯한 마음에 꼬~옥 나의 경험을 소개하고 싶었습니다. 이런 시험이 처음이라 걱정을 많이 했는데 무엇보다 시나공을 선택한 것이 큰 도움이 되었습니다. 먼저 '책? 구입!!'이 관건입니다. 시간과의 싸움이 필요했던 전 시나공 책을 선택했지요.

D-14일
강의 들을 시간도 부족했던 터라 일단 열심히 읽었습니다(참고로 제가 시험을 치른다고 했을 때 모두들 말렸답니다 -ㅅ-;;). 이론에 이어 관련 문제가 바로 나와서 쉽게 이해할 수 있었습니다. 그래서 읽다가 모르는 것은 별표를 해두고 다시 한 번 더 보았답니다. 잘 모르는 것은 컴퓨터 무료 강의도 조금 이용했고요. 일주일 동안 아주 열심히 공부했죠!

D-7일
기출문제를 풀기 시작했습니다. 다시 볼 때는 좋았는데 문제 풀 때는 밑의 해설이 방해가 되더라고요. 그래서 먼저 작은 가리개를 하나 만들었지요. 모든 문제를 다 풀 때까지 해설과 답은 절대 보지 않습니다. 다 풀고 난 뒤에는 점수를 꼼꼼히 기록해 두는 방법으로 했습니다. 한눈에 볼 수 있으니 자극도 받게 되고, 부족한 부분은 다시 한 번 보고요~ 좌절을 맛보며 눈물이 앞을 가릴 때도 있었지만 차츰 자신감도 생기더군요. 여러분들도 그렇게 되리라 믿어요~ (믿어요~♬) 가장 중요한 건 한 문제를 더 맞히는 것보다 문제를 다시 보고 해석해 보는 것!! 계속 나오는 문제의 유형은 기억해 두는 것!! 그래서 제가 만든 비장의 카드(?)가 있답니다.
'계속 틀리는 문제, 계속 나오는 설명을 적은 노트' 1회 풀고 풀이하면서 적고, 적은 것 주욱~ 다시 보고 2회 풀고…, 이렇게 하나 둘 쌓이다보니 이제는 내용이 머릿속에 자연스럽게 새겨지기 시작하더라고요~ 시험 치를 때 이 노트가 가장 많은 도움이 되었던 것 같아요.

D-1일
시나공에서 준비해 준 모의고사와 1회 시험 문제를 풀면서 다시 한 번 정리했습니다. 답지 작성도 한번쯤은 꼭 해보는 것이 좋아요. 끝까지 읽어 주셔서 감사합니다.
저의 경험이 시험을 준비하는 여러분 모두에게 조금이라도 도움이 될 수 있었으면 좋겠습니다.

정주영 • gkdisskfro

3 과목

데이터베이스 구축

1장 논리 데이터베이스 설계

2장 물리 데이터베이스 설계

3장 SQL 응용

4장 SQL 활용

5장 데이터 전환

전문가가 분석한 3과목 출제 경향

3과목은 출제기준이 변경되기 전에도 있었던 과목으로, 대부분 이전 기출문제나 조금 변형된 기출문제가 출제되고 있습니다. 나왔던 문제는 반드시 또 나온다는 확신(?)을 갖고 기출문제를 충분히 이해하면 80점 이상은 확실하게 얻을 수 있습니다. 출제 비중이 높은 **1, 2, 3장에 집중**하세요. 4장의 몇몇 섹션들은 비전공자들이 이해하기 어려운데다 출제 비중도 작으며, 5장은 아직 한 번도 출제되지 않았으니 시간이 부족한 경우 과감하게 넘어가도 좋습니다.

IT 자격증 전문가 강윤석

1장 논리 데이터베이스 설계

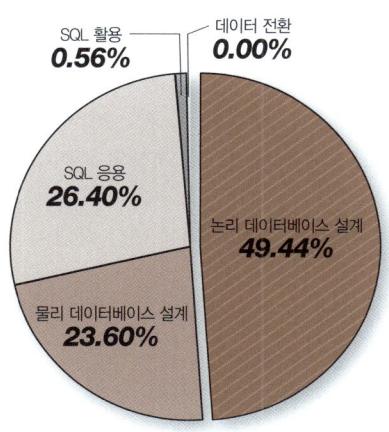

- SQL 활용 0.56%
- 데이터 전환 0.00%
- SQL 응용 26.40%
- 논리 데이터베이스 설계 49.44%
- 물리 데이터베이스 설계 23.60%

060 데이터베이스 설계 Ⓐ등급
061 데이터 모델의 개념 Ⓑ등급
062 E-R(개체-관계) 모델 Ⓑ등급
063 관계형 데이터베이스의 구조 Ⓐ등급
064 관계형 데이터베이스의 제약 조건 - 키(Key) Ⓐ등급
065 관계형 데이터베이스의 제약 조건 - 무결성 Ⓐ등급
066 관계대수 및 관계해석 Ⓐ등급
067 정규화(Normalization) Ⓐ등급
068 반정규화(Denormalization) Ⓑ등급
069 시스템 카탈로그 Ⓑ등급

꼭 알아야 할 키워드 Best 10

1. 개체 2. 속성 3. 관계 4. 튜플 5. 도메인 6. 키 7. 무결성 8. 관계대수 9. 정규화 10. 시스템 카탈로그

SECTION 060 데이터베이스 설계

> **전문가의 조언**
> 데이터베이스 설계에서는 설계 순서와 각 단계별 특징이 중요합니다. 데이터베이스 설계 순서 및 각 단계에서 대표적으로 수행해야 할 작업을 중심으로 학습하세요.

1 데이터베이스 설계의 개념

데이터베이스 설계란 사용자의 요구를 분석하여 그것들을 컴퓨터에 저장할 수 있는 데이터베이스의 구조에 맞게 변형한 후 특정 DBMS로 데이터베이스를 구현하여 일반 사용자들이 사용하게 하는 것이다.

2 데이터베이스 설계 시 고려사항

- **무결성** : 삽입, 삭제, 갱신 등의 연산 후에도 데이터베이스에 저장된 데이터가 정해진 제약 조건을 항상 만족해야 한다.
- **일관성** : 데이터베이스에 저장된 데이터들 사이나, 특정 질의에 대한 응답이 처음부터 끝까지 변함없이 일정해야 한다.
- **회복** : 시스템에 장애가 발생했을 때 장애 발생 직전의 상태로 복구할 수 있어야 한다.
- **보안** : 불법적인 데이터의 노출 또는 변경이나 손실로부터 보호할 수 있어야 한다.
- **효율성** : 응답시간의 단축, 시스템의 생산성, 저장 공간의 최적화 등이 가능해야 한다.
- **데이터베이스 확장** : 데이터베이스 운영에 영향을 주지 않으면서 지속적으로 데이터를 추가할 수 있어야 한다.

3 데이터베이스 설계 순서

실기 23.7, 20.7

> **전문가의 조언**
> "실기 23.7"은 본문의 내용이 실기시험에 출제된 연도와 월을 의미합니다. 정보처리기사 시험은 필기와 실기가 시험 범위가 같습니다. 동일한 내용이 객관식으로 필기시험에 나올 수도 있고, 단답형이나 서술식으로 실기시험에 나올 수도 있습니다. 공부하다 보면 알겠지만 필기시험과 실기시험에 중복해서 나온 필드가 많습니다. 그러니까 실기 출제 년도만 표기된 부분은 곧 필기시험에도 출제될 수 있다는 걸 염두에 두고 신경 써 학습해야겠죠.

단계	내용
요구 조건 분석	요구 조건 명세서 작성
개념적 설계	개념 스키마, 트랜잭션 모델링, E-R 모델
논리적 설계	목표 DBMS에 맞는 논리 스키마 설계, 트랜잭션 인터페이스 설계
물리적 설계	목표 DBMS에 맞는 물리적 구조의 데이터로 변환
구현	목표 DBMS의 DDL(데이터 정의어)로 데이터베이스 생성, 트랜잭션 작성

4 요구 조건 분석

요구 조건 분석은 데이터베이스를 사용할 사람들로부터 필요한 용도를 파악하는 것이다.

- 데이터베이스 사용자에 따른 수행 업무와 필요한 데이터의 종류, 용도, 처리 형태, 흐름, 제약 조건 등을 수집한다.
- 수집된 정보를 바탕으로 요구 조건 명세를 작성한다.

5 개념적 설계(정보 모델링, 개념화) 23.2, 22.4, 실기 21.4

개념적 설계란 정보의 구조를 얻기 위하여 현실 세계의 유한성과 계속성을 이해하고, 다른 사람과 통신하기 위하여 현실 세계에 대한 인식을 추상적 개념으로 표현하는 과정이다.

- 개념적 설계 단계에서는 개념 스키마 모델링과 트랜잭션 모델링을 병행 수행한다.
- 개념적 설계 단계에서는 요구 분석 단계에서 나온 결과인 요구 조건 명세를 DBMS에 독립적인 E-R 다이어그램으로 작성한다.
- DBMS에 독립적인 개념 스키마를 설계한다.

6 논리적 설계(데이터 모델링) 24.7, 22.7, 20.6, 실기 21.4

논리적 설계 단계란 현실 세계에서 발생하는 자료를 컴퓨터가 이해하고 처리할 수 있는 물리적 저장장치에 저장할 수 있도록 변환하기 위해 특정 DBMS가 지원하는 논리적 자료 구조로 변환(mapping)시키는 과정이다.

- 개념 세계의 데이터를 필드로 기술된 데이터 타입과 이 데이터 타입들 간의 관계로 표현되는 논리적 구조의 데이터로 모델화한다.
- 개념적 설계가 개념 스키마를 설계하는 단계라면 논리적 설계에서는 개념 스키마를 평가 및 정제하고 DBMS에 따라 서로 다른 논리적 스키마를 설계하는 단계이다.
- 트랜잭션의 인터페이스를 설계한다.
- 관계형 데이터베이스라면 테이블을 설계하는 단계이다.

7 물리적 설계(데이터 구조화) 24.5, 24.2, 22.4, 22.3, 21.8, 21.5, 21.3, 20.9, 실기 21.4

물리적 설계란 논리적 설계 단계에서 논리적 구조로 표현된 데이터를 디스크 등의 물리적 저장장치에 저장할 수 있는 물리적 구조의 데이터로 변환하는 과정이다.

- 물리적 설계 단계에서는 다양한 데이터베이스 응용에 대해 처리 성능을 얻기 위해 데이터베이스 파일의 저장 구조 및 액세스 경로를 결정한다.
- 저장 레코드의 양식*, 순서, 접근 경로, 조회가 집중되는 레코드와 같은 정보를 사용하여 데이터가 컴퓨터에 저장되는 방법을 묘사한다.
- **물리적 설계 시 고려할 사항** : 트랜잭션 처리량, 응답 시간, 디스크 용량, 저장 공간의 효율화 등

전문가의 조언

중요해요! 물리적 설계 단계의 특징을 묻는 문제가 자주 출제됩니다. 물리적 설계 단계에서 수행하는 작업을 중심으로 특징을 정리하세요.

저장 레코드 양식
물리적 데이터베이스 구조의 기본 데이터 단위인 저장 레코드의 양식을 설계할 때는 데이터 타입, 데이터 값의 분포, 접근 빈도 등을 고려해야 합니다.

8 데이터베이스 구현

데이터베이스 구현 단계란 논리적 설계 단계와 물리적 설계 단계에서 도출된 데이터베이스 스키마를 파일로 생성하는 과정이다.

- 사용하려는 특정 DBMS의 DDL(데이터 정의어)을 이용하여 데이터베이스 스키마를 기술한 후 컴파일하여 빈 데이터베이스 파일을 생성한다.
- 생성된 빈 데이터베이스 파일에 데이터를 입력한다.
- 응용 프로그램을 위한 트랜잭션을 작성한다.
- 데이터베이스 접근을 위한 응용 프로그램을 작성한다.

기출문제 따라잡기

  문제1 2407651   문제2 2407652   문제4 2407654

23년 2월, 22년 4월
1. 데이터베이스에서 개념적 설계 단계에 대한 설명으로 틀린 것은?
① 산출물로 E-R Diagram을 만들 수 있다.
② DBMS에 독립적인 개념 스키마를 설계한다.
③ 트랜잭션 인터페이스를 설계 및 작성한다.
④ 논리적 설계 단계의 앞 단계에서 수행된다.

트랜잭션 인터페이스를 설계 및 작성하는 단계는 논리적 설계 단계입니다.

22년 7월
2. 물리적 데이터베이스를 설계하는 전 단계로서, 데이터 모델링이라 불리는 데이터베이스 설계 단계는?
① 개념적 데이터베이스 설계
② 논리적 데이터베이스 설계
③ 정보 모델링
④ 데이터베이스 구현

데이터 모델링이라 불리는 데이터베이스 설계 단계는 논리적 데이터베이스 설계입니다.

이전기출
3. 데이터베이스 설계 단계와 그 단계에서 수행되는 결과의 연결이 잘못된 것은?
① 개념적 설계 단계 - 트랜잭션 모델링
② 물리적 설계 단계 - 목표 DBMS에 맞는 물리적 구조 설계
③ 논리적 설계 단계 - 목표 DBMS에 독립적인 논리 스키마 설계
④ 구현 단계 - 목표 DBMS DDL로 스키마 작성

논리적 설계 단계는 목표 DBMS에 맞는, 즉 독립적인이 아니라 종속적인 논리 스키마를 설계하는 단계입니다.

21년 8월
4. 물리적 데이터베이스 설계에 대한 설명으로 거리가 먼 것은?
① 물리적 설계의 목적은 효율적인 방법으로 데이터를 저장하는 것이다.
② 트랜잭션 처리량과 응답시간, 디스크 용량 등을 고려해야 한다.
③ 저장 레코드의 형식, 순서, 접근 경로와 같은 정보를 사용하여 설계한다.
④ 트랜잭션의 인터페이스를 설계하며, 데이터 타입 및 데이터 타입들 간의 관계로 표현한다.

트랜잭션의 인터페이스를 설계하고 데이터 타입 및 타입들 간의 관계 표현은 논리적 설계에서 수행합니다.

기출문제 따라잡기

24년 7월, 20년 6월
5. 데이터베이스의 논리적 설계(Logical Design) 단계에서 수행하는 작업이 아닌 것은?
① 레코드 집중의 분석 및 설계
② 논리적 데이터베이스 구조로 매핑(mapping)
③ 트랜잭션 인터페이스 설계
④ 스키마의 평가 및 정제

레코드 집중의 분석 및 설계는 물리적 설계 단계에서 수행하는 작업입니다.

24년 2월, 21년 5월, 20년 9월
6. 데이터베이스 설계 시 물리적 설계 단계에서 수행하는 사항이 아닌 것은?
① 저장 레코드 양식 설계
② 레코드 집중의 분석 및 설계
③ 접근 경로 설계
④ 목표 DBMS에 맞는 스키마 설계

목표 DBMS에 맞는 스키마 설계는 논리적 설계 단계에서 수행합니다.

22년 3월
7. 데이터베이스 설계 단계 중 물리적 설계 시 고려 사항으로 적절하지 않은 것은?
① 스키마의 평가 및 정제
② 응답 시간
③ 저장 공간의 효율화
④ 트랜잭션 처리량

스키마의 평가 및 정제는 논리적 설계 단계에서 수행합니다.

24년 5월, 21년 3월
8. 데이터베이스 설계 단계 중 저장 레코드 양식 설계, 레코드 집중의 분석 및 설계, 접근 경로 설계와 관계되는 것은?
① 논리적 설계
② 요구 조건 분석
③ 개념적 설계
④ 물리적 설계

저장 레코드 양식 설계, 레코드 집중의 분석 및 설계 등과 관계되는 것은 물리적 설계입니다.

22년 4월
9. 물리적 데이터베이스 구조의 기본 데이터 단위인 저장 레코드의 양식을 설계할 때 고려 사항이 아닌 것은?
① 데이터 타입
② 데이터 값의 분포
③ 트랜잭션 모델링
④ 접근 빈도

트랜잭션 모델링은 개념적 설계 단계에서 수행합니다.

▶ 정답 : 1. ③ 2. ② 3. ③ 4. ④ 5. ① 6. ④ 7. ① 8. ④ 9. ③

SECTION 061 데이터 모델의 개념

전문가의 조언

데이터 모델에서는 개념이나 정의가 중요합니다. 데이터 모델의 정의를 숙지하고, 개념적 데이터 모델과 논리적 데이터 모델을 구분할 수 있도록 학습하세요.

물리적 데이터 모델

물리적 데이터 모델은 실제 컴퓨터에 데이터가 저장되는 방법을 정의하는 물리 데이터베이스 설계 과정입니다.

전문가의 조언

데이터 모델의 구성 요소에는 개체, 속성, 관계가 있습니다. 개체, 속성, 관계는 데이터베이스의 기본 구성 요소로서 데이터베이스 과목을 공부하는 동안 항상 나오는 용어입니다. 반드시 숙지하고 넘어가세요.

전문가의 조언

관계의 형태 중 '일 대 다'에 대한 문제가 출제되었습니다. 관계의 형태를 정확히 구분할 수 있도록 알아두세요.

1 데이터 모델의 정의

데이터 모델은 현실 세계의 정보들을 컴퓨터에 표현하기 위해서 단순화, 추상화하여 체계적으로 표현한 개념적 모형이다.
- 데이터 모델은 데이터, 데이터의 관계, 데이터의 의미 및 일관성, 제약 조건 등을 기술하기 위한 개념적 도구들의 모임이다.
- 현실 세계를 데이터베이스에 표현하는 중간 과정, 즉 데이터베이스 설계 과정에서 데이터의 구조(Schema)를 논리적으로 표현하기 위해 사용되는 지능적 도구이다.
- **데이터 모델 구성 요소** : 개체, 속성, 관계
- **데이터 모델 종류** : 개념적 데이터 모델, 논리적 데이터 모델, 물리적 데이터 모델*
- **데이터 모델에 표시할 요소** : 구조, 연산, 제약 조건

2 데이터 모델의 구성 요소

- **개체(Entity)** : 데이터베이스에 표현하려는 것으로, 사람이 생각하는 개념이나 정보 단위 같은 현실 세계의 대상체이다.
- **속성(Attribute)** : 데이터의 가장 작은 논리적 단위로서 파일 구조상의 데이터 항목 또는 데이터 필드에 해당한다.
- **관계(Relationship)** : 개체 간의 관계 또는 속성 간의 논리적인 연결을 의미한다.

25.8, 23.5
잠깐만요 관계의 형태

관계의 형태에는 일 대 일(1:1), 일 대 다(1:N), 다 대 다(N:M) 관계가 있다.
- **일 대 일(1:1)** : 개체 집합 A의 각 원소가 개체 집합 B의 원소 한 개와 대응하는 관계입니다.
- **일 대 다(1:N)** : 개체 집합 A의 각 원소는 개체 집합 B의 원소 여러 개와 대응하고 있지만, 개체 집합 B의 각 원소는 개체 집합 A의 원소 한 개와 대응하는 관계입니다.
- **다 대 다(N:M)** : 개체 집합 A의 각 원소는 개체 집합 B의 원소 여러 개와 대응하고, 개체 집합 B의 각 원소도 개체 집합 A의 원소 여러 개와 대응하는 관계입니다.

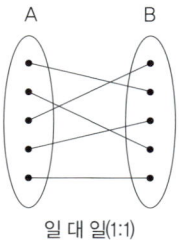
일 대 일(1:1)

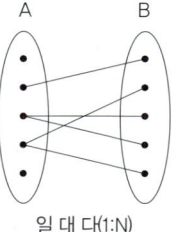
일 대 다(1:N)

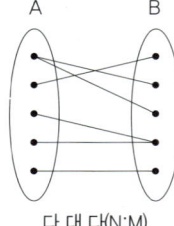
다 대 다(N:M)

❸ 개념적 데이터 모델

개념적 데이터 모델은 현실 세계에 대한 인간의 이해를 돕기 위해 현실 세계에 대한 인식을 추상적 개념으로 표현하는 과정이다.

- 개념적 데이터 모델은 속성들로 기술된 개체 타입과 이 개체 타입들 간의 관계를 이용하여 현실 세계를 표현한다.
- 개념적 데이터 모델은 현실 세계에 존재하는 개체를 인간이 이해할 수 있는 정보 구조로 표현하기 때문에 정보 모델이라고도 한다.
- 대표적인 개념적 데이터 모델로는 E-R 모델이 있다.

> **전문가의 조언**
> 개념적 데이터 모델과 논리적 데이터 모델의 특징을 구분할 수 있도록 학습하세요.

❹ 논리적 데이터 모델

논리적 데이터 모델은 개념적 모델링 과정에서 얻은 개념적 구조를 컴퓨터가 이해하고 처리할 수 있는 컴퓨터 세계의 환경에 맞도록 변환하는 과정이다.

- 논리적 데이터 모델은 필드로 기술된 데이터 타입과 이 데이터 타입들 간의 관계를 이용하여 현실 세계를 표현한다.
- 단순히 데이터 모델이라고 하면 논리적 데이터 모델을 의미한다.
- 특정 DBMS는 특정 논리적 데이터 모델 하나만 선정하여 사용한다.
- 논리적 데이터 모델은 데이터 간의 관계를 어떻게 표현하느냐에 따라 관계 모델, 계층 모델, 네트워크 모델로 구분한다.

❺ 데이터 모델에 표시할 요소 25.8, 24.5, 23.2, 22.4, 20.9, 실기 21.4

- **구조(Structure)** : 논리적으로 표현된 개체 타입들 간의 관계로서 데이터 구조 및 정적 성질을 표현한다.
- **연산(Operation)** : 데이터베이스에 저장된 실제 데이터를 처리하는 작업에 대한 명세로서 데이터베이스를 조작하는 기본 도구이다.
- **제약 조건(Constraint)** : 데이터베이스에 저장될 수 있는 실제 데이터의 논리적인 제약 조건이다.

> **전문가의 조언**
> 단순히 데이터 모델에 표시할 3가지 요소가 아닌 것을 찾거나 요소의 의미를 묻는 문제가 출제되고 있습니다. 데이터 모델에서 중요하게 다뤄지는 내용입니다. 데이터 모델에 표시할 요소 3가지와 각각의 의미를 꼭 기억하세요.

기출문제 따라잡기

1. 데이터 모델(Data Model)의 개념으로 가장 적절한 것은?
① 현실 세계의 데이터 구조를 컴퓨터 세계의 데이터 구조로 기술하는 개념적인 도구이다.
② 컴퓨터 세계의 데이터 구조를 현실 세계의 데이터 구조로 기술하는 개념적인 도구이다.
③ 현실 세계의 특정한 한 부분의 표현이다.
④ 가상 세계의 데이터 구조를 현실 세계의 데이터 구조로 기술하는 개념적인 도구이다.

데이터 모델은 현실 세계의 정보들을 컴퓨터에 표현하기 위해 단순화, 추상화하여 체계적으로 표현한 개념적 모형입니다.

2. 데이터 모델에 표시해야 할 요소로 거리가 먼 것은?
① 논리적 데이터 구조   ② 출력 구조
③ 연산   ④ 제약 조건

데이터 모델에 표시할 요소 세 가지는 '구조, 연산, 제약 조건'입니다.

3. 집합 A와 B에 대해 개체 집합 A의 각 원소는 개체 집합 B의 원소 여러 개와 대응하고 있지만, 개체 집합 B의 각 원소는 개체 집합 A의 원소 한 개와 대응하는 관계의 종류는 무엇인가?
① 일 대 일   ② 일 대 다
③ 다 대 다   ④ 다 대 일

문제의 내용은 일 대 다(1:n) 관계에 대한 설명입니다.

4. 데이터 모델에 표시할 요소 중 데이터베이스에 표현될 대상으로서의 개체 타입과 개체 타입들 간의 관계를 기술한 것은?
① Structure   ② Operations
③ Constraints   ④ Mapping

개체 타입과 개체 타입들 간의 관계를 기술한 요소는 구조(Structure)입니다.

5. 데이터 모델의 구성 요소 중 데이터 구조에 따라 개념 세계나 컴퓨터 세계에서 실제로 표현된 값들을 처리하는 작업을 의미하는 것은?
① Relation   ② Data Structure
③ Constraint   ④ Operation

실제로 표현된 값들을 처리하는 작업을 연산(Operation)이라고 합니다.

6. 데이터 모델에 대한 다음 설명 중 ( ) 안에 공통으로 들어갈 내용으로 가장 타당한 것은?

데이터 모델은 일반적으로 3가지 구성 요소를 포함하고 있다. 첫째, 논리적으로 표현된 데이터 구조, 둘째, 이 구조에서 허용 될 수 있는 (   ), 셋째, 이 구조와 (   )에서의 제약 조건에 대한 명세를 기술한 것이다.

① 개체   ② 연산
③ 속성   ④ 도메인

지문의 괄호에 공통으로 들어갈 내용은 연산(Operation)입니다.

7. 다음 중 데이터 모델에 표시해야 할 요소가 아닌 것은?
① Structure   ② Operation
③ Constraint   ④ Entity

데이터 모델에 표시할 요소 세 가지는 Structure(구조), Operation(연산), Constraint(제약 조건)입니다.

▶ 정답 : 1.① 2.② 3.② 4.① 5.④ 6.② 7.④

SECTION 062 E-R(개체-관계) 모델

1 E-R(Entity-Relationship, 개체-관계) 모델의 개요

E-R 모델은 개념적 데이터 모델의 가장 대표적인 것으로, 1976년 피터 첸(Peter Chen)에 의해 제안되고 기본적인 구성 요소가 정립되었다.

- E-R 모델은 개체와 개체 간의 관계를 기본 요소로 이용하여 현실 세계의 무질서한 데이터를 개념적인 논리 데이터로 표현하기 위한 방법으로 많이 사용되고 있다.
- E-R 모델은 개체 타입(Entity Type)과 이들 간의 관계 타입(Relationship Type)을 이용해 현실 세계를 개념적으로 표현한다.
- E-R 모델에서는 데이터를 개체(Entity)*, 관계(Relationship)*, 속성(Attribute)*으로 묘사한다.
- E-R 모델은 특정 DBMS를 고려한 것은 아니다.
- E-R 다이어그램으로 표현하며, 1:1, 1:N, N:M 등의 관계 유형을 제한 없이 나타낼 수 있다.
- 최초에는 개체, 관계, 속성과 같은 개념들로 구성되었으나 나중에는 일반화 계층 같은 복잡한 개념들이 첨가되어 확장된 모델로 발전했다.

전문가의 조언

E-R 모델의 특징을 묻는 문제가 출제되었습니다. E-R 모델은 특정 DBMS를 고려하지 않으며, 개념적 설계 단계에서 제작된다는 것을 중심으로 특징을 정리하세요.

개체, 관계, 속성

- **개체(Entity)** : 학생, 교수, 자동차 등과 같이 실세계에서 개념적 또는 물리적으로 존재하는 실제 사용을 의미합니다.
- **관계(Relationship)** : 교수 개체는 학생 개체를 지도하는 관계인 것처럼 다른 개체 타입에 속한 개체 사이의 관계를 표현합니다.
- **속성(Attribute)** : 학생의 이름, 주소 등과 같이 개체를 묘사하는 데 사용될 수 있는 특성을 의미합니다.

2 E-R 다이어그램(Entity-Relationship Diagram)

E-R 다이어그램*은 E-R 모델의 기본 아이디어를 시각적으로 표현하기 위한 그림으로, 실체 간의 관계는 물론 조직, 사용자, 프로그램, 데이터 등 시스템 내에서 역할을 가진 모든 실체들을 표현한다.

기호	기호 이름	의미
사각형	사각형	개체(Entity) 타입
마름모	마름모	관계(Relationship) 타입
타원	타원	속성(Attribute)
이중 타원	이중 타원	다중값 속성(복합 속성)
밑줄 타원	밑줄 타원	기본키 속성
복수 타원	복수 타원	복합 속성 예) 성명은 성과 이름으로 구성
N◇M	관계	1:1, 1:N, N:M 등의 개체 간 관계에 대한 대응수를 선 위에 기술함
—	선, 링크	개체 타입과 속성을 연결

전문가의 조언

중요해요! E-R 다이어그램에서 사용되는 기호의 의미를 묻는 문제가 자주 출제됩니다. 기호들의 의미를 반드시 암기하세요.

E-R 다이어그램 표기법

E-R 다이어그램 표기법에는 피터 첸 표기법, 정보 공학 표기법, 바커 표기법 등이 있으며, 왼쪽의 표는 피터 첸 표기법입니다.

기본키(Primary Key)
기본키는 개체 인스턴스들을 서로 구분할 수 있는 유일한 속성을 말합니다.

> **예제** 다음은 고객과 주문서 간의 관계를 나타낸 E-R 다이어그램이다.

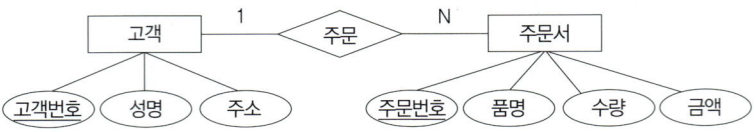

> **해설**

- **개체** : 고객, 주문서
- **속성**
  - 고객의 속성 : 고객번호, 성명, 주소
  - 주문서의 속성 : 주문번호, 품명, 수량, 금액
- **관계** : '고객'과 '주문서'의 '주문' 관계는 일 대 다의 관계, 즉 한 사람의 고객이 다수의 주문을 할 수 있고 주문서 1개는 특정인의 주문서로 되어 있다.
- 밑줄친 속성은 기본키*를 나타낸다.

> **잠깐만요** **E-R 다이어그램 대응수**

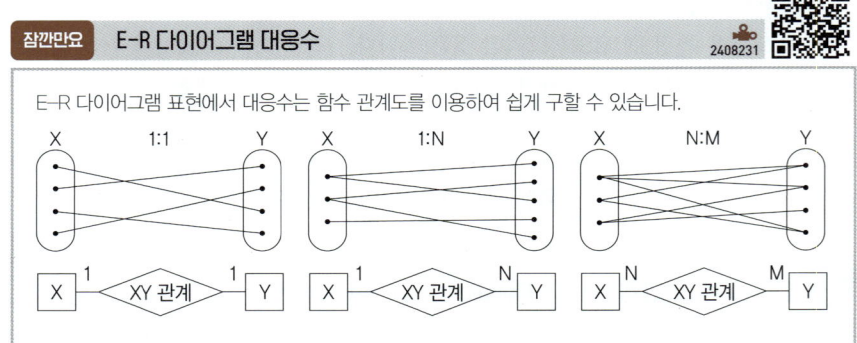

E-R 다이어그램 표현에서 대응수는 함수 관계도를 이용하여 쉽게 구할 수 있습니다.

기출문제 따라잡기

이전기출
1. 개체–관계(E-R) 모델에 대한 설명으로 잘못된 것은?
① E-R 다이어그램으로 표현하며 P. Chen이 제안했다.
② 일 대 일(1:1) 관계 유형만을 표현할 수 있다.
③ 개체 타입과 이들 간의 관계 타입을 이용해 현실 세계를 개념적으로 표현한 방법이다.
④ E-R 다이어그램은 E-R 모델을 그래프 방식으로 표현한 것이다.

E-R 모델은 특정 DBMS에 맞게 작성하는 것이 아니므로 나타낼 수 있는 관계의 유형은 일 대 일, 일 대 다, 다 대 다입니다.

25년 5월
2. 개체–관계 모델(E-R Model)에 대한 설명으로 옳지 않은 것은?
① 개체 타입과 이들 간의 관계 타입을 기본 요소로 이용하여 현실 세계를 개념적으로 표현한다.
② E-R 다이어그램에서 개체 타입은 사각형으로 나타낸다.
③ E-R 다이어그램에서 속성은 타원으로 나타낸다.
④ 오너-멤버(Owner-Member) 관계라고도 한다.

오너-멤버(Owner-Member) 관계는 망형 데이터 모델의 특징입니다.

23년 7월, 22년 7월
3. 개체–관계(E-R) 모델에 대한 설명으로 잘못된 것은?
① 특정 DBMS를 고려하여 제작하지 않는다.
② 개체는 마름모, 속성은 사각형을 이용하여 표현한다.
③ 개념적 데이터베이스 단계에서 제작된다.
④ E-R 모델의 기본적인 아이디어를 시각적으로 가장 잘 나타낸 것이 E-R 다이어그램이다.

개체 타입은 사각형, 관계 타입은 마름모, 속성은 타원으로 표현합니다.

22년 3월
4. E-R 모델에서 다중값 속성의 표기법은?

속성은 타원, 다중값 속성은 이중 타원으로 표현합니다.

24년 7월, 5월, 21년 5월, 3월, 20년 9월, 6월
5. 개체–관계 모델의 E-R 다이어그램에서 사용되는 기호와 그 의미의 연결이 틀린 것은?
① 사각형 – 개체 타입
② 삼각형 – 속성
③ 선 – 개체 타입과 속성을 연결
④ 마름모 – 관계 타입

속성은 타원으로 표시합니다.

이전기출
6. 학생과 학교 개체 간의 학적 관계를 E-R 다이어그램으로 옳게 표현한 것은?

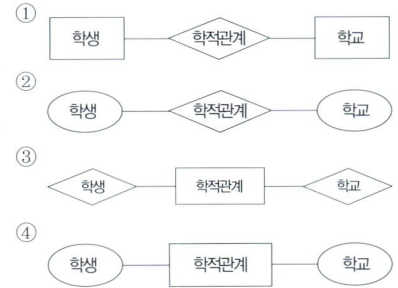

관계는 마름모, 개체는 사각형으로 표현합니다.

이전기출
7. 사람과 도시 사이의 거주 관계에서 사람은 반드시 하나의 도시에 거주해야만 하며, 하나의 도시에는 다수의 사람이 거주한다고 할 때 이를 E-R 다이어그램으로 정확히 표현한 것은?

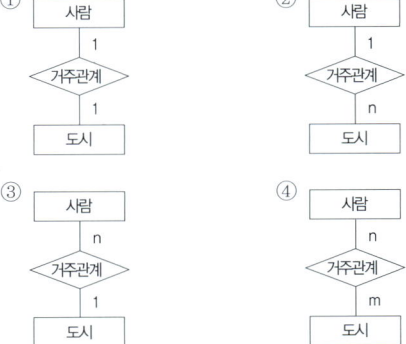

사람은 하나의 도시에, 도시에 사는 사람은 여럿, 그러면 도시와 사람의 관계는 1:N이 됩니다. 이를 함수 관계도로 그려보면 오른쪽과 같습니다.

▶ 정답 : 1. ② 2. ④ 3. ② 4. ③ 5. ② 6. ① 7. ③

SECTION 063 관계형 데이터베이스의 구조

1 관계형 데이터베이스의 개요

- 1970년 IBM에 근무하던 코드(E. F. Codd)에 의해 처음 제안되었다.
- 관계형 데이터베이스를 구성하는 개체(Entity)나 관계(Relationship)를 모두 릴레이션(Relation)이라는 표(Table)로 표현한다.
- 릴레이션은 개체를 표현하는 개체 릴레이션, 관계를 나타내는 관계 릴레이션으로 구분할 수 있다.
- **장점** : 간결하고 보기 편리하며, 다른 데이터베이스로의 변환이 용이하다.
- **단점** : 성능이 다소 떨어진다.

2 관계형 데이터베이스의 Relation 구조

25.8, 25.5, 24.7, 23.2, 22.4, 22.3, 21.5, 21.3, 20.9, 20.8, 20.6, 실기 25.7, 25.4, 24.7, 23.4, 21.4

> **전문가의 조언**
>
> **중요해요!** 관계형 데이터베이스에서 릴레이션을 구성하는 용어들은 매우 중요합니다. 꼭 기억하세요.
>
> **릴레이션 인스턴스**
> 데이터 개체를 구성하고 있는 속성들에 데이터 타입이 정의되어 구체적인 데이터 값을 갖고 있는 것을 말합니다.
> 예 〈학생〉 릴레이션의 인스턴스

릴레이션은 데이터들을 표(Table)의 형태로 표현한 것으로 구조를 나타내는 릴레이션 스키마와 실제 값들인 릴레이션 인스턴스* 로 구성된다.

〈학생〉 릴레이션

학번	이름	학년	신장	학과
19001	김예소	2	170	CD
20002	고강민	1	169	CD
19012	이향기	2	180	ID
17032	김동준	4	174	ED

- 속성
- 튜플
- 릴레이션 스키마
- 릴레이션 인스턴스
- 릴레이션
- 학년의 도메인

> **튜플**
> - 〈학생〉 릴레이션에서 카디널리티는 4입니다.
> - 카디널리티 = 튜플의 수 = 기수 = 대응수

튜플(Tuple)*

- 튜플은 릴레이션을 구성하는 각각의 행을 말한다.
- 튜플은 속성의 모임으로 구성된다.
- 파일 구조에서 레코드와 같은 의미이다.
- 튜플의 수를 카디널리티(Cardinality) 또는 기수, 대응수라고 한다.

> **속성**
> - 〈학생〉 릴레이션에서 디그리는 5입니다.
> - 디그리 = 속성의 수 = 차수

속성(Attribute)*

- 속성은 데이터베이스를 구성하는 가장 작은 논리적 단위이다.
- 파일 구조상의 데이터 항목 또는 데이터 필드에 해당된다.
- 속성은 개체의 특성을 기술한다.
- 속성의 수를 디그리(Degree) 또는 차수라고 한다.

도메인(Domain)

- 도메인은 하나의 애트리뷰트가 취할 수 있는 같은 타입의 원자(Atomic)값들의 집합이다.
- 도메인은 실제 애트리뷰트 값이 나타날 때 그 값의 합법 여부를 시스템이 검사하는데에도 이용된다.
  - 예) 성별 애트리뷰트의 도메인은 '남'과 '여'로, 그 외의 값은 입력될 수 없다.

> **도메인**
> 〈학생〉 릴레이션에서 '학년'의 도메인은 1~4입니다.

3 릴레이션의 특징

25.8, 25.2, 24.7, 24.5, 24.2, 23.7, 22.7, 22.4, 21.5, 20.8

- 한 릴레이션에는 똑같은 튜플이 포함될 수 없으므로 릴레이션에 포함된 튜플들은 모두 상이하다.
  - 예) 〈학생〉 릴레이션을 구성하는 김예소 레코드는 김예소에 대한 학적 사항을 나타내는 것으로 〈학생〉 릴레이션 내에서는 유일하다.
- 한 릴레이션에 포함된 튜플 사이에는 순서가 없다.
  - 예) 〈학생〉 릴레이션에서 김예소 레코드와 고강민 레코드의 위치가 바뀌어도 상관없다.
- 튜플들의 삽입, 삭제 등의 작업으로 인해 릴레이션은 시간에 따라 변한다.
  - 예) 〈학생〉 릴레이션에 새로운 학생의 레코드를 삽입하거나 기존 학생에 대한 레코드를 삭제함으로써 테이블은 내용 면에서나 크기 면에서 변하게 된다.
- 릴레이션 스키마를 구성하는 속성들 간의 순서는 중요하지 않다.
  - 예) 학번, 이름 등의 속성을 나열하는 순서가 이름, 학번 순으로 바뀌어도 데이터 처리에는 아무런 영향을 미치지 않는다.
- 속성의 유일한 식별을 위해 속성의 명칭은 유일해야 하지만, 속성을 구성하는 값은 동일한 값이 있을 수 있다.
  - 예) 각 학생의 학년을 기술하는 속성인 '학년'은 다른 속성명들과 구분되어 유일해야 하지만 '학년' 속성에는 2, 1, 2, 4 등이 입력된 것처럼 동일한 값이 있을 수 있다.
- 릴레이션을 구성하는 튜플을 유일하게 식별하기 위해 속성들의 부분집합을 키(Key)로 설정한다.
  - 예) 〈학생〉 릴레이션에서는 '학번'이나 '이름'이 튜플들을 구분하는 유일한 값인 키가 될 수 있다.
- 속성의 값은 논리적으로 더 이상 쪼갤 수 없는 원자값만을 저장한다.
  - 예) '학년'에 저장된 1, 2, 4 등은 더 이상 세분화할 수 없다.

> **전문가의 조언**
> 릴레이션의 특징을 무조건 암기하지 말고 주어진 예를 〈학생〉 릴레이션에 적용시켜 보세요. 쉽게 이해됩니다.

기출문제 따라잡기

25년 8월, 20년 6월

1. 하나의 애트리뷰트가 가질 수 있는 원자값들의 집합을 의미하는 것은?

① 도메인 ② 튜플
③ 엔티티 ④ 다형성

> 도메인이란 학년은 1~4, 성별은 '남', '여'처럼 속성에 지정할 수 있는 값의 범위입니다.

▶ 정답 : 1. ①

기출문제 따라잡기

21년 3월

2. 관계 데이터 모델에서 릴레이션(relation)에 관한 설명으로 옳은 것은?

① 릴레이션의 각 행을 스키마(schema)라 하며, 예로 도서 릴레이션을 구성하는 스키마에는 도서번호, 도서명, 저자, 가격 등이 있다.
② 릴레이션의 각 열을 튜플(tuple)이라 하며, 하나의 튜플은 각 속성에서 정의된 값을 이용하여 구성된다.
③ 도메인(domain)은 하나의 속성이 가질 수 있는 같은 타입의 모든 값의 집합으로 각 속성의 도메인은 원자값을 갖는다.
④ 속성(attribute)은 한 개의 릴레이션의 논리적인 구조를 정의한 것으로, 릴레이션의 이름과 릴레이션에 포함된 속성들의 집합을 의미한다.

> 릴레이션의 각 행은 튜플(tuple), 각 열은 속성(attribute), 릴레이션의 논리적인 구조를 정의한 것은 릴레이션 스키마입니다.

24년 7월, 23년 2월, 22년 3월, 21년 3월, 20년 8월

3. 다음 관계형 데이터 모델에 대한 설명으로 옳은 것은?

고객ID	고객이름	거주도시
S1	홍길동	서울
S2	이정재	인천
S3	신보라	인천
S4	김흥국	서울
S5	도요새	용인

① Relation 3개, Attribute 3개, Tuple 5개
② Relation 3개, Attribute 5개, Tuple 3개
③ Relation 1개, Attribute 5개, Tuple 3개
④ Relation 1개, Attribute 3개, Tuple 5개

> Relation은 테이블, Attribute는 테이블의 열, Tuple은 테이블의 행을 의미하므로, 위의 표는 한 개의 릴레이션(Relation), 3개의 속성(Attribute), 5개의 튜플(Tuple)을 표현하고 있습니다.

22년 4월

4. 관계 데이터 모델에서 릴레이션(Relation)에 포함되어 있는 튜플(Tuple)의 수를 무엇이라고 하는가?

① Degree
② Cardinality
③ Attribute
④ Cartesian product

> 튜플의 수는 카디널리티(Cardinality), 속성의 수는 차수(Degree)입니다.

21년 5월

5. 속성(Attribute)에 대한 설명으로 틀린 것은?

① 속성은 개체의 특성을 기술한다.
② 속성은 데이터베이스를 구성하는 가장 작은 논리적 단위이다.
③ 속성은 파일 구조상 데이터 항목 또는 데이터 필드에 해당된다.
④ 속성의 수를 "Cardinality"라고 한다.

> 속성의 수는 차수(Degree), 튜플의 수는 카디널리티(Cardinality)입니다.

20년 9월

6. A1, A2, A3 3개 속성을 갖는 한 릴레이션에서 A1의 도메인은 3개 값, A2의 도메인은 2개 값, A3의 도메인은 4개 값을 갖는다. 이 릴레이션에 존재할 수 있는 가능한 튜플(Tuple)의 최대 수는?

① 24
② 12
③ 8
④ 9

> 한 릴레이션에 속한 튜플들은 모두 서로 다른 값을 가져야 합니다. 즉 튜플에 속한 속성 A1, A2, A3 한 개는 다른 튜플들과 다른 값을 가져야 하므로, 존재할 수 있는 튜플의 최대 수는 각 도메인이 가지고 있는 값의 종류를 모두 곱한 값이 됩니다. 3×2×4=24입니다.

22년 7월, 4월, 20년 8월

7. 관계형 데이터베이스의 구성 요소에 대한 설명으로 틀린 것은?

① 속성을 구성하는 값에는 동일한 값이 있을 수 있다.
② 한 릴레이션에 포함된 튜플은 모두 상이하다.
③ 한 릴레이션에는 동일한 이름의 속성이 있을 수 있다.
④ 한 릴레이션을 구성하는 속성 사이에는 순서가 없다.

> 한 릴레이션에는 동일한 이름의 속성이 있을 수 없습니다.

25년 8월, 2월, 24년 7월, 5월, 23년 7월, 21년 5월

8. 관계형 데이터 모델의 릴레이션에 대한 설명으로 틀린 것은?

① 모든 속성 값은 원자 값을 갖는다.
② 한 릴레이션에 포함된 튜플은 모두 상이하다.
③ 한 릴레이션에 포함된 튜플 사이에는 순서가 없다.
④ 한 릴레이션을 구성하는 속성 사이에는 순서가 존재한다.

> 릴레이션 스키마를 구성하는 속성들 간의 순서는 중요하지 않습니다.

▶ 정답 : 2. ③ 3. ④ 4. ② 5. ④ 6. ① 7. ③ 8. ④

SECTION 064 관계형 데이터베이스의 제약 조건 – 키(Key)

제약 조건이란 데이터베이스에 저장되는 데이터의 정확성을 보장하기 위하여 키(Key)를 이용하여 입력되는 데이터에 제한을 주는 것으로 개체 무결성 제약, 참조 무결성 제약 등이 해당된다.

키(Key)의 개념 및 종류

키는 데이터베이스에서 조건에 만족하는 튜플을 찾거나 순서대로 정렬할 때 튜플들을 서로 구분할 수 있는 기준이 되는 애트리뷰트를 말한다.

〈학생〉 릴레이션

학번	주민번호	성명
1001	010429-3******	김상욱
1002	000504-3******	임선호
1003	011215-3******	김한순
1004	001225-4******	이다해

〈수강〉 릴레이션

학번	과목명
1001	영어
1001	전산
1002	영어
1003	수학
1004	영어
1004	전산

전문가의 조언

중요해요! 보기로 주어진 〈학생〉 릴레이션과 〈수강〉 릴레이션은 '학번'을 기준으로 '일 대 다(1:N)'의 관계를 맺고 있습니다. 〈학생〉 릴레이션과 〈수강〉 릴레이션을 통해 키의 개념과 종류를 확실하게 이해하세요.

- 키의 종류에는 후보키, 기본키, 대체키, 슈퍼키, 외래키 등이 있다.

후보키(Candidate Key)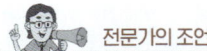

후보키는 릴레이션을 구성하는 속성들 중에서 튜플을 유일하게 식별하기 위해 사용하는 속성들의 부분집합, 즉 기본키로 사용할 수 있는 속성들을 말한다.

- 하나의 릴레이션내에서는 중복된 튜플들이 있을 수 없으므로 모든 릴레이션에는 반드시 하나 이상의 후보키가 존재한다.
- 후보키는 릴레이션에 있는 모든 튜플에 대해서 유일성과 최소성을 만족시켜야 한다.
  - 유일성(Unique) : 하나의 키 값으로 하나의 튜플만을 유일하게 식별할 수 있어야 한다.
  - 최소성(Minimality) : 모든 레코드들을 유일하게 식별하는 데 꼭 필요한 속성으로만 구성되어야 한다.
    - 예 〈학생〉 릴레이션에서 '학번'이나 '주민번호'는 다른 레코드를 유일하게 구별할 수 있는 기본키로 사용할 수 있으므로 후보키이다.

③ 기본키(Primary Key)

기본키는 후보키 중에서 특별히 선정된 주키(Main Key)로 중복된 값을 가질 수 없다.

- 한 릴레이션에서 특정 튜플을 유일하게 구별할 수 있는 속성이다.
- 기본키는 후보키의 성질을 갖는다. 즉, 유일성과 최소성을 가지며 튜플을 식별하기 위해 반드시 필요한 키이다.
- 기본키는 NULL 값*을 가질 수 없다. 즉 튜플에서 기본키로 설정된 속성에는 NULL 값이 있어서는 안 된다.

예) 〈학생〉 릴레이션에서는 '학번'이나 '주민번호'가 기본키가 될 수 있고, 〈수강〉 릴레이션에서는 '학번'+'과목명'으로 조합해야 기본키가 만들어진다.

예) '학번'이 〈학생〉 릴레이션의 기본키로 정의되면 이미 입력된 '1001'은 다른 튜플의 '학번' 속성의 값으로 입력할 수 없다.

널 값(NULL Value)
데이터베이스에서 아직 알려지지 않거나 모르는 값으로서 '해당 없음' 등의 이유로 정보 부재를 나타내기 위해 사용하는, 이론적으로 아무것도 없는 특수한 데이터를 말합니다.

④ 대체키(Alternate Key)

대체키는 후보키가 둘 이상일 때 기본키를 제외한 나머지 후보키를 의미한다.

- 보조키라고도 한다.

예) 〈학생〉 릴레이션에서 '학번'을 기본키로 정의하면 '주민번호'는 대체키가 된다.

⑤ 슈퍼키(Super Key)

슈퍼키는 한 릴레이션 내에 있는 속성들의 집합으로 구성된 키로서 릴레이션을 구성하는 모든 튜플들 중 슈퍼키로 구성된 속성의 집합과 동일한 값은 나타나지 않는다.

- 슈퍼키는 릴레이션을 구성하는 모든 튜플에 대해 유일성은 만족시키지만, 최소성*은 만족시키지 못한다.

예) 〈학생〉 릴레이션에서는 '학번', '주민번호', '학번'+'주민번호', '주민번호'+'성명', '학번'+'주민번호'+'성명' 등으로 슈퍼키를 구성할 수 있다.

최소성
'학번'+'주민번호'를 사용하여 슈퍼키를 만들면 다른 튜플들과 구분할 수 있는 유일성은 만족하지만, '학번'이나 '주민번호' 하나만 가지고도 다른 튜플들을 구분할 수 있으므로 최소성은 만족시키지 못합니다.

⑥ 외래키(Foreign Key)

외래키는 다른 릴레이션의 기본키를 참조하는 속성 또는 속성들의 집합을 의미한다.

- 외래키는 참조되는 릴레이션*의 기본키와 대응되어 릴레이션 간에 참조 관계를 표현하는데 중요한 도구이다.
- 한 릴레이션에 속한 속성 A와 참조 릴레이션의 기본키인 B가 동일한 도메인 상에서 정의되었을 때의 속성 A를 외래키라고 한다.
- 외래키로 지정되면 참조 릴레이션의 기본키에 없는 값은 입력할 수 없다.

예) 〈수강〉 릴레이션이 〈학생〉 릴레이션을 참조하고 있으므로 〈학생〉 릴레이션의 '학번'은 기본키이고, 〈수강〉 릴레이션의 '학번'은 외래키이다.

예) 〈수강〉 릴레이션의 '학번'에는 〈학생〉 릴레이션의 '학번'에 없는 값은 입력할 수 없다.

참조 릴레이션
외래키를 포함하는 릴레이션이 참조하는 릴레이션이고, 대응되는 기본키를 포함하는 릴레이션이 참조 릴레이션입니다. 여기서는 〈수강〉 릴레이션이 참조하는 릴레이션이고, 〈학생〉 릴레이션이 참조 릴레이션입니다.

기출문제 따라잡기

22년 3월

1. 다른 릴레이션의 기본키를 참조하는 키를 의미하는 것은?

① 필드키　　② 슈퍼키
③ 외래키　　④ 후보키

> 다른 릴레이션의 기본키를 참조하는 키는 외래키입니다.

25년 2월, 23년 5월, 20년 6월

2. 다음 두 릴레이션에서 외래키로 사용된 것은? (단, 밑줄 친 속성은 기본키이다.)

> 과목(<u>과목번호</u>, 과목명)
> 수강(<u>수강번호</u>, 학번, 과목번호, 학기)

① 수강번호　　② 과목번호
③ 학번　　　　④ 과목명

> 두 릴레이션에 공통으로 존재하는 속성명은 '과목번호'입니다. 〈과목〉 릴레이션의 '과목번호'는 기본키 속성으로 동일한 속성값이 존재할 수 없고, 〈수강〉 릴레이션의 '과목번호'는 일반 속성으로 여러 속성값이 존재할 수 있으므로 〈수강〉 릴레이션의 '과목번호' 속성이 〈과목〉 릴레이션의 기본키 속성 '과목번호'를 참조하는 외래키가 됩니다.

23년 2월, 22년 4월

3. 테이블의 기본키(Primary Key)로 지정된 속성에 관한 설명으로 가장 거리가 먼 것은?

① NOT NULL로 널 값을 가지지 않는다.
② 릴레이션에서 튜플을 구별할 수 있다.
③ 외래키로 참조될 수 있다.
④ 검색할 때 반드시 필요하다.

> 기본키가 지정되어 있지 않아도 검색할 수 있습니다.

22년 7월

4. 키는 개체 집합에서 고유하게 개체를 식별할 수 있는 속성이다. 데이터베이스에서 사용되는 키의 종류에 대한 설명 중 옳지 않은 것은?

① 후보키는 개체들을 고유하게 식별할 수 있는 속성이다.
② 슈퍼키는 한 개 이상의 속성들의 집합으로 구성된 키이다.
③ 외래키는 다른 테이블의 기본키로 사용되는 속성이다.
④ 대체키는 슈퍼키 중에서 기본키를 제외한 나머지 키를 의미한다.

> 대체키는 후보키 중에서 기본키를 제외한 나머지 키를 의미합니다.

25년 5월

5. 릴레이션에서 튜플을 유일하게 구별해 주는 속성 또는 속성들의 조합을 의미하는 키는?

① Alternate Key　　② Foreign Key
③ Complex Key　　④ Candidate Key

> 릴레이션에서 튜플을 유일하게 구별해 주는 속성 또는 속성들의 조합을 의미하는 키는 후보키(Candidate Key)입니다.

22년 4월, 20년 6월

6. 다음 설명의 ( ) 안에 들어갈 내용으로 적합한 것은?

> 후보키는 릴레이션에 있는 모든 튜플에 대해 유일성과 (　) 을 모두 만족시켜야 한다.

① 중복성　　② 최소성
③ 참조성　　④ 동일성

> 후보키는 릴레이션에 있는 모든 튜플에 대해 유일성과 최소성을 모두 모두 만족시켜야 합니다.

25년 2월, 24년 5월, 23년 7월, 21년 8월, 20년 9월

7. 릴레이션에 있는 모든 튜플에 대해 유일성은 만족시키지만 최소성은 만족시키지 못하는 키는?

① 후보키　　② 슈퍼키
③ 기본키　　④ 외래키

> 유일성은 만족시키지만 최소성은 만족시키지 못하는 키는 슈퍼키입니다.

25년 8월, 24년 7월, 23년 7월

8. 다음 중 외래키에 대한 설명으로 옳은 것은?

> ㉠ Null을 입력할 수 없다.
> ㉡ 후보키 중 기본키를 제외한 나머지를 의미한다.
> ㉢ 기본키의 일부가 외래키가 될 수 있다.
> ㉣ 유일성과 최소성을 가진다.
> ㉤ 참조 무결성과 관련이 있다.

① ㉠, ㉡　　② ㉡, ㉤
③ ㉢, ㉤　　④ ㉢, ㉣

> ㉠ 외래키에는 Null을 입력할 수 있습니다.
> ㉡ 후보키 중 기본키를 제외한 나머지를 의미하는 키는 대체키입니다.
> ㉣ 외래키는 중복이 허용되므로, 유일성과 최소성을 가질 수 없습니다.

▶ 정답 : 1. ③　2. ②　3. ④　4. ④　5. ④　6. ②　7. ②　8. ③

SECTION 065 관계형 데이터베이스의 제약 조건 - 무결성

전문가의 조언

무결성이란 쉽게 말해 저장된 데이터베이스에 잘못된 데이터가 없다는 것을 의미합니다. 보기로 주어진 〈학생〉 릴레이션과 〈수강〉 릴레이션은 '학번'을 기준으로 일 대 다(1:N)의 관계를 맺고 있습니다. 〈학생〉 릴레이션과 〈수강〉 릴레이션을 통해 무결성 종류를 확실하게 이해하세요.

1 무결성(Integrity)의 개념 및 종류
25.5, 21.8

무결성이란 데이터베이스에 저장된 데이터 값과 그것이 표현하는 현실 세계의 실제 값이 일치하는 정확성을 의미한다.

- 무결성 제약 조건은 데이터베이스에 들어 있는 데이터의 정확성을 보장하기 위해 부정확한 자료가 데이터베이스 내에 저장되는 것을 방지하기 위한 제약 조건을 말한다.
- 무결성의 종류에는 개체 무결성, 도메인 무결성, 참조 무결성, 사용자 정의 무결성 등이 있다.

〈학생〉 릴레이션

학번	주민번호	성명
1001	010429-3******	김상욱
1002	000504-3******	임선호
1003	011215-3******	김한순
1004	001225-4******	이다해

〈수강〉 릴레이션

학번	과목명
1001	영어
1001	전산
1002	영어
1003	수학
1004	영어
1004	전산

전문가의 조언

중요해요! 개체 무결성에 대한 문제가 자주 출제됩니다. 확실히 기억해 두세요.

기본키(Primary Key)
기본키는 한 릴레이션에서 특정 튜플을 유일하게 구별할 수 있는 속성입니다.

도메인(Domain)
도메인은 하나의 애트리뷰트가 취할 수 있는 같은 타입의 원자(Atomic)값들의 집합입니다.

2 개체 무결성(Entity Integrity, 실체 무결성)
25.5, 25.2, 24.2, 23.2, 22.7, 22.4, 21.8, 21.5, 20.8, 20.6, 실기 25.4, 24.10

개체 무결성은 기본 테이블의 기본키*를 구성하는 어떤 속성도 Null 값이나 중복값을 가질 수 없다는 규정이다.

예 〈학생〉 릴레이션에서 '학번'이 기본키로 정의되면 튜플을 추가할 때 '주민번호'나 '성명' 필드에는 값을 입력하지 않아도 되지만 '학번' 속성에는 반드시 값을 입력해야 한다. 또한 '학번' 속성에는 이미 한 번 입력한 속성 값을 중복하여 입력할 수 없다.

3 도메인 무결성(Domain Integrity, 영역 무결성)
24.5, 22.7, 실기 25.4

도메인 무결성은 주어진 속성 값이 정의된 도메인*에 속한 값이어야 한다는 규정이다.

예 〈수강〉 릴레이션의 '과목명' 속성에는 영어, 수학, 전산 세 가지만 입력되도록 유효값이 지정된 경우 반드시 해당 값만 입력해야 한다.

④ 참조 무결성(Referential Integrity)

참조 무결성은 외래키* 값은 Null이거나 참조 릴레이션의 기본키 값과 동일해야 한다. 즉 릴레이션은 참조할 수 없는 외래키 값을 가질 수 없다는 규정이다.

- 외래키와 참조하려는 테이블의 기본키는 도메인과 속성 개수가 같아야 한다.

예 〈수강〉 릴레이션의 '학번' 속성에는 〈학생〉 릴레이션의 '학번' 속성에 없는 값은 입력할 수 없다.

예 〈수강〉 릴레이션의 '학번'과 〈학생〉 릴레이션의 '학번' 속성에는 같은 종류의 데이터가 입력되어 있어야 하며, 〈학생〉 릴레이션의 기본키가 '학번'+'이름'이었다면 〈수강〉 릴레이션의 외래키도 '학번'+'이름'으로 구성되어져야 한다.

> **전문가의 조언**
> 참조 무결성의 개념을 묻는 문제가 출제되었으니 정확히 기억해 두세요.
>
> **외래키(Foreign Key)**
> 외래키는 다른 릴레이션의 기본키를 참조하는 속성 또는 속성들의 집합을 의미합니다.

⑤ 사용자 정의 무결성(User-Defined Integrity)

사용자 정의 무결성은 속성 값들이 사용자가 정의한 제약조건에 만족해야 한다는 규정이다.

⑥ 데이터 무결성 강화

데이터 무결성은 데이터 품질에 직접적인 영향을 미치므로 데이터 특성에 맞는 적절한 무결성을 정의하고 강화해야 한다.

- 프로그램이 완성되고 데이터가 저장된 상태에서 무결성을 정의할 경우 많은 비용이 발생하므로 데이터베이스 구축 과정에서 정의한다.
- 데이터 무결성은 애플리케이션, 데이터베이스 트리거, 제약 조건을 이용하여 강화할 수 있다.

> **전문가의 조언**
> 데이터 품질을 확보하기 위해 애플리케이션, 데이터베이스 트리거, 제약 조건을 이용하여 데이터 무결성을 강화해야 합니다. 각 방법들의 개념과 장·단점에 대해 정리하세요.

애플리케이션

- 데이터 생성, 수정, 삭제 시 무결성 조건을 검증하는 코드를 데이터를 조작하는 프로그램 내에 추가한다.
- 코드를 이용한 복잡한 규칙 등을 검토하는 무결성 검사는 데이터베이스에서 수행하기 어려우므로 애플리케이션 내에서 처리한다.
- **장점**: 사용자 정의 같은 복잡한 무결성 조건의 구현이 가능하다.
- **단점**: 소스 코드에 분산되어 있어 관리가 힘들고, 개별적인 시행으로 인해 적정성 검토가 어렵다.

데이터베이스 트리거*

- 트리거 이벤트*에 무결성 조건을 실행하는 절차형 SQL을 추가한다.
- **장점**: 통합 관리가 가능하고, 복잡한 요구 조건의 구현이 가능하다.
- **단점**: 운영 중 변경이 어렵고, 사용상 주의가 필요하다.

> **트리거(Trigger)**
> 트리거는 데이터베이스 시스템에서 데이터의 입력, 갱신, 삭제 등의 이벤트(Event)가 발생할 때마다 자동적으로 수행되는 절차형 SQL입니다.
>
> **이벤트(Event)**
> 이벤트는 시스템에 어떤 일이 발생한 것을 말하며, 트리거에서 이벤트는 데이터의 입력, 갱신, 삭제와 같이 데이터를 조작하는 작업이 발생했음을 의미합니다.

제약 조건

- 데이터베이스에 제약 조건을 설정하여 무결성을 유지한다.
- **장점** : 통합 관리 가능, 간단한 선언으로 구현 가능, 변경 용이, 오류 데이터 발생 방지 등이 있다.
- **단점** : 복잡한 제약 조건의 구현과 예외적인 처리가 불가능하다.

기출문제 따라잡기

 문제1 2408651   문제2 2408652

25년 5월, 24년 2월, 23년 2월, 22년 7월, 4월, 21년 8월, 5월, 20년 8월, 6월

1. 데이터 무결성 제약 조건 중 "개체 무결성 제약" 조건에 대한 설명으로 맞는 것은?

① 릴레이션 내의 튜플들이 각 속성의 도메인에 지정된 값만을 가져야 한다.
② 기본키에 속해 있는 애트리뷰트는 널 값이나 중복 값을 가질 수 없다.
③ 릴레이션은 참조할 수 없는 외래키 값을 가질 수 없다.
④ 외래키 값은 참조 릴레이션의 기본키 값과 동일해야 한다.

> ①번은 도메인 무결성, ③, ④번은 참조 무결성에 대한 설명입니다.

21년 3월

2. 릴레이션 R1에 속한 애튜리뷰트의 조합인 외래키를 변경하려면 이를 참조하고 있는 릴레이션 R2의 기본키도 변경해야 하는데 이를 무엇이라 하는가?

① 정보 무결성   ② 고유 무결성
③ 널 제약성   ④ 참조 무결성

> 외래키 변경을 위해서는 참조 릴레이션의 기본키도 변경해야 한다는 내용은 참조 무결성에 대한 설명입니다.

24년 5월

3. 주어진 속성의 값이 하나의 속성이 취할 수 있는 같은 타입의 모든 원자값들의 집합에 속한 값이어야 한다는 제약 조건은?

① 기본키 제약 조건   ② 외래키 제약 조건
③ 도메인 제약 조건   ④ 키 제약 조건

> 도메인(Domain)은 하나의 속성이 취할 수 있는 같은 타입의 모든 원자값들의 집합을 의미합니다.

22년 7월

4. 데이터베이스 무결성에 관한 설명으로 옳은 것은?

① 개체 무결성 규정은 한 릴레이션의 기본키를 구성하는 어떠한 속성값도 널(NULL) 값이나 중복값을 가질 수 없음을 규정하는 것이다.
② 참조 무결성 규정은 속성 값들이 사용자가 정의한 제약 조건에 만족해야 한다는 규정이다.
③ 도메인 무결성 규정은 외래키 값은 Null이거나 참조 릴레이션의 기본키 값과 동일해야 한다는 규정이다.
④ 사용자 정의 무결성 규정은 주어진 튜플의 값이 그 튜플이 정의된 도메인에 속한 값이어야 한다는 것을 규정하는 것이다.

> ② 참조 무결성은 외래키 값은 Null이거나 참조 릴레이션의 기본키 값과 동일해야 하고, 릴레이션은 참조할 수 없는 외래키 값을 가질 수 없다는 규정입니다.
> ③ 도메인 무결성은 주어진 속성 값이 정의된 도메인에 속한 값이어야 한다는 규정입니다.
> ④ 사용자 정의 무결성은 속성 값들이 사용자가 정의한 제약조건에 만족해야 한다는 규정입니다.

25년 2월, 23년 5월

5. 관계형 데이터베이스의 제약 조건 중 개체 무결성과 참조 무결성을 설명하는 아래의 표에 들어갈 내용으로 적합하지 않은 것은?

구분	제약 조건	
	개체 무결성	참조 무결성
제약 대상	①	②
키	③	④

① 테이블   ② 속성, 튜플
③ 기본키   ④ 외래키

> 개체 무결성은 기본키인 속성의 값을, 참조 무결성은 외래키인 속성의 값을 제약하므로, ①, ②번 모두 속성 또는 속성, 튜플이 들어가야 합니다.

▶ 정답 : 1. ② 2. ④ 3. ③ 4. ① 5. ①

SECTION 066 관계대수 및 관계해석

1 관계대수의 개요

^{25.2, 24.7, 24.5, 24.2, 22.7, 21.8, 21.5, 21.3, 20.9, 20.8}

관계대수는 관계형 데이터베이스에서 원하는 정보와 그 정보를 검색하기 위해서 어떻게 유도하는가를 기술하는 절차적인 언어이다.

- 관계대수는 릴레이션을 처리하기 위해 연산자와 연산규칙을 제공하는 언어로 피연산자가 릴레이션이고, 결과도 릴레이션이다.
- 질의에 대한 해를 구하기 위해 수행해야 할 연산의 순서를 명시한다.
- 관계대수에는 관계 데이터베이스에 적용하기 위해 특별히 개발한 순수 관계 연산자와 수학적 집합 이론에서 사용하는 일반 집합 연산자가 있다.
- **순수 관계 연산자** : Select, Project, Join, Division
- **일반 집합 연산자** : UNION(합집합), INTERSECTION(교집합), DIFFERENCE(차집합), CARTESIAN PRODUCT(교차곱)

> **전문가의 조언**
> 관계대수의 특징을 묻는 문제와 순수 관계 연산자의 종류를 묻는 문제가 출제되었습니다. 관계대수는 관계해석과 비교하여 구분해 낼 수 있을 정도로 학습 하세요.

2 Select

^{25.5, 24.5, 23.7, 23.2, 22.3, 21.3}

Select는 릴레이션에 존재하는 튜플 중에서 선택 조건을 만족하는 튜플의 부분집합을 구하여 새로운 릴레이션을 만드는 연산이다.

- 릴레이션의 행(가로)에 해당하는 튜플을 구하는 것이므로 수평 연산이라고도 한다.
- 연산자의 기호는 그리스 문자 시그마(σ)를 사용한다.
- **표기 형식** : σ_{〈조건〉}(R)
  - R은 릴레이션 이름이다.
  - 조건에서는 =, ≠, <, ≤, >, ≥ 등의 기호를 사용한 비교 연산이 허용되며, AND(∧), OR(∨), NOT(¬) 등의 논리 연산자를 사용하여 여러 개의 조건들을 하나의 조건으로 결합시킬 수도 있다.

예제 σ_{Avg≥90}(성적) : 〈성적〉 릴레이션에서 '평균'(Avg)이 90점 이상인 튜플들을 추출하시오.

〈성적〉

Name	Kor	Eng	Mat	Tot	Avg
고회식	100	90	100	290	96.6
김은소	80	80	100	260	86.6
최미경	100	70	80	250	83.3
김준용	90	100	90	280	93.3
윤정희	85	95	90	270	90.0

↓

> **전문가의 조언**
> - 순수 관계 연산자는 관계 데이터베이스에 적용할 수 있도록 특별히 개발한 관계 연산자를 말합니다. 순수 관계 연산자의 종류와 연산자별 표기 기호를 기억하고 각 관계 연산자의 기능은 무슨 연산자를 설명하는지 알 수 있을 정도로 학습하세요. 어렵지 않으니 예제를 통하여 기본적인 문장을 숙지하세요.
> - =, ≠, <, ≤, ≥ 등의 비교 연산자를 θ로 일반화하여 σ_{AθB}(R)과 같이 표기하기도 합니다. A와 B는 릴레이션 R의 속성이고, θ는 비교 연산자입니다.

Name	Kor	Eng	Mat	Tot	Avg
고희식	100	90	100	290	96.6
김준용	90	100	90	280	93.3
윤정희	85	95	90	270	90.0

❸ Project

Project는 주어진 릴레이션에서 속성 리스트(Attribute List)에 제시된 속성 값만을 추출하여 새로운 릴레이션을 만드는 연산이다. 단 연산 결과에 중복이 발생하면 중복이 제거된다.

- 릴레이션의 열(세로)에 해당하는 Attribute를 추출하는 것이므로 수직 연산자라고도 한다.
- 연산자의 기호는 그리스 문자 파이(π)를 사용한다.
- 표기 형식 : $\pi_{\langle 속성리스트 \rangle}(R)$
  - R은 릴레이션 이름이다.

예제 $\pi_{Name, Avg}(성적)$: 〈성적〉 릴레이션에서 'Name'과 'Avg' 속성을 추출하시오.

〈성적〉

Name	Kor	Eng	Mat	Tot	Avg
고희식	100	90	100	290	96.6
김은소	80	80	100	260	86.6
최미경	100	70	80	250	83.3
김준용	90	100	90	280	93.3
윤정희	85	95	90	270	90.0

➡

Name	Avg
고희식	96.6
김은소	86.6
최미경	83.3
김준용	93.3
윤정희	90.0

❹ Join

Join은 공통 속성을 중심으로 두 개의 릴레이션을 하나로 합쳐서 새로운 릴레이션을 만드는 연산이다.

- Join의 결과로 만들어진 릴레이션의 차수는 조인된 두 릴레이션의 차수를 합한 것과 같다.
- Join의 결과는 Cartesian Product(교차곱)*를 수행한 다음 Select*를 수행한 것과 같다.
- 연산자의 기호는 ⋈를 사용한다.
- 표기 형식 : R ⋈ 키속성r=키속성s S
  - 키 속성 r은 릴레이션 R의 속성이고, 키 속성 s는 릴레이션 S의 속성이다.

Cartesian Product(교차곱)
Cartesian Product 연산은 두 릴레이션에 존재하는 모든 튜플들을 대응시켜 새로운 릴레이션을 만드는 연산으로, 연산의 결과 차수는 두 릴레이션의 차수를 합한 것과 같고 튜플은 두 릴레이션의 튜플 수를 곱한 것과 같습니다. 즉 Cartesian Product의 결과는 두 릴레이션을 연결하여 나타낼 수 있는 모든 튜플들을 표현할 수 있으므로 여기에서 필요한 튜플만 선별하는 Select 연산을 수행하면 Join 연산의 결과와 같아지는 것입니다.

예제 성적 ⋈_{No=No} 학적부 : 〈성적〉 릴레이션과 〈학적부〉 릴레이션을 'No' 속성을 기준으로 합치시오.

〈성적〉

No	Name	Kor	Eng	Mat	Tot	Avg
9801	고희식	100	90	100	290	96.6
9802	김은소	80	80	100	260	86.6
9803	최미경	100	70	80	250	83.39
9804	김준용	90	100	90	280	93.3
9805	윤정희	85	95	90	270	90.0

〈학적부〉

No	Addr
9801	망원동
9802	서교동
9803	성산동
9804	합정동
9805	공덕동

성적.No	Name	Kor	Eng	Mat	Tot	Avg	학적부.No	Addr
9801	고희식	100	90	100	290	96.6	9801	망원동
9802	김은소	80	80	100	260	86.6	9802	서교동
9803	최미경	100	70	80	250	83.39	9803	성산동
9804	김준용	90	100	90	280	93.3	9804	합정동
9805	윤정희	85	95	90	270	90.0	9805	공덕동

해설 위 그림에서와 같이 Join 조건이 '='일 때 동일한 속성이 2번 나타나게 된다.

잠깐만요 **자연 조인(Natural Join)**

- 조인 조건이 '='일 때 동일한 속성이 두 번 나타나게 되는데, 이중 중복된 속성을 제거하여 같은 속성을 한 번만 표기하는 방법을 자연(Natural) 조인이라고 합니다.
- 예를 들어, **예제** 의 Join 연산 결과에는 조인에 사용된 'No' 속성이 두 번 표기되었는데 이것은 의미상 아무런 도움을 주지 않습니다. 이런 경우 다음과 같은 자연 조인 연산을 통해 'No' 속성이 한 번만 표기되게 할 수 있습니다.
  성적 ⋈_{No} 학적부
- ※ 자연 조인이 성립되려면 두 릴레이션의 속성명과 도메인이 같아야 합니다.

5 Division

Division은 X⊃Y인 두 개의 릴레이션 R(X)와 S(Y)가 있을 때, R의 속성이 S의 속성 값을 모두 가진 튜플에서 S가 가진 속성을 제외한 속성만을 구하는 연산이다.

- 연산자의 기호는 ÷를 사용한다.
- 표기 형식 : R [속성r ÷ 속성s] S
  - 속성 r은 릴레이션 R의 속성, 속성 s는 릴레이션 S의 속성, 속성 r과 속성 s는 동일 속성값을 가지는 속성이어야 한다.

전문가의 조언

Division 연산의 수행 결과를 묻는 문제가 출제되었습니다. **예제** 를 통해 연산 과정을 이해하고 넘어가세요.

궁금해요 시나공 Q&A 베스트

Q 필기 책에 왜 실기 기출 년월이 표기되어 있나요?

A 정보처리기사 시험은 필기와 실기가 시험 범위가 같습니다. 동일한 내용이 객관식으로 필기시험에 나올 수도 있고, 단답형이나 서술식으로 실기시험에 나올 수도 있습니다. 공부하다 보면 알겠지만 필기시험과 실기시험에 중복해서 나온 필드가 많습니다. 자격 시험은 나온 문제가 또 나올 수 있다는 걸 명심하세요.

〈구입자〉

번호	이름	구입품코드
1	고희식	A
1	고희식	B
2	김준용	A
2	김준용	B
2	김준용	C
4	윤정희	C

〈생산품1〉

생산품코드
A
B

〈생산품2〉

이름	생산품코드
김준용	A
김준용	B

예제 1 구입자[구입품코드 ÷ 생산품코드]생산품1의 결과는 다음과 같다.

번호	이름
1	고희식
2	김준용

해설 〈구입자〉 릴레이션에서 '구입품코드' 속성을 제외하고 '번호'와 '이름'을 추출한다. 단 〈생산품1〉 릴레이션의 모든 튜플과 연관되어 있는 튜플만 추출한다.

예제 2 구입자[이름, 구입품 코드 ÷ 이름, 생산품코드]생산품2의 결과는 다음과 같다.

번호
2

해설 〈구입자〉 릴레이션에서 '이름', '구입품코드' 속성을 제외하고 번호만 추출한다. 단 〈생산품2〉 릴레이션의 모든 튜플과 연관되어 있는 튜플만 추출한다.

6 일반 집합 연산자

25.8, 25.2, 24.5, 24.2, 23.7, 23.5, 21.8, 21.5, 실기 22.10

일반 집합 연산자는 수학적 집합 이론에서 사용하는 연산자로서 릴레이션 연산에도 그대로 적용할 수 있다.

• 일반 집합 연산자 중 합집합(UNION), 교집합(INTERSECTION), 차집합(DIFFERENCE)을 처리하기 위해서는 합병 조건*을 만족해야 한다.
• 합병 가능한 두 릴레이션 R과 S가 있을 때 각 연산의 특징을 요약하면 다음과 같다.

연산자	기능 및 수학적 표현	카디널리티
합집합 UNION ∪	• 두 릴레이션에 존재하는 튜플의 합집합을 구하되, 결과로 생성된 릴레이션에서 중복되는 튜플은 제거되는 연산이다. • R∪S={t∣t∈R∨t∈S} ※ t는 릴레이션 R 또는 S에 존재하는 튜플이다.	• |R∪S| ≤ |R| + |S| • 합집합의 카디널리티는 두 릴레이션 카디널리티의 합보다 크지 않다.
교집합 INTERSECTION ∩	• 두 릴레이션에 존재하는 튜플의 교집합을 구하는 연산이다. • R∩S={t∣t∈R∧t∈S} ※ t는 릴레이션 R 그리고 S에 동시에 존재하는 튜플이다.	• |R∩S| ≤ MIN{|R|, |S|} • 교집합의 카디널리티는 두 릴레이션 중 카디널리티가 적은 릴레이션의 카디널리티보다 크지 않다.

전문가의 조언

Cartesian Product(교차곱)의 수행 결과를 묻는 문제가 출제되었습니다. 교차곱은 두 릴레이션의 차수(Degree, 속성의 수)는 더하고, 카디널리티(튜플의 수)는 곱하면 된다는 것을 꼭 기억하세요.

합병 조건
합병 조건은 합병하려는 두 릴레이션 간에 속성의 수가 같고, 대응되는 속성별로 도메인이 같아야 합니다. 즉, 릴레이션 R과 S가 합병이 가능하다면, 릴레이션 R의 i번째 속성과 릴레이션 S의 i번째 속성의 도메인이 서로 같아야 합니다. 그러나 속성의 이름이 같아야 되는 것은 아닙니다.

차집합 DIFFERENCE −	• 두 릴레이션에 존재하는 튜플의 차집합을 구하는 연산이다. • R − S = { t | t ∈ R ∧ t ∉ S } ※ t는 릴레이션 R에는 존재하고 S에 없는 튜플이다.		• |R−S| ≤ |R| • 차집합의 카디널리티는 릴레이션 R의 카디널리티 보다 크지 않다.
교차곱 CARTESIAN PRODUCT ×	• 두 릴레이션에 있는 튜플들의 순서쌍을 구하는 연산이다. • R × S = { r·s | r ∈ R ∧ s ∈ S } ※ r은 R에 존재하는 튜플이고, s는 S에 존재하는 튜플이다.		• |R × S| = |R| × |S| • 교차곱의 디그리는 두 릴레이션의 디그리를 더한 것과 같고, 카디널리티는 두 릴레이션의 카디널리티를 곱한 것과 같다.

〈사원〉

사번	이름
1	고희식
2	김준용

〈직원〉

사번	이름
2	김준용
3	윤정희

예제 1 $\pi_{이름}$(사원) ∪ $\pi_{이름}$(직원) : 〈사원〉 릴레이션과 〈직원〉 릴레이션에서 '이름'을 추출한 것의 합집합을 구한다.

이름
고희식
김준용
윤정희

예제 2 $\pi_{이름}$(사원) ∩ $\pi_{이름}$(직원) : 〈사원〉 릴레이션과 〈직원〉 릴레이션에서 '이름'을 추출한 것의 교집합을 구한다.

이름
김준용

예제 3 $\pi_{이름}$(사원) − $\pi_{이름}$(직원) : 〈사원〉 릴레이션과 〈직원〉 릴레이션에서 '이름'을 추출한 것의 차집합을 구한다.

이름
고희식

예제 4 $\pi_{이름}$(사원) × $\pi_{이름}$(직원) : 〈사원〉 릴레이션과 〈직원〉 릴레이션에서 '이름'을 추출한 것의 교차곱을 구한다.

사원.이름	직원.이름
고희식	김준용
고희식	윤정희
김준용	김준용
김준용	윤정희

전문가의 조언

관계해석의 특징과 주요 논리기호에 대한 문제가 출제되었습니다. 관계해석의 특징은 관계대수와 구분할 수 있을 정도로 알아두면 됩니다. '모든 것에 대하여(For All)'를 의미하는 기호는 '∀'라는 것도 기억해 두세요.

7 관계해석(Relational Calculus)

25.5, 23.7, 23.2, 22.7, 22.3

관계해석은 관계 데이터 모델의 제안자인 코드(E. F. Codd)가 수학의 Predicate Calculus(술어 해석)에 기반을 두고 관계 데이터베이스를 위해 제안했다.

- 관계해석은 관계 데이터의 연산을 표현하는 방법으로, 원하는 정보를 정의할 때는 계산 수식을 사용한다.
- 관계해석은 원하는 정보가 무엇이라는 것만 정의하는 비절차적 특성을 지닌다.
- 튜플 관계해석과 도메인 관계해석이 있다.
- 기본적으로 관계해석과 관계대수는 관계 데이터베이스를 처리하는 기능과 능력면에서 동등하며, 관계대수로 표현한 식은 관계해석으로 표현할 수 있다.
- 질의어로 표현한다.
- 주요 논리 기호

기호	구성 요소	설명
∀	전칭 정량자	가능한 모든 튜플에 대하여(For All)
∃	존재 정량자	하나라도 일치하는 튜플이 있음(There Exists)

 기출문제 따라잡기

25년 2월, 24년 5월, 21년 8월, 5월, 20년 8월
1. 관계대수의 순수 관계 연산자가 아닌 것은?

① Select ② Cartesian Product
③ Division ④ Project

순수 관계 연산자에는 Select, Project, Join, Division이 있습니다.

20년 6월
2. 관계대수 연산에서 두 릴레이션이 공통으로 가지고 있는 속성을 이용하여 두 개의 릴레이션을 하나로 합쳐서 새로운 릴레이션을 만드는 연산은?

① ⋈ ② ⊃ ③ π ④ σ

두 개의 릴레이션을 하나로 합쳐서 새로운 릴레이션을 만드는 Join 연산자의 기호는 ⋈입니다.

25년 8월, 23년 5월
3. 관계 대수에서 사용하는 일반 집합 연산자 중에서 결과로 산출되는 카디널리티가 두 릴레이션 중 카디널리티가 작은 릴레이션의 카디널리티보다 크지 않은 연산자는 무엇인가?

① 합집합 ② 교집합
③ 차집합 ④ 교차곱

문제에 제시된 내용은 교집합(INTERSECTION)에 대한 설명입니다.

25년 2월, 23년 7월, 5월, 21년 8월, 5월
4. 릴레이션 R의 차수가 4이고 카디널리티가 50이며, 릴레이션 S의 차수가 6이고 카디널리티가 7일 때, 두 개의 릴레이션을 카티션 프로덕트한 결과의 새로운 릴레이션의 차수와 카디널리티는 얼마인가?

① 24, 35 ② 24, 12
③ 10, 35 ④ 10, 12

카티션 프로덕트(Cartesian Product), 즉 교차곱은 두 릴레이션의 차수(Degree, 속성의 수)는 더하고, 카디널리티(튜플의 수)는 곱하면 됩니다. 즉 차수는 4+6 = 10이고, 카디널리티는 5×7 = 35입니다.

24년 5월, 2월, 21년 8월, 20년 9월
5. 관계대수에 대한 설명으로 틀린 것은?

① 주어진 릴레이션 조작을 위한 연산의 집합이다.
② 일반 집합 연산과 순수 관계 연산으로 구분된다.
③ 질의에 대한 해를 구하기 위해 수행해야 할 연산의 순서를 명시한다.
④ 원하는 정보와 그 정보를 어떻게 유도하는가를 기술하는 비절차적 방법이다.

관계대수는 관계형 데이터베이스에서 원하는 정보와 그 정보를 검색하기 위해서 어떻게 유도하는가를 기술하는 절차적인 언어입니다. 원하는 정보가 무엇이라는 것만 정의하는 비절차적 언어는 관계해석입니다.

기출문제 따라잡기

24년 5월, 20년 8월

6. 다음 R과 S 두 릴레이션에 대한 Division 연산의 수행 결과는?

R

D1	D2	D3
a	1	A
b	1	A
c	2	A
d	2	B

S

D2	D3
1	A

①
D3
A
B

②
D2
2
2

③
D3
A

④
D1
a
b

X⊃Y인 두 개의 릴레이션 R(X)와 S(Y)가 있을 때, R의 속성이 S의 속성값을 모두 가진 튜플에서 S가 가진 속성을 제외한 속성만을 구하는 연산을 Division이라고 합니다.

❶ 릴레이션 R에서 릴레이션 S의 속성값을 모두 가진 튜플을 추출하면 다음과 같습니다.

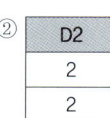

D1	D2	D3
a	1	A
b	1	A

❷ 릴레이션 S가 가진 속성(D2, D3)을 제외하게 되면 다음과 같습니다.

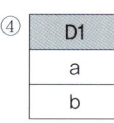

D1
a
b

25년 5월, 23년 7월, 2월, 22년 3월

7. 관계 대수식을 SQL 질의로 옳게 표현한 것은?

$$\pi_{이름}(\sigma_{학과\,=\,'교육'}(학생))$$

① SELECT 학생 FROM 이름 WHERE 학과 = '교육';
② SELECT 이름 FROM 학생 WHERE 학과 = '교육';
③ SELECT 교육 FROM 학과 WHERE 이름 = '학생';
④ SELECT 학과 FROM 학생 WHERE 이름 = '교육';

- $\pi_{이름}$: '이름' 필드를 표시하므로 **SELECT 이름**입니다.
- $\sigma_{학과\,=\,'교육'}$: '학과'가 "교육"인 자료만을 대상으로 검색하므로 **WHERE 학과 = '교육'**입니다.
- (학생) : 〈학생〉 테이블의 자료를 검색하므로 **FROM 학생**입니다.
- ∴ 학과가 '교육'인 학생의 '이름'을 검색하라는 의미입니다.

25년 5월, 23년 7월

8. 관계해석(Relational Calculus)에 대한 설명으로 잘못된 것은?

① 튜플 관계해석과 도메인 관계해석이 있다.
② 원하는 정보와 그 정보를 어떻게 유도하는가를 기술하는 절차적인 특성을 가진다.
③ 기본적으로 관계해석과 관계대수는 관계 데이터베이스를 처리하는 기능과 능력 면에서 동등하다.
④ 수학의 Predicate Calculus에 기반을 두고 있다.

관계해석은 비절차적인 언어로 원하는 결과 정보만 기술해 줍니다. 절차적인 언어는 관계대수입니다.

22년 7월

9. 관계대수와 관계해석에 대한 설명으로 옳지 않는 것은?

① 관계대수는 원래 수학의 프레디킷 해석에 기반을 두고 있다.
② 관계대수로 표현한 식은 관계해석으로 표현할 수 있다.
③ 관계해석은 관계 데이터의 연산을 표현하는 방법이다.
④ 관계해석은 원하는 정보가 무엇이라는 것만 정의하는 비절차적인 특징을 가지고 있다.

원래 수학의 프레디킷 해석에 기반을 두고 있는 것은 관계해석입니다.

23년 2월, 22년 3월

10. 관계해석에서 '모든 것에 대하여'의 의미를 나타내는 논리 기호는?

① ∃   ② ∈
③ ∀   ④ ⊂

관계해석에서 '모든 것에 대하여(For All)'의 의미를 나타내는 논리 기호는 '∀'입니다.

21년 3월

11. 조건을 만족하는 릴레이션의 수평적 부분집합으로 구성하며, 연산자의 기호는 그리스 문자 시그마(σ)를 사용하는 관계대수 연산은?

① Select   ② Project
③ Join   ④ Division

그리스 문자 시그마(σ)를 사용하는 관계대수 연산은 Select입니다.

▶ 정답 : 1. ② 2. ① 3. ② 4. ③ 5. ④ 6. ④ 7. ② 8. ② 9. ① 10. ③ 11. ①

SECTION 067 정규화(Normalization)

전문가의 조언

정규화는 데이터의 중복성을 최소화하고 일관성 등을 보장하여 데이터베이스의 품질을 보장하고 성능의 향상을 위해 수행합니다. 정규화의 개념이나 목적이 아닌 것을 구분해 낼 수 있을 정도로 학습하세요.

① 정규화의 개요

25.8, 25.2, 23.7, 23.5, 22.7, 21.8, 20.9

정규화란 함수적 종속성 등의 종속성 이론을 이용하여 잘못 설계된 관계형 스키마를 더 작은 속성의 세트로 쪼개어 바람직한 스키마로 만들어 가는 과정이다.

- 하나의 종속성이 하나의 릴레이션에 표현될 수 있도록 분해해가는 과정이라 할 수 있다.
- 정규형에는 제1정규형, 제2정규형, 제3정규형, BCNF형, 제4정규형, 제5정규형이 있으며, 차수가 높아질수록 만족시켜야 할 제약 조건이 늘어난다.
- 정규화는 데이터베이스의 논리적 설계 단계에서 수행한다.
- 정규화는 논리적 처리 및 품질에 큰 영향을 미친다.
- 정규화된 데이터 모델은 일관성, 정확성, 단순성, 비중복성, 안정성 등을 보장한다.
- 정규화 수준이 높을수록 유연한 데이터 구축이 가능하고 데이터의 정확성이 높아지는 반면 물리적 접근이 복잡하고 너무 많은 조인으로 인해 조회 성능이 저하된다.

② 정규화의 목적

23.2, 21.8, 20.8

- 데이터 구조의 안정성 및 무결성을 유지한다.
- 어떠한 릴레이션이라도 데이터베이스 내에서 표현 가능하게 만든다.
- 효과적인 검색 알고리즘을 생성할 수 있다.
- 데이터 중복을 배제하여 이상(Anomaly)의 발생 방지 및 자료 저장 공간의 최소화가 가능하다.
- 데이터 삽입 시 릴레이션을 재구성할 필요성을 줄인다.
- 데이터 모형의 단순화가 가능하다.
- 속성의 배열 상태 검증이 가능하다.
- 개체와 속성의 누락 여부 확인이 가능하다.
- 자료 검색과 추출의 효율성을 추구한다.

전문가의 조언

이상의 개념과 종류에 대한 문제가 출제되었습니다. 이상이 발생하는 원인과 이상의 종류를 기억하세요. 각 이상의 의미는 용어의 의미 그대로이므로 한 번만 읽어보면 바로 이해됩니다.

③ 이상(Anomaly)의 개념 및 종류

25.2, 24.5, 24.2, 21.8, 21.5, 21.3, 20.8, 실기 20.11

정규화를 거치지 않으면 데이터베이스 내에 데이터들이 불필요하게 중복되어 릴레이션 조작 시 예기치 못한 곤란한 현상이 발생하는데, 이를 이상(Anomaly)이라 하며 삽입 이상, 삭제 이상, 갱신 이상이 있다.

- **삽입 이상(Insertion Anomaly)** : 릴레이션에 데이터를 삽입할 때 의도와는 상관없이 원하지 않은 값들도 함께 삽입되는 현상이다.

- **삭제 이상(Deletion Anomaly)** : 릴레이션에서 한 튜플을 삭제할 때 의도와는 상관없는 값들도 함께 삭제되는 연쇄가 일어나는 현상이다.
- **갱신 이상(Update Anomaly)** : 릴레이션에서 튜플에 있는 속성값을 갱신할 때 일부 튜플의 정보만 갱신되어 정보에 모순이 생기는 현상이다.

4 정규화의 원칙

- 정보의 무손실 표현, 즉 하나의 스키마를 다른 스키마로 변환할 때 정보의 손실이 있어서는 안 된다.
- 분리의 원칙, 즉 하나의 독립된 관계성은 하나의 독립된 릴레이션으로 분리시켜 표현해야 한다.
- 데이터의 중복성이 감소되어야 한다.

5 정규화 과정

25.5, 25.2, 24.7, 24.5, 24.2, 23.7, 23.5, 23.2, 22.7, 22.4, 22.3, 21.8, 21.5, 21.3, 20.9, 20.8, 20.6, 실기 24.4, 21.7

1NF(제1정규형)

1NF는 릴레이션에 속한 모든 도메인(Domain)이 원자값(Atomic Value)만으로 되어 있는 정규형이다. 즉, 릴레이션의 모든 속성 값이 원자 값으로만 되어 있는 정규형이다.

- 릴레이션의 모든 속성이 단순 영역에서 정의된다.

2NF(제2정규형)

2NF는 릴레이션 R이 1NF이고, 기본키가 아닌 모든 속성이 기본키에 대하여 완전 함수적 종속을 만족하는 정규형이다.

> **잠깐만요** 함수적 종속 / 완전/부분 함수적 종속 및 이해
> 24.5, 24.2, 21.8
>
> **함수적 종속(Functional Dependency)**
> - 함수적 종속은 데이터들이 어떤 기준값에 의해 종속되는 것을 의미합니다.
> - 예를 들어 〈수강〉 릴레이션이 (학번, 이름, 과목명)으로 되어 있을 때, '학번'이 결정되면 '과목명'에 상관없이 '학번'에는 항상 같은 '이름'이 대응됩니다. '학번'에 따라 '이름'이 결정될 때 '이름'을 '학번'에 함수 종속적이라고 하며 '학번 → 이름'과 같이 씁니다.
>
> **완전 함수적 종속**
> 어떤 테이블 R에서 속성 A가 다른 속성 집합 B 전체에 대해 함수적 종속이지만 속성 집합 B의 어떠한 진부분 집합 C(즉, C ⊂ B)에는 함수적 종속이 아닐 때 속성 A는 속성 집합 B에 완전 함수적 종속이라고 합니다.
>
> **부분 함수적 종속**
> 어떤 테이블 R에서 속성 A가 다른 속성 집합 B 전체에 대해 함수적 종속이면서 속성 집합 B의 어떠한 진부분 집합에도 함수적 종속일 때, 속성 A는 속성 집합 B에 부분 함수적 종속이라고 합니다.
>
> **완전/부분 함수적 종속의 이해**
> - 완전 함수적 종속은 어떤 속성이 기본키에 대해 완전히 종속적일 때를 말합니다.
> - 예를 들어 〈수강〉 릴레이션이 (학번, 과목명, 성적, 학년)으로 되어 있고 (학번, 과목명)이 기본키일 때,

> **전문가의 조언**
>
> 정규화하는 과정을 생략하고 각 단계의 정규화 형태에 대한 정의만 수록했습니다.
>
> **전문가의 조언**
>
> **중요해요!** 정규화 과정의 각 단계를 묻는 문제가 자주 출제됩니다. 단계를 구분할 수 있도록 각각의 특징을 잘 정리하세요.

- '성적'은 '학번'과 '과목명'이 같을 경우에는 항상 같은 '성적'이 옵니다. 즉 '성적'은 '학번'과 '과목명'에 의해서만 결정되므로 '성적'은 기본키(학번, 과목명)에 완전 함수적 종속이 되는 것입니다.
- 반면에 '학년'은 '과목명'에 관계없이 '학번'이 같으면 항상 같은 '학년'이 옵니다. 즉 기본키의 일부인 '학번'에 의해서 '학년'이 결정되므로 '학년'은 부분 함수적 종속이라고 합니다.

3NF(제3정규형)

3NF는 릴레이션 R이 2NF이고, 기본키가 아닌 모든 속성이 기본키에 대해 이행적 종속*을 만족하지 않는 정규형이다.

- 무손실 조인 또는 종속성 보존을 저해하지 않고도 항상 3NF 설계를 얻을 수 있다.

BCNF(Boyce-Codd 정규형)

BCNF는 릴레이션 R에서 결정자*가 모두 후보키(Candidate Key)인 정규형이다.

- 3NF에서 후보키가 여러 개 존재하고 서로 중첩되는 경우에 적용하는, 강한 제3정규형이라고도 한다.
- 모든 BCNF(Boyce-Codd Normal Form)가 종속성을 보존하는 것은 아니다.
- BCNF의 제약 조건
  - 키가 아닌 모든 속성은 각 키에 대하여 완전 종속해야 한다.
  - 키가 아닌 모든 속성은 그 자신이 부분적으로 들어가 있지 않은 모든 키에 대하여 완전 종속해야 한다.
  - 어떤 속성도 키가 아닌 속성에 대해서는 완전 종속할 수 없다.

4NF(제4정규형)

4NF는 릴레이션 R에 다치 종속* A ↠ B가 성립하는 경우 R의 모든 속성이 A에 함수적 종속 관계를 만족하는 정규형이다.

5NF(제5정규형, PJ/NF)

5NF는 릴레이션 R의 모든 조인 종속*이 R의 후보키를 통해서만 성립되는 정규형이다.

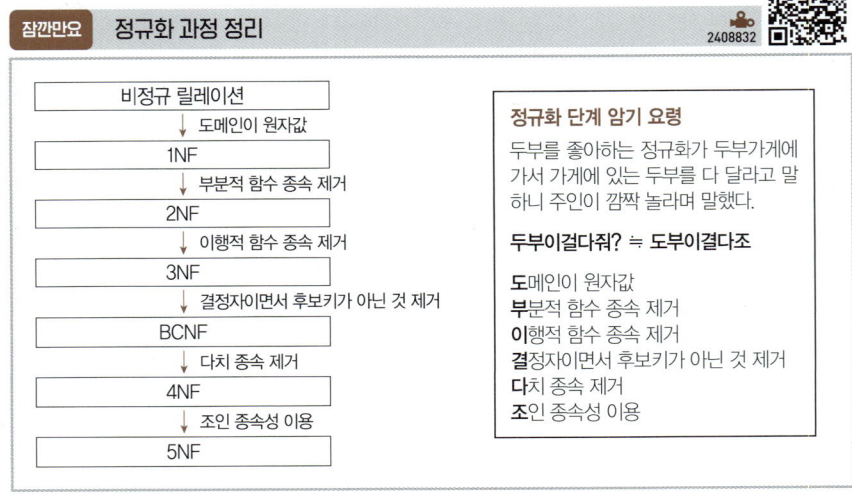

잠깐만요 정규화 과정 정리

비정규 릴레이션
↓ 도메인이 원자값
1NF
↓ 부분적 함수 종속 제거
2NF
↓ 이행적 함수 종속 제거
3NF
↓ 결정자이면서 후보키가 아닌 것 제거
BCNF
↓ 다치 종속 제거
4NF
↓ 조인 종속성 이용
5NF

정규화 단계 암기 요령

두부를 좋아하는 정규화가 두부가게에 가서 가게에 있는 두부를 다 달라고 말하니 주인이 깜짝 놀라며 말했다.

두부이걸다줘? ≒ 도부이결다조

도메인이 원자값
부분적 함수 종속 제거
이행적 함수 종속 제거
결정자이면서 후보키가 아닌 것 제거
다치 종속 제거
조인 종속성 이용

이행적 종속(Transitive Dependency) 관계
A → B이고 B → C일 때 A → C를 만족하는 관계를 의미합니다.

결정자/종속자
결정자(Determinant)는 속성 간의 종속성을 규명할 때 기준이 되는 값이고, 종속자(Dependent)는 결정자의 값에 의해 정해지는 값을 의미합니다.
예) '학번'에 따라 '이름'이 결정되는 '학번 → 이름'일 때 '학번'을 결정자라고, '이름'을 종속자라 합니다.

다치 종속(Multi Valued Dependency, 다가 종속)
A, B, C 3개의 속성을 가진 릴레이션 R에서 어떤 복합 속성(A, C)에 대응하는 B 값의 집합이 A 값에만 종속되고 C 값에는 무관하면, B는 A에 다치 종속이라 하고, 'A ↠ B'로 표기합니다.

조인 종속(Join Dependency)
어떤 릴레이션 R의 속성에 대한 부분집합 A, B, …, C가 있다고 해봅시다. 이때 만일 릴레이션 R이 자신의 프로젝션(Projection) A, B, …, C를 모두 조인한 결과가 자신과 동일할 경우 릴레이션 R은 조인 종속(A, B, …, C)을 만족한다고 합니다.

기출문제 따라잡기

23년 2월, 20년 8월
1. 정규화의 목적으로 틀린 것은?
① 어떠한 릴레이션이라도 데이터베이스 내에서 표현 가능하게 만든다.
② 데이터 삽입 시 릴레이션을 재구성할 필요성을 줄인다.
③ 중복을 배제하여 삽입, 삭제, 갱신 이상의 발생을 야기한다.
④ 효과적인 검색 알고리즘을 생성할 수 있다.

> 정규화의 목적 중 하나는 중복을 배제하여 이상(Anomaly)의 발생을 방지하는 것입니다.

20년 9월
2. 정규화의 필요성으로 거리가 먼 것은?
① 데이터 구조의 안정성 최대화
② 중복 데이터의 활성화
③ 수정, 삭제 시 이상 현상의 최소화
④ 테이블 불일치 위험의 최소화

> 정규화는 중복을 배제함으로써 삽입, 삭제, 갱신 이상의 발생을 최소화시킵니다.

20년 8월
3. 다음과 같이 왼쪽 릴레이션을 오른쪽 릴레이션으로 정규화를 하였을 때 어떤 정규화 작업을 한 것인가?

국가	도시
대한민국	서울, 부산
미국	워싱턴, 뉴욕
중국	베이징

⇒

국가	도시
대한민국	서울
대한민국	부산
미국	워싱턴
미국	뉴욕
중국	베이징

① 제1정규형
② 제2정규형
③ 제3정규형
④ 제4정규형

> 테이블의 '도시' 속성이 다중값을 갖고 있었으나 정규화를 수행한 후에는 한 개의 값 즉 원자값(Atomic Value)만을 가진 것으로 보아 제1정규화 작업을 수행한 것임을 알 수 있습니다.

24년 2월, 21년 3월
4. 정규화를 거치지 않아 발생하게 되는 이상(anomaly) 현상의 종류에 대한 설명으로 옳지 않은 것은?
① 삭제 이상이란 릴레이션에서 한 튜플을 삭제할 때 의도와는 상관없이 값들도 함께 삭제되는 연쇄 삭제 현상이다.
② 삽입 이상이란 릴레이션에서 데이터를 삽입할 때 의도와는 상관없이 원하지 않는 값들도 함께 삽입되는 현상이다.
③ 갱신 이상이란 릴레이션에서 튜플에 있는 속성값을 갱신할 때 일부 튜플의 정보만 갱신되어 정보에 모순이 생기는 현상이다.
④ 종속 이상이란 하나의 릴레이션에 하나 이상의 함수적 종속성이 존재하는 현상이다.

> 이상의 종류에는 삽입 이상, 삭제 이상, 갱신 이상이 있으며, 종속 이상이란 건 없습니다.

20년 6월
5. 정규화 과정 중 1NF에서 2NF가 되기 위한 조건은?
① 1NF를 만족하고 모든 도메인이 원자값이어야 한다.
② 1NF를 만족하고, 키가 아닌 모든 애트리뷰트들이 기본키에 이행적으로 함수 종속되지 않아야 한다.
③ 1NF를 만족하고 다치 종속이 제거되어야 한다.
④ 1NF를 만족하고 키가 아닌 모든 속성이 기본키에 대하여 완전 함수적 종속 관계를 만족해야 한다.

> '두부이걸다줘 = 도부이걸다조'에서 '부'에 해당하는 것으로, 부분적 함수 종속을 제거함으로써 완전 함수적 종속을 만족합니다.

25년 2월, 24년 2월, 23년 2월, 21년 5월, 3월, 20년 9월
6. 제3정규형에서 보이스코드 정규형(BCNF)으로 정규화하기 위한 작업은?
① 원자 값이 아닌 도메인을 분해
② 부분 함수 종속 제거
③ 이행 함수 종속 제거
④ 결정자가 후보키가 아닌 함수 종속 제거

> '두부이걸다줘 = 도부이걸다조'에서 '결'에 해당합니다.

24년 5월, 2월, 21년 8월
7. 어떤 릴레이션 R에서 X와 Y를 각각 R의 애트리뷰트 집합의 부분 집합이라고 할 경우 애트리뷰트 X의 값 각각에 대해 시간에 관계없이 항상 애트리뷰트 Y의 값이 오직 하나만 연관되어 있을 때 Y는 X에 함수 종속이라고 한다. 이 함수 종속의 표기로 옳은 것은?
① Y → X
② Y ⊂ X
③ X → Y
④ X ⊂ Y

> 항상 X에 따라 Y가 결정될 때 Y를 X에 함수 종속적이라고 하며 X → Y와 같이 씁니다.

▶ 정답: 1.③ 2.② 3.① 4.④ 5.④ 6.④ 7.③

기출문제 따라잡기

24년 7월, 23년 5월, 22년 4월, 20년 8월
8. 다음 조건을 모두 만족하는 정규형은?

- 테이블 R에 속한 모든 도메인이 원자값만으로 구성되어 있다.
- 테이블 R에서 키가 아닌 모든 필드가 키에 대해 함수적으로 종속되며, 키의 부분집합이 결정자가 되는 부분 종속이 존재하지 않는다.
- 테이블 R에 존재하는 모든 함수적 종속에서 결정자가 후보키이다.

① BCNF
② 제1정규형
③ 제2정규형
④ 제3정규형

지문에 제시된 조건은 '도메인 원자값', '부분 종속이 제거', '결정자가 후보키'이며, 이는 **도부이결대조**에서 '결'까지 만족하는 BCNF입니다.

24년 2월, 20년 8월
9. 다음에 해당하는 함수 종속의 추론 규칙은?

X → Y이고 Y → Z이면 X → Z이다.

① 분해 규칙
② 이행 규칙
③ 반사 규칙
④ 결합 규칙

X → Y이고 Y → Z일 때, X → Z를 만족하는 관계를 이행적 함수 종속 또는 이행 규칙이라고 합니다.

23년 2월, 21년 8월, 20년 8월
10. 데이터의 중복으로 인하여 관계 연산을 처리할 때 예기치 못한 곤란한 현상이 발생하는 것을 무엇이라 하는가?

① 이상(Anomaly)
② 제한(Restriction)
③ 종속성(Dependency)
④ 변환(Translation)

데이터의 중복으로 인하여 곤란한 현상이 발생하는 것을 이상(Anomaly)이라고 합니다.

21년 8월
11. 정규화에 대한 설명으로 적절하지 않은 것은?

① 데이터베이스의 개념적 설계 단계 이전에 수행한다.
② 데이터 구조의 안정성을 최대화한다.
③ 중복을 배제하여 삽입, 삭제, 갱신 이상의 발생을 방지한다.
④ 데이터 삽입 시 릴레이션을 재구성할 필요성을 줄인다.

정규화는 개념적 설계의 다음 단계인 논리적 설계 단계에서 수행하는 작업입니다.

22년 7월
12. 정규화에 대한 설명으로 옳지 않은 것은?

① 정규형에는 제 1정규형, 제 2정규형, 제 3정규형, BCNF형, 제 4정규형 등이 있다.
② 릴레이션에 속한 모든 도메인이 원자값만으로 되어 있는 정규형은 제1정규형이다.
③ 제1정규형이 제2정규형이 되기 위해서는 기본키가 아닌 모든 속성이 기본키에 대하여 완전 함수적 종속을 만족해야 한다.
④ 결정자가 모두 후보키인 정규형은 제3정규형이다.

결정자가 모두 후보키인 정규형은 BCNF입니다. 제3정규형에서 결정자가 후보키가 아닌 것을 제거하면 BCNF가 됩니다.

22년 3월, 20년 6월
13. 정규화 과정에서 함수 종속이 A → B이고 B → C일 때 A → C인 관계를 제거하는 단계는?

① 1NF → 2NF
② 2NF → 3NF
③ 3NF → BCNF
④ BCNF → 4NF

A → B이고 B → C일 때 A → C를 만족하는 관계를 이행적 종속이라고 하고, 이행적 종속은 2NF → 3NF 단계에서 제거됩니다.

21년 5월
14. 데이터 속성 간의 종속성에 대한 엄밀한 고려없이 잘못 설계된 데이터베이스에서는 데이터 처리 연산 수행 시 각종 이상 현상이 발생할 수 있는데, 이러한 이상 현상이 아닌 것은?

① 검색 이상
② 삽입 이상
③ 삭제 이상
④ 갱신 이상

이상에는 삽입, 삭제, 갱신 이상이 있습니다.

21년 3월
15. 다음 정의에서 말하는 기본 정규형은?

어떤 릴레이션 R에 속한 모든 도메인이 원자값(Atomic Value)만으로 되어 있다.

① 제1정규형(1NF)
② 제2정규형(2NF)
③ 제3정규형(3NF)
④ 보이스/코드 정규형(BCNF)

모든 도메인이 원자값인 정규형은 제1정규형(1NF)입니다.

22년 3월, 21년 8월
16. 이전 단계의 정규형을 만족하면서 후보키를 통하지 않는 조인 종속(JD : Join Dependency)을 제거해야 만족하는 정규형은?

① 제3정규형
② 제4정규형
③ 제5정규형
④ 제6정규형

제5정규형은 테이블의 모든 조인 종속이 테이블의 후보키를 통해서만 성립되는 정규형으로, 제4정규형에서 조인 종속을 제거하면 제5정규형이 됩니다.

▶ 정답 : 8. ① 9. ② 10. ① 11. ① 12. ④ 13. ② 14. ① 15. ① 16. ③

SECTION 068 반정규화(Denormalization)

1 반정규화의 개요

반정규화란 시스템의 성능 향상, 개발 및 운영의 편의성 등을 위해 정규화된 데이터 모델을 통합, 중복, 분리하는 과정으로, 의도적으로 정규화 원칙*을 위배하는 행위이다.

- 반정규화를 수행하면 시스템의 성능이 향상되고 관리 효율성은 증가하지만 데이터의 일관성 및 정합성이 저하될 수 있다.
- 과도한 반정규화는 오히려 성능을 저하시킬 수 있다.
- 반정규화를 위해서는 사전에 데이터의 일관성과 무결성을 우선으로 할지, 데이터베이스의 성능과 단순화를 우선으로 할지를 결정해야 한다.
- 반정규화 방법에는 테이블 통합, 테이블 분할, 중복 테이블 추가, 중복 속성 추가 등이 있다.

전문가의 조언

반정규화의 개념과 반정규화 방법 중 중복 테이블의 추가 방법을 묻는 문제가 출제되었습니다. 반정규화의 개념과 반정규화의 4가지 방법인 테이블 통합, 테이블 분할, 중복 테이블 추가, 중복 속성 추가의 특징에 대해 정리하세요.

정규화 원칙에 대한 자세한 내용은 309쪽을 참조하세요.

2 테이블 통합

테이블 통합은 두 개의 테이블이 조인(Join)되는 경우가 많아 하나의 테이블로 합쳐 사용하는 것이 성능 향상에 도움이 될 경우 수행한다.

- 두 개의 테이블에서 발생하는 프로세스가 동일하게 자주 처리되는 경우, 두 개의 테이블을 이용하여 항상 조회를 수행하는 경우 테이블 통합을 고려한다.

학번	담당교수
201001	홍길동
201002	유관순
201003	윤봉길
201004	홍길동
201005	이순신
201006	유관순

담당교수	과목명
홍길동	정보처리
이순신	정보처리
윤봉길	인공지능
유관순	네트워크

학번	담당교수	과목명
201001	홍길동	정보처리
201002	유관순	네트워크
201003	윤봉길	인공지능
201004	홍길동	정보처리
201005	이순신	정보처리
201006	유관순	네트워크

〈테이블 통합〉

슈퍼타입/서브타입
슈퍼타입은 상위 개체를, 서브타입은 하위 개체를 의미합니다.

- 테이블 통합의 종류에는 1:1 관계 테이블 통합, 1:N 관계 테이블 통합, 슈퍼타입/서브타입* 테이블 통합이 있다.
- 테이블 통합 시 고려 사항
  - 데이터 검색은 간편하지만 레코드 증가로 인해 처리량이 증가한다.
  - 테이블 통합으로 인해 입력, 수정, 삭제 규칙이 복잡해질 수 있다.
  - Not Null*, Default*, Check* 등의 제약조건(Constraint)을 설계하기 어렵다.

- **Not Null** : 속성 값이 Null이 될 수 없음
- **Default** : 속성 값이 생략되면 기본값 설정
- **Check** : 속성 값의 범위나 조건을 설정하여 설정한 값만 허용

③ 테이블 분할

테이블 분할은 테이블을 수직 또는 수평으로 분할하는 것이다.

〈수평 분할〉　　　　　　　　　　〈수직 분할〉

학번	담당교수	과목명
201001	홍길동	정보처리
201002	유관순	네트워크
201003	윤봉길	인공지능
201004	홍길동	정보처리
201005	이순신	정보처리
201006	유관순	네트워크

학번	담당교수	과목명
201001	홍길동	정보처리
201002	유관순	네트워크
201003	윤봉길	인공지능

학번	담당교수	과목명
201004	홍길동	정보처리
201005	이순신	정보처리
201006	유관순	네트워크

학번	담당교수
201001	홍길동
201002	유관순
201003	윤봉길
201004	홍길동
201005	이순신
201006	유관순

학번	과목명
201001	정보처리
201002	네트워크
201003	인공지능
201004	정보처리
201005	정보처리
201006	네트워크

- 수평 분할(Horizontal Partitioning)
  - 수평 분할은 레코드(Record)를 기준으로 테이블을 분할하는 것이다.
  - 레코드별로 사용 빈도의 차이가 큰 경우 사용 빈도에 따라 테이블을 분할한다.
- 수직 분할(Vertical Partitioning)
  - 수직 분할은 하나의 테이블에 속성이 너무 많을 경우 속성을 기준으로 테이블을 분할하는 것이다.
  - 갱신 위주의 속성 분할 : 데이터 갱신 시 레코드 잠금*으로 인해 다른 작업을 수행할 수 없으므로 갱신이 자주 일어나는 속성들을 수직 분할하여 사용한다.
  - 자주 조회되는 속성 분할 : 테이블에서 자주 조회되는 속성이 극히 일부일 경우 자주 사용되는 속성들을 수직 분할하여 사용한다.
  - 크기가 큰 속성 분할 : 이미지나 2GB 이상 저장될 수 있는 텍스트 형식 등으로 된 속성들을 수직 분할하여 사용한다.
  - 보안을 적용해야 하는 속성 분할 : 테이블 내의 특정 속성에 대해 보안을 적용할 수 없으므로 보안을 적용해야 하는 속성들을 수직 분할하여 사용한다.

레코드 잠금
레코드 잠금은 데이터의 무결성을 유지하기 위해 어떤 프로세스가 데이터 값을 변경하려고 하면 변경 작업이 완료될 때까지 다른 프로세스가 해당 데이터 값을 변경하지 못하도록 하는 것을 의미합니다.

예 수직 분할 수행의 예

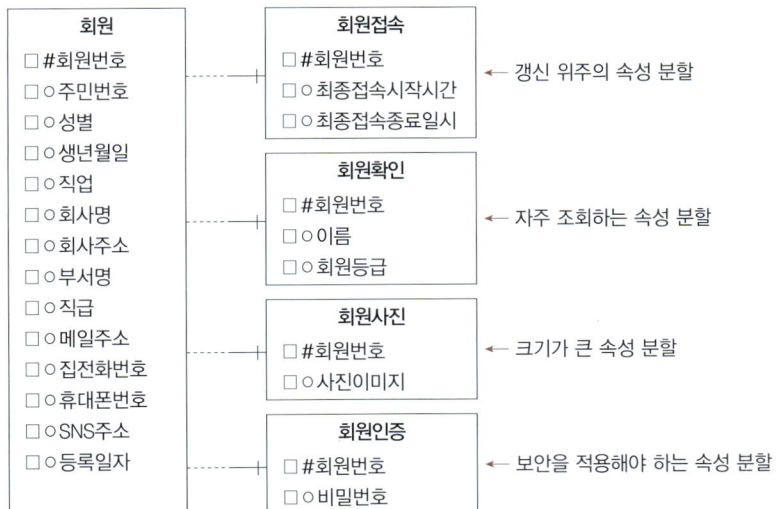

- 테이블 분할 시 고려 사항
  - 기본키의 유일성 관리가 어려워진다.
  - 데이터 양이 적거나 사용 빈도가 낮은 경우 테이블 분할이 필요한지를 고려해야 한다.
  - 분할된 테이블로 인해 수행 속도가 느려질 수 있다.
  - 데이터 검색에 중점을 두어 테이블 분할 여부를 결정해야 한다.

4 중복 테이블 추가

여러 테이블에서 데이터를 추출해서 사용해야 하거나 다른 서버에 저장된 테이블을 이용해야 하는 경우 중복 테이블을 추가하여 작업의 효율성을 향상시킬 수 있다.

- 중복 테이블을 추가하는 경우
  - 정규화로 인해 수행 속도가 느려지는 경우
  - 많은 범위의 데이터를 자주 처리해야 하는 경우
  - 특정 범위의 데이터만 자주 처리해야 하는 경우
  - 처리 범위를 줄이지 않고는 수행 속도를 개선할 수 없는 경우
- 중복 테이블을 추가하는 방법은 다음과 같다.
  - 집계 테이블의 추가 : 집계 데이터를 위한 테이블을 생성하고, 각 원본 테이블에 트리거(Trigger)*를 설정하여 사용하는 것으로, 트리거의 오버헤드(Overhead)에 유의해야 한다.
  - 진행 테이블의 추가 : 이력 관리* 등의 목적으로 추가하는 테이블로, 적절한 데이터 양의 유지와 활용도를 높이기 위해 기본키를 적절히 설정한다.
  - 특정 부분만을 포함하는 테이블의 추가 : 데이터가 많은 테이블의 특정 부분만을 사용하는 경우 해당 부분만으로 새로운 테이블을 생성한다.

트리거(Trigger)
트리거는 데이터베이스 시스템에서 데이터의 입력, 갱신, 삭제 등의 이벤트(Event)가 발생할 때마다 자동적으로 수행되는 절차형 SQL입니다.
※ 이벤트(Event) : 시스템에 어떤 일이 발생한 것을 말하며, 트리거에서 이벤트는 데이터의 입력, 갱신, 삭제와 같이 데이터를 조작하는 작업이 발생했음을 의미함

이력 관리
이력 관리는 속성 값의 변화를 관리하기 위해 테이블에서 특정 속성 값이 변경될 때마다 변경되기 전의 속성 값을 저장하는 것을 말합니다.

전문가의 조언

〈회원정보〉, 〈상품정보〉, 〈주문정보〉 테이블의 데이터를 집계하는 집계 테이블을 추가하여 시스템 사용이 적은 시간에 배치 작업에 의해 원하는 데이터를 생성하여 사용합니다.

예 집계 테이블 추가

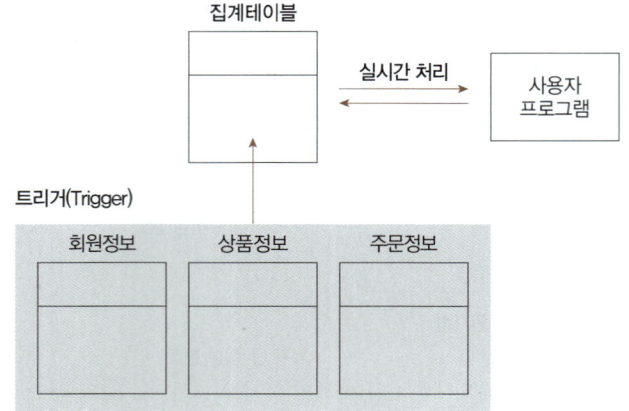

5 중복 속성 추가

중복 속성 추가는 조인해서 데이터를 처리할 때 데이터를 조회하는 경로를 단축하기 위해 자주 사용하는 속성을 하나 더 추가하는 것이다.

- 중복 속성을 추가하면 데이터의 무결성 확보가 어렵고, 디스크 공간이 추가로 필요하다.

예 중복 속성 추가

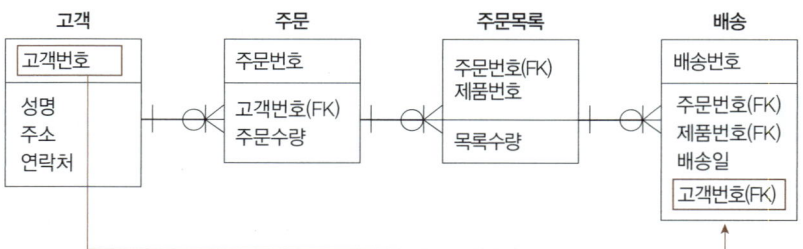

- 중복 속성을 추가하는 경우
  - 조인이 자주 발생하는 속성인 경우
  - 접근 경로가 복잡한 속성인 경우
  - 액세스의 조건으로 자주 사용되는 속성인 경우
  - 기본키의 형태가 적절하지 않거나 여러 개의 속성으로 구성된 경우
- 중복 속성 추가 시 고려 사항
  - 테이블 중복과 속성의 중복을 고려한다.
  - 데이터 일관성 및 무결성에 유의해야 한다.
  - SQL 그룹 함수를 이용하여 처리할 수 있어야 한다.
  - 저장 공간의 지나친 낭비를 고려한다.

기출문제 따라잡기

출제예상
1. 다음 중 반정규화에 대한 설명으로 가장 옳지 않은 것은?
① 반정규화는 의도적으로 정규화 원칙을 위배하는 행위이다.
② 반정규화를 수행하면 시스템의 성능이 저하된다.
③ 반정규화로 인해 데이터의 일관성 및 정합성이 저하될 수 있다.
④ 반정규화 방법에는 테이블 통합, 테이블 분할, 중복 테이블 및 중복 속성 추가 등이 있다.

> 반정규화를 수행하는 이유는 시스템 성능 향상과 관리 효율성 증가입니다.

출제예상
2. 다음 중 반정규화 방법 중 테이블 통합의 종류가 아닌 것은?
① 1:1 관계 테이블 통합
② 1:N 관계 테이블 통합
③ 슈퍼/서브타입 테이블 통합
④ N:M 관계 테이블 통합

> 테이블 통합의 종류에는 '1:1 관계, 1:N 관계, 슈퍼타입/서브타입'이 있습니다.

출제예상
3. 다음 중 반정규화 시 중복 테이블을 추가해야 하는 경우가 아닌 것은?
① 많은 양의 범위를 자주 처리해야 하는 경우
② 특정 범위의 데이터만 자주 처리해야 하는 경우
③ 처리 범위를 늘리지 않고는 수행 속도를 개선할 수 없는 경우
④ 정규화로 인해 수행 속도가 느려지는 경우

> 수행 속도를 개선하려면 처리 범위를 줄여야 합니다.

출제예상
4. 다음의 내용은 반정규화의 어떤 유형에 대한 고려사항인가?

> - 데이터 검색은 간편하지만 Row 수가 증가하여 처리량이 증가할 수 있음을 고려해야 한다.
> - 입력, 수정, 삭제 규칙이 복잡해질 수 있음을 고려해야 한다.
> - Not Null, Default, Check 등의 Constraint을 설계하기 어려운 점을 고려해야 한다.

① 테이블 통합
② 테이블 분할
③ 중복 테이블 추가
④ 중복 속성 추가

> 지문의 내용은 테이블 통합에 대한 고려사항입니다.

출제예상
5. 다음 중 반정규화 시 중복 속성을 추가해야 하는 경우가 아닌 것은?
① 기본키가 하나의 속성으로 구성된 경우
② 조인이 자주 발생하는 속성인 경우
③ 접근 경로가 복잡한 속성인 경우
④ 액세스의 조건으로 자주 사용되는 속성인 경우

> 기본키의 형태가 적절하지 않거나 여러 개의 속성으로 구성된 경우 중복 속성을 추가합니다.

25년 5월, 24년 2월, 23년 7월, 20년 9월
6. 정규화된 엔티티, 속성, 관계를 시스템의 성능 향상과 개발 운영의 단순화를 위해 중복, 통합, 분리 등을 수행하는 데이터 모델링 기법은?
① 인덱스정규화
② 반정규화
③ 집단화
④ 머징

> 정규화된 엔티티, 속성, 관계를 중복, 통합, 분리하는 등 의도적으로 정규화 원칙을 위배하는 행위를 반정규화(Denormalization)라고 합니다.

20년 6월
7. 반정규화(Denormalization) 유형 중 중복 테이블을 추가하는 방법에 해당하지 않는 것은?
① 빌드 테이블의 추가
② 집계 테이블의 추가
③ 진행 테이블의 추가
④ 특정 부분만을 포함하는 테이블 추가

> 반정규화에서 중복 테이블을 추가하는 방법에는 '집계 테이블의 추가, 진행 테이블의 추가, 특정 부분만을 포함하는 테이블의 추가'가 있습니다.

출제예상
8. 다음 반정규화 방법 중 중복 속성 추가 시 고려할 사항으로 가장 거리가 먼 것은?
① 테이블 중복과 속성의 중복을 고려한다.
② 데이터 일관성 및 무결성에 유의해야 한다.
③ SQL Group Function을 이용하여 해결 가능한지 검토한다.
④ 기본키의 유일성 관리가 어려워짐을 고려한다.

> 기본키의 유일성 관리가 어려워짐을 고려하는 것은 테이블 분할 시 고려사항입니다.

▶ 정답 : 1. ② 2. ④ 3. ③ 4. ① 5. ① 6. ② 7. ① 8. ④

SECTION 069 시스템 카탈로그

 전문가의 조언

시스템 카탈로그의 특징을 묻는 문제가 출제되었습니다. 시스템 카탈로그의 의미와 특징을 전부 숙지하세요.

1 시스템 카탈로그(System Catalog)의 의미

25.8, 25.5, 24.7, 24.5, 24.2, 23.7, 22.7, 22.4, 21.5

시스템 카탈로그는 시스템 그 자체에 관련이 있는 다양한 객체에 관한 정보를 포함하는 시스템 데이터베이스이다.

- 시스템 카탈로그 내의 각 테이블은 사용자를 포함하여 DBMS에서 지원하는 모든 데이터 객체에 대한 정의나 명세에 관한 정보를 유지 관리하는 시스템 테이블이다.
- 카탈로그들이 생성되면 데이터 사전(Data Dictionary)에 저장되기 때문에 좁은 의미로는 카탈로그를 데이터 사전이라고도 한다.

2 시스템 카탈로그 저장 정보

25.8, 25.5, 24.7, 24.5, 24.2, 23.7, 22.7, 22.4, 21.5, 21.3

시스템 카탈로그에 저장된 정보를 메타 데이터(Meta-Data)라고 한다.

- **메타 데이터의 유형**
  - 데이터베이스 객체 정보 : 테이블(Table), 인덱스(Index), 뷰(View) 등의 구조 및 통계 정보
  - 사용자 정보 : 아이디, 패스워드, 접근 권한 등
  - 테이블의 무결성 제약 조건 정보 : 기본키, 외래키, NULL 값 허용 여부 등
  - 함수, 프로시저, 트리거 등에 대한 정보

3 카탈로그의 특징

25.8, 25.5, 24.7, 24.5, 24.2, 23.7, 22.7, 21.5, 21.3

- 카탈로그 자체도 시스템 테이블로 구성되어 있어 일반 이용자도 SQL을 이용하여 내용을 검색해 볼 수 있다.
- INSERT, DELETE, UPDATE문으로 카탈로그를 갱신하는 것은 허용되지 않는다.
- 데이터베이스 시스템에 따라 상이한 구조를 갖는다.
- 카탈로그는 DBMS가 스스로 생성하고 유지한다.
- **카탈로그의 갱신** : 사용자가 SQL문을 실행시켜 기본 테이블, 뷰, 인덱스 등에 변화를 주면 시스템이 자동으로 갱신한다.
- **분산 시스템에서의 카탈로그** : 보통의 릴레이션, 인덱스, 사용자 등의 정보를 포함할 뿐 아니라 위치 투명성 및 중복 투명성을 제공하기 위해 필요한 모든 제어 정보를 가져야 한다.

4 카탈로그/데이터 사전을 참조하기 위한 DBMS 내의 모듈 시스템

- **데이터 정의어 번역기(DDL Compiler)** : DDL을 메타 데이터를 갖는 테이블(카탈로그)로 변환하여 데이터 사전에 저장시킨다.
- **데이터 조작어 번역기(DML Compiler)** : 응용 프로그램에 삽입된 DML문을 주 언어로 표현한 프로시저 호출로 변환하여 질의 처리기와 상호 통신한다.
- Data Directory
  - 데이터 사전에 수록된 데이터를 실제로 접근하는 데 필요한 정보를 관리 유지하는 시스템이다.
  - 시스템 카탈로그는 사용자와 시스템 모두 접근할 수 있지만 데이터 디렉터리는 시스템만 접근할 수 있다.
- **질의 최적화기** : 사용자의 요구를 효율적인 형태로 변환하고 질의를 처리하는 좋은 전략을 모색한다.
- **트랜잭션 처리기** : 복수 사용자 환경에서 평행으로 동시에 일어나는 트랜잭션 문제를 해결하여, 각각의 사용자가 데이터베이스 자원을 배타적으로 이용할 수 있도록 한다.

> **전문가의 조언**
> 데이터 디렉터리의 개념을 명확히 하고 나머지는 어떤 역할을 하는지 다른 것들과 구분할 수 있을 정도로만 학습하세요.

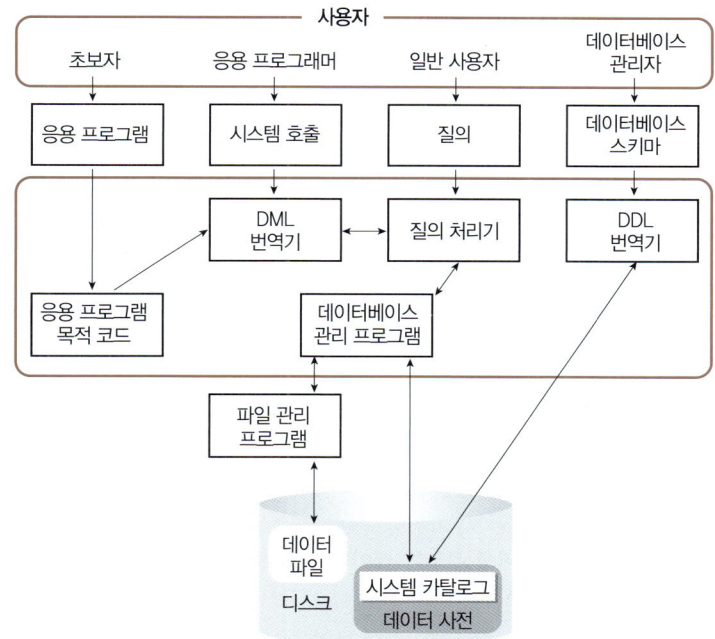

기출문제 따라잡기

25년 8월, 23년 7월
1. 다음 중 자료 사전(Data Dictionary)에 대한 설명으로 옳지 않은 것은?
① 메타 데이터(Meta Data)라고 한다.
② 모든 데이터 개체들에 대한 정보를 유지, 관리하는 시스템이다.
③ 일반 이용자도 SQL을 이용하여 내용을 검색해 볼 수 있다.
④ 자료 사전에 대한 갱신은 데이터베이스의 무결성 유지를 위해 이용자가 직접 갱신해야 한다.

> 자료 사전은 시스템 카탈로그를 의미합니다. 시스템 카탈로그는 시스템 테이블로 구성되어 있어 일반 이용자도 SQL을 이용하여 내용을 검색할 수는 있지만 갱신은 할 수 없습니다.

이전기출
2. 데이터베이스에 포함되는 모든 데이터 객체들에 대한 정의나 명세에 관한 정보를 유지 관리하는 시스템을 무엇이라 하는가?
① 데이터 디렉터리   ② 데이터 사전
③ 저장 시스템   ④ 메타 시스템

> 데이터 사전(Data Dictionary)은 시스템 카탈로그를 의미합니다.

이전기출
3. 다음 영문의 (　　) 안 내용으로 가장 적절한 것은?

A(n) (　　) is a file that contains meta data that is, data about data. This file is consulted before actual data are read or modified in the database system.

① VIEW   ② Index
③ ISAM File   ④ Data Dictionary

> 문제의 지문에서 핵심 키워드는 Meta Data입니다. Meta Data가 저장되는 곳은 데이터 사전(Data Dictionary)입니다.

24년 7월, 2월, 23년 7월, 21년 5월, 3월
4. 시스템 카탈로그에 대한 설명으로 옳지 않은 것은?
① 사용자가 직접 시스템 카탈로그의 내용을 갱신하여 데이터베이스 무결성을 유지한다.
② 시스템 자신이 필요로 하는 스키마 및 여러 가지 객체에 관한 정보를 포함하고 있는 시스템 데이터베이스이다.
③ 시스템 카탈로그에 저장되는 내용을 메타 데이터라고도 한다.
④ 시스템 카탈로그는 DBMS가 스스로 생성하고 유지한다.

> 사용자가 시스템 카탈로그를 직접 갱신할 수는 없습니다. 사용자가 SQL문을 실행시켜 기본 테이블, 뷰, 인덱스 등에 변화를 주면 시스템이 자동으로 갱신합니다.

25년 5월, 22년 7월
5. 시스템 카탈로그에 대한 설명으로 옳지 않은 것은?
① 시스템 자체에 관련 있는 다양한 객체에 관한 정보를 포함하는 시스템 데이터베이스이다.
② 데이터 사전이라고도 한다.
③ 기본 테이블, 뷰, 인덱스, 패키지, 접근 권한 등의 정보를 저장한다.
④ 시스템을 위한 정보를 포함하는 시스템 데이터베이스이므로 일반 사용자는 SQL을 이용하여 내용을 검색해 볼 수 없다.

> 시스템 카탈로그 자체도 시스템 테이블로 구성되어 있어 일반 사용자도 SQL을 이용하여 내용을 검색해 볼 수 있습니다. 단 수정은 불가능합니다.

24년 5월
6. 시스템 카탈로그에 대한 설명으로 옳지 않은 것은?
① 시스템 카탈로그에 저장된 정보를 슈퍼 데이터(Super Data)라고 한다.
② 시스템 자신이 필요로 하는 스키마 및 여러 가지 객체에 관한 정보를 포함하고 있는 시스템 데이터베이스이다.
③ 카탈로그들이 생성되면 자료 사전에 저장되기 때문에 좁은 의미로 자료 사전이라고 한다.
④ 시스템 카탈로그에 대한 사용자의 접근은 읽기 전용으로만 허용된다.

> 시스템 카탈로그에 저장된 정보를 메타 데이터(Meta-Data)라고 합니다.

22년 4월
7. 데이터 사전에 대한 설명으로 틀린 것은?
① 시스템 카탈로그 또는 시스템 데이터베이스라고도 한다.
② 데이터 사전 역시 데이터베이스의 일종이므로 일반 사용자가 생성, 유지 및 수정할 수 있다.
③ 데이터베이스에 대한 데이터인 메타데이터(Metadata)를 저장하고 있다.
④ 데이터 사전에 있는 데이터에 실제로 접근하는 데 필요한 위치 정보는 데이터 디렉토리(Data Directory)라는 곳에서 관리한다.

> 데이터 사전은 DBMS가 스스로 생성하고 유지합니다. 일반 사용자는 SQL을 이용하여 내용을 검색할 수 있지만 내용을 생성하거나 수정할 수는 없습니다.

▶ 정답 : 1. ④ 2. ② 3. ④ 4. ① 5. ④ 6. ① 7. ②

1장 핵심요약

060 데이터베이스 설계

❶ 개념적 설계(정보 모델링, 개념화) 23.2, 22.4
- 정보의 구조를 얻기 위하여 현실 세계의 무한성과 계속성을 이해하고, 다른 사람과 통신하기 위하여 현실 세계에 대한 인식을 추상적 개념으로 표현하는 과정이다.
- 요구 분석 단계에서 나온 결과인 요구 조건 명세를 DBMS에 독립적인 E-R 다이어그램으로 작성한다.
- DBMS에 독립적인 개념 스키마를 설계한다.

❷ 논리적 설계(데이터 모델링) 24.2, 22.7, 20.6
- 특정 DBMS가 지원하는 논리적 자료 구조로 변환(Mapping)시키는 과정이다.
- 개념 스키마를 평가 및 정제하고 DBMS에 따라 서로 다른 논리적 스키마를 설계하는 단계이다.
- 트랜잭션의 인터페이스를 설계한다.

❸ 물리적 설계(데이터 구조화) 24.5, 24.2, 22.4, 22.3, 21.8, 21.5, 21.3, 20.9
- 논리적 설계 단계에서 논리적 구조로 표현된 데이터를 디스크 등의 물리적 저장장치에 저장할 수 있는 물리적 구조의 데이터로 변환하는 과정이다.
- 다양한 데이터베이스 응용에 대해 처리 성능을 얻기 위해 데이터베이스 파일의 저장 구조 및 액세스 경로를 결정한다.
- 저장 레코드의 형식, 순서, 접근 경로, 조회가 집중되는 레코드와 같은 정보를 사용하여 데이터가 컴퓨터에 저장되는 방법을 묘사한다.
- 물리적 설계 시 고려할 사항
  - 트랜잭션 처리량
  - 응답 시간
  - 디스크 용량
  - 저장 공간의 효율화 등

061 데이터 모델의 개념

❶ 관계의 형태 25.8, 23.5
- 일 대 일(1:1) : 개체 집합 A의 각 원소가 개체 집합 B의 원소 한 개와 대응하는 관계
- 일 대 다(1:N) : 개체 집합 A의 각 원소는 개체 집합 B의 원소 여러 개와 대응하고 있지만, 개체 집합 B의 각 원소는 개체 집합 A의 원소 한 개와 대응하는 관계
- 다 대 다(N:M) : 개체 집합 A의 각 원소는 개체 집합 B의 원소 여러 개와 대응하고, 개체 집합 B의 각 원소도 개체 집합 A의 원소 여러 개와 대응하는 관계

❷ 데이터 모델에 표시할 요소 25.8, 24.5, 23.2, 22.4, 20.9
- 구조(Structure) : 논리적으로 표현된 개체 타입들 간의 관계로서 데이터 구조 및 정적 성질을 표현함
- 연산(Operation) : 데이터베이스에 저장된 실제 데이터를 처리하는 작업에 대한 명세로서 데이터베이스를 조작하는 기본 도구임
- 제약 조건(Constraint) : 데이터베이스에 저장될 수 있는 실제 데이터의 논리적인 제약 조건임

062 E-R(개체-관계) 모델

❶ E-R 다이어그램(Entity-Relationship Diagram) 25.5, 24.7, 24.5, …

기호	기호 이름	의미
사각형	사각형	개체(Entity) 타입
마름모	마름모	관계(Relationship) 타입
타원	타원	속성(Attribute)
이중 타원	이중 타원	다중값 속성(복합 속성)
선	선, 링크	개체 타입과 속성을 연결

1장 핵심요약

063 관계형 데이터베이스의 구조

❶ 릴레이션(Relation) 23.2, 21.3, 20.8

데이터들을 표(Table)의 형태로 표현한 것으로 구조를 나타내는 릴레이션 스키마와 실제 값들인 릴레이션 인스턴스로 구성된다.

〈학생〉 릴레이션

❷ 튜플(Tuple) 25.5, 24.7, 23.2, 22.4, 22.3, 21.3, 20.9, 20.8

- 릴레이션을 구성하는 각각의 행이다.
- 튜플의 수 = 카디널리티(Cardinality) = 기수 = 대응수

❸ 속성(Attribute) 25.5, 24.7, 23.2, 22.3, 21.5, 21.3, 20.9, 20.8

- 데이터베이스를 구성하는 가장 작은 논리적 단위이다.
- 속성의 수 = 디그리(Degree) = 차수

❹ 도메인(Domain) 25.8, 21.3, 20.6

하나의 애트리뷰트가 취할 수 있는 같은 타입의 원자(Atomic)값들의 집합이다.

❺ 릴레이션의 특징 25.8, 25.2, 24.7, 24.5, 24.2, 23.7, 22.7, 22.4, 21.5, 20.8

- 한 릴레이션에 포함된 튜플들은 모두 상이하다.
- 한 릴레이션에 포함된 튜플 사이에는 순서가 없다.
- 튜플들의 삽입, 삭제 등의 작업으로 인해 릴레이션은 시간에 따라 변한다.
- 릴레이션 스키마를 구성하는 속성들 간의 순서는 중요하지 않다.
- 속성의 유일한 식별을 위해 속성의 명칭은 유일해야 하지만, 속성을 구성하는 값은 동일한 값이 있을 수 있다.
- 속성은 더 이상 쪼갤 수 없는 원자값만을 저장한다.

문제1 다음 관계형 데이터 모델에서 Relation, Attribute, Tuple의 수를 쓰시오.

이름	학과	학년	성별
김은소	정보처리	2	여
강현준	컴퓨터공학	3	남
고강민	정보처리	1	남
이단비	컴퓨터공학	1	여
한중희	컴퓨터공학	2	남

답 :
① 릴레이션(Relation) :
② 속성(Attribute) :
③ 튜플(Tuple) :

해설
- 릴레이션(Relation)은 테이블, 속성(Attribute)은 테이블의 열, 튜플(Tuple)은 테이블의 행을 의미합니다.
- 문제의 표는 한 개의 릴레이션, 4개의 속성, 5개의 튜플을 표현하고 있습니다.

064 관계형 데이터베이스의 제약조건 - 키(Key)

❶ 후보키(Candidate Key) 25.5, 22.7, 22.4, 20.6

- 릴레이션을 구성하는 속성들 중에서 튜플을 유일하게 식별하기 위해 사용하는 속성들의 부분집합이다.
- 릴레이션에 있는 모든 튜플에 대해서 유일성과 최소성을 만족시켜야 한다.

❷ 기본키(Primary Key) 23.2, 22.4

- 후보키 중에서 특별히 선정된 주키(Main Key)로 중복된 값을 가질 수 없다.
- 한 릴레이션에서 특정 튜플을 유일하게 구별할 수 있는 속성이다.

③ 대체키(Alternate Key) 22.7
후보키가 둘 이상일 때 기본키를 제외한 나머지 후보키를 의미하며, 보조키라고도 한다.

④ 슈퍼키(Super Key) 25.2, 24.5, 23.7, 22.7, 21.8, 20.9
- 한 릴레이션 내에 있는 속성들의 집합으로 구성된 키이다.
- 릴레이션을 구성하는 모든 튜플에 대해 유일성은 만족시키지만, 최소성은 만족시키지 못한다.

⑤ 외래키(Foreign Key) 25.8, 24.7, 23.7, 23.5, 22.7, 22.3, 20.6
- 다른 릴레이션의 기본키를 참조하는 속성 또는 속성들의 집합을 의미한다.
- 한 릴레이션에 속한 속성 A와 참조 릴레이션의 기본키인 B가 동일한 도메인 상에서 정의되었을 때의 속성 A를 외래키라고 한다.

065 관계형 데이터베이스의 제약 조건 - 무결성

① 개체 무결성(Entity Integrity, 실체 무결성) 25.5, 25.2, 24.2, 23.2, 22.7, ...
기본 테이블의 기본키를 구성하는 어떤 속성도 Null 값이나 중복값을 가질 수 없다는 규정이다.

② 도메인 무결성(Domain Integrity, 영역 무결성) 24.5, 22.7
주어진 속성 값이 정의된 도메인에 속한 값이어야 한다는 규정이다.

③ 참조 무결성(Referential Integrity) 25.2, 23.2, 22.7, 21.3
외래키 값은 Null이거나 참조 릴레이션의 기본키 값과 동일해야 한다. 즉 릴레이션은 참조할 수 없는 외래키 값을 가질 수 없다는 규정이다.

④ 사용자 정의 무결성(User-Defined Integrity) 22.7
속성 값들이 사용자가 정의한 제약 조건에 만족해야 한다는 규정이다.

066 관계대수 및 관계해석

① 관계대수의 개요 25.2, 24.7, 24.5, 24.2, 22.7, 21.8, 21.5, 21.3, 20.9, 20.8
- 관계형 데이터베이스에서 원하는 정보와 그 정보를 어떻게 유도하는가를 기술하는 절차적인 언어이다.
- 릴레이션을 처리하기 위해 연산자와 연산규칙을 제공하는 언어로 피연산자가 릴레이션이고, 결과도 릴레이션이다.
- 질의에 대한 해를 구하기 위해 수행해야 할 연산의 순서를 명시한다.

② 순수 관계 연산자 25.5, 24.5, 23.7, 23.2, 22.3, 21.3, 20.8, 20.6

연산자	설명	기호	표기 형식
Select	• 릴레이션에 존재하는 튜플 중에서 선택 조건을 만족하는 튜플의 부분집합을 구하여 새로운 릴레이션을 만드는 연산 • 릴레이션의 행(가로)에 해당하는 튜플(Tuple)을 추출함	시그마 (σ)	$\sigma_{(조건)}(R)$
Project	• 주어진 릴레이션에서 속성 리스트에 제시된 속성 값만을 추출하여 새로운 릴레이션을 만드는 연산 • 릴레이션의 열(세로)에 해당하는 속성(Attribute)을 추출함	파이 (π)	$\pi_{(속성리스트)}(R)$
Join	공통 속성을 중심으로 두 개의 릴레이션을 하나로 합쳐서 새로운 릴레이션을 만드는 연산	⋈	$R⋈_{키속성=키속성}S$
Division	X⊃Y인 두 개의 릴레이션 R(X)와 S(Y)가 있을 때, R의 속성이 S의 속성 값을 모두 가진 튜플에서 S가 가진 속성을 제외한 속성만을 구하는 연산	÷	$R[속성r÷속성s]S$

정답 1. ① 1 ② 4 ③ 5

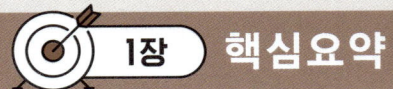

1장 핵심요약

❸ 일반 집합 연산자 25.8, 25.2, 24.5, 24.2, 23.7, 23.5, 21.8, 21.5

연산자	카디널리티	기호
합집합(UNION)	카디널리티는 두 릴레이션 카디널리티의 합보다 크지 않음	∪
교집합(INTERSECTION)	카디널리티는 두 릴레이션 중 카디널리티가 적은 릴레이션의 카디널리티보다 크지 않음	∩
차집합(DIFFERENCE)	카디널리티는 릴레이션 R의 카디널리티 보다 크지 않음	−
교차곱(CARTESIAN PRODUCT)	디그리는 두 릴레이션의 디그리를 더한 것과 같고, 카디널리티는 두 릴레이션의 카디널리티를 곱한 것과 같음	×

❹ 관계해석(Relational Calculus) 25.5, 24.7, 23.7, 23.2, 22.7, 22.3

- 코드(E. F. Codd)가 수학의 Predicate Calculus(술어해석)에 기반을 두고 관계 데이터베이스를 위해 제안했다.
- 관계해석은 원하는 정보가 무엇이라는 것만 정의하는 비절차적 특성을 지닌다.
- 기본적으로 관계해석과 관계대수는 관계 데이터베이스를 처리하는 기능과 능력면에서 동등하다.
- 주요 논리 기호

기호	구성 요소	설명
∀	전칭 정량자	가능한 모든 튜플에 대하여 (For All)
∃	존재 정량자	하나라도 일치하는 튜플이 있음 (There Exists)

문제1 다음의 관계대수 문장을 SQL로 표현하시오.

$$\pi_{name,\ dept}(\sigma_{year=3}(student))$$

답 :

해설
- 관계대수에서 π는 열을 추출하는 Project 연산을, σ는 행을 추출하는 Select 연산을 의미합니다.
- $\pi_{name,\ dept}$: 'name', 'dpet' 필드를 표시하므로 SELECT name, dept입니다.
- $\sigma_{year=3}$: 'year'가 3인 자료만을 대상으로 검색하므로 WHERE year=3입니다.
- (student) : 〈student〉 테이블의 자료를 검색하므로 FROM student입니다.
- ∴ year가 3인 student의 name, dept를 검색하라는 의미입니다.
※ SELECT문에 대한 자세한 내용은 Section 083을 참고하세요.

문제2 릴레이션 R의 차수(Degree)가 3, 카디널리티(Cardinality)가 3, 릴레이션 S의 차수가 4, 카디널리티가 4일 때, 두 릴레이션을 카티션 프로덕트(Cartesian Product)한 결과 릴레이션의 차수와 카디널리티를 계산하시오.

답
① 차수(Degree) :
② 카디널리티(Cardinality) :

해설
- 교차곱(Cartesian Product)은 두 릴레이션의 차수(Degree)는 더하고, 카디널리티(Cardinality)는 곱하면 됩니다.
- 차수는 3 + 4 = 7, 카디널리티는 3 × 4 = 12입니다.

067 정규화(Normalization)

❶ 정규화의 개요 25.8, 25.2, 23.7, 23.5, 22.7, 21.8, 20.9

- 함수적 종속성 등의 종속성 이론을 이용하여 잘못 설계된 관계형 스키마를 더 작은 속성의 세트로 쪼개어 바람직한 스키마로 만들어 가는 과정이다.
- 하나의 종속성이 하나의 릴레이션에 표현될 수 있도록 분해해가는 과정이라 할 수 있다.
- 정규화는 데이터베이스의 논리적 설계 단계에서 수행한다.

❷ 정규화의 목적

- 어떠한 릴레이션이라도 데이터베이스 내에서 표현 가능하게 만든다.
- 효과적인 검색 알고리즘을 생성할 수 있다.
- 데이터 중복을 배제하여 이상(Anomaly)의 발생 방지 및 자료 저장 공간의 최소화가 가능하다.
- 데이터 삽입 시 릴레이션을 재구성할 필요성을 줄인다.

❸ 이상(Anomaly)의 개념 및 종류

- 정규화를 거치지 않으면 데이터베이스 내에 데이터들이 불필요하게 중복되어 릴레이션 조작 시 발생하는 예기치 못한 곤란한 현상을 의미한다.
- 삽입 이상(Insertion Anomaly) : 릴레이션에 데이터를 삽입할 때 의도와는 상관없이 원하지 않은 값들도 함께 삽입되는 현상
- 삭제 이상(Deletion Anomaly) : 릴레이션에서 한 튜플을 삭제할 때 의도와는 상관없는 값들도 함께 삭제되는 연쇄가 일어나는 현상
- 갱신 이상(Update Anomaly) : 릴레이션에서 튜플에 있는 속성값을 갱신할 때 일부 튜플의 정보만 갱신되어 정보에 모순이 생기는 현상

❹ 정규화 과정

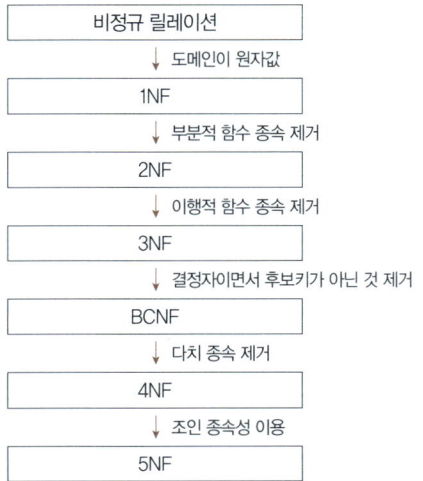

> **정규화 단계 암기 요령**
> 두부를 좋아하는 정규화가 두부가게에 가서 가게에 있는 두부를 다 달라고 말하니 주인이 깜짝 놀라며 말했다.
>
> **두부이걸다줘? ≒ 도부이걸다조**
>
> **도**메인이 원자값
> **부**분적 함수 종속 제거
> **이**행적 함수 종속 제거
> **결**정자이면서 후보키가 아닌 것 제거
> **다**치 종속 제거
> **조**인 종속성 이용

❺ 함수적 종속(Functional Dependency)

데이터들이 어떤 기준값에 의해 종속되는 것을 의미한다.

예 〈수강〉 릴레이션이 (학번, 이름, 과목명)으로 되어 있을 때, '학번'이 결정되면 '과목명'에 상관없이 '학번'에는 항상 같은 '이름'이 대응된다. '학번'에 따라 '이름'이 결정될 때 '이름'을 '학번'에 함수 종속적이라고 하며 '학번 → 이름'과 같이 쓴다.

❻ 이행적 종속(Transitive Dependency) 관계

A → B이고 B → C일 때 A → C를 만족하는 관계를 의미한다.

068 반정규화(Denormalization)

❶ 반정규화의 개념

시스템의 성능 향상, 개발 및 운영의 편의성 등을 위해 정규화된 데이터 모델을 통합, 중복, 분리하는 과정으로, 의도적으로 정규화 원칙을 위배하는 행위이다.

❷ 중복 테이블 추가 방법

- 집계 테이블의 추가
- 진행 테이블의 추가
- 특정 부분만을 포함하는 테이블의 추가

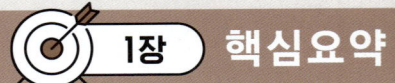

1장 핵심요약

069 시스템 카탈로그

① 시스템 카탈로그(System Catalog) 25.8, 25.5, 24.7, 24.5, 24.2, 23.7, 22.7, …

- 시스템 그 자체에 관련이 있는 다양한 객체에 관한 정보를 포함하는 시스템 데이터베이스이다.
- 좁은 의미로는 데이터 사전(Data Dictionary)이라고도 한다.
- 시스템 카탈로그에 저장된 정보를 메타 데이터(Meta-Data)라고 한다.
- 카탈로그 자체도 시스템 테이블로 구성되어 있어 일반 이용자도 SQL을 이용하여 내용을 검색해 볼 수 있다.
- INSERT, DELETE, UPDATE문으로 카탈로그를 갱신하는 것은 허용되지 않는다.

2장 물리 데이터베이스 설계

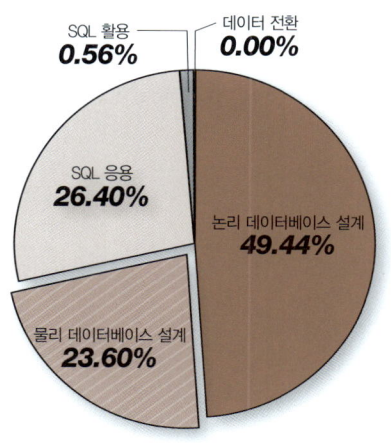

070 트랜잭션 분석 / CRUD 분석 Ⓐ등급
071 인덱스 설계 Ⓑ등급
072 뷰(View) 설계 Ⓐ등급
073 파티션 설계 Ⓑ등급
074 분산 데이터베이스 설계 Ⓐ등급
075 데이터베이스 보안 / 암호화 Ⓒ등급
076 데이터베이스 보안 – 접근통제 Ⓑ등급
077 데이터베이스 백업 Ⓒ등급
078 스토리지 Ⓑ등급

꼭 알아야 할 키워드 | Best 10

1. CRUD 2. 트랜잭션 3. 인덱스 4. 뷰 5. 파티션 6. 분산 데이터베이스 7. 암호화 8. 접근통제 9. DAS 10. SAN

SECTION 070 트랜잭션 분석 / CRUD 분석

전문가의 조언
- 물리 데이터베이스를 설계하려면 데이터베이스에 어떤 트랜잭션이 얼마나 자주 발생하는지 분석하고 그에 따라 트랜잭션 처리 방법이나 데이터베이스 구조 등을 설계해야 합니다.
- 먼저 트랜잭션의 개념을 잘 이해하세요. 그리고 트랜잭션의 5가지 상태를 서로 구분할 수 있도록 알아두세요.

1 트랜잭션(Transaction) 정의

23.2, 22.7, 22.4, 22.3, 21.8

트랜잭션은 데이터베이스의 상태를 변환시키는 하나의 논리적 기능을 수행하기 위한 작업의 단위 또는 한꺼번에 모두 수행되어야 할 일련의 연산들을 의미한다.

- 트랜잭션은 데이터베이스 시스템에서 병행 제어 및 회복 작업 시 처리되는 작업의 논리적 단위로 사용된다.
- 트랜잭션은 사용자가 시스템에 대한 서비스 요구 시 시스템이 응답하기 위한 상태 변환 과정의 작업 단위로 사용된다.

2 트랜잭션의 상태

23.7, 22.7, 22.4, 22.3

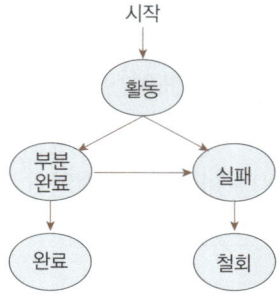

활동(Active) 22.7	트랜잭션이 실행 중인 상태이다.
실패(Failed)	트랜잭션 실행에 오류가 발생하여 중단된 상태이다.
철회(Aborted) 22.7, 22.3	트랜잭션이 비정상적으로 종료되어 Rollback 연산을 수행한 상태이다.
부분 완료 (Partially Committed) 23.7, 22.7, 22.4	트랜잭션을 모두 성공적으로 실행한 후 Commit 연산이 실행되기 직전인 상태이다.
완료(Committed) 22.7	트랜잭션을 모두 성공적으로 실행한 후 Commit 연산을 실행한 후의 상태이다.

전문가의 조언
- 트랜잭션의 특성을 영어 앞글자만 모아서 AOID라고 합니다.
- 트랜잭션의 특성을 묻는 문제가 출제되었습니다. 트랜잭션의 특성 네 가지 각각의 의미를 꼭 숙지하세요.

3 트랜잭션의 특성

25.8, 25.5, 25.2, 24.7, 24.5, 24.2, 23.7, 23.5, 23.2, 22.7, 22.4, 21.8, 21.3, 20.9, 20.8, 20.6, 실기 21.7, 20.5

다음은 데이터의 무결성(Integrity)을 보장하기 위하여 DBMS의 트랜잭션이 가져야 할 특성이다.

Atomicity(원자성) 25.2, 24.5, 23.5, 23.2, 22.7, 22.4, …	• 트랜잭션의 연산은 데이터베이스에 모두 반영되도록 완료(Commit)되든지 아니면 전혀 반영되지 않도록 복구(Rollback)되어야 한다. • 트랜잭션 내의 모든 명령은 반드시 완벽히 수행되어야 하며, 모두가 완벽히 수행되지 않고 어느 하나라도 오류가 발생하면 트랜잭션 전부가 취소되어야 한다.

25.8, 25.5, 25.2, 24.2, 23.7, 23.5, … Consistency(일관성)	• 트랜잭션이 그 실행을 성공적으로 완료하면 언제나 일관성 있는 데이터베이스 상태로 변환한다. • 시스템이 가지고 있는 고정 요소는 트랜잭션 수행 전과 트랜잭션 수행 완료 후의 상태가 같아야 한다.	
25.5, 25.2, 23.5, 22.7, 21.8 Isolation (독립성, 격리성, 순차성)	• 둘 이상의 트랜잭션이 동시에 병행 실행되는 경우 어느 하나의 트랜잭션 실행 중에 다른 트랜잭션의 연산이 끼어들 수 없다. • 수행중인 트랜잭션은 완전히 완료될 때까지 다른 트랜잭션에서 수행 결과를 참조할 수 없다.	
25.5, 25.2, 24.7, 23.5 Durability (영속성, 지속성)	성공적으로 완료된 트랜잭션의 결과는 시스템이 고장나더라도 영구적으로 반영되어야 한다.	

4 CRUD 분석

22.7, 20.9

CRUD는 '생성(Create), 읽기(Read), 갱신(Update), 삭제(Delete)'의 앞 글자만 모아서 만든 용어이며, CRUD 분석은 데이터베이스 테이블에 변화를 주는 트랜잭션의 CRUD 연산에 대해 CRUD 매트릭스를 작성하여 분석하는 것이다.

- CRUD 분석으로 테이블에 발생되는 트랜잭션의 주기별 발생 횟수를 파악하고 연관된 테이블들을 분석하면 테이블에 저장되는 데이터의 양을 유추할 수 있다.
- CRUD 분석을 통해 많은 트랜잭션이 몰리는 테이블을 파악할 수 있으므로 디스크 구성 시 유용한 자료로 활용할 수 있다.
- CRUD 분석을 통해 외부 프로세스 트랜잭션의 부하가 집중되는 데이터베이스 채널을 파악하고 분산시킴으로써 연결 지연이나 타임아웃 오류를 방지할 수 있다.

전문가의 조언

- CRUD 분석은 테이블에 발생하는 트랜잭션을 분석하여 물리적인 데이터베이스 설계 시 구조를 최적화하는데 목적이 있습니다.
- CRUD 분석의 개념을 묻는 문제가 출제되었습니다. CRUD는 '생성(Create), 읽기(Read), 갱신(Update), 삭제(Delete)'의 앞 글자만 모아 만든 용어라는 것을 꼭 기억하세요.

5 CRUD 매트릭스

CRUD 매트릭스는 2차원 형태의 표로서, 행(Row)에는 프로세스를, 열(Column)에는 테이블을, 행과 열이 만나는 위치에는 프로세스가 테이블에 발생시키는 변화를 표시하는 업무 프로세스와 데이터 간 상관 분석표이다.

- CRUD 매트릭스를 통해 프로세스의 트랜잭션이 테이블에 수행하는 작업을 검증한다.
- CRUD 매트릭스의 각 셀에는 Create, Read, Update, Delete의 앞 글자가 들어가며, 복수의 변화를 줄 때는 기본적으로 'C 〉 D 〉 U 〉 R'의 우선순위를 적용하여 한 가지만 적지만, 활용 목적에 따라 모두 기록할 수 있다.

  > 에 '주문 변경' 프로세스를 실행하려면 테이블의 데이터를 읽은(Read) 다음 수정(Update) 해야 하므로 R(Read)과 U(Update)가 필요하지만 CRUD 매트릭스에는 우선순위가 높은 'U'만 표시한다.

- CRUD 매트릭스가 완성되었다면 C, R, U, D 중 어느 것도 적지 않은 행이나 열, C나 R이 없는 열을 확인하여 불필요하거나 누락된 테이블 또는 프로세스를 찾는다.

  > 에 온라인 쇼핑몰의 CRUD 매트릭스 예시

테이블 프로세스	회원	상품	주문	주문목록	제조사
신규 회원 등록	C				

회원정보 변경	R, U				
주문 요청	R	R	C	C	
주문 변경			R	R, U	
주문 취소			R, D	R, D	
상품 등록		C			C, R
상품정보 변경		R, U			R, U

6 트랜잭션 분석

트랜잭션 분석의 목적은 CRUD 매트릭스를 기반으로 테이블에 발생하는 트랜잭션 양을 분석하여 테이블에 저장되는 데이터의 양을 유추*하고 이를 근거로 DB 용량을 산정하고 DB 구조를 최적화하는 것이다.

- 트랜잭션 분석은 업무 개발 담당자*가 수행한다.
- 트랜잭션 분석을 통해 프로세스가 과도하게 접근하는 테이블을 확인하여 여러 디스크에 배치함으로써 디스크 입·출력 분산을 통한 성능 향상을 가져올 수 있다.

7 트랜잭션 분석서

트랜잭션 분석서는 단위 프로세스와 CRUD 매트릭스를 이용하여 작성하며, 구성 요소에는 단위 프로세스, CRUD 연산, 테이블명, 컬럼명, 테이블 참조 횟수, 트랜잭션 수, 발생 주기 등이 있다.

- **단위 프로세스** : 업무를 발생시키는 가장 작은 단위의 프로세스
- **CRUD 연산*** : 프로세스의 트랜잭션이 데이터베이스 테이블에 영향을 주는 C, R, U, D의 4가지 연산
- **테이블명, 컬럼명** : 프로세스가 접근하는 데이터베이스의 테이블명을 기록한다. 필요한 경우 테이블의 컬럼명을 적는다. 컬럼명을 적을 때는 마침표로 연결하여 '테이블.컬럼명'과 같이 적는다.
- **테이블 참조 횟수** : 프로세스가 테이블을 참조하는 횟수
- **트랜잭션 수** : 주기별로 수행되는 트랜잭션 횟수
- **발생 주기** : 연, 분기, 월, 일, 시간 등 트랜잭션 횟수를 측정하기 위한 발생 주기

예 '주문요청' 프로세스에 대한 트랜잭션 분석서 예시

프로세스	CRUD	테이블명	컬럼명	참조 횟수	트랜잭션 수	주기
주문요청	R	회원	회원번호, 회원명, 주소	1	150	일
	R	상품	상품번호, 상품명, 재고량	1	150	
	C	주문	주문번호, 일자, 회원번호	3	450	
	C	주문목록	주문번호, 상품번호, 수량, 가격	5	750	

전문가의 조언

테이블(열)이나 프로세스(행)에 C, R, U, D 중 아무것도 입력된 게 없으면 해당 테이블과 프로세스는 사용되지 않는 것이니 삭제를 검토해야 합니다. C가 없는 테이블은 입력된 것이 없는데 사용한 것이고, R이 없으면 입력되었지만 사용되지 않은 것이므로 누락된 프로세스가 없는지 검토해야 합니다.

데이터 양 유추

직원이 10,000명이고, 직원 한 명당 발령은 2번, 상여금 변경은 20번 발생한다면 발령 테이블에는 10,000×2 = 20,000건, 상여금 테이블에는 10,000×20 = 200,000건의 데이터가 발생한다는 것을 유추할 수 있습니다.
※ 이 계산은 정확한 데이터 양을 계산한 것이 아니라 저장장치나 파일 등의 크기를 지정하기 위해 대략적으로 유추한 것입니다.

업무 개발 담당자

업무 개발 담당자는 애플리케이션을 분석 및 설계하는 일을 담당합니다.

CRUD 연산

트랜잭션은 데이터베이스의 상태를 변화시키는 논리적 기능을 수행합니다. 데이터베이스에 영향을 주는 데이터 처리 연산인 C, R, U, D가 바로 트랜잭션이 수행하는 연산에 해당합니다.

기출문제 따라잡기

24년 5월, 22년 4월, 20년 9월, 6월

1. 다음 설명과 관련 있는 트랜잭션의 특징은?

> 트랜잭션의 연산은 모두 실행되거나, 모두 실행되지 않아야 한다.

① Durability
② Isolation
③ Consistency
④ Atomicity

트랜잭션의 연산은 데이터베이스에 모두 반영되도록 완료(Commit)되든지 아니면 전혀 반영되지 않도록 복구(Rollback)되어야 한다는 특성은 원자성(Atomicity)입니다.

25년 5월, 2월, 23년 5월

2. 트랜잭션의 특성을 모두 나열한 것은?

㉠ Atomicity	㉡ Durability
㉢ Transparency	㉣ Portability
㉤ Consistency	㉥ Isolation

① ㉠, ㉡
② ㉠, ㉡, ㉥
③ ㉠, ㉢, ㉤
④ ㉠, ㉡, ㉤, ㉥

트랜잭션의 특성에는 Atomicity(원자성), Durability(영속성), Consistency(일관성), Isolation(독립성)이 있습니다.

22년 7월, 20년 9월

3. 데이터베이스에 영향을 주는 생성, 읽기, 갱신, 삭제 연산으로 프로세스와 테이블 간에 매트릭스를 만들어서 트랜잭션을 분석하는 것은?

① CASE 분석
② 일치 분석
③ CRUD 분석
④ 연관성 분석

생성(Create), 읽기(Read), 갱신(Update), 삭제(Delete) 연산으로 트랜잭션을 분석하는 것을 CRUD 분석이라고 합니다.

23년 7월, 22년 4월

4. 트랜잭션의 상태 중 트랜잭션의 마지막 연산이 실행된 직후의 상태로, 모든 연산의 처리는 끝났지만 트랜잭션이 수행한 최종 결과를 데이터베이스에 반영하지 않은 상태는?

① Active
② Partially Committed
③ Committed
④ Aborted

마지막 연산은 실행되었지만 최종 결과를 아직 데이터베이스에는 반영하지 않은 상태를 부분 완료(Partially Committed)라고 합니다.

22년 7월

5. 무결성을 보장하기 위해 트랜잭션이 가져야 할 특성에 대한 설명으로 옳지 않은 것은?

① 트랜잭션 내의 모든 명령은 반드시 완벽히 수행되어야 하며, 모두가 완벽히 수행되지 않고 어느 하나라도 오류가 발생하면 트랜잭션 전부가 취소되어야 한다.
② 트랜잭션의 수행과 관계 없이 데이터베이스가 가지고 있는 고정 요소는 일관되어야 한다.
③ 둘 이상의 트랜잭션이 동시에 병행 실행되는 경우 어느 하나의 트랜잭션 실행 중에 다른 트랜잭션의 연산이 끼어들 수 없다.
④ Commit과 Rollback 명령어에 의해 보장 받는 트랜잭션의 특성은 일관성이다.

Commit과 Rollback 명령어에 의해 보장 받는 트랜잭션의 특성은 원자성(Atomicity)입니다.

21년 8월

6. 데이터베이스에서 하나의 논리적 기능을 수행하기 위한 작업의 단위 또는 한꺼번에 모두 수행되어야 할 일련의 연산들을 의미하는 것은?

① 트랜잭션
② 뷰
③ 튜플
④ 카디널리티

하나의 논리적 기능을 수행하기 위한 작업의 단위 또는 한꺼번에 모두 수행되어야 할 일련의 연산을 트랜잭션(Transaction)이라고 합니다.

21년 8월

7. 트랜잭션의 주요 특성 중 하나로, 둘 이상의 트랜잭션이 동시에 병행 실행되는 경우 어느 하나의 트랜잭션 실행 중에 다른 트랜잭션의 연산이 끼어들 수 없음을 의미하는 것은?

① Log
② Consistency
③ Isolation
④ Durability

다른 트랜잭션의 개입 없이 독립적으로 실행한다는 특성은 독립성(Isolation)입니다.

25년 8월, 24년 2월, 23년 7월, 21년 3월

8. 다음과 같은 트랜잭션의 특성은?

> 시스템이 가지고 있는 고정요소는 트랜잭션 수행 전과 트랜잭션 수행 완료 후의 상태가 같아야 한다.

① 원자성(atomicity)
② 일관성(consistency)
③ 격리성(isolation)
④ 영속성(durability)

트랜잭션 수행 전과 후가 일관성 있게 동일해야 한다는 특성은 일관성(Consistency)입니다.

▶ 정답 : 1.④ 2.④ 3.③ 4.② 5.④ 6.① 7.③ 8.②

SECTION 071 인덱스 설계

전문가의 조언

인덱스의 개념과 특징을 묻는 문제가 출제되었습니다. 인덱스의 개념과 각 인덱스의 특징을 알아두세요. 어떤 인덱스를 의미하는지는 이해할 수 있을 정도로는 알고 있어야 합니다.

1 인덱스(Index)의 개요
25.8, 24.7, 22.4, 21.8, 21.3

인덱스는 데이터 레코드를 빠르게 접근하기 위해 〈키 값, 포인터〉 쌍으로 구성되는 데이터 구조이다.

예 학생 릴레이션의 학번 속성에 대한 인덱스

〈인덱스〉

학번(키 값)	주소(포인터)
17083	300
18032	200
18065	100
19054	400

주소
→ 100
→ 300
→ 200
→ 400

〈학생〉

학번	이름	학년	학과
18065	강홍구	3	컴퓨터공학과
17083	김동오	4	경영학과
18032	정연중	3	영문과
19054	심희정	2	방송학과

위의 인덱스에서 키 값은 '학번'이고 포인터는 해당 '학번'이 저장된 레코드의 물리적인 주소이다. 키 값인 '학번'이 정렬되어 있기 때문에 인덱스를 통해 레코드를 빠르게 접근할 수 있다.

- 인덱스는 데이터가 저장된 물리적 구조와 밀접한 관계가 있다.
- 인덱스는 레코드가 저장된 물리적 구조에 접근하는 방법을 제공한다.
- 인덱스를 통해서 파일의 레코드에 대한 액세스를 빠르게 수행할 수 있다.
- 레코드의 삽입과 삭제가 수시로 일어나는 경우에는 인덱스의 개수를 최소로 하는 것이 효율적이다.
- 데이터 정의어(DDL)를 이용하여 사용자가 생성(CREATE), 변경(ALTER), 제거(DROP)할 수 있다.
- 대부분의 데이터베이스에서 테이블을 삭제하면 관련된 인덱스도 함께 삭제된다.
- 인덱스가 없으면 특정한 값을 찾기 위해 모든 데이터 페이지를 확인하는 TABLE SCAN*이 발생한다.
- 기본키를 위한 인덱스를 기본 인덱스라 하고, 기본 인덱스가 아닌 인덱스들을 보조 인덱스라고 한다. 대부분의 관계형 데이터베이스 관리 시스템에서는 모든 기본키에 대해서 자동적으로 기본 인덱스를 생성한다.
- 레코드의 물리적 순서가 인덱스의 엔트리 순서와 일치하게 유지되도록 구성되는 인덱스를 클러스터드(Clustered) 인덱스라고 한다.
- 인덱스는 인덱스를 구성하는 구조나 특징에 따라 트리 기반 인덱스, 비트맵 인덱스, 함수 기반 인덱스, 비트맵 조인 인덱스, 도메인 인덱스 등으로 분류된다.

TABLE SCAN
TABLE SCAN은 테이블에 있는 모든 레코드를 순차적으로 읽는 것으로, FULL TABLE SCAN이라고도 합니다. 일반적으로 적용 가능한 인덱스가 없거나 분포도가 넓은 데이터를 검색할 때는 FULL TABLE SCAN을 사용합니다.

> **잠깐만요** 클러스터드 인덱스 / 넌클러스터드 인덱스
>
> **클러스터드 인덱스(Clustered Index)**
> - 인덱스 키의 순서에 따라 데이터가 정렬되어 저장되는 방식입니다.
> - 실제 데이터가 순서대로 저장되어 있어 인덱스를 검색하지 않아도 원하는 데이터를 빠르게 찾을 수 있습니다.
> - 데이터 삽입, 삭제 발생 시 순서를 유지하기 위해 데이터를 재정렬해야 합니다.
> - 한 개의 릴레이션에 하나의 인덱스만 생성할 수 있습니다.
>
> **넌클러스터드 인덱스(Non-Clustered Index)**
> - 인덱스의 키 값만 정렬되어 있을 뿐 실제 데이터는 정렬되지 않는 방식입니다.
> - 데이터를 검색하기 위해서는 먼저 인덱스를 검색하여 실제 데이터의 위치를 확인해야 하므로 클러스터드 인덱스에 비해 검색 속도가 떨어집니다.
> - 한 개의 릴레이션에 여러 개의 인덱스를 만들 수 있습니다.

❷ 트리 기반 인덱스

21.8

트리 기반 인덱스는 인덱스를 저장하는 블록들이 트리 구조를 이루고 있는 것으로, 상용 DBMS에서는 트리 구조 기반의 B+ 트리 인덱스를 주로 활용한다.

- B 트리 인덱스
  - 일반적으로 사용되는 인덱스 방식으로, 루트 노드에서 하위 노드로 키 값의 크기를 비교해 나가면서 단말 노드에서 찾고자 하는 데이터를 검색한다.
  - 키 값과 레코드를 가리키는 포인터들이 트리 노드에 오름차순으로 저장된다.
  - 모든 리프 노드는 같은 레벨에 있다.
  - 브랜치 블록(Branch Block)과 리프 블록(Leaf Block)으로 구성된다.
    - ▶ 브랜치 블록 : 분기를 위한 목적으로 사용되고, 다음 단계를 가리키는 포인터를 가지고 있음
    - ▶ 리프 블록 : 인덱스를 구성하는 컬럼 데이터와 해당 데이터의 행 위치를 가리키는 레코드 식별자로 구성됨
- B+ 트리 인덱스
  - B+ 트리는 B 트리의 변형으로 단말 노드가 아닌 노드로 구성된 인덱스 세트(Index Set)와 단말 노드로만 구성된 순차 세트(Sequence Set)로 구분된다.
  - 인덱스 세트에 있는 노드들은 단말 노드에 있는 키 값을 찾아갈 수 있는 경로로만 제공되며, 순차 세트에 있는 단말 노드가 해당 데이터 레코드의 주소를 가리킨다.
  - 인덱스 세트에 있는 모든 키 값이 단말 노드에 다시 나타나므로 단말 노드만을 이용한 순차 처리가 가능하다.

③ 비트맵 인덱스

비트맵 인덱스는 인덱스 컬럼의 데이터를 Bit 값인 0 또는 1로 변환하여 인덱스 키로 사용하는 방법이다.

- 비트맵 인덱스의 목적은 키 값을 포함하는 로우(Row)의 주소*를 제공하는 것이다.
- 비트맵 인덱스는 분포도*가 좋은 컬럼에 적합하며, 성능 향상 효과를 얻을 수 있다.
- 데이터가 Bit로 구성되어 있기 때문에 효율적인 논리 연산이 가능하고 저장 공간이 작다.
- 비트맵 인덱스는 다중 조건을 만족하는 튜플의 개수 계산에 적합하다.
- 비트맵 인덱스는 동일한 값이 반복되는 경우가 많아 압축 효율이 좋다.

로우(Row)의 주소
비트맵에서 비트의 위치는 테이블에서 로우(Row)의 상대적인 위치를 의미합니다. 해당 테이블이 시작되는 물리적인 주소를 기반으로 실제 로우의 물리적 위치를 계산할 수 있습니다.

분포도, 선택성(Selectivity)
- (조건에 맞는 레코드 수 / 전체 릴레이션 레코드 수) × 100
- 전체 레코드 중 조건에 맞는 레코드의 숫자가 적은 경우 분포도가 좋다고 합니다.
- 분포도가 10~15%인 경우 효율적인 인덱스 검색을 할 수 있습니다.
- 분포도를 선택성(Selectivity)이란 용어로 사용하기도 합니다.

④ 함수 기반 인덱스

함수 기반 인덱스는 컬럼의 값 대신 컬럼에 특정 함수(Function)나 수식(Expression)을 적용하여 산출된 값을 사용하는 것으로, B+ 트리 인덱스 또는 비트맵 인덱스를 생성하여 사용한다.

- 함수 기반 인덱스는 데이터를 입력하거나 수정할 때 함수를 적용해야 하므로 부하가 발생할 수 있다.
- 사용된 함수가 사용자 정의 함수일 경우 시스템 함수보다 부하가 더 크다.
- 함수 기반 인덱스는 대소문자, 띄어쓰기 등에 상관없이 조회할 때 유용하게 사용된다.
- **적용 가능한 함수의 종류** : 산술식(Arithmetic Expression), 사용자 정의 함수, PL/SQL Function, SQL Function, Package, C callout 등

⑤ 비트맵 조인 인덱스

비트맵 조인 인덱스는 다수의 조인된 객체로 구성된 인덱스로, 단일 객체로 구성된 일반적인 인덱스와 액세스 방법이 다르다.

- 비트맵 조인 인덱스는 비트맵 인덱스와 물리적 구조가 동일하다.

⑥ 도메인 인덱스*

도메인 인덱스는 개발자가 필요한 인덱스를 직접 만들어 사용하는 것으로, 확장형 인덱스(Extensible Index)라고도 한다.

- 개발자가 필요에 의해 만들었지만 프로그램에서 제공하는 인덱스처럼 사용할 수도 있다.

도메인 인덱스
도메인 인덱스는 오라클의 버전 8i에서부터 도입된 새로운 개념의 인덱스입니다.

7 인덱스 설계*

인덱스를 설계할 때는 분명하게 드러난 컬럼에 대해 기본적인 인덱스를 먼저 지정한 후 개발 단계에서 필요한 인덱스의 설계를 반복적으로 진행한다.

- 인덱스 설계 순서
  ❶ 인덱스의 대상 테이블이나 컬럼 등을 선정한다.
  ❷ 인덱스의 효율성을 검토하여 인덱스 최적화를 수행한다.
  ❸ 인덱스 정의서를 작성한다.

  예 인덱스 정의서 예시

엔티 티명	테이블명	인덱스명	컬럼명	타입	테이블 스페이스	인덱스 유형	정렬	구분
사원	EMP	PK_EMP	EMPNO	NUMBER(5)	ISTEXT01	UNIQUE	ASC	PK INDEX
		1_EMP2	DEPTNO	NUMBER(5)	ISTEXT01	NOT UNIQUE	ASC	UD INDEX
고객	CUST	PK_CUST	CUSTNO	NUMBER(5)	ISTEXT01	UNIQUE	ASC	PK INDEX
부서	DEPT	PK_DEPT	DEPTNO	NUMBER(3)	ISTEXT01	UNIQUE	ASC	PK INDEX
주문	ORDER	PK_ORDER	ORDERNO	NUMBER(6)	ISTEXT01	UNIQUE	ASC	PK INDEX

8 인덱스 대상 테이블 선정 기준

- MULTI BLOCK READ* 수에 따라 판단
  예 MULTI BLOCK READ가 16이면, 테이블의 크기가 16블록 이상일 경우 인덱스 필요
- 랜덤 액세스가 빈번한 테이블
- 특정 범위나 특정 순서로 데이터 조회가 필요한 테이블
- 다른 테이블과 순차적 조인이 발생되는 테이블

9 인덱스 대상 컬럼 선정 기준

- 인덱스 컬럼의 분포도가 10~15% 이내인 컬럼
  – 분포도 = (컬럼값의 평균 Row 수 / 테이블의 총 Row 수) × 100
- 분포도가 10~15% 이상이어도 부분 처리를 목적으로 하는 컬럼
- 입·출력 장표 등에서 조회 및 출력 조건으로 사용되는 컬럼
- 인덱스가 자동 생성되는 기본키와 Unique키 제약 조건을 사용한 컬럼
- 가능한 한 수정이 빈번하지 않은 컬럼
- ORDER BY, GROUP BY, UNION*이 빈번한 컬럼
- 분포도가 좁은 컬럼은 단독 인덱스로 생성
- 인덱스들이 자주 조합되어 사용되는 경우 하나의 결합 인덱스(Concatenate Index)*로 생성

인덱스 설계
프로젝트 진행중에는 데이터나 프로세스 내용 등에 변경이 많기 때문에 처음부터 모든 인덱스를 한꺼번에 정의하는 것은 불가능합니다. 인덱스 설계 단계에서는 기본적인 인덱스를 지정하고 프로젝트를 진행하면서 SQL 문장 구조 등을 검토하여 반복적으로 인덱스 설계를 진행해야 합니다.

MULTI BLOCK READ
MULTI BLOCK READ란 테이블 액세스 시 메모리에 한 번에 읽어 들일 수 있는 블록의 수를 말합니다.

ORDER BY, GROUP BY, UNION
ORDER BY는 정렬, GROUP BY는 그룹 지정, UNION은 통합 지정 시 사용하는 SQL 명령어입니다.

결합 인덱스
- 결합 인덱스란 한 릴레이션 내에 존재하는 여러 컬럼들을 묶어 하나의 인덱스로 만드는 것을 말합니다.
- 결합 인덱스는 컬럼 순서에 따라 액세스하는 범위가 달라질 수 있으므로 유의해야 합니다.
- 컬럼 순서 우선순위
  ① 항상 사용되는 컬럼
  ② '=' 연산이 되는 컬럼
  ③ 분포도가 좋은 컬럼
  ④ 정렬이 자주 발생하는 컬럼

⑩ 인덱스 설계 시 고려사항

- 새로 추가되는 인덱스는 기존 액세스 경로에 영향을 미칠 수 있다.
- 인덱스를 지나치게 많이 만들면 오버헤드가 발생한다.
- 넓은 범위를 인덱스로 처리하면 많은 오버헤드가 발생한다.
- 인덱스를 만들면 추가적인 저장 공간이 필요하다.
- 인덱스와 테이블 데이터의 저장 공간이 분리되도록 설계한다.※

인덱스와 테이블 분리
인덱스와 테이블을 분리하는 형태는 데이터베이스의 가장 일반적인 형태로, 데이터 저장 시 인덱스의 영향을 받지 않아 저장이 빠릅니다.

 기출문제 따라잡기

 문제3 2409453　 문제4 2409454

이전기출
1. 인덱스(Index)에 대한 설명으로 부적절한 것은?
① 인덱스는 데이터베이스의 물리적 구조와 밀접한 관계가 있다.
② 인덱스는 하나 이상의 필드로 만들어도 된다.
③ 레코드의 삽입과 삭제가 수시로 일어나는 경우는 인덱스의 개수를 최대한 많게 한다.
④ 인덱스를 통해서 테이블의 레코드에 대한 액세스를 빠르게 수행할 수 있다.

테이블에 레코드를 삽입 또는 삭제할 때는 인덱스도 변경해야 하는데, 인덱스의 개수가 많을 경우 삽입과 삭제 시 매 번 모든 인덱스를 갱신하느라 속도가 느려집니다. 삽입과 삭제가 수시로 일어나는 경우에는 인덱스의 개수를 최소로 하는 것이 좋습니다.

24년 7월, 22년 4월
2. 데이터베이스의 인덱스와 관련한 설명으로 틀린 것은?
① 문헌의 색인, 사전과 같이 데이터를 쉽고 빠르게 찾을 수 있도록 만든 데이터 구조이다.
② 테이블에 붙여진 색인으로 데이터 검색 시 처리 속도 향상에 도움이 된다.
③ 인덱스의 추가, 삭제 명령어는 각각 ADD, DELETE이다.
④ 대부분의 데이터베이스에서 테이블을 삭제하면 인덱스도 같이 삭제된다.

인덱스를 추가하는 명령어는 CREATE, 삭제하는 명령어는 DROP입니다.

21년 3월
3. 데이터베이스 성능에 많은 영향을 주는 DBMS의 구성 요소로, 테이블과 클러스터에 연관되어 독립적인 저장 공간을 보유하며, 데이터베이스에 저장된 자료를 더욱 빠르게 조회하기 위하여 사용되는 것은?
① 인덱스(Index)
② 트랜잭션(Transaction)
③ 역정규화(Denormalization)
④ 트리거(Trigger)

데이터베이스에 저장된 자료를 더욱 빠르게 조회하기 위하여 사용되는 것은 인덱스(Clustered Index)입니다.

25년 8월, 21년 5월
4. 데이터베이스에서 인덱스(Index)와 관련한 설명으로 틀린 것은?
① 인덱스의 기본 목적은 검색 성능을 최적화하는 것으로 볼 수 있다.
② B-트리 인덱스는 분기를 목적으로 하는 Branch Block을 가지고 있다.
③ BETWEEN 등 범위(Range) 검색에 활용될 수 있다.
④ 시스템이 자동으로 생성하여 사용자가 변경할 수 없다.

인덱스는 사용자가 데이터 정의어(DDL)를 이용하여 생성, 변경, 제거할 수 있습니다.

▶ 정답 : 1. ③　2. ③　3. ①　4. ④

SECTION 072 뷰(View) 설계

1 뷰(View)의 개요

뷰는 사용자에게 접근이 허용된 자료만을 제한적으로 보여주기 위해 하나 이상의 기본 테이블로부터 유도된, 이름을 가지는 가상 테이블이다.

- 뷰는 저장장치 내에 물리적으로 존재하지 않지만, 사용자에게는 있는 것처럼 간주된다.
- 뷰는 데이터 보정 작업, 처리 과정 시험 등 임시적인 작업을 위한 용도로 활용된다.
- 뷰는 조인문의 사용 최소화로 사용상의 편의성을 최대화한다.
- 뷰를 생성하면 뷰 정의가 시스템 내에 저장되었다가 생성된 뷰 이름을 질의어(예를 들면 SQL)에서 사용할 경우 질의어가 실행될 때 뷰에 정의된 기본 테이블로 대체되어 기본 테이블에 대해 실행된다.
- 다음 그림은 뷰 A가 테이블 1, 테이블 2, 테이블 3에서 유도되어 생성되며, 뷰 A를 통해 테이블 1, 테이블 2, 테이블 3에 대한 데이터에 접근할 수 있음을 나타낸 것이다.

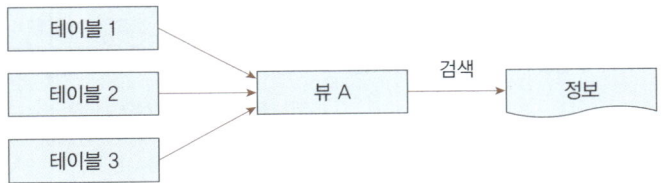

> **전문가의 조언**
> 뷰의 의미, 특징, 장점과 단점 모두 중요합니다. 뷰의 의미를 충분히 이해하면 특징이나 장·단점도 쉽게 이해됩니다.

2 뷰(View)의 특징

25.8, 25.5, 25.2, 24.7, 24.5, 24.2, 23.7, 22.4, 22.3, 20.9, 20.6, 실기 23.7

- 뷰는 기본 테이블로부터 유도된 테이블이기 때문에 기본 테이블과 같은 형태의 구조를 사용하며, 조작도 기본 테이블과 거의 같다.
- 뷰는 가상 테이블이기 때문에 물리적으로 구현되어 있지 않다.
- 데이터의 논리적 독립성을 제공할 수 있다.
- 필요한 데이터만 뷰로 정의*해서 처리할 수 있기 때문에 관리가 용이하고 명령문이 간단해진다.
- 뷰는 데이터 접근 제어를 통해 보안을 제공한다.
- 기본 테이블의 기본키를 포함한 속성(열) 집합으로 뷰를 구성해야만 삽입, 삭제, 갱신 연산이 가능하다.
- 일단 정의된 뷰는 다른 뷰의 정의에 기초가 될 수 있다.
- 뷰가 정의된 기본 테이블이나 뷰를 삭제하면 그 테이블이나 뷰를 기초로 정의된 다른 뷰도 자동으로 삭제된다.
- 뷰를 정의할 때는 CREATE문*, 제거할 때는 DROP문*을 사용한다.

> **정의 테이블**
> 뷰는 하나 이상의 다른 테이블로부터 유도된 하나의 가상 테이블이며, 뷰를 만들기 위해 유도된 기본 테이블을 정의 테이블이라 합니다.

> CREATE문과 DROP문에 대한 자세한 설명은 369쪽을 참조하세요.

③ 뷰(View)의 장·단점

장점	단점
• 논리적 데이터 독립성을 제공한다. • 동일 데이터에 대해 동시에 여러 사용자의 상이한 응용이나 요구를 지원해 준다. • 사용자의 데이터 관리를 간단하게 해준다. • 접근 제어를 통한 자동 보안이 제공된다.	• 독립적인 인덱스를 가질 수 없다. • 뷰의 정의를 변경할 수 없다. • 뷰로 구성된 내용에 대한 삽입, 삭제, 갱신 연산에 제약이 따른다.

④ 뷰 설계 순서

❶ 대상 테이블을 선정한다.
  - 외부 시스템과 인터페이스에 관여하는 테이블
  - CRUD 매트릭스를 통해 여러 테이블이 동시에 자주 조인되어 접근되는 테이블
  - SQL문 작성 시 거의 모든 문장에서 인라인 뷰* 방식으로 접근되는 테이블

❷ 대상 컬럼을 선정한다.
  - 보안을 유지해야 하는 컬럼은 주의하여 선별한다.

❸ 정의서를 작성한다.
  - 뷰 정의서 예시

뷰명	뷰 설명	관련 테이블	관련 컬럼명	데이터 타입
V_SELLITEM	판매와 판매목록 처리	SELL	SELLNO SELLNAME SELLDATE	VARCHAR(5) VARCHAR(40) DATE
		SELLITEM	ITEMNO PRICE	VARCHAR(5) NUMBER(10)

> **인라인 뷰(Inline View)**
> FROM절 안에 사용되는 서브 쿼리를 '인라인 뷰'라고 합니다.
>
> 예
> ```
> select a.ban, a.name, a.exam
> from student a, (select ban,
> avg(exam) avgs from student
> group by ban) b
> where a.ban = b.ban and a.exam
> > b.avgs;
> ```
> 인라인 뷰를 이용하여 반별로 'exam' 필드의 평균을 조회한 후 'exam'이 평균보다 큰 학생의 'ban', 'name', 'exam'를 표시합니다.

⑤ 뷰 설계 시 고려 사항

• 테이블 구조가 단순화 될 수 있도록 반복적으로 조인을 설정하여 사용하거나 동일한 조건절을 사용하는 테이블을 뷰로 생성한다.

  > 예 〈주문〉 테이블과 〈거래처〉 테이블을 조인하여 사용하는 경우가 많다면 〈주문〉 테이블과 〈거래처〉 테이블에서 필요한 필드로 구성된 뷰를 생성한다.

• 동일한 테이블이라도 업무에 따라 테이블을 이용하는 부분이 달라질 수 있으므로 사용할 데이터를 다양한 관점에서 제시해야 한다.

  > 예 〈회원〉 테이블은 '회원번호', '이름', '주소', '전화번호', '총구매횟수', '총구매금액' 필드로 구성되어 있는데, 제품 발송 업무를 처리할 때는 '이름', '주소', '전화번호' 필드만 필요하므로 이 3개의 필드로 구성된 뷰를 설계한다.

• 데이터의 보안 유지를 고려하여 설계한다.

  > 예 〈회원〉 테이블의 '총구매횟수', '총구매금액' 등은 회사 차원에서 중요한 자료일 수 있으므로 발송 담당자가 볼 수 없도록 뷰를 설계한다.

기출문제 따라잡기

24년 2월, 20년 6월
1. 뷰(View)에 대한 설명으로 옳지 않은 것은?
① 뷰는 CREATE문을 사용하여 정의한다.
② 뷰는 데이터의 논리적 독립성을 제공한다.
③ 뷰를 제거할 때에는 DROP문을 사용한다.
④ 뷰는 저장장치 내에 물리적으로 존재한다.

뷰(View)는 물리적으로 존재하지 않는 가상 테이블입니다.

24년 7월, 23년 7월, 22년 3월, 21년 3월, 20년 9월
2. 뷰(VIEW)에 대한 설명으로 틀린 것은?
① 뷰 위에 또 다른 뷰를 정의할 수 있다.
② 뷰에 대한 조작에서 삽입, 갱신, 삭제 연산은 제약이 따른다.
③ 뷰의 정의는 기본 테이블과 같이 ALTER문을 이용하여 변경한다.
④ 뷰가 정의된 기본 테이블이 제거되면 뷰도 자동적으로 제거된다.

뷰는 기본 테이블에서 유도된 가상 테이블입니다. 간단하게 생성하고 삭제도 간단하지만 변경이 불가능합니다. 즉 뷰에는 ALTER 명령을 사용할 수 없습니다.

20년 8월
3. 뷰(View)의 장점이 아닌 것은?
① 뷰 자체로 인덱스를 가짐
② 데이터 보안 용이
③ 논리적 독립성 제공
④ 사용자 데이터 관리 용이

뷰는 독립적인 인덱스를 가질 수 없습니다.

22년 4월
4. 데이터베이스에서의 뷰(View)에 대한 설명으로 틀린 것은?
① 뷰는 다른 뷰를 기반으로 새로운 뷰를 만들 수 있다.
② 뷰는 일종의 가상 테이블이며, UPDATE에는 제약이 따른다.
③ 뷰는 기본 테이블을 만드는 것처럼 CREATE VIEW를 사용하여 만들 수 있다.
④ 뷰는 논리적으로 존재하는 기본 테이블과 다르게 물리적으로만 존재하며 카탈로그에 저장된다.

뷰는 물리적으로 존재하는 기본 테이블과 다르게 논리적으로만 존재하며, 기본 테이블과 마찬가지로 카탈로그에 저장됩니다.

25년 5월
5. 뷰(VIEW)에 관한 설명으로 옳지 않은 것은?
① 뷰는 가상 테이블이므로 물리적으로 구현되어 있지 않다.
② 하나의 뷰를 제거해도 그 뷰를 기초로 정의된 다른 뷰는 제거되지 않는다.
③ 필요한 데이터만 뷰로 정의해서 처리할 수 있기 때문에 관리가 용이하다.
④ SQL에서 뷰를 생성할 때는 CREATE문을 사용한다.

하나의 뷰를 삭제하면 그 뷰를 기초로 정의된 다른 뷰도 자동으로 삭제됩니다.

25년 8월
6. 뷰(View)에 대한 설명 중 옳은 내용으로만 나열한 것은?

> ㉠ 뷰는 저장장치 내에 물리적으로 존재한다.
> ㉡ 뷰가 정의된 기본 테이블이 삭제되더라도 뷰는 자동으로 삭제되지 않는다.
> ㉢ DBA는 보안 측면에서 뷰를 활용할 수 있다.
> ㉣ 뷰로 구성된 내용에 대한 삽입, 삭제, 갱신 연산에는 제약이 따른다.

① ㉠, ㉡, ㉢, ㉣
② ㉠, ㉢, ㉣
③ ㉡, ㉣
④ ㉢, ㉣

㉠ 뷰는 저장장치 내에 물리적으로 존재하지 않는 가상 테이블입니다.
㉡ 뷰가 정의된 기본 테이블이 삭제되면 뷰도 자동으로 삭제됩니다.

▶ 정답 : 1. ④ 2. ③ 3. ① 4. ④ 5. ② 6. ④

SECTION 073 파티션 설계

전문가의 조언

파티션은 용량이 큰 테이블을 관리하기 쉽도록 작은 단위로 나눈 것을 말합니다. 파티션의 개요를 바탕으로 파티션의 장·단점, 종류, 인덱스 파티션의 종류 등을 파악하세요.

파티션키
파티션키는 파티션을 나누는 기준이 되는 열로, 파티션키로 지정된 열의 데이터 값에 따라 파티션이 나뉩니다.

테이블 단위로 처리
하나의 테이블이 여러 개의 파티션으로 나눠져 있어도 DB에 접근하는 애플리케이션은 테이블 단위로 데이터를 처리하기 때문에 파티션을 인식하지 못합니다.

① 파티션(Patition)의 개요

데이터베이스에서 파티션은 대용량의 테이블이나 인덱스를 작은 논리적 단위인 파티션으로 나누는 것을 말한다.

- 대용량 DB의 경우 중요한 몇 개의 테이블에만 집중되어 데이터가 증가되므로, 이런 테이블들을 작은 단위로 나눠 분산시키면 성능 저하를 방지할 뿐만 아니라 데이터 관리도 쉬워진다.
- 테이블이나 인덱스를 파티셔닝 하면 파티션키* 또는 인덱스키에 따라 물리적으로 별도의 공간에 데이터가 저장된다.
- 데이터 처리는 테이블 단위*로 이뤄지고, 데이터 저장은 파티션별로 수행된다.

② 파티션의 장·단점

장점	• 데이터 접근 시 액세스 범위를 줄여 쿼리 성능이 향상된다. • 파티션별로 데이터가 분산되어 저장되므로 디스크의 성능이 향상된다. • 파티션별로 백업 및 복구를 수행하므로 속도가 빠르다. • 시스템 장애 시 데이터 손상 정도를 최소화할 수 있다. • 데이터 가용성이 향상된다. • 파티션 단위로 입·출력을 분산시킬 수 있다.
단점	• 하나의 테이블을 세분화하여 관리하므로 세심한 관리가 요구된다. • 테이블간 조인에 대한 비용이 증가한다. • 용량이 작은 테이블에 파티셔닝을 수행하면 오히려 성능이 저하된다.

전문가의 조언

파티션의 종류나 각 종류의 특징을 묻는 문제가 출제되었습니다. 파티션의 종류를 정확히 기억하고, 각 종류를 구분할 수 있도록 특징을 정리하세요.

③ 파티션의 종류

25.8, 25.2, 24.7, 24.5, 24.2, 23.2, 22.7, 21.5, 20.8

파티션의 종류는 파티셔닝 방식에 따라 범위 분할, 해시 분할, 조합 분할, 목록 분할, 라운드 로빈 분할 등으로 나뉜다.

25.8, 24.7, 24.5, 24.2, 22.7, 21.5, 20.8 **범위 분할** (Range Partitioning)	지정한 열의 값을 기준으로 범위를 지정하여 분할한다. 예 일별, 월별, 분기별 등
25.8, 25.2, 24.7, 24.2, 23.2, 21.5, 20.8 **해시 분할** (Hash Partitioning)	• 해시 함수를 적용한 결과 값에 따라 데이터를 분할한다. • 특정 파티션에 데이터가 집중되는 범위 분할의 단점을 보완한 것으로, 데이터를 고르게 분산할 때 유용하다. • 특정 데이터가 어디에 있는지 판단할 수 없다. • 고객번호, 주민번호 등과 같이 데이터가 고른 컬럼에 효과적이다.
25.8, 24.7, 20.8 **조합 분할** (Composite Partitioning)	• 범위 분할로 분할한 다음 해시 함수를 적용하여 다시 분할하는 방식이다. • 범위 분할한 파티션이 너무 커서 관리가 어려울 때 유용하다.

목록 분할 (List Partitioning)	지정한 열 값에 대한 목록을 만들어 이를 기준으로 분할한다. 예 '국가'라는 열에 '한국', '미국', '일본'이 있는 경우 '미국'을 제외할 목적으로 '아시아'라는 목록을 만들어 분할함
24.2, 21.5 라운드 로빈 분할 (Round Robin Partitioning)	• 레코드를 균일하게 분배하는 방식이다. • 각 레코드가 순차적으로 분배되며, 기본키가 필요없다.

예 범위 분할

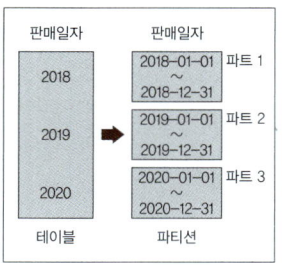

예 해시 분할

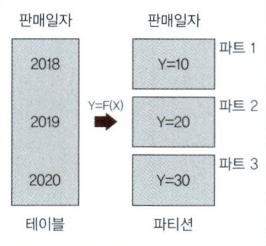

예 조합 분할

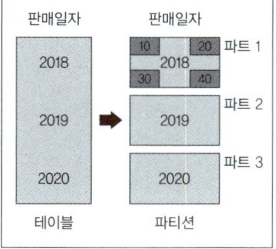

- **범위 분할** : '판매일자' 필드를 기준으로 연도별로 파티션을 나눈다.
- **해시 분할** : 해시 함수(F(X))에 '판매일자' 필드를 인수로 입력하여 그 결과값에 따라 파티션을 나눈다.
- **조합 분할** : '판매일자' 필드를 기준으로 연도별로 파티션을 나눈 다음 하나의 파티션 안에서 다시 해시 함수를 적용하여 다시 파티션을 나눈다.

4 파티션키 선정 시 고려 사항

- 파티션키는 테이블 접근 유형에 따라 파티셔닝*이 이뤄지도록 선정한다.
- 데이터 관리의 용이성을 위해 이력성 데이터*는 파티션 생성주기와 소멸주기를 일치시켜야 한다.
- 매일 생성되는 날짜 컬럼, 백업의 기준이 되는 날짜 컬럼, 파티션 간 이동이 없는 컬럼, I/O 병목을 줄일 수 있는 데이터 분포가 양호한 컬럼 등을 파티션키로 선정한다.

5 인덱스 파티션

인덱스 파티션은 파티션된 테이블의 데이터를 관리하기 위해 인덱스를 나눈 것이다.

- 인덱스 파티션은 파티션된 테이블의 종속 여부에 따라 Local Partitioned Index와 Global Partitioned Index로 나뉜다.
  - Local Partitioned Index : 테이블 파티션과 인덱스 파티션이 1:1 대응되도록 파티셔닝한다.
  - Global Partitioned Index : 테이블 파티션과 인덱스 파티션이 독립적으로 구성되도록 파티셔닝한다.
  - Local Partitioned Index가 Global Partitioned Index에 비해 데이터 관리가 쉽다.

접근 유형에 따른 파티셔닝
예를 들면, 분포도가 넓어 인덱스를 사용해도 조회 성능이 좋지 않은 테이블을 검색 범위와 파티션 단위를 동일하게 하여 파티셔닝을 수행하면 인덱스를 사용하지 않고도 데이터 조회 성능을 향상시킬 수 있습니다.

이력성 데이터
이력성 데이터는 수명이 다되어 데이터베이스에서는 삭제되었지만 데이터 관리 및 업무 규칙에 따라 별도의 저장장치에 보관되는 데이터로, 활용 가치에 따라 생성주기와 소멸주기가 결정됩니다. 생성주기와 소멸주기에 맞춰 데이터베이스를 정리해야 데이터 관리가 쉬워집니다.

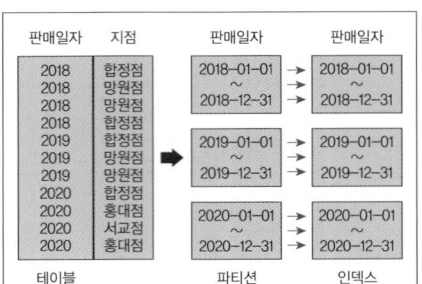 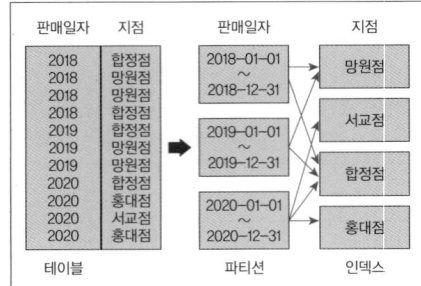

- Local Partitioned Index : 파티션과 인덱스를 모두 '판매일자' 필드를 기준으로 수행한다.
- Global Partitioned Index : 파티션은 '판매일자' 필드를 기준으로 수행하고, 인덱스는 '지점' 필드를 기준으로 수행한다.

- 인덱스 파티션은 인덱스 파티션키 컬럼의 위치에 따라 Prefixed Partitioned Index와 Non-prefixed Partitioned Index로 나뉜다.
  - Prefixed Partitioned Index : 인덱스 파티션키와 인덱스 첫 번째 컬럼이 같다.
  - Non-Prefixed Partitioned Index : 인덱스 파티션키와 인덱스 첫 번째 컬럼이 다르다.

예

파티션 인덱스 유형	인덱스 파티션키	인덱스키 컬럼
Prefixed Partitioned Index	판매일자	판매일자(+품목코드)
Non-Prefixed Partitioned Index	판매일자	품목코드(+거래일자)

Global Non-Prefixed Partitioned Index는 허용되지 않습니다.

- Local과 Global, Prefixed와 Nonprefixed를 조합하여 Local Prefixed Partitioned Index, Local Non-Prefixed Partitioned Index, Global Prefixed Partitioned Index 등으로 구성하여 사용한다.

기출문제 따라잡기

25년 8월, 24년 7월, 20년 8월
1. 물리 데이터 저장소의 파티션 설계에서 파티션 유형으로 옳지 않은 것은?

① 범위 분할(Range Partitioning)
② 해시 분할(Hash Partitioning)
③ 조합 분할(Composite Partitioning)
④ 유닛 분할(Unit Partitioning)

> 파티션 유형 다섯 가지는 범위, 목록, 해시, 조합, 라운드 로빈입니다.

24년 2월, 21년 5월
2. 병렬 데이터베이스 환경 중 수평 분할에서 활용되는 분할 기법이 아닌 것은?

① 라운드-로빈   ② 범위 분할
③ 예측 분할   ④ 해시 분할

> 분할(Partitioning) 방식에는 범위, 목록, 해시, 조합, 라운드 로빈 분할이 있습니다.

24년 5월, 22년 7월
3. 파티셔닝 방식 중 '월별, 분기별'과 같이 지정한 열의 값을 기준으로 범위를 지정하여 분할하는 방식은?

① Range Partitioning
② Hash Partitioning
③ Composite Partitioning
④ List Partitioning

> 범위(Range)를 지정하는 분할은 범위(Range) 분할입니다.

25년 2월, 23년 2월
4. 다음 중 Hash 파티셔닝에 대한 설명으로 옳은 것을 모두 고른 것은?

> ㉠ 지정한 열의 값을 기준으로 범위를 지정하여 분할
> ㉡ 데이터를 고르게 분산할 때 유용
> ㉢ 데이터가 고른 컬럼에 효과적
> ㉣ 해시 함수를 이용하여 데이터 분할

① ㉠, ㉡, ㉢, ㉣   ② ㉠, ㉡, ㉢
③ ㉠, ㉣   ④ ㉡, ㉢, ㉣

> ㉠은 범위 분할(Range Partitioning)에 대한 설명입니다.

▶ 정답 : 1. ④ 2. ③ 3. ① 4. ④

SECTION 074 분산 데이터베이스 설계

 전문가의 조언

분산 데이터베이스의 정의나 구성 요소를 묻는 문제가 출제됩니다. 분산 데이터베이스는 여러 개로 분산되어있는 데이터베이스를 하나의 데이터베이스처럼 사용하는 시스템이라는 것을 염두에 두고 분산 데이터베이스의 정의와 구성 요소를 정리하세요.

① 분산 데이터베이스 정의 _{22.4, 22.3}

분산 데이터베이스는 논리적으로는 하나의 시스템에 속하지만 물리적으로는 네트워크를 통해 연결된 여러 개의 컴퓨터 사이트(Site)에 분산되어 있는 데이터베이스를 말한다.

- 분산 데이터베이스는 데이터의 처리나 이용이 많은 지역에 데이터베이스를 위치시킴으로써 데이터의 처리가 가능한 해당 지역에서 해결될 수 있도록 한다.

② 분산 데이터베이스의 구성 요소 _{25.8, 22.4, 22.3}

분산 처리기 _{25.8, 22.4, 22.3}	자체적으로 처리 능력을 가지며, 지리적으로 분산되어 있는 컴퓨터 시스템을 말한다.
분산 데이터베이스 _{22.3}	지리적으로 분산되어 있는 데이터베이스로서 해당 지역의 특성에 맞게 데이터베이스가 구성된다.
통신 네트워크 _{22.3}	분산 처리기들을 통신망으로 연결하여 논리적으로 하나의 시스템처럼 작동할 수 있도록 하는 통신 네트워크를 말한다.

③ 분산 데이터베이스 설계 시 고려 사항

- 작업부하(Work Load)의 노드별 분산 정책
- 지역의 자치성 보장 정책
- 데이터의 일관성 정책
- 사이트나 회선의 고장으로부터의 회복 기능
- 통신 네트워크를 통한 원격 접근 기능

 전문가의 조언

분산 데이터베이스의 투명성의 종류와 장애 투명성의 의미를 묻는 문제가 출제되었습니다. 분산 데이터베이스의 투명성의 종류 4가지와 각각의 의미를 정확하게 숙지하세요. 영문으로도 알고 있어야 합니다.

투명성(Transparency)
투명성이란 어떠한 사실이 존재함에도 마치 투명하여 보이지 않는 것처럼, 사실의 존재 여부를 염두에 두지 않아도 되는 성질을 말합니다.

④ 분산 데이터베이스의 목표 _{25.8, 25.5, 25.2, 24.7, 23.5, 22.7, 22.3, 20.8, 20.6}

- **위치 투명성**(Location Transparency) : 액세스하려는 데이터베이스의 실제 위치를 알 필요 없이 단지 데이터베이스의 논리적인 명칭만으로 액세스할 수 있다.
- **중복 투명성**(Replication Transparency) : 동일 데이터가 여러 곳에 중복되어 있더라도 사용자는 마치 하나의 데이터만 존재하는 것처럼 사용하고, 시스템은 자동으로 여러 자료에 대한 작업을 수행한다.
- **병행 투명성**(Concurrency Transparency) : 분산 데이터베이스와 관련된 다수의 트랜잭션들이 동시에 실현되더라도 그 트랜잭션의 결과는 영향을 받지 않는다.
- **장애 투명성**(Failure Transparency) : 트랜잭션, DBMS, 네트워크, 컴퓨터 장애에도 불구하고 트랜잭션을 정확하게 처리한다.

5 분산 데이터베이스의 장·단점

장점	단점
• 지역 자치성이 높다. • 자료의 공유성이 향상된다. • 분산 제어가 가능하다. • 시스템 성능이 향상된다. • 중앙 컴퓨터의 장애가 전체 시스템에 영향을 끼치지 않는다. • 효용성과 융통성이 높다. • 신뢰성 및 가용성이 높다. • 점진적 시스템 용량 확장이 용이하다.	• DBMS가 수행할 기능이 복잡하다. • 데이터베이스 설계가 어렵다. • 소프트웨어 개발 비용이 증가한다. • 처리 비용이 증가한다. • 잠재적 오류가 증가한다.

전문가의 조언
분산 데이터베이스의 정의와 목표를 숙지했다면 장점과 단점은 어렵지 않게 이해할 수 있습니다. 분산 데이터베이스의 장점이 아닌 것을 찾을 수 있을 정도로 알아두세요.

6 분산 데이터베이스 설계

분산 데이터베이스 설계는 애플리케이션이나 사용자가 분산되어 저장된 데이터에 접근하게 하는 것을 목적으로 한다.

- 잘못 설계된 분산 데이터베이스는 복잡성 증가, 응답 속도 저하, 비용 증가 등의 문제가 발생한다.
- 분산 데이터베이스의 설계는 전역 관계망을 논리적 측면에서 소규모 단위로 분할한 후, 분할된 결과를 복수의 노드에 할당하는 과정으로 진행된다. 노드에 할당된 소규모 단위를 분할(Fragment)이라 부른다.
- 분산 설계 방법에는 테이블 위치 분산, 분할(Fragmentation), 할당(Allocation)이 있다.

전문가의 조언
분산 데이터베이스의 설계 방법의 종류와 각각의 특징에 대해 숙지해 두세요.

7 테이블 위치 분산

테이블 위치 분산은 데이터베이스의 테이블을 각기 다른 서버에 분산시켜 배치하는 방법을 의미한다.

- 테이블 위치를 분산할 때는 테이블의 구조를 변경하지 않으며, 다른 데이터베이스의 테이블과 중복되지 않게 배치한다.
- 데이터베이스의 테이블을 각각 다른 위치에 배치하려면 해당 테이블들이 놓일 서버들을 미리 설정해야 한다.

예 테이블 위치 분산

위치\테이블	사원	부서	상품	판매현황	거래업체
본사	○	○			○
지사			○	○	

8 분할(Fragment)

분할은 테이블의 데이터를 분할하여 분산시키는 것이다.

- 분할 규칙
  - 완전성(Completeness) : 전체 데이터를 대상으로 분할해야 한다.
  - 재구성(Reconstruction) : 분할된 데이터는 관계 연산을 활용하여 본래의 데이터로 재구성할 수 있어야 한다.
  - 상호 중첩 배제(Dis-jointness) : 분할된 데이터는 서로 다른 분할의 항목에 속하지 않아야 한다.
    > 예 수평 분할한 경우 각각의 분할에 포함된 튜플들이 상호 중복되지 않아야 하고, 수직 분할한 경우는 각각의 분할에 포함된 속성들이 중복되지 않아야 한다.

- 주요 분할 방법
  - 수평 분할 : 특정 속성의 값을 기준으로 행(Row) 단위로 분할
  - 수직 분할 : 데이터 컬럼(속성) 단위로 분할

예 수평 분할

사원번호	사원이름	부서	입사일자	나이
S001	홍길동	영업부	2018.05.09	30
S002	장길산	영업부	2017.08.05	28
S003	김말자	영업부	2019.11.03	35
S004	이순자	총무부	2019.05.12	27
S005	양숙경	총무부	2016.02.24	28

예 수직 분할

사원번호	사원이름	부서	입사일자	나이
S001	홍길동	영업부	2018.05.09	30
S002	장길산	영업부	2017.08.05	28
S003	김말자	영업부	2019.11.03	35
S004	이순자	총무부	2019.05.12	27
S005	양숙경	총무부	2016.02.24	28

- 수평 분할 : '부서' 필드가 '영업부'인 테이블과 '총무부'인 테이블로 분할한다.
- 수직 분할 : '사원번호', '사원이름' 필드로 구성된 테이블과 '부서', '입사일자', '나이' 필드로 구성된 테이블로 분할한다.

9 할당(Allocation)

할당은 동일한 분할을 여러 개의 서버에 생성하는 분산 방법으로, 중복이 없는 할당(Allocation)과 중복이 있는 할당(Allocation)으로 나뉜다.

- 비중복 할당 방식
  - 최적의 노드를 선택해서 분산 데이터베이스의 단일 노드에서만 분할이 존재하도록 하는 방식이다.
  - 일반적으로 애플리케이션에는 릴레이션을 배타적 분할로 분리하기 힘든 요구가 포함되므로 분할된 테이블 간의 의존성은 무시되고 비용 증가, 성능 저하 등의 문제가 발생할 수 있다.
- **중복 할당 방식** : 동일한 테이블을 다른 서버에 복제하는 방식으로, 일부만 복제하는 부분 복제와 전체를 복제하는 완전 복제가 있다.

기출문제 따라잡기

 문제1 2409951   문제3 2409954   문제5 2409955

22년 4월

1. 분산 데이터베이스 시스템과 관련한 설명으로 틀린 것은?

① 물리적으로 분산된 데이터베이스 시스템을 논리적으로 하나의 데이터베이스 시스템처럼 사용할 수 있도록 한 것이다.
② 물리적으로 분산되어 지역별로 필요한 데이터를 처리할 수 있는 지역 컴퓨터(Local Computer)를 분산 처리기(Distributed Processor)라고 한다.
③ 분산 데이터베이스 시스템을 위한 통신 네트워크 구조가 데이터 통신에 영향을 주므로 효율적으로 설계해야 한다.
④ 데이터베이스가 분산되어 있음을 사용자가 인식할 수 있도록 분산 투명성(Distribution Transparency)을 배제해야 한다.

> 사용자는 데이터베이스가 분산되어 있음을 인식할 필요 없이, 단지 데이터베이스의 논리적인 명칭만 알면 데이터베이스에 접근할 수 있습니다. 이를 위치 투명성이라고 합니다.

23년 7월, 22년 7월

2. 분산 데이터베이스의 특징에 대한 설명으로 틀린 것은?

① 지역 서버의 고유 데이터에 대한 작업은 중앙 서버의 통제 없이 자유롭게 수행할 수 있다.
② 새로운 지역 서버를 추가하거나 장비를 추가하는 등의 작업이 용이하다.
③ 위치 투명성, 중복 투명성, 병행 투명성, 장애 투명성을 목표로 한다.
④ 데이터베이스 설계 및 소프트웨어 개발이 쉽고, 전반적인 시스템의 성능이 향상된다.

> 분산 데이터베이스는 데이터베이스 설계 및 소프트웨어 개발이 어렵습니다.

22년 3월

3. 분산 데이터베이스 시스템(Distributed Database System)에 대한 설명으로 틀린 것은?

① 분산 데이터베이스는 논리적으로는 하나의 시스템에 속하지만 물리적으로는 여러 개의 컴퓨터 사이트에 분산되어 있다.
② 위치 투명성, 중복 투명성, 병행 투명성, 장애 투명성을 목표로 한다.
③ 데이터베이스의 설계가 비교적 어렵고, 개발 비용과 처리 비용이 증가한다는 단점이 있다.
④ 분산 데이터베이스 시스템의 주요 구성 요소는 분산 처리기, P2P 시스템, 단일 데이터베이스 등이 있다.

> 네트워크를 통해 연결된 분산 데이터베이스의 구성 요소는 **분산 처리기, 분산 데이터베이스, 통신 네트워크**입니다.

24년 7월, 23년 5월, 20년 8월

4. 분산 데이터베이스의 투명성(Transparency)에 해당하지 않는 것은?

① Location Transparency
② Replication Transparency
③ Failure Transparency
④ Media Access Transparency

> 분산 데이터베이스의 투명성에는 위치 투명성(Location Transparency), 중복 투명성(Replication Transparency), 병행 투명성(Concurrency Transparency), 장애 투명성(Failure Transparency)가 있습니다.

20년 6월

5. 분산 데이터베이스 목표 중 "데이터베이스의 분산된 물리적 환경에서 특정 지역의 컴퓨터 시스템이나 네트워크에 장애가 발생해도 데이터 무결성이 보장된다."는 것과 관계있는 것은?

① 장애 투명성
② 병행 투명성
③ 위치 투명성
④ 중복 투명성

> 문제에 제시된 내용과 관계있는 분산 데이터베이스 목표는 장애 투명성(Failure Transparency)입니다.

25년 5월, 2월

6. 데이터가 물리적으로 저장되어 있는 위치를 알 필요 없이 데이터베이스의 논리적인 명칭만으로 접근할 수 있는 것을 의미하는 분산 데이터베이스 목표는?

① Concurrency Transparency
② Failure Transparency
③ Location Transparency
④ Replication Transparency

> 데이터베이스의 논리적인 명칭만으로 접근(Access)할 수 있는 것을 의미하는 분산 데이터베이스 목표는 위치 투명성(Location Transparency)입니다.

25년 2월

7. 분산 데이터베이스에 대한 설명으로 옳지 않은 것은?

① 분산 데이터베이스는 논리적으로는 하나의 시스템에 속하지만 물리적으로는 여러 개의 컴퓨터 사이트에 분산되어 있다.
② 분산 설계 방법에는 테이블 위치 분산, 분할, 할당이 있다.
③ 비중복 할당은 최적의 노드를 선택해서 분산 데이터베이스의 단일 노드에서만 분할이 존재하도록 하는 것이다.
④ 수직 분할은 특정 속성의 값을 기준으로 행(Row) 단위로 분할하는 것이다.

> 수직 분할은 열(Column) 단위로 분할, 수평 분할은 행(Row) 단위로 분할하는 것입니다.

▶ 정답 : 1. ④ 2. ④ 3. ④ 4. ④ 5. ① 6. ③ 7. ④

SECTION 075 데이터베이스 보안 / 암호화

전문가의 조언

데이터베이스 보안의 의미, 그리고 보안과 무결성의 차이점을 명확히 구분해 두세요.

무결성(Integrity)과 보안(Security)
- 무결성은 권한이 있는 사용자로부터 데이터베이스를 보호하는 것이고, 보안은 권한이 없는 사용자로부터 데이터베이스를 보호하는 것입니다.
- 보안은 데이터베이스 사용자들이 데이터베이스를 사용하고자 할 때 언제든지 사용할 수 있도록 보장하는 것이고, 무결성은 정확하게 사용할 수 있도록 보장하는 것입니다.

전문가의 조언

개인키 암호 방식과 공개키 암호 방식을 확실하게 구분할 수 있어야 합니다.

DES(Data Encryption Standard) 기법
DES 기법은 개인키 암호 방식의 대표적인 알고리즘으로, 64Bit의 평문 블록을 56Bit의 16개 키를 이용하여 16회의 암호 계산 단계를 거쳐 64Bit의 암호문을 얻습니다.

1 데이터베이스 보안의 개요

데이터베이스 보안이란 데이터베이스의 일부분 또는 전체에 대해서 권한이 없는 사용자가 액세스하는 것을 금지하기 위해 사용되는 기술이다.
- 보안을 위한 데이터 단위는 테이블 전체로부터 특정 테이블의 특정한 행과 열 위치에 있는 특정한 데이터 값에 이르기까지 다양하다.
- 데이터베이스 사용자들은 일반적으로 서로 다른 객체에 대하여 다른 접근 권리 또는 권한을 갖게 된다.

2 암호화(Encryption) 21.3

암호화는 데이터를 보낼 때 송신자가 지정한 수신자 이외에는 그 내용을 알 수 없도록 평문을 암호문으로 변환하는 것이다.
- **암호화(Encryption) 과정** : 암호화되지 않은 평문을 정보 보호를 위해 암호문으로 바꾸는 과정
- **복호화(Decryption) 과정** : 암호문을 원래의 평문으로 바꾸는 과정
- 암호화 기법에는 개인키 암호 방식과 공개키 암호 방식이 있다.

3 개인키 암호 방식(Private Key Encryption) = 비밀키 암호 방식

비밀키 암호화 기법은 동일한 키로 데이터를 암호화하고 복호화한다.
- 비밀키 암호화 기법은 대칭 암호 방식 또는 단일키 암호화 기법이라고도 한다.
- 비밀키는 제3자에게는 노출시키지 않고 데이터베이스 사용 권한이 있는 사용자만 나누어 가진다.
- **종류** : 전위 기법, 대체 기법, 대수 기법, 합성 기법(DES*, LUCIFER)

4 공개키 암호 방식(Public Key Encryption)

공개키 암호화 기법은 서로 다른 키로 데이터를 암호화하고 복호화한다.
- 데이터를 암호화할 때 사용하는 키(공개키, Public Key)는 데이터베이스 사용자에게 공개하고, 복호화할 때의 키(비밀키, Secret Key)는 관리자가 비밀리에 관리하는 방법이다.
- 공개키 암호화 기법은 비대칭 암호 방식이라고도 하며, 대표적으로 RSA(Rivest Shamir Adleman)가 있다.

기출문제 따라잡기

이전기출

1. 암호화 기법 중 암호화 알고리즘과 암호화키는 공개해서 누구든지 평문을 암호문으로 만들 수 있지만, 해독 알고리즘과 해독키는 비밀로 유지하는 기법을 무엇이라 하는가?

① DES(Data Encryption Standard) 기법
② 공중키(Public Key) 암호화 기법
③ 대체(Substitution) 암호화 기법
④ 전치(Transposed) 암호화 기법

> 암호화와 복호화에 한 개의 키를 사용하는 것은 개인키 암호화 기법이고, 암호화와 복호화에 서로 다른 두 개의 키를 사용하는 것은 공중키 암호화 기법입니다.

이전기출

2. 데이터베이스 보안에 대한 설명으로 옳지 않은 것은?

① 보안을 위한 데이터 단위는 테이블 전체로부터 특정 테이블의 특정한 행과 열 위치에 있는 특정한 데이터 값에 이르기까지 다양하다.
② 각 사용자들은 일반적으로 서로 다른 객체에 대하여 다른 접근 권리 또는 권한을 갖게 된다.
③ 불법적인 데이터의 접근으로부터 데이터베이스를 보호하는 것이다.
④ 보안을 위한 사용자들의 권한 부여는 관리자의 정책 결정보다는 DBMS가 자체 결정하여 제공한다.

> 데이터베이스 보안을 위한 사용자들의 권한 부여는 DBMS라는 소프트웨어 시스템이 자체 결정하는 것이 아니라, 사람인 관리자의 정책 결정에 의해서 정해집니다.

21년 3월

3. 정보보호를 위한 암호화에 대한 설명으로 틀린 것은?

① 평문 – 암호화되기 전의 원본 메시지
② 암호문 – 암호화가 적용된 메시지
③ 복호화 – 평문을 암호문으로 바꾸는 작업
④ 키(Key) – 적절한 암호화를 위하여 사용하는 값

- **암호화**: 평문을 암호문으로 바꾸는 작업
- **복호화**: 암호문을 평문으로 바꾸는 작업

▶ 정답 : 1. ② 2. ④ 3. ③

SECTION 076 데이터베이스 보안 - 접근통제

1 접근통제

접근통제는 데이터가 저장된 객체*와 이를 사용하려는 주체* 사이의 정보 흐름을 제한하는 것이다.

- 접근통제는 데이터에 대해 다음과 같은 통제를 함으로써 자원의 불법적인 접근 및 파괴를 예방한다.
  - 비인가된 사용자의 접근 감시
  - 접근 요구자의 사용자 식별
  - 접근 요구의 정당성 확인 및 기록
  - 보안 정책에 근거한 접근의 승인 및 거부 등
- 접근통제 기술에는 임의 접근통제(DAC), 강제 접근통제(MAC), 역할기반 접근통제(RBAC)가 있다.

임의 접근통제(DAC; Discretionary Access Control)	• 임의 접근통제는 데이터에 접근하는 사용자의 신원에 따라 접근 권한을 부여하는 방식이다. • 데이터 소유자가 접근통제 권한을 지정하고 제어한다. • 객체를 생성한 사용자가 생성된 객체에 대한 모든 권한을 부여받고, 부여된 권한을 다른 사용자에게 허가할 수도 있다. • 임의 접근통제에 사용되는 SQL 명령어에는 GRANT*와 REVOKE*가 있다.
강제 접근통제(MAC; Mandatory Access Control)	• 강제 접근통제는 주체와 객체의 등급을 비교하여 접근 권한을 부여하는 방식이다. • 시스템이 접근통제 권한을 지정한다. • 데이터베이스 객체별로 보안 등급을 부여할 수 있고, 사용자별로 인가 등급을 부여할 수 있다. • 주체는 자신보다 보안 등급이 높은 객체에 대해 읽기, 수정, 등록이 모두 불가능하고, 보안 등급이 같은 객체에 대해서는 읽기, 수정, 등록이 가능하고, 보안 등급이 낮은 객체는 읽기가 가능하다.
역할기반 접근통제(RBAC; Role Based Access Control)	• 역할기반 접근통제는 사용자의 역할에 따라 접근 권한을 부여하는 방식이다. • 중앙관리자가 접근 통제 권한을 지정한다. • 임의 접근통제와 강제 접근통제의 단점을 보완하였으며, 다중 프로그래밍 환경에 최적화된 방식이다. • 중앙관리자가 역할마다 권한을 부여하면, 책임과 자질에 따라 역할을 할당받은 사용자들은 역할에 해당하는 권한을 사용할 수 있다.

잠깐만요 강제 접근통제(MAC)의 보안 모델

벨 라파듈라 모델 (Bell-LaPadula Model)	• 군대의 보안 레벨처럼 정보의 기밀성에 따라 상하 관계가 구분된 정보를 보호하기 위해 사용한다. • 보안 취급자의 등급을 기준으로 읽기 권한과 쓰기 권한이 제한된다. • 자신의 보안 레벨 이상의 문서를 작성할 수 있고, 자신의 보안 레벨 이하의 문서를 읽을 수 있다. 예 보안 레벨이 2급인 보안 취급자의 읽기 권한과 쓰기 권한 - 2·3급 비밀 문서를 조회할 수 있다. - 1·2급 비밀 문서를 작성할 수 있다.

전문가의 조언
- 접근통제는 말 그대로 데이터베이스에 대한 사용자들의 접근을 통제함으로써 데이터를 보호하는 방법입니다.
- 접근통제 기술의 종류와 개별적인 특징을 묻는 문제가 출제되었으니 잘 정리하세요.

객체 : 테이블, 컬럼 등과 같은 데이터베이스 개체들을 의미합니다.

주체 : 일반적으로 객체를 사용하기 위해 접근을 시도하는 사용자를 의미합니다.

GRANT : 객체에 대한 권한을 부여하는 명령입니다.
예 GRANT RESOURCE TO KORA; : 사용자 ID가 KORA인 사람에게 데이터베이스 및 테이블을 생성할 수 있는 권한을 부여합니다.

REVOKE : 객체에 부여된 권한을 취소하는 명령입니다.
예 REVOKE UPDATE ON 고객 FROM JULIA; : 사용자 ID가 JULIA인 사람에게 부여한 권한 중 갱신(UPDATE) 권한을 취소합니다.

전문가의 조언
벨 라파듈라 모델의 개념을 묻는 문제가 출제되었습니다. 출제된 모델을 중심으로 강제 접근통제의 보안 모델의 종류와 개별적인 특징을 정리해 두세요.

비바 무결성 모델 (Biba Integrity Model)	• 벨 라파듈라 모델을 보완한 수학적 모델로, 무결성을 보장하는 최초의 모델이다. • 비인가자에 의한 데이터 변형을 방지한다.	
클락-윌슨 무결성 모델 (Clark-Wilson Integrity Model)	무결성 중심의 상업용 모델로, 사용자가 직접 객체에 접근할 수 없고 프로그램에 의해 접근이 가능한 보안 모델이다.	
만리장성 모델 (Chinese Wall Model)	서로 이해 충돌 관계에 있는 객체 간의 정보 접근을 통제하는 모델이다.	

- 접근통제의 3요소는 접근통제 정책, 접근통제 메커니즘, 접근통제 보안모델이다.

❷ 접근통제 정책

접근통제 정책은 어떤 주체가(Who)가 언제(When), 어디서(Where), 어떤 객체(What)에게, 어떤 행위(How)에 대한 허용 여부를 정의하는 것으로, 신분 기반 정책, 규칙 기반 정책, 역할 기반 정책이 있다.

신분 기반 정책	• 주체나 그룹의 신분에 근거하여 객체의 접근을 제한하는 방법으로, IBP와 GBP가 있다. • IBP(Individual-Based Policy) : 최소 권한 정책으로, 단일 주체에게 하나의 객체에 대한 허가를 부여한다. • GBP(Group-Based Policy) : 복수 주체에 하나의 객체에 대한 허가를 부여한다.
규칙 기반 정책	• 주체가 갖는 권한에 근거하여 객체의 접근을 제한하는 방법으로, MLP와 CBP가 있다. • MLP(Multi-Level Policy) : 사용자 및 객체별로 지정된 기밀 분류에 따른 정책 • CBP(Compartment-Based Policy) : 집단별로 지정된 기밀 허가에 따른 정책
역할 기반 정책	GBP의 변형된 정책으로, 주체의 신분이 아니라 주체가 맡은 역할에 근거하여 객체의 접근을 제한하는 방법이다. 예 인사 담당자, DBA 등

❸ 접근통제 메커니즘

접근통제 매커니즘은 정의된 접근통제 정책을 구현하는 기술적인 방법으로, 접근통제 목록, 능력 리스트, 보안 등급, 패스워드, 암호화 등이 있다.

- **접근통제 목록(Access Control List)** : 객체를 기준으로 특정 객체에 대해 어떤 주체가 어떤 행위를 할 수 있는지를 기록한 목록이다.
- **능력 리스트(Capability List)** : 주체를 기준으로 주체에게 허가된 자원 및 권한을 기록한 목록이다.
- **보안 등급(Security Level)** : 주체나 객체 등에 부여된 보안 속성의 집합으로, 이 등급을 기반으로 접근 승인 여부가 결정된다.
- **패스워드** : 주체가 자신임을 증명할 때 사용하는 인증 방법이다.
- **암호화** : 데이터를 보낼 때 지정된 수신자 이외에는 내용을 알 수 없도록 평문을 암호문으로 변환하는 것으로, 무단 도용을 방지하기 위해 주로 사용된다.

> **전문가의 조언**
> 접근통제의 3요소인 접근통제 정책, 접근통제 메커니즘, 접근통제 보안 모델의 개념 및 각각에 해당하는 종류를 구분하여 알아두세요.

4. 접근통제 보안 모델

접근통제 보안 모델은 보안 정책을 구현하기 위한 정형화된 모델로, 기밀성 모델, 무결성 모델, 접근통제 모델이 있다.

기밀성* 모델

기밀성 모델은 군사적인 목적으로 개발된 최초의 수학적 모델로, 기밀성 보장이 최우선인 모델이다.

- 기밀성 모델은 군대 시스템 등 특수 환경에서 주로 사용된다.
- 제약 조건
  - 단순 보안 규칙 : 주체는 자신보다 높은 등급의 객체를 읽을 수 없다.
  - ★(스타)-보안 규칙* : 주체는 자신보다 낮은 등급의 객체에 정보를 쓸 수 없다.
  - 강한 ★(스타) 보안 규칙 : 주체는 자신과 등급이 다른 객체를 읽거나 쓸 수 없다.

Level	단순 보안 규칙	★(스타)-보안 규칙	강한 ★(스타) 보안 규칙
	읽기 권한	쓰기 권한	읽기/쓰기 권한
높은 등급	통제	가능	통제
같은 등급	가능	가능	가능
낮은 등급	가능	통제	통제

무결성* 모델

무결성 모델은 기밀성 모델에서 발생하는 불법적인 정보 변경을 방지하기 위해 무결성을 기반으로 개발된 모델이다.

- 무결성 모델은 데이터의 일관성 유지에 중점을 두어 개발되었다.
- 무결성 모델은 기밀성 모델과 동일하게 주체 및 객체의 보안 등급을 기반으로 한다.
- 제약 조건
  - 단순 무결성 규칙 : 주체는 자신보다 낮은 등급의 객체를 읽을 수 없다.
  - ★(스타)-무결성 규칙 : 주체는 자신보다 높은 등급의 객체에 정보를 쓸 수 없다.

Level	단순 무결성 규칙	★(스타)-무결성 규칙
	읽기 권한	쓰기 권한
높은 등급	가능	통제
같은 등급	가능	가능
낮은 등급	통제	가능

접근통제 모델

접근통제 모델은 접근통제 메커니즘을 보안 모델로 발전시킨 것으로, 대표적으로 접근통제 행렬(Access Control Matrix)이 있다.

- **접근통제 행렬(Access Control Matrix)**
  임의적인 접근통제를 관리하기 위한 보안 모델로, 행은 주체, 열은 객체 즉, 행과 열로 주체와 객체의 권한 유형을 나타낸다.
  - 행 : 주체로서 객체에 접근을 시도하는 사용자이다.
  - 열 : 객체로서 접근통제가 이뤄지는 테이블, 컬럼, 뷰 등과 같은 데이터베이스의 개체이다.
  - 규칙 : 주체가 객체에 대하여 수행하는 입력, 수정, 삭제 등의 데이터베이스에 대한 조작이다.

  예) 접근통제 행렬 모델

이름	사원	부서	상품	판매현황	거래업체
김상민	ALL	ALL	R	R	R
우지경	R/W	R/W	R	R	R
하석민	R	R	R	R/W	R/W
양구성	R	R	R/W		

  - ALL : 모든 권한
  - R(Read) : 읽기 권한
  - W(Write) : 쓰기 권한

5 접근통제 조건

접근통제 조건은 접근통제 매커니즘의 취약점을 보완하기 위해 접근통제 정책에 부가하여 적용할 수 있는 조건이다.

- **값 종속 통제(Value-Dependent Control)** : 일반적으로는 객체에 저장된 값에 상관없이 접근통제를 동일하게 허용하지만 객체에 저장된 값에 따라 다르게 접근통제를 허용해야 하는 경우에 사용한다.

  예) 납입한 금액에 따라 보안 등급이 설정되고, 보안 등급에 따라 접근 여부가 결정되는 경우

- **다중 사용자 통제(Multi-User Control)** : 지정된 객체에 다수의 사용자가 동시에 접근을 요구하는 경우에 사용된다.

  예) 여러 명으로 구성된 한 팀에서 다수결에 따라 접근 여부가 결정되는 경우

- **컨텍스트 기반 통제(Context-Based Control)** : 특정 시간, 네트워크 주소, 접근 경로, 인증 수준 등에 근거하여 접근을 제어하는 방법으로, 다른 보안 정책과 결합하여 보안 시스템의 취약점을 보완할 때 사용된다.

  예) 근무시간, 즉 월요일~금요일 9:00~18:00 사이에만 접근 가능

6 감사 추적

감사 추적은 사용자나 애플리케이션이 데이터베이스에 접근하여 수행한 모든 활동을 기록하는 기능이다.

- 감사 추적은 오류가 발생한 데이터베이스를 복구하거나 부적절한 데이터 조작을 파악하기 위해 사용된다.
- 감사 추적 시 실행한 프로그램, 사용자, 날짜 및 시간, 접근한 데이터의 이전 값 및 이후 값 등이 저장된다.

기출문제 따라잡기

20년 9월

1. 다음은 정보의 접근통제 정책에 대한 설명이다. (ㄱ)에 들어갈 내용으로 옳은 것은?

정책	(ㄱ)	DAC	RBAC
권한 부여	시스템	데이터 소유자	중앙 관리자
접근 결정	보안등급 (Label)	신분 (Identity)	역할 (Role)
정책 변경	고정적 (변경 어려움)	변경 용이	변경 용이
장점	안정적 중앙 집중적	구현 용이 유연함	관리 용이

① NAC ② MAC
③ SDAC ④ AAC

> 등급을 정해두면 시스템에 의해 권한이 부여되는 방식은 강제 접근통제(MAC)입니다.

23년 5월, 21년 3월

2. 정보 보안을 위한 접근통제 정책 종류에 해당하지 않는 것은?

① 임의적 접근 통제 ② 데이터 전환 접근 통제
③ 강제적 접근 통제 ④ 역할 기반 접근 통제

> 접근통제 정책의 종류에는 임의 접근통제(DAC), 강제 접근통제(MAC), 역할기반 접근통제(RBAC)가 있습니다.

24년 5월, 2월, 22년 4월

3. 접근 통제 방법 중 조직 내에서 직무, 직책 등 개인의 역할에 따라 결정하여 부여하는 접근 정책은?

① RBAC ② DAC
③ MAC ④ QAC

> 개인의 역할(Role)을 기반(Based)으로 접근(Access)이 통제(Control)되는 정책은 역할 기반 접근통제(RBAC)입니다.

출제예상

4. 다음 중 접근통제 보안 모델에 대한 설명으로 틀린 것은?

① 기밀성 모델은 군사적인 목적으로 개발된 최초의 수학적 모델로, 기밀성 보장이 최우선인 모델이다.
② 무결성 모델은 기밀성 모델에서 발생하는 불법적인 정보 변경을 방지하기 위해 무결성을 기반으로 개발된 모델이다.
③ 기밀성은 시스템 내의 정보는 인가된 사용자만 수정할 수 있는 것으로, 정보가 전송 중에 수정되지 않고 전달되는 것을 보장한다.
④ 무결성 모델은 데이터의 일관성 유지에 중점을 두어 개발되었다.

> 인가된 사용자만 접근할 수 있는 것은 기밀성, 인가된 사용자만 수정할 수 있는 것은 무결성입니다.

21년 8월

5. 정보 시스템 내에서 어떤 주체가 특정 개체에 접근하려 할 때, 양쪽의 보안 레이블(Security Label)에 기초하여 높은 보안 수준을 요구하는 정보(객체)가 낮은 보안 수준의 주체에게 노출되지 않도록 하는 접근 제어 방법은?

① Mandatory Access Control
② User Access Control
③ Discretionary Access Control
④ Data-Label Access Control

> 보안 레벨(등급)을 비교하여 접근 권한을 부여하는 방식은 강제 접근통제(MAC)입니다.

21년 5월

6. 다음 내용이 설명하는 접근 제어 모델은?

- 군대의 보안 레벨처럼 정보의 기밀성에 따라 상하 관계가 구분된 정보를 보호하기 위해 사용
- 자신의 권한보다 낮은 보안 레벨 권한을 가진 경우에는 높은 보안 레벨의 문서를 읽을 수 없고 자신의 권한보다 낮은 수준의 문서만 읽을 수 있다.
- 자신의 권한보다 높은 보안 레벨의 문서에는 쓰기가 가능하지만 보안 레벨이 낮은 문서의 쓰기 권한은 제한한다.

① Clark-Wilson Integrity Model
② PDCA Model
③ Bell-Lapadula Model
④ Chinese Wall Model

> 정보의 기밀성에 따라 상하 관계가 구분된 정보를 보호하기 위해 사용하는 접근 제어 모델은 벨 라파듈라 모델(Bell-LaPadula Model)입니다.

▶ 정답 : 1. ② 2. ② 3. ① 4. ③ 5. ① 6. ③

SECTION 077 데이터베이스 백업

1 데이터베이스 백업

데이터베이스 백업은 전산 장비의 장애에 대비하여 데이터베이스에 저장된 데이터를 보호하고 복구하기 위한 작업으로, 치명적인 데이터 손실을 막기 위해서는 데이터베이스를 정기적으로 백업해야 한다.

- 데이터베이스 관리 시스템(DBMS)은 데이터베이스 파괴 및 실행 중단이 발생하면 이를 복구할 수 있는 기능을 제공한다.

> **전문가의 조언**
> 백업의 개념을 묻는 문제가 출제되었습니다. 백업의 개념을 중심으로 장애 유형, 로그 파일, 복구 알고리즘 등을 정리해 두세요.

2 데이터베이스 장애 유형

데이터베이스의 장애 유형을 정확히 파악하고 장애에 따른 백업 전략을 세워야 장애 발생 시 복구가 가능하다.

- **사용자 실수** : 사용자의 실수로 인해 테이블이 삭제되거나 잘못된 트랜잭션이 처리된 경우
- **미디어 장애** : CPU, 메모리, 디스크 등 하드웨어 장애나 데이터가 파손된 경우
- **구문 장애** : 프로그램 오류나 사용 공간의 부족으로 인해 발생하는 장애
- **사용자 프로세스 장애** : 프로그램이 비정상적으로 종료되거나 네트워크 이상으로 세션*이 종료되어 발생하는 오류
- **인스턴스 장애** : 하드웨어 장애, 정전, 시스템 파일 파손 등 비정상적인 요인으로 인해 메모리나 데이터베이스 서버의 프로세스가 중단된 경우

> **세션(Session)**
> 세션은 사용자 또는 프로세스 간의 데이터 교환을 위한 논리적인 연결을 의미합니다.

3 로그 파일

로그 파일은 데이터베이스의 처리 내용이나 이용 상황 등 상태 변화를 시간의 흐름에 따라 모두 기록한 파일로, 데이터베이스의 복구를 위해 필요한 가장 기본적인 자료이다.

- 로그 파일을 기반으로 데이터베이스를 과거 상태로 복귀(UNDO)시키거나 현재 상태로 재생(REDO)시켜 데이터베이스 상태를 일관성 있게 유지할 수 있다.
- 로그 파일은 트랜잭션 시작 시점, Rollback* 시점, 데이터 입력, 수정 삭제 시점 등에서 기록된다.
- **로그 파일 내용** : 트랜잭션이 작업한 모든 내용, 트랜잭션 식별, 트랜잭션 레코드, 데이터 식별자, 갱신 이전 값(Before Image), 갱신 이후 값(After Image) 등

> **Rollback**
> 데이터베이스 조작 작업이 비정상적으로 종료되었을 때 원래의 상태로 복구하는 명령어입니다.

- 동기적 갱신(Synchronous I/O) : 트랜잭션이 완료되기 전에 데이터베이스 버퍼 내용을 동시적으로 저장매체에 기록하는 것
- 비동기적 갱신(Asynchronous I/O) : 트랜잭션이 완료된 내용을 일정 주기나 작업량에 따라 시간 차이를 두고 저장매체에 기록하는 것
- UNDO : 기록한 내용을 취소함
- REDO : 트랜잭션 내용을 다시 실행함

4 데이터베이스 복구 알고리즘

데이터베이스 복구 알고리즘은 동기적/비동기적 갱신*에 따라 NO-UNDO/REDO*, UNDO/NO-REDO, UNDO/REDO, NO-UNDO/NO-REDO 방법으로 분류된다.

NO-UNDO/REDO	• 데이터베이스 버퍼의 내용을 비동기적으로 갱신한 경우의 복구 알고리즘 • NO-UNDO : 트랜잭션 완료 전에는 변경 내용이 데이터베이스에 기록되지 않으므로 취소할 필요가 없다. • REDO : 트랜잭션 완료 후 데이터베이스 버퍼에는 기록되어 있고, 저장매체에는 기록되지 않았으므로 트랜잭션 내용을 다시 실행해야 한다.
UNDO/NO-REDO	• 데이터베이스 버퍼의 내용을 동기적으로 갱신한 경우의 복구 알고리즘 • UNDO : 트랜잭션 완료 전에 시스템이 파손되었다면 변경된 내용을 취소한다. • NO-REDO : 트랜잭션 완료 전에 데이터베이스 버퍼 내용을 이미 저장 매체에 기록했으므로 트랜잭션 내용을 다시 실행할 필요가 없다.
UNDO/REDO	• 데이터베이스 버퍼의 내용을 동기/비동기적으로 갱신한 경우의 복구 알고리즘 • 데이터베이스 기록 전에 트랜잭션이 완료될 수 있으므로 완료된 트랜잭션이 데이터베이스에 기록되지 못했다면 다시 실행해야 한다.
NO-UNDO/NO-REDO	• 데이터베이스 버퍼의 내용을 동기적으로 저장 매체에 기록하지만 데이터베이스와는 다른 영역에 기록한 경우의 복구 알고리즘 • NO-UNDO : 변경 내용은 데이터베이스와 다른 영역에 기록되어 있으므로 취소할 필요가 없다. • NO-REDO : 다른 영역에 이미 기록되어 있으므로 트랜잭션을 다시 실행할 필요가 없다.

5 백업 종류

백업 종류는 복구 수준에 따라서 운영체제를 이용하는 물리 백업과 DBMS 유틸리티를 이용하는 논리 백업으로 나뉜다.

- **물리 백업** : 데이터베이스 파일을 백업하는 방법으로, 백업 속도가 빠르고 작업이 단순하지만 문제 발생 시 원인 파악 및 문제 해결이 어렵다.
- **논리 백업** : DB 내의 논리적 객체들을 백업하는 방법으로, 복원 시 데이터 손상을 막고 문제 발생 시 원인 파악 및 해결이 수월하지만 백업/복원 시 시간이 많이 소요된다.

구분	설명	복구 수준
물리 백업	로그 파일 백업 실시	완전 복구
	로그 파일 백업 없음	백업 시점까지 복구
논리 백업	DBMS 유틸리티	

기출문제 따라잡기

출제예상

1. 다음 중 데이터베이스 백업에 대한 설명으로 틀린 것은?

① DBMS는 데이터베이스 파괴 시 복구하는 기능을 제공한다.
② 데이터베이스 백업은 정기적으로 수행하는 것이 좋다.
③ 데이터베이스의 상태를 일관성 있게 유지시키기 위해 로그 파일이 이용된다.
④ 로그 파일은 데이터베이스의 상태 변화에 대한 내용을 작업 순서에 따라 기록한 파일이다.

> 로그 파일은 작업 순서가 아닌 시간의 흐름에 따라 기록됩니다.

출제예상

2. 데이터 양이 방대해지면서 백업에 대한 중요성이 부각되고 있다. 다음 중 백업에 대한 설명으로 가장 옳지 않은 것은?

① 백업 종류에는 물리 백업과 논리 백업이 있다.
② 물리 백업은 운영체제를 이용한 것으로 데이터베이스 파일을 백업한다.
③ 논리 백업은 DBMS를 이용한 것으로 DB 내의 논리적 객체들을 백업한다.
④ 논리 백업은 완전 복구가 가능하다.

> 논리 백업은 완전 복구가 아닌 백업 시점까지만 복구할 수 있습니다.

23년 2월

3. 다음 설명에 부합하는 용어로 옳은 것은?

> 장비 고장 등의 비상사태에도 데이터가 보존되도록 복사하는 작업

① 복원
② 백업
③ 복구
④ 정규화

> 비상사태에도 데이터가 보존되도록 복사하여 사본을 만들어 두는 작업을 백업(Backup)이라고 합니다.

▶ 정답 : 1. ④ 2. ④ 3. ②

SECTION 078 스토리지

전문가의 조언

DAS의 개념과 사용되는 프로토콜, SAN의 개념을 묻는 문제가 출제되었습니다. 스토리지의 종류 세 가지인 DAS, NAS, SAN을 서로 구분할 수 있도록 정리하세요.

1 스토리지(Storage)의 개요

스토리지는 단일 디스크로 처리할 수 없는 대용량의 데이터를 저장하기 위해 서버와 저장장치를 연결하는 기술이다.
- 스토리지의 종류에는 DAS, NAS, SAN이 있다.

2 25.8, 24.5, 23.7, 23.5, 22.3, 20.9 DAS(Direct Attached Storage)

DAS는 서버와 저장장치를 전용 케이블로 직접 연결하는 방식으로, 일반 가정에서 컴퓨터에 외장하드를 연결하는 것이 여기에 해당된다.
- 서버에서 저장장치를 관리한다.
- 저장장치를 직접 연결하므로 속도가 빠르고 설치 및 운영이 쉽다.
- 초기 구축 비용 및 유지보수 비용이 저렴하다.
- 직접 연결 방식이므로 다른 서버에서 접근할 수 없고 파일을 공유할 수 없다.
- 확장성 및 유연성이 상대적으로 떨어진다.
- 저장 데이터가 적고 공유가 필요 없는 환경에 적합하다.
- DAS에서 사용되는 프로토콜에는 SATA, eSATA, SCSI, SAS 등이 있다.

예 DAS 구조

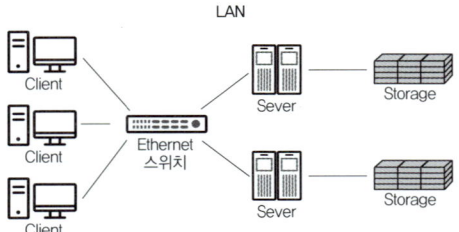

서버에 스토리지가 직접 연결되어 있어 속도는 빠르나 다른 서버에서 스토리지에 접근하여 사용할 수 없다.

3 NAS(Network Attached Storage)

NAS는 서버와 저장장치를 네트워크를 통해 연결하는 방식이다.
- 별도의 파일 관리 기능이 있는 NAS Storage가 내장된 저장장치를 직접 관리한다.
- Ethernet 스위치를 통해 다른 서버에서도 스토리지에 접근할 수 있어 파일 공유가 가능하고, 장소에 구애받지 않고 저장장치에 쉽게 접근할 수 있다.
- DAS에 비해 확장성 및 유연성이 우수하다.

- 접속 증가 시 성능이 저하될 수 있다.
- NAS에서 사용되는 프로토콜에는 NFS, SMB/CIFS 등이 있다.

예 NAS 구조

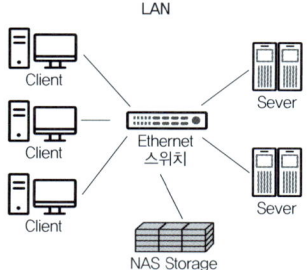

파일 관리 기능이 있는 NAS Storage가 네트워크 상에 독립적으로 연결되어 있으므로 서버들이 자유롭게 스토리지에 접근하여 파일을 공유할 수 있다.

4 SAN(Storage Area Network)

25.2, 22.7, 21.5

SAN은 DAS의 빠른 처리와 NAS의 파일 공유 장점을 혼합한 방식으로, 서버와 저장장치를 연결하는 전용 네트워크를 별도로 구성하는 방식이다.

- 광 채널(FC)* 스위치를 이용하여 네트워크를 구성한다.
- 광 채널 스위치는 서버나 저장장치를 광케이블로 연결하므로 처리 속도가 빠르다.
- 저장장치를 공유함으로써 여러 개의 저장장치나 백업 장비를 단일화시킬 수 있다.
- 확장성, 유연성, 가용성이 뛰어나다.
- 높은 트랜잭션 처리에 효과적이나 기존 시스템의 경우 장비의 업그레이드가 필요하고, 초기 설치 시에는 별도의 네트워크를 구축해야 하므로 비용이 많이 든다.
- SAN에서 사용되는 프로토콜에는 iSCSI, FC, FCoE 등이 있다.

예 SAN 구조

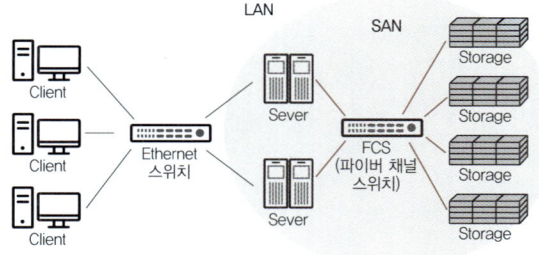

서버와 스토리지가 광 채널 스위치로 연결된 별도의 전용 스토리지 네트워크를 구성하는 방식으로, 서버들이 저장장치 및 파일을 자유롭게 공유할 수 있다.

광 채널(Fiber Channel, FC)
광 채널은 컴퓨터 장치 간 데이터의 전송 속도를 기가바이트로 높이기 위한 네트워크 기술입니다. 초기에는 슈퍼컴퓨터 분야에서 주로 사용되었으나 최근에는 SAN의 표준 연결 방식에도 사용되고 있습니다.

기출문제 따라잡기

25년 8월, 22년 7월, 21년 5월
1. 다음 내용이 설명하는 것은?

- 네트워크상에 광 채널 스위치의 이점인 고속 전송과 장거리 연결 및 멀티 프로토콜 기능을 활용
- 각기 다른 운영체제를 가진 여러 기종들이 네트워크상에서 동일 저장장치의 데이터를 공유하게 함으로써, 여러 개의 저장장치나 백업 장비를 단일화시킨 시스템

① SAN ② MBR
③ NAC ④ NIC

광 채널 스위치를 이용하여 네트워크를 구성하는 것은 SAN(Storage Area Network)입니다.

23년 5월
2. 다음 중 DAS(Direct Attached Storage)에 대한 설명으로 틀린 것은?

① 저장장치를 공유함으로써 여러 개의 저장장치나 백업 장비를 단일화시킬 수 있다.
② 서버에서 저장장치를 관리한다.
③ 초기 구축 비용 및 유지보수 비용이 저렴하다.
④ 확장성 및 유연성이 상대적으로 떨어진다.

①번은 SAN(Storage Area Network)에 대한 설명입니다.

24년 5월, 23년 7월, 22년 3월, 20년 9월
3. 다음 내용이 설명하는 스토리지 시스템은?

- 하드디스크와 같은 데이터 저장장치를 호스트버스 어댑터에 직접 연결하는 방식
- 저장장치와 호스트 기기 사이에 네트워크 디바이스가 있지 말아야 하고 직접 연결하는 방식으로 구성

① DAS ② NAS
③ N-SCREEN ④ NFC

데이터 저장장치를 호스트버스 어댑터에 직접 연결하는 방식은 DAS(Direct Attached Storage)입니다.

23년 5월
4. 스토리지(Storage)의 종류 중 DAS(Direct Attached Storage)에 대한 설명으로 옳지 않은 것은?

① 서버와 저장장치를 전용 케이블로 직접 연결하는 방식이다.
② 저장 데이터가 적고 공유가 필요 없는 환경에 적합하다.
③ 네트워크를 통해 파일에 직접 접근할 수 있다.
④ 초기 구축 비용 및 유지보수 비용이 저렴하다.

DAS는 서버에 연결된 저장장치이므로 서버를 통하지 않고 파일에 직접 접근할 수 없습니다. ③번은 NAS(Network Attached Storage)에 대한 설명입니다.

25년 8월
5. DAS(Direct Attached Storage) 연결에 사용되는 프로토콜로 관련 없는 것은?

① eSATA ② SATA
③ SCSI ④ iSCSI

iSCSI는 SAN(Storage Area Network)에서 주로 사용되는 프로토콜입니다.

▶ 정답 : 1.① 2.① 3.① 4.③ 5.④

2장 핵심요약

070 트랜잭션 분석 / CRUD 분석

❶ 트랜잭션(Transaction) 정의 23.2, 21.8

데이터베이스의 상태를 변환시키는 하나의 논리적 기능을 수행하기 위한 작업의 단위 또는 한꺼번에 모두 수행되어야 할 일련의 연산들을 의미한다.

❷ 트랜잭션의 상태 23.7, 22.7, 22.4, 22.3

- 활동(Active) : 트랜잭션이 실행 중인 상태
- 실패(Failed) : 트랜잭션 실행에 오류가 발생하여 중단된 상태
- 철회(Aborted) : 트랜잭션이 비정상적으로 종료되어 Rollback 연산을 수행한 상태
- 부분 완료(Partially Committed) : 트랜잭션을 모두 성공적으로 실행한 후 Commit 연산이 실행되기 직전인 상태
- 완료(Committed) : 트랜잭션을 모두 성공적으로 실행한 후 Commit 연산을 실행한 후의 상태이다.

❸ 트랜잭션의 특성 25.8, 25.5, 25.2, 24.7, 24.5, 24.2, 23.7, 23.5, 23.2, 22.7, 22.4, 21.8, 21.3, …

- Atomicity(원자성) : 트랜잭션의 연산은 데이터베이스에 모두 반영되도록 완료(Commit)되든지 아니면 전혀 반영되지 않도록 복구(Rollback)되어야 함
- Consistency(일관성) : 트랜잭션이 그 실행을 성공적으로 완료하면 언제나 일관성 있는 데이터베이스 상태로 변환함
- Isolation(독립성) : 둘 이상의 트랜잭션이 동시에 병행 실행되는 경우 어느 하나의 트랜잭션 실행중에 다른 트랜잭션의 연산이 끼어들 수 없음
- Durability(영속성) : 성공적으로 완료된 트랜잭션의 결과는 시스템이 고장나더라도 영구적으로 반영되어야 함

❹ CRUD 분석 22.7, 20.9

- CRUD는 '생성(Create), 읽기(Read), 갱신(Update), 삭제(Delete)'의 앞 글자만 모아서 만든 용어이다.
- CRUD 분석은 데이터베이스 테이블에 변화를 주는 트랜잭션의 CRUD 연산에 대해 CRUD 매트릭스를 작성하여 분석하는 것이다.

071 인덱스 설계

❶ 인덱스(Index)의 개요 25.8, 24.7, 22.4, 21.8, 21.3

- 데이터 레코드를 빠르게 접근하기 위해 〈키 값, 포인터〉 쌍으로 구성되는 데이터 구조이다.
- 인덱스를 통해서 파일의 레코드에 대한 액세스를 빠르게 수행할 수 있다.
- 데이터 정의어(DDL)를 이용하여 사용자가 생성(CREATE), 변경(ALTER), 제거(DROP)할 수 있다.

072 뷰(View) 설계

❶ 뷰(View)의 특징 25.8, 25.5, 25.2, 24.7, 24.5, 24.2, 23.7, 22.4, 22.3, 21.3, 20.9, 20.8, 20.6

- 사용자에게 접근이 허용된 자료만을 제한적으로 보여주기 위해 하나 이상의 기본 테이블로부터 유도된, 이름을 가지는 가상 테이블이다.
- 뷰는 저장장치 내에 물리적으로 존재하지 않지만, 사용자에게는 있는 것처럼 간주된다.
- 기본 테이블의 기본키를 포함한 속성(열) 집합으로 뷰를 구성해야만 삽입, 삭제, 갱신 연산이 가능하다.
- 뷰가 정의된 기본 테이블이나 뷰를 삭제하면 그 테이블이나 뷰를 기초로 정의된 다른 뷰도 자동으로 삭제된다.
- 뷰는 데이터 접근 제어를 통해 보안을 제공한다.
- 독립적인 인덱스를 가질 수 없다.
- 뷰를 정의할 때는 CREATE문, 제거할 때는 DROP문을 사용한다.

2장 핵심요약

073 파티션의 설계

① 파티션의 종류 25.8, 25.2, 24.7, 24.5, 24.2, 23.2, 22.7, 21.5, 20.8

- 범위 분할(Range Partitioning) : 지정한 열의 값을 기준으로 범위를 지정하여 분할함
- 해시 분할(Hash Partitioning)
  - 해시 함수를 적용한 결과 값에 따라 데이터를 분할한다.
  - 특정 파티션에 데이터가 집중되는 범위 분할의 단점을 보완한 것으로, 데이터를 고르게 분산할 때 유용하다.
  - 특정 데이터가 어디에 있는지 판단할 수 없다.
  - 고객번호, 주민번호 등과 같이 데이터가 고른 컬럼에 효과적이다.
- 조합 분할(Composite Partitioning)
  - 범위 분할로 분할한 다음 해시 함수를 적용하여 다시 분할하는 방식이다.
  - 범위 분할한 파티션이 너무 커서 관리가 어려울 때 유용하다.
- 목록 분할(List Partitioning) : 지정한 열 값에 대한 목록을 만들어 이를 기준으로 분할함
- 라운드 로빈 분할(Round Robin Partitioning)
  - 레코드를 균일하게 분배하는 방식이다.
  - 각 레코드가 순차적으로 분배되며, 기본키가 필요 없다.

074 분산 데이터베이스 설계

① 분산 데이터베이스의 구성 요소 22.4, 22.3

- 분산 처리기
- 분산 데이터베이스
- 통신 네트워크

② 분산 데이터베이스의 목표 25.8, 25.5, 25.2, 24.7, 23.5, 22.7, 22.3, 20.8, 20.6

- 위치 투명성(Location Transparency) : 액세스하려는 데이터베이스의 실제 위치를 알 필요 없이 단지 데이터베이스의 논리적인 명칭만으로 액세스할 수 있음
- 중복 투명성(Replication Transparency) : 동일 데이터가 여러 곳에 중복되어 있더라도 사용자는 마치 하나의 데이터만 존재하는 것처럼 사용하고, 시스템은 자동으로 여러 자료에 대한 작업을 수행함
- 병행 투명성(Concurrency Transparency) : 분산 데이터베이스와 관련된 다수의 트랜잭션들이 동시에 실현되더라도 그 트랜잭션의 결과는 영향을 받지 않음
- 장애 투명성(Failure Transparency) : 트랜잭션, DBMS, 네트워크, 컴퓨터 장애에도 불구하고 트랜잭션을 정확하게 처리함

③ 분산 데이터베이스의 장·단점 23.7, 22.7

장점	단점
• 시스템 성능이 향상됨 • 중앙 컴퓨터의 장애가 전체 시스템에 영향을 끼치지 않음 • 점진적 시스템 용량 확장이 용이함	• DBMS가 수행할 기능이 복잡하다. • 데이터베이스 설계가 어렵다. • 소프트웨어 개발 비용이 증가한다.

④ 분할(Fragment) 25.2

- 분할은 테이블의 데이터를 분할하여 분산시키는 것이다.
- 수평 분할 : 특정 속성의 값을 기준으로 행(Row) 단위로 분할
- 수직 분할 : 데이터 컬럼(속성) 단위로 분할

075 데이터베이스 보안 / 암호화

❶ 암호화(Encryption) 21.3

- 데이터를 보낼 때 송신자가 지정한 수신자 이외에는 그 내용을 알 수 없도록 평문을 암호문으로 변환하는 것이다.
- 암호화(Encryption) 과정 : 암호화되지 않은 평문을 정보 보호를 위해 암호문으로 바꾸는 과정
- 복호화(Decryption) 과정 : 암호문을 원래의 평문으로 바꾸는 과정

076 데이터베이스 보안 - 접근통제

❶ 접근통제 기술 24.5, 24.2, 23.5, 22.4, 21.8, 21.3, 20.9

- 임의 접근통제(DAC; Discretionary Access Control) : 데이터에 접근하는 사용자의 신원에 따라 접근 권한을 부여하는 방식
- 강제 접근통제(MAC; Mandatory Access Control) : 주체와 객체의 등급을 비교하여 접근 권한을 부여하는 방식
- 역할기반 접근통제(RBAC; Role Based Access Control) : 사용자의 역할에 따라 접근 권한을 부여하는 방식

❷ 벨 라파둘라 모델(Bell-LaPadula Model) 21.5

- 군대의 보안 레벨처럼 정보의 기밀성에 따라 상하 관계가 구분된 정보를 보호하기 위해 사용한다.
- 보안 취급자의 등급을 기준으로 읽기 권한과 쓰기 권한이 제한된다.

077 데이터베이스 백업

❶ 데이터베이스 백업 23.2

- 전산 장비의 장애에 대비하여 데이터베이스에 저장된 데이터를 보호하고 복구하기 위한 작업이다.
- 치명적인 데이터 손실을 막기 위해서는 데이터베이스를 정기적으로 백업해야 한다.

078 스토리지

❶ DAS(Direct Attached Storage) 25.8, 23.7, 23.5, 23.2, 22.3, 20.9

- 서버와 저장장치를 전용 케이블로 직접 연결하는 방식이다.
- 초기 구축 비용 및 유지보수 비용이 저렴하다.
- 확장성 및 유연성이 상대적으로 떨어진다.
- 저장 데이터가 적고 공유가 필요 없는 환경에 적합하다.
- DAS에서 사용되는 프로토콜에는 SATA, eSATA, SCSI, SAS 등이 있다.

❷ SAN(Storage Area Network) 25.2, 22.7, 21.5

- DAS의 빠른 처리와 NAS의 파일 공유 장점을 혼합한 방식이다.
- 서버와 저장 장치를 연결하는 전용 네트워크를 별도로 구성하는 방식이다.
- 광 채널(FC) 스위치를 이용하여 네트워크를 구성한다.
- 광 채널 스위치는 서버나 저장장치를 광케이블로 연결하므로 처리 속도가 빠르다.
- SAN에서 사용되는 프로토콜에는 iSCSI, FC, FCoE 등이 있다.

합격수기 코너는 시나공으로 공부하신 독자분들이 시험에 합격하신 후에 직접 **시나공 홈페이지(sinagong.co.kr)**에 올려주신 자료를 토대로 구성됩니다.

정보처리 필기시험 합격 전략

시험을 준비하는 데 그리 많은 시간을 할애하진 못했습니다(실질적으로 공부한 시간은 10~12시간 정도). 책의 목차에 있는 A랭크만이라도 다 보자는 생각으로 공부했습니다.

1과목은 처음에 시작해서 차근차근 A, B를 다 봤습니다. 결과는 90점.

2과목은 시간이 없어서 A만 봤습니다. 결과는 정확히 60점

3과목은 A만 보고 70점.

4과목, 5과목은 A등급을 볼 시간도 안 되더군요(공부를 시험 일주일 전부터 시작했음).

그래서 4, 5과목은 아예 책을 안 봤습니다. 그래도 공부는 해야겠다 싶어서 본 것이 부록인 기출문제집!! 그것도 제일 처음에 수록된 문제만 다 풀었습니다.

그리고 정답과 수록된 병행학습 부분의 학습 내용을 외웠습니다.

다른 기출문제는 풀 시간이 안 되더군요.

뭐, 그래도 4과목 65점, 5과목 60점으로 간신히 통과는 했습니다.

어차피 합격만 하면 되는 시험이니 C등급, D등급은 안 봐도 될 것 같습니다. 대신 A, B등급은 무조건 달달 외워야 합니다.

평균 90점 이상을 요구하는 시험이 아니니 편하게 60점만 넘긴다는 생각으로 도전하면 시험 전날 토요일에 하루만 맘 잡고 공부해도 합격할 수 있을 겁니다.

시나공 정보처리 책은 정말 합격의 지름길입니다. 초~강추!!!

박재현 • allforall

3장 SQL 응용

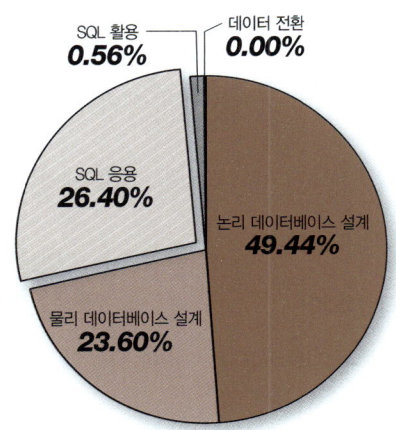

079 SQL의 개념 Ⓐ등급
080 DDL Ⓐ등급
081 DCL Ⓑ등급
082 DML Ⓑ등급
083 DML - SELECT-1 Ⓐ등급
084 DML - SELECT-2 Ⓑ등급
085 DML - JOIN Ⓒ등급

꼭 알아야 할 키워드 Best 10

1. SQL 2. DDL 3. DROP 4. DCL 5. GRANT 6. DML 7. DELETE 8. SELECT 9. DISTINCT 10. JOIN

SECTION 079 SQL의 개념

전문가의 조언
SQL은 관계형 데이터베이스의 표준 질의어로 정의, 조작, 제어 기능이 있습니다. 간단하게 개념을 숙지하세요.

질의어(Query Language)
질의어는 데이터베이스 파일과 범용 프로그래밍 언어를 정확히 알지 못하는 단말 사용자들이 단말기를 통해서 대화식으로 쉽게 DB를 이용할 수 있도록 되어 있는 비절차어의 일종입니다.

전문가의 조언
SQL은 사용 용도에 따라 DDL(데이터 정의어), DML(데이터 조작어), DCL(데이터 제어어)로 구분됩니다. 종류별로 어떠한 명령어들이 있는지 암기하세요. 각 명령어의 기능은 다음 섹션부터 배웁니다.

1 SQL(Structured Query Language)의 개요

- 1974년 IBM 연구소에서 개발한 SEQUEL에서 유래한다.
- 국제 표준 데이터베이스 언어이며, 많은 회사에서 관계형 데이터베이스(RDB)를 지원하는 언어로 채택하고 있다.
- 관계대수와 관계해석을 기초로 한 혼합 데이터 언어이다.
- 질의어*지만 질의 기능만 있는 것이 아니라 데이터 구조의 정의, 데이터 조작, 데이터 제어 기능을 모두 갖추고 있다.
- SQL은 기능에 따라 DDL(데이터 정의어), DML(데이터 조작어), DCL(데이터 제어어)로 나눈다.

2 DDL(Data Define Language, 데이터 정의어)

25.5, 25.2, 24.7, 24.2, 23.7, 23.2, 22.7, 22.4, 21.8, 21.5, 21.3, 20.6

- DDL은 SCHEMA, DOMAIN, TABLE, VIEW, INDEX를 정의하거나 변경 또는 삭제할 때 사용하는 언어이다.
- 논리적 데이터 구조와 물리적 데이터 구조의 사상을 정의한다.
- 데이터베이스 관리자나 데이터베이스 설계자가 사용한다.
- DDL(데이터 정의어)의 세 가지 유형

명령어	기능
CREATE	SCHEMA, DOMAIN, TABLE, VIEW, INDEX를 정의한다.
ALTER	TABLE에 대한 정의를 변경하는 데 사용한다.
DROP	SCHEMA, DOMAIN, TABLE, VIEW, INDEX를 삭제한다.

3 DML(Data Manipulation Language, 데이터 조작어)

25.8, 25.5, 24.7, 23.5, 22.4, 20.8, 20.6

- DML은 데이터베이스 사용자가 응용 프로그램이나 질의어를 통하여 저장된 데이터를 실질적으로 처리하는 데 사용되는 언어이다.
- 데이터베이스 사용자와 데이터베이스 관리 시스템 간의 인터페이스를 제공한다.
- DML(데이터 조작어)의 네 가지 유형

명령어	기능
SELECT	테이블에서 조건에 맞는 튜플을 검색한다.
INSERT	테이블에 새로운 튜플을 삽입한다.

DELETE	테이블에서 조건에 맞는 튜플을 삭제한다.
UPDATE	테이블에서 조건에 맞는 튜플의 내용을 변경한다.

4 DCL(Data Control Language, 데이터 제어어)

24.7, 23.7, 22.4, 22.3, 20.8, 20.6

- DCL은 데이터의 보안, 무결성, 회복, 병행 수행 제어 등을 정의하는 데 사용되는 언어이다.
- 데이터베이스 관리자가 데이터 관리를 목적으로 사용한다.
- DCL(데이터 제어어)의 종류

명령어	기능
COMMIT	명령에 의해 수행된 결과를 실제 물리적 디스크로 저장하고, 데이터베이스 조작 작업이 정상적으로 완료되었음을 관리자에게 알려준다.
ROLLBACK	데이터베이스 조작 작업이 비정상적으로 종료되었을 때 원래의 상태로 복구한다.
GRANT	데이터베이스 사용자에게 사용 권한을 부여한다.
REVOKE	데이터베이스 사용자의 사용 권한을 취소한다.

기출문제 따라잡기

문제1 2410751   문제3 2410753

25년 2월, 24년 2월, 23년 7월, 2월, 22년 7월, 21년 8월, 20년 6월
1. SQL의 분류 중 DDL에 해당하지 않는 것은?
① UPDATE ② ALTER
③ DROP ④ CREATE

UPDATE는 DML(데이터 조작어)입니다.

25년 8월, 20년 8월, 6월
2. DML에 해당하는 SQL 명령으로만 나열된 것은?
① DELETE, UPDATE, CREATE, ALTER
② INSERT, DELETE, UPDATE, DROP
③ SELECT, INSERT, DELETE, UPDATE
④ SELECT, INSERT, DELETE, ALTER

DML(데이터 조작어)의 4가지 명령어는 SELECT, INSERT, DELETE, UPDATE 입니다.

20년 6월
3. 데이터 제어 언어(DCL)의 기능으로 옳지 않은 것은?
① 데이터 보안
② 논리적, 물리적 데이터 구조 정의
③ 무결성 유지
④ 병행수행 제어

논리적, 물리적 데이터 구조를 정의하는 것은 데이터 정의어(DDL)입니다.

20년 8월
4. DCL(Data Control Language) 명령어가 아닌 것은?
① COMMIT ② ROLLBACK
③ GRANT ④ SELECT

SELECT는 DML(데이터 조작어)입니다.

▶ 정답 : 1. ① 2. ③ 3. ② 4. ④

기출문제 따라잡기

1년 5월

5. DDL(Data Define Language)의 명령어 중 스키마, 도메인, 인덱스 등을 정의할 때 사용하는 SQL문은?

① ALTER
② SELECT
③ CREATE
④ INSERT

> DDL(데이터 정의어)의 명령어 중 CRATE는 정의, ALTER는 변경, DROP은 삭제할 때 사용합니다.

21년 3월

6. SQL에서 스키마(Schema), 도메인(Domain), 테이블(Table), 뷰(View), 인덱스(Index)를 정의하거나 변경 또는 삭제할 때 사용하는 언어는?

① DML(Data Manipulation Language)
② DDL(Data Definition Language)
③ DCL(Data Control Language)
④ IDL(Interactive Data Language)

> 스키마, 도메인 등을 정의(CRATE), 변경(ALTER), 삭제(DROP)할 때 사용하는 언어는 DDL(데이터 정의어)입니다.

24년 7월, 23년 7월, 22년 4월

7. SQL의 기능에 따른 분류 중에서 REVOKE문과 같이 데이터의 사용 권한을 관리하는데 사용하는 언어는?

① DDL(Data Definition Language)
② DML(Data Manipulation Language)
③ DCL(Data Control Language)
④ DUL(Data User Language)

> REVOKE는 DCL(데이터 제어어)에 해당합니다.

22년 3월

8. 데이터 제어어(DCL)에 대한 설명으로 옳은 것은?

① ROLLBACK : 데이터의 보안과 무결성을 정의한다.
② COMMIT : 데이터베이스 사용자의 사용 권한을 취소한다.
③ GRANT : 데이터베이스 사용자의 사용 권한을 부여한다.
④ REVOKE : 데이터베이스 조작 작업이 비정상적으로 종료되었을 때 원래 상태로 복구한다.

> ① ROLLBACK은 아직 COMMIT 되지 않은 변경된 모든 내용들을 취소하고 데이터베이스를 이전 상태로 되돌리는 명령어입니다.
> ② COMMIT은 트랜잭션이 성공적으로 끝나면 데이터베이스가 새로운 일관성(Consistency) 상태를 가지기 위해 변경된 모든 내용을 데이터베이스에 반영할 때 사용하는 명령어입니다.
> ④ REVOKE는 데이터베이스 사용자의 사용 권한을 취소하는 명령어입니다.

23년 5월

9. 다음 중 기본 테이블에 있는 튜플들 중에서 특정 튜플의 내용을 변경할 때 사용하는 명령문은?

① INSERT
② DELETE
③ UPDATE
④ DROP

> 특정 튜플의 내용을 변경할 때 사용하는 명령문은 UPDATE문입니다.

25년 5월, 24년 7월, 22년 4월

10. SQL의 명령은 사용 용도에 따라 DDL, DML, DCL로 구분할 수 있다. 다음 명령 중 그 성격이 나머지 셋과 다른 하나는?

① SELECT
② CREATE
③ INSERT
④ UPDATE

> CREATE는 DDL(데이터 정의어)이고, 나머지는 DML(데이터 조작어)입니다.

▶ 정답 : 5. ③ 6. ② 7. ③ 8. ③ 9. ③ 10. ②

SECTION 080 DDL

1 DDL(Data Define Language, 데이터 정의어)의 개요

DDL(데이터 정의어)는 DB 구조, 데이터 형식, 접근 방식 등 DB를 구축하거나 수정할 목적으로 사용하는 언어이다.

- DDL은 번역한 결과가 데이터 사전(Data Dictionary)이라는 특별한 파일에 여러 개의 테이블로서 저장된다.
- DDL에는 CREATE SCHEMA, CREATE DOMAIN, CREATE TABLE, CREATE VIEW, CREATE INDEX, ALTER TABLE, DROP 등이 있다.

> **전문가의 조언**
> DDL 구문을 모두 외울 필요는 없습니다. 각 명령어의 역할을 숙지하고, 구문을 보면 무엇을 의미하는지 이해할 수 있을 정도로만 정리해 두세요.

2 CREATE SCHEMA

CREATE SCHEMA는 스키마*를 정의하는 명령문이다.

- 스키마의 식별을 위해 스키마 이름과 소유권자나 허가권자를 정의한다.

표기 형식

```
CREATE SCHEMA 스키마명 AUTHORIZATION 사용자_id;
```

예제 소유권자의 사용자 ID가 '홍길동'인 스키마 '대학교'를 정의하는 SQL문은 다음과 같다.

```
CREATE SCHEMA 대학교 AUTHORIZATION 홍길동;
```

> **스키마(Schema)**
> 스키마는 데이터베이스의 구조와 제약 조건에 관한 전반적인 명세(Specification)를 기술(Description)한 것으로 데이터 개체(Entity), 속성(Attribute), 관계(Relationship) 및 데이터 조작 시 데이터 값들이 갖는 제약 조건 등에 관해 전반적으로 정의합니다.

3 CREATE DOMAIN

CREATE DOMAIN은 도메인*을 정의하는 명령문이다.

- 임의의 속성에서 취할 수 있는 값의 범위가 SQL에서 지원하는 전체 데이터 타입의 값이 아니고 일부분일 때, 사용자는 그 값의 범위를 도메인으로 정의할 수 있다.
- 정의된 도메인명은 일반적인 데이터 타입처럼 사용한다.

표기 형식

```
CREATE DOMAIN 도메인명 [AS]* 데이터_타입
    [DEFAULT 기본값]
    [CONSTRAINT 제약조건명 CHECK (범위값)];
```

> **도메인(Domain)**
> 도메인이란 하나의 속성이 취할 수 있는 동일한 유형의 원자값들의 집합을 의미합니다.
> 예를 들어 학년 속성의 데이터 타입이 정수형이고 해당 속성에서 취할 수 있는 값의 범위가 1~4까지라면, 1~4라는 범위는 해당 속성에 지정된 정수형의 모든 범위가 아니라 일부분이므로 사용자는 1~4까지의 범위를 해당 속성의 도메인으로 정의해서 사용할 수 있다는 의미입니다. 쉽게 말하면 도메인은 특정 속성에서 사용할 데이터의 범위를 사용자가 정의하는 사용자 정의 데이터 타입입니다.

> **구문에서 대괄호([ ])의 의미**
> SQL문에서 [AS] 처럼 대괄호로 묶은 명령어들은 생략이 가능하다는 의미입니다.

- **데이터 타입** : SQL에서 지원하는 데이터 타입
- **기본값** : 데이터를 입력하지 않았을 때 자동으로 입력되는 값

예제 '성별'을 '남' 또는 '여'와 같이 정해진 1개의 문자로 표현되는 도메인 SEX를 정의하는 SQL문은 다음과 같다.

```
CREATE DOMAIN SEX CHAR(1)      정의된 도메인은 이름이 'SEX'이며, 문자형이고 크기는 1자이다.
    DEFAULT '남'               도메인 SEX를 지정한 속성의 기본값은 '남'이다.
    CONSTRAINT VALID-SEX CHECK(VALUE IN ('남', '여'));   SEX를 지정한 속성에는 '남', '여' 중 하나의 값만을 저장할 수 있다.
```

잠깐만요 SQL에서 지원하는 기본 데이터 타입

- 정수(Integer) : INTEGER(4Byte 정수), SMALLINT(2Byte 정수)
- 실수(Float) : FLOAT, REAL, DOUBLE PRECISION
- 형식화된 숫자 : DEC(i, j), 단 i : 전체 자릿수, j : 소수부 자릿수
- 고정길이 문자 : CHAR(n), CHARACTER(n), 단 n : 문자수
- 가변길이 문자 : VARCHAR(n), CHARACTER VARYING(n), 단 n : 최대 문자수
- 고정길이 비트열(Bit String) : BIT(n)
- 가변길이 비트열 : VARBIT(n)
- 날짜 : DATE
- 시간 : TIME

CREATE TABLE

25.8, 24.2, 2.5, 23.2, 22.3, 실기 22.10

CREATE TABLE은 테이블*을 정의하는 명령문이다.

표기 형식

```
CREATE TABLE 테이블명
    (속성명 데이터_타입 [DEFAULT 기본값] [NOT NULL], …
    [, PRIMARY KEY(기본키_속성명, …)]
    [, UNIQUE(대체키_속성명, …)]
    [, FOREIGN KEY(외래키_속성명, …)]
        [REFERENCES 참조테이블(기본키_속성명, …)]
        [ON DELETE 옵션]
        [ON UPDATE 옵션]
    [, CONSTRAINT 제약조건명] [CHECK (조건식)]);
```

- 기본 테이블에 포함될 모든 속성에 대하여 속성명과 그 속성의 데이터 타입, 기본값, NOT NULL* 여부를 지정한다.
- **PRIMARY KEY** : 기본키로 사용할 속성 또는 속성의 집합을 지정한다.

테이블(Table)
테이블은 데이터베이스의 설계 단계에서는 테이블을 주로 릴레이션(Relation)이라 부르고, 조작이나 검색 시에는 테이블이라고 부릅니다. 그러나 대부분은 테이블과 릴레이션을 구분 없이 사용하니 두 의미가 같다는 것만 알아두세요.

NOT NULL
NULL이란 모르는 값 또는 적용할 수 없는 값을 의미하는 것으로, NOT NULL은 특정 속성에 데이터 없이 비어있어서는 안 된다는 것을 지정할 때 사용합니다.

- **UNIQUE** : 대체키로 사용할 속성 또는 속성의 집합을 지정하는 것으로 UNIQUE로 지정한 속성은 중복된 값을 가질 수 없다.
- **FOREIGN KEY ~ REFERENCES ~**
  - 참조할 다른 테이블과 그 테이블을 참조할 때 사용할 외래키 속성을 지정한다.
  - 외래키가 지정되면 참조 무결성의 CASCADE 법칙*이 적용된다.
  - ON DELETE 옵션 : 참조 테이블의 튜플이 삭제되었을 때 기본 테이블에 취해야 할 사항을 지정한다. 옵션에는 NO ACTION, CASCADE, SET NULL, SET DEFAULT가 있다.
    - ▶ NO ACTION : 참조 테이블에 변화가 있어도 기본 테이블에는 아무런 조취를 취하지 않는다.
    - ▶ CASCADE : 참조 테이블의 튜플이 삭제되면 기본 테이블의 관련 튜플도 모두 삭제되고, 속성이 변경되면 관련 튜플의 속성 값도 모두 변경된다.
    - ▶ SET NULL : 참조 테이블에 변화가 있으면 기본 테이블의 관련 튜플의 속성 값을 NULL로 변경한다.
    - ▶ SET DEFAULT : 참조 테이블에 변화가 있으면 기본 테이블의 관련 튜플의 속성 값을 기본값으로 변경한다.
  - ON UPDATE 옵션 : 참조 테이블의 참조 속성 값이 변경되었을 때 기본 테이블에 취해야 할 사항을 지정한다. 옵션에는 NO ACTION, CASCADE, SET NULL, SET DEFAULT가 있다.
- **CONSTRAINT** : 제약 조건의 이름을 지정한다. 이름을 지정할 필요가 없으면 CHECK절만 사용하여 속성 값에 대한 제약 조건을 명시한다.
- **CHECK** : 속성 값에 대한 제약 조건을 정의한다.

> **참조 무결성의 CASCADE 법칙**
> 참조 무결성 제약이 설정된 기본 테이블의 어떤 데이터를 삭제할 경우, 그 데이터와 밀접하게 연관되어 있는 다른 테이블의 데이터들도 도미노처럼 자동으로 삭제됩니다. 이러한 법칙을 '계단식', '연속성'이라는 사전적 의미를 가진 CASCADE 법칙이라고 합니다.

예제 '이름', '학번', '전공', '성별', '생년월일'로 구성된 〈학생〉 테이블을 정의하는 SQL문을 작성하시오. 단, 제약 조건은 다음과 같다.

- '이름'은 NULL이 올 수 없고, '학번'은 기본키이다.
- '전공'은 〈학과〉 테이블의 '학과코드'를 참조하는 외래키로 사용된다.
- 〈학과〉 테이블에서 삭제가 일어나면 관련된 튜플들의 전공 값을 NULL로 만든다.
- 〈학과〉 테이블에서 '학과코드'가 변경되면 전공 값도 같은 값으로 변경한다.
- '생년월일'은 1980-01-01 이후의 데이터만 저장할 수 있다.
- 제약 조건의 이름은 '생년월일제약'으로 한다.
- 각 속성의 데이터 타입은 적당하게 지정한다. 단 '성별'은 도메인 'SEX'를 사용한다.

CHAR과 VARCHAR

CHAR은 항상 지정된 크기만큼 기억 장소가 확보되고, VARCHAR은 기억 장소의 크기가 지정되어도 필드에 저장된 데이터만큼만 기억 장소가 확보됩니다. 예를 들어 '이름' 속성의 자료형을 CHAR(15)로 지정하면 '이름'에 한 글자가 저장되어도 항상 15바이트가 기억 장소로 확보되지만, VARCHAR(15)로 지정하면 저장된 한 글자 크기만큼만 기억 장소가 확보됩니다.

CREATE TABLE 학생	〈학생〉 테이블을 생성한다.
(이름 VARCHAR(15) NOT NULL,	'이름' 속성은 최대 문자 15자로 NULL 값을 갖지 않는다.
학번 CHAR(8),	'학번' 속성은 문자 8자이다.
전공 CHAR(5),	'전공' 속성은 문자 5자이다.
성별 SEX,	'성별' 속성은 'SEX' 도메인을 자료형으로 사용한다.
생년월일 DATE,	'생년월일' 속성은 DATE 자료형을 갖는다.
PRIMARY KEY(학번),	'학번'을 기본키로 정의한다.
FOREIGN KEY(전공) REFERENCES 학과(학과코드)	'전공' 속성은 〈학과〉 테이블의 '학과코드' 속성을 참조하는 외래키이다.
ON DELETE SET NULL	〈학과〉 테이블에서 튜플이 삭제되면 관련된 모든 튜플의 '전공' 속성의 값을 NULL로 변경한다.
ON UPDATE CASCADE,	〈학과〉 테이블에서 '학과코드'가 변경되면 관련된 모든 튜플의 '전공' 속성의 값도 같은 값으로 변경한다.
CONSTRAINT 생년월일제약 CHECK(생년월일>='1980-01-01'));	'생년월일' 속성에는 1980-01-01 이후의 값만을 저장할 수 있으며, 이 제약 조건의 이름은 '생년월일제약'이다.

잠깐만요 다른 테이블을 이용한 테이블 정의

기존 테이블의 정보를 이용해 새로운 테이블을 정의할 수 있습니다.

표기 형식

CREATE TABLE 신규테이블명 AS SELECT 속성명[, 속성명, …] FROM 기존테이블명;

- 기존 테이블에서 추출되는 속성의 데이터 타입과 길이는 신규 테이블에 그대로 적용됩니다.
- 기존 테이블의 NOT NULL의 정의는 신규 테이블에 그대로 적용됩니다.
- 기존 테이블의 제약 조건은 신규 테이블에 적용되지 않으므로 신규 테이블을 정의한 후 ALTER TABLE 명령을 이용해 제약 조건을 추가해야 합니다.
- 기존 테이블의 일부 속성만 신규 테이블로 생성할 수 있으며, 기존 테이블의 모든 속성을 신규 테이블로 생성할 때는 속성명 부분에 '*'를 입력합니다.

예제 〈학생〉 테이블의 '학번', '이름', '학년' 속성을 이용하여 〈재학생〉 테이블을 정의하는 SQL문을 작성하시오.

CREATE TABLE 재학생 AS SELECT 학번, 이름, 학년 FROM 학생;

⑤ CREATE VIEW

CREATE VIEW는 뷰(View)*를 정의하는 명령문이다.

표기 형식

```
CREATE VIEW 뷰명[(속성명[, 속성명, …])]
AS SELECT문;
```

- SELECT*문을 서브 쿼리*로 사용하여 SELECT문의 결과로서 뷰를 생성한다.
- 서브 쿼리인 SELECT문에는 UNION*이나 ORDER BY*절을 사용할 수 없다.
- 속성명을 기술하지 않으면 SELECT문의 속성명이 자동으로 사용된다.

예제 〈고객〉 테이블에서 '주소'가 '안산시'인 고객들의 '성명'과 '전화번호'를 '안산고객'이라는 뷰로 정의하시오.

```
CREATE VIEW 안산고객(성명, 전화번호)
AS SELECT 성명, 전화번호
FROM 고객
WHERE 주소 = '안산시';
```

⑥ CREATE INDEX

CREATE INDEX는 인덱스*를 정의하는 명령문이다.

표기 형식

```
CREATE [UNIQUE] INDEX 인덱스명
ON 테이블명(속성명 [ASC | DESC]* [,속성명 [ASC | DESC]])
[CLUSTER];
```

- **UNIQUE**
  - 사용된 경우 : 중복 값이 없는 속성으로 인덱스를 생성한다.
  - 생략된 경우 : 중복 값을 허용하는 속성으로 인덱스를 생성한다.
- **정렬 여부 지정**
  - ASC : 오름차순 정렬
  - DESC : 내림차순 정렬
  - 생략된 경우 : 오름차순으로 정렬됨
- **CLUSTER** : 사용하면 인덱스가 클러스터드 인덱스로 설정됨*

예제 〈고객〉 테이블에서 UNIQUE한 특성을 갖는 '고객번호' 속성에 대해 내림차순으로 정렬하여 '고객번호_idx'라는 이름으로 인덱스를 정의하시오.

```
CREATE UNIQUE INDEX 고객번호_idx
ON 고객(고객번호 DESC);
```

뷰(View)
뷰는 하나 이상의 기본 테이블로부터 유도되는 이름을 갖는 가상 테이블(Virtual Table)입니다. 테이블은 물리적으로 구현되어 실제로 데이터가 저장되지만, 뷰는 물리적으로 구현되지 않습니다. 즉 뷰를 생성하면 뷰 정의가 시스템 내에 저장되었다가 SQL 내에서 뷰 이름을 사용하면 실행 시간에 뷰 정의가 대체되어 수행됩니다.

SELECT
SELECT, ORDER BY, UNION 등은 Section 083과 084에서 자세하게 배웁니다.

서브 쿼리(Sub Query)
서브 쿼리는 조건절에 주어진 질의로서, 상위 질의에 앞서 실행되며 그 검색 결과는 상위 질의의 조건절의 피연산자로 사용됩니다.

인덱스(Index)
인덱스는 검색 시간을 단축시키기 위해 만든 보조적인 데이터 구조입니다.

[ASC | DESC]
대괄호([ ])는 생략할 수 있다는 것을 표시하고, 대괄호 안의 '|'는 선택을 의미합니다. 즉 [ASC | DESC]는 생략이 가능하지만, 생략하지 않을 경우에는 'ASC'와 'DESC' 중에서 하나만 선택할 수 있다는 의미입니다.

클러스터드 인덱스(Clustered Index)
인덱스 키의 순서에 따라 데이터가 정렬되어 저장되는 방식입니다. 실제 데이터가 순서대로 저장되어 있어 인덱스를 검색하지 않아도 원하는 데이터를 빠르게 찾을 수 있습니다. 하지만 데이터 삽입, 삭제 발생 시 순서를 유지하기 위해 데이터를 재정렬해야 합니다.

넌 클러스터드 인덱스(Non-Clustered Index)
인덱스의 키 값만 정렬되어 있을 뿐 실제 데이터는 정렬되지 않는 방식입니다. 데이터를 검색하기 위해서는 먼저 인덱스를 검색하여 실제 데이터의 위치를 확인해야 하므로 클러스터드 인덱스에 비해 검색 속도가 떨어집니다.

7 ALTER TABLE
21.3, 20.9, 실기 20.10

ALTER TABLE은 테이블에 대한 정의를 변경하는 명령문이다.

표기 형식

> ALTER TABLE 테이블명 ADD 속성명 데이터_타입 [DEFAULT '기본값'];
> ALTER TABLE 테이블명 ALTER 속성명 [SET DEFAULT '기본값'];
> ALTER TABLE 테이블명 DROP COLUMN 속성명 [CASCADE];

- **ADD** : 새로운 속성(열)을 추가할 때 사용한다.
- **ALTER** : 특정 속성의 Default 값을 변경할 때 사용한다.
- **DROP COLUMN** : 특정 속성을 삭제할 때 사용한다.

예제 1 〈학생〉 테이블에 최대 3문자로 구성되는 '학년' 속성 추가하시오.

ALTER TABLE 학생 ADD 학년 VARCHAR(3);

예제 2 〈학생〉 테이블의 '학번' 필드의 데이터 타입과 크기를 VARCHAR(10)으로 하고 NULL 값이 입력되지 않도록 변경하시오.

ALTER TABLE 학생 ALTER 학번 VARCHAR(10) NOT NULL;

8 DROP
25.8, 24.7, 23.2, 22.3, 21.5, 20.6

DROP은 스키마, 도메인, 기본 테이블, 뷰 테이블, 인덱스, 제약 조건 등을 제거하는 명령문이다.

표기 형식

> DROP SCHEMA 스키마명 [CASCADE | RESTRICT];
> DROP DOMAIN 도메인명 [CASCADE | RESTRICT];
> DROP TABLE 테이블명 [CASCADE | RESTRICT];
> DROP VIEW 뷰명 [CASCADE | RESTRICT];
> DROP INDEX 인덱스명 [CASCADE | RESTRICT];
> DROP CONSTRAINT 제약조건명;

- **DROP SCHEMA** : 스키마를 제거한다.
- **DROP DOMAIN** : 도메인을 제거한다.
- **DROP TABLE** : 테이블을 제거한다.
- **DROP VIEW** : 뷰를 제거한다.
- **DROP INDEX** : 인덱스를 제거한다.
- **DROP CONSTRAINT** : 제약 조건을 제거한다.

전문가의 조언

DDL에서는 DROP 명령이 중요합니다. DROP 명령의 표기 형식을 기억하고, 특히 CASCADE와 RESTRICT에 대해 정확하게 숙지하세요.

- **CASCADE** : 제거할 요소를 참조하는 다른 모든 개체를 함께 제거한다. 즉 주 테이블의 데이터 제거 시 각 외래키와 관계를 맺고 있는 모든 데이터를 제거하는 참조 무결성 제약 조건을 설정하기 위해 사용된다.
- **RESTRICT** : 다른 개체가 제거할 요소를 참조중일 때는 제거를 취소한다.

예제 〈학생〉 테이블을 제거하되, 〈학생〉 테이블을 참조하는 모든 데이터를 함께 제거하시오.

DROP TABLE 학생 CASCADE;

기출문제 따라잡기

 문제1 2410851   문제2 2410852  문제3 2410853

23년 2월, 22년 3월
1. CREATE TABLE문에 포함되지 않는 기능은?
① 속성 타입 변경
② 속성의 NOT NULL 여부 지정
③ 기본키를 구성하는 속성 지정
④ CHECK 제약조건의 정의

> CREATE TABLE문에서는 속성 타입을 변경할 수 없습니다. 테이블의 속성 타입 변경은 ALTER TABLE로 수행합니다.

21년 5월
2. SQL에서 VIEW를 삭제할 때 사용하는 명령은?
① ERASE   ② KILL
③ DROP   ④ DELETE

> • DROP : 스키마, 도메인, 뷰, 인덱스 삭제
> • DELETE : 튜플(행) 삭제

23년 2월, 22년 3월
3. 테이블 두 개를 조인하여 뷰 V_1을 정의하고, V_1을 이용하여 뷰 V_2를 정의하였다. 다음 명령 수행 후 결과로 옳은 것은?

DROP VIEW V_1 CASCADE;

① V_1만 삭제된다.
② V_2만 삭제된다.
③ V_1과 V_2 모두 삭제된다.
④ V_1과 V_2 모두 삭제되지 않는다.

> CASCADE는 제거할 요소를 참조하는 다른 모든 개체를 함께 제거하므로 V_1을 제거하면 V_2도 함께 삭제됩니다.

25년 8월, 24년 2월, 23년 5월
4. CREATE TABLE 명령을 이용해 테이블을 정의할 때 참조 테이블의 튜플이 삭제되더라도 기본 테이블의 튜플은 삭제되지 않도록 지정하는 옵션으로 옳은 것은?
① ON DELETE CASCASE
② ON DELETE SET NULL
③ ON DELETE NO ACTION
④ ON DELETE SET DEFAULT

> 참조 테이블의 튜플이 삭제되더라도 기본 테이블의 튜플은 삭제되지 않도록 지정하는 옵션은 NO ACTION입니다.

20년 6월
5. 참조 무결성을 유지하기 위하여 DROP문에서 부모 테이블의 항목 값을 삭제할 경우 자동적으로 자식 테이블의 해당 레코드를 삭제하기 위한 옵션은?
① CLUSTER   ② CASCADE
③ SET-NULL   ④ RESTRICTED

> 제거할 요소를 참조하는 다른 모든 개체를 함께 제거하는 옵션은 CASCADE입니다.

21년 3월, 20년 9월
6. 학생 테이블을 생성한 후, 성별 필드가 누락되어 이를 추가하려고 한다. 이에 적합한 SQL 명령어는?
① INSERT   ② ALTER
③ DROP   ④ MODIFY

> 테이블 생성은 CREATE, 테이블 삭제는 DROP, 테이블 수정은 ALTER입니다.

▶ 정답 : 1. ① 2. ③ 3. ③ 4. ③ 5. ② 6. ②

SECTION 081 DCL

전문가의 조언
DCL은 일반 사용자보다는 데이터베이스 관리자가 사용하는 명령입니다.

1 DCL(Data Control Language, 데이터 제어어)의 개요

DCL(데이터 제어어)는 데이터의 보안, 무결성, 회복, 병행 제어 등을 정의하는 데 사용하는 언어이다.
- DCL은 데이터베이스 관리자(DBA)가 데이터 관리를 목적으로 사용한다.
- DCL에는 GRANT, REVOKE, COMMIT, ROLLBACK, SAVEPOINT 등이 있다.

전문가의 조언
GRANT, REVOKE, COMMIT, ROLLBACK 명령의 기능이나 사용법을 묻는 문제가 출제되니 확실히 숙지하세요.

사용자등급
- DBA : 데이터베이스 관리자
- RESOURCE : 데이터베이스 및 테이블 생성 가능자
- CONNECT : 단순 사용자

2 GRANT / REVOKE
25.8, 24.5, 24.2, 22.7, 22.3, 20.9

데이터베이스 관리자가 데이터베이스 사용자에게 권한을 부여하거나 취소하기 위한 명령어이다.
- **GRANT** : 권한 부여를 위한 명령어
- **REVOKE** : 권한 취소를 위한 명령어
- **사용자등급** 지정 및 해제

    - GRANT 사용자등급 TO 사용자_ID_리스트 [IDENTIFIED BY 암호];
    - REVOKE 사용자등급 FROM 사용자_ID_리스트;

예제 1 사용자 ID가 "NABI"인 사람에게 데이터베이스 및 테이블을 생성할 수 있는 권한을 부여하는 SQL문을 작성하시오.

GRANT RESOURCE TO NABI;

예제 2 사용자 ID가 "STAR"인 사람에게 단순히 데이터베이스에 있는 정보를 검색할 수 있는 권한을 부여하는 SQL문을 작성하시오.

GRANT CONNECT TO STAR;

- **테이블 및 속성에 대한 권한 부여 및 취소**

    - GRANT 권한_리스트 ON 개체 TO 사용자 [WITH GRANT OPTION];
    - REVOKE [GRANT OPTION FOR] 권한_리스트 ON 개체 FROM 사용자 [CASCADE];

    - 권한 종류 : ALL, SELECT, INSERT, DELETE, UPDATE, ALTER 등
    - WITH GRANT OPTION : 부여받은 권한을 다른 사용자에게 다시 부여할 수 있는 권한을 부여함

- GRANT OPTION FOR : 다른 사용자에게 권한을 부여할 수 있는 권한을 취소함
- CASCADE : 권한 취소 시 권한을 부여받았던 사용자가 다른 사용자에게 부여한 권한도 연쇄적으로 취소함

예제 3 사용자 ID가 "NABI"인 사람에게 〈고객〉 테이블에 대한 모든 권한과 다른 사람에게 권한을 부여할 수 있는 권한까지 부여하는 SQL문을 작성하시오.

GRANT ALL ON 고객 TO NABI WITH GRANT OPTION;

예제 4 사용자 ID가 "STAR"인 사람에게 부여한 〈고객〉 테이블에 대한 권한 중 UPDATE 권한을 다른 사람에게 부여할 수 있는 권한만 취소하는 SQL문을 작성하시오.

REVOKE GRANT OPTION FOR UPDATE ON 고객 FROM STAR;

3 COMMIT

트랜잭션*이 성공적으로 끝나면 데이터베이스가 새로운 일관성(Consistency) 상태를 가지기 위해 변경된 모든 내용을 데이터베이스에 반영하여야 하는데, 이때 사용하는 명령이 COMMIT이다.

- COMMIT 명령을 실행하지 않아도* DML문이 성공적으로 완료되면 자동으로 COMMIT되고, DML이 실패하면 자동으로 ROLLBACK이 되도록 Auto Commit* 기능을 설정할 수 있다.

4 ROLLBACK

21.5, 실기 20.7

ROLLBACK은 아직 COMMIT되지 않은 변경된 모든 내용들을 취소하고 데이터베이스를 이전 상태로 되돌리는 명령어이다.

- 트랜잭션 전체가 성공적으로 끝나지 못하면 일부 변경된 내용만 데이터베이스에 반영되는 비일관성(Inconsistency)인 상태를 가질 수 있기 때문에 일부분만 완료된 트랜잭션은 롤백(Rollback)되어야 한다.

5 SAVEPOINT

SAVEPOINT는 트랜잭션 내에 ROLLBACK 할 위치인 저장점을 지정하는 명령어이다.

- 저장점을 지정할 때는 이름을 부여하며, ROLLBACK 시 지정된 저장점까지의 트랜잭션 처리 내용이 취소된다.

〈사원〉

사원번호	이름	부서
10	김기획	기획부
20	박인사	인사부
30	최재무	재무부
40	오영업	영업부

전문가의 조언

COMMIT, ROLLBACK, SAVEPOINT는 트랜잭션을 제어하는 용도로 사용되므로 TCL(Transaction Control Language)로 분류하기도 합니다. 하지만 기능을 제어하는 명령이라는 공통점으로 DCL의 일부로 분류하기도 합니다.

트랜잭션(Transaction)
- 트랜잭션은 데이터베이스에서 하나의 논리적 기능을 수행하기 위한 일련의 연산 집합으로서 작업의 단위가 됩니다.
- 트랜잭션은 데이터베이스 관리 시스템에서 회복 및 병행 제어 시에 처리되는 작업의 논리적 단위입니다.
- 하나의 트랜잭션은 COMMIT 되거나 ROLLBACK되어야 합니다.

COMMIT 명령 사용 여부
트랜잭션이 시작되면 데이터베이스의 데이터를 주기억장치에 올려 처리하다가 COMMIT 명령이 내려지면 그때서야 처리된 내용을 보조기억장치에 저장합니다. 그러니까 COMMIT 명령을 사용하지 않고 DBMS를 종료하면 그때까지 작업했던 모든 내용이 보조기억장치의 데이터베이스에 하나도 반영되지 않고 종료되는 것이지요. 이처럼 실수로 COMMIT 명령 없이 DBMS를 종료하는 것에 대비하여 대부분의 DBMS들은 Auto Commit 기능을 제공하고 있습니다.

Auto Commit 설정 명령
- Oracle
  - 설정 : set autocommit on;
  - 해제 : set autocommit off;
  - 확인 : show autocommit;
- MySQL
  - 설정 : set autocommit = true;
  - 해제 : set autocommit = false;
  - 확인 : select @@autocommit;

전문가의 조언

COMMIT과 SAVEPOINT 명령의 수행 시점에 따라 ROLLBACK 명령이 적용되는 범위가 달라집니다. 이와 같이 COMMIT, ROLLBACK, SAVEPOINT 명령은 서로 연관되어 사용되므로 한꺼번에 실습하여 결과를 확인할 수 있도록 하였습니다.

DELETE문
DELETE문은 다음 섹션에서 자세히 공부합니다. 여기서는 DELETE 문은 레코드를 삭제할 때 사용하는 명령어라는 것만 알아두세요.

> **예제 1** 〈사원〉 테이블에서 '사원번호'가 40인 사원의 정보를 삭제한 후 COMMIT을 수행하시오.

```
DELETE FROM 사원 WHERE 사원번호 = 40;
COMMIT;
```

해설
DELETE 명령을 수행한 후 COMMIT 명령을 수행했으므로 DELETE 명령으로 삭제된 레코드는 이후 ROLLBACK 명령으로 되돌릴 수 없다.

〈사원〉 테이블 상태

사원번호	이름	부서
10	김기획	기획부
20	박인사	인사부
30	최재무	재무부

> **예제 2** '사원번호'가 30인 사원의 정보를 삭제하시오.

```
DELETE FROM 사원 WHERE 사원번호 = 30;
```

해설
DELETE 명령을 수행한 후 COMMIT 명령을 수행하지 않았으므로 DELETE 명령으로 삭제된 레코드는 이후 ROLLBACK 명령으로 되돌릴 수 있다.

〈사원〉 테이블 상태

사원번호	이름	부서
10	김기획	기획부
20	박인사	인사부

> **예제 3** SAVEPOINT 'S1'을 설정하고 '사원번호'가 20인 사원의 정보를 삭제하시오.

```
SAVEPOINT S1;
DELETE FROM 사원 WHERE 사원번호 = 20;
```

해설

〈사원〉 테이블 상태

사원번호	이름	부서
10	김기획	기획부

> **예제 4** SAVEPOINT 'S2'를 설정하고 '사원번호'가 10인 사원의 정보를 삭제하시오.

```
SAVEPOINT S2;
DELETE FROM 사원 WHERE 사원번호 = 10;
```

해설

〈사원〉 테이블 상태

사원번호	이름	부서

예제 5 SAVEPOINT 'S2'까지 ROLLBACK을 수행하시오.

ROLLBACK TO S2;

해설
ROLLBACK이 적용되는 시점을 'S2'로 지정했기 때문에 **예제 5** 의 ROLLBACK에 의해 〈사원〉 테이블의 상태는 **예제 4** 의 작업을 수행하기 전으로 되돌려진다.

〈사원〉 테이블 상태

사원번호	이름	부서
10	김기획	기획부

예제 6 SAVEPOINT 'S1'까지 ROLLBACK을 수행하시오.

ROLLBACK TO S1;

해설
ROLLBACK이 적용되는 시점을 'S1'로 지정했기 때문에 **예제 6** 의 ROLLBACK에 의해 〈사원〉 테이블의 상태는 **예제 3** 의 작업을 수행하기 전으로 되돌려진다.

〈사원〉 테이블 상태

사원번호	이름	부서
10	김기획	기획부
20	박인사	인사부

예제 7 SAVEPOINT 없이 ROLLBACK을 수행하시오.

ROLLBACK;

해설
'사원번호'가 40인 사원의 정보를 삭제한 후 COMMIT을 수행했으므로 **예제 7** 의 ROLLBACK이 적용되는 시점은 **예제 1** 의 COMMIT 이후 새롭게 작업이 수행되는 **예제 2** 의 작업부터이다.

〈사원〉 테이블 상태

사원번호	이름	부서
10	김기획	기획부
20	박인사	인사부
30	최재무	재무부

기출문제 따라잡기

21년 5월

1. 트랜잭션의 실행이 실패하였음을 알리는 연산자로 트랜잭션이 수행한 결과를 원래의 상태로 원상 복귀시키는 연산은?

① COMMIT 연산 ② BACKUP 연산
③ LOG 연산   ④ ROLLBACK 연산

> Commit은 작업의 성공, Rollback은 작업의 실패로 취소하는 연산입니다.

25년 8월, 20년 9월

2. DBA가 사용자 PARK에게 테이블 [STUDENT]의 데이터를 갱신할 수 있는 시스템 권한을 부여하고자 하는 SQL문을 작성하고자 한다. 다음에 주어진 SQL문의 빈 칸을 알맞게 채운 것은?

```
SQL> GRANT ___㉠___ ___㉡___ STUDENT TO PARK;
```

① ㉠ INSERT   ㉡ IN TO
② ㉠ ALTER   ㉡ TO
③ ㉠ UPDATE   ㉡ ON
④ ㉠ REPLACE   ㉡ IN

> 데이터를 갱신하는 명령어는 UPDATE입니다.

24년 5월, 2월, 22년 7월, 20년 9월

3. 사용자 X1에게 department 테이블에 대한 검색 연산을 회수하는 명령은?

① delete select on department to X1;
② remove select on department from X1;
③ revoke select on department from X1;
④ grant select on department from X1;

> 권한 부여는 GRANT, 권한 취소는 REVOKE입니다.

22년 3월

4. SQL과 관련한 설명으로 틀린 것은?

① REVOKE 키워드를 사용하여 열 이름을 다시 부여할 수 있다.
② 데이터 정의어는 기본 테이블, 뷰 테이블 또는 인덱스 등을 생성, 변경, 제거하는데 사용되는 명령어이다.
③ DISTINCT를 활용하여 중복 값을 제거할 수 있다.
④ JOIN을 통해 여러 테이블의 레코드를 조합하여 표현할 수 있다.

> REVOKE는 데이터베이스 사용자의 사용 권한을 취소하는 기능입니다.

▶ 정답: 1. ④ 2. ③ 3. ③ 4. ①

SECTION 082 DML

1 DML(Data Manipulation Language, 데이터 조작어)의 개요

DML(데이터 조작어)은 데이터베이스 사용자가 응용 프로그램이나 질의어를 통해 저장된 데이터를 실질적으로 관리하는데 사용되는 언어이다.

- DML은 데이터베이스 사용자와 데이터베이스 관리 시스템 간의 인터페이스를 제공한다.
- DML의 유형

명령문	기능
SELECT	테이블에서 튜플을 검색한다.
INSERT	테이블에 새로운 튜플을 삽입한다.
DELETE	테이블에서 튜플을 삭제한다.
UPDATE	테이블에서 튜플의 내용을 갱신한다.

전문가의 조언

DML의 네 가지 유형 중에서 INSERT, DELETE, UPDATE 명령문을 학습합니다. 세 가지 유형의 구문은 예제를 통해 사용법까지 꼭 암기하세요. SELECT 명령은 다음 섹션에서 학습합니다.

2 삽입문(INSERT INTO~)

 23.7, 23.5, 실기 24.7, 23.7

삽입문은 기본 테이블에 새로운 튜플을 삽입할 때 사용한다.

일반 형식

```
INSERT INTO 테이블명([속성명1, 속성명2,…])
VALUES (데이터1, 데이터2,… );
```

- 대응하는 속성과 데이터는 개수와 데이터 유형이 일치해야 한다.
- 기본 테이블의 모든 속성을 사용할 때는 속성명을 생략할 수 있다.
- SELECT문을 사용하여 다른 테이블의 검색 결과를 삽입할 수 있다.

〈사원〉

이름	부서	생일	주소	기본급
홍길동	기획	04/05/61	망원동	120
임꺽정	인터넷	01/09/69	성산동	80
황진이	편집	07/21/75	연희동	100
김선달	편집	10/22/73	망원동	90
성춘향	기획	02/20/64	망원동	100
장길산	편집	03/11/67	상암동	120
일지매	기획	04/29/78	합정동	110
강호동	인터넷	12/11/80		90

예제 1 〈사원〉 테이블에 (이름 – 홍승현, 부서 – 인터넷)을 삽입하시오.

INSERT INTO 사원(이름, 부서) VALUES ('홍승현', '인터넷');

예제 2 〈사원〉 테이블에 (장보고, 기획, 05/03/73, 홍제동, 90)을 삽입하시오.

INSERT INTO 사원 VALUES ('장보고', '기획', #05/03/73#, '홍제동', 90);

>  **전문가의 조언**
> 날짜 데이터는 숫자로 취급하지만 ' ' 또는 # #으로 묶어줍니다.

예제 3 〈사원〉 테이블에 있는 편집부의 모든 튜플을 편집부원(이름, 생일, 주소, 기본급) 테이블에 삽입하시오.

INSERT INTO 편집부원(이름, 생일, 주소, 기본급)
SELECT 이름, 생일, 주소, 기본급
FROM 사원
WHERE 부서 = '편집';

3 삭제문(DELETE FROM~)

24.5, 23.2, 22.3, 실기 23.4, 20.10

삭제문은 기본 테이블에 있는 튜플들 중에서 특정 튜플(행)을 삭제할 때 사용한다.

일반 형식

```
DELETE
FROM 테이블명
[WHERE 조건];
```

- 모든 레코드를 삭제할 때는 WHERE절을 생략한다.
- 모든 레코드를 삭제하더라도 테이블 구조는 남아 있기 때문에 디스크에서 테이블을 완전히 제거하는 DROP과는 다르다.

> **전문가의 조언**
> DELETE문은 테이블 구조나 테이블 자체는 그대로 남겨 두고, 테이블 내의 튜플들만 삭제합니다. 테이블을 완전히 제거하기 위해서는 DROP문을 사용해야 합니다.

예제 1 〈사원〉 테이블에서 "임꺽정"에 대한 튜플을 삭제하시오.

DELETE
FROM 사원
WHERE 이름 = '임꺽정';

예제 2 〈사원〉 테이블에서 "인터넷" 부서에 대한 모든 튜플을 삭제하시오.

DELETE
FROM 사원
WHERE 부서 = '인터넷';

예제 3 〈사원〉 테이블의 모든 레코드를 삭제하시오.

```
DELETE
FROM 사원;
```

4 갱신문(UPDATE~ SET~)

24.7, 23.7, 21.5, 20.9, 실기 24.7, 21.7

갱신문은 기본 테이블에 있는 튜플들 중에서 특정 튜플의 내용을 변경할 때 사용한다.

일반 형식

```
UPDATE 테이블명
SET 속성명 = 데이터[, 속성명=데이터, …]
[WHERE 조건];
```

전문가의 조언

UPDATE~ SET~ WHERE입니다. 기억하세요.

예제 1 〈사원〉 테이블에서 "홍길동"의 '주소'를 "수색동"으로 수정하시오.

```
UPDATE 사원
SET 주소 = '수색동'
WHERE 이름 = '홍길동';
```

예제 2 〈사원〉 테이블에서 "황진이"의 '부서'를 '기획부'로 변경하고 '기본급'을 5만 원 인상시키시오.

```
UPDATE 사원
SET 부서 = '기획', 기본급 = 기본급 + 5
WHERE 이름 = '황진이';
```

잠깐만요 **데이터 조작문의 네 가지 유형**

- **SELECT(검색)** : SELECT~ FROM~ WHERE~
- **INSERT(삽입)** : INSERT INTO~ VALUES~
- **DELETE(삭제)** : DELETE~ FROM~ WHERE~
- **UPDATE(변경)** : UPDATE~ SET~ WHERE~

기출문제 따라잡기

이전기출
1. SQL의 기술이 옳지 않은 것은?
① SELECT… FROM … WHERE…
② INSERT… ON… VALUES…
③ UPDATE… SET… WHERE…
④ DELETE… FROM… WHERE…

> INSERT는 'INSERT INTO… VALUES'입니다.

23년 5월
2. 다음 SQL 문장이 뜻하는 것은 무엇인가?

```
INSERT INTO 컴퓨터과테이블(학번, 이름, 학년)
SELECT 학번, 이름, 학년
FROM 학생테이블
WHERE 학과 = '컴퓨터';
```

① 학생테이블에서 학과가 컴퓨터인 사람의 학번, 이름, 학년을 검색하라.
② 학생테이블에 학과가 컴퓨터인 사람의 학번, 이름, 학년을 삽입하라.
③ 학생테이블에서 학과가 컴퓨터인 사람의 학번, 이름, 학년을 검색하여 컴퓨터과테이블에 삽입하라.
④ 컴퓨터과테이블에서 학과가 컴퓨터인 사람의 학번, 이름, 학년을 검색하여 학생테이블에 삽입하라.

> • INSERT INTO 컴퓨터과테이블(학번, 이름, 학년) : 컴퓨터과테이블의 학번, 이름, 학년 속성에 삽입하라.
> • SELECT 학번, 이름, 학년 FROM 학생테이블 : 학생테이블에서 학번, 이름, 학년 속성의 값을 검색하라.
> • WHERE 학과 = '컴퓨터' : 학과 속성의 값이 '컴퓨터'인 튜플만을 대상으로 하라.

23년 7월, 21년 5월, 20년 9월
3. 다음 SQL문에서 빈 칸에 들어갈 내용으로 옳은 것은?

```
UPDATE 회원 (    ) 전화번호='010-14' WHERE 회원번호='N4';
```

① FROM   ② SET
③ INTO   ④ TO

> 갱신문의 문법은 'UPDATE 테이블명 SET 속성명=데이터 WHERE 조건'입니다.

24년 5월, 23년 2월, 22년 3월
4. SQL에서 DELETE 명령에 대한 설명으로 옳지 않은 것은?
① 테이블의 행을 삭제할 때 사용한다.
② WHERE 조건절이 없는 DELETE 명령을 수행하면 DROP TABLE 명령을 수행했을 때와 같은 효과를 얻을 수 있다.
③ SQL을 사용 용도에 따라 분류할 경우 DML에 해당한다.
④ 기본사용 형식은 "DELETE FROM 테이블 [WHERE 조건];"이다.

> WHERE 조건절이 없는 DELETE 명령을 수행하면 테이블 내의 데이터만 모두 삭제됩니다. 테이블 구조까지 제거하는 DROP TABLE 명령과는 기능이 다릅니다.

23년 7월
5. SQL문에서 STUDENT(SNO, SNAME, YEAR, DEPT) 테이블에 학번 600, 성명 "홍길동", 학년 2학년인 학생 튜플을 삽입하는 명령으로 옳은 것은?(단, SNO는 학번, SNAME은 성명, YEAR는 학년, DEPT는 학생, 교수 구분 필드임)
① INSERT STUDENT INTO VALUES(600, '홍길동', 2);
② INSERT FROM STUDENT VALUES(600, '홍길동', 2);
③ INSERT INTO STUDENT(SNO, SNAME, YEAR) VALUES (600, '홍길동', 2);
④ INSERT TO STUDENT(SNO, SNAME, YEAR) VALUES(600, '홍길동', 2);

> 삽입문의 문법은 'INSERT INTO 테이블명(속성명) VALUES(값)'입니다.

▶ 정답 : 1.② 2.③ 3.② 4.② 5.③

SECTION 083 DML - SELECT-1

1 일반 형식

25.5, 21.5, 실기 22.10, 20.5

```
SELECT [PREDICATE] [테이블명.]속성명 [AS 별칭][, [테이블명.]속성명, …]
    [, 그룹함수(속성명) [AS 별칭]]
    [, Window함수 OVER (PARTITION BY 속성명1, 속성명2, …
                ORDER BY 속성명3, 속성명4, …)]
FROM 테이블명[, 테이블명, …]
[WHERE 조건]
[GROUP BY 속성명, 속성명, …]
[HAVING 조건]
[ORDER BY 속성명 [ASC | DESC]];
```

전문가의 조언

- 실무에서 가장 많이 사용되는 SQL 명령이 SELECT입니다. 이번 섹션에서는 SELECT문의 일반 형식, 기본 검색, 조건 지정 검색, 정렬 검색, 하위 질의, 복수 테이블 질의에 대해 학습합니다. 각 절, 옵션의 기능까지 정확히 암기해 두세요. 나머지 중요한 요소는 그때그때 설명하겠습니다.
- SELECT문의 일반 형식에 포함된 내용이 길어 학습할 분량을 두 섹션으로 분리하였습니다. 흐리게 처리된 형식은 다음 섹션에서 학습할 내용입니다.

- **SELECT절**
  - PREDICATE : 불러올 튜플 수를 제한할 명령어를 기술한다.
    - ALL : 모든 튜플을 검색할 때 지정하는 것으로, 주로 생략한다.
    - DISTINCT : 중복된 튜플이 있으면 그 중 첫 번째 한 개만 검색한다.
    - DISTINCTROW : 중복된 튜플을 제거하고 한 개만 검색하지만 선택된 속성의 값이 아닌, 튜플 전체를 대상으로 한다.
  - 속성명 : 검색하여 불러올 속성(열) 또는 속성을 이용한 수식을 지정한다.
    - 기본 테이블을 구성하는 모든 속성을 지정할 때는 '*'를 기술한다.
    - 두 개 이상의 테이블을 대상으로 검색할 때는 '테이블명.속성명'으로 표현한다.
  - AS : 속성 및 연산의 이름을 다른 제목으로 표시하기 위해 사용된다.
- **FROM절** : 질의에 의해 검색될 데이터들을 포함하는 테이블명을 기술한다.
- **WHERE절** : 검색할 조건을 기술한다.
- **ORDER BY절** : 특정 속성을 기준으로 정렬하여 검색할 때 사용한다.
  - 속성명 : 정렬의 기준이 되는 속성명을 기술한다.
  - [ASC | DESC] : 정렬 방식으로서 'ASC'는 오름차순, 'DESC'는 내림차순이다. 생략하면 오름차순으로 지정된다.

잠깐만요 | 조건 연산자 / 연산자 우선순위

21.8, 실기 25.4

407531

조건 연산자

- 비교 연산자

연산자	=	〈〉	〉	〈	〉=	〈=
의미	같다	같지 않다	크다	작다	크거나 같다	작거나 같다

- 논리 연산자 : NOT, AND, OR
- LIKE 연산자 : 대표 문자를 이용해 지정된 속성의 값이 문자 패턴과 일치하는 튜플을 검색하기 위해 사용됩니다.

대표 문자	%	_	#
의미	모든 문자를 대표함	문자 하나를 대표함	숫자 하나를 대표함

연산자 우선순위

종류	연산자	우선순위
산술 연산자	×, /, +, −	왼쪽에서 오른쪽으로 갈수록 낮아집니다.
관계 연산자	=, 〈〉, 〉, 〉=, 〈, 〈=	모두 같습니다.
논리 연산자	NOT, AND, OR	왼쪽에서 오른쪽으로 갈수록 낮아집니다.

※ 산술, 관계, 논리 연산자가 함께 사용되었을 때는 산술 〉 관계 〉 논리 연산자 순서로 연산자 우선순위가 정해집니다.

전문가의 조언

지금부터는 주어진 릴레이션을 보고 예제의 결과를 꼭 확인하세요.

다음과 같은 기본 테이블에 대해 다음 예제의 결과를 확인하시오.

〈사원〉

이름	부서	생일	주소	기본급
홍길동	기획	04/05/61	망원동	120
임꺽정	인터넷	01/09/69	서교동	80
황진이	편집	07/21/75	합정동	100
김선달	편집	10/22/73	망원동	90
성춘향	기획	02/20/64	대흥동	100
장길산	편집	03/11/67	상암동	120
일지매	기획	04/29/78	연남동	110
강건달	인터넷	12/11/80		90

〈여가활동〉

이름	취미	경력
김선달	당구	10
성춘향	나이트댄스	5
일지매	태껸	15
임꺽정	씨름	8

② 기본 검색   25.5, 23.2, 22.3, 20.8, 20.6, 실기 24.7

SELECT 절에 원하는 속성을 지정하여 검색한다.

예제 1 〈사원〉 테이블의 모든 튜플을 검색하시오.

- SELECT * FROM 사원;
- SELECT 사원.* FROM 사원;
- SELECT 이름, 부서, 생일, 주소, 기본급 FROM 사원;
- SELECT 사원.이름, 사원.부서, 사원.생일, 사원.주소, 사원.기본급 FROM 사원;

※ 위의 SQL은 모두 보기에 주어진 〈사원〉 테이블 전체를 그대로 출력한다.

〈결과〉

이름	부서	생일	주소	기본급
홍길동	기획	04/05/61	망원동	120
임꺽정	인터넷	01/09/69	서교동	80
황진이	편집	07/21/75	합정동	100
김선달	편집	10/22/73	망원동	90
성춘향	기획	02/20/64	대흥동	100
장길산	편집	03/11/67	상암동	120
일지매	기획	04/29/78	연남동	110
강건달	인터넷	12/11/80		90

예제 2 〈사원〉 테이블에서 '주소'만 검색하되 같은 '주소'는 한 번만 출력하시오.

```
SELECT DISTINCT 주소
FROM 사원;
```

전문가의 조언

중복을 제거하는 DISTINCT의 의미를 정확히 알아두세요.

〈결과〉

주소
대흥동
망원동
상암동
서교동
연남동
합정동

예제 3 〈사원〉 테이블에서 '기본급'에 특별수당 10을 더한 월급을 "XX부서의 XXX의 월급 XXX" 형태로 출력하시오.

```
SELECT 부서 + '부서의' AS 부서2, 이름 + '의 월급' AS 이름2, 기본급 + 10 AS 기본급2
FROM 사원;
```

부서+"부서의" AS 부서2
'부서'에 "부서의"를 연결하여 표시하되, '부서2'라는 속성명으로 표시합니다.

〈결과〉

부서2	이름2	기본급2
기획부서의	홍길동의 월급	130
인터넷부서의	임꺽정의 월급	90
편집부서의	황진이의 월급	110
편집부서의	김선달의 월급	100
기획부서의	성춘향의 월급	110
편집부서의	장길산의 월급	130
기획부서의	일지매의 월급	120
인터넷부서의	강건달의 월급	100

③ 조건 지정 검색

25.5, 25.2, 24.7, 23.7, 23.5, 22.3, 21.8, 21.3, 20.9, 20.8, 실기 25.4, 21.7, 21.4, 20.7

WHERE 절에 조건을 지정하여 조건에 만족하는 튜플만 검색한다.

예제 1 〈사원〉 테이블에서 '기획'부의 모든 튜플을 검색하시오.

```
SELECT *
FROM 사원
WHERE 부서 = '기획';
```

〈결과〉

이름	부서	생일	주소	기본급
홍길동	기획	04/05/61	망원동	120
성춘향	기획	02/20/64	대흥동	100
일지매	기획	04/29/78	연남동	110

예제 2 〈사원〉 테이블에서 "기획" 부서에 근무하면서 "대흥동"에 사는 사람의 튜플을 검색하시오.

```
SELECT *
FROM 사원
WHERE 부서 = '기획' AND 주소 = '대흥동';
```

〈결과〉

이름	부서	생일	주소	기본급
성춘향	기획	02/20/64	대흥동	100

예제 3 〈사원〉 테이블에서 '부서'가 "기획"이거나 "인터넷"인 튜플을 검색하시오.

```
SELECT *
FROM 사원
WHERE 부서 = '기획' OR 부서 = '인터넷';
```

전문가의 조언

데이터 검색 조건을 만족하는 SQL 문을 찾는 문제가 출제되었습니다. WHERE절에서 사용되는 AND, OR, LIKE, BETWEEN 등의 기능을 확실하게 숙지하세요.

예제 3은 다음과 같이 검색해도 됩니다.

```
SELECT *
FROM 사원
WHERE 부서 IN ('기획', '인터넷');
```

〈결과〉

이름	부서	생일	주소	기본급
홍길동	기획	04/05/61	망원동	120
임꺽정	인터넷	01/09/69	서교동	80
성춘향	기획	02/20/64	대흥동	100
일지매	기획	04/29/78	연남동	110
강건달	인터넷	12/11/80		90

예제 4 〈사원〉 테이블에서 성이 '김'인 사람의 튜플을 검색하시오.

```
SELECT *
FROM 사원
WHERE 이름 LIKE "김%";
```

〈결과〉

이름	부서	생일	주소	기본급
김선달	편집	10/22/73	망원동	90

예제 5 〈사원〉 테이블에서 '생일'이 '01/01/69'에서 '12/31/73' 사이인 튜플을 검색하시오.

```
SELECT *
FROM 사원
WHERE 생일 BETWEEN #01/01/69# AND #12/31/73#;
```

〈결과〉

이름	부서	생일	주소	기본급
임꺽정	인터넷	01/09/69	서교동	80
김선달	편집	10/22/73	망원동	90

예제 6 〈사원〉 테이블에서 '주소'가 NULL인 튜플을 검색하시오.

```
SELECT *
FROM 사원
WHERE 주소 IS NULL;
```

〈결과〉

이름	부서	생일	주소	기본급
강건달	인터넷	12/11/80		90

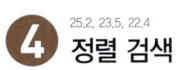

4 정렬 검색

ORDER BY 절에 특정 속성을 지정하여 지정된 속성으로 자료를 정렬하여 검색한다.

 전문가의 조언

날짜 데이터는 숫자로 취급하지만 ' ' 또는 # #으로 묶어줍니다.

 전문가의 조언

NULL이 아닌 값을 검색할 때는 IS NOT NULL을 사용합니다.
예 〈사원〉 테이블에서 '주소'가 NULL이 아닌 튜플 검색

```
SELECT *
FROM 사원
WHERE 주소 IS NOT NULL;
```

 전문가의 조언

ORDER BY절이 정렬에 사용된다는 것과 정렬 방식인 'ASC', 'DESC'의 의미를 꼭 이해하세요.

예제 1 〈사원〉 테이블에서 '주소'를 기준으로 내림차순 정렬시켜 상위 2개 튜플만 검색하시오.

```
SELECT TOP 2 *
FROM 사원
ORDER BY 주소 DESC;
```

〈결과〉

이름	부서	생일	주소	기본급
황진이	편집	07/21/75	합정동	100
일지매	기획	04/29/78	연남동	110

예제 2 〈사원〉 테이블에서 '부서'를 기준으로 오름차순 정렬하고, 같은 '부서'에 대해서는 '이름'을 기준으로 내림차순 정렬시켜서 검색하시오.

```
SELECT *
FROM 사원
ORDER BY 부서 ASC, 이름 DESC;
```

〈결과〉

이름	부서	생일	주소	기본급
홍길동	기획	04/05/61	망원동	120
일지매	기획	04/29/78	연남동	110
성춘향	기획	02/20/64	대흥동	100
임꺽정	인터넷	01/09/69	서교동	80
강건달	인터넷	12/11/80		90
황진이	편집	07/21/75	합정동	100
장길산	편집	03/11/67	상암동	120
김선달	편집	10/22/73	망원동	90

 하위 질의 _{25.8, 24.7, 24.2, 23.5, 22.4, 21.3, 20.9, 20.6, 실기 24.4}

하위 질의는 조건절에 주어진 질의를 먼저 수행하여 그 검색 결과를 조건절의 피연산자로 사용한다.

예제 1 '취미'가 "나이트댄스"인 사원의 '이름'과 '주소'를 검색하시오.

```
SELECT 이름, 주소
FROM 사원
WHERE 이름 = (SELECT 이름 FROM 여가활동 WHERE 취미 = '나이트댄스');
```

〈결과〉

이름	주소
성춘향	대흥동

먼저 "SELECT 이름 FROM 여가활동 WHERE 취미 = '나이트댄스'"를 수행하여 〈여가활동〉 테이블에서 '성춘향'을 찾습니다. 그런 다음 하위 질의에 해당하는 피연산자의 자리에 '성춘향'을 대입하면 질의문은 "SELECT 이름, 주소 FROM 사원 WHERE 이름 = '성춘향'"과 같습니다.

예제 2 취미활동을 하지 않는 사원들을 검색하시오.

```
SELECT *
FROM 사원
WHERE 이름 NOT IN (SELECT 이름 FROM 여가활동) ;
```

〈결과〉

이름	부서	생일	주소	기본급
홍길동	기획	04/05/61	망원동	120
황진이	편집	07/21/75	합정동	100
장길산	편집	03/11/67	상암동	120
강건달	인터넷	12/11/80		90

Not In ( )
Not In ( )은 포함되지 않는 데이터를 의미합니다. 즉 〈사원〉 테이블에서 모든 자료를 검색하는데, 〈여가활동〉 테이블에 '이름'이 있는 자료는 제외하고 검색합니다.

예제 3 취미활동을 하는 사원들의 부서를 검색하시오.

```
SELECT 부서
FROM 사원
WHERE EXISTS (SELECT 이름 FROM 여가활동 WHERE 여가활동.이름 = 사원.이름);
```

〈결과〉

부서
인터넷
편집
기획
기획

20.9
EXISTS ( )
EXISTS ( )는 하위 질의로 검색된 결과가 존재하는지 확인할 때 사용합니다. 즉 〈사원〉 테이블의 '이름'이 〈여가활동〉 테이블의 '이름'에도 있는지 확인합니다.

❶ SELECT 이름 FROM 여가활동 WHERE 여가활동.이름 = 사원.이름; : 〈여가활동〉과 〈사원〉 테이블에 공통으로 있는 '이름'을 〈여가활동〉 테이블에서 검색합니다. 결과는 "임꺽정", "김선달", "성춘향", "일지매"입니다.

❷ SELECT 부서 FROM 사원 WHERE EXISTS (❶) : '이름'이 "임꺽정", "김선달", "성춘향", "일지매"인 사람이 〈사원〉 테이블에 있는지 확인하여 해당 자료의 '부서'를 출력합니다. 결과는 "인터넷", "편집", "기획", "기획"입니다.

6 복수 테이블 검색

여러 테이블을 대상으로 검색을 수행한다.

예제 '경력'이 10년 이상인 사원의 '이름', '부서', '취미', '경력'을 검색하시오.

```
SELECT 사원.이름, 사원.부서, 여가활동.취미, 여가활동.경력
FROM 사원, 여가활동
WHERE 여가활동.경력 >= 10 AND 사원.이름 = 여가활동.이름 ;
```

〈결과〉

이름	부서	취미	경력
김선달	편집	당구	10
일지매	기획	태견	15

기출문제 따라잡기

20년 8월

1. player 테이블에는 player_name, team_id, height 컬럼이 존재한다. 아래 SQL문에서 문법적 오류가 있는 부분은?

```
(1) SELECT player_name, height
(2) FROM player
(3) WHERE team_id = 'korea'
(4) AND height BETWEEN 170 OR 180;
```

① (1) ② (2)
③ (3) ④ (4)

> BETWEEN 연산자는 AND와 짝을 이루어야하므로 (4)번을 'AND height BETWEEN 170 AND 180;'이라고 기술해야 합니다. 즉 (3)번부터 조건문이므로 'team_id'가 "korea"이고 'height'가 170~180 사이인 데이터를 검색하는 SQL문이 되는 것입니다.

21년 5월

2. SQL 문에서 SELECT에 대한 설명으로 옳지 않은 것은?

① FROM 절에는 질의에 의해 검색될 데이터들을 포함하는 테이블명을 기술한다.
② 검색 결과에 중복되는 레코드를 없애기 위해서는 WHERE 절에 'DISTINCT' 키워드를 사용한다.
③ HAVING절은 GROUP BY절과 함께 사용되며, 그룹에 대한 조건을 지정한다.
④ ORDER BY절은 특정 속성을 기준으로 정렬하여 검색할 때 사용한다.

> DISTINCT는 SELECT절의 속성 앞에 사용하는 예약어입니다.

20년 6월, 실기 20년 5월

3. STUDENT 테이블에 독일어과 학생 50명, 중국어과 학생 30명, 영어영문학과 학생 50명의 정보가 저장되어 있을 때, 다음 두 SQL문의 실행 결과 튜플 수는? (단, DEPT 컬럼은 학과명)

```
ⓐ SELECT DEPT FROM STUDENT;
ⓑ SELECT DISTINCT DEPT FROM STUDENT;
```

① ⓐ 3, ⓑ 3
② ⓐ 50, ⓑ 3
③ ⓐ 130, ⓑ 3
④ ⓐ 130, ⓑ 1300

> ⓐ 〈STUDENT〉 테이블에서 'DEPT'를 검색합니다. 총 130개의 튜플이 들어 있고 검색 조건이 없으므로 튜플의 수는 130입니다.
> ⓑ 〈STUDENT〉 테이블에서 'DEPT'를 검색하는 데 DISTINCT 명령에 의해 중복된 결과는 처음의 한 개만 검색에 포함시킵니다. 독일어과 50개 튜플의 'DEPT' 속성의 값이 같으므로 1개, 중국어과 30개 튜플의 'DEPT' 속성의 값이 같으므로 1개, 영어영문학과 50개 튜플의 'DEPT' 속성의 값이 같으므로 1개를 검색에 포함시키므로 총 3개의 튜플이 검색됩니다.

20년 8월

4. 관계 데이터베이스인 테이블 R1에 대한 아래 SQL문의 실행 결과로 옳은 것은?

[R1]

학번	이름	학년	학과	주소
1000	홍길동	1	컴퓨터공학	서울
2000	김철수	1	전기공학	경기
3000	강남길	2	전기공학	경기
4000	오말자	2	컴퓨터공학	경기
5000	장미화	3	전기공학	서울

[SQL문]

```
SELECT DISTINCT 학년 FROM R1;
```

①
학년
1
1
2
2
3

②
학년
1
2
3

③
이름	학년
홍길동	1
김철수	1
강남길	2
오말자	2
장미화	3

④
이름	학년
홍길동	1
강남길	2
장미화	3

> • SELECT DISTINCT 학년 : '학년'을 검색하되, 같은 '학년'은 한 번만 표시합니다.
> • FROM R1; : 〈R1〉 테이블을 대상으로 검색합니다.

24년 7월, 23년 7월, 22년 3월

5. 다음 SQL문에서 사용된 BETWEEN 연산의 의미와 동일한 것은?

```
SELECT *
FROM 성적
WHERE (점수 BETWEEN 90 AND 95)
      AND 학과 = '컴퓨터공학과';
```

① 점수 >= 90 AND 점수 <= 95
② 점수 > 90 AND 점수 < 95
③ 점수 > 90 AND 점수 <= 95
④ 점수 >= 90 AND 점수 < 95

> '점수 BETWEEN 90 AND 95'는 점수가 90부터 95까지라는 의미입니다.

기출문제 따라잡기

22년 4월, 20년 6월
6. 다음 SQL문의 실행 결과는?

```
SELECT 가격 FROM 도서가격
WHERE 책번호 = (SELECT 책번호 FROM 도서 WHERE
책명 = '자료구조');
```

[도서]

책번호	책명
111	운영체제
222	자료구조
333	컴퓨터구조

[도서가격]

책번호	가격
111	20,000
222	25,000
333	10,000
444	15,000

① 10,000 ② 15,000
③ 20,000 ④ 25,000

❶ SELECT 책번호 FROM 도서 WHERE 책명 = '자료구조'; : 〈도서〉 테이블에서 '책명' 속성의 값이 "자료구조"인 튜플의 '책번호' 속성의 값을 검색합니다. 결과는 222입니다.
❷ SELECT 가격 FROM 도서가격 WHERE 책번호 = 222; : 〈도서가격〉 테이블에서 '책번호' 속성의 값이 222인 튜플의 '가격' 속성의 값을 검색합니다. 결과는 25,000입니다.

25년 5월, 23년 5월, 21년 8월
7. 학적 테이블에서 전화번호가 Null 값이 아닌 학생명을 모두 검색할 때, SQL 구문으로 옳은 것은?

① SELECT 학생명 FROM 학적 WHERE 전화번호 DON'T NULL;
② SELECT 학생명 FROM 학적 WHERE 전화번호 != NOT NULL;
③ SELECT 학생명 FROM 학적 WHERE 전화번호 IS NOT NULL;
④ SELECT 학생명 FROM 학적 WHERE 전화번호 IS NULL;

NULL 값일 경우는 IS NULL, NULL 값이 아닐 경우는 IS NOT NULL입니다.

21년 3월
8. 결과 값이 아래와 같을 때 SQL 질의로 옳은 것은?

[공급자] Table

공급자번호	공급자명	위치
16	대신공업사	수원
27	삼진사	서울
39	삼양사	인천
62	진아공업사	대전
70	신촌상사	서울

[결과]

공급자번호	공급자명	위치
16	대신공업사	수원
70	신촌상사	서울

① SELECT * FROM 공급자 WHERE 공급자명 LIKE '%신%';
② SELECT * FROM 공급자 WHERE 공급자명 LIKE '대%';
③ SELECT * FROM 공급자 WHERE 공급자명 LIKE '%사';
④ SELECT * FROM 공급자 WHERE 공급자명 IS NOT NULL;

① LIKE '%신%' : 공급자명에 "신"이 포함된 레코드
② LIKE '대%' : 공급자명이 "대"로 시작하는 레코드
③ LIKE '%사' : 공급자명이 "사"로 끝나는 레코드
④ IS NOT NULL : 공급자명이 NULL이 아닌 레코드

24년 7월, 22년 4월
9. 다음 [조건]에 부합하는 SQL문을 작성하고자 할 때, [SQL문]의 빈칸에 들어갈 내용으로 옳은 것은? (단, '팀코드' 및 '이름'은 속성이며, '직원'은 테이블이다.)

[조건]

이름이 '정도일'인 팀원이 소속된 팀코드를 이용하여 해당 팀에 소속된 팀원들의 이름을 출력하는 SQL문 작성

[SQL문]

```
SELECT 이름
FROM 직원
WHERE 팀코드=(        );
```

① WHERE 이름='정도일'
② SELECT 팀코드 FROM 이름 WHERE 직원='정도일'
③ WHERE 직원='정도일'
④ SELECT 팀코드 FROM 직원 WHERE 이름='정도일'

❶ SELECT 팀코드 FROM 직원 WHERE 이름='정도일'; : '직원' 테이블에서 '이름' 속성의 값이 '정도일'과 같은 레코드의 '팀코드' 속성의 값을 검색합니다.
❷ SELECT 이름 FROM 직원 WHERE 팀코드= ❶ : '직원' 테이블에서 '팀코드' 속성의 값이 ❶의 결과와 같은 레코드의 '이름' 속성의 값을 검색합니다.

▶ 정답 : 1.④ 2.② 3.③ 4.② 5.① 6.④ 7.③ 8.① 9.④

기출문제 따라잡기

문제12 2411158

24년 2월, 23년 5월, 21년 3월

10. 아래의 SQL문을 실행한 결과는?

[R1 테이블]

학번	이름	학년	학과	주소
1000	홍길동	4	컴퓨터	서울
2000	김철수	3	전기	경기
3000	강남길	1	컴퓨터	경기
4000	오말자	4	컴퓨터	경기
5000	장미화	2	전자	서울

[R2 테이블]

학번	과목번호	성적	점수
1000	C100	A	91
1000	C200	A	94
2000	C300	B	85
3000	C400	A	90
3000	C500	C	75
3000	C100	A	90
4000	C400	A	95
4000	C500	A	91
4000	C100	B	80
4000	C200	C	74
5000	C400	B	85

```
SELECT 이름
FROM R1
WHERE 학번 IN
      (SELECT 학번
       FROM R2
       WHERE 과목번호 = 'C100');
```

① 이름
홍길동
강남길
장미화
② 이름
홍길동
강남길
오말자
③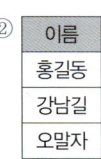
④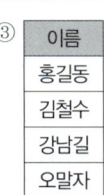

❶ SELECT 학번 FROM R2 WHERE 과목번호 = 'C100' : 〈R2〉 테이블에서 '과목번호'가 "C100"인 튜플의 '학번'을 검색합니다(1000, 3000, 4000).
❷ SELECT 이름 FROM R1 WHERE 학번 IN (❶) : 〈R1〉 테이블에서 '학번'이 1000, 3000, 4000인 튜플의 '이름'을 검색합니다("홍길동", "강남길", "오말자").

21년 8월

11. SQL의 논리 연산자가 아닌 것은?

① AND   ② OTHER
③ OR   ④ NOT

논리 연산자 세 가지는 AND, OR, NOT입니다.

25년 2월, 23년 5월, 22년 4월

12. 다음 테이블을 보고 강남지점의 판매량이 많은 제품부터 출력되도록 할 때 다음 중 가장 적절한 SQL 구문은? (단, 출력은 제품명과 판매량이 출력되도록 한다.)

[푸드] 테이블

지점명	제품명	판매량
강남지점	비빔밥	500
강북지점	도시락	300
강남지점	도시락	200
강남지점	미역국	550
수원지점	비빔밥	600
인천지점	비빔밥	800
강남지점	잡채밥	250

① SELECT 제품명, 판매량 FROM 푸드 ORDER BY 판매량 ASC;
② SELECT 제품명, 판매량 FROM 푸드 ORDER BY 판매량 DESC;
③ SELECT 제품명, 판매량 FROM 푸드 WHERE 지점명='강남지점' ORDER BY 판매량 ASC;
④ SELECT 제품명, 판매량 FROM 푸드 WHERE 지점명='강남지점' ORDER BY 판매량 DESC;

ORDER BY문에서 정렬 방식이 'ASC'이거나 생략되면 오름차순이고, 'DESC'이면 내림차순입니다.

25년 5월

13. SQL문에서 사용하는 옵션 중 검색 결과에서 레코드의 중복을 제거할 때 사용하는 것은?

① CASCADE   ② DISTINCT
③ RESTRICT   ④ UNION

검색 결과에서 레코드의 중복을 제거할 때 사용하는 옵션은 DISTINCT입니다.

▶ 정답 : 10. ② 11. ② 12. ④ 13. ②

SECTION 084 DML - SELECT-2

1 일반 형식

25.2, 21.8, 실기 23.4

```
SELECT [PREDICATE] [테이블명.]속성명 [AS 별칭][, [테이블명.]속성명, …]
       [, 그룹함수(속성명) [AS 별칭]]
       [, WINDOW함수 OVER (PARTITION BY 속성명1, 속성명2, …
                          ORDER BY 속성명3, 속성명4, …) [AS 별칭]]
FROM 테이블명[, 테이블명, …]
[WHERE 조건]
[GROUP BY 속성명, 속성명, …]
[HAVING 조건]
[ORDER BY 속성명 [ASC | DESC]];
```

- **그룹함수** : GROUP BY절에 지정된 그룹별로 속성의 값을 집계할 함수를 기술한다.
- **WINDOW 함수** : GROUP BY절을 이용하지 않고 속성의 값을 집계할 함수를 기술한다.
  - PARTITION BY : WINDOW 함수가 적용될 범위*로 사용할 속성을 지정한다.
  - ORDER BY : PARTITION 안에서 정렬 기준으로 사용할 속성을 지정한다.
- **GROUP BY절** : 특정 속성을 기준으로 그룹화하여 검색할 때 사용한다. 일반적으로 GROUP BY절은 그룹 함수와 함께 사용된다.
- **HAVING절** : GROUP BY와 함께 사용되며, 그룹에 대한 조건을 지정한다.

잠깐만요 그룹 함수 / WINDOW 함수

24.5, 20.8, 실기 24.10

그룹 함수

GROUP BY절에 지정된 그룹별로 속성의 값을 집계할 때 사용됩니다.
- COUNT(속성명) : 그룹별 튜플 수를 구하는 함수
- SUM(속성명) : 그룹별 합계를 구하는 함수
- AVG(속성명) : 그룹별 평균을 구하는 함수
- MAX(속성명) : 그룹별 최대값을 구하는 함수
- MIN(속성명) : 그룹별 최소값을 구하는 함수
- STDDEV(속성명) : 그룹별 표준편차를 구하는 함수
- VARIANCE(속성명) : 그룹별 분산을 구하는 함수

전문가의 조언

- 이번 섹션에서는 WINDOW 함수 이용 검색, 그룹 지정 검색, 집합 연산자를 이용한 통합질의에 대해 학습합니다. 각 절 옵션의 기능까지 정확히 암기해 두세요. 나머지 중요한 요소는 그때그때 설명하겠습니다.
- SELECT문의 일반 형식에 포함된 내용이 길어 학습할 분량을 두 섹션으로 분리하였습니다. 흐리게 처리된 형식은 이전 섹션에서 학습한 내용입니다.

WINDOW 함수가 적용될 범위
GROUP BY 절에 지정한 속성이 그룹 함수의 범위로 사용되듯이 PARTITION BY 절에 지정한 속성이 WINDOW 함수의 범위로 사용됩니다.

전문가의 조언
그룹 함수가 아닌 것을 찾는 문제가 출제되었습니다. 그룹 함수의 종류와 각 함수의 기능을 알아두세요.

- ROLLUP(속성명, 속성명, …)
  - 인수로 주어진 속성을 대상으로 그룹별 소계를 구하는 함수입니다.
  - 속성의 개수가 n개이면, n+1 레벨까지, 하위 레벨에서 상위 레벨 순으로 데이터가 집계됩니다.
- CUBE(속성명, 속성명, …)
  - ROLLUP과 유사한 형태이나 CUBE는 인수로 주어진 속성을 대상으로 모든 조합의 그룹별 소계를 구합니다.
  - 속성의 개수가 n개이면, 2^n 레벨까지, 상위 레벨에서 하위 레벨 순으로 데이터가 집계됩니다.

WINDOW 함수

- GROUP BY절을 이용하지 않고 함수의 인수로 지정한 속성을 범위로 하여 속성의 값을 집계합니다.
- 함수의 인수로 지정한 속성이 대상 레코드의 범위가 되는데, 이를 윈도우(WINDOW)라고 부릅니다.
- WINDOW 함수
  - ROW_NUMBER( ) : 윈도우별로 각 레코드에 대한 일련 번호를 반환합니다.
  - RANK( ) : 윈도우별로 순위를 반환하며, 공동 순위를 반영합니다.
  - DENSE_RANK( ) : 윈도우별로 순위를 반환하며, 공동 순위를 무시하고 순위를 부여합니다.

2 WINDOW 함수 이용 검색

GROUP BY절을 이용하지 않고 함수의 인수로 지정한 속성을 범위로 하여 속성의 값을 집계한다.

〈상여금〉

부서	이름	상여내역	상여금
기획	홍길동	연장근무	100
기획	일지매	연장근무	100
기획	최준호	야간근무	120
기획	장길산	특별근무	90
인터넷	강건달	특별근무	90
인터넷	서국현	특별근무	90
인터넷	박인식	연장근무	30
편집	김선달	특별근무	80
편집	황종근	연장근무	40
편집	성춘향	야간근무	80
편집	임꺽정	야간근무	80
편집	황진이	야간근무	50

예제 1 〈상여금〉 테이블에서 '상여내역'별로 '상여금'에 대한 일련 번호를 구하시오. (단 순서는 내림차순이며 속성명은 'NO'로 할 것)

```
SELECT 상여내역, 상여금,
  ROW_NUMBER( ) OVER (PARTITION BY 상여내역 ORDER BY 상여금 DESC) AS NO
FROM 상여금;
```

〈결과〉

상여내역	상여금	NO
야간근무	120	1
야간근무	80	2
야간근무	80	3
야간근무	50	4
연장근무	100	1
연장근무	100	2
연장근무	40	3
연장근무	30	4
특별근무	90	1
특별근무	90	2
특별근무	90	3
특별근무	80	4

예제 2 〈상여금〉 테이블에서 '상여내역'별로 '상여금'에 대한 순위를 구하시오. (단, 순서는 내림차순이며, 속성명은 '상여금순위'로 하고, RANK() 함수를 이용할 것)

```
SELECT 상여내역, 상여금,
  RANK( ) OVER (PARTITION BY 상여내역 ORDER BY 상여금 DESC) AS 상여금순위
FROM 상여금;
```

전문가의 조언
RANK() 함수는 공동 순위가 있는 경우 공동 순위를 반영하여 다음 순위를 정합니다.

〈결과〉

상여내역	상여금	상여금순위
야간근무	120	1
야간근무	80	2
야간근무	80	2
야간근무	50	4
연장근무	100	1
연장근무	100	1
연장근무	40	3
연장근무	30	4
특별근무	90	1
특별근무	90	1
특별근무	90	1
특별근무	80	4

3 그룹 지정 검색

실기 24.10, 24.4, 20.11, 20.10

GROUP BY절에 지정한 속성을 기준으로 자료를 그룹화하여 검색한다.

전문가의 조언
GROUP BY절이 그룹을 지정한다는 것과, 그룹에 대한 조건을 지정할 때는 WHERE가 아닌 HAVING을 사용한다는 것을 기억해 두세요.

Avg(상여금) As 평균
'상여금' 속성에 있는 값들의 평균을 구하되 '평균'이라는 속성명으로 표시합니다.

예제 1 〈상여금〉 테이블에서 '부서'별 '상여금'의 평균을 구하시오.

```
SELECT 부서, AVG(상여금) AS 평균
FROM 상여금
GROUP BY 부서;
```

〈결과〉

부서	평균
기획	102.5
인터넷	70
편집	66

예제 2 〈상여금〉 테이블에서 부서별 튜플 수를 검색하시오.

```
SELECT 부서, COUNT(*) AS 사원수
FROM 상여금
GROUP BY 부서;
```

〈결과〉

부서	사원수
기획	4
인터넷	3
편집	5

- 'WHERE 상여금 >= 100' 절에 의해서 '상여금'이 100 이상인 자료만 검색 대상이 됩니다.
- 'GROUP BY 부서' 절에 의해서 '상여금'이 100 이상인 자료에 대해서만 '부서'별로 그룹을 지정합니다.
- 'HAVING COUNT(*) >= 2' 절에 의해서 '부서'의 인원이 2 이상인 '부서'의 인원만 검색합니다.

예제 3 〈상여금〉 테이블에서 '상여금'이 100 이상인 사원이 2명 이상인 '부서'의 튜플 수를 구하시오.

```
SELECT 부서, COUNT(*) AS 사원수
FROM 상여금
WHERE 상여금 >= 100
GROUP BY 부서
HAVING COUNT(*) >= 2;
```

〈결과〉

부서	사원수
기획	3

예제 4 〈상여금〉 테이블의 '부서', '상여내역', 그리고 '상여금'에 대해 부서별 상여내역별 소계와 전체 합계를 검색하시오. (단, 속성명은 '상여금합계'로 하고, ROLLUP 함수를 사용할 것)

```
SELECT 부서, 상여내역, SUM(상여금) AS 상여금합계
FROM 상여금
GROUP BY ROLLUP(부서, 상여내역);
```

〈결과〉

부서	상여내역	상여금합계
기획	야간근무	120
기획	연장근무	200
기획	특별근무	90
기획		410
편집	야간근무	210
편집	연장근무	40
편집	특별근무	80
편집		330
인터넷	연장근무	30
인터넷	특별근무	180
인터넷		210
		950

- 120, 200, 90 → 3레벨(부서별, 상여내역별 '상여금'의 합계)
- 410 → 2레벨(부서별 '상여금'의 합계)
- 210, 40, 80 → 3레벨
- 330 → 2레벨
- 30, 180 → 3레벨
- 210 → 2레벨
- 950 → 1레벨(전체 '상여금'의 합계)

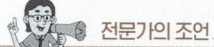

전문가의 조언

ROLLUP 함수가 적용되는 속성이 2개이므로 집계되는 레벨 수는 2+1로 총 3레벨입니다. 가장 하위 레벨인 3레벨부터 표시됩니다. 3레벨은 부서별 상여내역별 '상여금'의 합계, 2레벨은 부서별 '상여금'의 합계, 1레벨은 전체 '상여금'의 합계가 표시됩니다. ROLLUP 함수는 표기된 속성의 순서에 따라 표시되는 집계 항목이 달라지므로 속성의 순서에 주의해야 합니다. ROLLUP(상여내역, 부서)로 지정하면 3레벨은 상여내역별 부서별 '상여금'의 합계, 2레벨은 상여내역별 '상여금'의 합계, 1레벨은 전체 '상여금'의 합계가 표시되므로 부서별 '상여금'의 합계는 확인할 수 없습니다.

예제 5 〈상여금〉 테이블의 '부서', '상여내역', 그리고 '상여금'에 대해 부서별 상여내역별 소계와 전체 합계를 검색하시오. (단, 속성명은 '상여금합계'로 하고, CUBE 함수를 사용할 것)

```
SELECT 부서, 상여내역, SUM(상여금) AS 상여금합계
FROM 상여금
GROUP BY CUBE(부서, 상여내역);
```

〈결과〉

부서	상여내역	상여금합계
		950
	야간근무	330
	연장근무	270
	특별근무	350
기획		410
기획	야간근무	120
기획	연장근무	200
기획	특별근무	90
편집		330
편집	야간근무	210
편집	연장근무	40
편집	특별근무	80
인터넷		210
인터넷	연장근무	30
인터넷	특별근무	180

- 950 → 1레벨(전체 '상여금'의 합계)
- 330, 270, 350 → 2레벨(상여내역별 '상여금'의 합계)
- 410 → 3레벨(부서별 '상여금'의 합계)
- 120, 200, 90 → 4레벨(부서별, 상여내역별 '상여금'의 합계)
- 330 → 3레벨
- 210, 40, 80 → 4레벨
- 210 → 3레벨
- 30, 180 → 4레벨

전문가의 조언

CUBE 함수가 적용되는 속성이 2개이므로 집계되는 레벨 수는 2^2로 총 4레벨입니다. CUBE 함수는 가장 상위 레벨인 1레벨부터 표시됩니다. 1레벨은 전체 '상여금'의 합계, 2레벨은 상여내역별 '상여금'의 합계, 3레벨은 부서별 '상여금'의 합계, 4레벨은 부서별 상여내역별 '상여금'의 합계가 표시됩니다. CUBE 함수는 ROLLUP 함수와 달리 인수로 주어진 속성을 대상으로 결합 가능한 모든 집계를 표시하므로 인수로 주어진 속성의 순서가 바뀌어도 표시 순서만 달라질 뿐 표시되는 집계 항목은 동일합니다.

④ 집합 연산자를 이용한 통합 질의

25.5, 24.7, 24.5, 23.5, 23.2, 22.3, 21.5

집합 연산자를 사용하여 2개 이상의 테이블의 데이터를 하나로 통합한다.

표기 형식

```
SELECT 속성명1, 속성명2, …
FROM 테이블명
UNION | UNION ALL | INTERSECT | EXCEPT
SELECT 속성명1, 속성명2, …
FROM 테이블명
[ORDER BY 속성명 [ASC | DESC]];
```

- 두 개의 SELECT문에 기술한 속성들은 개수와 데이터 유형이 서로 동일해야 한다.
- 집합 연산자의 종류(통합 질의의 종류)

집합 연산자	설명	집합 종류
25.5, 23.5 UNION	• 두 SELECT문의 조회 결과를 통합하여 모두 출력한다. • 중복된 행은 한 번만 출력한다.	합집합
25.5, 24.5, 23.5, 23.2, 22.3 UNION ALL	• 두 SELECT문의 조회 결과를 통합하여 모두 출력한다. • 중복된 행도 그대로 출력한다.	합집합
25.5, 24.7, 23.5, 21.5 INTERSECT	두 SELECT문의 조회 결과 중 공통된 행만 출력한다.	교집합
25.5, 23.5 EXCEPT	첫 번째 SELECT문의 조회 결과에서 두 번째 SELECT문의 조회 결과를 제외한 행을 출력한다.	차집합

〈사원〉

사원	직급
김형석	대리
홍영선	과장
류기선	부장
김현천	이사

〈직원〉

사원	직급
신원섭	이사
이성호	대리
홍영선	과장
류기선	부장

예제 1 〈사원〉 테이블과 〈직원〉 테이블을 통합하는 질의문을 작성하시오. (단, 같은 레코드가 중복되어 나오지 않게 하시오.)

```
SELECT *
FROM 사원
UNION
SELECT *
FROM 직원;
```

〈결과〉

사원	직급
김현천	이사
김형석	대리
류기선	부장
신원섭	이사
이성호	대리
홍영선	과장

예제 2 〈사원〉 테이블과 〈직원〉 테이블에 공통으로 존재하는 레코드만 통합하는 질의문을 작성하시오.

```
SELECT *
FROM 사원
INTERSECT
SELECT *
FROM 직원;
```

〈결과〉

사원	직급
류기선	부장
홍영선	과장

기출문제 따라잡기

24년 5월, 20년 8월
1. 다음 중 SQL의 집계 함수(Aggregation Function)가 아닌 것은?

① AVG ② COUNT
③ SUM ④ CREATE

집계(그룹) 함수에는 COUNT, SUM, AVG, MAX, MIN 등이 있습니다.

24년 5월, 23년 2월, 22년 3월
2. 테이블 R과 S에 대한 SQL문이 실행되었을 때, 실행 결과로 옳은 것은?

R
A	B
1	A
3	B

S
A	B
1	A
2	B

```
SELECT A FROM R
UNION ALL
SELECT A FROM S;
```

① 1

② 3
   2

③ 1
   3

④ 1
   3
   1
   2

UNION ALL은 통합 질의로, 두 개의 테이블을 통합하여 표시하며, 중복된 레코드를 그대로 모두 표시합니다.

이전기출
3. [상반기진급] 테이블과 [하반기진급] 테이블은 모두 '사번', '이름', '부서' 필드로 구성되어 있다. 다음 중 두 테이블의 레코드를 통합하려고 할 때 쿼리문으로 올바른 것은?

① Select 사번, 이름, 부서 From 상반기진급, 하반기진급
   Where 상반기진급.사번 = 하반기진급.사번;
② Select 사번, 이름, 부서 From 상반기진급
   JOIN Select 사번, 이름, 부서 From 하반기진급;
③ Select 사번, 이름, 부서 From 상반기진급
   OR Select 사번, 이름, 부서 From 하반기진급;
④ Select 사번, 이름, 부서 From 상반기진급
   UNION Select 사번, 이름, 부서 From 하반기진급;

성격이 유사한 두 개의 테이블 데이터를 통합하여 하나로 만들려면 합집합(UNION) 연산자를 사용하면 됩니다.

25년 2월, 21년 8월
4. SQL문에서 HAVING을 사용할 수 있는 절은?

① LIKE 절 ② WHERE 절
③ GROUP BY 절 ④ ORDER BY 절

그룹이 지정된 곳에는 HAVING절을, 개개의 레코드에는 WHERE절을 사용하여 조건을 지정합니다.

24년 7월, 21년 5월
5. 테이블 R1, R2에 대하여 다음 SQL문의 결과는?

```
(SELECT 학번 FROM R1)
INTERSECT
(SELECT 학번 FROM R2)
```

[R1] 테이블
학번	학점 수
20201111	15
20202222	20

[R2] 테이블
학번	과목번호
20202222	CS200
20203333	CS300

①
학번	학점 수	과목번호
20202222	20	CS200

②
학번
20202222

③
학번
20201111
20202222
20203333

④
학번	학점 수	과목번호
20201111	15	NULL
20202222	20	CS200
20203333	NULL	CS300

INTERSECT는 두 SELECT문의 조회 결과 중 공통된 행만 출력하는 집합 연산자입니다.

25년 5월, 23년 5월
6. 집합 연산자에 대한 설명으로 틀린 것은?

① UNION은 두 릴레이션의 교차곱을 수행하기 때문에 두 릴레이션의 공통 튜플 수와 관계가 없다.
② UNION ALL은 중복된 행을 포함하여 두 SELECT문의 조회 결과를 모두 출력한다.
③ 두 SELECT문의 조회 결과 중 공통된 행만 출력하는 집합 연산자는 INTERSECT이다.
④ EXCEPT는 두 릴레이션의 차집합 연산을 수행하기 때문에 첫 번째 릴레이션의 튜플보다 많은 수의 튜플이 출력될 수 없다.

UNION은 두 릴레이션의 합집합을 수행하며, 두 릴레이션의 공통 튜플, 즉 중복되는 튜플은 한 번만 출력합니다.

▶ 정답 : 1. ④ 2. ④ 3. ④ 4. ③ 5. ② 6. ①

SECTION 085 DML - JOIN

1 JOIN의 개요

JOIN(조인)은 2개의 테이블에 대해 연관된 튜플들을 결합하여, 하나의 새로운 릴레이션을 반환한다.

- JOIN은 크게 INNER JOIN과 OUTER JOIN으로 구분된다.
- JOIN은 일반적으로 FROM절에 기술하지만, 릴레이션이 사용되는 어느 곳에서나 사용할 수 있다.

> **전문가의 조언**
> 관계형 데이터베이스의 특성상 정규화 과정을 거치게 되면 여러 개의 테이블로 분리되는데, 이들을 합쳐 사용하기 위해서는 조인 기능이 많이 사용됩니다. 예제를 보며 이해하면 쉬우니, 조인의 의미를 이해하고 구문을 꼭 암기하세요.

2 INNER JOIN
21.5, 실기 25.4, 24.10, 24.4

INNER JOIN은 일반적으로 EQUI JOIN과 NON-EQUI JOIN으로 구분된다.

- 조건이 없는 INNER JOIN을 수행하면 CROSS JOIN*과 동일한 결과를 얻을 수 있다.
- EQUI JOIN
  - EQUI JOIN은 JOIN 대상 테이블에서 공통 속성을 기준으로 '='(equal) 비교에 의해 같은 값을 가지는 행을 연결하여 결과를 생성하는 JOIN 방법이다.
  - EQUI JOIN에서 JOIN 조건이 '='일 때 동일한 속성이 두 번 나타나게 되는데, 이 중 중복된 속성을 제거하여 같은 속성을 한 번만 표기하는 방법을 NATURAL JOIN이라고 한다.
  - EQUI JOIN에서 연결 고리가 되는 공통 속성을 JOIN 속성이라고 한다.
  - WHERE절을 이용한 EQUI JOIN의 표기 형식

    SELECT [테이블명1.]속성명, [테이블명2.]속성명, …
    FROM 테이블명1, 테이블명2, …
    WHERE 테이블명1.속성명 = 테이블명2.속성명;

  - NATURAL JOIN절을 이용한 EQUI JOIN의 표기 형식

    SELECT [테이블명1.]속성명, [테이블명2.]속성명, …
    FROM 테이블명1 NATURAL JOIN 테이블명2;

  - JOIN ~ USING절을 이용한 EQUI JOIN의 표기 형식

    SELECT [테이블명1.]속성명, [테이블명2.]속성명, …
    FROM 테이블명1 JOIN 테이블명2 USING(속성명);

> **CROSS JOIN(교차 조인)**
> - 교차 조인은 조인하는 두 테이블에 있는 튜플들의 순서쌍을 결과로 반환합니다.
> - 교차 조인의 결과로 반환되는 테이블의 행의 수는 두 테이블의 행 수를 곱한 것과 같습니다.

> **전문가의 조언**
> 실무에서 가장 흔히 사용되는 조인 형식은 WHERE절을 이용한 조인입니다. 교재에서도 특별한 경우를 제외하고는 WHERE절을 이용하여 조인하였습니다.

⟨학생⟩

학번	이름	학과코드	선배	성적
15	고길동	com		83
16	이순신	han		96
17	김선달	com	15	95
19	아무개	han	16	75
37	박치민		17	55

⟨학과⟩

학과코드	학과명
com	컴퓨터
han	국어
eng	영어

⟨성적등급⟩

등급	최저	최고
A	90	100
B	80	89
C	60	79
D	0	59

전문가의 조언

두 테이블을 조인하여 사용할 때 한 테이블에만 있는 속성은 테이블명을 생략할 수 있지만 두 테이블에 모두 속해 있는 속성은 반드시 속성명을 테이블명과 함께 표시해야 합니다.

NATURAL JOIN

NATURAL JOIN은 조인할 속성을 지정하지 않기 때문에 조인하려는 두 테이블에는 이름과 도메인이 같은 속성이 반드시 존재해야 합니다. ⟨학생⟩ 테이블과 ⟨학과⟩ 테이블에는 같은 이름의 속성과 범위가 같은 도메인을 갖는 '학과코드'가 있기 때문에 NATURAL JOIN이 가능한 것입니다.

예제 1 ⟨학생⟩ 테이블과 ⟨학과⟩ 테이블에서 '학과코드' 값이 같은 튜플을 JOIN하여 '학번', '이름', '학과코드', '학과명'을 출력하는 SQL문을 작성하시오.

- SELECT 학번, 이름, 학생.학과코드, 학과명
  FROM 학생, 학과
  WHERE 학생.학과코드 = 학과.학과코드;

- SELECT 학번, 이름, 학생.학과코드, 학과명
  FROM 학생 NATURAL JOIN 학과;

- SELECT 학번, 이름, 학생.학과코드, 학과명
  FROM 학생 JOIN 학과 USING(학과코드);

⟨결과⟩

학번	이름	학과코드	학과명
15	고길동	com	컴퓨터
16	이순신	han	국어
17	김선달	com	컴퓨터
19	아무개	han	국어

전문가의 조언

데이터베이스 실무에서 주로 사용하는 대부분의 JOIN은 EQUI JOIN이고, NON-EQUI JOIN은 별로 사용하지 않습니다.

- **NON-EQUI JOIN**
  - NON-EQUI JOIN은 JOIN 조건에 '=' 조건이 아닌 나머지 비교 연산자, 즉 >, <, <>, >=, <= 연산자를 사용하는 JOIN 방법이다.
  - 표기 형식

  SELECT [테이블명1.]속성명, [테이블명2.]속성명, …
  FROM 테이블명1, 테이블명2, …
  WHERE (NON-EQUI JOIN 조건);

전문가의 조언

BETWEEN A AND B는 A에서 B 사이의 값을 말합니다. 예를 들어 ⟨성적등급⟩ 테이블의 '최저'가 80이고 '최고'가 89일 때, 'WHERE 학생.성적 BETWEEN 성적등급.최저 AND 성적등급.최고'는 ⟨학생⟩ 테이블의 '성적'이 80~89인 튜플을 ⟨성적등급⟩ 테이블의 '최저' 필드의 값이 80이고 '최고' 필드의 값이 89인 튜플과 조인하므로 등급은 B가 됩니다.

예제 2 ⟨학생⟩ 테이블과 ⟨성적등급⟩ 테이블을 JOIN하여 각 학생의 '학번', '이름', '성적', '등급'을 출력하는 SQL문을 작성하시오.

SELECT 학번, 이름, 성적, 등급
FROM 학생, 성적등급
WHERE 학생.성적 BETWEEN 성적등급.최저 AND 성적등급.최고;

〈결과〉

학번	이름	성적	등급
15	고길동	83	B
16	이순신	96	A
17	김선달	95	A
19	아무개	75	C
37	박치민	55	D

3 OUTER JOIN

실기 21.7

OUTER JOIN은 릴레이션에서 JOIN 조건에 만족하지 않는 튜플도 결과로 출력하기 위한 JOIN 방법으로, LEFT OUTER JOIN, RIGHT OUTER JOIN, FULL OUTER JOIN이 있다.

- **LEFT OUTER JOIN** : INNER JOIN의 결과를 구한 후, 우측 항 릴레이션의 어떤 튜플과도 맞지 않는 좌측 항의 릴레이션에 있는 튜플들에 NULL 값을 붙여서 INNER JOIN의 결과에 추가한다.

  - 표기 형식

    - SELECT [테이블명1.]속성명, [테이블명2.]속성명, …
      FROM 테이블명1 LEFT OUTER JOIN 테이블명2
      ON 테이블명1.속성명 = 테이블명2.속성명;

    - SELECT [테이블명1.]속성명, [테이블명2.]속성명, …
      FROM 테이블명1, 테이블명2
      WHERE 테이블명1.속성명 = 테이블명2.속성명(+);

- **RIGHT OUTER JOIN** : INNER JOIN의 결과를 구한 후, 좌측 항 릴레이션의 어떤 튜플과도 맞지 않는 우측 항의 릴레이션에 있는 튜플들에 NULL 값을 붙여서 INNER JOIN의 결과에 추가한다.

  - 표기 형식

    - SELECT [테이블명1.]속성명, [테이블명2.]속성명, …
      FROM 테이블명1 RIGHT OUTER JOIN 테이블명2
      ON 테이블명1.속성명 = 테이블명2.속성명;

    - SELECT [테이블명1.]속성명, [테이블명2.]속성명, …
      FROM 테이블명1, 테이블명2
      WHERE 테이블명1.속성명(+) = 테이블명2.속성명;

> **전문가의 조언**
>
> INNER JOIN은 두 릴레이션에서 관련이 있는 튜플만 표시하고, LEFT OUTER JOIN은 좌측 릴레이션이 기준이 되어 좌측 릴레이션에 있는 튜플은 모두 표시하고 우측 릴레이션에서는 관련이 있는 튜플만 표시합니다. 반대로 RIGHT OUTER JOIN은 우측 릴레이션이 기준이 되어 우측 릴레이션에 있는 튜플은 모두 표시하고 좌측 릴레이션에서는 연관된 튜플만 표시합니다.

> **전문가의 조언**
>
> OUTER JOIN에서 '+'를 사용하면 INNER JOIN과 동일한 형식으로 사용할 수 있습니다. INNER JOIN 형식과 동일하게 작성하고 LEFT OUTER JOIN일 때는 조건문의 우측에, RIGHT OUTER JOIN일 때는 조건문의 좌측에 '+'를 붙입니다.

- **FULL OUTER JOIN**
  - LEFT OUTER JOIN과 RIGHT OUTER JOIN을 합쳐 놓은 것이다.
  - INNER JOIN의 결과를 구한 후, 좌측 항의 릴레이션의 튜플들에 대해 우측 항의 릴레이션의 어떤 튜플과도 맞지 않는 튜플들에 NULL 값을 붙여서 INNER JOIN의 결과에 추가한다. 그리고 유사하게 우측 항의 릴레이션의 튜플들에 대해 좌측 항의 릴레이션의 어떤 튜플과도 맞지 않는 튜플들에 NULL 값을 붙여서 INNER JOIN의 결과에 추가한다.
  - 표기 형식

    > SELECT [테이블명1.]속성명, [테이블명2.]속성명, …
    > FROM 테이블명1 FULL OUTER JOIN 테이블명2
    > ON 테이블명1.속성명 = 테이블명2.속성명;

예제 1 〈학생〉 테이블과 〈학과〉 테이블에서 '학과코드' 값이 같은 튜플을 JOIN하여 '학번', '이름', '학과코드', '학과명'을 출력하는 SQL문을 작성하시오. 이때, '학과코드'가 입력되지 않은 학생도 출력하시오.

예제 1을 404쪽에 있는 테이블을 참조하여 풀어보세요.

- SELECT 학번, 이름, 학생.학과코드, 학과명
  FROM 학생 LEFT OUTER JOIN 학과
  ON 학생.학과코드 = 학과.학과코드;

- SELECT 학번, 이름, 학생.학과코드, 학과명
  FROM 학생, 학과
  WHERE 학생.학과코드 = 학과.학과코드(+);

해설 INNER JOIN을 하면 '학과코드'가 입력되지 않은 "박치민"은 출력되지 않는다. 그러므로 JOIN 구문을 기준으로 왼쪽 테이블, 즉 〈학생〉의 자료는 모두 출력되는 LEFT JOIN을 사용한 것이다. 다음과 같이 JOIN 구문을 기준으로 테이블의 위치를 교환하여 RIGHT JOIN을 사용해도 결과는 같다.

- SELECT 학번, 이름, 학생.학과코드, 학과명
  FROM 학과 RIGHT OUTER JOIN 학생
  ON 학과.학과코드 = 학생.학과코드;

- SELECT 학번, 이름, 학생.학과코드, 학과명
  FROM 학과, 학생
  WHERE 학과.학과코드(+) = 학생.학과코드;

- LEFT OUTER JOIN은 좌측 릴레이션을 기준으로 좌측 릴레이션에 있는 튜플은 모두 표시하고, 우측 릴레이션에서는 관련 있는 튜플만 표시했으므로 "박치민"의 '학과명'이 빈 자리로 표시됩니다.
- RIGHT OUTER JOIN은 테이블의 위치를 변경했으므로 LEFT OUTER JOIN의 결과와 같은 결과가 표시됩니다.

〈결과〉

학번	이름	학과코드	학과명
15	고길동	com	컴퓨터
16	이순신	han	국어
17	김선달	com	컴퓨터
19	아무개	han	국어
37	박치민		

예제 2 〈학생〉 테이블과 〈학과〉 테이블에서 '학과코드' 값이 같은 튜플을 JOIN하여 '학번', '이름', '학과코드', '학과명'을 출력하는 SQL문을 작성하시오. 이때, '학과코드'가 입력 안 된 학생이나 학생이 없는 '학과코드'도 모두 출력하시오.

```
SELECT 학번, 이름, 학과.학과코드, 학과명
FROM 학생 FULL OUTER JOIN 학과
ON 학생.학과코드 = 학과.학과코드;
```

해설 FULL OUTER JOIN을 하면 JOIN 구문으로 연결되지 않는 자료도 모두 출력된다. "박치민"은 '학과코드'가 없고, "eng"는 〈학생〉 테이블에 등록되지 않아서 연결고리가 없지만 FULL OUTER JOIN을 했으므로 모두 출력된다.

〈결과〉

학번	이름	학과코드	학과명
15	고길동	com	컴퓨터
16	이순신	han	국어
17	김선달	com	컴퓨터
19	아무개	han	국어
37	박치민		
		eng	영어

4 SELF JOIN

- SELF JOIN은 같은 테이블에서 2개의 속성을 연결하여 EQUI JOIN을 하는 JOIN 방법이다.
- 표기 형식

  - **SELECT** [별칭1.]속성명, [별칭1.]속성명, …
    FROM 테이블명1 [AS] 별칭1 **JOIN** 테이블명1 [AS] 별칭2
    ON 별칭1.속성명 = 별칭2.속성명;

  - **SELECT** [별칭1.]속성명, [별칭1.]속성명, …
    FROM 테이블명1 [AS] 별칭1, 테이블명1 [AS] 별칭2
    WHERE 별칭1.속성명 = 별칭2.속성명;

예제 〈학생〉 테이블을 SELF JOIN하여 선배가 있는 학생과 선배의 '이름'을 표시하는 SQL문을 작성하시오.

- SELECT A.학번, A.이름, B.이름 AS 선배
  FROM 학생 A JOIN 학생 B
  ON A.선배 = B.학번;

- SELECT A.학번, A.이름, B.이름 AS 선배
  FROM 학생 A , 학생 B
  WHERE A.선배 = B.학번;

전문가의 조언

- 'B.이름 AS 선배'는 〈B〉 테이블의 '이름'을 출력하되 필드명을 '선배'로 표시하라는 의미입니다.
- '학생 A' 대신 '학생 AS A'로 써도 됩니다.
- 예제를 404쪽의 테이블을 이용하여 풀어보세요.

〈결과〉

학번	이름	선배
17	김선달	고길동
19	아무개	이순신
37	박치민	김선달

잠깐만요 · SELF 조인의 이해

1412305

SELF 조인은 1개의 테이블을 2개의 이름으로 사용하므로 종종 결과가 혼동됩니다. 이럴 때는 같은 테이블을 2개 그려서 생각하면 쉽게 결과를 알아낼 수 있습니다. '학번', '이름', '선배' 필드만 사용하므로 3개의 필드만 가지고 생각해 봅시다.

〈A〉

학번	이름	선배
15	고길동	
16	이순신	
17	김선달	15
19	아무개	16
37	박치민	17

〈B〉

학번	이름	선배
15	고길동	
16	이순신	
17	김선달	15
19	아무개	16
37	박치민	17

해설

〈A〉 테이블의 '선배'와 〈B〉 테이블의 '학번'이 같은 튜플을 조인하면 위 그림과 같이 연결됩니다. 여기서 두 테이블 간 조인된 튜플들만을 대상으로 〈A〉 테이블에서 '학번', '이름'을 표시하고, 〈B〉 테이블에서 이름을 출력하되 필드명을 '선배'로 하여 출력하면 위의 결과와 같이 됩니다.

 기출문제 따라잡기

출제예상
1. 다음 중 조인(Join)에 대한 설명으로 옳지 못한 것은?
① 두 개 이상의 테이블로부터 원하는 데이터를 검색하는 방법이다.
② 조인에 사용되는 기준 필드는 동일하거나 호환되는 데이터 형식을 가져야 한다.
③ 조인되는 두 테이블의 필드 수가 동일할 필요는 없다.
④ 같은 테이블에서 2개의 속성을 연결하여 EQUI JOIN을 하는 방법을 CROSS JOIN이라고 한다.

같은 테이블에서 2개의 속성을 연결하는 조인은 SELF JOIN입니다.

출제예상
2. 다음 쿼리에서 두 테이블의 필드 값이 일치하는 레코드만 조인하기 위해 괄호 안에 넣어야 할 것으로 옳은 것은?

```
SELECT 필드목록
FROM 테이블1, 테이블2
WHERE 테이블1.필드 (    ) 테이블2.필드;
```

① =   ② JOIN
③ +   ④ −

조인된 필드의 값이 일치하는 행을 연결하여 결과를 생성하는 JOIN을 EQUI JOIN이라고 합니다.

기출문제 따라잡기

21년 5월

3. 다음 R1과 R2의 테이블에서 아래의 실행 결과를 얻기 위한 SQL 문은?

[R1] 테이블

학번	이름	학년	학과	주소
1000	홍길동	1	컴퓨터공학	서울
2000	김철수	1	전기공학	경기
3000	강남길	2	전자공학	경기
4000	오말자	2	컴퓨터공학	경기
5000	장미화	3	전자공학	서울

[R2] 테이블

학번	과목번호	과목이름	성적	주소
1000	C100	컴퓨터구조	A	91
2000	C200	데이터베이스	A+	99
3000	C100	컴퓨터구조	B+	89
3000	C200	데이터베이스	B	85
4000	C200	데이터베이스	A	93
4000	C300	운영체제	B+	88
5000	C300	운영체제	B	82

[실행결과]

과목번호	과목이름
C100	컴퓨터구조
C200	데이터베이스

① SELECT 과목번호, 과목이름 FROM R1, R2 WHERE R1.학번 = R2.학번 AND R1.학과 = '전자공학' AND R1.이름 = '강남길';

② SELECT 과목번호, 과목이름 FROM R1, R2 WHERE R1.학번 = R2.학번 OR R1.학과 = '전자공학' OR R1.이름 = '홍길동';

③ SELECT 과목번호, 과목이름 FROM R1, R2 WHERE R1.학번 = R2.학번 AND R1.학과 = '컴퓨터공학' AND R1.이름 = '강남길';

④ SELECT 과목번호, 과목이름 FROM R1, R2 WHERE R1.학번 = R2.학번 OR R1.학과 = '컴퓨터공학' OR R1.이름 = '홍길동';

- SELECT 과목번호, 과목이름 : '과목번호'와 '과목이름'을 표시합니다.
- FROM R1, R2 : 〈R1〉, 〈R2〉 테이블을 대상으로 검색합니다.
- WHERE R1.학번 = R2.학번 : 〈R1〉 테이블의 '학번'이 〈R2〉 테이블의 '학번'과 같고,
- AND R1.학과 = '전자공학' : 〈R1〉 테이블의 '학과'가 "전자공학"이고,
- AND R1.이름 = '강남길'; : 〈R1〉 테이블의 '이름'이 "강남길"인 튜플만을 대상으로 합니다.

이전기출

4. 다음 테이블 조인(JOIN)에 대한 설명으로 가장 적절한 것은?

- 가능한 모든 행들의 조합이 표시된다.
- 첫 번째 테이블의 모든 행들은 두 번째 테이블의 모든 행들과 조인된다.
- 첫 번째 테이블의 행수를 두 번째 테이블의 행수로 곱한 것만큼의 행을 반환한다.
- 조인 조건이 없는 조인이라고 할 수 있다.

① INNER JOIN ② LEFT JOIN
③ RIGHT JOIN ④ CROSS JOIN

두 테이블의 행수를 곱한 것만큼 행을 반환한다는 것은 두 테이블의 행을 서로 교차(CROSS)하여 조인을 수행한다는 의미입니다.

▶ 정답 : 1. ④ 2. ① 3. ① 4. ④

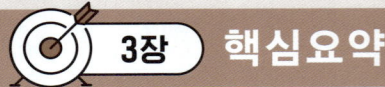

3장 핵심요약

079 SQL의 개념

❶ DDL(Data Define Language, 데이터 정의어)

- SCHEMA, DOMAIN, TABLE, VIEW, INDEX를 정의하거나 변경 또는 삭제할 때 사용하는 언어이다.
- DDL(데이터 정의어)의 세 가지 유형

명령어	기능
CREATE	SCHEMA, DOMAIN, TABLE, VIEW, INDEX를 정의함
ALTER	TABLE에 대한 정의를 변경하는 데 사용함
DROP	SCHEMA, DOMAIN, TABLE, VIEW, INDEX를 삭제함

❷ DML(Data Manipulation Language, 데이터 조작어)

- 데이터베이스 사용자가 응용 프로그램이나 질의어를 통하여 저장된 데이터를 실질적으로 처리하는 데 사용되는 언어이다.
- DML(데이터 조작어)의 네 가지 유형

명령어	기능
SELECT	테이블에서 조건에 맞는 튜플을 검색함
INSERT	테이블에 새로운 튜플을 삽입함
DELETE	테이블에서 조건에 맞는 튜플을 삭제함
UPDATE	테이블에서 조건에 맞는 튜플의 내용을 변경함

❸ DCL(Data Control Language, 데이터 제어어)

- 데이터의 보안, 무결성, 회복, 병행 수행 제어 등을 정의하는 데 사용되는 언어이다.
- DCL(데이터 제어어)의 종류

명령어	기능
COMMIT	명령에 의해 수행된 결과를 실제 물리적 디스크로 저장하고, 데이터베이스 조작 작업이 정상적으로 완료되었음을 관리자에게 알려줌
ROLLBACK	데이터베이스 조작 작업이 비정상적으로 종료되었을 때 원래의 상태로 복구함
GRANT	데이터베이스 사용자에게 사용 권한을 부여함
REVOKE	데이터베이스 사용자의 사용 권한을 취소함

080 DDL

❶ CREATE TABLE

- 테이블을 정의하는 명령문이다.
- 표기 형식

```
CREATE TABLE 테이블명
    (속성명 데이터_타입 [DEFAULT 기본값] [NOT NULL], …
    [, PRIMARY KEY(기본키_속성명, …)]
    [, UNIQUE(대체키_속성명, …)]
    [, FOREIGN KEY(외래키_속성명, …)]
            [REFERENCES 참조테이블(기본키_속성명, …)]
            [ON DELETE 옵션]
            [ON UPDATE 옵션]
    [, CONSTRAINT 제약조건명] [CHECK (조건식)]);
```

- 기본 테이블에 포함될 모든 속성에 대하여 속성명과 그 속성의 데이터 타입, 기본값, NOT NULL 여부를 지정한다.
- PRIMARY KEY : 기본키로 사용할 속성 또는 속성의 집합을 지정함
- CHECK : 속성 값에 대한 제약 조건을 정의함

❷ ALTER TABLE

- 테이블에 대한 정의를 변경하는 명령문이다.
- 표기 형식

```
ALTER TABLE 테이블명 ADD 속성명 데이터_타입 [DEFAULT '기본값'];
ALTER TABLE 테이블명 ALTER 속성명 [SET DEFAULT '기본값'];
ALTER TABLE 테이블명 DROP COLUMN 속성명 [CASCADE];
```

- ADD : 새로운 속성(열)을 추가할 때 사용함
- ALTER : 특정 속성의 Default 값을 변경할 때 사용함
- DROP COLUMN : 특정 속성을 삭제할 때 사용함

❸ DROP 25.8, 24.7, 23.2, 22.3, 21.5, 20.6

- 스키마, 도메인, 기본 테이블, 뷰 테이블, 인덱스, 제약 조건 등을 제거하는 명령문이다.
- 표기 형식

```
DROP SCHEMA 스키마명 [CASCADE | RESTRICT];
DROP DOMAIN 도메인명 [CASCADE | RESTRICT];
DROP TABLE 테이블명 [CASCADE | RESTRICT];
DROP VIEW 뷰명 [CASCADE | RESTRICT];
DROP INDEX 인덱스명 [CASCADE | RESTRICT];
DROP CONSTRAINT 제약조건명;
```

- CASCADE : 제거할 요소를 참조하는 다른 모든 개체를 함께 제거함. 즉 주 테이블의 데이터 제거 시 각 외래키와 관계를 맺고 있는 모든 데이터를 제거하는 참조 무결성 제약 조건을 설정하기 위해 사용됨
- RESTRICT : 다른 개체가 제거할 요소를 참조중일 때는 제거를 취소함

문제1 테이블 두 개를 조인하여 뷰 STAR1을 정의하고, STAR1을 이용하여 뷰 STAR2를 정의하였다. 다음의 명령을 수행한 후 결과를 쓰시오.

```
DROP VIEW STAR1 CASCADE;
```

답 :

해설
CASCADE는 제거할 요소를 참조하는 다른 모든 개체를 함께 제거하므로 STAR1을 제거하면 STAR2도 함께 삭제됩니다.

- 테이블 및 속성에 대한 권한 부여 및 취소
  - GRANT 권한_리스트 ON 개체 TO 사용자 [WITH GRANT OPTION];
  - REVOKE [GRANT OPTION FOR] 권한_리스트 ON 개체 FROM 사용자 [CASCADE];

❷ ROLLBACK 21.5

아직 COMMIT되지 않은 변경된 모든 내용들을 취소하고 데이터베이스를 이전 상태로 되돌리는 명령어이다.

문제2 다음은 사용자 SNG에게 〈부서〉 테이블에 대한 검색 연산을 회수하는 SQL문이다. 괄호에 들어갈 알맞은 명령어를 쓰시오.

```
(       ) SELECT ON 부서 FROM SNG;
```

답 :

---

081 DCL

❶ GRANT / REVOKE 25.8, 24.5, 24.2, 22.7, 22.3, 20.9

- GRANT : 권한 부여를 위한 명령어
- REVOKE : 권한 취소를 위한 명령어

---

082 DML

❶ 삽입문(INSERT INTO~) 23.7, 23.5

- 기본 테이블에 새로운 튜플을 삽입할 때 사용한다.
- 일반 형식

```
INSERT INTO 테이블명([속성명1, 속성명2,…])
VALUES (데이터1, 데이터2,… );
```

- 대응하는 속성과 데이터는 개수와 데이터 유형이 일치해야 한다.
- 기본 테이블의 모든 속성을 사용할 때는 속성명을 생략할 수 있다.
- SELECT문을 사용하여 다른 테이블의 검색 결과를 삽입할 수 있다.

정답 1. STAR1과 STAR2가 모두 삭제된다. 2. REVOKE

3장 핵심요약

❷ 삭제문(DELETE FROM~) 24.5, 23.2, 22.3

- 기본 테이블에 있는 튜플들 중에서 특정 튜플(행)을 삭제할 때 사용한다.
- 일반 형식

```
DELETE
FROM 테이블명
[WHERE 조건];
```

- 모든 레코드를 삭제할 때는 WHERE절을 생략한다.
- 모든 레코드를 삭제하더라도 테이블 구조는 남아 있기 때문에 디스크에서 테이블을 완전히 제거하는 DROP 과는 다르다.

❸ 갱신문(UPDATE~ SET~) 23.7, 21.5, 20.9

- 기본 테이블에 있는 튜플들 중에서 특정 튜플의 내용을 변경할 때 사용한다.
- 일반 형식

```
UPDATE 테이블명
SET 속성명 = 데이터[, 속성명=데이터, …]
[WHERE 조건];
```

문제1 〈사원〉 테이블에 이름 "최시연", 부서 "홍보", 직위 "대리"인 사원 튜플을 삽입하는 SQL문을 작성하시오.

답 :

문제2 다음 문장을 만족하는 SQL문을 작성하시오.

> 학번이 25001인 학생을 〈학생〉 테이블에서 삭제하시오.

답 :

문제3 다음은 〈사원〉 테이블에서 김요열 사원의 직위를 부장으로 수정하는 SQL문이다. 괄호 안에 들어갈 알맞은 명령어를 쓰시오.

```
UPDATE 사원 (    ) 직위 = 부장
WHERE 이름 = '김요열';
```

답 :

---

083 DML - SELECT-1

❶ 일반 형식 및 기본 검색 25.5, 23.2, 22.3, 21.5, 20.8, 20.6

```
SELECT [PREDICATE] [테이블명.]속성명1, [테이블명.]속성명2, …
FROM 테이블명[, 테이블명, …]
```

- SELECT절
  - PREDICATE : 불러올 튜플 수를 제한할 명령어를 기술함
    ▶ DISTINCT : 중복된 튜플이 있으면 그 중 첫 번째 한 개만 검색함
  - 속성명 : 검색하여 불러올 속성(열) 및 수식들을 지정함
- FROM절 : 질의에 의해 검색될 데이터들을 포함하는 테이블명을 기술함

❷ 조건 연산자 21.8

- 논리 연산자 : NOT, AND, OR
- LIKE 연산자 : 대표 문자를 이용해 지정된 속성의 값이 문자 패턴과 일치하는 튜플을 검색하기 위해 사용됨
  - * 또는 % : 모든 문자를 대표함
  - _ : 문자 하나를 대표함
  - # : 숫자 하나를 대표함

❸ 조건 지정 검색 25.5, 25.2, 24.7, 23.7, 23.5, 22.3, 21.8, 21.3, 20.9, 20.8

```
SELECT [테이블명.]속성명1, [테이블명.]속성명2, …
FROM 테이블명[, 테이블명, …]
[WHERE 조건];
```

- WHERE 절에 조건을 지정하여 조건에 만족하는 튜플만 검색한다.
- NULL 값의 사용
  - 주소가 NULL인, 즉 주소가 입력되지 않은 자료만 검색함
    예 WHERE 주소 IS NULL
  - 주소가 NULL이 아닌, 즉 주소가 입력된 자료만 검색함
    예 WHERE 주소 IS NOT NULL

- BETWEEN 연산자의 사용
  - 생일이 '01/09/69'에서 '10/22/73' 사이인 자료만 검색함
    - 예 WHERE 생일 BETWEEN #01/09/69# AND #10/22/73#

④ 정렬 검색 25.2, 23.5, 22.4
- ORDER BY 절에 특정 속성을 지정하여 지정된 속성으로 자료를 정렬하여 검색한다.

```
SELECT [테이블명.]속성명1, [테이블명.]속성명2, …
FROM 테이블명[, 테이블명, …]
[WHERE 조건];
[ORDER BY 속성명 [ASC | DESC]];
```

- 속성명 : 정렬의 기준이 되는 속성명을 기술함
- [ASC|DESC] : 정렬 방식으로서 'ASC'는 오름차순, 'DESC'는 내림차순이며, 생략하면 오름차순으로 지정됨

⑤ 하위 질의 25.8, 24.7, 24.2, 23.5, 22.4, 21.3, 20.9, 20.6
조건절에 주어진 질의를 먼저 수행하여 그 검색 결과를 조건절의 피연산자로 사용한다.

예 '취미'가 "나이트댄스"인 사원의 '이름'과 '주소'를 검색하시오.

```
SELECT 이름, 주소
FROM 사원
WHERE 이름 = (SELECT 이름 FROM 여가활동 WHERE 취미 =
         '나이트댄스');
```

문제 4 다음 SQL문의 실행 결과로 생성되는 튜플 수를 쓰시오.

SELECT 급여 FROM 사원;

사원ID	사원명	급여	부서ID
101	박철수	30000	1
102	한나라	35000	2
103	김감동	40000	3
104	이구수	35000	2
105	최초록	40000	3

답 :

해설
- SELECT 급여 : '급여' 필드를 표시합니다.
- FROM 사원 : 〈사원〉 테이블의 자료를 검색합니다.
- ∴ WHERE문이 없으므로 〈사원〉 테이블에서 '급여' 필드의 전체 레코드를 검색합니다.

〈실행 결과〉

급여
30000
35000
40000
35000
40000

문제 5 〈사원〉 테이블에 영업부 100명, 생산부 50명, 홍보부 30명의 정보가 저장되어 있을 때, 다음 두 SQL문의 실행 결과로 생성되는 튜플 수를 쓰시오.

① SELECT 부서 FROM 사원;
② SELECT DISTINCT 부서 FROM 사원;

답
①:
②:

해설
① 〈사원〉 테이블에서 '부서'를 검색합니다. 총 180개의 튜플이 들어 있고 검색 조건이 없으므로 튜플의 수는 180입니다.
② 〈사원〉 테이블에서 '부서'를 검색하는 데 DISTINCT 명령에 의해 중복된 결과는 처음의 한 개만 검색에 포함시킵니다. 영업부 100개 튜플의 '부서' 속성의 값이 같으므로 1개, 생산부 50개 튜플의 '부서' 속성의 값이 같으므로 1개, 홍보부 30개 튜플의 '부서' 속성의 값이 같으므로 1개를 검색에 포함시키므로 총 3개의 튜플이 검색됩니다.

문제 6 다음은 〈학생〉 테이블에서 자격증이 Null 값이 아닌 이름을 검색하는 SQL문이다. 괄호 안에 들어갈 알맞은 명령어를 쓰시오.

SELECT 이름 FROM 학생 WHERE 자격증 (   );

답 :

정답 1. INSERT INTO 사원(이름, 부서, 직위) VALUES ('최시연', '홍보', '대리'); 2. DELETE FROM 학생 WHERE 학번 = 25001; 3. SET 4. 5
5. ① 180 ② 3 6. IS NOT NULL

3장 핵심요약

문제1 다음은 〈판매〉 테이블에서 컴퓨터 판매가 100 이상 200 이하인 튜플을 검색하는 SQL문이다. 괄호(①, ②) 안에 들어갈 알맞은 명령어를 쓰시오.

SELECT * FROM 판매 WHERE 컴퓨터 (①) 100 (②) 200

답
①:
②:

문제2 다음은 〈판매실적〉 테이블에서 서울지역에 한하여 판매액 내림차순으로 지점명과 판매액을 출력하는 SQL문이다. 괄호(①, ②) 안에 들어갈 알맞은 명령어를 쓰시오.

SELECT 지점명, 판매액 FROM 판매실적 WHERE 도시 = "서울" (①) 판매액 (②);

답
①:
②:

문제3 다음 SQL문의 실행 결과를 쓰시오.

Select 학과 From 학과 Where 학번 In (Select 학번 From 학생 Where 이름 = "김수철");

〈학생〉 테이블

이름	성별	학번
이미래	여자	1001
박인수	남자	1002
정경미	여자	1003
김수철	남자	1004

〈학과〉 테이블

학번	학과
1001	데이터베이스
1002	AI응용
1003	AI분석
1004	전기과

답 :

해설

❷ Select 학과 From 학과 Where 학번 In
❶ (Select 학번 From 학생 Where 이름 = "김수철");

❶ 〈학생〉 테이블에서 '이름'이 "김수철"인 튜플의 '학번'을 검색합니다(1004).
❷ 〈학과〉 테이블에서 '학번'이 1004인 튜플의 '학과'를 검색합니다("전기과").

---

084 DML - SELECT-2

❶ 그룹 지정 25.2, 21.8

• 특정 속성을 기준으로 그룹화하여 검색할 때 그룹화할 속성을 지정한다.

SELECT [테이블명.]속성명, [테이블명.]속성명, …
FROM 테이블명[, 테이블명, …]
[WHERE 조건]
[GROUP BY 속성명, 속성명, …]
[HAVING 조건];

• GROUP BY절
 – 특정 속성을 기준으로 그룹화하여 검색할 때 사용함
 – 일반적으로 GROUP BY절은 그룹 함수와 함께 사용됨
• HAVING절 : GROUP BY와 함께 사용되며, 그룹에 대한 조건을 지정함

❷ 그룹 함수 24.5, 20.8

• COUNT(속성명) : 그룹별 튜플 수를 구하는 함수
• SUM(속성명) : 그룹별 합계를 구하는 함수
• AVG(속성명) : 그룹별 평균을 구하는 함수
• MAX(속성명) : 그룹별 최대값을 구하는 함수
• MIN(속성명) : 그룹별 최소값을 구하는 함수

❸ 집합 연산자를 이용한 통합 질의 25.5, 24.7, 24.5, 23.5, 23.2, 22.3, 21.5

집합 연산자	설명	집합 종류
UNION	• 두 SELECT문의 조회 결과를 통합하여 모두 출력함 • 중복된 행은 한 번만 출력함	합집합
UNION ALL	• 두 SELECT문의 조회 결과를 통합하여 모두 출력함 • 중복된 행도 그대로 출력함	합집합
INTERSECT	두 SELECT문의 조회 결과 중 공통된 행만 출력함	교집합
EXCEPT	첫 번째 SELECT문의 조회 결과에서 두 번째 SELECT문의 조회 결과를 제외한 행을 출력함	차집합

문제 4 테이블 〈서울〉과 〈경기〉에 대한 다음 SQL문의 실행 결과로 생성되는 튜플 수를 쓰시오.

```
SELECT 제품 FROM 서울
UNION ALL
SELECT 제품 FROM 경기;
```

〈서울〉

제품	판매
냉장고	90
세탁기	80

〈경기〉

제품	판매
냉장고	75
세탁기	60

답 :

해설
UNION ALL은 두 SELECT문의 조회 결과를 통합하여 모두 출력하며, 중복된 행도 그대로 출력합니다.
〈실행 결과〉

제품
냉장고
세탁기
냉장고
세탁기

문제 5 테이블 〈중간〉과 〈기말〉에 대한 다음 SQL문의 실행 결과로 생성되는 튜플 수를 쓰시오.

```
SELECT 이름 FROM 중간
INTERSECT
SELECT 이름 FROM 기말
```

〈중간〉

이름	평균
임영우	80
최시아	90

〈기말〉

이름	평균
최시아	85
한정수	95

답 :

해설
INTERSECT는 두 SELECT문의 조회 결과 중 공통된 행만 출력합니다.
〈실행 결과〉

이름
최시아

085 DML - JOIN

❶ INNER JOIN 21.5

```
SELECT [테이블명1.]속성명, [테이블명2.]속성명, …
FROM 테이블명1, 테이블명2, …
WHERE 테이블명1.속성명 = 테이블명2.속성명;
```

에 〈학생〉 테이블과 〈학과〉 테이블에서 '학과코드' 값이 같은 튜플을 JOIN하여 '학번', '이름', '학과코드', '학과명'을 출력하는 SQL문을 작성하시오.

```
SELECT 학번, 이름, 학생.학과코드, 학과명
FROM 학생, 학과
WHERE 학생.학과코드 = 학과.학과코드;
```

문제 6 다음은 〈A1〉과 〈A2〉 테이블에서 '학번'이 같은 튜플을 조인(JOIN)하여 '과목코드'와 '과목명'을 출력하는 SQL문이다. 괄호에 들어갈 알맞은 명령어를 쓰시오.

```
SELECT 과목코드, 과목명 FROM A1, A2 WHERE (       );
```

답 :

정답 1. ① BETWEEN ② AND 2. ① ORDER BY ② DESC 3. 전기과 4. 4 5. 1 6. A1.학번 = A2.학번

합격수기

합격수기 코너는 시나공으로 공부하신 독자분들이 시험에 합격하신 후에 직접 시나공 홈페이지(sinagong.co.kr)에 올려주신 자료를 토대로 구성됩니다.

시나공으로 3개의 자격증 취득(합격수기 및 노하우)!

시나공으로 워드 취득을 시작으로 정보처리기사 및 컴활2급을 취득했습니다.
워드를 취득할 때만 해도 시나공이 얼마나 좋은 책인지 잘 몰랐던 터라 인터넷에서 많은 사람들이 시나공을 추천하는 것을 보며 '왜 그렇게 많이 추천을 할까?'라는 생각을 했었는데 자격증을 취득하고 나서야 왜 그랬는지 알게 되더군요. 시나공의 가장 큰 장점은 단기간 시험 준비를 하는 사람들에게는 딱!이라는 거죠. 아무튼 3개의 자격증을 취득하면서 너무나 기쁘고, 행복했습니다. 3개의 자격증을 취득하기까지 제 나름의 노하우를 알려드릴게요.

"첫 번째, 시간을 잘 활용하라."

필기 시험의 경우 시간적 여유가 한 달 정도 있는 분이라면 앞에서 부터 차근차근 공부하면서 문제를 풀고 틀린 오답 노트를 만들어서 정리해 보는 것이 좋습니다. 만약 시간이 일주일도 채 안 되는 분들은 시간이 그리 많지 않기 때문에 기출문제 위주로 공부하고 잘 이해가 안 되는 부분은 꼭 해설을 보세요.

"두 번째, 오답 노트를 만들어라."

항상 보면 틀린 문제는 또 틀리기 쉽습니다. 오답 노트라 해서 부담 갖지 말고 A4 용지를 반을 접어서 틀린 문제 위주로 적어 놓으세요. 너무 많을 경우 자주 출제된 문제 위주로 우선순위를 정해 정리하는 것도 좋은 방법입니다.

"세 번째, 이론보다 문제를 많이 풀어라."

물론 이론 중요하죠. 하지만 이론보다는 문제를 풀어 보면서 문제가 어떻게 출제되는지 출제 경향을 파악하는 것이 무엇보다 중요합니다. 문제를 풀다보면 시험이 어떤 식으로 출제되는지 쉽게 감을 잡을 수 있을 뿐만 아니라 처음 나오는 문제를 대하게 되더라도 대처할 수 있는 능력을 갖게 됩니다. 늦었지만 저의 간단한 합격 수기 및 노하우를 알려드렸습니다.

자신감을 갖고 목표한 자격증을 꼭 취득하시기 바랍니다.

모두 파이팅!

이윤섭 • ddaenggul81

4장   SQL 활용

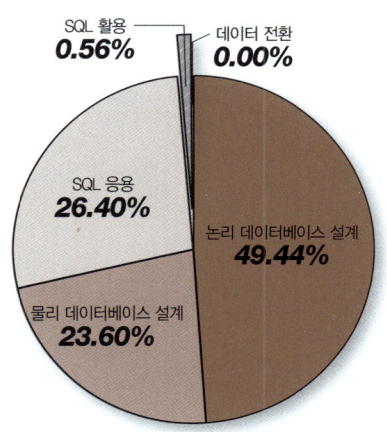

086 프로시저(Procedure) ⓒ등급
087 트리거(Trigger) ⓒ등급
088 사용자 정의 함수 ⓒ등급
089 DBMS 접속 기술 ⓒ등급

꼭 알아야 할 키워드   Best 10

1. 프로시저   2. 트리거   3. 사용자 정의 함수   4. DBMS 접속   5. 웹 응용 시스템   6. JDBC   7. ODBC   8. MyBatis   9. 동적 SQL   10. 정적 SQL

SECTION 086 프로시저(Procedure)

전문가의 조언

실무에서는 응용 프로그램의 유지보수와 실행을 보다 쉽게 하기 위해 절차형 SQL을 많이 사용합니다. 대표적인 절차형 SQL인 프로시저의 생성, 실행, 제거 구문이 어떤 형태로 작성되는지 알아두세요.

절차형 SQL
절차형 SQL은 C, JAVA 등의 프로그래밍 언어와 같이 연속적인 실행이나, 분기, 반복 등의 제어가 가능한 SQL을 의미합니다.

트랜잭션 언어
트랜잭션 언어는 데이터베이스를 조작하고 트랜잭션을 처리하는 언어로, SQL과 TCL이 트랜잭션 언어에 속합니다.

1 프로시저(Procedure)의 개요

프로시저란 절차형 SQL*을 활용하여 특정 기능을 수행하는 일종의 트랜잭션 언어*로, 호출을 통해 실행되어 미리 저장해 놓은 SQL 작업을 수행한다.

- 프로시저를 만들어 데이터베이스에 저장하면 여러 프로그램에서 호출하여 사용할 수 있다.
- 프로시저는 데이터베이스에 저장되어 수행되기 때문에 스토어드(Stored) 프로시저라고도 불린다.
- 프로시저는 시스템의 일일 마감 작업, 일괄(Batch) 작업 등에 주로 사용된다.

프로시저의 구성도

- **DECLARE** : 프로시저의 명칭, 변수, 인수, 데이터 타입을 정의하는 선언부이다.
- **BEGIN / END** : 프로시저의 시작과 종료를 의미한다.
- **CONTROL** : 조건문 또는 반복문이 삽입되어 순차적으로 처리된다.
- **SQL** : DML, DCL이 삽입되어 데이터 관리를 위한 조회, 추가, 수정, 삭제 작업을 수행한다.
- **EXCEPTION** : BEGIN ~ END 안의 구문 실행 시 예외가 발생하면 이를 처리하는 방법을 정의한다.
- **TRANSACTION** : 수행된 데이터 작업들을 DB에 적용할지 취소할지를 결정하는 처리부이다.

❷ 프로시저 생성

프로시저를 생성하기 위해서는 CREATE PROCEDURE 명령어를 사용한다.

표기 형식

```
CREATE [OR REPLACE] PROCEDURE 프로시저명(파라미터)
[지역변수 선언]
BEGIN
    프로시저 BODY;
END;
```

- **OR REPLACE** : 선택적인(Optional) 예약어이다. 이 예약어를 사용하면 동일한 프로시저 이름이 이미 존재하는 경우, 기존의 프로시저를 대체할 수 있다.
- **프로시저명** : 생성하려는 프로시저의 이름을 지정한다.
- **파라미터** : 프로시저 파라미터로는 다음과 같은 것들이 올 수 있다.
  - IN : 호출 프로그램이 프로시저에게 값을 전달할 때 지정한다.
  - OUT : 프로시저가 호출 프로그램에게 값을 반환할 때 지정한다.
  - INOUT : 호출 프로그램이 프로시저에게 값을 전달하고, 프로시저 실행 후 호출 프로그램에 값을 반환할 때 지정한다.
  - 매개변수명 : 호출 프로그램으로부터 전달받은 값을 저장할 변수의 이름을 지정한다.
  - 자료형 : 변수의 자료형을 지정한다.
- **프로시저 BODY**
  - 프로시저의 코드를 기록하는 부분이다.
  - BEGIN에서 시작하여 END로 끝나며, BEGIN과 END 사이에는 적어도 하나의 SQL문이 있어야 한다.

예제 '사원번호'를 입력받아 해당 사원의 '지급방식'을 "S"로 변경하는 프로시저를 생성하시오.

```
❶ CREATE OR REPLACE PROCEDURE emp_change_s(i_사원번호 IN INT)
❷ IS
❸ BEGIN
❹     UPDATE 급여 SET 지급방식 = 'S' WHERE 사원번호 = i_사원번호;
❺     EXCEPTION
❻         WHEN PROGRAM_ERROR THEN
❼             ROLLBACK;
❽     COMMIT;
❾ END;
```

전문가의 조언

왼쪽의 예제 는 Oracle로 작성된 프로시저입니다. DBMS마다 작성방법이 조금씩 다르지만 구성 요소는 동일하니 각 구성 요소가 어떤 역할을 하는지만 정확히 파악해 두세요.

> **해설**
> ① 파라미터로 'i_사원번호'를 전달받는 프로시저 'emp_change_s'를 생성한다.
> ② 변수를 선언하는 예약어로, 변수를 사용하지 않으므로 예약어만 입력한다.
> ③ 프로시저 BODY의 시작을 알리는 예약어로, ④부터 ⑧까지가 하나의 블록이 된다.
> ④ <급여> 테이블에서 '사원번호'가 'i_사원번호'로 받은 값과 같은 튜플의 '지급방식'을 "S"로 갱신한다.
> ⑤ 예외처리의 시작을 알리는 예약어이다.
> ⑥ SQL이 DBMS 내부 문제로 종료※되었을 때 다음 문장을 수행한다.
> ⑦ ERROR가 발생할 경우 수행되는 문장으로, ROLLBACK을 수행한다.
> ⑧ ④에서 변경한 내역을 데이터베이스에 반영하는 트랜잭션 명령어이다.
> ⑨ 프로시저 BODY의 종료를 알리는 예약어이다.

예외의 조건
예외의 조건(WHEN~THEN)에는 DBMS가 내부 문제로 종료(PROGRAM_ERROR)되었을 때뿐만 아니라, 데이터를 찾지 못했을 때, UNIQUE 옵션을 갖는 속성에 중복 데이터를 삽입할 때, 0으로 나누려 했을 때 등 여러 조건을 삽입할 수 있습니다.

③ 프로시저 실행

프로시저를 실행하기 위해서는 EXECUTE 명령어 또는 CALL 명령어를 사용하며, EXECUTE 명령어를 줄여서 EXEC로 사용하기도 한다.

표기 형식

```
EXECUTE 프로시저명;
EXEC 프로시저명;
CALL 프로시저명;
```

 '사원번호' 32를 인수로 하여 위에서 생성된 emp_change_s 프로시저를 실행하시오.

```
EXECUTE emp_change_s(32);
```

④ 프로시저 제거

프로시저를 제거하기 위해서는 DROP PROCEDURE 명령어를 사용한다.

표기 형식

```
DROP PROCEDURE 프로시저명;
```

 위에서 생성된 프로시저 emp_change_s를 제거하시오.

```
DROP PROCEDURE emp_change_s;
```

기출문제 따라잡기

출제예상
1. 프로시저에 대한 설명으로 옳지 않은 것은?

① 절차형 SQL을 사용하는 트랜잭션 언어이다.
② 데이터베이스에 저장되어 수행되기 때문에 스토어드 프로시저라고도 부른다.
③ 프로시저는 다시 호출하여 사용할 수 없다.
④ 시스템의 일일 마감 작업, 배치 작업 등에 주로 사용된다.

프로시저는 데이터베이스에 저장되므로 어느 프로그램에서나 호출하여 반복 사용할 수 있습니다.

출제예상
2. 프로시저의 구성 요소에 대한 설명으로 거리가 먼 것은?

① DECLARE : 프로시저의 명칭이나 인수, 변수 등을 정의하는 부분
② CONTROL : 조건문이나 반복문을 삽입하여 데이터를 처리하는 부분
③ TRANSACTION : 앞에서 수행한 작업들에 대한 DB 적용 여부를 결정하는 부분
④ EXCEPTION : 파라미터에 오류가 발생했을 때 이를 처리하는 방법을 정의하는 부분

EXCEPTION은 BEGIN~END 영역 안에서 경고나 오류가 발생한 경우 이를 처리하는 방법을 정의하는 부분입니다.

출제예상
3. 데이터베이스에서 프로그래밍 언어와 같이 연속적인 실행이나, 분기, 반복 등의 제어가 가능한 SQL을 무엇이라 하는가?

① 함수
② 인덱스
③ 절차형 SQL
④ SQL*PLUS

연속적인 실행이나, 분기, 반복 등의 제어가 가능한 SQL은 절차형 SQL입니다.

출제예상
4. DB에 저장된 'new_Test'라는 프로시저를 제거하고자 할 때 작성해야할 SQL문으로 옳은 것은?

① ALTER PROCEDURE new_Test;
② DROP PROCEDURE new_Test;
③ DELETE PROCEDURE new_Test;
④ ERASE PROCEDURE new_Test;

프로시저 생성은 CREATE, 실행은 EXECUTE, 제거는 DROP입니다.

출제예상
5. 다음 DDL을 통해 생성된 프로시저 new_Procedure01에 대한 설명으로 옳지 않은 것은?

```
CREATE PROCEDURE new_Procedure01 (INOUT ind_Num integer)
BEGIN
        ……
END
```

① new_Procedure01이라는 이름의 프로시저가 DB에 이미 존재하는 경우 새로 생성된 프로시저로 대체한다.
② 호출 프로그램으로부터 integer 자료형의 데이터를 입력받아 ind_Num에 저장한다.
③ 호출 프로그램에 ind_Num에 저장된 integer 자료형의 데이터를 반환한다.
④ 생성된 프로시저는 EXECUTE new_Procedure01([숫자]) 를 통해 실행할 수 있다.

동일한 이름의 프로시저가 존재할 때 이를 대체하여 생성하도록 하려면 CREATE문에 'OR REPLACE'를 추가하여 'CREATE OR REPLACE PROCEDURE'로 입력해야 합니다.

출제예상
6. 프로시저를 실행 또는 호출하기 위한 표기 형식에 해당하지 않는 것은?

① EXEC [프로시저명];
② EXECUTE [프로시저명];
③ LOAD [프로시저명];
④ CALL [프로시저명];

DB에 저장된 프로시저를 실행하기 위해서는 실행이라는 의미의 EXECUTE와 그 약어 EXEC, 호출이라는 의미의 CALL이라는 예약어가 사용됩니다.

▶ 정답 : 1.③ 2.④ 3.③ 4.② 5.① 6.③

SECTION 087 트리거(Trigger)

전문가의 조언

트리거의 개념을 묻는 문제가 출제되었습니다. 트리거의 개념과 용도, 사용 방법을 알아두세요.

이벤트(Event)
이벤트는 시스템에 어떤 일이 발생한 것을 말하며, 트리거에서 이벤트는 데이터의 삽입, 갱신, 삭제와 같이 데이터 조작 작업이 발생했음을 의미합니다.

무결성(Integrity)
무결성은 데이터베이스에 들어 있는 데이터의 정확성을 보장하기 위해 정확하지 않은 데이터가 데이터베이스 내에 저장되는 것을 방지하기 위한 제약 조건을 말합니다.

로그 메시지 출력
사용자가 컴퓨터에 요청한 명령이나 컴퓨터가 데이터를 처리하는 과정 및 결과 등을 기록으로 남긴 것을 로그(Log)라고 하며, 이것을 메시지로 출력할 때 트리거를 이용할 수 있습니다.

1 트리거(Trigger)의 개요

22.7, 20.6

트리거는 데이터베이스 시스템에서 데이터의 삽입(Insert), 갱신(Update), 삭제(Delete) 등의 이벤트(Event)*가 발생할 때마다 관련 작업이 자동으로 수행되는 절차형 SQL이다.

- 트리거는 데이터베이스에 저장되며, 데이터 변경 및 무결성* 유지, 로그 메시지* 출력 등의 목적으로 사용된다.
- 트리거의 구문에는 DCL(데이터 제어어)을 사용할 수 없으며, DCL이 포함된 프로시저나 함수를 호출하는 경우에도 오류가 발생한다.
- 트리거에 오류가 있는 경우 트리거가 처리하는 데이터에도 영향을 미치므로 트리거를 생성할 때 세심한 주의가 필요하다.

2 트리거의 구성

트리거는 선언, 이벤트, 시작, 종료로 구성되며, 시작과 종료 구문 사이에는 제어(CONTROL), SQL, 예외(EXCEPTION)가 포함된다.

트리거 구성도

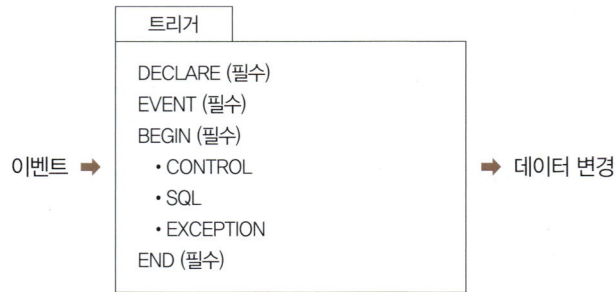

- **DECLARE** : 트리거의 명칭, 변수 및 상수, 데이터 타입을 정의하는 선언부이다.
- **EVENT** : 트리거가 실행되는 조건을 명시한다.
- **BEGIN / END** : 트리거의 시작과 종료를 의미한다.
- **CONTROL** : 조건문 또는 반복문이 삽입되어 순차적으로 처리된다.
- **SQL** : DML문이 삽입되어 데이터 관리를 위한 조회, 추가, 수정, 삭제 작업을 수행한다.
- **EXCEPTION** : BEGIN ~ END 안의 구문 실행 시 예외가 발생하면 이를 처리하는 방법을 정의한다.

③ 트리거의 생성

트리거를 생성하기 위해서는 CREATE TRIGGER 명령어를 사용한다.

표기 형식

```
CREATE [OR REPLACE] TRIGGER 트리거명 동작시기 동작 ON 테이블명
[REFERENCING NEW | OLD AS 테이블명]
[FOR EACH ROW [WHEN 조건식]]
BEGIN
    트리거 BODY;
END;
```

전문가의 조언

동작시기와 동작이 트리거가 실행되는 조건인 이벤트에 해당합니다.

- **OR REPLACE** : 선택적인(Optional) 예약어이다. 이 예약어를 사용하면 동일한 트리거 이름이 이미 존재하는 경우, 기존의 트리거를 대체할 수 있다.
- **동작시기** : 트리거가 실행될 때를 지정한다. 종류에는 AFTER와 BEFORE가 있다.
  - AFTER : 테이블이 변경된 후에 트리거가 실행된다.
  - BEFORE : 테이블이 변경되기 전에 트리거가 실행된다.
- **동작** : 트리거가 실행되게 할 작업의 종류를 지정한다. 종류에는 INSERT, DELETE, UPDATE가 있다.
  - INSERT : 테이블에 새로운 튜플을 삽입할 때 트리거가 실행된다.
  - DELETE : 테이블의 튜플을 삭제할 때 트리거가 실행된다.
  - UPDATE : 테이블의 튜플을 수정할 때 트리거가 실행된다.
- **NEW | OLD** : 트리거가 적용될 테이블의 별칭을 지정한다.
  - NEW : 추가되거나 수정에 참여할 튜플들의 집합(테이블)을 의미한다.
  - OLD : 수정되거나 삭제 전 대상이 되는 튜플들의 집합(테이블)을 의미한다.
- **FOR EACH ROW** : 각 튜플마다 트리거를 적용한다는 의미이다.
- **WHEN 조건식** : 선택적인(Optional) 예약어이다. 트리거를 적용할 튜플의 조건을 지정한다.
- **트리거 BODY**
  - 트리거의 본문 코드를 입력하는 부분이다.
  - BEGIN으로 시작해서 END로 끝나는데, 적어도 하나 이상의 SQL문이 있어야 한다. 그렇지 않으면 오류가 발생한다.

전문가의 조언

오른쪽의 예제 는 Oracle로 작성된 프로시저입니다. DBMS마다 작성 방법이 조금씩 다르지만 구성 요소는 동일하니 각 구성 요소가 어떤 역할을 하는지만 정확히 파악해 두세요.

전문가의 조언

'학년' 속성에는 '신입생', '1학년', '2학년', '3학년', '4학년' 값만이 올 수 있다는 도메인 무결성이 존재한다면 '학년정보_tri'를 이용하여 이러한 도메인 무결성을 위배하지 않고 튜플들을 삽입할 수 있습니다.

전문가의 조언

트리거는 데이터가 변경될 때 자동으로 수행되므로 호출문이 존재하지 않습니다.

예제 〈학생〉 테이블에 새로운 튜플이 삽입될 때, 삽입되는 튜플에 학년 정보가 누락됐으면 '학년' 필드에 "신입생"을 치환하는 트리거를 '학년정보_tri'라는 이름으로 정의하시오.

❶ CREATE TRIGGER 학년정보_tri BEFORE INSERT ON 학생
❷ REFERENCING NEW AS new_table
❸ FOR EACH ROW
❹ WHEN (new_table.학년 IS NULL)
　BEGIN
❺ 　:new_table.학년 := '신입생';
　END;

코드 해설

❶ 〈학생〉 테이블에 튜플을 삽입하기 전에 동작하는 트리거 '학년정보_tri'를 생성한다.
❷ 새로 추가될 튜플들의 집합 NEW의 별칭을 〈new_table〉로 명명한다.
❸ 모든 튜플을 대상으로 한다.
❹ 〈new_table〉에서 '학년' 속성이 NULL인 튜플에 '학년정보_tri'가 적용된다.
❺ 〈new_table〉의 '학년' 속성에 "신입생"을 치환한다.
　- ❷에서 NEW 또는 OLD로 지정된 테이블 이름 앞에는 콜론(:)이 들어간다.
　- A := B : A에 B를 치환하라는 의미로, '='가 아닌 ':='를 사용한다.

❹ 트리거의 제거

트리거를 제거하기 위해서는 DROP TRIGGER 명령어를 사용한다.

표기 형식

```
DROP TRIGGER 트리거명;
```

예제 '학년정보_tri'라는 트리거를 제거하는 SQL문을 작성하시오.

```
DROP TRIGGER 학년정보_tri;
```

기출문제 따라잡기

22년 7월, 20년 6월

1. 데이터베이스 시스템에서 삽입, 갱신, 삭제 등의 이벤트가 발생할 때마다 관련 작업이 자동으로 수행되는 절차형 SQL은?

① 트리거(Trigger) ② 무결성(Integrity)
③ 잠금(Lock) ④ 복귀(Rollback)

이벤트가 발생할 때마다 관련 작업이 자동으로 수행되는 절차형 SQL을 트리거(Trigger)라고 합니다.

출제예상

2. 절차형 SQL 중 트리거(Trigger)의 목적에 해당하지 않는 것은?

① 데이터 변경
② 무결성 유지
③ 로그 메시지 출력
④ 권한 변경

권한을 변경하려면 GRANT, REVOKE 등의 DCL을 사용해야 합니다.

출제예상

3. 다음 그림은 트리거의 구성도를 나타내고 있다. 구성 요소에 대한 설명으로 옳지 않은 것은?

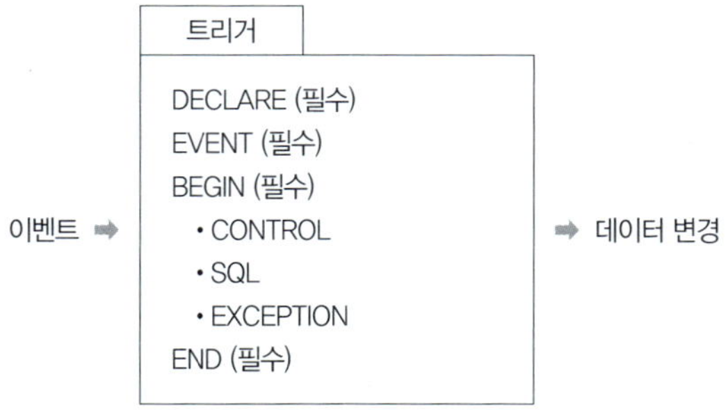

```
         ┌─────────────────┐
         │     트리거       │
         ├─────────────────┤
         │ DECLARE (필수)  │
         │ EVENT (필수)    │
         │ BEGIN (필수)    │
이벤트 ➡ │   · CONTROL    │ ➡ 데이터 변경
         │   · SQL        │
         │   · EXCEPTION  │
         │ END (필수)      │
         └─────────────────┘
```

① DECLARE는 트리거의 선언부로 모든 절차형 SQL에 포함된다.
② EVENT에는 테이블에 변화를 주는 CREATE, ALTER 등이 들어간다.
③ CONTROL은 조건문 또는 반복문이 삽입되어 실행 흐름을 제어한다.
④ EXCEPTION은 블록에서 예외가 발생하는 경우 이를 처리하기 위한 방법들을 정의한다.

트리거에서 이벤트(EVENT)는 데이터의 삽입, 갱신, 삭제와 같은 데이터 조작 작업의 발생을 의미합니다.

출제예상

4. 다음 Oracle로 작성된 SQL 문장에 대한 설명으로 잘못된 것은?

```
CREATE TRIGGER NI_Tri BEFORE INSERT ON MEMBER
REFERENCING NEW AS New_MEMBER
FOR EACH ROW
WHEN (New_MEMBER.GRADE <> 0)
BEGIN
        :New_MEMBER.NOTE := 'rejoin';
END;
```

① 트리거의 이름은 NI_Tri이고, 트리거가 수행되는 테이블은 〈MEMBER〉이다.
② 트리거는 〈MEMBER〉 테이블에 튜플이 삽입되기 전에 수행되며, 새로 추가되는 튜플들의 집합은 〈New_MEMBER〉로 명명한다.
③ 〈New_MEMBER〉의 'GRADE' 속성이 0인 튜플마다 트리거가 적용된다.
④ 〈New_MEMBER〉의 'NOTE' 속성에 "rejoin"을 치환한다.

관계 연산자 '<>'는 같지 않다는 의미입니다.

출제예상

5. 트리거(Trigger)를 제거하는 SQL 명령어는?

① DROP TRIGGER [트리거명];
② DELETE TRIGGER [트리거명];
③ ALTER TRIGGER [트리거명];
④ REMOVE TRIGGER [트리거명];

트리거 생성은 CREATE, 삭제는 DROP입니다.

▶ 정답 : 1.① 2.④ 3.② 4.③ 5.①

SECTION 088 사용자 정의 함수

1 사용자 정의 함수의 개요

사용자 정의 함수는 프로시저와 유사하게 SQL을 사용하여 일련의 작업을 연속적으로 처리하며, 종료 시 처리 결과를 단일값으로 반환하는 절차형 SQL이다.

- 사용자 정의 함수는 데이터베이스에 저장되어 SELECT, INSERT, DELETE, UPDATE 등 DML문의 호출에 의해 실행된다.
- 사용자 정의 함수는 예약어 RETURN을 통해 값을 반환하기 때문에 출력 파라미터가 없다.
- 사용자 정의 함수는 INSERT, DELETE, UPDATE를 통한 테이블 조작은 할 수 없고 SELECT를 통한 조회만 할 수 있다.
- 사용자 정의 함수는 프로시저를 호출하여 사용할 수 없다.
- 사용자 정의 함수는 SUM( ), AVG( ) 등의 내장 함수*처럼 DML문에서 반환값을 활용하기 위한 용도로 사용된다.

전문가의 조언
사용자 정의 함수와 프로시저의 차이점을 명확히 구분하여 이해하고, 사용자 정의 함수의 구성 요소와 사용 방법을 기억하세요.

내장 함수
내장 함수는 DBMS에 기본적으로 포함되어 있는 함수들을 의미하며, 합계를 구하는 SUM( ), 평균을 구하는 AVG( ) 같은 그룹 함수가 여기에 속합니다.

잠깐만요 프로시저 vs 사용자 정의 함수

구분	프로시저	사용자 정의 함수
반환값	없거나 1개 이상 가능	1개
파라미터	입·출력 가능	입력만 가능
사용 가능 명령문	DML, DCL	SELECT
호출	프로시저, 사용자 정의 함수	사용자 정의 함수
사용 방법	실행문	DML에 포함

❷ 사용자 정의 함수의 구성

사용자 정의 함수의 구성은 프로시저와 유사하다. 프로시저의 구성에서 RETURN만 추가하면 된다.

사용자 정의 함수의 구성도

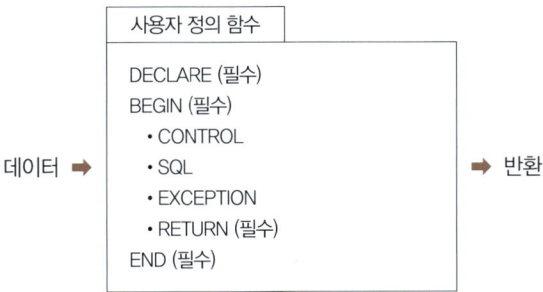

- **DECLARE** : 사용자 정의 함수의 명칭, 변수, 인수, 데이터 타입을 정의하는 선언부이다.
- **BEGIN / END** : 사용자 정의 함수의 시작과 종료를 의미한다.
- **CONTROL** : 조건문 또는 반복문이 삽입되어 순차적으로 처리된다.
- **SQL** : SELECT문이 삽입되어 데이터 조회 작업을 수행한다.
- **EXCEPTION** : BEGIN ~ END 안의 구문 실행 시 예외가 발생하면 이를 처리하는 방법을 정의한다.
- **RETURN** : 호출 프로그램에 반환할 값이나 변수를 정의한다.

❸ 사용자 정의 함수 생성

사용자 정의 함수를 생성하기 위해서는 CREATE FUNCTION 명령어를 사용한다.

표기 형식

```
CREATE [OR REPLACE] FUNCTION 사용자 정의 함수명(파라미터)
[지역변수 선언]
BEGIN
    사용자 정의 함수 BODY;
    RETURN 반환값;
END;
```

- **OR REPLACE** : 선택적인(Optional) 예약어이다. 이 예약어를 사용하면 동일한 사용자 정의 함수의 이름이 이미 존재하는 경우, 기존의 사용자 정의 함수를 대체할 수 있다.
- **파라미터** : 사용자 정의 함수의 파라미터로는 다음과 같은 것들이 올 수 있다.

- IN : 호출 프로그램이 사용자 정의 함수에게 값을 전달할 때 지정한다.
- 매개변수명 : 호출 프로그램으로부터 전달받은 값을 저장할 변수의 이름을 지정한다.
- 자료형 : 변수의 자료형을 지정한다.

• 사용자 정의 함수 BODY
- 사용자 정의 함수의 코드를 기록하는 부분이다.
- BEGIN에서 시작하여 END로 끝나며, BEGIN과 END 사이에는 적어도 하나의 SQL문이 있어야 한다.

• RETURN 반환값 : 반환할 값이나 반환할 값이 저장된 변수를 호출 프로그램으로 돌려준다.

예제 'i_성별코드'를 입력받아 1이면 "남자"를, 2면 "여자"를 반환하는 사용자 정의 함수를 'Get_S_성별'이라는 이름으로 정의하시오.

```
❶ CREATE FUNCTION Get_S_성별(i_성별코드 IN INT)
❷ RETURN VARCHAR2
❸ IS
BEGIN
    ❹ IF i_성별코드 = 1 THEN
           RETURN '남자';
    ❺ ELSE
           RETURN '여자';
    ❻ END IF;
END;
```

해설
❶ 파라미터로 'i_성별코드'를 전달받는 사용자 정의 함수 'Get_S_성별'을 생성한다.
❷ 블록에서 리턴할 데이터의 자료형을 정의한다. 자료형의 크기는 입력할 필요 없다.
 - 형식 : RETURN [자료형]
❸ 변수 선언을 위해 사용하는 예약어로, 변수를 사용하지 않으므로 예약어만 입력한다.
❹ 'i_성별코드'가 1이면 "남자"를 반환하고.
❺ 'i_성별코드'가 1이 아니면 "여자"를 반환한다.
❻ IF문의 끝

❹ 사용자 정의 함수 실행

사용자 정의 함수는 DML에서 속성명이나 값이 놓일 자리를 대체하여 사용된다.

표기 형식

> SELECT 사용자 정의 함수명 FROM 테이블명;
> INSERT INTO 테이블명(속성명) VALUES (사용자 정의 함수명);
> DELETE FROM 테이블명 WHERE 속성명 = 사용자 정의 함수명;
> UPDATE 테이블명 SET 속성명 = 사용자 정의 함수명;

전문가의 조언

오른쪽의 예제는 Oracle로 작성된 프로시저입니다. DBMS마다 작성 방법이 조금씩 다르지만 구성 요소는 동일하니 각 구성 요소가 어떤 역할을 하는지만 정확히 파악해 두세요.

전문가의 조언

Oracle에서는 가변길이 문자 자료형에 VARCHAR 외에 VARCHAR2가 추가로 있으며, Oracle 사는 개발자들에게 안정성을 위해 VARCHAR2를 주로 사용할 것을 권고합니다.

전문가의 조언

IF문은 [조건]에 따라 수행해야 하는 코드가 다를 경우 사용하는 명령어입니다. 사용 방법을 간단히 알아두세요.

```
IF [조건] THEN
    [조건이 참일 때 수행할 코드];
ELSE
    [조건이 거짓일 때 수행할 코드];
END IF;
```

예제 다음의 〈사원〉 테이블을 출력하되, '성별코드'는 앞에서 사용자 정의 함수 'Get_S_성별'에 값을 전달하여 반환받은 값으로 대체하여 출력하시오.

〈사원〉

이름	성별코드
김대진	1
이고을	2
최승규	1
송하나	2

SELECT 이름, Get_S_성별(성별코드) FROM 사원;

〈결과〉

이름	Get_S_성별(성별코드)
김대진	남자
이고을	여자
최승규	남자
송하나	여자

해설 〈사원〉 테이블에서 '이름' 속성과 앞에서 정의한 사용자 정의 함수 'Get_S_성별'에 '성별코드' 속성을 인수로 전달하고 반환받은 값을 결과로 출력한다. '성별코드'의 값이 1이면 "남자"가 출력되고, 1이 아니면 "여자"가 출력된다.

5 사용자 정의 함수 제거

사용자 정의 함수를 제거하기 위해서는 DROP FUNCTION 명령어를 사용한다.

표기 형식

DROP FUNCTION 사용자 정의 함수명;

예제 앞에서 생성된 사용자 정의 함수 'Get_S_성별'을 제거하시오.

DROP FUNCTION Get_S_성별;

기출문제 따라잡기

출제예상

1. DBMS에서 사용자 정의 함수에 대한 설명으로 옳은 것은?

① 데이터베이스 시스템에 이벤트가 발생할 때 자동으로 수행되는 절차형 SQL이다.

② 블록 내에 다른 사용자 정의 함수나 프로시저를 호출하여 사용할 수 있다.

③ SELECT나 INSERT 등의 DML에 포함되어 실행된다.

④ 출력 파라미터를 이용하여 2개 이상의 값을 반환할 수 있다.

①번은 트리거(Trigger), ②, ④번은 프로시저(Procedure)에 대한 설명입니다.

출제예상

2. 프로시저와 사용자 정의 함수에 대한 설명으로 옳지 않은 것은?

① 프로시저와 사용자 정의 함수는 파라미터를 통해 값을 전달받거나 반환할 수 있다.

② 프로시저와 사용자 정의 함수는 절차형 SQL로서 단일 SQL 문장으로는 처리할 수 없는 연속적인 작업들을 수행하는데 도움을 준다.

③ 프로시저는 블록 내에 테이블을 조작하기 위해 SELECT, INSERT, DELETE 등 다양한 DML을 사용할 수 있지만, 사용자 정의 함수는 SELECT만 사용할 수 있다.

④ 별도로 실행하지 않고 DML에 포함하여 실행하는 방법을 사용하는 것은 사용자 정의 함수이다.

프로시저의 파라미터 옵션에는 IN, OUT, INOUT이 있지만, 사용자 정의 함수에는 IN만 있습니다.

출제예상

3. 직위와 연차를 이용하여 연봉을 계산하는 사용자 정의 함수 salary를 이용하여 사원(사원번호, 이름, 직위, 연차) 테이블에서 사원번호, 이름, 연봉을 조회하는 명령문으로 옳은 것은?

① SELECT 사원번호, 이름, salary AS 연봉 FROM 사원;

② SELECT 사원번호, 이름, salary(직위, 연차) AS 연봉 FROM 사원;

③ SELECT 사원번호, 이름, 연봉 AS salary(직위, 연차) FROM 사원;

④ SELECT 사원번호, 이름, 연봉 AS salary FROM 사원;

AS는 속성의 별칭을 지정하는 예약어로 '속성명 AS 별칭명'을 사용하며, 사용자 정의 함수는 속성명 자리에 사용할 수 있습니다.

출제예상

4. 다음은 태어난 해와 올해의 연도를 입력받아 현재 나이를 반환하는 사용자 정의 함수의 생성문이다. 빈 칸에 들어갈 단어로 알맞게 짝지어진 것은?

```
CREATE FUNCTION Get_Age (i_BirthYear IN INT, i_NowYear IN INT)
RETURN INT
IS
        AGE INT;
(   )
        SET AGE := (i_NowYear – i_BirthYear) + 1;
        (   ) AGE;
END;
```

① OPEN, EXCEPTION

② OPEN, DECLARE

③ BEGIN, DECLARE

④ BEGIN, RETURN

사용자 정의 함수의 생성문에는 BEGIN, END, RETURN이 반드시 들어가야 합니다.

▶ 정답 : 1. ③ 2. ① 3. ② 4. ④

SECTION 089 DBMS 접속 기술

1 DBMS 접속의 개요

DBMS 접속은 사용자가 데이터를 사용하기 위해 응용 시스템을 이용하여 DBMS에 접근하는 것을 의미한다.

- 응용 시스템은 사용자로부터 매개 변수를 전달받아 SQL을 실행하고 DBMS로부터 전달받은 결과를 사용자에게 전달하는 매개체 역할을 수행한다.
- 인터넷을 통해 구동되는 웹 응용 프로그램은 웹 응용 시스템*을 통해 DBMS에 접근한다.
- 웹 응용 시스템은 웹 서버*와 웹 애플리케이션 서버(WAS*)로 구성되며, 서비스 규모가 작은 경우 웹 서버와 웹 애플리케이션 서버를 통합하여 하나의 서버만으로 운용할 수 있다.

잠깐만요 웹 응용 시스템의 구조

사용자 ↔ 웹 서버 ↔ WAS ↔ DBMS (웹 응용 시스템)

- 사용자는 웹 서버에 접속하여 데이터를 주고받습니다.
- 웹 서버는 많은 수의 서비스 요청을 처리하기 때문에 사용자가 대용량의 데이터를 요청하면 직접 처리하지 않고 WAS에게 해당 요청을 전달합니다.
- WAS는 수신한 요청을 트랜잭션 언어로 변환한 후 DBMS에 전달하여 데이터를 받습니다. 이렇게 받은 데이터는 처음 요청한 웹 서버로 다시 전달되어 사용자에게까지 도달하게 됩니다.

2 DBMS 접속 기술

DBMS 접속 기술은 DBMS에 접근하기 위해 사용하는 API* 또는 API의 사용을 편리하게 도와주는 프레임워크* 등을 의미한다.

JDBC(Java DataBase Connectivity)
JDBC는 Java 언어로 다양한 종류의 데이터베이스에 접속하고 SQL문을 수행할 때 사용되는 표준 API이다.

- 1997년 2월 썬 마이크로시스템에서 출시했다.

전문가의 조언
DBMS 접속에 대한 개념을 이해하고, DBMS 접속 기술의 종류와 동적 SQL에 대해 숙지하세요.

웹 응용 시스템
웹 응용 시스템은 이메일 사이트와 비교하면 이해가 쉽습니다. 예를 들어, 이메일을 확인하기 위해 사이트에 접속한다고 가정할 때, 사이트에 접속하기 위해 사용하는 웹브라우저는 '웹 응용 프로그램'이고, 접속한 사이트에서 보여주는 웹 페이지의 내용은 '웹 서버'에서 송출되는 것입니다. 로그인 후 이메일을 확인하기 위해 받은 편지함을 클릭하면 '웹 서버'는 받은 편지 목록에 대한 요청을 'WAS'에게 보내고, 'WAS'는 'DBMS'로부터 데이터를 가져와 '웹 서버'에 전달함으로써 사용자는 받은 편지 목록을 확인할 수 있습니다.

웹 서버 / WAS
웹 서버는 웹 페이지, 저용량 자료 등의 처리를 담당하고, WAS는 DBMS와 통신하며 대용량 파일이나 복잡한 로직 등의 처리를 담당합니다.

API(Application Programming Interface)
API는 응용 프로그램 개발 시 운영체제나 DBMS 등을 이용할 수 있도록 규칙 등에 대해 정의해 놓은 인터페이스를 의미합니다.

프레임워크(Framework)
프레임워크는 본래 '뼈대', '골조'를 의미하는 용어로, 소프트웨어에서는 특정 기능을 수행하기 위해 필요한 클래스나 인터페이스 등을 모아둔 집합체를 가리킵니다.

Java SE
Java SE는 Java 표준안으로서, Java의 문법과 기능들을 정의하는 명세서입니다. 개발 도구인 JDK(Java Development Kit)에 포함되어 사용되며, JDBC의 기능들을 정의하는 클래스 파일들을 포함하고 있습니다.

드라이버
드라이버는 다른 장치나 시스템을 제어하는데 사용되는 프로그램을 의미합니다.

- JDBC는 Java SE(Standard Edition)*에 포함되어 있으며, JDBC 클래스는 java.sql, javax.sql에 포함되어 있다.
- 접속하려는 DBMS에 대한 드라이버*가 필요하다.

ODBC(Open DataBase Connectivity)
ODBC는 데이터베이스에 접근하기 위한 표준 개방형 API로, 개발 언어에 관계없이 사용할 수 있다.
- 1992년 9월 마이크로소프트에서 출시했다.
- 프로그램 내 ODBC 문장을 사용하여 MS-Access, DBase, DB2, Excel, Text 등 다양한 데이터베이스에 접근할 수 있다.
- ODBC도 접속하려는 DBMS에 맞는 드라이버가 필요하지만, 접속하려는 DBMS의 인터페이스를 알지 못하더라도 ODBC 문장을 사용하여 SQL을 작성하면 ODBC에 포함된 드라이버 관리자가 해당 DBMS의 인터페이스에 맞게 연결해 주므로 DBMS의 종류를 몰라도 된다.

MyBatis
MyBatis는 JDBC 코드를 단순화하여 사용할 수 있는 SQL Mapping* 기반 오픈 소스 접속 프레임워크이다.
- JDBC로 데이터베이스에 접속하려면 다양한 메소드를 호출하고 해제해야 하는데, MyBatis는 이를 간소화 했고 접속 기능을 더욱 강화하였다.
- MyBatis는 SQL 문장을 분리하여 XML 파일을 만들고, Mapping을 통해 SQL을 실행한다.
- MyBatis는 SQL을 거의 그대로 사용할 수 있어 SQL 친화적인 국내 환경에 적합하여 많이 사용된다.

SQL Mapping
SQL Mapping은 SQL로 호출되는 테이블이나 열 데이터를 개발하려는 언어의 객체에 맞도록 변환하여 연결하는 것을 의미합니다.

 전문가의 조언

동적 SQL은 쉽게 말해 사용자가 응용 프로그램을 실행 시킨 후 입력란에 SQL을 직접 입력하여 결과를 확인할 수 있는 것을 말합니다.

NVL 함수
NVL(A, B) 형태의 함수로, A가 NULL인 경우 B를 반환하고, 아니면 A를 반환합니다. 동적 SQL에서는 원하는 조건에 따라 자유롭게 SQL문을 바꿀 수 있으므로, NVL 함수 없이 SQL문을 구성하는 것이 가능합니다.

프리컴파일(Precompile)
프리컴파일은 고급언어를 기계어로 번역하는 컴파일(Compile) 전에 수행하는 작업으로, 필요한 라이브러리를 불러오거나 코드에 삽입된 SQL문을 DB와 연결하는 작업을 수행합니다.

③ 동적 SQL(Dynamic SQL)

동적 SQL은 개발 언어에 삽입되는 SQL 코드를 문자열 변수에 넣어 처리하는 것으로, 조건에 따라 SQL 구문을 동적으로 변경하여 처리할 수 있다.
- 동적 SQL은 사용자로부터 SQL문의 일부 또는 전부를 입력받아 실행할 수 있다.
- 동적 SQL은 값이 입력되지 않을 경우 사용하는 NVL 함수*를 사용할 필요가 없다.
- 동적 SQL은 응용 프로그램 수행 시 SQL이 변형될 수 있으므로 프리컴파일* 할 때 구문 분석, 접근 권한 확인 등을 할 수 없다.
- 동적 SQL은 정적 SQL에 비해 속도가 느리지만, 상황에 따라 다양한 조건을 첨가하는 등 유연한 개발이 가능하다.

잠깐만요 | 정적 SQL vs 동적 SQL

정적 SQL은 SQL 코드를 변수에 담지 않고 코드 사이에 직접 기술한 SQL문으로 동적 SQL과의 차이점은 다음과 같습니다.

	정적 SQL(Static SQL)	동적 SQL(Dynamic SQL)
SQL 구성	커서(Cursor)※를 통한 정적 처리	문자열 변수에 담아 동적 처리
개발 패턴	커서의 범위 안에서 반복문을 활용하여 SQL 작성	NVL 함수 없이 로직을 통해 SQL 작성
실행 속도	빠름	느림
사전 검사	가능	불가능

커서(Cursor)
커서는 SQL문의 실행 결과로 반환된 복수 개의 튜플들에 접근할 수 있도록 해주는 기능을 의미합니다.

 ## 기출문제 따라잡기

출제예상
1. 사용자가 DBMS에 접속하는 과정에 대한 설명으로 옳지 않은 것은?
① 사용자는 응용 시스템을 매개체로 DBMS에 접속한다.
② 사용자가 PC나 스마트폰 등의 단말기를 통해 응용 시스템에 데이터를 요청하면 응용 시스템은 해당 요청을 정해진 로직에 따라 변환하여 DBMS에 전달한다.
③ 사용자가 웹 소프트웨어를 이용하는 경우 응용 시스템은 Web Server, WAS, DBMS로 구성된다.
④ 웹 응용 시스템의 경우 서비스 또는 시스템의 규모가 작으면 웹 서버와 WAS를 통합하여 사용할 수 있다.

웹 응용 시스템은 사용자의 요청을 받아 전달하는 웹 서버(Web Server)와 웹 서버의 요청을 받아 트랜잭션을 생성하여 DBMS에 전달하는 웹 애플리케이션 서버(WAS)로 구성됩니다.

출제예상
2. 웹 응용 프로그램에서 사용자가 데이터를 요청하고 결과를 받기까지의 순서로 옳은 것은?
① 사용자 ↔ 단말기 ↔ Web Server ↔ WAS ↔ DBMS
② 사용자 ↔ 단말기 ↔ WAS ↔ Web Server ↔ DBMS
③ 사용자 ↔ 단말기 ↔ WAS ↔ DBMS ↔ Web Server
④ 사용자 ↔ 단말기 ↔ DBMS ↔ WAS ↔ Web Server

사용자는 단말기를 통해 웹 응용 프로그램을 실행하며, 웹 응용 프로그램은 DBMS에 접근하기 위해 웹 서버와 WAS로 구성되는 웹 응용 시스템을 매개체로 사용합니다.

출제예상
3. JDBC에 대한 설명으로 옳지 않은 것은?
① JDBC는 C언어로 다양한 종류의 데이터베이스에 접속하기 위한 API이다.
② 썬 마이크로시스템에서 개발하였으며, 표준판에 포함되어 있다.
③ 접속하려는 DBMS의 벤더(Vendor)에 맞춰 드라이버를 설치해줘야 한다.
④ JDBC 클래스는 java.sql, javax.sql에 포함되어 있다.

JDBC는 Java DataBase Connectivity의 약어로, Java 언어와 관련이 있습니다.

출제예상
4. DBMS 접속 기술에서 Dynamic SQL에 대한 설명으로 옳지 않은 것은?
① String형 변수에 SQL문을 입력받아 처리한다.
② NULL 값을 처리할 때 주로 NVL 함수를 이용한다.
③ 사용자의 입력에 따라 SQL문이 변형될 수 있다.
④ Static SQL에 비해 유연한 로직의 개발이 가능하지만 실행 속도가 비교적 느리다.

동적(Dynamic) SQL은 SQL 문을 자유롭게 변경할 수 있어 NULL을 처리하는 함수를 사용할 필요가 없습니다.

▶ 정답 : 1. ③ 2. ① 3. ① 4. ②

4장 핵심요약

086 프로시저(Procedure)

① 프로시저(Procedure)의 개요
- 절차형 SQL을 활용하여 특정 기능을 수행하는 일종의 트랜잭션 언어이다.
- 호출을 통해 실행되어 미리 저장해 놓은 SQL 작업을 수행한다.
- 시스템의 일일 마감 작업, 일괄(Batch) 작업 등에 주로 사용된다.

② 프로시저 생성/실행/제거
- 생성 : CREATE PROCEDURE 명령어를 사용하여 생성함
- 실행 : EXECUTE 명령어 또는 CALL 명령어를 사용하여 실행함
- 제거 : DROP PROCEDURE 명령어를 사용하여 제거함

087 트리거(Trigger)

① 트리거(Trigger)의 개요 22.7, 20.6
- 데이터베이스 시스템에서 데이터의 삽입(Insert), 갱신(Update), 삭제(Delete) 등의 이벤트(Event)가 발생할 때마다 관련 작업이 자동으로 수행되는 절차형 SQL이다.
- 데이터베이스에 저장되며, 데이터 변경 및 무결성 유지, 로그 메시지 출력 등의 목적으로 사용된다.

② 트리거의 구성
- 선언, 이벤트, 시작, 종료로 구성된다.
- 시작과 종료 구문 사이에는 제어(CONTROL), SQL, 예외(EXCEPTION)가 포함된다.

③ 트리거의 생성/제거
- 생성 : CREATE TRIGGER 명령어를 사용하여 생성함
- 제거 : DROP TRIGGER 명령어를 사용하여 제거함

088 사용자 정의 함수

① 사용자 정의 함수의 개요
- 프로시저와 유사하게 SQL을 사용하여 일련의 작업을 연속적으로 처리하며, 종료 시 처리 결과를 단일값으로 반환하는 절차형 SQL이다.
- RETURN을 통해 값을 반환하기 때문에 출력 파라미터가 없다.
- 프로시저를 호출하여 사용할 수 없다.
- SUM( ), AVG( ) 등의 내장 함수처럼 DML문에서 반환 값을 활용하기 위한 용도로 사용된다.

② 사용자 정의 함수의 생성/실행/제거
- 생성 : CREATE FUNCTION 명령어를 사용하여 생성함
- 실행 : SELECT, INSERT, DELETE, UPDATE 등 DML문의 호출에 의해 실행됨
- 제거 : DROP FUNCTION 명령어를 사용하여 제거함

089 DBMS 접속 기술

① JDBC(Java DataBase Connectivity)
Java 언어로 다양한 종류의 데이터베이스에 접속하고 SQL문을 수행할 때 사용되는 표준 API이다.

② ODBC(Open DataBase Connectivity)
데이터베이스에 접근하기 위한 표준 개방형 API로, 개발 언어에 관계없이 사용할 수 있다.

③ MyBatis
JDBC 코드를 단순화하여 사용할 수 있는 SQL Mapping 기반 오픈 소스 접속 프레임워크이다.

❹ 동적 SQL(Dynamic SQL)
- 개발 언어에 삽입되는 SQL 코드를 문자열 변수에 넣어 처리하는 것이다.
- 조건에 따라 SQL 구문을 동적으로 변경하여 처리할 수 있다.
- 사용자로부터 SQL문의 일부 또는 전부를 입력받아 실행할 수 있다.
- 정적 SQL에 비해 속도가 느리지만, 상황에 따라 다양한 조건을 첨가하는 등 유연한 개발이 가능하다.

합격수기 코너는 시나공으로 공부하신 독자분들이 시험에 합격하신 후에 직접 시나공 홈페이지(sinagong.co.kr)에 올려주신 자료를 토대로 구성됩니다.

'왠지 모르게 문제가 술술 풀리는' 공부 방법

방학을 맞이하여 집에서 노느니 자격증이라도 취득해야겠다 싶어 정보처리기능사 공부를 시작하게 되었습니다. 우선 인터넷으로 시나공 정보처리기능사 필기와 실기 책을 몽땅 구입했습니다. 필기 책과 필기 문제집, 실기 책과 실기 문제집으로 구성되어 있더군요.

필기 책에는 섹션 4~5개마다 핵심요약이 있는데, 매일 핵심요약까지만 공부를 했습니다. 딱히 연습장에 써가면서 외운 것도 아니고 그냥 내용을 쭉 읽어보는 식으로 공부했습니다. 어려운것들은 다시 한 번 읽어보고 이해만 하고 넘어갔어요. 이런 방법으로 책을 보니 시험일을 3일 남겨두고 책을 끝낼 수 있었습니다. 그 3일을 남겨두고 나서부터 걱정이었습니다. 지금까지 외우지 않고 읽는 형식으로 공부를 해왔기 때문에 그때는 기억했지만, 지금은 기억이 잘 나지 않을 것 같아서 말입니다. 그래서 처음부터 책을 한 번 더 보고 싶었는데 시간은 고작 3일밖에 남지 않았더군요. 하는 수 없이 문제집을 보면서 외우기로 결정을 내렸습니다. 마침 문제집에는 문제의 바로 밑에 문제에 관련된 해설과 이론들이 정리되어 있었습니다. 풀지 못할 것이라 생각했는데 왠지 모르게 잘 풀리더라고요. 물론 많이 틀렸지만 합격할 정도로는 맞았습니다. 6회 정도의 기출문제가 있어서 하루에 2회 정도만 풀었습니다. 처음 1회 기출문제를 풀 때에는 40분, 그 후엔 30분 이런 식으로 시간이 단축 되었습니다. 중복되는 문제가 많아서인지 점점 쉽게 풀었죠. 이렇게 공부를 하고 시험을 봤는데 제가 풀었던 기출문제 6회 분량에서 5~7문제를 제외하면 대부분 공부했던 문제들이더군요. 때문에 쉽게 합격할 수 있었습니다.

변영현 • bluesky034

5장 데이터 전환

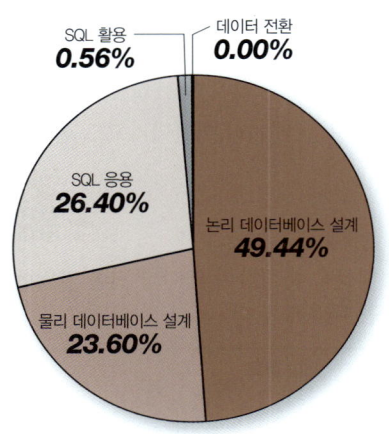

090 데이터 전환 ⓒ등급
091 데이터 전환 방안 ⓓ등급
092 데이터 검증 ⓓ등급
093 오류 데이터 측정 및 정제 ⓓ등급

꼭 알아야 할 키워드   Best 10

1. 데이터 전환   2. 데이터 전환 계획서   3. 데이터 전환 방안   4. 데이터 전환 계획   5. 데이터 검증   6. 검증 방법에 따른 분류   7. 데이터 품질 분석
8. 오류 데이터 측정   9. 오류 데이터 분석   10. 오류 데이터 정제

SECTION 090 데이터 전환

전문가의 조언

현재 운영 중인 시스템의 데이터를 추출하고 이를 변환한 후 새로 개발할 시스템에서 사용할 수 있도록 적재하는 과정을 데이터 전환이라고 합니다. 데이터 전환을 성공적으로 수행하려면 데이터 전환 계획서를 작성하여 이를 토대로 진행하면 됩니다. 이번 섹션에서는 데이터 전환의 정의와 데이터 전환 계획서에 작성되는 항목에 대해 알아보겠습니다. 이후 섹션에서는 데이터 전환 계획서의 주요 항목에 작성되는 내용들을 좀 더 자세하게 학습하도록 하겠습니다.

새로 개발할 정보 시스템을 목적 시스템 또는 To-Be 시스템이라고도 하며, 운용 중인 기존 시스템을 원천 시스템 또는 As-Is 시스템이라고도 합니다.

데이터 정비 방안
데이터 정비 방안은 데이터 정비 대상 및 방법을 정의하고 데이터 정비 일정 및 조직에 대한 계획을 수립하는 것을 의미합니다.

비상 계획
비상 계획은 데이터 전환 당일에 구성하게 될 종합상황실에 대한 계획을 수립하고 데이터 전환 시 종합상황실과 전환 관리 그룹과의 실시간 정보 공유 방법에 대한 계획을 수립하는 것을 의미합니다.

데이터 복구 대책
데이터 복구 대책은 데이터 전환 과정에서 오류가 발생하거나 데이터 전환 자체가 실패할 경우에 대비한 데이터의 백업 및 복구 방안을 수립하는 것을 의미합니다.

1 데이터 전환의 개요

데이터 전환이란 운영 중인 기존 정보 시스템*에 축적되어 있는 데이터를 추출(Extraction)하여 새로 개발할 정보 시스템*에서 운영 가능하도록 변환(Transformation)한 후, 적재(Loading)하는 일련의 과정을 말한다.

- 데이터 전환을 ETL(Extraction, Transformation, Load), 즉 추출, 변환, 적재 과정이라고 한다.
- 데이터 전환을 데이터 이행(Data Migration) 또는 데이터 이관이라고도 한다.

2 데이터 전환 계획서

데이터 전환 계획서는 데이터 전환이 필요한 대상을 분석하여 데이터 전환 작업에 필요한 모든 계획을 기록하는 문서로 주요 항목은 다음과 같다.

항목	세부 항목
데이터 전환 개요	데이터 전환 목표 주요 성공 요인 전제조건 및 제약조건
데이터 전환 대상 및 범위	
데이터 전환 환경 구성	원천 시스템 구성도 목적 시스템 구성도 전환 단계별 DISK 사용량
데이터 전환 조직 및 역할	데이터 전환 조직도 조직별 역할
데이터 전환 일정	
데이터 전환 방안	데이터 전환 규칙 데이터 전환 절차 데이터 전환 방법 데이터 전환 설계 전환 프로그램 개발 및 테스트 계획 데이터 전환 계획 데이터 검증 방안
데이터 정비 방안*	데이터 정비 대상 및 방법 데이터 정비 일정 및 조직
비상 계획*	종합상황실 및 의사소통 체계
데이터 복구 대책*	

기출문제 따라잡기

출제예상
1. 다음이 설명하는 것은 무엇인가?

운영 중인 기존 정보 시스템에 축적되어 있는 데이터를 추출(Extraction)하여 새로 개발할 정보 시스템에서 운영 가능하도록 변환(Transformation)한 후, 적재(Loading)하는 일련의 과정을 말한다.

① 데이터 변환
② 데이터 전송
③ 데이터 전환
④ 데이터 암호화

지문의 내용은 데이터 전환에 대한 설명입니다.

출제예상
2. 다음이 설명하는 것은 무엇인가?

데이터 전환이 필요한 대상을 분석하여 데이터 전환 작업에 필요한 모든 계획을 기록하는 문서로 주요 항목은 데이터 전환 개요, 데이터 전환 대상 및 범위, 데이터 전환 환경 구성 등이 있다.

① 데이터 전환 정의서
② 데이터 전환 계획서
③ 데이터 전환 매뉴얼
④ 데이터 전환 요청서

데이터 전환 작업에 필요한 모든 계획을 기록하는 문서를 데이터 전환 계획서라고 합니다.

▶ 정답 : 1. ③ 2. ②

SECTION 091 데이터 전환 방안

> **전문가의 조언**
>
> 이번 섹션에서는 데이터 전환 계획서의 주요 항목 중 데이터 전환 방안을 작성하는 방법에 대해 학습합니다. 데이터 전환 방안에는 어떤 내용들이 포함되는지를 가볍게 읽으면서 정리하세요.

1 데이터 전환 방안

데이터 전환 방안 항목에는 데이터 전환 규칙, 데이터 전환 절차, 데이터 전환 방법, 데이터 전환 설계, 전환 프로그램 개발 및 테스트 계획, 데이터 전환 계획, 데이터 검증 방안이 있다.

데이터 전환 규칙	데이터 전환 과정에서 공통적으로 적용해야 할 규칙들을 기술한다.
데이터 전환 절차	• 전환 준비, 전환 설계/개발, 전환 테스트, 실데이터 전환, 최종 전환 및 검증의 데이터 전환 절차를 체계적이고 상세하게 기술한다. • 데이터 전환 절차 수립 시 작업의 이해를 위해 데이터 흐름도를 작성한다.
데이터 전환 방법	단위 업무별로 데이터 전환 방법을 기술하되, 데이터 전환 시 업무별로 요구되는 전제 조건도 함께 기술한다.
데이터 전환 설계	업무별로 전환 대상과 전환 제외 대상을 기술하고 원천 시스템 테이블과 목적 시스템 테이블의 매핑 정의서를 작성한다.
전환 프로그램 개발 및 테스트 계획	• 전환 프로그램 개발 계획과 전환 프로그램 테스트 계획을 수립한 후 관련 내용을 기술한다. • 전환 프로그램은 목록별로 프로그램 입력 정보, 중간 생성 정보, 출력 정보, 프로그램 위치, 담당자 등을 포함하여 작성한다. • 원천 시스템에서 사용하던 데이터를 목적 시스템으로 전환하기 위한 세부 데이터 항목을 전환 프로그램 목록별로 작성한다. • 전환 프로그램 테스트는 체크리스트를 기반으로 실시하고 실시 결과를 전환 시나리오에 반영하도록 계획한다.
데이터 전환 계획	• 데이터 전환 시간을 단축하기 위해 선 전환, 본 전환, 후 전환으로 분리하여 계획을 수립한 후 관련 내용을 기술한다. • 데이터 전환 시간을 단축하기 위해 일자별 거래 내역, 일자별 근태 내역과 같은 대량의 데이터 테이블은 사전에 전환한다. • 본 전환에 대한 세부 절차는 시간대별로 상세하게 작성한다. • 본 전환 이후에 전환을 수행해도 되는 대상을 정의한 다음, 후 전환 계획을 수립한다. • 전환을 위한 준비부터 선 전환, 본 전환, 전환 점검, 시스템 오픈, 후 전환 등 작업별로 전환 시간, 전환 담당자, 관리자 등을 지정한 전환 시나리오를 작성한다.
데이터 검증 방안	데이터 전환 이후 전환 데이터의 정합성※을 검증하고 전환 과정에서 발생할 수 있는 문제에 대응할 수 있도록 단계별 데이터 전환 검증 방안을 수립한 후 관련 내용을 기술한다.

> **정합성**
> 정합성은 데이터의 값이 서로 모순 없이 일관되게 일치하는 정도를 말합니다.

기출문제 따라잡기

문제1 2412351

출제예상
1. 데이터 전환 방안 작성에 대한 설명 중 가장 옳지 않은 것은?

① 데이터 전환 절차 수립 시 작업의 이해를 위해 데이터 흐름도를 작성한다.

② 데이터 전환 시간을 단축하기 위해 일자별 거래 내역, 일자별 근태 내역과 같은 대량의 데이터 테이블은 사후에 전환한다.

③ 전환 프로그램은 목록별로 프로그램 입력 정보, 중간 생성 정보, 출력 정보, 프로그램 위치, 담당자 등을 작성한다.

④ 단위 업무별로 데이터 전환 방법을 기술하되, 데이터 전환 시 업무별로 요구되는 전제 조건도 함께 기술한다.

전환에 많은 시간이 소요되는 작업들은 미리 진행해야 전체적인 전환 시간을 단축할 수 있습니다.

▶ 정답 : 1. ②

SECTION 092 데이터 검증

전문가의 조언

이번 섹션에서는 데이터 전환이 정상적으로 수행되었는지 여부를 확인하는 데이터 검증 방법에 대해 학습합니다. 먼저 데이터 검증에 대한 개념을 명확히 잡으세요. 그리고 검증 방법에는 어떤 것들이 있는지 파악해 두세요.

1 데이터 검증

데이터 검증이란 원천 시스템의 데이터를 목적 시스템의 데이터로 전환하는 과정이 정상적으로 수행되었는지 여부를 확인하는 과정을 말한다.

- 데이터 전환 검증은 검증 방법과 검증 단계에 따라 분류할 수 있다.

2 검증 방법에 따른 분류

데이터 검증은 검증 방법에 따라 로그 검증, 기본 항목 검증, 응용 프로그램 검증, 응용 데이터 검증, 값 검증으로 분류할 수 있다.

로그 검증	데이터 전환 과정에서 작성하는 추출, 전환, 적재 로그를 검증한다.
기본 항목 검증	로그 검증 외에 별도로 요청된 검증 항목에 대해 검증한다.
응용 프로그램 검증	응용 프로그램을 통한 데이터 전환의 정합성을 검증한다.
응용 데이터 검증	사전에 정의된 업무 규칙을 기준으로 데이터 전환의 정합성을 검증한다.
값 검증	숫자 항목의 합계 검증, 코드 데이터의 범위 검증, 속성 변경에 따른 값 검증을 수행한다.

3 검증 단계에 따른 분류

원천 데이터를 추출하는 시점부터 전환 시점, DB 적재 시점, DB 적재 후 시점, 전환 완료 후 시점별로 그 목적과 검증 방법을 달리하여 데이터 전환의 정합성 검증을 수행할 수 있다.

검증 단계	목적	검증 방법
추출	원천 시스템 데이터에 대한 정합성 확인	로그 검증
전환	• 매핑 정의서에 정의된 내용이 정확히 반영되었는지 확인 • 매핑 정의서 오류 여부 확인	로그 검증
DB 적재	SAM 파일을 적재하는 과정에서 발생할 수 있는 오류나 데이터 누락 여부 등 확인	로그 검증
DB 적재 후	적재 완료 후 정합성 확인	기본 항목 검증
전환 완료 후	데이터 전환 완료 후 추가 검증 과정을 통해 데이터 전환의 정합성 검증	응용 프로그램 검증 응용 데이터 검증

기출문제 따라잡기

출제예상

1. 다음 중 데이터 전환 검증에 사용되는 검증 방법이 아닌 것은?

① 로그 검증
② 기본 항목 검증
③ 정합성 검증
④ 값 검증

> 검증 방법에 따른 분류에는 보기에 제시된 것 외에 응용 프로그램 검증과 응용 데이터 검증이 있습니다.

출제예상

2. 다음 지문에 제시된 내용이 설명하는 것은 무엇인가?

> 원천 시스템의 데이터를 목적 시스템의 데이터로 생성하는 과정이 정상적으로 수행되었는지 여부를 확인하는 과정이다.

① 데이터 추출
② 데이터 검증
③ 데이터 적재
④ 데이터 변환

> 데이터 전환이 정상적으로 수행되었는지 여부를 확인하는 과정을 데이터 검증이라고 합니다.

▶ 정답 : 1. ③ 2. ②

SECTION 093

오류 데이터 측정 및 정제

 전문가의 조언

데이터의 품질을 관리하기 위해서는 원천 및 전환된 데이터의 품질을 분석한 후 오류 데이터를 측정하고 데이터 정제 작업을 수행해야 합니다. 데이터 품질 분석, 오류 데이터 측정, 오류 데이터 정제에 대해 학습하세요.

정합성
정합성은 데이터의 값이 서로 모순 없이 일관되게 일치하는 정도를 말합니다.

좌수
좌수는 펀드의 기준 단위, 즉 펀드를 세는 단위입니다.

1 오류 데이터 측정 및 정제의 개요

오류 데이터 측정 및 정제는 고품질의 데이터를 운영 및 관리하기 위해 수행한다.
- 오류 데이터 측정 및 정제는 '데이터 품질 분석 → 오류 데이터 측정 → 오류 데이터 정제' 순으로 진행한다.

2 데이터 품질 분석

데이터 품질 분석은 오류 데이터를 찾기 위해 원천 및 목적 시스템 데이터의 정합성* 여부를 확인하는 작업이다.

예 대표적인 원천 시스템 데이터의 정합성 항목
- 필수 항목에 해당하는 데이터가 모두 있는가?
- 문자형, 숫자형, 날짜형 등 데이터의 유형은 올바르게 관리되는가?
- 날짜는 유효한 날짜 형태인가?
- 금액은 유효한 값의 범위인가?
- 계좌번호 또는 코드값은 정해진 규칙에 맞는 번호인가?
- 영업점은 실제 존재하는가?
- 업무 규칙에 위배되는 잘못된 정보는 없는가?
- 보고서값과 실제 데이터값이 일치하는가?
- 잔액은 회계 정보와 일치하는가?

예 대표적인 목적 시스템 데이터의 정합성 항목
- 과목별 좌수* 및 잔액
- 특정 기준으로 분류된 좌수 및 잔액
- 보고서 항목 또는 통계 수치
- 계좌 및 고객을 샘플링하여 해당사항 확인
- 특수 관계의 고객에 대한 데이터 확인

3 오류 데이터 측정

오류 데이터 측정은 데이터 품질 분석을 기반으로 정상 데이터와 오류 데이터의 수를 측정하여 오류 관리 목록을 작성하는 것이다.
- 정상 데이터는 전환 대상 범위의 데이터를 업무 영역별, 테이블별로 구분하여 수량을 측정 및 기재한다.
- 오류 데이터는 업무별로 오류 위치 및 유형을 확인하여 수량을 측정 및 기재한다.

④ 오류 데이터 정제

오류 데이터 정제는 오류 관리 목록의 각 항목을 분석하여 원천 데이터를 정제하거나 전환 프로그램을 수정하는 것이다.

오류 데이터 분석

- 오류 관리 목록의 오류 데이터를 분석하여 오류 상태, 심각도, 해결 방안을 확인 및 기재한다.

- 상태

Open	오류가 보고만 되고 분석되지 않은 상태
Assigned	오류의 영향 분석 및 수정을 위해 개발자에게 오류를 전달한 상태
Fixed	개발자가 오류를 수정한 상태
Closed	수정된 오류에 대해 테스트를 다시 했을 때 오류가 발견되지 않은 상태
Deferred	오류 수정을 연기한 상태
Classified	보고된 오류를 관련자들이 확인했을 때 오류가 아니라고 확인된 상태

- 심각도

상	데이터 전환을 수행할 수 없는 오류
중	데이터 전환 전반에 영향을 미치는 오류
하	데이터 전환에 직접적인 영향을 미치지는 않으나 상황에 맞지 않는 용도 및 배치 오류

- **해결 방안** : 수정 가능한 오류의 경우 오류의 해결 방안을, 수정 불가능한 오류의 경우 고객과 협의하여 협의 결과를 기재한다.

오류 데이터 정제

확인된 오류 데이터 분석을 통해 원천 데이터를 정제하거나 전환 프로그램을 수정한다.

예 오류 관리 목록

프로젝트	거래처관리 시스템 재구축 프로젝트								
시스템	고객관리 시스템								
순번	오류ID	정제ID	오류원인	해결방안	심각도	상태	발생일자	예상 해결일자	담당자
1	ER001	2019-123	고객 코드 미존재	코드 정보에 기업체 추가	상	Open	2019-10-25 08:30	2019-11-01 10:00	김선길
2	ER002	2019-124	기본값 없음	NULL 데이터의 초기값 부여	상	Fixed	2019-10-26 15:00	2019-11-02 12:00	임선호

기출문제 따라잡기

출제예상
1. 다음 중 오류 데이터 측정 및 정제에 대한 설명으로 옳지 않은 것은?

① 원천 데이터를 분석하여 정합성 여부를 확인하고 오류 데이터의 유형과 건수를 측정한다.
② '오류 데이터 측정 → 데이터 품질 분석 → 오류 데이터 정제' 순으로 진행한다.
③ 오류 데이터 측정 시 정상 데이터와 오류 데이터를 구분하여 측정한다.
④ 오류 데이터 정제는 원천 데이터를 정제하거나 전환 프로그램을 수정하는 것이다.

> 오류 데이터 측정 및 정제는 '분석 → 측정 → 정제'순으로 진행됩니다.

출제예상
2. 다음 중 오류 데이터 상태에 대한 설명으로 가장 옳지 않은 것은?

① Open은 오류가 보고되었지만 아직 분석되지 않은 상태를 의미한다.
② Assigned는 오류의 영향 분석 및 수정을 위해 개발자에게 오류를 할당한 상태를 의미한다.
③ Fixed는 개발자가 오류를 수정한 상태를 의미한다.
④ Classified는 수정이 불가능한 오류 상태를 의미한다.

> Classified는 보고된 오류를 관련자들이 확인했을 때 오류가 아니라고 확인된 상태를 의미합니다.

▶ 정답 : 1. ② 2. ④

5장 핵심요약

090 데이터 전환

❶ 데이터 전환
- 운영 중인 기존 정보 시스템에 축적되어 있는 데이터를 추출(Extraction)하여 새로 개발할 정보 시스템에서 운영 가능하도록 변환(Transformation)한 후, 적재(Loading)하는 일련의 과정을 말한다.
- 데이터 이행(Data Migration) 또는 데이터 이관이라고도 한다.

091 데이터 전환 방안

❶ 데이터 전환 방안 항목
- 데이터 전환 규칙
- 데이터 전환 절차
- 데이터 전환 방법
- 데이터 전환 설계
- 전환 프로그램 개발 및 테스트 계획
- 데이터 전환 계획
- 데이터 검증 방안

092 데이터 검증

❶ 데이터 검증
- 원천 시스템의 데이터를 목적 시스템의 데이터로 전환하는 과정이 정상적으로 수행되었는지 여부를 확인하는 과정을 말한다.
- 검증 방법에 따른 분류 : 로그 검증, 기본 항목 검증, 응용 프로그램 검증, 응용 데이터 검증, 값 검증 등
- 검증 단계에 따른 분류 : 원천 데이터를 추출하는 시점부터 전환 시점, DB 적재 시점, DB 적재 후 시점, 전환 완료 후 시점별로 그 목적과 검증 방법을 달리하여 데이터 전환의 정합성 검증을 수행할 수 있음

093 오류 데이터 측정 및 정제

❶ 오류 데이터 측정 및 정제
- 오류 데이터 측정 및 정제는 고품질의 데이터를 운영 및 관리하기 위해 수행한다.
- 진행 순서
  - 데이터 품질 분석 : 오류 데이터를 찾기 위해 원천 및 목적 시스템 데이터의 정합성 여부를 확인하는 작업
  - 오류 데이터 측정 : 데이터 품질 분석을 기반으로 정상 데이터와 오류 데이터의 수를 측정하여 오류 관리 목록을 작성하는 것
  - 오류 데이터 정제 : 오류 관리 목록의 각 항목을 분석하여 원천 데이터를 정제하거나 전환 프로그램을 수정하는 것

찾아보기

숫자로 찾기

10진 코드 · 1-118
1NF(제1정규형) · 1-309
1차원 배열 · 2-60
2NF(제2정규형) · 1-309
2-Way 합병 정렬 · 1-170
2차 기회 교체 · 2-134
2차원 배열 · 2-63
3D Printing · 2-235
3NF(제3정규형) · 1-310
3-way-handshake · 2-281
4D Printing · 2-235
4NF(제4정규형) · 1-310
5NF(제5정규형) · 1-310

영문으로 찾기

A B

Active X · 2-98
AES · 2-273
AH · 2-272
AI · 2-230
AJAX · 1-269
ALTER · 1-366
ALTER TABLE · 1-374
Ant · 1-195
API · 2-11
API/Open API · 1-140
APM · 1-274
APT · 2-282
ARIA · 2-273
ARP · 2-170
ASC · 1-385
ASP · 2-98
ATTRIB · 2-154
Auto Commit 설정 명령 · 1-377
Avalanche · 1-254
B 트리 인덱스 · 1-333
B+ 트리 인덱스 · 1-333
Basic · 2-99
BCNF · 1-310
BGP · 2-228
Booch · 1-107
branches · 1-215
break · 2-56
Bucket Sort · 1-170
Bugzilla · 1-248

C D

C&C 서버 · 2-283
CASCADE · 1-375
CASE · 1-50, 2-189
cat · 2-155
ccm · 1-254
CD · 2-154
CHAR · 1-372
chdir · 2-155
checkstyle · 1-253
CHKDSK · 2-154
chmod · 2-155
chown · 2-155
CIDR · 2-158
CLASP · 2-254
Clearing House · 1-202
CLI · 1-72
CLS · 2-154
CMMI · 2-203
Coad와 Yourdon · 1-107
cobertura · 1-254
COCOMO 모형 · 2-193
COCOMO의 소프트웨어 개발 유형 · 2-193
Codeigniter · 2-8
Collision · 1-173
COMMIT · 1-367
continue · 2-56
COPY · 2-154
cp · 2-155
CPM · 2-198
cppcheck · 1-253
CREATE · 1-366
CREATE DOMAIN · 1-369
CREATE INDEX · 1-373
CREATE SCHEMA · 1-369
CREATE TABLE · 1-370
CREATE VIEW · 1-373
CROSS JOIN · 1-403
CRUD 매트릭스 · 1-329
CRUD 분석 · 1-329
CRUD 연산 · 1-330
CSMA/CA · 2-225
CSMA/CD · 2-225
CVS · 1-215
DAS · 1-358
Data Directory · 1-319
DB Link · 1-140
DB(DataBase) · 1-144
DBMS · 1-39
DBMS 접속 · 1-431
DCL · 1-376
DDL · 1-369
DDoS 공격 · 2-282
DEL · 2-154
DELETE · 1-367
DES · 2-273
DES 기법 · 1-348
DESC · 1-385
diff 도구 · 1-212
DIR · 2-154
Dispatch · 2-144
Division · 1-303
Django · 2-8
DML · 1-381
DNS · 2-169
do~while문 · 2-55
DoS 공격 · 2-280
DPI · 2-233
DRM 컨트롤러 · 1-203
DROP · 1-374
DSL · 1-220

E F

EAI · 1-140, 1-263
ECC · 2-273
EGP · 2-228
EJB · 1-145
EQUI JOIN · 1-403
E-R 다이어그램 · 1-289
E-R 다이어그램 대응수 · 1-290
E-R 모델 · 1-289
ESB · 1-263
ESP · 1-272
Ethernet · 2-170
EXCEPT · 1-400
exec · 2-155
EXISTS · 1-391
FCFS · 2-148
FIFO · 2-133
FIND(DOS) · 2-154
find(UNIX) · 2-155
FitNesse · 1-273
fork · 2-155
FORMAT · 2-154
free( ) 함수 · 2-100
for문 · 2-53
fsck · 2-155
FTP · 2-169
FTP 로그 · 2-291
FULL OUTER JOIN · 1-406

G H

getchar( ) 함수 · 2-44
gets( ) 함수 · 2-44
GIS · 2-219
Git · 1-216
goto문 · 2-50
Gradle · 1-220
GRANT · 1-367
Groovy · 1-220
GROUP BY · 1-395
GUI · 1-72
GUI 결함 · 1-246
HAVING · 1-395
HCI · 1-87
HDLC · 2-170
HIDS · 2-294
HIPO · 1-51
HRN · 2-150
HTTP · 2-169
Hub & Spoke · 1-263
Hybrid · 1-263

I K

ICMP · 2-170
IEEE 802 · 2-170
IEEE 802.11 · 2-225
IGMP · 2-170
IGP · 2-227
InFix · 1-163
INNER JOIN · 1-403
Inorder · 1-162
INSERT · 1-366
INTERSECT · 1-400
IORL · 1-51
IoT 관련 용어 · 2-217
IoT(Internet of Things) · 2-216

INDEX

IP · 2-168
IP 주소 · 2-157
IPC · 1-189
IPSec · 1-272
IPv4/IPv6 변환 · 2-159
IPv6 · 2-158
ISO 27001 · 2-289
ISO/IEC 12119 · 1-81
ISO/IEC 12207 · 2-203
ISO/IEC 14598 · 1-81
ISO/IEC 25010 · 1-80
ISO/IEC 9126 · 1-80
Jacobson · 1-107
Java SE · 1-432
java.awt · 2-101
java.io · 2-101
java.lang · 2-101
java.net · 2-101
java.util · 2-101
JAVA에서의 배열 처리 · 2-61
JAVA에서의 표준 입력 · 2-38
JAVA에서의 표준 출력 · 2-40
JAVA의 문자열 · 2-66
JAVA의 예외 처리 · 2-103
JAVA의 주요 예외 객체 · 2-104
JDBC · 1-431
Jenkins · 1-219
JOIN · 1-302
JSON · 1-269
JSP · 2-99

L M

LAN · 2-224
Land · 2-281
LAN의 표준안 · 2-225
LEFT OUTER JOIN · 1-405
LFU · 2-134
LOC 기법 · 2-191
Locality · 2-137
LRU · 2-133
ls · 2-155
MacOS · 2-127
Managed Service · 1-200
malloc( ) 함수 · 2-100
Mantis · 1-248
map( ) 함수 · 2-84
math.h · 2-100
Maven · 1-195
MD · 2-154
MD5 · 2-273
Message Bus · 1-263
Message Queueing · 1-189
MOM · 1-144
mount · 2-155
MOVE · 2-154
MULTI BLOCK READ · 1-335
Multi-User · 2-124
MyBati · 1-432

N O

NAC · 2-296
NAS · 1-358
NATURAL JOIN · 1-404
NDN · 2-219
NFC · 2-217
NIDS · 2-294
N-NASH · 2-273
Node.js · 2-8
NON-EQUI JOIN · 1-404
Not In · 1-391
NOT NULL · 1-370
NO-UNDO/NO-REDO · 1-356
NO-UNDO/REDO · 1-356
N-S 차트 · 1-113
NTAF · 1-273
NUI · 1-72
NUR · 2-134
NVL 함수 · 1-432
ODBC · 1-432
OLAP · 2-241
OLE · 2-123
Open Source · 1-189
OPT · 2-133
ORB · 1-145
ORDER BY · 1-389
OSI 참조 모델 · 2-161
OSPF · 2-227
OTP · 2-287
OUI · 1-73
OUTER JOIN · 1-405
Overflow · 1-156, 1-173
OWASP · 2-233

P R

P2P · 2-219
PCB · 2-142
PERT · 2-197
PHP · 2-99
Ping of Death · 2-280
Pipes&named Pipes · 1-189
pmd · 1-253
PnP · 2-123
Point-to-Point · 1-263
PostFix · 1-163
Postorder · 1-162
PreFix · 1-163
Preorder · 1-162
printf( ) 함수 · 2-39
Project · 1-302
PSA · 1-51
PSL · 1-51
putchar( ) 함수 · 2-44
Putnam 모형 · 2-194
puts( ) 함수 · 2-44
Python의 for문 · 2-91
Python의 if문 · 2-89
Python의 input( ) 함수 · 2-83
Python의 print( ) 함수 · 2-84
Python의 while문 · 2-92
Python의 시퀀스 자료형 · 2-17
Python의 클래스 · 2-93
QR코드 · 2-283
Quartz · 2-13
Rabin · 2-273
RAID · 2-236
Range · 2-86
RARP · 2-170
Redmine · 1-248
REN · 2-154
RESTRICT · 1-375
REVOKE · 1-367
REVS · 1-50
RFID · 2-217
RIGHT OUTER JOIN · 1-405
RIP · 2-227
rm · 2-155
ROLLBACK · 1-367
Routing · 2-227
RPC · 1-144
RS-232C · 2-170
RSA · 2-273
RSL · 1-50
RTCP · 2-169
Ruby · 1-273
Ruby on Rails · 2-8
Rumbaugh · 1-107

S T

SA(Solution Architect) · 1-137
SADT · 1-50
SAN · 1-359
SAVEPOINT · 1-377
scanf( ) 함수 · 2-37
Scanner 클래스의 입력 메소드 · 2-38
SCR · 2-134
SDL · 2-254
Secure OS · 2-237
Secure SDLC · 2-254
SEED · 2-272
SELECT · 1-301
Selenium · 1-273
SELF JOIN · 1-407
Semaphores · 1-189
Seven Touchpoints · 2-254
SHA 시리즈 · 2-273
Shared Memory · 1-189
S-HTTP · 1-272
Single-User · 2-124
SJF · 2-148
SMTP · 2-169
SMURFING · 2-280
SNEFRU · 2-273
SNMP · 2-169
SOAP · 1-140
Socket · 1-140
SonarQube · 1-253
SPICE · 2-204
Spooling · 2-144
Spring · 2-8

찾아보기

SQL · 1-366
SQL Mapping · 1-432
SQL 삽입 · 2-259
SREM · 1-50
SSH · 2-296
SSL · 1-272
SSO · 2-219
STAF · 1-273
stdio.h · 2-100
stdlib.h · 2-100
string.h · 2-100
struct · 2-78
Subversion · 1-215
SVN · 1-215
SW 관련 용어 · 2-230
switch문 · 2-49
SYN Flooding · 2-281
Synonym · 1-173
TA(Technical Architect) · 1-137
TABLE SCAN · 1-332
TAGS · 1-51
TCP · 2-168
TCP 래퍼 · 2-233
TCP/IP · 2-168
TCP/IP의 구조 · 2-168
TearDrop · 2-281
TELNET · 2-169
time.h · 2-100
TP-Monitor · 1-145
Trac · 1-248
trunk · 1-215
try ~ catch문 · 2-103
TYPE · 2-154

U - Z

UDDI · 1-140
UDP · 2-169

UI · 1-200
UI 설계 도구 · 1-76
UI 설계서 · 1-84
UI 시나리오 문서 · 1-84
UI 요소 · 1-85
umask · 2-155
UML · 1-53
Underflow · 1-157
UNDO/NO-REDO · 1-356
UNDO/REDO · 1-356
UNION · 1-400
UNION ALL · 1-400
UNIX · 2-125
UNIX/LINUX 기본 명령어 · 2-155
UNIX/LINUX의 주요 환경 변수 · 2-153
UNIX에서의 프로세스 간 통신 · 2-126
unmount · 2-155
UPDATE · 1-367
USN · 2-217
UWB · 2-217
UX · 1-87
Valgrind · 1-254
Validation · 1-224
VARCHAR · 1-372
VB 스크립트 · 2-98
Verification · 1-224
VLAN · 2-224
VPN · 2-295
VUI · 1-73
wait · 2-155
Wake Up · 2-144
WAN · 2-224
WAS · 1-145
watir · 1-273
WBAN · 2-219
WBS · 2-197

Web Service · 1-140
WHERE · 1-388
while문 · 2-54
WINDOW 함수 · 1-396
Windows · 2-123
Windows 기본 명령어 · 2-154
Windows 이벤트 뷰어의 로그 · 2-292
Windows의 주요 환경 변수 · 2-152
Wirfs-Brock · 1-107
WSDL · 1-140
X 윈도 · 2-153
X.25 · 2-170
XML · 1-269
XP 개발 프로세스 · 1-30
XP(eXtreme Programming) · 1-30
XP의 주요 실천 방법 · 1-31
xUnit · 1-273

한글로 찾기

ㄱ

가비지 컬렉션 · 1-40
가비지 콜렉터 · 2-21
가상 계산기 · 2-121
가상 사설 통신망 · 2-295
가상기억장치 · 2-131
가상현실 · 2-230
가시성 · 1-30
가용성 · 2-255
가져오기 · 2-212
간트 차트 · 2-199
감사 추적 · 1-353
감성 공학 · 1-87
값 종속 통제 · 1-353

강도 테스트 · 1-228
강제 접근통제 · 1-350
강제 접근통제의 보안 모델 · 1-350
개념 스키마 · 1-177
개념적 데이터 모델 · 1-287
개념적 설계 · 1-283
개발 기술 환경 · 1-38
개발 단계별 인월수 기법 · 2-191
개방-폐쇄 원칙 · 1-108
개방형 링크드 데이터 · 2-219
개인정보 영향평가 제도 · 2-233
개인키 암호 방식 · 1-348
개인키 암호화 기법 · 2-271
개체 무결성 · 1-298
개체-관계 모델 · 1-289
객체 · 1-103
객체 다이어그램 · 1-56
객체 모델링 · 1-108
객체 영속형 시스템 · 1-97
객체 재사용 · 2-238
객체지향 · 1-103
객체지향 방법론 · 2-185
객체지향 분석의 방법론 · 1-107
갱신 이상 · 1-309
갱신문(UPDATE~SET~) · 1-383
검사점 기법 · 2-243
검색 · 1-172
검증 테스트 · 1-227
검토 회의 · 1-227
게이트웨이 · 2-167
결정자 · 1-310
결함 · 1-245
결함 심각도 · 1-247
결합도 · 1-111

경계값 분석 · 1-230
경로 제어 · 2-227
경로 제어 프로토콜 · 2-227
경험 기반 테스트 · 1-227
계수 분석법 · 1-173
계수기 · 2-133
계약 인수 테스트 · 1-235
계층형 · 2-223
고가용성 솔루션 · 2-235
고정된 패스워드 · 2-286
공간 구역성 · 2-138
공개키 기반 구조 · 2-272
공개키 암호 방식 · 1-348
공개키 암호화 기법 · 2-272
공유 폴더 방식 · 1-214
공통 모듈 · 1-116
공통(공유) 결합도 · 1-112
과정 추상화 · 1-95
관계 · 1-53
관계 연산자 · 2-26
관계대수 · 1-301
관계해석 · 1-306
관계형 데이터베이스 · 1-292
광 채널 · 1-359
광대역 통신망 · 2-224
교집합(∩) · 1-304
교차 조인 · 1-403
교차곱(×) · 1-305
교착상태 · 2-245
교착상태 방지 · 2-229
교체 전략 · 2-129
교통량 제어기 · 2-144
교환(통신)적 응집도 · 1-112
구문 오류 · 1-179
구역성 · 2-137
구조 기반 테스트 · 1-227
구조 사물 · 1-53
구조 테스트 · 1-228
구조 패턴 · 1-122

INDEX

구조적 기법 · 1-103
구조적 다이어그램의 종류 · 1-56
구조적 방법론 · 2-184
구조적 분석 기법 · 1-47
구체 클래스 · 1-123
규정 인수 테스트 · 1-235
규칙 기반 정책 · 1-351
그래프 · 1-158
그래픽 사용자 인터페이스 · 2-123
그레이웨어 · 2-230
그루비 · 1-195
그룹 분류 코드 · 1-118
그룹 사물 · 1-53
그룹 함수 · 1-395
그림자 페이지 대체 기법 · 2-243
근거리 통신망 · 2-224
기능 개선 소프트웨어 · 1-225
기능 결함 · 1-246
기능 모델링 · 1-108
기능 요구사항 · 1-42
기능 점수 모형 · 2-195
기능성 · 1-81
기능적 응집도 · 1-113
기대치 · 2-197
기밀성 · 2-255
기밀성 모델 · 1-352
기본키 · 1-296
기수 변환법 · 1-173
기수 정렬 · 1-170
기억 클래스 · 2-20
기준 레지스터 · 2-143
기준선 · 1-211
기초 경로 검사 · 1-229
기타 연산자 · 2-32
깊이 우선 통합법 · 1-236

ㄴ

나쁜 코드 · 1-252
나선형 모형 · 1-23
낙관치 · 2-197
내부 스키마 · 1-177
내용 결합도 · 1-112
내장 함수 · 1-426
내장형 · 2-194
넌클러스터드 인덱스 · 1-333
널 포인터 역참조 · 2-265
넓이 우선 통합법 · 1-236
네트워크 계층 · 2-162
네트워크 구성 파악 · 1-36
네트워크 슬라이싱 · 2-219
네트워크 액세스 계층의 주요 프로토콜 · 2-170
네트워크 인터페이스 카드 · 2-165
노드 · 1-155
논리 백업 · 1-356
논리 연산자 · 2-28
논리적 데이터 모델 · 1-287
논리적 독립성 · 1-176
논리적 설계 · 1-283
논리적 응집도 · 1-112
뉴럴링크 · 2-230
능력 리스트 · 1-351

ㄷ

다 대 다(n:m) · 1-286
다가 종속 · 1-310
다이어그램 · 1-56
다중 if문 · 2-47
다중 버전 기법 · 2-243
다중 사용자 통제 · 1-353
다중 상속 · 1-105
다치 종속 · 1-310
다형성 · 1-105

단계적 분해 · 1-95
단기 스케줄링 · 2-146
단기 작업 우선 · 2-148
단순 if문 · 2-46
단위 모듈 · 1-188
단위 모듈 테스트 · 1-191
단위 테스트 · 1-233
단일 장애점 · 1-113
단일 책임 원칙 · 1-108
단편화 · 2-129
닷넷 프레임워크 · 2-209
대기(Wait) · 2-143
대수적 코딩법 · 1-173
대시보드 · 1-245
대입 연산자 · 2-29
대체키 · 1-296
대화형 시스템 · 1-97
대화형 애플리케이션 · 1-100
데몬 · 1-273, 2-291
데이터 검증 · 1-442
데이터 다이어트 · 2-240
데이터 링크 계층 · 2-162
데이터 마이닝 · 2-240
데이터 모델 · 1-286
데이터 무결성 강화 · 1-299
데이터 양 유추 · 1-330
데이터 유출 방지 · 2-295
데이터 익명화 · 1-271
데이터 전환 · 1-438
데이터 전환 계획서 · 1-440
데이터 전환 방안 · 1-440
데이터 정의어 · 1-366
데이터 정의어 번역기 · 1-319
데이터 제어어 · 1-367
데이터 조작어 · 1-366
데이터 조작어 번역기 · 1-319
데이터 추상화 · 1-95
데이터 타입 · 2-16
데이터 품질 분석 · 1-444

데이터 흐름 검사 · 1-229
데이터베이스 · 1-175
데이터베이스 관리 시스템 · 1-39
데이터베이스 구현 · 1-284
데이터베이스 백업 · 1-355
데이터베이스 보안 · 1-348
데이터베이스 설계 · 1-282
데이터베이스 트리거 · 1-299
데이터의 독립성 · 1-176
데이터저장소 · 1-175
데코레이터 · 1-123
데크(Deque) · 1-157
도메인 · 1-293
도메인 네임 · 2-159
도메인 무결성 · 1-298
도메인 인덱스 · 1-334
도커 · 2-231
독립성 · 1-329
동기적 갱신 · 1-356
동기화 · 1-212
동료검토 · 1-138
동적 SQL · 1-432
동적 모델링 · 1-108
동적 테스트 · 1-227
동치 분할 검사 · 1-230
듀얼 스택 · 2-159
디그리 · 1-161
디버깅 · 1-179
디자인 패턴 · 1-121
디지털 아카이빙 · 2-239
디지털 저작권 관리 · 1-202
디지털 트윈 · 2-231
딕셔너리 · 2-85
딥 러닝 · 2-230

ㄹ

라디오 버튼 · 1-85
라우터 · 2-166
라운드 로빈 분할 · 1-341
라이브러리 · 2-100
랜섬웨어 · 2-284
레이어 패턴 · 1-99
레지스터 변수 · 2-21
로그 · 2-291
로그 파일 · 1-355
로킹 · 2-243
로킹 단위 · 2-243
루프 검사 · 1-229
루프형 · 2-222
리눅스 로그 · 2-291
리비전 · 1-215
리스코프 치환 원칙 · 1-108
리스트 · 2-85
리치 인터넷 애플리케이션 · 2-230
리피터 · 2-165
릴레이션 인스턴스 · 1-292
링형 · 2-222

ㅁ

마스터-슬레이브 패턴 · 1-101
만리장성 모델 · 1-351
망형 · 2-223
매시업 · 2-230
맵리듀스 · 2-240
멀티스레딩 · 1-101
멀티캐스트 · 2-159
멀티태스킹 · 2-123
메멘토 · 1-123
메모리 누수 · 1-38
메모리 버퍼 오버플로 · 2-260
메모리 영역 · 2-70
메모리 카드(토큰) · 2-287

찾아보기

메소드 · 2-101
메시 네트워크 · 2-217
메타 데이터 · 2-239
메타버스 · 2-219
명세 기반 테스트 · 1-227
모델링 언어 · 1-53
모델-뷰-컨트롤러 · 2-8
모델-뷰-컨트롤러 패턴 · 1-100
모듈 · 1-111
모듈 연계 · 1-263
모듈의 영향 영역 · 1-117
모듈의 제어 영역 · 1-117
모듈화 · 1-94, 2-208
목록 분할 · 1-341
목록 상자 · 1-85
목업 · 1-77
무결성 · 1-298
무결성 모델 · 1-352
무작위 대입 공격 · 2-283
무작위법 · 1-173
문맥 교환 · 2-146
문서 결함 · 1-247
문자 타입 · 2-16
문자열 타입 · 2-16
물리 계층 · 2-162
물리 백업 · 1-356
물리적 독립성 · 1-176
물리적 설계 · 1-283
미들웨어 · 1-144
미들웨어 솔루션 명세서 · 1-146
미디어 장애 · 2-242
미션 크리티컬 · 1-241

ㅂ

반복자 · 1-123
반분리형 · 2-194
반입 전략 · 2-128
반정규화 · 1-313
반환 시간 · 2-120
발견 기법 · 2-246
방문자 · 1-124
방화벽 · 2-294
배열 · 1-154
배열 타입 · 2-16
배열 형태의 문자열 변수 · 2-65
배열의 초기화 · 2-64
배치 다이어그램 · 1-56
배치 스케줄러 · 2-12
배치 전략 · 2-129
배치 프로그램 · 2-12
백도어 · 2-284
백로그 · 1-27
백업 · 1-176
밸만-포드 알고리즘 · 2-227
버블 정렬 · 1-168
버스형 · 2-223
버킷 · 1-173
범위 분할 · 1-340
베타 테스트 · 1-235
벨 라파듈라 모델 · 1-350
변수 · 2-19
변수명 작성 규칙 · 2-19
변수의 선언 · 2-21
변형 비트 · 2-134
변환형 시스템 · 1-97
병행 테스트 · 1-228
병행 투명성 · 1-344
병행성 수준 · 2-243
병행제어 · 2-243
보안 · 1-348
보안 관련 용어 · 2-233
보안 기능 · 2-261
보안 기능의 보안 약점 · 2-261

보안 등급 · 1-351
보안 로그 · 2-291
보안 서버 · 2-286
보안 솔루션 · 2-294
보안 아키텍처 · 2-289
보안 요소 · 2-255
보안 컨테이너 · 1-203
보안 프레임워크 · 2-289
복잡 이벤트 처리 · 2-231
복잡도 · 1-249
복합체 구조 다이어그램 · 1-56
봇넷 · 2-283
부동 소수점 타입 · 2-16
부모 프로세스 · 2-142
부분 함수적 종속 · 1-309
부인 방지 · 2-255
부팅 로그 · 2-291
분산 데이터베이스 · 1-344
분산 서비스 거부 공격 · 2-282
분산 서비스 공격용 툴 · 2-282
분산 원장 기술 · 2-233
분산 저장소 방식 · 1-214
분산 처리기 · 1-344
분산형 · 2-223
분포도 · 1-334
분할 · 1-346
불린 타입 · 2-16
뷰(View) · 1-337
브라우터 · 2-166
브랜치 · 1-216
브레인스토밍 · 1-44
브로드 데이터 · 2-239
브로커 패턴 · 1-101
브리지 · 1-122
블랙박스 테스트 · 1-230
블랙보드 패턴 · 1-101
블록 코드 · 1-118

블록(Block) · 2-143
블록체인 · 2-233
블루투스 · 2-217
블루투스 관련 공격 · 2-283
비공개 상용 도구 · 1-242
비관치 · 2-197
비교 검사 · 1-231
비기능 요구사항 · 1-42
비동기적 갱신 · 1-356
비동기적 행위 · 2-142
비바 무결성 모델 · 1-351
비선점 · 2-245
비선점 스케줄링 · 2-146
비선형 구조 · 1-154
비용 기반 질의 최적화 · 1-39
비중복 할당 방식 · 1-346
비트 연산자 · 2-26
비트맵 인덱스 · 1-334
비트맵 조인 인덱스 · 1-334
빅데이터 · 2-239
빅뱅 통합 테스트 · 1-236
빅오 표기법 · 1-249
빌더 · 1-122
빌드 · 1-201
빌드 도구 · 1-195

ㅅ

사물 · 1-53
사용 가능도 · 2-120
사용성 · 1-81
사용자 수준의 스레드 · 2-144
사용자 요구사항 · 1-43
사용자 인수 테스트 · 1-234
사용자 인터페이스 · 1-72
사용자 인터페이스의 기본 원칙 · 1-73
사용자 인터페이스의 설계 지침 · 1-73

사용자 정의 무결성 · 1-299
사용자 정의 함수 · 1-426
사회 공학 · 2-282
삭제 이상 · 1-309
삭제문(DELETE FROM~) · 1-382
산술 연산자 · 2-24
산업 범용 소프트웨어 · 1-224
산업 특화 소프트웨어 · 1-224
살충제 패러독스 · 1-225
삽입 이상 · 1-308
삽입 정렬 · 1-167
삽입문(INSERT INTO~) · 1-381
상속 · 1-104
상수 · 2-20
상용 소프트웨어 · 1-224
상태 · 1-124
상태 다이어그램 · 1-57
상향식 비용 산정 기법 · 2-191
상향식 통합 테스트 · 1-236
상호 배제 · 2-245
상호작용 개요 다이어그램 · 1-57
샘플링 오라클 · 1-241
생성 중심 · 2-188
생성 패턴 · 1-122
생체 기반 인증 · 2-287
서버 개발 · 2-8
서버 개발 프레임워크 · 2-8
서버의 이중화 · 1-36
서브 쿼리 · 1-373
서브네팅 · 2-158
서브버전 · 1-215
서브시스템 · 1-111
서블릿 컨테이너 · 1-219
서비스 거부 공격 · 2-280
서비스 제공 소프트웨어

INDEX

・1-225
서비스 지향 아키텍처・2-231
서비스형 블록체인・2-233
서비스형 소프트웨어・2-231
선입 선출・2-148
선점 스케줄링・2-147
선점형 멀티태스킹・2-123
선택 정렬・1-168
선형 구조・1-154
선형 리스트・1-154
성능 테스트・1-228
성능 테스트 도구・1-243
성형・2-222
세그먼테이션 기법・2-131
세션・1-355
세션 계층・2-163
세션 통제・2-257
세션 하이재킹・2-257
세타 표기법・1-249
소멸 차트・1-28
소스 코드 최적화・1-252
소유 기반 인증・2-287
소프트웨어 개발 방법론
・2-184
소프트웨어 개발 방법론 테일러링・2-206
소프트웨어 개발 보안・2-10
소프트웨어 개발 보안 가이드
・2-10
소프트웨어 개발 보안 점검 항목
・2-10
소프트웨어 개발 표준・2-203
소프트웨어 개발 프레임워크
・2-208
소프트웨어 공학・1-22
소프트웨어 구성 파악・1-35
소프트웨어 사용자 매뉴얼
・1-208
소프트웨어 생명 주기・1-22

소프트웨어 설치 매뉴얼
・1-205
소프트웨어 아키텍트・1-137
소프트웨어 에스크로(임치)
・2-233
소프트웨어 요구사항 명세서
・1-45
소프트웨어 요구사항 목록
・1-135
소프트웨어 재공학・2-188
소프트웨어 재사용・2-188
소프트웨어 정의 기술・2-216
소프트웨어 정의 네트워킹
・2-216
소프트웨어 정의 데이터 센터
・2-216
소프트웨어 정의 스토리지
・2-216
소프트웨어 패키징・1-200
솔트(Salt)・2-274
송신 시스템・1-142
수신 시스템・1-142
수직 분할・1-346
수평 분할・1-346
수학적 산정 기법・2-193
순차 코드・1-118
순차적 응집도・1-112
순차형 객체・2-86
순환 복잡도・1-250
숫자 분석법・1-173
쉘・2-126
쉘 정렬・1-167
슈퍼키・1-296
스냅샷・1-216
스래싱・2-139
스레드・2-144
스마트 그리드・2-219
스마트 카드・2-287
스미싱・2-282

스위치・2-166
스카우터・1-274
스케줄링・2-146
스쿱・2-240
스크래피・2-231
스크럼・1-27
스크럼 개발 프로세스・1-28
스크립트 언어・2-98
스키마・1-177
스택・1-156
스택 가드・2-266
스탬프(검인) 결합도・1-111
스테레오 타입・1-57
스테이징 영역・1-216
스토리・1-27
스토리보드・1-77
스토리지・1-358
스파게티 코드・1-252
스프링 배치・2-12
스프링 프레임워크・2-208
스피어 피싱・2-282
슬라이딩 윈도우・2-228
슬라이스・2-86
슬래머・2-283
슬롯・1-173
시간 구역성・2-138
시간 복잡도・1-249
시간적 응집도・1-112
시맨틱 웹・2-230
시스템 결함・1-246
시스템 구성 파악・1-33
시스템 기능 파악・1-34
시스템 로그・2-291
시스템 아키텍처・1-34
시스템 연계 기술・1-140
시스템 요구사항・1-43
시스템 인터페이스 요구사항
・1-134
시스템 인터페이스 파악・1-34

시스템 장애・2-242
시스템 카탈로그・1-318
시스템 타입・1-97
시스템 테스트・1-234
시스템 통합 소프트웨어
・1-225
시스템 환경 변수・2-152
시퀀스 다이어그램・1-57,
1-60
시퀀스 다이어그램의 구성 요소
・1-61
신규 개발 소프트웨어・1-225
신뢰도・2-120
신뢰성・1-81
신분 기반 정책・1-351
실체 무결성・1-298
실체화 관계・1-56
실행(Run)・2-143
싱글톤・1-122
쓰레기값・2-21

ㅇ

아이핀・2-287
아키텍처 구성 파악・1-34
아키텍처 패턴・1-97
아키텍처의 패턴・1-96
안전 테스트・1-228
알파 테스트・1-235
암호 알고리즘・2-271
암호화・1-348
애니캐스트・2-159
애드 혹 네트워크・2-219
애드웨어・2-230
애자일 모형・1-24
애자일 방법론・2-185
애자일 선언・1-25
애플리케이션・1-299
애플리케이션 테스트・1-224

앤 스크린・2-236
양방향 링・2-222
양자 암호키 분배・2-233
어댑터・1-122
언어셋・2-259
에러처리・2-263
역할 기반 정책・1-351
역할기반 접근통제・1-350
연계 메커니즘 구성요소
・1-142
연계 서버・1-142
연계 솔루션・1-140
연관 관계・1-54
연관성・1-105
연기 갱신 기법・2-242
연산자 우선순위・2-32
연상 코드・1-118
영속성・1-329
영역 무결성・1-298
예방 기법・2-246
예약어・2-19
오류 데이터 정제・1-445
오류 데이터 측정・1-444
오류 예측 검사・1-231
오류 코드・1-143
오메가 표기법・1-249
오용 탐지・2-294
오픈 그리드 서비스 아키텍처
・2-231
오픈 소스・1-38
온톨로지・2-230
올(all)-IP・2-219
올조인・2-217
옵서버・1-124
옵티마이저・1-180
와이선・2-217
와이어프레임・1-76
완전 함수적 종속・1-309
외계인 코드・1-252

찾아보기

외래키 · 1-296
외부 결합도 · 1-112
외부 라이브러리 · 2-100
외부 변수 · 2-21
외부 스키마 · 1-177
요구 조건 분석 · 1-283
요구공학 · 1-43
요구사항 · 1-42
요구사항 개발 프로세스 · 1-43
요구사항 검증 · 1-45
요구사항 도출 · 1-44
요구사항 명세 · 1-44
요구사항 명세서 · 1-134
요구사항 분석 · 1-44
요구사항 수집 · 1-44
요구사항 확인 · 1-45
우연적 응집도 · 1-112
운영상의 인수 테스트 · 1-234
운영체제 · 2-120
워크스루 · 1-138
워킹 셋 · 2-138
원격 저장소 · 1-216
원인-효과 그래프 검사 · 1-231
원자성 · 1-328
원형 모형 · 1-23
웜 · 2-283
웹 방화벽 · 2-295
웹 애플리케이션 서버 · 1-40
웹 응용시스템 · 1-431
웹 크롤링 · 2-219
위치 기반 인증 · 2-287
위치 투명성 · 1-344
위험 관리 · 2-201
윈도우 로그 · 2-292
유니캐스트 · 2-159
유비쿼터스 · 2-216
유비쿼터스 컴퓨팅 · 2-217
유스케이스 · 1-78

유스케이스 다이어그램 · 1-56, 1-59
유스케이스 다이어그램의 구성 요소 · 1-59
유일성 · 1-295
유지 보수성 · 1-82
응용 계층 · 2-163
응용 계층의 주요 프로토콜 · 2-169
응용 프로그램 · 1-39
응집도 · 1-112
의존 관계 · 1-55
의존 역전 원칙 · 1-108
의존성 · 1-195
이력 관리 · 1-315
이력성 데이터 · 1-341
이벤트 · 1-179
이벤트 중심 시스템 · 1-97
이벤트-버스 패턴 · 1-101
이분 검색 · 1-172
이상 · 1-308
이상 탐지 · 2-294
이식성 · 1-82
이진 검색 · 1-172
이진 트리 운행법 · 1-162
이행적 종속 · 1-310
인가 · 2-286
인공지능 · 2-230
인덱스 · 1-332
인덱스 설계 · 1-335
인덱스 파티션 · 1-341
인라인 뷰 · 1-338
인스펙션 · 1-138
인증 · 2-255, 2-286
인터넷 · 2-157
인터넷 계층의 주요 프로토콜 · 2-170
인터넷 식별자 · 2-219
인터랙션 · 1-78

인터랙션 디자이너 · 1-84
인터페이스 · 1-72
인터페이스 구현 · 1-269
인터페이스 구현 검증 · 1-273
인터페이스 데이터 표준 · 1-266
인터페이스 보안 · 1-271
인터페이스 분리 원칙 · 1-108
인터페이스 설계서 · 1-260
인터페이스 처리 유형 · 1-141
인터페이스 클래스 · 1-252
인터페이스 통신 유형 · 1-140
인터프리터 · 1-123
인터프리터 언어 · 2-99
인터프리터 패턴 · 1-101
인터플라우드 컴퓨팅 · 2-218
일 대 다(1:n) · 1-286
일 대 일(1:1) · 1-286
일관성 · 1-329
일관성 검사 오라클 · 1-241
일반 집합 연산자 · 1-304
일반화 관계 · 1-55
일방향 함수 · 2-273
임계 경로 기법 · 2-198
임의 접근통제 · 1-350
입력 데이터 검증 · 2-259
입력 데이터 검증 및 표현의 보안 약점 · 2-259

ㅈ

자동 감지 기능 · 2-123
자동 변수 · 2-20
자동화 도구 · 2-189
자동화 추정 도구 · 2-195
자료 결합도 · 1-111
자료 구조 · 1-154
자료 사전 · 1-48
자료 흐름도 · 1-47

자료의 삭제 · 1-157
자료의 삽입 · 1-156
자바스크립트 · 2-98
자식 프로세스 · 2-142
자연 조인 · 1-303
자원 · 1-38
자율 시스템 · 2-227
장기 스케줄링 · 2-146
장애 투명성 · 1-344
장애 허용 시스템 · 1-101
재사용 · 1-116
재사용성 · 2-208
저작권 · 1-202
저장소 · 1-212
저전력 블루투스 기술 · 2-217
전략 · 1-124
전문가 시스템 · 2-230
전송 계층 · 2-163
전송 계층의 주요 프로토콜 · 2-169
전자 서명 · 1-203
전자정부 프레임워크 · 2-209
전처리 · 1-195
절차적 응집도 · 1-112
절차형 SQL · 1-179
점근 표기법 · 1-249
점유와 대기 · 2-245
점진적 모형 · 1-23
접근 제어자 · 2-269
접근 지정자 · 2-269
접근제어자 · 1-60
접근통제 · 1-350
접근통제 모델 · 1-352
접근통제 목록 · 1-351
접근통제 조건 · 1-353
접근통제 행렬 · 1-353
접수(Hold) · 2-143
정규화 · 1-308
정렬 · 1-167

정보 은닉 · 1-95
정보공학 방법론 · 2-184
정수 타입 · 2-16
정의 테이블 · 1-337
정적 SQL · 1-433
정적 변수 · 2-21
정적 분석 도구 · 1-243
정적 테스트 · 1-227
정지-대기 · 2-228
제곱법 · 1-173
제니퍼 · 1-274
제로 데이 공격 · 2-283
제산법 · 1-173
제약 조건 · 1-300
제어 결합도 · 1-112
제어 구조 검사 · 1-229
제어 추상화 · 1-95
제어의 역흐름 · 2-208
제출(Submit) · 2-143
제품 계열 방법론 · 2-186
조건 검사 · 1-229
조건 연산자 · 2-31
조인 종류 · 1-310
조직형 · 2-193
조합 분할 · 1-340
좀비 PC · 2-283
종량제 방식 · 1-202
종료(Terminated) · 2-143
종속자 · 1-310
주소 변환 · 2-131
주요 모바일 제스처 · 1-72
주요 배포용 파일 형식 · 1-201
주해 사물 · 1-53
준비(Ready) · 2-143
준비상태 큐 · 2-143
중기 스케줄링 · 2-146
중복 속성 추가 · 1-316
중복 테이블 추가 · 1-315

INDEX

중복 투명성 · 1-344
중복 할당 방식 · 1-347
중앙 집중형 · 2-222
중재자 · 1-123
즉각 갱신 기법 · 2-242
증강현실 · 2-230
증발품 · 2-231
지능형 지속 위협 · 2-282
지능형 초연결망 · 2-216
지식 기반 인증 · 2-286
질의 최적화기 · 1-319
집합 관계 · 1-54
징(Zing) · 2-219

ㅊ

차수 · 1-161
차집합(-) · 1-305
참 오라클 · 1-241
참조 릴레이션 · 1-296
참조 모니터 · 2-237
참조 무결성 · 1-299
참조 무결성의 CASCADE 법칙 · 1-371
참조 비트 · 2-134
책임 연쇄 · 1-123
처리 능력 · 2-120
체크 박스 · 1-85
체크아웃 · 1-212
체크인 · 1-212
초기화 · 2-21
총 소유 비용 · 1-38
최소성 · 1-295
최악 적합 · 2-129
최적 교체 · 2-133
최적 병행수행 · 2-243
최적 적합 · 2-129
최초 적합 · 2-129
추가 개발 소프트웨어 · 1-225

추상 클래스 · 1-123
추상 팩토리 · 1-122
추상화 · 1-95
추정 오라클 · 1-241
충돌 현상 · 1-173
침입 방지 시스템 · 2-295
침입 탐지 시스템 · 2-294

ㅋ

캡슐화 · 1-104
커널 · 2-126
커널 로그 · 2-291
커널 수준의 스레드 · 2-144
커맨드 · 1-123
커뮤니케이션 다이어그램 · 1-57
커밋 · 1-212
커서 · 1-433
컨텍스트 기반 통제 · 1-353
컴파일 · 1-194
컴포넌트 · 1-208
컴포넌트 기반 방법론 · 2-185
컴포넌트 다이어그램 · 1-56
컴포넌트 설계서 · 1-208
컴포지트 · 1-123
코드 · 1-118
코드 부여 체계 · 1-119
코드 블록 구분 · 2-83
코드 오류 · 2-265
코바 · 1-145
코어 · 1-35
콘텐츠 분배자 · 1-203
콘텐츠 소비자 · 1-203
콘텐츠 제공자 · 1-203
콘텐츠 중심 네트워킹 · 2-219
콤보 상자 · 1-85
퀵 정렬 · 1-169
큐(Queue) · 1-157

큐싱 · 2-283
크랙 · 1-203
크로스 플랫폼 · 1-194
크로스사이트스크립팅 · 2-259
크론 로그 · 2-291
클라우드 · 2-218
클라우드 컴퓨팅 · 2-218
클라우드 컴퓨팅의 서비스 유형 · 2-218
클라이언트/서버 방식 · 1-214
클라이언트-서버 패턴 · 1-100
클락-윌슨 무결성 모델 · 1-351
클래스 · 1-104
클래스 다이어그램 · 1-56, 1-60
클래스 다이어그램의 구성 요소 · 1-60
클래스 없는 메소드의 사용 · 2-95
클러스터드 인덱스 · 1-333
클리어링 하우스 · 1-203
클린 코드 · 1-252
키(Key) · 1-295
키로거 공격 · 2-284

ㅌ

타이밍 다이어그램 · 1-57
타임 스탬프 순서 · 2-243
타조 · 2-240
터널링 · 2-159
테스트 드라이버 · 1-237
테스트 슈트 · 1-243
테스트 스텁 · 1-237
테스트 시나리오 · 1-240
테스트 실행 도구 · 1-243
테스트 오라클 · 1-241
테스트 자동화 · 1-242

테스트 케이스 · 1-191, 1-239
테스트 통제 도구 · 1-243
테스트 프로세스 · 1-192
테스트 프로시저 · 1-192
테스트 하네스 도구 · 1-243
테스트 하네스의 구성 요소 · 1-243
테이블 분할 · 1-314
테이블 통합 · 1-313
텍스트 박스 · 1-85
텐서플로 · 2-231
템플릿 · 1-86
템플릿 메소드 · 1-124
통신 네트워크 · 1-344
통합 개발 환경 · 1-194
통합 테스트 · 1-236
투명성 · 1-344
튜플 · 1-292
트래픽 제어 · 2-228
트랙웨어 · 2-230
트랜잭션 · 1-328
트랜잭션 분석 · 1-330
트랜잭션 언어 · 1-179
트랜잭션 장애 · 2-242
트랜잭션 처리 · 1-145
트랜잭션 처리기 · 1-319
트랜잭션의 상태 · 1-328
트로이 목마 · 2-284
트리 · 1-161
트리 기반 인덱스 · 1-333
트리거 · 1-422
특정 모듈 집중 · 1-225

ㅍ

파라미터 · 1-260
파레토 법칙 · 1-225
파스-타 · 2-218

파싱 · 1-269
파이썬 · 2-99
파이프라인 · 2-126
파이프-필터 패턴 · 1-100
파장 분할 다중화 · 2-219
파티션 · 1-340
파티션키 · 1-340
패딩 비트 · 2-27
패스 프레이즈 · 2-287
패치 · 1-208
패키저 · 1-203
패키지 다이어그램 · 1-56
팩토리 메소드 · 1-122
팬아웃 · 1-113
팬인 · 1-113
퍼싸드 · 1-123
페이지 교체 알고리즘 · 2-133
페이지 부재 · 2-133
페이지 부재 빈도 방식 · 2-138
페이지 크기 · 2-137
페이지 테이블 · 2-143
페이징 기법 · 2-131
포인터 · 1-155
포인터 변수 · 2-70
포인터와 배열 · 2-72
포함 관계 · 1-55
폭주 제어 · 2-228
폭포수 모형 · 1-22
폴딩법 · 1-173
표의 숫자 코드 · 1-119
표준 라이브러리 · 2-100
표현 계층 · 2-163
품질 요구사항 · 1-80
프라이버시 강화 기술 · 2-233
프레임워크 · 2-8
프로세스 · 2-142
프로세스 상태 전이 · 2-143
프로세스 제어 블록 · 2-142

찾아보기 INDEX

프로시저 · 1-418
프로젝트 관리 · 2-201
프로젝트 이해관계자 · 1-137
프로토타입 · 1-78
프로토타입 모형 · 1-23
프록시 · 1-123
프리컴파일 · 1-432
프리페이징 · 2-139
플라이웨이트 · 1-123
플러그인화 · 2-8
피어-투-피어 패턴 · 1-101
피코넷 · 2-217

ㅎ

하둡 · 2-240
하드웨어 구성 파악 · 1-36
하위 질의 · 1-390
하향식 방법 · 1-47
하향식 통합 테스트 · 1-236
할당 · 1-346
함수 기반 인덱스 · 1-334
함수적 종속 · 1-309
합병 조건 · 1-304
합성 중심 · 2-188
합성 코드 · 1-119
합집합(U) · 1-304
해시 분할 · 1-340
해시 테이블 · 1-173
해싱 · 1-173
해싱 함수 · 1-173
행동 사물 · 1-53
행위 기반 인증 · 2-287
행위 다이어그램의 종류 · 1-56
행위 패턴 · 1-123
허니팟 · 2-233
허브 · 2-165
헝가리안 표기법 · 2-19
헤더 파일 · 2-100

현행 시스템 파악 · 1-33
협업 도구 · 1-195
형변환 · 2-84
형상 · 1-211
형상 관리 · 1-211
혼합식 통합 테스트 · 1-237
혼합현실 · 2-230
홉(Hop) · 2-227
화이트박스 테스트 · 1-229
확인 테스트 · 1-227
확장성 · 2-208
환경 변수 · 2-152
환경적인 장애 리스크 · 1-234
환형 대기 · 2-246
활동 다이어그램 · 1-57
회귀 테스트 · 1-228
회귀 테스팅 · 1-238
회복 · 2-242
회복 기법 · 2-246
회복 테스트 · 1-228
회피 기법 · 2-246
효과적인 모듈 설계 방안 · 1-117
효율성 · 1-82
후보키 · 1-295
휴먼 에러 · 1-242
흐름 제어 · 2-228
힙 정렬 · 1-169

나는 스마트 시나공이다!
차원이 다른 동영상 강의

시나공만의 토막강의를 만나보세요

아직도 혼자 공부하세요? 혼자 공부하다가 어려운 부분이 나와도 고민하지 마세요!

토막강의 번호를 입력하거나 QR코드를 스마트폰으로 찍기만 하면
언제든지 시나공 저자의 속 시원한 해설을 바로 동영상으로 확인할 수 있습니다.

---

1. 스마트폰으로 QR코드를 찍어보세요!

STEP 1 스마트폰의 QR코드 리더 앱을 실행하세요.

STEP 2 시나공 토막강의 QR코드를 스캔하세요.

STEP 3 스마트폰을 통해 토막강의가 시작됩니다.

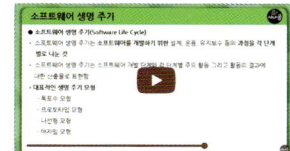

---

2. 시나공 홈페이지에서 토막강의 번호를 입력하세요!

STEP 1 시나공 홈페이지에 접속한 후 [정보처리] → [기사 필기] → [동영상 강좌] → [토막강의]를 클릭하세요.

STEP 2 '강의번호'에 토막강의 번호를 입력하면 강의목록이 표시됩니다.

STEP 3 강의명을 클릭하면 토막강의를 볼 수 있습니다.

---

3. 유튜브에서는 이렇게 이용하세요!

STEP 1 유튜브 검색 창에 "시나공"+토막강의 번호를 입력하세요.

시나공2400101

STEP 2 검색된 항목 중 원하는 토막강의를 클릭하여 시청하세요.

★ 토막강의가 지원되는 도서는 시나공 홈페이지를 통해 확인할 수 있습니다.
★ 스마트폰을 이용하실 경우 무선랜(Wi-Fi)에 연결되지 않은 상태에서 토막강의를 이용하시면 가입하신 요금제에 따라 과금이 됩니다.

이 책은 IT 자격증 전문가와 수험생이 함께 만든 책입니다.

 **'시나공' 시리즈는 독자의 지지와 격려 속에 성장합니다!**

정보처리 책으로 Very good! 서점이나 인터넷을 많이 서핑하고 고른 책입니다. 정보처리 책은 시중에 많은 책이 있지만 그중 제일 짜임새 있고 보기 편하게 잘 만들어진 책입니다. 정말 적극 추천하고 싶습니다. 꼭~~~~~~~
| 인터파크 황** |

역시 시나공은 굿이에요. 이 책만 보면 시험에 무조건 합격하겠는걸요. 저희 학교 교수님들도 시나공을 교재로 선택하여 강의 하신답니다.
| 도서11번가 s011*** |

'딱'입니다. 섹션별로 등급이 나뉘어져 있어서 중요한 섹션과 그렇지 않은 섹션을 구분할 수 있습니다. 제가 이 덕을 톡톡히 봤죠. 내용은 많은데 시간이 없어 다 볼 수는 없었으니까요. 의심을 하면서 A, B등급 위주로 공부했는데 충분히 합격한 것 같아요.
| YES24 gospel*** |

내용의 중요도에 따라 등급을 표시하여 구성했기 때문에 선별적으로 공부할 수 있어 좋았습니다. 다음 자격증 준비도 시나공에서 출판하는 책으로 준비하고 싶습니다. 알찬 내용에 쉬운 풀이는 비전공자도 쉽게 학습할 수 있어 좋습니다.
| 알라딘 꽁한*** |

공부를 시작한지 일주일 정도 됐는데 알기 쉽게 체계적으로 구성되어 있어 공부하기 쉽네요. 중요도에 따라 등급이 나눠져 있어 시간이 부족한 분들에게 추천하고 싶습니다. 아주 만족합니다.
| 도서11번가 tryg*** |

혼자 공부하기에는 '딱'이에요. 설명도 쉽고 책 옆에 용어 설명이나 공부 방법 등이 재미있게 따라다녀요. 또 공부한 내용을 바로 문제로 확인해 볼 수 있어서 좋더군요. '시험에 나오는 것만 공부한다'라는 제목이 믿음이 갑니다.
| YES24 kjs2*** |

정말 좋은 책입니다. 이책 저책 살펴보다가 이름만 보고 샀는데 정말 시험에 나올 만한 것만 꼭 찍어 주더라구요. ^^
| 인터파크 권** |

정보처리 분야 베스트셀러 1위 기준 : 2025년 1월, 4월, 7월(Yes24, 알라딘)

sinagong.co.kr

 13000
가격 35,000원
ISBN 979-11-407-1614-2

 TO.시나공 온라인 독자엽서

 스마트한 시나공 수험생 지원센터

수험생을 위한 시나공 서비스

1등만이 드릴 수 있는 1등 혜택!

서비스 1 — 무엇이든 물어보세요! 수험생 지원센터

시나공 홈페이지(sinagong.co.kr)에서는 최신기출문제와 해설, 선배들의 합격 수기와 합격 전략, 책 내용에 대한 문의 및 관련 자료 등 IT자격증 시험을 위한 모든 정보를 제공합니다. 공부하다 답답하거나 궁금한 내용이 있으면, 시나공 홈페이지 '책 내용 질문하기' 게시판에 질문을 올리세요. 길벗 알앤디의 전문가들이 빠짐없이 답변해 드립니다.

서비스 2 — 합격을 위한 학습 자료

시나공 홈페이지 회원으로 가입하면 시험 준비에 필요한 학습 자료를 내려받을 수 있습니다.

기출문제
최근에 출제된 기출문제를 제공합니다. 최신기출문제로 현장 감각을 키우세요.

핵심요약집
시험에 출제되는 문장 그대로 정리한 핵심요약집을 제공합니다.

CBT 문제은행
시험장과 동일한 환경에서 기출문제를 풀어보세요. 자세한 해설은 덤입니다.

서비스 3 — 이해 쏙! 시간 절약! 시나공 토막강의

혼자 공부하다가 어려운 부분이 나와도 고민하지 마세요!
책 속의 QR코드를 스마트폰으로 찍기만 하면 언제든지 저자의 속 시원한 해설을 들을 수 있습니다.

방법1. 스마트폰으로 QR코드를 스캔하세요.

방법2. 시나공 홈페이지의 [정보처리] → [기사 필기] → [동영상 강좌] → [토막강의]에서 강의번호를 입력하세요.

방법3. 유튜브 검색 창에 "시나공"+강의번호를 입력하세요.

정보처리기사 필기

4과목 · 프로그래밍 언어 활용
5과목 · 정보시스템 구축 관리

길벗알앤디 지음

4 과목
프로그래밍 언어 활용

*각 섹션은 출제 빈도에 따라 Ⓐ, Ⓑ, Ⓒ, Ⓓ로 등급이 분류되어 있습니다.
공부할 시간이 없는 분들은 출제 빈도가 높은 순서대로 공부하세요.

출제 빈도
- Ⓐ 매 시험마다 꼭 나오는 부분
- Ⓑ 두 번 시험 보면 한 번은 꼭 나오는 부분
- Ⓒ 세 번 시험 보면 한 번은 꼭 나오는 부분
- Ⓓ 네 번 시험 보면 한 번은 꼭 나오는 부분

1 서버 프로그램 구현
Ⓓ	094 서버 개발	8
Ⓓ	095 보안 및 API	10
Ⓒ	096 배치 프로그램	12
	핵심요약	14

2 프로그래밍 언어 활용
Ⓐ	097 데이터 타입	16
Ⓐ	098 변수	19
Ⓐ	099 연산자	24
Ⓑ	100 데이터 입·출력	37
Ⓒ	101 제어문	46
Ⓐ	102 반복문	53
Ⓐ	103 배열과 문자열	60
Ⓑ	104 포인터	70
Ⓒ	105 구조체	78
Ⓐ	106 Python의 기초	83
Ⓑ	107 Python의 활용	89
Ⓑ	108 스크립트 언어	98
Ⓐ	109 라이브러리	100
Ⓒ	110 예외 처리	103
	핵심요약	106

3 응용 SW 기초 기술 활용
Ⓒ	111 운영체제의 개념	120
Ⓒ	112 Windows	123
Ⓒ	113 UNIX / LINUX / MacOS	125
Ⓑ	114 기억장치 관리의 개요	128
Ⓐ	115 가상기억장치 구현 기법 / 페이지 교체 알고리즘	131
Ⓑ	116 가상기억장치 기타 관리 사항	137
Ⓑ	117 프로세스의 개요	142
Ⓒ	118 스케줄링	146
Ⓑ	119 주요 스케줄링 알고리즘	148
Ⓒ	120 환경 변수	152
Ⓑ	121 운영체제 기본 명령어	154
Ⓐ	122 인터넷	157
Ⓐ	123 OSI 참조 모델	161
Ⓑ	124 네트워크 관련 장비	165
Ⓐ	125 TCP/IP	168
	핵심요약	172

5 과목
정보시스템 구축 관리

1 소프트웨어 개발 방법론 활용

- Ⓒ 126 소프트웨어 개발 방법론 — 184
- Ⓐ 127 S/W 공학의 발전적 추세 — 188
- Ⓐ 128 상향식 비용 산정 기법 — 191
- Ⓐ 129 수학적 산정 기법 — 193
- Ⓑ 130 프로젝트 일정 계획 — 197
- Ⓑ 131 소프트웨어 개발 방법론 결정 — 201
- Ⓑ 132 소프트웨어 개발 표준 — 203
- Ⓒ 133 소프트웨어 개발 방법론 테일러링 — 206
- Ⓑ 134 소프트웨어 개발 프레임워크 — 208
- 핵심요약 — 211

2 IT프로젝트 정보 시스템 구축 관리

- Ⓐ 135 네트워크 관련 신기술 — 216
- Ⓑ 136 네트워크 구축 — 222
- Ⓑ 137 경로 제어 / 트래픽 제어 — 227
- Ⓐ 138 SW 관련 신기술 — 230
- Ⓐ 139 보안 관련 신기술 — 233
- Ⓒ 140 HW 관련 신기술 — 235
- Ⓒ 141 Secure OS — 237
- Ⓐ 142 DB 관련 신기술 — 239
- Ⓐ 143 회복 / 병행제어 — 242
- Ⓑ 144 교착상태 — 245
- 핵심요약 — 247

5 과목
정보시스템 구축 관리

3 소프트웨어 개발 보안 구축

- Ⓐ 145 Secure SDLC — 254
- Ⓒ 146 세션 통제 — 257
- Ⓑ 147 입력 데이터 검증 및 표현 — 259
- Ⓒ 148 보안 기능 — 261
- Ⓒ 149 에러처리 — 263
- Ⓒ 150 코드 오류 — 265
- Ⓒ 151 캡슐화 — 268
- Ⓐ 152 암호 알고리즘 — 271
- 핵심요약 — 276

4 시스템 보안 구축

- Ⓐ 153 서비스 공격 유형 — 280
- Ⓑ 154 서버 인증 — 286
- Ⓒ 155 보안 아키텍처 / 보안 프레임워크 — 289
- Ⓒ 156 로그 분석 — 291
- Ⓑ 157 보안 솔루션 — 294
- 핵심요약 — 297

찾아보기 — 300

4 과목

프로그래밍 언어 활용

1장 서버 프로그램 구현

2장 프로그래밍 언어 활용

3장 응용 SW 기초 기술 활용

전문가가 분석한 4과목 출제 경향

문제 대부분이 2장과 3장에서 출제되니 시간이 부족할 때는 **2, 3장에 집중**하세요. 2장은 프로그래밍 언어에 익숙하지 않은 수험생들을 위해 최대한 쉽게 풀어 설명했습니다. 이 부분은 실기 시험에서도 매우 높은 비중을 차지하므로 어렵더라도 포기하지 말고 꼭 이해하면서 공부해야 합니다. 3장에서는 용어뿐만 아니라 서브네팅이나 알고리즘과 같이 공식이나 규칙에 따라 풀어야 하는 문제들이 자주 출제되므로 관련 문제들을 여러 번 풀어보는 것이 좋습니다.

IT 자격증 전문가 강윤석

1장 서버 프로그램 구현

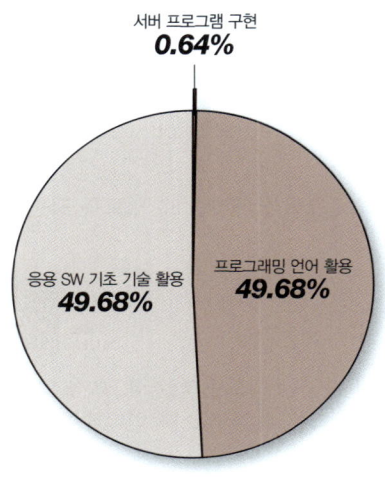

094 서버 개발 Ⓓ등급
095 보안 및 API Ⓓ등급
096 배치 프로그램 Ⓒ등급

꼭 알아야 할 키워드   Best 10

1. 서버 개발 2. Spring 3. Quartz 4. Django 5. Codeigniter 6. 소프트웨어 개발 보안 점검 항목 7. API 8. 배치 프로그램 9. 스프링 배치
10. Quartz

SECTION 094 서버 개발

전문가의 조언

서버 개발의 의미와 관련 프레임워크들을 숙지하세요. 서버 프로그램을 구현하는 과정은 1, 2과목에서 학습했던 모듈 구현 과정과 동일하다는 것을 염두에 두고 가볍게 읽어보세요.

프레임워크(Framework)
프레임워크는 사전적으로 '뼈대', '골조'를 의미하는데, 소프트웨어에서는 특정 기능을 수행하기 위해 필요한 클래스나 인터페이스 등을 모아둔 집합체를 말합니다.

전문가의 조언

서버 개발 프레임워크는 웹 프레임워크라고도 불리며, 이러한 프레임워크는 기능 구현을 위한 기본적인 형태를 지원할 뿐 필수적인 요소는 아닙니다. 하지만 사용 여부에 따라 생산성의 차이가 크다는 점을 기억해 두세요.

모델-뷰-컨트롤러(MVC)
모델-뷰-컨트롤러는 시스템을 세 부분으로 분리하여 서로 영향 받지 않고 개발할 수 있는 아키텍처 패턴을 의미합니다. 자세한 내용은 Section 017을 참조하세요.

플러그인화
플러그인화는 재사용과 비슷한 의미로 전원 플러그처럼 마음대로 꼈다 뺏다할 수 있다는 것을 의미합니다.

1 서버 개발의 개요

서버 개발은 웹 애플리케이션의 로직을 구현할 서버 프로그램을 제작하여 웹 애플리케이션 서버(WAS)에 탑재하는 것을 의미한다.

- 웹 애플리케이션 서버에 구현된 서버 프로그램은 웹 서버로부터 받은 요청을 처리하여 결과를 반환하는 역할을 수행한다.
- 서버 개발에 사용되는 프로그래밍 언어에는 Java, JavaScript, Python, PHP, Ruby 등이 있다.
- 각 프로그래밍 언어에는 해당 언어로 서버 프로그램을 개발할 수 있도록 지원하는 프레임워크*가 있다.

2 서버 개발 프레임워크

서버 개발 프레임워크는 서버 프로그램 개발 시 다양한 네트워크 설정, 요청 및 응답 처리, 아키텍처 모델 구현 등을 손쉽게 처리할 수 있도록 클래스나 인터페이스를 제공하는 소프트웨어를 의미한다.

- 서버 개발 프레임워크에 따라 지원하는 프로그래밍 언어가 제한적이므로 선정할 수 있는 프레임워크도 제한적이다.
- 서버 개발 프레임워크의 대부분은 모델-뷰-컨트롤러(MVC)* 패턴을 기반으로 개발되었다.
- 대표적인 서버 개발 프레임워크의 종류는 다음과 같다.

프레임워크	특징
Spring	JAVA를 기반으로 만들어진 프레임워크로, 전자정부 표준 프레임워크의 기반 기술로 사용되고 있다.
Django	Python을 기반으로 만들어진 프레임워크로, 컴포넌트의 재사용과 플러그인화*를 강조하여 신속한 개발이 가능하도록 지원한다.
Codeigniter	PHP를 기반으로 만들어진 프레임워크로, 인터페이스가 간편하며 서버 자원을 적게 사용한다.
Ruby on Rails	Ruby를 기반으로 만들어진 프레임워크로, 테스트를 위한 웹 서버를 지원하며 데이터베이스 작업을 단순화, 자동화시켜 개발 코드의 길이가 짧아 신속한 개발이 가능하다.

❸ 서버 프로그램 구현

서버 프로그램은 응용 소프트웨어와 동일하게 모듈 및 공통 모듈을 개발한 후, 모듈들을 통합하는 방식으로 구현된다.

- 모듈은 모듈화를 통해 분리된 시스템의 각 기능들로, 서브 루틴*, 서브시스템, 소프트웨어 내의 프로그램, 작업 단위 등과 같은 의미로 사용된다.
- 모듈 개발 시 기능적 독립성을 고려하여 다른 모듈과의 과도한 상호작용을 배제함으로써 특정 모듈의 수정이 다른 모듈들에게 영향을 미치지 않아야 한다.
- 모듈의 독립성은 결합도(Coupling)*와 응집도(Cohesion)*에 의해 측정되며, 독립성을 높이려면 모듈의 결합도를 약하게 하고 응집도를 강하게 하며 모듈의 크기를 작게 만들어야 한다.
- 공통 모듈은 여러 프로그램에서 재사용(Reuse)*할 수 있는 모듈을 의미하며, 자주 사용되는 계산식이나 매번 필요한 사용자 인증 같은 기능들이 공통 모듈로 구성될 수 있다.

> **전문가의 조언**
>
> 1, 2과목에서 다루었던 모듈에 대해 복습한다는 생각으로 읽어보세요. 모듈에 대한 자세한 내용은 Section 020을, 공통 모듈에 대한 자세한 내용은 Section 021을 참조하세요.
>
> - **루틴(Routine)** : 기능을 가진 명령들의 모임
> - **메인 루틴(Main Routine)** : 프로그램 실행의 큰 줄기가 되는 것
> - **서브 루틴(Subroutine)** : 메인 루틴에 의해 필요할 때마다 호출되는 루틴
> - **결합도(Coupling)** : 모듈 간에 상호 의존하는 정도 또는 두 모듈 사이의 연관 관계를 의미합니다.
> - **응집도(Cohesion)** : 정보 은닉 개념을 확장한 것으로, 명령어나 호출문 등 모듈의 내부 요소들의 서로 관련되어 있는 정도, 즉 모듈이 독립적인 기능으로 정의되어 있는 정도를 의미합니다.
>
> **재사용(Reuse)**
> 재사용은 이미 개발된 기능들을 파악하고 재구성하여 새로운 시스템 또는 기능 개발에 사용하기 적합하도록 최적화 시키는 작업입니다.

기출문제 따라잡기

출제예상
1. 서버 개발 프레임워크에 대한 설명으로 옳지 않은 것은?
① 서버 프로그램 개발 시 사용할 수 있는 다양한 클래스 및 인터페이스의 집합체를 의미한다.
② 서버 개발 프레임워크가 없어도 생산성에 큰 영향은 없다.
③ 네트워크 설정, 요청 및 응답 처리, 아키텍처 모델 등 다양한 모듈을 제공한다.
④ 주로 모델-뷰-컨트롤러(MVC) 패턴을 기반으로 개발되었다.

> 서버 개발 프레임워크는 서버 개발을 도와주는 소프트웨어이므로 생산성에 영향을 줍니다.

출제예상
2. 서버 개발에 사용되는 언어와 프레임워크의 연결이 잘못 짝지어진 것은?
① JavaScript – Spring ② Python – Django
③ PHP – Codeigniter ④ Ruby – Rails

> 스프링(Spring) 프레임워크는 JAVA를 기반으로 합니다.

▶ 정답 : 1. ② 2. ①

SECTION 095

보안 및 API

 전문가의 조언

서버 프로그램 구현 과정에서 고려해야 하는 보안 요소와 API에 대해서 공부합니다. 보안에 대한 자세한 내용은 5과목에서 다루어지므로 여기서는 어떤 내용들이 있는지 가볍게 확인하고 넘어가면 됩니다. API는 1과목에서 많이 사용되었던 용어입니다. 무엇이었는지 복습하는 마음으로 읽어보세요.

기밀성(Confidentiality), 무결성(Integrity), 가용성(Availability)은 보안의 3대 요소로 불립니다. 자세한 내용은 Section 145를 참조하세요.

소프트웨어 개발 보안 가이드
소프트웨어 개발 보안 가이드는 안전한 소프트웨어 개발을 위해 정부에서 제작하여 배포하고 있는 지침으로, 한국인터넷진흥원 사이트(kisa.or.kr)에서 다운받을 수 있습니다.

 전문가의 조언

보안 점검 항목들은 Section 146부터 151까지 각각의 섹션으로 자세하게 설명하고 있습니다. 여기서는 각 항목들이 무엇을 의미하는지만 간단히 읽어보세요.

1 소프트웨어 개발 보안의 개요

소프트웨어 개발 보안은 소프트웨어 개발 과정에서 발생할 수 있는 보안 취약점을 최소화하여 보안 위협으로부터 안전한 소프트웨어를 개발하기 위한 일련의 보안 활동을 의미한다.

- 소프트웨어 개발 보안은 데이터의 기밀성*, 무결성*, 가용성*을 유지하는 것을 목표로 한다.
- 정부에서 제공하는 소프트웨어 개발 보안 가이드*를 참고하여 소프트웨어 개발 과정에서 점검해야 할 보안 항목들을 점검한다.

2 소프트웨어 개발 보안 점검 항목

소프트웨어 개발 보안 점검 항목은 소프트웨어 개발의 각 단계에서 점검되어야 할 보안 항목들을 말한다.

세션 통제	• 세션은 서버와 클라이언트의 연결을 말하며, 세션 통제는 세션의 연결과 연결로 인해 발생하는 정보를 관리하는 것을 의미한다. • 보안 약점에는 불충분한 세션 관리, 잘못된 세션에 의한 정보 노출 등이 있다.
입력 데이터 검증 및 표현	• 입력 데이터에 대한 유효성 검증체계를 갖추고, 검증 실패 시 이를 처리할 수 있도록 코딩하는 것을 의미한다. • 보안 약점에는 SQL 삽입, 경로 조작 및 자원 삽입, 크로스사이트 스크립팅(XSS) 등이 있다.
보안 기능	• 인증, 접근제어, 기밀성, 암호화 등의 기능을 의미한다. • 보안 약점에는 적절한 인증 없는 중요기능 허용, 부적절한 인가 등이 있다.
시간 및 상태	• 동시 수행을 지원하는 병렬 처리 시스템이나 다수의 프로세스가 동작하는 환경에서 시간과 실행 상태를 관리하여 시스템이 원활히 동작되도록 코딩하는 것을 의미한다. • 보안 약점에는 검사 시점과 사용 시점(TOCTOU) 경쟁조건, 종료되지 않는 반복문 또는 재귀함수 등이 있다.
에러처리	• 소프트웨어 실행 중 발생할 수 있는 오류들을 사전에 정의하여 에러로 인해 발생할 수 있는 문제들을 예방하는 것을 의미한다. • 보안 약점에는 오류 메시지를 통한 정보 노출, 오류 상황 대응 부재 등이 있다.
코드 오류	• 개발자들이 코딩 중 실수하기 쉬운 형(Type) 변환, 자원의 반환 등을 고려하며 코딩하는 것을 의미한다. • 보안 약점에는 널 포인터 역참조, 부적절한 자원 해제 등이 있다.
캡슐화	• 데이터(속성)와 데이터를 처리하는 함수를 하나의 객체로 묶어 코딩하는 것을 의미한다. • 보안 약점에는 잘못된 세션에 의한 데이터 정보 노출, 제거되지 않고 남은 디버그 코드 등이 있다.

API 오용	• API를 잘못 사용하거나 보안에 취약한 API를 사용하지 않도록 고려하여 코딩하는 것을 의미한다. • 보안 약점에는 DNS lookup에 의존한 보안결정, 취약한 API 사용이 있다.

3 API(Application Programming Interface)

API는 응용 프로그램 개발 시 운영체제나 프로그래밍 언어 등에 있는 라이브러리를 이용할 수 있도록 규칙 등을 정의해 놓은 인터페이스를 의미한다.

- API는 프로그래밍 언어에서 특정한 작업을 수행하기 위해 사용되거나, 운영체제의 파일 제어, 화상 처리, 문자 제어 등의 기능을 활용하기 위해 사용된다.
- API는 개발에 필요한 여러 도구를 제공하기 때문에 이를 이용하면 원하는 기능을 쉽고 효율적으로 구현할 수 있다.
- API의 종류에는 Windows API, 단일 유닉스 규격(SUS), Java API, 웹 API 등이 있으며, 누구나 무료로 사용할 수 있게 공개된 API를 Open API라고 한다.

전문가의 조언

API는 리모컨과 비교하면 이해가 쉽습니다. 리모컨으로 TV의 채널을 바꾸기 위해서는 채널 변경 버튼을 눌러야 하고, 소리를 조절하기 위해서는 음량 조절 버튼을 눌러야 하는 등 제조사가 미리 정해둔 방법을 이용해야 합니다. 여기서 TV를 조작하기 위해 제조사가 미리 정해둔 방법이 바로 API에 해당합니다.

기출문제 따라잡기

출제예상
1. 소프트웨어 개발 보안 점검 항목에 대한 설명으로 잘못된 것은?

① 세션 통제는 세션의 연결과 연결로 인해 발생하는 정보를 관리하는 것을 의미한다.
② 보안 기능은 입력 데이터에 대한 유효성 검증체계를 갖추고, 검증 실패 시 이를 처리할 수 있도록 코딩하는 것을 의미한다.
③ 에러처리는 소프트웨어 실행 중 발생할 수 있는 오류들을 사전에 정의하여 예방하는 것을 의미한다.
④ 캡슐화는 데이터와 함수를 하나의 객체로 묶어 코딩하는 것을 의미한다.

②번은 입력 데이터 검증 및 표현에 대한 설명입니다.

출제예상
2. 응용 프로그램 개발 시 운영체제나 프로그래밍 언어 등에 있는 라이브러리를 이용할 수 있도록 함으로써 효율적인 소프트웨어 구현을 도와주는 인터페이스는?

① IDE(Integrated Development Environment)
② 통신 프로토콜(Communication Protocol)
③ API(Application Programming Interface)
④ USB(Universal Serial Bus)

응용 프로그램(Application Program)의 개발을 도와 주는 인터페이스(Interface)를 API라고 합니다.

출제예상
3. 다음 지문의 (　) 안에 들어갈 용어로 알맞은 것은?

> 소프트웨어 개발 과정에서 발생할 수 있는 보안 취약점을 최소화하여 보안 위협으로부터 안전한 소프트웨어를 개발하기 위한 일련의 보안 활동은 데이터의 기밀성, 무결성, 가용성을 유지하는 것을 목표로 한다. 이를 위해 정부에서 제공하는 (　)를 참고하여 보안 항목들을 점검하여야 한다.

① 소프트웨어 개발 보안 가이드
② CERT 구축/운영 안내서
③ 보안인증제도 안내서
④ 암호기술 구현 안내서

소프트웨어 개발 과정에서 발생할 수 있는 **보안** 위협을 방지하도록 **도와주는 (Guide)** 것을 소프트웨어 개발 보안 가이드라고 합니다.

▶ 정답 : 1. ② 2. ③ 3. ①

SECTION 096 배치 프로그램

전문가의 조언

• 배치 프로그램은 주기마다 수행되는 백업 작업, 외부의 데이터베이스로부터 최신 자료를 갱신하는 작업 등 대용량의 데이터가 주기적으로 교환되는 업무에 주로 사용됩니다. 게다가 배치 프로그램은 대용량의 데이터가 오가는 만큼 자원을 많이 차지하므로 업무에 방해되지 않도록 주로 야간이나 새벽에 수행되도록 설정합니다.

• 배치 프로그램의 필수 요소에 관한 문제가 출제되었습니다. 배치 프로그램이 무엇인지 개념을 명확히 하고 수행 주기 및 필수 요소들을 기억해 두세요. 그리고 나서 배치 프로그램을 구현하는 스케줄러의 종류와 각각의 기능적인 특징에는 어떤 것들이 있는지 알아두세요.

1 배치 프로그램(Batch Program)의 개요
24.2, 20.8

배치 프로그램은 사용자와의 상호 작용 없이 여러 작업들을 미리 정해진 일련의 순서에 따라 일괄적으로 처리하는 것을 의미한다.

• 배치 프로그램이 자동으로 수행되는 주기에 따라 정기 배치, 이벤트성 배치, On-Demand 배치로 구분된다.

정기 배치	일, 주, 월과 같이 정해진 기간에 정기적으로 수행된다.
이벤트성 배치	특정 조건을 설정해두고 조건이 충족될 때만 수행된다.
On-Demand 배치	사용자 요청 시 수행된다.

• 배치 프로그램이 갖추어야 하는 필수 요소는 다음과 같다.

대용량 데이터 24.2, 20.8	대량의 데이터를 가져오거나, 전달하거나, 계산하는 등의 처리가 가능해야 한다.
자동화 24.2, 20.8	심각한 오류가 발생하는 상황을 제외하고는 사용자의 개입 없이 수행되어야 한다.
견고성	잘못된 데이터나 데이터 중복 등의 상황으로 중단되는 일 없이 수행되어야 한다.
안정성/신뢰성 24.2, 20.8	오류가 발생하면 오류의 발생 위치, 시간 등을 추적할 수 있어야 한다.
성능 24.2, 20.8	다른 응용 프로그램의 수행을 방해하지 않아야 하고, 지정된 시간 내에 처리가 완료되어야 한다.

전문가의 조언

배치 스케줄러 없이 배치 프로그램을 만들 수는 있으나, 코드를 직접 작성하는 것과 안정성 있는 외부 코드를 가져와 쓰는 것에는 큰 차이가 있습니다. 특히 배치 프로그램의 필수 요소들을 구현하기 위해서는 상당량의 코드를 작성해야 하는데, 이런 부분을 생략할 수 있게 해주니 큰 도움이 되죠.

스프링 프레임워크(Spring Framework)
스프링 프레임워크는 웹 서버 개발을 위한 다양한 API를 제공하는 오픈 소스의 경량형 애플리케이션 프레임워크로, 전자정부 표준 프레임워크의 기반 기술로도 사용되고 있습니다.

2 배치 스케줄러(Batch Scheduler)

배치 스케줄러는 일괄 처리(Batch Processing) 작업이 설정된 주기에 맞춰 자동으로 수행되도록 지원해주는 도구이다.

• 배치 스케줄러는 특정 업무(Job)를 원하는 시간에 처리할 수 있도록 지원한다는 특성 때문에 잡 스케줄러(Job Scheduler)라고도 불린다.
• 주로 사용되는 배치 스케줄러에는 스프링 배치, Quartz 등이 있다.

스프링 배치(Spring Batch)
• Spring Source 사와 Accenture 사가 2007년 공동 개발한 오픈 소스 프레임워크이다.
• 스프링 프레임워크*의 특성을 그대로 가져와 스프링이 가지고 있는 다양한 기능들을 모두 사용할 수 있다.
• 데이터베이스나 파일의 데이터를 교환하는데 필요한 컴포넌트들을 제공한다.

- 로그 관리, 추적, 트랜잭션 관리, 작업 처리 통계, 작업 재시작 등의 다양한 기능을 제공한다.
- 스프링 배치의 주요 구성 요소와 역할

Job	수행할 작업 정의
Job Launcher	실행을 위한 인터페이스
Step	Job 처리를 위한 제어 정보
Job Repository	Step의 제어 정보를 포함하여 작업 실행을 위한 모든 정보 저장

Quartz

- 스프링 프레임워크로 개발되는 응용 프로그램들의 일괄 처리를 위한 다양한 기능을 제공하는 오픈 소스 라이브러리이다.
- 수행할 작업과 수행 시간을 관리하는 요소들을 분리하여 일괄 처리 작업에 유연성을 제공한다.
- Quartz의 주요 구성 요소와 역할

Scheduler	실행 환경 관리
Job	수행할 작업 정의
JobDetail	Job의 상세 정보
Trigger	Job의 실행 스케줄 정의

기출문제 따라잡기

24년 2월, 20년 8월

1. 배치 프로그램의 필수 요소에 대한 설명으로 틀린 것은?

① 자동화는 심각한 오류 상황 외에는 사용자의 개입 없이 동작해야 한다.
② 안정성은 어떤 문제가 생겼는지, 언제 발생했는지 등을 추적할 수 있어야 한다.
③ 대용량 데이터는 대용량의 데이터를 처리할 수 있어야 한다.
④ 무결성은 주어진 시간 내에 처리를 완료할 수 있어야 하고, 동시에 동작하고 있는 다른 애플리케이션을 방해하지 말아야 한다.

배치 프로그램의 필수 요소에는 어떤 것들이 있는지 알아야 풀 수 있는 문제네요. 배치 프로그램의 필수 요소에는 대용량 데이터, 자동화, 견고성, 안정성/신뢰성, 성능이 있습니다.

출제예상

2. 배치 프로그램의 수행 주기에 속하지 않는 것은?

① 정기 배치
② 상시 배치
③ On-Demand 배치
④ 이벤트성 배치

배치 프로그램의 수행 주기 3가지는 '정기, 이벤트성, On-Demand'입니다.

▶ 정답 : 1. ④ 2. ②

1장 핵심요약

094 　 서버 개발

❶ 대표적인 서버 개발 프레임워크
- Spring : JAVA를 기반으로 만들어진 프레임워크로, 전자정부 표준 프레임워크의 기반 기술로 사용되고 있음
- Django : Python을 기반으로 만들어진 프레임워크로, 컴포넌트의 재사용과 플러그인화를 강조하여 신속한 개발이 가능하도록 지원함
- Codeigniter : PHP를 기반으로 만들어진 프레임워크로, 인터페이스가 간편하며 서버 자원을 적게 사용함
- Ruby on Rails : Ruby를 기반으로 만들어진 프레임워크로, 테스트를 위한 웹 서버를 지원하며 데이터베이스 작업을 단순화, 자동화시켜 개발 코드의 길이가 짧아 신속한 개발이 가능함

095 　 보안 및 API

❶ 소프트웨어 개발 보안의 개요
- 소프트웨어 개발 보안은 소프트웨어 개발 과정에서 발생할 수 있는 보안 취약점을 최소화하여 보안 위협으로부터 안전한 소프트웨어를 개발하기 위한 일련의 보안 활동을 의미한다.
- 소프트웨어 개발 보안은 데이터의 기밀성, 무결성, 가용성을 유지하는 것을 목표로 한다.

❷ 소프트웨어 개발 보안 점검 항목
- 세션 통제
- 입력 데이터 검증 및 표현
- 보안 기능
- 시간 및 상태
- 에러처리
- 코드 오류
- 캡슐화
- API 오용

❸ API
응용 프로그램 개발 시 운영체제나 프로그래밍 언어 등에 있는 라이브러리를 이용할 수 있도록 규칙 등을 정의해 놓은 인터페이스를 의미한다.

096 　 배치 프로그램

❶ 배치 프로그램이 갖추어야 하는 필수 요소 24.2, 20.8
- 대용량 : 데이터 대량의 데이터를 가져오거나, 전달하거나, 계산하는 등의 처리가 가능해야 함
- 자동화 : 심각한 오류가 발생하는 상황을 제외하고는 사용자의 개입 없이 수행되어야 함
- 견고성 : 잘못된 데이터나 데이터 중복 등의 상황으로 중단되는 일 없이 수행되어야 함
- 안정성/신뢰성 : 오류가 발생하면 오류의 발생 위치, 시간 등을 추적할 수 있어야 함
- 성능 : 다른 응용 프로그램의 수행을 방해하지 않아야 하고, 지정된 시간 내에 처리가 완료되어야 함

❷ 스프링 배치(Spring Batch)
- Spring Source 사와 Accenture 사가 2007년 공동 개발한 오픈 소스 프레임워크이다.
- 스프링 프레임워크의 특성을 그대로 가져와 스프링이 가지고 있는 다양한 기능들을 모두 사용할 수 있다.

❸ Quartz
- 스프링 프레임워크로 개발되는 응용 프로그램들의 일괄 처리를 위한 다양한 기능을 제공하는 오픈 소스 라이브러리이다.
- 수행할 작업과 수행 시간을 관리하는 요소들을 분리하여 일괄 처리 작업에 유연성을 제공한다.

2장 프로그래밍 언어 활용

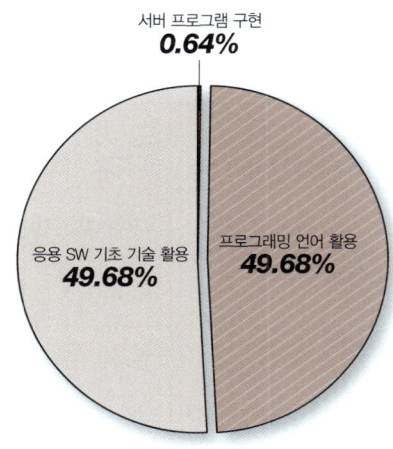

서버 프로그램 구현 **0.64%**
응용 SW 기초 기술 활용 **49.68%**
프로그래밍 언어 활용 **49.68%**

097 데이터 타입 Ⓐ등급
098 변수 Ⓐ등급
099 연산자 Ⓐ등급
100 데이터 입·출력 Ⓑ등급
101 제어문 Ⓒ등급
102 반복문 Ⓐ등급
103 배열과 문자열 Ⓐ등급
104 포인터 Ⓑ등급
105 구조체 Ⓒ등급
106 Python의 기초 Ⓐ등급
107 Python의 활용 Ⓑ등급
108 스크립트 언어 Ⓑ등급
109 라이브러리 Ⓐ등급
110 예외 처리 Ⓒ등급

꼭 알아야 할 키워드 Best 10

1. 변수명 작성 규칙 2. 연산자 3. printf 4. 다중 if문 5. for문 6. while문 7. 배열 8. 포인터 9. 구조체 10. C언어의 라이브러리

SECTION 097 데이터 타입

전문가의 조언

프로그래밍 언어 활용에서 학습하는 내용은 C언어를 기반으로 수록하였습니다. Java는 C, C++ 언어를 베이스로 했기 때문에 C언어와 문법이 거의 같습니다. C언어 프로그램과 다른 점은 별도로 설명하였습니다. Python은 프로그래밍 언어에 대한 기본적인 개념만 잘 숙지하면 쉬운 언어에 속하기 때문에 C와 Java를 학습한 후 공부할 수 있도록 뒤쪽에 배치했습니다. 먼저 C와 Java를 모두 학습한 다음 Python의 학습을 시작하세요.

전문가의 조언

데이터 타입은 변수가 가질 수 있는 값의 길이, 성질을 의미합니다. 데이터 타입의 유형을 구분할 수 있도록 정리하세요.

변수(Variable)

컴퓨터가 명령을 처리하는 도중 발생하는 값을 저장하기 위한 공간으로, 변할 수 있는 값을 의미합니다. 자세한 내용은 Section 098을 참조하세요.

전문가의 조언

C언어의 자료형에 대한 문제가 출제되었습니다. C언어에서 사용하는 데이터 타입의 종류를 기억하세요. 데이터 타입의 크기는 사용하는 컴퓨터나 운영체제에 따라 조금씩 다릅니다. 당연히 기억 범위도 다르겠죠. 기억 범위를 외우려고 노력하지 마세요. 대략 저 정도 크기의 데이터가 들어가는구나! 정도만 알아두세요.

예 Windows(64비트)에서 long은 4바이트, long double은 8바이트지만 Linux(64비트)에서는 long은 8바이트, long double은 16바이트입니다.

1 데이터 타입

데이터 타입(Data Type)은 변수(Variable)*에 저장될 데이터의 형식을 나타내는 것으로, 변수에 값을 저장하기 전에 문자형, 정수형, 실수형 등 어떤 형식의 값을 저장할지 데이터 타입을 지정하여 변수를 선언해야 한다.

- **데이터 타입의 유형**

유형	기능	예
정수 타입(Integer Type)	정수, 즉 소수점이 없는 숫자를 저장할 때 사용한다.	1, −1, 10, −100
부동 소수점 타입(Floating Point Type)	소수점 이하가 있는 실수를 저장할 때 사용한다.	0.123×10^2, -1.6×2^3
문자 타입(Character Type)	• 한 문자를 저장할 때 사용한다. • 작은따옴표(' ') 안에 표시한다.	'A', 'a', '1', '*'
문자열 타입(Character String Type)	• 문자열을 저장할 때 사용한다. • 큰따옴표(" ") 안에 표시한다.	"Hello!", "1+2=3"
불린 타입(Boolean Type)	• 조건의 참(True), 거짓(False) 여부를 판단하여 저장할 때 사용한다. • 기본값은 거짓(False)이다.	true, false
배열 타입(Array Type)	• 같은 타입의 데이터 집합을 만들어 저장할 때 사용한다. • 데이터는 중괄호({ }) 안에 콤마(,)로 구분하여 값들을 나열한다.	{1, 2, 3, 4, 5}

2 C/C++의 데이터 타입 크기 및 기억 범위

25.5, 23.5, 23.2, 20.8

종류	데이터 타입	크기	기억 범위
문자	char (25.5)	1Byte	−128 ~ 127
부호없는 문자형	unsigned char	1Byte	0 ~ 255
정수	short	2Byte	−32,768 ~ 32,767
	int (20.8)	4Byte	−2,147,483,648 ~ 2,147,483,647
	long	4Byte	−2,147,483,648 ~ 2,147,483,647
	long long	8Byte	−9,223,372,036,854,775,808 ~ 9,223,372,036,854,775,807

부호없는 정수형	unsigned short	2Byte	0 ~ 65,535
	unsigned int	4Byte	0 ~ 4,294,967,295
	unsigned long	4Byte	0 ~ 4,294,967,295
실수	float	4Byte	1.2×10^{-38} ~ 3.4×10^{38}
	double _{25.5}	8Byte	2.2×10^{-308} ~ 1.8×10^{308}
	long double	8Byte	2.2×10^{-308} ~ 1.8×10^{308}
논리	bool	1Byte	true 또는 false

③ JAVA의 데이터 타입 크기 및 기억 범위

25.2, 23.2, 21.3, 20.9

종류	데이터 타입	크기	기억 범위
문자	char	2Byte	0 ~ 65,535
정수 _{25.2}	byte	1Byte	−128 ~ 127
	short	2Byte	−32,768 ~ 32,767
	int	4Byte	−2,147,483,648 ~ 2,147,438,647
	long _{20.9}	8Byte	−9,223,372,036,854,775,808 ~ 9,223,372,036,854,775,807
실수	float	4Byte	1.4×10^{-45} ~ 3.4×10^{38}
	double	8Byte	4.9×10^{-324} ~ 1.8×10^{308}
논리	boolean	1Byte	true 또는 false

전문가의 조언

JAVA에서 사용하는 데이터 타입의 종류나 크기를 묻는 문제가 출제되었습니다. JAVA에서 사용하는 데이터 타입의 종류와 각각의 크기를 기억해 두세요.

④ Python의 데이터 타입 크기 및 기억 범위

종류	데이터 타입	크기	기억 범위
문자	str	무제한※	무제한
정수	int	무제한	무제한
실수	float	8Byte	4.9×10^{-324} ~ 1.8×10^{308}
	complex※	16Byte	4.9×10^{-324} ~ 1.8×10^{308}

전문가의 조언

Python에서 사용하는 데이터 타입의 종류를 기억해 두세요.

무제한
데이터 타입의 크기 및 기억 범위의 '무제한'은 프로그램에 배정된 메모리의 한계까지 얼마든지 저장할 수 있음을 의미합니다.

complex
complex는 복소수(complex number)를 의미하며, 복소수는 실수(8Byte)와 허수(8Byte)의 합으로 이루어진 숫자 표현을 가리킵니다.

잠깐만요 Python의 시퀀스 자료형

24.7, 23.7, 22.4

시퀀스 자료형(Sequence Type)이란 리스트(List), 튜플(Tuple), range, 문자열처럼 값이 연속적으로 이어진 자료형을 말합니다.
- 리스트(List) : 다양한 자료형의 값을 연속적으로 저장하며, 필요에 따라 개수를 늘리거나 줄일 수 있음
- 튜플(Tuple) : 리스트처럼 요소를 연속적으로 저장하지만, 요소의 추가, 삭제, 변경은 불가능함
- range : 연속된 숫자를 생성하는 것으로, 리스트, 반복문 등에서 많이 사용됨

전문가의 조언

시퀀스 자료형 중 튜플(Tuple)에 대한 문제가 출제되었습니다. 튜플은 저장된 내용을 변경할 수 없는 자료형이라는 것을 기억해 두세요.

기출문제 따라잡기

 문제1 2413251    문제3 2413254

20년 8월
1. C언어에서 정수 자료형으로 옳은 것은?
① int   ② float
③ char   ④ double

> '정수'를 영어로 'integer'라고 합니다.

24년 7월, 23년 7월, 22년 4월
2. Python 데이터 타입 중 시퀀스(Sequence) 데이터 타입에 해당하며 다양한 데이터 타입들을 주어진 순서에 따라 저장할 수 있으나 저장된 내용을 변경할 수 없는 것은?
① 복소수(complex) 타입   ② 리스트(list) 타입
③ 사전(dict) 타입   ④ 튜플(tuple) 타입

> Python의 시퀀스 자료형에는 List, Tuple, range가 있습니다. 이중 List와 비슷하지만 요소의 추가, 삭제, 변경이 불가능한 자료형은 튜플(Tuple)입니다.

23년 2월, 21년 3월
3. JAVA에서 변수와 자료형에 대한 설명으로 틀린 것은?
① 변수는 어떤 값을 주기억장치에 기억하기 위해서 사용하는 공간이다.
② 변수의 자료형에 따라 저장할 수 있는 값의 종류와 범위가 달라진다.
③ char 자료형은 나열된 여러 개의 문자를 저장하고자 할 때 사용한다.
④ boolean 자료형은 조건이 참인지 거짓인지 판단하고자 할 때 사용한다.

> char 자료형은 문자 한 글자를 저장할 때 사용하는 자료형이며, 여러 개의 문자를 저장할 때는 배열 또는 String 객체를 이용해야 합니다.

23년 2월
4. C언어의 자료형이 아닌 것은?
① int   ② float
③ char   ④ temp

> C언어의 자료형에 temp라는 것은 없습니다. C언어의 기본 자료형에는 char, short, int, long, float, double, bool 등이 있습니다.

23년 5월
5. C언어의 자료형 중 논리형에 해당하는 것은?
① short   ② int
③ char   ④ bool

> C언어의 논리 자료형은 bool입니다.

20년 9월
6. JAVA 프로그래밍 언어의 정수 데이터 타입 중 'long'의 크기는?
① 1byte   ② 2byte
③ 4byte   ④ 8byte

> JAVA의 자료형 중 정수형 long의 크기는 8Byte입니다.

25년 2월
7. 다음 중 JAVA에서 정수형으로 사용할 수 없는 자료형은?
① long   ② short
③ double   ④ byte

> double은 실수형 데이터 타입입니다.

▶ 정답 : 1. ① 2. ④ 3. ③ 4. ④ 5. ④ 6. ④ 7. ③

SECTION 098 변수

1 변수의 개요

변수(Variable)는 컴퓨터가 명령을 처리하는 도중 발생하는 값을 저장하기 위한 공간으로, 변할 수 있는 값을 의미한다.

- 변수는 저장하는 값에 따라 정수형, 실수형, 문자형, 포인터형 등으로 구분한다.

2 변수명 작성 규칙
25.8, 25.2, 24.7, 24.2, 23.7, 23.5, 21.8, 21.3, 20.8, 20.6, 실기 20.10

- 영문자, 숫자, _(under bar)를 사용할 수 있다.
- 첫 글자는 영문자나 _(under bar)로 시작해야 하며, 숫자는 올 수 없다.
- 글자 수에 제한이 없다.
- 공백이나 *, +, -, / 등의 특수문자를 사용할 수 없다.
- 대·소문자를 구분한다.
- 예약어를 변수명으로 사용할 수 없다.
- 변수 선언 시 문장 끝에 반드시 세미콜론(;)을 붙여야 한다.
- 변수 선언 시 변수명에 데이터 타입을 명시하는 것을 헝가리안 표기법(Hungarian Notation)*이라고 한다.

잠깐만요 예약어

예약어는 정해진 기능을 수행하도록 이미 용도가 정해져 있는 단어로, 변수 이름이나 다른 목적으로 사용할 수 없습니다.
- C언어에는 다음과 같은 예약어가 있습니다.

구분		예약어
제어문	반복	do, for, while
	선택	case, default, else, if, switch
	분기	break, continue, goto, return
자료형		char, double, enum, float, int, long, short, signed, struct, typedef, union, unsigned, void
기억 클래스		auto, extern, register, static
기타		const, sizeof, volatile

전문가의 조언

수학에서 변수(變數)는 임의의 값을 대입할 수 있는 문자로, 값이 언제라도 변할 수 있기 때문에 변수라고 합니다.

전문가의 조언

- 변수명 작성 규칙은 언어에 따라 다를 수 있으며, 여기서는 C언어를 기준으로 설명하였습니다. 변수명 작성 규칙을 확실히 숙지하고 넘어가세요.
- 변수명 작성 규칙을 묻는 문제가 출제되었습니다. 변수명에 공백이나 예약어를 사용할 수 없다는 것을 중심으로 변수명 작성 규칙을 정리하세요.

헝가리안 표기법
(Hungarian Notation)
변수의 자료형을 알 수 있도록 자료형을 암시하는 문자를 포함하여 작성하는 방법입니다. 예를 들어 정수형 변수라는 것을 알 수 있도록 변수명에 int를 의미하는 i를 덧붙여 iValue라고 하는 것처럼 말이죠.

예 int iValue : 정수형 변수
    double dblNum : 더블형 변수
    char chType : 문자형 변수

궁금해요 시나공 Q&A 베스트

Q 필기 책에 왜 실기 기출 년월이 표시되어 있나요?

A 정보처리기사 시험은 필기와 실기가 시험 범위가 같습니다. 동일한 내용이 객관식으로 필기시험에 나올 수도 있고, 단답형이나 서술식으로 실기시험에 나올 수도 있습니다. 공부하다 보면 알겠지만 필기시험과 실기시험에 중복해서 나온 필드가 많습니다. 자격 시험은 나온 문제가 또 나올 수 있다는 걸 명심하세요.

예제 다음의 변수명을 C언어의 변수명으로 사용할 수 있는지 여부를 쓰시오.

변수명	설명
2abc	변수명의 첫 글자를 숫자로 시작하여 사용할 수 없다.
sum*	특수문자 '*'를 변수명에 사용할 수 없다.
for	예약어를 변수명으로 사용할 수 없다.
ha p	변수명 중간에 공백을 사용할 수 없다.
Kim, kim	C언어는 대소문자를 구분하기 때문에 Kim과 kim은 서로 다른 변수로 사용할 수 있다.

> **상수(Constant)**
> 1, 2, 'a', "Hello"와 같이 프로그램이 시작되어 값이 한 번 결정되면 프로그램이 종료될 때까지 변경되지 않는 정보를 의미합니다.

잠깐만요 변수를 상수*로 만들어 사용하기

- 변수는 프로그램을 실행하는 도중 발생한 값을 저장하기 위한 공간으로, 변수의 값은 변경될 수 있습니다. 하지만 변수에 저장된 값을 프로그램이 종료될 때까지 변경되지 않도록 상수로 만들어 사용할 수 있는데, 이런 경우 C언어에서는 const라는 예약어를 사용합니다.
- 변수처럼 상수에 이름을 붙여 기호화하여 사용한다고 하여 심볼릭(Symbolic) 상수라고도 합니다.
  예 const float PI = 3.1415927;
  - const : 변수를 상수로 변경하는 예약어입니다. const를 자료형 뒤에 붙여 'int const a = 5;'와 같이 사용할 수도 있습니다.
  - float PI : 실수형으로 변수 PI를 선언하지만 const 예약어로 인해 PI는 상수가 됩니다.
  - 3.1415927 : 저장되는 값 그 자체로, 리터럴(Literal)이라고 합니다.
  ∴ 이렇게 선언되면 PI는 변수가 아닌 상수이므로, 이후 PI는 프로그램 안에서 3.1415927이란 값으로 고정되어 사용됩니다.

3 기억 클래스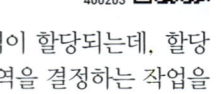

23.5

변수 선언 시 메모리 내에 변수의 값을 저장하기 위한 기억영역이 할당되는데, 할당되는 기억영역에 따라 사용 범위에 제한이 있다. 이러한 기억영역을 결정하는 작업을 기억 클래스(Storage Class)라 한다.

- C언어에서는 다음과 같이 5가지 종류의 기억 클래스를 제공한다.

종류	기억영역	예약어	생존기간	사용 범위
자동 변수	메모리(스택)	auto*	일시적	지역적
레지스터 변수	레지스터	register		
정적 변수(내부)	메모리(데이터)	static	영구적	전역적
정적 변수(외부)				
외부 변수		extern		

> **auto**
> auto는 기본값으로 생략이 가능합니다.

자동 변수(Automatic Variable)

자동 변수는 함수나 코드의 범위를 한정하는 블록 내에서 선언되는 변수이다.

- 함수나 블록이 실행되는 동안에만 존재하며 이를 벗어나면 자동으로 소멸된다.
- 초기화하지 않으면 쓰레기값(Garbage Value)*이 저장된다.

외부 변수(External Variable)

외부 변수는 현재 파일이나 다른 파일에서 선언된 변수나 함수를 참조(reference)하기 위한 변수이다.
- 외부 변수는 함수 밖에서 선언한다.
- 함수가 종료된 뒤에도 값이 소멸되지 않는다.
- 초기화하지 않으면 자동으로 0으로 초기화* 된다.
- 다른 파일에서 선언된 변수를 참조할 경우 초기화 할 수 없다.

정적 변수(Static Variable)

정적 변수는 함수나 블록 내에서 선언하는 내부 정적 변수와 함수 외부에서 선언하는 외부 정적 변수가 있다.
- 내부 정적 변수는 선언한 함수나 블록 내에서만 사용할 수 있고, 외부 정적 변수는 모든 함수에서 사용할 수 있다.
- 두 변수 모두 함수나 블록이 종료된 뒤에도 값이 소멸되지 않는다.
- 초기화는 변수 선언 시 한 번만 할 수 있으며, 초기화를 생략하면 자동으로 0으로 초기화 된다.

레지스터 변수(Register Variable)

레지스터 변수는 메모리가 아닌 CPU 내부의 레지스터에 기억영역을 할당받는 변수이다.
- 자주 사용되는 변수를 레지스터에 저장하여 처리 속도*를 높이기 위해 사용한다.
- 함수나 블록이 실행되는 동안에만 존재하며 이를 벗어나면 자동으로 소멸된다.
- 레지스터의 사용 개수는 한정되어 있어 데이터를 저장할 레지스터가 없는 경우 자동 변수로 취급되어 메모리에 할당된다.
- CPU에 저장되어 메모리 주소를 가질 수 없기 때문에 변수의 주소를 구하는 주소 연산자(&)를 사용할 수 없다.

25.5, 22.7, 21.8

잠깐만요 가비지 콜렉터(Garbage Collector)

변수를 선언만 하고 사용하지 않으면 이 변수들이 점유한 메모리 공간은 다른 프로그램들이 사용할 수 없게 됩니다. 이렇게 선언만 하고 사용하지 않는 변수들이 점유한 메모리 공간을 강제로 해제하여 다른 프로그램들이 사용할 수 있도록 하는 것을 가비지 콜렉션(Garbage Collection)이라고 하며, 이 기능을 수행하는 모듈을 가비지 콜렉터(Garbage Collector)라고 합니다.

④ 변수의 선언

변수는 일반적으로 다음과 같은 형식으로 선언한다.

자료형 변수명 = 값;	• 자료형 : 변수에 저장될 자료의 형식을 지정한다. • 변수명 : 사용자가 원하는 이름을 임의로 지정한다. 단 변수명 작성 규칙에 맞게 지정해야 한다. • 값 : 변수를 선언하면서 초기화할 값을 지정한다. 단 값은 지정하지 않아도 된다.

예 int a = 5;
- int : 자료의 형식을 정수형으로 지정한다.
- a : 변수명을 a로 지정한다.
- 5 : 변수 a를 선언하면서 초기값으로 5를 저장한다.

예제 1 다음과 같이 변수를 선언할 때 변수에 저장되는 값을 확인하시오.

변수 선언	설명
char aa = 'A';	문자형 변수 aa에 문자 'A'를 저장한다. 문자형 변수에는 한 글자만 저장되며, 저장될 때는 아스키 코드값으로 변경되어 정수로 저장된다. aa가 저장하고 있는 값을 문자로 출력하면 'A'가 출력되지만 숫자로 출력하면 'A'에 대한 아스키 코드 65가 출력된다.
char bb = '1';	문자 변수 bb에 '1'을 저장한다. 숫자를 작은따옴표로 묶을 경우 문자로 인식된다.
short si = 32768;	짧은 정수형 변수 si에 32767을 넘어가는 값을 저장했기 때문에 오버플로가 발생한다.
int in = 32768;	정수형 변수 in에 32768이 저장된다.
float fl = 24.56f;	단정도* 실수형 변수 fl에 실수 24.56을 저장한다.
double dfl = 24.5678;	배정도* 실수형 변수 dfl에 24.5678을 저장한다.
double c = 1.23e-2;	배정도 실수형 변수 c에 1.23e-2*를 저장한다.

단정도 / 배정도
float 자료형은 '단정도형', double과 long double 자료형은 '배정도형'이라고 표현합니다.

1.23e-2
1.23e-2에서 e는 10의 지수승을 의미하므로 1.23×10^{-2}, 즉 0.0123을 의미합니다.

예제 2 다음과 같이 변수를 선언할 때 잘못된 이유를 확인하시오.

변수 선언	설명	올바른 변수 선언
char a = 1.2345e-3;	배정도 실수형 상수를 char형으로 선언했기 때문에 오류가 발생한다.	double a = 1.2345e-3;
short a = 1.5e3f;*	단정도 실수형 상수를 short형으로 선언했기 때문에 오류가 발생한다.	float a = 1.5e3f;
int a = '1';	문자형 상수를 int로 선언했기 때문에 오류가 발생한다.	char a = '1';
float a = 'A';	문자형 상수를 float로 선언했기 때문에 오류가 발생한다.	char a = 'A';
double a = "hello";	문자열 상수를 double로 선언했기 때문에 오류가 발생한다.	char a[ ]* = "hello";
long long a = 1.5784E300L;*	배정도 실수형 상수를 long long형으로 선언했기 때문에 오류가 발생한다.	long double a = 1.5784E300L;
char a = 10;	정수형 상수를 char형으로 선언했기 때문에 오류가 발생한다.	int a = 10;

실수 자료형에 따른 실수형 상수 입력 방법
실수형 상수는 기본적으로 double형으로 인식되기 때문에 double형은 실수를 그냥 입력하고, float형으로 입력하려면 실수 뒤에 "f" 또는 "F"를, long double형으로 입력하려면 실수 뒤에 "l" 또는 "L"을 붙여 입력해야 합니다.

문자열 선언 방법
문자열을 선언할 때는 배열로 선언해야 합니다. 배열로 선언하려면 변수명 뒤에 대괄호([ ])를 표시하면 됩니다. 배열에 대한 자세한 내용은 'Section 103 배열과 문자열'에서 학습합니다.

기출문제 따라잡기

25년 8월, 20년 6월
1. C언어에서 사용할 수 없는 변수명은?
① student2019　　② text-color
③ _korea　　　　④ amount

> 변수명의 첫 글자는 영문자나 _(under bar)로 시작해야 하며, 공백이나 특수문자는 사용할 수 없습니다.

23년 7월, 5월, 20년 8월
2. 파이썬의 변수 작성 규칙 설명으로 옳지 않은 것은?
① 첫 자리에 숫자를 사용할 수 없다.
② 영문 대문자/소문자, 숫자, 밑줄(_)의 사용이 가능하다.
③ 변수 이름의 중간에 공백을 사용할 수 있다.
④ 이미 사용되고 있는 예약어는 사용할 수 없다.

> 파이썬도 C언어와 변수 작성 규칙이 동일합니다. 변수명에 공백이나 특수문자는 사용할 수 없습니다.

21년 8월, 3월
3. C언어에서의 변수 선언으로 틀린 것은?
① int else;　　　② int Test2;
③ int pc;　　　　④ int True;

> else는 if문에서 사용하는 예약어이므로, 변수의 이름으로는 사용할 수 없습니다.

25년 5월, 22년 7월, 21년 8월
4. JAVA에서 힙(Heap)에 남아있으나 변수가 가지고 있던 참조값을 잃거나 변수 자체가 없어짐으로써 더 이상 사용되지 않는 객체를 제거해주는 역할을 하는 모듈은?
① Heap Collector
② Garbage Collector
③ Memory Collector
④ Variable Collector

> 일반적으로 프로그래밍 언어에서는 필요 없는, 쓸모가 없는 것들에 쓰레기라는 의미의 가비지(Garbage)를 많이 붙입니다.

25년 2월, 24년 7월, 21년 3월
5. C언어에서 변수로 사용할 수 없는 것은?
① data02　　　② int01
③ _sub　　　　④ short

> short는 2Byte 정수 자료형을 의미하는 예약어이므로 변수의 이름으로 사용할 수 없습니다.

23년 5월
6. 다음 중 변수(Variable)에 대한 설명으로 옳지 않은 것은?
① 데이터를 저장할 수 있는 이름이 부여된 기억 장소를 의미한다.
② 변수는 값을 초기화하지 않으면 쓰레기 값(Garbage Value)을 갖게 된다.
③ 변수의 선언 위치에 따라 전역 변수와 지역 변수로 나눌 수 있다.
④ main( ) 함수에서는 다른 함수에서 선언한 변수에도 접근할 수 있다.

> 프로그램이 시작되는 시작 함수인 main( ) 함수도 함수이므로, 함수 내에서 선언한 변수에만 접근할 수 있습니다.

이전기출
7. 다음 중 C언어에서 사용하는 기억 클래스에 속하지 않는 것은?
① dynamic　　　② auto
③ static　　　　④ register

> C언어에서 사용하는 4가지 기억 클래스는 auto, extern, register, static입니다.

24년 2월, 23년 7월
8. JAVA의 변수명 작성 규칙에 대한 설명으로 옳지 않은 것은?
① 변수명에 $를 사용할 수 있다.
② 첫 자리에 숫자를 사용할 수 있다.
③ 예약어는 변수명으로 사용할 수 없다.
④ 대 · 소문자를 구분한다.

> 변수명의 첫 자리에는 숫자를 사용할 수 없습니다.

이전기출
9. C언어에서 저장 클래스를 명시하지 않은 변수는 기본적으로 어떤 변수로 간주하는가?
① AUTO　　　　② REGISTER
③ STATIC　　　④ EXTERN

> 저장 클래스를 명시하지 않을 경우 자동(Auto)으로 지정되는 저장 클래스는 AUTO 변수입니다.

▶ 정답: 1.② 2.③ 3.① 4.② 5.④ 6.④ 7.① 8.② 9.①

SECTION 099

연산자

 전문가의 조언

산술 연산자의 종류와 증가/감소 연산자가 포함된 코드의 결과를 묻는 문제가 출제되었습니다. 먼저 산술 연산자의 종류를 기억하세요. 그리고 문제를 통해 증가 연산자와 감소 연산자의 연산 원리를 확실히 이해하고 넘어가세요.

1 산술 연산자

25.8, 25.5, 25.2, 24.7, 24.2, 23.2, 21.5, 21.3, 20.9, 실기 25.4, 24.10, 24.7, 23.7

산술 연산자는 가, 감, 승, 제 등의 산술 계산에 사용되는 연산자를 말한다.

- 산술 연산자에는 일반 산술식과 달리 한 변수의 값을 증가하거나 감소시키는 증감 연산자가 있다.

연산자	의미	비고
+	덧셈	
-	뺄셈	
*	곱셈	
/	나눗셈	
%	나머지	
++	증가 연산자	• **전치** : 변수 앞에 증감 연산자가 오는 형태로 먼저 변수의 값을 증감시킨 후 변수를 연산에 사용한다(++a, --a).
--	감소 연산자	• **후치** : 변수 뒤에 증감 연산자가 오는 형태로 먼저 변수를 연산에 사용한 후 변수의 값을 증감시킨다(a++, a--).

 전문가의 조언

- 산술 연산자의 연산 우선 순위 (높음 → 낮음) : 증감 연산자 → 산술 연산자(* / %) → 산술 연산자(+ -)
- 산술 연산자 중 * / %는 우선순위가 같아 왼쪽에서 오른쪽 방향으로 놓인 순서대로 계산합니다.

 문제 1 다음에 제시된 산술 연산식의 결과를 적으시오.

번호	산술 연산식	결과
①	10 + 15	
②	15 - 10	
③	3 * 5	
④	15 / 3	
⑤	15 % 2	
⑥	3 - 7 % 8 + 5	
⑦	-4 * 3 % -5 / 2	

```
⑥ 3 - 7 % 8 + 5
        ―――――
         ❶(7)
    ―――――――――
       ❷(-4)
―――――――――――――
      ❸(1)

⑦ -4 * 3 % -5 / 2
   ―――――
    ❶(-12)
   ―――――――――
      ❷(-2)
   ―――――――――――――
         ❸(-1)
```

결과 ① 25 ② 5 ③ 15 ④ 5 ⑤ 1 ⑥ 1 ⑦ -1

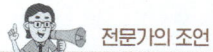

문제 2 다음에 제시된 산술 연산식의 결과를 적으시오(단 정수형 변수 a=2, b=3, c=4, d=5와 같이 선언되었다고 가정한다.).

번호	산술 연산식	결과
①	b = ++b - --c;	
②	c = ++b / b++;	
③	d = 10 % c++;	
④	b = 10 + ++a;	
⑤	c = 10 - --d;	
⑥	c = ++a * b++;	

전문가의 조언

연산자 우선 순위(높은 → 낮음)
증감 연산자 → 산술 연산자(* / %) → 산술 연산자(+ -) → 시프트 연산자 → 관계 연산자(< <= >= >) → 관계 연산자(== !=) → 비트 연산자(& → ^ → |) → 논리 연산자(&& → ||) → 조건 연산자 → 대입 연산자 → 순서 연산자

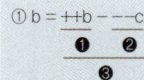

- ❶ : b의 초기값이 3이고 ❶이 전치 증가 연산자이므로 연산 전에 값이 증가하여 4가 됩니다.
- ❷ : c의 초기값이 4이고 ❷가 전치 감소 연산자이므로 연산 전에 값이 감소하여 3이 됩니다.
- ❸ : ❶-❷이므로 4-3의 결과인 1이 b에 저장됩니다.

- ❶ : b의 초기값이 3이고 ❶이 전치 증가 연산자이므로 연산 전에 값이 증가하여 4가 됩니다.
- ❷ : ❷가 후치 증가 연산자이므로 연산에 사용되는 b는 ❶에서 증가한 4가 됩니다.
- ❸ : ❸을 수행하기 전에 b는 4가된 상태이고 ❸의 연산은 b/b와 같으므로 4/4의 결과인 1이 c에 저장됩니다.

- ❶ : c의 초기값이 4이고 ❶이 후치 증가 연산자이므로 연산에 사용되는 c는 4가 됩니다.
- ❷ : 10 % 4의 결과인 2가 d에 저장됩니다.

- ❶ : a의 초기값이 2이고 ❶이 전치 증가 연산자이므로 연산 전에 값이 증가하여 3이 됩니다.
- ❷ : 10 + ❶ = 10 + 3 = 13

- ❶ : d의 초기값이 5이고 ❶이 전치 감소 연산자이므로 연산 전에 값이 감소하여 4가 됩니다.
- ❷ : 10 - ❶ = 10 - 4 = 6

- ❶ : a의 초기값이 2이고 ❶이 전치 증가 연산자이므로 연산 전에 값이 증가하여 3이 됩니다.
- ❷ : b의 초기값이 3이고 ❷가 후치 증가 연산자이므로 연산에 사용되는 b는 초기값인 3이 됩니다.
- ❸ : ❶ * ❷ = 3 × 3 = 9

결과 ① 1 ② 1 ③ 2 ④ 13 ⑤ 6 ⑥ 9

전문가의 조언

연산이 종료된 후 ❷에 의해 후치 증가 연산이 적용되어 b는 5가 됩니다.

전문가의 조언

관계 연산자의 종류를 묻는 문제가 출제되었습니다. 관계 연산자의 종류와 연산자들의 개별적인 의미를 확실히 암기하세요.

관계 연산자는 왼쪽을 기준으로 "왼쪽이 크다", "왼쪽이 크거나 같다"로 해석하면 됩니다.

② 관계 연산자

^{25.2}

관계 연산자는 두 수의 관계를 비교하여 참(true) 또는 거짓(false)을 결과로 얻는 연산자이다.

- 거짓은 0, 참은 1로 사용되지만 0외의 모든 숫자도 참으로 간주된다.

연산자	의미
==	같다
!=	같지 않다
>	크다*
>=	크거나 같다
<	작다
<=	작거나 같다

문제 다음 관계 연산식의 결과를 적으시오(단 정수형 변수 a=5, b=10으로 선언되었다고 가정한다.).

번호	관계 연산식	결과
①	a == 10	
②	b != 10	
③	a > 10	
④	b >= 10	
⑤	a < 10	
⑥	b <= 10	

① a는 5이므로 a == 10은 거짓(false)입니다. 거짓은 0입니다.
② b는 10이므로 b != 10은 거짓(false)입니다.
③ a는 5이므로 a > 10은 거짓(false)입니다.
④ b는 10이므로 b >= 10은 참(true)입니다. 참은 1입니다.
⑤ a는 5이므로 a < 10은 참(true)입니다.
⑥ b는 10이므로 b <= 10은 참(true)입니다.

결과 ① 0 ② 0 ③ 0 ④ 1 ⑤ 1 ⑥ 1

전문가의 조언

비트 연산자의 종류와 비트 연산자가 포함된 코드의 결과를 묻는 문제가 출제되었습니다. 먼저 비트 연산자의 종류를 기억하세요. 그리고 **문제**를 통해 계산 방법을 확실히 숙지하고 넘어가세요.

비트 연산자 "|"는 키보드에서 엔터 키 위쪽의 [\] 를 [Shift]와 같이 누르면 입력되는 글자입니다.

③ 비트 연산자

^{24.2, 23.7, 23.5, 21.5, 20.6}

비트 연산자는 비트별(0, 1)로 연산하여 결과를 얻는 연산자이다.

연산자	의미	비고
&	and	모든 비트가 1일 때만 1
^	xor	모든 비트가 같으면 0, 하나라도 다르면 1
|*	or	모든 비트 중 한 비트라도 1이면 1
~	not	각 비트의 부정, 0이면 1, 1이면 0

《《	왼쪽 시프트	비트를 왼쪽으로 이동
》》	오른쪽 시프트	비트를 오른쪽으로 이동

문제 다음 비트 연산식의 결과를 적으시오(단 정수형 변수 a=5, b=7으로 선언되었다고 가정한다.).

번호	비트 연산식	결과
①	a & b	
②	a | b	
③	a ^ b	
④	~b	
⑤	a 》 1	
⑥	b 《 3	

① &(비트 and)는 두 비트가 모두 1일 때만 1이 되는 비트 연산자입니다.
C 언어에서 정수형 변수는 4바이트(32비트)이므로 각 변수의 값을 4바이트 이진수로 변환한 다음 비트별로 연산합니다.

```
5 = 0000 0000 0000 0000 0000 0000 0000 0101
7 = 0000 0000 0000 0000 0000 0000 0000 0111
&   0000 0000 0000 0000 0000 0000 0000 0101
```
0000 0000 0000 0000 0000 0000 0000 0101은 십진수로 5입니다.

② |(비트 or)는 두 비트 중 한 비트라도 1이면 1이 되는 비트 연산자입니다.

```
5 = 0000 0000 0000 0000 0000 0000 0000 0101
7 = 0000 0000 0000 0000 0000 0000 0000 0111
|   0000 0000 0000 0000 0000 0000 0000 0111
```
0000 0000 0000 0000 0000 0000 0000 0111은 십진수로 7입니다.

③ ^(비트 xor)는 두 비트가 모두 같으면 0, 서로 다르면 1이 되는 연산자입니다.

```
5 = 0000 0000 0000 0000 0000 0000 0000 0101
7 = 0000 0000 0000 0000 0000 0000 0000 0111
^   0000 0000 0000 0000 0000 0000 0000 0010
```
0000 0000 0000 0000 0000 0000 0000 0010은 십진수로 2입니다.

④ ~(비트 not)는 각 비트의 부정을 만드는 연산자입니다.

```
7 = 0000 0000 0000 0000 0000 0000 0000 0111
~   1111 1111 1111 1111 1111 1111 1111 1000
```
부호화 2의 보수법을 사용하는 C언어나 JAVA에서는 맨 왼쪽의 비트는 부호 비트로, 0이면 양수이고 1이면 음수입니다. 원래의 값을 알기 위해서는 …1111 1000에 대한 2의 보수를 구합니다. …0000 1000은 십진수로 8이고 원래 음수였으므로 -를 붙이면 -8입니다.

⑤ 》는 오른쪽 시프트 연산자이므로, a에 저장된 값을 오른쪽으로 1비트 이동시킨 다음 그 값을 다시 a에 저장시킵니다. int는 4바이트이므로 4바이트 이진수로 변환하여 계산하면 됩니다.
• 4바이트에 5를 이진수로 표현하면 다음과 같습니다.

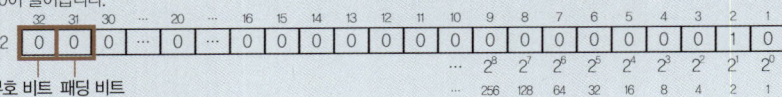

부호 비트

• 부호를 제외한 전체 비트를 오른쪽으로 1비트 이동시킵니다. 부호는 맨 왼쪽의 0이고, 양수에 대한 패딩 비트*에는 0이 들어옵니다.

부호 비트 패딩 비트

• 이것을 10진수로 변환하면 2입니다.

패딩 비트
Shift에서 자리를 이동한 후 생기는 왼쪽이나 오른쪽 끝의 빈 자리에 채워지는 비트를 말합니다. C언어와 JAVA는 모두 부호화 2의 보수법을 사용하기 때문에 부호화 2의 보수법의 음수에 대한 패딩 비트만 알아두면 됩니다. 양수는 항상 빈 자리에 0이 채워지기 때문에 신경쓰지 않아도 됩니다.
• 양수 : Shift Left, Shift Right 모두 0이 채워집니다.
• 음수
 - Shift Left : 왼쪽으로 이동하므로 오른쪽의 빈 자리에는 0이 채워집니다.
 - Shift Right : 오른쪽으로 이동하므로 맨 왼쪽의 부호 비트를 제외한 빈 자리에 1이 채워집니다.

⑥ <<는 왼쪽 시프트 연산자이므로, b에 저장된 값을 왼쪽으로 3비트 이동시킨 다음 그 값을 다시 b에 저장시킵니다. 정수형 변수는 4바이트이므로 4바이트 이진수로 변환하여 계산하면 됩니다.

- 4바이트에 7을 이진수로 표현하면 다음과 같습니다.

32	31	30	...	20	...	16	15	14	13	12	11	10	9	8	7	6	5	4	3	2	1
7	0	0	0	...	0	...	0	0	0	0	0	0	0	0	0	0	0	0	0	1	1	1

... 2^8 2^7 2^6 2^5 2^4 2^3 2^2 2^1 2^0
... 256 128 64 32 16 8 4 2 1

부호 비트

- 부호를 제외한 전체 비트를 왼쪽으로 3비트 이동시킵니다. 부호는 맨 왼쪽의 0입니다. 양수이므로 빈 자리(패딩 비트)에는 0이 들어오면 됩니다.

32	31	30	...	20	...	16	15	14	13	12	11	10	9	8	7	6	5	4	3	2	1
56	0	0	0	...	0	...	0	0	0	0	0	0	0	0	0	0	1	1	1	0	0	0

부호 비트

... 2^8 2^7 2^6 2^5 2^4 2^3 2^2 2^1 2^0
... 256 128 64 32 16 8 4 2 1

패딩 비트

이것을 10진수로 변환하면 56(32+16+8)입니다.

결과 ① 5 ② 7 ③ 2 ④ -8 ⑤ 2 ⑥ 56

전문가의 조언

논리 연산자 중 ||의 의미와 논리 연산자가 포함된 코드의 결과를 묻는 문제가 출제되었습니다. 논리 연산자의 종류와 개별적인 의미를 기억하고, 문제를 통해 계산 방법을 확실히 숙지하고 넘어가세요.

전문가의 조언

연산자 우선 순위(높은 → 낮음)
증감 연산자 → 산술 연산자(* / %) → 산술 연산자(+ -) → 시프트 연산자 → 관계 연산자(< <= >= >) → 관계 연산자(== !=) → 비트 연산자(& → ^ → |) → 논리 연산자(&& → ||) → 조건 연산자 → 대입 연산자 → 순서 연산자

④ 논리 연산자

 25.8, 23.7, 23.5, 22.7, 22.4, 22.3, 실기 25.4, 24.7

 400404

논리 연산자는 두 개의 논리 값을 연산하여 참(true) 또는 거짓(false)을 결과로 얻는 연산자이다. 관계 연산자와 마찬가지로 거짓은 0, 참은 1이다.

연산자	의미	비고
!	not	부정
&&	and	모두 참이면 참
||	or	하나라도 참이면 참

문제 다음 논리 연산식의 결과를 적으시오(단 정수형 변수 a=2, b=3, c=0, d=1, e=1로 선언되었다고 가정한다.).

번호	논리 연산식	결과
①	a > 3 && b > 2	
②	a > 3 || b > 2	
③	!c	
④	a == 2 && b != 3	
⑤	a & b && c	
⑥	++d && --e	

① a > 3 && b > 2
   ❶   ❷
     ❸

- ❶ : a는 2이므로 a > 3은 거짓(false)입니다.
- ❷ : b는 3이므로 b > 2는 참(true)입니다.
- ❸ : &&는 모두 참일 때만 참이므로 결과는 거짓(false)입니다. 거짓은 0입니다.

② a〉3 || b〉2
　　❶　　❷
　　　❸

- ❶ : a는 2이므로 a〉3은 거짓(false)입니다.
- ❷ : b는 3이므로 b〉2는 참(false)입니다.
- ❸ : ||는 하나라도 참이면 참이므로 결과는 참(true)입니다. 참은 1입니다.

③ c는 0이고 !c는 c의 부정이므로 결과는 1입니다.

④ a == 2 && b != 3
　　❶　　　❷
　　　❸

- ❶ : a는 2이므로 a == 2는 참(true)입니다.
- ❷ : b는 3이므로 b != 3은 거짓(false)입니다.
- ❸ : &&는 모두 참일 때만 참이므로 결과는 거짓(false)입니다.

⑤ a & b && c
　❶
　　❷

- ❶ &(비트 and)는 두 비트가 모두 1일 때만 1이 되는 비트 연산자입니다.
C 언어에서 정수형 변수는 4바이트(32비트)이므로 각 변수의 값을 4바이트 이진수로 변환한 다음 비트별로 연산합니다.

```
2 = 0000 0000 0000 0000 0000 0000 0000 0010
3 = 0000 0000 0000 0000 0000 0000 0000 0011
& = 0000 0000 0000 0000 0000 0000 0000 0010
```
0000 0000 0000 0000 0000 0000 0000 0010은 십진수로 2입니다.
- ❷ : ❶ && c = 2 && 0 = 0

⑥ ++d && --e
　❶　　　❷
　　　❸

- ❶ : d의 초기값이 1이고 ❶이 전치 증가 연산자이므로 연산 전에 값이 증가하여 2가 됩니다.
- ❷ : e의 초기값이 1이고 ❷가 전치 감소 연산자이므로 연산 전에 값이 감소하여 0이 됩니다.
- ❸ : ❶ && ❷ = 2 && 0 = 0

결과 ① 0 ② 1 ③ 1 ④ 0 ⑤ 0 ⑥ 0

5 대입 연산자
실기 25.4, 24.10

연산 후 결과를 대입하는 연산식을 간략하게 입력할 수 있도록 대입 연산자를 제공한다. 대입 연산자는 산술, 관계, 비트, 논리 연산자에 모두 적용할 수 있다.

연산자	예	의미
+=	a += 1	a = a + 1
-=	a -= 1	a = a - 1
*=	a *= 1	a = a * 1
/=	a /= 1	a = a / 1
%=	a %= 1	a = a % 1
〈〈=	a 〈〈= 1	a = a 〈〈 1
〉〉=	a 〉〉= 1	a = a 〉〉 1

전문가의 조언

대입 연산자들의 개별적인 의미를 이해하고, 문제를 통해 연산 원리를 확실히 파악해 두세요.

전문가의 조언

연산자 우선 순위(높은 → 낮음)
증감 연산자 → 산술 연산자(* / %) → 산술 연산자(+ -) → 시프트 연산자 → 관계 연산자(< > <= >=) → 관계 연산자(== !=) → 비트 연산자(& → ^ → |) → 논리 연산자(&& → ||) → 조건 연산자 → 대입 연산자 → 순서 연산자

문제 다음 대입 연산식의 결과를 적으시오(단 정수형 변수 a=2, b=3, c=4, d=5로 선언되었다고 가정한다.).

번호	대입 연산식	결과
①	a += 3;	
②	b *= 3;	
③	c %= 3;	
④	d >>= 1;	
⑤	c += 10 + ++a;	
⑥	d *= 10 - b++;	
⑦	a += b += c;	
⑧	d += b *= c /= a;	
⑨	a -= ++d / b--;	
⑩	b += c *= a << 2;	
⑪	a %= c	b & d - b;	
⑫	c *= d <<= (b == ++a);	

전문가의 조언

⑩ a << 2
부호를 제외한 전체 비트를 왼쪽으로 2비트 이동시킵니다. 부호는 맨 왼쪽의 0이고, 양수에 대한 패딩 비트에는 0이 들어옵니다.

2 = …00000010
↓
8 = …00001000

⑪
・3 & 2
&(비트 and)는 두 비트가 모두 1일 때만 1이 되는 비트 연산자입니다.

```
3 = …0000 0011
2 = …0000 0010
&   …0000 0010 (2)
```

・4 | 2
|(비트 or)는 두 비트 중 한 비트라도 1이면 1이 되는 비트 연산자입니다.

```
4 = …0000 0100
2 = …0000 0010
|   …0000 0110 (6)
```

⑫ 5 << 1
부호를 제외한 전체 비트를 왼쪽으로 1비트 이동시킵니다. 부호는 맨 왼쪽의 0이고, 양수에 대한 패딩 비트에는 0이 들어옵니다.

5 = …0000 0101
↓
10 = …0000 1010

④ 4바이트에 5를 이진수로 표현하면 다음과 같습니다.

5	32	31	30	…	20	…	16	15	14	13	12	11	10	9	8	7	6	5	4	3	2	1
	0	0	0	…	0	…	0	0	0	0	0	0	0	0	0	0	0	0	0	1	0	1

・부호를 제외한 전체 비트를 오른쪽으로 1비트 이동시킵니다. 부호는 맨 왼쪽의 0이고, 양수에 대한 패딩 비트에는 0이 들어옵니다.

2	32	31	30	…	20	…	16	15	14	13	12	11	10	9	8	7	6	5	4	3	2	1
	0	0	0	…	0	…	0	0	0	0	0	0	0	0	0	0	0	0	0	0	1	0

・이것을 10진수로 변환하면 2입니다.

⑤ c += 10 + ++a → c = c + (10 + ++a) → c = c + (10 + 3) → c = c + 13 → c = 4 + 13

⑥ d *= 10 - b++ → d = d * (10 - b++) → d = d * (10 - 3) → d = d * 7 → d = 5 * 7

⑦ a += b += c → a = a + (b += c) → a = a + (b = b + c) → a = a + (b = 3 + 4) → a = a + 7 → a = 2 + 7

⑧ d += b *= c /= a → d = d + (b *= (c = c / a)) → d = d + (b *= (c = 4 / 2)) → d = d + (b *= 2) → d = d + (b = b * 2) → d = d + (b = 3 * 2) → d = d + 6 → d = 5 + 6

⑨ a -= ++d / b-- → a = a - (++d / b--) → a = a - (6 / 3) → a = a - 2 → a = 2 - 2

⑩ b += c *= a << 2 → b = b + (c *= (a << 2)) → b = b + (c = c * 8) → b = b + (c = 4 * 8) → b = b + 32 → b = 3 + 32

⑪ a %= c | b & d - b → a = a % (c | b & d - b) → a = a % (c | b & 5 - 3) → a = a % (c | b & 2) → a = a % (c | 3 & 2) → a = a % (c | 2) → a = a % (4 | 2) → a = a % 6 → a = 2 % 6

⑫ c *= d <<= (b == ++a) → c = c * (d <<= (b == ++a)) → c = c * (d = d << (3 == 3)) → c = c * (d = d << 1) → c = c * (d = 5 << 1) → c = c * 10 → c = 4 * 10

결과 ① 5 ② 9 ③ 1 ④ 2 ⑤ 17 ⑥ 35 ⑦ 9 ⑧ 11 ⑨ 0 ⑩ 35 ⑪ 2 ⑫ 40

6 조건 연산자

25.5, 22.4, 20.8, 실기 21.7

조건 연산자는 조건에 따라 서로 다른 수식을 수행한다.

형식

조건 ? 수식1 : 수식2;   '조건'의 수식이 참이면 '수식1'을, 거짓이면 '수식2'를 실행한다.

문제 다음 조건 연산식의 결과를 적으시오(단 정수형 변수 a=1, b=2, c=3, d=4와 같이 선언되었다고 가정한다.).

번호	조건 연산식	결과
①	b *= a 〉 b ? a : b;	
②	c -= a 〈 b ? a - b : b - a;	
③	d %= c 〈 d ? c++ : d++;	
④	c += b 〈 b ? ++a : b++;	
⑤	d /= d % 3 ? a * b : d % c;	
⑥	a += ++a % b++ ? c * d : b / c;	

전문가의 조언

조건 연산자의 형식이나 조건 연산자가 포함된 코드의 결과를 묻는 문제가 출제되었습니다. 조건 연산자의 사용 형식을 기억하고 문제를 통해 연산 원리를 확실히 이해하고 넘어가세요.

① b *= a 〉 b ? a : b;
       ❶
    ❷

- ❶ : a는 1이고 b는 2이므로 조건(a〉b)이 거짓이 되어 b 값이 사용됩니다.
- ❷ : b = b * b = 4

② c -= a 〈 b ? a - b : b - a;
       ❶
    ❷

- ❶ : a는 1이고 b는 2이므로 조건(a〈b)이 참이 되어 'a - b'의 결과인 -1이 사용됩니다.
- ❷ : c = c - (-1) = 3 + 1

③ d %= c 〈 d ? c++ : d++;
       ❶
    ❷

- ❶ : c는 3이고 d는 4이므로 조건(c〈d)이 참이 되어 c++의 결과인 3이 사용됩니다.
- ❷ : d = d % 3 = 4 % 3

④ c += b 〈 b ? ++a : b++;
       ❶
    ❷

- ❶ : b는 2이므로 조건(b〈b)이 거짓이 되어 b++의 결과인 2가 사용됩니다.
- ❷ : c = c + 2 = 3 + 2

⑤ d /= d % 3 ? a * b : d % c;
       ❶
    ❷

- ❶ : d는 4이므로 'd % 3'은 1이 됩니다. 조건에서 1은 참과 같으므로 'a * b'의 결과인 2가 사용됩니다.
- ❷ : d = d / 2 = 4 / 2

⑥ a += ++a % b++ ? c * d : b / c;
    ───────────────
           ❶
────────────────────
        ❷

- ❶ : a는 1이고 b는 2이므로 '++a % b++'은 '2 % 2'로 0이 됩니다. 조건에서 0은 거짓과 같으므로 'b / c'의 결과가 사용됩니다. 조건에서의 b++에 의해 후치 증가 연산이 적용되므로 b는 3이 되어 'b / c'의 결과는 1이 됩니다.
- ❷ : a = a + 1 = 2 + 1

결과 ① 4 ② 4 ③ 1 ④ 5 ⑤ 2 ⑥ 3

기타 연산자의 종류와 연산자들의 개별적인 의미를 암기하세요.

❼ 기타 연산자

연산자	의미
sizeof	자료형의 크기를 표시한다.
,(콤마)	• 콤마로 구분하여 한 줄에 두 개 이상의 수식을 작성하거나 변수를 정의한다. • 왼쪽에서 오른쪽으로 순서대로 수행되며, 순서 연산자라 부르기도 한다.
(자료형)	• 사용자가 자료형을 다른 자료형으로 변환할 때 사용하는 것으로, cast(캐스트) 연산자라고 부른다. • 변환할 자료형을 괄호 안에 넣어서 변환할 값이나 변수명 앞에 놓는다. 예 a = (int)1.3 + (int)1.4; 　1.3을 정수형으로 변환한 값 1과 1.4를 정수형으로 변환한 값 1이 더해진 2가 a에 저장된다.

연산자의 우선순위를 묻거나 여러 연산자가 포함된 코드의 결과를 묻는 문제가 출제됩니다. 기본적인 연산자의 우선순위는 반드시 암기해야 합니다. 문제에 사용된 연산자들의 우선순위 정도는 확실하게 알고 있어야 합니다.

❽ 연산자 우선순위
25.2, 24.7, 22.3, 21.8, 21.5

- 한 개의 수식에 여러 개의 연산자가 사용되면 기본적으로 아래 표의 순서대로 처리된다.
- 아래 표의 한 줄에 가로로 나열된 연산자는 우선순위가 같기 때문에 결합규칙에 따라 ←는 오른쪽에 있는 연산자부터, →는 왼쪽에 있는 연산자부터 차례로 계산된다.

대분류	중분류	연산자	결합규칙	우선 순위
단항 연산자	단항 연산자	!(논리 not)　~(비트 not)　++(증가)　--(감소)　sizeof(기타)	←	높음
이항 연산자	산술 연산자	* / %(나머지) + -	→	↑
	시프트 연산자	≪ ≫	→	
	관계 연산자	< <= >= > ==(같다) !=(같지 않다)	→	
	비트 연산자	&(비트 and) ^(비트 xor) |(비트 or)	→	
	논리 연산자	&&(논리 and) ||(논리 or)	→	
삼항 연산자	조건 연산자	? :	→	
대입 연산자	대입 연산자	= += -= *= /= %= ≪= ≫= 등	←	↓
순서 연산자	순서 연산자	,	→	낮음

문제 다음 연산식의 결과를 적으시오(단 정수형 변수 a=3, b=4, c=5, d=6로 선언되었다고 가정한다.).

번호	연산식	결과
①	a * b + c >= d && d / a - b != 0	
②	d % b + ++a * c-- || c - --a >= 10	

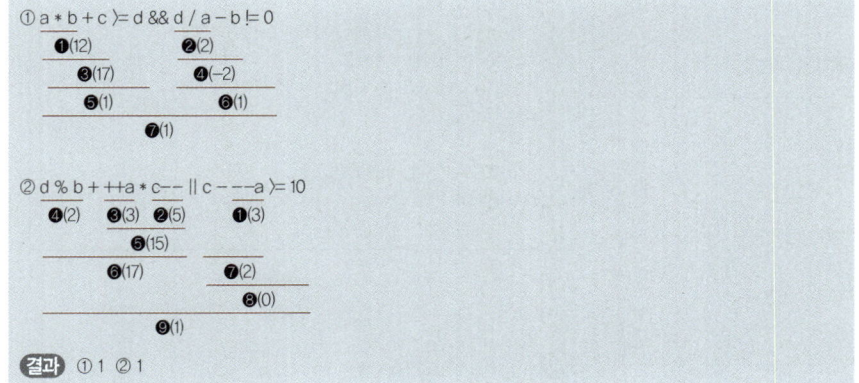

결과 ① 1 ② 1

전문가의 조언

• ❶ : --a에 의해 처음에는 2를 갖지만 ❸의 전치 증가 연산이 적용되어 계산에 사용될 때는 3이 됩니다.

기출문제 따라잡기

문제3 2413454

25년 8월, 24년 7월, 2월, 23년 2월, 21년 3월

1. C언어에서 산술 연산자가 아닌 것은?

① % ② *
③ / ④ =

=는 대입 연산자입니다.

24년 2월, 23년 7월, 21년 5월

2. 다음 C언어 프로그램이 실행되었을 때의 결과는?

```
#include <stdio.h>
int main(int argc, char *argv[ ]) {
    int a = 4;
    int b = 7;
    int c = a | b;

    printf("%d", c);
    return 0;
}
```

① 3 ② 4
③ 7 ④ 10

사용된 코드의 의미는 다음과 같습니다.

```
#include <stdio.h>
int main(int argc, char *argv[ ] {
❶   int a = 4;
❷   int b = 7;
❸   int c = a | b;

❹   printf("%d", c);
❺   return 0;
}
```

❶ 정수형 변수 a를 선언하고 4로 초기화합니다.
❷ 정수형 변수 b를 선언하고 7로 초기화합니다.
❸ 정수형 변수 c를 선언하고 a의 값 4와 b의 값 7을 |(비트 or)연산 한 값으로 초기화합니다.
 • |(비트 or)는 두 비트 중 한 비트라도 1이면 1이 되는 연산자입니다.
```
    4 = 0000 0100
    7 = 0000 0111
    | = 0000 0111(7)
```
 • c에는 7이 저장됩니다.
❹ c의 값을 정수로 출력합니다.
결과 7
❺ 프로그램을 종료합니다.

25년 8월, 22년 7월, 4월, 21년 8월

3. 다음 C언어 프로그램이 실행되었을 때의 결과는?

```
#include <stdio.h>
int main(void) {
    int a = 3, b = 4, c = 2;
    int r1, r2, r3;

    r1 = b <= 4 || c == 2;
    r2 = (a > 0) && (b < 5);
    r3 = !c;

    printf("%d", r1+r2+r3);
    return 0;
}
```

① 0 ② 1
③ 2 ④ 3

사용된 코드의 의미는 다음과 같습니다.

```
#include <stdio.h>
int main(void) {
❶   int a = 3, b = 4, c = 2;
❷   int r1, r2, r3;
❸   r1 = b <= 4 || c == 2;
❹   r2 = (a > 0) && (b < 5);
❺   r3 = !c;
❻   printf("%d", r1+r2+r3);
❼   return 0;
}
```

❶ 정수형 변수 a, b, c를 선언하고 각각 3, 4, 2로 초기화합니다.
❷ 정수형 변수 r1, r2, r3을 선언합니다.
❸ r1 = b <= 4 || c == 2;
      ⓐ   ⓑ
         ⓒ
 • ⓐ : b의 값 4는 4보다 작거나 같으므로 참(1)입니다.
 • ⓑ : c의 값 2는 2와 같으므로 참(1)입니다.
 • ⓒ : ⓐ||ⓑ는 둘 중 하나라도 참이면 참이므로 참(1)입니다.
 r1에는 1이 저장됩니다.
❹ r2 = (a > 0) && (b < 5);
        ⓐ   ⓑ
              ⓒ
 • ⓐ : a의 값 3은 0보다 크므로 참(1)입니다.
 • ⓑ : b의 값 4는 5보다 작으므로 참(1)입니다.
 • ⓒ : ⓐ&&ⓑ는 둘 다 참이어야 참이므로 결과는 참(1)입니다.
 r2에는 1이 저장됩니다.
❺ c의 값 2는 참이므로 거짓(0)이 저장됩니다.
 • !(논리 NOT) : 참(1)이면 거짓(0)을, 거짓(0)이면 참을 반환하는 연산자
※ 정수로 논리값(참, 거짓)을 판별하면 0은 거짓, 0이외의 수는 참으로 결정되어 저장됩니다.

기출문제 따라잡기

❻ r1, r2, r3를 더한 값 2(1+1+0)를 출력한다.
　　결과　2
❼ 프로그램을 종료한다.

24년 7월, 21년 8월

4. 다음 중 JAVA에서 우선순위가 가장 낮은 연산자는?
① --
② %
③ &
④ =

연산자의 우선순위는 자주 출제됩니다. 기억이 나지 않으면 다시 공부하세요!

25년 8월, 24년 7월, 21년 5월

5. C언어에서 연산자 우선순위가 높은 것에서 낮은 것으로 바르게 나열된 것은?

| ㉠ ( ) | ㉡ == | ㉢ < |
| ㉣ << | ㉤ \|\| | ㉥ / |

① ㉠, ㉥, ㉣, ㉢, ㉡, ㉤
② ㉠, ㉣, ㉥, ㉢, ㉡, ㉤
③ ㉠, ㉣, ㉢, ㉥, ㉤, ㉡
④ ㉠, ㉥, ㉣, ㉤, ㉡, ㉢

지문에 제시된 연산자를 우선순위대로 나열하면, 괄호( )가 가장 높고 산술 → 시프트 → 관계 → 논리 연산자 순입니다.

23년 7월, 20년 6월

6. C언어에서 비트 논리 연산자에 해당하지 않는 것은?
① ^
② ?
③ &
④ ~

비트 논리 연산자에는 비트 not, 비트 and, 비트 xor, 비트 or가 있습니다.

25년 2월

7. 다음 중 JAVA의 비교 연산자가 아닌 것은?
① >
② ||
③ ==
④ !=

||는 두 개의 논리값 중 하나라도 참이면 참을 결과로 얻는 논리 연산자입니다.

25년 5월

8. 다음 중 C언어에서 정수형 변수 a에 4를 곱한 결과와 같은 것은?
① a << 2
② a >> 2
③ a ^ 2
④ a ** 2

① <<(왼쪽 시프트)는 비트를 왼쪽으로 이동시키는 비트 연산자로, 1비트 이동할 때마다 2를 곱하는 것과 같습니다.
　∴ a << 2 : a의 값에 4(2^2)를 곱한 것과 같습니다.
② >>(오른쪽 시프트)는 비트를 오른쪽으로 이동시키는 비트 연산자로, 1비트 이동할 때마다 2로 나눈 것과 같습니다.
　∴ a >> 2 : a의 값을 4(2^2)로 나눈 것과 같습니다.
③ ^(비트 or)는 두 비트 중 한 비트라도 1이면 1이 되는 비트 연산입니다.
　∴ a ^ 2 : a와 2를 비트 or 연산합니다.
④ **는 C언어에서 사용되지 않는 연산자로, 파이썬(Python)에서는 거듭제곱 연산자로 사용됩니다.

22년 3월

9. C언어에서 정수 변수 a, b에 각각 1, 2가 저장되어 있을 때 다음 식의 연산 결과로 옳은 것은?

| a < b + 2 && a << 1 <= b |

① 0
② 1
③ 3
④ 5

우선순위에 따라 문제의 식을 풀면 다음과 같습니다.

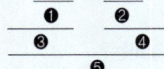

- ❶ b + 2 : b의 값은 2이므로 결과는 4입니다.
- ❷ a << 1 : 왼쪽 시프트(<<)는 왼쪽으로 1비트 시프트 할 때마다 2배씩 증가하므로, a의 값 1을 왼쪽으로 1비트 시프트한 결과는 2입니다.
- ❸ a ❶ → a < 4 : a의 값 1은 4보다 작으므로 결과는 1(참)입니다.
- ❹ ❷ <= b → 2 <= b : b의 값 2는 2와 같으므로 결과는 1(참)입니다.
- ❺ ❸ && ❹ → 1 && 1 : &&은 모두 참일 때만 참이므로 결과는 1(참)입니다.

▶ 정답: 1. ④ 2. ③ 3. ③ 4. ④ 5. ① 6. ② 7. ② 8. ① 9. ②

기출문제 따라잡기

23년 5월

10. 다음 C언어 프로그램에서 밑줄 친 부분의 의미를 올바르게 설명한 것은?

```
r = r << n;
```

① $r * 2^n$을 의미한다.
② $r + 2^n$을 의미한다.
③ r의 최댓값을 의미한다.
④ r의 최솟값을 의미한다.

《《는 왼쪽 쉬프트 연산자로, r 《《 n은 r에 저장된 값을 왼쪽으로 n비트 이동시키라는 의미를 가집니다. n비트 왼쪽으로 이동시키면 기본값에 2^n을 곱한 것과 같고, 오른쪽으로 이동시키면 기본값을 2^n으로 나눈 것과 같습니다. 그러므로 지문에서 밑줄 친 부분을 간단히 식으로 표현하면 $r * 2^n$이 됩니다.

23년 7월, 22년 3월

11. 자바에서 두 개의 논리 값을 연산하여 하나라도 참(true)이면 참을 반환하고, 둘 모두 거짓(false)이어야 거짓을 반환하는 연산을 수행하는 연산자는?

① ==   ② &&
③ || ④ +=

하나라도 참이면 참을 반환하고, 둘 모두 거짓이어야 거짓을 반환하는 논리 연산자는 ||(논리 or)입니다.

25년 8월

12. 다음 C언어 프로그램이 실행되었을 때의 결과는?

```
#include <stdio.h>
int main( ) {
    int a = 1, b = 1, c = 1;
    b = (++a, b++, a++);
    c = a + b + c;
    printf("%d", c);
}
```

① 3   ② 4
③ 5   ④ 6

사용된 코드의 의미는 다음과 같습니다.

```
#include <stdio.h>
int main( ) {
❶  int a = 1, b = 1, c = 1;
❷  b = (++a, b++, a++);
❸  c = a + b + c;
❹  printf("%d", c);
}
```

❶ 정수형 변수 a, b, c를 선언하고 각각을 1로 초기화합니다.
❷ b에는 콤마() 연산자로 나열된 마지막 식의 결과인 2가 저장됩니다.
  ※ 콤마() 연산자는 왼쪽부터 차례로 모두 실행된 후 마지막 식의 결과가 저장됩니다.
  b = (++a, b++, a++);
        ⓐ   ⓑ   ⓒ
  • ⓐ : 전치 증가 연산자이므로, a의 값은 1 증가된 2인 상태로 사용되지만 값은 저장되지 못합니다.
  • ⓑ : 후치 증가 연산자이므로, b의 값은 1인 상태로 사용되지만 값은 저장되지 못합니다. 사용된 후 b의 값은 1 증가되어 2가 됩니다.
  • ⓒ : 후치 증가 연산자이므로, a의 값은 2인 상태로 사용되어 2가 저장됩니다. 사용된 후 a의 값은 증가되어 3이 됩니다.
❸ a의 값 3, b의 값 2, c의 값 1을 모두 더한 6을 c에 저장합니다.
❹ c의 값 6을 출력합니다.

결과 **6**

21년 5월

13. 다음 JAVA 프로그램이 실행되었을 때의 결과는?

```
public class Operator {
    public static void main(String[ ] args) {
        int x=5, y=0, z=0;
        y = x++;
        z = --x;
        System.out.print(x + ", " + y +", " +z);
    }
}
```

① 5, 5, 5   ② 5, 6, 5
③ 6, 5, 5   ④ 5, 6, 4

사용된 코드의 의미는 다음과 같습니다.

```
public class Operator {
    public static void main(String[ ] args) {
❶      int x=5, y=0, z=0;
❷      y = x++;
❸      z = --x;
❹      System.out.print(x + ", " + y +", " +z);
    }
}
```

❶ 정수형 변수 x, y, z를 선언하고, 각각 5, 0, 0으로 초기화합니다. (x=5, y=0, z=0)
❷ x는 후치 증가 연산자이므로, x의 값 5를 y에 저장한 후 x의 값을 1 증가시킵니다. (x=6, y=5, z=0)
❸ x는 전치 감소 연산자이므로, x의 값을 1 감소시킨 후 x의 값 5를 z에 저장합니다. (x=5, y=5, z=5)
❹ x, y, z의 값을 ", "으로 구분하여 출력합니다.

결과 **5, 5, 5**

▶ 정답 : 10. ①   11. ③   12. ④   13. ①

SECTION 100 데이터 입·출력

1 C언어의 표준 입·출력 함수의 개요

표준 입출력 함수(Input-Output Functions)란 키보드로 입력받아 화면으로 출력할 때 사용하는 함수로, 대표적으로 scanf( ), getchar( ), gets( ), printf( ), putchar( ), puts( ) 등이 있다.

전문가의 조언
데이터 표준 입·출력 함수들의 기능과 형식을 기억하세요. 특히 데이터를 입력하거나 출력할 때 지정하는 서식 문자열의 지정 방법을 확실히 기억하고 넘어가세요.

2 scanf( ) 함수
25.5, 23.2, 실기 25.7, 25.4, 24.10

scanf( ) 함수는 C언어의 표준 입력 함수로, 키보드로 입력받아 변수에 저장하는 함수이다.

형식

scanf(서식 문자열, 변수의 주소)	• 서식 문자열 : 입력받을 데이터의 자료형을 지정한다. • 변수의 주소 : 데이터를 입력받을 변수를 적는다. 변수의 주소로 입력받아야 하기 때문에 변수에 주소연산자 &를 붙인다.

예 scanf("%3d", &a);
- ▶ % : 서식 문자임을 지정
- ▶ 3 : 입력 자릿수를 3자리로 지정
- ▶ d : 10진수로 입력
- ▶ &a : 입력받은 데이터를 변수 a의 주소에 저장

특징
- 입력받을 데이터의 자료형, 자릿수 등을 지정할 수 있다.
- 한 번에 여러 개의 데이터를 입력 받을 수 있다.
- 서식 문자열과 변수의 자료형은 일치해야 한다.
  - **예** scanf("%d %f", &i, &j); → '%d'와 i, '%f'와 j 자료형이 일치해야 한다.

서식 문자열

서식 문자열은 printf( ) 함수로 출력할 때도 동일하게 적용된다.

서식 문자열	의미
%d	정수형 10진수를 입·출력하기 위해 지정한다.
%u	부호없는 정수형 10진수를 입·출력하기 위해 지정한다.
%o	정수형 8진수를 입·출력하기 위해 지정한다.

전문가의 조언
먼저 %d, %c, %s, %f만 기억해 두세요. 나머지는 다시 나올 때 그때 기억하면 됩니다. d는 decimal(10진수)의 약자, c는 character(문자)의 약자, s는 string(문자열)의 약자, f는 float(실수)의 약자라는 것을 알면 훨씬 쉽게 기억됩니다.

%x	정수형 16진수를 입·출력하기 위해 지정한다.	
%c	문자를 입·출력하기 위해 지정한다.	
%s	문자열을 입·출력하기 위해 지정한다.	
%f	소수점을 포함하는 실수를 입·출력하기 위해 지정한다.	
%e	지수형 실수를 입·출력하기 위해 지정한다.	
%ld	long형 10진수를 입·출력하기 위해 지정한다.	
%lo	long형 8진수를 입·출력하기 위해 지정한다.	
%lx	long형 16진수를 입·출력하기 위해 지정한다.	
%p	주소를 16진수로 입·출력하기 위해 지정한다.	

잠깐만요 JAVA에서의 표준 입력

JAVA에서 키보드로 입력받은 값을 변수에 저장하려면 먼저 Scanner 클래스를 이용해 키보드로부터 값을 입력받는 객체 변수를 생성한 후 이를 사용해야 합니다.

형식

❶ Scanner scan01 = new Scanner(System.in);
❷ inNum = scan01.nextInt( );

❶ 객체 변수 생성
- Scanner : 입력에 사용할 객체 변수를 생성할 때 사용하는 클래스 이름입니다. 그대로 적어줍니다.
- scan01 : 객체 변수명입니다. 사용자 임의로 적어줍니다.
- new : 객체 생성 예약어입니다. 그대로 적어줍니다.
- Scanner( ) : 클래스의 이름입니다. ( )를 붙여 그대로 적어줍니다.
- System.in : 표준 입력장치, 즉 키보드를 의미합니다. 키보드로부터 값을 입력받는 객체 변수를 생성할 것이므로 그대로 적어줍니다.

❷ 객체 변수 활용
- inNum : 입력받은 값을 저장할 변수입니다. 이 변수는 미리 선언되어 있어야 합니다.
- scan01.nextInt( )
  – scan01 : 입력에 사용할 객체 변수 이름입니다. 객체 변수 생성 시 사용한 객체 변수 이름과 동일해야 합니다.
  – nextInt( ) : 입력받은 값을 정수형으로 반환*합니다.

Scanner 클래스의 입력 메소드
- next( ) : 입력값을 문자열로 반환
- nextLine( ) : 입력받은 라인 전체를 문자열로 반환
- nextInt( ) : 입력값을 정수형으로 반환
- nextFloat( ) : 입력값을 실수형으로 반환

 **전문가의 조언**

배열명은 배열의 시작 주소를 의미하므로 배열명 앞에는 &를 붙이지 않아도 됩니다.

문제 scanf( ) 함수를 이용하여 다음과 같이 데이터를 입력할 경우 변수에 기억되는 결과를 쓰시오.

번호	코드	입력 데이터	결과
①	scanf("%d", &i);	20	
②	scanf("%2d", &i);	125	
③	scanf("%4f", &i);	12.123	
④	scanf("%c", &a);	SINAGONG	
⑤	char b[8]; scanf("%4c", b);*	SINAGONG	

⑥	char b[8]; scanf("%s", b);	GIL BUT	
⑦	char b[8], c[8]; scanf("%s %2s", b, c);	GIL BUT	
⑧	char b[8]; scanf("%d %f %s", &i, &j, b);	345 2.62E-6 LOVE	
⑨	char b[8], c[8]; scanf("%c %5c", b, c);	LOVE ME	
⑩	scanf("%3d %5f", &i, &j);	123456789	
⑪	scanf("%3d$$%3f", &i, &j);	123$$456789	

① 정수형 10진수로 저장됩니다.
② 앞에 2자리까지만 저장됩니다.
③ 소수점을 포함하여 앞에 4자리까지만 저장됩니다.
④ 입력한 데이터 중 앞에 1문자만 저장됩니다.
⑤ 입력한 데이터 중 앞에 4자리까지만 저장됩니다.
⑥ 입력한 데이터 중 빈 칸(공백)이 있으면 빈 칸 앞까지만 저장됩니다.
⑦ 배열 b에는 입력한 데이터 중 빈 칸 앞까지만 저장되고 배열 c에는 입력한 데이터 중 빈 칸 이후 2자리까지만 저장됩니다.
⑧ 입력한 데이터가 빈 칸으로 구분되어 i에는 정수형 10진수로, j에는 소수점을 포함하는 실수형으로, 배열 b에는 문자열로 저장됩니다.
⑨ 배열 b에는 입력한 데이터 중 앞의 문자 1자리만 저장되고 배열 c에는 입력한 데이터 중 배열 b에 저장된 문자 1자리 이후 5자리까지만 저장됩니다.
⑩ i에는 입력한 데이터 중 앞의 3자리까지만 저장되고 j에는 i에 저장된 3자리 이후 소수점을 포함하여 5자리까지만 저장되는데, 입력한 데이터가 정수이므로 5자리의 정수만 저장됩니다.
⑪ 입력한 데이터에 '$$'가 없으면 정상적으로 입력되지 않습니다. i에는 입력한 데이터 중 '$$'를 기준으로 앞에 3자리까지만 저장되고 j에는 입력한 데이터 중 '$$'를 기준으로 뒤에 3자리까지가 소수점을 포함하여 저장되는데, 입력한 데이터가 정수이므로 3자리의 정수만 저장됩니다.

결과 ① 20 ② 12 ③ 12.1 ④ S ⑤ SINA ⑥ GIL ⑦ b : GIL, c : BU
⑧ i : 345, j : 2.62E-6, b : LOVE ⑨ b : L, c : OVE M ⑩ i : 123, j : 45678
⑪ i : 123, j : 456

3 printf( ) 함수
22.7, 22.4, 22.3, 21.8, 21.5, 20.8, 실기 25.7, 25.4, 24.10

printf( ) 함수는 C언어의 표준 출력 함수로, 인수로 주어진 값을 화면에 출력하는 함수이다.

형식

printf(서식 문자열, 변수)	• 서식 문자열 : 변수의 자료형에 맞는 서식 문자열을 입력한다. • 변수 : 서식 문자열의 순서에 맞게 출력할 변수를 적는다. scanf( )와 달리 주소 연산자 &를 붙이지 않는다.

 전문가의 조언

C언어 코드 문제에 printf( ) 함수가 자주 사용되는데, 대부분 서식 제어문자가 포함되어 있습니다. '\n'의 기능을 중심으로 주요 서식 제어문자의 기능을 정리하세요.

예 printf("%-8.2f", 200.2);
(∨는 빈 칸을 의미함)

200.20∨∨

▶ % : 서식 문자임을 지정
▶ - : 왼쪽부터 출력
▶ 8 : 출력 자릿수를 8자리로 지정
▶ 2 : 소수점 이하를 2자리로 지정
▶ f : 실수로 출력

주요 제어문자

제어문자란 입력 혹은 출력 내용을 제어하는 문자이다.

문자	의미	기능
\n	new line	커서를 다음 줄 앞으로 이동한다.
\b	backspace	커서를 왼쪽으로 한 칸 이동한다.
\t	tab	커서를 일정 간격 띄운다.
\r	carriage return	커서를 현재 줄의 처음으로 이동한다.
\0	null	널 문자를 출력한다.
\'	single quote	작은따옴표를 출력한다.
\"	double quote	큰따옴표를 출력한다.
\a	alert	스피커로 벨 소리를 출력한다.
\\	backslash	역 슬래시를 출력한다.
\f	form feed	한 페이지를 넘긴다.

예 printf("%d\n", a); → a의 값을 정수형 10진수로 출력한 후 다음 줄로 이동한다.

24.5, 21.3, 20.9, 실기 25.7, 25.4, 23.4

잠깐만요 JAVA에서의 표준 출력

JAVA에서 값을 화면에 출력할 때는 System 클래스의 서브 클래스인 out 클래스의 메소드 print( ), println( ), printf( ) 등을 사용하여 출력합니다.

• 형식 1 : 서식 문자열에 맞게 변수의 내용을 출력합니다.

System.out.printf(서식 문자열, 변수)

− printf( ) 메소드는 C언어의 printf( ) 함수와 사용법이 동일합니다.

예 System.out.printf("%-8.2f", 200.2);
(∨는 빈 칸을 의미함)

200.20∨∨

▶ % : 서식 문자임을 지정
▶ - : 왼쪽부터 출력
▶ 8 : 출력 자릿수를 8자리로 지정
▶ 2 : 소수점 이하를 2자리로 지정
▶ f : 실수로 출력

전문가의 조언

JAVA에서 사용하는 표준 출력의 3가지 종류를 묻거나 표준 출력 함수가 포함된 코드의 결과를 묻는 문제가 출제됩니다. 3가지 표준 출력 형식을 숙지하고 예를 통해 출력 원리를 확실히 이해하고 넘어가세요.

- 형식 2 : 값이나 변수의 내용을 형식없이 출력합니다.

  ```
  System.out.print( )
  ```

  – 문자열을 출력할 때는 큰따옴표로 묶어줘야 합니다.
  – 문자열 또는 문자열 변수를 연속으로 출력할 때는 +를 이용합니다.
  – '숫자+숫자'는 두 숫자를 합한 값을 출력하지만, '문자열+숫자' 또는 '숫자+문자열'과 같이 문자열과 숫자가 섞인 경우에는 모두 문자열로 인식되므로 값이 붙어서 출력됩니다.

  예1 System.out.print("abc123" + "def");
  ```
  abc123def
  ```
  예2 System.out.print("abc" + 12 + 34);
  ```
  abc1234
  ```
  예3 System.out.print("abc" + (12 + 34));
  ```
  abc46
  ```

- 형식 3 : 값이나 변수의 내용을 형식없이 출력한 후 커서를 다음 줄의 처음으로 이동합니다.

  ```
  System.out.println( )
  ```

  – println( ) 메소드는 출력 후 다음 줄로 이동한다는 것을 제외하면 print( ) 메소드와 사용법이 동일합니다.

  예 System.out.print("abc123" + "def");
  ```
  abc123def
  |
  ```
  └ 커서의 위치

전문가의 조언

- 예2 와 예3 의 결과가 다른 이유는 연산의 순서가 다르기 때문입니다.
- 예2 : 먼저 "abc"+12는 문자열+숫자이므로 값이 붙어서 abc12로, 이어서 "abc12"+34도 문자열+숫자이므로 값이 붙어서 abc1234로 출력됩니다.
- 예3 : 괄호로 인해 (12+34)가 먼저 계산되는데, 숫자+숫자이므로 값이 계산되어 46이고, 이어서 "abc"+46은 문자열+숫자이므로 값이 붙어서 abc46으로 출력됩니다.

문제 1 printf( ) 함수를 이용하여 다음과 같이 데이터를 출력할 경우 결과를 쓰시오. (∨는 빈칸을 의미함)

번호	코드	결과
①	printf("%d", 2543);	
②	printf("%3d", 2543);	
③	printf("%6d", 2543);	
④	printf("%-6d", 2543);	
⑤	printf("%06d", 2543);	
⑥	printf("%f", 245.2555);	
⑦	printf("%.3f", 245.2555);	
⑧	printf("%8.2f", 245.2555);	
⑨	printf("%e", 25.43);	
⑩	printf("%.3s", "help me");	
⑪	printf("%3s", "help me");	
⑫	printf("%8.6s", "help me");	
⑬	printf("%-8.6s", "help me");	
⑭	printf("250은 10진수로 %d\t 8진수로 %o\n", 250, 250);	
⑮	printf("a=%8.2f\t b=%e\n", 125.23f, 3141.592e-1);	
⑯	printf("\'A\'는 문자로 %c, 아스키코드로 %d\n", 'A', 'A');	

전문가의 조언

25.43을 정규화하면 정수 부분이 한 자리만 남도록 소수점의 위치를 조절한 후 소수점이 이동한 자리수 만큼을 e뒤에 표현합니다. 25.43을 정규화하면 2.543인데 기본적으로 소수점 자리는 6자리로 표현하므로 2.543000이며 이는 25.43에서 소수점 자리가 왼쪽으로 한 자리 이동하였으므로 2.543000e+01로 표현합니다.

전문가의 조언

3141.592e-1은 3141.592×10⁻¹을 의미합니다. 실수가 실수형 변수에 저장될 때는 정규화 과정을 거쳐 가수부를 한 자리만 남기므로 3.141592e+02가 저장됩니다.

① 정수형으로 출력합니다.
② 전체 3자리를 확보한 후 오른쪽부터 출력하는데, 출력할 값이 지정한 자릿수보다 큰 경우에는 자릿수를 무시하고 모두 출력합니다.
③ 전체 6자리를 확보한 후 오른쪽부터 출력합니다.
④ 전체 6자리를 확보한 후 왼쪽부터 출력합니다.
⑤ 전체 6자리를 확보한 후 오른쪽부터 출력하되 왼쪽의 공백은 0으로 채워 출력합니다.
⑥ 자릿수가 지정되지 않았으므로 정수 부분은 모두 출력하고 소수점 이하는 기본적으로 6자리로 출력됩니다.
⑦ 정수 부분은 모두 출력하고 소수점 이하는 4자리에서 반올림하여 3자리까지만 출력합니다.
⑧ 전체 8자리를 확보한 후 소수점과 소수점 이하 2자리를 출력하고 남은 5자리에 정수 부분을 출력합니다.
⑨ 25.43을 정수 부분이 한 자리만 남도록 정규화하여 출력합니다.
⑩ 왼쪽을 기준으로 3글자만 출력합니다.
⑪ 전체 3자리를 확보한 후 출력하는데, 출력할 값이 지정한 자릿수보다 큰 경우에는 자릿수를 무시하고 모두 출력합니다.
⑫ 전체 8자리를 확보한 후 오른쪽부터 6글자만 출력합니다.
⑬ 전체 8자리를 확보한 후 왼쪽부터 6글자만 출력합니다.
⑭ "250은 10진수로 "를 그대로 출력하고 서식 문자열 '%d'에 대응하는 정수 값 250을 10진수로 출력하고 제어문자 '\t'로 인해 4칸을 띈 다음 서식 문자열의 공백만큼 한 칸을 띕니다. 이어서 "8진수로 "를 출력하고 서식 문자열 '%o'에 대응하는 정수 값 250을 8진수로 출력합니다. '\n'으로 인해 커서는 다음 줄로 이동합니다.
⑮ "a="를 그대로 출력하고 서식 문자열 '%8.2f'에 대응하는 실수 값 125.23을 전체 8자리를 확보하여 오른쪽부터 소수점과 소수점 이하 2자리를 출력하고 남은 5자리에 정수 125을 출력합니다. 그리고 제어문자 '\t'로 인해 4칸을 띈 다음 서식 문자열의 공백만큼 한 칸을 띕니다. 이어서 "b="을 출력하고 서식 문자열 '%e'에 대응하는 지수 값 3141.592e-1을 소수점 이상 한 자리만 표시하는 지수 형태로 출력합니다. '\n'으로 인해 커서는 다음 줄로 이동합니다.
⑯ "'\A\'는 문자로 "를 그대로 출력하되 제어문자 '\'으로 인해 "A"를 작은따옴표로 묶어 출력합니다. 이어서 서식 문자열 '%c'에 대응하는 문자 "A"를 출력합니다. 그리고 콤마(,)를 출력한 다음 서식 문자열의 공백만큼 한 칸을 띕니다. 이어서 "아스키코드로 "를 출력하고 서식 문자열 '%d'에 대응하는 문자 'A'에 해당하는 아스키코드 값을 정수형으로 출력합니다. '\n'으로 인해 커서는 다음 줄로 이동합니다.

결과 ① 2543 ② 2543 ③ ∨∨2543 ④ 2543∨∨ ⑤ 002543 ⑥ 245.255500 ⑦ 245.256
⑧ ∨∨245.26 ⑨ 2.543000e+01 ⑩ hel ⑪ help me ⑫ ∨∨help m ⑬ help m∨∨
⑭ 250은 10진수로 250   8진수로 372 ⑮ a=∨∨125.23   b=3.141592e+02
⑯ 'A'는 문자로 A, 아스키코드로 65

잠깐만요 출력 데이터가 여러 개인 경우

printf("250은 10진수로 %d\t 8진수로 %o \n", 250, 250); → 250은 10진수로 250   8진수로 372

문제 2 다음과 같이 scanf( ) 함수로 값을 입력받아 printf( ) 함수로 출력할 경우 결과를 쓰시오. (∨는 빈칸을 의미함)

번호	코드	입력 데이터	코드	결과
①	char a[5]; scanf("%d %e %s", &i, &j, a);	5468 3.483E-2 GOOD	printf("%4d %f %2s", i, j, a);	
②	scanf("%e", &i);	123.45E-1	printf("%f\t %e\n", i, i);	
③	scanf("%d", &i);	300	printf("[%5d], [%-5d], [%05d]", i, i, i);	
④	scanf("%2d \n \t %3d", &i, &j);	12345678	printf("i=%d j=%d\n", i, j);	

① • scanf("%d %e %s", &i, &j, a);
  입력한 데이터가 빈 칸으로 구분되어 i에는 정수형 10진수로, j에는 지수형으로, 배열 a에는 문자열로 저장됩니다.
• printf("%4d %f %2s", i, j, a);
  – %4d : 전체 4자리를 확보한 후 오른쪽부터 출력
  – %f : 실수형으로 출력하되 자릿수를 지정하지 않았으므로 정수 부분은 모두 출력하고 소수점 이하는 기본적으로 6자리로 출력
  – %2s : 전체 2자리를 확보한 후 출력하는데, 출력할 값이 지정한 자릿수보다 크므로 자릿수를 무시하고 모두 출력

② • scanf("%e", &i);
  입력한 데이터가 지수형으로 저장됩니다.
• printf("%f\t %e\n", i, i);
  – %f : 실수형으로 출력하되 자릿수를 지정하지 않았으므로 정수 부분은 모두 출력하고 소수점 이하는 기본적으로 6자리로 출력
  – %e : 지수형으로 출력하되 자릿수를 지정하지 않았으므로 정수 부분은 한 자리만 표시하고 소수점 이하는 기본적으로 6자리로 출력

③ • scanf("%d", &i);
  입력한 데이터가 정수형으로 저장됩니다.
• printf("[%5d], [%-5d], [%05d]", i, i, i);
  – [%5d] : "["를 그대로 출력하고 전체 5자리를 확보한 후 오른쪽부터 출력한 후 "]"를 그대로 출력
  – [%-5d] : "["를 그대로 출력하고 전체 5자리를 확보한 후 왼쪽부터 출력한 후 "]"를 그대로 출력
  – [%05d] : "["를 그대로 출력하고 전체 5자리를 확보한 후 오른쪽부터 출력하되 왼쪽의 공백은 0으로 채워 출력한 후 "]"를 그대로 출력

④ • scanf("%2d \n \t %3d", &i, &j);
  – i에는 입력한 데이터 중 앞의 2자리까지만 저장되고 j에는 i에 저장된 2자리 다음 3자리까지만 저장됩니다.
  – 입력에서 제어문자 '\n \t'는 무시됩니다.
• printf("i=%d j=%d\n", i, j);
  "i="을 그대로 출력하고 서식 문자열 '%d'에 대응하는 i의 값 12를 출력한 다음 서식 문자열의 공백만큼 한 칸을 띕니다. 이어서 "j="을 출력하고 서식 문자열 '%d'에 대응하는 j의 값 345를 출력합니다. '\n'으로 인해 커서는 다음 줄로 이동합니다.

결과 ① 5468 0.034830 GOOD ② 12.345000 1.234500e+01 ③ [∨∨300], [300∨∨], [00300]
  ④ i=12 j=345

전문가의 조언
지수형으로 저장된 3.483E-2를 실수형으로 변환하게 되면 소수점 자리수를 -2, 즉 왼쪽으로 2자리 이동한 0.034830이 됩니다.

전문가의 조언
지수형으로 저장된 123.45E-1을 실수형으로 변환하게 되면 소수점 자리수를 -1, 즉 왼쪽으로 1자리 이동한 12.345가 됩니다.

4 기타 표준 입·출력 함수

실기 25.7

입력	getchar( )	키보드로 한 문자를 입력받아 변수에 저장하는 함수
	gets( )	키보드로 문자열을 입력받아 변수에 저장하는 함수로, Enter를 누르기 전까지를 하나의 문자열로 인식하여 저장함
출력	putchar( )	인수로 주어진 한 문자를 화면에 출력하는 함수
	puts( )	인수로 주어진 문자열을 화면에 출력한 후 커서를 자동으로 다음 줄 앞으로 이동하는 함수

문제 다음의 코드를 실행하여 데이터를 입력할 경우 출력되는 결과를 쓰시오.

번호	코드	입력 데이터	코드	결과
①	a = getchar( );	GIL BUT	putchar(a);	
②	putchar('G');			
③	putchar('G'+1);			
④	gets(b);	GIL BUT	puts(b);	
⑤	puts("GIL BUT");			

① • a = getchar( );
   입력한 데이터 중 한 문자가 a에 저장됩니다.
   • putchar(a);
   a에 저장된 한 문자를 출력합니다.
② 한 문자를 출력할 때는 문자를 작은따옴표(' ')로 묶어줍니다.
③ 문자 'G'에 해당하는 아스키코드 값 71에 1을 더한 값 72에 해당하는 문자 "H"를 출력합니다.
④ • gets(b);
   입력한 데이터 전체가 b에 저장됩니다.
   • puts(b);
   b에 저장된 문자열 전체를 출력합니다.
⑤ 큰따옴표(" ")로 묶인 문자열 전체를 출력합니다.

결과 ① G ② G ③ H ④ GIL BUT ⑤ GIL BUT

 ### 기출문제 따라잡기

20년 9월
1. Java에서 사용되는 출력 함수가 아닌 것은?

① System.out.print( )
② System.out.println( )
③ System.out.printing( )
④ System.out.printf( )

> JAVA에서 사용하는 출력 형식 3가지는 메소드의 이름과 기능을 연관지어 기억해 두면 좋습니다. 기본 출력에 사용되는 print, 출력 후 줄 나눔을 수행하는 println에서 'ln'은 줄(line)의 약어, 형식에 맞게 출력하는 printf에서 'f'는 형식(format)의 약어입니다.

24년 5월, 21년 3월
2. 다음 JAVA 코드 출력문의 결과는?

```
..생략..
System.out.println("5 + 2 = " + 3 + 4);
System.out.println("5 + 2 = " + (3 + 4));
..생략..
```

① 5 + 2 = 34
　 5 + 2 = 34

② 5 + 2 + 3 + 4
　 5 + 2 = 7

③ 7 = 7
　 7 + 7

④ 5 + 2 = 34
　 5 + 2 = 7

기출문제 따라잡기

Java의 print( ) 또는 println( ) 사용시 '숫자 + 숫자'는 연산의 결과를 숫자로, '문자 + 숫자'는 두 값을 붙여서 출력합니다.

❶ System.out.println("5 + 2 = " + 3 + 4);
❷ System.out.println("5 + 2 = " + (3 + 4));

❶ (("5+2=" + 3) + 4)의 순서로 수행되며, ("5+2=" + 3)는 문자+숫자이므로 값을 붙여서 5 + 2 = 3으로, ("5+2=3"+ 4) 또한 문자+숫자이므로 값을 붙여서 5 + 2 = 34로 출력됩니다.

❷ ("5+2=" + (3+4))의 순서로 수행되며, 3+4는 숫자+숫자이므로 값이 계산되어 7로, ("5+2="+ 7)은 문자+숫자이므로 값을 붙여서 5 + 2 = 7로 출력됩니다.

21년 5월
3. 다음 C언어 프로그램이 실행되었을 때의 결과는?

```
#include <stdio.h>
int main(int argc, char *argv[ ]) {
    char a;
    a = 'A' + 1;
    printf("%d", a);
    return 0;
}
```

① 1　　　　　　　② 11
③ 66　　　　　　 ④ 9

사용된 코드의 의미는 다음과 같습니다.

```
#include <stdio.h>
int main(int argc, char *argv[ ]) {
❶  char a;
❷  a = 'A' + 1;
❸  printf("%d", a);
❹  return 0;
}
```

❶ 문자형 변수 a를 선언합니다.
❷ a에 문자 'A'와 숫자 1을 더한 값을 저장합니다.
※ 'A'라는 문자는 메모리에 저장될 때 문자로 저장되는 것이 아니라 해당 문자의 아스키 코드 값으로 저장됩니다. 즉, 'A'는 'A'에 해당하는 아스키 코드 값인 65가 저장되는 것이죠. 그러므로 a에는 'A'의 아스키 코드 값인 65에 1을 더한 값인 66이 저장됩니다.
❸ a의 값을 정수로 출력합니다.

결과　66

※ a에 저장된 66은 '%d'로 출력하면 정수 66이, '%c'로 출력하면 'A'의 다음 문자인 'B'가 출력됩니다.
❹ 프로그램을 종료합니다.

23년 2월
4. 정수를 입력받아 처리하는 다음 C언어 프로그램에서 괄호에 들어갈 알맞은 코드는?

```
#include <stdio.h>
int main(void) {
    int n, sum = 3;
    (         )
    sum = sum + n;
    printf("%d", sum);
}
```

① scanf("%d", n);　　　② scanf("%d", &n);
③ scanf("%f", n);　　　 ④ scanf("%f", &n);

문제에서 정수를 입력받는다고 하였고, 코드에 선언된 변수 중 값이 저장되지 않은 변수는 n이므로, scanf를 이용하여 코드를 작성하면 **scanf("%d", &n);** 이 됩니다.

25년 5월
5. 다음 C언어 프로그램이 실행되었을 때, 실행 결과는?

```
#include <stdio.h>
int main(int argc, char* argv[ ]) {
    int a = 0xA5;
    int b = 0x0F;
    printf("%x", a&b);
    return 0;
}
```

① A5　　② 0F　　③ 5　　④ AF

사용된 코드의 의미는 다음과 같습니다.

```
#include <stdio.h>
int main(int argc, char* argv[ ]) {
❶  int a = 0xA5;
❷  int b = 0x0F;
❸  printf("%x", a&b);
❹  return 0;
}
```

❶ 정수형 변수 a를 선언하고, 16진수 A5를 저장합니다.
※ 숫자 앞에 0x가 붙으면, 16진수를 의미합니다.
❷ 정수형 변수 b를 선언하고, 16진수 0F를 저장합니다.
❸ a와 b의 비트 and 연산(&)의 결과 5를 16진수로 출력합니다.

```
   1010  0101  :  A5(16)
&  0000  1111  :  0F(16)
   0000  0101  :  5(16)
```

결과　5

❹ main( ) 함수에서의 'return 0'은 프로그램의 종료를 의미합니다.

▶ 정답 : 1. ③　2. ④　3. ③　4. ②　5. ③

SECTION 101 제어문

전문가의 조언

if문이 포함된 코드를 제시하고 그 결과를 묻는 문제가 출제되었습니다. 형식별로 주어진 예제를 확실히 이해하고 넘어가세요.

반복문
반복문은 일정한 횟수를 반복하는 명령문으로 다음 섹션에서 자세히 공부합니다.

1 제어문의 개념

컴퓨터 프로그램은 명령어가 서술된 순서에 따라 무조건 위에서 아래로 실행되는데, 조건을 지정해서 진행 순서를 변경할 수 있다. 이렇게 프로그램의 순서를 변경할 때 사용하는 명령문을 제어문이라고 한다.

- 제어문의 종류에는 if문, 다중 if문, switch문, goto, 반복문* 등이 있다.

2 단순 if문

22.3, 21.5, 실기 25.7, 25.4, 24.10, 24.7, 24.4, 23.7, 22.10, 22.5

if문은 조건에 따라서 실행할 문장을 달리하는 제어문이며, 단순 if문은 조건이 한 개일 때 사용하는 제어문이다.

- 조건이 참일 때만 실행할 문장을 지정할 수도 있고, 참과 거짓에 대해 각각 다른 실행문을 지정할 수도 있다.
- **형식1** : 조건이 참일 때만 실행한다.
  - 조건이 참일 때 실행할 문장이 하나인 경우

```
if(조건)
    실행할 문장;
```
if는 조건 판단문에 사용되는 예약어이므로 그대로 적는다.
조건은 참(1) 또는 거짓(0)이 결과로 나올 수 있는 수식을 ( ) 안에 입력한다.
조건이 참일 경우 실행할 문장을 적는다.

  - 조건이 참일 때 실행할 문장이 두 문장 이상인 경우

```
if(조건)
{
    실행할 문장1;
    실행할 문장2;
        ⋮
}
```
{ } 사이에 조건이 참일 경우 실행할 문장을 적는다.

#include ⟨stdio.h⟩
표준 입·출력과 관련된 함수를 정의해 놓은 파일의 이름입니다. 헤더 파일이라고 하는데, 사용하는 함수에 따라 포함시켜야 할 헤더 파일이 다릅니다. 여기서는 ❸번 문장의 printf( ) 함수를 사용하기 때문에 포함시켰습니다. 무슨 함수를 쓸 때 어떤 헤더 파일을 포함시켜야 하는지는 문제 풀이와 관계없기 때문에 기억해 둘 필요는 없습니다.

예제 1 a가 10보다 크면 a에서 10을 빼기

```
#include ⟨stdio.h⟩
main( )
{
    int a = 15, b;
    if (a > 10)  ❶
```
a가 10보다 크면 ❷번 문장을 실행하고, 아니면 ❸번 문장으로 이동해서 실행을 계속한다.

```
        b = a - 10;      ❷      ❶번의 조건식이 참일 경우 실행할 문장이다. b는 5가 된다.
        printf("%d\n", b);  ❸   여기서는 ❶번의 조건식이 거짓일 경우 실행할 문장이 없다. 조건 판단문
                                 을 벗어나면 무조건 ❸번으로 온다.
                                 결과  5
```

- **형식2** : 조건이 참일 때와 거짓일 때 실행할 문장이 다르다.

```
if(조건)
    실행할 문장1;    조건이 참일 경우 실행할 문장을 적는다. 참일 경우 실행할 문장이 두 문장 이상이면
                     { }를 입력하고 그 사이에 문장을 적는다.
else
    실행할 문장2;    조건이 거짓일 경우 실행할 문장을 적는다. 두 문장 이상인 경우 { }를 입력하고 그
                     사이에 문장을 적는다.
```

예제 2   a가 b보다 크면 'a-b', 아니면 'b-a'를 수행하기

```
#include <stdio.h>
main( )
{
  int a = 10, b = 20, cha;
  if (a > b)  ❶                a가 b보다 크면 ❷번 문장을 실행하고, 아니면 ❸번의 다음 문장인 ❹번 문
                                장을 실행한다.
      cha = a - b;  ❷          ❶번의 조건식이 참일 경우 실행할 문장이다. 참이 아니기 때문에 초기화 시
                                키지 않은 cha에는 알 수 없는 값이 그대로 있게 된다.
  else  ❸                      ❶번의 조건식이 거짓일 경우 실행할 문장의 시작점이다.
      cha = b - a;  ❹          ❶번의 조건식이 거짓일 경우 실행할 실제 처리문이다. cha는 10이 된다.
  printf("%d\n", cha);         결과  10
}
```

❸ 다중 if문   24.5, 22.4, 22.3, 21.5, 20.8, 실기 24.4

다중 if문은 조건이 여러 개 일 때 사용하는 제어문이다.

- **형식1**

```
if(조건1)
    실행할 문장1;    조건1이 참일 경우 실행할 문장을 적는다.
else if(조건2)
    실행할 문장2;    조건2가 참일 경우 실행할 문장을 적는다.
else if(조건3)
    실행할 문장3;    조건3이 참일 경우 실행할 문장을 적는다.
       ⋮
else
    실행할 문장4;    앞의 조건이 모두 거짓일 경우 실행할 문장을 적는다.
```

예제 1 점수에 따라 등급 표시하기

```
#include <stdio.h>
main( )
{
  int jum = 85;
  if (jum >= 90)  ❶
    printf("학점은 A입니다.\n");  ❷
  else if (jum >= 80)  ❸
    printf("학점은 B입니다.\n");  ❹
  else if (jum >= 70)  ❺
    printf("학점은 C입니다.\n");  ❻
  else  ❼
    printf("학점은 F입니다.\n");  ❽
}  ❾
```

❶ jum이 90 이상이면 ❷번을 실행하고, 아니면 ❸번으로 이동한다.
❷ "학점은 A입니다."를 출력하고, ❾번으로 이동하여 프로그램을 종료한다.
❸ jum이 80 이상이면 ❹번을 실행하고, 아니면 ❺번으로 이동한다.
❹ "학점은 B입니다."를 출력하고, ❾번으로 이동하여 프로그램을 종료한다.
❺ jum이 70 이상이면 ❻번을 실행하고, 아니면 ❼번으로 이동한다.
❻ "학점은 C입니다."를 출력하고, ❾번으로 이동하여 프로그램을 종료한다.
❼ ❺번의 조건식이 거짓일 경우 ❽번을 실행한다.
❽ "학점은 F입니다."를 출력하고, ❾번으로 이동하여 프로그램을 종료한다.

결과 `학점은 B입니다.`

- **형식2** : if문 안에 if문이 포함된다.

```
if(조건1)
  {
    if(조건2)
      실행할 문장1;
    else
      실행할 문장2;
  }
else
    실행할 문장3;
```

조건1이 참일 경우 실행할 문장의 시작점이다.

조건2가 참일 경우 실행할 문장을 적는다.

조건2가 거짓일 경우 실행할 문장을 적는다.

조건1이 거짓일 경우 실행할 문장을 적는다.

예제 2 홀수, 짝수 판별하기

```
#include <stdio.h>
main( )
{
  int a = 21, b = 10;
  if (a % 2 == 0)  ❶
    if (b % 2 == 0)  ❷
      printf("모두 짝수\n");  ❸
    else  ❹
```

❶ a를 2로 나눈 나머지가 0이면 ❷번을 실행하고, 아니면 ❻번으로 이동한다.
❷ b를 2로 나눈 나머지가 0이면 ❸번을 실행하고, 아니면 ❹번으로 이동한다.
❸ "모두 짝수"를 출력하고, ⓫번으로 이동하여 프로그램을 종료한다.
❹ ❷번의 조건식이 거짓일 경우 ❺번을 실행한다.

```
        printf("a : 짝수, b : 홀수\n");  ❺
   else  ❻
     if (b % 2 == 0)  ❼
        printf("a : 홀수, b : 짝수\n");  ❽
     else  ❾
        printf("모두 홀수\n");  ❿
}  ⓫
```

❺ "a : 짝수, b : 홀수"를 출력하고, ⓫번으로 이동하여 프로그램을 종료한다.
❻ ❶번의 조건식이 거짓일 경우 실행할 문장의 시작점이다.
❼ b를 2로 나눈 나머지가 0이면 ❽번을 실행하고, 아니면 ❾번으로 이동한다.
❽ "a : 홀수, b : 짝수"를 출력하고, ⓫번으로 이동하여 프로그램을 종료한다.
❾ ❼번의 조건식이 거짓일 경우 실행할 문장의 시작점이다.
❿ "모두 홀수"를 출력하고, ⓫번으로 이동하여 프로그램을 종료한다.

결과 `a : 홀수, b : 짝수`

 switch문

25.8, 22.7, 실기 24.7, 23.7, 22.7, 20.5

switch문은 조건에 따라 분기할 곳이 여러 곳인 경우 간단하게 처리할 수 있는 제어문이다.

• **형식**

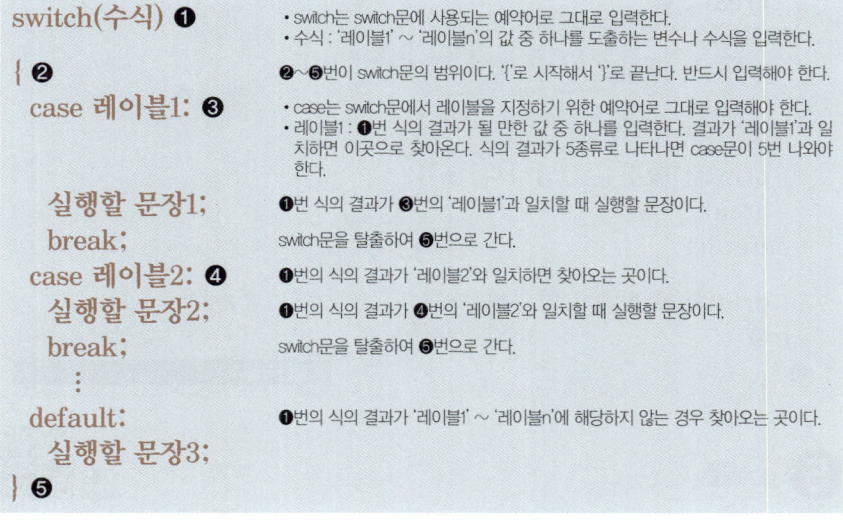

- case문의 레이블에는 한 개의 상수만 지정할 수 있으며, int, char, enum형의 상수만 가능하다.
- case문의 레이블에는 변수를 지정할 수 없다.
- break문은 생략이 가능하지만 break문이 생략되면 수식과 레이블이 일치할 때 실행할 문장부터 break문 또는 switch문이 종료될 때까지 모든 문장이 실행된다.

  예 switch (2)
  { case 3: printf("1");
    case 2: printf("2");
    case 1: printf("3");
  } → 결과 23

> **전문가의 조언**
>
> switch문이 포함된 코드의 결과를 묻는 문제가 출제되었습니다. 주어진 예제를 통해 조건에 따라 분기하는 switch문의 원리를 확실히 이해하고 넘어가세요.

> **전문가의 조언**
>
> if문은 조건이 참과 거짓인 경우의 두 가지만 판별하여 제어를 이동해야 하므로 분기할 문장이 여러 곳일 경우 if문을 여러 번 중첩해 사용해야 하는 불편함이 있었습니다. 이때 switch문을 사용하면 간단하게 해결할 수 있습니다. switch문은 구조도 간단해 예제를 보면 의미를 쉽게 이해할 수 있습니다. 문법도 같이 기억해 두세요.

> **전문가의 조언**
>
> default는 가장 마지막에 사용되어 다음 문장에서 바로 종료되기 때문에 break를 사용할 필요가 없습니다.

예제 점수(jum)에 따라 등급 표시하기

```
#include <stdio.h>
main( )
{
  int jum = 85;
  switch (jum / 10)
  
  { ❶
    case 10:
    
    case 9: ❷
      printf("학점은 A입니다.\n"); ❸
      break; ❹
    case 8: ❺
      printf("학점은 B입니다.\n"); ❻
      break; ❼
    case 7:
      printf("학점은 C입니다.\n");
      break;
    case 6:
      printf("학점은 D입니다.\n");
      break;
    default:
    
      printf("학점은 F입니다.\n");
  } ❽
} ❾
```

jum을 10으로 나눠 결과에 해당하는 숫자를 찾아간다. 85/10은 8.5지만 C언어에서 정수 나눗셈은 결과도 정수이므로 결과는 8이다. 8에 해당하는 ❺번으로 이동하여 ❻, ❼번을 실행한다.

❶~❽번까지가 switch 조건문의 범위이다.

100점일 경우 'jum/10'의 결과인 10이 찾아오는 곳이지만 할 일은 'case 9:'와 같으므로 아무것도 적지 않는다. 아무것도 적지 않으면 다음 문장인 ❷번으로 이동한다.

'jum/10'이 9일 경우 찾아오는 곳이다. ❸, ❹번을 실행한다.

"학점은 A입니다."를 출력한다.

break를 만나면 switch문을 탈출하여 ❾번으로 이동한다.

'jum/10'이 8일 경우 찾아오는 곳이다. ❻, ❼번을 실행한다.

"학점은 B입니다."를 출력한다.

switch문을 탈출하여 ❾번으로 이동한다.

case 10~6에 해당되지 않는 경우, 즉 jum이 59 이하인 경우 찾아오는 곳이다.

"학점은 F입니다."를 출력한다.

결과 **학점은 B입니다.**

전문가의 조언

C언어로 실무 프로그램을 작성할 때는 goto문을 거의 사용하지 않지만 시험을 위한 C언어 문법의 출제 범위가 명확하지 않아 포함된 내용이니 가볍게 읽어 두세요.

❺ goto문

goto문은 프로그램 실행 중 현재 위치에서 원하는 다른 문장으로 건너뛰어 수행을 계속하기 위해 사용하는 제어문이다.

- goto문은 원하는 문장으로 쉽게 이동할 수 있지만 많이 사용하면 프로그램의 이해와 유지 보수가 어려워져 거의 사용하지 않는다.

- **형식**

goto 레이블;   레이블로 이동한다.

레이블: goto문의 주소값이다. '레이블:' 형태로 작성되며, 레이블명은 사용자가 원하는 이름을 임의로 지정할 수 있다.

   실행할 문장

예제 10보다 큰 값을 입력할 때까지 입력하기

```
#include <stdio.h>
main( )
{
  int a;    ❶
again:    ❷
  scanf("%d", &a);    ❸
  if (a <= 10)    ❹
    goto again;    ❺
  else    ❻
    printf("%d는 10보다 큽니다.", a);    ❼
}    ❽
```

❷ goto문의 주소값이다. 'again'이라는 레이블의 goto 주소이다.
❸ 정수형 변수 a에 10진수를 입력 받는다.
❹ a의 값이 10 이하면 ❺번을 실행한다.
❺ ❶번과 ❸번 사이에 있는 'again' 레이블로 이동한다.
❻ ❹번의 조건식이 거짓일 경우 실행할 문장의 시작점이다.
❼ 변수 a의 값을 출력한 후 ❽번으로 이동하여 프로그램을 종료한다.

기출문제 따라잡기

문제1 2413655

24년 5월
1. 다음은 키보드로 숫자를 입력받아 홀수인지 짝수인지 판별하여 출력하는 코드를 C언어로 구현한 것이다. 괄호(①, ②)에 순서대로 들어갈 내용으로 알맞은 것은?

```
#include <stdio.h>
int main( ) {
   int num;

   scanf("%d", &num);

   if (num ( ① ) 2 == 1) {
      printf("홀수입니다.\n");
   }
   ( ② ) {
      printf("짝수입니다.\n");
   }
}
```

① %, else
② %, else if
③ /, else
④ /, else if

사용된 코드의 의미는 다음과 같습니다.

```
#include <stdio.h>
int main( ) {
❶  int num;

❷  scanf("%d", &num);

❸  if (num % 2 == 1) {
❹     printf("홀수입니다.\n");
   }
❺  else {
❻     printf("짝수입니다.\n");
   }
}
```

❶ 정수형 변수 num을 선언합니다.
❷ 키보드로 정수를 입력받아 변수 num에 저장합니다.
❸ num을 2로 나눈 나머지가 1이면 ❹번을 수행하고 아니면 ❺번으로 이동합니다.
❹ 홀수입니다.를 출력한 후 커서를 다음 줄의 처음으로 이동합니다.
❺ ❸번 조건이 거짓일 경우 실행할 문장의 시작점입니다.
❻ 짝수입니다.를 출력한 후 커서를 다음 줄의 처음으로 이동합니다.

▶ 정답 : 1. ①

기출문제 따라잡기

25년 8월, 22년 7월
2. 다음 C언어 프로그램 실행 후, 'c'를 입력하였을 때 출력 결과는?

```
#include <stdio.h>
main( ) {
    char ch;
    scanf("%c", &ch);
    switch (ch) {
        case 'a':
            printf("one ");
        case 'b':
            printf("two ");
        case 'c':
            printf("three ");
            break;
        case 'd':
            printf("four ");
            break;
    }
}
```

① one
② one two
③ three
④ one two three four

사용된 코드의 의미는 다음과 같습니다.

```
#include <stdio.h>
main( ) {
❶   char ch;
❷   scanf("%c", &ch);
❸   switch (ch) {
        case 'a':
            printf("one ");
        case 'b':
            printf("two ");
❹       case 'c':
❺           printf("three ");
❻           break;
        case 'd':
            printf("four ");
            break;
    }❼
}
```

❶ 문자형 변수 ch를 선언합니다.
❷ 문자를 입력받아 ch에 저장합니다. 문제에서 'c'를 입력한다고 하였으므로 ch에는 'c'가 저장됩니다.
❸ ch의 값 'c'에 해당하는 case를 찾아갑니다. ❹번으로 이동합니다.
❹ case 'c'의 시작점입니다.
❺ 화면에 **three**와 공백 한 칸을 출력합니다.
결과 : three
❻ switch문을 벗어나 ❼번으로 이동합니다.
❼ main( ) 함수가 끝났으므로 프로그램을 종료합니다.

출제예상
3. 다음 C 프로그램의 실행 결과는?

```
#include <stdio.h>
main( )
{
    int a = 10;
    if (a == 10)
        printf("a는");
        printf("%d입니다.", a);
    else
        printf("a는");
        printf("%d이 아닙니다.", a);
}
```

① a는 10입니다.
② error 발생
③ a는 10이 아닙니다.
④ 10입니다.

if문에서 조건이 참이거나 거짓일 때 실행할 문장이 두 문장 이상이면 중괄호({ })를 입력하고 그 사이에 실행할 문장을 입력해야 하는데 중괄호({ }) 없이 두 문장을 입력했으므로 error가 발생합니다.

출제예상
4. 다음 C 프로그램을 실행했을 경우 출력되는 값은 얼마인가?

```
main( )
{
    int a = 100;
    if (a = 200)
        a = 300;
    else
        a = 400;
    printf("%d\n", a);
}
```

① 100
② 200
③ 300
④ 400

C언어에서는 값이 같은지 비교할 때는 관계 연산자 ==를 사용해야 합니다. 'if (a = 200)'처럼 대입연산자 =을 이용하면 a에 200이 저장되고, 200은 참이므로 'a = 300;'을 수행합니다.

▶ 정답 : 2. ③ 3. ② 4. ③

SECTION 102 반복문

1 반복문의 개요

반복문은 제어문의 한 종류로 일정한 횟수를 반복하는 명령문을 말한다. 보통 변수의 값을 일정하게 증가시키면서 정해진 수가 될 때까지 명령이나 명령 그룹을 반복 수행한다.

- 반복문에는 for, while, do~while문이 있다.

전문가의 조언

반복문에는 for, while, do~while문 등이 있습니다. for문은 초기값, 최종값, 증가값을 이용하고, while문과 do~while문은 조건이 참인 동안 반복문을 실행한다는 것을 기억하세요. 그리고 반복문을 제어하는 break와 continue의 기능도 정리하세요.

2 for문

24.7, 24.2, 23.2, 22.7, 22.4, 22.3, 21.5, 20.8, 실기 25.4, 25.10, 24.4, 23.7, 22.10, 22.7, 22.5, 21.7, 21.4

for문은 초기값, 최종값, 증가값을 지정하는 수식을 이용해 정해진 횟수를 반복하는 제어문이다.

- for문은 초기값을 정한 다음 최종값에 대한 조건이 참이면 실행할 문장을 실행한 후 초기값을 증가값 만큼 증가시키면서 최종값에 대한 조건이 참인 동안 실행할 문장을 반복 수행한다.

전문가의 조언

for문이 포함된 코드의 결과를 묻는 문제가 출제되었습니다. 주어진 예제를 통해 for문의 동작 과정을 확실히 이해하고 넘어가세요.

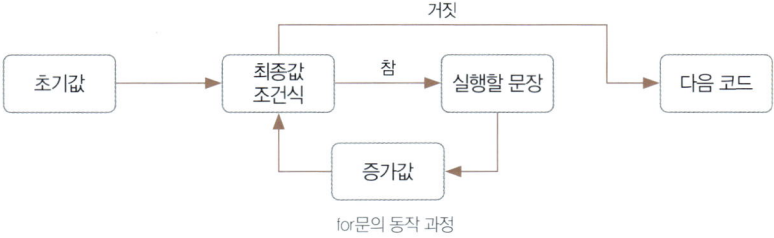

for문의 동작 과정

- 형식

```
for(식1; 식2; 식3)

    실행할 문장;
```

- for는 반복문을 의미하는 예약어로 그대로 입력한다.
- 식1 : 초기값을 지정할 수식을 입력한다.
- 식2 : 최종값을 지정할 수식을 입력한다.
- 식3 : 증가값으로 사용할 수식을 입력한다.

식2가 참일 동안 실행할 문장을 입력한다. 실행할 문장이 두 문장 이상일 경우 { }를 입력하고 그 사이에 처리할 문장들을 입력한다.

- 초기값, 최종값, 증가값 중 하나 이상을 생략할 수 있고, 각각의 요소에 여러 개의 수식을 지정할 수도 있다.

  예1 for(a = 1; sum <= 30;) sum += a; → 증가값을 생략하고 실행할 문장에서 증가값을 만듦

  예2 for(a = 0; sum <= 10; a++, sum += a) → 증가값(a++, sum += a)을 두 개 지정함

  예3 for(a = 0, b = 5; a <= 5, b >= 0; a++, b--) → 초기값, 최종값, 증가값을 모두 두 개씩 지정함

  예4 for(; ;) → 초기값, 최종값, 증가값을 모두 생략하면 실행할 문장이 무한 반복됨

예1의 이해
반복 변수 a가 1에서 시작(초기값)하여 sum이 30보다 작거나 같은 동안(최종값) Sum += a를 반복하여 수행합니다.

예2의 이해
반복 변수 a가 0에서 시작(초기값)하여 a = a+1, sum = sum+a로 증가(증가값)하면서 sum이 10보다 작거나 같은 동안(최종값) 실행할 문장을 반복하여 수행합니다.

예3의 이해
반복 변수 a가 0, b는 5에서 시작(초기값)하여 a = a+1, b = b-1로 증가(증가값)하면서 a가 5보다 작거나 같고 b가 0보다 큰 동안(최종값) 실행할 문장을 반복하여 수행합니다.

- for(; ;)와 같이 조건에 참여하는 수식을 모두 생략하면 for문은 무한 반복한다.
- for문은 처음부터 최종값에 대한 조건식을 만족하지 못하면 한 번도 수행하지 않는다.
- 문자도 for문을 수행할 수 있다.
    예 for(char a = 'A'; a <= 'Z'; a++) → a에 'A, B, C ~ X, Y, Z' 순으로 저장함

예제 for문을 이용하여 1~5까지의 합을 더하는 다양한 방법이다.

코드	설명

int a, hap = 0;
for (a = 1; a <= 5; a++)※
  hap += a; ❶
	반복 변수 a가 1에서 시작(초기값)하여 1씩 증가(증가값)하면서 5보다 작거나 같은 동안(최종값) ❶번을 반복하여 수행한다. 그러니까 'hap += a'를 5회 실행하며, 결과는 15이다.

int a, hap = 0; for (a = 0; a < 5; a++, hap += a);	for문의 마지막에 ';'이 있으므로 실행할 문장 없이 for문만 반복 수행한다.

int a = 1, hap = 0;
for (; a <= 5; a++)
  hap += a; ❶
	초기값을 지정하지 않았지만 변수 a 선언 시 1로 초기화 했기 때문에 a가 1부터 5보다 작거나 같은 동안 ❶번을 반복하여 수행한다.

int a, hap = 0;
for (a = 0; a++ < 5;)
  hap += a; ❶
	증가값을 지정하지 않았지만 최종값에서 'a++;'를 수행하기 때문에 a가 0부터 5보다 작은 동안 ❶번을 반복하여 수행한다.

int a = 1, hap = 0;
for (; a <= 5;)
{ ❶
  hap += a;
  a++; ❷
} ❸
	초기값과 증가값을 지정하지 않았지만 변수 a 선언 시 1로 초기화 했고, ❷번을 수행하면서 a가 1씩 증가하기 때문에 a가 1부터 5보다 작거나 같은 동안 ❶~❸번 사이의 실행할 문장을 반복하여 수행한다. 실행할 문장이 2개 이상인 경우 중괄호({ })로 묶어준다.

3 while문

23.7, 23.2, 22.3, 21.8, 21.5, 21.3, 20.9, 실기 25.7, 25.4, 24.10, 24.7, 23.4, 22.7, 22.5, 20.10

while문은 조건이 참인 동안 실행할 문장을 반복 수행하는 제어문이다.

- while문은 조건이 참인동안 실행할 문장을 반복 수행하다가 조건이 거짓이면 while문을 끝낸 후 다음 코드를 실행한다.
- while문은 조건이 처음부터 거짓(0)이면 한 번도 수행하지 않는다.

while문의 동작 과정

- 형식

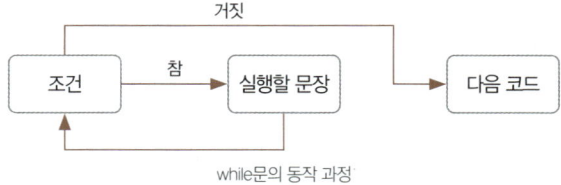

while(조건)
- while은 반복문에 사용되는 예약어로 그대로 입력한다.
- (조건) : 참이나 거짓을 결과로 갖는 수식을 '조건'에 입력한다. 참(1)※을 직접 입력할 수도 있다.

실행할 문장;
조건이 참인 동안 실행할 문장을 입력한다. 문장이 두 문장 이상인 경우 { }를 입력하고 그 사이에 처리할 문장들을 입력한다.

예제 다음은 1~5까지의 합을 더하는 프로그램이다. 결과를 확인하시오.

```
#include <stdio.h>
main( )
{
   int a = 0, hap = 0;
   while (a < 5)  ❶
   {  ❷
      a++;  ❸
      hap += a;  ❹
   }  ❺
   printf("%d, %d\n", a, hap);  ❻        결과  5, 15
}
```

❶ a가 5보다 작은 동안 ❷~❺번 문장을 반복하여 수행한다.

❷~❺번까지가 반복문의 범위이다. 반복문에서 실행할 문장이 하나인 경우는 { }를 생략해도 된다.

❸ 'a = a + 1;'과 동일하다. a의 값을 1씩 증가시킨다.

❹ 'hap = hap + a'와 동일하다. a의 값을 hap에 누적시킨다.

❺ 반복문의 끝이다.

❻ a가 5가 되었을 때 5를 hap에 누적한 다음 while 문을 벗어나기 때문에 a는 5로 끝난다.

반복문 실행에 따른 변수 a와 hap의 변화

a	hap
0	0
1	1
2	3
3	6
4	10
5	15

4 do~while문
<small>24.2, 23.7, 23.2, 21.5, 실기 23.7</small>

do~while문은 조건이 참인 동안 정해진 문장을 반복 수행하다가 조건이 거짓이면 반복문을 벗어나는 while문과 같은 동작을 하는데, 다른 점은 do~while문은 실행할 문장을 무조건 한 번 실행한 다음 조건을 판단하여 탈출 여부를 결정한다는 것이다.

• do~while문은 실행할 문장을 우선 실행한 후 조건을 판별하여 조건이 참이면 실행할 문장을 계속 반복 수행하고, 거짓이면 do~while문을 끝낸 후 다음 코드를 실행한다.

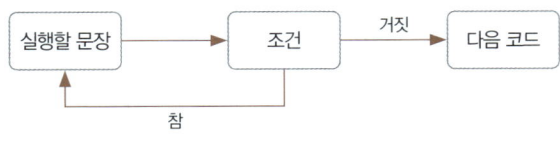

do~while문의 동작 과정

전문가의 조언

do~while문이 포함된 코드의 결과를 묻는 문제가 출제되었습니다. 주어진 예제를 통해 do~while문의 동작 과정을 확실히 이해하고 넘어가세요.

• 형식

```
do
   실행할 문장;
while(조건);
```

do는 do~while문에 사용되는 예약어로, do~while의 시작 부분에 그대로 입력한다.

조건이 참인 동안 실행할 문장을 입력한다. 문장이 두 문장 이상인 경우 { }를 입력하고 그 사이에 실행할 문장들을 입력한다.

• while은 do~while문에 사용되는 예약어로, do~while의 끝 부분에 그대로 입력한다.
• (조건) : 참이나 거짓을 결과로 갖는 수식을 '조건'에 입력한다. 참(1)을 직접 입력할 수도 있다.

예제 다음은 1부터 10까지 홀수의 합을 더하는 프로그램이다. 결과를 확인하시오.

```
#include <stdio.h>
main ( )
{
   int a = 1, hap = 0;
```

반복문 실행에 따른 변수 hap과 a의 변화

hap	a
0	1
1	3
4	5
9	7
16	9
25	11

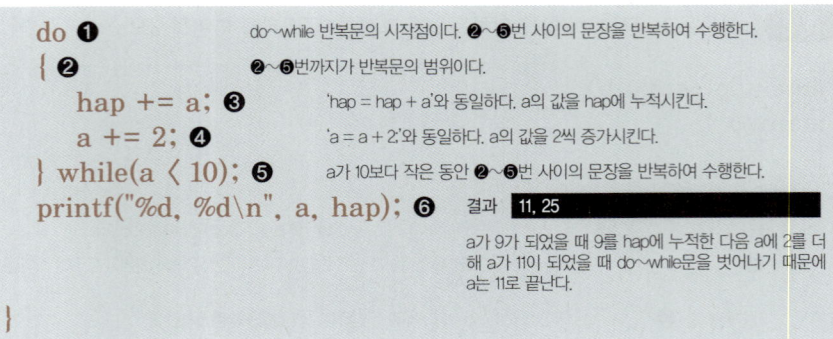

 break, continue

switch문이나 반복문의 실행을 제어하기 위해 사용되는 예약어이다.

- **break** : switch문이나 반복문 안에서 break가 나오면 블록을 벗어난다.
- **continue**
  - continue 이후의 문장을 실행하지 않고 제어를 반복문의 처음으로 옮긴다.
  - 반복문에서만 사용된다.

 다음은 1~5까지의 합을 더하되 2의 배수는 배제하는 프로그램이다. 결과를 확인하시오.

전문가의 조언

break문이 포함된 코드의 결과를 묻는 문제가 출제되었습니다. 주어진 예제를 통해 break의 역할을 확실히 이해하고 넘어가세요.

반복문 실행에 따른 변수 a와 hap의 변화

a	hap
0	0
1	1
2	
3	4
4	
5	9
6	

```
#include <stdio.h>
main()
{
    int a = 0, hap = 0;
    while(1)          ❶
    {                 ❷
        a++;          ❸
        if(a > 5)     ❹
            break;    ❺
        if (a % 2 == 0) ❻
            continue; ❼
        hap += a;     ❽
    }                 ❾
    printf("%d, %d\n", a, hap);  ❿    결과  6, 9
}
```

❶ 조건이 참(1)이므로 무한 반복한다. 중간에 반복을 끝내는 문장이 반드시 있어야 한다.
❷ ❷~❾번까지가 반복문의 범위이다.
❸ 'a = a + 1;'과 동일하다. a의 값을 1씩 증가시킨다.
❹ a가 5보다 크면 ❺번 문장을 수행하고, 아니면 ❻번 문장을 수행한다.
❺ 반복문을 탈출하여 ❿번으로 이동한다.
❻ a를 2로 나눈 나머지가 0이면, 즉 a가 2의 배수이면 ❼번 문장을 수행하고, 아니면 ❽번 문장으로 이동한다.
❼ 이후의 문장, 즉 ❽번을 생략하고 반복문의 처음인 ❶번으로 이동한다. 2의 배수는 hap에 누적되지 않는다.
❽ 'hap = hap + a'와 동일하다. a의 값을 hap에 누적시킨다.
❾ 반복문의 끝이다.

기출문제 따라잡기

24년 7월, 2월, 20년 8월

1. 다음 C 프로그램의 결과 값은?

```
main(void) {
   int i;
   int sum = 0;
   for(i = 1; i <= 10; i = i + 2)
      sum = sum + i;
   printf("%d", sum);
}
```

① 15　　　　　　　② 19
③ 25　　　　　　　④ 27

사용된 코드의 의미는 다음과 같습니다.

```
main(void) {
❶ int i;
❷ int sum = 0;
❸ for(i = 1; i <= 10; i = i + 2)
❹    sum = sum + i;
❺ printf("%d", sum);
}
```

❶ 정수형 변수 i를 선언합니다.
❷ 정수형 변수 sum을 선언한 후 0으로 초기화합니다.
❸ 반복 변수 i가 1에서 시작하여 2씩 증가하면서 10보다 작거나 같은 동안 ❹번을 반복하여 수행합니다.
❹ i의 값을 sum에 누적시킵니다.
❺ sum의 값을 정수형 10진수로 출력합니다. 반복문 실행에 따른 변수의 변화는 다음과 같습니다.

반복횟수	i	sum
		0
1	1	1
2	3	4
3	5	9
4	7	16
5	9	25
	11	

24년 2월, 23년 5월

2. C언어에서 현재 수행중인 반복문을 빠져나갈 때 사용하는 명령문은?

① continue　　　　② escape
③ break　　　　　 ④ exit

C언어나 JAVA에서 현재 반복문을 빠져나갈 때 사용하는 명령문은 break입니다.

23년 2월

3. 다음 C언어 프로그램이 실행되었을 때의 결과는?

```
main( ) {
   int a = 4527;
   int r = 0;
   while (a != 0) {
      r = r + (a % 10);
      a = a / 10;
   }
   printf("%d", r);
}
```

① 18　　　　　　　② 17
③ 4527　　　　　　④ 7254

사용된 코드의 의미는 다음과 같습니다.

```
main( ) {
❶ int a = 4527;
❷ int r = 0;
❸ while (a != 0) {
❹    r = r + (a % 10);
❺    a = a / 10;
   }
❻ printf("%d", r);
}
```

❶ 정수형 변수 a를 선언하고 4527로 초기화합니다.
❷ 정수형 변수 r을 선언하고 0으로 초기화합니다.
❸ a가 0이 아닌 동안 ❹, ❺번을 반복 수행합니다.
❹ a를 10으로 나눈 나머지를 r에 누적시킵니다.
❺ a를 10으로 나눕니다.

a	a%10	r
4527		0
452	7	7
45	2	9
4	5	14
0	4	18

❻ r의 값을 출력합니다.
결과　18

▶ 정답 : 1. ③　2. ③　3. ①

기출문제 따라잡기

문제4 2413754

23년 7월, 22년 3월

4. 다음 C언어 프로그램이 실행되었을 때, 실행 결과는?

```c
#include <stdio.h>
#include <stdlib.h>
int main(int argc, char* argv[ ]) {
    int i = 0;
    while (1) {
        if (i == 4) {
            break;
        }
        ++i;
    }
    printf("i = %d", i);
    return 0;
}
```

① i = 0   ② i = 1
③ i = 3   ④ i = 4

사용된 코드의 의미는 다음과 같습니다.

```c
#include <stdio.h>
#include <stdlib.h>
int main(int argc, char* argv[ ]) {
❶  int i = 0;
❷  while (1) {
❸      if (i == 4) {
❹          break;
        }
❺      ++i;
    }
❻  printf("i = %d", i);
❼  return 0;
}
```

❶ 정수형 변수 i를 선언하고 0으로 초기화합니다.
❷ 조건이 참(1)이므로 ❸~❺번을 무한 반복합니다.
❸ i의 값이 4이면 ❹번으로 이동하고, 아니면 ❺번으로 이동합니다.
❹ 반복문을 탈출하여 ❻번으로 이동합니다.
❺ 'i=i+1;'과 동일합니다. i의 값을 1 증가시킵니다. 반복문 실행에 따른 변수의 변화는 다음과 같습니다.

반복횟수	i
0	0
1	1
2	2
3	3
4	4
5	

❻ i = 을 출력한 후 이어서 i의 값을 정수로 출력합니다.
　결과　i = 4
❼ main( ) 함수에서의 'return 0'은 프로그램의 종료를 의미합니다.

23년 2월

5. 다음 중 출력문이 무한히 반복되는 코드를 올바르게 구현한 것은?

① do { printf("무한반복"); } while (0);
② while(0) printf("무한반복");
③ for(;;) printf("무한반복");
④ for(1;1) printf("무한반복");

① while(0);의 0은 거짓을 의미합니다. do~while문은 내부 코드를 1회 수행한 후 조건을 비교하므로, 화면에 "무한반복"을 1회 출력하고 코드가 종료됩니다.
② while문의 조건이 0이므로 화면에 아무것도 출력하지 않고 코드가 종료됩니다.
③ for문은 초기값, 최종값, 증가값이 모두 생략되면, 내부 코드를 무한히 반복하여 실행합니다. 화면에 "무한반복"이 끊임없이 출력됩니다.
④ for문의 형식은 for(식1; 식2; 식3)입니다. 세미콜론이 1개만 있으므로 잘못된 문법으로 인해 코드가 실행되지 않습니다.

23년 2월

6. 다음 C언어 프로그램이 실행되었을 때의 결과는?

```c
#include <stdio.h>
main( ) {
    int sum = 0;
    for (int i = 0; i <= 10; i++) {
        if (i % 2 == 0)
            continue;
        sum = sum + i;
    }
    printf("%d", sum);
}
```

① 20   ② 25
③ 30   ④ 55

사용된 코드의 의미는 다음과 같습니다.

```c
#include <stdio.h>
main( ) {
❶  int sum = 0;
❷  for (int i = 0; i <= 10; i++) {
❸      if (i % 2 == 0)
❹          continue;
❺      sum = sum + i;
    }
❻  printf("%d", sum);
}
```

❶ 정수형 변수 sum을 선언하고 0으로 초기화합니다.
❷ 반복 변수 i가 1씩 증가하면서 10보다 작거나 같은 동안 ❸~❺번을 반복 수행합니다.
❸ i를 2로 나눈 나머지가 0이면 ❹번으로 이동하고, 아니면 ❺번으로 이동합니다.
❹ 반복문의 처음인 ❷번으로 이동합니다.

기출문제 따라잡기

문제7 2413753

❺ sum에 `i`의 값을 누적시킵니다.
  반복문 실행에 따른 변수들의 변화는 다음과 같습니다.

i	i%2	sum
		0
0	0	
1	1	1
2	0	
3	1	4
4	0	
5	1	9
6	0	
7	1	16
8	0	
9	1	25
10	0	
11		

❻ sum의 값을 출력합니다.
결과 25

24년 2월, 23년 7월, 21년 5월
7. 다음 JAVA 프로그램이 실행되었을 때의 결과는?

```
public class array1 {
    public static void main(String[ ] args) {
        int cnt = 0;
        do {
            cnt++;
        } while (cnt < 0);
        if(cnt==1)
            cnt++;
        else
            cnt = cnt + 3;
        System.out.printf("%d", cnt);
    }
}
```

① 2   ② 3
③ 4   ④ 5

사용된 코드의 의미는 다음과 같습니다.

```
public class array1 {
    public static void main(String[ ] args) {
❶      int cnt = 0;
❷      do {
❸          cnt++;
❹      } while (cnt < 0);
❺      if(cnt==1)
❻          cnt++;
        else
            cnt = cnt + 3;
❼      System.out.print("%d", cnt);
    }
}
```

❶ 정수형 변수 cnt를 선언하고 0으로 초기화합니다. (cnt=0)
❷ do~while 반복문의 시작점입니다. ❸번을 반복 수행합니다.
❸ 'cnt = cnt + 1;'과 동일합니다. cnt의 값을 1씩 누적시킵니다. (cnt=1)
❹ cnt가 0보다 작은 동안 ❸번을 반복 수행합니다.
  • do~while문은 조건이 거짓이라도 실행할 문장을 한 번은 실행하므로, cnt가 1이 된 후 do~while문을 빠져나오게 됩니다.
❺ cnt가 1이면 ❻번을 수행하고, 아니면 else의 다음 문장을 수행합니다. cnt가 1이므로 ❻번으로 이동합니다.
❻ 'cnt = cnt + 1;'과 동일합니다. cnt의 값 1에 1을 누적시킵니다. (cnt=2)
❼ cnt의 값을 정수로 출력합니다.
결과 2

▶ 정답 : 4. ④ 5. ③ 6. ② 7. ①

SECTION 103 배열과 문자열

전문가의 조언

배열은 편리하고 유용한 자료 구조이지만 확실하게 이해하지 못하면 효율적으로 사용하기 힘든 자료 구조이므로 학습 유도를 위해 자주 출제될 것으로 예상됩니다. **예제**를 통해 배열의 사용법과 특징을 확실히 이해하고 넘어가세요.

1 배열의 개념

배열은 동일한 데이터 유형을 여러 개 사용해야 할 경우 이를 손쉽게 처리하기 위해 여러 개의 변수들을 조합해서 하나의 이름으로 정의해 사용하는 것을 말한다.

- 배열은 하나의 이름으로 여러 기억장소를 가리키기 때문에 배열에서 개별적인 요소들의 위치는 첨자를 이용하여 지정한다.
- 배열은 변수명 뒤에 대괄호 [ ]를 붙이고 그 안에 사용할 개수를 지정한다.
- C언어에서 배열의 위치는 0부터 시작된다.
- 배열은 행 우선으로 데이터가 기억장소에 할당된다.
- C 언어에서 배열 위치를 나타내는 첨자 없이 배열 이름을 사용하면 배열의 첫 번째 요소의 주소를 지정하는 것과 같다.

전문가의 조언

배열이 사용된 코드의 결과를 묻는 문제가 출제되었습니다. 주어진 **예제**를 통해 배열에 값이 저장되고 처리되는 과정을 확실히 이해하고 넘어가세요.

2 1차원 배열   25.5, 23.7, 22.4, 22.3, 21.8, 실기 25.4, 24.10, 24.7, 23.7, 23.4, 20.11

- 1차원 배열은 변수들을 일직선상의 개념으로 조합한 배열이다.
- 형식

자료형 변수명[개수];	• 자료형 : 배열에 저장할 자료의 형을 지정한다. • 변수명 : 사용할 배열의 이름으로 사용자가 임의로 지정한다. • 개수 : 배열의 크기를 지정하는 것으로 생략할 수 있다.

int a[5]
배열을 선언할 때는 int a[5]와 같이 5를 입력하여 5개의 요소임을 선언하며 사용할 때는 a[0]~a[4]까지 5개의 요소를 사용한다.

예 int a[5]* : 5개의 요소를 갖는 정수형 배열 a

	첫 번째	두 번째	세 번째	네 번째	다섯 번째
배열 a	a[0]	a[1]	a[2]	a[3]	a[4]

※ a[3] : a는 배열의 이름이고, 3은 첨자로서 배열 a에서의 위치를 나타낸다. a[3]에 4를 저장시키려면 'a[3] = 4'와 같이 작성한다.

예제 1 1차원 배열 a의 각 요소에 10, 11, 12, 13, 14를 저장한 후 출력하기

```
#include <stdio.h>
main( )
{
    int a[5];
```

5개의 요소를 갖는 정수형 배열 a를 선언한다. 선언할 때는 사용할 개수를 선언하고, 사용할 때는 첨자를 0부터 사용하므로 주의해야 한다.

	첫 번째	두 번째	세 번째	네 번째	다섯 번째
배열 a	a[0]	a[1]	a[2]	a[3]	a[4]

```
    int i;
    for (i = 0; i < 5; i++)

        a[i] = i + 10;    ❶


    for (i = 0; i < 5; i++)

        printf("%d ", a[i]);   ❷

}
```

정수형 변수 i를 선언한다

반복 변수 i가 0에서 시작하여 1씩 증가하면서 5보다 작은 동안 ❶번 문장을 반복하여 수행한다. 그러니까 ❶번 문장을 5회 반복하는 것이다.

배열 a의 i번째에 i+10을 저장시킨다. i는 0~4까지 변하므로 배열 a에 저장된 값은 다음과 같다.

배열 a	10	11	12	13	14
	a[0]	a[1]	a[2]	a[3]	a[4]

반복 변수 i가 0에서 시작하여 1씩 증가하면서 5보다 작은 동안 ❷번 문장을 반복하여 수행한다.

배열 a의 i번째를 출력한다. i는 0~4까지 변하므로 출력 결과는 다음과 같다. 서식 문자열에 '\n'이 없기 때문에 한 줄에 붙여서 출력한다.

결과 `10 11 12 13 14`

실기 25.7, 25.4, 24.10, 24.7, 22.10

잠깐만요 JAVA에서의 배열 처리

JAVA에서는 향상된 for문을 사용할 수 있는데, 향상된 for문은 객체를 대상으로만 가능합니다. JAVA에서는 배열을 객체로 취급하며, 배열을 이용하여 작업할 때 필요할 만한 내용은 이미 API로 만들어 두었기 때문에 잘 골라서 사용하면 됩니다. 배열에 대한 기본은 C언어에서 배웠기 때문에 바로 예제 를 보면서 설명합니다.

예제 1 다음은 위의 C 프로그램을 JAVA로 구현한 것이다. 프로그램의 출력 결과를 확인해 보시오.

```
public class Example {
    public static void main(String[ ] args){
❶       int a[ ] = new int[5];
❷       int i;
❸       for (i = 0; i < 5; i++)
❹           a[i] = i + 10;
❺       for (i = 0; i < 5; i++)
❻           System.out.printf("%d ", a[i]);
    }
}
```

코드 해설

❶ 배열을 선언하는 부분이 조금 다릅니다. 배열은 JAVA에서 객체로 취급되며, 객체 변수*는 'new' 명령을 이용해서 생성해야 합니다.
  • int a[ ] : a는 정수 배열 변수라는 의미입니다. JAVA에서는 'int[ ] a'와 같이 대괄호를 자료형 바로 뒤에 적는 것을 선호하는데, C언어에서는 이렇게 표기할 수 없습니다.
  • new int[5] : 5개짜리 정수 배열을 생성합니다.
  • C언어처럼 사용하려면 다음과 같이 배열을 선언하면서 초기값을 주면 됩니다.
    int a[ ] = {0,0,0,0,0};
❷~❺ C 프로그램과 동일합니다.
❻ 결과 `10 11 12 13 14`

> **객체 변수**
> 객체 변수, 정확히 말하면 heap 영역에 객체를 생성하고 생성된 객체가 있는 곳의 주소를 객체 변수에 저장하는 것입니다. JAVA에서는 주소를 제어할 수 없으므로 그냥 객체 변수를 생성한다고 이해해도 됩니다.

예제 2 다음은 JAVA에서 향상된 for문을 사용한 예제이다. 결과를 확인하시오.

```
public class Example {
  public static void main(String[ ] args) {
❶ int[ ] a = {90,100,80,70,60,50,30};
❷ int hap = 0;
❸ float avg;
❹ for (int i : a)
❺     hap = hap + i;
❻ avg = (float)hap / a.length;
❼ System.out.printf("%d, %.2f", hap, avg);
  }
}
```

코드 해설

❶ 배열을 선언하면서 초기값을 지정합니다. 개수를 정하지 않으면 초기값으로 지정된 수만큼 배열의 요소가 만들어집니다. 이건 C언어와 같습니다.

	a[0]	a[1]	a[2]	a[3]	a[4]	a[5]	a[6]
배열 a	90	100	80	70	60	50	30

❷ 총점을 구하기 위해 정수형 변수 hap을 선언하고 초기값으로 0을 할당합니다.
❸ 평균을 구하기 위해 실수형 변수 avg를 선언합니다.
❹ 향상된 반복문입니다. a 배열의 요소 수만큼 ❺번을 반복 수행합니다.
- **int i** : a 배열의 각 요소가 일시적으로 저장될 변수를 선언합니다. a 배열과 형이 같아야 합니다. a 배열이 정수면 정수, 문자면 문자여야 합니다.
- **a** : 배열의 이름을 입력합니다. a 배열이 7개의 요소를 가지므로 각 요소를 i에 저장하면서 ❺번을 7번 수행합니다.

❺ i의 값을 hap에 누적합니다. i는 배열 각 요소의 값을 차례로 받습니다.
변수의 변화는 다음과 같습니다.
첫 번째 수행 : a 배열의 첫 번째 값이 i를 거쳐 hap에 누적됩니다.

hap	i	a						
90	90	90	100	80	70	60	50	30

두 번째 수행 : a 배열의 두 번째 값이 i를 거쳐 hap에 누적됩니다.

hap	i	a						
190	100	90	100	80	70	60	50	30

세 번째 수행 : a 배열의 세 번째 값이 i를 거쳐 hap에 누적됩니다.

hap	i	a						
270	80	90	100	80	70	60	50	30

이런 방식으로 a 배열의 요소 수만큼 반복합니다.
❻ 총점이 저장되어 있는 hap을 실수형으로 변환한 후 a 배열의 요소 수로 나눠 평균을 구합니다.
- **length** : 클래스에는 클래스의 속성과 수행해야 할 메소드가 포함되어 있습니다. length는 배열 클래스의 속성으로 배열 요소의 개수가 저장되어 있습니다. a 배열은 7개의 요소를 가지므로 a.length는 7을 가지고 있습니다.
- **a.length** : 개체 변수의 이름과 메소드는 .(마침표)로 연결하여 사용합니다.

❼ 결과 | 480, 68.57

전문가의 조언

C언어에서는 향상된 FOR문을 사용할 수 없습니다.

③ 2차원 배열

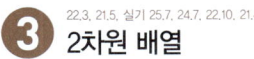

- 2차원 배열은 변수들을 평면, 즉 행과 열로 조합한 배열이다.
- 형식

자료형 변수명[행개수][열개수]	• 자료형 : 배열에 저장할 자료의 형을 지정한다. • 변수명 : 사용할 배열의 이름으로 사용자가 임의로 지정한다. • 행개수 : 배열의 행 크기를 지정한다. • 열개수 : 배열의 열 크기를 지정한다.

예 int b[3][3] : 3개의 행과 3개의 열을 갖는 정수형 배열 b

b[0][2] : b는 배열의 이름이고, 0은 행 첨자, 2는 열 첨자로서 배열 b에서의 위치를 나타낸다.

예제 3행 4열의 배열에 다음과 같이 숫자 저장하기

배열 a

1	2	3	4
5	6	7	8
9	10	11	12

```
#include <stdio.h>
main( )
{
  int a[3][4];
  int i, j, k = 0;
  for (i = 0; i < 3; i++)    ❶
  {   ❷
    for (j = 0; j < 4; j++)  ❸
    {   ❹
      k++;   ❺
      a[i][j] = k;   ❻
    }   ❼
  }   ❽
}
```

❶ 반복 변수 i가 0에서 시작하여 1씩 증가하면서 3보다 작은 동안 ❷~❽번을 반복하여 수행한다. 결국 ❸번 문장을 3회 반복한다.

❷ ❷~❽이 ❶번 반복문의 반복 범위이지만 실제 실행할 문장은 ❸번 하나이다.

❸ 반복 변수 j가 0에서 시작하여 1씩 증가하면서 4보다 작은 동안 ❹~❼번을 반복하여 수행한다.
  • i가 0일 때 j는 0에서 3까지 4회 반복
  • i가 1일 때 j는 0에서 3까지 4회 반복
  • i가 2일 때 j는 0에서 3까지 4회 반복 수행하므로 ❺~❻번을 총 12회 수행한다.

❹ ❹~❼이 ❸번 반복문의 반복 범위이다.

❺ k를 1씩 증가시킨다. k는 총 12회 증가하므로 1~12까지 변한다.

❻ 배열 a의 i행 j열에 k를 기억시킨다. a[0][0]~a[2][3]까지 1~12가 저장된다.

❼ ❹번의 짝이다.

❽ ❷번의 짝이다.

첫 번째 { 의 짝이자 프로그램의 끝이다.

전문가의 조언

배열의 초기화에 대한 문제가 출제되었습니다. 배열의 크기보다 적은 수로 배열을 초기화할 경우 나머지 공간에 입력되는 값이 무엇인지 파악해 두세요.

4 배열의 초기화

- 배열 선언 시 초기값을 지정할 수 있다.
- 배열을 선언할 때 배열의 크기를 생략하는 경우에는 반드시 초기값을 지정해야 초기값을 지정한 개수 만큼의 배열이 선언된다.

예) **1차원 배열 초기화**

- 방법1 char a[3] = {'A', 'B', 'C'}
- 방법2 char a[ ] = {'A', 'B', 'C'}

배열 a	A	B	C
	a[0]	a[1]	a[2]

예) **2차원 배열 초기화**

- 방법1 int a[2][4] = { {10, 20, 30, 40}, {50, 60, 70, 80} };
- 방법2 int a[2][4] = {10, 20, 30, 40, 50, 60, 70, 80}

	a[0][0]	a[0][1]	a[0][2]	a[0][3]
배열 a	10	20	30	40
	50	60	70	80
	a[1][0]	a[1][1]	a[1][2]	a[1][3]

- 배열의 개수보다 적은 수로 배열을 초기화하면 입력된 값만큼 지정한 숫자가 입력되고, 나머지 요소에는 0이 입력된다.

예) int a[5] = { 3, }; 또는 int a[5] = { 3 };

배열 a	3	0	0	0	0
	a[0]	a[1]	a[2]	a[3]	a[4]

예제 2차원 배열에 다음과 같이 초기화 한 후 a[0][0]과 a[1][1]의 값 출력하기

배열 a

10	20	30	40
50	60	70	80

```c
#include <stdio.h>
main( )
{
  int a[2][4] = {
  {10, 20, 30, 40},
  {50, 60, 70, 80}
  };
  printf("%d  ", a[0][0]);
  printf("%d\n", a[1][1]);
}
```

2행 4열의 정수형 배열 a를 선언한 후 값을 할당한다.

	a[0][0]	a[0][1]	a[0][2]	a[0][3]
배열 a	10	20	30	40
	50	60	70	80
	a[1][0]	a[1][1]	a[1][2]	a[1][3]

a[0][0]의 값 10을 출력한다.

a[1][1]의 값 60을 출력한다. '\n'으로 인해 커서는 다음 줄로 이동한다.

5 배열 형태의 문자열 변수

24.5, 24.2, 23.7, 21.8, 실기 25.4, 24.7, 24.4, 23.4

- C언어에서는 큰따옴표(" ")로 묶인 글자는 글자 수에 관계없이 문자열로 처리된다.
- C언어에는 문자열을 저장하는 자료형이 없기 때문에 배열, 또는 포인터를 이용하여 처리한다.
- 형식

  char 배열이름[크기] = "문자열"

- 배열에 문자열을 저장하면 문자열의 끝을 알리기 위한 널 문자('\0')가 문자열 끝에 자동으로 삽입된다.
- 배열에 문자열을 저장할 때는 배열 선언 시 초기값으로 지정해야 하며, 이미 선언된 배열에는 문자열을 저장할 수 없다.
- 문자열 끝에 자동으로 널 문자('\0')가 삽입되므로, 널 문자까지 고려하여 배열 크기를 지정해야 한다.

  예) char a[5] = "love" → | l | o | v | e | \0 |

예제 다음의 출력 결과를 확인하시오.

```
#include <stdio.h>
main( )
{
  char a = 'A';
  char b[9] = "SINAGONG";
  char *c = "SINAGONG";   ❶

  printf("%c\n", a);
  printf("%s\n", b);
  printf("%s\n", c);
}
```

- char a = 'A'; : 문자형 변수 a에 문자 'A'를 저장한다. 문자형 변수에는 한 글자만 저장되며, 저장될 때는 아스키 코드값으로 변경되어 정수로 저장된다. a가 저장하고 있는 값을 문자로 출력하면 'A'가 출력되지만 숫자로 출력하면 'A'에 대한 아스키 코드 65가 출력된다.
- char b[9] = "SINAGONG"; : 9개의 요소를 갖는 배열 b를 선언하고 다음과 같이 초기화한다. 저장되는 글자는 8자이지만 문자열의 끝에 자동으로 저장되는 널 문자('\0')를 고려하여 크기를 9로 지정한 것이다.

배열 b	S	I	N	A	G	O	N	G	\0
	b[0]	b[1]	b[2]	b[3]	b[4]	b[5]	b[6]	b[7]	b[8]

- char *c = "SINAGONG"; ❶ : 포인터 변수 c에 "SINAGONG"이라는 문자열이 저장된 곳의 주소를 저장한다.
- printf("%c\n", a); : 변수 a의 값을 문자로 출력한다.
- printf("%s\n", b); : 배열 위치를 나타내는 첨자 없이 배열 이름을 사용하면 배열의 첫 번째 요소의 주소를 지정하는 것과 같으므로 배열 b의 첫 번째 요소가 가리키는 곳의 값을 문자열로 출력한다.
- printf("%s\n", c); : 포인터 변수 c가 가리키는 곳의 값을 문자열로 출력한다.

결과
```
A
SINAGONG
SINAGONG
```

전문가의 조언

1차원 배열을 사용하여 문자열을 저장한 C언어 코드의 결과를 묻는 문제가 출제되었습니다. 주어진 예제를 통해 문자열이 배열에 저장되고 처리되는 과정을 확실히 이해하고 넘어가세요.

전문가의 조언

포인터 변수는 다음 섹션에서 배웁니다. 지금은 '포인터에는 문자열의 시작 주소가 기억되는 구나' 하는 정도로만 이해하고 넘어가세요.

전문가의 조언

여기서 지정한 주소는 임의로 정한 것이며, 이해를 돕기 위해 주소를 실제 표현되는 16진수가 아니라 10진수로 표현했습니다.

코드 해설

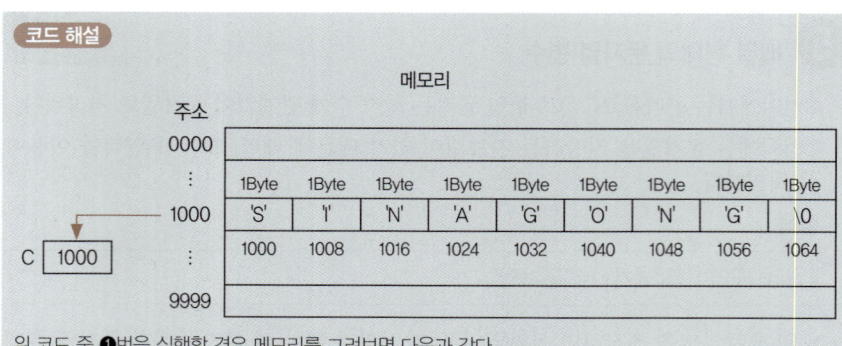

위 코드 중 ❶번을 실행할 경우 메모리를 그려보면 다음과 같다.

실기 25.7, 24.7, 23.7

잠깐만요 JAVA의 문자열

C언어에서는 문자열을 배열에 넣고 배열의 이름을 이용하든지 포인터 변수를 이용해 처리했지만 JAVA에서는 주소를 컨트롤하는 기능이 없기 때문에 불가능합니다. 하지만 JAVA에서는 문자열을 처리할 수 있도록 클래스를 제공합니다. 클래스를 제공하므로 당연히 그에 따른 속성과 메소드도 지원하는데 여기서는 문제 풀이에 꼭 필요한 속성과 메소드만 언급하도록 하겠습니다.

예제 다음은 문자열을 거꾸로 출력하는 JAVA 프로그램이다. 결과를 확인하시오.

```
public class Example {
    public static void main(String[] args){
❶      String str = "Information!";
❷      int n = str.length();
❸      char[] st = new char [n];
❹      n--;
❺      for (int k = n; k >= 0; k--) {
❻          st[n-k] = str.charAt(k);
❼      }
❽      for (char k : st) {
❾          System.out.printf("%c", k);
        }
    }
}
```

코드 해설

❶ 문자열 변수 str을 선언하면서 초기값으로 "Information!"을 할당한다. 객체 변수를 생성할 때는 예약어 new를 입력해야 하지만 문자열 변수는 초기값을 이용해 new 없이 바로 생성할 수 있다.

❷ 문자열 클래스에서 length( ) 메소드는 해당 문자열의 길이를 반환한다. 즉 정수형 변수 n에 str에 저장된 문자열의 길이 12가 저장된다.

❸ JAVA에서는 배열도 클래스이므로 생성할 때는 new를 사용해야 한다. n에 12가 저장되어 있으므로 st는 12개의 요소를 갖는 문자 배열로 생성된다.

- char[ ] st : 문자 배열이고 배열 이름은 st이다. 'char st[ ]'처럼 입력해도 된다. st만 임의로 입력하고 나머지는 그대로 적어준다.
- new : 객체 변수를 생성하는 예약어다. 그대로 입력한다.
- char [n] : 문자 배열의 크기를 지정하므로 12개 요소를 갖는 문자 배열이 생성된다. n을 제외한 나머지는 항상 그대로 입력한다.

❹ 12개짜리 배열이지만 배열의 첨자는 0부터 시작하여 11까지 사용하기 때문에 첨자로 사용할 변수의 값을 1 감소시킨다.

n = 11

	st[0]	st[1]	st[2]	st[3]	st[4]	st[5]	st[6]	st[7]	st[8]	st[9]	st[10]	st[11]
st												

❺ 정수형 변수 k를 반복 변수로 선언하면서 초기값으로 11을 갖고, 1씩 감소시키면서 0보다 크거나 같은 동안 ❻번을 반복 실행한다. 실행할 문장이 한 개이므로 ❺, ❼번의 중괄호는 없어도 된다. 반복 변수 k는 for문 안에서 선언한 지역 변수이기 때문에 for문을 벗어나면 소멸된다.

❻ charAt( ) 메소드는 해당 문자열에서 인수에 해당하는 위치의 문자열을 반환한다.

첫 번째 수행
- k = 11, n = 11이므로 str.charAt(k)는 '!'을 반환한다. '!'을 st[n-k]번째, 즉 st[0]번째에 저장한다.

st[0]	st[1]	st[2]	st[3]	st[4]	st[5]	st[6]	st[7]	st[8]	st[9]	st[10]	st[11]
!											

두 번째 수행
k = 10, n = 11이므로 str.charAt(k)는 'n'을 반환한다. 'n'을 st[1]에 저장한다.

st[0]	st[1]	st[2]	st[3]	st[4]	st[5]	st[6]	st[7]	st[8]	st[9]	st[10]	st[11]
!	n										

위와 같은 작업을 반복수행하다가 k = 0일 때, '!'를 st[11]에 저장한 다음 k는 -1이 되어 반복문을 벗어난다.

st[0]	st[1]	st[2]	st[3]	st[4]	st[5]	st[6]	st[7]	st[8]	st[9]	st[10]	st[11]
!	n	o	i	t	a	m	r	o	f	n	l

❽ 향상된 반복문이다. st 배열의 각 요소를 처음부터 차례대로 문자 변수 k에 옮기면서 st 배열의 개수, 즉 ❾번을 12회 반복 수행한다.

❾ k에는 st 배열 각 요소의 값이 할당되므로 12회 수행을 마치면 출력 결과는 다음과 같다. 서식 문자열에 '\n'이 없으므로 한 줄에 붙여 출력한다.

결과 !noitamrofnl

기출문제 따라잡기

문제1 2413851

23년 7월, 21년 8월

1. 다음 JAVA 프로그램이 실행되었을 때의 결과는?

```
public class ovr {
    public static void main(String[ ] args) {
        int arr[ ];
        int i = 0;
        arr = new int[10];
        arr[0] = 0;
        arr[1] = 1;
        while(i < 8) {
            arr[i + 2] = arr[i + 1] + arr[i];
            i++;
        }
        System.out.println(arr[9]);
    }
}
```

① 13 ② 21
③ 34 ④ 55

사용된 코드의 의미는 다음과 같습니다.

```
public class ovr {
    public static void main(String[ ] args) {
❶      int arr[ ];
❷      int i = 0;
❸      arr = new int[10];
❹      arr[0] = 0;
❺      arr[1] = 1;
❻      while(i < 8) {
❼          arr[i + 2] = arr[i + 1] + arr[i];
❽          i++;
        }
❾      System.out.println(arr[9]);
    }
}
```

❶ 정수형 배열 arr을 선언합니다.
❷ 정수형 변수 i를 선언하고 0으로 초기화합니다.
❸ arr에 10개의 요소를 할당합니다.
❹ arr[0]에 0을 저장합니다.
❺ arr[1]에 1을 저장합니다.
❻ i가 8보다 작은 동안 ❼, ❽번을 반복 수행합니다.
❼ arr[i+2]에 arr[i+1]과 arr[i]를 더한 값을 누적합니다.
❽ 'i = i + 1;'과 동일합니다. i에 1씩 누적시킵니다.

반복문을 수행한 결과는 다음과 같습니다.

반복횟수	i	arr [0]	[1]	[2]	[3]	[4]	[5]	[6]	[7]	[8]	[9]
	0	0	1								
1회	1	0	1	1							
2회	2	0	1	1	2						
3회	3	0	1	1	2	3					
4회	4	0	1	1	2	3	5				
5회	5	0	1	1	2	3	5	8			
6회	6	0	1	1	2	3	5	8	13		
7회	7	0	1	1	2	3	5	8	13	21	
8회	8	0	1	1	2	3	5	8	13	21	34

❾ arr[9]의 값을 출력합니다.
결과 34

21년 8월

2. 다음 C언어 프로그램이 실행되었을 때의 결과는?

```
#include <stdio.h>
#include <string.h>
int main(void) {
    char str[50] = "nation";
    char *p2 = "alter";
    strcat(str, p2);
    printf("%s", str);
    return 0;
}
```

① nation   ② nationalter
③ alter   ④ alternation

사용된 코드의 의미는 다음과 같습니다.

```
#include <stdio.h>
#include <string.h>
int main(void) {
❶      char str[50] = "nation";
❷      char *p2 = "alter";
❸      strcat(str, p2);
❹      printf("%s", str);
❺      return 0;
}
```

❶ 50개의 요소를 갖는 문자형 배열 str을 선언하고 "nation"으로 초기화합니다.
❷ 문자형 포인터 변수 p2를 선언하고, "alter"가 저장된 곳의 주소로 초기화합니다.
❸ str이 가리키는 문자열에 p2가 가리키는 문자열을 붙입니다.
 • strcat(문자열A, 문자열B) : 문자열A의 뒤에 문자열B를 연결하여 붙이는 함수
❹ str을 문자열로 출력합니다.
결과 nationalter
❺ main( ) 함수에서의 'return 0'은 프로그램의 종료를 의미합니다.

기출문제 따라잡기

20년 6월
3. C언어에서 배열 b[5]의 값은?

```
static int b[9] = {1, 2, 3};
```

① 0 ② 1 ③ 2 ④ 3

배열의 초기값을 배열의 크기보다 적은 수로 초기화하면 입력된 값만큼 지정한 숫자가 입력되고, 나머지 요소에는 무엇이 입력된다고 했었는지 떠올려 보세요.

22년 3월
4. a[0]의 주소값이 10일 경우 다음 C언어 프로그램이 실행되었을 때의 결과는? (단, int 형의 크기는 4Byte로 가정한다.)

```
#include <stdio.h>
int main(int argc, char* argv[ ]) {
    int a[ ] = { 14,22,30,38 };
    printf("%u, ", &a[2]);
    printf("%u", a);
    return 0;
}
```

① 14, 10 ② 14, M
③ 18, 10 ④ 18, M

사용된 코드의 의미는 다음과 같습니다.

```
#include <stdio.h>
int main(int argc, char* argv[ ]) {
❶ int a[ ] = { 14,22,30,38 };
❷ printf("%u, ", &a[2]);
❸ printf("%u", a);
❹ return 0;
}
```

❶ 4개의 요소를 갖는 정수형 배열 a를 선언하고 초기화합니다.

주소	10 4Byte	14	18	22	26
	[0]	[1]	[2]	[3]	
a	14	22	30	38	

❷ a[2]가 가리키는 주소를 부호없는 정수형으로 출력하고, 이어서 쉼표(,)와 공백 한 칸을 출력합니다. a[0]의 주소가 10이고, 정수형(int)의 크기가 4Byte이므로 a[2]의 주소 **18**과 ,이 출력됩니다.
결과 `18,`

❸ a를 부호없는 정수형으로 출력함. 배열의 이름은 배열의 시작 주소를 가리키므로 **10**이 출력됩니다.
결과 `18, 10`

❹ main( ) 함수에서의 'return 0'은 프로그램의 종료를 의미합니다.

24년 5월, 2월, 23년 7월
5. 다음 C언어 프로그램의 결과로 옳은 것은?

```
#include <stdio.h>
main( ) {
    char c = 'A';
    c = c + 1;
    printf("%d", c);
}
```

① A ② B
③ 65 ④ 66

• 문자는 아스키코드로 저장됩니다. 대문자 'A'는 아스키코드로 65이고, 1을 더하면 66이므로 대문자 'B'가 됩니다. 하지만 출력문에서 출력 형식이 문자를 출력하는 %c가 아닌 정수를 출력하는 %d를 사용했으므로 대문자 'B'가 아닌 아스키코드 값 66이 출력됩니다.
사용된 코드의 의미는 다음과 같습니다.

```
#include <stdio.h>
main( ) {
❶ char c = 'A';
❷ c = c + 1;
❸ printf("%d", c);
}
```

❶ 문자형 변수 c를 선언하고 'A'로 초기화합니다.
❷ c에 1을 더합니다.
❸ c의 값을 정수로 출력합니다.
결과 `66`

▶ 정답 : 1. ③ 2. ② 3. ① 4. ③ 5. ④

SECTION 104 포인터

전문가의 조언

포인터의 개념이 어려울 수 있습니다. 하지만 포인터는 중요한 개념이므로 반드시 이해하고 넘어가야 합니다. 포인터의 개념과 더불어 포인터 변수의 용도도 기억해 두세요. 참고로 JAVA와 Python에서는 포인터 변수를 사용할 수 없습니다.

전문가의 조언

포인터의 개념
앞에서 어떤 수나 문자를 저장하기 위해 변수를 사용했습니다. 사실 이 변수는 기억장소의 어느 위치에 대한 이름이며 그 위치는 주소로도 표현할 수 있습니다. 우리는 친구 홍길동의 집에 모이기 위해 "홍길동이네 집으로 와"라고 말하기도 하지만 홍길동의 집 주소인 "서울시 마포구 서교동 00번지로 와"라고 말하기도 합니다. C언어에서는 변수의 주소를 포인터라고 하고, 포인터를 저장할 수 있는 변수를 포인터 변수라고 합니다. 변수의 주소인 포인터는 출력할 수도 있고 포인터가 가리키는 곳에 값을 저장하거나 읽어 오는 등 다양한 조작이 가능합니다. 이런 기능 때문에 C언어는 주소를 제어할 수 있는 기능이 있다고 말합니다.

메모리 영역
운영체제는 다음과 같이 메모리 영역을 할당하여 프로그램을 관리합니다.
- **코드 영역** : 실행할 프로그램의 코드가 저장됨
- **데이터 영역** : 전역 변수와 정적 변수가 저장됨
- **힙 영역** : 필요에 의해 동적으로 할당되는 영역임
- **스택 영역** : 함수의 매개 변수와 지역 변수가 저장됨

1 포인터와 포인터 변수

23.2, 22.4, 21.8, 실기 24.7, 22.7

포인터는 변수의 주소를 말하며, C언어에서는 주소를 제어할 수 있는 기능을 제공한다.

- C언어에서 변수의 주소를 저장할 때 사용하는 변수를 포인터 변수라 한다.
- 포인터 변수를 선언할 때는 자료의 형을 먼저 쓰고 변수명 앞에 간접 연산자 *를 붙인다(예 int *a;).
- 포인터 변수에 주소를 저장하기 위해 변수의 주소를 알아낼 때는 변수 앞에 번지 연산자 &를 붙인다(예 a = &b;).
- 실행문에서 포인터 변수에 간접 연산자 *를 붙이면 해당 포인터 변수가 가리키는 곳의 값을 말한다(예 c = *a;).
- 포인터 변수는 필요에 의해 동적으로 할당되는 메모리 영역*인 힙 영역에 접근하는 동적 변수이다.
- 포인터 변수의 용도
  - 연결된 자료 구조를 구성하기 위해 사용한다.
  - 동적으로 할당된 자료 구조를 지정하기 위해 사용한다.
  - 배열을 인수로 전달하기 위해 사용한다.
  - 문자열을 표현하기 위해 사용한다.
  - 커다란 배열에서 요소를 효율적으로 저장하기 위해 사용한다.
  - 메모리에 직접 접근하기 위해 사용한다.

예를 들어, a 변수에 100을 저장시키고, a 변수의 주소를 포인터 변수 b에 기억시켰다면 다음 그림과 같이 표현하고 말할 수 있다.

메모리

주소	
0	
a 4	100
8	
12	
b 50	4

- a는 메모리의 4번지에 대한 이름이다.
- a 변수의 주소는 4다.
- a 변수에는 100이 기억되어 있다.
- 4번지에는 100이 기억되어 있다.
- &a는 a 변수의 주소를 말한다. 즉 &a는 4다.
- 포인터 변수 b는 a 변수의 주소를 기억하고 있다.
- 포인터 변수가 가리키는 곳의 값을 말할 때는 *을 붙인다.
- *b는 b에 저장된 주소가 가리키는 곳에 저장된 값을 말하므로 100이다.

예제 1 다음 C언어로 구현된 프로그램의 출력 결과를 확인하시오.

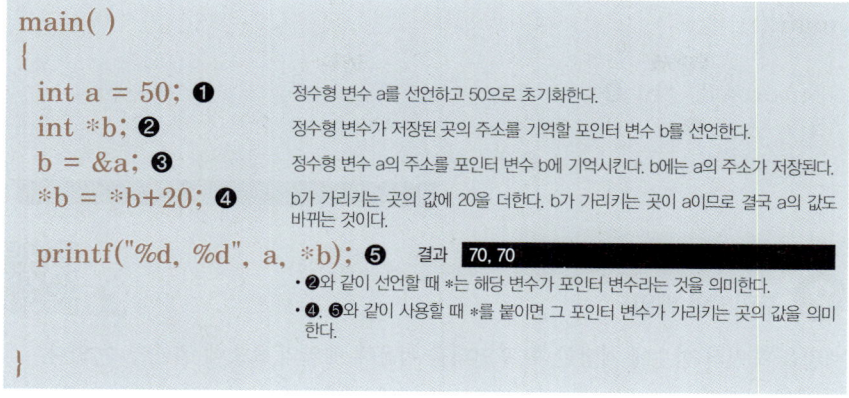

  전문가의 조언

포인터 변수는 주로 문자열 처리나 함수 간의 자료 처리, 배열의 요소 지정 등에 활용됩니다. 여기서 다루는 예제 에서는 포인터 변수에 주소를 저장하고 포인터 변수를 이용해 주소에 접근하는 기본적인 개념만 이해하고 넘어가세요.

위 코드의 실행 과정에 따라 메모리의 변화를 그려보면 다음과 같다.

- **❶, ❷번 수행** : 주기억장치의 빈 공간 어딘가에 a라는 이름을 붙이고 그 곳에 50을 저장한다.

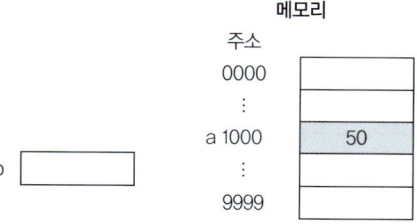

- **❸번 수행** : 변수 a의 주소가 b에 기억된다는 것은 b가 변수 a의 주소를 가리키고 있다는 의미이다.

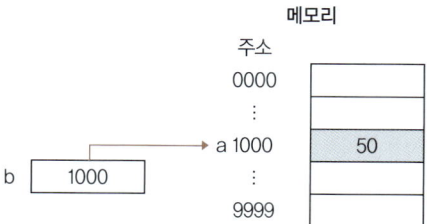

  전문가의 조언

여기서 지정한 주소는 임의로 정한 것이며, 이해를 돕기 위해 주소를 실제 표현되는 16진수가 아니라 10진수로 표현했습니다.

- **❹번 수행** : b가 가리키는 곳의 값에 20을 더해 다시 b가 가리키는 곳에 저장한다. 그곳은 변수 a의 주소이므로 변수 a의 값도 저절로 변경되는 것이다.

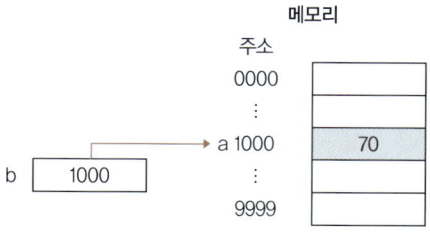

예제 2 다음 C언어로 구현된 프로그램의 출력 결과를 확인하시오.

```
main( )
{
    int a = 3, *b;    ❶   정수형 변수 a와 정수형 포인터 변수 b를 선언하고 a를 3으로 초기화한다.
    b = &a;            ❷   정수형 변수 a의 주소를 포인터 변수 b에 기억시킨다. b에는 a의 주소가 저장된다.
    printf("%d", ++*b);   ❸   포인터 변수 b가 가리키는 곳의 값(3)을 1증가(++) 시킨 후 출력한다.
}
                                    결과  4
```

> **전문가의 조언**
> 포인터 배열에 데이터를 저장한 후 포인터를 이용해 배열에 접근하는 문제가 출제되었습니다. 주어진 예제를 통해 포인터를 이용해 배열에 접근하는 과정을 이해하고 넘어가세요.

❷ 포인터와 배열

25.5, 25.2, 22.3, 21.5, 실기 25.7, 25.4, 24.10, 24.7, 24.4, 23.7, 23.4, 22.7, 21.7, 21.4, 20.11

배열을 포인터 변수에 저장한 후 포인터를 이용해 배열의 요소에 접근할 수 있다.
- 배열 위치를 나타내는 첨자를 생략하고 배열의 대표명만 지정하면 배열의 첫 번째 요소의 주소를 지정하는 것과 같다.
- 배열 요소에 대한 주소를 지정할 때는 일반 변수와 동일하게 & 연산자를 사용한다.

  예 int a[5], *b;

   b = a → 배열의 대표명을 적었으므로 a 배열의 시작 주소인 a[0]의 주소를 b에 저장한다.

   b = &a[0] → a 배열의 첫 번째 요소인 a[0]의 주소(&)를 b에 저장한다.

배열 a	a[0]	a[1]	a[2]	a[3]	a[4]	← 배열 표기 방법
	첫 번째	두 번째	세 번째	네 번째	다섯 번째	
	*(a+0)	*(a+1)	*(a+2)	*(a+3)	*(a+4)	← 포인터 표기 방법

> **전문가의 조언**
> **포인터 표기 방법**
> a에 저장된 값은 정수형 배열의 시작 주소입니다. a의 값을 1 증가시킨다는 것은 현재 a가 가리키고 있는 정수형 자료의 주소에서 다음 정수형 자료의 주소로 가리키는 주소를 증가시킨다는 것입니다. 정수형 자료의 크기는 4바이트이므로 다음 물리적 메모리의 주소는 4Byte 증가한 곳을 가리키는 것입니다. 예제를 통해 배열의 시작 주소에서 1번지씩 즉 4Byte씩 증가시키는 것을 그림으로 확인해 보세요.

- 배열의 요소가 포인터인 포인터형 배열을 선언할 수 있다.

예제 다음의 출력 결과를 확인하시오.

```
main( )
{
    int a[5];              5개의 요소를 갖는 정수형 배열 a를 선언한다. 선언할 때 사용할 개수를
                           선언하고, 사용할 때는 첨자를 0부터 사용한다.
    int i;                 정수형 변수 i를 선언한다.
    int *p;         ❶
    for (i = 0; i < 5; i++)   반복 변수 i가 0에서 시작하여 1씩 증가하면서 5보다 작은 동안 ❷번을
                              반복 수행한다.
        a[i] = i + 10;  ❷
    p = a;          ❸
    for (i = 0; i < 5; i++)   반복 변수 i가 0에서 시작하여 1씩 증가하면서 5보다 작은 동안 ❹번을
                              반복하여 수행한다.
        printf("%d ", *(p+i));  ❹   결과  10 11 12 13 14
}
```

코드의 실행 과정에 따라 메모리의 변화를 그려보면 다음과 같다.

❶ 정수형 변수가 저장된 곳의 주소를 기억할 정수형 포인터 변수 p를 선언한다.

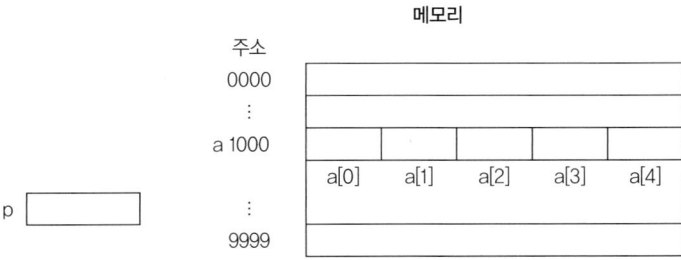

❷ 배열 a의 i번째에 i+10을 저장한다. i는 0~4까지 변하므로 배열 a에 저장된 값은 다음과 같다.

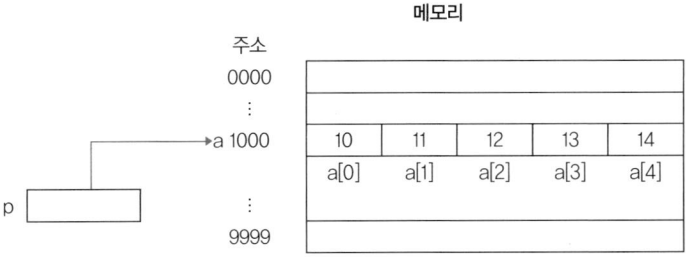

❸ 배열명 a는 배열의 주소이므로 포인터 변수 p에는 배열 a의 시작 위치가 기억된다. 배열의 이름은 주소이므로 'p = &a'처럼 입력하지 않도록 주의해야 한다.

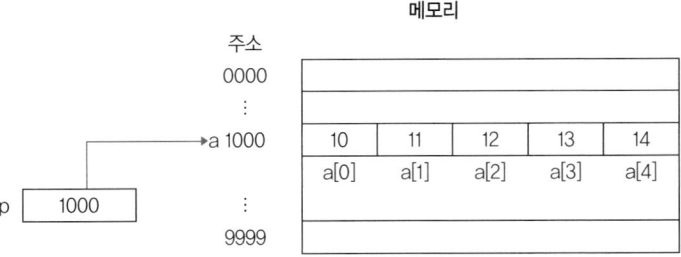

❹ p에 저장된 값은 정수형 배열의 시작 주소이다. p의 값을 1 증가 시킨다는 것은 현재 p가 가리키고 있는 정수형 자료의 주소에서 다음 정수형 자료의 주소로 가리키는 주소를 증가시킨다는 것이다. 정수형 자료의 크기는 4바이트이므로 다음 물리적 메모리의 주소는 4Byte 증가한 곳을 가리키는 것이다. p에 저장된 배열의 시작 주소에서 1번지씩, 즉 4Byte씩 증가시키는 것을 그림으로 표현하면 다음과 같다.

전문가의 조언

포인터의 증가가 헷갈리면 정수형 자료의 크기가 4Byte이기 때문에 포인터를 1 증가시키면 물리적인 주소는 4Byte가 증가한다고 기억해 두세요. 만약 p가 문자 배열의 주소를 가지고 있다면 문자형 자료의 크기는 1Byte이므로 포인터를 1 증가시킬 때 물리적인 메모리의 주소도 1Byte 증가합니다.

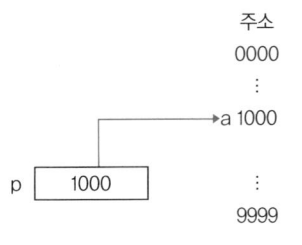

메모리

주소					
0000					
⋮					
a 1000	4Byte	4Byte	4Byte	4Byte	4Byte
	10	11	12	13	14
	p+0	p+1	p+2	p+3	p+4
	1000	1004	1008	1012	1016
⋮					
9999					

- p+0 : 배열의 시작 주소에 0을 더했으므로, 배열의 시작 주소인 '1000' 번지 그대로이다.
- *(p+0) : '1000' 번지의 값은 10이다. 10을 출력한다.
- p+1 : '1000'에서 한 번지 증가한 주소는 '1004' 번지이다.
- *(p+1) : '1004' 번지의 값은 11이다. 11을 출력한다.
- p+2 : '1000'에서 두 번지 증가한 주소는 '1008' 번지이다.
- *(p+2) : '1008' 번지의 값은 12이다. 12를 출력한다.
  ⋮

문제 다음 프로그램의 출력 결과를 적으시오.

번호	코드	결과

①	int a = 5, b, *c;
	c = &a;
	b = ++*c;
	printf("%d", b);	

②	int a = 10, *b;
	b = &a;
	for (int i = 0; i < 5; i++)
	    *b += i;
	printf("%d", *b);	

③	int a = 31, b, *c, *d;
	c = &a;
	d = &b;
	*d = --*c % 3 ? a + a : a * a;
	printf("%d", *d);	

④	int a = 5, b = 7, c, *d;
	d = &c;
	*d = a & b;
	printf("%d", c);	

①
```
int a = 5, b, *c;
c = &a;           정수형 변수 a의 주소를 포인터 변수 b에 기억시킵니다. b에는 a의 주소가 저장됩니다.
b = ++*c;         포인터 변수 c가 가리키는 값(5)을 1증가(++) 시킨 값 6을 b에 저장합니다.
printf("%d", b)
```

② 반복문 실행에 따른 변수 i, a, *b의 변화

i	a	*b
	10	10
0	10	10
1	11	11
2	13	13
3	16	16
4	20	20
5		

②
```
int a = 10, *b;
b = &a;                      정수형 변수 a의 주소를 포인터 변수 b에 기억시킵니다. b에는 a의 주소가 저장됩니다.
for (int i = 0; i < 5; i++)  반복 변수 i가 0에서 시작하여 1씩 증가하면서 5보다 작은 동안 ❶번을 반복하여 수행합니다.
    *b += i; ❶               '*b = *b + i;'와 같습니다. 포인터 변수 b가 가리키는 곳의 값에 i를 누적합니다.
printf("%d", *b);            포인터 변수 b가 가리키는 곳의 값을 출력합니다.
```

③

```
int a = 31, b, *c, *d;
c = &a;          정수형 변수 a의 주소를 포인터 변수 c에 기억시킵니다. c에는 a의 주소가 저장됩니다.
d = &b;          정수형 변수 b의 주소를 포인터 변수 d에 기억시킵니다. d에는 b의 주소가 저장됩니다.
*d = --*c % 3 ? a + a : a * a;
                 포인터 변수 c가 가리키는 값(31)을 1감소(--) 시킨 30을 3으로 나눈 나
                 머지가 0이고, 0은 조건에서 거짓을 의미하므로 'a*a'를 수행합니다. a는
                 초기에 31이 저장되었지만 '--*c'에 의해 c가 가리키는 값, 즉 a의 값이
                 30으로 변경되었으므로 'a*a'는 900이 됩니다. 이 값을 d가 가리키는 곳
                 에 저장합니다.
printf("%d", *d);  포인터 변수 d가 가리키는 곳의 값을 출력합니다.
```

④

```
int a = 5, b = 7, c, *d;
d = &c;          정수형 변수 c의 주소를 포인터 변수 d에 기억시킵니다. d에는 c의 주소가 저장됩니다.
*d = a & b;      a(5=0101) & b(7=0111)의 값 5(0101)을 d가 가리키는 곳에 저장합니다. 그곳은 변수 c의 주
                 소이므로 변수 c의 값도 5로 변경됩니다.
printf("%d", c); 변수 c의 값을 출력합니다.
```

결과 ① 6 ② 20 ③ 900 ④ 5

전문가의 조언

a & b
&(비트 and)는 두 비트가 모두 1일 때만 1이 되는 비트 연산자입니다.

```
  7 =  … 0000 0101
  5 =  … 0000 0111
  &    … 0000 0101(5)
```

기출문제 따라잡기

문제1 2413951

23년 2월, 21년 8월

1. 다음 C언어 프로그램이 실행되었을 때의 결과는?

```
#include <stdio.h>
int main(void) {
    int n = 4;
    int* pt = NULL;
    pt = &n;

    printf("%d", &n + *pt - *&pt + n);
    return 0;
}
```

① 0   ② 4   ③ 8   ④ 12

사용된 코드의 의미는 다음과 같습니다.

```
  #include <stdio.h>
  int main(void) {
❶   int n = 4;
❷   int* pt = NULL;
❸   pt = &n;
❹   printf("%d", &n + *pt - *&pt + n);
❺   return 0;
  }
```

❶ 정수형 변수 n을 선언하고 4로 초기화합니다(주소는 임의로 지정한 것이며, 이해를 위해 십진수로 지정하였습니다.).

변수	주소	값
n	1000	4

❷ 정수형 포인터 변수 pt를 선언하고 Null 값을 저장합니다.

변수	주소	값
pt	2000	Null

❸ pt에 n의 주소를 저장합니다.

변수	주소	값
n	1000	4
pt	2000	1000

❹ printf("%d", &n + *pt - *&pt + n);
          ⓐ   ⓑ   ⓒ   ⓓ

- ⓐ &n : n의 주소는 1000
- ⓑ *pt : pt가 가리키는 곳(주소 1000)의 값은 4
- ⓒ *&pt : pt의 주소(주소 2000)가 가리키는 곳의 값은 1000
- ⓓ n : n의 값은 4
- ⓐ와 ⓒ는 같은 주소를 가지므로 ⓐ-ⓒ = 0입니다.
- ⓑ와 ⓓ는 4이므로 ⓑ+ⓓ = 8입니다.
- ⓐ+ⓑ-ⓒ+ⓓ의 결과 8을 정수로 출력합니다.

결과 8

❺ 프로그램을 종료합니다.
※ ⓐ와 ⓒ의 주소값은 16진 정수의 임의값을 갖지만, ⓐ-ⓒ의 연산결과로 0이 되므로 값을 알 필요는 없습니다.

▶ 정답 : 1. ③

기출문제 따라잡기

2. 다음 C언어 프로그램이 실행되었을 때의 결과는?

```
#include <stdio.h>
int main(int argc, char *argv[ ]) {
    int a[2][2] = {{11, 22}, {44, 55}};
    int i, sum = 0;
    int *p;
    p = a[0];
    for(i = 1; i < 4; i++)
        sum += *(p + i);
    printf("%d", sum);
    return 0;
}
```

① 55　　② 77　　③ 121　　④ 132

사용된 코드의 의미는 다음과 같습니다.

```
#include <stdio.h>
int main(int argc, char *argv[ ]) {
❶   int a[2][2] = {{11, 22}, {44, 55}};
❷   int i, sum = 0;
❸   int *p;
❹   p = a[0];
❺   for(i = 1; i < 4; i++)
❻      sum += *(p + i);
❼   printf("%d", sum);
❽   return 0;
}
```

❶ 2행 2열의 요소를 갖는 정수형 2차원 배열 a를 선언하고 초기화합니다.

a 배열	a[0][0]	a[0][1]
	11	22
	44	55
	a[1][0]	a[1][1]

❷ 정수형 변수 i, sum을 선언하고, sum을 0으로 초기화합니다.
❸ 정수형 포인터 변수 p를 선언합니다.
❹ p에 a배열의 a[0] 행의 시작 주소를 저장합니다.
  ※ a[0]은 행의 첫 번째 요소(a[0][0])의 위치를 가리킵니다.
❺ 반복 변수 i가 1부터 1씩 증가하면서 4보다 작은 동안 ❻번을 반복 수행합니다.
❻ sum에 p+i가 가리키는 곳의 값을 누적합니다.
  • p는 a[0][0]을 가리키므로 숫자가 더해진 만큼 다음 값을 가리키게 됩니다.
    즉, p+1은 a[0][1], p+2는 a[1][0], p+3은 a[1][1]을 가리킵니다.
  ※ 반복문 실행에 따른 변수의 변화는 다음과 같습니다.

반복횟수	i	*(p+i)	sum
			0
1	1	22	22
2	2	44	66
3	3	55	121
반복실행 안됨	4		

❼ sum의 값을 정수로 출력합니다.
　결과 `121`
❽ 프로그램을 종료합니다.

3. 다음 C언어 프로그램이 실행되었을 때, 실행 결과는?

```
#include <stdio.h>
#include <stdlib.h>
int main(int argc, char* argv[ ]) {
    char str1[20] = "KOREA";
    char str2[20] = "LOVE";
    char* p1 = NULL;
    char* p2 = NULL;
    p1 = str1;
    p2 = str2;
    str1[1] = p2[2];
    str2[3] = p1[4];
    strcat(str1, str2);
    printf("%c", *(p1 + 2));
    return 0;
}
```

① E　　② V　　③ R　　④ O

사용된 코드의 의미는 다음과 같습니다.

```
#include <stdio.h>
#include <stdlib.h>
int main(int argc, char* argv[ ]) {
❶   char str1[20] = "KOREA";
❷   char str2[20] = "LOVE";
❸   char* p1 = NULL;
❹   char* p2 = NULL;
❺   p1 = str1;
❻   p2 = str2;
❼   str1[1] = p2[2];
❽   str2[3] = p1[4];
❾   strcat(str1, str2);
❿   printf("%c", *(p1 + 2));
⓫   return 0;
}
```

❶ 20개의 요소를 갖는 문자형 배열 str1을 선언하고 "KOREA"로 초기화합니다.

	[0]	[1]	[2]	[3]	[4]	[5]	...	[20]
str1	'K'	'O'	'R'	'E'	'A'	\0		

❷ 20개의 요소를 갖는 문자형 배열 str2를 선언하고 "LOVE"로 초기화합니다.

	[0]	[1]	[2]	[3]	[4]	...	[20]
str2	'L'	'O'	'V'	'E'	\0		

❸ 문자형 포인터 변수 p1을 선언하고 NULL로 초기화합니다.
❹ 문자형 포인터 변수 p2를 선언하고 NULL로 초기화합니다.
❺ p1에 str1 배열의 시작 주소를 저장합니다.

기출문제 따라잡기

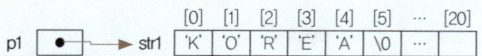

❻ p2에 str2 배열의 시작 주소를 저장합니다.

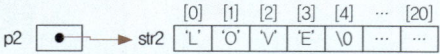

❼ p2는 str2를 가리키므로 str2[2]의 값인 'V'를 str1[1]에 저장합니다.

	[0]	[1]	[2]	[3]	[4]	…	[20]
str1	'K'	'V'	'R'	'E'	'A'		

❽ p1은 str1을 가리키므로 str1[4]의 값인 'A'를 str2[3]에 저장합니다.

	[0]	[1]	[2]	[3]	[4]	…	[20]
str2	'L'	'O'	'V'	'A'	\0		

❾ str1의 문자열 뒤에 str2의 문자열을 이어붙입니다.
- strcat(문자배열A, 문자배열B) : A 배열에 저장된 문자열의 마지막에 이어서 B 배열에 저장된 문자열을 이어붙입니다.

	[0]	[1]	[2]	[3]	[4]	[5]	[6]	[7]	[8]	[9]	…	[20]
str1	'K'	'V'	'R'	'E'	'A'	'L'	'O'	'V'	'A'	\0		

❿ p1+2가 가리키는 곳의 값을 문자로 출력합니다. p1은 str1 배열의 시작주소, 즉 str1[0]의 위치를 가리키며, p1+2는 str1[0]의 다음 두 번째 요소인 'R'을 가리킵니다.

결과 R

⓫ main( ) 함수에서의 'return 0'은 프로그램의 종료를 의미합니다.

25년 2월, 22년 3월
4. 다음 C언어 프로그램이 실행되었을 때, 실행 결과는?

```
#include <stdio.h>
#include <stdlib.h>
int main(int argc, char* argv[ ]) {
    int arr[2][3] = { 1,2,3,4,5,6 };
    int (*p)[3] = NULL;
    p = arr;
    printf("%d, ", *(p[0] + 1) + *(p[1] + 2));
    printf("%d", *(*(p + 1) + 0) + *(*(p + 1) + 1));
    return 0;
}
```

① 7, 5   ② 8, 5   ③ 8, 9   ④ 7, 9

사용된 코드의 의미는 다음과 같습니다.

```
#include <stdio.h>
#include <stdlib.h>
int main(int argc, char* argv[ ]) {
❶   int arr[2][3] = { 1,2,3,4,5,6 };
❷   int (*p)[3] = NULL;
❸   p = arr;
❹   printf("%d, ", *(p[0] + 1) + *(p[1] + 2));
❺   printf("%d", *(*(p + 1) + 0) + *(*(p + 1) + 1));
❻   return 0;
}
```

❶ 2행 3열의 요소를 갖는 정수형 2차원 배열 arr을 선언하고 초기화합니다.

	[0][0]	[0][1]	[0][2]
arr	1	2	3
	4	5	6
	[1][0]	[1][1]	[1][2]

❷ 3개의 요소를 갖는 정수형 포인터 배열 p를 선언하고 NULL로 초기화합니다.

❸ p에 arr의 주소를 저장합니다.

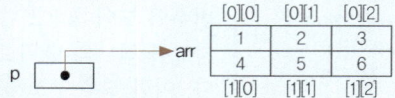

❹ printf("%d, ", *(p[0] + 1) + *(p[1] + 2));
           ㉠   ㉡

- ㉠ : p[0]은 arr 배열의 첫 번째 행의 시작 주소를 가리키므로 여기에 1을 더한다는 것은 1행의 두 번째 열의 값 2를 가리키는 것입니다.
- ㉡ : p[1]은 arr 배열의 두 번째 행의 시작 주소를 가리키므로 여기에 2를 더한다는 것은 2행의 세 번째 열의 값 6을 가리키는 것입니다.
- ㉠의 값 2와 ㉡의 값 6을 더한 값 8을 정수로 출력한 후 이어서 쉼표(,)와 공백 한 칸을 출력합니다.

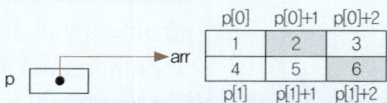

결과 8,

❺ printf("%d", *(*(p + 1) + 0) + *(*(p + 1) + 1));
              ㉠   ㉡

- 2차원 배열에서 배열명은 실제 값에 해당하는 요소가 아닌 첫 번째 행의 주소를 가리킵니다. 즉, p 또는 arr는 배열의 첫 번째 요소인 1을 가리키는 것이 아닌 첫 번째 행 전체를 가리키므로 만약 두 번째 행을 1차원 배열의 포인터처럼 사용하려면 ❹번에서와 같이 p[1]을 사용하거나 *(p+1)을 사용해야 합니다.

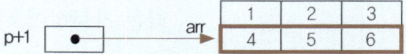

- ㉠ : *(p+1)은 arr 배열의 두 번째 행의 시작 주소를 가리키므로 여기에 0을 더한다는 것은 2행의 첫 번째 열의 값 4를 가리키는 것입니다.
- ㉡ : *(p+1)은 arr 배열의 두 번째 행의 시작 주소를 가리키므로 여기에 1을 더한다는 것은 2행의 두 번째 열의 값 5를 가리키는 것입니다.
- ㉠의 값 4와 ㉡의 값 5를 더한 값 9를 정수로 출력합니다.

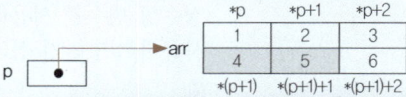

결과 8, 9

❻ main( ) 함수에서의 'return 0'은 프로그램의 종료를 의미합니다.

▶ 정답 : 2. ③   3. ③   4. ③

SECTION 105 구조체

 전문가의 조언

C언어의 구조체를 정의할 때 사용하는 예약어를 묻는 문제가 출제되었습니다. 구조체의 개념을 파악하고 구조체를 정의할 때 사용하는 예약어가 'struct'라는 것을 기억해 두세요.

1 구조체의 개요

20.9

배열이 자료의 형과 크기가 동일한 변수의 모임이라면 구조체는 자료의 종류가 다른 변수의 모임이라고 할 수 있다. 예를 들어 이름, 직위, 급여 등의 필드가 필요한 사원 자료를 하나의 단위로 관리하려면 문자와 숫자가 혼용되므로 배열로는 처리할 수 없다. 이런 경우 구조체를 사용하면 간단하게 처리할 수 있다.

구조체의 정의

- 구조체를 정의한다는 것은 int나 char 같은 자료형을 하나 만드는 것을 의미한다.
- 구조체는 'structure(구조)'의 약어인 'struct'를 사용하여 정의한다.

예

```
struct sawon {
    char name[10];
    char jikwi[10];
    int  pay;
};
```

- **struct** : 구조체를 정의하는 예약어이다. 그대로 적으면 된다.
- **sawon** : 구조체의 이름으로 사용자가 임의로 정한다. 이렇게 정의하면 sawon이라는 자료형이 하나 생긴 것이다.
- **멤버** : 일반 변수를 선언하는 것과 동일하게 필요한 필드들을 임의로 선언하면 된다(name[10], jikwi[10], pay).

구조체 변수의 선언

정수형 변수를 사용하려면 'int a'와 같이 선언한 후 사용하는 것처럼 구조체 변수를 사용하려면 먼저 정의한 구조체에 대한 변수를 선언해야 한다.

예

```
struct sawon ansan, *seoul;
```

- **struct** : 구조체 변수를 선언하는 예약어이다. 그대로 적으면 된다.
- **sawon ansan** : 정의한 구조체 sawon 자료형으로 변수를 선언하는데 변수의 이름은 ansan이라는 의미이며, 사용자가 임의로 정하면 된다.
- ***seoul** : 구조체의 포인터 변수다. 'struct sawon *seoul'과 같이 별도로 지정할 수도 있다.

구조체 멤버의 지정

구조체의 멤버는 모든 요소들이 개별적인 이름을 가지고 있으므로 구조체 멤버를 지정할 때는 구조체 변수와 함께 멤버 이름을 지정해야 한다.

- **'.'의 의한 지정** : 구조체 일반 변수를 이용해 구조체 멤버를 지정할 때

  ```
  ansan.name = "김한국";
  ansan.jikwi = "대리";
  ansan.pay = 4000000;
  ```

- **'->'에 의한 지정** : 구조체 포인터 변수를 이용해 구조체 멤버를 지정할 때

  ```
  seoul->name = "홍길동";
  seoul->jikwi = "과장";
  seoul->pay = 5000000;
  ```

- 구조체의 포인터 변수는 일반 포인터 변수처럼 *를 사용하여 멤버를 지정할 수도 있다.

  ```
  (*seoul).name = "홍길동";
  (*ansan).jikwi = "과장";
  (*ansan).pay = 5000000;
  ```

2 구조체의 활용

24.5, 23.5, 22.4, 실기 25.7, 25.4, 24.10, 24.7

예제 다음 C언어로 구현된 프로그램의 실행 결과를 확인하시오.

전문가의 조언

구조체 변수가 사용된 코드의 결과를 묻는 문제가 출제되었습니다. 주어진 예제를 통해 구조체를 정의하고 구조체 변수를 이용하는 원리를 확실히 이해하고 넘어가세요.

```
#include <stdio.h>
Ⓐ struct jsu {          // 구조체 jsu를 정의한다.
    char nae[12];        // 12개의 요소를 갖는 문자 배열 nae를 선언한다.
    int os, db, hab, hhab;  // 정수형 변수 os, db, hab, hhab를 선언한다.
};

int main( ) {
❶ struct jsu st[3] = { {"데이터1", 95, 88}, {"데이터2", 84, 91},
                        {"데이터3", 86, 75} };
❷ struct jsu* p;
❸ p = &st[0];
```

❹ (p + 1)->hab = (p + 1)->os + (p + 2)->db;
❺ (p + 1)->hhab = (p + 1)->hab + p->os + p->db;
❻ printf("%d", (p + 1)->hab + (p + 1)->hhab);
}

Ⓐ 구조체 jsu의 구조

	nae[0]	nae[1]	nae[2]	…	nae[11]
char nae[12]					
int os	
int db	
int hab	
int hhab	

※ 위의 구조체는 다음과 같이 메모리의 연속된 공간에 저장된 후 사용된다.

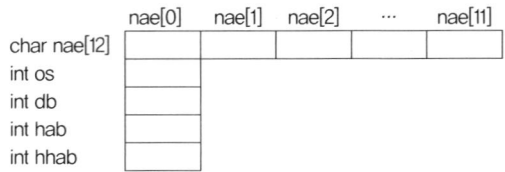

모든 C 프로그램은 반드시 main( ) 함수에서 시작한다.

❶ 구조체 jsu 자료형으로 3개짜리 배열 st를 선언하고 초기화한다.

	char nae[12]	int os	int db	int hab	int hhab
st[0]	st[0].nae[0]~st[0].nae[11]	st[0].os	st[0].db	st[0].hab	st[0].hhab
st[1]	st[1].nae[0]~st[1].nae[11]	st[1].os	st[1].db	st[1].hab	st[1].hhab
st[2]	st[2].nae[0]~st[2].nae[11]	st[2].os	st[2].db	st[2].hab	st[2].hhab

↓

	char nae[12]								int os	int db	int hab	int hhab
st[0]	'데'	'이'	'터'	1	'\0'				95	88		
st[1]	'데'	'이'	'터'	2	'\0'				84	91		
st[2]	'데'	'이'	'터'	3	'\0'				86	75		

※ 문자열을 저장하는 경우 문자열의 끝을 의미하는 널 문자(\0)가 추가로 저장되며, 출력 시 널 문자는 표시되지 않는다. 영문, 숫자는 1Byte, 한글은 2Byte를 차지한다.

❷ 구조체 jsu의 포인터 변수 p를 선언한다.
❸ p에 st 배열의 첫 번째 요소의 주소를 저장한다.

> **전문가의 조언**
> 여기서 지정한 주소는 임의로 정한 것이며, 이해를 돕기 위해 주소를 실제 표현되는 16진수가 아니라 10진수로 표현했습니다.

메모리

주소															
0000															
⋮															
		nae	os	db	hab	hhab	nae	os	db	hab	hhab	nae	os	db	hab	hhab
P 1000 →	1000	"데이터1"	95	88			"데이터2"	84	91			"데이터3"	86	75		
			p					p+1					p+2			
			&st[0]					&st[1]					&st[2]			
⋮															
9999															

❹ p+1이 가리키는 곳의 멤버 hab에 p+1이 가리키는 곳의 멤버 os 값과 p+2가 가리키는 곳의 멤버 db 값을 더한 후 저장한다. p가 st[0]을 가리키므로 p+1은 st[1]을 p+2는 st[2]를 가리킨다. 따라서 st[1]의 os 값 84와 st[2]의 db 값 75를 더한 값 159를 st[1]의 hab에 저장한다.

메모리

주소		nae	os	db	hab	hhab	nae	os	db	hab	hhab	nae	os	db	hab	hhab
0000																
P 1000 →	1000	"데이터1"	95	88			"데이터2"	84	91	159		"데이터3"	86	75		
			p					p+1					p+2			
		&st[0]					&st[1]					&st[2]				
9999																

❺ p+1이 가리키는 곳의 멤버 hhab에 p+1이 가리키는 곳의 멤버 hab 값과 p가 가리키는 곳의 멤버 os와 db 값을 모두 더한 후 저장한다. st[1]의 hab 값 159, st[0]의 os와 db 값 95와 88을 모두 더한 값 342를 st[1]의 hhab에 저장한다.

메모리

주소		nae	os	db	hab	hhab	nae	os	db	hab	hhab	nae	os	db	hab	hhab
0000																
P 1000 →	1000	"데이터1"	95	88			"데이터2"	84	91	159	342	"데이터3"	86	75		
		p					p+1					p+2				
		&st[0]					&st[1]					&st[2]				
9999																

❻ p+1이 가리키는 곳의 멤버 hab와 hhab의 값을 더한 후 정수로 출력한다. 159와 342를 더한 501이 출력된다.

결과 `501`

기출문제 따라잡기

20년 9월

1. C언어에서 구조체를 사용하여 데이터를 처리할 때 사용하는 것은?

① for   ② scanf
③ struct   ④ abstract

> '구조'를 영어로 'structure'라고 합니다.

23년 5월, 22년 4월

2. 다음 C언어 프로그램이 실행되었을 때, 실행 결과는?

```
#include <stdio.h>
struct st {
    int a;
    int c[10];
};
int main(int argc, char* argv[ ]) {
    int i = 0;
    struct st ob1;
    struct st ob2;
    ob1.a = 0;
    ob2.a = 0;
    for (i = 0; i < 10; i++) {
        ob1.c[i] = i;
        ob2.c[i] = ob1.c[i] + i;
    }
    for (i = 0; i < 10; i = i + 2) {
        ob1.a = ob1.a + ob1.c[i];
        ob2.a = ob2.a + ob2.c[i];
    }
    printf("%d", ob1.a + ob2.a);
    return 0;
}
```

① 30   ② 60
③ 80   ④ 120

> 사용된 코드의 의미는 다음과 같습니다.
>
> ```
> #include <stdio.h>
> struct st {           구조체 st를 정의합니다.
>     int a;            정수형 변수 a를 선언합니다.
>     int c[10];        10개의 요소를 갖는 정수형 배열 c를 선언합니다.
> };
> int main(int argc, char* argv[ ]) {
> ```
> ❶ int i = 0;
> ❷ struct st ob1;
> ❸ struct st ob2;
> ❹ ob1.a = 0;
> ❺ ob2.a = 0;
> ❻ for (i = 0; i < 10; i++) {
> ❼   ob1.c[i] = i;

> ❽   ob2.c[i] = ob1.c[i] + i;
>   }
> ❾ for (i = 0; i < 10; i = i + 2) {
> ❿   ob1.a = ob1.a + ob1.c[i];
> ⓫   ob2.a = ob2.a + ob2.c[i];
>   }
> ⓬ printf("%d", ob1.a + ob2.a);
> ⓭ return 0;
> }
>
> ❶ 정수형 변수 i를 선언하고 0으로 초기화합니다.
> ❷ 구조체 st의 변수 ob1을 선언합니다.
>
> | ob1 | int a | int c[10] |
> |---|---|---|
> | | ob1.a | ob1.c[0] ~ ob1.c[9] |
>
> ❸ 구조체 st의 변수 ob2를 선언합니다.
>
> | ob2 | int a | int c[10] |
> |---|---|---|
> | | ob2.a | ob2.c[0] ~ ob2.c[9] |
>
> ❹ ob1.a에 0을 저장합니다.
> ❺ ob2.a에 0을 저장합니다.
> ❻ 반복 변수 i가 0부터 1씩 증가하면서 10보다 작은 동안 ❼, ❽번을 반복 수행합니다.
> ❼ ob1.c[i]에 i의 값을 저장합니다.
> ❽ ob2.c[i]에 ob1.c[i]와 i를 합한 값을 저장합니다.
> 반복문 실행에 따른 변수들의 변화는 다음과 같습니다.
>
> | i | ob1 | | ob2 | |
> |---|---|---|---|---|
> | | a | c[i] | a | c[i] |
> | 0 | 0 | 0 | 0 | 0 |
> | 1 | | 1 | | 2 |
> | 2 | | 2 | | 4 |
> | 3 | | 3 | | 6 |
> | 4 | | 4 | | 8 |
> | 5 | | 5 | | 10 |
> | 6 | | 6 | | 12 |
> | 7 | | 7 | | 14 |
> | 8 | | 8 | | 16 |
> | 9 | | 9 | | 18 |
> | 10 | | | | |
>
> ❾ 반복 변수 i가 0부터 2씩 증가하면서 10보다 작은 동안 ❿, ⓫번을 반복 수행합니다.
> ❿ ob1.a에 ob1.c[i]의 값을 누적시킵니다.
> ⓫ ob2.a에 ob2.c[i]의 값을 누적시킵니다.
> 반복문 실행에 따른 변수들의 변화는 다음과 같습니다.
>
> | i | ob1 | | ob2 | |
> |---|---|---|---|---|
> | | a | c[i] | a | c[i] |
> | 0 | 0 | 0 | 0 | 0 |
> | 2 | 2 | 2 | 4 | 4 |
> | 4 | 6 | 4 | 12 | 8 |
> | 6 | 12 | 6 | 24 | 12 |
> | 8 | 20 | 8 | 40 | 16 |
> | 10 | | | | |
>
> ⓬ ob1.a와 ob2.a의 값을 합하여 정수로 출력합니다.
> 결과 60
> ⓭ main( ) 함수에서의 'return 0'은 프로그램의 종료를 의미합니다.

▶ 정답 : 1. ③ 2. ②

SECTION 106 Python의 기초

1 Python의 기본 문법

- 변수의 자료형에 대한 선언이 없다.
- 문장의 끝을 의미하는 세미콜론(;)을 사용할 필요가 없다.
- 변수에 연속하여 값을 저장하는 것이 가능하다.
  예 x, y, z = 10, 20, 30
- if나 for와 같이 코드 블록을 포함하는 명령문을 작성할 때 코드 블록은 콜론(:)과 여백으로 구분한다.
- 여백은 일반적으로 4칸 또는 한 개의 탭만큼 띄워야하며, 같은 수준의 코드들은 반드시 동일한 여백을 가져야 한다.

25.2, 24.7, 24.5, 24.2, 22.7, 22.4, 22.3, 21.8, 21.5, 21.3, 20.8, 실기 25.7, 25.4, 24.10

2 Python의 데이터 입·출력 함수

input( ) 함수

- input( ) 함수는 Python의 표준 입력 함수로, 키보드로 입력받아 변수에 저장하는 함수이다.
- 입력되는 값은 문자열로 취급되어 저장된다.
- 형식1

> 변수 = input(출력문자)
> - '출력문자'는 생략이 가능하며, '변수'는 사용자가 임의로 지정할 수 있다.
> - 값을 입력하고 Enter를 누르면, 입력한 값이 '변수'에 저장된다.

예 a = input('입력하세요.') → 화면에 **입력하세요.**가 출력되고 그 뒤에서 커서가 깜빡거리며 입력을 기다린다. 키보드로 값을 입력하면 변수 a에 저장된다.

- 형식2

> 변수1, 변수2, ⋯ = input(출력문자).split(분리문자)
> - 화면에 '출력문자'가 표시되고 입력받은 값을 '분리문자'로 구분하여 각각 변수1, 변수2, ⋯에 저장한다.
> - '분리문자'를 생략하면 공백으로 값들을 구분한다.

예 x, y = input( ).split('-') → "gilbut-sinagong"을 입력할 경우, 분리문자 '-'를 기준으로 "gilbut"은 변수 x에 저장되고, "sinagong"은 변수 y에 저장된다.

전문가의 조언

앞에서 배운 C, Java와 비교하여 Python은 어떤 점이 다른지 확실히 파악하고 넘어가세요. 본문에 수록된 내용들은 C와 Java를 충분히 학습하였다는 전제하에 진행되므로 학습에 어려움을 느끼는 수험생들은 앞의 C와 Java 섹션들을 먼저 공부한 후 본 섹션의 학습을 진행하는 것이 좋습니다.

전문가의 조언

Python은 변수에 저장되는 값에 따라 자동으로 자료형이 지정되므로 변수에 대한 자료형을 선언할 필요가 없습니다.

전문가의 조언

Python에서 한 줄에 여러 문장을 쓸 때는 세미콜론을 이용하여 문장을 구분하여 입력합니다.
예 a=1; print(a)

코드 블록 구분

명령문에서 코드의 블록을 지정할 때 C와 Java에서는 중괄호({ })를 사용하지만 Python에서는 여백을 통해 코드 블록을 지정합니다('∨'는 빈 칸을 의미합니다.).
예 Python
```
if a > b:
∨∨∨∨print('a is big')
∨∨∨∨print('b is small')
else:
∨∨∨∨print('a is small')
∨∨∨∨print('b is big')
```
예 C언어
```
if (a > b) {
∨∨∨∨printf("a is big\n");
∨∨∨∨printf("b is small\n");
}
else {
∨∨∨∨printf("b is big\n");
∨∨∨∨printf("a is small\n");
}
```

print( ) 함수

- 형식1

print(출력값1, 출력값2, …, sep = 분리문자, end = 종료문자)

- '출력값'에는 숫자, 문자, 문자열, 변수 등 다양한 값이나 식이 올 수 있다.
- 'sep'는 여러 값을 출력할 때 값과 값 사이를 구분하기 위해 출력하는 문자로, 생략할 경우 기본값은 공백 한 칸(' ')이다.
- 'end'는 맨 마지막에 표시할 문자로, 생략할 경우 기본값은 줄 나눔이다.

예 print(82, 24, sep = '-', end = ',') → 82와 24 사이에 분리문자 '-'가 출력되고, 마지막에 종료문자 ','가 출력된다.

결과 82-24,

- 형식2

print(서식 문자열* % (출력값1, 출력값2, …))

- C와 Java에서 사용했던 서식 문자열이 동일하게 적용된다.
- 출력값이 한 개일 경우 출력값에 대한 괄호를 생략할 수 있다.

예 print('%-8.2f' % 200.20) → | 2 | 0 | 0 | . | 2 | 0 | | |

▶ % : 서식 문자임을 지정
▶ - : 왼쪽부터 출력
▶ 8 : 출력 자릿수를 8자리로 지정
▶ 2 : 소수점 이하를 2자리로 지정
▶ f : 실수로 출력

서식 문자열
출력값의 서식을 지정하는 문자열로, 서식 문자열에 대한 자세한 설명은 Section 100을 참조하세요.

잠깐만요 _ 입력 값의 형변환(Casting) _ 22.7

input( ) 함수는 입력되는 값을 무조건 문자열로 저장하므로, 숫자로 사용하기 위해서는 형을 변환해야 합니다.

- 변환할 데이터가 1개일 때

  변수 = int(input( ))   정수로 변환 시
  변수 = float(input( ))   실수로 변환 시

예 a = int(input( )) → input( )으로 입력받은 값을 정수로 변환하여 변수 a에 저장한다.

- 변환할 데이터가 2개 이상일 때

  변수1, 변수2, … = map*(int, input( ).split( ))   정수로 변환 시
  변수1, 변수2, … = map(float, input( ).split( ))   실수로 변환 시

예 a, b = map(int, input( ).split( )) → input( ).split( )으로 입력받은 2개의 값을 정수로 변환하여 변수 a, b에 저장한다.

전문가의 조언
입력받은 값을 분리한 후 형 변환하는 문제가 출제되었습니다. 예를 통해 형 변환에 사용되는 map( ) 함수의 형식을 기억해 두세요.

map( ) 함수
map( ) 함수는 input( ).split( )을 통해 입력받은 2개 이상의 값을 원하는 자료형으로 변환할 때 사용하는 함수입니다.
- map(자료형, input( ).split( ))
  – 자료형 : 변환할 자료형 입력
  – input( ).split( ) : 2개 이상의 값을 분리하여 입력받기 위해 split( )와 input( ) 함수 사용

③ 리스트(List)

_{24.5, 23.5, 22.3, 실기 25.7, 25.4, 24.10, 24.4, 22.10, 21.4, 20.11}

- C와 Java에서는 여러 요소들을 하나의 이름으로 처리할 때 배열을 사용했는데 Python에서는 리스트를 사용한다.
- 리스트는 필요에 따라 개수를 늘이거나 줄일 수 있기 때문에 리스트를 선언할 때 크기를 적지 않는다.
- 배열과 달리 하나의 리스트에 정수, 실수, 문자열 등 다양한 자료형을 섞어서 저장할 수 있다.
- Python에서 리스트의 위치는 0부터 시작한다.

- **형식**

리스트명 = [값1, 값2, …]
리스트명 = list([값1, 값2, …])

리스트명은 사용자가 임의로 지정하며, 리스트를 의미하는 대괄호 사이에 저장할 값들을 쉼표(,)로 구분하여 입력한다.

> **전문가의 조언**
>
> 리스트가 포함된 코드의 결과를 묻는 문제가 출제되었습니다. 리스트에 저장된 요소에 접근할 때는 위치값을 사용합니다. 예를 통해 리스트에 저장된 요소에 접근하는 방법을 확실히 이해하고 넘어가세요.

예1 방법1 : a = [10, 'mike', 23.45]
방법2 : a = list([10, 'mike', 23.45])

결과   리스트 a

a[0]	a[1]	a[2]
10	mike	23.45

※ 두 방법에 대한 결과는 같습니다.

예2 a[0] = 1 → a[0]에 1을 저장한다.

결과   리스트 a

a[0]	a[1]	a[2]
1	mike	23.45

④ 딕셔너리(Dictionary)

_{23.5, 22.3}

- 딕셔너리는 연관된 값을 묶어서 저장하는 용도로 사용한다.
- 리스트는 저장된 요소에 접근하기 위한 키로 위치에 해당하는 0, 1, 2 등의 숫자를 사용하지만 딕셔너리는 사용자가 원하는 값을 키로 지정해 사용한다.
- 딕셔너리에 접근할 때는 딕셔너리 뒤에 대괄호([ ])를 사용하며, 대괄호([ ]) 안에 키를 지정한다.

- **형식**

딕셔너리명 = { 키1:값1, 키2:값2, … }
딕셔너리명 = dict({ 키1:값1, 키2:값2, … })

딕셔너리명은 사용자가 임의로 지정하며, 딕셔너리를 의미하는 중괄호 사이에 저장 값들을 쉼표로 구분하여 입력한다.

> **전문가의 조언**
>
> 딕셔너리가 포함된 코드의 결과를 묻는 문제가 출제되었습니다. 딕셔너리에 저장된 요소에 접근할 때는 사용자가 지정한 키를 사용합니다. 예를 통해 딕셔너리에 저장된 요소에 접근하는 방법을 확실히 이해하고 넘어가세요.

예1 방법1 : a = {'이름':'홍길동', '나이':25, '주소':'서울'}
방법2 : a = dict({'이름':'홍길동', '나이':25, '주소':'서울'})

결과   리스트 a

a['이름']	a['나이']	a['주소']
'홍길동'	25	'서울'

예2 a['이름'] = '이순신' → 딕셔너리 a의 '이름' 위치에 '이순신'을 저장한다.

결과   리스트 a

a['이름']	a['나이']	a['주소']
'이순신'	25	'서울'

5 Range

24.5, 실기 25.4, 24.7, 21.4

Range는 연속된 숫자를 생성하는 것으로, 리스트, 반복문 등에서 많이 사용된다.

- 형식

range(최종값)	0에서 '최종값'-1까지 연속된 숫자를 생성한다.
range(초기값, 최종값)	'초기값'에서 '최종값'-1까지 연속된 숫자를 생성한다.
range(초기값, 최종값, 증가값)	• '초기값'에서 '최종값'-1까지 '증가값'만큼 증가하면서 숫자를 생성한다. • '증가값'이 음수인 경우 '초기값'에서 '최종값'+1까지 '증가값'만큼 감소하면서 숫자를 생성한다.

예1 a = list(range(5)) → 0에서 4까지 연속된 숫자를 리스트 a로 저장한다.

리스트 a | 0 | 1 | 2 | 3 | 4 |

예2 a = list(range(4, 9)) → 4에서 8까지 연속된 숫자를 리스트 a로 저장한다.

리스트 a | 4 | 5 | 6 | 7 | 8 |

예3 a = list(range(1, 15, 3)) → 1에서 14까지 3씩 증가하는 숫자들을 리스트 a로 저장한다.

리스트 a | 1 | 4 | 7 | 10 | 13 |

예4 a = list(range(9, 4, -1)) → 9에서 5까지 -1씩 감소하는 숫자들을 리스트 a로 저장한다.

리스트 a | 9 | 8 | 7 | 6 | 5 |

6 슬라이스(Slice)

24.2, 20.9, 20.8, 실기 24.10, 23.7, 22.7

슬라이스는 문자열이나 리스트와 같은 순차형 객체*에서 일부를 잘라(slicing) 반환하는 기능이다.

- 형식

객체명[초기위치:최종위치]	'초기위치'에서 '최종위치'-1까지의 요소들을 가져온다.
객체명[초기위치:최종위치:증가값]	• '초기위치'에서 '최종위치'-1까지 '증가값'만큼 증가하면서 해당 위치의 요소들을 가져온다. • '증가값'이 음수인 경우 '초기위치'에서 '최종위치'+1까지 '증가값' 만큼 감소하면서 해당 위치의 요소들을 가져온다.

- 슬라이스는 일부 인수를 생략하여 사용할 수 있다.

객체명[:] 또는 객체명[::]	객체의 모든 요소를 반환한다.
객체명[초기위치:]	객체의 '초기위치'에서 마지막 위치까지의 요소들을 반환한다.
객체명[:최종위치]	객체의 0번째 위치에서 '최종위치'-1까지의 요소들을 반환한다.
객체명[::증가값]	객체의 0번째 위치에서 마지막 위치까지 '증가값'만큼 증가하면서 해당 위치의 요소들을 반환한다.

전문가의 조언

슬라이스 기능이 적용된 코드에서 초기위치와 최종위치를 파악할 수 있어야 풀 수 있는 문제가 출제됩니다. 먼저 슬라이스의 개념을 이해하고, 예제를 통해 슬라이스의 적용 형식을 확실히 파악해 두세요.

순차형 객체(Sequential Object)
문자열이나 리스트와 같이 메모리에 순차적으로 데이터가 저장되는 자료 구조의 객체를 의미합니다.

전문가의 조언

인수를 생략하는 방식은 더 다양한 방식으로 사용할 수 있습니다. 초기위치와 증가값만을 사용하거나, 최종위치와 증가값만을 사용하는 방식도 그 중 하나입니다. 예제를 통해 슬라이스의 다양한 사용 방법을 확실히 알아 두세요.

예 a = ['a', 'b', 'c', 'd', 'e']일 때

a[1:3] → ['b', 'c']

a[0:5:2] → ['a', 'c', 'e']

a[3:] → ['d', 'e']

a[:3] → ['a', 'b', 'c']

a[::3] → ['a', 'd']

예제 객체에 저장된 값을 코드와 같이 수행했을 때의 결과를 쓰시오.

번호	객체	코드	결과
①	a = 'sinagong'	print(a[3:7])	
②	a = list(range(10))	print(a[:7:2])	
③	a = 'hello, world'	print(a[7:])	
④	a = list(range(5, 22, 2))	print(a[::3])	
⑤	a = list(range(8))	print(a[2::2])	
⑥	a = list(range(8, 3, −1))	print(a[:3])	
⑦	a = 'Programming'	print(a[−7::2])	
⑧	a = 'Concurrency Control'	print(a[:−10:−2])	

① 3번째 위치에서 6번째 위치까지의 요소들을 출력합니다.
② 0부터 9까지의 숫자가 저장된 리스트 a가 생성되며, 0부터 6번째 위치까지 2씩 증가하면서 해당 위치의 요소들을 출력합니다(a [0 | 1 | 2 | 3 | 4 | 5 | 6 | 7 | 8 | 9]).
③ 7번째 위치에서 마지막 위치까지의 요소들을 출력합니다.
④ 5에서 21까지 2씩 증가하는 숫자가 저장된 리스트 a가 생성되며, 0번째 위치에서 마지막 위치까지 3씩 증가하면서 해당 위치의 요소들을 출력합니다(a [5 | 7 | 9 | 11 | 13 | 15 | 17 | 19 | 21]).
⑤ 0에서 7까지의 숫자를 저장한 리스트 a가 생성되며, 2번째 위치에서 마지막 위치까지 2씩 증가하면서 해당 위치의 요소들을 출력합니다(a [0 | 1 | 2 | 3 | 4 | 5 | 6 | 7]).
⑥ 8에서 4까지 −1씩 감소하는 숫자를 저장한 리스트 a가 생성되며, 0번째 위치에서 2번째 위치까지의 요소들을 출력합니다(a [8 | 7 | 6 | 5 | 4]).
⑦ 초기위치(−7)에서부터 최종위치(−1)까지 2씩 증가하면서 해당 위치의 요소들을 출력합니다.

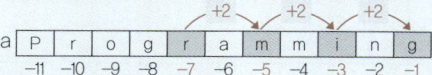

⑧ 초기위치(−1)*에서부터 최종위치(−9)까지 2씩 감소하면서 해당 위치의 요소들을 출력합니다.

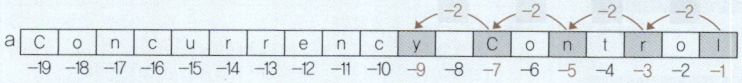

결과 ① agon ② [0, 2, 4, 6] ③ world ④ [5, 11, 17]
　　　⑤ [2, 4, 6] ⑥ [8, 7, 6] ⑦ rmig ⑧ lrnCy

전문가의 조언

각 객체의 첫 번째 요소는 위치가 0이고, range와 slice의 최종값이나 최종위치는 증가값에 따라 1 감소하거나 1 증가한 후 계산해야 한다는 것을 잊지마세요.

초기위치가 음수이고 최종위치가 생략된 상태에서 증가값이 양수일 경우 최종위치는 −1이 됩니다.

초기위치가 생략되고 최종위치가 음수인 상태에서 증가값이 음수일 경우 초기위치는 −1이 됩니다.

기출문제 따라잡기

20년 9월

1. 다음 파이썬으로 구현된 프로그램의 실행 결과로 옳은 것은?

```
>>> a=[0,10,20,30,40,50,60,70,80,90]
>>> a[ : 7 : 2]
```

① [20, 60] ② [60, 20]
③ [0, 20, 40, 60] ④ [10, 30, 50, 70]

a[:7:2]는 배열 a의 0번째부터 6번째 위치까지 2씩 증가하면서 해당 위치의 요소를 출력하라는 의미입니다.

24년 2월, 20년 8월

2. 다음은 사용자로부터 입력받은 문자열에서 처음과 끝의 3글자를 추출한 후 합쳐서 출력하는 파이썬 코드이다. ㉠에 들어갈 내용은?

```
String = input("7문자 이상 문자열을 입력하시오 :")
m = (    ㉠    )
print(m)
```

① string[1:3]+string[-3:]
② string[:3]+string[-3:-1]
③ string[0:3]+string[-3:]
④ string[0:]+string[:-1]

보기에 코드들은 '객체명[초기위치:최종위치]'로 기본 형식에서 '증가값'이 생략된 경우입니다. '증가값'이 생략된 경우에는 '초기위치'부터 '최종위치-1'까지 1씩 증가하면서 요소들을 가져옵니다.

변수 String에 "sinagong"이 입력되었다고 가정한 경우 각 보기의 결과는 다음과 같습니다.

String	S	i	n	a	g	o	n	g
	0	1	2	3	4	5	6	7
	-8	-7	-6	-5	-4	-3	-2	-1

① string[1:3]+string[-3:] : 1, 2번째 위치의 2글자와 -3, -2, -1번째 위치의 3글자를 가져옵니다.
결과 inong

② string[:3]+string[-3:-1] : 0, 1, 2번째 위치의 3글자와 -3, -2번째 위치의 2글자를 가져옵니다.
결과 Sinon

③ string[0:3]+string[-3:] : 0, 1, 2번째 위치의 3글자와 -3, -2, -1번째 위치의 3글자를 가져옵니다.
결과 Sinong

④ string[0:]+string[:-1] : 0부터 마지막 위치까지의 모든 글자와, 첫 위치부터 -2까지의 모든 글자를 가져옵니다.
결과 SinagongSinagon

23년 5월, 22년 3월

3. 다음 Python 프로그램이 실행되었을 때, 실행 결과는?

```
a = 100
list_data = ['a','b','c']
dict_data = {'a':90, 'b':95}
print(list_data[0])
print(dict_data['a'])
```

① a 90 ② 100 90 ③ 100 100 ④ a a

사용된 코드의 의미는 다음과 같습니다.

❶ a = 100
❷ list_data = ['a','b','c']
❸ dict_data = {'a':90, 'b':95}
❹ print(list_data[0])
❺ print(dict_data['a'])

❶ a에 100을 저장합니다.
❷ 3개의 요소를 갖는 리스트 list_data를 선언하고 초기화합니다.

	[0]	[1]	[2]
list_data	'a'	'b'	'c'

❸ 2개의 요소를 갖는 딕셔너리 dict_data를 선언하고 초기화합니다.

	['a']	['b']
dict_data	90	95

❹ list_data[0]의 값 a를 출력한 후 커서를 다음 줄의 처음으로 옮깁니다.
결과 a

❺ dict_data['a']의 값 90을 출력하고 커서를 다음 줄의 처음으로 옮깁니다.
결과 90

25년 2월, 24년 7월, 5월, 22년 7월

4. 다음 파이썬 코드에서 '53t44'를 입력했을 때 출력 결과는?

```
a, b = map(int, input( ).split("t"));
print(a, b)
```

① 53 t 44 ② 53t44 ③ 53 44 ④ 53, 44

사용된 코드의 의미는 다음과 같습니다.

❶ a, b = map(int, input( ).split("t"));
❷ print(a, b)

❶ input( ) 메소드로 입력받은 값을 "t"를 구분자로 하여 분리한 후 정수로 변환하여 a, b에 저장합니다. 문제에서 **53t44**를 입력하였으므로, "t"를 구분자로 53과 44가 분리된 후 정수로 변환되어 각각 a와 b에 저장됩니다.
• map( ) : 2개 이상의 값을 원하는 자료형으로 변환할 때 사용하는 함수
• input( ).split('분리문자')
  – 입력받은 값을 '분리문자'로 구분하여 반환합니다.
  – '분리문자'를 생략하면 공백으로 값을 구분합니다.

❷ a와 b를 출력합니다. Python의 print( ) 메소드에서 2개 이상의 값을 출력할 때, sep 속성값을 정의하지 않으면 공백으로 값을 구분하므로 다음과 같이 출력됩니다.
결과 53 44

▶ 정답 : 1. ③ 2. ③ 3. ① 4. ③

SECTION 107 Python의 활용

1 if문
25.8, 23.7, 22.4, 실기 25.4, 24.10, 24.7

• **형식1** : 조건이 참일 때만 실행한다.

```
if 조건:
    실행할 문장
```
예약어 if와 참 또는 거짓 결과로 나올 수 있는 조건을 입력한 후 끝에 콜론(:)을 붙여준다.
조건이 참일 경우 실행할 문장을 적는다.

예제 1 a가 10보다 크면 a에서 10을 빼기

```
a = 15
if a > 10:        ❶
    a = a - 10    ❷
print(a)          ❸
```

a가 10보다 크면 ❷번 문장을 실행하고, 아니면 ❸번 문장으로 이동해서 실행을 계속한다.

❶번의 조건식이 참일 경우 실행할 문장이다. a는 5가 된다.

여기서는 ❶번의 조건식이 거짓일 경우 실행할 문장이 없다. if문을 벗어나면 무조건 ❸번으로 온다.

결과 `5`

• **형식2** : 조건이 참일 때와 거짓일 때 실행할 문장이 다르다.

```
if 조건:
    실행할 문장1
else:
    실행할 문장2
```
조건이 참일 경우 실행할 문장을 적는다.
조건이 거짓일 경우 실행할 문장을 적는다.

예제 2 a가 b보다 크면 a - b, 아니면 b - a를 수행하기

```
a, b = 10, 20
if a > b:           ❶
    cha = a - b     ❷
    print(cha)      ❸
else:               ❹
    cha = b - a     ❺
    print(cha)      ❻
```

a가 b보다 크면 ❷, ❸번 문장을 실행하고, 아니면 ❹번의 다음 문장인 ❺, ❻번 문장을 실행한다.

❶번의 조건식이 참일 경우 실행할 문장이다. 참이 아니기 때문에 초기화 시키지 않은 cha에는 알 수 없는 값이 그대로 있게 된다.

❷번과 동일하게 ❶번의 조건식이 참이 아니기 때문에 cha는 출력되지 않는다.

❶번의 조건식이 거짓일 경우 실행할 문장의 시작점이다.

❶번의 조건식이 거짓일 경우 실행할 실제 처리문이다. cha는 10이 된다.

결과 `10`

전문가의 조언

• 앞에서 배운 C, Java와 비교하여 Python은 어떤 점이 다른지 확실히 파악하고 넘어가세요. 본문에 수록된 내용들은 C와 Java를 충분히 학습하였다는 전제하에 진행되는 것이므로 학습에 어려움을 느끼는 수험생들은 Section 101과 102를 먼저 공부한 후 본 섹션의 학습을 진행하는 것이 좋습니다.

• 조건이 여러 개일 때 사용되는 elif의 역할을 묻는 문제가 출제되었습니다. 조건이 여러 개일 때 두 번째 조건부터는 if가 아닌 elif를 사용한다는 것을 기억하고 예제를 통해 if문의 다양한 형식을 확실히 이해하고 넘어가세요.

예제 1의 C언어 코드
```
int a = 15;
if (a > 10)
    a = a - 10;
printf("%d", a);
```

예제 2의 C언어 코드
```
int a = 10, b = 20, cha;
if (a > b) {
    cha = a - b;
    printf("%d", cha);
}
else {
    cha = b - a;
    printf("%d", cha);
}
```

- **형식3** : 조건이 여러 개이고, 조건마다 실행할 문장이 다르다.

```
if 조건1:
    실행할 문장1        조건1이 참일 경우 실행할 문장을 적는다.
elif 조건2:
    실행할 문장2        조건2가 참일 경우 실행할 문장을 적는다.
elif 조건3:
    실행할 문장3        조건3이 참일 경우 실행할 문장을 적는다.
        ⋮
else:
    실행할 문장4        앞의 조건이 모두 거짓일 경우 실행할 문장을 적는다.
```

예제 3 점수에 따라 등급 표시하기

예제 3의 C언어 코드
```
int jum = 85;
if (jum >= 90)
    printf("학점은 A입니다.");
else if (jum >= 80)
    printf("학점은 B입니다.");
else if (jum >= 70)
    printf("학점은 C입니다.");
else
    printf("학점은 F입니다.");
```

```
jum = 85
if jum >= 90:          ❶        jum이 90 이상이면 ❷번을 실행하고, 아니면 ❸번으로 이동한다.
    print('학점은 A입니다.')  ❷   학점은 A입니다.를 출력하고, if문을 빠져나간다.
elif jum >= 80:        ❸        jum이 80 이상이면 ❹번을 실행하고, 아니면 ❺번으로 이동한다.
    print('학점은 B입니다.')  ❹   학점은 B입니다.를 출력하고, if문을 빠져나간다.
elif jum >= 70:        ❺        jum이 70 이상이면 ❻번을 실행하고, 아니면 ❼번으로 이동한다.
    print('학점은 C입니다.')  ❻   학점은 C입니다.를 출력하고, if문을 빠져나간다.
else:                  ❼        ❺번의 조건식이 거짓일 경우 실행할 문장의 시작점이다. ❽번을 실행한다.
    print('학점은 F입니다.')  ❽   학점은 F입니다.를 출력하고, if문을 빠져나간다.
```
결과 **학점은 B입니다.**

- **형식4** : if문 안에 if문이 포함된다.

```
if 조건1:
    if 조건2:
        실행할 문장1        조건1과 조건2가 참일 경우 실행할 문장을 적는다.
    else:
        실행할 문장2        조건1이 참이고, 조건2가 거짓일 경우 실행할 문장을 적는다.
else:
    실행할 문장3            조건1이 거짓일 경우 실행할 문장을 적는다.
```

예제 4 홀수, 짝수 판별하기

```
a, b = 21, 10
if a % 2 == 0:         ❶        a를 2로 나눈 나머지가 0이면 ❷번을 실행하고, 아니면 ❻번으로 이동한다.
    if b % 2 == 0:     ❷        b를 2로 나눈 나머지가 0이면 ❸번을 실행하고, 아니면 ❹번으로 이동한다.
        print('모두 짝수')  ❸    모두 짝수를 출력하고, if문을 빠져나간다.
```

```
    else:   ❹                ❷번의 조건식이 거짓일 경우 ❺번을 실행한다.
        print('a : 짝수, b : 홀수')  ❺  a : 짝수, b : 홀수를 출력하고, if문을 빠져나간다.
else:   ❻                    ❶번의 조건식이 거짓일 경우 실행할 문장의 시작점이다.
    if b % 2 == 0:   ❼       b를 2로 나눈 나머지가 0이면 ❽번을 실행하고, 아니면 ❾번으로 이동
                             한다.
        print('a : 홀수, b : 짝수')  ❽  a : 홀수, b : 짝수를 출력하고, if문을 빠져나간다.
    else:   ❾                ❼번의 조건식이 거짓일 경우 실행할 문장의 시작점이다.
        print('모두 홀수')  ❿    모두 홀수를 출력하고, if문을 빠져나간다.
                             결과  a : 홀수, b : 짝수
```

예제 4의 C언어 코드

```
int a = 21, b = 10;
if (a % 2 == 0)
    if (b % 2 == 0)
        printf("모두 짝수");
    else
        printf("a : 짝수, b : 홀수");
else
    if (b % 2 == 0)
        printf("a : 홀수, b : 짝수");
    else
        printf("모두 홀수");
```

② for문

25.5, 22.3, 21.8, 실기 25.7, 25.4, 24.10, 24.7, 24.4

- **형식1** : range를 이용하는 방식이다.

```
for 변수 in range(최종값):
    실행할 문장
```
0에서 '최종값'-1까지 연속된 숫자를 순서대로 변수에 저장하며 '실행할 문장'을 반복 수행한다.
반복 수행할 문장을 적는다.

예1
```
for i in range(10):
    sum += i
```
→
- i에 0에서 9까지 순서대로 저장하며 실행할 문장을 반복 수행한다.
- i의 값을 sum에 누적한다. sum에는 0부터 9까지의 합 45가 저장된다.

예2
```
for i in range(11, 20):
    sum += i
```
→
- i에 11에서 19까지 순서대로 저장하며 실행할 문장을 반복 수행한다.
- i의 값을 sum에 누적한다. sum에는 11부터 19까지의 합 135가 저장된다.

예3
```
for i in range(-10, 20, 2):
    sum += i
```
→
- i에 -10에서 19까지 2씩 증가하는 숫자를 순서대로 저장하며 실행할 문장을 반복 수행한다.
- i의 값을 sum에 누적한다. sum에는 -10, -8, -6, …, 16, 18의 합 60이 저장된다.

- **형식2** : 리스트(List)를 이용하는 방식이다.

```
for 변수 in 리스트
    실행할 문장
```
리스트의 0번째 요소에서 마지막 요소까지 순서대로 변수에 저장하며 실행할 문장을 반복 수행한다.
반복 수행할 문장을 적는다.

예제 다음은 리스트 a에 저장된 요소들의 합과 평균을 구하는 프로그램을 Python으로 구현한 것이다.

```
❶ a = [ 35, 55, 65, 84, 45 ]
❷ hap = 0
❸ for i in a:
❹     hap += i
❺ avg = hap / len(a)
❻ print(hap, avg)
```

 전문가의 조언

range나 리스트를 이용한 for문이 포함된 코드의 결과를 묻는 문제가 출제됩니다. 먼저 두 가지 for문 형식을 이해하고, 주어진 예제를 통해 for문의 반복 과정을 확실히 이해하고 넘어가세요.

 전문가의 조언

형식1은 range로 생성된 연속된 숫자를 차례대로 변수에 저장하면서 반복 수행하는 형태입니다. range의 다양한 사용법을 그대로 활용할 수 있습니다. range에 대한 자세한 설명은 Section 106을 참조하세요.

 전문가의 조언

예1 ~ 예3은 'sum = 0'과 같이 sum 변수를 먼저 초기화하고 실행해야 정상적인 결과가 산출됩니다.

 전문가의 조언

for문의 형식2는 리스트에 저장된 값의 개수만큼 반복됩니다.

> **코드 해설**

❶ 리스트 a를 선언하면서 초기값을 지정한다.

	a[0]	a[1]	a[2]	a[3]	a[4]
리스트 a	35	55	65	84	45

❷ 총점을 저장할 변수 hap을 0으로 초기화한다.
❸ for문의 시작이다. 리스트 a의 요소 수만큼 ❹번을 반복 수행한다.
❹ i의 값을 hap에 누적한다. i는 리스트 a의 각 요소의 값을 차례대로 받는다. 변수의 변화는 다음과 같다.

첫 번째 수행 : 리스트 a의 첫 번째 값이 i를 거쳐 hap에 누적된다.

hap	i	리스트 a				
35	35	35	55	65	84	45

두 번째 수행 : 리스트 a의 두 번째 값이 i를 거쳐 hap에 누적된다.

hap	i	리스트 a				
90	55	35	55	65	84	45

이런 방식으로 리스트 a의 요소 수만큼 반복한다.

❺ hap을 리스트 a의 요소 수로 나눈 후 결과를 avg에 저장한다.
– len(리스트) : 리스트의 요소 수를 구한다. len(a)는 5다.

❻ 결과 `284 56.8`

3 While문

• 형식

while 조건: 실행할 문장	• while은 예약어로, 그대로 입력한다. • 참이나 거짓을 결과로 갖는 수식을 조건에 입력한다. 참(1 또는 True)*을 직접 입력할 수도 있다. • 조건이 참인 동안 반복 수행할 문장을 적는다.

예제 다음은 1~5까지의 합을 구하는 프로그램을 Python으로 구현한 것이다.

```
i, hap = 0, 0      ❶
while i < 5:       ❷
    i += 1         ❸
    hap += i       ❹
print(hap)         ❺
```

❶ i와 hap을 0으로 초기화한다.
❷ i가 5보다 작은 동안 ❸, ❹번 문장을 반복하여 수행한다.
❸ i의 값을 1씩 증가시킨다.
❹ i의 값을 hap에 누적시킨다.

결과 `15`

전문가의 조언

break가 있는 while문이 포함된 코드의 결과를 묻는 문제가 출제되었습니다. 주어진 를 통해 while문의 반복 과정을 확실히 이해하고 넘어가세요.

전문가의 조언

Python에서도 반복문의 실행을 제어하는 break와 continue를 C, Java와 동일하게 사용할 수 있습니다. break와 continue에 대한 자세한 설명은 Section 102를 참조하세요.

 while문 무한 반복

while 1 또는 while True와 같이 무조건 참이 되도록 조건을 지정하면 while문은 무한 반복합니다.

반복문 실행에 따른 변수 i와 hap의 변화

i	hap
0	0
1	1
2	3
3	6
4	10
5	15

4 클래스

21.5, 실기 25.4

전문가의 조언

- 클래스는 객체 생성을 위한 속성과 메소드(함수)를 정의하는 설계도입니다. 클래스를 사용하려면 클래스 이름을 정하고 객체 생성을 위한 속성과 메소드(함수)를 정의한 후, 객체를 선언하면 됩니다. 이 때 선언된 객체는 클래스에서 정의한 속성과 메소드를 자유롭게 사용할 수 있습니다.
- 클래스로 구현된 코드의 결과를 묻는 문제가 출제되었습니다. 주어진 예제 를 통해 메소드를 정의하고 호출하는 과정을 확실히 이해하고 넘어가세요.

• 정의 형식

```
class 클래스명:
    실행할 문장
    def 메소드명(self, 인수):



        실행할 문장
    return 값
```

- class는 예약어로, 그대로 입력하고 클래스명은 사용자가 임의로 지정한다.
- def는 메소드를 정의하는 예약어로, 그대로 입력하고, 메소드명은 사용자가 임의로 지정한다.
- self는 메소드에서 자기 클래스에 속한 변수에 접근할 때 사용하는 명칭으로, 일반적으로 self를 사용하지만 사용자가 임의로 지정해도 된다.
- '인수'는 메소드를 호출하는 곳에서 보낸 값을 저장할 변수로, 사용자가 임의로 지정한다.
- return은 메소드를 호출한 위치로 값을 돌려주기 위해 사용하는 예약어로, 그대로 입력한다. return 값이 없는 경우에는 생략할 수 있다.
- '값'에는 변수, 객체, 계산식 등이 올 수 있다.

• 객체의 선언 형식

```
변수명 = 클래스명( )
```

변수명은 사용자가 임의로 지정하고, 사전에 정의한 클래스명과 괄호( )를 적는다.

예제 1 다음은 두 수를 교환하는 프로그램을 Python으로 구현한 것이다.

```
    class Cls:
        x, y = 10, 20
❹      def chg(self):
❺          temp = self.x
❻          self.x = self.y
❼          self.y = temp
❶   a = Cls( )
❷   print(a.x, a.y)
❸   a.chg( )
❽   print(a.x, a.y)
```

- Cls 클래스 정의부의 시작점이다. 여기서부터 ❼번까지가 클래스 정의부에 해당한다.
- Cls 클래스의 변수(속성) x와 y를 선언하고, 각각 10과 20으로 초기화한다.

코드 해설

❶ Cls 클래스의 객체 a를 생성한다. 객체 a는 Cls의 속성 x, y와 메소드 chg( )를 갖는다.
  - a : 사용자 정의 변수다. 사용자가 임의로 지정한다.
  - Cls( ) : 클래스의 이름이다. 괄호( )를 붙여 그대로 적는다.

	a.x	a.y
a	10	20

❷ a 객체의 속성 x와 y를 출력한다.
  - 객체와 속성은 .(마침표)로 연결한다.

결과 `10 20`

❸ a 객체의 메소드 chg를 호출한다. ❹번으로 이동한다.
- 객체와 메소드는 .(마침표)로 연결한 후 괄호( )를 붙여 적는다.

❹ a 객체의 메소드 chg의 시작점이다. 별도로 사용되는 인수가 없으므로 괄호( )에는 self만 적는다.

❺ a 객체의 속성 x의 값을 temp에 저장한다.
- self : 메소드 안에서 사용되는 self는 자신이 속한 클래스를 의미한다.
- self.x : a.x와 동일하다.

	ax	ay
temp 10	a	10	20

❻ a 객체의 속성 y의 값을 a 객체의 속성 x에 저장한다.

	ax	ay
temp 10	a	20	20

❼ temp의 값을 a 객체의 속성 y에 저장한다. 메소드 chg가 종료되었으므로 메소드를 호출한 다음 문장인 ❽번으로 제어를 옮긴다.

	ax	ay
temp 10	a	20	10

❽ a 객체의 속성 x와 y를 출력한다.

결과
```
10 20
20 10
```

예제 2 다음은 0부터 10까지 더하는 프로그램을 Python으로 구현한 것이다.

반복문 실행에 따른 변수 i와 hap의 변화

i	hap
0	0
1	1
2	3
3	6
.	.
.	.
8	36
9	45
10	55

```
class Cls:
    def rep(self, r):    ❸
        hap = 0    ❹
        for i in range(r + 1):    ❺
            hap += i    ❻
        return hap    ❼
a = Cls( )    ❶
b = a.rep(10)    ❷
print(b)    ❽
```

Cls 클래스의 시작점이다.
rep 메소드의 시작점이다. ❷번에서 a.rep(10)이라고 했으므로, r은 10을 받는다.
hap을 0으로 초기화한다.
i에 0부터 r까지의 숫자를 순서대로 저장하며 ❻번 문장을 반복 수행한다.
i의 값을 hap에 누적한다.
hap의 값을 반환한다. hap의 값 55를 ❷번의 b에 저장한 후 제어를 ❽번으로 옮긴다.
Cls 클래스의 객체 a를 생성한다.
10을 인수로 객체 a의 메소드 rep를 수행한 결과를 b에 저장한다. 메소드의 수행을 위해 ❸번으로 이동한다.

결과 55

25.5, 23.7, 23.2, 21.8, 실기 24.10, 24.7, 22.5

잠깐만요 클래스 없는 메소드의 사용

C언어의 사용자 정의 함수와 같이 클래스 없이 메소드만 단독으로 사용할 수 있습니다.

예제 다음 프로그램의 실행 결과를 확인하시오.

```
def calc(x, y):    ❸
    x *= 3         ❹
    y /= 3         ❺
    print(x, y)    ❻
    return x       ❼

a, b = 3, 12       ❶
a = calc(a, b)     ❷
print(a, b)        ❽
```

❸ 메소드 calc의 시작점이다. ❷번에서 calc(a, b)라고 했으므로 x는 a의 값 3을 받고, y는 b의 값 12를 받는다.
❹ x = x * 3이므로 x는 9가 된다.
❺ y = y / 3이므로 y는 4가 된다.
❻ 결과* **9 4.0**
❼ x의 값을 반환한다. x의 값 9를 ❷번의 a에 저장한 후 제어를 ❽번으로 옮긴다.
❶ 변수 a와 b에 3과 12를 저장한다.
❷ a, b 즉 3과 12를 인수로 하여 calc 메소드를 호출한 결과를 a에 저장한다. ❸번으로 이동한다.
❽ 결과 **9 4.0**
       9 12

> **전문가의 조언**
>
> 클래스 없이 메소드만 단독으로 사용된 코드의 결과를 묻는 문제가 출제되었습니다. 클래스 정의만 없을뿐 앞서 학습한 메소드를 정의하고 호출하는 과정은 크게 다르지 않습니다. 복습한다는 생각으로 주어진 **예제**를 읽어보세요.
>
> Python에서는 나눗셈을 할 때 자동으로 자료형이 float로 변환되기 때문에 y /= 3의 결과로 4가 아닌 4.0이 출력됩니다.

 기출문제 따라잡기

문제1 2414151

25년 8월, 23년 7월, 22년 4월

1. 다음 Python 프로그램의 실행 결과가 [실행결과]와 같을 때, 빈칸에 적합한 것은?

```
x = 20
if x == 10:
    print('10')
(    ) x == 20:
    print('20')
else:
    print('other')
```

[실행결과]

```
20
```

① either   ② elif   ③ else if   ④ else

> Python에서 if문에 조건을 추가할 때 사용하는 예약어는 elif입니다. 사용된 코드의 의미는 다음과 같습니다.
>
> ❶ x = 20
> ❷ if x == 10:
> ❸   print('10')
> ❹ elif x == 20:
> ❺   print('20')
> ❻ else:
> ❼   print('other')

❶ 변수 x에 20을 저장합니다.
❷ x가 10이면 ❸번으로 이동하고, 아니면 ❹번으로 이동합니다. x의 값은 10이 아니므로 ❹번으로 이동합니다.
❹ x가 20이면 ❺번으로 이동하고, 아니면 ❻번의 다음 줄인 ❼번으로 이동합니다. x의 값은 20이므로 ❺번으로 이동합니다.
❺ 화면에 20을 출력합니다.
결과 **20**

25년 5월, 22년 3월

2. 다음 Python 프로그램이 실행되었을 때, 실행 결과는?

```
a = ["대", "한", "민", "국"]
for i in a:
    print(i)
```

① 대한민국

② 대
  한
  민
  국

③ 대

④ 대대대대

▶ 정답: 1. ② 2. ②

2장 프로그래밍 언어 활용 **95**

기출문제 따라잡기

문제3 2414152

사용된 코드의 의미는 다음과 같습니다.

❶ a = ["대", "한", "민", "국"]
❷ for i in a:
❸   print(i)

❶ 4개의 요소를 갖는 리스트 a를 선언하고 초기화합니다.

	[0]	[1]	[2]	[3]
a	"대"	"한"	"민"	"국"

❷ 반복 변수 i에 a의 각 요소들을 순서대로 저장하며 ❸번 문장을 반복 수행합니다.
❸ i의 값을 출력하고 커서를 다음 줄의 처음으로 옮깁니다. 반복문 실행에 따른 변수의 변화는 다음과 같습니다.

반복 횟수	i	출력
1	"대"	대
2	"한"	대 한
3	"민"	대 한 민
4	"국"	대 한 민 국

사용된 코드의 의미는 다음과 같습니다.

ⓐ   class FourCal:
ⓑ❸   def setdata(sel, fir, sec):
❹   sel.fir = fir
❺   sel.sec = sec
ⓒ❼   def add(sel):
❽   result = sel.fir + sel.sec
❾   return result
❶ a = FourCal( )
❷ a.setdata(4, 2)
❻❿ print(a.add( ))

ⓐ 클래스 FourCal을 정의합니다.
ⓑ 2개의 인수를 받는 메소드 setdata( )를 정의합니다.
ⓒ 메소드 add( )를 정의합니다.
※ 모든 Python 프로그램은 반드시 클래스 정의부가 종료된 이후의 코드에서 시작합니다.
❶ FourCal 클래스의 객체변수 a를 선언합니다.
❷ 4와 2를 인수로 a 객체의 setdata 메소드를 호출합니다.
❸ setdata 메소드의 시작점입니다. ❷번에서 전달받은 4와 2를 fir와 sec가 받습니다.
- sel : 메소드에서 자기 클래스에 속한 변수에 접근할 때 사용하는 명칭으로, 일반적으로 self를 사용하지만 여기서의 sel과 같이 사용자가 임의로 지정해도 됩니다.

❹ a 객체에 변수 fir를 선언하고, fir의 값 4로 초기화합니다.
❺ a 객체에 변수 sec를 선언하고, sec의 값 2로 초기화합니다. 메소드가 종료되었으므로 메소드를 호출했던 ❷번의 다음 줄인 ❻번으로 이동합니다.
❻ a 객체의 add 메소드를 호출하고 반환받은 값을 출력합니다.
❼ add 메소드의 시작점입니다.
❽ result를 선언하고, a 객체의 변수 fir와 sec를 더한 값 6(4+2)으로 초기화합니다.
❾ result의 값 6을 메소드를 호출했던 곳으로 반환합니다.
❿ ❾번에서 반환받은 값 6을 출력합니다.

결과	6

21년 5월

3. 다음 파이썬(Python) 프로그램이 실행되었을 때의 결과는?

```
class FourCal:
    def setdata(sel, fir, sec):
        sel.fir = fir
        sel.sec = sec
    def add(sel):
        result = sel.fir + sel.sec
        return result
a = FourCal( )
a.setdata(4, 2)
print(a.add( ))
```

① 0   ② 2
③ 4   ④ 6

기출문제 따라잡기

문제5 2414153

25년 5월, 23년 2월
4. 다음 Python 프로그램이 실행되었을 때의 결과는?

```
def func(n):
    sum = 0
    for i in range(n+1):
        sum = sum + i
    return sum
r = func(11)
print(r)
```

① 45
② 55
③ 66
④ 78

사용된 코드의 의미는 다음과 같습니다.

❷ def func(n):
❸ 　sum = 0
❹ 　for i in range(n+1):
❺ 　　sum = sum + i
❻ 　return sum
❶❼ r = func(11)
❽ print(r)

func( ) 메소드를 정의하는 부분의 다음 줄부터 시작합니다.
❶ 11을 인수로 func( ) 메소드를 호출한 후 돌려받은 값을 r에 저장합니다.
❷ func( ) 메소드의 시작점입니다. ❶번에서 전달받은 11을 n이 받습니다.
❸ sum을 선언하고 0으로 초기화합니다.
❹ 반복 변수 i가 0부터 1씩 증가하면서 n+1보다 작은 동안 ❺번을 반복 수행합니다.
❺ sum에 i의 값을 누적시킵니다.
반복문 실행에 따른 변수들의 변화는 다음과 같습니다.

i	sum
	0
0	0
1	1
2	3
3	6
4	10
5	15
6	21
7	28
8	36
9	45
10	55
11	66

❻ sum의 값 66을 메소드를 호출했던 ❼번으로 반환합니다.
❼ r에 ❻번에서 돌려받은 66을 저장합니다.
❽ r의 값 66을 출력합니다.
　결과　66

21년 3월
5. 다음은 파이썬으로 만들어진 반복문 코드이다. 이 코드의 결과는?

```
>> while(True) :
    print('A')
    print('B')
    print('C')
    continue
    print('D')
```

① A, B, C 출력이 반복된다.
② A, B, C
③ A, B, C, D 출력이 반복된다.
④ A, B, C, D 까지만 출력된다.

while(True)는 조건이 항상 참이므로 블록 내의 코드들을 무한 반복시키며, continue는 이후 코드를 수행하지 않고 반복문의 처음으로 돌아가는 예약어입니다. 따라서 화면에는 D를 제외한 A, B, C 출력이 반복됩니다.

▶ 정답 : 3. ④   4. ③   5. ①

SECTION 108 스크립트 언어

1 스크립트 언어(Script Language)의 개요

스크립트 언어는 HTML 문서 안에 직접 프로그래밍 언어를 삽입하여 사용하는 것으로, 기계어로 컴파일 되지 않고 별도의 번역기가 소스를 분석하여 동작하게 하는 언어이다.

- 게시판 입력, 상품 검색, 회원 가입 등과 같은 데이터베이스 처리 작업을 수행하기 위해 주로 사용한다.
- 스크립트 언어는 클라이언트의 웹 브라우저에서 해석되어 실행되는 클라이언트용 스크립트 언어와 서버에서 해석되어 실행된 후 결과만 클라이언트로 보내는 서버용 스크립트 언어가 있다.
  - 서버용 스크립트 언어 : ASP, JSP, PHP, 파이썬
  - 클라이언트용 스크립트 언어 : 자바 스크립트(JAVA Script), VB 스크립트(Visual Basic Script)

전문가의 조언

스크립트 언어의 개념을 파악하고, 종류는 서버용과 클라이언트용으로 구분하여 기억하세요. 그리고 각 스크립트 언어들의 개별적인 특징은 서로 구분할 수 있을 정도로만 정리해 두세요.

2 스크립트 언어의 장·단점

- 컴파일 없이 바로 실행하므로 결과를 바로 확인할 수 있다.
- 배우고 코딩하기 쉽다.
- 개발 시간이 짧다.
- 소스 코드를 쉽고 빠르게 수정할 수 있다.
- 코드를 읽고 해석해야 하므로 실행 속도가 느리다.
- 런타임 오류가 많이 발생한다.

3 스크립트 언어의 종류

25.2, 21.8, 21.5, 20.8, 20.6

21.5 자바스크립트 (JAVA Script)	• 웹 페이지의 동작을 제어하는 데 사용되는 클라이언트용 스크립트 언어이다. • 클래스 기반의 객체 상속을 지원하여 객체지향 프로그래밍 언어의 성격도 갖고 있다. • Prototype Link*와 Prototype Object*를 통해 프로토타입 개념을 활용할 수 있다.
VB 스크립트(Visual Basic Script)	마이크로소프트 사에서 자바 스크립트에 대응하기 위해 제작한 언어로, Active X*를 사용하여 마이크로소프트 사의 애플리케이션들을 컨트롤할 수 있다.
ASP(Active Server Page)	• 서버 측에서 동적으로 수행되는 페이지를 만들기 위한 언어로 마이크로소프트 사에서 제작하였다. • Windows 계열에서만 수행 가능한 프로그래밍 언어이다.

전문가의 조언

스크립트 언어의 종류와 개별적인 특징을 묻는 문제가 출제되었습니다. 자바스크립트, 파이썬, 쉘 스크립트를 중심으로 스크립트 언어의 종류와 각각의 특징을 정리해 두세요.

Prototype Link와 Prototype Object
자바스크립트에서 프로토타입을 구현하기 위해 사용하는 개념으로, 객체가 생성될 때 생성된 객체의 원형을 프로토타입 객체(Object)라고 하고, 생성된 객체와 원형을 연결하는 링크를 프로토타입 링크(Link)라고 합니다.

Active X
마이크로소프트 사에서 Windows 환경의 응용 프로그램을 웹과 연결하기 위해 개발한 프로그램 기술로서, Active X를 이용하면 동적(Dynamic)인 콘텐츠와 응용 프로그램 제작이 편리합니다.

JSP(Java Server Page)	JAVA로 만들어진 서버용 스크립트로, 다양한 운영체제에서 사용이 가능하다.	
21.8, 20.6 PHP(Professional Hypertext Preprocessor)	• 서버용 스크립트 언어로, Linux, Unix, Windows 운영체제에서 사용 가능하다. • C, Java 등과 문법이 유사하므로 배우기 쉬워 웹 페이지 제작에 많이 사용된다.	
25.2, 21.8, 20.6 파이썬(Python)	• 귀도 반 로섬(Guido van Rossum)이 발표한 대화형 인터프리터 언어* 이다. • 객체지향 기능을 지원하고 플랫폼에 독립적이며 문법이 간단하여 배우기 쉽다.	**인터프리터 언어** 인터프리터 언어는 원시 프로그램을 줄 단위로 번역하여 바로 실행해 주는 언어로, 목적 프로그램을 생성하지 않고 즉시 실행 결과를 출력합니다.

21.8, 20.8
쉘 스크립트
	• 유닉스/리눅스 계열의 쉘(Shell)*에서 사용되는 명령어들의 조합으로 구성된 스크립트 언어이다.
	• 컴파일 단계가 없어 실행 속도가 빠르다.
	• 저장 시 확장자로 '.sh'가 붙는다.
	• **쉘의 종류** : Bash Shell, Bourne Shell, C Shell, Korn Shell 등
	• 쉘 스크립트에서 사용되는 제어문
	  – 선택형 : if, case
	  – 반복형 : for, while, until
		쉘(Shell)
		사용자의 명령어를 인식하여 프로그램을 호출하고 명령을 수행하는 명령어 해석기입니다. 쉘에 대한 자세한 내용은 Section 113을 참조하세요.

20.6 Basic	절차지향 기능을 지원하는 대화형 인터프리터 언어로, 초보자도 쉽게 사용할 수 있는 문법 구조를 갖는다.	

기출문제 따라잡기

문제4 2414454

20년 6월
1. 스크립트 언어가 아닌 것은?
① PHP　　　　② Cobol
③ Basic　　　　④ Python

Cobol은 사무 처리용 언어입니다.

25년 2월, 21년 8월
2. 귀도 반 로섬(Guido van Rossum)이 발표한 언어로, 인터프리터 방식이자 객체지향적이며, 배우기 쉽고 이식성이 좋은 것이 특징인 스크립트 언어는?
① C++　　　　② JAVA
③ C#　　　　　④ Python

문제에 제시된 내용은 Python의 특징입니다.

20년 8월
3. 다음 중 bash 쉘 스크립트에서 사용할 수 있는 제어문이 아닌 것은?
① if　　　　　② for
③ repeat_do　④ while

repeat_do는 bash 쉘 스크립트에서 사용할 수 있는 제어문이 아닙니다.

21년 5월
4. 자바스크립트(JavaScript)와 관련한 설명으로 틀린 것은?
① 프로토타입(Prototype)의 개념이 존재한다.
② 클래스 기반으로 객체 상속을 지원하지 않는다.
③ Prototype Link와 Prototype Object를 활용할 수 있다.
④ 객체지향 언어이다.

자바스크립트는 객체 상속은 물론 클래스 기반으로 작성하는 것도 가능합니다.

▶ 정답 : 1. ②　2. ④　3. ③　4. ②

SECTION 109

라이브러리

전문가의 조언
라이브러리의 개념과 특징을 묻는 문제가 출제되었습니다. 먼저 라이브러리의 개념을 기억하고, 표준 라이브러리와 외부 라이브러리의 차이점을 중심으로 라이브러의 특징을 정리하세요.

1 라이브러리의 개념   21.3

라이브러리는 프로그램을 효율적으로 개발할 수 있도록 자주 사용하는 함수나 데이터들을 미리 만들어 모아 놓은 집합체이다.

- 자주 사용하는 함수들의 반복적인 코드 작성을 피하기 위해 미리 만들어 놓은 것으로, 필요할 때는 언제든지 호출하여 사용할 수 있다.
- 프로그래밍 언어에 따라 일반적으로 도움말, 설치 파일, 샘플 코드 등을 제공한다.
- 라이브러리는 모듈과 패키지 모두를 의미한다.
  - 모듈 : 하나의 기능이 한 개의 파일로 구현된 형태
  - 패키지 : 하나의 패키지 폴더 안에 여러 개의 모듈을 모아 놓은 형태
- 라이브러리에는 표준 라이브러리와 외부 라이브러리가 있다.
- **표준 라이브러리** : 프로그래밍 언어에 기본적으로 포함되어 있는 라이브러리로, 여러 종류의 모듈이나 패키지 형태이다.
- **외부 라이브러리** : 개발자들이 필요한 기능들을 만들어 인터넷 등에 공유해 놓은 것으로, 외부 라이브러리를 다운받아 설치한 후 사용한다.

전문가의 조언
헤더 파일들의 기능을 묻는 문제가 출제되었습니다. 서로의 기능을 구분할 수 있도록 정리해 두세요.

2 C언어의 대표적인 표준 라이브러리   25.8, 25.5, 25.2, 24.5, 23.5, 23.2, 22.7, 21.5, 21.3, 실기 25.7, 25.4

C언어는 라이브러리를 헤더 파일로 제공하는데, 각 헤더 파일에는 응용 프로그램 개발에 필요한 함수들이 정리되어 있다.

- C언어에서 헤더 파일을 사용하려면 '#include <stdio.h>'와 같이 include문을 이용해 선언한 후 사용해야 한다.

헤더 파일	기능
23.5, 23.2 stdio.h	• 데이터의 입·출력에 사용되는 기능들을 제공한다. • 주요 함수 : printf, scanf, fprintf, fscanf, fclose, fopen 등
23.2 math.h	• 수학 함수들을 제공한다. • 주요 함수 : sqrt, pow, abs 등
25.2, 23.2 string.h	• 문자열 처리에 사용되는 기능들을 제공한다. • 주요 함수 : strlen, strcpy, strcmp, strrev 등
25.5, 24.5, 22.7, 21.5, 21.3 stdlib.h	• 자료형 변환, 난수 발생, 메모리 할당에 사용되는 기능들을 제공한다. • 주요 함수 : atoi, atof, srand, rand, malloc*, free* 등
23.2 time.h	• 시간 처리에 사용되는 기능들을 제공한다. • 주요 함수 : time, clock 등

25.8, 24.5, 22.7, 실기 25.7, 25.4
malloc( ) 함수
바이트 단위로 메모리 공간을 동적으로 할당하며, 메모리 할당이 불가능할 경우 NULL이 반환됩니다.

24.5, 22.7, 실기 25.7, 25.4
free( ) 함수
malloc( ) 함수에 의해 동적으로 할당된 메모리를 해제합니다.

❸ JAVA의 대표적인 표준 라이브러리

JAVA는 라이브러리를 패키지에 포함하여 제공하는데, 각 패키지에는 JAVA 응용 프로그램 개발에 필요한 메소드*들이 클래스로 정리되어 있다.

- JAVA에서 패키지를 사용하려면 'import java.util'과 같이 import문을 이용해 선언한 후 사용해야 한다.
- import로 선언된 패키지 안에 있는 클래스의 메소드를 사용할 때는 클래스와 메소드를 마침표(.)로 구분하여 'Math.abs( )'와 같이 사용한다.

메소드(Method)
JAVA에서는 특정 기능을 수행하는 함수를 메소드라고 합니다.

패키지	기능
java.lang	• 자바에 기본적으로 필요한 인터페이스, 자료형, 예외 처리 등에 관련된 기능을 제공한다. • import문 없이도 사용할 수 있다. • 주요 클래스 : String, System, Process, Runtime, Math, Error 등
java.util	• 날짜 처리, 난수 발생, 복잡한 문자열 처리 등에 관련된 기능을 제공한다. • 주요 클래스 : Date, Calender, Random, StringTokenizer 등
java.io	• 파일 입·출력과 관련된 기능 및 프로토콜을 제공한다. • 주요 클래스 : InputStream, OutputStream, Reader, Writer 등
java.net	• 네트워크와 관련된 기능을 제공한다. • 주요 클래스 : Socket, URL, InetAddress 등
java.awt	• 사용자 인터페이스(UI)와 관련된 기능을 제공한다. • 주요 클래스 : Frame, Panel, Dialog, Button, Checkbox 등

 기출문제 따라잡기

21년 3월
1. 라이브러리의 개념과 구성에 대한 설명 중 틀린 것은?
① 라이브러리란 필요할 때 찾아서 쓸 수 있도록 모듈화되어 제공되는 프로그램을 말한다.
② 프로그래밍 언어에 따라 일반적으로 도움말, 설치 파일, 샘플 코드 등을 제공한다.
③ 외부 라이브러리는 프로그래밍 언어가 기본적으로 가지고 있는 라이브러리를 의미하며, 표준 라이브러리는 별도의 파일 설치를 필요로 하는 라이브러리를 의미한다.
④ 라이브러리는 모듈과 패키지를 총칭하며, 모듈이 개별 파일이라면 패키지는 파일들을 모아 놓은 폴더라고 볼 수 있다.

프로그래밍 언어가 기본적으로 가지고 있는 라이브러리는 표준 라이브러리이고 별도의 파일 설치를 필요로 하는 라이브러리는 외부 라이브러리입니다.

25년 5월, 22년 7월, 21년 5월
2. C언어 라이브러리 중 stdlib.h에 대한 설명으로 옳은 것은?
① 문자열을 수치 데이터로 바꾸는 문자 변환함수와 수치를 문자열로 바꿔주는 변환함수 등이 있다.
② 문자열 처리 함수로 strlen( )이 포함되어 있다.
③ 표준 입출력 라이브러리이다.
④ 삼각 함수, 제곱근, 지수 등 수학적인 함수를 내장하고 있다.

자료형 변환은 stdlib.h, 문자열 처리는 string.h, 표준 입출력은 stdio.h, 수학 함수는 match.h 헤더 파일을 사용합니다.

▶ 정답 : 1. ③ 2. ①

기출문제 따라잡기

문제8 5410958

21년 3월

3. C언어에서 문자열을 정수형으로 변환하는 라이브러리 함수는?

① atoi( ) ② atof( )
③ itoa( ) ④ ceil( )

atof( )는 아스키(Ascii) 문자를 실수(Float)로, itoa( )는 정수(Integer)를 아스키(Ascii) 문자로, ceil( )은 실수가 정수형으로 올림 처리하는 함수입니다.

23년 5월

4. 다음 중 C언어에서 입·출력 함수를 사용하기 위해 헤더 파일을 호출하는 코드로 올바른 것은?

① #include 〈stdio.h〉 ② #import 〈stdio.h〉
③ #include 〈io.h〉   ④ #import 〈io.h〉

C언어에서 헤더 파일을 호출할 때 사용하는 예약어는 **#include**이고, 입·출력에 사용되는 기능을 제공하는 헤더 파일은 **stdio.h**입니다.

23년 2월

5. C언어의 헤더 파일에 대한 설명으로 틀린 것은?

① stdio.h : 입·출력에 대한 기능들을 제공한다.
② math.h : 여러 수학 함수들을 제공한다.
③ string.h : 자료형 변환, 메모리 할당에 대한 기능들을 제공한다.
④ time.h : 시간 처리에 관한 기능들을 제공한다.

string.h는 문자열 처리에 사용되는 기능들을 제공합니다. 자료형 변환, 메모리 할당에 대한 기능들을 제공하는 헤더 파일은 stdlib.h입니다.

23년 5월

6. 다음은 JAVA의 implement 패키지에서 execution 패키지의 Sample 클래스를 호출하는 코드를 구현한 것이다. 괄호(㉠~㉡)에 들어갈 알맞은 코드는?

(㉠) implement;

(㉡) execution.Sample;

public class Test {
    public static void main(String[ ] args) {
        ⋮

① package, import   ② import, packge
③ include, insert   ④ import, insert

• JAVA의 처음에는 자신이 속한 패키지를 알리는 패키지명을 **package [패키지명]** 형식으로 입력합니다.
• 외부 라이브러리를 호출할 때는 **import**를 사용하며, 선언된 패키지 안에 있는 클래스의 메소드를 사용할 때는 클래스와 메소드를 마침표(.)로 구분하여 'import execution.Sample;'과 같이 사용합니다.

25년 8월, 24년 5월, 22년 7월

7. C언어에서 malloc( ) 함수에 대한 설명으로 틀린 것은?

① 원하는 시점에 원하는 만큼 메모리를 동적으로 할당한다.
② 사용자가 입력한 bit만큼 메모리를 할당한다.
③ free 명령어로 할당된 메모리를 해제한다.
④ 메모리 할당이 불가능할 경우 NULL이 반환된다.

malloc( ) 함수는 입력한 Byte만큼 메모리를 할당하는 함수입니다.

25년 2월

8. C언어에서 문자열 처리 함수의 서식과 그 기능의 연결로 틀린 것은?

① strlen(s) − s의 길이를 구한다.
② strcpy(s1, s2) − s2를 s1으로 복사한다.
③ strcmp(s1, s2) − s1과 s2를 연결한다.
④ strrev(s) − s를 거꾸로 변환한다.

str**len**은 문자열의 길이(**len**gth)를 구하는, str**cpy**는 문자열을 복사(**copy**)하는, str**cmp**는 문자열을 비교(**comp**are)하는, str**rev**는 문자열을 거꾸로 변환(**rev**erse)하는 함수입니다.

▶ 정답 : 3. ① 4. ① 5. ③ 6. ① 7. ② 8. ③

SECTION 110 예외 처리

1 예외 처리의 개요

프로그램의 정상적인 실행을 방해하는 조건이나 상태를 예외(Exception)라고 하며, 이러한 예외가 발생했을 때 프로그래머가 해당 문제에 대비해 작성해 놓은 처리 루틴을 수행하도록 하는 것을 예외 처리(Exception Handling)라고 한다.

- 예외가 발생했을 때 일반적인 처리 루틴은 프로그램을 종료시키거나 로그를 남기도록 하는 것이다.
- C++, Ada, JAVA, 자바스크립트와 같은 언어에는 예외 처리 기능이 내장되어 있으며, 그 외의 언어에서는 필요한 경우 조건문을 이용해 예외 처리 루틴을 작성한다.
- 예외의 원인에는 컴퓨터 하드웨어 문제, 운영체제의 설정 실수, 라이브러리 손상, 사용자의 입력 실수, 받아들일 수 없는 연산, 할당하지 못하는 기억장치 접근 등 다양하다.

전문가의 조언

예외 처리의 개념, 그리고 JAVA에서의 예외 처리 방법과 JAVA의 주요 예외 처리 객체들의 개별적인 예외 발생 원인을 파악해 두세요.

2 JAVA의 예외 처리

JAVA는 잘못된 동작이나 결과에 영향을 줄 수 있는 예외를 객체로 취급하며, 예외와 관련된 클래스를 java.lang 패키지에서 제공한다.

- JAVA에서는 try ~ catch 문을 이용해 예외를 처리한다.
- try 블록 코드를 수행하다 예외가 발생하면 예외를 처리하는 catch 블록으로 이동하여 예외 처리 코드를 수행하므로 예외가 발생한 이후의 코드는 실행되지 않는다.
- catch 블록에서 선언한 변수는 해당 catch 블록에서만 유효하다.
- try ~ catch 문 안에 또 다른 try ~ catch 문을 포함할 수 있다.
- try ~ catch 문 안에서는 실행 코드가 한 줄이라도 중괄호({ })를 생략할 수 없다.

전문가의 조언

JAVA의 예외 처리가 포함된 코드의 결과를 묻는 문제가 출제되었습니다. try 블록 코드를 수행하다 예외가 발생하면 예외를 처리하는 catch 블록으로 이동하여 예외 처리 코드를 수행하므로 예외가 발생한 이후의 코드는 실행되지 않는다는 것을 꼭 기억해 두세요.

기본 형식

```
try {
    예외가 발생할 가능성이 있는 코드;
}
catch ( 예외객체1 매개변수 ) {
    예외객체1에 해당하는 예외 발생 시 처리 코드;
}
catch ( 예외객체2 매개변수 ) {
    예외객체2에 해당하는 예외 발생 시 처리 코드;
}
catch ( 예외객체n 매개변수) {
    예외객체n에 해당하는 예외 발생 시 처리 코드;
}
```

전문가의 조언

일반적으로 예외가 발생한 경우에는 'try문 → 해당 예외 catch문 → finally문' 순으로 진행되며, 예외가 발생하지 않은 경우에는 'try문 → finally문' 순으로 진행됩니다. finally문은 예외 발생과 관계없이 무조건 수행되는 블록으로 생략이 가능합니다.

전문가의 조언

JAVA에서 취급되는 예외를 묻는 문제가 출제되었습니다. 문법 오류는 JAVA에서의 예외 처리 대상이 아니라는 것을 중심으로, JAVA에서 취급되는 주요 예외 객체별 발생 원인을 정리하고 넘어가세요.

```
catch (Exception 매개변수) {
    예외객체1~n에 해당하지 않는 예외 발생 시 처리 코드;
}
finally {
    예외의 발생 여부와 관계없이 무조건 처리되는 코드;
}
```

3 JAVA의 주요 예외 객체

23.2, 22.3, 실기 25.4, 24.10

예외 객체	발생 원인
ClassNotFoundException	클래스를 찾지 못한 경우
NoSuchMethodException	메소드를 찾지 못한 경우
FileNotFoundException	파일을 찾지 못한 경우
InterruptedIOException	입·출력 처리가 중단된 경우
ArithmeticException	0으로 나누는 등의 산술 연산에 대한 예외가 발생한 경우
IllegalArgumentException	잘못된 인자를 전달한 경우
NumberFormatException	숫자 형식으로 변환할 수 없는 문자열을 숫자 형식으로 변환한 경우
ArrayIndexOutOfBoundsException	배열의 범위를 벗어난 접근을 시도한 경우
NegativeArraySizeException	0보다 작은 값으로 배열의 크기를 지정한 경우
NullPointerException	존재하지 않는 객체를 참조한 경우

기출문제 따라잡기

25년 2월

1. 다음 중 JAVA에서 예외 처리를 위한 기본 형식에 사용되는 예약어가 아닌 것은?

① try
② finally
③ catch
④ continue

> continue는 반복문의 실행을 제어하기 위해 사용되는 예약어로, continue 이후의 문장을 실행하지 않고 제어를 반복문의 처음으로 옮깁니다.

24년 2월, 23년 7월

2. 다음 JAVA 프로그램의 결과로 옳은 것은?

```java
public class Test {
    public static void main(String[ ] args) {
        try {
            int a = 32, b = 0;
            double c = a / b;
            System.out.print('A');
        }
        catch (ArithmeticException e) {
            System.out.print('B');
        }
        catch (NumberFormatException e) {
            System.out.print('C');
        }
    }
}
```

기출문제 따라잡기

```
        catch (Exception e) {
            System.out.print('D');
        }
    }
}
```

① A ② B
③ C ④ D

사용된 코드의 의미는 다음과 같습니다.

```
public class Test {
    public static void main(String[ ] args) {
❶       try {
❷           int a = 32, b = 0;
❸           double c = a / b;
            System.out.print('A');
        }
❹       catch (ArithmeticException e) {
❺           System.out.print('B');
        }
        catch (NumberFormatException e) {
            System.out.print('C');
        }
        catch (Exception e) {
            System.out.print('D');
        } ❻
    }
}
```

❶ 예외 구문의 시작입니다.
❷ 정수형 변수 a와 b를 선언하고, 각각 32와 0으로 초기화합니다.
❸ • 실수형 변수 c를 선언하고 32/0의 결과값으로 초기화합니다.
  • 어떤 수를 0으로 나누는 연산은 수학적 오류를 유발하므로, 해당 오류를 처리하는 ArithmeticException의 catch문으로 이동합니다.
  ※ ArithmeticException : 0으로 나누는 등의 산술 연산에 대한 예외가 발생한 경우 사용하는 예외 객체
❹ ArithmeticException에 해당하는 예외를 다루는 catch문의 시작입니다.
❺ 화면에 B를 출력합니다. try문이 종료되었으므로 ❻번으로 이동하여 프로그램을 종료합니다.

결과 B

25년 8월, 23년 2월
3. 다음은 DivideByZero에 대한 예외처리 구문을 JAVA 프로그램으로 구현한 것이다. 프로그램이 실행되었을 때의 결과는?

```
public class Test {
    static void div(int a, int b) {
        try {
            System.out.print(a / b + " ");
        } catch(ArithmeticException e1) {
            System.out.print("DivideByZero ");
        } finally {
            System.out.print("Done");
        }
    }
    public static void main(String[ ] args) {
        div(5,5);
    }
}
```

① 1 ② 1 DivideByZero
③ DivideByZero Done ④ 1 Done

사용된 코드의 의미는 다음과 같습니다.

```
public class Test {
❷   static void div(int a, int b) {
❸       try {
❹           System.out.print(a / b + " ");
        } catch(ArithmeticException e1) {
            System.out.print("DivideByZero ");
❺       } finally {
❻           System.out.print("Done");
        }
    }
    public static void main(String[ ] args) {
❶       div(5,5);
    } ❼
}
```

모든 Java 프로그램은 반드시 main( ) 메소드에서 시작합니다.
❶ 두 개의 5를 인수로 div( ) 메소드를 호출합니다.
❷ 값을 반환하지 않는 div( ) 메소드의 시작점입니다. ❶번에서 전달받은 두 개의 5는 각각 a와 b가 받습니다.
❸ 예외 구문의 시작입니다.
❹ a를 b로 나눈 값 1(5/5)과 공백 한 칸을 출력합니다.

결과 1

try문이 종료되었으므로 ❺번으로 이동합니다.
❺ try문이 모두 종료되면 실행되는 finally문의 시작입니다.
❻ **Done**을 출력합니다.

결과 1 Done

div( ) 메소드가 종료되었으므로 메소드를 호출했던 ❶번의 다음 줄인 ❼번으로 이동하여 프로그램을 종료합니다.

▶ 정답 : 1. ④ 2. ② 3. ④

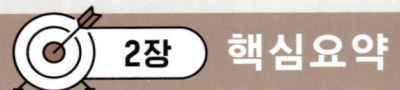

2장 핵심요약

097 데이터 타입

❶ C/JAVA의 자료형 25.5, 25.2, 23.5, 23.2, 20.8

종류	C	JAVA
문자	char(1Byte)	char(2Byte)
정수	int(4Byte)	int(4Byte)
	long(4Byte)	long(8Byte)
논리	bool(1Byte)	boolean(1Byte)

❷ Python의 시퀀스 자료형의 종류 24.7, 23.7, 22.4

- 리스트(List) : 다양한 자료형의 값을 연속적으로 저장하며, 필요에 따라 개수를 늘리거나 줄일 수 있음
- 튜플(Tuple) : 리스트처럼 요소를 연속적으로 저장하지만, 요소의 추가, 삭제, 변경은 불가능함
- range : 연속된 숫자를 생성하는 것으로, 리스트, 반복문 등에서 많이 사용됨

098 변수

❶ 변수명 작성 규칙 25.8, 25.2, 24.7, 24.2, 23.7, 23.5, 21.8, 21.3, 20.8, 20.6

- 영문자, 숫자, _(under bar)를 사용할 수 있다.
- 첫 글자는 영문자나 _(under bar)로 시작해야 하며, 숫자는 올 수 없다.
- 글자 수에 제한이 없다.
- 공백이나 *, +, -, / 등의 특수문자를 사용할 수 없다.
- 대·소문자를 구분한다.
- 예약어를 변수명으로 사용할 수 없다.
- 변수 선언 시 문장 끝에 반드시 세미콜론(;)을 붙여야 한다.

099 연산자

❶ 산술 연산자 25.8, 25.5, 25.2, 24.7, 24.2, 23.2, 21.5, 21.3, 20.9

연산자	의미	비고
%	나머지	정수만 연산할 수 있으며, 실수를 사용하면 오류가 발생함
++	증가	• 전치 : 변수 앞에 증감 연산자가 오는 형태로 먼저 변수의 값을 증감시킨 후 변수를 연산에 사용함(++a, --a).
--	감소	• 후치 : 변수 뒤에 증감 연산자가 오는 형태로 먼저 변수를 연산에 사용한 후 변수의 값을 증감시킴(a++, a--).

❷ 관계 연산자 25.2

- == : 같다
- != : 같지 않다
- \> : 크다
- \>= : 크거나 같다
- < : 작다
- <= : 작거나 같다

❸ 비트 연산자 24.2, 23.7, 23.5, 21.5, 20.6

- & (and) : 모든 비트가 1일 때만 1
- ^ (xor) : 모든 비트가 같으면 0, 하나라도 다르면 1
- | (or) : 모든 비트 중 한 비트라도 1이면 1
- ~ (not) : 각 비트의 부정, 0이면 1, 1이면 0
- << (왼쪽 시프트) : 비트를 왼쪽으로 이동, 2^n을 곱한 것과 같음
- \>> (오른쪽 시프트) : 비트를 오른쪽으로 이동, 2^n으로 나눈 것과 같음

❹ 논리 연산자 25.8, 23.7, 23.5, 22.7, 22.4, 22.3

- ! (not) : 부정
- && (and) : 모두 참이면 참
- || (or) : 하나라도 참이면 참

❺ 조건 연산자 25.5, 22.4, 20.8

조건 연산자는 조건에 따라 서로 다른 수식을 수행한다.

예 mx = a < b ? b : a;

　a가 b보다 작으면 mx에 b를 저장하고 그렇지 않으면 mx에 a를 저장한다.

⑤ 연산자 우선순위 25.2, 24.7, 22.3, 21.8, 21.5

대분류	중분류	연산자	결합규칙	우선 순위
단항 연산자	단항 연산자	! ~ ++ -- sizeof	←	높음 ↑
이항 연산자	산술 연산자	* / %	→	
		+ -		
	시프트 연산자	<< >>		
	관계 연산자	< <= >= >		
		== !=		
	비트 연산자	& ^ |		
	논리 연산자	&& ||		
삼항 연산자	조건 연산자	? :	→	
대입 연산자	대입 연산자	= += -= *= /= %= <<= >>= 등	←	
순서 연산자	순서 연산자	,	→	↓ 낮음

문제1 다음 연산식의 결과를 적으시오(단 정수형 변수 a=2, b=3, c=4, d=6로 선언되었다고 가정한다.).

번호	연산식
①	a * b + c >= d && d / a - b != 0
②	d % b + ++a * c-- || c - --a >= 10

답
① :
② :

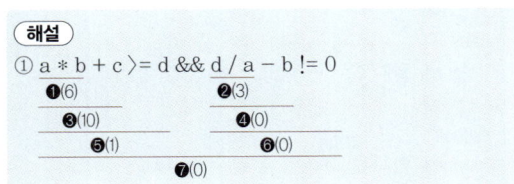

② d % b + ++a * c-- || c - --a >= 10

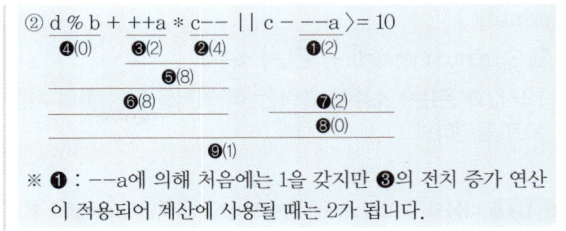

※ ❶ : --a에 의해 처음에는 1을 갖지만 ❸의 전치 증가 연산이 적용되어 계산에 사용될 때는 2가 됩니다.

100 데이터 입·출력

❶ 주요 서식 문자열 25.5, 22.7, 22.4, 22.3, 21.8, 21.5, 20.8
- %d : 정수형 10진수를 입·출력하기 위해 지정함
- %s : 문자열을 입·출력하기 위해 지정함
- %c : 문자를 입·출력하기 위해 지정함

❷ scanf( ) 함수 23.2
C언어의 표준 입력 함수로, 키보드로 입력받아 변수에 저장하는 함수이다.

예 scanf("%3d", &a);
　　10진수 정수 3자리를 입력받아 변수 a에 저장한다.

❸ printf( ) 함수 22.7, 22.4, 22.3, 21.8, 21.5, 20.8
C언어의 표준 출력 함수로, 인수로 주어진 값을 화면에 출력하는 함수이다.

예 printf("%d, %c", a, b);
　　a의 값을 정수로 출력하고 쉼표(,)와 공백 한 칸을 띄운 후, b의 값을 문자로 출력한다.

❹ JAVA의 출력 함수 24.5, 21.3, 20.9
- printf( )
　예 System.out.printf("%d", r);
　　r의 값을 10진수 정수로 출력한다.
- print( )
　예 System.out.print(r + s);
　　r과 s를 더한 값을 출력한다.

정답 1. ① 0 ② 1

2장 핵심요약

- println( )
  - 예 System.out.println(r + "은(는) 소수");
  - r의 값과 은(는) 소수를 출력한 후, 커서를 다음 줄의 처음으로 옮긴다.

> **문제1** 다음과 같이 scanf( ) 함수로 값을 입력받아 printf( ) 함수로 출력할 경우 결과를 쓰시오. (∨는 빈칸을 의미함)
>
> 〈입력 데이터〉
> 84241958
>
> 〈코드〉
> ```
> scanf("%2d \n \t %3d", &i, &j);
> printf("i=%d j=%d\n", i, j);
> ```
>
> 답:

해설
- scanf("%2d \n \t %3d", &i, &j);
  - i에는 입력한 데이터 중 앞의 2자리까지만 저장되고 j에는 i에 저장된 2자리 다음 3자리까지만 저장됩니다.
  - 입력에서 제어문자 '\n \t'는 무시됩니다.
- printf("i=%d j=%d\n", i, j);
  - **i=**을 그대로 출력하고 서식 문자열 '%d'에 대응하는 i의 값 **84**를 출력한 다음 서식 문자열의 공백만큼 한 칸을 띕니다. 이어서 **j=**을 출력하고 서식 문자열 '%d'에 대응하는 j의 값 **241**을 출력합니다.
  - '\n'으로 인해 커서는 다음 줄로 이동합니다.

101 제어문

❶ 단순 if문 22.3, 21.5

- 조건이 한 개일 때 사용하는 제어문이다.
- 조건이 참일 때만 실행하는 경우

  예
  ```
  if (a > b)
      printf("Gilbut");
  ```
  a가 b보다 크면 **Gilbut**을 출력하고, 아니면 if문을 벗어난다.

- 조건이 참일 때와 거짓일 때 실행할 문장이 다른 경우

  예
  ```
  if (a > b)
      printf("참");
  else
      printf("거짓");
  ```
  a가 b보다 크면 **참**을 출력하고, 아니면 **거짓**을 출력한다.

❷ 다중 if문 24.5, 22.4, 22.3, 21.5, 20.8

조건이 여러 개일 때 사용하는 제어문이다.

예
```
if (score >= 90)
    printf("우수");
else if (score < 40)
    printf("불량");
else
    printf("일반");
```

- score의 값이 90 이상이면 **우수**를 출력한다.
- score의 값이 40 미만이면 **불량**을 출력한다.
- score의 값이 90 이상도, 40 미만도 아니면 **일반**을 출력한다.

❸ switch문 25.8, 22.7

- 조건에 따라 분기할 곳이 여러 곳인 경우 간단하게 처리할 수 있는 제어문이다.
- break문이 생략되면 수식과 레이블이 일치할 때 실행할 문장부터 break문 또는 switch문이 종료될 때까지 모든 문장이 실행된다.

예
```
switch(a) {
case 1:
    printf("바나나");
    break;
case 2:
    printf("딸기");
    break;
default:
    printf("없음");
}
```

- a가 1이면 **바나나**를 출력하고 switch문을 탈출한다.
- a가 2면 **딸기**를 출력하고 switch문을 탈출한다.
- a가 1이나 2가 아니면 **없음**을 출력하고 switch문을 탈출한다.

문제2 다음 C 프로그램이 실행되었을 때의 출력 결과를 쓰시오.

```c
#include <stdio.h>
main( ) {
  int c = 1;
  switch (3) {
    case 1: c += 3;
    case 2: c++;
    case 3: c = 0;
    case 4: c += 3;
    case 5: c -= 10;
    default: c--;
  }
  printf("%d", c);
}
```

답 :

해설

```c
#include <stdio.h>
main( ) {
❶ int c = 1;
❷ switch (3) {
    case 1: c += 3;
    case 2: c++;
❸   case 3: c = 0;
❹   case 4: c += 3;
❺   case 5: c -= 10;
❻   default: c--;
  }
❼ printf("%d", c);
}
```

모든 case문에 break문이 생략되었으므로, switch문의 인수와 일치하는 'case 3' 문장부터 switch문이 종료될 때까지 모든 문장이 실행됩니다.
❶ 정수형 변수 c를 선언하고 1로 초기화합니다. → c = 1
❷ 3에 해당하는 숫자를 찾아갑니다. 'case 3' 문장으로 이동합니다.

❸ c의 값을 0으로 치환합니다. → c = 0
❹ 'c = c + 3'과 동일합니다. c의 값에 3을 더합니다. → c = 3
❺ 'c = c - 10'과 동일합니다. c의 값에서 10을 뺍니다.
→ c = -7
❻ 'c = c - 1'과 동일합니다. c의 값에서 1을 뺍니다.
→ c = -8
❼ c의 값을 정수형으로 출력합니다.
결과 -8

102 반복문

❶ for문 24.7, 24.2, 23.2, 22.7, 22.4, 22.3, 21.5, 20.8

- 초기값, 최종값, 증가값을 지정하는 수식을 이용해 정해진 횟수를 반복하는 제어문이다.
- 초기값, 최종값, 증가값을 모두 생략하면 실행할 문장이 무한 반복된다.

예
```
for (i = 1; i <= 10 ; i++)
    sum = sum + i;
```

반복 변수 `i`가 1부터 1씩 증가하면서 10보다 작거나 같은 동안 sum에 `i`의 값을 누적시킨다.

❷ while문 23.7, 23.2, 22.3, 21.8, 21.5, 21.3, 20.9

- 조건이 참인 동안 실행할 문장을 반복 수행하는 제어문이다.
- while문은 조건이 처음부터 거짓이면 한 번도 수행하지 않는다.

예
```
while (i <= 10)
    i = i + 1;
```

`i`가 10보다 작거나 같은 동안 `i`의 값을 1씩 누적시킨다.

2장 핵심요약

❸ do~while문 24.2, 23.7, 23.2, 21.5

- 조건이 참인 동안 정해진 문장을 반복 수행하다가 조건이 거짓이면 반복문을 벗어난다.
- 실행할 문장을 무조건 한 번 실행한 다음 조건을 판단하여 탈출 여부를 결정한다.

예
```
do
   i = i + 1;
while (i <= 10);
```

i가 10보다 작거나 같은 동안 i의 값을 1씩 누적시킨다.

❹ break, continue 24.2, 23.5, 22.7, 22.3

- switch문이나 반복문의 실행을 제어하기 위해 사용되는 예약어이다.
- break : switch문이나 반복문 안에서 break가 나오면 블록을 벗어난다.
- continue
  - continue 이후의 문장을 실행하지 않고 제어를 반복문의 처음으로 옮긴다.
  - 반복문에서만 사용된다.

문제 1 다음 JAVA 프로그램이 실행되었을 때의 출력 결과를 쓰시오.

```
public class Test{
   public static void main(String[] args){
      int a = 0, sum = 0;
      while (a < 10) {
         a++;
         if (a % 2 == 1)
            continue;
         sum += a;
      }
      System.out.println(sum);
   }
}
```

답 :

해설

```
public class Test{
   public static void main(String[ ] args){
❶    int a = 0, sum = 0;
❷    while (a < 10) {
❸       a++;
❹       if (a % 2 == 1)
❺          continue;
❻       sum += a;
      }
❼    System.out.println(sum);
   }
}
```

❶ 정수형 변수 a와 sum을 선언하고 각각 0으로 초기화합니다.
❷ a가 10보다 작은 동안 ❸~❻번을 반복 수행합니다.
❸ 'a = a + 1;'과 동일합니다. a의 값에 1을 누적시킵니다.
❹ a%2 즉 a를 2로 나눈 나머지가 1이면 ❺번을 수행하고, 아니면 ❻번으로 이동합니다.
❺ while문의 시작점인 ❷번으로 제어를 이동시킵니다.
❻ 'sum = sum + a;'와 동일합니다. sum에 a의 값을 누적시킵니다.
반복문 실행에 따른 변수들의 변화는 다음과 같습니다.

a	sum
0	0
1	
2	2
3	
4	6
5	
6	12
7	
8	20
9	
10	30

❼ sum의 값을 출력한 후 커서가 다음 줄의 처음으로 이동됩니다.
결과 30

103 배열과 문자열

❶ 1차원 배열
변수들을 일직선상의 개념으로 조합한 배열이다.
- 예) char a[3] = {'A', 'B', 'C'};
  3개의 요소를 갖는 문자형 배열 a를 선언한다.

배열 a	A	B	C
	a[0]	a[1]	a[2]

❷ 2차원 배열
변수들을 평면, 즉 행과 열로 조합한 배열이다.
- 예) int b[2][3] = {{11, 22, 33}, {44, 55, 66}};
  2개의 행과 3개의 열을 갖는 정수형 배열 b를 선언한다.

	a[0][0]	a[0][1]	a[0][2]
배열 b	11	22	33
	44	55	66
	a[1][0]	a[1][1]	a[1][2]

❸ 배열 형태의 문자열 변수
- C언어에서는 큰따옴표(" ")로 묶인 글자는 글자 수에 관계없이 문자열로 처리된다.
- 배열에 문자열을 저장하면 문자열의 끝을 알리기 위한 널 문자('\0')가 문자열 끝에 자동으로 삽입된다.
- 예) char a[5] = "love";
  5개의 요소를 갖는 문자형 배열 a를 선언하고, "love"로 초기화한다.

배열 a	l	o	v	e	\0
	a[0]	a[1]	a[2]	a[3]	a[4]

[문제 2] 다음 C 프로그램이 실행되었을 때의 출력 결과를 쓰시오.

```c
#include <stdio.h>
main()
{
  int a[2][4] = { {10, 30, 50, 70}, {20, 40, 60, 80} };
  printf("%d", a[1][3]);
}
```

답:

해설

```c
#include <stdio.h>
main()
{
❶ int a[2][4] = { {10, 30, 50, 70}, {20, 40, 60, 80} };
❷ printf("%d", a[1][3]);
}
```

❶ 2행 4열의 정수형 배열 a를 선언한 후 값을 할당합니다.

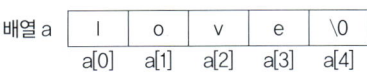

	a[0][0]	a[0][1]	a[0][2]	a[0][3]
배열 a	10	30	50	70
	20	40	60	80
	a[1][0]	a[1][1]	a[1][2]	a[1][3]

❷ a[1][3]의 값 80을 출력합니다.

결과 80

104 포인터

❶ 포인터와 포인터 변수
- 포인터 변수를 선언할 때는 자료의 형을 먼저 쓰고 변수명 앞에 간접 연산자 *를 붙인다(예) int *a;).
- 포인터 변수에 주소를 저장하기 위해 변수의 주소를 알아낼 때는 변수 앞에 번지 연산자 &를 붙인다(예) a = &b;).
- 실행문에서 포인터 변수에 간접 연산자 *를 붙이면 해당 포인터 변수가 가리키는 곳의 값을 말한다(예) c = *a;).

예제 다음 C언어로 구현된 프로그램의 출력 결과를 확인하시오.

```c
main()
{
    int a = 50; ❶
    int *b; ❷
    b = &a; ❸
    *b = *b+20; ❹
    printf("%d, %d", a, *b); ❺
}
```

정답 1. 30 2. 80

2장 핵심요약

❶ 정수형 변수 a를 선언하고 50으로 초기화한다.
❷ 정수형 변수가 저장된 곳의 주소를 기억할 포인터 변수 b를 선언한다.
❸ 정수형 변수 a의 주소를 포인터 변수 b에 기억시킨다. b에는 a의 주소가 저장된다.
❹ b가 가리키는 곳의 값에 20을 더한다. b가 가리키는 곳이 a이므로 결국 a의 값도 바뀌는 것이다.
❺ 결과 70, 70

❷ 포인터와 배열 25.5, 25.2, 22.3, 21.5

- 배열을 포인터 변수에 저장한 후 포인터를 이용해 배열의 요소에 접근할 수 있다.
- 배열 위치를 나타내는 첨자를 생략하고 배열의 대표명만 지정하면 배열의 첫 번째 요소의 주소를 지정하는 것과 같다.
- 배열 요소에 대한 주소를 지정할 때는 일반 변수와 동일하게 & 연산자를 사용한다.

예
❶ int a[5], *b;
❷ b = a;
❸ b = &a[0];

❶ 5개의 요소를 갖는 정수형 배열 a와 정수형 포인터 변수 b를 선언한다.
❷ 배열의 대표명을 적었으므로 a 배열의 시작 주소인 a[0]의 주소를 b에 저장한다.
❸ a 배열의 첫 번째 요소인 a[0]의 주소(&)를 b에 저장한다.

배열 a	a[0] 첫 번째	a[1] 두 번째	a[2] 세 번째	a[3] 네 번째	a[4] 다섯 번째	← 배열 표기 방법
	*(a+0)	*(a+1)	*(a+2)	*(a+3)	*(a+4)	← 포인터 표기 방법

문제 1 다음 C 프로그램이 실행되었을 때의 출력 결과를 쓰시오.

```c
#include <stdio.h>
int main( ) {
  int a[4] = { 0, 2, 4, 8 };
  int b[3];
  int* p;
  int sum = 0;
  for (int i = 1; i < 4; i++) {
    p = a + i;
    b[i - 1] = *p - a[i - 1];
    sum = sum + b[i - 1] + a[i];
  }
  printf("%d", sum);
}
```

답 :

해설

```c
#include <stdio.h>
int main( ) {
❶   int a[4] = { 0, 2, 4, 8 };
❷   int b[3];
❸   int* p;
❹   int sum = 0;
❺   for (int i = 1; i < 4; i++) {
❻     p = a + i;
❼     b[i - 1] = *p - a[i - 1];
❽     sum = sum + b[i - 1] + a[i];
   }
❾   printf("%d", sum);
}
```

❶ 4개의 요소를 갖는 정수형 배열 a를 선언하고 초기화합니다.

	[0]	[1]	[2]	[3]
a	0	2	4	8

❷ 3개의 요소를 갖는 정수형 배열 b를 선언합니다.

	[0]	[1]	[2]
b			

❸ 정수형 포인터 변수 p를 선언합니다.
❹ 정수형 변수 sum을 선언하고 0으로 초기화합니다.
❺ 반복 변수 i가 1부터 1씩 증가하면서 4보다 작은 동안 ❻~❽번을 반복 수행합니다.

첫 번째 반복(i = 1)

❻ p에 a+1의 주소인 1004를 저장합니다. p에 a 배열의 두 번째 요소인 a[1]의 주소를 저장합니다.

❼ b[0]에 p가 가리키는 곳의 값 2에서 a[0]의 값 0을 뺀 2를 저장합니다.

❽ sum에 b[0]의 값 2와 a[1]의 값 2를 더한 값 4를 누적합니다.

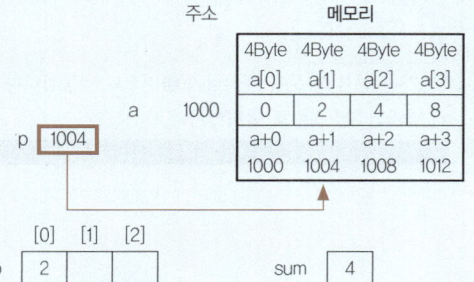

두 번째 반복(i = 2)

• p에 a+2의 주소인 1008을 저장합니다.

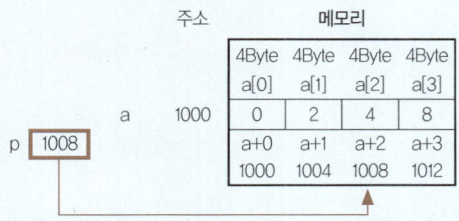

• b[1]에 p가 가리키는 곳의 값 4에서 a[1]의 값 2를 뺀 값인 2를 저장합니다.

• sum에 b[1]의 값 2와 a[2]의 값 4를 더한 값 6을 누적합니다.

세 번째 반복(i = 3)

• p에 a+3의 주소인 1012를 저장합니다.

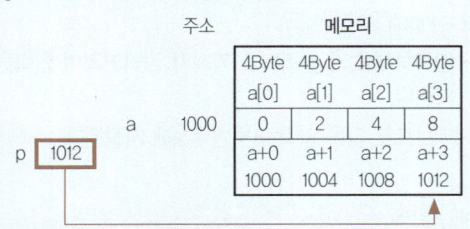

• b[2]에 p가 가리키는 곳의 값 8에서 a[2]의 값 4를 뺀 값인 4를 저장합니다.

• sum에 b[2]의 값 4와 a[3]의 값 8을 더한 값 12를 누적합니다.

```
       [0] [1] [2]
   b   2   2   4          sum   22
```

• i가 4가 되면서 for문을 빠져나가 ❾번으로 이동합니다.

❾ sum의 값 22를 정수로 출력합니다.

결과 `22`

---

105 구조체

❶ 구조체의 정의 24.5, 20.9

• 배열이 자료의 형과 크기가 동일한 변수의 모임이라면 구조체는 자료의 종류가 다른 변수의 모임이라고 할 수 있다.

• 구조체를 정의한다는 것은 int나 char 같은 자료형을 하나 만드는 것을 의미한다.

• 구조체는 'structure(구조)'의 약어인 'struct'를 사용하여 정의한다.

예

```
struct sawon {
    char name[10];
    char jikwi[10];
    int pay;
};
```

• **struct** : 구조체를 정의하는 예약어이다. 그대로 적으면 된다.

• **sawon** : 구조체의 이름으로 사용자가 임의로 정한다. 이렇게 정의하면 sawon이라는 자료형이 하나 생긴 것이다.

• **멤버** : 일반 변수를 선언하는 것과 동일하게 필요한 필드들을 임의로 선언하면 된다(name[10], jikwi[10], pay).

정답 1. 22

2장 핵심요약

문제1 다음 C 프로그램이 실행되었을 때의 출력 결과를 쓰시오.

```c
#include <stdio.h>
struct A {
  int n;
  int g;
};
main( ) {
  struct A st[2];
  for (int i = 0; i < 2; i++) {
    st[i].n = i;
    st[i].g = i + 1;
  }
  printf("%d", st[0].n + st[1].g);
}
```

답 :

[해설]

```
#include <stdio.h>
struct A {           구조체 A를 정의합니다.
  int n;             A의 멤버로 정수형 변수 n을 선언합니다.
  int g;             A의 멤버로 정수형 변수 g를 선언합니다.
};
main( ) {
❶   struct A st[2];
❷   for (int i = 0; i < 2; i++) {
❸     st[i].n = i;
❹     st[i].g = i + 1;
    }
❺   printf("%d", st[0].n + st[1].g);
}
```

모든 C 프로그램은 반드시 main( ) 함수에서 시작합니다.

❶ A 구조체 형태로 배열 st를 선언합니다.

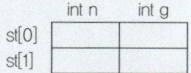

❷ 반복 변수 i가 0부터 1씩 증가하면서 2보다 작은 동안 ❸, ❹번을 반복 수행합니다.
❸ st[i].n에 i의 값을 저장합니다.
❹ st[i].g에 i+1의 값을 저장합니다.

반복문 실행에 따른 변수들의 변화는 다음과 같습니다.

• 1회전 (i = 0)

	int n	int g
st[0]	0	1
st[1]		

• 2회전 (i = 1)

	int n	int g
st[0]	0	1
st[1]	1	2

• i가 2가 되면서 for문을 빠져나가 ❺번으로 이동합니다.

❺ 0+2의 결과인 2를 정수로 출력합니다.

결과 2

---

106 Python의 기초

❶ input( ) 함수 22.7, 20.8

• Python의 표준 입력 함수로, 키보드로 입력받아 변수에 저장하는 함수이다.
• 입력되는 값은 문자열로 취급되어 저장된다.

    예 a = input('입력하세요.')
    – **입력하세요.**가 출력되고 커서가 깜빡거리며 입력을 기다린다.
    – 키보드로 값을 입력하면 변수 a에 저장된다.

❷ print( ) 함수 22.7, 22.4, 22.3, 21.8, 21.5, 21.3, 20.8

인수로 주어진 값을 화면에 출력하는 함수이다.

  예 print(82, 24, sep = '–', end = ',')
    82와 24 사이에 분리문자 '–'가 출력되고, 마지막에 종료문자 ','가 출력된다.

    결과 82–24,

❸ 입력 값의 형변환 25.2, 24.7, 24.5, 24.2, 22.7
- input( ) 함수는 입력되는 값을 무조건 문자열로 저장하므로 숫자로 사용하기 위해서는 형을 변환해야 한다.
- 변환할 데이터가 1개일 때
  예) a = int(input( ))
      input( )으로 입력받은 값을 정수로 변환하여 변수 a에 저장한다.
- 변환할 데이터가 2개 이상일 때
  예) a, b = map(int, input( ).split( ))
      input( ).split( )로 입력받은 2개의 값을 정수로 변환하여 변수 a, b에 저장한다.

❹ 리스트(List) 24.5, 23.5, 22.3
- 리스트는 필요에 따라 개수를 늘이거나 줄일 수 있기 때문에 리스트를 선언할 때 크기를 적지 않는다.
- 배열과 달리 하나의 리스트에 정수, 실수, 문자열 등 다양한 자료형을 섞어서 저장할 수 있다.
- 리스트의 위치는 0부터 시작한다.

예1) 방법1 : a = [10, 'mike', 23.45]
    방법2 : a = list([10, 'mike', 23.45])

결과	리스트 a	a[0]	a[1]	a[2]
		10	mike	23.45

예2) a[0] = 1 → a[0]에 1을 저장한다.

결과	리스트 a	a[0]	a[1]	a[2]
		1	mike	23.45

❺ 딕셔너리(Dictionary) 23.5, 22.3
- 연관된 값을 묶어서 저장하는 용도로 딕셔너리를 사용한다.
- 리스트가 저장된 요소에 접근하기 위한 키로 위치값인 0, 1, 2 등의 숫자를 사용했다면, 딕셔너리에서는 사용자가 원하는 키를 직접 지정한 후 사용한다.
- 딕셔너리에 접근할 때는 딕셔너리 뒤에 대괄호([ ])를 사용하며, 대괄호([ ]) 안에 키를 지정한다.

예1) 방법1 : a = {'이름':'홍길동', '나이':25, '주소':'서울'}
    방법2 : a = dict({'이름':'홍길동', '나이':25, '주소':'서울'})

결과	리스트 a	a['이름']	a['나이']	a['주소']
		'홍길동'	25	'서울'

예2) a['이름'] = '이순신' → 딕셔너리 a의 '이름' 위치에 '이순신'을 저장한다.

결과	리스트 a	a['이름']	a['나이']	a['주소']
		'이순신'	25	'서울'

❻ 슬라이스(Slice) 24.2, 20.9, 20.8
문자열이나 리스트와 같은 순차형 객체에서 일부를 잘라(slicing) 반환하는 기능이다.

예) a = ['a', 'b', 'c', 'd', 'e']일 때
  a[1:3] → ['b', 'c']
  a[0:5:2] → ['a', 'c', 'e']
  a[3:] → ['d', 'e']
  a[:3] → ['a', 'b', 'c']
  a[::3] → ['a', 'd']

문제2 다음 Python 프로그램이 실행되었을 때의 출력 결과를 쓰시오.

```
a = "REMEMBER NOVEMBER"
b = a[0:3] + a[12:16]
c = "R AND %s" % "STR"
print(b + c)
```

답 :

해설
❶ a = "REMEMBER NOVEMBER"
❷ b = a[0:3] + a[12:16]
❸ c = "R AND %s" % "STR"
❹ print(b + c)

❶ 변수 a를 선언하고 "REMEMBER NOVEMBER"로 초기화합니다.

정답 1. 2 2. REMEMBER AND STR

2장 핵심요약

❷ a에 저장된 문자열의 0부터 2번째 위치까지의 문자열과 12부터 15번째 위치까지의 문자열을 합쳐 b에 저장합니다.

[0]	[1]	[2]	[3]	[4]	[5]	[6]	[7]	[8]	[9]	[10]	[11]	[12]	[13]	[14]	[15]	[16]
R	E	M	E	M	B	E	R		N	O	V	E	M	B	E	R

a

b = REMEMBE

❸ c에 "R AND STR"을 저장합니다. %s는 서식 문자열로, % 뒤쪽의 "STR"이 대응됩니다.
- "R AND %s" % "STR"

❹ b와 c에 저장된 문자열을 합쳐 출력합니다.

결과: REMEMBER AND STR

107 Python의 활용

❶ if문 25.8, 23.7, 22.4

예)
```
if (a == b)
    print("참");
else
    print("거짓");
```

a와 b가 같으면 **참**을 출력하고, 아니면 **거짓**을 출력한다.

❷ for문 25.5, 22.3, 21.8

• range를 이용하는 방식

예)
```
for i in range(1, 11):
    sum = sum + i
```

i에 1부터 10까지 순서대로 저장하며 sum에 i의 값을 누적시키는 실행문을 반복 수행한다.

• 리스트(List)를 이용하는 방식

예)
```
a = [1, 2, 3, 4, 5, 6, 7, 8, 9, 10]
for i in a:
    sum = sum + i
```

리스트 a에 저장된 10개의 요소들을 i에 순서대로 저장하며 sum에 i의 값을 누적시키는 실행문을 반복 수행한다.

❸ while문 21.3

예)
```
while i <= 10:
    i = i + 1
```

i가 10보다 작거나 같은 동안 i의 값을 1씩 누적시킨다.

❹ 클래스 없는 메소드의 사용 25.5, 23.7, 23.2, 21.8

C언어의 사용자 정의 함수와 같이 클래스 없이 메소드만 단독으로 사용할 수 있다.

예제 다음 Python으로 구현된 프로그램의 출력 결과를 확인하시오.

```
❸ def calc(x, y):
❹     x *= y
❺     return x
❶ a, b = 3, 4
❷ a = calc(a, b)
❻ print(a, b)
```

❶ 변수 a와 b에 3과 4를 저장한다.

❷ a, b 즉 3과 4를 인수로 하여 calc 메소드를 호출한 결과를 a에 저장한다.

❸ calc( ) 메소드의 시작점이다. ❷번에서 전달받은 3과 4를 x와 y가 받는다.

❹ x = x * y이므로 x는 12가 된다.

❺ x의 값을 반환한다. x의 값 12를 ❷번의 a에 저장한다.

결과: 12, 4

문제1 다음 Python 프로그램이 실행되었을 때의 출력 결과를 쓰시오.

```
class CharClass:
    a = ['Seoul', 'Kyeongi', 'Inchon', 'Daejeon', 'Daegu',
        'Pusan'];
myVar = CharClass()
str01 = ''
for i in myVar.a:
    str01 = str01 + i[0]
print(str01)
```

답 :

해설

```
class CharClass:              클래스 CharClass를 정의합니다.
    a = ['Seoul', 'Kyeongi', 'Inchon', 'Daejeon',
        'Daegu', 'Pusan'];
                              클래스의 속성 a에 6개의 요소를 리스트로 저장합니다.
❶ myVar = CharClass()
❷ str01 = ''
❸ for i in myVar.a:
❹     str01 = str01 + i[0]
❺ print(str01)
```

❶ CharClass의 객체 변수 myVar를 선언합니다.

	myVar.a[0]	myVar.a[1]	myVar.a[2]	myVar.a[3]	myVar.a[4]	myVar.a[5]
myVar.a	'Seoul'	'Kyeongi'	'Inchon'	'Daejeon'	'Daegu'	'Pusan'

❷ 변수 str01을 선언하고, 작은 따옴표 두 개를 이어붙인 빈 문자열을 저장합니다.

※ Python은 자료형을 별도로 선언하지 않으므로, 이와 같은 방식으로 해당 변수가 어떤 형식으로 사용될 것인지 지정할 수 있습니다. 여기서는 ❹번의 연산에서 + 기호로 문자 더하기 연산을 수행하기 위해 지정하였습니다.

❸ 객체 변수 myVar의 리스트 a의 요소 수만큼 ❹번 문장을 반복 수행합니다. 리스트 a는 6개의 요소를 가지므로 각 요소를 i에 할당하면서 다음 문장을 6회 수행합니다.

❹ str01과 i에 저장된 문자열의 첫 번째 글자(i[0])를 더하여 str01에 저장합니다. 즉 str01에 저장된 문자 뒤에 i에 저장된 문자열의 첫 번째 글자가 덧붙여집니다.

• 1회 : i에 myVar.a[0]이 저장되고 i의 0번째 글자 S가 str01에 저장됩니다.

• 2회 : i에 myVar.a[1]이 저장되고 i의 0번째 글자 K가 str01에 더해집니다.

• 3회 : i에 myVar.a[2]가 저장되고 i의 0번째 글자 I가 str01에 더해집니다.

• 4회 : i에 myVar.a[3]이 저장되고 i의 0번째 글자 D가 str01에 더해집니다.

• 5회 : i에 myVar.a[4]가 저장되고 i의 0번째 글자 D가 str01에 더해집니다.

• 6회 : i에 myVar.a[5]가 저장되고 i의 0번째 글자 P가 str01에 더해집니다.

결과 **SKIDDP**

108 스크립트 언어

❶ 자바스크립트 21.5

- 웹 페이지의 동작을 제어하는 데 사용되는 클라이언트용 스크립트 언어이다.
- 클래스 기반의 객체 상속을 지원한다.
- 프로토타입 개념을 활용할 수 있다.

❷ PHP 21.8, 20.6

- 서버용 스크립트 언어로, Linux, Unix, Windows 운영체제에서 사용 가능하다.
- C, Java 등과 문법이 유사하므로 배우기 쉬워 웹 페이지 제작에 많이 사용된다.

정답 1. SKIDDP

2장 핵심요약

❸ 파이썬 ^{25.2, 21.8, 20.6}
- 귀도 반 로섬(Guido van Rossum)이 발표한 대화형 인터프리터 언어이다.
- 객체지향 기능을 지원하고 플랫폼에 독립적이며 문법이 간단하여 배우기 쉽다.

❹ 쉘 스크립트 ^{21.8, 20.8}
- 유닉스/리눅스 계열의 쉘(Shell)에서 사용되는 명령어들의 조합으로 구성된 스크립트 언어이다.
- 컴파일 단계가 없어 실행 속도가 빠르다.
- 저장 시 확장자로 '.sh'가 붙는다.
- 쉘의 종류 : Bash Shell, Bourne Shell, C Shell, Korn Shell 등
- 쉘 스크립트에서 사용되는 제어문
  - 선택형 : if, case
  - 반복형 : for, while, until

❺ Basic ^{20.6}
절차지향 기능을 지원하는 대화형 인터프리터 언어로, 초보자도 쉽게 사용할 수 있는 문법 구조를 갖는다.

❷ C언어의 stdio.h ^{23.5, 23.2}
- 데이터의 입·출력에 사용되는 기능들을 제공한다.
- 주요 함수 : printf, scanf, fprintf, fscanf, fclose, fopen 등

❸ C언어의 math.h ^{23.2}
- 수학 함수들을 제공한다.
- 주요 함수 : sqrt, pow, abs 등

❹ C언어의 string.h ^{25.2, 23.2}
- 문자열 처리에 사용되는 기능들을 제공한다.
- 주요 함수 : strlen, strcpy, strcmp, strrev 등

❺ C언어의 stdlib.h ^{25.5, 24.5, 22.7, 21.5, 21.3}
- 자료형 변환, 난수 발생, 메모리 할당에 사용되는 기능들을 제공한다.
- 주요 함수 : atoi, atof, srand, rand, malloc, free 등

❻ C언어의 time.h ^{23.2}
- 시간 처리에 사용되는 기능들을 제공한다.
- 주요 함수 : time, clock 등

109 라이브러리

❶ 라이브러리의 개념 ^{21.3}
- 프로그램을 효율적으로 개발할 수 있도록 자주 사용하는 함수나 데이터들을 미리 만들어 모아 놓은 집합체이다.
- 표준 라이브러리 : 프로그래밍 언어에 기본적으로 포함되어 있는 라이브러리로, 여러 종류의 모듈이나 패키지로 구성됨
- 외부 라이브러리 : 개발자들이 필요한 기능들을 만들어 인터넷 등에 공유해 놓은 것으로, 외부 라이브러리를 다운받아 설치한 후 사용함

110 예외 처리

❶ JAVA의 예외 처리 ^{25.8, 25.2, 24.2, 23.7, 23.2}
- JAVA에서는 try ~ catch 문을 이용해 예외를 처리한다.
- try 블록 코드를 수행하다 예외가 발생하면 예외를 처리하는 catch 블록으로 이동하여 예외 처리 코드를 수행하므로 예외가 발생한 이후의 코드는 실행되지 않는다.
- catch 블록에서 선언한 변수는 해당 catch 블록에서만 유효하다.
- try ~ catch 문 안에 또 다른 try ~ catch 문을 포함할 수 있다.
- try ~ catch 문 안에서는 실행 코드가 한 줄이라도 중괄호({ })를 생략할 수 없다.

3장 응용 SW 기초 기술 활용

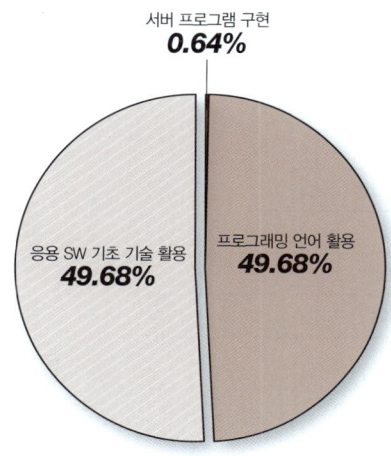

서버 프로그램 구현 **0.64%**
응용 SW 기초 기술 활용 **49.68%**
프로그래밍 언어 활용 **49.68%**

111 운영체제의 개념 ⓒ등급
112 Windows ⓒ등급
113 UNIX / LINUX / MacOS ⓒ등급
114 기억장치 관리의 개요 Ⓑ등급
115 가상기억장치 구현 기법 / 페이지 교체 알고리즘 Ⓐ등급
116 가상기억장치 기타 관리 사항 Ⓑ등급
117 프로세스의 개요 Ⓑ등급
118 스케줄링 ⓒ등급
119 주요 스케줄링 알고리즘 Ⓑ등급
120 환경 변수 ⓒ등급
121 운영체제 기본 명령어 Ⓑ등급
122 인터넷 Ⓐ등급
123 OSI 참조 모델 Ⓐ등급
124 네트워크 관련 장비 Ⓑ등급
125 TCP/IP Ⓐ등급

꼭 알아야 할 키워드 Best 10

1. UNIX 2. 배치 전략 3. 페이지 교체 알고리즘 4. 프로세스 5. 스레드 6. HRN 7. UNIX 명령어 8. IPv6 9. OSI 참조 모델 10. TCP/IP

SECTION 111

운영체제의 개념

 전문가의 조언

운영체제에 대한 기본적인 내용들입니다. 기초를 튼튼히 한다는 마음가짐으로 확실하게 숙지하고 넘어가세요.

자원
자원은 시스템에서 사용할 수 있는 CPU, 주기억장치, 보조기억장치, 프린터, 파일 및 정보 등을 의미합니다.

1 운영체제(OS; Operating System)의 정의

운영체제는 컴퓨터 시스템의 자원*들을 효율적으로 관리하며, 사용자가 컴퓨터를 편리하고 효과적으로 사용할 수 있도록 환경을 제공하는 여러 프로그램의 모임이다.

- 컴퓨터 사용자와 컴퓨터 하드웨어 간의 인터페이스로서 동작하는 시스템 소프트웨어의 일종으로, 다른 응용 프로그램이 유용한 작업을 할 수 있도록 환경을 제공해준다.

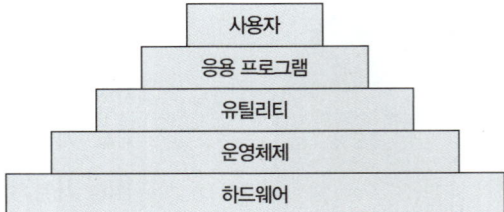

2 운영체제의 목적

운영체제의 목적에는 처리 능력 향상, 사용 가능도 향상, 신뢰도 향상, 반환 시간 단축 등이 있다.

- 처리 능력, 반환 시간, 사용 가능도, 신뢰도는 운영체제의 성능을 평가하는 기준이 된다.

처리 능력(Throughput)	일정 시간 내에 시스템이 처리하는 일의 양
반환 시간(Turn Around Time)	시스템에 작업을 의뢰한 시간부터 처리가 완료될 때까지 걸린 시간
사용 가능도(Availability)	시스템을 사용할 필요가 있을 때 즉시 사용 가능한 정도
신뢰도(Reliability)	시스템이 주어진 문제를 정확하게 해결하는 정도

③ 운영체제의 구성 ^{21.3}

제어 프로그램

제어 프로그램(Control Program)은 컴퓨터 전체의 작동 상태 감시, 작업의 순서 지정, 작업에 사용되는 데이터 관리 등의 역할을 수행하는 것으로 다음과 같이 구분할 수 있다.

감시 프로그램 (Supervisor Program)	제어 프로그램 중 가장 핵심적인 역할을 하는 것으로, 자원의 할당 및 시스템 전체의 작동 상태를 감시하는 프로그램
작업 관리 프로그램 (Job Management Program)	작업이 정상적으로 처리될 수 있도록 작업의 순서와 방법을 관리하는 프로그램
데이터 관리 프로그램 (Data Management Program)	작업에 사용되는 데이터와 파일의 표준적인 처리 및 전송을 관리하는 프로그램

처리 프로그램

처리 프로그램(Processing Program)은 제어 프로그램의 지시를 받아 사용자가 요구한 문제를 해결하기 위한 프로그램으로, 다음과 같이 구분할 수 있다.

언어 번역 프로그램	사용자가 고급언어로 작성한 원시 프로그램을 기계어 형태의 목적 프로그램으로 변환시키는 것으로, 컴파일러, 어셈블러, 인터프리터 등이 있음
서비스 프로그램	• 사용자가 컴퓨터를 더욱 효율적으로 사용할 수 있도록 제작된 프로그램 • 분류/병합(Sort/Merge)*, 유틸리티* 프로그램 등이 여기에 해당됨

> **전문가의 조언**
>
> 제어 프로그램의 종류를 묻는 문제가 출제되었습니다. 제어 프로그램과 처리 프로그램에 해당하는 프로그램들을 구분할 수 있도록 잘 정리하세요.

> • **분류/병합(Sort/Merge)** : 데이터를 일정한 기준으로 정렬하거나 정렬된 두 개 이상의 파일을 하나로 합치는 기능을 하는 서비스 프로그램
> • **유틸리티** : 컴퓨터 시스템에 있는 기존 프로그램을 지원하거나 기능을 향상 또는 확장하기 위해 사용하는 프로그램으로, 디스크 관리, 화면 보호, 압축, 바이러스 검사/치료, 파일 백업 및 복구 프로그램 등이 있음

④ 운영체제의 기능 ^{20.8}

- 프로세서(처리기, Processor), 기억장치(주기억장치, 보조기억장치), 입출력장치, 파일 및 정보 등의 자원을 관리한다.
- 자원을 효율적으로 관리하기 위해 자원의 스케줄링* 기능을 제공한다.
- 사용자와 시스템 간의 편리한 인터페이스를 제공한다.
- 시스템의 각종 하드웨어와 네트워크를 관리·제어한다.
- 데이터를 관리하고, 데이터 및 자원의 공유 기능을 제공한다.
- 시스템의 오류를 검사하고 복구한다.
- 자원 보호 기능을 제공한다.
- 입·출력에 대한 보조 기능을 제공한다.
- 가상 계산기* 기능을 제공한다.

> **전문가의 조언**
>
> 운영체제의 기능에 대한 문제가 출제됩니다. 교재에 수록된 기능만큼은 정확히 파악해 두세요.
>
> **스케줄링(Scheduling)**
> 스케줄링은 어떤 자원을 누가, 언제, 어떤 방식으로 사용할지를 결정해 주는 것입니다.
>
> **가상 계산기(Virtual Computer)**
> 가상 계산기는 한 대의 컴퓨터를 여러 대의 컴퓨터처럼 보이게 하는 가상 컴퓨터 운영체제에 의해 만들어지며, 사용자의 관점에서는 가상 컴퓨터가 실제 컴퓨터처럼 보일 수도 있고 아주 다르게 보일 수도 있습니다.

기출문제 따라잡기

이전기출
1. 컴퓨터 시스템을 계층적으로 묘사할 때 운영체제의 위치는 다음 그림의 어느 부분에 해당되는가?

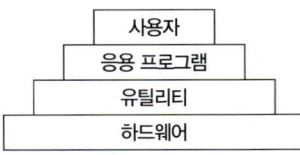

① 사용자와 응용 프로그램 사이
② 응용 프로그램과 유틸리티 사이
③ 유틸리티와 하드웨어 사이
④ 하드웨어 아래

운영체제는 사용자와 하드웨어 간의 인터페이스를 제공합니다.

20년 8월
2. 운영체제에 대한 설명으로 옳지 않은 것은?

① 다중 사용자와 다중 응용 프로그램 환경 하에서 자원의 현재 상태를 파악하고, 자원 분배를 위한 스케줄링을 담당한다.
② CPU, 메모리 공간, 기억장치, 입·출력장치 등의 자원을 관리한다.
③ 운영체제의 종류로는 매크로 프로세서, 어셈블러, 컴파일러 등이 있다.
④ 입·출력장치와 사용자 프로그램을 제어한다.

매크로 프로세서, 어셈블러, 컴파일러는 운영체제와 같이 시스템 소프트웨어의 한 종류입니다.

21년 3월
3. 운영체제를 기능에 따라 분류할 경우 제어 프로그램이 아닌 것은?

① 데이터 관리 프로그램
② 서비스 프로그램
③ 작업 제어 프로그램
④ 감시 프로그램

제어 프로그램의 종류에는 **감시**, **작업 제어**, **데**이터 관리 프로그램이 있습니다.

이전기출
4. 운영체제의 기능으로 틀린 것은?

① 자원의 스케줄링 기능을 제공한다.
② 자원 보호 기능을 제공한다.
③ 사용자와 시스템 간의 편리한 인터페이스를 제공한다.
④ 목적 프로그램과 라이브러리, 실행 프로그램 등을 연결하여 실행 가능한 로드 모듈을 만든다.

④번은 링커(Linker)의 기능입니다.

이전기출
5. 운영체제의 목적으로 거리가 먼 것은?

① 처리 능력의 향상
② 반환 시간의 최대화
③ 사용 가능도 증대
④ 신뢰도 향상

운영체제의 목적 중 하나는 반환 시간의 최소화입니다.

이전기출
6. 운영체제의 성능 판단 요소로 거리가 먼 것은?

① 처리 능력   ② 비용
③ 신뢰도   ④ 사용 가능도

운영체제의 성능 판단 기준에는 처리 능력, 반환 시간, 사용 가능도, 신뢰도가 있습니다.

이전기출
7. 운영체제의 성능평가 요인 중 다음 설명에 해당하는 것은?

> 이것은 컴퓨터 시스템 내의 한정된 각종 자원을 여러 사용자가 요구할 때, 어느 정도 신속하고 충분히 지원해 줄 수 있는 지의 정도이다. 이는 사용 가능한 하드웨어 자원의 수나 다중 프로그래밍 정도 등의 요소가 좌우하는 것으로 같은 종류의 시스템 자원수가 많을 경우에는 이것이 높아질 수 있다.

① Throughput
② Availability
③ Turn Around Time
④ Reliability

문제의 지문에 제시된 내용은 사용 가능도(Availability)에 대한 설명입니다.

▶ 정답 : 1. ③ 2. ③ 3. ② 4. ④ 5. ② 6. ② 7. ②

SECTION 112 Windows

1 Windows의 개요

Windows는 1990년대 마이크로소프트(Microsoft) 사가 개발한 운영체제이다.
- Windows의 버전에는 95, 98, me, XP, Vista, 7, 8, 10 등이 있다.
- Windows의 주요 특징에는 GUI, 선점형 멀티태스킹, OLE, PnP 등이 있다.

> **전문가의 조언**
> Windows의 특징에는 어떤 것들이 있는지 정리하세요.

2 그래픽 사용자 인터페이스(GUI; Graphic User Interface)

그래픽 사용자 인터페이스는 키보드로 명령어를 직접 입력하지 않고, 마우스로 아이콘이나 메뉴를 선택하여 모든 작업을 수행하는 방식을 말한다.
- 초보자도 쉽게 사용할 수 있는 그래픽 사용자 인터페이스(GUI)를 채용하였다.

3 선점형 멀티태스킹(Preemptive Multi-Tasking)

선점형 멀티태스킹은 동시에 여러 개의 프로그램을 실행하는 멀티태스킹*을 하면서 운영체제가 각 작업의 CPU 이용 시간을 제어하여 응용 프로그램 실행중 문제가 발생하면 해당 프로그램을 강제 종료시키고 모든 시스템 자원을 반환하는 방식을 말한다.
- 하나의 응용 프로그램이 CPU를 독점하는 것을 방지할 수 있어 시스템 다운 현상 없이 더욱 안정적인 작업을 할 수 있다.

> **멀티태스킹(Multi-Tasking, 다중 작업)**
> 멀티태스킹은 여러 개의 프로그램을 동시에 열어 두고 다양한 작업을 동시에 진행하는 것을 말합니다.
> 예 MP3 음악을 들으면서 워드프로세서 작업을 하다 인터넷에서 파일을 다운로드하는 것

4 PnP(Plug and Play, 자동 감지 기능)

PnP는 컴퓨터 시스템에 프린터나 사운드 카드 등의 하드웨어를 설치했을 때, 해당 하드웨어를 사용하는 데 필요한 시스템 환경을 운영체제가 자동으로 구성해 주는 기능이다.
- 운영체제가 하드웨어의 규격을 자동으로 인식하여 동작하게 해주므로 PC 주변장치를 연결할 때 사용자가 직접 환경을 설정하지 않아도 된다.
- PnP 기능을 활용하기 위해서는 하드웨어와 소프트웨어 모두 PnP를 지원하여야 한다.

5 OLE(Object Linking and Embedding)

OLE는 다른 여러 응용 프로그램에서 작성된 문자나 그림 등의 개체(Object)를 현재 작성 중인 문서에 자유롭게 연결(Linking)하거나 삽입(Embedding)하여 편집할 수 있게 하는 기능이다.

- OLE로 연결된 이미지를 원본 프로그램에서 수정하거나 편집하면 그 내용이 그대로 해당 문서에 반영된다.

⑥ 255자의 긴 파일명

Windows에서는 파일 이름을 지정할 때 VFAT(Virtual File Allocation Table)를 이용하여 최대 255자까지 지정할 수 있다.
- 파일 이름으로는 ₩ / : * ? " 〈 〉 | 를 제외한 모든 문자 및 공백을 사용할 수 있으며, 한글의 경우 127자까지 지정할 수 있다.

⑦ Single-User 시스템

컴퓨터 한 대를 한 사람만이 독점해서 사용한다.*

> **Single-User / Multi-User**
> Windows 10과 같은 개인용은 하나의 컴퓨터를 한 사람이 사용하는 Single-User 시스템이고, UNIX, LINUX, Windows NT와 같은 서버용은 하나의 컴퓨터를 동시에 여러 사람이 사용하는 Multi-User 시스템입니다.

 기출문제 따라잡기  문제3

이전기출
1. 윈도우에서 사용자가 사용하기 원하는 하드웨어를 시스템에 부착하면 자동으로 인식하여 동작하게 해주는 기능은?
① Folding   ② Plug and Play
③ Coalescing ④ Naming

> 장착된 하드웨어를 자동으로 인식하는 기능은 Plug and Play입니다.

이전기출
2. 윈도우에서 지원하는 OLE의 기능은?
① 디스크의 효율적 관리
② 모니터, 화질의 개선
③ 효율적인 메모리 관리
④ 응용 프로그램 간의 자료 공유

> OLE는 Object Linking and Embedding(개체의 연결과 삽입)이란 뜻입니다.

이전기출
3. Windows에 대한 설명 중 옳지 않은 것은?
① PnP 기능을 지원한다.
② 멀티태스킹을 지원한다.
③ 네트워크 기능이 강화되었다.
④ 멀티 유저 시스템이다.

> Windows는 Single-User, Multi-Tasking, UNIX는 Multi-User, Multi-Tasking입니다.

이전기출
4. 컴퓨터의 윈도우 창에 여러 윈도우를 열어 놓고 작업하는 것을 기억장치 처리 방법으로 무엇이라 하는가?
① 보조 프로그램
② 멀티 프로세싱
③ 멀티 프로그래밍
④ 리얼 타임 프로그래밍

> 동시에 여러 개의 프로그램을 실행하는 것을 멀티 태스킹 또는 멀티 프로그래밍이라고 합니다.

▶ 정답 : 1. ② 2. ④ 3. ④ 4. ③

SECTION 113

UNIX / LINUX / MacOS

1 UNIX의 개요 및 특징

UNIX는 1960년대 AT&T 벨(Bell) 연구소, MIT, General Electric이 공동 개발한 운영체제이다.

- 시분할 시스템(Time Sharing System)을 위해 설계된 대화식 운영체제로, 소스가 공개된 개방형 시스템(Open System)이다.
- 대부분 C 언어로 작성되어 있어 이식성이 높으며 장치, 프로세스 간의 호환성이 높다.
- 크기가 작고 이해하기가 쉽다.
- 다중 사용자(Multi-User), 다중 작업(Multi-Tasking)을 지원한다.
- 많은 네트워킹 기능을 제공하므로 통신망(Network) 관리용 운영체제로 적합하다.
- 트리 구조의 파일 시스템을 갖는다.
- 전문적인 프로그램 개발에 용이하다.
- 다양한 유틸리티 프로그램들이 존재한다.

> **잠깐만요** 다중 사용자(Multi-User), 다중 작업(Multi-Tasking)
> - 다중 사용자(Multi-User)는 여러 사용자가 동시에 시스템을 사용하는 것이고, 다중 작업(Multi-Tasking)은 여러 개의 작업이나 프로그램을 동시에 수행하는 것을 의미합니다.
> - 하나 이상의 작업을 백그라운드※에서 수행하므로 여러 작업을 동시에 처리할 수 있습니다.

전문가의 조언
UNIX의 특징을 묻는 문제가 출제되었습니다. UNIX는 Multi-Tasking을 지원한다는 것을 중심으로 UNIX의 특징을 정확히 알아두세요.

포그라운드 작업과 백그라운드 작업
여러 개의 작업이 동시에 실행될 때 전면에서 실행되는 우선순위가 높은 작업을 포그라운드 작업이라 하고, 같은 상황에서 우선 순위가 낮아 화면에 보이지 않고 실행되는 프로그램을 백그라운드 작업이라 합니다.

2 UNIX 시스템의 구성

시스템의 구성

전문가의 조언
UNIX 시스템의 구성 중 커널과 쉘의 기능을 묻는 문제가 출제되었습니다. 명령어 해석, 사용자 인터페이스! 하면 쉘이고, UNIX의 핵심적인 부분, 무슨 무슨 관리! 하면 커널입니다. 두 가지를 혼동하지 않도록 확실하게 기억해 두세요.

커널(Kernel)
- UNIX의 가장 핵심적인 부분이다.
- 컴퓨터가 부팅될 때 주기억장치에 적재된 후 상주하면서 실행된다.
- 하드웨어를 보호하고, 프로그램과 하드웨어 간의 인터페이스 역할을 담당한다.
- 프로세스(CPU 스케줄링) 관리, 기억장치 관리, 파일 관리, 입·출력 관리, 프로세스 간 통신, 데이터 전송 및 변환 등 여러 가지 기능을 수행한다.

쉘(Shell)
- 사용자의 명령어를 인식하여 프로그램을 호출하고 명령을 수행하는 명령어 해석기이다.
- 시스템과 사용자 간의 인터페이스를 담당한다.
- DOS의 COMMAND.COM과 같은 기능을 수행한다.
- 주기억장치에 상주하지 않고, 명령어가 포함된 파일 형태로 존재하며 보조 기억장치에서 교체 처리가 가능하다.
- 파이프라인* 기능을 지원하고 입·출력 재지정을 통해 출력과 입력의 방향을 변경할 수 있다.
- 공용 Shell(Bourne Shell, C Shell, Korn Shell)이나 사용자 자신이 만든 Shell을 사용할 수 있다.

Utility Program
- 일반 사용자가 작성한 응용 프로그램을 처리하는 데 사용한다.
- DOS에서의 외부 명령어에 해당된다.
- 유틸리티 프로그램에는 에디터, 컴파일러, 인터프리터, 디버거 등이 있다.

> **잠깐만요** UNIX에서의 프로세스 간 통신*
>
> 각 프로세스는 시스템 호출*을 통해 커널의 기능을 사용하며, 프로세스 간 통신은 시그널, 파이프, 소켓 등을 사용합니다.
> - **시그널(Signal)** : 간단한 메시지를 이용하여 통신하는 것으로 초기 UNIX 시스템에서 사용됨
> - **파이프(Pipe)** : 한 프로세스의 출력이 다른 프로세스의 입력으로 사용되는 단방향 통신 방식
> - **소켓(Socket)** : 프로세스 사이의 대화를 가능하게 하는 쌍방향 통신 방식

❸ LINUX의 개요 및 특징

LINUX는 1991년 리누스 토발즈(Linus Torvalds)가 UNIX를 기반으로 개발한 운영체제이다.
- 프로그램 소스 코드가 무료로 공개되어 있기 때문에 프로그래머가 원하는 기능을 추가할 수 있고, 다양한 플랫폼에 설치하여 사용이 가능하며, 재배포가 가능하다.
- UNIX와 완벽하게 호환된다.
- 대부분의 특징이 UNIX와 동일하다.

파이프라인
파이프라인은 둘 이상의 명령을 함께 묶어 처리한 결과를 다른 명령의 입력으로 전환하는 기능입니다.

프로세스 간의 통신(IPC; Inter Process Communication)
프로세스 간의 통신은 여러 프로세스, 즉 프로그램 간에 서로 데이터를 주고받는 것을 의미합니다.

시스템 호출
시스템 호출은 프로세스가 커널에 접근하기 위한 인터페이스를 제공하는 명령어입니다.

④ MacOS의 개요 및 특징

MacOS는 1980년대 애플(Apple) 사가 UNIX를 기반으로 개발한 운영체제이다.
- 아이맥(iMac)과 맥북(MacBook) 등 애플 사에서 생산하는 제품에서만 사용이 가능하다.
- 드라이버 설치 및 install과 uninstall의 과정이 단순하다.

전문가의 조언
MacOS에 대해 공부할 내용이 많지 않으니 편안한 마음으로 가볍게 읽어보고 넘어가세요.

잠깐만요 — 파일 디스크립터(File Descriptor, 파일 서술자)

파일을 관리하기 위한 시스템(운영체제)이 필요로 하는 파일에 대한 정보를 가진 제어 블록을 의미하며, 파일 제어 블록(FCB; File Control Block)이라고도 합니다.
- 파일 디스크립터는 파일마다 독립적으로 존재하며, 시스템에 따라 다른 구조를 가질 수 있습니다.
- 보통 파일 디스크립터는 보조기억장치 내에 저장되어 있다가 해당 파일이 Open될 때 주기억장치로 옮겨집니다.
- 파일 디스크립터는 파일 시스템이 관리하므로 사용자가 직접 참조할 수 없습니다.

전문가의 조언
파일 디스크립터의 특징을 묻는 문제가 출제되었습니다. 파일 디스크립터는 사용자가 직접 참조할 수 없다는 것을 중심으로 특징을 정리해 두세요.

기출문제 따라잡기

21년 8월
1. 파일 디스크립터(File Descriptor)에 대한 설명으로 틀린 것은?
① 파일 관리를 위해 시스템이 필요로 하는 정보를 가지고 있다.
② 보조기억장치에 저장되어 있다가 파일이 개방(Open)되면 주기억장치로 이동된다.
③ 사용자가 파일 디스크립터를 직접 참조할 수 있다.
④ 파일 제어 블록(File Control Block)이라고도 한다.

> 파일 디스크립터는 사용자가 직접 참조할 수 없습니다.

20년 9월
2. 운영체제에서 커널의 기능이 아닌 것은?
① 프로세스 생성, 종료
② 사용자 인터페이스
③ 기억장치 할당, 회수
④ 파일 시스템 관리

> '사용자 인터페이스, 명령어 해석'하면 쉘의 기능입니다.

22년 3월, 20년 6월
3. UNIX의 쉘(Shell)에 관한 설명으로 옳지 않은 것은?
① 명령어 해석기이다.
② 시스템과 사용자 간의 인터페이스를 담당한다.
③ 여러 종류의 쉘이 있다.
④ 프로세스, 기억장치, 입출력 관리를 수행한다.

> 자원 관리는 커널, 명령어 해석은 쉘의 기능입니다.

22년 4월
4. UNIX 운영체제에 관한 특징으로 틀린 것은?
① 하나 이상의 작업에 대하여 백그라운드에서 수행이 가능하다.
② Multi-User는 지원하지만 Multi-Tasking은 지원하지 않는다.
③ 트리 구조의 파일 시스템을 갖는다.
④ 이식성이 높으며 장치 간의 호환성이 높다.

> UNIX는 Multi-User와 Multi-Tasking을 모두 지원합니다.

▶ 정답 : 1. ③ 2. ② 3. ④ 4. ②

SECTION 114 기억장치 관리의 개요

전문가의 조언

운영체제가 기억장치를 어떻게 관리하는지를 배우기 전에 기억장치 계층 구조의 특징을 파악하면 각 섹션을 공부하는 데 도움이 됩니다.

1 기억장치 계층 구조의 특징

기억장치는 레지스터, 캐시 기억장치, 주기억장치, 보조기억장치를 다음과 같이 계층 구조로 분류할 수 있다.

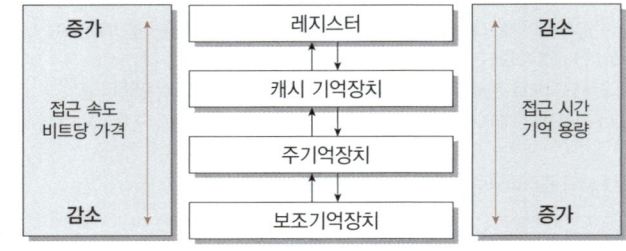

- 계층 구조에서 상위의 기억장치일수록 접근 속도와 접근 시간이 빠르지만, 기억 용량이 적고 고가이다.
- 주기억장치는 각기 자신의 주소를 갖는 워드 또는 바이트들로 구성되어 있으며, 주소를 이용하여 액세스할 수 있다.
- 레지스터, 캐시 기억장치, 주기억장치의 프로그램과 데이터는 CPU가 직접 액세스 할 수 있으나 보조기억장치에 있는 프로그램이나 데이터는 직접 액세스할 수 없다.
- 보조기억장치에 있는 데이터는 주기억장치에 적재된 후 CPU에 의해 액세스될 수 있다.

전문가의 조언

기억장치의 관리 전략에는 반입(Fetch), 배치(Placement), 교체(Replacement) 전략이 있다는 것과 각각의 의미, 그리고 배치 전략의 종류를 알아두세요.

2 기억장치의 관리 전략의 개요

기억장치의 관리 전략은 보조기억장치의 프로그램이나 데이터를 주기억장치에 적재시키는 시기, 적재 위치 등을 지정하여 한정된 주기억장치의 공간을 효율적으로 사용하기 위한 것으로 반입(Fetch) 전략, 배치(Placement) 전략, 교체(Replacement) 전략이 있다.

3 반입(Fetch) 전략

반입 전략은 보조기억장치에 보관중인 프로그램이나 데이터를 언제 주기억장치로 적재할 것인지를 결정하는 전략이다.

- **요구 반입(Demand Fetch)** : 실행중인 프로그램이 특정 프로그램이나 데이터 등의 참조를 요구할 때 적재하는 방법이다.
- **예상 반입(Anticipatory Fetch)** : 실행중인 프로그램에 의해 참조될 프로그램이나 데이터를 미리 예상하여 적재하는 방법이다.

④ 배치(Placement) 전략

배치 전략은 새로 반입되는 프로그램이나 데이터를 주기억장치의 어디에 위치시킬 것인지를 결정하는 전략이다.

- **최초 적합(First Fit)** : 프로그램이나 데이터가 들어갈 수 있는 크기의 빈 영역 중에서 첫 번째 분할 영역에 배치시키는 방법
- **최적 적합(Best Fit)** : 프로그램이나 데이터가 들어갈 수 있는 크기의 빈 영역 중에서 단편화*를 가장 작게 남기는 분할 영역에 배치시키는 방법
- **최악 적합(Worst Fit)** : 프로그램이나 데이터가 들어갈 수 있는 크기의 빈 영역 중에서 단편화를 가장 많이 남기는 분할 영역에 배치시키는 방법

예제 기억장치 상태가 다음 표와 같다. 기억장치 관리 전략으로 First Fit, Best Fit, Worst Fit 방법을 사용하려 할 때, 각 방법에 대하여 10K의 프로그램이 할당받게 되는 영역의 번호는?

영역 번호	영역 크기	상태
1	5K	공백
2	14K	공백
3	10K	사용 중
4	12K	공백
5	16K	공백

① 먼저 10K가 적재될 수 있는지 각 영역의 크기를 확인한다.
② First Fit : 빈 영역 중에서 10K의 프로그램이 들어갈 수 있는 첫 번째 영역은 2번이다.
③ Best Fit : 빈 영역 중에서 10K 프로그램이 들어가고 단편화를 가장 작게 남기는 영역은 4번이다.
④ Worst Fit : 빈 영역 중에서 10K 프로그램이 들어가고 단편화를 가장 많이 남기는 영역은 5번이다.

⑤ 교체(Replacement) 전략

교체 전략은 주기억장치의 모든 영역이 이미 사용중인 상태에서 새로운 프로그램이나 데이터를 주기억장치에 배치하려고 할 때, 이미 사용되고 있는 영역 중에서 어느 영역을 교체하여 사용할 것인지를 결정하는 전략이다.

- 교체 전략에는 FIFO, OPT, LRU, LFU, NUR, SCR 등이 있다.

전문가의 조언

배치 전략에 관해서는 최초, 최적, 최악 전략으로 데이터를 배치할 수 있어야 풀 수 있는 문제가 출제되는데, **예제**를 한 번만 풀어보면 쉽게 이해되니 꼭 이해하고 넘어가세요.

단편화
단편화는 주기억장치의 분할된 영역에 프로그램이나 데이터를 할당할 경우, 분할된 영역이 프로그램이나 데이터보다 작거나 커서 생기는 빈 기억 공간을 의미합니다.

- **내부 단편화** : 분할된 영역이 할당될 프로그램의 크기보다 크기 때문에 프로그램이 할당된 후 사용되지 않고 남아 있는 빈 공간
- **외부 단편화** : 분할된 영역이 할당될 프로그램의 크기보다 작기 때문에 프로그램이 할당될 수 없어 사용되지 않고 빈 공간으로 남아있는 분할된 전체 영역

전문가의 조언

주기억장치와 가상기억장치 관리 전략은 그 의미와 방식이 동일하게 사용됩니다. 교체 전략은 주로 가상기억장치와 함께 사용됩니다. 교체 전략에서 사용되는 기법은 131쪽에서 자세히 배웁니다.

기출문제 따라잡기

이전기출

1. 기억장치 관리 전략은 주기억장치 자원을 가장 잘 사용하도록 설계되어야 하는데, 다음 중 주기억장치 관리 전략과 거리가 먼 것은?

① Fetch 전략
② Placement 전략
③ Paging 전략
④ Replacement 전략

주기억장치 관리 전략에는 반입(Fetch), 배치(Placement), 교체(Replacement) 전략이 있다는 것을 알아두어야 합니다. Paging 전략은 가상기억장치에서 사용되는 기법입니다.

이전기출

2. 기억장치의 관리 전략 중 반입(Fetch) 전략의 설명으로 맞는 것은?

① 프로그램/데이터를 주기억장치로 가져오는 시기를 결정하는 전략
② 프로그램/데이터의 주기억장치 내의 위치를 정하는 전략
③ 주기억장치 내의 빈 공간 확보를 위해 제거할 프로그램/데이터를 선택하는 전략
④ 프로그램/데이터의 위치를 이동시키는 전략

기억장치 관리 전략의 종류뿐만 아니라 의미도 정확히 알아야 합니다. ②번은 배치 전략, ③번은 교체 전략을 의미합니다.

25년 5월, 21년 3월

3. 기억공간이 15K, 23K, 22K, 21K 순으로 빈 공간이 있을 때 기억장치 배치 전력으로 "First Fit"을 사용하여 17K의 프로그램을 적재할 경우 내부 단편화의 크기는 얼마인가?

① 5K   ② 6K
③ 7K   ④ 8K

내부 단편화는 분할된 영역이 할당될 프로그램의 크기보다 크기 때문에 프로그램이 할당된 후 사용되지 않고 남아 있는 빈 공간을 의미합니다. 최초 적합(First Fit)은 프로그램이나 데이터가 들어갈 수 있는 크기의 빈 영역 중에서 첫 번째 분할 영역에 배치시키는 방법으로, 17K의 프로그램은 23K의 빈 영역에 저장됩니다. 그러므로 내부 단편화는 23K-17K = 6K가 됩니다.

25년 8월, 24년 7월, 5월, 23년 7월, 22년 3월

4. 빈 기억공간의 크기가 20KB, 16KB, 8KB, 40KB 일 때 기억장치 배치 전략으로 "Best Fit"을 사용하여 17KB의 프로그램을 적재할 경우 내부 단편화의 크기는 얼마인가?

① 3KB   ② 23KB
③ 64KB   ④ 67KB

최적 적합(Best-Fit)은 데이터가 들어갈 수 있는 크기의 빈 영역 중 단편화를 가장 적게 남기는 분할 영역에 배치시키는 방법으로, 17KB보다 큰 기억공간 중 가장 작은 기억공간인 20KB에 배치됩니다. 이때 발생하는 내부 단편화는 3KB(20KB-17KB)입니다.

25년 2월, 20년 8월

5. 메모리 관리 기법 중 Worst Fit 방법을 사용할 경우 10K 크기의 프로그램 실행을 위해서는 어느 부분에 할당되는가?

영역 번호	메모리 크기	사용 여부
NO.1	8K	FREE
NO.2	12K	FREE
NO.3	10K	IN USE
NO.4	20K	IN USE
NO.5	16K	FREE

① NO.2   ② NO.3
③ NO.4   ④ NO.5

최악 적합(Worst Fit)은 단편화가 가장 많이 남는 영역에 할당하는 것입니다.

이전기출

6. 가상기억장치의 페이지 교체(Replacement) 알고리즘이 아닌 것은?

① FIFO(First In First Out)
② LRU(Least Recently Used)
③ SSTF(Shortest Seek Time First)
④ LFU(Least Frequently Used)

페이지 교체 알고리즘에는 OPT, FIFO, LRU, LFU, NUR, SCR 등이 있습니다.

▶ 정답 : 1. ③ 2. ① 3. ② 4. ① 5. ④ 6. ③

SECTION 115 : 가상기억장치 구현 기법 / 페이지 교체 알고리즘

1 가상기억장치의 개요

가상기억장치는 보조기억장치(하드디스크)의 일부를 주기억장치처럼 사용하는 것으로, 용량이 작은 주기억장치를 마치 큰 용량을 가진 것처럼 사용하는 기법이다.

- 프로그램을 여러 개의 작은 블록* 단위로 나누어서 가상기억장치에 보관해 놓고, 프로그램 실행 시 요구되는 블록만 주기억장치에 불연속적으로 할당하여 처리한다.
- 주기억장치의 용량보다 큰 프로그램을 실행하기 위해 사용한다.
- 주기억장치의 이용률과 다중 프로그래밍의 효율을 높일 수 있다.
- 가상기억장치에 저장된 프로그램을 실행하려면 가상기억장치의 주소를 주기억장치의 주소로 바꾸는 주소 변환* 작업이 필요하다.
- 블록 단위로 나누어 사용하므로 연속 할당 방식에서 발생할 수 있는 단편화를 해결할 수 있다.
- 가상기억장치의 일반적인 구현 방법에는 블록의 종류에 따라 페이징 기법과 세그먼테이션 기법으로 나눌 수 있다.

2 페이징(Paging) 기법

페이징 기법은 가상기억장치에 보관되어 있는 프로그램과 주기억장치의 영역을 동일한 크기로 나눈 후 나눠진 프로그램(페이지)을 동일하게 나눠진 주기억장치의 영역(페이지 프레임)에 적재시켜 실행하는 기법이다.

- 프로그램을 일정한 크기로 나눈 단위를 페이지(Page)*라고 하고, 페이지 크기로 일정하게 나누어진 주기억장치의 단위를 페이지 프레임(Page Frame)이라고 한다.
- 외부 단편화는 발생하지 않으나 내부 단편화는 발생할 수 있다.*
- 주소 변환을 위해서 페이지의 위치 정보를 가지고 있는 페이지 맵 테이블(Page Map Table)이 필요하다.
- 페이지 맵 테이블 사용으로 비용이 증가되고, 처리 속도가 감소된다.

3 세그먼테이션(Segmentation) 기법

세그먼테이션의 개요

세그먼테이션 기법은 가상기억장치에 보관되어 있는 프로그램을 다양한 크기의 논리적인 단위로 나눈 후 주기억장치에 적재시켜 실행시키는 기법이다.

- 프로그램을 배열이나 함수 등과 같은 논리적인 크기로 나눈 단위를 세그먼트(Segment)라고 하며, 각 세그먼트는 고유한 이름과 크기를 갖는다.

전문가의 조언

가상기억장치의 특징을 파악해 두고, 가상기억장치 구현 기법에는 페이징 기법과 세그먼테이션 기법이 있다는 것을 기억하세요.

블록
블록은 보조기억장치와 주기억장치 간에 전송되는 데이터의 최소 단위입니다.

주소 변환
주소 변환은 가상기억장치에 있는 프로그램이 주기억장치에 적재되어 실행될 때 논리적인 가상주소를 물리적인 실기억주소로 변환하는 것으로, 주소 사상 또는 주소 매핑(Mapping)이라고도 합니다. 이때 연속적인 가상주소가 반드시 연속적인 실기억주소로 변환되지 않아도 되는데, 이를 인위적 연속성(Artificial Contiguity)이라고 합니다.

전문가의 조언

페이징 기법과 세그먼테이션 기법의 개념을 묻는 문제가 출제되었습니다. 페이징 기법과 세그먼테이션 기법의 가장 큰 차이점은, 페이징 기법에서 사용하는 페이지는 크기가 동일하지만, 세그먼테이션 기법에서 사용하는 세그먼트는 크기가 일정하지 않다는 것입니다. 이로 인해 발생할 수 있는 차이점들에는 어떤 것들이 있는지 파악해 두세요.

페이지의 크기
일반적으로 페이지의 크기는 1~4KB입니다.

내부 단편화는 발생할 수 있다?
페이지 크기가 4KB이고, 사용할 프로그램이 17KB라면 프로그램은 페이지 단위로 4KB씩 나누어지게 됩니다. 이때 마지막 페이지의 실제 용량은 1KB(17KB-16KB)가 되고, 이것이 주기억장치에 적재되면 3KB의 내부 단편화가 발생됩니다.

- 기억장치의 사용자 관점을 보존하는 기억장치 관리 기법이다.
- 세그먼테이션 기법을 이용하는 궁극적인 이유는 기억공간을 절약하기 위해서이다.
- 주소 변환을 위해서 세그먼트가 존재하는 위치 정보를 가지고 있는 세그먼트 맵 테이블(Segment Map Table)이 필요하다.
- 세그먼트가 주기억장치에 적재될 때 다른 세그먼트에게 할당된 영역을 침범할 수 없으며, 이를 위해 기억장치 보호키(Storage Protection Key)가 필요하다.
- 내부 단편화는 발생하지 않으나 외부 단편화는 발생할 수 있다.

 전문가의 조언

세그먼트 테이블을 이용해 실기억 주소를 구하는 문제가 출제되었습니다. 실기억주소는 세그먼트의 기준번지와 변위값을 더해서 구할 수 있다는 것을 기억해 두세요.

세그먼테이션 기법의 일반적인 주소 변환

- **주소 형식에 따른 주소와 세그먼트 맵 테이블의 구성**
  - 가상주소는 세그먼트 번호를 나타내는 s와 세그먼트 내에 실제 내용이 위치하고 있는 곳까지의 거리를 나타내는 변위값 d로 구성된다.

가상주소 형식	세그먼트 번호(s)	변위값(d)

  - 실기억주소는 완전주소 형태를 사용하며 이는 세그먼트의 기준번지와 변위값을 더함으로써 얻을 수 있다.

실기억주소 형식	실기억주소(세그먼트 기준번지 + 변위값)

  - 세그먼트 맵 테이블(Segment Map Table)은 세그먼트 번호 s와 세그먼트의 크기 L(한계번지), 주기억장치 상의 기준번지(시작주소) b로 구성된다.

- **주소 변환 순서**

세그먼트 맵 테이블	세그먼트 번호(s)	세그먼트 크기(L)	기준번지(b)

  ❶ 가상주소의 세그먼트 번호로 세그먼트 맵 테이블에서 해당 세그먼트의 기준번지와 세그먼트 크기를 구한다. 세그먼트 번호는 세그먼트 맵 테이블에 대한 색인으로 사용된다.
  ❷ 가상주소의 변위값과 세그먼트의 크기를 비교한다.
  ❸ 변위값이 작거나 같으면 기준번지와 변위값을 더하여 실기억주소를 만들어 주기억장치를 액세스한다.
  ❹ 변위값이 크면 다른 영역을 침범하게 되므로 실행 권한을 운영체제에게 넘기고 트랩을 발생시킨다(변위값이 크다는 것은 현재 찾는 세그먼트의 위치가 해당 세그먼트의 크기(한계번지)를 초과하였다는 의미이다).

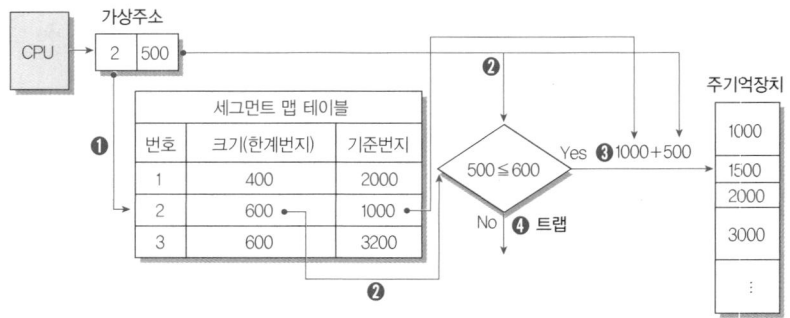

4 페이지 교체 알고리즘

25.8, 25.2, 24.7, 24.5, 24.2, 23.7, 23.2, 22.7, 22.4, 22.3, 21.8, 20.9, 20.6, 실기 24.10, 24.4

페이지 교체 알고리즘은 페이지 부재(Page Fault)*가 발생했을 때 가상기억장치의 필요한 페이지를 주기억장치에 적재해야 하는데, 이때 주기억장치의 모든 페이지 프레임이 사용중이면 어떤 페이지 프레임을 선택하여 교체할 것인지를 결정하는 기법이다.

- 페이지 교체 알고리즘에는 OPT, FIFO, LRU, LFU, NUR, SCR 등이 있다.

OPT(OPTimal replacement, 최적 교체)

- OPT는 앞으로 가장 오랫동안 사용하지 않을 페이지를 교체하는 기법이다.
- 벨레이디(Belady)가 제안한 것으로, 페이지 부재 횟수가 가장 적게 발생하는 가장 효율적인 알고리즘이다.

FIFO(First In First Out)

- FIFO는 각 페이지가 주기억장치에 적재될 때마다 그때의 시간을 기억시켜 가장 먼저 들어와서 가장 오래 있었던 페이지를 교체하는 기법이다.
- 이해하기 쉽고, 프로그래밍 및 설계가 간단하다.

예제 다음의 참조 페이지를 세 개의 페이지 프레임을 가진 기억장치에서 FIFO 알고리즘을 사용하여 교체했을 때 페이지 부재의 수는? (단, 초기 페이지 프레임은 모두 비어 있는 상태이다.)

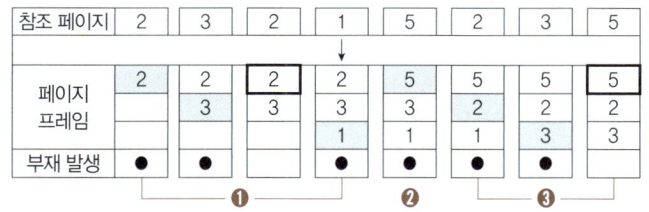

❶ 참조 페이지를 각 페이지 프레임에 차례로 적재시키되 이미 적재된 페이지는 해당 위치의 페이지 프레임을 사용한다.
❷ 사용할 페이지 프레임이 없을 경우 가장 먼저 들어와서 오래 있었던 페이지 2를 제거한 후 5를 적재한다.
❸ 그 다음에 적재된 페이지 3을 제거한 후 2를 적재하며, 같은 방법으로 나머지 참조 페이지를 수행한다.

LRU(Least Recently Used)

- LRU는 최근에 가장 오랫동안 사용하지 않은 페이지를 교체하는 기법이다.
- 각 페이지마다 계수기(Counter)*나 스택(Stack)을 두어 현 시점에서 가장 오랫동안 사용하지 않은, 즉 가장 오래 전에 사용된 페이지를 교체한다.

전문가의 조언

페이지 교체 알고리즘의 종류나 개별적인 특징 그리고 페이지 부재 횟수를 계산하는 문제가 출제됩니다. 페이지 교체 알고리즘의 종류와 개별적인 특징 그리고 교체 원리를 정리하세요. 특히 FIFO와 LRU의 알고리즘은 페이지 부재 횟수를 구하는 방법을 확실히 숙지하세요.

페이지 부재(Page Fault)
페이지 부재는 CPU가 액세스한 가상 페이지가 주기억장치에 없는 경우를 말합니다. 페이지 부재가 발생하면 해당 페이지를 디스크에서 주기억장치로 가져와야 합니다.

계수기(Counter)
계수기는 각 페이지별로 존재하는 논리적 시계(Logical Clock)로, 해당 페이지가 사용될 때마다 0으로 클리어 시킨 후 시간을 증가시켜서 시간이 가장 오래된 페이지를 교체합니다.

예제 다음의 참조 페이지를 세 개의 페이지 프레임을 가진 기억장치에서 LRU 알고리즘을 사용하여 교체했을 때 페이지 부재의 수는? (단, 초기 페이지 프레임은 모두 비어 있는 상태이다.)

참조 페이지	2	3	2	1	5	2	3	5
페이지 프레임	2	2	2	2	2	2	2	2
		3	3	3	5	5	5	5
				1	1	1	3	3
부재 발생	●	●		●	●		●	

부재 수 = 5

❶ 참조 페이지를 각 페이지 프레임에 차례로 적재시키되 이미 적재된 페이지는 해당 위치의 페이지 프레임을 사용한다.
❷ 사용할 페이지 프레임이 없을 경우 현재 시점에서 가장 오랫동안 사용되지 않은 페이지 3을 제거한 후 5를 적재한다.
❸ 같은 방법으로 나머지 참조 페이지를 수행한다.

LFU(Least Frequently Used)
- LFU는 사용 빈도가 가장 적은 페이지를 교체하는 기법이다.
- 활발하게 사용되는 페이지는 사용 횟수가 많아 교체되지 않고 사용된다.

NUR(Not Used Recently)
- NUR은 LRU와 비슷한 알고리즘으로, 최근에 사용하지 않은 페이지를 교체하는 기법이다.
- 최근에 사용되지 않은 페이지는 향후에도 사용되지 않을 가능성이 높다는 것을 전제로, LRU에서 나타나는 시간적인 오버헤드를 줄일 수 있다.
- 최근의 사용 여부를 확인하기 위해서 각 페이지마다 두 개의 비트, 즉 참조 비트(Reference Bit)*와 변형 비트(Modified Bit, Dirty Bit)*가 사용된다.
- 다음과 같이 참조 비트와 변형 비트의 값에 따라 교체될 페이지의 순서가 결정된다.

참조 비트	0	0	1	1
변형 비트	0	1	0	1
교체 순서	1	2	3	4

SCR(Second Chance Replacement, 2차 기회 교체)
SCR은 가장 오랫동안 주기억장치에 있던 페이지 중 자주 사용되는 페이지의 교체를 방지하기 위한 것으로, FIFO 기법의 단점을 보완하는 기법이다.

참조 비트(Reference Bit)
참조 비트는 페이지가 호출되지 않았을 때는 0, 호출되었을 때는 1로 지정됩니다.

변형 비트(Modified Bit, Dirty Bit)
변형 비트는 페이지 내용이 변경되지 않았을 때는 0, 변경되었을 때는 1로 지정됩니다.

기출문제 따라잡기

21년 8월
1. 다음 중 페이지 교체(Page Replacement) 알고리즘이 아닌 것은?

① FIFO(First-In-First-Out)
② LUF(Least Used First)
③ Optimal
④ LRU(Least Recently Used)

LUF(Least Used First)라는 페이지 교체 알고리즘은 없습니다.

이전기출
2. 페이징 기법과 세그먼테이션 기법에 대한 설명으로 옳지 않은 것은?

① 페이징 기법에서는 주소 변환을 위한 페이지 맵 테이블이 필요하다.
② 프로그램을 일정한 크기로 나눈 단위를 페이지라고 한다.
③ 세그먼테이션 기법에서는 하나의 작업을 크기가 각각 다른 여러 논리적인 단위로 나누어 사용한다.
④ 세그먼테이션 기법에서는 내부 단편화, 페이징 기법에서는 외부 단편화가 발생할 수 있다.

페이징 기법에서는 내부 단편화, 세그먼테이션 기법에서는 외부 단편화가 발생할 수 있다는 것 꼭 기억하세요.

23년 2월, 21년 3월
3. 다음 설명의 ㉠과 ㉡에 들어갈 내용으로 옳은 것은?

> 가상기억장치의 일반적인 구현 방법에는 프로그램을 고정된 크기의 일정한 블록으로 나누는 (㉠) 기법과 가변적인 크기의 블록으로 나누는 (㉡) 기법이 있다.

① ㉠ : Paging, ㉡ : Segmentation
② ㉠ : Segmentation, ㉡ : Allocatin
③ ㉠ : Segmentation, ㉡ : Compaction
④ ㉠ : Paging, ㉡ : Linking

고정된 크기면 페이징, 가변적 크기면 세그먼테이션 기법입니다.

이전기출
4. 세그먼테이션 기법에 대한 설명으로 옳지 않은 것은?

① 각 세그먼트는 고유한 이름과 크기를 갖는다.
② 세그먼트 맵 테이블이 필요하다.
③ 프로그램을 일정한 크기로 나눈 단위를 세그먼트라고 한다.
④ 기억장치 보호키가 필요하다.

세그먼트는 가변적인 크기입니다.

20년 9월
5. 다음과 같은 세그먼트 테이블을 가지는 시스템에서 논리 주소(2, 176)에 대한 물리 주소는?

세그먼트번호	시작주소	길이(바이트)
0	670	248
1	1752	422
2	222	198
3	996	604

① 398   ② 400
③ 1928   ④ 1930

실기억주소는 세그먼트의 기준번지 + 변위값입니다. 논리 주소(2, 176)에서 2는 세그먼트 번호이고, 176은 변위값입니다. 세그먼트 번호 2의 시작 주소인 222에 변위값 176을 더하면 물리적인 실기억장치의 주소가 됩니다.

이전기출
6. 페이징 기법에 대한 설명으로 옳지 않은 것은?

① 동적 주소 변환 기법을 사용하여 다중 프로그래밍의 효과를 증진시킨다.
② 내부 단편화가 발생하지 않는다.
③ 프로그램을 동일한 크기로 나눈 단위를 페이지라고 하며, 이 페이지를 블록으로 사용하는 기법이다.
④ 페이지 맵 테이블이 필요하다.

페이징 기법에서는 내부 단편화가 발생할 수 있습니다.

이전기출
7. 가상기억장치에서 주기억장치로 페이지를 옮겨 넣을 때 주소를 조정해 주어야 하는데 이를 무엇이라 하는가?

① 매핑(Mapping)
② 스케줄링(Scheduling)
③ 매칭(Matching)
④ 로딩(Loading)

가상주소로부터 물리주소를 찾는 것을 사상(Mapping)이라고 합니다.

▶ 정답 : 1. ② 2. ④ 3. ① 4. ③ 5. ① 6. ② 7. ①

기출문제 따라잡기

이전기출

8. 가상기억장치에 대한 설명 중 옳지 않은 것은?

① 동적 주소 변환(DAT) 기법은 프로세스가 수행될 때 가상주소를 실주소로 바꾸어 준다.
② 크기가 고정된 블록을 페이지라 하며, 크기가 변할 수 있는 블록을 세그먼트라 한다.
③ 인위적 연속성(Artificial Contiguity)이란 가상주소 공간상의 연속적인 주소가 주기억장치에서도 인위적으로 연속성을 보장해야 하는 성질을 말한다.
④ 세그먼트 기법에서 한 프로세스의 세그먼트들은 동시에 모두 기억장치 내에 있을 필요가 없으며, 연속적일 필요도 없다.

> 인위적 연속성의 의미를 떠올려보세요. 인위적 연속성은 가상주소를 실주소로 바꾸어 줄 때 프로세스가 갖는 가상주소 공간 상의 연속적인 주소가 실전장치에서 연속적일 필요가 없다는 성질을 의미합니다.

이전기출

9. 요구 페이징 기법 중 가장 오랫동안 사용되지 않았던 페이지를 먼저 교체하는 기법에 해당되는 것은?

① FIFO   ② LFU
③ LRU   ④ NUR

> FIFO(First In First Out)는 먼저 들어온 것, LFU(Least Frequently Used)는 사용 횟수가 적은 것, NUR(Not Used Recently)은 최근에 사용되지 않은 것입니다.

25년 8월, 2월, 24년 7월, 5월, 23년 7월, 2월, 22년 7월, 3월, 20년 9월, 6월

10. 4개의 페이지를 수용할 수 있는 주기억장치가 있으며, 초기에는 모두 비어 있다고 가정한다. 다음의 순서로 페이지 참조가 발생할 때, FIFO 페이지 교체 알고리즘을 사용할 경우 페이지 결함의 발생 횟수는?

페이지 참조 순서 : 1, 2, 3, 1, 2, 4, 5, 1

① 6회   ② 7회   ③ 8회   ④ 9회

> 4개의 페이지를 수용할 수 있는 주기억장치이므로 아래 그림과 같이 4개의 페이지 프레임으로 표현할 수 있습니다.

참조 페이지	1	2	3	1	2	4	5	1
페이지 프레임	1	1	1	1	1	1	5	5
		2	2	2	2	2	2	1
			3	3	3	3	3	3
						4	4	4
부재 발생	●	●	●			●	●	●

> 참조 페이지가 페이지 테이블에 없을 경우 페이지 결함(부재)이 발생됩니다. 초기에는 모든 페이지가 비어있으므로 처음 1, 2, 3 그리고 4 페이지 적재 시 페이지 결함이 발생됩니다. FIFO 기법은 가장 먼저 들어와 있었던 페이지를 교체하는 기법이므로 참조 페이지 5를 참조할 때에는 1을 제거한 후 5를 가져오게 됩니다. 이러한 과정으로 모든 페이지에 대한 요구를 처리하고 나면 총 페이지 결함 발생 횟수는 6회입니다.

22년 4월

11. 4개의 페이지를 수용할 수 있는 주기억장치가 있으며, 초기에는 모두 비어 있다고 가정한다. 다음의 순서로 페이지 참조가 발생할 때, LRU 페이지 교체 알고리즘을 사용할 경우 몇 번의 페이지 결함이 발생하는가?

페이지 참조 순서 1, 2, 3, 1, 2, 4, 1, 2, 5

① 5회   ② 6회
③ 7회   ④ 8회

> LRU 기법을 사용하여 페이지를 참조하는 그림은 아래와 같습니다. LRU 기법은 최근에 가장 오랫동안 사용되지 않은 페이지를 교체하는 기법이므로, 마지막 페이지 5를 참조할 때는 3을 제거한 후 5를 가져오게 됩니다.

참조 페이지	1	2	3	1	2	4	1	2	5
페이지 프레임	1	1	1	1	1	1	1	1	1
		2	2	2	2	2	2	2	2
			3	3	3	3	3	3	5
						4	4	4	4
부재 발생	●	●	●			●			●

이전기출

12. 페이지 교체 기법 중 매 페이지마다 두 개의 하드웨어 비트, 즉 참조 비트와 변형 비트가 필요한 기법은?

① FIFO   ② LRU
③ LFU   ④ NUR

> '하드웨어 비트가 필요한 기법'하면 'NUR'입니다.

이전기출

13. NUR 기법은 호출 비트와 변형 비트를 가진다. 다음 중 가장 나중에 교체될 페이지는?

① 호출 비트 : 0, 변형 비트 : 0
② 호출 비트 : 0, 변형 비트 : 1
③ 호출 비트 : 1, 변형 비트 : 0
④ 호출 비트 : 1, 변형 비트 : 1

> NUR 기법은 최근에 사용되지 않은 페이지를 교체하는 것이므로, 최근에 참조되고 변형된 것을 찾으면 됩니다.

▶ 정답 : 8. ③   9. ③   10. ①   11. ①   12. ④   13. ④

SECTION 116 가상기억장치 기타 관리 사항

가상기억장치를 구현할 때 시스템의 성능에 영향을 미치는 페이지 크기나 Locality, 워킹 셋, 페이지 부재 빈도, 프리페이징 등에 대해 알아보자.

1 페이지 크기

25.5, 21.5

페이징 기법을 사용하면 프로그램을 페이지 단위로 나누게 되는데, 페이지의 크기에 따라 시스템에 미치는 영향이 다르다. 페이지 크기에 따른 특징은 다음과 같다.

페이지 크기가 작을 경우

- 페이지 단편화가 감소되고, 한 개의 페이지를 주기억장치로 이동하는 시간이 줄어든다.
- 불필요한 내용이 주기억장치에 적재될 확률이 적으므로 효율적인 워킹 셋을 유지할 수 있다.
- Locality에 더 일치할 수 있기 때문에 기억장치 효율이 높아진다.
- 페이지 정보를 갖는 페이지 맵 테이블의 크기가 커지고, 매핑 속도가 늦어진다.
- 디스크 접근 횟수가 많아져서 전체적인 입·출력 시간은 늘어난다.

전문가의 조언

페이지 크기가 시스템에 미치는 영향을 묻는 문제가 출제되었습니다. 페이지 크기가 작으면 페이지의 수는 늘어나고, 페이지 크기가 크면 페이지의 수는 줄어듭니다. 이 점을 염두에 두고 각각의 특징을 읽어보세요.

페이지 크기가 클 경우

- 페이지 정보를 갖는 페이지 맵 테이블의 크기가 작아지고, 매핑 속도가 빨라진다.
- 디스크 접근 횟수가 줄어들어 전체적인 입·출력의 효율성이 증가된다.
- 페이지 단편화가 증가되고, 한 개의 페이지를 주기억장치로 이동하는 시간이 늘어난다.
- 프로세스(프로그램) 수행에 불필요한 내용까지도 주기억장치에 적재될 수 있다.

2 Locality

23.5, 21.5

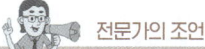

Locality(국부성, 지역성, 구역성, 국소성)는 프로세스가 실행되는 동안 주기억장치를 참조할 때 일부 페이지만 집중적으로 참조하는 성질이 있다는 이론이다.

- 스래싱을 방지하기 위한 워킹 셋 이론의 기반이 되었다.
- 프로세스가 집중적으로 사용하는 페이지를 알아내는 방법 중 하나로, 가상기억장치 관리의 이론적인 근거가 된다.
- 데닝(Denning) 교수에 의해 구역성의 개념이 증명되었으며 캐시 메모리 시스템의 이론적 근거이다.
- Locality의 종류에는 시간 구역성(Temporal Locality)과 공간 구역성(Spatial Locality)이 있다.

전문가의 조언

공간 구역성의 개념이 다른 문제의 보기로 출제된 적이 있습니다. Locality의 개념을 파악하고, 시간 구역성과 공간 구역성에 해당하는 기억장소를 구분할 수 있도록 정리하세요.

시간 구역성(Temporal Locality)

- 시간 구역성은 프로세스가 실행되면서 하나의 페이지를 일정 시간 동안 집중적으로 액세스하는 현상이다.
- 한 번 참조한 페이지는 가까운 시간 내에 계속 참조할 가능성이 높음을 의미한다.
- **시간 구역성이 이루어지는 기억 장소** : Loop(반복, 순환), 스택(Stack), 부 프로그램(Sub Routine), Counting(1씩 증감), 집계(Totaling)에 사용되는 변수(기억장소)

공간 구역성(Spatial Locality)

- 공간 구역성은 프로세스 실행 시 일정 위치의 페이지를 집중적으로 액세스하는 현상이다.
- 어느 하나의 페이지를 참조하면 그 근처의 페이지를 계속 참조할 가능성이 높음을 의미한다.
- **공간 구역성이 이루어지는 기억장소** : 배열 순회(Array Traversal, 배열 순례), 순차적 코드의 실행, 프로그래머들이 관련된 변수(데이터를 저장할 기억장소)들을 서로 근처에 선언하여 할당되는 기억장소, 같은 영역에 있는 변수를 참조할 때 사용

❸ 워킹 셋(Working Set)

워킹 셋은 프로세스가 일정 시간 동안 자주 참조하는 페이지들의 집합이다.

- 데닝(Denning)이 제안한 프로그램의 움직임에 대한 모델로, 프로그램의 Locality 특징을 이용한다.
- 자주 참조되는 워킹 셋을 주기억장치에 상주시킴으로써 페이지 부재 및 페이지 교체 현상이 줄어들어 프로세스의 기억장치 사용이 안정된다.
- 시간이 지남에 따라 자주 참조하는 페이지들의 집합이 변화하기 때문에 워킹 셋은 시간에 따라 변경된다.

❹ 페이지 부재 빈도 방식

페이지 부재(Page Fault)는 프로세스 실행 시 참조할 페이지가 주기억장치에 없는 현상이며, 페이지 부재 빈도(PFF; Page Fault Frequency)는 페이지 부재가 일어나는 횟수를 의미한다.

- 페이지 부재 빈도 방식은 페이지 부재율(Page Fault Rate)에 따라 주기억장치에 있는 페이지 프레임의 수를 늘리거나 줄여 페이지 부재율을 적정 수준으로 유지하는 방식이다.
- 운영체제는 프로세스 실행 초기에 임의의 페이지 프레임을 할당하고, 페이지 부재율을 지속적으로 감시하고 있다가 부재율이 상한선을 넘어가면 좀더 많은 페이지 프레임을 할당하고, 부재율이 하한선을 넘어가면 페이지 프레임을 회수하는 방식을 사용한다.

전문가의 조언

워킹 셋의 개념을 묻는 문제가 출제되었습니다. 워킹 셋은 '자주 참조하는 페이지의 집합'이라는 것을 중심으로 개념과 특징을 정리하세요.

전문가의 조언

139쪽의 그래프 그림을 참조하여 페이지 부재 빈도 방식의 개념을 이해하세요.

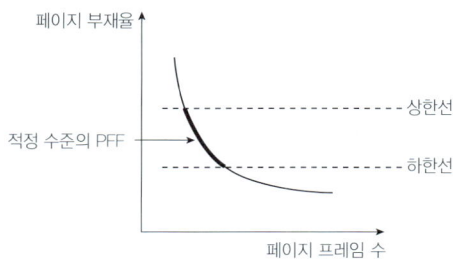

5 프리페이징(Prepaging)

프리페이징은 처음의 과도한 페이지 부재를 방지하기 위해 필요할 것 같은 모든 페이지를 한꺼번에 페이지 프레임에 적재하는 기법이다.
- 기억장치에 들어온 페이지들 중에서 사용되지 않는 페이지가 많을 수도 있다.

6 스래싱(Thrashing)
25.2, 23.2, 22.7, 21.5

스래싱은 프로세스의 처리 시간보다 페이지 교체에 소요되는 시간이 더 많아지는 현상이다.
- 다중 프로그래밍 시스템이나 가상기억장치를 사용하는 시스템에서 하나의 프로세스 수행 과정중 자주 페이지 부재가 발생함으로써 나타나는 현상으로, 전체 시스템의 성능이 저하된다.
- 다중 프로그래밍의 정도가 높아짐에 따라 CPU의 이용률은 어느 특정 시점까지는 높아지지만, 다중 프로그래밍의 정도가 더욱 커지면 스래싱이 나타나고, CPU의 이용률은 급격히 감소하게 된다.

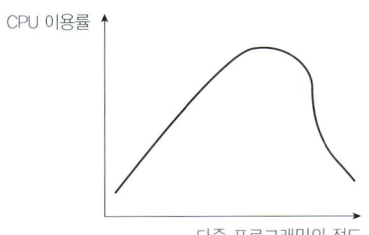

- **스래싱 현상 방지 방법**
  - 다중 프로그래밍의 정도를 적정 수준으로 유지한다.
  - 페이지 부재 빈도(Page Fault Frequency)를 조절하여 사용한다.
  - 워킹 셋을 유지한다.
  - 부족한 자원을 증설하고, 일부 프로세스를 중단시킨다.
  - CPU 성능에 대한 자료의 지속적 관리 및 분석으로 임계치를 예상하여 운영한다.

> **전문가의 조언**
>
> 스래싱의 개념을 묻는 문제가 출제되었습니다. 스래싱의 개념과 스래싱 현상 방지 방법을 파악하고, 그래프를 통해 다중 프로그래밍의 정도에 따른 CPU의 이용률을 정리하세요.
>
> **다중 프로그래밍의 정도**
> 얼마나 많은 프로그램을 동시에 수행하느냐를 나타내는 것으로, 다중 프로그래밍의 정도를 높인다는 것은 동시에 수행하는 프로그램의 수를 늘린다는 것입니다.

기출문제 따라잡기

25년 5월, 21년 5월
1. 페이징 기법에서 페이지 크기가 작아질수록 발생하는 현상이 아닌 것은?
① 기억장소 이용 효율이 증가한다.
② 입·출력 시간이 늘어난다.
③ 내부 단편화가 감소한다.
④ 페이지 맵 테이블의 크기가 감소한다.

> 페이지 크기가 작아질수록 페이지의 개수가 많아져 주소를 저장하는 맵 테이블의 크기가 커지게 됩니다.

23년 2월, 21년 5월
2. 프로세스 적재 정책과 관련한 설명으로 틀린 것은?
① 반복, 스택, 부프로그램은 시간 지역성(Temporal Locality)과 관련이 있다.
② 공간 지역성(Spatial Locality)은 프로세스가 어떤 페이지를 참조했다면 이후 가상주소공간상 그 페이지와 인접한 페이지들을 참조할 가능성이 높음을 의미한다.
③ 일반적으로 페이지 교환에 보내는 시간보다 프로세스 수행에 보내는 시간이 더 크면 스레싱(Thrashing)이 발생한다.
④ 스레싱(Thrashing) 현상을 방지하기 위해서는 각 프로세스가 필요로 하는 프레임을 제공할 수 있어야 한다.

> 프로세스 수행에 보내는 시간보다 페이지 교환에 보내는 시간이 더 큰 경우에 스레싱(Thrashing)이 발생합니다.

23년 5월
3. 시간 구역성(Tempral Locality)과 거리가 먼 것은?
① 스택   ② 순환문
③ 부프로그램   ④ 배열 순회

> 배열 순회는 시간 구역성이 아니라 공간 구역성에 해당됩니다.

이전기출
4. 프로세스들이 국부적인 부분만을 집중적으로 참조하는 구역성에는 시간 구역성과 공간 구역성이 있는데, 다음 중 공간 구역성의 경우는?
① 순환(Looping)
② 배열 순례(Array Traversal)
③ 스택(Stack)
④ 집계(Totaling)에 사용되는 변수

> 순환, 스택, 집계에 사용 되는 변수는 어느 특정한 시기를 기준으로 하고, 공간 구역성은 특정 공간을 기준으로 합니다.

21년 3월
5. 운영체제의 가상기억장치 관리에서 프로세스가 일정 시간동안 자주 참조하는 페이지들의 집합을 의미하는 것은?
① Locality   ② Deadlock
③ Thrashing   ④ Working Set

> '페이지 집합'이란 말이 나오면 워킹 셋(Working Set)입니다.

25년 2월
6. 페이지 오류율(Page Fault Ratio)과 스래싱(Thrashing)에 대한 설명으로 옳은 것은?
① 페이지 오류율이 크면 스래싱이 많이 발생한 것이다.
② 페이지 오류율과 스래싱은 전혀 관계가 없다.
③ 스래싱이 많이 발생하면 페이지 오류율이 감소한다.
④ 다중 프로그래밍의 정도가 높을수록 페이지 오류율과 스래싱이 감소한다.

> 페이지 오류율은 페이지 부재가 발생하는 비율을 의미하는 것으로, 페이지 부재가 많이 발생되면 페이지 교체가 자주 발생됩니다. 즉 페이지 오류율이 높을수록 스래싱이 많이 발생됩니다.

이전기출
7. Working set W(t, w)는 t-w 시간부터 t까지 참조된 page들의 집합을 말한다. 그 시간에 참조된 페이지가 {2, 3, 5, 5, 6, 3, 7}라면 Working set은?
① {3, 5}   ② {2, 6, 7}
③ {2, 3, 5, 6, 7}   ④ {2, 7}

> 워킹 셋은 프로세스가 일정 시간 동안 참조하는 페이지들의 집합이므로 참조된 페이지에서 중복을 제거하면 됩니다.

22년 7월
8. 다음 설명에 해당하는 내용은 무엇인가?

> 프로세스 처리 도중, 참조할 페이지가 주기억장치에 없어 프로세스 처리시간보다, 페이지 교체에 소요되는 시간이 더 많아지는 현상

① 스레드(Thread)   ② 스래싱(Thrashing)
③ 페이지부재(Page Fault)   ④ 워킹셋(Working Set)

> 프로세스 처리 시간보다 페이지 교체 시간이 더 많아지는 현상을 스래싱이라고 합니다.

기출문제 따라잡기

이전기출
9. 워킹 셋(Working Set)에 대한 설명으로 옳지 않은 것은?
① 프로세스가 실행하는 과정에서 시간이 지남에 따라 자주 참조하는 페이지들의 집합이 변화하기 때문에 워킹 셋은 시간에 따라 바뀌게 된다.
② 프로그램의 구역성(Locality) 특징을 이용한다.
③ 워킹 셋에 속한 페이지를 참조하면 프로세스의 기억장치 사용은 안정상태가 된다.
④ 페이지 이동에 소요되는 시간과 프로세스 수행에 소요되는 시간의 차이를 의미한다.

> 워킹 셋은 '자주 참조하는 페이지의 집합'입니다.

이전기출
10. 페이징 기법과 관련된 설명으로 옳지 않은 것은?
① 어떤 프로세스가 프로그램 실행에 사용하는 시간보다 페이지 적재/대체에 소비하는 시간이 더 큰 경우에 스래싱이 발생한다.
② 페이지 크기가 작을 경우 페이지 테이블의 공간이 많이 요구된다.
③ 작업 셋(Working Set) 방식은 스래싱을 방지하는 방법 중의 하나이다.
④ 다중 프로그래밍의 정도가 높을수록 스래싱의 발생 빈도는 낮아진다.

> 다중 프로그래밍 정도가 높아지면 어느 시점까지는 CPU의 이용률이 높고 스래싱의 발생 빈도가 낮아지지만 어느 시점을 넘어서면 CPU의 이용률이 낮아지고 스래싱의 발생 빈도가 높아집니다. 다중 프로그래밍 정도가 높다고 무조건 좋은 것은 아닙니다.

이전기출
11. 시스템을 설계할 때 최적의 페이지 크기에 관한 결정이 이루어져야만 한다. 페이지 크기에 관한 설명으로 옳지 않은 것은?
① 페이지 크기가 크면 페이지 테이블 공간은 증가한다.
② 입·출력 전송 시 큰 페이지가 더 효율적이다.
③ 페이지 크기가 클수록 디스크 접근 시간 부담이 감소된다.
④ 페이지 크기가 작아도 페이지 테이블의 단편화는 발생한다.

> 페이지 크기가 커지면 페이지의 수가 적어지므로 페이지 정보를 갖는 페이지 테이블 공간은 줄어듭니다.

이전기출
12. 실행중인 프로세스는 일정 시간에 메모리의 일정 부분만을 집중적으로 참조한다는 개념을 의미하는 것은?
① Locality ② Monitor
③ Spooling ④ Fragmentation

> 일정 부분, 즉 일정 구역을 집중적으로 참조하는 것은 구역성(Locality)입니다.

이전기출
13. 페이지 대체 문제에 관련된 사항 중 잘못된 것은?
① 스래싱(Thrashing) 현상이 일어나면 시스템의 처리율이 증가한다.
② 시간 지역성이란 최근에 참조한 기억장소가 다시 참조될 가능성이 높다는 것이다.
③ 공간 지역성이란 참조된 기억장소에 대해 근처의 기억장소가 다시 참조될 가능성이 높다는 것이다.
④ 어떤 프로세스가 빈번하게 참조하는 페이지들의 집합을 작업 셋이라 한다.

> 스래싱은 프로세스 처리 시간보다 페이지 교체 시간이 더 많아지는 현상이므로 스래싱이 발생하면 시스템의 처리율이 감소합니다.

이전기출
14. 스래싱(Thrashing) 현상의 해결 조치로 틀린 것은?
① 부족한 자원을 증설한다.
② 일부 프로세스를 중단시킨다.
③ 성능 자료의 지속적 관리 및 분석으로 임계치를 예상하여 운영한다.
④ 다중 프로그래밍의 정도를 높여준다.

> 다중 프로그래밍의 정도는 어느 수준이상 높아지면 스래싱의 발생 빈도를 높입니다.

▶ 정답 : 1.④ 2.③ 3.④ 4.② 5.④ 6.① 7.④ 8.② 9.④ 10.④ 11.① 12.① 13.① 14.④

SECTION 117 프로세스의 개요

전문가의 조언

프로세스의 정의가 아닌 것을 묻는 문제가 출제되었습니다. 다양하게 표현되는 프로세스의 정의를 모두 기억해 두세요.

프로시저

한 프로그램은 여러 개의 작은 프로그램으로 분할될 수 있는데, 이때 분할된 작은 프로그램을 의미하며, 부프로그램이라고도 합니다.

비동기적 행위

다수의 프로세스가 서로 규칙적이거나 연속적이지 않고 독립적으로 실행되는 것을 말합니다.

전문가의 조언

PCB의 개념이 다른 문제의 보기로 출제된 적이 있습니다. PCB의 개념과 더불어 PCB에 저장되는 정보와 저장되지 않는 정보를 명확히 구분할 수 있도록 정리하세요.

부모 프로세스 / 자식 프로세스

하나의 프로세스로 다른 프로세스를 생성할 수 있는데, 이때 생성되는 프로세스를 자식 프로세스라 하고, 기존에 있는 프로세스를 부모 프로세스라고 합니다.

1 프로세스(Process)의 정의

25.8, 22.7

프로세스는 일반적으로 프로세서(처리기, CPU)에 의해 처리되는 사용자 프로그램, 시스템 프로그램, 즉 실행중인 프로그램을 의미하며, 작업(Job), 태스크(Task)라고도 한다.

- 프로세스는 다음과 같이 여러 형태로 정의할 수 있다.
  - PCB를 가진 프로그램
  - 실기억장치에 저장된 프로그램
  - 프로세서가 할당되는 실체로서, 디스패치가 가능한 단위
  - 프로시저*가 활동중인 것
  - 비동기적 행위*를 일으키는 주체
  - 지정된 결과를 얻기 위한 일련의 계통적 동작
  - 목적 또는 결과에 따라 발생되는 사건들의 과정
  - 운영체제가 관리하는 실행 단위

2 PCB(Process Control Block, 프로세스 제어 블록)

25.8, 21.8

PCB는 운영체제가 프로세스에 대한 중요한 정보를 저장해 놓는 곳으로, Task Control Block 또는 Job Control Block이라고도 한다.

- 각 프로세스가 생성될 때마다 고유의 PCB가 생성되고, 프로세스가 완료되면 PCB는 제거된다.
- PCB에 저장되어 있는 정보는 다음과 같다.

저장 정보	설명
프로세스의 현재 상태	준비, 대기, 실행 등의 프로세스 상태
포인터	• 부모 프로세스*에 대한 포인터 : 부모 프로세스의 주소 기억 • 자식 프로세스*에 대한 포인터 : 자식 프로세스의 주소 기억 • 프로세스가 위치한 메모리에 대한 포인터 : 현재 프로세스가 위치한 주소 기억 • 할당된 자원에 대한 포인터 : 프로세스에 할당된 각 자원에 대한 주소 기억
프로세스 고유 식별자	프로세스를 구분할 수 있는 고유의 번호
스케줄링 및 프로세스의 우선순위	스케줄링 정보 및 프로세스가 실행될 우선순위
CPU 레지스터 정보	Accumulator(누산기), 인덱스 레지스터, 범용 레지스터, 프로그램 카운터(PC) 등에 대한 정보

주기억장치 관리 정보	기준 레지스터(Base Register)*, 페이지 테이블(Page Table)*에 대한 정보
입·출력 상태 정보	입·출력장치, 개방된 파일 목록
계정 정보	CPU 사용 시간, 실제 사용 시간, 한정된 시간

③ 프로세스 상태 전이

22.7, 20.6, 실기 20.11

프로세스 상태 전이는 프로세스가 시스템 내에 존재하는 동안 프로세스의 상태가 변하는 것을 의미하며, 프로세스의 상태를 다음과 같이 상태 전이도로 표시할 수 있다.

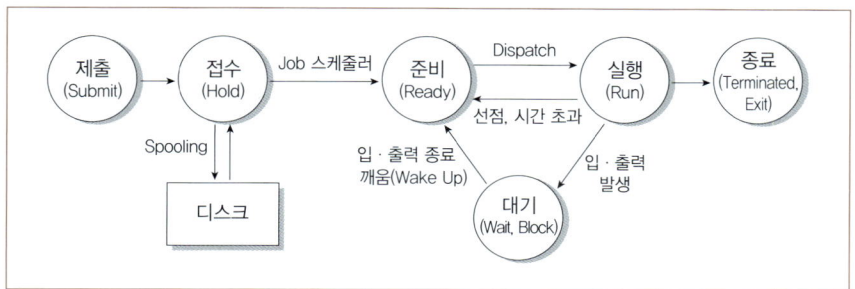

- 프로세스의 상태는 제출, 접수, 준비, 실행, 대기 상태로 나눌 수 있으며, 이 중 주요 세 가지 상태는 준비, 실행, 대기 상태이다.
- **제출(Submit)** : 작업을 처리하기 위해 사용자가 작업을 시스템에 제출한 상태이다.
- **접수(Hold)** : 제출된 작업이 스풀 공간인 디스크의 할당 위치에 저장된 상태이다.
- **준비(Ready)**
  - 프로세스가 프로세서를 할당받기 위해 기다리고 있는 상태이다.
  - 프로세스는 준비상태 큐*에서 실행을 준비하고 있다.
  - 접수 상태에서 준비 상태로의 전이는 Job 스케줄러에 의해 수행된다.
- **실행(Run)**
  - 준비상태 큐에 있는 프로세스가 프로세서를 할당받아 실행되는 상태이다.
  - 프로세스 수행이 완료되기 전에 프로세스에게 주어진 프로세서 할당 시간이 종료(Timer Run Out)되면 프로세스는 준비 상태로 전이된다.
  - 실행중인 프로세스에 입·출력(I/O) 처리가 필요하면 실행중인 프로세스는 대기 상태로 전이된다.
  - 준비 상태에서 실행 상태로의 전이는 CPU(프로세서) 스케줄러에 의해 수행된다.
- **대기(Wait), 보류, 블록(Block)** : 프로세스에 입·출력 처리가 필요하면 현재 실행 중인 프로세스가 중단되고, 입·출력 처리가 완료될 때까지 대기하고 있는 상태이다.
- **종료(Terminated, Exit)** : 프로세스의 실행이 끝나고 프로세스 할당이 해제된 상태이다.

기준 레지스터(Base Register)
기준 레지스터는 주기억장치가 분할된 영역으로 나뉘어 관리될 때, 프로그램이 한 영역에서 다른 영역으로 옮겨지더라도 명령의 주소 부분을 바꾸지 않고 정상적으로 수행될 수 있도록 하기 위한 레지스터입니다.

페이지 테이블(Page Table)
페이지 테이블은 페이징 기법에서 주소 변환을 위해 페이지가 존재하는 주기억장치의 위치 정보를 가지고 있는 테이블을 의미합니다. 페이징 기법은 Section 115에서 자세히 다룹니다.

전문가의 조언

프로세스 상태의 종류를 묻는 문제가 출제되었습니다. 여러 단계로 구분되는 프로세스의 상태들을 기억하고, 어떤 상태를 말하는지 찾아낼 수 있도록 각각의 특징을 정리해 두세요.

준비상태 큐
준비상태 큐는 여러 프로세스가 프로세서를 할당 받기 위해 기다리는 장소입니다.

전문가의 조언

프로세스 상태 전이 용어 중 디스패치의 의미가 다른 문제의 보기로 출제된 적이 있습니다. 프로세스 상태 전이 관련 용어들을 구분할 수 있도록 각각의 의미를 정리하세요.

4 프로세스 상태 전이 관련 용어

25.8, 21.8

- **Dispatch** : 준비 상태에서 대기하고 있는 프로세스 중 하나가 프로세서를 할당받아 실행 상태로 전이되는 과정이다.
- **Wake Up** : 입·출력 작업이 완료되어 프로세스가 대기 상태에서 준비 상태로 전이 되는 과정이다.
- **Spooling** : 입·출력장치의 공유 및 상대적으로 느린 입·출력장치의 처리 속도를 보완하고 다중 프로그래밍 시스템의 성능을 향상시키기 위해 입·출력할 데이터를 직접 입·출력장치에 보내지 않고 나중에 한꺼번에 입·출력하기 위해 디스크에 저장하는 과정이다.
- **교통량 제어기(Traffic Controller)** : 프로세스의 상태에 대한 조사와 통보를 담당한다.

전문가의 조언

스레드의 개념과 특징을 묻는 문제가 출제되었습니다. 스레드의 개념을 기억하고, 스레드의 특징이 아닌 것을 구분해 낼 수 있도록 특징을 잘 정리하세요.

5 스레드(Thread)

25.8, 22.4, 21.8, 20.6

스레드는 프로세스 내에서의 작업 단위로서 시스템의 여러 자원을 할당받아 실행하는 프로그램의 단위이다.

- 하나의 프로세스에 하나의 스레드가 존재하는 경우에는 단일 스레드, 하나 이상의 스레드가 존재하는 경우에는 다중 스레드라고 한다.
- 프로세스의 일부 특성을 갖고 있기 때문에 경량(Light Weight) 프로세스라고도 한다.
- 스레드 기반 시스템에서 스레드는 독립적인 스케줄링의 최소 단위로서 프로세스의 역할을 담당한다.
- 동일 프로세스 환경에서 서로 독립적인 다중 수행이 가능하다.
- 스레드의 분류

사용자 수준의 스레드	• 사용자가 만든 라이브러리를 사용하여 스레드를 운용한다. • 커널 모드로의 전환이 없어 오버헤드가 줄어든다. • 속도는 빠르지만 구현이 어렵다.
커널 수준의 스레드	• 운영체제의 커널에 의해 스레드를 운용한다. • 한 프로세스가 운영체제를 호출할 때 전체 프로세스가 대기하지 않으므로 시스템의 성능을 높일 수 있다. • 여러 스레드가 커널에 동시에 접근할 수 있다. • 스레드의 독립적인 스케줄링이 가능하다. • 구현이 쉽지만 속도가 느리다

- 스레드 사용의 장점
  − 하나의 프로세스를 여러 개의 스레드로 생성하여 병행성을 증진시킬 수 있다.
  − 하드웨어, 운영체제의 성능과 응용 프로그램의 처리율을 향상시킬 수 있다.
  − 응용 프로그램의 응답 시간(Response Time)을 단축시킬 수 있다.
  − 실행 환경을 공유시켜 기억장소의 낭비가 줄어든다.
  − 프로세스들 간의 통신이 향상된다.
  − 스레드는 공통적으로 접근 가능한 기억장치를 통해 효율적으로 통신한다.

기출문제 따라잡기

22년 7월
1. 다음 중 프로세스에 대한 설명 중 틀린 것은?
① 프로세서가 할당되는 실체로, 디스패치가 가능한 단위이다.
② 프로세스는 비동기적 행위를 일으키는 주체이다.
③ 프로세스는 스레드 내의 작업 단위를 의미하며, 경량 스레드라고도 불린다.
④ PCB를 가지며 PCB에는 프로세스의 현재 상태, 고유 식별자를 가지고 있다.

프로세스가 스레드의 작업 단위가 아니라 스레드가 프로세스의 작업 단위입니다.

22년 4월
2. 사용자 수준에서 지원되는 스레드(thread)가 커널에서 지원되는 스레드에 비해 가지는 장점으로 옳은 것은?
① 한 프로세스가 운영체제를 호출할 때 전체 프로세스가 대기할 필요가 없으므로 시스템 성능을 높일 수 있다.
② 동시에 여러 스레드가 커널에 접근할 수 있으므로 여러 스레드가 시스템 호출을 동시에 사용할 수 있다.
③ 각 스레드를 개별적으로 관리할 수 있으므로 스레드의 독립적인 스케줄링이 가능하다.
④ 커널 모드로의 전환 없이 스레드 교환이 가능하므로 오버헤드가 줄어든다.

①, ②, ③번은 커널 수준의 스레드가 갖는 장점입니다.

25년 8월
3. PCB(프로세스 제어 블록)를 갖고 있으며, 현재 실행 중이거나 곧 실행 가능하며, CPU를 할당받을 수 있는 프로그램으로 정의할 수 있는 것은?
① 워킹 셋
② 세그먼테이션
③ 모니터
④ 프로세스

실행 중인 프로그램을 의미하는 것은 프로세스(Process)입니다.

이전기출
4. PCB(Process Control Block)가 갖고 있는 정보가 아닌 것은?
① 프로세스 상태
② 프로그램 카운터
③ 처리기 레지스터
④ 할당되지 않은 주변장치의 상태 정보

할당되지 않은 주변장치의 상태 정보는 PCB가 가지고 있는 정보가 아닙니다.

20년 6월
5. 프로세스 상태의 종류가 아닌 것은?
① Ready
② Running
③ Request
④ Exit

프로세스 상태는 제출(Submit), 접수(Hold), 준비(Ready), 실행(Run), 대기(Wait), 종료(Exit)로 구분됩니다.

이전기출
6. 준비 상태에서 대기하고 있는 프로세스 중 하나가 스케줄링되어 중앙처리장치를 할당받아 실행 상태로 전이되는 과정을 무엇이라 하는가?
① 실행(Run)
② 준비(Ready)
③ 대기(Wait)
④ 디스패치(Dispatch)

문제에 제시된 내용은 디스패치의 개념입니다.

20년 6월
7. 스레드(Thread)에 대한 설명으로 옳지 않은 것은?
① 한 개의 프로세스는 여러 개의 스레드를 가질 수 없다.
② 커널 스레드의 경우 운영체제에 의해 스레드를 운용한다.
③ 사용자 스레드의 경우 사용자가 만든 라이브러리를 사용하여 스레드를 운용한다.
④ 스레드를 사용함으로써 하드웨어, 운영체제의 성능과 응용 프로그램의 처리율을 향상시킬 수 있다.

하나의 프로세스에 하나 이상의 스레드가 존재하는 경우에는 다중 스레드라고 합니다.

25년 8월, 21년 8월
8. 프로세스와 관련한 설명으로 틀린 것은?
① 프로세스가 준비 상태에서 프로세서가 배당되어 실행 상태로 변화하는 것을 디스패치(Dispatch)라고 한다.
② 프로세스 제어 블록(PCB, Process Control Block)은 프로세스 식별자, 프로세스 상태 등의 정보로 구성된다.
③ 이전 프로세스의 상태 레지스터 내용을 보관하고 다른 프로세스의 레지스터를 적재하는 과정을 문맥 교환(Context Switching)이라고 한다.
④ 프로세스는 스레드(Thread) 내에서 실행되는 흐름의 단위이며, 스레드와 달리 주소 공간에 실행 스택(Stack)이 없다.

스레드(Thread)가 프로세스 내에서의 작업의 단위입니다.

▶ 정답 : 1. ③ 2. ④ 3. ④ 4. ④ 5. ③ 6. ④ 7. ① 8. ④

SECTION 118 스케줄링

전문가의 조언

스케줄링과 문맥 교환이 무엇인지 개념을 파악하고, 스케줄링의 종류를 알아두세요.

1 스케줄링(Scheduling)의 개요

스케줄링은 프로세스가 생성되어 실행될 때 필요한 시스템의 여러 자원을 해당 프로세스에게 할당하는 작업을 의미한다.

- 프로세스가 생성되어 완료될 때까지 프로세스는 여러 종류의 스케줄링 과정을 거치게 된다.
- 스케줄링의 종류에는 장기 스케줄링, 중기 스케줄링, 단기 스케줄링이 있다.

장기 스케줄링	• 어떤 프로세스가 시스템의 자원을 차지할 수 있도록 할 것인가를 결정하여 준비상태 큐로 보내는 작업을 의미한다. • 작업 스케줄링(Job Scheduling), 상위 스케줄링이라고도 하며, 작업 스케줄러에 의해 수행된다.
중기 스케줄링	• 어떤 프로세스들이 CPU를 할당받을 것인지 결정하는 작업을 의미한다. • CPU를 할당받으려는 프로세스가 많을 경우 프로세스를 일시 보류시킨 후 활성화해서 일시적으로 부하를 조절한다.
단기 스케줄링	• 프로세스가 실행되기 위해 CPU를 할당받는 시기와 특정 프로세스를 지정하는 작업을 의미한다. • 프로세서 스케줄링(Processor Scheduling), 하위 스케줄링이라고도 한다. • 프로세서 스케줄링 및 문맥 교환은 프로세서 스케줄러에 의해 수행된다

잠깐만요 문맥 교환(Context Switching)

문맥 교환은 하나의 프로세스에서 다른 프로세스로 CPU가 할당되는 과정에서 발생되는 것으로 새로운 프로세스에 CPU를 할당하기 위해 현재 CPU가 할당된 프로세스의 상태 정보를 저장하고, 새로운 프로세스의 상태 정보를 설정한 후 CPU를 할당하여 실행되도록 하는 작업을 의미합니다.

2 프로세스 스케줄링의 기법
24.5

전문가의 조언

선점 스케줄링과 비선점 스케줄링의 의미 및 특징을 파악하고, 각각의 스케줄링에는 어떤 알고리즘들이 있는지 알아두세요.

비선점의 영어 표현
비선점은 Non-Preemption이나 Non-Preemptive로 표현할 수 있습니다.

비선점(Non-Preemptive)* 스케줄링

- 이미 할당된 CPU를 다른 프로세스가 강제로 빼앗아 사용할 수 없는 스케줄링 기법이다.
- 프로세스가 CPU를 할당받으면 해당 프로세스가 완료될 때까지 CPU를 사용한다.
- 모든 프로세스에 대한 요구를 공정하게 처리할 수 있다.
- 프로세스 응답 시간의 예측이 용이하며, 일괄 처리 방식에 적합하다.
- 중요한 작업(짧은 작업)이 중요하지 않은 작업(긴 작업)을 기다리는 경우가 발생할 수 있다.
- 비선점 스케줄링의 종류에는 FCFS, SJF, 우선순위, HRN, 기한부 등의 알고리즘이 있다.

선점(Preemptive) 스케줄링

- 하나의 프로세스가 CPU를 할당받아 실행하고 있을 때 우선순위가 높은 다른 프로세스가 CPU를 강제로 빼앗아 사용할 수 있는 스케줄링 기법이다.
- 우선순위가 높은 프로세스를 빠르게 처리할 수 있다.
- 주로 빠른 응답 시간을 요구하는 대화식 시분할 시스템에 사용된다.
- 많은 오버헤드(Overhead)를 초래한다.
- 선점이 가능하도록 일정 시간 배당에 대한 인터럽트용 타이머 클록(Clock)*이 필요하다.
- 선점 스케줄링의 종류에는 Round Robin, SRT, 선점 우선순위, 다단계 큐, 다단계 피드백 큐 등의 알고리즘이 있다.

인터럽트용 타이머 클록
인터럽트용 타이머 클록은 하나의 시스템 내에서 동작하는 장치들을 감시하기 위해 주기적인 신호를 발생하는 것으로, 하나의 프로세스가 자원을 독점하지 못하도록 방지하기 위해 사용됩니다.

기출문제 따라잡기

이전기출
1. 선점(Preemptive) 기법의 스케줄링에 해당하는 것은?
① FIFO   ② SJF
③ HRN   ④ RR

보기 중 선점 기법의 스케줄링은 RR입니다.

24년 5월
2. 선점 스케줄링과 비선점 스케줄링에 대한 비교 설명 중 옳은 것은?
① 선점 스케줄링은 이미 할당된 CPU를 다른 프로세스가 강제로 빼앗아 사용할 수 없다.
② 선점 스케줄링은 상대적으로 과부하가 적다.
③ 비선점 스케줄링은 시분할 시스템에 유용하다.
④ 비선점 스케줄링은 응답 시간의 예측이 용이하다.

① 선점 스케줄링은 이미 할당된 CPU를 다른 프로세스가 강제로 빼앗아 사용할 수 있습니다.
② 선점 스케줄링은 강제로 CPU를 빼앗아 사용할 수 있으므로 과부하(Overhead)가 많이 발생합니다.
③ 비선점 스케줄링은 일괄 처리 시스템에 유용하고, 선점 스케줄링이 시분할 시스템에 유용합니다.

이전기출
3. 선점(Preemptive) 스케줄링 방식에 대한 설명으로 옳지 않은 것은?
① 대화식 시분할 시스템에 적합하다.
② 긴급하고 높은 우선순위의 프로세스들이 빠르게 처리될 수 있다.
③ 일단 CPU를 할당받으면 다른 프로세스가 CPU를 강제적으로 빼앗을 수 없는 방식이다.
④ 선점을 위한 시간 배당에 대한 인터럽트용 타이머 클록(Clock)이 필요하다.

선점 스케줄링은 CPU를 할당받았을 경우 다른 프로세스가 CPU를 차지할 수 있습니다.

이전기출
4. 비선점(Non-preemptive) 스케줄링 방식에 해당하는 것으로만 짝지어진 것은?
① FCFS(First Come First Service), SJF(Shortest Job First)
② RR(Round-Robin), SRT(Shortest Remaining Time)
③ SRT(Shortest Remaining Time), SJF(Shortest Job First)
④ MQ(Multi-level Queue), FCFS(First Come First Service)

비선점 스케줄링의 종류에는 FCFS, SJF, 우선순위, HRN, 기한부 등이 있습니다.

▶ 정답: 1. ④ 2. ④ 3. ③ 4. ①

SECTION 119 주요 스케줄링 알고리즘

전문가의 조언

FCFS(FIFO)가 비선점 기법이라는 것과 준비상태 큐에 도착한 순서대로 할당받는다는 것을 기억하세요.

1 FCFS(First Come First Service, 선입 선출) = FIFO(First In First Out)

FCFS는 준비상태 큐(대기 큐, 준비 완료 리스트, 작업준비 큐, 스케줄링 큐)에 도착한 순서에 따라 차례로 CPU를 할당하는 기법으로, 가장 간단한 알고리즘이다.

- 먼저 도착한 것이 먼저 처리되어 공평성은 유지되지만 짧은 작업이 긴 작업을, 중요한 작업이 중요하지 않은 작업을 기다리게 된다.

예제 다음과 같은 프로세스들이 차례로 준비상태 큐에 들어왔다고 가정할 때, FCFS 기법을 이용하여 평균 실행 시간, 평균 대기 시간, 평균 반환 시간을 구하시오(제출시간은 없으며 시간의 단위는 초임).

프로세스 번호	P1	P2	P3
실행 시간	20	4	6

① 실행 시간을 이용하여 다음과 같이 각 프로세스의 대기 시간과 반환 시간을 구한다.
- **대기 시간** : 프로세스가 대기한 시간으로, 바로 앞 프로세스까지의 진행 시간으로 계산
- **반환 시간** : 프로세스의 대기 시간과 실행 시간의 합

② 실행 시간, 대기 시간, 반환 시간의 평균은 '각 프로세스 시간의 합/프로세스의 개수'를 이용한다.

진행시간	0	10	20	30
P1	0 도착 실행 시작	←—— 20 실행 ——→	20 완료	
P2	0 도착	←—— 20 대기 ——→	20 실행 시작 / 4 실행 / 24 완료	
P3	0 도착	←—— 24 대기 ——→		24 실행 시작 / 6 실행 / 30 완료

- 평균 실행 시간 : (20+4+6)/3 = 10
- 평균 대기 기간 : (0+20+24)/3 = 14.6
- 평균 반환 시간 : (20+24+30)/3 = 24.6

전문가의 조언

SJF의 원리를 알아야 풀 수 있는 문제가 출제됩니다. SJF는 준비상태 큐에서 기다리고 있는 프로세스들 중에서 실행 시간이 가장 짧은 프로세스에게 먼저 CPU를 할당한다는 것을 꼭 기억하세요.

2 SJF(Shortest Job First, 단기 작업 우선)
20.9, 실기 25.7, 22.10

SJF는 준비상태 큐에서 기다리고 있는 프로세스들 중에서 실행 시간이 가장 짧은 프로세스에게 먼저 CPU를 할당하는 기법이다.

- 가장 적은 평균 대기 시간을 제공하는 최적 알고리즘이다.
- 실행 시간이 긴 프로세스는 실행 시간이 짧은 프로세스에게 할당 순위가 밀려 무한 연기 상태가 발생될 수 있다.

예제 1 다음과 같은 프로세스들이 차례로 준비상태 큐에 들어왔다고 가정할 때, SJF 기법을 이용하여 평균 실행 시간, 평균 대기 시간, 평균 반환 시간을 구하시오(제출 시간이 없을 경우).

프로세스 번호	P1	P2	P3
실행 시간	20	4	6

① 아래와 같이 실행 시간이 짧은 프로세스를 먼저 처리하도록 이동시킨 후 각 프로세스의 대기 시간과 반환 시간을 구한다.
② 실행시간, 대기 시간, 반환 시간, 각 시간의 평균은 FCFS의 예제와 동일한 방법으로 구한다.

진행시간	0	10	20	30
P2	0 도착 실행 시작 — 4 — 4 실행 완료			
P3	0 도착 — 4 대기 — 4 실행 시작 — 6 — 10 완료			
P1	0 도착 — 10 대기 — 10 실행 시작 — 20 실행 — 30 완료			

- 평균 실행 시간 : (4+6+20)/3 = 10
- 평균 대기 기간 : (0+4+10)/3 = 4.6
- 평균 반환 시간 : (4+10+30)/3 = 14.6

예제 2 다음과 같은 프로세스들이 차례로 준비상태 큐에 들어왔다고 가정할 때, SJF 기법을 이용하여 평균 실행 시간, 평균 대기 시간, 평균 반환 시간을 구하시오(제출 시간이 있을 경우).

프로세스 번호	P1	P2	P3
실행 시간	20	7	4
제출 시간	0	1	2

① 가장 먼저 도착한 P1을 실행한 후 요구된 실행 시간이 적은 P3, P2 순으로 수행한다.
② 대기 시간은 현재 프로세스가 수행되기 전까지의 진행 시간에서 제출 시간을 차감하고, 반환 시간은 실행 시간과 대기 시간의 합으로 구한다.

진행시간	0	10	20	30
P1	0 도착 실행 시작 — 20 실행 — 20 완료			
P3	2 도착 — 18 대기 — 20 실행 시작 — 4 실행 — 24 완료			
P2	1 도착 — 23 대기 — 24 실행 시작 — 7 실행 — 31 완료			

- 평균 실행 시간 : (20+4+7)/3 = 10.3
- 평균 대기 기간 : (0+18+23)/3 = 13.6
- 평균 반환 시간 : (20+22+30)/3 = 24

③ HRN(Hightest Response-ratio Next)

25.8, 25.5, 25.2, 24.7, 23.5, 22.7, 22.4, 20.8, 20.6, 실기 20.5

실행 시간이 긴 프로세스에 불리한 SJF 기법을 보완하기 위한 것으로, 대기 시간과 서비스(실행) 시간을 이용하는 기법이다.

- 우선순위 계산 공식을 이용하여 서비스(실행) 시간이 짧은 프로세스나 대기 시간이 긴 프로세스에게 우선순위를 주어 CPU를 할당한다.
- 서비스 실행 시간이 짧거나 대기 시간이 긴 프로세스일 경우 우선순위가 높아진다.
- 우선순위를 계산하여 그 숫자가 가장 높은 것부터 낮은 순으로 우선순위가 부여된다.
- 우선순위 계산식

$$\text{우선순위 계산식} = \frac{\text{대기 시간} + \text{서비스 시간}}{\text{서비스 시간}}$$

예제 다음과 같은 프로세스가 HRN 기법으로 스케줄링될 때 우선순위를 계산하시오.

프로세스 번호	P1	P2	P3
실행 시간	20	4	6
대기 시간	10	20	10
우선순위 계산	(20+10)/20=1.5	(4+20)/4=6	(6+10)/6=2.6
우선순위	P2 → P3 → P1		

전문가의 조언

HRN에서는 HRN의 특징, 우선순위를 계산하는 공식, 직접 계산하는 문제가 출제됩니다. HRN의 의미와 우선순위 계산식을 정확히 알아두세요.

기출문제 따라잡기

문제1 2415851

20년 9월
1. 다음과 같은 프로세스가 차례로 큐에 도착하였을 때, SJF(Shortest Job First) 정책을 사용할 경우 가장 먼저 처리되는 작업은?

프로세스 번호	실행시간
P1	6
P2	8
P3	4
P4	3

① P1 　② P2 　③ P3 　④ P4

SJF는 가장 짧은(Shortest) 작업을(Job) 먼저(First) 처리합니다.

이전기출
2. HRN 스케줄링에서 우선순위 계산식으로 올바른 것은?
① (대기 시간 + 서비스 시간)/서비스 시간
② (대기 시간 + 서비스 시간)/대기 시간
③ (대기 시간 + 응답 시간)/응답 시간
④ (대기 시간 + 응답 시간)/대기 시간

HRN 기법은 서비스 시간이 짧거나 대기 시간이 긴 프로세스일 경우 우선순위가 높아집니다.

기출문제 따라잡기

25년 5월, 2월, 24년 7월, 23년 5월, 20년 8월

3. HRN 방식으로 스케줄링 할 경우, 입력된 작업이 다음과 같을 때 처리되는 작업 순서로 옳은 것은?

작업	대기 시간	서비스(실행) 시간
A	5	20
B	40	20
C	15	45
D	20	2

① A → B → C → D
② A → C → B → D
③ D → B → C → A
④ D → A → B → C

> HRN 방식의 계산식은 '(대기 시간 + 서비스 시간)/서비스 시간'입니다. A 작업은 (5 + 20) / 20 = 1.25, B 작업은 (40 + 20) / 20 = 3, C 작업은 (15 + 45) / 45 = 1.33…, D 작업은 (20 + 2) / 2 = 11입니다. 숫자가 가장 높은 것부터 낮은 순으로 우선순위가 부여됩니다.

25년 8월, 22년 7월, 20년 6월

4. HRN(Highest Response-ratio Next) 스케줄링 방식에 대한 설명으로 옳지 않은 것은?

① 대기 시간이 긴 프로세스일 경우 우선순위가 높아진다.
② SJF 기법을 보완하기 위한 방식이다.
③ 긴 작업과 짧은 작업 간의 지나친 불평등을 해소할 수 있다.
④ 우선순위를 계산하여 그 수치가 가장 낮은 것부터 높은 순으로 우선순위가 부여된다.

> HRN은 우선순위를 계산하여 수치가 높은 것이 먼저 수행되는 기법입니다.

22년 4월

5. 다음에서 설명하는 프로세스 스케줄링은?

> 최소 작업 우선(SJF) 기법의 약점을 보완한 비선점 스케줄링 기법으로 다음과 같은 식을 이용해 우선순위를 판별한다.
>
> $$\text{우선순위} = \frac{\text{대기한 시간} + \text{서비스를 받을 시간}}{\text{서비스를 받을 시간}}$$

① FIFO 스케줄링 ② RR 스케줄링
③ HRN 스케줄링 ④ MQ 스케줄링

> '우선순위 판별'하면 HRN입니다.

▶ 정답 : 1. ④ 2. ① 3. ③ 4. ④ 5. ③

SECTION 120 환경 변수

1 환경 변수의 개요

환경 변수*(Environment Variable)란 시스템 소프트웨어의 동작에 영향을 미치는 동적인 값들의 모임을 의미한다.

- 환경 변수는 변수명과 값으로 구성된다.
- 환경 변수는 시스템의 기본 정보를 저장한다.
- 환경 변수는 자식 프로세스에 상속된다.
- 환경 변수는 시스템 전반에 걸쳐 적용되는 시스템 환경 변수*와 사용자 계정 내에서만 적용되는 사용자 환경 변수로 구분된다.

2 Windows의 주요 환경 변수

Windows에서 환경 변수를 명령어나 스크립트에서 사용하려면 변수명 앞뒤에 '%'를 입력해야 한다.

- Windows에서 set을 입력하면 모든 환경 변수와 값을 출력한다.

환경 변수	용도
%ALLUSERPROFILE%	모든 사용자의 프로필이 저장된 폴더
%APPDATA%	설치된 프로그램의 필요 데이터가 저장된 폴더
%ComSpec%	기본 명령 프롬프트로 사용할 프로그램명
%HOMEDRIVE%	로그인한 계정의 정보가 저장된 드라이브
%HOMEPATH%	로그인한 계정의 기본 폴더
%LOGONSERVER%	로그인한 계정이 접속한 서버명
%PATH%	실행 파일을 찾는 경로
%PATHEXT%	cmd에서 실행할 수 있는 파일의 확장자 목록
%PROGRAMFILES%	기본 프로그램의 설치 폴더
%SYSTEMDRIVE%	Windows가 부팅된 드라이브
%SYSTEMROOT%	부팅된 운영체제가 들어 있는 폴더
%TEMP% 또는 %TMP%	임시 파일이 저장되는 폴더
%USERDOMAIN%	로그인한 시스템의 도메인명
%USERNAME%	로그인한 계정 이름
%USERPROFILE%	로그인한 유저의 프로필이 저장된 폴더명

전문가의 조언

- 환경 변수의 개념 및 특징을 정리하고, Windows와 UNIX/LINUX에서 사용하는 환경 변수를 구분하여 알아두세요.
- 환경 변수를 이용하는 소프트웨어를 만든 경우 소프트웨어가 실행될 때 시스템에 저장된 환경 변수를 불러와 사용하게 됩니다. 예를 들어 'USERNAME'이라는 환경 변수를 이용하여 "[USERNAME]님 안녕하세요"라는 메시지를 출력하는 소프트웨어를 만든 경우, 'USERNAME'에 'Sinagong'이 저장된 PC에서 소프트웨어를 실행하면 "Sinagong님 안녕하세요"가 출력되고, 'Gilbut'이 저장된 PC에서 실행하면 "Gilbut님 안녕하세요"가 출력됩니다.

변수(Variable)
변수는 컴퓨터가 명령을 처리하는 도중 발생하는 값을 저장하기 위한 공간으로, 변할 수 있는 값을 의미합니다.

시스템 환경 변수
시스템 환경 변수는 적용되는 범위가 모듈이나 실행 프로세스 내인 경우 내부 환경 변수, 모듈 외인 경우 외부 환경 변수로 구분합니다.

전문가의 조언

Windows의 명령 프롬프트에서 set을 입력하면 모든 환경 변수와 값을 표시합니다.

③ UNIX / LINUX의 주요 환경 변수 20.9

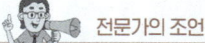

UNIX나 LINUX에서 환경 변수를 명령어나 스크립트에서 사용하려면 변수명 앞에 '$'를 입력해야 한다.

- UNIX나 LINUX에서는 set, env, printenv, setenv 중 하나를 입력하면 모든 환경 변수와 값을 표시한다.

환경 변수	용도
$DISPLAY	현재 X 윈도※ 디스플레이 위치
$HOME	사용자의 홈 디렉터리
$LANG	프로그램 사용 시 기본적으로 지원되는 언어
$MAIL	메일을 보관하는 경로
$PATH	실행 파일을 찾는 경로
$PS1	쉘 프롬프트 정보
$PWD	현재 작업하는 디렉터리
$TERM	로긴 터미널 타입
$USER	사용자의 이름

전문가의 조언

UNIX에서 사용하는 환경 변수가 아닌 것을 찾는 문제가 출제되었습니다. 환경 변수의 종류, 그리고 환경 변수를 출력하는 명령어의 종류를 기억하세요. 각 환경 변수의 용도는 서로를 구분할 수 있을 정도로만 봐두세요.

X 윈도
X 윈도는 UNIX 계열의 운영체제에서 사용되는 GUI(Graphical User Interface) 기반의 시스템 소프트웨어를 의미합니다.

※ GUI(Graphic User Interface) : 키보드로 명령어를 직접 입력하지 않고, 마우스로 아이콘이나 메뉴를 선택하여 모든 작업을 수행하는 방식

기출문제 따라잡기

문제3 2415953

출제예상
1. 다음 중 환경 변수에 대한 설명으로 가장 옳지 않은 것은?
① 시스템의 기본 정보를 저장한다.
② 기본적으로 부모 프로세스에서 상속받아 사용한다.
③ 변수명과 값으로 구성된다.
④ 종류로는 시스템 환경 변수, 사용자 환경 변수, 인터페이스 환경 변수가 있다.

환경 변수의 종류는 크게 시스템 환경 변수와 사용자 환경 변수로 구분됩니다.

출제예상
2. Windows에서 환경 변수를 명령어나 스크립트에서 사용하기 위해 변수명 앞뒤에 입력해야 하는 특수문자는?
① %   ② $
③ #   ④ &

Windows에서는 변수명 앞뒤에 %를, UNIX/LINUX에서는 변수명 앞에 $를 입력합니다.

20년 9월
3. UNIX SHELL 환경 변수를 출력하는 명령어가 아닌 것은?
① configenv   ② printenv
③ env   ④ setenv

UNIX나 LINUX에서 모든 환경 변수와 값을 표시하려면 set, env, printenv, setenv를, Windows에서는 set을 입력해야 합니다.

출제예상
4. 다음 중 Windows에서 사용하는 환경 변수가 아닌 것은?
① PATH   ② SYSTEMDRIVE
③ PWD   ④ TEMP

PWD는 UNIX/LINUX에서 사용하는 환경 변수입니다.

▶ 정답 : 1. ④ 2. ① 3. ① 4. ③

SECTION 121 운영체제 기본 명령어

전문가의 조언

Windows와 UNIX/LINUX에서 사용하는 명령어를 구분할 수 있어야 하고, 각 명령어들의 개별적인 기능을 알고 있어야 합니다.

1 운영체제 기본 명령어의 개요

- 운영체제를 제어하는 방법은 크게 CLI와 GUI로 구분할 수 있다.
- CLI(Command Line Interface)는 키보드로 명령어를 직접 입력하여 작업을 수행하는 사용자 인터페이스를 의미한다.
- GUI(Graphic User Interface)는 키보드로 명령어를 직접 입력하지 않고, 마우스로 아이콘이나 메뉴를 선택하여 작업을 수행하는 그래픽 사용자 인터페이스를 의미한다.

2 Windows 기본 명령어

명령 프롬프트 창 실행 방법
- 실행(■+R) 창 또는 프로그램 및 파일 검색 난에 'cmd'를 입력한 후 Enter 누름
- Windows 7 이하 버전은 보조프로그램에서 '명령 프롬프트' 선택
- Windows 8 이상 버전은 Windows 시스템에서 '명령 프롬프트' 선택

- **CLI 기본 명령어** : 명령 프롬프트(Command) 창*에 명령어를 입력하여 작업을 수행하는 것으로, 주요 기본 명령어는 다음과 같다.

명령어	기능
DIR	파일 목록을 표시한다.
COPY	파일을 복사한다.
TYPE	파일의 내용을 표시한다.
REN	파일의 이름을 변경한다.
DEL	파일을 삭제한다.
MD	디렉터리를 생성한다.
CD	디렉터리의 위치를 변경한다.
CLS	화면의 내용을 지운다.
ATTRIB	파일의 속성을 변경한다.
FIND	파일을 찾는다.
CHKDSK	디스크 상태를 점검한다.
FORMAT	디스크 표면을 트랙과 섹터로 나누어 초기화한다.
MOVE	파일을 이동한다.

- **GUI 기본 명령어** : 바탕 화면이나 Windows 탐색기에서 마우스로 아이콘을 더블클릭하여 프로그램 실행, 파일의 복사 및 이동, 제어판의 기능 실행 등 모든 작업이 GUI 명령어에 해당한다.

③ UNIX / LINUX 기본 명령어

- **CLI 기본 명령어** : 쉘(Shell)*에 명령어를 입력하여 작업을 수행하는 것으로, UNIX/LINUX의 주요 기본 명령어는 다음과 같다.

명령어	기능
cat	파일 내용을 화면에 표시한다.
chdir	현재 사용할 디렉터리의 위치를 변경한다.
chmod	파일의 보호 모드를 설정하여 파일의 사용 허가를 지정한다.
chown	소유자를 변경한다.
cp	파일을 복사한다.
exec	새로운 프로세스를 수행한다.
find	파일을 찾는다.
fork	새로운 프로세스를 생성*한다(하위 프로세스 호출, 프로세스 복제 명령).
fsck	파일 시스템을 검사하고 보수한다.
umask	• 파일이나 디렉터리의 초기 권한을 설정할 때 사용하는 값이다. • 파일의 경우 666에서 umask를 뺀 값, 디렉터리의 경우 777에서 umask를 뺀 값을 초기 접근 권한으로 갖는다.
ls	현재 디렉터리 내의 파일 목록을 확인한다.
mount/unmount	파일 시스템을 마운팅*한다/마운팅 해제한다.
rm	파일을 삭제한다.
uname	시스템의 이름과 버전, 네트워크 호스트명 등의 시스템 정보를 표시한다.
wait	fork 후 exec에 의해 실행되는 프로세스의 상위 프로세스가 하위 프로세스 종료 등의 event를 기다린다.

- **GUI 기본 명령어** : UNIX와 LINUX는 기본적으로 CLI를 기반으로 운영되는 시스템이지만 X Window라는 별도의 프로그램을 설치하여 GUI 방식으로 운영할 수 있다.

> **전문가의 조언**
> umask, uname, fork의 기능을 묻는 문제가 출제되었습니다. umask, uname, fork를 중심으로 기본 명령어들의 개별적인 기능을 잘 파악해 두세요.
>
> **쉘(Shell)**
> 쉘은 사용자의 명령어를 인식하여 프로그램을 호출하고 명령을 수행하는 명령어 해석기입니다.
>
> **프로세스 생성**
> UNIX와 LINUX에서 새로운 프로세스를 생성한다는 것은 기존 프로세스를 복제한다는 것을 의미합니다. 프로세스가 생성되면 기존 프로세스는 상위(부모) 프로세스가 되고, 생성된 프로세스는 하위(자식) 프로세스가 됩니다.
>
> **파일 시스템 마운팅**
> 파일 시스템 마운팅은 새로운 파일 시스템을 기존 파일 시스템의 서브 디렉터리에 연결하는 것을 의미합니다.

기출문제 따라잡기

1. UNIX에서 새로운 프로세스를 생성하는 명령어는?
① ls
② cat
③ fork
④ chmod

> 프로세스 생성, 프로세스 복제, 하위 프로세스 호출! 이런 기능을 수행하는 명령어는 'fork'입니다.

2. 운영체제 분석을 위해 리눅스에서 버전을 확인하고자 할 때 사용되는 명령어는?
① ls
② chdir
③ pwd
④ uname

> 리눅스는 cat 명령어를 통해 etc 디렉터리의 release로 끝나는 파일을 읽거나, 시스템 정보를 확인하는 uname 명령어를 이용하여 버전을 확인할 수 있습니다.

▶ 정답 : 1. ③ 2. ④

기출문제 따라잡기

문제 3 2416053

이전기출

3. 유닉스에서 파일 내용을 화면에 표시하는 명령과 파일의 보호 모드를 설정하여 파일의 사용 허가를 지정하는 명령을 순서적으로 옳게 나열한 것은?

① cp, rm ② fsck, cat
③ cat, chmod ④ find, cp

> 파일 내용을 화면에 표시하는 명령어는 cat, 파일의 사용 허가를 지정하는 명령은 chmod입니다.

이전기출

4. UNIX에서 기존 파일 시스템에 새로운 파일 시스템을 서브 디렉터리에 연결할 때 사용하는 명령은?

① mount ② find
③ fsck ④ wait

> 'find'는 '찾다', 'fs'는 '파일 시스템', 'ck'는 '체크하다, 검사하다', 'wait'는 '기다리다'라는 의미합니다.

이전기출

5. UNIX에서 파일의 조작을 위한 명령어가 아닌 것은?

① cp ② cat
③ ls ④ rm

> 'cp'는 파일 복사, 'cat'은 파일 내용 화면 표시, 'rm'은 파일 삭제, 'ls'는 현재 디렉터리의 파일 목록을 확인하는 명령입니다.

이전기출

6. 자식 프로세스의 하나가 종료될 때까지 부모 프로세스를 임시 중지시키는 유닉스 명령어는?

① find( ) ② fork( )
③ exec( ) ④ wait( )

> 'find'는 파일 찾기, 'fork'는 프로세스 생성, 'exec'는 새로운 프로세스 수행을 위한 명령어입니다.

출제예상

7. Windows에서 디스크의 상태를 확인하는 명령어는?

① MD ② CLS
③ CHKDSK ④ MOVE

> 디스크(DISK)의 상태를 확인(CHECK)하는 명령어입니다.

출제예상

8. 디스크 표면을 트랙과 섹터로 나누어 초기화하는 Windows 명령은?

① FORMAT ② COPY
③ DEL ④ CLS

> 디스크를 초기화하여 사용 가능한 상태로 만들어 주는 작업을 포맷(Format)이라고 합니다.

이전기출

9. Windows와 UNIX에서 사용되는 명령어 중 서로 관련이 없는 것으로 짝지어진 것은?

① DIR − ls ② COPY − cp
③ TYPE − cat ④ CD − chmod

> Windows에서 CD는 디렉터리의 위치를 변경하는 것으로 UNIX에서는 chdir을 사용합니다. UNIX에서 chmod는 파일의 속성을 변경하는 것으로 Windows에서는 ATTRIB를 사용합니다.

25년 8월, 24년 7월, 22년 3월

10. 리눅스에서 생성된 파일 권한이 644일 경우 umask 값은?

① 022 ② 666
③ 777 ④ 755

> • umask는 파일이나 디렉터리의 초기 권한을 설정할 때 사용하는 값으로, 파일의 경우 666에서 umask를 뺀 값, 디렉터리의 경우 777에서 umask를 뺀 값을 초기 접근 권한으로 갖습니다.
> • 문제에서 파일 권한이 644라고 하였으므로, 다음과 같은 공식으로 umask의 값을 구할 수 있습니다.
> 666 − umask = 644
> ∴ umask = 666 − 644 = 022

▶ 정답 : 3. ③ 4. ① 5. ③ 6. ④ 7. ③ 8. ① 9. ④ 10. ①

SECTION 122 인터넷

1 인터넷(Internet)의 개요

인터넷이란 TCP/IP* 프로토콜을 기반으로 하여 전 세계 수많은 컴퓨터와 네트워크들이 연결된 광범위한 컴퓨터 통신망이다.

- 인터넷은 미 국방성의 ARPANET에서 시작되었다.
- 인터넷은 유닉스 운영체제를 기반으로 한다.
- 통신망과 컴퓨터가 있는 곳이라면 시간과 장소에 구애받지 않고 정보를 교환할 수 있다.
- 인터넷에 연결된 모든 컴퓨터는 고유한 IP 주소를 갖는다.
- 컴퓨터 또는 네트워크를 서로 연결하기 위해서는 브리지, 라우터, 게이트웨이*가 사용된다.
- 다른 네트워크 또는 같은 네트워크를 연결하여 중추적 역할을 하는 네트워크로, 보통 인터넷의 주가 되는 기간망을 일컫는 용어를 백본(Backbone)이라고 한다.

전문가의 조언

인터넷의 개념이나 특징은 아직 출제된 적이 없으니, 가볍게 읽어 보세요.

TCP/IP
TCP/IP는 인터넷의 표준 프로토콜입니다. TCP/IP에 대한 자세한 내용은 Section 125를 참조하세요.

브리지, 라우터, 게이트웨이
브리지, 라우터, 게이트웨이는 네트워크를 연결하기 위한 장비로, 자세한 내용은 Section 124를 참조하세요.

2 IP 주소(Internet Protocol Address)

25.5, 23.5, 22.3, 21.8, 실기 21.4

IP 주소는 인터넷에 연결된 모든 컴퓨터 자원을 구분하기 위한 고유한 주소이다.

- 숫자로 8비트씩 4부분, 총 32비트로 구성되어 있다.
- IP 주소는 네트워크 부분의 길이에 따라 다음과 같이 A 클래스에서 E 클래스까지 총 5단계로 구성되어 있다.

A Class	• 국가나 대형 통신망에 사용(0~127로 시작*) • 2^{24} = 16,777,216개의 호스트 사용 가능	
B Class	• 중대형 통신망에 사용(128~191로 시작) • 2^{16} = 65,536개의 호스트 사용 가능	
C Class	• 소규모 통신망에 사용(192~223으로 시작) • 2^{8} = 256개의 호스트 사용 가능	
D Class	멀티캐스트*용으로 사용(224~239로 시작)	■ 네트워크 부분 □ 호스트 부분
E Class	실험적 주소이며 공용되지 않음	

전문가의 조언

IP 주소의 구성이나 C 클래스에 속한 IP 주소를 묻는 문제가 출제되었습니다. IP 주소는 8비트씩 4부분으로 구성되며, C 클래스의 주소는 192~223 사이에서 시작한다는 것을 중심으로 IP 주소의 특징을 정리하세요.

A Class의 실직적인 네트워크 주소
A Class의 네트워크 주소는 0~127로 시작하지만, 0번과 127번은 예약된 주소이므로 실질적으로는 1~126으로 시작합니다.

멀티캐스트(Multicast)
멀티캐스트란 한 명 이상의 송신자들이 특정한 한 명 이상의 수신자들에게 데이터를 전송하는 방식으로, 인터넷 화상 회의 등에서 사용됩니다.

3 서브네팅(Subnetting)

24.7, 24.5, 21.8, 21.5

서브네팅은 할당된 네트워크 주소를 다시 여러 개의 작은 네트워크로 나누어 사용하는 것을 말한다.

- 4바이트의 IP 주소 중 네트워크 주소와 호스트 주소를 구분하기 위한 비트를 서브넷 마스크(Subnet Mask)라고 하며, 이를 변경하여 네트워크 주소를 여러 개로 분할하여 사용한다.
- 서브넷 마스크는 각 클래스마다 다르게 사용된다.
- CIDR* 기법 사용 시 서브넷 마스크는 IP 주소 뒤의 숫자를 이용해 계산한다.

CIDR(Classless Inter-Domain Routing)
클래스가 없는 도메인 간의 라우팅 기법입니다.

전문가의 조언
주어진 IP 주소를 서브네팅하는 문제가 출제되었는데, 예제로 수록된 서브네팅 과정을 꼼꼼히 읽어보면 충분히 이해할 수 있으니 웬만하면 이해하고 넘어가세요.

Subnet-Zero
Subnet 부분이 모두 0인 192.168.1.0은 사용하지 않았는데, IP 주소가 부족해지면서 Subnet 부분이 모두 0인 주소도 IP 주소로 사용할 수 있도록 한다는 의미입니다.

잠깐만요 서브네팅(Subnetting)의 예

25.8, 24.2, 23.5, 23.2, 21.8, 21.5, 20.8, 실기 22.10, 22.7

예제 192.168.1.0/24 네트워크를 FLSM 방식을 이용하여 3개의 Subnet으로 나누시오. (단 IP Subnet-Zero*를 적용했다.)

192.168.1.0/24 네트워크의 서브넷 마스크는 1의 개수가 24개, 즉 C 클래스에 속하는 네트워크입니다.

11111111	11111111	11111111	00000000
255	255	255	0

서브넷 마스크를 Subnet으로 나눌 때는 서브넷 마스크가 0인 부분, 즉 마지막 8비트를 이용하면 됩니다. Subnet으로 나눌 때 "3개의 Subnet으로 나눈다"는 것처럼 네트워크가 기준일 때는 왼쪽을 기준으로 나눌 네트워크 수에 필요한 비트를 할당하고 나머지 비트로 호스트를 구성하면 됩니다. 3개의 Subnet으로 구성하라 했으니 8비트 중 3을 표현하는데 필요한 2비트를 제외하고 나머지 6비트를 호스트로 구성하면 됩니다.

			네트워크 ID	호스트 ID
11111111	11111111	11111111	00	000000
255	255	255	192	

호스트 ID가 6Bit로 설정되었고, 문제에서 FLSM(Fixed Length Subnet Mask), 즉 고정된 크기로 주소를 할당하라고 했으므로 3개의 네트워크에 64개(2^6 = 64)씩 고정된 크기로 할당하면 다음과 같습니다.

네트워크(ID)	호스트 수	IP 주소 범위
1(00)	64	192.168.1.0(00000000) ~ 63(00111111)
2(01)	64	192.168.1.64(01000000) ~ 127(01111111)
3(10)	64	192.168.1.128(10000000) ~ 191(10111111)

4 IPv6(Internet Protocol version 6)의 개요

25.8, 25.2, 24.7, 24.2, 23.7, 23.5, 23.2, 22.7, 22.3, 21.3, 20.8, 20.6, 실기 21.4, 20.11

IPv6은 현재 사용하고 있는 IP 주소 체계인 IPv4의 주소 부족 문제를 해결하기 위해 개발되었다.

- 128비트의 긴 주소를 사용하여 주소 부족 문제를 해결할 수 있으며, IPv4에 비해 자료 전송 속도가 빠르다.
- 인증성*, 기밀성*, 데이터 무결성*의 지원으로 보안 문제를 해결할 수 있다.
- IPv4와 호환성이 뛰어나다.
- 주소의 확장성, 융통성, 연동성이 뛰어나며, 실시간 흐름 제어로 향상된 멀티미디어 기능을 지원한다.

전문가의 조언
IPv6의 전반적인 특징에 관한 문제들이 자주 출제되고 있습니다. 틀리지 않도록 주의 깊게 살펴보세요.

- **인증성** : 사용자의 식별과 접근 권한 검증
- **기밀성** : 시스템 내의 정보와 자원은 인가된 사용자에게만 접근 허용
- **무결성** : 시스템 내의 정보는 인가된 사용자만 수정 가능

- Traffic Class*, Flow Label*을 이용하여 등급별, 서비스별로 패킷을 구분할 수 있어 품질 보장이 용이하다.
- 패킷 크기를 확장할 수 있으므로 패킷 크기에 제한이 없다.
- 기본 헤더* 뒤에 확장 헤더를 더함으로써 더욱 다양한 정보의 저장이 가능해져 네트워크 기능 확장이 용이하다.
- 미리 예약된 알고리즘을 통해 고유성이 보장된 주소를 자동으로 구성할 수 있다. 즉 자동으로 네트워크 환경 구성이 가능하다.
- **IPv4를 IPv6로 전환하는 전략**
  - 듀얼 스택(Dual Stack) : 호스트에서 IPv4와 IPv6을 모두 처리할 수 있도록 두 개의 스택을 구성하는 것
  - 터널링(Tunneling) : IPv6 망에서 인접한 IPv4 망을 거쳐 다른 IPv6 망으로 통신할 때 IPv4 망에 터널을 만들어 IPv6 패킷이 통과할 수 있도록 하는 것
  - IPv4/IPv6 변환 : 헤더 변환, 전송 계층 릴레이 방식, 응용 계층 게이트웨이 방식

⑤ IPv6의 구성

- 16비트씩 8부분, 총 128비트로 구성되어 있다.
- 각 부분을 16진수로 표현하고, 콜론(:)으로 구분한다.
- IPv6은 다음과 같이 세 가지 주소 체계로 나누어진다.

유니캐스트(Unicast)	단일 송신자와 단일 수신자 간의 통신(1 대 1 통신에 사용)
멀티캐스트(Multicast)	단일 송신자와 다중 수신자 간의 통신(1 대 다 통신에 사용)
애니캐스트(Anycast)	단일 송신자와 가장 가까이 있는 단일 수신자 간의 통신(1 대 1 통신에 사용)

⑥ 도메인 네임(Domain Name)

도메인 네임은 숫자로 된 IP 주소를 사람이 이해하기 쉬운 문자 형태로 표현한 것이다.

- 호스트 컴퓨터 이름, 소속 기관 이름, 소속 기관의 종류, 소속 국가명 순으로 구성*되며, 왼쪽에서 오른쪽으로 갈수록 상위 도메인을 의미한다.
- 문자로 된 도메인 네임을 컴퓨터가 이해할 수 있는 IP 주소로 변환하는 역할을 하는 시스템을 DNS(Domain Name System)라고 하며 이런 역할을 하는 서버를 DNS 서버라고 한다.

기출문제 따라잡기

25년 8월, 24년 2월, 23년 7월, 21년 8월, 20년 8월

1. 200.1.1.0/24 네트워크를 FLSM 방식을 이용하여 10개의 Subnet으로 나누고, ip subnet-zero를 적용했다. 이때 서브네팅된 네트워크 중 10번째 네트워크의 broadcast IP 주소는?

① 200.1.1.159 ② 201.1.5.175
③ 202.1.11.254 ④ 203.1.255.245

- 200.1.1.0/24 네트워크의 서브넷 마스크는 1의 개수가 24개, 즉 11111111 11111111 11111111 00000000 → 255.255.255.0인 C 클래스에 속하는 네트워크입니다. 이 네트워크를 10개의 Subnet으로 나눠야 하는데, Subnet을 나눌 때는 서브넷 마스크가 0인 부분, 즉 마지막 8비트를 이용해 나눠야 합니다. "10개의 Subnet으로 나눈다"는 것은, 네트워크 기준일 때는 서브넷 마스크의 왼쪽을 기준으로 10개가 포함된 Bit 만큼을 네트워크로 할당하고, 나머지 비트를 호스트로 할당하면 됩니다. 10개가 포함되는 비트는 $2^4=16(2^3$은 8로 10개를 포함 못함)이므로 4비트를 제외한 나머지 4비트로 호스트를 구성합니다.

네트워크 ID				호스트 ID			
0	0	0	0	0	0	0	0

- 호스트ID가 4Bit로 설정되었고, 문제에서 FLSM(Fixed Length Subnet Mask), 즉 고정된 크기로 주소를 할당하라고 했으므로 10개의 네트워크에 고정된 크기인 16개($2^4=16$)씩 할당하면 다음과 같습니다.

네트워크(ID)	호스트 수	IP 주소 범위
1(0000)	16	200.1.1.0 ~ 200.1.1.15
2(0001)	16	200.1.1.16 ~ 200.1.1.31
3(0010)	16	200.1.1.32 ~ 200.1.1.47
4(0011)	16	200.1.1.48 ~ 200.1.1.63
5(0100)	16	200.1.1.64 ~ 200.1.1.79
6(0101)	16	200.1.1.80 ~ 200.1.1.95
7(0110)	16	200.1.1.96 ~ 200.1.1.111
8(0111)	16	200.1.1.112 ~ 200.1.1.127
9(1000)	16	200.1.1.128 ~ 200.1.1.143
10(1001)	16	200.1.1.144 ~ 200.1.1.159

※ 'subnet-zero'는 Subnet 부분이 모두 0인 네트워크를 의미하며 일반적으로 사용하지 않는데, IP 주소가 부족할 경우 'ip subnet-zero'를 적용하여 이 부분도 IP 주소로 사용할 수 있도록 합니다.
※ broadcast 주소는 해당 IP 주소 범위에서 가장 마지막 주소를 의미합니다.

25년 2월, 23년 2월, 22년 3월, 20년 8월, 6월

2. IPv6에 대한 설명으로 틀린 것은?

① 128비트의 주소 공간을 제공한다.
② 인증 및 보안 기능을 포함하고 있다.
③ 패킷 크기가 64Kbyte로 고정되어 있다.
④ IPv6 확장 헤더를 통해 네트워크 기능 확장이 용이하다.

IPv6의 패킷 크기는 제한이 없습니다. 패킷 크기가 64Kbyte로 고정되어 있는 것은 IPv4입니다.

25년 8월, 23년 7월, 22년 3월

3. IP 주소체계와 관련된 설명으로 틀린 것은?

① IPv6의 패킷 헤더는 32 Octet의 고정된 길이를 가진다.
② IPv6는 주소 자동설정(Auto Configuration) 기능을 통해 손쉽게 이용자의 단말을 네트워크에 접속시킬 수 있다.
③ IPv4는 호스트 주소를 자동으로 설정하며 유니캐스트(Unicast)를 지원한다.
④ IPv4는 클래스별로 네트워크와 호스트 주소의 길이가 다르다.

IPv6의 패킷 헤더는 40Byte(옥텟)의 고정된 길이를 갖습니다.

24년 7월, 2월, 21년 3월, 20년 6월

4. IPv6의 주소 체계로 거리가 먼 것은?

① Unicast ② Anycast
③ Broadcast ④ Multicast

IPv6의 3가지 주소 체계는 유니, 멀티, 애니입니다.

21년 8월

5. C Class에 속하는 IP address는?

① 200.168.30.1 ② 10.3.2.1 4
③ 225.2.4.1 ④ 172.16.98.3

C Class에 속하는 IP address의 범위는 192.0.0.0 ~ 223.255.255.255까지 입니다.

24년 7월, 5월, 21년 5월

6. CIDR(Classless Inter-Domain Routing) 표기로 203.241.132.82/27과 같이 사용되었다면, 해당 주소의 서브넷 마스크(subnet mask)는?

① 255.255.255.0 ② 255.255.255.224
③ 255.255.255.240 ④ 255.255.255.248

CIDR(Classless Inter-Domain Routing)은 클래스 없는 도메인 간 라우팅 기법으로, CIDR 기법 사용 시 서브넷 마스크는 IP 주소 뒤의 숫자를 이용해 구할 수 있습니다. 203.241.132.82/27 네트워크의 서브넷 마스크는 1의 개수가 27개, 즉 11111111 11111111 11111111 11100000 → 255.255.255.224가 됩니다.

23년 5월

7. IPv4와 IPv6 간의 주소 전환에 사용되는 기술이 아닌 것은?

① 듀얼 스택 ② 터널링
③ 헤더 변환 ④ 라우팅

라우팅은 IPv4/IPv6 전환 기술이 아닙니다. IPv4/IPv6 전환 기술에는 듀얼 스택, 터널링, 헤더 변환, 전송 계층 릴레이 방식, 응용 계층 게이트웨이 방식이 있습니다.

▶ 정답 : 1.① 2.③ 3.① 4.③ 5.① 6.② 7.④

SECTION 123 OSI 참조 모델

1 OSI(Open System Interconnection) 참조 모델의 개요

OSI 참조 모델*은 다른 시스템 간의 원활한 통신을 위해 ISO(국제표준화기구)에서 제안한 통신 규약(Protocol)이다.

- 개방형 시스템(Open System) 간의 데이터 통신 시 필요한 장비 및 처리 방법 등을 7단계로 표준화하여 규정했다.
- OSI 7계층은 1~3 계층을 하위 계층, 4~7 계층을 상위 계층이라고 한다.
  - 하위 계층 : 물리 계층 → 데이터 링크 계층 → 네트워크 계층
  - 상위 계층 : 전송 계층 → 세션 계층 → 표현 계층 → 응용 계층

> **전문가의 조언**
>
> OSI 7계층의 전체적인 순서와 하위 계층 또는 상위 계층을 구분할 수 있어야 합니다. 꼭 외우세요. 하위 계층부터 '물 → 데 → 네 → 전 → 세 → 표 → 응!'
>
> **OSI 참조 모델의 기본 개념**
> OSI 참조 모델은 특정 시스템에 대한 프로토콜의 의존도를 줄이고, 장래의 기술 진보 등에 따른 프로토콜의 확장성을 고려해 보편적인 개념과 용어를 사용하여 컴퓨터 통신망의 논리 구조를 규정하고 있습니다. 이 개념에 따라 OSI 참조 모델은 통신 회선(물리 매체)에 결합된 하나 이상의 개방형 시스템, 통신망 상에서 특정한 업무를 분산하여 수행하기 위한 시스템 간의 협동적인 동작에 대하여 규정하고 있습니다. 이 협동적인 동작에는 프로세스 간의 통신, 데이터의 기억, 프로세스 및 자원의 관리, 안전 보호 및 프로그램의 지원 등이 있습니다.

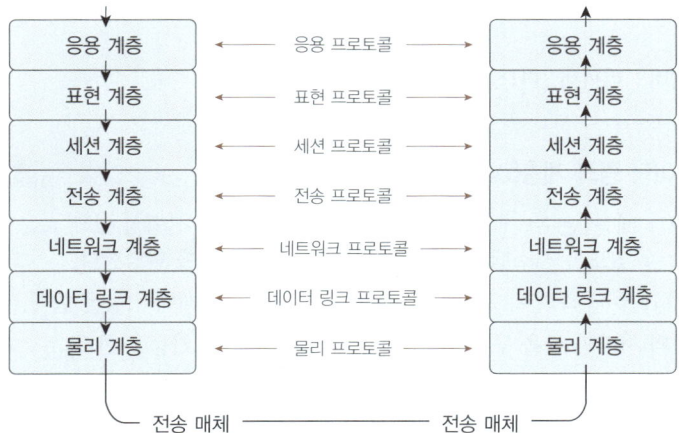

2 OSI 참조 모델의 목적

- 서로 다른 시스템 간을 상호 접속하기 위한 개념을 규정한다.
- OSI 규격을 개발하기 위한 범위를 정한다.
- 관련 규정의 적합성을 조절하기 위한 공통적 기반을 제공한다.

3 OSI 참조 모델에서의 데이터 단위

프로토콜 데이터 단위(PDU; Protocol Data Unit)
프로토콜 데이터 단위는 동일 계층 간에 교환되는 정보의 단위이다.

- **물리 계층** : 비트
- **데이터 링크 계층** : 프레임
- **네트워크 계층** : 패킷
- **전송 계층** : 세그먼트
- **세션, 표현, 응용 계층** : 메시지

서비스 데이터 단위(SDU; Service Data Unit)
서비스 데이터 단위는 서비스 접근점(SAP)*을 통해 상·하위 계층끼리 주고받는 정보의 단위이다.

서비스 접근점(SAP)
- 상위 계층이 자신의 하위 계층으로부터 서비스를 제공받는 점(Point)을 말합니다.
- OSI 7계층의 각 계층들은 자신의 하위 계층으로부터 서비스를 제공받습니다. 이때 하위 계층과 상위 계층의 통신 경계점을 서비스 접근점(SAP)이라고 합니다.

전문가의 조언
계층별로 주요 기능을 알아야 풀 수 있는 문제가 출제되고 있습니다. OSI 7계층 가운데 어떤 계층을 설명한 것인지 구분할 수 있도록 주요 기능과 관련 표준 프로토콜을 암기하세요.

④ 물리 계층(Physical Layer)
23.5, 실기 20.5

물리 계층은 전송에 필요한 두 장치 간의 실제 접속과 절단 등 기계적, 전기적, 기능적, 절차적 특성에 대한 규칙을 정의한다.

- 물리적 전송 매체와 전송 신호 방식을 정의하며, RS-232C, X.21 등의 표준이 있다.
- **관련 장비** : 리피터, 허브

⑤ 데이터 링크 계층(Data Link Layer)
25.8, 24.2, 22.3, 21.3, 20.8

데이터 링크 계층*은 두 개의 인접한 개방 시스템들 간에 신뢰성 있고 효율적인 정보 전송을 할 수 있도록 시스템 간 연결 설정과 유지 및 종료를 담당한다.

- 송신 측과 수신 측의 속도 차이를 해결하기 위한 흐름 제어 기능을 한다.
- 프레임의 시작과 끝을 구분하기 위한 프레임의 동기화 기능을 한다.
- 오류의 검출과 회복을 위한 오류 제어 기능을 한다.
- 프레임의 순서적 전송을 위한 순서 제어 기능을 한다.
- HDLC, LAPB, LLC, MAC, LAPD, PPP 등의 표준이 있다.
- **관련 장비** : 랜카드, 브리지, 스위치

데이터 링크 계층의 주요 기능
- 흐름 제어
- 프레임 동기화
- 오류 제어
- 순서 제어

⑥ 네트워크 계층(Network Layer, 망 계층)
25.5, 23.7, 22.7, 21.5

네트워크 계층은 개방 시스템들 간의 네트워크 연결을 관리하는 기능과 데이터의 교환 및 중계 기능을 한다.

- 네트워크 연결을 설정, 유지, 해제하는 기능을 한다.
- 발신지와 목적지의 논리 주소가 추가된 패킷을 최종 목적지까지 전달하는 책임을 진다.
- 경로 설정(Routing), 데이터 교환 및 중계, 트래픽 제어, 패킷 정보 전송을 수행한다.
- X.25, IP 등의 표준이 있다.
- **관련 장비** : 라우터

⑦ 전송 계층(Transport Layer)

24.7, 23.2, 20.9, 20.6

전송 계층*은 논리적 안정과 균일한 데이터 전송 서비스를 제공함으로써 종단 시스템(End-to-End) 간에 투명한 데이터 전송을 가능하게 한다.

- OSI 7계층 중 하위 3계층과 상위 3계층의 인터페이스(Interface)를 담당한다.
- 종단 시스템(End-to-End) 간의 전송 연결 설정, 데이터 전송, 연결 해제 기능을 한다.
- 주소 설정, 다중화(분할 및 재조립), 오류 제어, 흐름 제어를 수행한다.
- TCP, UDP 등의 표준이 있다.
- 관련 장비 : 게이트웨이

> **전송 계층의 서비스 등급**
> 전송 계층은 네트워크의 형(Type)을 A형, B형, C형의 3개로 나누고, 서비스의 등급(Class)을 0~4까지 5등급으로 나누어, 네트워크형에 따라 다양한 서비스의 품질(QoS)을 제공합니다.

⑧ 세션 계층(Session Layer)

25.8, 22.7

세션* 계층은 송·수신 측 간의 관련성을 유지하고 대화 제어를 담당한다.

- 대화(회화) 구성 및 동기 제어, 데이터 교환 관리 기능을 한다.
- 송·수신 측 간의 데이터 전송, 연결 해제, 동기 처리 등의 대화를 관리하기 위해 토큰이 사용된다.
- 송·수신 측 간의 대화 동기를 위해 전송하는 정보의 일정한 부분에 체크점을 두어 정보의 수신 상태를 체크하며, 이때의 체크점을 동기점(Synchronization Point)이라고 한다.
- 동기점은 오류가 있는 데이터의 회복을 위해 사용하는 것으로, 종류에는 소동기점*과 대동기점*이 있다.

> **세션(Session)**
> 세션이란 두 이용자 사이의 연결을 의미합니다. 세션 계층은 연결을 원하는 두 이용자 사이의 세션 설정 및 유지를 가능하게 해 줌으로써 두 이용자 간의 대화를 관리하고, 파일 복구 등의 기능을 지원합니다.

> **소동기점(Minor Synchronization Point)**
> 소동기점은 하나의 대화 단위 내에서 데이터의 전달을 제어하는 역할을 하며, 수신 측으로부터 확인 신호(ACK)를 받지 않습니다.

> **대동기점(Major Synchronization Point)**
> 대동기점은 전송하는 각 데이터의 처음과 끝에 사용하여 전송하는 데이터 단위를 대화 단위로 구성하는 역할을 하며, 수신 측으로부터 반드시 전송한 데이터에 대한 확인 신호(ACK)를 받습니다.

⑨ 표현 계층(Presentation Layer)

표현 계층은 응용 계층으로부터 받은 데이터를 세션 계층에 보내기 전에 통신에 적당한 형태로 변환하고, 세션 계층에서 받은 데이터는 응용 계층에 맞게 변환하는 기능을 한다.

- 서로 다른 데이터 표현 형태를 갖는 시스템 간의 상호 접속을 위해 필요한 계층이다.
- 코드 변환, 데이터 암호화, 데이터 압축, 구문 검색, 정보 형식(포맷) 변환, 문맥 관리 기능을 한다.

⑩ 응용 계층(Application Layer)

응용 계층은 사용자(응용 프로그램)가 OSI 환경에 접근할 수 있도록 서비스를 제공한다.

- 응용 프로세스 간의 정보 교환, 전자 사서함, 파일 전송, 가상 터미널 등의 서비스를 제공한다.

기출문제 따라잡기

23년 5월

1. OSI 7계층 모델에서 전송에 필요한 장치 간의 실제 접속과 절단 등 기계적, 전기적, 기능적, 절차적 특성을 정의한 계층은?

① 물리 계층
② 데이터 링크 계층
③ 네트워크 계층
④ 전송 계층

전송에 필요한 장치 간의 실제 접속이나 절단과 같은 물리적인 특성을 정의한 계층은 물리 계층입니다.

25년 2월, 22년 7월, 21년 5월

2. OSI 7계층 중 네트워크 계층에 대한 설명으로 틀린 것은?

① 패킷을 발신지로부터 최종 목적지까지 전달하는 책임을 진다.
② 한 노드로부터 다른 노드로 프레임을 전송하는 책임을 진다.
③ 패킷에 발신지와 목적지의 논리 주소를 추가한다.
④ 라우터 또는 교환기는 패킷 전달을 위해 경로를 지정하거나 교환 기능을 제공한다.

네트워크 계층의 프로토콜 데이터 단위(PDU)는 패킷(Packet)입니다. 데이터 단위가 프레임(Frame)인 계층은 데이터 링크 계층입니다.

25년 8월, 22년 7월

3 OSI 7계층 중 다음 설명에 해당하는 계층은?

- 두 응용 프로세스 간의 통신에 대한 제어 구조를 제공한다.
- 연결의 생성, 관리, 종료를 위해 토큰을 사용한다.

① 데이터링크 계층
② 네트워크 계층
③ 세션 계층
④ 표현 계층

이 문제에서의 핵심 단어는 "토큰"입니다.

25년 5월, 23년 7월

4. OSI 7계층 중 다음 설명에 해당하는 계층은?

- 개방 시스템들 간의 네트워크 연결을 관리하는 기능과 데이터의 교환 및 중계 기능을 함
- 네트워크 연결을 설정, 유지, 해제하는 기능을 함

① 데이터 링크 계층
② 네트워크 계층
③ 전송 계층
④ 표현 계층

네트워크 연결의 설정, 유지, 해제와 같은 네트워크 관리는 네트워크 계층의 기능입니다.

25년 8월, 24년 2월, 21년 3월

5. OSI 7계층에서 물리적 연결을 이용해 신뢰성 있는 정보를 전송하려고 동기화, 오류제어, 흐름제어 등의 전송에러를 제어하는 계층은?

① 데이터 링크 계층
② 물리 계층
③ 응용 계층
④ 표현 계층

동기화, 오류제어는 데이터 링크 계층의 기능입니다.

23년 2월

6. TCP/IP 프로토콜에서 TCP가 해당하는 계층은?

① 데이터 링크 계층
② 네트워크 계층
③ 트랜스포트 계층
④ 세션 계층

TCP의 'T'는 Transport(전송)의 약어입니다. TCP는 전송 계층에 속한 프로토콜입니다.

24년 7월, 20년 9월, 6월

7. OSI 7계층에서 단말기 사이에 오류 수정과 흐름 제어를 수행하여 신뢰성 있고 명확한 데이터를 전달하는 계층은?

① 전송 계층
② 응용 계층
③ 세션 계층
④ 표현 계층

이 문제에서의 핵심 문구는 '단말기 사이에'입니다. 다른 말로 종단 간(End-to-End)이라고도 하죠. 데이터링크가 답이 되려면 '두 개의 인접한 통신 시스템'이라는 문구가 포함되어야 합니다.

20년 8월

8. OSI-7 Layer에서 링크의 설정과 유지 및 종료를 담당하며, 노드 간의 오류 제어와 흐름 제어 기능을 수행하는 계층은?

① 데이터링크 계층
② 물리 계층
③ 세션 계층
④ 응용 계층

이 문제의 핵심 단어는 '링크의 설정과 유지 및 종료'입니다.

22년 3월

9. OSI 7계층 중 데이터 링크 계층에 해당되는 프로토콜이 아닌 것은?

① HTTP
② HDLC
③ PPP
④ LLC

HTTP(HyperText Transfer Protocol)는 응용 계층의 프로토콜입니다.

▶ 정답: 1. ① 2. ② 3. ③ 4. ② 5. ① 6. ③ 7. ① 8. ① 9. ①

SECTION 124 네트워크 관련 장비

① 네트워크 인터페이스 카드(NIC; Network Interface Card)

네트워크 인터페이스 카드는 컴퓨터와 컴퓨터 또는 컴퓨터와 네트워크를 연결하는 장치로, 정보 전송 시 정보가 케이블을 통해 전송될 수 있도록 정보 형태를 변경한다.
- 이더넷 카드(LAN 카드) 혹은 네트워크 어댑터라고도 한다.

② 허브(Hub)

허브는 한 사무실이나 가까운 거리의 컴퓨터들을 연결하는 장치로, 각 회선을 통합적으로 관리하며, 신호 증폭 기능을 하는 리피터의 역할도 포함한다.
- 허브의 종류에는 더미 허브, 스위칭 허브가 있다.
- **더미 허브(Dummy Hub)**
  - 네트워크에 흐르는 모든 데이터를 단순히 연결하는 기능만을 제공한다.
  - LAN이 보유한 대역폭을 컴퓨터 수만큼 나누어 제공한다.
    - 예) 100MB의 대역폭을 5개의 컴퓨터에 제공한다면 각 컴퓨터는 20MB(100/5)의 대역폭을 사용하게 된다.
  - 네트워크에 연결된 각 노드를 물리적인 성형 구조로 연결한다.
- **스위칭 허브(Switching Hub)**
  - 네트워크상에 흐르는 데이터의 유무 및 흐름을 제어하여 각각의 노드가 허브의 최대 대역폭을 사용할 수 있는 지능형 허브이다.
  - 최근에 사용되는 허브는 대부분 스위칭 허브이다.

③ 리피터(Repeater)

리피터는 전송되는 신호가 전송 선로의 특성 및 외부 충격 등의 요인으로 인해 원래의 형태와 다르게 왜곡되거나 약해질 경우 원래의 신호 형태로 재생하여 다시 전송하는 역할을 수행한다.
- OSI 참조 모델의 물리 계층에서 동작하는 장비이다.
- 근접한 네트워크 사이에 신호를 전송하는 역할로, 전송 거리의 연장 또는 배선의 자유도를 높이기 위한 용도로 사용한다.

> **전문가의 조언**
> 네트워크 구축에 필요한 장비들의 개별적인 기능이 중요합니다. 어떤 네트워크를 연결하는가와, OSI 참조 모델의 어떤 계층에서 동작하는 장비인지를 중심으로 각 장비의 특징을 확실하게 알고 넘어가야 합니다.

MAC 계층
LAN에서 데이터 링크 계층은 LLC(Logical Link Control) 계층과 MAC(Media Access Control) 계층으로 나누어지는데, 브리지는 이 중 MAC(Media Access Control) 계층에서 동작합니다.

④ 브리지(Bridge)

브리지는 LAN과 LAN을 연결하거나 LAN 안에서의 컴퓨터 그룹(세그먼트)을 연결하는 기능을 수행한다.

- 데이터 링크 계층 중 MAC(Media Access Control) 계층*에서 사용되므로 MAC 브리지라고도 한다.
- 네트워크 상의 많은 단말기들에 의해 발생되는 트래픽 병목 현상을 줄일 수 있다.
- 네트워크를 분산적으로 구성할 수 있어 보안성을 높일 수 있다.
- 브리지를 이용한 서브넷(Subnet) 구성 시 전송 가능한 회선 수는 브리지가 n개일 때, n(n-1)/2개이다.

전문가의 조언
스위치의 기능을 다른 장치와 구분할 수 있도록 알아두세요.

⑤ 스위치(Switch)

스위치는 브리지와 같이 LAN과 LAN을 연결하여 훨씬 더 큰 LAN을 만드는 장치이다.

- 하드웨어를 기반으로 처리하므로 전송 속도가 빠르다.
- 포트마다 각기 다른 전송 속도를 지원하도록 제어할 수 있고, 수십에서 수백 개의 포트를 제공한다.
- OSI 참조 모델의 데이터 링크 계층에서 사용된다.

전문가의 조언
라우터의 기능을 묻는 문제가 출제되었습니다. 서로 다른 네트워크를 연결하거나 전송의 최적 경로를 선택하는 라우터의 기능을 기억해 두세요.

⑥ 라우터(Router)

라우터는 브리지와 같이 LAN과 LAN의 연결 기능에 데이터 전송의 최적 경로를 선택할 수 있는 기능이 추가된 것으로, 서로 다른 LAN이나 LAN과 WAN의 연결도 수행한다.

- OSI 참조 모델의 네트워크 계층에서 동작하는 장비이다.
- 접속 가능한 경로에 대한 정보를 라우팅 제어표(Routing Table)에 저장하여 보관한다.
- 3계층(네트워크 계층)까지의 프로토콜 구조가 다른 네트워크 간의 연결을 위해 프로토콜 변환 기능을 수행한다.

전문가의 조언
브라우터의 기능을 묻는 문제가 출제되었습니다. 브라우터는 브리지와 라우터의 기능을 모두 수행한다는 것을 기억해 두세요.

잠깐만요 브라우터(Brouter)

브리지와 라우터의 기능을 모두 수행하는 장치로, 브리지 기능은 내부 네트워크를 분리하는 용도로 사용하고 라우터 기능은 외부 네트워크에 연결하는 용도로 사용합니다.

7 게이트웨이(Gateway)

게이트웨이는 전 계층(1~7계층)의 프로토콜 구조가 다른 네트워크의 연결을 수행한다.

- 세션 계층, 표현 계층, 응용 계층 간을 연결하여 데이터 형식 변환, 주소 변환, 프로토콜 변환 등을 수행한다.
- LAN에서 다른 네트워크에 데이터를 보내거나 다른 네트워크로부터 데이터를 받아들이는 출입구 역할을 한다.

잠깐만요 25.8, 24.5, 24.2, 22.3
전처리기(FEP; Front End Processor)

- 통신 회선 및 단말장치 제어, 메시지의 조립과 분해, 전송 메시지 검사 등을 미리 수행하여, 컴퓨터의 부담을 줄여주는 역할을 합니다.
- 호스트 컴퓨터와 단말장치 사이에 고속 통신 회선으로 설치됩니다.

전문가의 조언

전처리기(FEP)의 역할을 묻는 문제가 출제되었습니다. 전처리기는 일정 작업을 미리 처리하여 컴퓨터의 부담을 줄여주는 역할을 한다는 것을 기억해 두세요.

기출문제 따라잡기

25년 8월, 24년 5월, 2월, 22년 3월
1. 입력되는 데이터를 컴퓨터의 프로세서가 처리하기 전에 미리 처리하여 프로세서가 처리하는 시간을 줄여주는 프로그램이나 하드웨어를 말하는 것은?

① EAI ② FEP
③ GPL ④ Duplexing

입력되는 데이터를 컴퓨터가 처리하기 전에 처리하려면 컴퓨터로 입력되는 회선의 전단(Front End)에 위치하여 처리(Process)해야 합니다.

21년 5월
2. 두 개의 서로 다른 형태의 네트워크를 상호 접속하는 3계층 장비를 무엇이라고 하는가?

① 허브 ② 리피터
③ 브리지 ④ 라우터

네트워크 계층에서 동작하는 장비는 라우터입니다.

이전기출
3. 인터-네트워킹(Inter-Networking)을 위해 사용되는 네트워크 장비로 가장 거리가 먼 것은?

① 리피터(Repeater) ② 게이트웨이(Gateway)
③ 라우터(Router) ④ 증폭기(Amplifier)

증폭기(Amplifier)는 아날로그 신호 증폭을 위한 장비로 인터-네트워킹과는 무관합니다.

25년 2월, 24년 7월, 23년 2월, 22년 7월
4. 네트워크 장비에 대한 설명으로 옳지 않은 것은?

① 브라우터는 전송되는 신호가 전송 선로의 특성 및 외부 충격 등의 요인으로 인해 원래의 형태와 다르게 왜곡되거나 약해질 경우 원래의 신호 형태로 재생하여 다시 전송하는 역할을 수행한다.
② 브리지는 LAN과 LAN을 연결하거나 LAN 안에서의 컴퓨터 그룹을 연결하는 기능을 수행하며, 데이터 링크 계층 중 MAC 계층에서 사용된다.
③ 스위치는 LAN과 LAN을 연결하여 훨씬 더 큰 LAN을 만드는 장치로, OSI 7계층의 데이터 링크 계층에서 사용된다.
④ 라우터는 LAN과 LAN의 연결 기능에 데이터 전송의 최적 경로를 선택할 수 있는 기능이 추가된 것으로, 서로 다른 LAN이나 LAN과 WAN의 연결도 수행하고, OSI 7계층의 네트워크 계층에서 동작한다.

①번은 리피터(Repeat)에 대한 설명입니다. 브라우터는 이름에서 알 수 있듯이 브리지와 라우터의 기능을 모두 수행하는 장치입니다.

▶ 정답 : 1. ② 2. ④ 3. ④ 4. ①

SECTION 125 TCP/IP

전문가의 조언

IP 프로토콜의 특징을 묻는 문제가 출제되었습니다. IP 프로토콜은 Header Checksum만 제공한다는 것을 중심으로 TCP와 IP 프로토콜의 특징을 구분할 수 있도록 정리하세요.

연결형(접속) 통신
연결형 통신은 송·수신 측 간을 논리적으로 연결한 후 데이터를 전송하는 방식으로, 가상 회선 방식이 대표적입니다. 데이터 전송의 안정성과 신뢰성이 보장되지만, 연결 설정 지연이 일어나며, 회선 이용률이 낮아질 수 있습니다.

비연결형(비접속) 통신
비연결형 통신은 송·수신 측 간에 논리적 연결 없이 데이터를 독립적으로 전송하는 방식으로, 데이터그램 방식이 대표적입니다.

Best Effort
최선의 노력은 하지만 전송 결과는 보장하지 않는다는 의미로, 비신뢰성 전송을 의미합니다.

1 TCP/IP의 개요(Transmission Control Protocol/Internet Protocol)

TCP/IP는 인터넷에 연결된 서로 다른 기종의 컴퓨터들이 데이터를 주고받을 수 있도록 하는 표준 프로토콜이다.

- TCP/IP는 1960년대 말 ARPA에서 개발하여 ARPANET(1972)에서 사용하기 시작했다.
- TCP/IP는 UNIX의 기본 프로토콜로 사용되었고, 현재 인터넷 범용 프로토콜로 사용된다.
- TCP/IP는 다음과 같은 기능을 수행하는 TCP 프로토콜과 IP 프로토콜이 결합된 것을 의미한다.

TCP(Transmission Control Protocol)	• OSI 7계층의 전송 계층에 해당한다. • 신뢰성 있는 연결형* 서비스를 제공한다. • 패킷의 다중화, 순서 제어, 오류 제어, 흐름 제어 기능을 제공한다. • 스트림(Stream) 전송 기능 제공한다. • TCP 헤더에는 Source/Destination Port Number, Sequence Number, Acknowledgment Number, Checksum 등이 포함된다.
IP(Internet Protocol)	• OSI 7계층의 네트워크 계층에 해당한다. • 데이터그램을 기반으로 하는 비연결형* 서비스를 제공한다. • Best Effort* 원칙에 따른 전송 기능을 제공한다. • 패킷의 분해/조립, 주소 지정, 경로 선택 기능을 제공한다. • 헤더의 길이는 최소 20Byte에서 최대 60Byte이다. • IP 헤더에는 Version, Header Length, Total Packet Length, Header Checksum, Source IP Address, Destination IP Address 등이 포함된다.

전문가의 조언

TCP/IP의 4계층을 기억하고 TCP/IP의 계층이 OSI 7계층의 어느 계층에 대응되는지 잘 알아두세요.

TCP/IP 계층 구조
네트워크 액세스 계층을 물리 계층과 데이터 링크 계층으로 세분화하여 물리 계층, 데이터 링크 계층, 인터넷 계층, 전송 계층, 응용 계층 이렇게 5계층으로 구분하기도 합니다.

2 TCP/IP의 구조

TCP/IP는 응용 계층, 전송 계층, 인터넷 계층, 네트워크 액세스 계층으로 이루어져 있다.*

OSI	TCP/IP	기능
응용 계층 표현 계층 세션 계층	응용 계층	• 응용 프로그램 간의 데이터 송·수신 제공한다. • TELNET, FTP, SMTP, SNMP, DNS, HTTP 등
전송 계층	전송 계층	• 호스트들 간의 신뢰성 있는 통신 제공한다. • TCP, UDP
네트워크 계층	인터넷 계층	• 데이터 전송을 위한 주소 지정, 경로 설정을 제공한다. • IP, ICMP, IGMP, ARP, RARP
데이터 링크 계층 물리 계층	네트워크 액세스 계층	• 실제 데이터(프레임)를 송·수신하는 역할을 한다. • Ethernet, IEEE 802, HDLC, X.25, RS-232C, ARQ 등

③ 응용 계층의 주요 프로토콜

프로토콜	설명
FTP(File Transfer Protocol)	컴퓨터와 컴퓨터 또는 컴퓨터와 인터넷 사이에서 파일을 주고받을 수 있도록 하는 원격 파일 전송 프로토콜이다.
SMTP(Simple Mail Transfer Protocol)	전자 우편을 전송하는 프로토콜이다.
TELNET	멀리 떨어져 있는 컴퓨터에 접속하여 자신의 컴퓨터처럼 사용할 수 있도록 해주는 가상의 터미널(Virtual Terminal) 기능을 수행한다.
SNMP(Simple Network Management Protocol)	TCP/IP의 네트워크 관리 프로토콜로, 라우터나 허브 등 네트워크 기기의 네트워크 정보를 네트워크 관리 시스템에 보내는 데 사용되는 표준 통신 규약이다.
DNS(Domain Name System)	도메인 네임을 IP 주소로 매핑(Mapping)하는 시스템이다.
HTTP(HyperText Transfer Protocol)	월드 와이드 웹(WWW)에서 HTML 문서를 송수신 하기 위한 표준 프로토콜이다.
MQTT(Message Queuing Telemetry Transport)	발행-구독 기반※의 메시징 프로토콜로, IoT 환경에서 자주 사용된다.

전문가의 조언
MQTT의 기능을 묻는 문제가 출제되었습니다. MQTT를 중심으로 응용 계층의 주요 프로토콜의 종류와 기능을 정리하세요.

발행-구독(Publish-Subscribe) 기반
예를 들어, 유튜브의 채널 운영자가 새로운 메시지를 발행하면, 유튜브 사용자 전체가 아닌 해당 채널 구독자만을 대상으로 메시지가 전달되도록 운영되는 구조를 의미합니다.

④ 전송 계층의 주요 프로토콜

프로토콜	설명
TCP(Transmission Control Protocol)※	• 양방향 연결(Full Duplex Connection)형 서비스를 제공한다. • 가상 회선 연결(Virtual Circuit Connection) 형태의 서비스를 제공한다. • 스트림 위주의 전달(패킷 단위)을 한다. • 신뢰성 있는 경로를 확립하고 메시지 전송을 감독한다. • 순서 제어, 오류 제어, 흐름 제어 기능을 한다. • 패킷의 분실, 손상, 지연이나 순서가 틀린 것 등이 발생할 때 투명성이 보장되는 통신을 제공한다. • TCP 프로토콜의 헤더는 기본적으로 20Byte에서 60Byte까지 사용할 수 있는데, 선택적으로 40Byte를 더 추가할 수 있으므로 최대 100Byte까지 크기를 확장할 수 있다. • TCP 헤더에서 윈도우의 최대 크기는 65,535($2^{16}-1$)Byte이다.
UDP(User Datagram Protocol)	• 데이터 전송 전에 연결을 설정하지 않는 비연결형 서비스를 제공한다. • TCP에 비해 상대적으로 단순한 헤더 구조를 가지므로, 오버헤드가 적고, 흐름 제어나 순서 제어가 없어 전송 속도가 빠르다. • 고속의 안정성 있는 전송 매체를 사용하여 빠른 속도를 필요로 하는 경우, 동시에 여러 사용자에게 데이터를 전달할 경우, 정기적으로 반복해서 전송할 경우에 사용한다. • 실시간 전송에 유리하며, 신뢰성보다는 속도가 중요시되는 네트워크에서 사용된다. • UDP 헤더에는 Source Port Number, Destination Port Number, Length, Checksum 등이 포함된다.
RTCP(Real-Time Control Protocol)	• RTP(Real-time Transport Protocol) 패킷의 전송 품질을 제어하기 위한 제어 프로토콜이다. • 세션(Session)에 참여한 각 참여자들에게 주기적으로 제어 정보를 전송한다. • 하위 프로토콜은 데이터 패킷과 제어 패킷의 다중화(Multiplexing)를 제공한다. • 데이터 전송을 모니터링하고 최소한의 제어와 인증 기능만을 제공한다. • RTCP 패킷은 항상 32비트의 경계로 끝난다.

전문가의 조언
TCP와 UDP의 특징을 묻는 문제가 출제되었습니다. 먼저 전송 계층의 주요 프로토콜들을 기억해 두세요. 그리고 TCP와 UDP에 대해서 자세하게 정리하세요.

TCP를 사용하는 서비스
FTP, SMTP, TELNET, HTTP 등

전문가의 조언

ICMP와 ARP의 기능을 묻는 문제가 출제되었습니다. ICMP와 ARP를 중심으로 인터넷 계층의 주요 프로토콜들의 기능을 기억해 두세요.

IP의 비신뢰성

비신뢰성이란 패킷이 목적지에 성공적으로 도달하는 것을 보장하지 않는다는 의미입니다. IP는 최선의 서비스를 목적으로 하는 프로토콜로, 신뢰성에 대한 요구는 TCP와 같은 상위 계층에서 제공합니다.

물리적 주소(MAC Address)

물리적 주소는 랜카드 제작사에서 랜 카드(네트워크 접속장치)에 부여한 고유 번호입니다.

⑤ 인터넷 계층의 주요 프로토콜

25.5, 24.5, 24.2, 23.7, 22.7, 22.3, 20.9, 20.6, 실기 25.4, 23.4, 21.4, 20.10

IP(Internet Protocol)	• 전송할 데이터에 주소를 지정하고, 경로를 설정하는 기능을 한다. • 비연결형인 데이터그램 방식을 사용하는 것으로 신뢰성이 보장되지 않는다*.
22.3, 실기 23.4, 20.10 ICMP(Internet Control Message Protocol, 인터넷 제어 메시지 프로토콜)	IP와 조합하여 통신중에 발생하는 오류의 처리와 전송 경로 변경 등을 위한 제어 메시지를 관리하는 역할을 하며, 헤더는 8Byte로 구성된다.
IGMP(Internet Group Management Protocol, 인터넷 그룹 관리 프로토콜)	멀티캐스트를 지원하는 호스트나 라우터 사이에서 멀티캐스트 그룹 유지를 위해 사용된다.
25.5, 24.5, 24.2, 23.7, 22.7, 20.9, 20.6, 실기 25.4 ARP(Address Resolution Protocol, 주소 분석 프로토콜)	호스트의 IP 주소를 호스트와 연결된 네트워크 접속 장치의 물리적 주소*(MAC Address)로 바꾼다.
실기 25.4, 21.4 RARP(Reverse Address Resolution Protocol)	ARP와 반대로 물리적 주소를 IP 주소로 변환하는 기능을 한다.

전문가의 조언

IEEE 802.3 LAN에서 사용되는 전송 매체 제어 방식을 묻는 문제가 출제되었습니다. IEEE 802.3은 CSMA/CD 방식의 LAN을 위한 표준이라는 것을 기억해 두세요.

⑥ 네트워크 액세스 계층의 주요 프로토콜

22.7, 21.3

22.7, 21.3 Ethernet(IEEE 802.3)	CSMA/CD 방식의 LAN
IEEE 802	LAN을 위한 표준 프로토콜
HDLC	비트 위주의 데이터 링크 제어 프로토콜
X.25	패킷 교환망을 통한 DTE와 DCE 간의 인터페이스를 제공하는 프로토콜
RS-232C	공중 전화 교환망(PSTN)을 통한 DTE와 DCE 간의 인터페이스를 제공하는 프로토콜

 기출문제 따라잡기

  문제1 2416551

22년 4월

1. IP 프로토콜의 주요 특징에 해당하지 않는 것은?

① 체크섬(Checksum) 기능으로 데이터 체크섬(Data Checksum)만 제공한다.
② 패킷을 분할, 병합하는 기능을 수행하기도 한다.
③ 비연결형 서비스를 제공한다.
④ Best Effort 원칙에 따른 전송 기능을 제공한다.

IP 헤더에서 제공되는 Checksum은 Header Checksum입니다.

24년 5월, 21년 8월

2. TCP 헤더와 관련한 설명으로 틀린 것은?

① 순서 번호(Sequence Number)는 전달하는 바이트마다 번호가 부여된다.
② 수신 번호 확인(Acknowledgement Number)은 상대편 호스트에서 받으려는 바이트의 번호를 정의한다.
③ 체크섬(Checksum)은 데이터를 포함한 세그먼트의 오류를 검사한다.
④ 윈도우 크기는 송수신 측의 버퍼 크기로 최대 크기는 32767bit이다.

TCP 헤더에서 윈도우의 최대 크기는 $65,535(2^{16}-1)$Byte입니다.

기출문제 따라잡기

20년 6월
3. TCP/IP 프로토콜 중 전송 계층 프로토콜은?
① HTTP ② SMTP
③ FTP   ④ TCP

전송 계층 프로토콜은 TCP, UDP, RTCP입니다.

25년 8월, 24년 5월, 2월, 23년 5월, 21년 8월, 3월
4. TCP/IP 기반 네트워크에서 동작하는 발행-구독 기반의 메시징 프로토콜로, 최근 IoT 환경에서 자주 사용되고 있는 프로토콜은?
① MLFQ   ② MQTT
③ Zigbee ④ MTSP

IoT에 적합한 응용 계층 프로토콜 하면, MQTT(Message Queuing Telemetry Transport)입니다.

24년 7월, 21년 5월
5. TCP 프로토콜과 관련한 설명으로 틀린 것은?
① 인접한 노드 사이의 프레임 전송 및 오류를 제어한다.
② 흐름 제어(Flow Control)의 기능을 수행한다.
③ 전이중(Full Duplex) 방식의 양방향 가상회선을 제공한다.
④ 전송 데이터와 응답 데이터를 함께 전송할 수 있다.

프레임의 전송 및 오류 제어는 데이터 링크 계층의 프로토콜인 HDLC, LAPB, LLC, MAC 등이 수행합니다.

25년 5월, 24년 5월, 2월, 23년 7월, 22년 7월, 20년 9월, 6월
6. TCP/IP에서 사용되는 논리(IP) 주소를 물리(MAC) 주소로 변환시켜주는 프로토콜은?
① TCP   ② ARP
③ RARP   ④ IP

ARP는 '논리 주소 → 물리 주소', RARP는 '물리 주소 → 논리 주소'로 변환합니다.

21년 3월, 20년 9월
7. UDP 특성에 해당되는 것은?
① 양방향 연결형 서비스를 제공한다.
② 송신중에 링크를 유지관리하므로 신뢰성이 높다.
③ 순서제어, 오류제어, 흐름제어 기능을 한다.
④ 흐름제어나 순서제어가 없어 전송속도가 빠르다.

UDP는 흐름제어나 순서제어가 없어 전송속도가 빨라 신뢰성보다는 속도가 중요시되는 네트워크에서 사용되는 프로토콜입니다.

24년 2월, 22년 4월
8. UDP 프로토콜의 특징이 아닌 것은?
① 비연결형 서비스를 제공한다.
② 단순한 헤더 구조로 오버헤드가 적다.
③ 주로 주소를 지정하고, 경로를 설정하는 기능을 한다.
④ TCP와 같이 트랜스포트 계층에 존재한다.

주소 지정과 경로 선택은 IP(Internet Protocol)의 기능입니다.

22년 3월
9. TCP/IP 계층 구조에서 IP의 동작 과정에서의 전송 오류가 발생하는 경우에 대비해 오류 정보를 전송하는 목적으로 사용하는 프로토콜은?
① ECP(Error Checking Protocol)
② ARP(Address Resolution Protocol)
③ ICMP(Internet Control Message Protocol)
④ PPP(Point-to-Point Protocol)

전송 오류 등의 오류 정보(Message)를 관리(Control)는 프로토콜(Protocol)을 묻는 문제입니다.

21년 3월, 20년 6월
10. TCP/IP 프로토콜에서 TCP가 해당하는 계층은?
① 데이터 링크 계층   ② 네트워크 계층
③ 트랜스포트 계층   ④ 세션 계층

TCP의 "T"가 "Transmission"의 약자입니다.

22년 7월, 21년 3월
11. IEEE 802.3 LAN에서 사용되는 전송 매체 접속 제어(MAC) 방식은?
① CSMA/CD   ② Token Bus
③ Token Ring ④ Slotted Ring

IEEE 802는 LAN, IEEE 802.3은 CSMA/CD를 위한 표준입니다.

23년 7월
12. TCP에 대한 설명으로 옳지 않은 것은?
① 프레임을 전송 단위로 사용한다.
② 요청과 응답을 동시에 주고 받는 양방향 연결 방식을 사용한다.
③ 순서 제어, 오류 제어, 흐름 제어 기능을 제공한다.
④ 투명성이 보장되는 통신을 제공한다.

TCP 프로토콜은 패킷 단위의 스트림(Stream) 전송 기능을 제공합니다.

▶ 정답: 1.① 2.④ 3.④ 4.② 5.① 6.② 7.④ 8.③ 9.③ 10.③ 11.① 12.①

3장 핵심요약

111 운영체제의 개념

❶ 운영체제의 목적
- 처리 능력(Throughput) : 일정 시간 내에 시스템이 처리하는 일의 양
- 반환 시간(Turn Around Time) : 시스템에 작업을 의뢰한 시간부터 처리가 완료될 때까지 걸린 시간
- 사용 가능도(Availability) : 시스템을 사용할 필요가 있을 때 즉시 사용 가능한 정도
- 신뢰도(Reliability) : 시스템이 주어진 문제를 정확하게 해결하는 정도

❷ 운영체제의 구성 [21.3]
- 제어 프로그램
  - 감시 프로그램
  - 작업 관리 프로그램
  - 데이터 관리 프로그램
- 처리 프로그램
  - 언어 번역 프로그램
  - 서비스 프로그램

❸ 운영체제의 기능 [20.8]
- 프로세서(처리기, Processor), 기억장치(주기억장치, 보조기억장치), 입·출력장치, 파일 및 정보 등의 자원을 관리한다.
- 자원을 효율적으로 관리하기 위해 자원의 스케줄링 기능을 제공한다.
- 사용자와 시스템 간의 편리한 인터페이스를 제공한다.
- 시스템의 각종 하드웨어와 네트워크를 관리·제어한다.
- 자원 보호 기능을 제공한다.

112 Windows

❶ 선점형 멀티태스킹
동시에 여러 개의 프로그램을 실행하는 멀티태스킹을 하면서 운영체제가 각 작업의 CPU 이용 시간을 제어하여 응용 프로그램 실행중 문제가 발생하면 해당 프로그램을 강제 종료시키고 모든 시스템 자원을 반환하는 방식을 말한다.

❷ PnP(Plug and Play)
컴퓨터 시스템에 프린터나 사운드 카드 등의 하드웨어를 설치했을 때, 해당 하드웨어를 사용하는 데 필요한 시스템 환경을 운영체제가 자동으로 구성해 주는 기능이다.

113 UNIX / LINUX / MacOS

❶ UNIX의 특징 [22.4]
- 대부분 C 언어로 작성되어 있어 이식성이 높으며 장치, 프로세스 간의 호환성이 높다.
- 다중 사용자(Multi-User), 다중 작업(Multi-Tasking)을 지원한다.
- 많은 네트워킹 기능을 제공하므로 통신망(Network) 관리용 운영체제로 적합하다.
- 트리 구조의 파일 시스템을 갖는다.
- 전문적인 프로그램 개발에 용이하다.

❷ 커널(Kernel) [20.9]
- UNIX의 가장 핵심적인 부분이다.
- 하드웨어를 보호(캡슐화)하고, 프로그램들과 하드웨어 간의 인터페이스 역할을 담당한다.
- 기능 : 프로세스 관리, 기억장치 관리, 파일 관리, 입·출력 관리, 프로세스 간 통신, 데이터 전송 및 변환 등

❸ 쉘(Shell) 22.3, 20.6
- 사용자의 명령어를 인식하여 프로그램을 호출하고, 명령을 수행하는 명령어 해석기이다.
- 시스템과 사용자 간의 인터페이스를 담당한다.
- DOS의 COMMAND.COM과 같은 기능을 수행한다.
- 주기억장치에 상주하지 않고, 명령어가 포함된 파일 형태로 존재하며 보조기억장치에서 교체 처리가 가능하다.

❹ 파일 디스크립터 21.8
- 파일 제어 블록(FCB; File Control Block)이라고도 한다.
- 파일마다 독립적으로 존재하며, 시스템에 따라 다른 구조를 가질 수 있다.
- 보조기억장치 내에 저장되어 있다가 해당 파일이 Open될 때 주기억장치로 옮겨진다.
- 파일 시스템이 관리하므로 사용자가 직접 참조할 수 없다.

문제1 150K의 작업 요구 시 First Fit과 Best Fit 전략을 각각 적용할 경우, 할당 영역을 쓰시오.

할당영역	운영체제
1	50k
	사용중
2	400k
	사용중
3	200k

답
① First Fit :
② Best Fit :

해설
150K 작업을 최초 적합(First Fit)으로 할당할 경우 400K 공백에, 최적 적합(Best Fit)으로 할당할 경우 200K 공백에, 최악 적합(Worst Fit)으로 할당할 경우 400K 공백에 할당됩니다.

114 기억장치 관리의 개요

❶ 기억장치 관리 전략 25.8, 25.5, 25.2, 24.7, 24.5, 23.7, 22.3, 21.3, 20.8
- 종류 : 반입(Fetch) 전략, 배치(Placement) 전략, 교체(Replacement) 전략
- 배치 전략의 종류

최초 적합 (First Fit)	프로그램이나 데이터가 들어갈 수 있는 크기의 빈 영역 중에서 첫 번째 분할 영역에 배치시키는 방법
최적 적합 (Best Fit)	프로그램이나 데이터가 들어갈 수 있는 크기의 빈 영역 중에서 단편화를 가장 작게 남기는 분할 영역에 배치시키는 방법
최악 적합 (Worst Fit)	프로그램이나 데이터가 들어갈 수 있는 크기의 빈 영역 중에서 단편화를 가장 크게 남기는 분할 영역에 배치시키는 방법

115 가상기억장치 구현 기법 / 페이지 교체 알고리즘

❶ 페이징(Paging) 기법 23.2, 21.3
가상기억장치에 보관되어 있는 프로그램과 주기억장치의 영역을 동일한 크기로 나눈 후 나눠진 프로그램(페이지)을 동일하게 나눠진 주기억장치의 영역(페이지 프레임)에 적재시켜 실행하는 기법이다.

❷ 세그먼테이션(Segmentation) 기법 23.2, 21.3, 20.9
가상기억장치에 보관되어 있는 프로그램을 다양한 크기의 논리적인 단위로 나눈 후 주기억장치에 적재시켜 실행시키는 기법이다.

정답 1. ①② ②③

3장 핵심요약

③ 페이지 교체 알고리즘 21.8
- 페이지 부재(Page Fault)가 발생했을 때 가상기억장치의 필요한 페이지를 주기억장치에 적재할 때 주기억장치의 모든 페이지 프레임이 사용중이면 어떤 페이지 프레임을 선택하여 교체할 것인지를 결정하는 기법이다.
- 종류 : OPT, FIFO, LRU, LFU, NUR, SCR 등

④ 페이지 교체 알고리즘 – FIFO 25.8, 25.2, 24.7, 24.5, 24.2, 23.7, 23.2, 22.7, 22.3, …
각 페이지가 주기억장치에 적재될 때마다 그때의 시간을 기억시켜 가장 먼저 들어와서 가장 오래 있었던 페이지를 교체하는 기법이다.

예 다음의 참조 페이지를 세 개의 페이지 프레임을 가진 기억장치에서 FIFO 알고리즘을 사용하여 교체했을 때 페이지 부재의 수는? (단, 초기 페이지 프레임은 모두 비어있는 상태이다.)

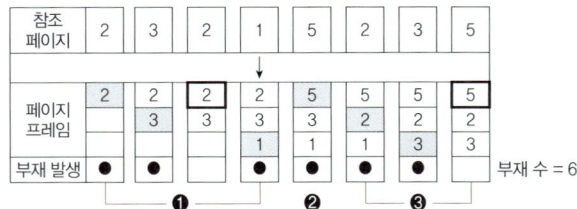

부재 수 = 6

❶ 참조 페이지를 각 페이지 프레임에 차례로 적재시키되 이미 적재된 페이지는 해당 위치의 페이지 프레임을 사용한다.
❷ 사용할 페이지 프레임이 없을 경우 가장 먼저 들어와서 오래 있었던 페이지 2를 제거한 후 5를 적재한다.
❸ 그 다음에 적재된 페이지 3을 제거한 후 2를 적재하며, 같은 방법으로 나머지 참조 페이지를 수행한다.

⑤ 페이지 교체 알고리즘 – LRU 22.4
각 페이지마다 계수기(Counter)나 스택(Stack)을 두어 현 시점에서 가장 오랫동안 사용하지 않은, 즉 가장 오래전에 사용된 페이지를 교체한다.

예 다음의 참조 페이지를 세 개의 페이지 프레임을 가진 기억장치에서 LRU 알고리즘을 사용하여 교체했을 때 페이지 부재의 수는? (단, 초기 페이지 프레임은 모두 비어 있는 상태이다.)

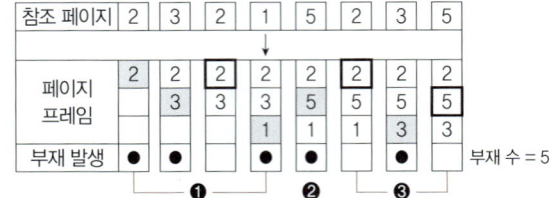

부재 수 = 5

❶ 참조 페이지를 각 페이지 프레임에 차례로 적재시키되 이미 적재된 페이지는 해당 위치의 페이지 프레임을 사용한다.
❷ 사용할 페이지 프레임이 없을 경우 현재 시점에서 가장 오랫동안 사용되지 않은 페이지 3을 제거한 후 5를 적재한다.
❸ 같은 방법으로 나머지 참조 페이지를 수행한다.

문제 1 3개의 페이지 프레임을 갖는 시스템에서 페이지 참조 순서가 1, 2, 1, 0, 4, 1, 3 일 경우 FIFO 알고리즘에 의한 페이지 교체의 경우 프레임의 최종 상태를 쓰시오.

답 :

해설
3개의 페이지를 수용할 수 있는 주기억장치이므로 아래 그림과 같이 3개의 페이지 프레임으로 표현할 수 있습니다.

참조 페이지	1	2	1	0	4	1	3
페이지 프레임	1	1	1	1	4	4	4
		2	2	2	2	1	1
				0	0	0	3
부재 발생	●	●		●	●	●	●

※ ● : 페이지 부재 발생

참조 페이지가 페이지 테이블에 없을 경우 페이지 결함(부재)이 발생됩니다. 초기에는 모든 페이지가 비어 있으므로 처음 1, 2, 0 페이지 적재 시 페이지 결함이 발생됩니다. FIFO(선입선출) 기법은 가장 먼저 들어와 있었던 페이지를 교체하는 기법이므로 참조 페이지 4를 참조할 때에는 1을 제거한 후 4를 가져오게 됩니다. 이러한 과정으로 모든 페이지에 대한 요구를 처리하고 나면 총 페이지 결함 발생 횟수는 6회이고 마지막 프레임의 최종 상태는 4, 1, 3입니다.

문제 2 4개의 페이지를 수용할 수 있는 주기억장치가 있으며, 초기에는 모두 비어 있다고 가정한다. 다음의 순서로 페이지 참조가 발생할 때, LRU 페이지 교체 알고리즘을 사용할 경우 몇 번의 페이지 결함이 발생하는지 쓰시오.

페이지 참조 순서 : 1, 2, 3, 1, 2, 4, 1, 2, 5

답 :

> **해설**
> 4개의 페이지를 수용할 수 있는 주기억장치이므로 아래 그림과 같이 4개의 페이지 프레임으로 표현할 수 있습니다.
>
> | 참조 페이지 | 1 | 2 | 3 | 1 | 2 | 4 | 1 | 2 | 5 |
> |---|---|---|---|---|---|---|---|---|---|
> | 페이지 프레임 | 1 | 1 | 1 | 1 | 1 | 1 | 1 | 1 | 1 |
> | | | 2 | 2 | 2 | 2 | 2 | 2 | 2 | 2 |
> | | | | 3 | 3 | 3 | 3 | 3 | 3 | 5 |
> | | | | | | | 4 | 4 | 4 | 4 |
> | 부재 발생 | ● | ● | ● | | | ● | | | ● |
>
> ※ ● : 페이지 부재 발생
>
> 참조 페이지가 페이지 테이블에 없을 경우 페이지 결함(부재)이 발생됩니다. 초기에는 모든 페이지가 비어 있으므로 처음 1, 2, 3 페이지 적재 시 페이지 결함이 발생됩니다. 다음 참조 페이지 1, 2는 이미 적재되어 있으므로 그냥 참조하고, 참조 페이지 4를 적재할 때 페이지 결함이 발생됩니다. 다음 참조 페이지 1, 2 역시 이미 적재되어 있으므로 그냥 참조합니다. LRU 기법은 최근에 가장 오랫동안 사용되지 않은 페이지를 교체하는 기법이므로, 마지막 페이지 5를 참조할 때는 3을 제거한 후 5를 가져오게 됩니다. 그러므로 총 페이지 결함 발생 횟수는 5회입니다.

❷ **Locality** 23.5, 21.5

- 프로세스가 실행되는 동안 주기억장치를 참조할 때 일부 페이지만 집중적으로 참조하는 성질이 있다는 이론이다.
- 시간 구역성이 이루어지는 기억 장소 : Loop(반복, 순환), 스택(Stack), 부 프로그램(Sub Routine), Counting(1씩 증감), 집계(Totaling)에 사용되는 변수(기억장소)
- 공간 구역성이 이루어지는 기억장소 : 배열 순회(Array Traversal, 배열 순례), 순차적 코드의 실행, 프로그래머들이 관련된 변수(데이터를 저장할 기억장소)들을 서로 근처에 선언하여 할당되는 기억장소, 같은 영역에 있는 변수를 참조할 때 사용

❸ **워킹 셋(Working Set)** 21.3

프로세스가 일정 시간 동안 자주 참조하는 페이지들의 집합이다.

❹ **스래싱(Thrashing)** 25.2, 23.2, 22.7, 21.5

프로세스의 처리 시간보다 페이지 교체에 소요되는 시간이 더 많아지는 현상이다.

116 가상기억장치 기타 관리 사항

❶ **페이지 크기가 작을 경우** 25.5, 21.5

- 페이지 단편화가 감소되고, 한 개의 페이지를 주기억장치로 이동하는 시간이 줄어든다.
- 불필요한 내용이 주기억장치에 적재될 확률이 적으므로 효율적인 워킹 셋을 유지할 수 있다.
- Locality에 더 일치할 수 있기 때문에 기억장치 효율이 높아진다.
- 페이지 정보를 갖는 페이지 맵 테이블의 크기가 커지고, 매핑 속도가 늦어진다.
- 디스크 접근 횟수가 많아져서 전체적인 입·출력 시간은 늘어난다.

117 프로세스의 개요

❶ **프로세스의 정의** 25.8, 22.7

- PCB를 가진 프로그램
- 실기억장치에 저장된 프로그램
- 프로세서가 할당되는 실체로서, 디스패치가 가능한 단위
- 프로시저가 활동중인 것
- 비동기적 행위를 일으키는 주체
- 지정된 결과를 얻기 위한 일련의 계통적 동작
- 목적 또는 결과에 따라 발생되는 사건들의 과정
- 운영체제가 관리하는 실행 단위

정답 1. 4, 1, 3 2. 5회

3장 핵심요약

❷ 프로세스 상태 전이 [22.7, 20.6]

- 제출(Submit) : 작업을 처리하기 위해 사용자가 작업을 시스템에 제출한 상태
- 접수(Hold) : 제출된 작업이 스풀 공간인 디스크의 할당 위치에 저장된 상태
- 준비(Ready) : 프로세스가 프로세서를 할당받기 위해 기다리고 있는 상태
- 실행(Run) : 준비상태 큐에 있는 프로세스가 프로세서를 할당받아 실행되는 상태
- 대기(Wait), 보류, 블록(Block) : 프로세스에 입·출력 처리가 필요하면 현재 실행중인 프로세스가 중단되고, 입·출력 처리가 완료될 때까지 대기하고 있는 상태
- 종료(Terminated, Exit) : 프로세스의 실행이 끝나고 프로세스 할당이 해제된 상태

❸ Dispatch [21.8]

준비 상태에서 대기하고 있는 프로세스 중 하나가 프로세서를 할당받아 실행 상태로 전이되는 과정이다.

❹ 스레드의 특징 [25.8, 22.4, 21.8, 20.6]

- 실행 환경을 공유시켜 기억장소 및 자원의 낭비가 줄어든다.
- 하나의 프로세스를 여러 개의 스레드로 생성하여 병행성을 증진시킬 수 있다.
- 하드웨어, 운영체제의 성능과 응용 프로그램의 처리율을 향상시킬 수 있다.
- 스레드는 프로세스의 일부 특성을 갖고 있기 때문에 경량 프로세스라고도 한다.
- 공통적으로 접근 가능한 기억장치를 통해 효율적으로 통신한다.
- 하나의 프로세스에 하나의 스레드가 존재하는 경우에는 단일 스레드, 하나 이상의 스레드가 존재하는 경우에는 다중 스레드라고 한다.

118 스케줄링

❶ 비선점(Non-Preemptive) 스케줄링 [24.5]

- 이미 할당된 CPU를 다른 프로세스가 강제로 빼앗아 사용할 수 없는 스케줄링 기법이다.
- 프로세스가 CPU를 할당받으면 해당 프로세스가 완료될 때까지 CPU를 사용한다.
- 모든 프로세스에 대한 요구를 공정하게 처리할 수 있다.

❷ 선점(Preemptive) 스케줄링 [24.5]

- 하나의 프로세스가 CPU를 할당받아 실행하고 있을 때 우선순위가 높은 다른 프로세스가 CPU를 강제로 빼앗아 사용할 수 있는 스케줄링 기법이다.
- 우선순위가 높은 프로세스를 빠르게 처리할 수 있다.
- 주로 빠른 응답 시간을 요구하는 대화식 시분할 시스템에 사용된다.
- 많은 오버헤드(Overhead)를 초래한다.

119 주요 스케줄링 알고리즘

❶ SJF(Shortest Job First) [20.9]

예 스케줄링 하고자 하는 세 작업의 도착시간과 실행시간은 다음 표와 같다. 이 작업을 SJF로 스케줄링하였을 때, 작업 2의 종료시간은?

작업	도착시간	실행시간
1	0	6
2	1	3
3	2	4

- SJF 스케줄링은 실행 시간이 가장 짧은 프로세스에게 먼저 CPU를 할당하는 기법이다. 그러나 처음에 도착한 작업 1은 다른 작업과 실행 시간을 비교할 수 없으므로 실행 시간에 상관없이 먼저 수행된다.

진행 시간	0			5			10		15
작업 1	0 도착 실행 시작	←	6 실행	→	6 완료				
작업 2		1 도착	←5 대기→		6 실행 시작	←3 실행→	9 완료		
작업 3			2 도착	←	7 대기	→	9 실행 시작	←4 실행→	13 완료

- 작업 1 : 도착하자마자 실행하여 6에서 작업이 완료되므로 대기 시간은 0이고, 반환 시간은 6이다.
- 작업 2 : 1에 도착하여 작업 1이 완료될 때까지 대기한 후 작업 1이 완료되는 6에서 실행을 시작하여 9에 작업이 완료된다. 그러므로 대기 시간은 5이고, 반환 시간은 8이다.
- 작업 3 : 2에 도착하여 작업 2가 완료될 때까지 대기한 후 작업 2가 완료되는 9에서 실행을 시작하여 13에 작업이 완료된다. 그러므로 대기 시간은 7이고, 반환 시간은 11이다.

❷ HRN(Hightest Response-ratio Next) 25.8, 25.5, 25.2, 24.7, 23.5, 22.7, …

예 HRN 방식으로 스케줄링할 경우, 입력된 작업이 다음과 같을 때 우선순위가 가장 높은 작업은?

작업	대기시간	서비스시간
A	5	5
B	10	6
C	15	7
D	20	8

- HRN 방식의 우선순위 계산식은 $\frac{대기\ 시간 + 서비스\ 시간}{서비스\ 시간}$ 이므로 이 식에 대입해서 풀면 된다.
- A 작업은 $\frac{5+5}{5} = 2$
- B 작업은 $\frac{10+6}{6} = 2.6$
- C 작업은 $\frac{15+7}{7} = 3.1$
- D 작업은 $\frac{20+8}{8} = 3.5$이다.
- 결과가 큰 값이 우선순위가 높다.

문제1 스케줄링 하고자 하는 세 작업의 도착 시간과 실행 시간은 다음 표와 같다. 이 작업을 SJF로 스케줄링 하였을 때, 작업 2의 종료 시간을 쓰시오. (단, 여기서 오버헤드는 무시한다.)

작업	도착 시간	실행 시간
1	0	5
2	1	2
3	2	4

답 :

해설
SJF 스케줄링은 실행 시간이 가장 짧은 프로세스에게 먼저 CPU를 할당하는 기법입니다. 처음에 도착한 작업 1이 먼저 실행된 후 그 다음에 도착한 작업중 실행 시간이 짧은 작업을 먼저 실행하게 됩니다. 작업 1의 실행(5)을 마친 후 작업 2가 실행(2)되므로 작업 2의 종료 시간은 7이 됩니다.

진행 시간	0			5			10		15
작업 1	0 도착 실행 시작	←	5 실행	→	5 완료				
작업 2		1 도착	←4 대기→		5 실행 시작	←2 실행→	7 완료		
작업 3			2 도착	←	5 대기	→	7 실행 시작	←4 실행→	11 완료

문제2 HRN(Highest Response-ratio Next) 방식으로 스케줄링할 경우, 입력된 작업이 다음과 같을 때 우선순위가 빠른 작업에서 낮은 작업 순으로 쓰시오.

작업	대기 시간	서비스 시간
A	5	4
B	10	5
C	15	6
D	20	7

답 :

해설
- A 작업 : (5 + 4) / 4 = 2.25
- B 작업 : (10 + 5) / 5 = 3
- C 작업 : (15 + 6) / 6 = 3.5
- D 작업 : (20 + 7) / 7 = 3.8
※ 계산된 값이 클수록 우선순위가 높습니다.

정답 1. 7 2. D, C, B, A

3장 핵심요약

120 환경 변수

❶ UNIX / LINUX의 주요 환경 변수 20.9
- UNIX나 LINUX에서 환경 변수를 명령어나 스크립트에서 사용하려면 변수명 앞에 '$'를 입력해야 한다.
- UNIX나 LINUX에서는 set, env, printenv, setenv 중 하나를 입력하면 모든 환경 변수와 값을 표시한다.

121 운영체제 기본 명령어

❶ UNIX의 주요 명령어 25.8, 24.7, 24.5, 23.7, 23.5, 22.7, 21.3, 20.8
- fork : 새로운 프로세스를 생성함(하위 프로세스 호출, 프로세스 복제 명령)
- uname : 시스템의 이름과 버전, 네트워크 호스트명 등의 시스템 정보를 표시함
- wait : fork 후 exec에 의해 실행되는 프로세스의 상위 프로세스가 하위 프로세스 종료 등의 event를 기다림
- chmod : 파일의 보호 모드를 설정하여 파일의 사용 허가를 지정함
- ls : 현재 디렉터리 내의 파일 목록을 확인함
- cat : 파일 내용을 화면에 표시함
- chown : 소유자를 변경함
- umask
  - 파일이나 디렉터리의 초기 권한을 설정할 때 사용하는 값이다.
  - 파일의 경우 666에서 umask를 뺀 값을, 디렉터리의 경우 777에서 umask를 뺀 값을 초기 접근 권한으로 갖는다.

122 인터넷

❶ IP 주소 25.5, 23.5, 22.3, 21.8
- 인터넷에 연결된 모든 컴퓨터 자원을 구분하기 위한 고유한 주소이다.
- 숫자로 8비트씩 4부분, 총 32비트로 구성되어 있다.
- IP 주소는 네트워크 부분의 길이에 따라 A 클래스에서 E 클래스까지 총 5단계로 구성되어 있다.

❷ 서브네팅의 예 25.8, 24.2, 23.5, 23.2, 21.8, 21.5, 20.8

예제 192.168.1.0/24 네트워크를 FLSM 방식을 이용하여 3개의 Subnet으로 나누시오. (단 IP Subnet-Zero를 적용했다.)

192.168.1.0/24 네트워크의 서브넷 마스크는 1의 개수가 24개, 즉 C 클래스에 속하는 네트워크이다.

11111111	11111111	11111111	00000000
255	255	255	0

서브넷 마스크를 Subnet으로 나눌 때는 서브넷 마스크가 0인 부분, 즉 마지막 8비트를 이용하면 된다. Subnet으로 나눌 때 "3개의 Subnet으로 나눈다"는 것처럼 네트워크가 기준일 때는 왼쪽을 기준으로 나눌 네트워크 수에 필요한 비트를 할당하고 나머지 비트로 호스트를 구성하면 된다. 3개의 Subnet으로 구성하라 했으니 8비트 중 3을 표현하는데 필요한 2비트를 제외하고 나머지 6비트를 호스트로 구성하면 된다.

			네트워크ID	호스트ID
11111111	11111111	11111111	00	000000
255	255	255	192	

호스트 ID가 6Bit로 설정되었고, 문제에서 FLSM(Fixed Length Subnet Mask), 즉 고정된 크기로 주소를 할당하라고 했으므로 3개의 네트워크에 64개($2^6 = 64$)씩 고정된 크기로 할당하면 다음과 같다.

네트워크(ID)	호스트 수	IP 주소 범위
1(00)	64	192.168.1.0(00000000) ~ 63(00111111)
2(01)	64	192.168.1.64(01000000) ~ 127(01111111)
3(10)	64	192.168.1.128(10000000) ~ 191(10111111)

❸ IPv6 25.8, 25.2, 24.7, 24.2, 23.7, 23.5, 23.2, 22.7, 22.3, 21.3, 20.8, 20.6
- IPv4의 주소 부족 문제를 해결하기 위해 개발된 것으로, 16비트씩 8부분, 총 128비트로 구성되며, 각 부분을 16진수로 표현하고, 콜론(:)으로 구분한다.
- 주소의 확장성, 융통성, 연동성이 뛰어나다.
- 등급별, 서비스별로 패킷을 구분할 수 있어 품질 보장이 용이하다.
- IPv4를 IPv6로 전환하는 전략
  - 듀얼 스택(Dual Stack) : 호스트에서 IPv4와 IPv6을 모두 처리할 수 있도록 두 개의 스택을 구성하는 것

- 터널링(Tunneling) : IPv6 망에서 인접한 IPv4 망을 거쳐 다른 IPv6 망으로 통신할 때 IPv4 망에 터널을 만들어 IPv6 패킷이 통과할 수 있도록 하는 것
- IPv4/IPv6 변환 : 헤더 변환, 전송 계층 릴레이 방식, 응용 계층 게이트웨이 방식

❹ IPv6 주소 체계 24.7, 24.2, 21.3, 20.6

- 유니캐스트(Unicast)
- 멀티캐스트(Multicast)
- 애니캐스트(Anycast)

문제1 192.168.1.0/24 네트워크를 FLSM 방식을 이용하여 4개의 Subnet으로 나누고 IP Subnet-zero를 적용했다. 이 때 Subnetting된 네트워크 중 4번째 네트워크의 4번째 사용 가능한 IP를 쓰시오.

답 :

해설
- 192.168.1.0/24 네트워크의 서브넷 마스크는 1의 개수가 24개, 즉 11111111 11111111 11111111 00000000 → 255.255.255.0인 C 클래스에 속하는 네트워크입니다. 이 네트워크를 4개의 Subnet으로 나눠야 하는데, Subnet을 나눌 때는 서브넷 마스크가 0인 부분, 즉 마지막 8비트를 이용해 구분할 수 있습니다. 또한 Subnet을 나눌 때 "4개의 네트워크로 나눈다"는 것처럼 네트워크가 기준일 때는 왼쪽을 기준으로 4개가 포함된 Bit 만큼을 네트워크로 할당하고 나머지 비트로 호스트를 구성하면 됩니다. 4개가 포함되는 비트는 2^2=4이므로 2비트를 제외한 나머지 6비트로 호스트를 구성합니다.

네트워크ID				호스트ID			
0	0	0	0	0	0	0	0

호스트ID가 6Bit로 설정되었고, 문제에서 FLSM 방식을 이용한다고 했으므로 4개의 네트워크에 고정된 크기인 64개(2^6=64)씩 할당하면 다음과 같습니다.

네트워크	호스트 수	IP 주소 범위
1	64	192.168.1.0 ~ 63
2	64	192.168.1.64 ~ 127
3	64	192.168.1.128 ~ 191
4	64	192.168.1.192 ~ 255

- 4번째 네트워크의 시작 주소인 192.168.1.192는 네트워크의 대표 주소로 사용되므로 사용 가능한 주소는 193부터이며, 4번째에 해당하는 주소는 192.168.1.196입니다.
- ※ IP Subnet-zero를 적용했다는 것은 Subnet 부분이 모두 0인 192.168.1.0은 사용하지 않았는데, IP 주소가 부족해지면서 Subnet 부분이 모두 0인 주소도 IP 주소로 사용할 수 있도록 한다는 의미입니다.

123 OSI 참조 모델

❶ 물리 계층 23.5

- 전송에 필요한 두 장치 간의 실제 접속과 절단 등 기계적, 전기적, 기능적, 절차적 특성에 대한 규칙을 정의한다.
- 프로토콜 : RS-232C, X.21 등

❷ 데이터 링크 계층 25.8, 24.2, 22.3, 21.3, 20.8

- 2개의 인접한 개방 시스템들 간에 신뢰성 있고 효율적인 정보 전송을 할 수 있도록 한다.
- 흐름 제어, 프레임 동기화, 오류 제어, 순서 제어 등을 수행한다.
- 프로토콜 : HDLC, LAPB, PPP, LLC 등

❸ 네트워크 계층 25.5, 23.7, 22.7, 21.5

- 개방 시스템들 간의 네트워크 연결을 관리(네트워크 연결을 설정, 유지, 해제)하고 데이터를 교환 및 중계한다.
- 경로 설정(Routing), 트래픽 제어, 패킷 정보 전송 등을 수행한다.

❹ 전송 계층 24.7, 23.2, 20.9, 20.6

- 종단 시스템(End-to-End) 간에 투명한 데이터 전송을 가능하게 한다.
- 전송 연결 설정, 데이터 전송, 연결 해제 기능, 주소 설정, 다중화(데이터의 분할과 재조립), 오류 제어, 흐름 제어 등을 수행한다.

정답 1. 192.168.1.196

3장 핵심요약

5 세션 계층 25.8, 22.7
- 송·수신 측 간의 관련성을 유지하고 대화 제어를 담당한다.
- 대화(회화) 구성 및 동기 제어, 데이터 교환 관리 기능을 한다.
- 송·수신 측 간의 데이터 전송, 연결 해제, 동기 처리 등의 대화를 관리하기 위해 토큰이 사용된다.

124 네트워크 관련 장비

1 브리지 25.2, 24.7, 23.2, 22.7
LAN과 LAN을 연결하거나 LAN 안에서의 컴퓨터 그룹(세그먼트)을 연결하는 기능을 수행한다.

2 스위치 25.2, 24.7, 23.2, 22.7
브리지와 같이 LAN과 LAN을 연결하여 훨씬 더 큰 LAN을 만드는 장치이다.

3 라우터 25.2, 24.7, 23.2, 21.5
브리지와 같이 LAN과 LAN의 연결 기능에 데이터 전송의 최적 경로를 선택할 수 있는 기능이 추가된 것으로, 서로 다른 LAN이나 LAN과 WAN의 연결도 수행한다.

4 브라우터 25.2, 24.7, 23.2, 22.7
- 브리지와 라우터의 기능을 모두 수행하는 장치이다.
- 브리지 기능은 내부 네트워크를 분리하는 용도로 사용하고 라우터 기능은 외부 네트워크에 연결하는 용도로 사용한다.

5 전처리기 25.8, 24.5, 24.2, 22.3
통신 회선 및 단말장치 제어, 메시지의 조립과 분해, 전송 메시지 검사 등을 미리 수행하여, 컴퓨터의 부담을 줄여주는 역할을 한다.

125 TCP/IP

1 TCP 24.7, 24.5, 23.7, 21.8, 21.5, 21.3, 20.8, 20.6
- 신뢰성(안정성) 있는 연결형 서비스를 제공한다.
- 순서 제어, 오류 제어, 흐름 제어 기능을 제공한다.
- 양방향 연결형 서비스를 제공한다.
- 스트림(Stream) 전송 기능을 제공한다.
- TCP 헤더에서 윈도우의 최대 크기는 $65,535(2^{16}-1)$ Byte이다.

2 IP 22.4
- 비연결형 서비스를 제공한다.
- Best Effort 원칙에 따른 전송 기능을 제공한다.
- 주소 지정, 경로 선택 기능을 제공한다.
- 헤더의 길이는 최소 20Byte에서 최대 60Byte이다.

3 MQTT 25.8, 24.5, 24.2, 23.5, 21.8, 21.3
발행-구독 기반의 메시징 프로토콜. IoT 환경에서 자주 사용된다.

4 UDP 24.2, 22.4, 21.3, 20.9
- 데이터 전송 전에 연결을 설정하지 않는 비연결형 서비스를 제공한다.
- 흐름 제어나 순서 제어가 없어 전송 속도가 빠르다.
- 실시간 전송에 유리하며, 신뢰성보다는 속도가 중요시되는 네트워크에서 사용된다.

5 ICMP 22.3
IP와 조합하여 통신중에 발생하는 오류의 처리와 전송 경로 변경 등을 위한 제어 메시지를 관리하는 역할을 하며, 헤더는 8Byte로 구성된다.

6 ARP 25.5, 24.5, 24.2, 23.7, 22.7, 20.9, 20.6
호스트의 IP 주소를 호스트와 연결된 네트워크 접속 장치의 물리적 주소(MAC Address)로 바꾼다.

7 CSMA/CD 22.7, 21.3
IEEE 802.3 LAN에서 사용되는 전송 매체 접속 제어(MAC) 방식이다.

5 과목

정보시스템 구축 관리

1장 소프트웨어 개발 방법론 활용

2장 IT프로젝트 정보 시스템 구축 관리

3장 소프트웨어 개발 보안 구축

4장 시스템 보안 구축

 **전문가가 분석한 5과목 출제 경향**

5과목은 암기해야 할 용어들이 많고 용어 자체가 어려우므로 전문가의 조언을 참고하고 충분한 시간을 들여 공부해야 합니다. 시간이 부족하다면 **1, 2장을 집중**해서 공부하고, 다른 장에서는 A, B 등급만 찾아서 학습하세요. 간혹 새로운 용어(매회 2~4개)도 시험에 출제되는데 이런 문제는 과감하게 포기하세요.

IT 자격증 전문가 강윤석

1장 소프트웨어 개발 방법론 활용

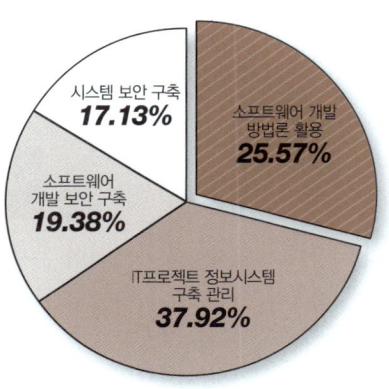

126 소프트웨어 개발 방법론 ⓒ등급
127 S/W 공학의 발전적 추세 Ⓐ등급
128 상향식 비용 산정 기법 Ⓐ등급
129 수학적 산정 기법 Ⓐ등급
130 프로젝트 일정 계획 Ⓑ등급
131 소프트웨어 개발 방법론 결정 Ⓑ등급
132 소프트웨어 개발 표준 Ⓑ등급
133 소프트웨어 개발 방법론 테일러링 ⓒ등급
134 소프트웨어 개발 프레임워크 Ⓑ등급

꼭 알아야 할 키워드 Best 10

1. 컴포넌트 기반 방법론 2. 소프트웨어 재공학 3. CASE 4. LOC 기법 5. COCOMO 모형 6. CPM 7. 프로젝트 관리 8. CMMI 9. SPICE
10. 프레임워크

SECTION 126

소프트웨어 개발 방법론

전문가의 조언

소프트웨어 개발 방법론의 종류에는 어떤 것이 있으며, 종류별 특징과 절차를 구분할 수 있도록 정리하세요.

① 소프트웨어 개발 방법론의 개요

소프트웨어 개발 방법론은 소프트웨어 개발, 유지보수 등에 필요한 여러 가지 일들의 수행 방법과 이러한 일들을 효율적으로 수행하려는 과정에서 필요한 각종 기법 및 도구를 체계적으로 정리하여 표준화한 것이다.

- 소프트웨어 개발 방법론의 목적은 소프트웨어의 생산성과 품질 향상이다.
- 소프트웨어 개발 방법론의 종류에는 구조적 방법론, 정보공학 방법론, 객체지향 방법론, 컴포넌트 기반(CBD) 방법론, 애자일(Agile) 방법론, 제품 계열 방법론 등이 있다.

전문가의 조언

구조적 방법론의 개념을 묻는 문제가 출제되었습니다. 구조적 방법론은 정형화된 분석 절차에 따라 문서화하는 방법론이라는 것을 기억해 두세요.

② 구조적 방법론 ^{21.3}

구조적 방법론은 정형화된 분석 절차에 따라 사용자 요구사항을 파악하여 문서화하는 처리(Precess) 중심의 방법론이다.

- 1960년대까지 가장 많이 적용되었던 소프트웨어 개발 방법론이다.
- 쉬운 이해 및 검증이 가능한 프로그램 코드를 생성하는 것이 목적이다.
- 복잡한 문제를 다루기 위해 분할과 정복(Divide and Conquer) 원리를 적용한다.

- **구조적 방법론의 절차**

타당성 검토 단계 → 계획 단계 → 요구사항 단계 → 설계 단계 → 구현 단계 → 시험 단계 → 운용/유지보수 단계

전문가의 조언

정보공학 방법론에서 사용하는 모델링 언어를 묻는 문제가 출제되었습니다. 정보공학 방법론에서는 개체 관계도(ERD)를 사용한다는 것을 기억해 두세요.

③ 정보공학 방법론 ^{23.5, 22.4}

정보공학 방법론은 정보 시스템의 개발을 위해 계획, 분석, 설계, 구축에 정형화된 기법들을 상호 연관성 있게 통합 및 적용하는 자료(Data) 중심의 방법론이다.

- 정보 시스템 개발 주기를 이용하여 대규모 정보 시스템을 구축하는데 적합하다.
- 데이터베이스 설계를 위한 데이터 모델링으로 개체 관계도(ERD; Entity-Relationship Diagram)를 사용한다.

- **정보공학 방법론의 절차**

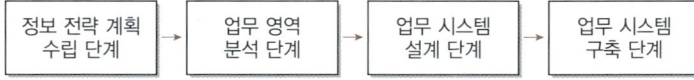

정보 전략 계획 수립 단계 → 업무 영역 분석 단계 → 업무 시스템 설계 단계 → 업무 시스템 구축 단계

4 객체지향 방법론

객체지향 방법론은 현실 세계의 개체(Entity)*를 기계의 부품처럼 하나의 객체(Object)로 만들어, 소프트웨어를 개발할 때 기계의 부품을 조립하듯이 객체들을 조립해서 필요한 소프트웨어를 구현하는 방법론이다.

- 객체지향 방법론은 구조적 기법의 문제점으로 인한 소프트웨어 위기의 해결책으로 채택되었다.
- 설계 과정에서 주로 사용되는 모델링 언어에는 패키지 다이어그램(Package Diagram), 배치 다이어그램(Deployment Diagram), 상태 전이도(State Transition Diagram) 등이 있다.
- 객체지향 방법론의 절차

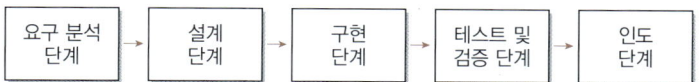

현실 세계의 개체
사람, 자동차, 컴퓨터, 고양이 등과 같이 우리 주위에서 사용되는 물질적이거나 개념적인 것으로, 명사로 사용됩니다.

 5 컴포넌트 기반(CBD; Component Based Design) 방법론 21.5, 21.3, 20.9

컴포넌트 기반 방법론은 기존의 시스템이나 소프트웨어를 구성하는 컴포넌트*를 조합하여 하나의 새로운 애플리케이션을 만드는 방법론이다.

- 컴포넌트의 재사용(Reusability)이 가능하여 시간과 노력을 절감할 수 있다.
- 새로운 기능을 추가하는 것이 간단하여 확장성이 보장된다.
- 유지 보수 비용을 최소화하고 생산성 및 품질을 향상시킬 수 있다.
- 컴포넌트 기반 방법론의 절차

전문가의 조언
컴포넌트 기반 방법론의 특징을 묻는 문제가 출제됩니다. 컴포넌트 기반 방법론은 컴포넌트의 재사용이 가능하고 확장이 쉽다는 것을 중심으로 특징을 정리하세요.

컴포넌트(Component)
문서, 소스코드, 파일, 라이브러리 등과 같은 모듈화된 자원으로, 재사용이 가능합니다.

6 애자일(Agile) 방법론

애자일은 '민첩한', '기민한'이라는 의미로, 애자일 방법론은 고객의 요구사항 변화에 유연하게 대응할 수 있도록 일정한 주기를 반복하면서 개발 과정을 진행하는 방법론이다.

- 소규모 프로젝트, 고도로 숙달된 개발자, 급변하는 요구사항에 적합하다.
- 애자일 방법론의 대표적인 종류에는 익스트림 프로그래밍(XP; eXtreme Programming)*, 스크럼(Scrum)*, 칸반(Kanban), 크리스탈(Crytal) 등이 있다.
- 애자일 방법론의 절차

익스트림 프로그래밍에 대한 자세한 내용은 Section 003, 스크럼은 Section 002를 참조하세요.

사용자 스토리(User Story)
사용자 스토리는 사용자의 요구사항을 의미합니다.

7 제품 계열 방법론

제품 계열 방법론은 특정 제품에 적용하고 싶은 공통된 기능을 정의하여 개발하는 방법론이다.

- 임베디드 소프트웨어*를 만드는데 적합하다.
- 제품 계열 방법론은 영역공학과 응용공학으로 구분된다.
  - **영역공학** : 영역 분석, 영역 설계, 핵심 자산을 구현하는 영역이다.
  - **응용공학** : 제품 요구 분석, 제품 설계, 제품을 구현하는 영역이다.
- 영역공학과 응용공학의 연계를 위해 제품의 요구사항, 아키텍처, 조립 생산이 필요하다.
- **제품 계열 방법론의 절차**

> **임베디드 소프트웨어(Embedded Software)**
> 임베디드 소프트웨어란 디지털 TV, 전기밥솥, 냉장고, PDA 등 해당 제품의 특정 기능에 맞게 특화되어서 제품 자체에 포함된 소프트웨어를 말합니다.

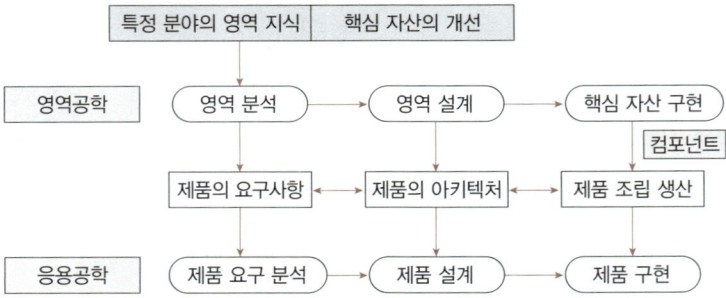

 기출문제 따라잡기

20년 9월
1. CBD(Component Based Development)에 대한 설명으로 틀린 것은?
① 개발 기간 단축으로 인한 생산성 향상
② 새로운 기능 추가가 쉬운 확장성
③ 소프트웨어 재사용이 가능
④ 1960년대까지 가장 많이 적용되었던 소프트웨어 개발 방법

> 1960년대까지 가장 많이 적용되었던 소프트웨어 개발 방법은 구조적 방법론입니다.

21년 3월
2. 정형화된 분석 절차에 따라 사용자 요구사항을 파악, 문서화하는 체계적 분석방법으로 자료흐름도, 자료사전, 소단위명세서의 특징을 갖는 것은?
① 구조적 개발 방법론
② 객체지향 개발 방법론
③ 정보공학 방법론
④ CBD 방법론

> '정형화된 분석'하면, 구조적 개발 방법론입니다.

기출문제 따라잡기

21년 3월

3. 소프트웨어 개발 방법론 중 CBD(Component Based Development)에 대한 설명으로 틀린 것은?

① 생산성과 품질을 높이고, 유지보수 비용을 최소화할 수 있다.
② 컴포넌트 제작 기법을 통해 재사용성을 향상시킨다.
③ 모듈의 분할과 정복에 의한 하향식 설계방식이다.
④ 독립적인 컴포넌트 단위의 관리로 복잡성을 최소화할 수 있다.

분할과 정복(Divide and Conquer)은 구조적 방법론의 대표적인 특징입니다.

23년 5월, 22년 4월

4. 정보공학 방법론에서 데이터베이스 설계의 표현으로 사용하는 모델링 언어는?

① Package Diagram
② State Transition Diagram
③ Deployment Diagram
④ Entity-Relationship Diagram

정보공학 방법론에서는 데이터베이스 설계를 위한 데이터 모델링으로 개체 관계도(ERD)를 사용합니다.

출제예상

5. 개체를 기계의 부품처럼 하나의 객체로 만들어, 기계적인 부품들을 조립하여 제품을 만들 듯이 소프트웨어를 개발할 때에도 객체들을 조립해서 작성할 수 있도록 하는 소프트웨어 개발 방법론은?

① 컴포넌트 기반(CBD) 방법론
② 애자일(Agile) 방법론
③ 제품 계열 방법론
④ 객체지향 방법론

객체지향은 각각의 객체로 프로그램이나 시스템을 구성하는 것을 의미합니다.

출제예상

6. 다음이 설명하고 있는 소프트웨어 개발 방법론은?

> 정형화된 분석 절차에 따라 사용자 요구사항을 파악하여 문서화하는 체계적인 분석 이론으로, 목적은 쉽게 이해할 수 있고 검증할 수 있는 프로그램 코드를 생성하는 것이다.

① Agile 방법론
② 구조적 방법론
③ CBD 방법론
④ 정보공학 방법론

이 방법론은 처리(Process)를 중심으로 쉽게 이해 및 검증 가능한 프로그램 코드를 생성하는 것이 목적입니다.

출제예상

7. 고객의 요구사항을 바로바로 반영하고 상황에 따라 주어지는 문제를 풀어나가는 소프트웨어 개발 방법론은?

① 애자일(Agile) 방법론
② 컴포넌트 기반(CBD) 방법론
③ 객체지향 방법론
④ 구조적 방법론

고객의 요구사항 변화에 유연하게 대응하는 방법론은 애자일 방법론입니다.

출제예상

8. 정보 시스템 개발에 필요한 관리 절차와 작업 기법을 체계화한 방법론으로, 개발 주기를 이용해 대형 프로젝트를 수행하는데 적합한 것은?

① 제품 계열 방법론
② 객체지향 방법론
③ 정보공학 방법론
④ 구조적 방법론

'정보 시스템', '대형(대규모)'하면, 정보공학 방법론입니다.

출제예상

9. 다음 중 애자일 방법론의 종류에 해당하지 않는 것은?

① 익스트림 프로그래밍(eXtreme Programming)
② 스크럼(Scrum)
③ 크리스탈(Crystal)
④ 짝 프로그래밍(Pair Programming)

짝 프로그래밍(Pair Programming)은 하나의 컴퓨터로 두 사람이 함께 프로그래밍 하는 것을 의미합니다.

▶ 정답: 1.④ 2.① 3.③ 4.④ 5.④ 6.② 7.① 8.③ 9.④

SECTION 127

S/W 공학의 발전적 추세

 전문가의 조언

소프트웨어 재사용의 이점과 재사용 방법 중 합성 중심의 개념을 묻는 문제가 출제되었습니다. 재사용의 이점들을 정리하고 합성 중심 방법은 블록을 만들어 끼워 맞추는 방법이라는 것을 기억하세요.

① 소프트웨어 재사용의 개요
25.8, 23.5, 22.3

소프트웨어 재사용(Software Reuse)은 이미 개발되어 인정받은 소프트웨어의 전체 혹은 일부분을 다른 소프트웨어 개발이나 유지에 사용하는 것이다.

- 소프트웨어 개발의 품질과 생산성을 높이기 위한 방법으로, 기존에 개발된 소프트웨어와 경험, 지식 등을 새로운 소프트웨어에 적용한다.
- 재사용의 이점
  - 개발 시간과 비용을 단축시킨다.
  - 소프트웨어 품질을 향상시킨다.
  - 소프트웨어 개발의 생산성을 향상시킨다.
  - 프로젝트 실패의 위험을 감소시킨다.
  - 시스템 구축 방법에 대한 지식을 공유하게 된다.
  - 시스템 명세, 설계, 코드 등 문서를 공유하게 된다.

② 소프트웨어 재사용 방법
20.8

소프트웨어 재사용 방법에는 합성 중심 방법과 생성 중심 방법이 있다.

합성 중심 (Composition-Based) 20.8	전자 칩과 같은 소프트웨어 부품, 즉 블록(모듈)을 만들어서 끼워 맞추어 소프트웨어를 완성시키는 방법으로, 블록 구성 방법이라고도 한다.
생성 중심 (Generation-Based)	추상화 형태로 쓰여진 명세를 구체화하여 프로그램을 만드는 방법으로, 패턴 구성 방법이라고도 한다.

 **전문가의 조언**

소프트웨어 재공학의 장점과 주요 활동 중 이식의 개념을 묻는 문제가 출제되었습니다. 소프트웨어 재공학으로 개발 시간이 감소한다는 것을 기억하고, 이식을 중심으로 주요 활동들의 개념을 정리해 두세요.

③ 소프트웨어 재공학의 개요
25.2, 23.7, 22.7, 22.3, 20.8

소프트웨어 재공학(Software Reengineering)은 새로운 요구에 맞도록 기존 시스템을 이용하여 보다 나은 시스템을 구축하고, 새로운 기능을 추가하여 소프트웨어 성능을 향상시키는 것이다.

- 유지보수 비용이 소프트웨어 개발 비용의 대부분을 차지하는 문제를 염두에 두어 기존 소프트웨어의 데이터와 기능들의 개조 및 개선을 통해 유지보수성과 품질을 향상 시키려는 기술이다.
- 기존 소프트웨어의 기능을 개조하거나 개선하므로, 예방(Preventive) 유지보수 측면에서 소프트웨어 위기를 해결하는 방법이라고 할 수 있다.

- 소프트웨어의 수명이 연장되고, 소프트웨어 기술이 향상될 뿐만 아니라 소프트웨어의 개발 기간도 단축된다.
- 소프트웨어에서 발생할 수 있는 오류가 줄어들고, 비용이 절감된다.
- 주요 활동

분석 (Analysis)	기존 소프트웨어의 명세서를 확인하여 소프트웨어의 동작을 이해하고, 재공학할 대상을 선정하는 활동이다.
재구성 (Restructuring)	• 기존 소프트웨어의 구조를 향상시키기 위하여 코드를 재구성하는 활동이다. • 소프트웨어의 기능과 외적인 동작은 바뀌지 않는다.
23.7 역공학 (Reverse Engineering)	• 기존 소프트웨어를 분석하여 소프트웨어 개발 과정과 데이터 처리 과정을 설명하는 분석 및 설계 정보를 재발견하거나 다시 만들어 내는 활동이다. • 일반적인 개발 단계와는 반대 방향으로 기존 코드를 복구하거나, 기존 소프트웨어의 구성 요소와 그 관계를 파악하여 설계도를 추출한다.
25.2, 23.7, 22.7, 22.3 이식(Migration)	기존 소프트웨어를 다른 운영체제나 하드웨어 환경에서 사용할 수 있도록 변환하는 활동이다.

④ CASE의 개요

25.5, 25.2, 23.7, 23.5, 21.5, 21.3, 20.9, 20.8, 20.6

CASE(Computer Aided Software Engineering)는 소프트웨어 개발 과정에서 사용되는 요구 분석, 설계, 구현, 검사 및 디버깅 과정 전체 또는 일부를 컴퓨터와 전용 소프트웨어 도구를 사용하여 자동화하는 것이다.

- 객체지향 시스템, 구조적 시스템 등 다양한 시스템에서 활용되는 자동화 도구(CASE Tool)*이다.
- CASE 도구는 요구 분석, 설계 과정을 지원하는 상위 CASE 도구와 구현, 테스트 과정을 지원하는 하위 CASE 도구로 구분할 수 있다.
- CASE 사용의 이점은 다음과 같다.
  - 소프트웨어 개발 기간을 단축하고 개발 비용을 절감할 수 있다.
  - 자동화된 기법을 통해 소프트웨어 품질이 향상된다.
  - 소프트웨어의 유지보수를 간편하게 수행할 수 있다.
  - 소프트웨어의 생산성이 향상되고 생산, 운용 활동을 효과적으로 관리·통제할 수 있다.
  - 품질과 일관성을 효과적으로 제어할 수 있다.
  - 소프트웨어 개발의 모든 단계에 걸친 표준을 확립할 수 있다.
  - 소프트웨어 모듈의 재사용성이 향상된다.
  - 소프트웨어의 개발 기법을 실용화할 수 있고, 문서화를 쉽게 작성할 수 있다.
- **CASE의 주요 기능** : 소프트웨어 생명 주기 전 단계의 연결, 다양한 소프트웨어 개발 모형 지원, 그래픽 지원, 모델들의 모순 검사 및 오류검증, 자료흐름도 작성 등
- **CASE의 원천 기술** : 구조적 기법, 프로토타이핑, 자동 프로그래밍, 정보 저장소, 분산처리

> **전문가의 조언**
>
> CASE의 사용 이점과 주요 기능, 원천 기술을 묻는 문제가 출제되었으니 잘 정리해 두세요.
>
> **자동화 도구(CASE Tool)**
> 자동화 도구는 소프트웨어 공학과 관련된 작업 중에서 하나의 작업을 자동화하는 패키지를 의미합니다.

기출문제 따라잡기

20년 8월

1. 전자 칩과 같은 소프트웨어 부품, 즉 블록(모듈)을 만들어서 끼워 맞추는 방법으로 소프트웨어를 완성시키는 재사용 방법은?

① 합성 중심　　　② 생성 중심
③ 분리 중심　　　④ 구조 중심

> 재사용 방법에는 두 가지가 있었죠. 블록을 만들어 끼워 맞추는 것은 합성 중심, 명세를 구체화하여 프로그램을 만드는 것은 생성 중심입니다.

20년 8월

2. 소프트웨어 재공학이 소프트웨어의 재개발에 비해 갖는 장점으로 거리가 먼 것은?

① 위험부담 감소　　② 비용 절감
③ 시스템 명세의 오류 억제　　④ 개발 시간의 증가

> 소프트웨어 재공학을 통해 개발 시간을 감소시킬 수 있습니다.

25년 2월, 23년 7월, 22년 7월, 3월

3. 소프트웨어 재공학의 주요 활동 중 기존 소프트웨어 시스템을 새로운 기술 또는 하드웨어 환경에서 사용할 수 있도록 변환하는 작업을 의미하는 것은?

① Analysis　　　② Migration
③ Restructuring　　④ Reverse Engineering

> 식물이나 신체 장기를 다른 곳으로 옮기는 것을 이식이라고 하죠. 소프트웨어도 새로운 환경에서 문제없이 잘 운용되도록 변환하는 작업을 이식(Migration)이라고 합니다.

20년 9월, 6월

4. CASE(Computer Aided Software Engineering)의 주요 기능으로 옳지 않은 것은?

① S/W 라이프 사이클 전 단계의 연결
② 그래픽 지원
③ 다양한 소프트웨어 개발 모형 지원
④ 언어 번역

> 언어 번역은 언어 번역 프로그램의 기능입니다.

21년 5월

5. CASE(Computer-Aided Software Engineering)의 원천 기술이 아닌 것은?

① 구조적 기법　　② 프로토타이핑 기술
③ 정보 저장소 기술　　④ 일괄처리 기술

> 일괄처리 기술은 CASE의 원천 기술과 관계가 없습니다.

25년 8월, 23년 5월, 22년 3월

6. 소프트웨어를 재사용함으로써 얻을 수 있는 이점으로 가장 거리가 먼 것은?

① 생산성 증가
② 프로젝트 문서 공유
③ 소프트웨어 품질 향상
④ 새로운 개발 방법론 도입 용이

> 소프트웨어 재사용은 새로운 것이 아닌 기존의 것을 재사용해서 이점을 얻는 것입니다.

21년 5월

7. 다음 중 상위 CASE 도구가 지원하는 주요 기능으로 볼 수 없는 것은?

① 모델들 사이의 모순검사 기능
② 전체 소스 코드 생성 기능
③ 모델의 오류검증 기능
④ 자료 흐름도 작성 기능

> 소스 코드 작성을 지원하는 기능은 하위 CASE 도구이며, 하위 CASE 도구도 전체 소스 코드를 생성하지는 못합니다.

25년 5월, 2월, 23년 7월, 5월, 21년 3월

8. CASE(Computer Aided Software Engineering)에 대한 설명으로 틀린 것은?

① 소프트웨어 모듈의 재사용성이 향상된다.
② 자동화된 기법을 통해 소프트웨어 품질이 향상된다.
③ 소프트웨어 사용자들에게 사용 방법을 신속히 숙지시키기 위해 사용된다.
④ 소프트웨어 유지보수를 간편하게 수행할 수 있다.

> 사용자들에게 사용 방법을 숙지시키는데 사용되는 것은 소프트웨어 사용자 매뉴얼입니다.

23년 7월

9. 다음 설명에 해당하는 것은?

> 기존 소프트웨어를 분석하여 소프트웨어 개발 과정과 데이터 처리 과정을 설명하는 분석 및 설계 정보를 재발견하거나 다시 만들어 내는 활동이다.

① Analysis　　　② Restructuring
③ Reverse Engineering　　④ Migration

> 일반적인 개발 단계와는 반대로(Reverse), 기존 소프트웨어를 분석하여 새로운 정보를 재발견하거나 다시 만들어 내는 활동을 역공학(Reverse Engineering)이라고 합니다.

▶ 정답 : 1. ①　2. ④　3. ②　4. ④　5. ④　6. ④　7. ②　8. ③　9. ③

SECTION 128 상향식 비용 산정 기법

1 상향식 비용 산정 기법의 개요

상향식 비용 산정 기법은 프로젝트의 세부적인 작업 단위별로 비용을 산정한 후 집계하여 전체 비용을 산정하는 방법이다.

- 상향식 비용 산정 기법에는 LOC(원시 코드 라인 수) 기법, 개발 단계별 인월수 기법, 수학적 산정 기법 등이 있다.

2 LOC(원시 코드 라인 수, source Line Of Code) 기법

24.7, 24.5, 24.2, 23.2, 22.7, 22.4, 22.3, 21.8, 21.3, 20.6, 실기 20.5

LOC 기법은 소프트웨어 각 기능의 원시 코드 라인 수의 비관치*, 낙관치*, 기대치*를 측정하여 예측치를 구하고 이를 이용하여 비용을 산정하는 기법이다.

- 측정이 용이하고 이해하기 쉬워 가장 많이 사용된다.
- 예측치를 이용하여 생산성, 노력, 개발 기간 등의 비용을 산정한다.

$$예측치 = \frac{a+4m+b}{6}$$ 단, a : 낙관치, b : 비관치, m : 기대치(중간치)

- 산정 공식
  - 노력(인월) = 개발 기간 × 투입 인원
            = LOC / 1인당 월평균 생산 코드 라인 수
  - 개발 비용 = 노력(인월) × 단위 비용(1인당 월평균 인건비)
  - 개발 기간 = 노력(인월) / 투입 인원
  - 생산성 = LOC / 노력(인월)

예제 LOC 기법에 의하여 예측된 총 라인 수가 30,000라인, 개발에 참여할 프로그래머가 5명, 프로그래머들의 평균 생산성이 월간 300라인일 때 개발에 소요되는 기간은?

- 노력(인월) = LOC/1인당 월평균 생산 코드 라인 수 = 30000/300 = 100명
- 개발 기간 = 노력(인월)/투입 인원 = 100/5 = 20개월

3 개발 단계별 인월수(Effort Per Task) 기법

개발 단계별 인월수 기법은 LOC 기법을 보완하기 위한 기법으로, 각 기능을 구현시키는 데 필요한 노력을 생명 주기의 각 단계별로 산정한다.

- LOC 기법보다 더 정확하다.

전문가의 조언

상향식 비용 산정 기법에서는 주로 LOC에 관한 문제들이 출제되고 있습니다. 개발 기간, 비용, 생산성 등을 구할 수 있도록 공식을 암기하고, LOC의 예측치를 구할 때 비관치, 낙관치, 기대치가 사용된다는 것을 기억해 두세요.

궁금해요 시나공 Q&A 베스트

Q 필기 책에 왜 실기 시험의 기출 년월이 표시되어 있나요?

A 정보처리기사 시험은 필기와 실기가 시험 범위가 같습니다. 동일한 내용이 객관식으로 필기시험에 나올 수도 있고, 단답형이나 서술식으로 실기시험에 나올 수도 있습니다. 공부하다 보면 알겠지만 필기시험과 실기시험에 중복해서 나온 필드가 많습니다. 자격 시험은 나온 문제가 또 나올 수 있다는 걸 명심하세요.

비관치, 낙관치, 기대치
- 비관치 : 가장 많이 측정된 코드 라인 수
- 낙관치 : 가장 적게 측정된 코드 라인 수
- 기대치 : 측정된 모든 코드 라인 수의 평균

기출문제 따라잡기

22년 4월

1. 두 명의 개발자가 5개월에 걸쳐 10,000 라인의 코드를 개발하였을 때, 월별(Person Month) 생산성 측정을 위한 계산 방식으로 가장 적합한 것은?

① 10,000 / 2
② 10,000 / 5
③ 10,000 / (5 × 2)
④ (2 × 10,000) / 5

> 생산성은 '원시 코드 라인 수/노력'입니다. 노력은 소프트웨어를 한 달 간 개발하는 데 소요되는 총 인원 또는 한 사람을 기준으로 몇 개월에 걸쳐 개발했느냐를 나타내는데, 이를 계산하는 방법은 '투입 인원 × 개발 기간'입니다.

22년 3월

2. 상향식 비용 산정 기법 중 LOC(원시 코드 라인 수) 기법에서 예측치를 구하기 위해 사용하는 항목이 아닌 것은?

① 낙관치
② 기대치
③ 비관치
④ 모형치

> 예측치는 낙관치, 비관치, 기대치를 측정한 후 공식을 적용하여 구할 수 있습니다.

24년 5월, 22년 7월, 3월, 21년 3월, 20년 6월, 실기 20년 5월

3. LOC 기법에 의하여 예측된 총 라인수가 50000라인, 프로그래머의 월 평균 생산성이 200라인, 개발에 참여할 프로그래머가 10인 일 때, 개발 소요 기간은?

① 25개월
② 50개월
③ 200개월
④ 2000개월

> 쉽게 생각해 보세요. 50000라인을 10명이 개발하는 데 한 사람이 한 달에 200라인을 생산한다면, 50000 / (10×200) = 25, 즉 개발 기간은 25개월입니다. 물론 공식에 대입해서 풀어도 됩니다.

24년 7월, 23년 2월, 21년 8월

4. 비용 산정 기법 중 소프트웨어 각 기능의 원시 코드 라인 수의 비관치, 낙관치, 기대치를 측정하여 예측치를 구하고 이를 이용하여 비용을 산정하는 기법은?

① Effort Per Task 기법
② 전문가 감정 기법
③ LOC 기법
④ 델파이 기법

> 문제에서 설명하는 비용 산정 기법은 LOC 기법입니다.

이전기출

5. 어떤 소프트웨어 개발을 위해 10명의 개발자가 10개월 동안 참여되었다. 그런데 그 중 7명은 10개월 동안 계속 참여했지만 3명은 3개월 동안만 부분적으로 참여했다. 이 소프트웨어 개발을 위한 인월(Man Month)은 얼마인가?

① 100
② 70
③ 79
④ 60

> 7명이 10개월 동안 개발한 것의 노력(인월)은 70이고, 3명이 3개월 동안 개발한 것의 노력은 9입니다. 이를 더하면 전체 노력(인월)이 됩니다.

이전기출

6. COCOMO의 비용 산정에 의해 개발에 소요되는 노력이 40PM(Programmer-Month)으로 계산되었다. 개발에 소요되는 기간이 5개월이고, 1인당 인건비가 100만 원이라면 이 프로젝트에 소요되는 총 인건비는 얼마인가?

① 2억 원
② 1억 원
③ 4천만 원
④ 2천만 원

> 개발 비용(총 인건비)은 '노력(인월) × 단위 비용(1인당 월평균 인건비)'이므로 40PM × 1,000,000 = 40,000,000 즉 4천만 원이 됩니다.

▶ 정답 : 1. ③ 2. ④ 3. ① 4. ③ 5. ③ 6. ③

SECTION 129 수학적 산정 기법

1 수학적 산정 기법의 개요

수학적 산정 기법은 상향식 비용 산정 기법으로, 경험적 추정 모형, 실험적 추정 모형 이라고도 하며, 개발 비용 산정의 자동화를 목표로 한다.

- 비용을 자동으로 산정하기 위해 사용되는 공식은 과거 유사한 프로젝트를 기반으로 하여 경험적으로 유도된 것이다.
- 수학적 산정 기법에는 COCOMO 모형, Putnam 모형, 기능 점수(FP) 모형 등이 있으며 각 모형에서는 지정된 공식을 사용하여 비용을 산정한다.

> **전문가의 조언**
> 소프트웨어 추정 모형의 종류를 구분할 수 있어야 합니다. 소프트웨어 추정 모형에는 COCOMO, Putnam 모형, 기능 점수(FP) 모형 등이 있다는 것을 기억하고, 각 모형의 특징을 구분할 수 있도록 학습하세요.

2 COCOMO 모형 개요

COCOMO(COnstructive COst MOdel) 모형은 보헴(Boehm)이 제안한 것으로, 원시 프로그램의 규모인 LOC(원시 코드 라인 수)에 의한 비용 산정 기법이다.

- 개발할 소프트웨어의 규모(LOC)를 예측한 후 이를 소프트웨어 종류에 따라 다르게 책정되는 비용 산정 방정식에 대입하여 비용을 산정한다.
- 비교적 작은 규모의 프로젝트들을 통계 분석한 결과를 반영한 모델이므로 중소 규모 소프트웨어 프로젝트 비용 추정에 적합하다.
- 같은 규모의 프로그램이라도 그 성격에 따라 비용이 다르게 산정된다.
- 비용 산정 결과는 프로젝트를 완성하는 데 필요한 노력(Man-Month)으로 나타난다.

> **전문가의 조언**
> COCOMO 모형의 특징과 개발 유형을 알아야 풀 수 있는 문제들이 출제되고 있으니 확실히 정리해 두세요.

3 COCOMO의 소프트웨어 개발 유형

소프트웨어 개발 유형은 소프트웨어의 복잡도 혹은 원시 프로그램의 규모에 따라 조직형(Organic Mode), 반분리형(Semi-Detached Mode), 내장형(Embedded Mode)으로 분류할 수 있다.

조직형(Organic Mode)

조직형은 기관 내부에서 개발된 중·소 규모의 소프트웨어로 일괄 자료 처리나 과학 기술 계산용, 비즈니스 자료 처리용으로 5만(50KDSI*) 라인 이하의 소프트웨어를 개발하는 유형이다.

- 사무 처리용, 업무용, 과학용 응용 소프트웨어 개발에 적합하다.
- 비용을 산정하는 공식은 다음과 같다.

> · 노력(MM) = $2.4 \times (KDSI)^{1.05}$
> · 개발 기간(TDEV) = $2.5 \times (MM)^{0.38}$

> **KDSI(Kilo Delivered Source Instruction)**
> 전체 라인 수를 1,000라인 단위로 묶은 것으로 KLOC(Kilo LOC)와 같은 의미입니다.

반분리형(Semi-Detached Mode)

반분리형은 조직형과 내장형의 중간형으로 트랜잭션 처리 시스템이나 운영체제, 데이터베이스 관리 시스템 등의 30만(300KDSI) 라인 이하의 소프트웨어를 개발하는 유형이다.

- 컴파일러, 인터프리터와 같은 유틸리티 개발에 적합하다.
- 비용을 산정하는 공식은 다음과 같다.

> - 노력(MM) = $3.0 \times (KDSI)^{1.12}$
> - 개발 기간(TDEV) = $2.5 \times (MM)^{0.35}$

내장형(Embedded Mode)

내장형은 초대형 규모의 트랜잭션 처리 시스템이나 운영체제 등의 30만(300KDSI) 라인 이상의 소프트웨어를 개발하는 유형이다.

- 신호기 제어 시스템, 미사일 유도 시스템, 실시간 처리 시스템 등의 시스템 프로그램 개발에 적합하다.
- 비용을 산정하는 공식은 다음과 같다.

> - 노력(MM) = $3.6 \times (KDSI)^{1.20}$
> - 개발 기간(TDEV) = $2.5 \times (MM)^{0.32}$

4 Putnam 모형

Putnam 모형은 소프트웨어 생명 주기의 전 과정 동안에 사용될 노력의 분포를 가정해 주는 모형이다.

- 푸트남(Putnam)이 제안한 것으로 생명 주기 예측 모형이라고도 한다.
- 시간에 따른 함수로 표현되는 Rayleigh-Norden 곡선*의 노력 분포도를 기초로 한다.

> **전문가의 조언**
>
> Putnam 모형의 개념을 묻는 문제가 출제되었습니다. Putnam 모형은 항상 Rayleigh-Norden 곡선이 언급된다는 것을 기억해 두세요.
>
> **Rayleigh-Norden 곡선**
> 노든(Norden)이 소프트웨어 개발에 관한 경험적 자료를 수집하여 이를 근거로 그린 곡선입니다.

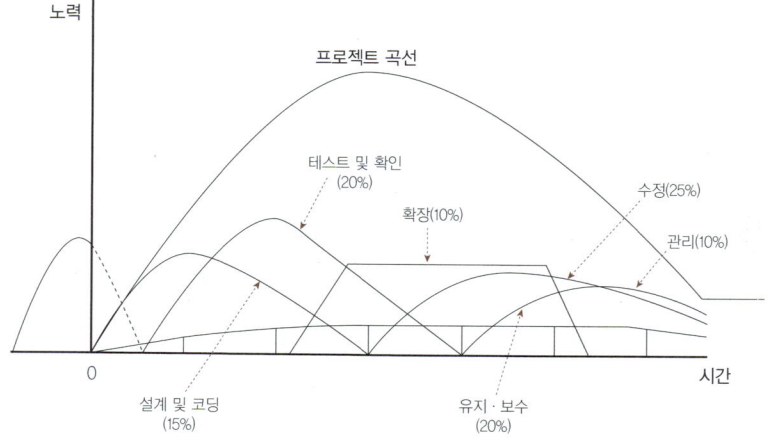

- 대형 프로젝트의 노력 분포 산정에 이용되는 기법이다.
- 개발 기간이 늘어날수록 프로젝트 적용 인원의 노력이 감소한다.
- 산정 공식

$$개발\ 노력(MM) = \frac{L^3}{C_k^3 \cdot Td^4}$$

- L : 원시 코드 라인 수
- Td : 개발 기간
- C_k : 환경 상수(빈약 환경 = 2,000, 좋은 환경 = 8,000, 최적 환경 = 12,000)

5 기능 점수(FP) 모형

기능 점수(Function Point) 모형은 알브레히트(Albrecht)가 제안한 것으로, 소프트웨어의 기능을 증대시키는 요인별로 가중치를 부여하고, 요인별 가중치를 합산하여 총 기능 점수*를 산출하며 총 기능 점수와 영향도를 이용하여 기능 점수(FP)를 구한 후 이를 이용해서 비용을 산정하는 기법이다.

기능 점수(FP) = 총 기능 점수 × [0.65 + (0.1 × 총 영향도)]

- 발표 초기에는 관심을 받지 못하였으나 최근에는 그 유용성과 간편성으로 비용 산정 기법 가운데 최선의 평가를 받고 있다.
- 기능별 가중치

소프트웨어 기능 증대 요인	가중치		
	단순	보통	복잡
자료 입력(입력 양식)	3	4	6
정보 출력(출력 보고서)	4	5	7
명령어(사용자 질의수)	3	4	5
데이터 파일	7	10	15
필요한 외부 루틴과의 인터페이스	5	7	10

잠깐만요 ─ 자동화 추정 도구

비용 산정의 자동화를 위해 개발된 도구로는 SLIM과 ESTIMACS가 있습니다.
- SLIM : Rayleigh-Norden 곡선과 Putnam 예측 모델을 기초로 하여 개발된 자동화 추정 도구입니다.
- ESTIMACS : 다양한 프로젝트와 개인별 요소를 수용하도록 FP 모형을 기초로 하여 개발된 자동화 추정 도구입니다.

전문가의 조언

가중치 산정에 사용되는 요소를 묻는 문제가 출제되었습니다. 가중치 산정에는 출력 보고서, 명령어, 데이터 파일, 외부 루틴과의 인터페이스 등이 사용된다는 것을 기억해 두세요.

총 기능 점수
소프트웨어 개발의 규모, 복잡도, 난이도 등을 하나의 수치로 집약시킨 것을 의미합니다.

기출문제 따라잡기

21년 5월, 20년 9월

1. 소프트웨어 비용 추정 모형(Estimation Model)이 아닌 것은?

① COCOMO ② Putnam
③ Function-Point ④ PERT

> 소프트웨어 추정 모형의 종류를 기억해야 합니다. PERT는 프로젝트에 필요한 전체 작업의 상호 관계를 표시하는 네트워크로, 일정 계획을 위한 도구입니다.

20년 8월

2. COCOMO 모델의 프로젝트 유형으로 거리가 먼 것은?

① Organic ② Semi-Detached
③ Embedded ④ Sequential

> COCOMO의 소프트웨어 개발 유형과 특징을 구분할 수 있어야 합니다. COCOMO의 소프트웨어 개발 유형에는 조직형, 반분리형, 내장형이 있습니다.

25년 2월, 22년 7월

3. COCOMO 모델에 의한 비용 산정에 대한 설명으로 옳지 않은 것은?

① 보헴이 제안한 원시 프로그램의 규모에 의한 비용 예측 모형이다.
② 같은 규모의 소프트웨어라도 그 유형에 따라 비용이 다르게 산정된다.
③ 비용 산정 유형으로 Organic Mode, Embedded Mode, Semi-Detached Mode가 있다.
④ UFP(Unadjusted Function Point)를 계산한다.

> 기능 점수(Function Point)를 구한 후 이를 이용해서 비용을 산정하는 기법은 기능 점수(FP) 모형입니다.

22년 4월

4. COCOMO(Constructive Cost Model) 모형의 특징이 아닌 것은?

① 프로젝트를 완성하는데 필요한 man-month로 산정 결과를 나타낼 수 있다.
② 보헴(Boehm)이 제안한 것으로 원시코드 라인 수에 의한 비용 산정 기법이다.
③ 비교적 작은 규모의 프로젝트 기록을 통계 분석하여 얻은 결과를 반영한 모델이며 중소 규모 소프트웨어 프로젝트 비용 추정에 적합하다.
④ 프로젝트 개발 유형에 따라 object, dynamic, function의 3가지 모드로 구분한다.

> COCOMO 모형은 개발 유형에 따라 조직형(Organic Mode), 반분리형(Semi-Detached Mode), 내장형(Embedded Mode)이 있습니다.

24년 7월, 23년 5월, 21년 8월, 20년 6월

5. COCOMO model 중 기관 내부에서 개발된 중·소 규모의 소프트웨어로 일괄 자료 처리나 과학기술 계산용, 비즈니스 자료 처리용으로 5만 라인 이하의 소프트웨어를 개발하는 유형은?

① Embeded ② Organic
③ Semi-Detached ④ Semi-Embeded

> COCOMO 모형의 소프트웨어 개발 유형은 크기에 따라 분류합니다. Organic은 5만 라인 이하, Semi-Detached는 30만 라인 이하, Embedded는 30만 라인 이상의 초대형 규모에 사용합니다.

25년 5월, 20년 3월

6. 비용 예측 방법에서 원시 프로그램의 규모에 의한 방법(COCOMO Model) 중 초대형 규모의 트랜잭션 처리 시스템이나 운영체제 등의 소프트웨어를 개발하는 유형은?

① Organic ② Semi-Detached
③ Embedded ④ Sequential

> 초대형 규모의 트랜잭션 처리 시스템이나 운영체제 등의 소프트웨어를 개발하는 유형은 내장형(Embedded Mode)입니다.

20년 8월

7. 기능 점수(Functional Point) 모형에서 비용 산정에 이용되는 요소가 아닌 것은?

① 클래스 인터페이스 ② 명령어(사용자 질의수)
③ 데이터 파일 ④ 출력 보고서

> 기능 점수(FP) 모형의 비용 산정 요인에는 자료 입력(입력 양식), 정보 출력(출력 보고서), 명령어(사용자 질의수), 데이터 파일, 필요한 외부 루틴과의 인터페이스가 있습니다.

20년 8월

8. Putnam 모형을 기초로 해서 만든 자동화 추정 도구는?

① SQLR/30 ② SLIM
③ MESH ④ NFV

> Rayleigh-Norden 곡선과 Putnam의 예측 모델에 기반을 둔 자동화 예측 도구는 SLIM입니다.

21년 5월, 3월

9. 소프트웨어 비용 산정 기법 중 개발 유형으로 Organic, Semi-Detached, Embedded로 구분되는 것은?

① PUTNAM ② COCOMO
③ FP ④ SLIM

> 개발 유형이나 규모에 따라 여러 프로젝트 유형이 제시되는 모델은 COCOMO입니다.

▶ 정답: 1.④ 2.④ 3.④ 4.④ 5.② 6.③ 7.① 8.② 9.②

SECTION 130 프로젝트 일정 계획

1 개요

프로젝트 일정(Scheduling) 계획은 프로젝트의 프로세스를 이루는 소작업을 파악하고 예측된 노력을 각 소작업에 분배하며, 소작업의 순서와 일정을 정하는 것이다.

- 소프트웨어 개발 기간의 지연을 방지하고 프로젝트가 계획대로 진행되도록 일정을 계획한다.
- 계획된 일정은 프로젝트의 진행을 관리하는 데 기초 자료가 된다.
- 계획된 일정과 프로젝트의 진행도를 비교하여 차질이 있을 경우 여러 조치를 통해 조정할 수 있다.
- 프로젝트 일정 계획을 위해서는 WBS*, PERT/CPM*, 간트 차트 등이 사용된다.

2 PERT(Program Evaluation and Review Technique, 프로그램 평가 및 검토 기술)

PERT는 프로젝트에 필요한 전체 작업의 상호 관계를 표시하는 네트워크로 각 작업별로 낙관적인 경우, 가능성이 있는 경우, 비관적인 경우로 나누어 각 단계별 종료 시기를 결정하는 방법이다.

- 과거에 경험이 없어서 소요 기간 예측이 어려운 소프트웨어에서 사용한다.
- 노드와 간선으로 구성되며 원 노드에는 작업을, 간선(화살표)에는 낙관치*, 기대치*, 비관치*를 표시한다.
- 결정 경로*, 작업에 대한 경계 시간*, 작업 간의 상호 관련성* 등을 알 수 있다.
- 다음과 같은 PERT 공식을 이용하여 작업 예측치를 계산한다.

$$\text{작업 예측치} = \frac{\text{비관치} + 4 \times \text{기대치} + \text{낙관치}}{6} \qquad \text{평방 편차} = \left[\frac{(\text{비관치} - \text{낙관치})}{6}\right]^2$$

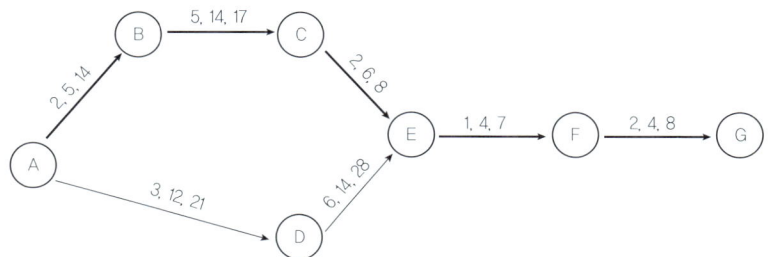

> **전문가의 조언**
>
> PERT의 특징을 묻는 문제가 출제되었습니다. PERT로 알 수 있는 사항에는 결정 경로, 경계 시간, 작업 간의 상호 관련성 등이 있다는 것을 중심으로 특징을 정리해 두세요.
>
> **WBS**
> (Work Breakdown Structure, 업무 분류 구조)
> WBS는 개발 프로젝트를 여러 개의 작은 관리 단위(소작업)로 분할하여 계층적으로 기술한 업무 구조입니다.
>
> **PERT/CPM**
> PERT/CPM 네트워크는 프로젝트의 지연을 방지하고 계획대로 진행되게 하기 위한 일정을 계획하는 것으로, 대단위 계획의 조직적인 추진을 위해 자원의 제약하에 비용을 적게 사용하면서 초단시간 내 계획 완성을 위한 프로젝트 일정 방법입니다.
>
> **낙관치, 기대치, 비관치**
> - 낙관치 : 모든 상황이 좋아서 최대로 빨리 진행될 때 걸리는 시간
> - 기대치 : 모든 상황이 정상적으로 진행될 때 걸리는 시간
> - 비관치 : 모든 상황에 많은 장애가 생겨서 가장 늦게 진행될 때 걸리는 시간
>
> - 결정 경로 : A → B → C → E → F → G 순서로 진행됩니다.
> - 작업에 대한 경계 시간 : 각 작업 간의 경계 시간을 알 수 있습니다.
> - 상호 관련성 : C는 B 작업이 진행된 후에 수행된다는 것을 알 수 있습니다.

> **전문가의 조언**
>
> 임계 경로의 소요기일을 묻는 문제가 출제되었습니다. CPM의 개념을 알아두고, 그림을 통해 CPM 표현 방법을 파악하세요.

③ CPM(Critical Path Method, 임계 경로 기법)

25.8, 25.2, 24.7, 24.2, 23.7, 22.7, 20.8

CPM은 프로젝트 완성에 필요한 작업을 나열하고 작업에 필요한 소요 기간을 예측하는데 사용하는 기법이다.

- CPM은 노드와 간선으로 구성된 네트워크로 노드는 작업을, 간선은 작업 사이의 전후 의존 관계를 나타낸다.
- 원형 노드는 각 작업을 의미하며 각 작업 이름과 소요 기간을 표시하고, 박스 노드는 이정표를 의미하며 박스 노드 위에는 예상 완료 시간을 표시한다.
- 간선을 나타내는 화살표의 흐름에 따라 각 작업이 진행되며, 전 작업이 완료된 후 다음 작업을 진행할 수 있다
- 각 작업의 순서와 의존 관계, 어느 작업이 동시에 수행될 수 있는지를 한눈에 볼 수 있다.
- 경영층의 과학적인 의사 결정을 지원하며, 효과적인 프로젝트의 통제를 가능하게 해 준다.
- 병행 작업이 가능하도록 계획할 수 있으며, 이를 위한 자원 할당도 가능하다.
- 임계 경로는 최장 경로를 의미한다.

> **전문가의 조언**
>
> 굵은 선은 임계 경로, 즉 최장 경로를 의미합니다.

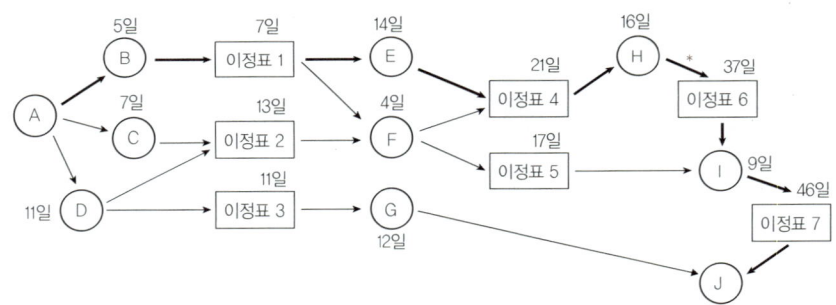

잠깐만요 — 일정 계획의 순서

CPM 네트워크를 사용한 일정 계획 순서는 다음과 같습니다.
❶ 프로젝트의 규모를 추정한다.
❷ 각 단계에서 필요한 작업들을 분할한다.
❸ 각 작업의 상호 의존 관계를 CPM 네트워크로 나타낸다.
❹ 일정 계획을 간트 차트로 나타낸다.

④ 간트 차트(Gantt Chart)

25.5, 22.3

간트 차트는 프로젝트의 각 작업들이 언제 시작하고 언제 종료되는지에 대한 작업 일정을 막대 도표를 이용하여 표시하는 프로젝트 일정표로, 시간선(Time-Line) 차트라고도 한다.

- 중간 목표 미달성 시 그 이유와 기간을 예측할 수 있게 한다.
- 사용자와의 문제점이나 예산의 초과 지출 등도 관리할 수 있게 한다.
- 자원 배치와 인원 계획에 유용하게 사용된다.
- CPM 네트워크의 데이터를 바탕으로 간트 차트를 제작할 수 있다.
- 작업 경로는 표시할 수 없으며, 계획의 변화에 대한 적응성이 약하다.
- 계획 수립 또는 수정 때 주관적 수치에 기울어지기 쉽다.
- 간트 차트는 이정표, 작업 일정, 작업 기간, 산출물로 구성되어 있다.
- 수평 막대의 길이는 각 작업(Task)의 기간을 나타낸다.

작업 단계 \ 작업 일정	1	2	3	4	5	6	7	8	9	10	11	12	산출물
계획	■												시스템 계획서 프로젝트 정의서
분석		■											요구 분석 명세서
기본 설계			■										기본 설계서
상세 설계				■									상세 설계서
사용자 지침서				■									사용자 지침서
시험 계획						■	■						시험 계획서
구현								■	■				원시 코드
통합 테스트										■			시스템 통합 계획서
시스템 테스트											■		시스템
인수 테스트												■	개발 완료 보고서

> **전문가의 조언**
>
> 간트 차트의 특징을 묻는 문제가 출제되었습니다. 간트 차트에서 수평 막대의 길이는 각 작업의 기간을 나타낸다는 것을 중심으로 특징을 정리해 두세요.

기출문제 따라잡기

25년 8월, 24년 7월, 2월, 23년 7월, 20년 8월

1. CPM 네트워크가 다음과 같을 때 임계 경로의 소요기일은?

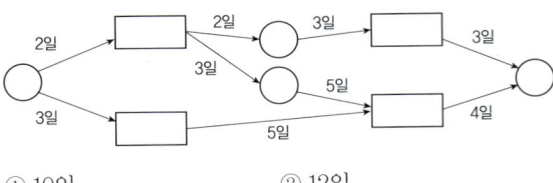

① 10일　　② 12일
③ 14일　　④ 16일

임계 경로는 최장 경로를 의미합니다. 문제에 제시된 그림을 보고 각 경로에 대한 소요기일을 계산한 후 가장 오래 걸린 기일을 찾으면 됩니다.

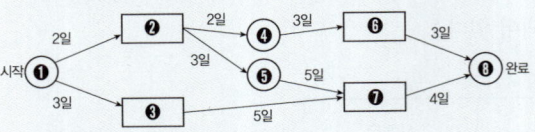

- 경로 1 : ❶→❷→❹→❻→❽
  = 2 + 2 + 3 + 3 = 10일
- 경로 2 : ❶→❷→❺→❼→❽
  = 2 + 3 + 5 + 4 = 14일
- 경로 3 : ❶→❸→❼→❽ = 3 + 5 + 4 = 12일

그러므로 임계 경로는 경로 2이며, 소요기일은 14일입니다.

24년 7월, 22년 4월

2. 프로젝트 일정 관리 시 사용하는 PERT 차트에 대한 설명에 해당하는 것은?

① 각 작업들이 언제 시작하고 언제 종료되는지에 대한 일정을 막대 도표를 이용하여 표시한다.
② 시간선(Time-Line) 차트라고도 한다.
③ 수평 막대의 길이는 각 작업의 기간을 나타낸다.
④ 작업들 간의 상호 관련성, 결정 경로, 경계 시간, 자원 할당 등을 제시한다.

각 작업의 일정과 기간을 막대 도표를 이용하여 나타내는 것으로, 시간선 차트라고도 하는 것은 간트 차트입니다.

25년 5월, 22년 3월

3. 간트 차트(Gantt Chart)에 대한 설명으로 틀린 것은?

① 프로젝트를 이루는 소작업별로 언제 시작되고 언제 끝나야 하는지를 한 눈에 볼 수 있도록 도와준다.
② 자원 배치 계획에 유용하게 사용된다.
③ CPM 네트워크로부터 만드는 것이 가능하다.
④ 수평 막대의 길이는 각 작업(Task)에 필요한 인원수를 나타낸다.

수평 막대의 길이는 각 작업의 기간을 나타냅니다.

25년 2월, 22년 7월

4. CPM(Critical Path Method)에 대한 설명으로 옳지 않은 것은?

① 프로젝트 내에서 각 작업이 수행되는 시간과 각 작업 사이의 관계를 파악할 수 있다.
② 작업 일정을 한눈에 볼 수 있도록 해주며 막대 그래프의 형태로 표현한다.
③ 효과적인 프로젝트의 통제를 가능하게 해 준다.
④ 경영층의 과학적인 의사 결정을 지원한다.

②번은 간트 차트에 대한 설명입니다.

▶ 정답 : 1. ③　2. ④　3. ④　4. ②

SECTION 131 소프트웨어 개발 방법론 결정

1 소프트웨어 개발 방법론 결정의 개요

소프트웨어 개발 방법론의 결정은 프로젝트 관리와 재사용 현황을 소프트웨어 개발 방법론에 반영하고, 확정된 소프트웨어 생명 주기와 개발 방법론에 맞춰 소프트웨어 개발 단계, 활동, 작업, 절차 등을 정의하는 것이다.

> **잠깐만요** **프로젝트 관리**   25.2, 24.5, 23.5, 23.2, 22.4, 22.3
>
> 프로젝트 관리(Project Management)는 주어진 기간 내에 최소의 비용으로 사용자를 만족시키는 시스템을 개발하기 위한 전반적인 활동입니다.
>
> | 관리 유형 | 주요 내용 |
> |---|---|
> | 일정 관리 | 작업 순서, 작업 기간 산정, 일정 개발, 일정 통제 |
> | 비용 관리 | 비용 산정, 비용 예산 편성, 비용 통제 |
> | 인력 관리 | 프로젝트 팀 편성, 자원 산정, 프로젝트 조직 정의, 프로젝트 팀 개발, 자원 통제, 프로젝트 팀 관리 |
> | 위험 관리 | 위험 식별, 위험 분석 및 평가, 위험 관리 계획, 위험 감시* 및 조치 |
> | 품질 관리 | 품질 계획, 품질 보증 수행, 품질 통제 수행 |

전문가의 조언

소프트웨어 개발 방법론을 결정한다는 것은 투입 자원 및 일정, 비용, 품질, 위험 관리 등 여러 조건을 확인하여 어떤 방법론으로 소프트웨어를 개발할지를 결정하는 것을 의미합니다. 소프트웨어 개발 방법론을 결정하는 절차에 대해 알아두세요.

전문가의 조언

프로젝트 관리나 위험 관리의 개념을 묻는 문제가 출제되었습니다. 프로젝트 관리란 기간 내에 최소 비용으로 만족스러운 개발을 위한 활동이라는 것과 위험 관리란 위험 요소를 인식하고 대비하는 활동이라는 것을 기억하세요.

위험 감시(Risk Monitoring)
위험 요소 징후들에 대하여 계속적으로 인지하는 것을 말합니다.

2 소프트웨어 개발 방법론 결정 절차

❶ 프로젝트 관리와 재사용 현황을 소프트웨어 개발 방법론에 반영한다.
  – 소프트웨어 개발 방법론에 프로젝트 관리와 재사용 현황을 반영하는 방법을 프로젝트 관련자들에게 설명한다.
  – 소프트웨어 개발 방법론에 프로젝트 관리와 재사용 현황을 반영하고 그 결과를 프로젝트 관련자들에게 설명한 후 결정한다.
❷ 개발 단계별 작업 및 절차를 소프트웨어 생명 주기에 맞춰 수립한다.
  – 소프트웨어의 기본 생명 주기, 지원 생명 주기, 조직 생명 주기별로 주요 프로세스를 확인한다.
  – 소프트웨어의 개발 프로세스*, 개발 생명 주기*, 프로세스 모형*을 정리한다.
❸ 결정된 소프트웨어 개발 방법론의 개발 단계별 활동 목적, 작업 내용, 산출물에 대한 매뉴얼을 작성한다.

소프트웨어 개발 프로세스
소프트웨어 제품 생산을 위해 수행하는 작업으로, 소프트웨어 명세, 개발, 검토, 진화로 구분됩니다.

소프트웨어 개발 생명 주기
소프트웨어를 개발하기 위해 정의하고 운용, 유지보수 등의 과정을 각 단계별로 나눈 것입니다.

소프트웨어 프로세스 모형
소프트웨어 생명 주기를 표현하는 형태를 의미하며, 대표적인 모형에는 폭포수 모형(Waterfall Model), 나선형 모형(Spiral Model), 프로토타이핑 모형(Prototyping Model)이 있습니다.

기출문제 따라잡기

24년 5월, 23년 5월, 22년 3월
1. 소프트웨어 프로젝트 관리에 대한 설명으로 가장 옳은 것은?
① 개발에 따른 산출물 관리
② 소요 인력은 최대화하되 정책 결정은 신속하게 처리
③ 주어진 기간은 연장하되 최소의 비용으로 시스템을 개발
④ 주어진 기간 내에 최소의 비용으로 사용자를 만족시키는 시스템을 개발

> 프로젝트 관리란 기간 내에 최소 비용으로 만족스러운 개발을 위한 활동입니다.

23년 2월, 22년 3월
2. 프로젝트에 내재된 위험 요소를 인식하고 그 영향을 분석하여 이를 관리하는 활동으로서, 프로젝트를 성공시키기 위하여 위험 요소를 사전에 예측, 대비하는 모든 기술과 활동을 포함하는 것은?
① Critical Path Method
② Risk Analysis
③ Work Breakdown Structure
④ Waterfall Model

> 프로젝트 추진 과정에서 예상되는 각종 돌발 상황(위험)을 미리 예상하고 이에 대한 적절한 대책을 수립하는 일련의 활동을 위험 관리(Risk Analysis)라고 합니다.

25년 2월, 23년 5월
3. 위험 관리의 일반적인 절차로 적합한 것은?
① 위험 식별 → 위험 분석 및 평가 → 위험 관리 계획 → 위험 감시 및 조치
② 위험 분석 및 평가 → 위험 식별 → 위험 관리 계획 → 위험 감시 및 조치
③ 위험 관리 계획 → 위험 감시 및 조치 → 위험 식별 → 위험 분석 및 평가
④ 위험 감시 및 조치 → 위험 식별 → 위험 분석 및 평가 → 위험 관리 계획

> 위험 관리의 일반적인 절차는 '식별 → 평가 → 계획 → 조치' 순입니다.

25년 2월, 22년 4월
4. 위험 모니터링의 의미로 옳은 것은?
① 위험을 이해하는 것
② 첫 번째 조치로 위험을 피할 수 있도록 하는 것
③ 위험 발생 후 즉시 조치하는 것
④ 위험 요소 징후들에 대하여 계속적으로 인지하는 것

> 'Monitoring'은 '감시하는 것'을 의미하며, '감시'는 '경계하며 지켜본다'는 의미를 갖습니다. 즉 위험 모니터링(Monitoring)은 위험 요소 징후들에 대하여 계속적으로 인지하는 것입니다.

▶ 정답 : 1. ④ 2. ② 3. ① 4. ④

SECTION 132 소프트웨어 개발 표준

1 소프트웨어 개발 표준의 개요

소프트웨어 개발 표준은 소프트웨어 개발 단계에서 수행하는 품질 관리에 사용되는 국제 표준을 의미한다.

- 대표적인 소프트웨어 개발 표준에는 ISO/IEC 12207, CMMI, SPICE 등이 있다.

> **전문가의 조언**
> 소프트웨어 개발 표준의 종류에는 어떤 것들이 있는지 정확히 숙지하고, 어떤 종류의 특징을 말하는지 구분할 수 있도록 잘 정리하세요.

2 ISO/IEC 12207
21.5

ISO/IEC 12207은 ISO(International Organization for Standardization, 국제표준화기구)에서 만든 표준 소프트웨어 생명 주기 프로세스로, 소프트웨어의 개발, 운영, 유지보수 등을 체계적으로 관리하기 위한 소프트웨어 생명 주기 표준을 제공한다.

- ISO/IEC 12207은 기본 생명 주기 프로세스, 지원 생명 주기 프로세스, 조직 생명 주기 프로세스로 구분한다.

기본 생명 주기 프로세스	획득, 공급, 개발, 운영, 유지보수 프로세스
지원 생명 주기 프로세스	품질 보증, 검증, 확인, 활동 검토, 감사, 문서화, 형상 관리, 문제 해결 프로세스
조직 생명 주기 프로세스	관리, 기반 구조, 훈련, 개선 프로세스

3 CMMI(Capability Maturity Model Integration)
25.2, 24.5, 23.2, 20.9, 20.6

CMMI(능력 성숙도 통합 모델)는 소프트웨어 개발 조직의 업무 능력 및 조직의 성숙도를 평가하는 모델로, 미국 카네기멜론 대학교의 소프트웨어 공학연구소(SEI)에서 개발하였다.

- CMMI의 소프트웨어 프로세스 성숙도는 초기, 관리, 정의, 정량적 관리, 최적화의 5단계로 구분한다.

단계	프로세스	특징
초기(Initial)	정의된 프로세스 없음	작업자 능력에 따라 성공 여부 결정
관리(Managed) 20.9, 20.6	규칙화된 프로세스	특정한 프로젝트 내의 프로세스 정의 및 수행
정의(Defined) 20.9, 20.6	표준화된 프로세스	조직의 표준 프로세스를 활용하여 업무 수행
정량적 관리(Quantitatively Managed)	예측 가능한 프로세스	프로젝트를 정량적으로 관리 및 통제
최적화(Optimizing) 20.9, 20.6	지속적 개선 프로세스	프로세스 역량 향상을 위해 지속적인 프로세스 개선

> **전문가의 조언**
> - CMM(Capability Maturity Model) 모델의 레벨을 묻는 문제가 출제되었습니다. 초기, 관리, 정의, 정량적 관리, 최적화 단계를 순서대로 기억해 두세요.
> - CMMI가 소프트웨어뿐만 아니라 시스템 공학, 공급업체 관리, 통합제품 및 프로세스 개발 분야까지 여러 모델이 통합된 모델이라면 CMM은 그 중 소프트웨어 분야에 해당하는 모델입니다. CMMI와 CMM의 소프트웨어 프로세스 성숙도는 동일합니다.

> **전문가의 조언**
>
> SPICE가 소프트웨어(Software) 프로세스(Process) 개선(Improvement) 및 능력(Capability)을 평가(dEtermination)의 약어라는 것을 꼭 기억해 두세요.

4 SPICE(Software Process Improvement and Capability dEtermination)

21.5, 20.9, 20.8

SPICE(소프트웨어 처리 개선 및 능력 평가 기준)는 정보 시스템 분야에서 소프트웨어의 품질 및 생산성 향상을 위해 소프트웨어 프로세스를 평가 및 개선하는 국제 표준으로, 공식 명칭은 ISO/IEC 15504이다.

- **SPICE의 목적**
  - 프로세스 개선을 위해 개발 기관이 스스로 평가하는 것
  - 기관에서 지정한 요구조건의 만족여부를 개발 조직이 스스로 평가하는 것
  - 계약 체결을 위해 수탁 기관의 프로세스를 평가하는 것
- SPICE는 5개의 프로세스 범주와 40개의 세부 프로세스로 구성된다.

범주	특징
고객-공급자 (Customer-Supplier) 프로세스	• 소프트웨어를 개발하여 고객에게 전달하는 것을 지원하고, 소프트웨어의 정확한 운용 및 사용을 위한 프로세스로 구성된다. • 구성 요소 : 인수, 공급, 요구 도출, 운영 • 프로세스 수 : 10개
공학(Engineering) 프로세스	• 시스템과 소프트웨어 제품의 명세화, 구현, 유지보수를 하는데 사용되는 프로세스로 구성된다. • 구성 요소 : 개발, 소프트웨어 유지보수 • 프로세스 수 : 9개
지원(Support) 프로세스	• 소프트웨어 생명 주기에서 다른 프로세스에 의해 이용되는 프로세스로 구성된다. • 구성 요소 : 문서화, 형상, 품질 보증, 검증, 확인, 리뷰, 감사, 품질 문제 해결 • 프로세스 수 : 8개
관리(Management) 프로세스	• 소프트웨어 생명 주기에서 프로젝트 관리자에 의해 사용되는 프로세스로 구성된다. • 구성 요소 : 관리, 프로젝트 관리, 품질 및 위험 관리 • 프로세스 수 : 4개
조직(Organization) 프로세스	• 조직의 업무 목적 수립과 조직의 업무 목표 달성을 위한 프로세스로 구성된다. • 구성 요소 : 조직 배치, 개선 활동 프로세스, 인력 관리, 기반 관리, 측정 도구, 재사용 • 프로세스 수 : 9개

- SPICE는 프로세스 수행 능력 단계를 불완전, 수행, 관리, 확립, 예측, 최적화의 6단계로 구분한다.

단계	특징
Level 0 - 불완전(Incomplete)	프로세스가 구현되지 않았거나 목적을 달성하지 못한 단계이다.
Level 1 - 수행(Performed)	프로세스가 수행되고 목적이 달성된 단계이다.
Level 2 - 관리(Managed)	정의된 자원의 한도 내에서 그 프로세스가 작업 산출물을 인도하는 단계이다.
Level 3 - 확립(Established)	소프트웨어 공학 원칙에 기반하여 정의된 프로세스가 수행되는 단계이다.
Level 4 - 예측(Predictable)	프로세스가 목적 달성을 위해 통제되고, 양적인 측정을 통해서 일관되게 수행되는 단계이다.
Level 5 - 최적화(Optimizing)	프로세스 수행을 최적화하고, 지속적인 개선을 통해 업무 목적을 만족시키는 단계이다.

기출문제 따라잡기

21년 5월
1. ISO 12207 표준의 기본 생명 주기의 주요 프로세스에 해당하지 않는 것은?

① 획득 프로세스
② 개발 프로세스
③ 성능평가 프로세스
④ 유지보수 프로세스

> 기본 생명 주기 프로세스에는 획득, 공급, 개발, 운영, 유지보수가 있습니다.

21년 5월
2. SPICE 모델의 프로세스 수행 능력 수준의 단계별 설명이 틀린 것은?

① 수준 7 - 미완성 단계
② 수준 5 - 최적화 단계
③ 수준 4 - 예측 단계
④ 수준 3 - 확립 단계

> SPICE의 수준(Level)은 6까지만 있습니다.

25년 2월
3. 소프트웨어 개발 조직의 업무 능력 및 조직의 성숙도를 평가하는 것은?

① CMMI
② LOC
③ AOE
④ SDN

> 이 표준은 조직의 개발 프로세스 **역량(Capability) 성숙도(Maturity)**를 통합적(Integration)으로 평가하는 **모델(Model)**입니다.

24년 5월, 23년 2월, 20년 9월, 6월
4. CMM(Capability Maturity Model) 모델의 레벨로 옳지 않은 것은?

① 최적단계
② 관리단계
③ 계획단계
④ 정의단계

> 초기 → 관리 → 정의 → 정량적 관리 → 최적화

20년 9월, 8월
5. 소프트웨어 개발 표준 중 소프트웨어 품질 및 생산성 향상을 위해 소프트웨어 프로세스를 평가 및 개선하는 국제 표준은?

① SCRUM
② ISO/IEC 12509
③ SPICE
④ CASE

> 이 표준은 **소프트웨어(Software) 프로세스(Process) 개선(Improvement)** 및 **능력(Capability)을 평가(dEtermination)**하는 것입니다.

출제예상
6. 다음 중 SPICE의 프로세스 수행 능력 단계에 대한 설명으로 가장 옳지 않은 것은?

① 불완전 단계는 프로세스가 구현되지 않았거나, 프로세스가 그 목적을 달성하지 못한 단계이다.
② 수행 단계는 프로세스의 목적이 전반적으로 이루어진 단계이다.
③ 확립 단계는 정의된 자원의 한도 내에서 그 프로세스가 작업 산출물을 인도하는 단계이다.
④ 최적화 단계는 프로세스 수행을 최적화하고, 지속적으로 업무 목적을 만족시키는 단계이다.

> 확립 단계는 소프트웨어 공학 원칙에 기반하여 정의된 프로세스가 수행되는 단계입니다.

출제예상
7. 다음 중 SPICE의 프로세스에 대한 설명으로 가장 옳지 않은 것은?

① Support 프로세스는 소프트웨어 생명 주기에서 다른 프로세스에 의해 이용되는 프로세스로 구성된다.
② Management 프로세스는 조직의 업무 목적 수립과 조직의 업무 목표 달성을 위한 프로세스로 구성된다.
③ Engineering 프로세스는 시스템과 소프트웨어 제품의 명세화, 구현, 유지보수를 하는데 사용되는 프로세스로 구성된다.
④ Customer-Supplier 프로세스는 소프트웨어를 개발하여 고객에게 전달하는 것을 지원하고, 소프트웨어의 정확한 운용 및 사용을 위한 프로세스로 구성된다.

> Management 프로세스는 소프트웨어 생명 주기에서 프로젝트 관리자에 의해 사용되는 프로세스로 구성됩니다.

▶ 정답 : 1. ③ 2. ① 3. ① 4. ③ 5. ③ 6. ③ 7. ②

SECTION 133 소프트웨어 개발 방법론 테일러링

전문가의 조언

테일러링의 특징을 묻는 문제가 출제되었습니다. 테일러링은 프로젝트 수행 시 예상되는 변화를 고려하여 진행되어야 한다는 점을 염두에 두고 특징을 정리해 두세요.

1 소프트웨어 개발 방법론 테일러링의 개요

소프트웨어 개발 방법론 테일러링은 프로젝트 상황 및 특성에 맞도록 정의된 소프트웨어 개발 방법론의 절차, 사용기법 등을 수정 및 보완하는 작업이다.

- 관리적 측면에서 볼 때 테일러링은 최단기간에 안정적인 프로젝트 진행을 위해 사전 위험을 식별하고 제거하는 작업이다.
- 기술적 측면에서 볼 때 테일러링은 프로젝트에 최적화된 기술 요소를 도입하여 프로젝트 특성에 맞는 최적의 기법과 도구를 찾아가는 작업이다.
- 소프트웨어 개발 방법론 테일러링 수행절차

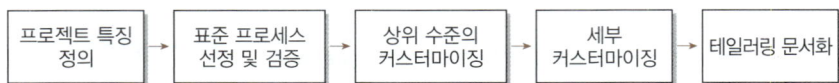

프로젝트 특징 정의 → 표준 프로세스 선정 및 검증 → 상위 수준의 커스터마이징 → 세부 커스터마이징 → 테일러링 문서화

전문가의 조언

테일러링의 내부적 기준과 외부적 기준을 구분하는 문제가 출제되었습니다. 법적 제약사항과 표준 품질 기준은 외부적 기준에 해당한다는 것을 기억하세요.

2 소프트웨어 개발 방법론 테일러링 고려사항

소프트웨어 개발 방법론 테일러링 작업 시 고려해야 할 사항에는 내부적 기준과 외부적 기준이 있다.

내부적 기준

- **목표 환경** : 시스템의 개발 환경과 유형이 서로 다른 경우 테일러링이 필요하다.
- **요구사항** : 프로젝트의 생명 주기 활동에서 개발, 운영, 유지보수 등 프로젝트에서 우선적으로 고려할 요구사항이 서로 다른 경우 테일러링이 필요하다.
- **프로젝트 규모** : 비용, 인력, 기간 등 프로젝트의 규모가 서로 다른 경우 테일러링이 필요하다.
- **보유 기술** : 프로세스, 개발 방법론, 산출물, 구성원의 능력 등이 서로 다른 경우 테일러링이 필요하다.

외부적 기준

- **법적 제약사항** : 프로젝트별로 적용될 IT Compliance*가 서로 다른 경우 테일러링이 필요하다.
- **표준 품질 기준** : 금융, 제도 등 분야별 표준 품질 기준이 서로 다른 경우 테일러링이 필요하다.

IT Compliance
기업 운영 시 IT 분야에서 내·외부적으로 반드시 지켜야 하는 법적 규제 사항이나 지침을 의미합니다.

③ 소프트웨어 개발 방법론 테일러링 기법

- **프로젝트 규모와 복잡도에 따른 테일러링 기법** : 가장 일반적인 기법으로, 프로젝트 규모를 프로젝트 기간, 작업범위, 참여인원 등에 따라 대·중·소로 구분하고, 프로젝트 업무의 난이도에 따라 복잡도를 상·중·하로 구분하는 기법이다.
- **프로젝트 구성원에 따른 테일러링 기법** : 프로젝트에 참여하는 구성원들의 기술적 숙련도와 방법론의 이해 정도를 확인하여 테일러링 수준을 결정하는 기법이다.
- **팀내 방법론 지원에 따른 테일러링 기법** : 프로젝트 수행 시 각 팀별로 방법론 담당 인력을 배정하여 팀의 방법론 교육과 프로젝트 전체의 방법론 운영을 위한 의사소통을 담당하도록 인력을 구성하는 기법이다.
- **자동화에 따른 테일러링 기법** : 프로젝트 수행 시 작업 부하를 줄이기 위해 중간 단계에서의 산출물을 자동화 도구를 사용하여 산출할 수 있도록 지원하는 기법이다.

 기출문제 따라잡기

22년 3월
1. 소프트웨어 개발 방법론의 테일러링(Tailoring)과 관련한 설명으로 틀린 것은?
① 프로젝트 수행 시 예상되는 변화를 배제하고 신속히 진행하여야 한다.
② 프로젝트에 최적화된 개발 방법론을 적용하기 위해 절차, 산출물 등을 적절히 변경하는 활동이다.
③ 관리적 측면에서의 목적 중 하나는 최단기간에 안정적인 프로젝트 진행을 위한 사전 위험을 식별하고 제거하는 것이다.
④ 기술적 측면에서의 목적 중 하나는 프로젝트에 최적화된 기술 요소를 도입하여 프로젝트 특성에 맞는 최적의 기법과 도구를 사용하는 것이다.

> 테일러링은 프로젝트 상황 및 특성에 맞추어 기존의 방법론, 프로세스 등을 수정하는 것이니만큼, 예상되는 변화를 충분히 고려해야 합니다.

20년 6월
2. 테일러링(Tailoring) 개발 방법론의 내부 기준에 해당하지 않는 것은?
① 납기/비용
② 기술환경
③ 구성원 능력
④ 국제표준 품질 기준

> 테일러링의 고려사항에는 내부적 요건과 외부적 요건이 있는데, '법적 제약사항'과 '표준 품질 기준'은 외부적 요건에 해당합니다.

▶ 정답 : 1. ① 2. ④

SECTION 134 소프트웨어 개발 프레임워크

전문가의 조언
- 프레임워크(Framework)는 사전적으로 '뼈대', '골조'를 의미하며, 소프트웨어에서는 특정 기능을 수행하는 데 필요한 클래스나 인터페이스 등을 모아둔 집합체를 가리킵니다.
- 프레임워크의 개념과 특성을 묻는 문제가 출제되었습니다. 프레임워크의 개념을 숙지하고 각 프레임워크들의 개별적인 특징을 잘 구분해서 정리하세요.

반제품
완제품의 재료로 사용되기 위해 원료를 가공하여 만든 중간 제품을 의미합니다.

1 소프트웨어 개발 프레임워크의 개요

프레임워크(Framework)는 소프트웨어 개발에 공통적으로 사용되는 구성 요소와 아키텍처를 일반화하여 손쉽게 구현할 수 있도록 여러 가지 기능들을 제공해주는 반제품* 형태의 소프트웨어 시스템이다.

- 선행 사업자의 기술에 의존하지 않은 표준화된 개발 기반으로 인해 사업자 종속성이 해소된다.
- 개발해야 할 애플리케이션의 일부분이 이미 내장된 클래스 라이브러리로 구현되어 있어 개발자는 이미 존재하는 부분을 확장 및 이용하는 것으로 소프트웨어를 개발할 수 있다.
- 프레임워크의 주요 기능에는 예외 처리, 트랜잭션 처리, 메모리 공유, 데이터 소스 관리, 서비스 관리, 쿼리 서비스, 로깅 서비스, 사용자 인증 서비스 등이 있다.
- 프레임워크의 종류에는 스프링 프레임워크, 전자정부 프레임워크, 닷넷 프레임워크 등이 있다.

잠깐만요 프레임워크의 특성

모듈화(Modularity)	• 프레임워크는 캡슐화를 통해 모듈화를 강화하고 설계 및 구현의 변경에 따른 영향을 최소화함으로써 소프트웨어의 품질을 향상시킵니다. • 프레임워크는 개발표준에 의한 모듈화로 인해 유지 보수가 용이합니다.
재사용성(Reusability)	프레임워크는 재사용* 가능한 모듈들을 제공함으로써 예산 절감, 생산성 향상, 품질 보증이 가능합니다.
확장성(Extensibility)	프레임워크는 다형성(Polymorphism)*을 통한 인터페이스 확장이 가능하여 다양한 형태와 기능을 가진 애플리케이션 개발이 가능합니다.
제어의 역흐름 (Inversion of Control)	개발자가 관리하고 통제해야 하는 객체들의 제어를 프레임워크에 넘김으로써 생산성을 향상시킵니다.

재사용(Reuse)
재사용은 비용과 개발 시간을 절약하기 위해 이미 개발된 기능들을 파악하고 재구성하여 새로운 시스템 또는 기능 개발에 사용하기 적합하도록 최적화 시키는 작업입니다.

다형성(Polymorphism)
다형성은 메시지에 의해 객체(클래스)가 연산을 수행하게 될 때 하나의 메시지에 대해 각각의 객체(클래스)가 가지고 있는 고유한 방법(특성)으로 응답할 수 있는 능력을 의미합니다.

2 스프링 프레임워크(Spring Framework)

스프링 프레임워크는 자바 플랫폼을 위한 오픈 소스 경량형 애플리케이션 프레임워크이다.
- 동적인 웹 사이트의 개발을 위해 다양한 서비스를 제공한다.
- 전자정부 표준 프레임워크의 기반 기술로 사용되고 있다.

③ 전자정부 프레임워크

전자정부 프레임워크는 우리나라의 공공부문 정보화 사업 시 효율적인 정보 시스템의 구축을 지원하기 위해 필요한 기능 및 아키텍처를 제공하는 프레임워크이다.

- 전자정부 프레임워크는 개발 프레임워크의 표준 정립으로 응용 소프트웨어의 표준화, 품질 및 재사용성의 향상을 목적으로 한다.
- 전자정부 프레임워크는 오픈 소스 기반의 범용화가 되고 공개된 기술을 활용함으로써 특정 업체의 종속성을 배제하고 사업별 공통 컴포넌트의 중복 개발을 방지한다.

④ 닷넷 프레임워크(.NET Framework)

닷넷 프레임워크는 Windows 프로그램의 개발 및 실행 환경을 제공하는 프레임워크로, Microsoft 사에서 통합 인터넷 전략을 위해 개발하였다.

- 닷넷 프레임워크는 코드 실행을 관리하는 CLR(Common Language Runtime, 공용 언어 런타임)이라는 이름의 가상머신 상에서 작동한다.
- 닷넷 프레임워크는 메모리 관리, 유형 및 메모리 안전성, 보안, 네트워크 작업 등 여러 가지 서비스를 제공한다.

 기출문제 따라잡기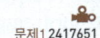

20년 6월
1. 소프트웨어 개발 프레임워크를 적용할 경우 기대효과로 거리가 먼 것은?
① 품질 보증
② 시스템 복잡도 증가
③ 개발 용이성
④ 변경 용이성

시스템의 복잡도 증가를 위해 프레임워크를 사용하는 것은 아닙니다.

20년 9월
2. 소프트웨어 개발 프레임워크의 적용 효과로 볼 수 없는 것은?
① 공통 컴포넌트 재사용으로 중복 예산 절감
② 기술종속으로 인한 선행사업자 의존도 증대
③ 표준화된 연계모듈 활용으로 상호 운용성 향상
④ 개발표준에 의한 모듈화로 유지 보수 용이

프레임워크를 통한 표준화된 개발 기반은 선행 사업자에 대한 의존도를 감소시키며, 사업자 종속성을 해소합니다.

▶ 정답 : 1. ② 2. ②

기출문제 따라잡기

출제예상
3. 다음이 설명하고 있는 것은?

> EJB(Enterprise Java Beans) 기반의 복잡함과 무거움을 극복하고 개발 생산성 향상과 고품질의 시스템 개발을 위한 자바 플랫폼 상의 경량화된 오픈 소스 웹 애플리케이션 프레임워크이다.

① 닷넷 프레임워크
② 스프링 프레임워크
③ 전자정부 프레임워크
④ 장고 프레임워크

Java와 관련된 프레임워크는 스프링 프레임워크입니다.

23년 7월, 22년 4월
4. 다음 설명에 해당하는 소프트웨어는?

> - 개발해야 할 애플리케이션의 일부분이 이미 내장된 클래스 라이브러리로 구현이 되어 있다.
> - 따라서, 그 기반이 되는 이미 존재하는 부분을 확장 및 이용하는 것으로 볼 수 있다.
> - JAVA 기반의 대표적인 소프트웨어로는 스프링(Spring)이 있다.

① 전역 함수 라이브러리
② 소프트웨어 개발 프레임워크
③ 컨테이너 아키텍처
④ 어휘 분석기

이것은 사전적으로 '뼈대', '골조'를 의미합니다.

출제예상
5. 다음 중 마이크로소프트에서 개발한 윈도우 프로그램 개발 및 실행 환경으로, 네트워크 작업, 인터페이스 등의 많은 작업을 캡슐화하였고, 공통 언어 런타임(Common Language Runtime)이라는 이름의 가상머신 위에서 작동하는 프레임워크는?

① .NET Framework
② Django Framework
③ Spring Framework
④ Flask Framework

마이크로소프트 사의 윈도우와 공통 언어 런타임(CLR)과 관련된 프레임워크하면 닷넷 프레임워크(NET Framework)입니다.

22년 4월, 21년 8월
6. 소프트웨어 개발 프레임워크와 관련된 설명으로 틀린 것은?

① 반제품 상태의 제품을 토대로 도메인별로 필요한 서비스 컴포넌트를 사용하여 재사용성 확대와 성능을 보장받을 수 있게 하는 개발 소프트웨어이다.
② 개발해야 할 애플리케이션의 일부분이 이미 구현되어 있어 동일한 로직 반복을 줄일 수 있다.
③ 라이브러리와 달리 사용자 코드가 직접 호출하여 사용하기 때문에 소프트웨어 개발 프레임워크가 직접 코드의 흐름을 제어할 수 없다.
④ 생산성 향상과 유지보수성 향상 등의 장점이 있다.

개발자가 관리하고 통제해야 하는 객체들의 제어를 프레임워크에 넘김으로써 프레임워크가 코드의 흐름을 제어할 수 있습니다.

21년 5월
7. 프레임워크(Framework)에 대한 설명으로 옳은 것은?

① 소프트웨어 구성에 필요한 기본 구조를 제공함으로써 재사용이 가능하게 해준다.
② 소프트웨어 개발 시 구조가 잡혀 있기 때문에 확장이 불가능하다.
③ 소프트웨어 아키텍처(Architecture)와 동일한 개념이다.
④ 모듈화(Modularity)가 불가능하다.

프레임워크의 사전적 의미는 '뼈대', '골조'입니다.

▶ 정답 : 3. ② 4. ② 5. ① 6. ③ 7. ①

1장 핵심요약

126 소프트웨어 개발 방법론

❶ 구조적 방법론 21.3
- 정형화된 분석 절차에 따라 사용자 요구사항을 파악하여 문서화하는 처리(Precess) 중심의 방법론이다.
- 복잡한 문제를 다루기 위해 분할과 정복(Divide and Conquer) 원리를 적용한다.

❷ 정보공학 방법론 23.5, 22.4
- 정보 시스템의 개발을 위해 계획, 분석, 설계, 구축에 정형화된 기법들을 상호 연관성 있게 통합 및 적용하는 자료(Data) 중심의 방법론이다.
- 업무 영역 분석과 업무 시스템 설계 과정에 데이터베이스 설계를 위한 데이터 모델링으로 개체 관계도(ERD; Entity-Relationship Diagram)를 사용한다.

❸ 컴포넌트 기반(CBD) 방법론 21.5, 21.3, 20.9
- 기존의 시스템이나 소프트웨어를 구성하는 컴포넌트를 조합하여 하나의 새로운 애플리케이션을 만드는 방법론이다.
- 컴포넌트의 재사용(Reusability)이 가능하여 시간과 노력을 절감할 수 있다.
- 새로운 기능을 추가하는 것이 간단하여 확장성이 보장된다.
- 유지 보수 비용을 최소화하고 생산성 및 품질을 향상시킬 수 있다.
- 분석 단계에서 사용자 요구사항 정의서가 산출된다.

127 S/W 공학의 발전적 추세

❶ 소프트웨어 재사용의 이점 25.8, 23.5, 22.3
- 개발 시간과 비용 단축
- 소프트웨어 품질 향상
- 소프트웨어 개발의 생산성 향상
- 시스템 명세, 설계, 코드 등 문서 공유

❷ 소프트웨어 재사용 방법 20.8
- 합성 중심 : 전자 칩과 같은 소프트웨어 부품, 즉 블록(모듈)을 만들어서 끼워 맞추어 소프트웨어를 완성시키는 방법
- 생성 중심 : 추상화 형태로 쓰여진 명세를 구체화하여 프로그램을 만드는 방법

❸ 소프트웨어 재공학의 주요 활동 25.2, 23.7, 22.7, 22.3, 20.8
- 분석(Analysis) : 기존 소프트웨어의 명세서를 확인하여 소프트웨어의 동작을 이해하고, 재공학할 대상을 선정하는 활동
- 재구성(Restructuring) : 기존 소프트웨어의 구조를 향상시키기 위하여 코드를 재구성하는 활동
- 역공학(Reverse Engineering) : 기존 소프트웨어를 분석하여 소프트웨어 개발 과정과 데이터 처리 과정을 설명하는 분석 및 설계 정보를 재발견하거나 다시 만들어내는 활동
- 이식(Migration) : 기존 소프트웨어를 다른 운영체제나 하드웨어 환경에서 사용할 수 있도록 변환하는 활동

❹ CASE 사용의 이점 25.8, 25.5, 25.2, 23.7, 23.5, 21.5, 21.3, 20.9, 20.8, 20.6
- 소프트웨어 개발 기간을 단축하고 개발 비용을 절감할 수 있다.
- 자동화된 기법을 통해 소프트웨어 품질이 향상된다.
- 소프트웨어의 유지보수를 간편하게 수행할 수 있다.
- 소프트웨어 모듈의 재사용성이 향상된다.

❺ CASE의 주요 기능 20.9, 20.6
- 소프트웨어 생명 주기 전 단계의 연결
- 다양한 소프트웨어 개발 모형 지원
- 그래픽 지원
- 모델들의 모순 검사 및 오류검증
- 자료 흐름도 작성

1장 핵심요약

❻ CASE의 원천 기술 21.5
- 구조적 기법
- 자동 프로그래밍
- 분산처리
- 프로토타이핑
- 정보 저장소

128 상향식 비용 산정 기법

❶ LOC 기법 24.7, 24.5, 24.2, 23.2, 22.7, 22.4, 22.3, 21.8, 21.3, 20.6
- 소프트웨어 각 기능의 원시 코드 라인 수의 비관치, 낙관치, 기대치를 측정하여 예측치를 구하고 이를 이용하여 비용을 산정하는 기법이다.
- 산정 공식

노력(인월)	• 개발 기간 × 투입 인원 • LOC / 1인당 월평균 생산 코드 라인 수
개발 비용	노력(인월) × 단위 비용(1인당 월평균 인건비)
개발 기간	노력(인월) / 투입 인원
생산성	LOC / 노력(인월)

129 수학적 산정 기법

❶ 수학적 산정 기법의 종류 21.5, 20.9
- COCOMO(COnstructive COst MOdel) 모형
- Putnam 모형
- 기능 점수(Function Point) 모형

❷ COCOMO 모형 개요 25.2, 22.7, 22.4
- 보헴(Boehm)이 제안한 것으로, 원시 프로그램의 규모(LOC)에 의한 비용 산정 기법이다.
- 비교적 작은 규모의 프로젝트 기록을 통계 분석하여 얻은 결과를 반영한 모델이다.
- 비용 산정 결과는 프로젝트를 완성하는 데 필요한 노력(Man-Month)으로 나타난다.

❸ COCOMO의 소프트웨어 개발 유형 25.5, 24.7, 23.5, 21.8, 21.5, 21.3, 20.8, 20.6
- 조직형(Organic Mode) : 기관 내부에서 개발된 중·소 규모의 소프트웨어로 일괄 자료 처리나 과학기술 계산용, 비즈니스 자료 처리용으로 5만(50KDSI) 라인 이하의 소프트웨어를 개발하는 유형
- 반분리형(Semi-Detached Mode) : 조직형과 내장형의 중간형으로 트랜잭션 처리 시스템이나 운영체제, 데이터베이스 관리 시스템 등의 30만(300KDSI) 라인 이하의 소프트웨어를 개발하는 유형
- 내장형(Embedded Mode) : 내장형은 초대형 규모의 트랜잭션 처리 시스템이나 운영체제 등의 30만(300KDSI) 라인 이상의 소프트웨어를 개발하는 유형

❹ Putnam 모형 20.6
- 소프트웨어 생명 주기의 전 과정 동안에 사용될 노력의 분포를 가정해 주는 모형이다.
- 시간에 따른 함수로 표현되는 Rayleigh-Norden 곡선의 노력 분포도를 기초로 한다.

❺ 기능 점수(FP) 모형 – 가중치 증대 요인 20.8
- 자료 입력(입력 양식)
- 정보 출력(출력 보고서)
- 명령어(사용자 질의수)
- 데이터 파일
- 필요한 외부 루틴과의 인터페이스

❻ 자동화 추정 도구 – SLIM 20.8
Rayleigh-Norden 곡선과 Putnam 예측 모델을 기초로 하여 개발된 자동화 추정 도구이다.

130 프로젝트 일정 계획

❶ PERT(프로그램 평가 및 검토 기술) 24.7, 22.4
- 프로젝트에 필요한 전체 작업의 상호 관계를 표시하는 네트워크로 각 작업별로 낙관적인 경우, 가능성이 있는 경우, 비관적인 경우로 나누어 각 단계별 종료 시기를 결정하는 방법이다.

- 결정 경로, 작업에 대한 경계 시간, 작업 간의 상호 관련성 등을 알 수 있다.

❷ **CPM(임계 경로 기법)** 24.7, 24.2, 22.7
- 프로젝트 완성에 필요한 작업을 나열하고 작업에 필요한 소요 기간을 예측하는데 사용하는 기법이다.
- 경영층의 과학적인 의사 결정을 지원한다.
- 효과적인 프로젝트의 통제를 가능하게 해 준다.

❸ **임계 경로 소요 기일** 25.8, 25.2, 23.7, 20.8
임계 경로는 최장 경로(굵은 선)를 의미한다.

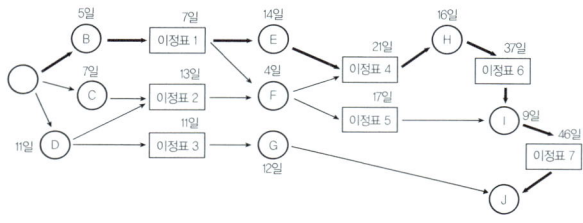

❹ **간트 차트(Gantt Chart)** 25.5, 22.3
- 프로젝트의 각 작업들이 언제 시작하고 언제 종료되는지에 대한 작업 일정을 막대 도표를 이용하여 표시하는 프로젝트 일정표이다.
- 수평 막대의 길이는 각 작업(Task)의 기간을 나타낸다.

문제1 CPM 네트워크가 다음과 같을 때 임계 경로의 소요기일을 쓰시오.

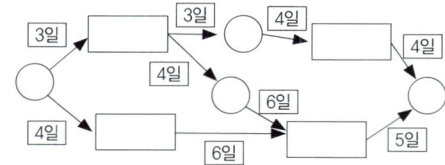

답 :

해설
임계 경로는 최장 경로를 의미합니다. 문제에 제시된 그림을 보고 각 경로에 대한 소요기일을 계산한 후 가장 오래 걸린 기일을 찾으면 됩니다.

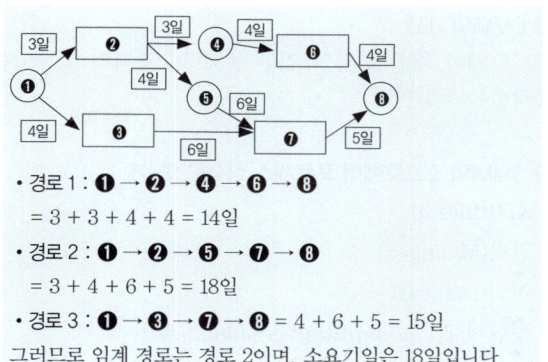

- 경로 1 : ❶ → ❷ → ❹ → ❻ → ❽
  = 3 + 3 + 4 + 4 = 14일
- 경로 2 : ❶ → ❷ → ❺ → ❼ → ❽
  = 3 + 4 + 6 + 5 = 18일
- 경로 3 : ❶ → ❸ → ❼ → ❽ = 4 + 6 + 5 = 15일

그러므로 임계 경로는 경로 2이며, 소요기일은 18일입니다.

131 소프트웨어 개발 방법론 결정

❶ **프로젝트 관리** 24.5, 23.5, 22.3
주어진 기간 내에 최소의 비용으로 사용자를 만족시키는 시스템을 개발하기 위한 전반적인 활동을 의미한다.

❷ **위험 관리** 25.2, 23.5, 23.2, 22.4
- 프로젝트 추진 과정에서 예상되는 각종 돌발 상황(위험)을 미리 예상하고 이에 대한 적절한 대책을 수립하는 일련의 활동을 의미한다.
- 위험 관리 절차 : 위험 식별 → 위험 분석 및 평가 → 위험 관리 계획 → 위험 감시 및 조치
- ※ 위험 감시(Risk Monitoring) : 위험 요소 징후들에 대하여 계속적으로 인지하는 것

132 소프트웨어 개발 표준

❶ **ISO/IEC 12207** 21.5
- 기본 생명 주기 프로세스 : 획득, 공급, 개발, 운영, 유지 보수 프로세스
- 지원 생명 주기 프로세스 : 품질 보증, 검증, 확인, 활동 검토, 감사, 문서화, 형상 관리, 문제 해결 프로세스
- 조직 생명 주기 프로세스 : 관리, 기반 구조, 훈련, 개선 프로세스

정답 1. 18

1장 핵심요약

❷ CMMI의 개념 25.2
소프트웨어 개발 조직의 업무 능력 및 조직의 성숙도를 평가하는 모델이다.

❸ CMMI의 소프트웨어 프로세스 성숙도 5단계 24.5, 23.2, 20.9, 20.6
- 초기(Initial)
- 관리(Managed)
- 정의(Defined)
- 정량적 관리(Quantitatively Managed)
- 최적화(Optimizing)

❹ SPICE(소프트웨어 처리 개선 및 능력 평가 기준) 20.9, 20.8
정보 시스템 분야에서 소프트웨어의 품질 및 생산성 향상을 위해 소프트웨어 프로세스를 평가 및 개선하는 국제 표준이다.

❺ SPICE의 프로세스 수행 능력 단계 21.5
- Level 0 – 불완전(Incomplete)
- Level 1 – 수행(Performed)
- Level 2 – 관리(Managed)
- Level 3 – 확립(Established)
- Level 4 – 예측(Predictable)
- Level 5 – 최적화(Optimizing)

133 소프트웨어 개발 방법론 테일러링

❶ 소프트웨어 개발 방법론 테일러링의 개요 22.3
- 프로젝트 상황 및 특성에 맞도록 정의된 소프트웨어 개발 방법론의 절차, 사용기법 등을 수정 및 보완하는 작업이다.
- 관리적 측면 : 최단기간에 안정적인 프로젝트 진행을 위해 사전 위험을 식별하고 제거하는 작업
- 기술적 측면 : 프로젝트에 최적화된 기술 요소를 도입하여 프로젝트 특성에 맞는 최적의 기법과 도구를 찾아가는 작업

❷ 소프트웨어 개발 방법론 테일러링 고려사항 20.6

내부적 기준
- 목표 환경 : 시스템의 개발 환경과 유형
- 요구사항 : 개발, 운영, 유지보수 등
- 프로젝트 규모 : 비용, 인력, 기간 등
- 보유 기술 : 프로세스, 개발 방법론, 산출물, 구성원의 능력 등

외부적 기준
- 법적 제약사항 : 프로젝트별로 적용될 IT Compliance
- 표준 품질 기준 : 금융, 제도 등 분야별 표준 품질 기준

134 소프트웨어 개발 프레임워크

❶ 소프트웨어 개발 프레임워크 23.7, 22.4, 21.8, 21.5, 20.9
- 프레임워크(Framework)는 소프트웨어 개발에 공통적으로 사용되는 구성 요소와 아키텍처를 일반화하여 손쉽게 구현할 수 있도록 여러 가지 기능들을 제공해주는 반제품 형태의 소프트웨어 시스템이다.
- 선행 사업자의 기술에 의존하지 않은 표준화된 개발 기반으로 인해 사업자 종속성이 해소된다.
- 개발해야 할 애플리케이션의 일부분이 이미 내장된 클래스 라이브러리로 구현되어 있어 개발자는 이미 존재하는 부분을 확장 및 이용하는 것으로 소프트웨어를 개발할 수 있다.

❷ 프레임워크의 특성 22.4, 21.8, 20.9, 20.6
- 모듈화
- 재사용성
- 확장성
- 제어의 역흐름

2장 IT프로젝트 정보시스템 구축 관리

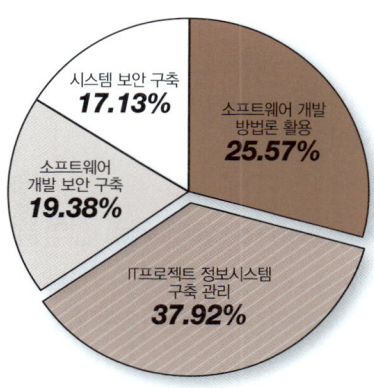

135 네트워크 관련 신기술 Ⓐ등급
136 네트워크 구축 Ⓑ등급
137 경로 제어 / 트래픽 제어 Ⓑ등급
138 SW 관련 신기술 Ⓐ등급
139 보안 관련 신기술 Ⓐ등급
140 HW 관련 신기술 Ⓒ등급
141 Secure OS Ⓒ등급
142 DB 관련 신기술 Ⓐ등급
143 회복 / 병행제어 Ⓐ등급
144 교착상태 Ⓑ등급

꼭 알아야 할 키워드 Best 10

1. 네트워크 관련 신기술   2. 버스형   3. IEEE 802   4. 경로 제어 프로토콜   5. SW 관련 신기술   6. 보안 관련 신기술   7. HW 관련 신기술
8. Secure OS   9. DB 관련 신기술   10. 병행제어

SECTION 135

네트워크 관련 신기술

전문가의 조언

중요해요! 네트워크 기술 관련 용어들의 의미를 묻는 문제가 꾸준히 출제되고 있습니다. 문제에 제시된 내용이 무슨 용어를 말하는지 맞힐 수 있을 정도로 학습하세요.

1 지능형 초연결망

지능형 초연결망은 과학기술정보통신부 주관으로 추진 중인 사업으로, 스마트 시티, 스마트 스테이션 등 4차 산업혁명 시대를 맞아 새로운 변화에 따라 급격하게 증가하는 데이터 트래픽을 효과적으로 수용하기 위해 시행되는 정부 주관 사업이다.

- 지능형 초연결망은 국가 전체 망에 소프트웨어 정의 기술(SDE)을 적용하는 방법으로 네트워크의 데이터 트래픽 증가를 불러올 수 있는 사물 인터넷(IoT), 클라우드, 빅데이터, 5G 등을 효율적으로 수용할 수 있도록 한다.
- 지능형 초연결망은 기존의 초고속정보통신망, 광대역통합망(BcN), 광대역융합망(UBcN)을 잇는 중장기 네트워크 발전 전략이다.

2 소프트웨어 정의 기술(SDE, SDx; Software-Defined Everything)

24.2, 23.2, 22.4, 21.8, 20.9

소프트웨어 정의 기술은 네트워크, 데이터 센터 등에서 소유한 자원을 가상화하여 개별 사용자에게 제공하고, 중앙에서는 통합적으로 제어가 가능한 기술이다.

- 관련 용어

용어	의미
24.2, 23.2, 22.4 소프트웨어 정의 네트워킹 (SDN; Software Defined Networking,)	• 네트워크를 컴퓨터처럼 모델링하여 여러 사용자가 각각의 소프트웨어들로 네트워킹을 가상화하여 제어하고 관리하는 네트워크이다. • 하드웨어에 의존하는 네트워크 체계에 비해 보다 효율적으로 네트워크를 제어, 관리할 수 있다. • 기존 네트워크에는 영향을 주지 않으면서 특정 서비스의 전송 경로 수정을 통하여 인터넷상에서 발생하는 문제를 처리할 수 있다.
20.9 소프트웨어 정의 데이터 센터(SDDC; Software Defined Data Center)	데이터 센터의 모든 자원을 가상화하여 인력의 개입없이 소프트웨어 조작만으로 관리 및 제어되는 데이터 센터이다.
21.8 소프트웨어 정의 스토리지(SDS; Software-Defined Storage)	물리적인 데이터 스토리지(Data Storage)를 가상화하여 여러 스토리지를 하나처럼 관리하거나, 하나의 스토리지를 여러 스토리지로 나눠 사용할 수 있는 기술이다.

3 IoT(Internet of Things, 사물 인터넷)

IoT는 정보 통신 기술을 기반으로 실세계(Physical World)와 가상 세계(Virtual World)의 다양한 사물들을 인터넷으로 서로 연결하여 진보된 서비스를 제공하기 위한 서비스 기반 기술이다.

- 유비쿼터스* 공간을 구현하기 위한 컴퓨팅 기기들이 환경과 사물에 심겨 환경이나 사물 그 자체가 지능화되는 것부터 사람과 사물, 사물과 사물 간에 지능 통신을

유비쿼터스(Ubiquitous)
유비쿼터스는 라틴어로 '편재하다(보편적으로 존재하다)'라는 의미로, 사용자가 컴퓨터나 네트워크를 의식하지 않고 장소에 상관없이 자유롭게 네트워크에 접속할 수 있는 환경을 의미합니다.

할 수 있는 엠투엠(M2M; Machine to Machine)의 개념을 인터넷으로 확장하여 사물은 물론, 현실과 가상 세계의 모든 정보와 상호 작용하는 IoT 개념으로 진화했다.
- IoT의 주요 기술로는 스마트 센싱 기술, 유무선 통신 및 네트워크 인프라 기술, 사물 인터넷 인터페이스 기술, 사물 인터넷을 통한 서비스 기술 등이 있다.
- IoT 기반 서비스는 개방형 아키텍처를 필요로 하기 때문에 정보 공유에 대한 부작용을 최소화하기 위한 정보 보안 기술의 적용이 중요하다.

4 IoT 관련 용어
25.5, 24.2, 23.7, 23.5, 22.7, 22.4, 20.8, 20.6

용어	의미
23.5 올조인(AllJoyn)	• 오픈소스 기반의 사물인터넷(IoT) 플랫폼이다. • 서로 다른 운영체제(OS)나 하드웨어를 사용하는 기기들이 표준화된 플랫폼을 이용함으로써 서로 통신 및 제어가 가능하다.
24.2, 23.7, 22.7, 22.4, 20.8 메시 네트워크 (Mesh Network)	• 차세대 이동통신, 홈네트워킹, 공공 안전 등 특수 목적을 위한 네트워크 이다. • 수십에서 수천 개의 디바이스를 그물망(Mesh)과 같이 유기적으로 연결하여 모든 구간을 동일한 무선망처럼 구성하여 사용자가 안정적인 네트워크를 사용할 수 있게 한다.
와이선(Wi-SUN)	• 스마트 그리드*와 같은 장거리 무선 통신을 필요로 하는 사물 인터넷(IoT) 서비스를 위한 저전력 장거리(LPWA; Low-Power Wide Area) 통신 기술이다. • 낮은 지연 속도, 메시 네트워크 기반 확장성, 펌웨어 업그레이드 용이성 등으로 짧은 시간 동안 데이터 전송이 빈번한 검침 분야에 유용하다.
UWB(Ultra WideBand, 초광대역)	• 짧은 거리에서 많은 양의 디지털 데이터를 낮은 전력으로 전송하기 위한 무선 기술로 무선 디지털 펄스라고도 하며, 블루투스*와 비교되는 기술이다. • 땅 속이나 벽면 뒤로도 전송이 가능하여 지진 등 재해가 일어났을 때 전파 탐지기 기능으로 인명 구조를 할 수 있는 등 응용 범위가 광범위하다.
20.6 피코넷(PICONET)	• 여러 개의 독립된 통신장치가 블루투스 기술이나 UWB 통신 기술을 사용하여 통신망을 형성하는 무선 네트워크 기술이다. • 주로 수십 미터 이내의 좁은 공간에서 네트워크를 형성한다는 점, 정지 또는 이동 중에 있는 장치 모두를 포함한다는 특징이 있다.
USN(Ubiquitous Sensor Network, 유비쿼터스 센서 네트워크)	• 각종 센서로 다양한 정보를 무선으로 수집할 수 있도록 구성한 네트워크이다. • 필요한 모든 것(곳)에 RFID* 태그를 부착하고, 이를 통하여 사물의 인식 정보는 물론 주변의 환경정보까지 탐지한 모든 데이터를 관리할 수 있다.
25.5 유비쿼터스 컴퓨팅 (Ubiquitous Computing)	• 언제 어디서나 어떤 기기를 통해서도 컴퓨팅이 가능한 환경을 의미하는 포괄적인 개념이다. • 모든 사물에 초소형 칩을 내장시켜 네트워크로 연결하고, 사물 간에 통신이 가능한 사물 인터넷(IoT) 기술이 이 개념을 실현하는 핵심 수단 중 하나이다.
저전력 블루투스 기술 (BLE; Bluetooth Low Energy)	• 일반 블루투스와 동일한 2.4GHz 주파수 대역을 사용하지만 연결되지 않은 대기 상태에서는 절전 모드를 유지하는 기술이다. • 주로 낮은 전력으로 저용량 데이터를 처리하는 시계, 장난감, 비컨(Beacon), 그리고 착용 컴퓨터 등의 극소형 사물 인터넷에 매우 적합하다.
NFC(Near Field Communication, 근거리 무선 통신)	• 고주파(HF)를 이용한 근거리 무선 통신 기술로, 아주 가까운 거리에서 양방향 통신을 지원하는 RFID 기술의 일종이다. • 13.56MHz 주파수를 이용해 10cm 내에서 최고 424Kbps의 속도로 데이터 전송을 지원하며, 모바일 기기를 통한 결제뿐만 아니라 여행 정보 전송, 교통, 출입 통제, 잠금장치 따위에 광범위하게 활용된다.

스마트 그리드(Smart Grid)
스마트 그리드는 전기의 생산부터 소비까지의 전 과정에 정보통신 기술을 접목하여 에너지 효율성을 높이는 지능형 전력망 시스템입니다.

블루투스(Bluetooth)
블루투스는 근거리에서 데이터 통신을 무선으로 가능하게 해주는 기술입니다.

RFID(Radio Frequency IDentification)
RFID는 사물에 전자 태그를 부착하고 무선 통신을 이용하여 사물의 정보 및 주변 정보를 감지하는 센서 기술입니다.

클라우드(구름, Cloud)
클라우드는 네트워크 상에 숨겨진 다양한 기기들이 공유되어 있는 인터넷 환경을 말합니다.

5 클라우드* 컴퓨팅(Cloud Computing)

25.5, 25.2, 23.5, 22.7, 22.4, 21.8

클라우드 컴퓨팅은 각종 컴퓨팅 자원을 중앙 컴퓨터에 두고 인터넷 기능을 갖는 단말기로 언제 어디서나 인터넷을 통해 컴퓨터 작업을 수행할 수 있는 환경을 의미한다.

- 중앙 컴퓨터는 복수의 데이터 센터를 가상화 기술로 통합한 대형 데이터 센터로, 각종 소프트웨어, 데이터, 보안 솔루션 기능 등 컴퓨팅 자원을 보유하고 있다.

- 관련 용어

용어	의미

인터클라우드 컴퓨팅
(Inter-Cloud Computing)
	• 각기 다른 클라우드 서비스를 연동하거나 컴퓨팅 자원의 동적 할당이 가능하도록 여러 클라우드 서비스 제공자들이 제공하는 클라우드 서비스나 자원을 연결하는 기술이다.
	• 인터클라우드 컴퓨팅의 서비스 형태
	  - 대등 접속(Peering) : 클라우드 서비스 제공자 간 직접 연계하는 형태
	  - 연합(Federation) : 자원 공유를 기본으로 사용 요구량에 따른 동적 자원 할당을 지원함으로써 논리적으로 하나의 서비스를 제공하는 형태
	  - 중개(Intermediary) : 서비스 제공자 간의 직·간접적인 자원 연계 또는 단일 서비스 제공자를 통한 중개 서비스를 제공하는 형태

25.2, 23.5, 22.7, 22.4 클라우드 기반 HSM (Cloud-based Hardware Security Module)	• 클라우드를 기반으로 암호화 키의 생성·저장·처리 등의 작업을 수행하는 보안기기를 가리키는 용어이다. • 클라우드에 인증서를 저장하므로 스마트폰과 같은 개별 기기에 인증서를 저장할 필요가 없다. • 암호화 키 생성이 하드웨어적으로 구현되기 때문에 소프트웨어적으로 구현된 암호 기술이 가지는 보안 취약점을 무시할 수 있다.
25.5, 21.8 파스-타(PaaS-TA)	• 소프트웨어 개발 환경을 제공하기 위해 개발한 개방형 클라우드 컴퓨팅 플랫폼이다. • 국내 IT 서비스 경쟁력 강화를 목표로 과학기술정보통신부와 한국정보화진흥원이 연구개발(R&D)을 지원하였으며, 인프라 제어 및 관리 환경, 실행 환경, 개발 환경, 서비스 환경, 운영 환경으로 구성되어 있다.

> **잠깐만요** 클라우드 컴퓨팅의 서비스 유형
> 25.5
>
> - IaaS(Infrastructure as a Service) : 서버, 스토리지, 네트워크 등의 하드웨어 자원을 가상화하여 사용자에게 제공하는 서비스
> - PaaS(Platform as a Service) : 런타임, 미들웨어, OS와 같은 소프트웨어 작성을 위한 플랫폼을 가상화하여 사용자에게 제공하는 서비스
> - SaaS(Software as a Service) : 사용자가 필요로 하는 소프트웨어를 가상화하여 제공하는 서비스

6 기타 용어

25.8, 25.5, 24.7, 24.2, 23.2, 22.4, 21.8, 21.3, 20.9, 실기 24.10, 22.10, 20.7

용어	의미
24.7, 24.2, 22.4 징(Zing)	• 10cm 이내 거리에서 3.5Gbps 속도의 데이터 전송이 가능한 초고속 근접무선통신(NFC)이다. • 휴대용 스마트 기기, 노트북, 쇼핑몰·거리 등의 광고나 키오스크에 접목하여 사용할 수 있다.
NDN(Named Data Networking)	• 콘텐츠 자체의 정보와 라우터 기능만으로 데이터 전송을 수행하는 기술이다. • 콘텐츠 중심 네트워킹(CCN; Content Centric Networking)*과 같은 개념이며, 해시 테이블(Hash Table)*에 기반을 두는 P2P(Peer-to-Peer)* 시스템과 같이 콘텐츠에 담겨 있는 정보와 라우터 기능만으로 목적지를 확정한다.
25.5 웹 크롤링 (Web Crawling)	웹에서 자동화된 프로그램을 이용해 데이터를 수집하는 작업이다.
올(all)-IP	유선 전화망, 무선 망, 패킷 데이터 망 등 기존의 통신망을 모두 IP 기반의 망으로 통합한 차세대 네트워크이다.
WBAN(Wireless Body Area Network)	웨어러블(Wearable) 또는 몸에 심는(Implant) 형태의 센서나 기기를 무선으로 연결하는 개인 영역 네트워킹 기술이다.
GIS(Geographic Information System, 지리 정보 시스템)	지리적인 자료를 수집·저장·분석·출력할 수 있는 컴퓨터 응용 시스템으로, 위성을 이용해 모든 사물의 위치 정보를 제공해 주는 것을 말한다.
실기 24.10 애드 혹 네트워크 (Ad-hoc Network)	• 재난 현장과 같이 별도의 고정된 유선망을 구축할 수 없는 장소에서 모바일 호스트(Mobile Host)만을 이용하여 구성한 네트워크이다. • 유선망과 기지국이 필요 없고 호스트의 이동에 제약이 없어 빠른 망 구성과 저렴한 비용이 장점이다.
네트워크 슬라이싱 (Network Slicing)	5G(IMT-2020)의 핵심기술 중 하나로, 하나의 물리적인 네트워크를 다수의 가상 네트워크로 분리하여 각각의 네트워크를 통해 다양한 고객 맞춤형 서비스를 제공하는 것을 목적으로 하는 네트워크 기술이다.
20.9 파장 분할 다중화(WDM, Wavelength Division Multiplexing)	광섬유를 이용한 통신 기술의 하나로, 파장이 다른 광선끼리는 서로 간섭을 일으키지 않는 성질을 이용하여 서로 다른 복수의 신호를 보냄으로써 여러 대의 단말기가 동시에 통신 회선을 사용할 수 있도록 하는 기술이다.
실기 20.7 개방형 링크드 데이터 (LOD, Linked Open Data)	• Linked Data와 Open Data의 합성어로, 누구나 사용할 수 있도록 웹상에 공개된 연계 데이터를 의미한다. • 웹상에 존재하는 데이터를 개별 URI*로 식별하고, 각 URI에 링크 정보를 부여함으로써 상호 연결된 웹을 지향하는 모형이다.
25.5, 24.7, 21.8, 실기 22.10 SSO(Single Sign On)	• 한 번의 로그인으로 개인이 가입한 모든 사이트를 이용할 수 있게 해주는 시스템이다. • 개인정보를 각 사이트마다 일일이 기록해야 하던 불편함을 해소할 수 있다. • 기업에서는 회원에 대한 통합관리가 가능해 마케팅을 극대화시킬 수 있다.
21.3 스마트 그리드 (Smart Grid)	• 정보 기술을 전력에 접목해 효율성을 높인 시스템으로, 전력 IT라고도 부른다. • 전력선을 기반으로 모든 통신, 정보, 관련 애플리케이션 인프라를 하나의 시스템으로 통합하여 관리함으로써 효율적인 에너지 관리가 가능하다.
25.8, 24.2, 23.2 메타버스(Metaverse)	• 가공(Meta)과 현실 세계(Universe)의 합성어로, 현실 세계와 같은 사회·경제·문화 활동이 이뤄지는 3차원 가상 세계를 가리킨다. • 1992년 미국 SF 작가 닐 스티븐슨의 소설 '스노 크래시'에 처음 등장하였다.

• **콘텐츠 중심 네트워킹(CCN; Content Centric Networking)** : 인터넷에서 IP 주소에 따른 데이터 전송에서 벗어나 사용자가 요구하는 콘텐츠 중심의 데이터 전달이 가능한 네트워크

• **해시 테이블(Hash Table)** : 레코드를 한 개 이상 보관할 수 있는 Bucket들로 구성된 기억공간

• **P2P(Peer-to-Peer)** : 개인 대 개인이라는 의미를 가지며, 네트워크에서 개인 대 개인이 PC를 이용하여 서로 데이터를 공유하는 방식을 의미

 전문가의 조언

"실기 22.10"은 본문의 내용이 실기 시험에 출제된 연도와 월을 의미합니다. 정보처리기사 시험은 필기와 실기가 시험 범위가 같습니다. 동일한 내용이 객관식으로 필기시험에 나올 수도 있고, 단답형이나 서술식으로 실기시험에 나올 수도 있습니다. 공부하다 보면 알겠지만 필기시험과 실기시험에 중복해서 나온 필드가 많습니다. 그러니까 실기 출제 년도만 표기된 부분은 곧 필기시험에도 출제될 수 있다는 걸 염두에 두고 신경 써 학습해야겠죠.

인터넷 식별자(URI, Uniform Resource Identifier)

인터넷 식별자는 인터넷에서 서비스 되는 텍스트, 비디오, 음악 등의 다양한 자료들의 식별을 위해 사용되는 체계입니다. 네트워크상의 위치 식별을 위한 URL(Uniform Resource Locators), 고유 이름의 식별인 URN(Uniform Resource Names), 그리고 자료의 메타데이터인 URC(Uniform Resource Characteristics)가 인터넷 식별자에 포함됩니다.

기출문제 따라잡기

24년 2월, 23년 7월, 22년 7월, 4월, 20년 8월
1. 기존 무선 랜의 한계 극복을 위해 등장하였으며, 대규모 디바이스의 네트워크 생성에 최적화되어 차세대 이동통신, 홈네트워킹, 공공 안전 등의 특수 목적에 사용되는 새로운 방식의 네트워크 기술을 의미하는 것은?

① Software Defined Perimeter
② Virtual Private Network
③ Local Area Network
④ Mesh Network

이 용어의 키워드는 '대규모 디바이스의 네트워크 생성에 최적화된 네트워크 기술'입니다.

25년 5월
2. 다음 중 클라우드 컴퓨팅의 서비스 유형이 아닌 것은?

① IaaS   ② PaaS
③ SaaS   ④ TaaS

TaaS는 클라우드 컴퓨팅의 서비스 유형이 아닙니다. 클라우드 컴퓨팅의 서비스 유형에는 IaaS, PaaS, SaaS가 있습니다.

20년 9월
3. 다음이 설명하는 다중화 기술은?

- 광섬유를 이용한 통신 기술의 하나를 의미함
- 파장이 서로 다른 복수의 광신호를 동시에 이용하는 것으로, 광섬유를 다중화 하는 방식임
- 빛의 파장 축과 파장이 다른 광선은 서로 간섭을 일으키지 않는 성질을 이용함

① Wavelength Division Multiplexing
② Frequency Division Multiplexing
③ Code Division Multiplexing
④ Time Division Multiplexing

이것은 파장(Wavelength)을 분할(Division)하는 다중화(Multiplexing)입니다.

25년 5월, 24년 7월, 21년 8월
4. 시스템이 몇 대가 되어도 하나의 시스템에서 인증에 성공하면 다른 시스템에 대한 접근 권한도 얻는 시스템을 의미하는 것은?

① SOS   ② SBO
③ SSO   ④ SOA

한 번(Single)의 인증(Sign On)으로 모든 권한을 얻을 수 있다는 것을 가리키는 용어는 SSO입니다.

23년 5월
5. 다음에서 설명하는 IT 기술은?

오픈소스 기반의 사물인터넷(IoT) 플랫폼으로, 서로 다른 운영체제(OS)나 하드웨어를 사용하는 기기들이 표준화된 플랫폼을 이용함으로써 서로 통신 및 제어가 가능하게 된다.

① 올조인(AllJoyn)
② 와이선(Wi-SUN)
③ NFC
④ 메시 네트워크

서로 다른 기기들이 표준화된 플랫폼을 이용해 통신 및 제어가 서로 가능한 기술은 올조인(AllJoyn)입니다.

22년 4월, 21년 8월
6. 다음에서 설명하는 IT 스토리지 기술은?

- 가상화를 적용하여 필요한 공간만큼 나눠 사용할 수 있도록 하며 서버 가상화와 유사함
- 컴퓨팅 소프트웨어로 규정하는 데이터 스토리지 체계이며, 일정 조직 내 여러 스토리지를 하나처럼 관리하고 운용하는 컴퓨터 이용 환경
- 스토리지 자원을 효율적으로 나누어 쓰는 방법으로 이해할 수 있음

① Software Defined Storage
② Distribution Oriented Storage
③ Network Architected Storage
④ Systematic Network Storage

소프트웨어(Software)로 규정, 즉 정의(Defined)하는 스토리지(Storage) 체계는 SDS입니다.

25년 5월, 24년 7월, 21년 8월
7. 국내 IT 서비스 경쟁력 강화를 목표로 개발되었으며, 인프라 제어 및 관리 환경, 실행 환경, 개발 환경, 서비스 환경, 운영 환경으로 구성되어 있는 개방형 클라우드 컴퓨팅 플랫폼은?

① N2OS   ② PaaS-TA
③ KAWS   ④ Metaverse

'국내에서 개발된 개방형 플랫폼'하면, 파스타(PaaS-TA)입니다.

기출문제 따라잡기

25년 5월

8. 언제 어디서나 어떤 기기를 통해서도 컴퓨팅이 가능한 환경을 의미하는 것으로, 모든 사물에 초소형 칩을 내장시켜 네트워크로 연결하므로 사물끼리 통신이 가능한 것은?

① 유비쿼터스 컴퓨팅
② 클라우드 컴퓨팅
③ PaaS-TA
④ 스마트 그리드

> 문제에 제시된 내용은 유비쿼터스 컴퓨팅(Ubiquitous Computing)의 개념입니다.

24년 2월, 23년 2월, 22년 4월

9. 다음에서 설명하는 IT 기술은?

- 네트워크를 제어부, 데이터 전달부로 분리하여 네트워크 관리자가 보다 효율적으로 네트워크를 제어, 관리할 수 있는 기술
- 기존의 라우터, 스위치 등과 같이 하드웨어에 의존하는 네트워크 체계에서 안정성, 속도, 보안 등을 소프트웨어로 제어, 관리하기 위해 개발됨
- 네트워크 장비의 펌웨어 업그레이드를 통해 사용자의 직접적인 데이터 전송 경로 관리가 가능하고, 기존 네트워크에는 영향을 주지 않으면서 특정 서비스의 전송 경로 수정을 통하여 인터넷상에서 발생하는 문제를 처리할 수 있음

① SDN(Software Defined Networking)
② NFS(Network File System)
③ Network Mapper
④ AOE Network

> 보다 효율적으로 네트워크를 제어, 관리할 수 있는 기술이 소프트웨어 정의 네트워킹(SDN; Software Defined Networking)입니다.

25년 5월

10. 다음 중 웹에서 자동화된 프로그램을 이용해 데이터를 수집하는 작업을 의미하는 것은?

① 웹 크롤링(Web Crawling)
② 데이터 마이닝(Data Mining)
③ 디지털 트윈(Digital Twin)
④ 재밍(Jamming)

> 웹에서 자동화된 프로그램을 이용해 데이터를 수집하는 작업을 웹 크롤링(Web Crawling)이라고 합니다.

25년 2월, 23년 5월, 22년 7월, 4월

11. 클라우드 기반 HSM(Cloud-based Hardware Security Module)에 대한 설명으로 틀린 것은?

① 클라우드(데이터센터) 기반 암호화 키 생성, 처리, 저장 등을 하는 보안기기이다.
② 국내에서는 공인인증제의 폐지와 전자서명법 개정을 추진하면서 클라우드 HSM 용어가 자주 등장하였다.
③ 클라우드에 인증서를 저장하므로 기존 HSM 기기나 휴대폰에 인증서를 저장해 다닐 필요가 없다.
④ 하드웨어가 아닌 소프트웨어적으로만 구현되기 때문에 소프트웨어식 암호 기술에 내재된 보안 취약점을 해결할 수 없다는 것이 주요 단점이다.

> 클라우드 기반 HSM은 암호화 키 생성이 하드웨어적으로 구현되므로 소프트웨어적으로 구현된 암호 기술이 가지는 보안 취약점을 무시할 수 있습니다.

25년 8월, 24년 2월, 23년 2월

12. 다음 중 1992년 미국 SF 작가 닐 스티븐슨의 소설 '스노 크래시'에 처음 등장한 개념으로, 현실 세계와 같은 사회 · 경제 · 문화 활동이 이뤄지는 3차원 가상 세계를 가리키는 용어는?

① IoT(Internet of Things)
② 메타버스
③ 피코넷
④ 클라우드 컴퓨팅

> 현실 세계와 같은 사회 · 경제 · 문화 활동이 이뤄지는 3차원 가상 세계를 메타버스(Metaverse)라고 합니다.

24년 7월, 2월, 22년 4월

13. 기기를 키오스크에 갖다 대면 원하는 데이터를 바로 가져올 수 있는 기술로 10cm 이내 근접 거리에서 기가급 속도로 데이터 전송이 가능한 초고속 근접무선통신(NFC; Near Field Communication) 기술은?

① BcN(Broadband Convergence Network)
② Zing
③ Marine Navi
④ C-V2X(Cellular Vehicle To Everything)

> 10cm 이내 거리에서 3.5Gbps 속도의 데이터 전송이 가능한 초고속 근접무선통신(NFC)을 징(Zing)이라고 합니다.

▶ 정답 : 1. ④ 2. ④ 3. ① 4. ③ 5. ① 6. ① 7. ② 8. ① 9. ① 10. ① 11. ④ 12. ② 13. ②

SECTION 136 네트워크 구축

> **전문가의 조언**
>
> 제시된 그림에 해당하는 통신망을 찾는 문제가 출제되었습니다. 네트워크 설치 형태에 따른 망(Network)들의 개별적인 특징을 그림과 연관지어 확실히 알아두세요.

1 네트워크(Network) 설치 구조

통신망(Communication Network)은 정보를 전달하기 위해서 통신 규약에 의해 연결한 통신 설비의 집합이다. 네트워크 설치 구조는 통신망을 구성하는 요소들을 공간적으로 배치하는 방법, 즉 장치들의 물리적 위치에 따라서 성형, 링형, 버스형, 계층형, 망형으로 나누어진다.

2 성형(Star, 중앙 집중형)

성형은 중앙에 중앙 컴퓨터가 있고, 이를 중심으로 단말장치들이 연결되는 중앙 집중식의 네트워크 구성 형태이다.

- 포인트 투 포인트(Point-to-Point) 방식으로 회선을 연결한다.
- 각 단말장치들은 중앙 컴퓨터를 통하여 데이터를 교환한다.
- 단말장치의 추가와 제거가 쉽다.
- 하나의 단말장치가 고장나더라도 다른 단말장치에는 영향을 주지 않지만, 중앙 컴퓨터가 고장나면 전체 통신망의 기능이 정지된다.
- 중앙 집중식이므로 교환 노드의 수가 가장 적다.

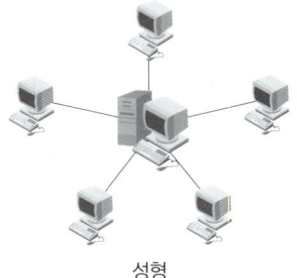

성형

3 링형(Ring, 루프형)

링형은 컴퓨터와 단말장치들을 서로 이웃하는 것끼리 포인트 투 포인트(Point-to-Point) 방식으로 연결시킨 형태이다.

- 분산 및 집중 제어 모두 가능하다.
- 단말장치의 추가/제거 및 기밀 보호가 어렵다.
- 각 단말장치에서 전송 지연이 발생할 수 있다.
- 중계기의 수가 많아진다.
- 데이터는 단방향 또는 양방향*으로 전송할 수 있으며, 단방향 링의 경우 컴퓨터, 단말장치, 통신 회선 중 어느 하나라도 고장나면 전체 통신망에 영향을 미친다.

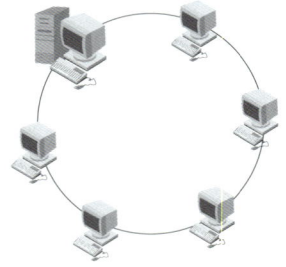

링형

양방향 링
양방향 링은 노드에 이상이 생겼을 경우 다른 방향으로 우회할 수 있으므로, 정상적인 노드들끼리는 통신이 가능합니다.

④ 버스형(Bus)   23.2, 21.3, 20.8

버스형은 한 개의 통신 회선에 여러 대의 단말장치가 연결되어 있는 형태이다.
- 물리적 구조가 간단하고, 단말장치의 추가와 제거가 용이하다.
- 단말장치가 고장나더라도 통신망 전체에 영향을 주지 않기 때문에 신뢰성을 높일 수 있다.
- 기밀 보장이 어렵고, 통신 회선의 길이에 제한이 있다.

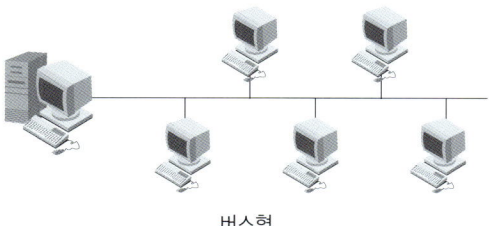

버스형

> **전문가의 조언**
> 버스 손잡이 모양의 버스형 구조만 기억하고 있으면 쉽게 맞힐 수 있는 문제가 출제되었습니다. 버스형의 구조는 버스 손잡이 모양을 기억해 두세요.

⑤ 계층형(Tree, 분산형)

계층형은 중앙 컴퓨터와 일정 지역의 단말장치까지는 하나의 통신 회선으로 연결시키고, 이웃하는 단말장치는 일정 지역 내에 설치된 중간 단말장치로부터 다시 연결시키는 형태이다.
- 분산 처리 시스템을 구성하는 방식이다.

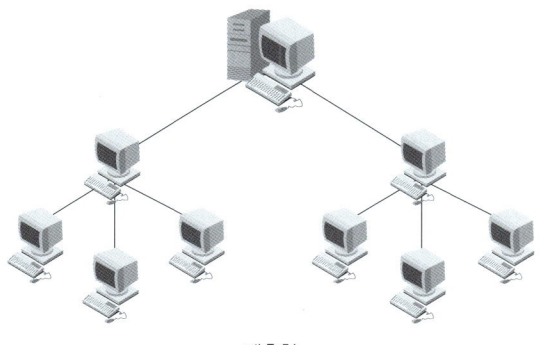

계층형

⑥ 망형(Mesh)

망형은 모든 지점의 컴퓨터와 단말장치를 서로 연결한 형태로, 노드의 연결성이 높다.
- 많은 단말장치로부터 많은 양의 통신을 필요로 하는 경우에 유리하다.
- 보통 공중 데이터 통신망에서 사용되며, 통신 회선의 총 경로가 가장 길다.
- 통신 회선 장애 시 다른 경로를 통하여 데이터를 전송할 수 있다.
- 모든 노드를 망형으로 연결하려면 노드의 수가 n개일 때, n(n-1)/2개의 회선이 필요하고 노드당 n-1개의 포트가 필요하다.

예제 25개의 노드를 망형으로 연결하려고 할 때 필요한 회선의 수와 노드당 필요한 포트의 수는?

회선 수 = $\dfrac{n(n-1)}{2} = \dfrac{25(25-1)}{2} = \dfrac{600}{2} = 300$(개), 포트 수 = $n - 1 = 24$(개)

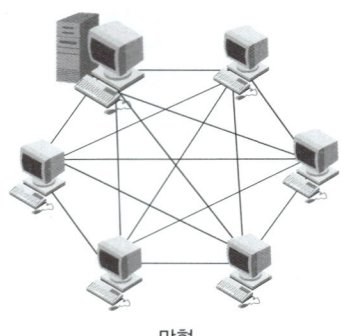

망형

7 네트워크 분류

전문가의 조언
근거리 통신망과 광대역 통신망의 특징을 서로 비교하여 알아두세요.

네트워크는 각 사이트들이 분포되어 있는 지리적 범위에 따라 LAN과 WAN으로 분류된다.

근거리 통신망 (LAN; Local Area Network)	• 회사, 학교, 연구소 등에서 비교적 가까운 거리에 있는 컴퓨터, 프린터, 테이프 등과 같은 자원을 연결하여 구성한다. • 주로 자원 공유를 목적으로 사용한다. • 사이트 간의 거리가 짧아 데이터의 전송 속도가 빠르고, 에러 발생율이 낮다. • 근거리 통신망에서는 주로 버스형이나 링형 구조를 사용한다.
광대역 통신망 (WAN; Wide Area Network)	• 국가와 국가 혹은 대륙과 대륙 등과 같이 멀리 떨어진 사이트들을 연결하여 구성한다. • 사이트 간의 거리가 멀기 때문에 통신 속도가 느리고, 에러 발생률이 높다. • 일정한 지역에 있는 사이트들을 근거리 통신망으로 연결한 후 각 근거리 통신망을 연결하는 방식을 사용한다.

잠깐만요 21.8
VLAN(Virtual Local Area Network)

VLAN은 LAN의 물리적인 배치와 상관없이 논리적으로 분리하는 기술로, 접속된 장비들의 성능 및 보안성을 향상시킬 수 있습니다.

8 LAN의 표준안
25.2, 22.7, 21.5, 20.6

IEEE 802의 주요 표준 규격

IEEE 802 위원회에서 지정한 LAN의 표준 규격은 다음과 같다.

표준 규격	내용
802.1	전체의 구성, OSI 참조 모델과의 관계, 통신망 관리 등에 관한 규약이다.
802.2	논리 링크 제어(LLC) 계층에 관한 규약이다.
802.3	CSMA/CD 방식의 매체 접근 제어 계층에 관한 규약이다.
802.4	토큰 버스 방식의 매체 접근 제어 계층에 관한 규약이다.
802.5	토큰 링 방식의 매체 접근 제어 계층에 관한 규약이다.
802.6	도시형 통신망(MAN)에 관한 규약이다.
802.9	종합 음성/데이터 네트워크에 관한 규약이다.
802.11	무선 LAN에 관한 규약이다.

802.11의 버전

802.11(초기 버전)	2.4GHz 대역 전파와 CSMA/CA 기술을 사용해 최고 2Mbps까지의 전송 속도를 지원한다.
802.11a	5GHz 대역의 전파를 사용하며, OFDM 기술을 사용해 최고 54Mbps까지의 전송 속도를 지원한다.
802.11b	802.11 초기 버전의 개선안으로 등장하였으며, 초기 버전의 대역 전파와 기술을 사용해 최고 11Mbps의 전송 속도로 기존에 비해 5배 이상 빠르게 개선되었다.
20.6 802.11e	802.11의 부가 기능 표준으로, QoS 기능이 지원되도록 하기 위해 매체 접근 제어(MAC) 계층에 해당하는 부분을 수정하였다.
802.11g	2.4GHz 대역의 전파를 사용하지만 5GHz 대역의 전파를 사용하는 802.11a와 동일한 최고 54Mbps까지의 전송 속도를 지원한다.
22.7 802.11i	802.11의 보안 기능 표준으로, 인증방식에 WPA/WPA2*를 사용한다.
802.11n	2.4GHz 대역과 5GHz 대역을 사용하는 규격으로, 최고 600Mbps까지의 전송 속도를 지원한다.

잠깐만요 CSMA/CD / CSMA/CA
23.5, 21.5

CSMA/CD(Carrier Sense Multiple Access/Collision Detection)
CSMA/CD는 데이터 프레임 간의 충돌이 발생하는 것을 인정하고 이를 해소하기 위해 CSMA 방식에 충돌 검출 기능과 충돌 발생 시 재송신하는 기능을 부가했다.
- CSMA/CD 방식은 통신 회선이 사용중이면 일정 시간 동안 대기하고, 통신 회선 상에 데이터가 없을 때에만 데이터를 송신하며, 송신중에도 전송로의 상태를 계속 감시한다.

CSMA/CA(Carrier Sense Multiple Access/Collision Avoidance)
CSMA/CA는 무선 랜에서 데이터 전송 시 매체가 비어있음을 확인한 뒤 충돌을 피하기 위해 일정 시간을 기다린 후 데이터를 전송하는 방법입니다.
- 회선을 사용하지 않는 경우에도 확인 신호를 전송하여 동시 전송에 의한 충돌을 예방합니다.

기출문제 따라잡기   문제2 2417852    문제6 2417856

23년 2월
1. 한 개의 통신 회선에 여러 대의 단말장치가 연결되어 있는 형태를 가진 네트워크 토폴로지는 어떤 형인가?
① 그물형　　　② 십자형
③ 버스형　　　④ 링형

> 한 개의 통신 회선에 여러 대의 단말장치가 연결되어 있는 형태는 버스형입니다.

21년 3월, 20년 8월
2. 다음 LAN의 네트워크 토폴로지는?

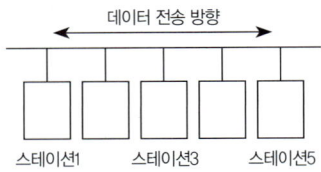

① 버스형　　　② 성형
③ 링형　　　　④ 트리형

> 문제에 제시된 그림과 같이 여러 대의 단말장치가 하나의 회선에 연결된 형태는 버스형입니다.

23년 5월
3. 다음 내용이 설명하고 있는 LAN의 매체 접근 제어 방식은?

- 버스 또는 트리 토폴로지에서 가장 많이 사용된다.
- 전송하고자 하는 스테이션이 전송 매체의 상태를 감지하다가 유휴(idle) 상태인 경우 데이터를 전송하고, 전송이 끝난 후에도 계속 매체의 상태를 감지하여 다른 스테이션과의 충돌 발생 여부를 감시한다.

① CSMA/CD　　　② Token bus
③ Token ring　　　④ Slotted ring

> 통신 회선이 사용중인지를 점검(Carrier Sense)하다가 통신 회선이 비어 있으면 누구든지 사용 가능(Multiple Access)하며, 데이터 프레임을 전송하면서 충돌 여부를 감시(Collision Detection)하는 방식은 CSMA/CD입니다.

이전기출
4. 데이터는 한쪽 방향으로만 흐르고 병목 현상이 드물지만, 두 노드 사이의 채널이 고장나면 전체 네트워크가 손상될 수 있는 단점을 가지는 토폴로지는?
① 링형 토폴로지　　　② 망형 토폴로지
③ 성형 토폴로지　　　④ 계층형 토폴로지

> 링형에는 단방향 링형과 양방향 링형이 있으며, 데이터가 한쪽 방향으로만 흐르는 단방향 링형의 경우 두 노드 사이의 채널이 고장나면 전체 통신망에 영향을 줍니다.

25년 2월, 22년 7월
5. Wi-Fi에서 제정한 무선 랜(WLAN) 인증 및 암호화 관련 표준은?
① WCDMA　　　② WPA
③ SSL　　　　　④ SHA

> Wi-Fi에서 안전한(Protected) 접근(Access)을 지원하는 표준은 WPA입니다.

20년 6월
6. IEEE 802.11 워킹 그룹의 무선 LAN 표준화 현황 중 QoS 강화를 위해 MAC 지원 기능을 채택한 것은?
① 802.11a　　　② 802.11b
③ 802.11g　　　④ 802.11e

> 각 표준의 주요 특징을 살펴보세요.
> - 802.11a : 5GHz 대역 전파 사용, OFDM 기술 사용
> - 802.11b : 전송 속도 최고 11Mbps
> - 802.11g : 2.4GHz 대역 전파 사용
> - 802.11n : 2.4GHz 대역과 5GHz 대역 사용

21년 5월
7. 다음 설명에 해당하는 방식은?

- 무선 랜에서 데이터 전송 시 매체가 비어있음을 확인한 뒤 충돌을 회피하기 위해 임의 시간을 기다린 후 데이터를 전송하는 방법이다.
- 네트워크에 데이터의 전송이 없는 경우라도 동시 전송에 의한 충돌에 대비하여 확인 신호를 전송한다.

① STA　　　　　② Collision Domain
③ CSMA/CA　　　④ CSMA/CD

> CSMA/CA는 CSMA 기술 중 무선랜에서 사용하는 기술입니다.

21년 8월
8. 물리적 배치와 상관없이 논리적으로 LAN을 구성하여 Broadcast Domain을 구분할 수 있게 해주는 기술로, 접속된 장비들의 성능 향상 및 보안성 증대 효과가 있는 것은?
① VLAN　　　② STP
③ L2AN　　　④ ARP

> 이 기술은 가상(Virtual)으로 랜(LAN)을 분리하는 기술을 의미합니다.

▶ 정답 : 1. ③　2. ①　3. ①　4. ①　5. ②　6. ④　7. ③　8. ①

SECTION 137

경로 제어 / 트래픽 제어

1 경로 제어(Routing)의 개요

경로 제어는 송·수신 측 간의 전송 경로 중에서 최적 패킷 교환 경로를 결정하는 기능이다.

- 최적 패킷 교환 경로란 어느 한 경로에 데이터의 양이 집중하는 것을 피하면서, 최저의 비용으로 최단 시간에 송신할 수 있는 경로를 의미한다.
- 경로 제어는 경로 제어표(Routing Table)*를 참조해서 이루어지며, 라우터에 의해 수행된다.
- **경로 제어 요소** : 성능 기준, 경로의 결정 시간과 장소, 정보 발생지, 경로 정보의 갱신 시간

2 경로 제어 프로토콜(Routing Protocol)

25.5, 25.2, 22.4, 21.5, 20.8, 20.6, 실기 24.7, 24.4, 20.10

경로 제어 프로토콜이란 효율적인 경로 제어를 위해 네트워크 정보를 생성, 교환, 제어하는 프로토콜을 총칭한다.

- 대표적인 경로 제어 프로토콜에는 IGP, EGP, BGP가 있다.

25.5, 22.4, 21.5, 20.8, 20.6, 실기 24.7, …
IGP(Interior Gateway Protocol, 내부 게이트웨이 프로토콜)
	• 하나의 자율 시스템(AS)* 내의 라우팅에 사용되는 프로토콜이다.
	• RIP(Routing Information Protocol)
	  – 현재 가장 널리 사용되는 라우팅 프로토콜로 거리 벡터 라우팅 프로토콜이라고도 불리며, 최단 경로 탐색에 Bellman-Ford 알고리즘*이 사용된다.
	  – 소규모 동종의 네트워크(자율 시스템, AS) 내에서 효율적인 방법이다.
	  – 최대 홉(Hop)* 수를 15로 제한하므로 15를 초과하는 경우는 도달할 수 없는 네트워크를 의미하는데 이것은 대규모 네트워크에서는 RIP를 사용할 수 없음을 의미한다.
	  – 라우팅 정보를 30초마다 네트워크 내의 모든 라우터에 알리며, 180초 이내에 새로운 라우팅 정보가 수신되지 않으면 해당 경로를 이상 상태로 간주한다.
	• OSPF(Open Shortest Path First protocol)
	  – RIP의 단점을 해결하여 새로운 기능을 지원하는 인터넷 프로토콜로, 대규모 네트워크에서 많이 사용된다.
	  – 인터넷 망에서 이용자가 최단 경로를 선정할 수 있도록 라우팅 정보에 노드 간의 거리 정보, 링크 상태 정보를 실시간으로 반영하여 최단 경로로 라우팅을 지원한다.
	  – 최단 경로 탐색에 다익스트라(Dijkstra) 알고리즘을 사용한다.
	  – 라우팅 정보에 변화가 생길 경우 변화된 정보만 네트워크 내의 모든 라우터에 알린다.
	  – 하나의 자율 시스템(AS)에서 동작하면서 내부 라우팅 프로토콜의 그룹에 도달한다.

전문가의 조언

인터넷이 확산되면서 네트워크 간 경로 제어의 중요성이 날로 커지고 있습니다. 경로 제어의 의미와 경로 제어 요소, 경로 제어 프로토콜을 기억하세요.

경로 제어표(Routing Table)
경로 제어표는 일반적으로 라우팅 테이블이라고 하며, 다음 홉 주소, 메트릭(Metric), 목적지(수신지) 주소가 저장됩니다.

전문가의 조언

RIP나 OSPF의 특징을 묻는 문제가 출제되고 있습니다. 이 둘을 중심으로 경로 제어 프로토콜들의 특징을 정리해 두세요.

자율 시스템(AS; Autonomous System)
자율 시스템은 하나의 도메인에 속하는 라우터들의 집합을 말합니다. 그러므로 하나의 자율 시스템에 속한다는 것은 하나의 도메인에 속한다는 것과 같은 의미입니다.

벨만-포드 알고리즘(Bellman-Ford Algorithm)
벨만-포드 알고리즘은 두 노드 간의 최단 경로를 구하는 알고리즘입니다. 예를 들어, A, B, C 노드가 있을 때 A와 C 노드 간의 최단 경로를 구한다면 A와 C 사이에 있는 B 노드까지의 거리를 먼저 구한 후 가중치를 더하여 실제 거리를 구하는 방식을 사용합니다. 이와 유사한 다익스트라 알고리즘(Dijkstra Algorithm)과는 다르게 가중치가 음수인 경우도 처리할 수 있다는 특징이 있습니다.

홉(Hop)
홉이란 데이터가 목적지까지 전달되는 과정에서 거치는 네트워크의 수를 의미합니다. 예를 들어, 어떤 목적지까지의 홉이 3이라면, 그 목적지까지 가기 위해서는 세 개의 네트워크를 경유함을 의미합니다.

EGP(Exterior Gateway Protocol, 외부 게이트웨이 프로토콜)	자율 시스템(AS) 간의 라우팅, 즉 게이트웨이 간의 라우팅에 사용되는 프로토콜이다.
BGP(Border Gateway Protocol)	• 자율 시스템(AS) 간의 라우팅 프로토콜로, EGP의 단점을 보완하기 위해 만들어졌다. • 초기에 BGP 라우터들이 연결될 때는 전체 경로 제어표(라우팅 테이블)를 교환하고, 이후에는 변화된 정보만을 교환한다.

전문가의 조언

트래픽 제어 방법에는 어떤 것들이 있는지 기억하고, 흐름 제어의 기능과 제어 방식은 자세히 알아 두세요.

③ 트래픽 제어(Traffic Control)의 개요

트래픽 제어는 네트워크의 보호, 성능 유지, 네트워크 자원의 효율적인 이용을 위해 전송되는 패킷의 흐름 또는 그 양을 조절하는 기능으로 흐름 제어, 폭주(혼잡) 제어, 교착상태 방지 기법이 있다.

전문가의 조언

정지-대기의 개념을 묻는 문제가 출제되었습니다. 정지-대기 방식은 한 번에 하나의 패킷만 전송할 수 있다는 것을 기억해 두세요.

흐름 제어
수신 측에서는 수신된 데이터를 버퍼에 저장한 후 순차적으로 처리해서 상위 계층으로 전달하는데, 송신 측의 속도가 수신 측보다 빠르면 수신된 데이터양이 제한된 버퍼를 초과할 수 있으며, 이로 인해 이후 수신 데이터가 손실될 수 있습니다. 이러한 상황은 송신 측과 수신 측의 전송 속도를 적절히 조절하여 예방할 수 있는데 이것을 흐름 제어라고 합니다.

④ 흐름 제어(Flow Control)

20.9

흐름 제어*란 네트워크 내의 원활한 흐름을 위해 송·수신 측 사이에 전송되는 패킷의 양이나 속도를 규제하는 기능이다.

• 송신 측과 수신 측 간의 처리 속도 또는 버퍼 크기의 차이에 의해 생길 수 있는 수신 측 버퍼의 오버플로(Overflow)를 방지하기 위한 기능이다.

20.9 정지-대기 (Stop-and-Wait)	• 수신 측의 확인 신호(ACK)를 받은 후에 다음 패킷을 전송하는 방식이다. • 한 번에 하나의 패킷만을 전송할 수 있다.
슬라이딩 윈도우 (Sliding Window)	• 확인 신호, 즉 수신 통지를 이용하여 송신 데이터의 양을 조절하는 방식이다. • 수신 측의 확인 신호를 받지 않더라도 미리 정해진 패킷의 수만큼 연속적으로 전송하는 방식으로, 한 번에 여러 개의 패킷을 전송할 수 있어 전송 효율이 좋다. • 송신 측은 수신 측으로부터 확인 신호(ACK) 없이도 보낼 수 있는 패킷의 최대치를 미리 약속받는데, 이 패킷의 최대치가 윈도우 크기(Window Size)를 의미한다. • 윈도우 크기(Window Size)는 상황에 따라 변한다. 즉, 수신 측으로부터 이전에 송신한 패킷에 대한 긍정 수신 응답(ACK)이 전달된 경우 윈도우 크기는 증가하고, 수신 측으로부터 이전에 송신한 패킷에 대한 부정 수신 응답(NAK)이 전달된 경우 윈도우 크기는 감소한다.

폭주 제어
송신 측에서 전송한 데이터는 수신 측에 도착할 때까지 여러 개의 라우터를 거치는데, 데이터의 양이 라우터가 처리할 수 있는 양을 초과하면 초과된 데이터는 라우터가 처리하지 못합니다. 송신 측에서는 라우터가 처리하지 못한 데이터를 손실 데이터로 간주하고 계속 재전송하게 되므로 네트워크는 더욱 더 혼잡하게 됩니다. 이러한 상황은 송신 측의 전송 속도를 적절히 조절하여 예방할 수 있는데 이것을 폭주 제어라고 합니다.

⑤ 폭주(혼잡) 제어(Congestion Control)

흐름 제어(Flow Control)가 송·수신 측 사이의 패킷 수를 제어하는 기능이라면, 폭주 제어*는 네트워크 내의 패킷 수를 조절하여 네트워크의 오버플로(Overflow)를 방지하는 기능을 한다.

느린 시작 (Slow Start)	• 윈도우의 크기를 1, 2, 4, 8, …과 같이 2배씩 지수적으로 증가시켜 초기에는 느리지만 갈수록 빨라진다. • 전송 데이터의 크기가 임계 값에 도달하면 혼잡 회피 단계로 넘어간다.
혼잡 회피 (Congestion Avoidance)	느린 시작(Slow Start)의 지수적 증가가 임계 값에 도달되면 혼잡으로 간주하고 회피를 위해 윈도우의 크기를 1씩 선형적으로 증가시켜 혼잡을 예방하는 방식이다.

6 교착상태(Dead Lock) 방지

교착상태란 교환기 내에 패킷들을 축적하는 기억 공간이 꽉 차 있을 때 다음 패킷들이 기억 공간에 들어가기 위해 무한정 기다리는 현상을 말한다.

- 패킷이 같은 목적지를 갖지 않도록 할당하고, 교착상태 발생 시에는 교착상태에 있는 한 단말장치를 선택하여 패킷 버퍼를 폐기한다.

 기출문제 따라잡기    문제1 2418051   문제5 2418055

22년 4월, 20년 8월
1. RIP(Routing Information Protocol)에 대한 설명으로 틀린 것은?
① 거리 벡터 라우팅 프로토콜이라고도 한다.
② 소규모 네트워크 환경에 적합하다.
③ 최대 홉 카운트를 115홉 이하로 한정하고 있다.
④ 최단 경로 탐색에는 Bellman-Ford 알고리즘을 사용한다.

RIP(Routing Information Protocol)의 최대 홉 수는 15입니다.

25년 2월
2. 라우팅(Routing) 프로토콜이 아닌 것은?
① BGP   ② OSPF
③ SIP   ④ RIP

SIP는 통신 세션을 시작하는 세션 개시 프로토콜(Session Initiation Protocol)로, 라우팅 프로토콜이 아닙니다.

20년 9월
3. TCP 흐름 제어 기법 중 프레임이 손실되었을 때, 손실된 프레임 1개를 전송하고 수신자의 응답을 기다리는 방식으로, 한 번에 프레임 1개만 전송할 수 있는 기법은?
① Slow Start   ② Sliding Window
③ Stop and Wait   ④ Congestion Avoidance

네트워크 내의 원활한 흐름을 위해 송·수신 측 사이에 전송되는 패킷의 양이나 속도를 규제하는 흐름 제어(Flow Control) 방식에는 수신 측의 확인 신호(ACK)를 받은 후에 다음 패킷을 전송하는 정지-대기(Stop-and-Wait) 방식과 수신 통지를 이용하여 송신 데이터의 양을 조절하는 슬라이딩 윈도우(Sliding Window) 방식이 있습니다.

25년 5월, 22년 4월
4. RIP 라우팅 프로토콜에 대한 설명으로 틀린 것은?
① 경로 선택 메트릭은 홉 카운트(hop count)이다.
② 라우팅 프로토콜을 IGP와 EGP로 분류했을 때 EGP에 해당한다.
③ 최단 경로 탐색에 Bellman-Ford 알고리즘을 사용한다.
④ 각 라우터는 이웃 라우터들로부터 수신한 정보를 이용하여 라우팅 표를 갱신한다.

RIP 라우팅 프로토콜은 IGP(내부 게이트웨이 프로토콜)에 해당합니다.

21년 5월
5. 라우팅 프로토콜인 OSPF(Open Shortest Path First)에 대한 설명으로 옳지 않은 것은?
① 네트워크 변화에 신속하게 대처할 수 있다.
② 거리 벡터 라우팅 프로토콜이라고 한다.
③ 멀티캐스팅을 지원한다.
④ 최단 경로 탐색에 Dijkstra 알로리즘을 사용한다.

거리 벡터 라우팅 프로토콜이라고 불리는 것은 RIP입니다.

▶ 정답 : 1.③ 2.③ 3.③ 4.② 5.②

SECTION 138

SW 관련 신기술

전문가의 조언

중요해요! SW 기술 관련 용어들의 의미를 묻는 문제가 꾸준히 출제되고 있습니다. 문제에 제시된 내용이 무슨 용어를 말하는지 맞힐 수 있을 정도로 학습하세요.

1 SW 관련 용어

25.8, 25.5, 24.5, 24.2, 23.7, 23.2, 22.3, 21.8, 20.9, 20.8

용어	의미
인공지능 (AI; Artificial Intelligence)	• 인간의 두뇌와 같이 컴퓨터 스스로 추론, 학습, 판단 등 인간지능적인 작업을 수행하는 시스템이다. • 응용 분야에는 신경망, 퍼지, 패턴 인식, 전문가 시스템, 자연어 인식, 이미지 처리, 컴퓨터 시각, 로봇 공학 등이 있다.
뉴럴링크(Neuralink)	• 미국의 전기자동차 회사 테슬라(Tesla)의 CEO 일론 머스크(Elon Musk)가 사람의 뇌와 컴퓨터를 결합하는 기술을 개발하기 위해 설립한 회사이다. • 작은 전극을 뇌에 이식함으로써 생각을 업로드하고 다운로드하는 것을 목표로 삼고 있다.
딥 러닝(Deep Learning)	• 인간의 두뇌를 모델로 만들어진 인공 신경망(ANN; Artificial Neural Network)을 기반으로 하는 기계 학습 기술이다. • 마치 사람처럼 스스로 학습할 수 있어 많은 데이터를 정형화하지 않고도 스스로 필요한 데이터를 수집·분석하여 고속으로 처리할 수 있다.
전문가 시스템 (Expert System)	• 의료 진단 등과 같은 특정 분야의 전문가가 수행하는 고도의 업무를 지원하기 위한 컴퓨터 응용 프로그램이다. • 지식 베이스(Knowledge Base)라는 데이터베이스와 지식 베이스에 기초하여 추론을 실행하는 추론 기구(Inference Engine)를 활용하여 결정을 내리거나 문제를 해결한다.
가상현실 (VR; Virtual Reality)	컴퓨터 등을 사용하여 실제와 유사하지만 실제가 아닌 환경이나 상황을 구현하는 기술이다.
증강현실*(AR; Augmented Reality)	실제 촬영한 화면에 가상의 정보를 부가하여 보여주는 기술이다.
혼합현실 (MR; Mixed Reality)	가상현실과 현실 세계를 합쳐, 현실의 물리적인 객체와 가상의 객체가 상호 작용할 수 있는 환경을 구현하는 기술이다.
그레이웨어(Grayware)	소프트웨어를 제공하는 입장에서는 악의적이지 않은 유용한 소프트웨어라고 주장할 수 있지만 사용자 입장에서는 유용할 수도 있고 악의적일 수도 있는 애드웨어*, 트랙웨어*, 기타 악성 코드나 악성 공유웨어를 말한다.
매시업(Mashup) 25.5, 24.2, 20.9	웹에서 제공하는 정보 및 서비스를 이용하여 새로운 소프트웨어나 서비스, 데이터베이스 등을 만드는 기술이다.
리치 인터넷 애플리케이션 (RIA; Rich Internet Application)	플래시 애니메이션 기술과 웹 서버 애플리케이션 기술을 통합하여 기존 HTML 보다 역동적이고 인터랙티브한 웹페이지를 제공하는 신개념의 플래시 웹페이지 제작 기술이다.
시맨틱 웹 (Semantic Web)	• 컴퓨터가 사람을 대신하여 정보를 읽고 이해하고 가공하여 새로운 정보를 만들어 낼 수 있도록 이해하기 쉬운 의미를 가진 차세대 지능형 웹이다. • 시맨틱 웹을 구성하는 핵심 기술로는 웹 자원(Resource)을 서술하기 위한 자원 서술 기술, 온톨로지(Ontology)*를 통한 지식 서술 기술, 통합적으로 운영하기 위한 에이전트(Agent) 기술들을 들 수 있다.

증강현실 사용 예
• 스포츠 중계 시 등장 선수의 소속 국가나 정보를 보여주거나, 화장한 자신의 모습을 미리 보고, 옷을 가상으로 입어보고 구매할 수 있습니다.
• 스마트폰으로 거리를 비추면 커피숍이나 약국 등의 정보가 화면에 부가적으로 표시됩니다.

애드웨어(Adware)
애드웨어는 소프트웨어 자체에 광고를 포함하여 이를 보는 대가로 무료로 사용하는 소프트웨어입니다.

트랙웨어(Trackware)
트랙웨어는 적절한 사용자 동의 없이 사용자 정보를 수집하는 프로그램으로 스파이웨어(Spyware)라고도 불립니다.

온톨로지(Ontology)
온톨로지는 인간뿐만 아니라 컴퓨터도 정보를 이해할 수 있도록 해주는 개념화 명세서로서, 단어와 관계들로 구성된 일종의 사전을 의미합니다.

25.8, 24.5, 23.7 증발품(Vaporware)	판매 계획 또는 배포 계획은 발표되었으나 실제로 고객에게 판매되거나 배포되지 않고 있는 소프트웨어이다.	
오픈 그리드 서비스 아키텍처(OGSA; Open Grid Service Architecture)	• 애플리케이션 공유를 위한 웹 서비스를 그리드* 상에서 제공하기 위해 만든 개방형 표준이다. • 웹 서비스 표준을 적극적으로 따르고 기존의 웹 개발 툴들을 그대로 사용할 수 있다는 장점이 있다.	그리드(Grid) 그리드는 한 번에 한 곳만 연결할 수 있던 기존의 웹(WWW)과는 달리 동시에 여러 곳에 연결할 수 있는 인터넷 망 구조입니다.
20.9 서비스 지향 아키텍처 (SOA; Service Oriented Architecture)	• 기업의 소프트웨어 인프라인 정보시스템을 공유와 재사용이 가능한 서비스 단위나 컴포넌트 중심으로 구축하는 정보기술 아키텍처이다. • 기업의 IT 시스템을 비즈니스에 맞춰 유연하게 사용할 수 있다는 것이 장점이다. • SOA 기반 애플리케이션 구성 계층 : 표현(Presentation) 계층, 업무 프로세스(Biz-Process) 계층, 서비스 중간(Service Intermediary) 계층, 애플리케이션(Application) 계층, 데이터 저장(Persistency) 계층	
서비스형 소프트웨어(SaaS; Software as a Service)	• 소프트웨어의 여러 기능 중에서 사용자가 필요로 하는 서비스만 이용할 수 있도록 한 소프트웨어이다. • 공급업체가 하나의 플랫폼을 이용해 다수의 고객에게 소프트웨어 서비스를 제공하고, 사용자는 이용한 만큼 돈을 지급하는 방식이다.	
복잡 이벤트 처리 (CEP; Complex Event Processing)	• 실시간으로 발생하는 많은 사건들 중 의미가 있는 것만을 추출할 수 있도록 사건 발생 조건을 정의하는 데이터 처리 방법이다. • 금융, 통신, 전력, 물류, 국방 등에서 대용량 데이터 스트림에 대한 요구에 실시간으로 대응하기 위하여 개발된 기술이다.	
24.5, 20.8 디지털 트윈(Digital Twin)	• 현실속의 사물을 소프트웨어로 가상화한 모델로, 실제 자산의 특성에 대한 정확한 정보를 얻을 수 있고, 최적화, 돌발사고 최소화, 생산성 증가 등 설계부터 제조, 서비스에 이르는 모든 과정의 효율성을 향상시킬 수 있다. • 주로 현실속의 사물을 대신해 다양한 상황을 모의 실험하기 위한 용도로 사용한다.	
21.8 텐서플로(TensorFlow)	• 구글의 구글 브레인(Google Brain) 팀이 만든, 다양한 작업에 대해 데이터 흐름 프로그래밍을 위한 오픈소스 소프트웨어 라이브러리이다. • C++언어로 제작되었고, 구글 검색, 음성 인식, 번역 등의 구글 서비스 전반에서 다양하게 사용되고 있다.	
25.5, 22.3 도커(Docker)	• 컨테이너* 기술을 자동화하여 쉽게 사용할 수 있게 하는 오픈소스 프로젝트이다. • 소프트웨어 컨테이너 안에 응용 프로그램들을 배치시키는 일을 자동화해주는 역할을 수행한다.	컨테이너(Container) 컨테이너는 앱이 운영체제에 상관없이 독립적으로 실행되기 위한 파일들을 묶어놓은 패키지입니다.
24.5, 23.2, 22.3 스크래피(Scrapy)	Python 기반의 웹 크롤링* 프레임워크로, 코드 재사용성을 높이는 데 도움이 되며, 대규모의 크롤링 프로젝트에 적합하다.	웹 크롤링(Web Crawling) 웹 크롤링은 웹 상에서 URL, Link 데이터 등의 다양한 정보 자원을 수집하여 분류 및 저장하는 것을 의미합니다.

기출문제 따라잡기

25년 5월, 24년 2월, 20년 8월
1. 다음 빈 칸에 들어갈 알맞은 기술은?

( )은/는 웹에서 제공하는 정보 및 서비스를 이용하여 새로운 소프트웨어나 서비스, 데이터베이스 등을 만드는 기술이다.

① Quantum Key Distribution
② Digital Rights Management
③ Grayware
④ Mashup

용어들의 키워드를 기억하세요.
• 양자 암호키 분배(QKD) : 비밀키 분배 기술
• 디지털 저작권 관리(DRM) : 저작권 보호
• 그레이웨어(Grayware) : 애드웨어, 트랙웨어

20년 9월
2. 서비스 지향 아키텍처 기반 애플리케이션을 구성하는 층이 아닌 것은?

① 표현층   ② 프로세스층
③ 제어 클래스층   ④ 비즈니스층

제어 클래스층은 서비스 지향 아키텍처 기반 애플리케이션을 구성하는 계층이 아닙니다.

24년 5월, 20년 8월
3. 물리적인 사물과 컴퓨터에 동일하게 표현되는 가상의 모델로, 실제 물리적인 자산 대신 소프트웨어로 가상화함으로써 실제 자산의 특성에 대한 정확한 정보를 얻을 수 있고, 자산 최적화, 돌발사고 최소화, 생산성 증가 등 설계부터 제조, 서비스에 이르는 모든 과정의 효율성을 향상시킬 수 있는 모델은?

① 최적화   ② 실행 시간
③ 디지털 트윈   ④ N-Screen

'물리적인 자산을 소프트웨어로 가상화', 하면 '디지털 트윈'입니다.

21년 8월
4. 구글의 구글 브레인 팀이 제작하여 공개한 기계 학습(Machine Learning)을 위한 오픈소스 소프트웨어 라이브러리는?

① 타조(Tajo)
② 원 세그(One Seg)
③ 포스퀘어(Foursquare)
④ 텐서플로(TensorFlow)

다양한 작업에 대해 데이터 흐름(Flow) 프로그래밍을 위한 오픈소스 소프트웨어 라이브러리는 텐서플로(TensorFlow)입니다.

25년 5월, 22년 3월
5. 다음이 설명하는 IT 기술은?

• 컨테이너 응용 프로그램의 배포를 자동화하는 오픈소스 엔진이다.
• 소프트웨어 컨테이너 안에 응용 프로그램들을 배치시키는 일을 자동화해 주는 오픈 소스 프로젝트이자 소프트웨어로 볼 수 있다.

① Stack Guard   ② Docker
③ Cipher Container   ④ Scytale

항구에서 컨테이너를 옮기는 작업을 하는 사람들을 항만 노동자(Docker)라고 합니다.

24년 5월, 2월, 23년 2월, 22년 3월
6. Python 기반의 웹 크롤링(Web Crawling) 프레임워크로 옳은 것은?

① Li-fi   ② Scrapy
③ CrawlCat   ④ SBAS

웹 크롤링은 웹상의 다양한 정보를 수집·분류·저장하는 것을 의미합니다. 이와 비슷한 단어로 신문이나 잡지 등에서 특정 주제에 관한 기사나 사설을 오려 모으는 것을 스크랩(Scrap)이라고 합니다.

25년 8월, 24년 5월, 23년 7월
7. 판매 계획 또는 배포 계획은 발표되었으나 실제로 고객에게 판매되거나 배포되지 않고 있는 소프트웨어는?

① Grayware   ② Vaporware
③ Shareware   ④ Freeware

배포 계획만 있고 실제 배포되지 않는 소프트웨어를 증발품(Vaporware)이라고 합니다.

▶ 정답 : 1. ④ 2. ③ 3. ③ 4. ④ 5. ② 6. ② 7. ②

SECTION 139 보안 관련 신기술

1 보안 관련 용어

24.7, 24.5, 24.2, 23.7, 23.5, 23.2, 22.7, 22.4, 22.3, 21.8, 21.3, 실기 20.11

용어	의미
실기 20.11 블록체인(Blockchain)	P2P※ 네트워크를 이용하여 온라인 금융 거래 정보를 온라인 네트워크 참여자(Peer)의 디지털 장비에 분산 저장하는 기술이다.
분산 원장 기술(DLT; Distributed Ledger Technology)	• 중앙 관리자나 중앙 데이터 저장소가 존재하지 않고 P2P 망내의 참여자들에게 모든 거래 목록이 분산 저장되어 거래가 발생할 때마다 지속적으로 갱신되는 디지털 원장이다. • 대표적인 사례로 블록체인(Blockchain)이 있다.
양자 암호키 분배 (QKD; Quantum Key Distribution)	• 양자 통신을 위해 비밀키를 분배하여 관리하는 기술이다. • 두 시스템이 암호 알고리즘 동작을 위한 비밀키를 안전하게 공유하기 위해 양자 암호키 분배 시스템을 설치하여 운용하는 방식으로 활용된다.
프라이버시 강화 기술 (PET; Privacy Enhancing Technology)	개인정보 위험 관리 기술로, 암호화, 익명화 등 개인정보를 보호하는 기술에서 사용자가 직접 개인정보를 통제하기 위한 기술까지 다양한 사용자 프라이버시 보호 기술을 통칭한다.
23.5 비트로커(BitLocker)	• Windows 7부터 지원되기 시작한 Windows 전용의 볼륨 암호화 기능이다. • TPM(Trusted Platform Module)※과 AES-128※ 알고리즘을 사용한다.
개인정보 영향평가 제도 (PIA; Privacy Impact Assessment)	개인 정보를 활용하는 새로운 정보시스템의 도입 및 기존 정보시스템의 중요한 변경 시 시스템의 구축·운영이 기업의 고객은 물론 국민의 사생활에 미칠 영향에 대해 미리 조사·분석·평가하는 제도이다.
소프트웨어 에스크로(임치) (Software Escrow)	소프트웨어 개발자의 지식재산권을 보호하고 사용자는 저렴한 비용으로 소프트웨어를 안정적으로 사용 및 유지보수 받을 수 있도록 소스 프로그램과 기술 정보 등을 제3의 기관에 보관하는 것이다.
25.2, 24.7, 23.7, 22.7, 21.3 서비스형 블록체인(BaaS; Blockchain as a Service)	• 블록체인(Blockchain) 앱의 개발 환경을 클라우드 기반으로 제공하는 서비스이다. • 블록체인 네트워크에 노드의 추가 및 제거가 용이하고, 블록체인 플랫폼마다 다른 브록체인 기술을 보다 편리하게 사용할 수 있게 한다.
21.8 OWASP(the Open Web Application Security Project, 오픈 웹 애플리케이션 보안 프로젝트)	• 웹 정보 노출이나 악성 코드, 스크립트, 보안이 취약한 부분을 연구하는 비영리 단체이다. • 보안 취약점 중 보안에 미치는 영향이 큰 것을 기준으로 선정한 10대 웹 애플리케이션 취약점을 3~4년에 한 번씩 발표하고 있다.
25.8, 23.5, 22.4 TCP 래퍼(TCP Wrapper)	• 외부 컴퓨터의 접속 인가 여부를 점검하여 접속을 허용 및 거부하는 보안용 도구이다. • 네트워크에 접속하면 로그인한 다른 컴퓨터 사용자의 ID 및 로그를 조회하여 악용이 가능한 데, 이것을 방지하기 위한 방화벽 역할을 수행한다.
25.8, 24.5, 23.2, 22.3 허니팟(Honeypot)	• 비정상적인 접근을 탐지하기 위해 설치해 둔 시스템이다. • 침입자를 속여 실제 공격을 당하는 것처럼 보여줌으로써 추적 및 공격기법에 대한 정보를 수집한다.
24.2, 22.3 DPI (Deep Packet Inspection)	OSI 7 Layer 전 계층의 프로토콜과 패킷 내부의 콘텐츠를 파악하여 침입 시도, 해킹 등을 탐지하고, 트래픽을 조정하기 위한 패킷 분석 기술이다.

전문가의 조언

중요해요! 보안 기술 관련 용어들의 의미를 묻는 문제가 꾸준히 출제되고 있습니다. 문제에 제시된 내용이 무슨 용어를 말하는지 맞힐 수 있을 정도로 학습하세요.

P2P(Peer-to-Peer)
P2P는 개인 대 개인이라는 의미를 가지며, 네트워크에서 개인 대 개인이 PC를 이용하여 서로 데이터를 공유하는 방식을 의미합니다.

TPM(Trusted Platform Module)
장치에 대한 추가 암호화를 제공하는 것으로, 보안 프로세서라고도 합니다.

AES(Advanced Encryption Standard)
2001년 미국 표준 기술 연구소(NIST)에서 발표한 개인키 암호화 알고리즘으로, 블록 크기는 128비트이며, 키 길이에 따라 AES-128, AES-192, AES-256으로 분류됩니다.

기출문제 따라잡기

문제1 2418251

25년 2월, 24년 7월, 23년 7월, 22년 7월, 21년 3월
1. 다음 내용이 설명하는 것은?

- 블록체인(Blockchain) 개발 환경을 클라우드로 서비스하는 개념
- 블록체인 네트워크에 노드의 추가 및 제거가 용이
- 블록체인의 기본 인프라를 추상화하여 블록체인 응용 프로그램을 만들 수 있는 클라우드 컴퓨팅 플랫폼

① OTT
② BaaS
③ SDDC
④ Wi-SUN

지문의 핵심은 내용은 블록체인(Blockchain)과 같은(as) 서비스(a Service)입니다.

23년 5월, 21년 8월
2. 오픈소스 웹 애플리케이션 보안 프로젝트로서 주로 웹을 통한 정보 유출, 악성 파일 및 스크립트, 보안 취약점 등을 연구하는 곳은?

① WWW
② OWASP
③ WBSEC
④ ITU

오픈소스(Open source), 웹(Web), 애플리케이션(Application), 보안(Security), 프로젝트(Project)와 관련된 것은 OWASP입니다.

25년 8월, 23년 5월, 22년 4월
3. 어떤 외부 컴퓨터가 접속되면 접속 인가 여부를 점검해서 인가된 경우에는 접속이 허용되고, 그 반대의 경우에는 거부할 수 있는 접근 제어 유틸리티는?

① tcp wrapper
② trace checker
③ token finder
④ change detector

문제에서 설명하는 접근 제어 유틸리티는 tcp wrapper입니다.

25년 8월, 24년 5월, 23년 2월, 22년 3월
4. 다음 설명에 해당하는 시스템은?

- 1990년대 David Clock이 처음 제안하였다.
- 비정상적인 접근의 탐지를 위해 의도적으로 설치해 둔 시스템이다.
- 침입자를 속여 실제 공격당하는 것처럼 보여줌으로써 크래커를 추적 및 공격기법의 정보를 수집하는 역할을 한다.
- 쉽게 공격자에게 노출되어야 하며 쉽게 공격이 가능한 것처럼 취약해 보여야 한다.

① Apache
② Hadoop
③ Honeypot
④ MapReduce

문제의 지문에 제시된 내용은 Honeypot의 특징입니다.

24년 2월, 22년 3월
5. OSI 7 Layer 전 계층의 프로토콜과 패킷 내부의 콘텐츠를 파악하여 침입 시도, 해킹 등을 탐지하고 트래픽을 조정하기 위한 패킷 분석 기술은?

① PLCP(Packet Level Control Processor)
② Traffic Distributor
③ Packet Tree
④ DPI(Deep Packet Inspection)

패킷(Packet)의 내부 깊은 곳(Deep)까지 분석(Inspection)하는 기술을 묻는 문제입니다.

23년 5월
6. 다음에서 설명하는 정보 보안 관련 용어는?

Windows 7부터 지원되기 시작한 Windows 전용의 볼륨 암호화 기능으로, TPM(Trusted Platform Module)과 AES-128 알고리즘을 사용한다.

① BitLocker
② Blockchain
③ DLT
④ BaaS

Windows 전용의 볼륨 암호화 기능은 비트로커(BitLocker)입니다.

▶ 정답 : 1. ② 2. ② 3. ① 4. ③ 5. ④ 6. ①

SECTION 140 HW 관련 신기술

① 고가용성 솔루션(HACMP; High Availability Clustering Multi Processing)

25.8, 24.7, 23.7, 22.3

고가용성 솔루션은 긴 시간동안 안정적인 서비스 운영을 위해 장애 발생 시 즉시 다른 시스템으로 대체 가능한 환경을 구축하는 메커니즘을 의미한다.

- 각 시스템 간에 공유 디스크를 중심으로 클러스터링으로 엮어 다수의 시스템을 동시에 연결할 수 있다.
- 2개의 서버를 연결하는 이중화를 통해 서버의 안정성을 높일 수 있다.

② 3D Printing(Three Dimension Printing)

3D Printing은 대상을 평면에 출력하는 것이 아니라 손으로 만질 수 있는 실제 물체로 만들어내는 것을 말한다.

- 3D Printing은 아주 얇은 두께로 한층한층 적층시켜 하나의 형태를 만들어내는 기술을 이용한다.
- 3D Printing은 건축가나 항공우주, 전자, 공구 제조, 자동차, 디자인, 의료 분야에서 사용되고 있다.

③ 4D Printing(Fourth Dimension Printing)

4D Printing은 특정 시간이나 환경 조건이 갖추어지면 스스로 형태를 변화시키거나 제조되는 자가 조립(Self-Assembly) 기술이 적용된 제품을 3D Printing하는 기술을 의미한다.

- 4D Printing은 2013년 4월 TED(Technology, Entertainment, Design) 강연에서 미국 MIT 자가 조립 연구소(Self-Assembly Lab)의 스카일러 티빗츠(Skylar Tibbits) 교수에 의해 처음 공개되었다.
- 4D Printing을 위해서는 인간의 개입 없이 열·진동·습도·중력 등 다양한 환경이나 에너지원에 자극 받아 변화하는 스마트 소재가 필요하며, 이는 형상기억합금※이나 나노 기술※을 통해 전기회로를 내장하는 방법 등으로 제조된다.
- 4D Printing으로 제조된 제품에 전기로 열을 가하면 기존에 설정한 모양으로 접히는 종이접기 로봇이나, 접힌 상태에서 출력되어 완전한 형태로 변화하는 키네메틱스 드레스(Kinematics Dress) 등이 선보여진 바 있다.

전문가의 조언

HW 기술 관련 용어들의 의미를 묻는 문제가 출제되었습니다. 문제에 제시된 내용이 무슨 용어를 말하는지 맞힐 수 있을 정도로 학습하세요.

형상기억합금

형상기억합금은 모양을 변형시켜도 일정한 온도가 주어지면 변형 전 모양으로 다시 되돌아오는 성질을 가진 합금입니다.

나노 기술(Nanotechnology)

나노(Nano)는 10억분의 1을 나타내는 단위로, 나노 기술은 나노미터 정도로 아주 작은 크기의 소재를 만들고 제어 하는 기술, 즉 분자와 원자를 다루는 초미세 기술을 의미합니다.

④ RAID(Redundant Array of Inexpensive Disk, Redundant Array of Independent Disk)

여러 개의 하드디스크로 디스크 배열을 구성하여 파일을 구성하고 있는 데이터 블록들을 서로 다른 디스크들에 분산 저장할 경우 그 블록들을 여러 디스크에서 동시에 읽거나 쓸 수 있으므로 디스크의 속도가 매우 향상되는데, 이 기술을 RAID라고 한다.

- RAID는 어느 한 디스크에만 결함이 발생해도 전체 데이터에 파일이 손상되는 문제가 발생한다. 이러한 문제점을 해결하기 위해 디스크 배열에 오류 검출 및 복구를 위한 여분의 디스크들을 추가하여 오류가 발생해도 원래의 데이터를 복구할 수 있게 했다.
- RAID는 오류 검출 및 정정 방법에 따라 RAID1 ~ RAID5까지 다섯 종류가 있다.

⑤ 앤 스크린(N-Screen) ^{21.5}

앤 스크린은 N개의 서로 다른 단말기에서 동일한 콘텐츠를 자유롭게 이용할 수 있는 서비스를 말한다.

- 앤 스크린은 PC, TV, 휴대폰에서 동일한 콘텐츠를 끊김 없이 이용할 수 있는 것은 물론 사용자가 가지고 있는 여러 개의 단말기에서도 동일한 콘텐츠를 끊김 없이 이용할 수 있다.

 기출문제 따라잡기

 문제2 2418552

21년 5월

1. PC, TV, 휴대폰에서 원하는 콘텐츠를 끊김없이 자유롭게 이용할 수 있는 서비스는?

① Memristor
② MEMS
③ SNMP
④ N-Screen

> PC, TV, 휴대폰 등 여러(N) 개의 화면(Screen)으로 자유롭게 콘텐츠를 이용하는 서비스를 묻는 문제입니다.

25년 8월, 24년 7월, 23년 7월, 22년 3월

2. 정보시스템과 관련한 다음 설명에 해당하는 것은?

- 각 시스템 간에 공유 디스크를 중심으로 클러스터링으로 엮어 다수의 시스템을 동시에 연결할 수 있다.
- 조직, 기업의 기간 업무 서버 안정성을 높이기 위해 사용될 수 있다.
- 여러 가지 방식으로 구현되며 2개의 서버를 연결하는 것으로 2개의 시스템이 각각 업무를 수행하도록 구현하는 방식이 널리 사용된다.

① 고가용성 솔루션(HACMP)
② 점대점 연결 방식(Point-to-Point Mode)
③ 스턱스넷(Stuxnet)
④ 루팅(Rooting)

> 2개의 서버를 연결하는 이중화를 통해 서버의 안정성을 높이는 방법은 고가용성 솔루션입니다.

▶ 정답: 1. ④ 2. ①

SECTION 141 Secure OS

1. Secure OS의 개요

Secure OS는 기존의 운영체제(OS)에 내재된 보안 취약점을 해소하기 위해 보안 기능을 갖춘 커널*을 이식하여 외부의 침입으로부터 시스템 자원을 보호하는 운영체제를 의미한다.

- 보안 커널은 보안 기능을 갖춘 커널을 의미하며, TCB*를 기반으로 참조 모니터의 개념을 구현하고 집행한다.
- 보안 커널의 보호 대상에는 메모리와 보조기억장치, 그리고 그곳에 저장된 데이터, 하드웨어 장치, 자료 구조, 명령어, 각종 보호 메커니즘 등이 있다.
- 보호 방법을 구현하기 복잡한 것부터 차례로 분류하면 다음과 같다.
  - 암호적 분리(Cryptographic Separation) : 내부 정보를 암호화하는 방법
  - 논리적 분리(Logical Separation) : 프로세스의 논리적 구역을 지정하여 구역을 벗어나는 행위를 제한하는 방법
  - 시간적 분리(Temporal Separation) : 동일 시간에 하나의 프로세스만 수행되도록 하여 동시 실행으로 발생하는 보안 취약점을 제거하는 방법
  - 물리적 분리(Physical Separation) : 사용자별로 특정 장비만 사용하도록 제한하는 방법

잠깐만요 참조 모니터(Reference Monitor)

참조 모니터는 보호대상의 객체에 대한 접근통제를 수행하는 추상머신이며, 이것을 실제로 구현한 것이 보안 커널입니다.

- 참조 모니터는 보안 커널 데이터베이스(SKDB; Security Kernel Database)를 참조하여 객체에 대한 접근 허가 여부를 결정합니다.
- 참조 모니터와 보안 커널은 다음의 3가지 특징을 갖습니다.
  - 격리성(Isolation) : 부정 조작이 불가능해야 합니다.
  - 검증가능성(Verifiability) : 적절히 구현되었다는 것을 확인할 수 있어야 합니다.
  - 완전성(Completeness) : 우회가 불가능해야 합니다.

전문가의 조언

Secure OS의 개념을 묻는 문제가 출제되었습니다. Secure OS는 운영체제의 커널에 보안 기능을 추가한 것이라는 점을 기억하세요.

커널(Kernel)
커널은 컴퓨터가 부팅될 때 주기억장치에 적재된 후 실행된 상태로 상주하면서 하드웨어를 보호하고, 프로그램과 하드웨어 간의 인터페이스 역할을 담당합니다.

TCB(Trusted Computing Base)
TCB는 운영체제(OS), 하드웨어, 소프트웨어, 펌웨어 등 컴퓨터 시스템 내의 모든 장치가 보안 정책을 따르도록 설계한 보호 메커니즘입니다.

전문가의 조언

Secure OS의 보안 기능이 아닌 것을 찾는 문제가 출제되었습니다. Secure OS의 보안 기능의 종류와 기능들의 개별적인 의미를 정리해 두세요.

2 Secure OS의 보안 기능 ^{21.5}

Secure OS의 보안 기능에는 식별 및 인증, 임의적/강제적 접근통제, 객체 재사용 보호, 완전한 조정, 신뢰 경로, 감사 및 감사기록 축소 등이 있다.

식별 및 인증	각 접근 주체에 대한 안전하고 고유한 식별 및 인증 기능
임의적 접근통제	• 소속 그룹 또는 개인에 따라 부여된 권한에 따라 접근을 통제하는 기능 • DAC(Discretionary Access Control) 또는 신분 기반 정책이라고도 한다.
강제적 접근통제	• 접속 단말 및 접속 방법, 권한, 요청 객체의 특성 등 여러 보안 속성이 고려된 규칙에 따라 강제적으로 접근을 통제하는 기능 • MAC(Mandatory Access Control) 또는 규칙 기반 정책이라고도 한다.
객체 재사용* 보호	메모리에 기존 데이터가 남아있지 않도록 초기화하는 기능
완전한 조정	우회할 수 없도록 모든 접근 경로를 완전하게 통제하는 기능
신뢰 경로	비밀번호 변경 및 권한 설정 등과 같은 보안 작업을 위한 안전한 경로를 제공하는 기능
감사 및 감사기록 축소	• 모든 보안 관련 사건 및 작업을 기록(Log)한 후 보호하는 기능 • 막대한 양의 기록들을 분석하고 축소하는 기능

객체 재사용(Object Reuse)
객체 재사용은 객체가 사용한 후 해제된 메모리에 남아 있는 데이터를 탈취하는 공격 기법입니다.

기출문제 따라잡기

문제2 2418652

20년 9월

1. 컴퓨터 운영체제의 커널에 보안 기능을 추가한 것으로, 운영체제의 보안상 결함으로 인하여 발생 가능한 각종 해킹으로부터 시스템을 보호하기 위하여 사용되는 것은?

① GPIB ② CentOS
③ XSS ④ Secure OS

보안(Secure) 기능을 추가한 운영체제(OS)를 묻는 문제입니다.

21년 5월

2. Secure OS의 보안 기능으로 거리가 먼 것은?

① 식별 및 인증 ② 임의적 접근 통제
③ 고가용성 지원 ④ 강제적 접근 통제

고가용성 지원은 Secure OS의 보안 기능이 아닙니다.

출제예상

3. 참조 모니터(Reference Monitor)의 특징에 속하지 않는 것은?

① Isolation ② Cohesion
③ Verifiability ④ Completeness

①번은 격리성, ②번은 응집도, ③번은 검증가능성, ④번은 완전성을 의미합니다.

▶ 정답 : 1. ④ 2. ③ 3. ②

SECTION 142 DB 관련 신기술

1 빅데이터(Big Data)

빅데이터는 기존의 관리 방법이나 분석 체계로는 처리하기 어려운 막대한 양의 정형 또는 비정형 데이터 집합으로, 스마트 단말의 빠른 확산, 소셜 네트워크 서비스의 활성화, 사물 네트워크*의 확대로 데이터 폭발이 더욱 가속화되고 있다.

- 빅데이터가 주목받고 있는 이유는 기업이나 정부, 포털 등이 빅데이터를 효과적으로 분석함으로써 미래를 예측해 최적의 대응 방안을 찾고, 이를 수익으로 연결하여 새로운 가치를 창출하기 때문이다.

2 브로드 데이터(Broad Data)

브로드 데이터는 다양한 채널에서 소비자와 상호 작용을 통해 생성된, 기업 마케팅에 있어 효율적이고 다양한 데이터이며, 이전에 사용하지 않거나 알지 못했던 새로운 데이터나, 기존 데이터에 새로운 가치가 더해진 데이터를 말한다.

- 브로드 데이터는 대량의 자료를 뜻하는 빅데이터(Big Data)와는 달리 다양한 정보를 뜻하는 것으로, 소비자의 SNS 활동이나 위치 정보 등이 이에 속한다.
- IBM은 아시아 유통 데이터 분석 리포트를 통해 브로드 데이터의 중요성을 강조하기도 했다.

3 메타 데이터(Meta Data)

메타 데이터는 일련의 데이터를 정의하고 설명해 주는 데이터이다. 컴퓨터에서는 데이터 사전의 내용, 스키마 등을 의미하고, HTML 문서에서는 메타 태그 내의 내용이 메타 데이터이다. 방송에서는 방대한 분량의 저작물을 신속하게 검색하기 위한 촬영 일시, 장소, 작가, 출연자 등과 음원의 검색을 위한 작곡자나 가수명 등을 메타 데이터로 처리한다.

- 메타 데이터는 여러 용도로 사용되나 주로 빠르게 검색하거나 내용을 간략하고 체계적으로 하기 위해 많이 사용된다.

4 디지털 아카이빙(Digital Archiving)

디지털 아카이빙은 디지털 정보 자원을 장기적으로 보존하기 위한 작업을 말한다. 아날로그 콘텐츠는 디지털로 변환한 후 압축해서 저장하고, 디지털 콘텐츠도 체계적으로 분류하고 메타 데이터를 만들어 DB화하는 작업이다.

- 디지털 아카이빙은 늘어나는 정보 자원의 효율적인 관리와 이용을 위해 필요한 작업이다.

전문가의 조언

DB 기술 관련 용어들의 의미를 묻는 문제가 출제되었습니다. 하둡을 중심으로 문제에 제시된 내용이 무슨 용어를 말하는지 맞힐 수 있을 정도로 학습하세요.

사물 네트워크

사물 네트워크는 인간과 사물, 서비스 등 분산되어 있는 요소들이 인간의 개입 없이 상호 협력적으로 감지, 통신, 정보 처리 등 지능적 관계를 형성하는 네트워크입니다.

5 하둡(Hadoop)

하둡은 오픈 소스를 기반으로 한 분산 컴퓨팅 플랫폼이다.

- 하둡은 일반 PC급 컴퓨터들로 가상화된 대형 스토리지를 형성하고 그 안에 보관된 거대한 데이터 세트를 병렬로 처리할 수 있도록 개발된 자바 소프트웨어 프레임워크로, 구글, 야후 등에 적용되고 있다.
- 하둡과 관계형 데이터베이스(RDB) 간 대용량 데이터를 전송할 때 스쿱(Sqoop)*이라는 도구를 이용한다.

> **스쿱(Sqoop)**
> 스쿱은 하둡과 관계형 데이터베이스 사이에서 효율적으로 데이터를 이관하고 변환해 주는 명령줄 인터페이스 애플리케이션입니다.

6 맵리듀스(MapReduce)

맵리듀스는 대용량 데이터를 분산 처리하기 위한 목적으로 개발된 프로그래밍 모델로, 흩어져 있는 데이터를 연관성 있는 데이터 분류로 묶는 Map 작업을 수행한 후 중복 데이터를 제거하고 원하는 데이터를 추출하는 Reduce 작업을 수행한다.

- Google에 의해 고안되었으며, 대표적인 대용량 데이터 처리를 위한 병렬 처리 기법으로 많이 사용되고 있다.

7 타조(Tajo)

타조는 오픈 소스 기반 분산 컴퓨팅 플랫폼인 아파치 하둡(Apache Hadoop) 기반의 분산 데이터 웨어하우스* 프로젝트로, 우리나라가 주도하여 개발하고 있다.

- 타조는 하둡(Hadoop)의 빅데이터를 분석할 때 맵리듀스(MapReduce)를 사용하지 않고 구조화 질의 언어(SQL)를 사용하여 하둡 분산 파일 시스템(HDFS; Hadoop Distributed File System) 파일을 바로 읽어낼 수 있다.
- 타조는 대규모 데이터 처리와 실시간 상호 분석에 모두 사용할 수 있다.

> **데이터 웨어하우스(Data Warehouse)**
> 데이터 웨어하우스는 정보(Data)와 창고(Warehouse)의 합성어로, 기업의 의사결정 과정에 효과적으로 사용될 수 있도록 여러 시스템에 분산되어 있는 데이터를 주제별로 통합·축적해 놓은 데이터베이스입니다.

8 데이터 다이어트(Data Diet)

데이터 다이어트는 데이터를 삭제하는 것이 아니라 압축하고, 중복된 정보는 중복을 배제하고, 새로운 기준에 따라 나누어 저장하는 작업이다.

- 데이터 다이어트는 인터넷과 이동통신 이용이 늘면서 각 기관·기업의 데이터베이스에 쌓인 방대한 정보를 효율적으로 관리하기 위해 대두된 방안으로, 같은 단어가 포함된 데이터들을 한 곳에 모아 두되 필요할 때 제대로 찾아내는 체계를 갖추는 것이 중요하다.

9 데이터 마이닝(Data Mining)

데이터 마이닝은 데이터 웨어하우스에 저장된 데이터 집합에서 사용자의 요구에 따라 유용하고 가능성 있는 정보를 발견하기 위한 기법이다.

- 대량의 데이터를 분석하여 데이터 속에 내재되어 있는 변수 사이의 상호관계를 규명하여 패턴화함으로써 효율적인 데이터 추출이 가능하다.

10 OLAP(Online Analytical Processing)

OLAP는 다차원으로 이루어진 데이터로부터 통계적인 요약 정보를 분석하여 의사결정에 활용하는 방식을 말한다.

- OLAP 시스템은 데이터 웨어하우스나 데이터 마트와 같은 시스템과 상호 연관되는 정보 시스템이다.
- **OLAP 연산** : Roll-up, Drill-down, Drill-through, Drill-across, Pivoting, Slicing, Dicing

기출문제 따라잡기

1. 다음이 설명하는 용어로 옳은 것은? (25년 5월, 23년 2월, 22년 4월, 20년 6월)

- 오픈 소스를 기반으로 한 분산 컴퓨팅 플랫폼이다.
- 일반 PC급 컴퓨터들로 가상화된 대형 스토리지를 형성한다.
- 다양한 소스를 통해 생성된 빅데이터를 효율적으로 저장하고 처리한다.

① 하둡(Hadoop) ② 비컨(Beacon)
③ 포스퀘어(Foursquare) ④ 맴리스터(Memristor)

이 용어의 키워드는 "오픈 소스 기반 분산 컴퓨팅 플랫폼"입니다.

2. 다음 내용에 적합한 용어는? (24년 5월, 20년 9월)

- 대용량 데이터를 분산 처리하기 위한 목적으로 개발된 프로그래밍 모델이다.
- Google에 의해 고안된 기술로서 대표적인 대용량 데이터 처리를 위한 병렬 처리 기법을 제공한다.
- 임의의 순서로 정렬된 데이터를 분산 처리하고 이를 다시 합치는 과정을 거친다.

① MapReduce ② SQL
③ Hijacking ④ Logs

이것은 흩어져 있는 데이터를 분류하고 묶는 Map 작업을 수행한 후 중복 데이터를 제거하고 원하는 데이터를 추출하는 Reduce 작업을 수행합니다.

3. 데이터 웨어하우스의 기본적인 OLAP(on-line analytical processing) 연산이 아닌 것은? (20년 9월)

① translate ② roll-up
③ dicing ④ drill-down

translate는 OLAP의 연산이 아닙니다.

4. 빅데이터 분석 기술 중 대량의 데이터를 분석하여 데이터 속에 내재되어 있는 변수 사이의 상호관계를 규명하여 일정한 패턴을 찾아내는 기법은? (24년 5월, 23년 7월, 20년 8월)

① Data Mining ② Wm-Bus
③ Digital Twin ④ Zigbee

광산에서 채굴(Mining) 하듯이 대량의 데이터(Data)에서 유용한 정보를 추출해내는 기법은 Data Mining입니다.

5. 하둡(Hadoop)과 관계형 데이터베이스 간에 데이터를 전송할 수 있도록 설계된 도구는? (25년 5월, 21년 5월)

① Apnic ② Topology
③ Sqoop ④ SDB

하둡(Hadoop)하면, 스쿱(Sqoop)입니다.

6. Hadoop내의 Map-reduce의 특징으로 올바르지 않은 것은? (23년 5월)

① Google에 의해 고안된 기술로써 대표적인 대용량 데이터 처리를 위한 병렬 처리 기법을 제공한다.
② 대용량 데이터를 분산 처리하기 위한 목적으로 개발된 프로그래밍 모델이다.
③ 임의의 순서로 정렬된 데이터를 분산 처리하고 이를 다시 합치는 과정을 거친다.
④ 대용량 데이터를 전송할 때 스쿱(Sqoop)이라는 도구를 이용한다.

④번은 하둡(Hadoop)의 특징입니다.

▶ 정답 : 1. ① 2. ① 3. ① 4. ① 5. ③ 6. ④

SECTION 143

회복 / 병행제어

1 회복(Recovery)

회복은 트랜잭션들을 수행하는 도중 장애가 발생하여 데이터베이스가 손상되었을 때 손상되기 이전의 정상 상태로 복구하는 작업이다.

장애의 유형

- **트랜잭션 장애** : 입력 데이터 오류, 불명확한 데이터, 시스템 자원 요구의 과다 등 트랜잭션 내부의 비정상적인 상황으로 인하여 프로그램 실행이 중지되는 현상
- **시스템 장애** : 데이터베이스에 손상을 입히지는 않으나 하드웨어 오동작, 소프트웨어의 손상, 교착상태 등에 의해 모든 트랜잭션의 연속적인 수행에 장애를 주는 현상
- **미디어 장애** : 저장장치인 디스크 블록의 손상이나 디스크 헤드의 충돌 등에 의해 데이터베이스의 일부 또는 전부가 물리적으로 손상된 상태

회복 관리기(Recovery Management)

- 회복 관리기는 DBMS의 구성 요소이다.
- 회복 관리기는 트랜잭션 실행이 성공적으로 완료되지 못하면 트랜잭션이 데이터베이스에 생성했던 모든 변화를 취소(Undo)*시키고, 트랜잭션 수행 이전의 원래 상태로 복구하는 역할을 담당한다.
- 메모리 덤프*, 로그(Log)*를 이용하여 회복을 수행한다.

2 회복 기법

연기 갱신 기법 (Deferred Update)	• 트랜잭션이 성공적으로 완료될 때까지 데이터베이스에 대한 실질적인 갱신을 연기하는 방법이다. • 트랜잭션이 수행되는 동안 갱신된 내용은 일단 Log에 보관된다. • 트랜잭션의 부분 완료(성공적인 완료 직전) 시점에 Log에 보관한 갱신 내용을 실제 데이터베이스에 기록한다. • 트랜잭션이 부분 완료되기 전에 장애가 발생하여 트랜잭션이 Rollback되면 트랜잭션이 실제 데이터베이스에 영향을 미치지 않았기 때문에 어떠한 갱신 내용도 취소(Undo)시킬 필요 없이 무시하면 된다. • Redo* 작업만 가능하다.
즉각 갱신 기법 (Immediate Update)	• 트랜잭션이 데이터를 갱신하면 트랜잭션이 부분 완료되기 전이라도 즉시 실제 데이터베이스에 반영하는 방법이다. • 장애가 발생하여 회복 작업할 경우를 대비하여 갱신된 내용들은 Log에 보관시킨다. • 회복 작업을 할 경우에는 Redo와 Undo 모두 사용 가능하다.

전문가의 조언

회복의 개념을 묻는 문제가 출제되었습니다. 회복은 이전의 정상 상태로 되돌리는 작업이라는 것을 기억해 두세요.

취소(Undo)
로그(Log)에 보관한 정보를 이용하여 가장 최근에 변경된 내용부터 거슬러 올라가면서 트랜잭션 작업을 취소하여 원래의 데이터베이스로 복구합니다.

Dump와 Log
- 덤프(Dump) : 주기적으로 데이터베이스 전체를 복사해 두는 것
- 로그(Log) : 갱신되기 전후의 내용을 기록하는 별도의 파일로, 저널(Journal)이라고도 함

전문가의 조언

즉각 갱신 기법의 개념을 묻는 문제가 출제되었습니다. 즉각 갱신 기법은 로그를 필요로 하는 회복 기법이라는 것을 기억해 두세요.

재시도(Redo)
덤프와 로그를 이용하여 가장 최근의 정상적인 데이터베이스로 회복시킨 후 트랜잭션을 재실행 시킵니다.

그림자 페이지 대체 기법(Shadow Paging)	• 갱신 이전의 데이터베이스를 일정 크기의 페이지 단위로 구성하여 각 페이지마다 복사본인 그림자 페이지로 별도 보관해 놓고, 실제 페이지를 대상으로 트랜잭션에 의한 갱신 작업을 하다가 장애가 발생하여 트랜잭션 작업을 Rollback시킬 때, 갱신된 이후의 실제 페이지 부분에 그림자 페이지를 대체하여 회복시키는 기법이다. • 로그, Undo 및 Redo 알고리즘이 필요 없다.
검사점 기법 (Check Point)	트랜잭션 실행 중 특정 단계에서 재실행할 수 있도록 갱신 내용이나 시스템에 대한 상황 등에 관한 정보와 함께 검사점을 로그에 보관해 두고, 장애 발생 시 트랜잭션 전체를 철회하지 않고 검사점부터 회복 작업을 하여 회복시간을 절약하도록 하는 기법이다.

③ 병행제어(Concurrency Control) 25.2, 23.5

병행제어란 다중 프로그램의 이점*을 활용하여 동시에 여러 개의 트랜잭션을 병행수행할 때, 동시에 실행되는 트랜잭션들이 데이터베이스의 일관성을 파괴하지 않도록 트랜잭션 간의 상호 작용을 제어하는 것이다.

- 병행제어의 목적
  - 데이터베이스의 공유를 최대화한다.
  - 시스템의 활용도를 최대화한다.
  - 데이터베이스의 일관성을 유지한다.
  - 사용자에 대한 응답 시간을 최소화한다.

전문가의 조언

병행제어의 정의를 이해하고 목적을 암기하세요. 병행제어의 정의를 이해하면 목적은 어렵지 않게 기억할 수 있습니다.

다중 프로그래밍의 이점
• 프로세서의 이용률 증가
• 전체 트랜잭션의 작업 처리율 향상

④ 병행제어 기법의 종류 21.8, 21.5, 20.9, 20.8, 실기 21.7

20.9, 20.8, 실기 21.7 로킹(Locking)	• 주요 데이터의 액세스를 상호 배타적으로 하는 것이다. • 트랜잭션들이 어떤 로킹 단위를 액세스하기 전에 Lock(잠금)을 요청해서 Lock이 허락되어야만 그 로킹 단위를 액세스할 수 있도록 하는 기법이다.
21.8 타임 스탬프 순서 (Time Stamp Ordering)	• 직렬성 순서를 결정하기 위해 트랜잭션 간의 처리 순서를 미리 선택하는 기법들 중에서 가장 보편적인 방법이다. • 트랜잭션과 트랜잭션이 읽거나 갱신한 데이터에 대해 트랜잭션이 실행을 시작하기 전에 시간표(Time Stamp)를 부여하여 부여된 시간에 따라 트랜잭션 작업을 수행하는 기법이다. • 교착상태가 발생하지 않는다.
최적 병행수행(검증 기법, 확인 기법, 낙관적 기법)	병행수행하고자 하는 대부분의 트랜잭션이 판독 전용(Read Only) 트랜잭션일 경우, 트랜잭션 간의 충돌률이 매우 낮아서 병행제어 기법을 사용하지 않고 실행되어도 이 중의 많은 트랜잭션은 시스템의 상태를 일관성 있게 유지한다는 점을 이용한 기법이다.
다중 버전 기법	• 타임 스탬프의 개념을 이용하는 기법으로, 다중 버전 타임 스탬프 기법이라고도 한다. • 타임 스탬프 기법은 트랜잭션 및 데이터들이 이용될 때의 시간을 시간표로 관리하지만, 다중 버전 기법은 갱신될 때마다의 버전을 부여하여 관리한다.

전문가의 조언

타임 스탬프 기법의 개념과 로킹 단위의 특징을 묻는 문제가 출제되었습니다. 타임 스탬프 기법은 처리 순서를 미리 정한다는 것을 기억하고, 로킹 단위는 로킹 단위의 크기에 따른 특징을 정리하세요.

> **잠깐만요** 로킹 단위(Locking Granularity) 25.5, 24.7, 24.5, 24.2, 23.2, 22.7, 21.8, 21.3, 20.9, 20.8, 20.6
>
> • 병행제어에서 한꺼번에 로킹할 수 있는 객체의 크기를 의미합니다.
> • 데이터베이스, 파일, 레코드, 필드 등이 로킹 단위가 될 수 있습니다.
> • 로킹 단위가 크면 로크 수가 작아 관리하기 쉽지만 병행성 수준이 낮아지고, 로킹 단위가 작으면 로크 수가 많아 관리하기 복잡해 오버헤드가 증가하지만 병행성 수준*이 높아집니다.

병행성 수준

병행성 수준이 낮다는 것은 데이터베이스 공유도가 감소한다는 의미이고, 병행성 수준이 높다는 것은 데이터베이스 공유도가 증가한다는 의미입니다.

기출문제 따라잡기

문제4 2418854

25년 2월, 23년 5월, 21년 3월

1. 트랜잭션들을 수행하는 도중 장애로 인해 손상된 데이터베이스를 손상되기 이전의 정상적인 상태로 복구시키는 작업은?

① Recovery ② Restart
③ Commit   ④ Abort

> 회복은 말 그대로 원래의 상태로 복구하는 것입니다.

21년 8월

2. 동시성 제어를 위한 직렬화 기법으로 트랜잭션 간의 처리 순서를 미리 정하는 방법은?

① 로킹 기법   ② 타임 스탬프 기법
③ 검증 기법   ④ 배타 로크 기법

> 트랜잭션별로 처리 순서를 도장(Stamp)으로 찍듯이 미리 정해놓는 방법은 타임 스탬프 기법입니다.

24년 7월, 20년 8월

3. 데이터베이스 로그(log)를 필요로 하는 회복 기법은?

① 즉각 갱신 기법   ② 대수적 코딩 방법
③ 타임 스탬프 기법 ④ 폴딩 기법

> 보기 중에서 회복 기법은 즉각 갱신 기법입니다.

23년 2월, 21년 3월, 20년 9월, 6월

4. 로킹(Locking) 기법에 대한 설명으로 틀린 것은?

① 로킹의 대상이 되는 객체의 크기를 로킹 단위라고 한다.
② 로킹 단위가 작아지면 병행성 수준이 낮아진다.
③ 데이터베이스도 로킹 단위가 될 수 있다.
④ 로킹 단위가 커지면 로크 수가 작아 로킹 오버헤드가 감소한다.

> 로킹 단위가 크면 로크 수가 적어 관리하기 쉽지만 동시에 수행하는 작업 수도 적어지므로 병행성 수준이 낮아지고, 로킹 단위가 작으면 로크 수가 많아 관리하기 복잡하지만 동시에 수행하는 작업 수도 늘어나므로 병행성 수준이 높아집니다.

24년 7월, 5월, 21년 8월, 20년 8월

5. 병행제어 기법 중 로킹에 대한 설명으로 옳지 않은 것은?

① 로킹의 대상이 되는 객체의 크기를 로킹 단위라고 한다.
② 데이터베이스, 파일, 레코드 등은 로킹 단위가 될 수 있다.
③ 로킹의 단위가 작아지면 로킹 오버헤드가 증가한다.
④ 로킹의 단위가 커지면 데이터베이스 공유도가 증가한다.

> 로킹 단위가 커지면 데이터베이스 병행성 수준이 낮아집니다. 병행성 수준이 낮다는 것은 데이터베이스 공유도가 감소한다는 의미입니다.

25년 2월, 23년 5월

6. 데이터베이스에서 병행제어의 목적으로 틀린 것은?

① 시스템 활용도 최대화
② 사용자에 대한 응답 시간 최소화
③ 데이터베이스 공유 최소화
④ 데이터베이스 일관성 유지

> 병행제어의 목적 중 하나는 데이터베이스의 공유를 최대화하는 것입니다.

24년 2월, 22년 7월

7. 데이터베이스의 병행제어(Concurrency Control)에 대한 설명으로 옳지 않은 것은?

① 여러 사용자가 데이터베이스를 동시에 접근하여 데이터를 처리하기 위함이다.
② 처리 결과의 정확성 유지를 위해 데이터를 잠그거나 여는 등의 제어가 필요하다.
③ 로킹 단위가 크면 병행제어 기법이 복잡해진다.
④ 로킹 단위가 크면 병행성 수준이 낮아진다.

> 로킹 단위가 크면 병행제어 기법이 단순해 집니다.

25년 5월

8. 로킹 단위가 큰 경우에 대한 설명으로 옳은 것은?

① 로킹 오버헤드 증가, 데이터베이스 공유도 저하
② 로킹 오버헤드 감소, 데이터베이스 공유도 저하
③ 로킹 오버헤드 감소, 데이터베이스 공유도 증가
④ 로킹 오버헤드 증가, 데이터베이스 공유도 증가

> 로킹 단위가 크면 로크 수가 적어(오버헤드 감소) 관리하기 쉽지만 병행성(공유도) 수준이 낮아집니다.

▶ 정답 : 1. ① 2. ② 3. ① 4. ② 5. ④ 6. ③ 7. ③ 8. ②

SECTION 144 교착상태

① 교착상태의 개요

교착상태(Dead Lock)[※]는 상호 배제에 의해 나타나는 문제점으로, 둘 이상의 프로세스들이 자원을 점유한 상태에서 서로 다른 프로세스가 점유하고 있는 자원을 요구하며 무한정 기다리는 현상을 의미한다.

- 아래 그림과 같이 자동차(프로세스)들이 현재 위치한 길(자원)을 점유함과 동시에 다른 차가 사용하는 길을 사용하려고 대기하고 있지만 다른 길을 사용할 수 없으며 현재 길에서도 벗어나지 못하는 상태이다.

교통의 교착상태

전문가의 조언

교착상태가 무엇인지 알아야겠죠? 그림을 통해 이해하면 쉽게 기억할 수 있습니다.

교착상태와 무한 연기
교착상태와 무한 연기는 무한정 기다리는 현상입니다. 하지만 전혀 가능성이 없는 상태에서 기다리는 교착상태와 달리, 무한 연기는 그래도 가능성이 있는 상태에서 기다리는 것을 의미합니다.

② 교착상태 발생의 필요 충분 조건

25.2, 21.3, 20.6

교착상태가 발생하기 위해서는 다음의 네 가지 조건이 충족되어야 하는데, 이 네 가지 조건 중 하나라도 충족되지 않으면 교착상태가 발생하지 않는다.

20.6 **상호 배제** (Mutual Exclusion)	한 번에 한 개의 프로세스만이 공유 자원을 사용할 수 있어야 한다.
20.6 **점유와 대기** (Hold and Wait)	최소한 하나의 자원을 점유하고 있으면서 다른 프로세스에 할당되어 사용되고 있는 자원을 추가로 점유하기 위해 대기하는 프로세스가 있어야 한다.
비선점 (Non-preemption)	다른 프로세스에 할당된 자원은 사용이 끝날 때까지 강제로 빼앗을 수 없어야 한다.

전문가의 조언

교착상태가 발생하기 위한 필요 충분 조건을 묻는 문제가 출제되었습니다. 교착상태 발생 조건의 종류와 각각의 의미를 정확하게 파악하세요. 영문으로 출제됨을 유의하세요.

20.6 환형 대기 (Circular Wait)	공유 자원과 공유 자원을 사용하기 위해 대기하는 프로세스들이 원형으로 구성되어 있어 자신에게 할당된 자원을 점유하면서 앞이나 뒤에 있는 프로세스의 자원을 요구해야 한다.

 전문가의 조언

은행가 알고리즘이 어떤 기법인지를 묻는 문제가 출제되었습니다. 각 기법의 의미와 회피 기법의 대표 알고리즘은 은행가 알고리즘이라는 것을 기억해 두세요.

교착상태의 해결 방법

24.7, 24.2, 23.2, 21.5, 20.6

2418903

예방 기법 (Prevention)	• 교착상태가 발생하지 않도록 사전에 시스템을 제어하는 방법으로, 교착상태 발생의 네 가지 조건 중에서 어느 하나를 제거(부정)함으로써 수행된다. • 자원의 낭비가 가장 심한 기법이다.
24.7, 24.2, 23.2, 21.5, … 회피 기법 (Avoidance)	• 교착상태가 발생할 가능성을 배제하지 않고 교착상태가 발생하면 적절히 피해나가는 방법으로, 주로 은행원 알고리즘(Banker's Algorithm)이 사용된다. • **은행원 알고리즘(Banker's Algorithm)** : E. J. Dijkstra가 제안한 것으로, 은행에서 모든 고객의 요구가 충족되도록 현금을 할당하는 데서 유래한 기법
발견 기법 (Detection)	• 시스템에 교착상태가 발생했는지 점검하여 교착상태에 있는 프로세스와 자원을 발견하는 것을 의미한다. • 교착상태 발견 알고리즘과 자원 할당 그래프 등을 사용할 수 있다.
회복 기법 (Recovery)	교착상태를 일으킨 프로세스를 종료하거나 교착상태의 프로세스에 할당된 자원을 선점하여 프로세스나 자원을 회복하는 것을 의미한다.

 기출문제 따라잡기

문제1 2418951

25년 2월, 21년 3월, 20년 6월
1. 교착상태 발생의 필요 충분 조건이 아닌 것은?

① 상호 배제(mutual exclusion)
② 점유와 대기(hold and wait)
③ 환형 대기(circular wait)
④ 선점(preemption)

교착상태 발생의 필요 충분 조건중에 하나는 선점이 아니라 비선점입니다.

24년 7월, 2월, 23년 2월, 21년 5월, 20년 6월
2. 은행가 알고리즘(Banker's Algorithm)은 교착상태의 해결 방법 중 어떤 기법에 해당하는가?

① Avoidance
② Detection
③ Prevention
④ Recovery

'은행원 알고리즘'! 하면, 교착상태 회피(Avoidance) 기법입니다.

▶ 정답 : 1. ④ 2. ①

2장 핵심요약

135 네트워크 관련 신기술

❶ SDN(Software Defined Networking) [24.2, 23.2, 22.4]
- 네트워크를 컴퓨터처럼 모델링하여 여러 사용자가 각각의 소프트웨어들로 네트워킹을 가상화하여 제어하고 관리하는 네트워크이다.
- 기존 네트워크에는 영향을 주지 않으면서 특정 서비스의 전송 경로 수정을 통하여 인터넷상에서 발생하는 문제를 처리할 수 있다.

❷ SDS(Software-Defined Storage) [21.8]
물리적인 데이터 스토리지(Data Storage)를 가상화하여 여러 스토리지를 하나처럼 관리하거나, 하나의 스토리지를 여러 스토리지로 나눠 사용할 수 있는 기술이다.

❸ SDDC(Software Defined Data Center) [20.9]
데이터 센터의 모든 자원을 가상화하여 인력의 개입없이 소프트웨어 조작만으로 관리 및 제어되는 데이터 센터이다.

❹ 유비쿼터스 컴퓨팅(Ubiquitous Computing) [25.5]
- 언제 어디서나 어떤 기기를 통해서도 컴퓨팅이 가능한 환경을 의미하는 포괄적인 개념이다.
- 모든 사물에 초소형 칩을 내장시켜 네트워크로 연결하고, 사물 간에 통신이 가능한 사물 인터넷(IoT) 기술이 이 개념을 실현하는 핵심 수단 중 하나이다.

❺ 올조인(AllJoyn) [23.5]
- 오픈소스 기반의 사물인터넷(IoT) 플랫폼이다.
- 서로 다른 운영체제(OS)나 하드웨어를 사용하는 기기들이 표준화된 플랫폼을 이용함으로서 서로 통신 및 제어가 가능하다.

❻ 메시 네트워크(Mesh Network) [24.2, 23.7, 22.7, 22.4, 20.8]
- 차세대 이동통신, 홈네트워킹, 공공 안전 등 특수 목적을 위한 네트워크이다.
- 수십에서 수천 개의 디바이스를 그물망(Mesh)과 같이 유기적으로 연결하여 모든 구간을 동일한 무선망처럼 구성하여 사용자가 안정적인 네트워크를 사용할 수 있게 한다.

❼ 피코넷(PICONET) [20.6]
여러 개의 독립된 통신장치가 블루투스 기술이나 UWB(Ultra Wide Band) 통신 기술을 사용하여 통신망을 형성하는 무선 네트워크 기술이다.

❽ 클라우드 기반 HSM [25.2, 23.5, 22.7, 22.4]
- 클라우드를 기반으로 암호화 키의 생성·저장·처리 등의 작업을 수행하는 보안기기를 가리키는 용어이다.
- 암호화 키 생성이 하드웨어적으로 구현되기 때문에 소프트웨어적으로 구현된 암호 기술이 가지는 보안 취약점을 무시할 수 있다.

❾ 파스-타(PaaS-TA) [25.5, 21.8]
- 소프트웨어 개발 환경을 제공하기 위해 개발한 개방형 클라우드 컴퓨팅 플랫폼이다.
- 국내 IT 서비스 경쟁력 강화를 목표로 하며, 인프라 제어 및 관리 환경, 실행 환경, 개발 환경, 서비스 환경, 운영 환경으로 구성되어 있다.

❿ 징(Zing) [24.7, 22.4]
- 10cm 이내 거리에서 3.5Gbps 속도의 데이터 전송이 가능한 초고속 근접무선통신(NFC)이다.
- 휴대용 스마트 기기, 노트북, 쇼핑몰·거리 등의 광고나 키오스크에 접목하여 사용할 수 있다.

⓫ WDM(Wavelength Division Multiplexing) [20.9]
광섬유를 이용한 통신 기술의 하나로, 파장이 다른 광선끼리는 서로 간섭을 일으키지 않는 성질을 이용하여 서로 다른 복수의 신호를 보냄으로써 여러 대의 단말기가 동시에 통신 회선을 사용할 수 있도록 하는 기술이다.

⓬ 웹 크롤링(Web Crawling) [25.5]
웹에서 자동화된 프로그램을 이용해 데이터를 수집하는 작업이다.

⓭ SSO(Single Sign On) [25.5, 24.7, 21.8]
한 번의 로그인으로 개인이 가입한 모든 사이트를 이용할 수 있게 해주는 시스템이다.

2장 핵심요약

⑭ 스마트 그리드(Smart Grid) 21.3
- 정보 기술을 전력에 접목해 효율성을 높인 시스템이다.
- 전력선을 기반으로 모든 통신, 정보, 관련 애플리케이션 인프라를 하나의 시스템으로 통합하여 관리함으로써 효율적인 에너지 관리가 가능하다.

⑮ 메타버스(Metaverse) 25.8, 24.2, 23.2
- 가공(Meta)과 현실 세계(Universe)의 합성어로, 현실 세계와 같은 사회·경제·문화 활동이 이뤄지는 3차원 가상 세계를 가리킨다.
- 1992년 미국 SF 작가 닐 스티븐슨의 소설 '스노 크래시'에 처음 등장하였다.

⑤ CSMA/CD 23.5
- 데이터 프레임 간의 충돌이 발생하는 것을 인정하고 이를 해소하기 위해 CSMA 방식에 충돌 검출 기능과 충돌 발생 시 재송신하는 기능을 부가했다.
- 통신 회선이 사용중이면 일정 시간 동안 대기하고, 통신 회선 상에 데이터가 없을 때에만 데이터를 송신하며, 송신중에도 전송로의 상태를 계속 감시한다.

⑥ CSMA/CA 21.5
- 무선 랜에서 데이터 전송 시 매체가 비어있음을 확인한 뒤 충돌을 피하기 위해 일정한 시간을 기다린 후 데이터를 전송하는 방법이다.
- 회선을 사용하지 않는 경우에도 확인 신호를 전송하여 동시 전송에 의한 충돌을 예방한다.

136 네트워크 구축

❶ 버스형(Bus) 23.2, 21.3, 20.8
한 개의 통신 회선에 여러 대의 단말장치가 연결된 형태이다.

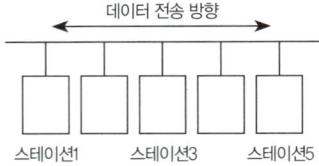

❷ VLAN(Virtual Local Area Network) 21.8
LAN의 물리적인 배치와 상관없이 논리적으로 분리하는 기술로, 접속된 장비들의 성능 및 보안성을 향상시킬 수 있다.

❸ WPA(Wi-Fi Protected Access) 22.7
Wi-Fi에서 제정한 무선 랜(WLAN) 인증 및 암호화 관련 표준이다.

❹ LAN의 표준 규격 – 802.11e 20.6
802.11의 부가 기능 표준으로, QoS 기능이 지원되도록 하기 위해 매체 접근 제어(MAC) 계층에 해당하는 부분을 수정하였다.

137 경로 제어 / 트래픽 제어

❶ RIP(Routing Information Protocol) 25.5, 22.4, 20.8, 20.6
- IGP에 속하는 라우팅 프로토콜로, 거리 벡터 라우팅 프로토콜이라고도 불린다.
- 최단 경로 탐색에 Bellman-Ford 알고리즘이 사용된다.
- 최대 홉(Hop) 수를 15로 제한한다.

❷ OSPF(Open Shortest Path First protocol) 21.5
- RIP의 단점을 해결하여 새로운 기능을 지원하는 라우팅 프로토콜이다.
- 최단 경로 탐색에 다익스트라(Dijkstra) 알고리즘을 사용한다.
- 네트워크 변화에 신속하게 대처할 수 있고, 멀티캐스팅을 지원한다.

❸ 흐름 제어 – 정지-대기(Stop-and-Wait) 24.7, 24.5, 24.2, 20.9
- 수신 측의 확인 신호(ACK)를 받은 후에 다음 패킷을 전송하는 방식이다.
- 한 번에 하나의 패킷만을 전송할 수 있다.

138 SW 관련 신기술

❶ 매시업(Mashup) 25.5, 24.2, 20.9
웹에서 제공하는 정보 및 서비스를 이용하여 새로운 소프트웨어나 서비스, 데이터베이스 등을 만드는 기술이다.

❷ 증발품(Vaporware) 25.8, 24.5, 23.7
판매 계획 또는 배포 계획은 발표되었으나 실제로 고객에게 판매되거나 배포되지 않고 있는 소프트웨어이다.

❸ 서비스 지향 아키텍쳐(SOA) 기반 애플리케이션 구성 계층 20.9
- 표현(Presentation) 계층
- 업무 프로세스(Biz-Process) 계층
- 서비스 중간(Service Intermediary) 계층
- 애플리케이션(Application) 계층
- 데이터 저장(Persistency) 계층

❹ 디지털 트윈(Digital Twin) 24.5, 20.8
- 현실 속의 사물을 소프트웨어로 가상화한 모델이다.
- 실제 자산의 특성에 대한 정확한 정보를 얻을 수 있고, 최적화, 돌발사고 최소화, 생산성 증가 등 설계부터 제조, 서비스에 이르는 모든 과정의 효율성을 향상시킬 수 있다.

❺ 텐서플로(TensorFlow) 21.8
구글의 구글 브레인(Google Brain) 팀이 만든, 다양한 작업에 대해 데이터 흐름 프로그래밍을 위한 오픈소스 소프트웨어 라이브러리이다.

❻ 도커(Docker) 25.5, 24.7, 22.3
- 컨테이너 기술을 자동화하여 쉽게 사용할 수 있게 하는 오픈소스 프로젝트이다.
- 소프트웨어 컨테이너 안에 응용 프로그램들을 배치시키는 일을 자동화 해주는 역할을 수행한다.

❼ 스크래피(Scrapy) 24.5, 23.2, 22.3
Python 기반의 웹 크롤링 프레임워크로, 코드 재사용성을 높이는 데 도움이 되며, 대규모의 크롤링 프로젝트에 적합하다.

139 보안 관련 신기술

❶ 비트로커(BitLocker) 23.5
- Windows 7부터 지원되기 시작한 Windows 전용의 볼륨 암호화 기능이다.
- TPM(Trusted Platform Module)과 AES-128 알고리즘을 사용한다.

❷ 서비스형 블록체인(BaaS) 25.2, 24.7, 23.7, 22.7, 21.3
- 블록체인(Blockchain) 앱의 개발 환경을 클라우드 기반으로 제공하는 서비스이다.
- 블록체인 네트워크에 노드의 추가 및 제거가 용이하다.

❸ OWASP(오픈 웹 애플리케이션 보안 프로젝트) 21.8
웹 정보 노출이나 악성 코드, 스크립트, 보안이 취약한 부분을 연구하는 비영리 단체이다.

❹ TCP 래퍼(TCP Wrapper) 25.8, 23.5, 22.4
외부 컴퓨터의 접속 인가 여부를 점검하여 접속을 허용 및 거부하는 보안용 도구이다.

❺ 허니팟(Honeypot) 25.8, 24.5, 23.2, 22.3
- 비정상적인 접근의 탐지를 위해 의도적으로 설치해 둔 시스템이다.
- 침입자를 속여 실제 공격당하는 것처럼 보여줌으로써 추적 및 공격기법에 대한 정보를 수집한다.

❻ DPI(Deep Packet Inspection) 24.2, 22.3
OSI 7 Layer 전 계층의 프로토콜과 패킷 내부의 콘텐츠를 파악하여 침입 시도, 해킹 등을 탐지하고, 트래픽을 조정하기 위한 패킷 분석 기술이다.

2장 핵심요약

140 HW 관련 신기술

❶ 고가용성 솔루션(HACMP) 25.8, 24.7, 23.7, 22.3
- 긴 시간동안 안정적인 서비스 운영을 위해 장애 발생 시 즉시 다른 시스템으로 대체 가능한 환경을 구축하는 메커니즘을 의미한다.
- 각 시스템 간에 공유 디스크를 중심으로 클러스터링으로 엮어 다수의 시스템을 동시에 연결할 수 있다.

❷ 앤 스크린(N-Screen) 21.5
- N개의 서로 다른 단말기에서 동일한 콘텐츠를 자유롭게 이용할 수 있는 서비스를 말한다.
- PC, TV, 휴대폰에서 동일한 콘텐츠를 끊김 없이 이용할 수 있다.

141 Secure OS

❶ Secure OS 20.9
- 기존의 운영체제(OS)에 내재된 보안 취약점을 해소하기 위해 보안 기능을 갖춘 커널을 이식하여 외부의 침입으로부터 시스템 자원을 보호하는 운영체제를 의미한다.
- Secure OS의 보안 기능 : 식별 및 인증, 임의적/강제적 접근통제, 객체 재사용 보호, 완전한 조정, 신뢰 경로, 감사 및 감사기록 축소 등

❷ Secure OS의 보안 기능 21.5
- 식별 및 인증
- 임의적 접근통제
- 강제적 접근통제
- 객체 재사용 보호
- 완전한 조정
- 신뢰 경로
- 감사 및 감사기록 축소

142 DB 관련 신기술

❶ 하둡(Hadoop) 25.5, 23.2, 22.4, 21.5, 20.6
- 오픈 소스를 기반으로 한 분산 컴퓨팅 플랫폼이다.
- 하둡과 관계형 데이터베이스(RDB) 간 대용량 데이터를 전송할 때 스쿱(Sqoop)이라는 도구를 이용한다.

❷ 맵리듀스(MapReduce) 24.5, 23.2, 20.9
- 대용량 데이터를 분산 처리하기 위한 목적으로 개발된 프로그래밍 모델이다.
- Google에 의해 고안되었으며, 대표적인 대용량 데이터 처리를 위한 병렬 처리 기법으로 많이 사용되고 있다.

❸ 타조(Tajo) 20.9
- 오픈 소스 기반 분산 컴퓨팅 플랫폼인 아파치 하둡(Apache Hadoop) 기반의 분산 데이터 웨어하우스 프로젝트이다.
- 대규모 데이터 처리와 실시간 상호 분석에 모두 사용할 수 있다.

❹ 데이터 마이닝(Data Mining) 24.5, 23.7, 20.8

데이터 웨어하우스에 저장된 대량의 데이터 집합에서 사용자의 요구에 따라 유용하고 가능성 있는 정보를 발견하기 위한 기법이다.

❺ OLAP(Online Analytical Processing) 20.9
- 다차원으로 이루어진 데이터로부터 통계적인 요약 정보를 분석하여 의사결정에 활용하는 방식을 말한다.
- OLAP 연산 : Roll-up, Drill-down, Drill-through, Drill-across, Pivoting, Slicing, Dicing

143 회복 / 병행제어

❶ 회복(Recovery) 25.2, 23.5, 21.3

트랜잭션들을 수행하는 도중 장애가 발생하여 데이터베이스가 손상되었을 때 손상되기 이전의 정상 상태로 복구하는 작업이다.

❷ 즉각 갱신 기법(Immediate Update) 24.7, 20.8

- 트랜잭션이 데이터를 갱신하면 트랜잭션이 부분 완료되기 전이라도 즉시 실제 데이터베이스에 반영하는 방법이다.
- 장애가 발생하여 회복 작업할 경우를 대비하여 갱신된 내용들은 Log에 보관시킨다.

❸ 병행제어의 목적 25.2, 23.5

- 데이터베이스의 공유를 최대화한다.
- 시스템의 활용도를 최대화한다.
- 데이터베이스의 일관성을 유지한다.
- 사용자에 대한 응답 시간을 최소화한다.

❹ 로킹(Locking) 20.9, 20.8

- 주요 데이터의 액세스를 상호 배타적으로 하는 것이다.
- 트랜잭션들이 어떤 로킹 단위를 액세스하기 전에 Lock(잠금)을 요청해서 Lock이 허락되어야만 그 로킹 단위를 액세스할 수 있도록 하는 기법이다.

❺ 타임 스탬프 순서(Time Stamp Ordering) 21.8

직렬성 순서를 결정하기 위해 트랜잭션 간의 처리 순서를 미리 선택하는 기법들 중에서 가장 보편적인 방법이다.

❻ 로킹 단위(Locking Granularity) 25.5, 24.7, 24.5, 24.2, 23.2, 21.8, 21.3, 20.9, …

- 병행제어에서 한꺼번에 로킹할 수 있는 객체의 크기를 의미한다.
- 데이터베이스, 파일, 레코드, 필드 등이 로킹 단위가 될 수 있다.
- 로킹 단위가 크면 로크 수가 작아 관리하기 쉽지만 병행성 수준이 낮아지고, 로킹 단위가 작으면 로크 수가 많아 관리하기 복잡해 오버헤드가 증가하지만 병행성 수준이 높아진다.

144 교착상태

❶ 교착상태 발생의 필요 충분 조건 4가지 25.2, 21.3, 20.6

- 상호 배제(Mutual Exclusion)
- 점유와 대기(Hold and Wait)
- 비선점(Non-preemption)
- 환형 대기(Circular Wait)

❷ 회피 기법(Avoidance) 24.7, 24.2, 23.2, 21.5, 20.6

- 교착상태가 발생할 가능성을 배제하지 않고 교착상태가 발생하면 적절히 피해 나가는 방법으로, 주로 은행원 알고리즘(Banker's Algorithm)이 사용된다.
- 은행원 알고리즘(Banker's Algorithm) : E. J. Dijkstra가 제안한 것으로, 은행에서 모든 고객의 요구가 충족되도록 현금을 할당하는 데서 유래한 기법

합격수기 코너는 시나공으로 공부하신 독자분들이 시험에 합격하신 후에 직접 **시나공 홈페이지(sinagong.co.kr)**에 올려주신 자료를 토대로 구성됩니다.

시나공으로 3개의 자격증 취득(합격수기 및 노하우)!

시나공으로 워드 취득을 시작으로 정보처리기사 및 컴활2급을 취득했습니다.

워드를 취득할 때만 해도 시나공이 얼마나 좋은 책인지 잘 몰랐던 터라 인터넷에서 많은 사람들이 시나공을 추천하는 것을 보며 '왜 그렇게 많이 추천을 할까?'라는 생각을 했었는데 자격증을 취득하고 나서야 왜 그랬는지 알게 되더군요. 시나공의 가장 큰 장점은 단기간 시험 준비를 하는 사람들에게는 딱이라는 거죠. 아무튼 3개의 자격증을 취득하면서 너무나 기쁘고, 행복했습니다. 3개의 자격증을 취득하기까지 제 나름의 노하우를 알려드릴게요.

"첫 번째, 시간을 잘 활용하라."
필기 시험의 경우 시간적 여유가 한 달 정도 있는 분이라면 앞에서 부터 차근차근 공부하면서 문제를 풀고 틀린 오답 노트를 만들어서 정리해 보는 것이 좋습니다. 만약 시간이 일주일도 채 안 되는 분들은 시간이 그리 많지 않기 때문에 기출문제 위주로 공부하고 잘 이해가 안 되는 부분은 꼭 해설을 보세요.

"두 번째, 오답 노트를 만들어라."
항상 보면 틀린 문제는 또 틀리기 쉽습니다. 오답 노트라 해서 부담 갖지 말고 A4 용지를 반을 접어서 틀린 문제 위주로 적어 놓으세요. 너무 많을 경우 자주 출제된 문제 위주로 우선순위를 정해 정리하는 것도 좋은 방법입니다.

"세 번째, 이론보다 문제를 많이 풀어라."
물론 이론 중요하죠. 하지만 이론보다는 문제를 풀어 보면서 문제가 어떻게 출제되는지 출제 경향을 파악하는 것이 무엇보다 중요합니다. 문제를 풀다보면 시험이 어떤 식으로 출제되는지 쉽게 감을 잡을 수 있을 뿐만 아니라 처음 나오는 문제를 대하게 되더라도 대처할 수 있는 능력을 갖게 됩니다. 늦었지만 저의 간단한 합격 수기 및 노하우를 알려드렸습니다.

자신감을 갖고 목표한 자격증을 꼭 취득하시기 바랍니다.

모두 파이팅!

이윤섭 · ddaenggul81

3장 소프트웨어 개발 보안 구축

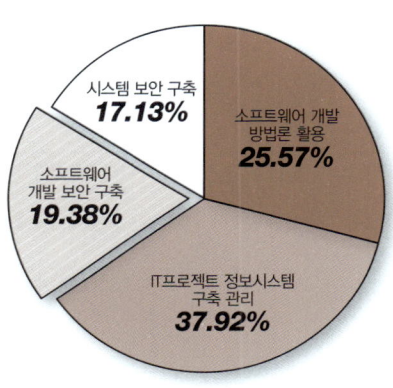

145 Secure SDLC Ⓐ등급
146 세션 통제 Ⓒ등급
147 입력 데이터 검증 및 표현 Ⓑ등급
148 보안 기능 Ⓒ등급
149 에러처리 Ⓒ등급
150 코드 오류 Ⓒ등급
151 캡슐화 Ⓒ등급
152 암호 알고리즘 Ⓐ등급

꼭 알아야 할 키워드 Best 10

1. 보안 요소 2. 세션 하이재킹 3. SQL 삽입 4. 크로스사이트 스크립팅 5. 스택 가드 6. 접근 지정자 7. RSA 8. 개인키 암호화 기법
9. 공개키 암호화 기법 10. 해시

SECTION 145

Secure SDLC

1. Secure SDLC의 개요

Secure SDLC는 보안상 안전한 소프트웨어를 개발하기 위해 SDLC*에 보안 강화를 위한 프로세스를 포함한 것을 의미한다.

- Secure SDLC는 소프트웨어의 유지 보수 단계에서 보안 이슈를 해결하기 위해 소모되는 많은 비용을 최소화하기 위해 등장하였다.
- Secure SDLC는 요구사항 분석, 설계, 구현, 테스트, 유지 보수 등 SDLC 전체 단계에 걸쳐 수행되어야 할 보안 활동을 제시한다.
- **Secure SDLC의 대표적인 방법론**

CLASP	• Secure Software 사에서 개발하였으며, SDLC의 초기 단계에서 보안을 강화하기 위해 개발된 방법론이다. • 활동 중심, 역할 기반의 프로세스로 구성되어 있으며, 현재 운용 중인 시스템에 적용하기에 적합하다.
SDL	• 마이크로소프트 사에서 안전한 소프트웨어 개발을 위해 기존의 SDLC를 개선한 방법론이다. • 전통적인 나선형 모델을 기반으로 한다.
Seven Touchpoints	• 소프트웨어 보안의 모범사례를 SDLC에 통합한 방법론이다. • 설계 및 개발 과정의 모든 산출물에 대해 위험 분석 및 테스트를 수행한다. • SDLC의 각 단계에 관련된 7개의 보안 강화 활동을 수행한다.

2. 요구사항 분석 단계에서의 보안 활동

요구사항 분석 단계에서는 보안 항목에 해당하는 요구사항을 식별하는 작업을 수행한다.

- 전산화되는 정보가 가지고 있는 보안 수준을 보안 요소별로 등급을 구분하여 분류한다.
- 조직의 정보보호 관련 보안 정책을 참고하여 소프트웨어 개발에 적용할 수 있는 보안 정책 항목들의 출처, 요구 수준*, 세부 내용 등을 문서화한다.

전문가의 조언

SDLC는 소프트웨어를 개발하기 위한 모든 과정을 각 단계별로 나눈 것이며, Secure SDLC는 보안을 위해 SDLC의 전체 단계에 보안 강화를 위한 프로세스를 포함한 것입니다.

소프트웨어 개발 생명주기(SDLC; Software Development Life Cycle)

소프트웨어 개발 생명주기는 소프트웨어 개발 방법론의 바탕이 되는 것으로, 소프트웨어를 개발하기 위해 정의하고 운용, 유지보수 등의 전 과정을 각 단계별로 나눈 것입니다. 자세한 내용은 Section 001을 참조하세요.

요구 수준

요구 수준은 해당 보안 정책 항목의 적용이 필수적인지 선택적인지를 의미합니다. 예를 들어, 주민번호는 정해진 수집 및 취급 방법이 법령에 있으므로 필수적으로 적용해야 합니다.

잠깐만요 | 보안 요소

25.8, 25.5, 25.2, 24.7, 23.5, 23.2, 22.7, 22.4, 21.3, 20.8, 20.6, 실기 20.11

보안 요소는 소프트웨어 개발에 있어 충족시켜야할 요소 및 요건을 의미합니다.

- 보안 3대 요소에는 기밀성(Confidentiality), 무결성(Integrity), 가용성(Availability)이 있으며, 그 외에도 인증(Authentication), 부인 방지(NonRepudiation) 등이 있습니다.

기밀성 (21.3, 20.8)	• 시스템 내의 정보와 자원은 인가된 사용자에게만 접근이 허용됩니다. • 정보가 전송 중에 노출되더라도 데이터를 읽을 수 없습니다.
무결성 (25.8, 24.7, 23.2, 21.3 …)	시스템 내의 정보는 오직 인가된 사용자만 수정할 수 있습니다.
가용성 (21.3, 20.8, 실기 20.11)	인가받은 사용자는 언제라도 사용할 수 있습니다.
인증	• 시스템 내의 정보와 자원을 사용하려는 사용자가 합법적인 사용자인지를 확인하는 모든 행위를 말합니다. • 대표적 방법으로는 패스워드, 인증용 카드, 지문 검사 등이 있습니다.
부인 방지	데이터를 송·수신한 자가 송·수신 사실을 부인할 수 없도록 송·수신 증거를 제공합니다.

> **전문가의 조언**
> 보안 요소에 대한 문제가 꾸준히 출제되고 있습니다. 보안의 3대 요소와 각 요소의 개별적인 특징을 확실히 정리하세요.

3 설계 단계에서의 보안 활동

설계 단계에서는 식별된 보안 요구사항들을 소프트웨어 설계서에 반영하고, 보안 설계서를 작성한다.

- 소프트웨어에서 발생할 수 있는 위협*을 식별하여 보안대책, 소요예산, 사고 발생 시 영향 범위와 대응책 등을 수립한다.
- 네트워크, 서버, 물리적 보안, 개발 프로그램 등 환경에 대한 보안통제 기준을 수립하여 설계에 반영한다.
  - 네트워크 : 외부의 사이버 공격으로부터 개발 환경을 보호하기 위해 네트워크를 분리하거나 방화벽을 설치한다.
  - 서버 : 보안이 뛰어난 운영체제를 사용하고 보안 업데이트, 외부접속에 대한 접근통제 등을 실시한다.
  - 물리적 보안 : 출입통제, 개발 공간 제한, 폐쇄회로 등의 감시설비를 설치한다.
  - 개발 프로그램 : 허가되지 않은 프로그램을 통제하고 지속적인 데이터 무결성 검사를 실시한다.

> **위협(Threat)**
> 위협이란 불법적인 유출, 위조, 변조, 삭제, 파손 등 소프트웨어에 발생할 수 있는 재산상의 손해를 말합니다.

4 구현 단계에서의 보안 활동

구현 단계에서는 표준 코딩 정의서* 및 소프트웨어 개발 보안 가이드*를 준수하며, 설계서에 따라 보안 요구사항들을 구현한다.

- 개발 과정 중에는 지속적인 단위 테스트*를 통해 소프트웨어에 발생할 수 있는 보안 취약점을 최소화해야 한다.
- 코드 점검 및 소스 코드 진단 작업을 통해 소스 코드의 안정성을 확보해야 한다.

> **표준 코딩 정의서**
> 표준 코드 정의서는 코딩 시 다른 개발자나 운영자가 쉽게 접근할 수 있도록 클래스, 메소드 등의 네이밍 규칙, 주석 첨부 방식 등을 정의해 둔 문서입니다.

> **소프트웨어 개발 보안 가이드**
> 소프트웨어 개발 보안 가이드는 안전한 소프트웨어 개발을 위해 정부에서 제작하여 배포하고 있는 지침입니다.

> **단위 테스트(Unit Test)**
> 단위 테스트는 프로그램의 단위 기능을 구현하는 모듈이 정해진 기능을 정확히 수행하는지 검증하는 것입니다. 자세한 내용은 Section 035를 참조하세요.

> **잠깐만요** 시큐어 코딩(Secure Coding)
>
> 시큐어 코딩은 소프트웨어의 구현 단계에서 발생할 수 있는 보안 취약점들을 최소화하기 위해 보안 요소들을 고려하며 코딩하는 것을 의미합니다.
> - 보안 취약점을 사전에 대응하여 안정성과 신뢰성을 확보하기 위해 사용됩니다.
> - 보안 정책을 바탕으로 시큐어 코딩 가이드를 작성하고, 개발 참여자에게는 시큐어 코딩 교육을 실시해야 합니다.

5 테스트 단계에서의 보안 활동

테스트 단계에서는 설계 단계에서 작성한 보안 설계서를 바탕으로 보안 사항들이 정확히 반영되고 동작되는지 점검한다.

- 동적 분석 도구* 또는 모의 침투테스트를 통해 설계 단계에서 식별된 위협들의 해결여부를 검증한다.
- 설계 단계에서 식별된 위협들 외에도 구현 단계에서 추가로 제시된 위협들과 취약점들을 점검할 수 있도록 테스트 계획을 수립하고 시행한다.
- 테스트 단계에서 수행한 모든 결과는 문서화하여 보존하고, 개발자에게 피드백 되어야 한다.

동적 분석 도구
동적 분석 도구는 프로그램을 실제 또는 가상으로 실행시킨 상황에서 메모리 분석, 보안 취약점 검색, 오류 탐지 등의 다양한 기능을 수행하는 소프트웨어입니다.

6 유지보수 단계에서의 보안 활동

유지보수 단계에서는 이전 과정을 모두 수행하였음에도 발생할 수 있는 보안사고들을 식별하고, 사고 발생 시 이를 해결하고 보안 패치를 실시한다.

기출문제 따라잡기

문제2

20년 8월

1. 실무적으로 검증된 개발 보안 방법론 중 하나로, SW 보안의 모범 사례를 SDLC(Software Development Life Cycle)에 통합한 소프트웨어 개발 보안 생명주기 방법론은?

① CLASP ② CWE
③ PIMS   ④ Seven Touchpoints

'모범사례' 하면, Seven Touchpoints입니다.

25년 5월, 2월, 23년 5월, 22년 7월, 21년 3월, 20년 8월

2. 정보 보안의 3대 요소에 해당하지 않는 것은?

① 기밀성 ② 휘발성
③ 무결성 ④ 가용성

보안을 잘하면 무(결성)기(밀성)가(용성) 됩니다.

25년 8월, 24년 7월, 23년 2월, 20년 6월

3. 시스템 내의 정보는 오직 인가된 사용자만 수정할 수 있는 보안 요소는?

① 기밀성 ② 부인방지
③ 가용성 ④ 무결성

기밀성은 인가된 사용자에게만 접근이 허용되는 것, 부인방지는 송·수신 사실의 부인을 막기 위해 증거를 제공하는 것, 가용성은 인가받은 사용자는 언제든지 자원을 사용할 수 있도록 하는 것입니다.

▶ 정답 : 1. ④ 2. ② 3. ④

SECTION 146 세션 통제

1 세션 통제의 개요

세션은 서버와 클라이언트의 연결을 의미하고, 세션 통제는 세션의 연결과 연결로 인해 발생하는 정보를 관리하는 것을 의미한다.

- 세션 통제는 소프트웨어 개발 과정 중 요구사항 분석 및 설계 단계에서 진단해야 하는 보안 점검 내용이다.
- 세션 통제의 보안 약점에는 불충분한 세션 관리, 잘못된 세션에 의한 정보 노출이 있다.

2 불충분한 세션 관리

불충분한 세션 관리는 일정한 규칙이 존재하는 세션ID*가 발급되거나 타임아웃이 너무 길게 설정되어 있는 경우 발생할 수 있는 보안 약점이다.

- 세션 관리가 충분하지 않으면 침입자는 세션 하이재킹과 같은 공격을 통해 획득한 세션ID로 인가되지 않은 시스템의 기능을 이용하거나 중요한 정보에 접근할 수 있다.

> **잠깐만요** 세션 하이재킹(Session Hijacking)
> 25.2, 24.7, 22.7, 21.3, 실기 25.4
>
> 세션 하이재킹은 서버에 접속하고 있는 클라이언트들의 세션 정보를 가로채는 공격 기법으로, 세션 가로채기라고도 합니다.
> - 정상적인 연결을 RST(Reset) 패킷을 통해 종료시킨 후 재연결 시 희생자가 아닌 공격자에게 연결하는 방식입니다.
> - 공격자는 서버와 상호 간의 동기화된 시퀀스 번호를 이용하여 인가되지 않은 시스템의 기능을 이용하거나 중요한 정보에 접근할 수 있게 됩니다.
> - 탐지 방법에는 비동기화 상태 탐지, ACK Storm* 탐지, 패킷의 유실 탐지, 예상치 못한 접속의 리셋 탐지가 있습니다.

3 잘못된 세션에 의한 정보 노출

잘못된 세션에 의한 정보 노출은 다중 스레드(Multi-Thread)* 환경에서 멤버 변수*에 정보를 저장할 때 발생하는 보안 약점이다.

- 싱글톤* 패턴에서 발생하는 레이스컨디션*으로 인해 동기화 오류가 발생하거나, 멤버 변수의 정보가 노출될 수 있다.
- 멤버 변수보다 지역 변수를 활용하여 변수의 범위를 제한함으로써 방지할 수 있다.

전문가의 조언

세션 통제의 정확한 의미를 이해하고, 세션 통제가 적절히 구현되지 않은 경우 발생할 수 있는 보안 약점들에 대해 알아두세요.

세션ID(SessionID)
세션ID는 서버가 클라이언트들을 구분하기 위해 부여하는 키(Key)로, 클라이언트가 서버에 요청을 보낼 때마다 세션ID를 통해 인증이 수행됩니다.

전문가의 조언

세션 하이재킹에 대한 문제가 출제되었습니다. 탐지 방법 4가지를 확실히 기억하고 넘어가세요.

ACK Storm
ACK Storm은 세션 하이재킹 과정 중에 패킷량이 비정상적으로 늘어나는 현상을 의미합니다.

다중 스레드(Multi-Thread)
프로세스 내의 작업 단위로, 시스템의 자원을 할당받아 실행하는 프로그램의 단위를 스레드라고 하며, 두 개 이상의 스레드가 생성되어 동시 처리되는 다중 작업(Multitasking)을 다중 스레드 또는 멀티 스레드라고 부릅니다.

멤버 변수(Member Variable)
멤버 변수는 객체와 연결된 변수로, 클래스 내에 선언되어 클래스의 모든 메소드들이 접근 가능한 변수입니다. 멤버 필드라고도 부르며, 종류에는 클래스 변수, 인스턴스 변수가 있습니다.

싱글톤(Singleton)
싱글톤은 하나의 객체를 생성하면 생성된 객체를 어디서든 참조할 수 있지만, 여러 프로세스가 동시에 참조할 수는 없는 디자인 패턴입니다. 자세한 내용은 Section 023을 참조하세요.

레이스컨디션(Race Condition)
레이스컨디션은 두 개 이상의 프로세스가 공용 자원을 획득하기 위해 경쟁하고 있는 상태를 의미합니다.

4 세션 설계시 고려 사항

- 시스템의 모든 페이지에서 로그아웃이 가능하도록 UI(User Interface)를 구성한다.
- 로그아웃 요청 시 할당된 세션이 완전히 제거되도록 한다.
- 세션 타임아웃은 중요도가 높으면 2~5분, 낮으면 15~30분으로 설정한다.
- 이전 세션이 종료되지 않으면 새 세션이 생성되지 못하도록 설계한다.
- 중복 로그인을 허용하지 않은 경우 클라이언트의 중복 접근에 대한 세션 관리 정책을 수립한다.
- 패스워드 변경 시 활성화된 세션을 삭제하고 재할당한다.

5 세션ID의 관리 방법

- 세션ID는 안전한 서버에서 최소 128비트의 길이로 생성한다.
- 세션ID의 예측이 불가능하도록 안전한 난수 알고리즘을 적용한다.
- 세션ID가 노출되지 않도록 URL Rewrite* 기능을 사용하지 않는 방향으로 설계한다.
- 로그인 시 로그인 전의 세션ID를 삭제하고 재할당한다.
- 장기간 접속하고 있는 세션ID는 주기적으로 재할당되도록 설계한다.

URL Rewrite
URL Rewrite는 쿠키를 사용할 수 없는 환경에서 세션ID 전달을 위해 URL에 세션ID를 포함시키는 것입니다.

기출문제 따라잡기

 문제1 2419251

25년 2월, 24년 7월, 22년 7월, 21년 3월
1. 세션 하이재킹을 탐지하는 방법으로 거리가 먼 것은?
① FTP SYN SEGMENT 탐지
② 비동기화 상태 탐지
③ ACK STORM 탐지
④ 패킷의 유실 및 재전송 증가 탐지

세션 하이재킹의 탐지 방법 4가지는 '비동기화, ACK Storm, 패킷 유실, 리셋 탐지'입니다.

출제예상
2. 다음 중 세션 설계 시 고려할 사항이 아닌 것은?
① 정해진 페이지에서만 로그아웃이 가능하도록 UI를 구성한다.
② 로그아웃 요청을 받으면 해당 세션이 완전히 삭제되도록 설계한다.
③ 이전 세션이 남아있는 경우 새 세션이 생성되지 못하도록 설계한다.
④ 패스워드 변경 시 활성화된 세션을 삭제한 후 재할당한다.

클라이언트가 언제든지 로그아웃을 할 수 있도록 모든 페이지에 로그아웃 버튼을 배치하는 것이 좋습니다.

▶ 정답 : 1. ① 2. ①

SECTION 147 입력 데이터 검증 및 표현

1 입력 데이터 검증 및 표현의 개요

입력 데이터 검증 및 표현은 입력 데이터로 인해 발생하는 문제들을 예방하기 위해 구현 단계에서 검증해야 하는 보안 점검 항목들이다.

- 입력 데이터로 인해 발생하는 문제를 예방하기 위해서는 소프트웨어 개발의 구현 단계에서 유효성 검증 체계를 갖추고, 검증되지 않은 데이터가 입력되는 경우 이를 처리할 수 있도록 구현해야 한다.
- 입력 데이터를 처리하는 객체에 지정된 자료형이 올바른지 확인하고, 일관된 언어셋*을 사용하도록 코딩한다.

2 입력 데이터 검증 및 표현의 보안 약점

25.2, 24.2, 23.7, 22.7, 22.3, 21.8, 20.9, 20.8, 실기 20.7

입력 데이터 검증 및 표현과 관련된 점검을 수행하지 않은 경우 SQL 삽입, 자원 삽입, 크로스사이트 스크립팅(XSS), 운영체제 명령어 삽입 등의 공격에 취약해진다.

- 보안 약점의 종류

25.2, 24.2, 23.7, 22.7, ··· **SQL 삽입** (SQL Injection)	• 웹 응용 프로그램에 SQL을 삽입하여 내부 데이터베이스(DB) 서버의 데이터를 유출 및 변조하고, 관리자 인증을 우회하는 보안 약점이다. • 동적 쿼리*에 사용되는 입력 데이터에 예약어 및 특수문자가 입력되지 않게 필터링 되도록 설정하여 방지할 수 있다.
24.2, 23.7, 22.7, 22.3 **경로 조작 및 자원 삽입**	• 데이터 입출력 경로를 조작하여 서버 자원을 수정·삭제할 수 있는 보안 약점이다. • 사용자 입력값을 식별자로 사용하는 경우, 경로 순회* 공격을 막는 필터를 사용하여 방지할 수 있다.
24.2, 23.7, 22.7, 22.3, 20.9 **크로스사이트 스크립팅(XSS; Cross Site Scripting)**	• 웹페이지에 악의적인 스크립트*를 삽입하여 방문자들의 정보를 탈취하거나, 비정상적인 기능 수행을 유발하는 보안 약점이다. • HTML 태그의 사용을 제한하거나 스크립트에 삽입되지 않도록 '〈', '〉', '&' 등의 문자를 다른 문자로 치환함으로써 방지할 수 있다.
24.2, 23.7, 22.7, 22.3 **운영체제 명령어 삽입**	• 외부 입력값을 통해 시스템 명령어의 실행을 유도함으로써 권한을 탈취하거나 시스템 장애를 유발하는 보안 약점이다. • 웹 인터페이스를 통해 시스템 명령어가 전달되지 않도록 하고, 외부 입력값을 검증 없이 내부 명령어로 사용하지 않음으로써 방지할 수 있다.
위험한 형식 파일 업로드	• 악의적인 명령어가 포함된 스크립트 파일을 업로드함으로써 시스템에 손상을 주거나, 시스템을 제어할 수 있는 보안 약점이다. • 업로드 되는 파일의 확장자 제한, 파일명의 암호화, 웹사이트와 파일 서버의 경로 분리, 실행 속성을 제거하는 등의 방법으로 방지할 수 있다.
신뢰되지 않는 URL 주소로 자동접속 연결	• 입력 값으로 사이트 주소를 받는 경우 이를 조작하여 방문자를 피싱 사이트로 유도하는 보안 약점이다. • 연결되는 외부 사이트의 주소를 화이트 리스트로 관리함으로써 방지할 수 있다.

전문가의 조언

- 소프트웨어 개발의 구현 단계에서 검증해야 하는 보안 점검 내용은 총 7가지로, 입력 데이터 검증 및 표현, 보안 기능, 시간 및 상태, 에러처리, 코드 오류, 캡슐화, API 오용으로 분류됩니다. 각 단계를 차례대로 살펴보도록 하겠습니다.
- 입력 데이터 검증 및 표현에서는 개별 보안 약점에 대한 문제가 출제되고 있습니다. 서로를 구분할 수 있도록 각각의 특징을 정리하세요.

언어셋(Character Set)

언어셋은 문자(Character)를 컴퓨터에서 처리하기 위해 사용하는 코드표를 의미하며, 종류에는 ASCII, UNICODE, UTF-8 등이 있습니다.

전문가의 조언

입력 데이터 검증 및 표현 미비로 발생하는 보안 약점에는 왼쪽의 6가지 이외에도 XQuery/XPath/LDAP/포맷 스트링 삽입, 크로스사이트 요청 위조, HTTP 응답 분할, 정수형/메모리 버퍼 오버플로우, 보안기능 결정에 사용되는 부적절한 입력값 등이 있습니다.

동적 쿼리(Dynamic Query)

동적 쿼리는 질의어 코드를 문자열 변수에 넣어 조건에 따라 질의를 동적으로 변경하여 처리하는 방식을 의미합니다. 자세한 내용은 Section 089를 참조하세요.

경로 순회(Directory Traversal)

경로를 탐색할 때 사용하는 '/', '\', '..' 등의 기호를 악용하여 허가되지 않은 파일에 접근하는 방식입니다.

스크립트(Script)

소프트웨어를 수행하는데 필요한 처리 절차가 기록된 텍스트로, 대표적인 스크립트 파일의 확장자에는 asp, jsp, php 등이 있습니다.

20.8 메모리 버퍼 오버플로	• 연속된 메모리 공간을 사용하는 프로그램에서 할당된 메모리의 범위를 넘어선 위치에서 자료를 읽거나 쓰려고 할 때 발생하는 보안 약점이다. • 프로그램의 오동작을 유발시키거나, 악의적인 코드를 실행시켜 공격자가 프로그램을 통제할 수 있는 권한을 획득하게 한다. • 메모리 버퍼를 사용할 경우 적절한 버퍼의 크기를 설정하고, 설정된 범위의 메모리 내에서 올바르게 읽거나 쓸 수 있도록 함으로써 방지할 수 있다.

기출문제 따라잡기

25년 2월, 22년 7월, 21년 8월
1. SQL Injection 공격과 관련한 설명으로 틀린 것은?

① SQL Injection은 임의로 작성한 SQL 구문을 애플리케이션에 삽입하는 공격 방식이다.
② SQL Injection 취약점이 발생하는 곳은 주로 웹 애플리케이션과 데이터베이스가 연동되는 부분이다.
③ DBMS의 종류와 관계없이 SQL Injection 공격 기법은 모두 동일하다.
④ 로그인과 같이 웹에서 사용자의 입력 값을 받아 데이터베이스 SQL문으로 데이터를 요청하는 경우 SQL Injection을 수행할 수 있다.

DB마다 접근하는 방법이 모두 다르므로 공격 기법 또한 달라질 수밖에 없습니다.

20년 9월
2. 웹페이지에 악의적인 스크립트를 포함시켜 사용자 측에서 실행되게 유도함으로써, 정보 유출 등의 공격을 유발할 수 있는 취약점은?

① Ransomware   ② Pharming
③ Phishing   ④ XSS

XSS는 Cross Site Scripting의 약자로, 스크립트를 삽입하여 소프트웨어 문제를 일으킵니다.

20년 8월
3. 다음 내용이 설명하는 소프트웨어 취약점은?

> 메모리를 다루는 데 오류가 발생하여 잘못된 동작을 하는 프로그램 취약점

① FTP 바운스 공격   ② SQL 삽입
③ 버퍼 오버플로   ④ 디렉토리 접근 공격

이것은 할당된 메모리의 범위를 넘어선 위치에서 자료를 읽거나 쓰려고 할 때 발생하는 보안 약점입니다.

25년 2월, 24년 2월, 23년 7월, 22년 7월, 3월
4. Secure 코딩에서 입력 데이터의 보안 약점과 관련한 설명으로 틀린 것은?

① SQL 삽입 : 사용자의 입력 값 등 외부 입력 값이 SQL 쿼리에 삽입되어 공격
② 크로스사이트 스크립트 : 검증되지 않은 외부 입력 값에 의해 브라우저에서 악의적인 코드가 실행
③ 운영체제 명령어 삽입 : 운영체제 명령어 파라미터 입력 값이 적절한 사전검증을 거치지 않고 사용되어 공격자가 운영체제 명령어를 조작
④ 자원 삽입 : 사용자가 내부 입력 값을 통해 시스템 내에 사용이 불가능한 자원을 지속적으로 입력함으로써 시스템에 과부하 발생

경로 및 자원 삽입은 데이터 입·출력 경로를 조작하여 서버 자원을 수정 및 삭제할 수 있는 보안 약점입니다.

▶ 정답 : 1. ③ 2. ④ 3. ③ 4. ④

SECTION 148 보안 기능

1 보안 기능의 개요

보안 기능은 소프트웨어 개발의 구현 단계에서 코딩하는 기능인 인증, 접근제어, 기밀성, 암호화 등을 올바르게 구현하기 위한 보안 점검 항목들이다.

- 각 보안 기능들은 서비스 환경이나 취급 데이터에 맞게 처리될 수 있도록 구현해야 한다.
- 소프트웨어의 기능 또는 데이터에 접근하려는 사용자별로 중요도를 구분하고, 차별화된 인증 방안을 적용한다.
- 인증된 사용자가 이용할 기능과 데이터에 대해 개별적으로 접근 권한을 부여하여 인가되지 않은 기능과 데이터로의 접근을 차단한다.
- 개인정보나 인증정보와 같은 중요한 정보의 변조·삭제·오남용 등을 방지하기 위해 안전한 암호화 기술을 적용한다.

2 보안 기능의 보안 약점

보안 기능에 대한 점검을 수행하지 않을 경우 인증 없이 중요한 기능을 허용하거나 비밀번호가 노출되는 등 다음과 같은 보안 약점이 발생할 수 있다.

적절한 인증 없이 중요기능 허용	• 보안검사를 우회하여 인증과정 없이 중요한 정보 또는 기능에 접근 및 변경이 가능하다. • 중요정보나 기능을 수행하는 페이지에서는 재인증 기능을 수행하도록 하여 방지할 수 있다.
부적절한 인가	• 접근제어 기능이 없는 실행경로를 통해 정보 또는 권한을 탈취할 수 있다. • 모든 실행경로에 대해 접근제어 검사를 수행하고, 사용자에게는 반드시 필요한 접근 권한만을 부여하여 방지할 수 있다.
중요한 자원에 대한 잘못된 권한 설정	• 권한 설정이 잘못된 자원에 접근하여 해당 자원을 임의로 사용할 수 있다. • 소프트웨어 관리자만 자원들을 읽고 쓸 수 있도록 설정하고, 인가되지 않은 사용자의 중요 자원에 대한 접근 여부를 검사함으로써 방지할 수 있다.
취약한 암호화 알고리즘 사용	• 암호화된 환경설정 파일을 해독하여 비밀번호 등의 중요정보를 탈취할 수 있다. • 안전한 암호화 알고리즘을 이용하고, 업무관련 내용이나 개인정보 등에 대해서는 IT보안인증사무국*이 안정성을 확인한 암호모듈을 이용함으로써 방지할 수 있다.
중요정보 평문 저장 및 전송	• 암호화되지 않은 평문 데이터를 탈취하여 중요한 정보를 획득할 수 있다. • 중요한 정보를 저장하거나 전송할 때는 반드시 암호화 과정을 거치도록 하고, HTTPS* 또는 SSL*과 같은 보안 채널을 이용함으로써 방지할 수 있다.
하드코드*된 비밀번호	• 소스코드 유출 시 내부에 하드코드된 패스워드를 이용하여 관리자 권한을 탈취할 수 있다. • 패스워드는 암호화하여 별도의 파일에 저장하고, 디폴트 패스워드*나 디폴드 키의 사용을 피함으로써 방지할 수 있다.

전문가의 조언

보안 점검 내용 중 하나인 보안 기능의 정확한 의미를 이해하고, 보안 기능이 적절히 구현되지 않은 경우 발생할 수 있는 보안 약점과 이를 방지하기 위한 방법에 대해 알아두세요.

전문가의 조언

보안 기능과 관련된 내용을 점검하지 않아 발생하는 보안 약점에는 왼쪽의 6가지 이외에도 충분하지 않은 키 길이 사용, 적절하지 않은 난수값 사용, 하드코드된 암호화 키, 취약한 비밀번호 허용, 사용자 하드디스크에 저장되는 쿠키를 통한 정보 노출, 주석문 안에 포함된 시스템 주요정보, 무결성 검사 없는 코드 다운로드, 반복된 인증시도 제한 기능 부재 등이 있습니다.

IT보안인증사무국
정보보호제품의 평가·인증을 수행하고 인증제품 목록을 공개 및 관리하는 국가보안기술연구소 산하의 인증기관입니다.

HTTPS(Hypertext Transfer Protocol Secure)
웹브라우저와 서버 간의 안전한 통신을 위해 HTTP와 암호통신규약을 결합한 것입니다.

SSL(Secure Sockets Layer)
데이터를 송·수신하는 두 컴퓨터 사이에 위치하여 인증, 암호화, 무결성을 보장하는 업계 표준 프로토콜입니다.

하드코드
데이터를 코드 내부에 직접 입력하여 프로그래밍하는 방식입니다.

디폴트 패스워드 (Default Password)
사용자를 등록하기 전에 설치 권한을 획득하기 위해 사용되는 초기 설정 암호입니다.

기출문제 따라잡기

출제예상
1. 보안 점검 내용 중 보안 기능과 관련된 설명으로 가장 옳지 않은 것은?

① 인증, 접근제어, 암호화 등이 올바르게 처리될 수 있도록 코딩 되었는지 확인하는 것을 의미한다.
② 기능과 사용자에 따라 차별화된 인증 방안을 적용해야 한다.
③ 잘못된 입력 데이터로 소프트웨어의 기능이 훼손되지 않도록 유효성 검증 체계를 갖춘다.
④ 중요 정보는 암호화 기술을 적용하여 취급해야 한다.

> 유효성 검증 체계를 갖추는 것은 보안 기능이 아닌 '입력 데이터 검증 및 표현'과 관련된 내용입니다.

출제예상
2. 소프트웨어 개발의 구현 단계에서 보안 기능의 점검 미비로 인해 발생할 수 있는 보안 약점에 해당하지 않는 것은?

① 종료되지 않은 반복문 또는 재귀함수
② 부적절한 인가
③ 중요한 자원에 대한 잘못된 권한 설정
④ 적절한 인증 없이 중요기능 허용

> '보안 기능'은 인증, 접근제어, 기밀성, 암호화와 관련이 있습니다.

20년 8월
3. 다음 JAVA 코드에서 밑줄로 표시된 부분에는 어떤 보안 약점이 존재하는가? (단, key는 암호화 키를 저장하는 변수이다.)

```
import javax.crypto.KeyGenerator;
import javax.crypto.spec.ScretKeySpec;
import javax.crypto.Cipher;
               ⋮ 생략
public String encripString(String usr) {
String key = "22df3023sf~2;asn!@#/>as";
if (key != null)
byte[ ] bToEncrypt = usr.getBytes("UTF-8");
               ⋮ 생략
```

① 무결성 검사 없는 코드 다운로드
② 중요 자원에 대한 잘못된 권한 설정
③ 하드코드된 암호화 키 사용
④ 적절한 인증없이 중요 기능 허용

> 비밀키(ScretKey), 문자열 암호화(encriptString) 등의 라이브러리명이나 클래스명으로 보아 암호키를 관리하는 코드로 유추할 수 있는데, key라는 문자열 변수에 값이 직접 입력된 것으로 보아 하드코드된 암호화 키가 답임을 알 수 있습니다.

▶ 정답 : 1. ③ 2. ① 3. ③

SECTION 149 에러처리

1 에러처리의 개요

에러처리*는 소프트웨어 실행 중 발생할 수 있는 오류(Error)들을 사전에 정의하여 오류로 인해 발생할 수 있는 문제들을 예방하기 위한 보안 점검 항목들이다.
- 각 프로그래밍 언어의 예외처리 구문을 통해 오류에 대한 사항을 정의한다.
- 예외처리 구문으로 처리하지 못한 오류들은 중요정보를 노출시키거나, 소프트웨어의 실행이 중단되는 등 예기치 못한 문제를 발생시킬 수 있다.
- 에러처리의 미비로 인한 코딩이 유발하는 보안 약점에는 오류 메시지를 통한 정보노출, 오류 상황 대응 부재, 부적절한 예외처리가 있다.

> **전문가의 조언**
> 보안 점검 내용 중 '에러처리'와 관련된 내용입니다. 에러처리로 인해 발생할 수 있는 보안 약점에 대해 확실히 알아두세요.
>
> **에러처리**
> 에러는 오류의 영문명이며, 예외처리(Exception Handling)와 에러(오류)처리(Trouble Shooting)는 동일한 의미로 사용됩니다.

2 오류 메시지를 통한 정보노출

오류 메시지를 통한 정보노출은 오류 발생으로 실행 환경, 사용자 정보, 디버깅 정보 등의 중요 정보를 소프트웨어가 메시지로 외부에 노출하는 보안 약점이다.
- 오류 메시지를 통해 노출되는 경로 및 디버깅 정보는 해커의 악의적인 행위를 도울 수 있다.
- 예외처리 구문에 예외의 이름이나 스택 트레이스*를 출력하도록 코딩한 경우 해커는 소프트웨어의 내부구조를 쉽게 파악할 수 있다.
- 오류 발생 시 가능한 한 내부에서만 처리되도록 하거나 메시지를 출력할 경우 최소한의 정보 또는 사전에 준비된 메시지만 출력되도록 함으로써 방지할 수 있다.

> **스택 트레이스(Stack Trace)**
> 스택 트레이스는 오류가 발생한 위치를 추적하기 위해 소프트웨어가 실행 중에 호출한 메소드의 리스트를 기록한 것입니다.

3 오류 상황 대응 부재

오류 상황 대응 부재는 소프트웨어 개발 중 예외처리를 하지 않았거나 미비로 인해 발생하는 보안 약점이다.
- 예외처리를 하지 않은 오류들로 인해 소프트웨어의 실행이 중단되거나 의도를 벗어난 동작이 유도될 수 있다.
- 오류가 발생할 수 있는 부분에 예외처리 구문을 작성하고, 제어문을 활용하여 오류가 악용되지 않도록 코딩함으로써 방지할 수 있다.

전문가의 조언

부적절한 예외처리의 개념을 묻는 문제가 출제되었습니다. 부적절한 예외처리는 오류들을 세분화하여 처리하지 않거나 누락된 예외가 존재할 때 발생한다는 것을 기억해 두세요.

④ 부적절한 예외처리

^{23.2}

부적절한 예외처리는 함수의 반환값 또는 오류들을 세분화하여 처리하지 않고 광범위하게 묶어 한 번에 처리하거나, 누락된 예외가 존재할 때 발생하는 보안 약점이다.

- 모든 오류들을 세세하게 정의하여 처리할 필요는 없지만, 모든 오류들을 광범위한 예외처리 구문으로 정의해 버리면 예기치 않은 문제가 발생할 수 있다.
- 함수 등이 예상했던 결과와 다른 값을 반환하여 예외로 처리되지 않은 경우 잘못된 값으로 인해 다양한 문제가 발생할 수 있다.
- 모든 함수의 반환값이 의도대로 출력되는지 확인하고, 세분화된 예외처리를 수행함으로써 방지할 수 있다.

 기출문제 따라잡기

 문제2 2419651

23년 2월

1. 오류들을 세분화하여 처리하지 않고 광범위하게 묶어 한 번에 처리하거나, 누락된 예외가 존재할 때 발생하는 보안 약점은?

① 오류 메시지를 통한 정보 노출
② 부적절한 예외처리
③ 부적절한 인가
④ 오류 상황 대응 부재

> 오류들을 세분화하여 처리하지 않거나 누락된 예외가 존재할 때 발생하는 보안 약점은 부적절한 예외처리입니다.

출제예상

2. 점검 내용 중 에러처리와 관련된 내용으로 잘못된 것은?

① 소프트웨어에서 발생할 수 있는 오류들을 사전에 정의하면 대비할 수 있다.
② 각 프로그래밍 언어의 예외처리 구문을 통해서 오류들을 정의할 수 있다.
③ 에러처리와 관련된 보안 약점에는 오류 메시지를 통한 정보노출, 오류 상황 대응 부재, 부적절한 예외처리가 있다.
④ 에러처리가 충분히 이루어지지 않는 경우 교착상태, 레이스컨디션 등이 발생할 수 있다.

> 교착상태나 레이스컨디션은 자원이나 데이터를 획득하기 위해 두 개 이상의 프로세스가 경쟁할 때 발생합니다.

▶ 정답 : 1. ② 2. ④

SECTION 150 코드 오류

1 코드 오류의 개요

코드 오류는 소프트웨어 구현 단계에서 개발자들이 코딩 중 실수하기 쉬운 형(Type) 변환, 자원 반환 등의 오류를 예방하기 위한 보안 점검 항목들이다.

- 코드 오류로 발생할 수 있는 보안 약점에는 널 포인터* 역참조, 부적절한 자원 해제, 해제된 자원 사용, 초기화되지 않은 변수 사용이 있다.

2 널 포인터(Null Pointer) 역참조

널 포인터 역참조는 널 포인터가 가리키는 메모리에 어떠한 값을 저장할 때 발생하는 보안 약점이다.

- 많은 라이브러리 함수들이 오류가 발생할 경우 널 값을 반환하는데, 이 반환값을 포인터로 참조하는 경우 발생한다.
- 대부분의 운영체제에서 널 포인터는 메모리의 첫 주소를 가리키며, 해당 주소를 참조할 경우 소프트웨어가 비정상적으로 종료될 수 있다.
- 공격자가 널 포인터 역참조로 발생하는 예외 상황을 악용할 수 있다.
- 널이 될 수 있는 포인터를 이용하기 전에 널 값을 갖고 있는지 검사함으로써 방지할 수 있다.

예제 다음은 A와 B를 포인터로 해서 참조하는 메모리에 값을 저장하는 경우 발생하는 상황이다.

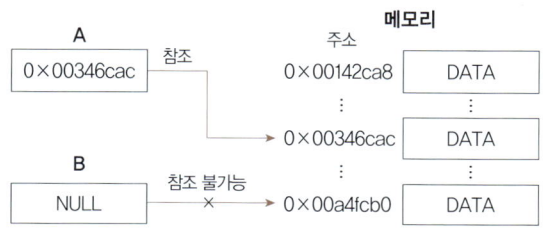

해설
- A를 포인터로 해서 참조하는 경우 A에는 정상적인 메모리 주소가 저장되어 있으므로 해당 위치의 메모리에 값을 저장할 수 있습니다.
- B를 포인터로 해서 참조하는 경우 B에는 NULL이 저장되어 있어 참조가 불가능하여 오류가 발생합니다. 공격자는 이러한 오류로 발생하는 예외 상황을 이용하여 추후 공격을 계획하는데 사용할 수 있습니다.

전문가의 조언

보안 점검 내용 중 '코드 오류'에 대한 내용입니다. 코드 오류와 관련된 보안 약점에 대해 확실히 알아두세요.

널 포인터(Null Pointer)

널(Null)은 값이 없음을 의미하며, 포인터(Pointer)는 메모리의 위치를 가리키는 요소입니다. 널 포인터(Null Pointer)는 포인터에 널이 저장되어 어떠한 곳도 가리키지 못하는 상태의 요소를 말합니다.

전문가의 조언

널 포인터 역참조로 오류가 발생하는 경우 "메모리 0×00000000을 참조하였습니다."라는 오류 메시지가 발생합니다.

> **잠깐만요** 스택 가드(Stack Guard)   24.5, 21.5, 20.6
>
> - 널 포인터 역참조와 같이 주소가 저장되는 스택에서 발생하는 보안 약점을 막는 기술 중 하나입니다.
> - 메모리상에서 프로그램의 복귀 주소와 변수 사이에 특정 값을 저장한 후 그 값이 변경되었을 경우 오버플로우 상태로 판단하여 프로그램 실행을 중단함으로써 잘못된 복귀 주소의 호출을 막는 기술입니다.

❸ 부적절한 자원 해제

부적절한 자원 해제는 자원을 반환하는 코드를 누락하거나 프로그램 오류로 할당된 자원을 반환하지 못했을 때 발생하는 보안 약점이다.

- 힙 메모리(Heap Memory)*, 소켓(Socket)* 등의 유한한 시스템 자원이 계속 점유하고 있으면 자원 부족으로 인해 새로운 입력을 처리하지 못 할 수 있다.
- 프로그램 내에 자원 반환 코드가 누락되었는지 확인하고, 오류로 인해 함수가 중간에 종료되었을 때 예외처리에 관계없이 자원이 반환되도록 코딩함으로써 방지할 수 있다.

❹ 해제된 자원 사용

해제된 자원 사용은 이미 사용이 종료되어 반환된 메모리를 참조하는 경우 발생하는 보안 약점이다.

- 반환된 메모리를 참조하는 경우 예상하지 못한 값 또는 코드를 수행하게 되어 의도하지 않은 결과가 발생할 수 있다.
- 반환된 메모리에 접근할 수 없도록 주소를 저장하고 있는 포인터를 초기화함으로써 방지할 수 있다.

❺ 초기화되지 않은 변수 사용

초기화되지 않은 변수 사용은 변수 선언 후 값이 부여되지 않은 변수를 사용할 때 발생하는 보안 약점이다.

- 변수가 선언되어 메모리가 할당되면 해당 메모리에 이전에 사용하던 내용이 계속 남아있어 변수가 외부에 노출되는 경우 중요정보가 악용될 수 있다.
- 변수 선언 시 할당된 메모리를 초기화함으로써 방지할 수 있다.

힙 메모리(Heap Memory)
힙 메모리는 소프트웨어가 자유롭게 사용할 수 있는 메모리 공간입니다.

소켓(Socket)
소켓은 데이터 교환을 위한 통로입니다.

기출문제 따라잡기

24년 5월, 21년 5월, 20년 6월

1. 메모리상에서 프로그램의 복귀 주소와 변수 사이에 특정 값을 저장해 두었다가 그 값이 변경되었을 경우 오버플로우 상태로 가정하여 프로그램 실행을 중단하는 기술은?

① 모드체크 ② 리커버리 통제
③ 시스로그 ④ 스택 가드

문제에 제시된 내용은 스택 가드의 개념입니다.

출제예상

2. 다음 중 코드 오류와 관련된 보안 약점에 대한 설명으로 가장 옳지 않은 것은?

① 널 포인터가 가리키는 메모리에 값을 저장하면 오류가 발생한다.
② 널 포인터 역참조를 방지하려면 널 포인터를 초기화해야 한다.
③ 자원을 획득해서 사용한 다음에는 반드시 해제하여 반환해야 하는데, 그렇지 않을 경우 문제가 발생한다.
④ 이미 사용이 종료된 반환 메모리를 참조하지 않기 위해서는 주소를 저장하고 있는 포인터를 초기화한다.

널(Null)은 값이 없음을 의미합니다. 이미 값이 없는데 초기화 할 필요는 없습니다.

▶ 정답 : 1. ④ 2. ②

SECTION 151 캡슐화

 전문가의 조언

보안 점검 내용 중 '캡슐화'에 대한 내용입니다. 캡슐화의 개념을 숙지하고, 캡슐화로 인한 보안 약점에 대해 확실히 알아두세요.

캡슐화
캡슐화는 데이터(속성)와 데이터를 처리하는 함수를 하나로 묶는 것을 의미합니다. 자세한 내용은 Section 018을 참조하세요.

 전문가의 조언

잘못된 세션에 의한 정보 노출은 보안 점검 내용 중 '세션 통제' 항목에서도 다루어졌던 내용입니다. 세션 통제는 분석·설계 단계의 점검 내용이고 캡슐화는 구현 단계의 점검 내용이라는 것만 다를 뿐 나머지는 동일하니 확인한다는 느낌으로 읽어보세요.

① 캡슐화의 개요

캡슐화*는 정보 은닉이 필요한 중요한 데이터와 기능을 불충분하게 캡슐화하거나 잘못 사용함으로써 발생할 수 있는 문제를 예방하기 위한 보안 점검 항목들이다.
- 캡슐화로 인해 발생할 수 있는 보안 약점에는 잘못된 세션에 의한 정보 노출, 제거되지 않고 남은 디버그 코드, 시스템 데이터 정보 노출 등이 있다.

② 잘못된 세션에 의한 정보 노출

잘못된 세션에 의한 정보 노출은 다중 스레드(Multi-Thread) 환경에서 멤버 변수에 정보를 저장할 때 발생하는 보안 약점이다.
- 싱글톤 패턴에서 발생하는 레이스컨디션으로 인해 동기화 오류가 발생하거나, 멤버 변수의 정보가 노출될 수 있다.
- 멤버 변수보다 지역 변수를 활용하여 변수의 범위를 제한함으로써 방지할 수 있다.

③ 제거되지 않고 남은 디버그 코드

제거되지 않고 남은 디버그 코드는 개발 중에 버그 수정이나 결과값 확인을 위해 남겨둔 코드들로 인해 발생하는 보안 약점이다.
- 소프트웨어 제어에 사용되는 중요한 정보가 디버그 코드로 인해 노출될 수 있다.
- 디버그 코드에 인증 및 식별 절차를 생략하거나 우회하는 코드가 포함되어 있는 경우 공격자가 이를 악용할 수 있다.
- 소프트웨어를 배포하기 전에 코드 검사를 통해 남아있는 디버그 코드를 삭제함으로써 방지할 수 있다.

④ 시스템 데이터 정보 노출

시스템 데이터 정보 노출은 시스템의 내부 정보를 시스템 메시지 등을 통해 외부로 출력하도록 코딩했을 때 발생하는 보안 약점이다.
- 시스템 메시지를 통해 노출되는 메시지는 최소한의 정보만을 제공함으로써 방지할 수 있다.

5 Public 메소드로부터 반환된 Private 배열

선언된 클래스 내에서만 접근이 가능한 Private 배열을 모든 클래스에서 접근이 가능한 Public 메소드에서 반환할 때 발생하는 보안 약점이다.

- Public 메소드가 Private 배열을 반환하면 배열의 주소가 외부로 공개되어 외부에서 접근할 수 있게 된다.
- Private 배열을 별도의 메소드를 통해 조작하거나, 동일한 형태의 복제본으로 반환받은 후 값을 전달하는 방식으로 방지할 수 있다.

잠깐만요 — 접근 지정자(접근 제어자)
24.5, 24.2, 20.9, 20.6

접근 지정자는 프로그래밍 언어에서 특정 개체를 선언할 때 외부로부터의 접근을 제한하기 위해 사용되는 예약어입니다(접근 가능 : ○, 접근 불가능 : ×).

한정자	클래스 내부	패키지* 내부	하위 클래스	패키지 외부
Public (20.9, 20.6)	○	○	○	○
Protected (20.6)	○	○	○	×
Default (20.9)	○	○	×	×
Private (20.9, 20.6)	○	×	×	×

> **전문가의 조언**
> 접근 지정자의 종류를 묻는 문제가 출제되었습니다. 접근 지정자 4가지를 꼭 기억하세요.
>
> **패키지(Package)**
> 패키지는 관련 클래스나 인터페이스 등을 하나로 모아둔 것입니다.

6 Private 배열에 Public 데이터 할당

Private 배열에 Public으로 선언된 데이터 또는 메소드의 파라미터*를 저장할 때 발생하는 보안 약점이다.

- Private 배열에 Public 데이터를 저장하면 Private 배열을 외부에서 접근할 수 있게 된다.
- Public으로 선언된 데이터를 Private 배열에 저장할 때, 레퍼런스*가 아닌 값을 직접 저장함으로써 방지할 수 있다.

> **파라미터(Parameter)**
> 파라미터는 메소드의 외부에서 전달된 값을 저장하는 변수로, 매개변수 또는 형식 매개변수라고도 합니다.
>
> **레퍼런스(Reference)**
> 레퍼런스를 전달 또는 할당한다는 것은 메모리의 위치를 공유한다는 의미입니다. 예를 들어, 배열 A를 선언하여 값을 저장하고 배열 B 선언 시 B = A라고 했을 때, 배열 B는 배열 A와 동일한 메모리를 공유하게 됩니다. 즉, 배열 B에는 어떠한 값도 저장하지 않았지만 배열 A에 저장한 값들을 B를 통해 접근할 수 있게 되는 것입니다.

기출문제 따라잡기

출제예상
1. 보안 점검 내용에서 캡슐화의 정의로 가장 적합한 것은?

① 인터페이스를 제외한 세부 내용이 은폐되도록 데이터와 함수를 객체로 묶어 코딩하는 것
② 분석 자료들을 종합하여 보안 요구사항을 정의하고 개발 프로세스와의 관계를 분석하는 것
③ 시스템의 정보와 자원에 접근하려는 사용자가 합법적인 사용자인지 확인하는 것
④ 보안 요구사항들을 기술적, 관리적, 물리적 측면으로 분류하는 것

> 캡슐화는 서로 다른 약들을 조합하여 캡슐에 담아놓는 것과 같이 데이터와 함수를 객체로 묶어 은폐한 것입니다.

출제예상
2. 캡슐화에 대한 점검이 충분하지 않을 때 발생하는 보안 약점 중 제거되지 않고 남은 디버그 코드와 관련된 설명으로 가장 옳지 않은 것은?

① 개발 중 버그 수정이나 결과값 확인을 위해 남겨둔 코드로 인해 발생하는 보안 약점이다.
② 디버그 코드에 포함된 제어 정보가 노출될 수 있다.
③ 디버그 코드를 이용하여 인증 및 식별 절차를 우회할 수 있다.
④ 최소한의 정보만 노출되도록 제한하여 방지할 수 있다.

> 디버그 코드는 완전히 삭제해야지 조금이라도 남아 있으면 문제가 발생할 수 있습니다.

출제예상
3. 보안 점검 내용 중 캡슐화에서 Private 배열에 Public 데이터를 할당함으로써 발생하는 보안 약점에 대한 내용으로 가장 옳지 않은 것은?

① Private 배열에 Public 데이터 또는 메소드의 파라미터를 저장할 때 발생한다.
② Private 배열을 외부에서 접근할 수 있게 된다.
③ Public 메소드가 Private 배열을 반환하지 못하도록 코딩하여 방지할 수 있다.
④ Private 배열에 레퍼런스가 아닌 값을 저장하여 방지할 수 있다.

> 'Public 메소드로부터 반환된 Private 배열'은 반환과 관련되어 있고, 'Private 배열에 Public 데이터 할당'은 할당과 관련되어 있습니다.

24년 5월, 2월, 20년 9월, 6월
4. 자바에서 사용하는 접근 제어자의 종류가 아닌 것은?

① internal   ② private
③ default   ④ public

> 자바의 접근 제어자의 종류에는 Public, Protected, Default, Private가 있습니다.

▶ 정답 : 1. ① 2. ④ 3. ③ 4. ①

SECTION 152 암호 알고리즘

1 암호 알고리즘의 개요

암호 알고리즘은 패스워드, 주민번호, 은행계좌와 같은 중요정보를 보호하기 위해 평문을 암호화된 문장으로 만드는 절차 또는 방법을 의미한다.

- 암호 알고리즘은 해시(Hash)를 사용하는 단방향 암호화 방식과, 개인키 및 공개키로 분류되는 양방향 암호화 방식이 있다.
- 암호 방식 분류

전문가의 조언

공개키 암호화 기법을 중심으로 암호화 방식의 종류와 개별적인 특징을 잘 알아두세요.

2 개인키 암호화(Private Key Encryption) 기법

개인키 암호화 기법은 동일한 키로 데이터를 암호화하고 복호화한다.

- 데이터베이스 사용자는 평문의 정보 M을 암호화 알고리즘 E와 개인키(Private Key) K를 이용하여 암호문 C로 바꾸어 저장시켜 놓으면 사용자는 그 데이터베이스에 접근하기 위해 복호화 알고리즘 D와 개인키 K를 이용하여 다시 평문의 정보 M으로 바꾸어 이용하는 방법이다.

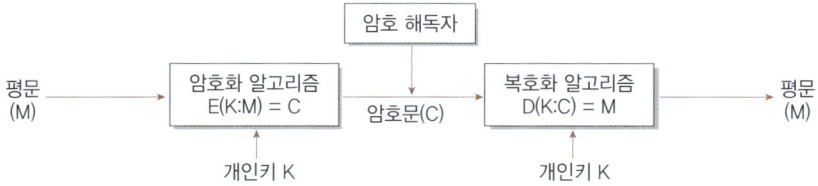

- 개인키 암호화 기법에서 암호화 대상이 n개일 때 사용되는 키의 개수는 $\frac{n(n-1)}{2}$ 이다.
- 개인키 암호화 기법은 대칭 암호 기법 또는 비밀키 암호화 기법이라고도 한다.
- 개인키 암호화 기법은 한 번에 하나의 데이터 블록을 암호화 하는 블록 암호화 방식과, 평문과 동일한 길이의 스트림을 생성하여 비트/바이트/워드 단위로 암호화 하는 스트림 암호화 방식으로 분류된다.
- 종류
  - 블록 암호화 방식 : DES, SEED, AES, ARIA, IDEA
  - 스트림 암호화 방식 : LFSR, RC4

전문가의 조언

개인키 암호화 기법의 특징과 개인키 암호화 기법 중 블록 암호화 방식의 종류를 묻는 문제가 출제되었습니다. 개인키 암호화 기법의 장·단점을 중심으로 특징을 정리하고, 개인키 암호화 기법 중 블록 암호화 방식의 종류를 기억하세요.

- **장점** : 암호화/복호화 속도가 빠르며, 알고리즘이 단순하고, 공개키 암호 기법보다 파일의 크기가 작다.
- **단점** : 사용자의 증가에 따라 관리해야 할 키의 수가 상대적으로 많아진다.

③ 공개키 암호화(Public Key Encryption) 기법

25.5, 23.2, 22.4, 21.3, 20.9, 실기 23.7

공개키 암호화 기법은 데이터를 암호화할 때 사용하는 공개키(Public Key)는 데이터베이스 사용자에게 공개하고, 복호화할 때의 비밀키(Secret Key)는 관리자가 비밀리에 관리한다.

- 데이터베이스 사용자는 평문의 정보 M을 암호화 알고리즘 E와 공개키(Public Key) P를 이용하여 암호문 C로 바꾸어 저장시켜 놓고, 이를 복호화하기 위해서는 비밀키와 복호화 알고리즘에 권한이 있는 사용자만이 복호화 알고리즘 D와 비밀키(Secret Key) S를 이용하여 다시 평문의 정보 M으로 바꿀 수 있는 기법이다.

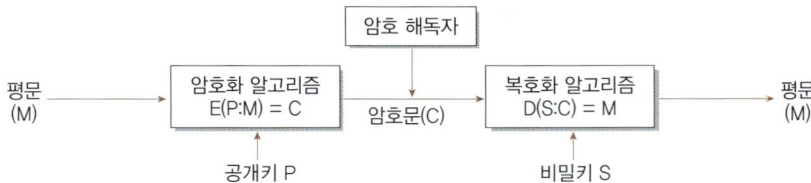

- 공개키 암호화 기법에서 암호화 대상이 n개일 때 사용되는 키의 개수는 2n이다.
- 공개키 암호화 기법은 비대칭 암호 기법이라고도 하며, 대표적으로는 RSA(Rivest Shamir Adleman) 기법이 있다.
- 자신만이 보관하는 비밀키를 이용하여 인증, 전자서명 등에 적용이 가능하다.
- **장점** : 키의 분배가 용이하고, 관리해야 할 키의 개수가 적다.
- **단점** : 암호화/복호화 속도가 느리며, 알고리즘이 복잡하고, 개인키 암호화 기법보다 파일의 크기가 크다.

> **잠깐만요** 공개키 기반 구조(PKI; Public Key Infrastructure)
>
> - 공개키 기반 구조는 공개키 암호 시스템을 안전하게 사용하고 관리하기 위한 정보 보호 표준 방식으로 ITU-T의 X.509 방식과 비X.509 방식으로 구분됩니다.
> - X.509 방식 : 인증기관에서 발생하는 인증서를 기반으로 상호 인증을 제공
> - 비X.509 방식 : 국가별, 지역별로 맞게 보완 및 개발

> **잠깐만요** 양방향 알고리즘 종류
>
> 25.8, 25.5, 25.2, 24.7, 24.5, 24.2, 23.7, 23.5, 22.7, 22.3, 21.8, 20.8, 20.6, 실기 24.7, 21.7
>
> 개인키 암호화 방식과 공개키 암호화 방식에서 사용되는 주요 암호화 알고리즘에는 SEED, ARIA 등이 있습니다.
>
> | SEED | • 1999년 한국인터넷진흥원(KISA)에서 개발한 블록 암호화 알고리즘
• 블록 크기는 128비트이며, 키 길이에 따라 128, 256으로 분류됩니다. |
> |---|---|

23.5 ARIA(Academy, Research Institute, Agency)	• 2004년 국가정보원과 산학연협회가 개발한 블록 암호화 알고리즘 • ARIA는 학계(Academy), 연구기관(Research Institute), 정부(Agency)의 영문 앞 글자로 구성되었습니다. • 블록 크기는 128비트이며, 키 길이에 따라 128, 192, 256으로 분류됩니다.	
25.5, 22.3 DES(Data ncryption Standard)	• 1975년 미국 NBS*에서 발표한 개인키 암호화 알고리즘 • DES를 3번 적용하여 보안을 더욱 강화한 3DES(Triple DES)도 있습니다. • 블록 크기는 64비트이며, 키 길이는 56비트입니다.	**NBS** (National Bureau of Standards) NBS는 미국 표준 기술 연구소(NIST)의 과거 이름입니다.
25.2, 24.7, 22.7, 실기 24.7 AES(Advanced Encryption Standard)	• 2001년 미국 표준 기술 연구소(NIST)에서 발표한 개인키 암호화 알고리즘 • DES의 한계를 느낀 NIST에서 공모 후 발표하였습니다. • 블록 크기는 128비트이며, 키 길이에 따라 128, 192, 256으로 분류됩니다.	
25.8, 24.7, 21.8, 20.8, 20.6 RSA(Rivest Shamir Adleman)	• 1978년 MIT의 라이베스트(Rivest), 샤미르(Shamir), 애들먼(Adelman)에 의해 제안된 공개키 암호화 알고리즘 • 큰 숫자를 소인수분해 하기 어렵다는 것에 기반하여 만들어졌습니다. • 공개키와 비밀키를 사용하는데, 여기서 키란 메시지를 열고 잠그는 상수(Constant)를 의미합니다.	
24.5, 24.2, 23.7 ECC(Elliptic Curve Cryptography)	• 1985년 RSA 암호 방식의 대안으로 제안되었다. • 이산대수 문제*를 타원곡선으로 옮겨 기밀성과 효율성을 높인 암호화 알고리즘이다.	**이산대수(이산로그) 문제** 이산대수란 1보다 큰 자연수 a, x, 정수 b에 대하여 방정식 $a^x = b$를 만족하는 정수 x를 가리키며, $a^x = b$를 만족하는 x를 찾는 것을 이산대수 문제라고 합니다.
24.5, 24.2, 23.7 Rabin	• 1979년 미하엘 라빈이 제안하였다. • 소인수분해의 어려움에 안전성의 근거를 둔 암호화 알고리즘이다.	

 4 해시(Hash) 25.2, 24.5, 23.7, 23.2, 22.7, 21.5, 21.3, 실기 23.7, 20.5

해시는 임의의 길이의 입력 데이터나 메시지를 고정된 길이의 값이나 키로 변환하는 것을 의미한다.

- 해시 알고리즘을 해시 함수라고 부르며, 해시 함수로 변환된 값이나 키를 해시값 또는 해시키라고 부른다.
- 무결성 검증을 위해 사용될 뿐만 아니라 정보보호의 다양한 분야에서 활용된다.
- 복호화가 거의 불가능한 일방향 함수*에 해당한다.
- 해시 함수의 종류에는 SHA 시리즈, MD5, N-NASH, SNEFRU 등이 있다.

전문가의 조언

해시의 특징과 해시 함수의 종류를 묻는 문제가 출제되었습니다. 해시는 복호화가 불가능해 암호화 방식으로는 사용할 수 없다는 것을 중심으로 특징을 정리하고, 해시 함수의 종류를 기억하세요.

일방향 함수(One-way Function)
평문을 암호화하여 암호문으로는 변경할 수 있으나, 암호문을 복호화하여 평문으로 변경하는 것은 불가능한 함수를 의미합니다. 이와 달리 암호화와 복호화가 모두 가능한 함수를 양방향 함수(Two-way Function)라고 합니다.

22.7 SHA 시리즈	• 1993년 미국 국가안보국(NSA)이 처음 설계했으며, 미국 국립표준기술연구소(NIST)에 의해 발표되었다. • 초기 개발된 SHA-0 이후 SHA-1이 발표되었고, 다시 SHA-2라고 불리는 SHA-224, SHA-256, SHA-384, SHA-512가 발표되었다.	
22.7, 실기 20.5 MD5	• 1991년 R.Rivest가 MD4를 대체하기 위해 고안한 암호화 해시 함수이다. • 블록 크기는 512비트이며, 키 길이는 128비트이다.	
N-NASH	• 1989년 일본의 전신전화주식회사(NTT)에서 발표한 암호화 해시 함수이다. • 블록 크기와 키 길이가 모두 128비트이다.	
SNEFRU	• 1990년 R.C.Merkle가 발표한 해시 함수이다. • 32비트 프로세서에서 구현을 용이하게 할 목적으로 개발되었다. • 블록 크기는 512비트이며, 키 길이에 따라 128과 256으로 분류된다.	

25.8, 24.2, 21.8

잠깐만요 솔트(Salt)

- 둘 이상의 계정에 대해 패스워드를 'qwer1234'라고 지정하고, 같은 암호화 알고리즘을 적용하게 되면 결과도 마찬가지로 동일하게 나타납니다. 이 경우 공격자가 나타난다면 하나의 암호만 해제해도 둘 이상의 계정을 얻게 되죠. 이를 방지하고자 암호화를 수행하기에 앞서 원문에 무작위의 값을 덧붙이는 과정을 수행하는데, 이 때 덧붙이는 무작위의 값을 솔트(Salt)라고 합니다.
- 솔트(Salt)를 사용하면 같은 패스워드에 대해 암호화를 수행하더라도 서로 다른 결과가 나타나게 되어 더 안전하게 암호화된 데이터를 관리할 수 있게 되는 것이죠.

기출문제 따라잡기

문제1 2420051

22년 4월

1. 대칭 암호 알고리즘과 비대칭 암호 알고리즘에 대한 설명으로 틀린 것은?

① 대칭 암호 알고리즘은 비교적 실행 속도가 빠르기 때문에 다양한 암호의 핵심 함수로 사용될 수 있다.
② 대칭 암호 알고리즘은 비밀키 전달을 위한 키 교환이 필요하지 않아 암호화 및 복호화의 속도가 빠르다.
③ 비대칭 암호 알고리즘은 자신만이 보관하는 비밀키를 이용하여 인증, 전자서명 등에 적용이 가능하다.
④ 대표적인 대칭키 암호 알고리즘으로는 AES, IDEA 등이 있다.

> 대칭 암호 알고리즘은 동일한 키로 데이터를 암호화하고 복호화해야 하므로 암호화한 키를 수신자에게 전달해야 수신자가 복호화를 할 수 있습니다. 그러므로 비밀키 전달을 위한 키 교환이 필요합니다.

23년 5월

2. 다음에서 설명하는 암호화는?

- 암호화/복호화 속도가 빠르다.
- 알고리즘이 단순하다.
- 암호화키와 복호화키가 동일하다.
- 사용자의 증가에 따라 관리해야 할 키의 수가 상대적으로 많아진다.

① 단방향 암호화 기법   ② 비대칭 암호화 기법
③ 대칭 암호화 기법   ④ 해시 암호화 기법

> 암호화키와 복호화키가 동일한 것은 대칭 암호화 기법이라고 하고 암호화키와 복호화키가 다른 것을 비대칭 암호화 기법이라고 합니다.

24년 5월, 2월, 23년 7월

3. 다음 설명에서 괄호(㉠, ㉡)에 들어갈 알맞은 암호화 알고리즘은?

- (㉠) : 이산대수 문제를 타원곡선으로 옮겨 기밀성과 효율성을 높인 암호화 알고리즘
- (㉡) : 소인수분해의 어려움에 안전성의 근거를 둔 암호화 알고리즘

① ㉠ : ECC, ㉡ : Rabin   ② ㉠ : DES, ㉡ : Rabin
③ ㉠ : ECC, ㉡ : SHA   ④ ㉠ : DES, ㉡ : SHA

> 이산대수와 타원곡선은 ECC, 소인수분해는 Rabin의 특징입니다.

23년 5월

4. 다음에서 설명하는 암호화 알고리즘은?

- 2004년 국가정보원과 산학연협회가 개발한 블록 암호화 알고리즘이다.
- 블록 크기는 128비트이며, 키 길이에 따라 128, 192, 256으로 분류됩니다.

① DES   ② AES
③ ARIA   ④ RSA

> 정부와 학계가 공동으로 개발한 암호화 알고리즘은 ARIA입니다.

25년 2월, 23년 7월, 2월

5. 블록 암호화 방식과 해시 암호화 방식을 나열한 것이다. 다음 중 유형이 다른 하나는?

① DES   ② SNEFRU
③ MD5   ④ SHA

> DES를 제외한 나머지 보기들은 해시 암호화 기법입니다.

기출문제 따라잡기

25년 5월, 22년 3월
6. DES는 몇 비트의 암호화 알고리즘인가?
① 8 ② 24 ③ 64 ④ 132

암호화 알고리즘이 몇 비트냐고 묻는 것은 한 번에 암호화하는 블록의 크기를 묻는 것입니다. DES(Data Encryption Standard)의 블록 크기는 64비트입니다.

25년 5월, 23년 2월, 20년 9월
7. 공개키 암호화 방식에 대한 설명으로 틀린 것은?
① 공개키로 암호화된 메시지는 반드시 공개키로 복호화해야 한다.
② 비대칭 암호 기법이라고도 한다.
③ 대표적인 기법은 RSA 기법이 있다.
④ 키 분배가 용이하고, 관리해야 할 키 개수가 적다.

공개키 암호화 기법은 암호화 할 때는 공개키(Public Key)를, 복호화 할 때는 비밀키(Secret Key)를 사용합니다.

21년 5월
8. 해쉬(Hash) 기법에 대한 설명으로 틀린 것은?
① 임의의 길이의 입력 데이터를 받아 고정된 길이의 해쉬값으로 변환한다.
② 주로 공개키 암호화 방식에서 키 생성을 위해 사용한다.
③ 대표적인 해쉬 알고리즘으로 HAVAL, SHA-1 등이 있다.
④ 해쉬 함수는 일방향 함수(One-way function)이다.

해시는 원래의 값으로 복호화하는 것이 사실상 불가능한 방식입니다. 그러므로 암호화와 복호화가 모두 가능해야 하는 공개키 암호화 방식이나 비밀키 암호화 방식에서는 사용하기 어렵습니다.

25년 8월, 24년 7월, 21년 8월, 20년 8월, 6월
9. 큰 숫자를 소인수 분해하기 어렵다는 기반하에 1978년 MIT에 의해 제안된 공개키 암호화 알고리즘은?
① DES ② ARIA
③ SEED ④ RSA

DES, ARIA, SEED는 모두 개인키 암호화 기법입니다.

25년 8월, 24년 2월, 21년 8월
10. 시스템에 저장되는 패스워드들은 Hash 또는 암호화 알고리즘의 결과 값으로 저장된다. 이때 암호 공격을 막기 위해 똑같은 패스워드들이 다른 암호 값으로 저장되도록 추가되는 값을 의미하는 것은?
① Pass flag ② Bucket
③ Opcode ④ Salt

똑같은 패스워드들이 다른 암호 값으로 저장되도록 추가되는 값은 Salt입니다.

21년 3월
11. 스트림 암호화 방식의 설명으로 옳지 않은 것은?
① 비트/바이트/단어들을 순차적으로 암호화한다.
② 해쉬 함수를 이용한 해쉬 암호화 방식을 사용한다.
③ RC4는 스트림 암호화 방식에 해당한다.
④ 대칭키 암호화 방식이다.

스트림 암호화 방식은 개인키 암호화 기법으로 암호화와 복호화가 필요합니다. 따라서 복호화가 불가능한 해시 암호화 방식은 사용하지 못합니다.

21년 3월
12. 공개키 암호에 대한 설명으로 틀린 것은?
① 10명이 공개키 암호를 사용할 경우 5개의 키가 필요하다.
② 복호화키는 비공개 되어 있다.
③ 송신자는 수신자의 공개키로 문서를 암호화한다.
④ 공개키 암호로 널리 알려진 알고리즘은 RSA가 있다.

공개키 암호화 기법에서 키의 개수는 2n이므로, 10명이 암호를 사용할 때 키의 개수는 2×10으로 총 20개의 키가 필요합니다.

25년 2월, 24년 7월
13. 다음 설명에 해당하는 암호화 알고리즘은?

- DES의 보안 문제를 해결하기 위해 개발되었다.
- NIST에서 개발한 개인키 암호화 알고리즘이다.

① ARIA ② AES
③ DSA ④ SEED

DES의 보안 문제 해결을 위해 NIST에서 개발한 개인키 암호화 알고리즘은 AES(Advanced Encryption Standard)입니다.

24년 5월
14. 다음 중 암호화 기법이 아닌 것은?
① AES ② DES
③ RSA ④ SHA

SHA(Secure Hash Algorithm)는 암호화 기법이 아니라 데이터의 무결성을 검증하기 위해 사용하는 해시 함수입니다.

▶ 정답 : 1. ② 2. ③ 3. ① 4. ③ 5. ① 6. ③ 7. ① 8. ② 9. ④ 10. ④ 11. ② 12. ① 13. ② 14. ④

3장 핵심요약

145 Secure SDLC

❶ Seven Touchpoints 20.8
- 소프트웨어 보안의 모범사례를 SDLC에 통합한 방법론이다.
- 설계 및 개발 과정의 모든 산출물에 대해 위험 분석 및 테스트를 수행한다.

❷ 보안 3대 요소 25.8, 25.5, 25.2, 24.7, 23.5, 23.2, 22.7, 22.4, 21.3, 20.8, 20.6
- 기밀성 : 시스템 내의 정보와 자원은 인가된 사용자에게만 접근이 허용되며, 정보가 전송 중에 노출되더라도 데이터를 읽을 수 없음
- 무결성 : 시스템 내의 정보는 오직 인가된 사용자만 수정할 수 있음
- 가용성 : 인가받은 사용자는 언제라도 사용할 수 있음

❸ 크로스사이트 스크립팅(XSS; Cross Site Scripting) 25.2, 24.2, …
웹페이지에 악의적인 스크립트를 삽입하여 방문자들의 정보를 탈취하거나, 비정상적인 기능 수행을 유발하는 보안 약점이다.

❹ 운영체제 명령어 삽입 25.2, 24.2, 23.7, 22.7, 22.3
외부 입력값을 통해 시스템 명령어의 실행을 유도함으로써 권한을 탈취하거나 시스템 장애를 유발하는 보안 약점이다.

❺ 메모리 버퍼 오버플로 20.8
연속된 메모리 공간을 사용하는 프로그램에서 할당된 메모리의 범위를 넘어선 위치에서 자료를 읽거나 쓰려고 할 때 발생하는 보안 약점이다.

146 세션 통제

❶ 세션 하이재킹(Session Hijacking) 25.2, 24.7, 22.7, 21.3
- 서버에 접속하고 있는 클라이언트들의 세션 정보를 가로채는 공격기법으로, 세션 가로채기라고도 한다.
- 탐지 방법에는 비동기화 상태 탐지, ACK Storm 탐지, 패킷의 유실 탐지, 예상치 못한 접속의 리셋 탐지가 있습니다.

147 입력 데이터 검증 및 표현

❶ SQL 삽입(SQL Injection) 25.2, 24.2, 23.7, 22.7, 22.3, 21.8
웹 응용 프로그램에 SQL을 삽입하여 내부 데이터베이스(DB) 서버의 데이터를 유출 및 변조하고, 관리자 인증을 우회하는 보안 약점이다.

❷ 경로 조작 및 자원 삽입 25.2, 24.2, 23.7, 22.7, 22.3
데이터 입출력 경로를 조작하여 서버 자원을 수정·삭제할 수 있는 보안 약점이다.

148 보안 기능

❶ 하드코드된 비밀번호 20.8
- 소스코드 유출 시 내부에 하드코드된 패스워드를 이용하여 관리자 권한을 탈취할 수 있다.
- ※ 하드코드 : 데이터를 코드 내부에 직접 입력하여 프로그래밍하는 방식

149 에러처리

❶ 부적절한 예외처리 23.2
- 함수의 반환값 또는 오류들을 세분화하여 처리하지 않고 광범위하게 묶어 한 번에 처리하거나, 누락된 예외가 존재할 때 발생하는 보안 약점이다.
- 모든 오류들을 세세하게 정의하여 처리할 필요는 없지만, 모든 오류들을 광범위한 예외처리 구문으로 정의해 버리면 예기치 않은 문제가 발생할 수 있다.

150 코드 오류

① 스택 가드(Stack Guard) 24.5, 21.5, 20.6

메모리상에서 프로그램의 복귀 주소와 변수 사이에 특정 값을 저장한 후 그 값이 변경되었을 경우 오버플로우 상태로 판단하여 프로그램 실행을 중단함으로써 잘못된 복귀 주소의 호출을 막는 기술이다.

151 캡슐화

① 접근 지정자(접근 제어자) 24.5, 24.2, 20.9, 20.6

- 프로그래밍 언어에서 특정 개체를 선언할 때 외부로부터의 접근을 제한하기 위해 사용되는 예약어이다.
- 종류 : Public, Protected, Default, Private

152 암호 알고리즘

① 개인키 암호화(Private Key Encryption) 기법 23.5, 22.4

- 동일한 키로 데이터를 암호화하고 복호화한다.
- 알고리즘이 단순하므로 암호화/복호화 속도가 빠르다.
- 대칭 암호 기법 또는 비밀키 암호화 기법이라고도 한다.

② 개인키 암호화 기법의 종류 21.5, 21.3, 20.8

- 블록 암호화 방식
  - 한 번에 하나의 데이터 블록을 암호화하는 방식이다.
  - 종류 : DES, SEED, AES, ARIA, IDEA 등
- 스트림 암호화 방식
  - 평문과 동일한 길이의 스트림을 생성하여 비트/바이트/워드 단위로 암호화하는 방식이다.
  - 종류 : LFSR, RC4 등

③ 공개키 암호화(Public Key Encryption) 기법 25.5, 23.2, 22.4, 21.3, …

- 데이터를 암호화할 때 사용하는 공개키(Public Key)는 데이터베이스 사용자에게 공개하고, 복호화할 때의 비밀키(Secret Key)는 관리자가 비밀리에 관리한다.
- 공개키 암호화 기법에서 암호화 대상이 n개일 때 사용되는 키의 개수는 2n이다.
- 비대칭 암호 기법이라고도 한다.
- 대표적으로는 RSA(Rivest Shamir Adleman) 기법이 있다.
- 키의 분배가 용이하고, 관리해야 할 키의 개수가 적다.

④ ARIA 23.5

- 2004년 국가정보원과 산학연협회가 개발한 블록 암호화 알고리즘이다.
- 블록 크기는 128비트이며, 키 길이에 따라 128, 192, 256으로 분류됩니다.

⑤ DES 25.5, 22.3

1975년 미국 NBS에서 발표한 64비트의 개인키 암호화 알고리즘이다.

⑥ AES 25.2, 24.7, 22.7

DES에 한계를 느낀 미국 표준 기술 연구소(NIST)가 2001년 발표한 개인키 암호화 알고리즘이다.

⑦ RSA 25.8, 24.7, 21.8, 20.8, 20.6

- 1978년 MIT의 라이베스트(Rivest), 샤미르(Shamir), 애들먼(Adelman)에 의해 제안된 공개키 암호화 알고리즘이다.
- 큰 숫자를 소인수분해 하기 어렵다는 것에 기반하여 만들어진 공개키 암호화 알고리즘이다.

⑧ ECC 24.5, 24.2, 23.7

- 1985년 RSA 암호 방식의 대안으로 제안되었다.
- 이산대수 문제를 타원곡선으로 옮겨 기밀성과 효율성을 높인 암호화 알고리즘이다.

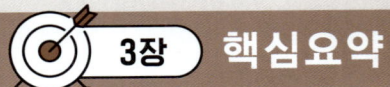

❾ Rabin 24.5, 24.2, 23.7

- 1979년 미하엘 라빈이 제안하였다.
- 소인수분해의 어려움에 안전성의 근거를 둔 암호화 알고리즘이다.

❿ 해시(Hash) 25.2, 24.7, 23.7, 23.2, 22.7, 21.5, 21.3

- 임의의 길이의 입력 데이터나 메시지를 고정된 길이의 값이나 키로 변환하는 것을 의미한다.
- 복호화가 거의 불가능한 일방향 함수에 해당한다.
- 종류 : SHA 시리즈, MD4, MD5, N-NASH, SNEFRU 등

⓫ 솔트(Salt) 25.8, 24.2, 21.8

- 암호화를 수행하기에 앞서 원문에 무작위의 값을 덧붙이는 과정이다.
- 솔트를 사용하면 같은 패스워드에 대해 암호화를 수행하더라도 서로 다른 결과가 나타나게 되어 더 안전하게 암호화된 데이터를 관리할 수 있게 된다.

4장 시스템 보안 구축

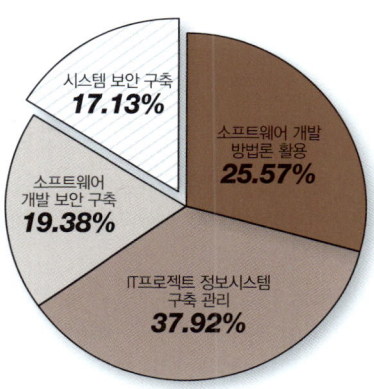

153 서비스 공격 유형 Ⓐ등급
154 서버 인증 Ⓑ등급
155 보안 아키텍처 / 보안 프레임워크 Ⓒ등급
156 로그 분석 Ⓒ등급
157 보안 솔루션 Ⓑ등급

꼭 알아야 할 키워드 Best 10

1. SMURFING   2. 분산 서비스 거부(DDoS) 공격   3. 웜(Worm)   4. 랜섬웨어   5. SMURFING   6. SYN Flooding   7. Land   8. 인증
9. 지식 기반 인증   10. 침입 탐지 시스템

SECTION 153 서비스 공격 유형

1 서비스 거부(DoS; Denial of Service) 공격의 개념

서비스 거부 공격이란 표적이 되는 서버의 자원을 고갈시킬 목적으로 다수의 공격자 또는 시스템에서 대량의 데이터를 한 곳의 서버에 집중적으로 전송함으로써, 표적이 되는 서버의 정상적인 기능을 방해하는 것이다.

- 서비스 거부 공격의 유형에는 Ping of Death, SMURFING, SYN Flooding, TearDrop, Land, DDoS 등이 있다.

 전문가의 조언

안전한 정보 시스템 환경을 구축하기 위해서는 먼저 서비스 거부 공격의 개념과 주요 유형에 대한 이해가 필요합니다. 서비스 거부 공격의 개념을 기억하고 주요 서비스 거부 공격들의 개별적인 특징을 정리해 두세요.

2 Ping of Death(죽음의 핑)

Ping of Death는 Ping 명령을 전송할 때 패킷의 크기를 인터넷 프로토콜 허용 범위(65,536 바이트) 이상으로 전송하여 공격 대상의 네트워크를 마비시키는 서비스 거부 공격 방법이다.

- 공격에 사용되는 큰 패킷은 수백 개의 패킷으로 분할되어 전송되는데, 공격 대상은 분할된 대량의 패킷을 수신함으로써 분할되어 전송된 패킷을 재조립해야 하는 부담과 분할되어 전송된 각각의 패킷들의 ICMP Ping 메시지*에 대한 응답을 처리하느라 시스템이 다운되게 된다.
- jolt, sPING, ICMP bug, IceNewk 등의 변종 공격에 대비하여 ICMP Ping 메시지가 전송되지 못하도록 방화벽에서 차단하는 기술이 개발되었다.

 전문가의 조언

중요해요! 보안을 위협하는 공격 유형의 의미를 묻는 문제가 꾸준히 출제되고 있습니다. 문제에 제시된 내용이 무슨 용어를 말하는지 맞힐 수 있을 정도로 학습하세요.

ICMP Ping 메시지

ICMP Ping 메시지는 특정 IP로 패킷이 전송될 때 해당 IP의 노드가 현재 운영 중인지 확인을 요청하는 메시지로, 이를 수신한 노드가 운영 중이라면 Ping 메시지에 대한 응답으로 에코 응답 메시지를 전송합니다.

※ ICMP(인터넷 제어 메시지 프로토콜) : TCP/IP 기반의 인터넷 통신 서비스에서 인터넷 프로토콜(IP)에 결합되어 전송되는 프로토콜로, IP에 대해 통신 중에 발생하는 오류 처리와 전송 경로 변경, 에코 요청, 에코 응답 등을 제어하기 위한 메시지를 취급함

브로드캐스트 주소

브로드캐스트 주소는 네트워크 내의 특정 호스트를 대상으로 패킷을 전송하는 것이 아니라 네트워크 내의 전체 호스트를 대상으로 패킷을 전송할 때 사용하는 주소입니다.

3 SMURFING(스머핑)

SMURFING은 IP나 ICMP의 특성을 악용하여 엄청난 양의 데이터를 한 사이트에 집중적으로 보냄으로써 네트워크를 불능 상태로 만드는 공격 방법이다.

- 공격자는 송신 주소를 공격 대상지의 IP 주소로 위장하고 해당 네트워크 라우터의 브로드캐스트 주소*를 수신지로 하여 패킷을 전송하면, 라우터의 브로드캐스트 주소로 수신된 패킷은 해당 네트워크 내의 모든 컴퓨터로 전송된다.
- 해당 네트워크 내의 모든 컴퓨터는 수신된 패킷에 대한 응답 메시지를 송신 주소인 공격 대상지로 집중적으로 전송하게 되는데, 이로 인해 공격 대상지는 네트워크 과부하로 인해 정상적인 서비스를 수행할 수 없게 된다.
- SMURFING 공격을 무력화하는 방법 중 하나는 각 네트워크 라우터에서 브로드캐스트 주소를 사용할 수 없게 미리 설정해 놓는 것이다.

④ SYN Flooding

25.5, 24.2, 23.7, 실기 25.7

TCP(Transmission Control Protocol)는 신뢰성 있는 전송을 위해 3-way-handshake*를 거친 후에 데이터를 전송하게 되는데, SYN Flooding은 공격자가 가상의 클라이언트로 위장하여 3-way-handshake 과정을 의도적으로 중단시킴으로써 공격 대상지인 서버가 대기 상태에 놓여 정상적인 서비스를 수행하지 못하게 하는 공격 방법이다.

- 공격자는 사용할 수 없는 IP 주소를 이용해 가상의 클라이언트로 위장하여 공격 대상지인 서버로 'SYN' 신호를 보내 3-way-handshake의 첫 번째 과정을 수행한다.
- 공격 대상지인 서버는 'SYN' 신호에 대한 응답으로 'SYN+ACK' 신호를 가상의 클라이언트로 보내면서 클라이언트의 접속을 받아들이기 위해 메모리의 일정 공간을 확보한다.
- 가상의 클라이언트는 본래 사용할 수 없는 주소였으므로 서버가 보낸 응답이 전송되지 않을 뿐만 아니라 가상의 클라이언트로부터 3-way-handshake의 마지막 과정인 'ACK' 신호도 전송되지 않으므로 공격 대상지인 서버는 메모리 공간을 확보한 상태에서 대기하게 된다.
- 공격자가 사용할 수 없는 IP 주소를 이용해 공격 대상지 서버로 반복적인 3-way-handshake 과정을 요청하면 공격 대상지 서버는 메모리 공간을 점점 더 많이 확보한 상태에서 대기하게 되며, 결국 서버에 설정된 동시 사용자 수가 모두 대기 상태로 채워지게 되어 더 이상 정상적인 서비스를 수행할 수 없게 된다.
- SYN Flooding에 대비하기 위해 수신지의 'SYN' 수신 대기 시간을 줄이거나 침입 차단 시스템을 활용한다.

> **3-way-handshake**
> 신뢰성 있는 연결을 위해 송신지와 수신지 간의 통신에 앞서 3단계에 걸친 확인 작업을 수행한 후 통신을 수행합니다.
> - 1단계 : 송신지에서 수신지로 'SYN' 패킷을 전송
> - 2단계 : 수신지에서 송신지로 'SYN + ACK' 패킷을 전송
> - 3단계 : 송신지에서 수신지로 'ACK' 패킷을 전송

⑤ TearDrop

데이터의 송·수신 과정에서 패킷의 크기가 커 여러 개로 분할되어 전송될 때 분할 순서를 알 수 있도록 Fragment Offset 값을 함께 전송하는데, TearDrop은 이 Offset 값을 변경시켜 수신 측에서 패킷을 재조립할 때 오류로 인한 과부하를 발생시킴으로써 시스템이 다운되도록 하는 공격 방법이다.

- TearDrop에 대비하기 위해 Fragment Offset이 잘못된 경우 해당 패킷을 폐기하도록 설정한다.

⑥ Land

25.8, 25.5, 24.2, 23.2, 실기 20.5

Land는 패킷을 전송할 때 송신 IP 주소와 수신 IP 주소를 모두 공격 대상의 IP 주소로 하여 공격 대상에게 전송하는 것으로, 이 패킷을 받은 공격 대상은 송신 IP 주소가 자신이므로 자신에게 응답을 수행하게 되는데, 이러한 패킷이 계속해서 전송될 경우 자신에 대해 무한히 응답하게 하는 공격이다.

- Land에 대비하기 위해 송신 IP 주소와 수신 IP 주소의 적절성을 검사한다.

25.8, 20.8

분산 서비스 공격용 툴

에이전트(Agent)의 역할을 수행하도록 설계된 프로그램으로 데몬(Daemon)이라고 부르며, 다음과 같은 종류가 있습니다.

- Trin00 : 가장 초기 형태의 데몬으로, 주로 UDP Flooding 공격을 수행함
- TFN(Tribe Flooding Network) : UDP Flooding 뿐만 아니라 TCP SYN Flood 공격, ICMP 응답 요청, 스머핑 공격 등을 수행함
- TFN2K : TFN의 확장판
- Stacheldraht : 이전 툴들의 기능을 유지하면서, 공격자, 마스터, 에이전트가 쉽게 노출되지 않도록 암호화된 통신을 수행하며, 툴이 자동으로 업데이트되도록 설계됨

7 DDoS(Distributed Denial of Service, 분산 서비스 거부) 공격
25.8, 20.8

DDoS 공격은 여러 곳에 분산된 공격 지점에서 한 곳의 서버에 대해 분산 서비스 공격을 수행하는 것으로, 네트워크에서 취약점이 있는 호스트들을 탐색한 후 이들 호스트들에 분산 서비스 공격용 툴*을 설치하여 에이전트(Agent)로 만든 후 DDoS 공격에 이용한다.

- 공격의 범위를 확대하기 위해 일부 호스트에 다수의 에이전트를 관리할 수 있는 핸들러(Handler) 프로그램을 설치하여 마스터(Master)로 지정한 후 공격에 이용하기도 한다.

예 DDoS 공격

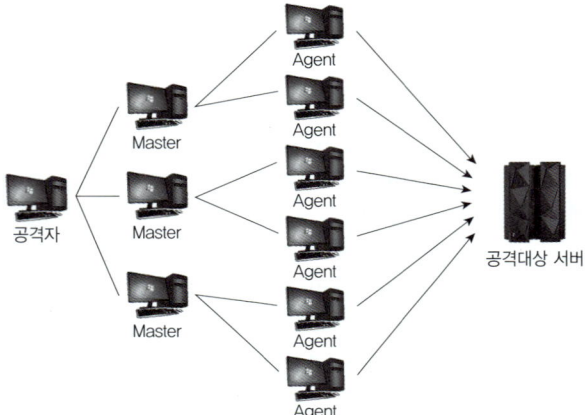

사회 공학(Social Engineering)

사회 공학이란 컴퓨터 보안에 있어서, 인간 상호 작용의 깊은 신뢰를 바탕으로 사람들을 속여 정상 보안 절차를 깨트리기 위한 비기술적 시스템 침입 수단을 말합니다.

8 네트워크 침해 공격 관련 용어
22.3, 21.8, 21.3, 실기 24.4

용어	의미
스미싱(Smishing)	• 문자 메시지(SMS)를 이용해 사용자의 개인 신용 정보를 빼내는 수법이다. • 초기에는 문자 메시지를 이용해 개인 비밀정보나 소액 결제를 유도하는 형태로 시작되었다. • 현재는 각종 행사 안내, 경품 안내 등의 문자 메시지에 링크를 걸어 안드로이드 앱 설치 파일인 apk 파일을 설치하도록 유도하여 사용자 정보를 빼가는 수법으로 발전하고 있다.
스피어 피싱 (Spear Phishing)	사회 공학*의 한 기법으로, 특정 대상을 선정한 후 그 대상에게 일반적인 이메일로 위장한 메일을 지속적으로 발송하여, 발송 메일의 본문 링크나 첨부된 파일을 클릭하도록 유도해 사용자의 개인 정보를 탈취한다.

실기 24.4
APT(Advanced Persistent Threats, 지능형 지속 위협)
	• 다양한 IT 기술과 방식들을 이용해 조직적으로 특정 기업이나 조직 네트워크에 침투해 활동 거점을 마련한 뒤 때를 기다리면서 보안을 무력화시키고 정보를 수집한 다음 외부로 빼돌리는 형태의 공격이다.
	• 공격 방법
	  – 내부자에게 악성코드가 포함된 이메일을 오랜 기간 동안 꾸준히 발송해 한 번이라도 클릭되길 기다리는 형태이다.
	  – 스턱스넷(Stuxnet)과 같이 악성코드가 담긴 이동식 디스크(USB) 등으로 전파하는 형태이다.
	  – 악성코드에 감염된 P2P 사이트에 접속하면 악성코드에 감염되는 형태 등이 있다.

무작위 대입 공격 (Brute Force Attack)	암호화된 문서의 암호키를 찾아내기 위해 적용 가능한 모든 값을 대입하여 공격하는 방식이다.

용어	의미
큐싱(Qshing)	QR코드(Quick Response Code)※를 통해 악성 앱의 다운로드를 유도하거나 악성 프로그램을 설치하도록 하는 금융사기 기법의 하나로, QR코드와 개인정보 및 금융정보를 낚는다(Fishing)는 의미의 합성 신조어이다.
21.3 Phishing	개인 정보(Private Data)와 낚시(Fishing)의 합성어로, 이메일이나 메신저 등을 통해 공기관이나 금융 기관을 사칭하여 개인 정보를 빼내는 기법이다.
21.8 Ping Flood	특정 사이트에 매우 많은 ICMP 메시지를 보내 이에 대한 응답(Respond)으로 시스템 자원을 모두 사용하게 해 시스템이 정상적으로 동작하지 못하도록 하는 공격 방법이다.
Evil Twin Attack	실제 존재하는 동일한 이름의 무선 WiFi 신호를 송출하여 로그온한 사람들의 계정 정보나 신용 정보 등을 빼내는 기법이다.
22.3 스위치 재밍 (Switch Jamming)	위조된 매체 접근 제어(MAC) 주소를 지속적으로 네트워크로 흘려보내, 스위치 MAC 주소 테이블의 저장 기능을 혼란시켜 더미 허브(Dummy Hub)처럼 작동하게 하는 공격이다.

잠깐만요 — 블루투스(Bluetooth) 관련 공격

용어	의미
블루버그(BlueBug)	블루투스 장비 사이의 취약한 연결 관리를 악용한 공격으로, 휴대폰을 원격 조정하거나 통화를 감청할 수 있습니다.
블루스나프(BlueSnarf)	블루투스의 취약점을 활용하여 장비의 파일에 접근하는 공격으로, 인증 없이 간편하게 정보를 교환할 수 있는 OPP(Object Push Profile)를 사용하여 정보를 열람합니다.
22.3 블루프린팅(BluePrinting)	공격 대상이 될 블루투스 장비를 검색하는 활동을 의미합니다.
블루재킹(BlueJacking)	블루투스를 이용해 스팸처럼 메시지를 익명으로 퍼뜨리는 공격입니다.

9 정보 보안 침해 공격 관련 용어

25.2, 24.7, 24.5, 23.7, 23.5, 23.2, 22.7, 22.4, 21.8, 20.6, 실기 23.4

용어	의미
좀비(Zombie) PC	악성코드에 감염되어 다른 프로그램이나 컴퓨터를 조종하도록 만들어진 컴퓨터로, C&C(Command & Control) 서버의 제어를 받아 주로 DDoS 공격 등에 이용된다.
C&C 서버	해커가 원격지에서 감염된 좀비 PC에 명령을 내리고 악성코드를 제어하기 위한 용도로 사용하는 서버를 말한다.
봇넷(Botnet)	악성 프로그램에 감염되어 악의적인 의도로 사용될 수 있는 다수의 컴퓨터들이 네트워크로 연결된 형태를 말한다.
25.2, 24.5, 23.2, 22.7, …, 실기 23.4 웜(Worm)	네트워크를 통해 연속적으로 자신을 복제하여 시스템의 부하를 높임으로써 결국 시스템을 다운시키는 바이러스의 일종으로, 분산 서비스 거부 공격, 버퍼 오버플로 공격※, 슬래머※ 등이 웜 공격의 한 형태이다.
제로 데이 공격 (Zero Day Attack)	보안 취약점이 발견되었을 때 발견된 취약점의 존재 자체가 널리 공표되기도 전에 해당 취약점을 통하여 이루어지는 보안 공격으로, 공격의 신속성을 의미한다.
20.6 키로거 공격 (Key Logger Attack)	컴퓨터 사용자의 키보드 움직임을 탐지해 ID, 패스워드, 계좌번호, 카드번호 등과 같은 개인의 중요한 정보를 몰래 빼가는 해킹 공격

24.7, 21.8, 20.6	랜섬웨어 (Ransomware)	인터넷 사용자의 컴퓨터에 잠입해 내부 문서나 파일 등을 암호화해 사용자가 열지 못하게 하는 프로그램으로, 암호 해독용 프로그램의 전달을 조건으로 사용자에게 돈을 요구하기도 한다.
23.7, 20.6	백도어 (Back Door, Trap Door)	• 시스템 설계자가 서비스 기술자나 유지 보수 프로그램 작성자(Programmer)의 액세스 편의를 위해 시스템 보안을 제거하여 만들어놓은 비밀 통로로, 컴퓨터 범죄에 악용되기도 한다. • 백도어 탐지 방법 : 무결성 검사, 열린 포트 확인, 로그 분석, SetUID 파일 검사 등
실기 23.4	트로이 목마 (Trojan Horse)	정상적인 기능을 하는 프로그램으로 위장하여 프로그램 내에 숨어 있다가 해당 프로그램이 동작할 때 활성화되어 부작용을 일으키는 것으로, 자기 복제 능력은 없다.
24.7, 23.5	파밍(Pharming)	해커가 악성코드에 감염된 PC를 조작하여 이용자가 정상적인 사이트에 접속해도 중간에서 도메인을 탈취하여 가짜 사이트로 접속하게 한 다음 개인 정보나 금융정보를 몰래 빼내는 행위이다.

기출문제 따라잡기

문제4 2420154

23년 5월, 20년 6월

1. IP 또는 ICMP의 특성을 악용하여 특정 사이트에 집중적으로 데이터를 보내 네트워크 또는 시스템의 상태를 불능으로 만드는 공격 방법은?

① TearDrop   ② Smishing
③ Qshing   ④ Smurfing

TearDrop은 Offset 값을 변경하여 시스템을 다운되도록 하는 공격 방법이고, Smishing은 문자 메시지(SMS), Qshing은 QR코드를 이용해 개인 정보를 빼내는 수법입니다.

25년 8월, 20년 8월

2. DDoS 공격과 연관이 있는 공격 방법은?

① Secure shell
② Tribe Flood Network
③ Nimda
④ Deadlock

DDoS 공격용 툴 중 하나로, UDP Flooding, TCP SYN Flooding, Smurfing 등의 다양한 서비스 거부(DoS) 공격을 수행하는 것은 Tribe Flood Network입니다.

20년 6월

3. 컴퓨터 사용자의 키보드 움직임을 탐지해 ID, 패스워드 등 개인의 중요한 정보를 몰래 빼가는 해킹 공격은?

① Key Logger Attack   ② Worm
③ Rollback   ④ Zombie Worm

키 입력 캐치 프로그램을 사용하여 ID나 암호를 알아내는 것은 키 로거 공격(Key Logger Attack)입니다.

24년 7월, 21년 8월, 20년 6월

4. 다음 설명의 정보보안 침해 공격 관련 용어는?

> 인터넷 사용자의 컴퓨터에 침입해 내부 문서 파일 등을 암호화해 사용자가 열지 못하게 하는 공격으로, 암호 해독용 프로그램의 전달을 조건으로 사용자에게 돈을 요구하기도 한다.

① Smishing   ② C-brain
③ Trojan Horse ④ Ransomware

'Ransom'은 '몸값, 몸값을 지불하다'는 의미로, 해독 프로그램을 받기 위해서 돈을 지불해야 하는 악성 프로그램은 랜섬웨어(Ransomware)입니다.

25년 5월, 24년 2월, 22년 3월

5. DoS(Denial of Service) 공격과 관련한 내용으로 틀린 것은?

① Ping of Death 공격은 정상 크기보다 큰 ICMP 패킷을 작은 조각(Fragment)으로 쪼개어 공격 대상이 조각화된 패킷을 처리하게 만드는 공격 방법이다.
② Smurf 공격은 멀티캐스트(Multicast)를 활용하여 공격 대상이 네트워크의 임의의 시스템에 패킷을 보내게 만드는 공격이다.
③ SYN Flooding은 존재하지 않는 클라이언트가 서버별로 한정된 접속 가능 공간에 접속한 것처럼 속여 다른 사용자가 서비스를 이용하지 못하게 하는 것이다.
④ Land 공격은 패킷 전송 시 출발지 IP 주소와 목적지 IP 주소 값을 똑같이 만들어서 공격 대상에게 보내는 공격 방법이다.

Smurf 공격은 네트워크 라우터의 브로드캐스트(Broadcast) 주소를 활용한 DoS 공격입니다.

기출문제 따라잡기

23년 7월, 20년 6월
6. 백도어 탐지 방법으로 틀린 것은?
① 무결성 검사
② 닫힌 포트 확인
③ 로그 분석
④ SetUID 파일 검사

백도어 탐지 방법에는 무결성 검사, 열린 포트 확인, 로그 분석, SetUID 파일 검사 등이 있습니다.

25년 5월, 21년 8월
7. 특정 사이트에 매우 많은 ICMP Echo를 보내면, 이에 대한 응답(Respond)을 하기 위해 시스템 자원을 모두 사용해버려 시스템이 정상적으로 동작하지 못하도록 하는 공격 방법은?
① Role-Based Access Control
② Ping Flood
③ Brute-Force
④ Trojan Horses

ICMP를 활용한 명령어 중 대표적인 명령어가 Ping입니다. 이 Ping을 홍수(Flood)가 되도록 한 시스템에 집중적으로 보내는 공격은 Ping Flood입니다.

21년 3월
8. 소셜 네트워크에서 악의적인 사용자가 지인 또는 특정 유명인으로 가장하여 활동하는 공격 기법은?
① Evil Twin Attack
② Phishing
③ Logic Bomb
④ Cyberbullying

이것은 개인 정보(Private date)를 낚아채는(Fishing) 기법입니다.

25년 2월, 24년 5월, 23년 2월, 22년 7월, 4월
9. 악성코드의 유형 중 다른 컴퓨터의 취약점을 이용하여 스스로 전파하거나 메일로 전파되며 스스로를 증식하는 것은?
① Worm
② Rogue Ware
③ Adware
④ Reflection Attack

파리같은 벌레(Worm)들은 환경이 지저분하면(취약점) 혼자 날아다니면서(전파) 쉽게 늘어납니다.

23년 7월, 5월
10. 다음 중 서비스 거부 공격의 유형에 해당하지 않는 것은?
① Ping of Death
② SYN Flooding
③ Land
④ Memory Hacking

Memory Hacking은 컴퓨터 메모리(주기억장치)에 있는 데이터를 위·변조하는 해킹 방법으로, 서비스 거부 공격의 유형이 아닙니다.

25년 5월, 24년 7월, 23년 2월
11. 다음 설명에 해당하는 공격 기법은?

시스템 공격 기법 중 하나로, 허용 범위 이상의 ICMP 패킷을 전송하여 대상 시스템의 네트워크를 마비시킨다.

① Ping of Death
② Session Hijacking
③ Piggyback Attack
④ XSS

허용 범위 이상의 ICMP 패킷을 전송하여 대상 시스템의 네트워크를 마비시키는 공격 기법은 죽음의 핑(Ping of Death)입니다.

23년 7월
12. 다음이 설명하는 서비스 공격 유형은?

공격자가 가상의 클라이언트로 위장하여 3-way-handshake 과정을 의도적으로 중단시킴으로써 공격 대상지인 서버가 대기 상태에 놓여 정상적인 서비스를 수행하지 못하게 하는 공격 방법이다.

① SYN Flooding
② SMURFING
③ Land
④ TearDrop

3-way-handshake 과정을 의도적으로 중단시키는 공격 방법은 SYN Flooding입니다.

25년 8월, 23년 2월
13. 공격자가 패킷의 출발지 주소를 변경하여 출발지와 목적지 주소(또는 포트)를 동일하게 하는 공격 유형은?
① SYN Flooding
② Land
③ TearDrop
④ Key Logger Attack

출발지와 목적지 주소(또는 포트)를 동일하게 하는 공격 유형은 Land입니다.

24년 7월, 23년 5월
14. 합법적으로 소유하고 있던 사용자의 도메인을 탈취하거나 DNS 이름을 속여 사용자들이 진짜 사이트로 오인하도록 유도하여 개인 정보를 훔치는 공격 기법은?
① Ransomware
② Pharming
③ Phishing
④ XSS

중간에서 도메인을 탈취하여 이용자를 가짜 사이트로 접속하게 한 다음 개인 정보나 금융정보를 몰래 빼내는 행위는 Pharming입니다.

▶ 정답 : 1. ④ 2. ② 3. ① 4. ④ 5. ② 6. ② 7. ② 8. ② 9. ① 10. ④ 11. ① 12. ① 13. ② 14. ②

SECTION 154 : 서버 인증

전문가의 조언

보안 서버와 인증의 개념을 잘 이해하고 기억하세요. 그리고 인증 유형별로 사용되는 방법에는 어떤 것들이 있는지 파악해 두세요.

인터넷 상에서 송·수신되는 개인정보
로그인 시 사용하는 사용자ID와 패스워드, 회원가입 시 등록한 이름, 전화번호, 인터넷 뱅킹 이용 시 등록한 계좌번호, 계좌 비밀번호 등이 있습니다.

SSL(Secure Socket Layer)
SSL은 데이터를 송·수신하는 두 컴퓨터 사이, 종단 간, 즉 TCP/IP 계층과 애플리케이션 계층(HTTP, TELNET, FTP 등) 사이에 위치하여 인증, 암호화, 무결성을 보장하는 업계 표준 프로토콜입니다.

전문가의 조언

인증과 인가의 개념과 인증의 각 유형에 대한 문제가 출제되었습니다. 인증은 신원을 증명하는 것이고, 인가는 인증된 사용자의 요청에 대한 권한 여부를 확인한 후 이를 부여하는 것임을 기억하고, 인증에 사용되는 대상들을 정리해 두세요.

1 보안 서버의 개념

보안 서버란 인터넷을 통해 개인정보*를 암호화하여 송·수신할 수 있는 기능을 갖춘 서버를 말한다.

- '개인정보의 기술적·관리적 보호조치 기준'에 따르면 보안 서버는 다음과 같은 기능을 갖춰야 한다.
  - 서버에 SSL(Secure Socket Layer)* 인증서를 설치하여 전송 정보를 암호화하여 송·수신하는 기능
  - 서버에 암호화 응용 프로그램을 설치하고 전송 정보를 암호화하여 송·수신하는 기능
- 스니핑(Sniffing)을 이용한 정보 유출, 피싱(Phishing)을 이용한 위조 사이트 등에 대비하기 위해 보안 서버 구축이 필요하다.

2 인증(認證, Authentication)의 개념
25.8, 23.5, 22.4

인증은 다중 사용자 컴퓨터 시스템이나 네트워크 시스템에서 로그인을 요청한 사용자의 정보를 확인하는 보안 절차이다.

- 인증된 사용자에 대해 요청한 자원이나 동작에 대한 권한 여부를 확인한 후 이를 부여하는 보안 절차를 인가(認可, Authorization)라고 한다.
- 인증에는 네트워크를 통해 컴퓨터에 접속하는 사용자의 등록 여부를 확인하는 것과 전송된 메시지의 위·변조 여부를 확인하는 것이 있다.
- **인증의 주요 유형**
  - 지식 기반 인증(Something You Know)
  - 소유 기반 인증(Something You Have)
  - 생체 기반 인증(Something You Are)
  - 위치 기반 인증(Somewhere You Are)

3 지식 기반 인증(Something You Know)
25.8, 24.7, 24.2, 23.7, 23.2, 22.4

지식 기반 인증(Something You Know)은 사용자가 기억하고 있는 정보를 기반으로 인증을 수행하는 것이다.

- 지식 기반 인증은 사용자의 기억을 기반으로 하므로 관리 비용이 저렴하다.
- 사용자가 인증 정보를 기억하지 못하면 본인이라도 인증 받지 못한다.
- **고정된 패스워드(Password)** : 사용자가 알고 있는 비밀번호를 접속할 때 마다 반복해서 입력한다.

- **패스 프레이즈(Passphrase)** : 'iloveyou'와 같이 일반 패스워드보다 길이가 길고 기억하기 쉬운 문장을 활용하여 비밀번호를 구성하는 방법이다.
- **아이핀(i-PIN)** : 인터넷에서 주민등록번호 대신 쓸 수 있도록 만든 사이버 주민등록번호로, 사용자에 대한 신원확인을 완료한 후에 본인확인기관에서 온라인으로 발행한다.

④ 소유 기반 인증(Something You Have)
25.5, 24.7, 24.5, 22.4

소유 기반 인증은 사용자가 소유하고 있는 것을 기반으로 인증을 수행하는 것이다.
- 소유 기반 인증은 소유물이 쉽게 도용될 수 있으므로 지식 기반 인증 방식이나 생체 기반 인증 방식과 함께 사용된다.
- **신분증** : 사용자의 사진이 포함된 주민등록증, 운전면허증, 여권 등을 사용하여 사용자의 신분을 확인한다.
- **메모리 카드(토큰)** : 마그네틱 선에 보안 코드를 저장해서 사용하는 것으로, 카드 리더기를 통해서만 읽을 수 있다(예 일반 은행 입출금 카드).
- **스마트 카드** : 마이크로프로세서, 카드 운영체제, 메모리 등으로 구성되어 사용자의 정보뿐만 아니라 특정 업무를 처리할 수 있는 기능이 내장되어 있다(예 IC칩이 내장된 카드).
- **OTP(One Time Password)** : 사용자가 패스워드를 요청할 때마다 암호 알고리즘을 통해 새롭게 생성된 패스워드를 사용하는 것으로, 한 번 사용된 패스워드는 폐기된다.

> **전문가의 조언**
> 신분증을 사용할 때 신분증의 사진과 사용자의 얼굴을 비교해 보거나 스마트카드 사용 시 추가 패스워드를 요구하는 것과 같이 소유 기반 인증은 지식 기반 인증이나 생체 기반 인증 방식과 함께 사용되는 경우가 많습니다.

⑤ 생체 기반 인증(Something You Are)

생체 기반 인증은 사용자의 고유한 생체 정보를 기반으로 인증을 수행하는 것이다.
- 생채 기반 인증은 사용이 쉽고 도난의 위험도 적으며 위조가 어렵다.
- **생체 인증 대상** : 지문, 홍채/망막, 얼굴, 정맥 등

⑥ 기타 인증 기법
24.7, 22.4

이외의 기타 인증 기법에는 행위 기반 인증과 위치 기반 인증이 있다.

24.7, 22.4 행위 기반 인증 (Something You Do)	사용자의 행동 정보를 이용해 인증 수행 예 서명, 동작, 음성
위치 기반 인증 (Somewhere You Are)	인증을 시도하는 위치의 적절성 확인 예 콜백*, GPS나 IP 주소를 이용한 위치 기반 인증

> **콜백(Call Back)**
> 콜백은 상대방이 전화로 인증을 요청한 경우, 전화를 끊고 걸려온 번호로 다시 전화를 걸어 해당 전화번호가 유효한지 확인하는 방법입니다.

기출문제 따라잡기

 문제1 2420251   문제2 2420252

24년 7월, 22년 4월
1. 각 사용자 인증의 유형에 대한 설명으로 가장 적절하지 않은 것은?

① 지식 : 주체는 '그가 알고 있는 것'을 보여주며 예시로는 패스워드, PIN 등이 있다.
② 소유 : 주체는 '그가 가지고 있는 것'을 보여주며 예시로는 토큰, 스마트 카드 등이 있다.
③ 존재 : 주체는 '그를 대체하는 것'을 보여주며 예시로는 패턴, QR 등이 있다.
④ 행위 : 주체는 '그가 하는 것'을 보여주며 예시로는 서명, 움직임, 음성 등이 있다.

'존재'라는 사용자 인증 유형은 없습니다. 패턴은 지식 기반 인증에, QR은 소유 기반 인증에 속합니다.

25년 8월, 22년 4월
2. 시스템의 사용자가 로그인하여 명령을 내리는 과정에 대한 시스템의 동작 중 다음 설명에 해당하는 것은?

- 자신의 신원(Identity)을 시스템에 증명하는 과정이다.
- 아이디와 패스워드를 입력하는 과정이 가장 일반적인 예시라고 볼 수 있다.

① Aging
② Accounting
③ Authorization
④ Authentication

자신임을 증명하는 행위는 인증(Authentication)입니다.

25년 8월, 24년 2월, 23년 7월
3. 인증의 유형 중에서 패스워드를 사용하는 경우에 해당하는 인증 유형은?

① Something You Have
② Something You Are
③ Something You Know
④ Somewhere You Are

패스워드를 기억해서 사용하는 것이므로 Something You Know(지식 기반 인증)에 해당합니다.

23년 5월
4. 인증(Authentication)과 인가(Authorization)에 대한 설명으로 옳지 않은 것은?

① 인증은 자신의 신원(Identity)을 시스템에 증명하는 과정이다.
② 인가는 어떤 동작을 수행할 수 있는지 검증하는 것이다.
③ 인증은 클라이언트로부터 요청된 정보에 대한 사용 권한을 부여하는 것이다.
④ 인가는 어떤 자원에 접근할 수 있는지 검증하는 것이다.

③번은 인가(Authorization)에 대한 설명입니다.

23년 2월
5. 인증의 유형 중 '지식'과 관계가 깊은 것은?

① Something You Know
② Something You Have
③ Something You Are
④ Somewhere You Are

사용자가 기억하고 있는 정보(지식)를 기반으로 인증을 수행하는 것은 Something You Know(지식 기반 인증)입니다.

25년 5월, 24년 5월
6. 다음 중 소유 기반 인증(Something You Have)에 속하지 않는 것은?

① 지문
② 마그네틱 카드
③ 신분증
④ OTP

지문은 생체 기반 인증(Something You Are)에 속합니다.

▶ 정답 : 1. ③ 2. ④ 3. ③ 4. ③ 5. ① 6. ①

SECTION 155

보안 아키텍처 / 보안 프레임워크

① 보안 아키텍처(Security Architecture)

보안 아키텍처란 정보 시스템의 무결성(Integrity), 가용성(Availability), 기밀성(Confidentiality)을 확보하기 위해 보안 요소 및 보안 체계를 식별하고 이들 간의 관계를 정의한 구조를 말한다.

- 보안 아키텍처를 통해 관리적, 물리적, 기술적 보안 개념의 수립, 보안 관리 능력의 향상, 일관된 보안 수준의 유지를 기대할 수 있다.
- 보안 아키텍처는 보안 수준에 변화가 생겨도 기본 보안 아키텍처의 수정 없이 지원할 수 있어야 한다.
- 보안 아키텍처는 보안 요구사항의 변화나 추가를 수용할 수 있어야 한다.
- 보안 아키텍처 모델의 대표적인 표준에는 ITU-T X.805가 있다.

전문가의 조언

이번 섹션에서는 보안 아키텍처와 보안 프레임워크에 대해 학습합니다. 보안 아키텍처의 개념을 기억하고 대표적인 보안 프레임워크인 ISO 27001의 개념과 함께 보안 통제 항목의 종류를 잘 정리해 두세요.

> **잠깐만요** 관리적/물리적/기술적 보안
> 23.7, 23.5, 22.4
>
> 효율적인 취약점 관리를 위해 관리적/물리적/기술적인 영역을 구분하여 보안 개념을 수립 및 설정하고, 발생하는 문제에 대응해야 합니다.
>
> | 관리적 보안 | 정보보호 정책, 정보보호 조직, 정보자산 분류, 정보보호 교육 및 훈련, 인적 보안, 업무 연속성 관리 등의 정의 |
> |---|---|
> | 물리적 보안 | 건물 및 사무실 출입 통제 지침, 전산실 관리 지침, 정보 시스템 보호 설치 및 관리 지침, 재해 복구 센터 운영 등의 정의 |
> | 기술적 보안 | 사용자 인증, 접근 제어, PC, 서버, 네트워크, 응용 프로그램, 데이터(DB) 등의 보안 지침 정의 |

② 보안 프레임워크(Security Framework)

프레임워크는 '뼈대', '골조'를 의미하는 용어이며, 보안 프레임워크는 안전한 정보 시스템 환경을 유지하고 보안 수준을 향상시키기 위한 체계를 말한다.

- ISO 27001은 정보보안 관리를 위한 국제 표준으로, 일종의 보안 인증이자 가장 대표적인 보안 프레임워크이다.
- ISO 27001은 영국의 BSI(British Standards Institute)가 제정한 BS 7799를 기반으로 구성되어 있다.
- ISO 27001은 조직에 대한 정보보안 관리 규격이 정의되어 있어 실제 심사/인증용으로 사용된다.

기출문제 따라잡기

출제예상
1. 다음 중 보안 아키텍처에 대한 설명으로 잘못된 것은?

① 보안 아키텍처(Security Architecture)란 정보 시스템의 무결성, 가용성, 기밀성을 확보하기 위해 보안 요소 및 보안 체계를 식별하고 이들 간의 관계를 정의한 구조를 말한다.
② 보안 아키텍처를 통해 관리적, 물리적, 기술적 보안 개념의 수립, 보안 관리 능력의 향상, 일관된 보안 수준의 유지를 기대할 수 있다.
③ 보안 아키텍처는 보안 수준의 변화가 발생할 경우 기본 보안 아키텍처를 수정하여 변화에 빠르게 대응해야 한다.
④ 보안 아키텍처는 보안 요구사항의 변화나 추가를 수용할 수 있어야 한다.

> 보안 아키텍처는 기본 보안 아키텍처의 수정 없이 변화에 대응할 수 있어야 합니다.

출제예상
2. 다음 중 대표적인 보안 프레임워크인 ISO 27001에 대한 설명으로 잘못된 것은?

① 보안 프레임워크란 안전한 정보 시스템 환경을 유지하고 보안 수준을 향상시키기 위한 체계를 말한다.
② ISO 27001은 정보보호 관리를 위한 국제 표준으로, 일종의 보안 인증이다.
③ ISO 27001은 영국의 BSI(British Standards Institute)가 제정한 BS 7799를 기반으로 구성되어 있다.
④ ISO 27001은 조직에 대한 정보보안 관리 규격은 제외되어 있어 심사/인증용으로는 사용할 수 없다.

> ISO 27001은 현업에서 심사나 인증용으로 사용하고 있는 대표적인 보안 프레임워크입니다.

23년 7월, 22년 4월
3. 취약점 관리를 위한 응용 프로그램의 보안 설정과 가장 거리가 먼 것은?

① 서버 관리실 출입 통제
② 실행 프로세스 권한 설정
③ 운영체제의 접근 제한
④ 운영체제의 정보 수집 제한

> ①번은 물리적 보안 요소입니다.

23년 5월, 22년 4월
4. 물리적 위협으로 인한 문제에 해당하지 않는 것은?

① 화재, 홍수 등 천재지변으로 인한 위협
② 하드웨어 파손, 고장으로 인한 장애
③ 방화, 테러로 인한 하드웨어와 기록장치를 물리적으로 파괴하는 행위
④ 방화벽 설정의 잘못된 조작으로 인한 네트워크, 서버 보안 위협

> 장비의 파손이나 천재지변과 같은 재해들은 물리적 보안 요소에 해당합니다.

▶ 정답 : 1. ③ 2. ④ 3. ① 4. ④

SECTION 156 로그 분석

1 로그(Log)의 개념

로그란 시스템 사용에 대한 모든 내역을 기록해 놓은 것으로, 이러한 로그 정보를 이용하면 시스템 침해 사고 발생 시 해킹 흔적이나 공격 기법을 파악할 수 있다.

- 로그 정보를 정기적으로 분석하면 시스템에 대한 침입 흔적이나 취약점을 확인할 수 있다.

2 리눅스(LINUX) 로그

리눅스에서는 시스템의 모든 로그를 var/log 디렉터리에서 기록하고 관리한다.

- 로그 파일을 관리하는 syslogd 데몬*은 etc/syslog.conf 파일을 읽어 로그 관련 파일들의 위치를 파악한 후 로그 작업을 시작한다.
- syslog.conf 파일을 수정하여 로그 관련 파일들의 저장 위치와 파일명을 변경할 수 있다.

3 리눅스의 주요 로그 파일

25.8, 24.2, 22.3

리눅스에서는 커널 로그, 부팅 로그, 크론 로그, 시스템 로그, 보안 로그, FTP 로그, 메일 로그 등을 기록하고 관리한다.

로그	데몬	파일명	내용
25.8, 24.2, 22.3 커널* 로그	kernel	/dev/console	커널에 관련된 내용을 관리자에게 알리기 위해 파일로 저장하지 않고 지정된 장치에 표시한다.
		var/log/wtmp	• 성공한 로그인/로그아웃에 대한 로그를 기록한다. • 시스템의 시작/종료 시간에 대한 로그를 기록한다.
		var/run/utmp	현재 로그인한 사용자의 상태에 대한 로그를 기록한다.
		var/log/btmp	실패한 로그인에 대한 로그를 기록한다.
		var/log/lastlog	마지막으로 성공한 로그인에 대한 로그를 기록한다.
부팅 로그	boot	/var/log/boot	부팅 시 나타나는 메시지들을 기록한다.
크론 로그	crond	/var/log/cron	작업 스케줄러인 crond의 작업 내역을 기록한다.
시스템 로그	syslogd	/var/log/messages	커널(kernel)에서 실시간으로 보내오는 메시지들을 기록한다.
보안 로그	xinetd	/var/log/secure	시스템의 접속에 대한 로그를 기록한다.
FTP 로그	ftpd	/var/log/xferlog	FTP로 접속하는 사용자에 대한 로그를 기록한다.

전문가의 조언

시스템에 대한 보안 사고가 발생하면 시스템의 모든 활동이 기록되어 있는 로그 파일을 분석하여 그 원인을 찾을 수 있습니다. 또한 로그 데이터 분석을 통해 시스템의 취약점을 미리 파악하여 이를 관리할 수도 있습니다. 이번 섹션에서는 LINUX와 Windows에서 사용되는 로그 파일에 대해 학습합니다. LINUX와 Windows에서 사용되는 로그 파일의 종류를 파악해 두세요.

데몬(Daemon)

데몬은 사용자의 직접적인 개입 없이 특정 상태가 되면 자동으로 동작하는 시스템 프로그램으로, LINUX 계열에서는 데몬이라고 하며, Windows 계열에서는 서비스라고 부릅니다.

전문가의 조언

리눅스의 로그 파일에 대한 문제가 출제되었습니다. 커널 로그를 중심으로 로그 파일들의 파일명과 내용을 정리해 두세요.

커널(Kernel)

커널은 운영체제의 가장 핵심적인 부분으로, 하드웨어를 보호하고, 프로그램과 하드웨어 간의 인터페이스 역할을 담당합니다. 프로세스 관리, 기억장치 관리, 파일 관리, 입·출력 관리, 프로세스 간 통신, 데이터 전송 및 변환 등 여러 가지 기능을 수행합니다.

④ 윈도우(Windows) 로그

Windows 시스템에서는 이벤트 로그 형식으로 시스템의 로그를 관리한다.
- Windows의 이벤트 뷰어를 이용하여 이벤트 로그를 확인할 수 있다.
- Windows의 이벤트 뷰어는 [제어판] → [관리 도구] → [이벤트 뷰어]를 선택하여 실행한다.

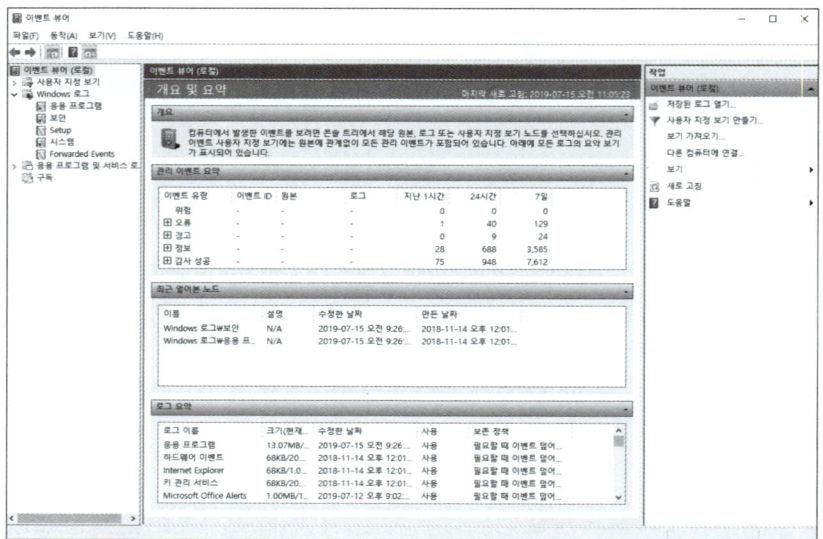

Windows 10의 이벤트 뷰어

⑤ Windows 이벤트 뷰어의 로그

Windows 이벤트 뷰어에서는 응용 프로그램 로그, 보안 로그, 시스템 로그, Setup 로그, Forwarded Events 로그를 확인할 수 있다.

로그	내용
응용 프로그램	• 응용 프로그램에서 발생하는 이벤트가 기록된다. • 기록되는 이벤트는 응용 프로그램 개발자에 의해 결정된다.
보안	로그온 시도, 파일이나 객체 생성, 조회, 제거 등의 리소스 사용과 관련된 이벤트가 기록된다.
시스템	Windows 시스템 구성 요소에 의해 발생하는 이벤트가 기록된다.
Setup	프로그램 설치와 관련된 이벤트가 기록된다.
Forwarded Events	다른 컴퓨터와의 상호 작용으로 발생하는 이벤트가 기록된다.

기출문제 따라잡기

25년 8월, 24년 2월, 22년 3월
1. 다음 내용이 설명하는 로그 파일은?

- 리눅스 시스템에서 사용자의 성공한 로그인/로그아웃 정보 기록
- 시스템의 종료/시작 시간 기록

① tapping   ② xtslog
③ linuxer   ④ wtmp

로그인과 로그아웃에 관한 로그 파일이 4개 있었습니다. tmp로 끝나는 파일 3개와 lastlog입니다.

출제예상
2. 다음 중 리눅스(LINUX)의 주요 로그 파일이 아닌 것은?

① console   ② cron
③ secure   ④ syslogd

syslogd는 로그 파일이 아니라 로그 파일을 관리하는 데몬입니다.

출제예상
3. 다음 중 윈도우(Windows)의 이벤트 뷰어를 통해 확인할 수 있는 로그 항목이 아닌 것은?

① 응용 프로그램   ② 보안
③ 시스템   ④ 로그인

로그인과 같이 시스템에 접근을 시도하는 것은 '보안' 로그 항목에서 기록하고 관리하는 내용입니다.

출제예상
4. 다음 중 리눅스(LINUX)의 로그 파일에 대한 설명으로 잘못된 것은?

① 시스템의 모든 로그를 'var/log' 디렉터리에서 기록하고 관리한다.
② 로그 파일 중 시스템 로그(/var/log/messages)는 커널(Kernel)에서 실시간으로 보내오는 메시지들을 기록하고 관리한다.
③ syslog.conf 파일에는 로그 관련 파일들의 위치가 기록되어 있으므로 수정되거나 삭제되지 않도록 관리해야 한다.
④ 로그 파일 중 메일 로그(/var/log/maillog)는 주고받는 메일에 대한 로그를 기록하고 관리한다.

로그 관련 파일들의 저장 위치와 파일명을 변경할 수 있습니다. 로그 관련 파일들의 저장 위치와 파일명이 변경되었다면, 로그 관련 파일들에 대한 정보를 저장한 파일도 변경해야 합니다.

▶ 정답 : 1. ④ 2. ④ 3. ④ 4. ③

SECTION 157

보안 솔루션

전문가의 조언
이번 섹션에서는 외부의 불법적인 침입으로부터 시스템을 보호하기 위한 각종 솔루션의 기능과 특징을 학습합니다. 어떤 보안 솔루션을 말하는지 구분할 수 있도록 각각의 기능과 특징을 잘 정리해 두세요.

1 보안 솔루션의 개념

보안 솔루션이란 접근 통제, 침입 차단 및 탐지 등을 수행하여 외부로부터의 불법적인 침입을 막는 기술 및 시스템을 말한다.

- 주요 보안 솔루션에는 방화벽, 침입 탐지 시스템(IDS), 침입 방지 시스템(IPS), 데이터 유출 방지(DLP), 웹 방화벽, VPN, NAC 등이 있다.

2 방화벽(Firewall)

방화벽은 기업이나 조직 내부의 네트워크와 인터넷 간에 전송되는 정보를 선별하여 수용·거부·수정하는 기능을 가진 침입 차단 시스템이다.

- 내부 네트워크에서 외부로 나가는 패킷은 그대로 통과시키고, 외부에서 내부 네트워크로 들어오는 패킷은 내용을 엄밀히 체크하여 인증된 패킷만 통과시키는 구조이다.
- 해킹 등에 의한 외부로의 정보 유출을 막기 위해 사용한다.

전문가의 조언
침입 탐지 시스템의 특징을 묻는 문제가 출제되었습니다. 이상 탐지는 평균적인 시스템의 상태를 기준으로 한다는 점을 염두에 두고 특징을 정리해 두세요.

3 침입 탐지 시스템(IDS; Intrusion Detection System)
25.2, 24.7, 22.7, 21.8

침입 탐지 시스템은 컴퓨터 시스템의 비정상적인 사용, 오용, 남용 등을 실시간으로 탐지하는 시스템이다.

- 방화벽과 같은 침입 차단 시스템만으로는 내부 사용자의 불법적인 행동과 외부 해킹에 100% 완벽하게 대처할 수는 없다.
- 문제가 발생한 경우 모든 내·외부 정보의 흐름을 실시간으로 차단하기 위해 해커 침입 패턴에 대한 추적과 유해 정보 감시가 필요하다.
- 오용 탐지(Misuse Detection) : 미리 입력해 둔 공격 패턴이 감지되면 이를 알려준다.
- 이상 탐지(Anomaly Detection) : 평균적인 시스템의 상태를 기준으로 비정상적인 행위나 자원의 사용이 감지되면 이를 알려준다.
- 침입 탐지 시스템의 종류
  - HIDS(Host-Based Intrusion Detection)
    - 시스템의 내부를 감시하고 분석하는데 중점을 둔 침입 탐지 시스템이다.
    - 내부 시스템의 변화를 실시간으로 감시하여 누가 접근해서 어떤 작업을 수행했는지 기록하고 추적한다.
    - 종류 : OSSEC, md5deep, AIDE, Samhain 등
  - NIDS(Network-Based Intrusion Detection System)
    - 외부로부터의 침입을 감시하고 분석하는데 중점을 둔 침입 탐지 시스템이다.

- ▶ 네트워크 트래픽을 감시하여 서비스 거부 공격*, 포트 스캔 등의 악의적인 시도를 탐지한다.
- ▶ 종류 : Snort, Zeek 등
- 침입 탐지 시스템의 위치
  - 패킷이 라우터로 들어오기 전 : 네트워크에 시도되는 모든 공격을 탐지할 수 있다.
  - 라우터 뒤 : 라우터에 의해 패킷 필터링을 통과한 공격을 탐지할 수 있다.
  - 방화벽 뒤 : 내부에서 외부로 향하는 공격을 탐지할 수 있다.
  - 내부 네트워크 : 내부에서 내부 네트워크의 해킹 공격을 탐지할 수 있다.
  - DMZ : DMZ는 외부 인터넷에 서비스를 제공하는 서버가 위치하는 네트워크로, 강력한 외부 공격이나 내부 공격으로부터 중요 데이터를 보호하거나 서버의 서비스 중단을 방지할 수 있다.

서비스 거부(DoS; Denial of Service) 공격
서비스 거부 공격이란 표적이 되는 서버의 자원을 고갈시킬 목적으로 다수의 공격자 또는 시스템에서 대량의 데이터를 한 곳의 서버에 집중적으로 전송함으로써 표적이 되는 서버의 정상적인 기능을 방해하는 것입니다.

4 침입 방지 시스템(IPS; Intrusion Prevention System)

침입 방지 시스템은 방화벽과 침입 탐지 시스템을 결합한 것이다.
- 비정상적인 트래픽을 능동적으로 차단하고 격리하는 등의 방어 조치를 취하는 보안 솔루션이다.
- 침입 탐지 기능으로 패킷을 하나씩 검사한 후 비정상적인 패킷이 탐지되면 방화벽 기능으로 해당 패킷을 차단한다.

5 데이터 유출 방지(DLP; Data Leakage/Loss Prevention)

데이터 유출 방지는 내부 정보의 외부 유출을 방지하는 보안 솔루션이다.
- 사내 직원이 사용하는 PC와 네트워크상의 모든 정보를 검색하고 메일, 메신저, 웹 하드, 네트워크 프린터 등의 사용자 행위를 탐지·통제해 외부로의 유출을 사전에 막는다.

SQL 삽입 공격
SQL 삽입 공격이란 전문 스캐너 프로그램 혹은 봇넷 등을 이용해 웹사이트를 무차별적으로 공격하는 과정에서 취약한 사이트가 발견되면 데이터베이스 등의 데이터를 조작하는 일련의 공격 방식을 말합니다.

6 웹 방화벽(Web Firewall)

웹 방화벽은 일반 방화벽이 탐지하지 못하는 SQL 삽입 공격*, Cross-Site Scripting(XSS)* 등의 웹 기반 공격을 방어할 목적으로 만들어진 웹 서버에 특화된 방화벽이다.
- 웹 관련 공격을 감시하고 공격이 웹 서버에 도달하기 전에 이를 차단해 준다.

Cross-Site Scripting(XSS)
Cross-Site Scripting이란 네트워크를 통한 컴퓨터 보안 공격의 하나로, 웹 페이지의 내용을 사용자 브라우저에 표현하기 위해 사용되는 스크립트의 취약점을 악용한 해킹 기법을 말합니다.

7 VPN(Virtual Private Network, 가상 사설 통신망)
20.9, 실기 24.10

VPN은 가상 사설 네트워크로서 인터넷 등 통신 사업자의 공중 네트워크와 암호화 기술을 이용하여 사용자가 마치 자신의 전용 회선을 사용하는 것처럼 해주는 보안 솔루션이다.

전문가의 조언
VPN의 개념을 묻는 문제가 출제되었습니다. **VPN**은 **사설망 구축**이라는 것을 꼭 기억해 두세요.

- VPN은 암호화된 규격을 통해 인터넷망을 전용선의 사설망을 구축한 것처럼 이용하므로 비용 부담을 줄일 뿐만 아니라 원격지의 지사, 영업소, 이동 근무자가 지역적인 제한 없이 업무를 수행할 수 있다.

8 NAC(Network Access Control)

NAC은 네트워크에 접속하는 내부 PC의 MAC 주소를 IP 관리 시스템에 등록한 후 일관된 보안 관리 기능을 제공하는 보안 솔루션이다.
- 내부 PC의 소프트웨어 사용 현황을 관리하여 불법적인 소프트웨어 설치를 방지한다.
- 일괄적인 배포 관리 기능을 이용해 백신이나 보안 패치 등의 설치 및 업그레이드를 수행한다.
- 네트워크에 접속한 비인가된 시스템을 자동으로 검출하여 자산을 관리한다.

9 SSH(Secure SHell, 시큐어 셸) 25.8, 21.5, 실기 25.7, 23.4

전문가의 조언
SSH의 특징을 묻는 문제가 출제되었습니다. SSH는 22번 포트를 사용한다는 것을 중심으로 특징을 정리하세요.

SSH는 다른 컴퓨터에 로그인, 원격 명령 실행, 파일 복사 등을 수행할 수 있도록 다양한 기능을 지원하는 프로토콜 또는 이를 이용한 응용 프로그램이다.
- 데이터 암호화와 강력한 인증 방법으로 보안성이 낮은 네트워크에서도 안전하게 통신할 수 있다.
- 키(key)를 통한 인증 방법을 사용하려면 사전에 클라이언트의 공개키를 서버에 등록해야 한다.
- 기본적으로는 22번 포트를 사용한다.

기출문제 따라잡기

문제2  문제3

20년 9월
1. 이용자가 인터넷과 같은 공중망에 사설망을 구축하여 마치 전용망을 사용하는 효과를 가지는 보안 솔루션은?
① ZIGBEE   ② KDD
③ IDS   ④ VPN

이것을 가상(Virtual) 사설(Private) 네트워크(Network)라고 합니다.

25년 8월, 21년 5월
2. SSH(Secure Shell)에 대한 설명으로 틀린 것은?
① SSH의 기본 네트워크 포트는 220번을 사용한다.
② 전송되는 데이터는 암호화 된다.
③ 키를 통한 인증은 클라이언트의 공개키를 서버에 등록해야 한다.
④ 서로 연결되어 있는 컴퓨터 간 원격 명령 실행이나 셸 서비스 등을 수행한다.

SSH의 기본 네트워크 포트는 22번입니다.

25년 2월, 24년 7월, 22년 7월, 21년 8월
3. 침입탐지 시스템(IDS : Intrusion Detection System)과 관련한 설명으로 틀린 것은?
① 이상 탐지 기법(Anomaly Detection)은 Signature Base나 Knowledge Base라고도 불리며, 이미 발견되고 정립된 공격 패턴을 입력해두었다가 탐지 및 차단한다.
② HIDS(Host-Based Intrusion Detection)는 운영체제에 설정된 사용자 계정에 따라 어떤 사용자가 어떤 접근을 시도하고 어떤 작업을 했는지에 대한 기록을 남기고 추적한다.
③ NIDS(Network-Based Intrusion Detection System)로는 대표적으로 Snort가 있다.
④ 외부 인터넷에 서비스를 제공하는 서버가 위치하는 네트워크인 DMZ(Demilitarized Zone)에는 IDS가 설치될 수 있다.

패턴으로 공격을 탐지하면 오용 탐지(Misuse Detection), 시스템의 평균 상태를 기준으로 탐지하면 이상 탐지(Anomaly Detection) 입니다.

▶ 정답 : 1. ④ 2. ① 3. ①

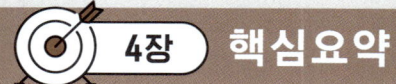

4장 핵심요약

153 서비스 공격 유형

① 서비스 거부 공격의 개념 23.7, 23.5
- 표적이 되는 서버의 자원을 고갈시킬 목적으로 다수의 공격자 또는 시스템에서 대량의 데이터를 한 곳의 서버에 집중적으로 전송함으로써, 표적이되는 서버의 정상적인 기능을 방해하는 것이다.
- 유형 : Ping of Death, SMURFING, SYN Flooding, TearDrop, Land, DDoS 등

② 죽음의 핑(Ping of Death) 25.5, 24.7, 24.2, 23.2, 22.4
Ping 명령을 전송할 때 ICMP 패킷의 크기를 인터넷 프로토콜 허용 범위 이상으로 전송하여 공격 대상의 네트워크를 마비시키는 서비스 거부 공격 방법이다.

③ SMURFING(스머핑) 25.5, 24.2, 23.5, 22.3, 20.6
IP나 ICMP의 특성을 악용하여 엄청난 양의 데이터를 한 사이트에 집중적으로 보냄으로써 네트워크를 불능 상태로 만드는 공격 방법이다.

④ SYN Flooding 25.5, 24.2, 23.7
공격자가 가상의 클라이언트로 위장하여 3-way-handshake 과정을 의도적으로 중단시킴으로써 공격 대상지인 서버가 대기 상태에 놓여 정상적인 서비스를 수행하지 못하게 하는 공격 방법이다.

⑤ Land 25.8, 25.5, 24.2, 23.2
패킷을 전송할 때 송신 IP 주소와 수신 IP 주소를 모두 공격 대상의 IP 주소로 하여 공격 대상에게 전송하는 것으로, 이 패킷을 받은 공격 대상은 송신 IP 주소가 자신이므로 자신에게 응답을 수행하게 되는데, 이러한 패킷이 계속해서 전송될 경우 자신에 대해 무한히 응답하게 하는 공격이다.

⑥ DDoS(Distributed Denial of Service, 분산 서비스 거부) 공격 25.8, 20.8
- 여러 곳에 분산된 공격 지점에서 한 곳의 서버에 대해 분산 서비스 공격을 수행하는 것이다.
- 분산 서비스 공격용 툴의 종류 : Trin00, TFN(Tribe Flooding Network), TFN2K, Stacheldraht 등

⑦ 피싱(Phishing) 21.3
개인 정보(Private Data)와 낚시(Fishing)의 합성어로, 이메일이나 메신저 등을 통해 공기관이나 금융 기관을 사칭하여 개인 정보를 빼내는 기법이다.

⑧ Ping Flood 21.8
특정 사이트에 매우 많은 ICMP 메시지를 보내 이에 대한 응답(Respond)으로 시스템 자원을 모두 사용하게 해 시스템이 정상적으로 동작하지 못하도록 하는 공격 방법이다.

⑨ 스위치 재밍(Switch Jamming) 22.3
위조된 매체 접근 제어(MAC) 주소를 지속해서 네트워크로 흘려보내, 스위치 MAC 주소 테이블의 저장 기능을 혼란시켜 더미 허브(Dummy Hub)처럼 작동하게 하는 공격이다.

⑩ 블루프린팅 22.3
공격 대상이 될 블루투스 장비를 검색하는 활동을 의미한다.

⑪ 웜(Worm) 25.2, 24.5, 23.2, 22.7, 22.4
네트워크를 통해 연속적으로 자신을 복제하여 시스템의 부하를 높임으로써 결국 시스템을 다운시키는 바이러스의 일종이다.

⑫ 키로거 공격(Key Logger Attack) 20.6
컴퓨터 사용자의 키보드 움직임을 탐지해 ID, 패스워드, 계좌번호, 카드번호 등과 같은 개인의 중요한 정보를 몰래 빼가는 해킹 공격이다.

⑬ 랜섬웨어(Ransomware) 24.7, 21.8, 20.6
인터넷 사용자의 컴퓨터에 잠입해 내부 문서나 파일 등을 암호화해 사용자가 열지 못하게 하는 프로그램으로, 암호 해독용 프로그램의 전달을 조건으로 사용자에게 돈을 요구하기도 한다.

4장 핵심요약

⓮ 백도어(Back Door, Trap Door) 23.7, 20.6
- 시스템 설계자가 서비스 기술자나 유지 보수 프로그램 작성자(Programmer)의 액세스 편의를 위해 시스템 보안을 제거하여 만들어놓은 비밀 통로로, 컴퓨터 범죄에 악용되기도 한다.
- 백도어 탐지 방법 : 무결성 검사, 열린 포트 확인, 로그 분석, SetUID 파일 검사 등

⓯ 파밍(Pharming) 23.5
해커가 악성코드에 감염된 PC를 조작하여 이용자가 정상적인 사이트에 접속해도 중간에서 도메인을 탈취하여 가짜 사이트로 접속하게 한 다음 개인 정보나 금융정보를 몰래 빼내는 행위이다.

154 서버 인증

❶ 인증(認證, Authentication) 25.8, 23.5, 22.4
다중 사용자 컴퓨터 시스템이나 네트워크 시스템에서 로그인을 요청한 사용자의 정보를 확인하는 보안 절차이다.

❷ 인가(認可, Authorization) 23.5
인증된 사용자에 대해 요청한 자원이나 동작에 대한 권한 여부를 확인한 후 이를 부여하는 보안 절차이다.

❸ 지식 기반 인증(Something You Know) 25.8, 24.7, 24.2, 23.7, 23.2, 22.4
사용자가 기억하고 있는 정보를 기반으로 인증을 수행하는 것이다.
예 패스워드(Password)

❹ 소유 기반 인증(Something You Have) 25.5, 24.7, 24.5, 22.4
사용자가 소유하고 있는 것을 기반으로 인증을 수행하는 것이다.
예 신분증, 메모리 카드(토큰), 스마트 카드, OTP, QR

❺ 행위 기반 인증(Something You Do) 24.7, 22.4
사용자의 행동 정보를 이용해 인증을 수행한다.
예 서명, 동작, 음성

155 보안 아키텍처 / 보안 프레임워크

❶ 관리적 보안 23.7, 23.5, 22.4
정보보호 정책, 정보보호 조직, 정보자산 분류, 정보보호 교육 및 훈련, 인적 보안, 업무 연속성 관리 등의 정의

❷ 물리적 보안 23.7, 23.5, 22.4
건물 및 사무실 출입 통제 지침, 전산실 관리 지침, 정보 시스템 보호 설치 및 관리지침, 재해 복구 센터 운영 등의 정의

❸ 기술적 보안 23.7, 23.5, 22.4
사용자 인증, 접근 제어, PC, 서버, 네트워크, 응용 프로그램, 데이터(DB) 등의 보안지침 정의

156 로그 분석

❶ 커널 로그의 종류 25.8, 24.2, 22.3
- wtmp : 성공한 로그인/로그아웃과 시스템의 시작/종료 시간에 대한 로그
- utmp : 현재 로그인한 사용자의 상태에 대한 로그
- btmp : 실패한 로그인에 대한 로그
- lastlog : 마지막으로 성공한 로그인에 대한 로그

157 보안 솔루션

❶ 침입 탐지 시스템(IDS; Intrusion Detection System) [25.2, 24.7, ...]
- 컴퓨터 시스템의 비정상적인 사용, 오용, 남용 등을 실시간으로 탐지하는 시스템이다.
- 오용 탐지(Misuse Detection) : 미리 입력해 둔 공격 패턴이 감지되면 이를 알려줌
- 이상 탐지(Anomaly Detection) : 평균적인 시스템의 상태를 기준으로 비정상적인 행위나 자원의 사용이 감지되면 이를 알려줌

❷ VPN(Virtual Private Network, 가상 사설 통신망) [20.9]

가상 사설 네트워크로서 인터넷 등 통신 사업자의 공중 네트워크와 암호화 기술을 이용하여 사용자가 마치 자신의 전용 회선을 사용하는 것처럼 해주는 보안 솔루션이다.

❸ SSH(Secure SHell, 시큐어 셸) [25.8, 21.5]
- 다른 컴퓨터에 로그인, 원격 명령 실행, 파일 복사 등을 수행할 수 있도록 다양한 기능을 지원하는 프로토콜 또는 이를 이용한 응용 프로그램이다.
- 데이터 암호화와 강력한 인증 방법으로 보안성이 낮은 네트워크에서도 안전하게 통신할 수 있다.
- 키(key)를 통한 인증 방법을 사용하려면 사전에 클라이언트의 공개키를 서버에 등록해야 한다.
- 기본적으로는 22번 포트를 사용한다.

찾아보기

숫자로 찾기

10진 코드 · 1-118
1NF(제1정규형) · 1-309
1차원 배열 · 2-60
2NF(제2정규형) · 1-309
2-Way 합병 정렬 · 1-170
2차 기회 교체 · 2-134
2차원 배열 · 2-63
3D Printing · 2-235
3NF(제3정규형) · 1-310
3-way-handshake · 2-281
4D Printing · 2-235
4NF(제4정규형) · 1-310
5NF(제5정규형) · 1-310

영문으로 찾기

Ⓐ Ⓑ

Active X · 2-98
AES · 2-273
AH · 1-272
AI · 2-230
AJAX · 1-269
ALTER · 1-366
ALTER TABLE · 1-374
Ant · 1-195
API · 2-11
API/Open API · 1-140
APM · 1-274
APT · 2-282
ARIA · 2-273
ARP · 2-170
ASC · 1-385
ASP · 2-98
ATTRIB · 2-154
Auto Commit 설정 명령 · 1-377
Avalanche · 1-254
B 트리 인덱스 · 1-333
B+ 트리 인덱스 · 1-333
Basic · 2-99
BCNF · 1-310
BGP · 2-228
Booch · 1-107
branches · 1-215
break · 2-56
Bucket Sort · 1-170
Bugzilla · 1-248

Ⓒ Ⓓ

C&C 서버 · 2-283
CASCADE · 1-375
CASE · 1-50, 2-189
cat · 2-155
ccm · 1-254
CD · 2-154
CHAR · 1-372
chdir · 2-155
checkstyle · 1-253
CHKDSK · 2-154
chmod · 2-155
chown · 2-155
CIDR · 2-158
CLASP · 2-254
Clearing House · 1-202
CLI · 1-72
CLS · 2-154
CMMI · 2-203
Coad와 Yourdon · 1-107
cobertura · 1-254
COCOMO 모형 · 2-193
COCOMO의 소프트웨어 개발 유형 · 2-193
Codeigniter · 2-8
Collision · 1-173
COMMIT · 1-367
continue · 2-56
COPY · 2-154
cp · 2-155
CPM · 2-198
cppcheck · 1-253
CREATE · 1-366
CREATE DOMAIN · 1-369
CREATE INDEX · 1-373
CREATE SCHEMA · 1-369
CREATE TABLE · 1-370
CREATE VIEW · 1-373
CROSS JOIN · 1-403
CRUD 매트릭스 · 1-329
CRUD 분석 · 1-329
CRUD 연산 · 1-330
CSMA/CA · 2-225
CSMA/CD · 2-225
CVS · 1-215
DAS · 1-358
Data Directory · 1-319
DB Link · 1-140
DB(DataBase) · 1-144
DBMS · 1-39
DBMS 접속 · 1-431
DCL · 1-376
DDL · 1-369
DDoS 공격 · 2-282
DEL · 2-154
DELETE · 1-367
DES · 2-273
DES 기법 · 1-348
DESC · 1-385
diff 도구 · 1-212
DIR · 2-154
Dispatch · 2-144
Division · 1-303
Django · 2-8
DML · 1-381
DNS · 2-169
do~while문 · 2-55
DoS 공격 · 2-280
DPI · 2-233
DRM 컨트롤러 · 1-203
DROP · 1-374
DSL · 1-220

Ⓔ Ⓕ

EAI · 1-140, 1-263
ECC · 2-273
EGP · 2-228
EJB · 1-145
EQUI JOIN · 1-403
E-R 다이어그램 · 1-289
E-R 다이어그램 대응수 · 1-290
E-R 모델 · 1-289
ESB · 1-263
ESP · 1-272
Ethernet · 2-170
EXCEPT · 1-400
exec · 2-155
EXISTS · 1-391
FCFS · 2-148
FIFO · 2-133
FIND(DOS) · 2-154
find(UNIX) · 2-155
FitNesse · 1-273
fork · 2-155
FORMAT · 2-154
for문 · 2-53
free( ) 함수 · 2-100
fsck · 2-155
FTP · 2-169
FTP 로그 · 2-291
FULL OUTER JOIN · 1-406

Ⓖ Ⓗ

getchar( ) 함수 · 2-44
gets( ) 함수 · 2-44
GIS · 2-219
Git · 1-216
goto문 · 2-50
Gradle · 1-220
GRANT · 1-367
Groovy · 1-220
GROUP BY · 1-395
GUI · 1-72
GUI 결함 · 1-246
HAVING · 1-395
HCI · 1-87
HDLC · 2-170
HIDS · 2-294
HIPO · 1-51
HRN · 2-150
HTTP · 2-169
Hub & Spoke · 1-263
Hybrid · 1-263

Ⓘ Ⓚ

ICMP · 2-170
IEEE 802 · 2-170
IEEE 802.11 · 2-225
IGMP · 2-170
IGP · 2-227
InFix · 1-163
INNER JOIN · 1-403
Inorder · 1-162
INSERT · 1-366

INDEX

INTERSECT · 1-400
IORL · 1-51
IoT 관련 용어 · 2-217
IoT(Internet of Things) · 2-216
IP · 2-168
IP 주소 · 2-157
IPC · 1-189
IPSec · 1-272
IPv4/IPv6 변환 · 2-159
IPv6 · 2-158
ISO 27001 · 2-289
ISO/IEC 12119 · 1-81
ISO/IEC 12207 · 2-203
ISO/IEC 14598 · 1-81
ISO/IEC 25010 · 1-80
ISO/IEC 9126 · 1-80
Jacobson · 1-107
Java SE · 1-432
java.awt · 2-101
java.io · 2-101
java.lang · 2-101
java.net · 2-101
java.util · 2-101
JAVA에서의 배열 처리 · 2-61
JAVA에서의 표준 입력 · 2-38
JAVA에서의 표준 출력 · 2-40
JAVA의 문자열 · 2-66
JAVA의 예외 처리 · 2-103
JAVA의 주요 예외 객체 · 2-104
JDBC · 1-431
Jenkins · 1-219
JOIN · 1-302
JSON · 1-269
JSP · 2-99

Ⓛ Ⓜ

LAN · 2-224
Land · 2-281
LAN의 표준안 · 2-225
LEFT OUTER JOIN · 1-405
LFU · 2-134
LOC 기법 · 2-191
Locallity · 2-137
LRU · 2-133
ls · 2-155
MacOS · 2-127
Managed Service · 1-200
malloc( ) 함수 · 2-100
Mantis · 1-248
map( ) 함수 · 2-84
math.h · 2-100
Maven · 1-195
MD · 2-154
MD5 · 2-273
Message Bus · 1-263
Message Queueing · 1-189
MOM · 1-144
mount · 2-155
MOVE · 2-154
MULTI BLOCK READ · 1-335
Multi-User · 2-124
MyBati · 1-432

Ⓝ Ⓞ

NAC · 2-296
NAS · 1-358
NATURAL JOIN · 1-404
NDN · 2-219
NFC · 2-217
NIDS · 2-294
N-NASH · 2-273
NON-EQUI JOIN · 1-404
Not In · 1-391
NOT NULL · 1-370
NO-UNDO/NO-REDO · 1-356
NO-UNDO/REDO · 1-356
N-S 차트 · 1-113
NTAF · 1-273
NUI · 1-72
NUR · 2-134
NVL 함수 · 1-432
ODBC · 1-432
OLAP · 2-241
OLE · 2-123
Open Source · 1-189
OPT · 2-133
ORB · 1-145
ORDER BY · 1-389
OSI 참조 모델 · 2-161
OSPF · 2-227
OTP · 2-287
OUI · 1-73
OUTER JOIN · 1-405
Overflow · 1-156, 1-173
OWASP · 2-233

Ⓟ Ⓡ

P2P · 2-219
PCB · 2-142
PERT · 2-197
PHP · 2-99
Ping of Death · 2-280
Pipes&named Pipes · 1-189
pmd · 1-253
PnP · 2-123
Point-to-Point · 1-263
PostFix · 1-163
Postorder · 1-162
PreFix · 1-163
Preorder · 1-162
printf( ) 함수 · 2-39
Project · 1-302
PSA · 1-51
PSL · 1-51
putchar( ) 함수 · 2-44
Putnam 모형 · 2-194
puts( ) 함수 · 2-44
Python의 for문 · 2-91
Python의 if문 · 2-89
Python의 input( ) 함수 · 2-83
Python의 print( ) 함수 · 2-84
Python의 while문 · 2-92
Python의 시퀀스 자료형 · 2-17
Python의 클래스 · 2-93
QR코드 · 2-283
Quartz · 2-13
Rabin · 2-273
RAID · 2-236
Range · 2-86
RARP · 2-170
Redmine · 1-248
REN · 2-154
RESTRICT · 1-375
REVOKE · 1-367
REVS · 1-50
RFID · 2-217
RIGHT OUTER JOIN · 1-405
RIP · 2-227
rm · 2-155
ROLLBACK · 1-367
Routing · 2-227
RPC · 1-144
RS-232C · 2-170
RSA · 2-273
RSL · 1-50
RTCP · 2-169
Ruby · 1-273
Ruby on Rails · 2-8
Rumbaugh · 1-107

Ⓢ Ⓣ

SA(Solution Architect) · 1-137
SADT · 1-50
SAN · 1-359
SAVEPOINT · 1-377
scanf( ) 함수 · 2-37
Scanner 클래스의 입력 메소드 · 2-38
SCR · 2-134
SDL · 2-254
Secure OS · 2-237
Secure SDLC · 2-254
SEED · 2-272
SELECT · 1-301
Selenium · 1-273
SELF JOIN · 1-407
Semaphores · 1-189
Seven Touchpoints · 2-254
SHA 시리즈 · 2-273
Shared Memory · 1-189
S-HTTP · 1-272
Single-User · 2-124

찾아보기

SJF · 2-148
SMTP · 2-169
SMURFING · 2-280
SNEFRU · 2-273
SNMP · 2-169
SOAP · 1-140
Socket · 1-140
SonarQube · 1-253
SPICE · 2-204
Spooling · 2-144
Spring · 2-8
SQL · 1-366
SQL Mapping · 1-432
SQL 삽입 · 2-259
SREM · 1-50
SSH · 2-296
SSL · 1-272
SSO · 2-219
STAF · 1-273
stdio.h · 2-100
stdlib.h · 2-100
string.h · 2-100
struct · 2-78
Subversion · 1-215
SVN · 1-215
SW 관련 용어 · 2-230
switch문 · 2-49
SYN Flooding · 2-281
Synonym · 1-173
TA(Technical Architect) · 1-137
TABLE SCAN · 1-332
TAGS · 1-51
TCP · 2-168
TCP 래퍼 · 2-233
TCP/IP · 2-168
TCP/IP의 구조 · 2-168
TearDrop · 2-281

TELNET · 2-169
time.h · 2-100
TP-Monitor · 1-145
Trac · 1-248
trunk · 1-215
try ~ catch문 · 2-103
TYPE · 2-154

ⓤ ~ ⓩ

UDDI · 1-140
UDP · 2-169
UI · 1-200
UI 설계 도구 · 1-76
UI 설계서 · 1-84
UI 시나리오 문서 · 1-84
UI 요소 · 1-85
umask · 2-155
UML · 1-53
Underflow · 1-157
UNDO/NO-REDO · 1-356
UNDO/REDO · 1-356
UNION · 1-400
UNION ALL · 1-400
UNIX · 2-125
UNIX/LINUX 기본 명령어 · 2-155
UNIX/LINUX의 주요 환경 변수 · 2-153
UNIX에서의 프로세스 간 통신 · 2-126
unmount · 2-155
UPDATE · 1-367
USN · 2-217
UWB · 2-217
UX · 1-87
Valgrind · 1-254
Validation · 1-224

VARCHAR · 1-372
VB 스크립트 · 2-98
Verification · 1-224
VLAN · 2-224
VPN · 2-295
VUI · 1-73
wait · 2-155
Wake Up · 2-144
WAN · 2-224
WAS · 1-145
watir · 1-273
WBAN · 2-219
WBS · 2-197
Web Service · 1-140
WHERE · 1-388
while문 · 2-54
WINDOW 함수 · 1-396
Windows · 2-123
Windows 기본 명령어 · 2-154
Windows 이벤트 뷰어의 로그 · 2-292
Windows의 주요 환경 변수 · 2-152
Wirfs-Brock · 1-107
WSDL · 1-140
X 윈도 · 2-153
X.25 · 2-170
XML · 1-269
XP 개발 프로세스 · 1-30
XP(eXtreme Programming) · 1-30
XP의 주요 실천 방법 · 1-31
xUnit · 1-273

한글로 찾기

ⓖ

가비지 컬렉션 · 1-40
가비지 콜렉터 · 2-21
가상 계산기 · 2-121
가상 사설 통신망 · 2-295
가상기억장치 · 2-131
가상현실 · 2-230
가시성 · 1-30
가용성 · 2-255
가져오기 · 1-212
간트 차트 · 2-199
감사 추적 · 1-353
감성 공학 · 1-87
값 종속 통제 · 1-353
강도 테스트 · 1-228
강제 접근통제 · 1-350
강제 접근통제의 보안 모델 · 1-350
개념 스키마 · 1-177
개념적 데이터 모델 · 1-287
개념적 설계 · 1-283
개발 기술 환경 · 1-38
개발 단계별 인월수 기법 · 2-191
개방-폐쇄 원칙 · 1-108
개방형 링크드 데이터 · 2-219
개인정보 영향평가 제도 · 2-233
개인키 암호 방식 · 1-348
개인키 암호화 기법 · 2-271
개체 무결성 · 1-298
개체-관계 모델 · 1-289
객체 · 1-103
객체 다이어그램 · 1-56
객체 모델링 · 1-108
객체 영속형 시스템 · 1-97
객체 재사용 · 2-238

객체지향 · 1-103
객체지향 방법론 · 2-185
객체지향 분석의 방법론 · 1-107
갱신 이상 · 1-309
갱신문(UPDATE~SET~) · 1-383
검사점 기법 · 2-243
검색 · 1-172
검증 테스트 · 1-227
검토 회의 · 1-227
게이트웨이 · 2-167
결정자 · 1-310
결함 · 1-245
결함 심각도 · 1-247
결합도 · 1-111
경계값 분석 · 1-230
경로 제어 · 2-227
경로 제어 프로토콜 · 2-227
경험 기반 테스트 · 1-227
계수 분석법 · 1-173
계수기 · 2-133
계약 인수 테스트 · 1-235
계층형 · 2-223
고가용성 솔루션 · 2-235
고정된 패스워드 · 2-286
공간 구역성 · 2-138
공개키 기반 구조 · 2-272
공개키 암호 방식 · 1-348
공개키 암호화 기법 · 2-272
공유 폴더 방식 · 1-214
공통 모듈 · 1-116
공통(공유) 결합도 · 1-112
과정 추상화 · 1-95
관계 · 1-53
관계 연산자 · 2-26
관계대수 · 1-301
관계해석 · 1-306

INDEX

관계형 데이터베이스 · 1-292
광 채널 · 1-359
광대역 통신망 · 2-224
교집합(∩) · 1-304
교차 조인 · 1-403
교차곱(×) · 1-305
교착상태 · 2-245
교착상태 방지 · 2-229
교체 전략 · 2-129
교통량 제어기 · 2-144
교환(통신)적 응집도 · 1-112
구문 오류 · 1-179
구역성 · 2-137
구조 기반 테스트 · 1-227
구조 사물 · 1-53
구조 테스트 · 1-228
구조 패턴 · 1-122
구조적 기법 · 1-103
구조적 다이어그램의 종류
· 1-56
구조적 방법론 · 2-184
구조적 분석 기법 · 1-47
구체 클래스 · 1-123
규정 인수 테스트 · 1-235
규칙 기반 정책 · 1-351
그래프 · 1-158
그래픽 사용자 인터페이스
· 2-123
그레이웨어 · 2-230
그루비 · 1-195
그룹 분류 코드 · 1-118
그룹 사물 · 1-53
그룹 함수 · 1-395
그림자 페이지 대체 기법
· 2-243
근거리 통신망 · 2-224
기능 개선 소프트웨어 · 1-225
기능 결함 · 1-246

기능 모델링 · 1-108
기능 요구사항 · 1-42
기능 점수 모형 · 2-195
기능성 · 1-81
기능적 응집도 · 1-113
기대치 · 2-197
기밀성 · 2-255
기밀성 모델 · 1-352
기본키 · 1-296
기수 변환법 · 1-173
기수 정렬 · 1-170
기억 클래스 · 2-20
기준 레지스터 · 2-143
기준선 · 1-211
기초 경로 검사 · 1-229
기타 연산자 · 2-32
깊이 우선 통합법 · 1-236

ㄴ

나쁜 코드 · 1-252
나선형 모형 · 1-23
낙관치 · 2-197
내부 스키마 · 1-177
내용 결합도 · 1-112
내장 함수 · 1-426
내장형 · 2-194
넌클러스터드 인덱스 · 1-333
널 포인터 역참조 · 2-265
넓이 우선 통합법 · 1-236
네트워크 계층 · 2-162
네트워크 구성 파악 · 1-36
네트워크 슬라이싱 · 2-219
네트워크 액세스 계층의 주요
프로토콜 · 2-170
네트워크 인터페이스 카드
· 2-165
노드 · 1-155

논리 백업 · 1-356
논리 연산자 · 2-28
논리적 데이터 모델 · 1-287
논리적 독립성 · 1-176
논리적 설계 · 1-283
논리적 응집도 · 1-112
뉴럴링크 · 2-230
능력 리스트 · 1-351

##

다 대 다(n:m) · 1-286
다가 종속 · 1-310
다이어그램 · 1-56
다중 if문 · 2-47
다중 버전 기법 · 2-243
다중 사용자 통제 · 1-353
다중 상속 · 1-105
다치 종속 · 1-310
다형성 · 1-105
단계적 분해 · 1-95
단기 스케줄링 · 2-146
단기 작업 우선 · 2-148
단순 if문 · 2-46
단위 모듈 · 1-188
단위 모듈 테스트 · 1-191
단위 테스트 · 1-233
단일 장애점 · 1-113
단일 책임 원칙 · 1-108
단편화 · 2-129
닷넷 프레임워크 · 2-209
대기(Wait) · 2-143
대수적 코딩법 · 1-173
대시보드 · 1-245
대입 연산자 · 2-29
대체키 · 1-296
대화형 시스템 · 1-97
대화형 애플리케이션 · 1-100

데몬 · 1-273, 2-291
데이터 검증 · 1-442
데이터 다이어트 · 2-240
데이터 링크 계층 · 2-162
데이터 마이닝 · 2-240
데이터 모델 · 1-286
데이터 무결성 강화 · 1-299
데이터 양 유추 · 1-330
데이터 유출 방지 · 2-295
데이터 익명화 · 1-271
데이터 전환 · 1-438
데이터 전환 계획서 · 1-440
데이터 전환 방안 · 1-440
데이터 정의어 · 1-366
데이터 정의어 번역기 · 1-319
데이터 제어어 · 1-367
데이터 조작어 · 1-366
데이터 조작어 번역기 · 1-319
데이터 추상화 · 1-95
데이터 타입 · 2-16
데이터 품질 분석 · 1-444
데이터 흐름 검사 · 1-229
데이터베이스 · 1-175
데이터베이스 관리 시스템
· 1-39
데이터베이스 구현 · 1-284
데이터베이스 백업 · 1-355
데이터베이스 보안 · 1-348
데이터베이스 설계 · 1-282
데이터베이스 트리거 · 1-299
데이터의 독립성 · 1-176
데이터저장소 · 1-175
데코레이터 · 1-123
데크(Deque) · 1-157
도메인 · 1-293
도메인 네임 · 2-159
도메인 무결성 · 1-298
도메인 인덱스 · 1-334

도커 · 2-231
독립성 · 1-329
동기적 갱신 · 1-356
동기화 · 1-212
동료검토 · 1-138
동적 SQL · 1-432
동적 모델링 · 1-108
동적 테스트 · 1-227
동치 분할 검사 · 1-230
듀얼 스택 · 2-159
디그리 · 1-161
디버깅 · 1-179
디자인 패턴 · 1-121
디지털 아카이빙 · 2-239
디지털 저작권 관리 · 1-202
디지털 트윈 · 2-231
딕셔너리 · 2-85
딥 러닝 · 2-230

##

라디오 버튼 · 1-85
라우터 · 2-166
라운드 로빈 분할 · 1-341
라이브러리 · 2-100
랜섬웨어 · 2-284
레이어 패턴 · 1-99
레지스터 변수 · 2-21
로그 · 2-291
로그 파일 · 1-355
로킹 · 2-243
로킹 단위 · 2-243
루프 검사 · 1-229
루프형 · 2-222
리눅스 로그 · 2-291
리비전 · 1-215
리스코프 치환 원칙 · 1-108
리스트 · 2-85

찾 | 아 | 보 | 기

리치 인터넷 애플리케이션 · 2-230
리피터 · 2-165
릴레이션 인스턴스 · 1-292
링형 · 2-222

ㅁ

마스터-슬레이브 패턴 · 1-101
만리장성 모델 · 1-351
망형 · 2-223
매시업 · 2-230
맵리듀스 · 2-240
멀티스레딩 · 1-101
멀티캐스트 · 2-159
멀티태스킹 · 2-123
메멘토 · 1-123
메모리 누수 · 1-38
메모리 버퍼 오버플로 · 2-260
메모리 영역 · 2-70
메모리 카드(토큰) · 2-287
메소드 · 2-101
메시 네트워크 · 2-217
메타 데이터 · 2-239
메타버스 · 2-219
명세 기반 테스트 · 1-227
모델링 언어 · 1-53
모델-뷰-컨트롤러 · 2-8
모델-뷰-컨트롤러 패턴 · 1-100
모듈 · 1-111
모듈 연계 · 1-263
모듈의 영향 영역 · 1-117
모듈의 제어 영역 · 1-117
모듈화 · 1-94, 2-208
목록 분할 · 1-341
목록 상자 · 1-85
목업 · 1-77

무결성 · 1-298
무결성 모델 · 1-352
무작위 대입 공격 · 2-283
무작위법 · 1-173
문맥 교환 · 2-146
문서 결함 · 1-247
문자 타입 · 2-16
문자열 타입 · 2-16
물리 계층 · 2-162
물리 백업 · 1-356
물리적 독립성 · 1-176
물리적 설계 · 1-283
미들웨어 · 1-144
미들웨어 솔루션 명세서 · 1-146
미디어 장애 · 2-242
미션 크리티컬 · 1-241

ㅂ

반복자 · 1-123
반분리형 · 2-194
반입 전략 · 2-128
반정규화 · 1-313
반환 시간 · 2-120
발견 기법 · 2-246
방문자 · 1-124
방화벽 · 2-294
배열 · 1-154
배열 타입 · 2-16
배열 형태의 문자열 변수 · 2-65
배열의 초기화 · 2-64
배치 다이어그램 · 1-56
배치 스케줄러 · 2-12
배치 전략 · 2-129
배치 프로그램 · 2-12
백도어 · 2-284

백로그 · 1-27
백업 · 1-176
밸만-포드 알고리즘 · 2-227
버블 정렬 · 1-168
버스형 · 2-223
버킷 · 1-173
범위 분할 · 1-340
베타 테스트 · 1-235
벨 라파듈라 모델 · 1-350
변수 · 2-19
변수명 작성 규칙 · 2-19
변수의 선언 · 2-21
변형 비트 · 2-134
변환형 시스템 · 1-97
병행 테스트 · 1-228
병행 투명성 · 1-344
병행성 수준 · 2-243
병행제어 · 2-243
보안 · 1-348
보안 관련 용어 · 2-233
보안 기능 · 2-261
보안 기능의 보안 약점 · 2-261
보안 등급 · 1-351
보안 로그 · 2-291
보안 서버 · 2-286
보안 솔루션 · 2-294
보안 아키텍처 · 2-289
보안 요소 · 2-255
보안 컨테이너 · 1-203
보안 프레임워크 · 2-289
복잡 이벤트 처리 · 2-231
복잡도 · 1-249
복합체 구조 다이어그램 · 1-56
봇넷 · 2-283
부동 소수점 타입 · 2-16
부모 프로세스 · 2-142
부분 함수적 종속 · 1-309

부인 방지 · 2-255
부팅 로그 · 2-291
분산 데이터베이스 · 1-344
분산 서비스 거부 공격 · 2-282
분산 서비스 공격용 툴 · 2-282
분산 원장 기술 · 2-233
분산 저장소 방식 · 1-214
분산 처리기 · 1-344
분산형 · 2-223
분포도 · 1-334
분할 · 1-346
불린 타입 · 2-16
뷰(View) · 1-337
브라우터 · 2-166
브랜치 · 1-216
브레인스토밍 · 1-44
브로드 데이터 · 2-239
브로커 패턴 · 1-101
브리지 · 1-122
블랙박스 테스트 · 1-230
블랙보드 패턴 · 1-101
블록 코드 · 1-118
블록(Block) · 2-143
블록체인 · 2-233
블루투스 · 2-217
블루투스 관련 공격 · 2-283
비공개 상용 도구 · 1-242
비관치 · 2-197
비교 검사 · 1-231
비기능 요구사항 · 1-42
비동기적 갱신 · 1-356
비동기적 행위 · 2-142
비바 무결성 모델 · 1-351
비선점 · 2-245
비선점 스케줄링 · 2-146
비선형 구조 · 1-154

비용 기반 질의 최적화 · 1-39
비중복 할당 방식 · 1-346
비트 연산자 · 2-26
비트맵 인덱스 · 1-334
비트맵 조인 인덱스 · 1-334
빅데이터 · 2-239
빅뱅 통합 테스트 · 1-236
빅오 표기법 · 1-249
빌더 · 1-122
빌드 · 1-201
빌드 도구 · 1-195

ㅅ

사물 · 1-53
사용 가능도 · 2-120
사용성 · 1-81
사용자 수준의 스레드 · 2-144
사용자 요구사항 · 1-43
사용자 인수 테스트 · 1-234
사용자 인터페이스 · 1-72
사용자 인터페이스의 기본 원칙 · 1-73
사용자 인터페이스의 설계 지침 · 1-73
사용자 정의 무결성 · 1-299
사용자 정의 함수 · 1-426
사회 공학 · 2-282
삭제 이상 · 1-309
삭제문(DELETE FROM~) · 1-382
산술 연산자 · 2-24
산업 범용 소프트웨어 · 1-224
산업 특화 소프트웨어 · 1-224
살충제 패러독스 · 1-225
삽입 이상 · 1-308
삽입 정렬 · 1-167
삽입문(INSERT INTO~)

INDEX

· 1-381
상속 · 1-104
상수 · 2-20
상용 소프트웨어 · 1-224
상태 · 1-124
상태 다이어그램 · 1-57
상향식 비용 산정 기법 · 2-191
상향식 통합 테스트 · 1-236
상호 배제 · 2-245
상호작용 개요 다이어그램 · 1-57
샘플링 오라클 · 1-241
생성 중심 · 2-188
생성 패턴 · 1-122
생체 기반 인증 · 2-287
서버 개발 · 2-8
서버 개발 프레임워크 · 2-8
서버의 이중화 · 1-36
서브 쿼리 · 1-373
서브네팅 · 2-158
서브버전 · 1-215
서브시스템 · 1-111
서블릿 컨테이너 · 1-219
서비스 거부 공격 · 2-280
서비스 제공 소프트웨어 · 1-225
서비스 지향 아키텍처 · 2-231
서비스형 블록체인 · 2-233
서비스형 소프트웨어 · 2-231
선입 선출 · 2-148
선점 스케줄링 · 2-147
선점형 멀티태스킹 · 2-123
선택 정렬 · 1-168
선형 구조 · 1-154
선형 리스트 · 1-154
성능 테스트 · 1-228
성능 테스트 도구 · 1-243

성형 · 2-222
세그먼테이션 기법 · 2-131
세션 · 1-355
세션 계층 · 2-163
세션 통제 · 2-257
세션 하이재킹 · 2-257
세타 표기법 · 1-249
소멸 차트 · 1-28
소스 코드 최적화 · 1-252
소유 기반 인증 · 2-287
소프트웨어 개발 방법론 · 2-184
소프트웨어 개발 방법론 테일러링 · 2-206
소프트웨어 개발 보안 · 2-10
소프트웨어 개발 보안 가이드 · 2-10
소프트웨어 개발 보안 점검 항목 · 2-10
소프트웨어 개발 표준 · 2-203
소프트웨어 개발 프레임워크 · 2-208
소프트웨어 공학 · 1-22
소프트웨어 구성 파악 · 1-35
소프트웨어 사용자 매뉴얼 · 1-208
소프트웨어 생명 주기 · 1-22
소프트웨어 설치 매뉴얼 · 1-205
소프트웨어 아키텍트 · 1-137
소프트웨어 에스크로(임치) · 2-233
소프트웨어 요구사항 명세서 · 1-45
소프트웨어 요구사항 목록 · 1-135
소프트웨어 재공학 · 2-188
소프트웨어 재사용 · 2-188

소프트웨어 정의 기술 · 2-216
소프트웨어 정의 네트워킹 · 2-216
소프트웨어 정의 데이터 센터 · 2-216
소프트웨어 정의 스토리지 · 2-216
소프트웨어 패키징 · 1-200
솔트(Salt) · 2-274
송신 시스템 · 1-142
수신 시스템 · 1-142
수직 분할 · 1-346
수평 분할 · 1-346
수학적 산정 기법 · 2-193
순차 코드 · 1-118
순차적 응집도 · 1-112
순차형 객체 · 2-86
순환 복잡도 · 1-250
숫자 분석법 · 1-173
쉘 · 2-126
쉘 정렬 · 1-167
슈퍼키 · 1-296
스냅샷 · 1-216
스래싱 · 2-139
스레드 · 2-144
스마트 그리드 · 2-219
스마트 카드 · 2-287
스미싱 · 2-282
스위치 · 2-166
스카우터 · 1-274
스케줄링 · 2-146
스쿱 · 2-240
스크래피 · 2-231
스크럼 · 1-27
스크럼 개발 프로세스 · 1-28
스크립트 언어 · 2-98
스키마 · 1-177
스택 · 1-156

스택 가드 · 2-266
스탬프(검인) 결합도 · 1-111
스테레오 타입 · 1-57
스테이징 영역 · 1-216
스토리 · 1-27
스토리보드 · 1-77
스토리지 · 1-358
스파게티 코드 · 1-252
스프링 배치 · 2-12
스프링 프레임워크 · 2-208
스피어 피싱 · 2-282
슬라이딩 윈도우 · 2-228
슬라이스 · 2-86
슬래머 · 2-283
슬롯 · 1-173
시간 구역성 · 2-138
시간 복잡도 · 1-249
시간적 응집도 · 1-112
시맨틱 웹 · 2-230
시스템 결함 · 1-246
시스템 구성 파악 · 1-33
시스템 기능 파악 · 1-34
시스템 로그 · 2-291
시스템 아키텍처 · 1-34
시스템 연계 기술 · 1-140
시스템 요구사항 · 1-43
시스템 인터페이스 요구사항 · 1-134
시스템 인터페이스 파악 · 1-34
시스템 장애 · 2-242
시스템 카탈로그 · 1-318
시스템 타입 · 1-97
시스템 테스트 · 1-234
시스템 통합 소프트웨어 · 1-225
시스템 환경 변수 · 2-152
시퀀스 다이어그램 · 1-57, 1-60

시퀀스 다이어그램의 구성 요소 · 1-61
신규 개발 소프트웨어 · 1-225
신뢰도 · 2-120
신뢰성 · 1-81
신분 기반 정책 · 1-351
실체 무결성 · 1-298
실체화 관계 · 1-56
실행(Run) · 2-143
싱글톤 · 1-122
쓰레기값 · 2-21

ㅇ

아이핀 · 2-287
아키텍처 구성 파악 · 1-34
아키텍처 패턴 · 1-99
아키텍처의 패턴 · 1-97
안전 테스트 · 1-228
알파 테스트 · 1-235
암호 알고리즘 · 2-271
암호화 · 1-348
애니캐스트 · 2-159
애드 혹 네트워크 · 2-219
애드웨어 · 2-230
애자일 모형 · 1-24
애자일 방법론 · 2-185
애자일 선언 · 1-25
애플리케이션 · 1-299
애플리케이션 테스트 · 1-224
앤 스크린 · 2-236
양방향 링 · 2-222
양자 암호키 분배 · 2-233
어댑터 · 1-122
언어셋 · 2-259
에러처리 · 2-263
역할 기반 정책 · 1-351
역할기반 접근통제 · 1-350

찾아보기

연계 메커니즘 구성요소 · 1-142
연계 서버 · 1-142
연계 솔루션 · 1-140
연관 관계 · 1-54
연관성 · 1-105
연기 갱신 기법 · 2-242
연산자 우선순위 · 2-32
연상 코드 · 1-118
영속성 · 1-329
영역 무결성 · 1-298
예방 기법 · 2-246
예약어 · 2-19
오류 데이터 정제 · 1-445
오류 데이터 측정 · 1-444
오류 예측 검사 · 1-231
오류 코드 · 1-143
오메가 표기법 · 1-249
오용 탐지 · 2-294
오픈 그리드 서비스 아키텍처 · 2-231
오픈 소스 · 1-38
온톨로지 · 2-230
올(all)-IP · 2-219
올조인 · 2-217
옵서버 · 1-124
옵티마이저 · 1-180
와이선 · 2-217
와이어프레임 · 1-76
완전 함수적 종속 · 1-309
외계인 코드 · 1-252
외래키 · 1-296
외부 결합도 · 1-112
외부 라이브러리 · 2-100
외부 변수 · 2-21
외부 스키마 · 1-177
요구 조건 분석 · 1-283
요구공학 · 1-43

요구사항 · 1-42
요구사항 개발 프로세스 · 1-43
요구사항 검증 · 1-45
요구사항 도출 · 1-44
요구사항 명세 · 1-44
요구사항 명세서 · 1-134
요구사항 분석 · 1-44
요구사항 수집 · 1-44
요구사항 확인 · 1-45
우연적 응집도 · 1-112
운영상의 인수 테스트 · 1-234
운영체제 · 2-120
워크스루 · 1-138
워킹 셋 · 2-138
원격 저장소 · 1-216
원인-효과 그래프 검사 · 1-231
원자성 · 1-328
원형 모형 · 1-23
웜 · 2-283
웹 방화벽 · 2-295
웹 애플리케이션 서버 · 1-40
웹 응용시스템 · 1-431
웹 크롤링 · 2-219
위치 기반 인증 · 2-287
위치 투명성 · 1-344
위험 관리 · 2-201
윈도우 로그 · 2-292
유니캐스트 · 2-159
유비쿼터스 · 2-216
유비쿼터스 컴퓨팅 · 2-217
유스케이스 · 1-78
유스케이스 다이어그램 · 1-56, 1-59
유스케이스 다이어그램의 구성 요소 · 1-59
유일성 · 1-295
유지 보수성 · 1-82

응용 계층 · 2-163
응용 계층의 주요 프로토콜 · 2-169
응용 프로그램 · 1-39
응집도 · 1-112
의존 관계 · 1-55
의존 역전 원칙 · 1-108
의존성 · 1-195
이력 관리 · 1-315
이력성 데이터 · 1-341
이벤트 · 1-179
이벤트 중심 시스템 · 1-97
이벤트-버스 패턴 · 1-101
이분 검색 · 1-172
이상 · 1-308
이상 탐지 · 2-294
이식성 · 1-82
이진 검색 · 1-172
이진 트리 운행법 · 1-162
이행적 종속 · 1-310
인가 · 2-286
인공지능 · 2-230
인덱스 · 1-332
인덱스 설계 · 1-335
인덱스 파티션 · 1-341
인라인 뷰 · 1-338
인스펙션 · 1-138
인증 · 2-255, 2-286
인터넷 · 2-157
인터넷 계층의 주요 프로토콜 · 2-170
인터넷 식별자 · 2-219
인터랙션 · 1-78
인터랙션 디자이너 · 1-84
인터페이스 · 1-72
인터페이스 구현 · 1-269
인터페이스 구현 검증 · 1-273
인터페이스 데이터 표준

· 1-266
인터페이스 보안 · 1-271
인터페이스 분리 원칙 · 1-108
인터페이스 설계서 · 1-260
인터페이스 처리 유형 · 1-141
인터페이스 클래스 · 1-252
인터페이스 통신 유형 · 1-140
인터프리터 · 1-123
인터프리터 언어 · 2-99
인터프리터 패턴 · 1-101
인터플라우드 컴퓨팅 · 2-218
일 대 다(1:n) · 1-286
일 대 일(1:1) · 1-286
일관성 · 1-329
일관성 검사 오라클 · 1-241
일반 집합 연산자 · 1-304
일반화 관계 · 1-55
일방향 함수 · 2-273
임계 경로 기법 · 2-198
임의 접근통제 · 1-350
입력 데이터 검증 · 2-259
입력 데이터 검증 및 표현의 보안 약점 · 2-259

ㅈ

자동 감지 기능 · 2-123
자동 변수 · 2-20
자동화 도구 · 2-189
자동화 추정 도구 · 2-195
자료 결합도 · 1-111
자료 구조 · 1-154
자료 사전 · 1-48
자료 흐름도 · 1-47
자료의 삭제 · 1-157
자료의 삽입 · 1-156
자바스크립트 · 2-98
자식 프로세스 · 2-142

자연 조인 · 1-303
자원 · 1-38
자율 시스템 · 2-227
장기 스케줄링 · 2-146
장애 투명성 · 1-344
장애 허용 시스템 · 1-101
재사용 · 1-116
재사용성 · 2-208
저작권 · 1-202
저장소 · 1-212
저전력 블루투스 기술 · 2-217
전략 · 1-124
전문가 시스템 · 2-230
전송 계층 · 2-163
전송 계층의 주요 프로토콜 · 2-169
전자 서명 · 1-203
전자정부 프레임워크 · 2-209
전처리 · 1-195
절차적 응집도 · 1-112
절차형 SQL · 1-179
점근 표기법 · 1-249
점유와 대기 · 2-245
점진적 모형 · 1-23
접근 제어자 · 2-269
접근 지정자 · 2-269
접근제어자 · 1-60
접근통제 · 1-350
접근통제 모델 · 1-352
접근통제 목록 · 1-351
접근통제 조건 · 1-353
접근통제 행렬 · 1-353
접수(Hold) · 2-143
정규화 · 1-308
정렬 · 1-167
정보 은닉 · 1-95
정보공학 방법론 · 2-184
정수 타입 · 2-16

INDEX

정의 테이블 · 1-337
정적 SQL · 1-433
정적 변수 · 2-21
정적 분석 도구 · 1-243
정적 테스트 · 1-227
정지-대기 · 2-228
제곱법 · 1-173
제니퍼 · 1-274
제로 데이 공격 · 2-283
제산법 · 1-173
제약 조건 · 1-300
제어 결합도 · 1-112
제어 구조 검사 · 1-229
제어 추상화 · 1-95
제어의 역흐름 · 2-208
제출(Submit) · 2-143
제품 계열 방법론 · 2-186
조건 검사 · 1-229
조건 연산자 · 2-31
조인 종속 · 1-310
조직형 · 2-193
조합 분할 · 1-340
좀비 PC · 2-283
종량제 방식 · 1-202
종료(Terminated) · 2-143
종속자 · 1-310
주소 변환 · 2-131
주요 모바일 제스처 · 1-72
주요 배포용 파일 형식
 · 1-201
주해 사물 · 1-53
준비(Ready) · 2-143
준비상태 큐 · 2-143
중기 스케줄링 · 2-146
중복 속성 추가 · 1-316
중복 테이블 추가 · 1-315
중복 투명성 · 1-344
중복 할당 방식 · 1-347

중앙 집중형 · 2-222
중재자 · 1-123
즉각 갱신 기법 · 2-242
증강현실 · 2-230
증발품 · 2-231
지능형 지속 위협 · 2-282
지능형 초연결망 · 2-216
지식 기반 인증 · 2-286
질의 최적화기 · 1-319
집합 관계 · 1-54
징(Zing) · 2-219

ㅊ

차수 · 1-161
차집합(−) · 1-305
참 오라클 · 1-241
참조 릴레이션 · 1-296
참조 모니터 · 2-237
참조 무결성 · 1-299
참조 무결성의 CASCADE 법칙
 · 1-371
참조 비트 · 2-134
책임 연쇄 · 1-123
처리 능력 · 2-120
체크 박스 · 1-85
체크아웃 · 1-212
체크인 · 1-212
초기화 · 2-21
총 소유 비용 · 1-38
최소성 · 1-295
최악 적합 · 2-129
최적 교체 · 2-133
최적 병행수행 · 2-243
최적 적합 · 2-129
최초 적합 · 2-129
추가 개발 소프트웨어 · 1-225
추상 클래스 · 1-123

추상 팩토리 · 1-122
추상화 · 1-95
추정 오라클 · 1-241
충돌 현상 · 1-173
침입 방지 시스템 · 2-295
침입 탐지 시스템 · 2-294

ㅋ

캡슐화 · 1-104
커널 · 2-126
커널 로그 · 2-291
커널 수준의 스레드 · 2-144
커맨드 · 1-123
커뮤니케이션 다이어그램
 · 1-57
커밋 · 1-212
커서 · 1-433
컨텍스트 기반 통제 · 1-353
컴파일 · 1-194
컴포넌트 · 1-208
컴포넌트 기반 방법론 · 2-185
컴포넌트 다이어그램 · 1-56
컴포넌트 설계서 · 1-208
컴포지트 · 1-123
코드 · 1-118
코드 부여 체계 · 1-119
코드 블록 구분 · 2-83
코드 오류 · 2-265
코바 · 1-145
코어 · 1-35
콘텐츠 분배자 · 1-203
콘텐츠 소비자 · 1-203
콘텐츠 제공자 · 1-203
콘텐츠 중심 네트워킹 · 2-219
콤보 상자 · 1-85
퀵 정렬 · 1-169
큐(Queue) · 1-157

큐싱 · 2-283
크랙 · 1-203
크로스 플랫폼 · 1-194
크로스사이트스크립팅 · 2-259
크론 로그 · 2-291
클라우드 · 2-218
클라우드 컴퓨팅 · 2-218
클라우드 컴퓨팅의 서비스 유형
 · 2-218
클라이언트/서버 방식 · 1-214
클라이언트-서버 패턴 · 1-100
클락-윌슨 무결성 모델
 · 1-351
클래스 · 1-104
클래스 다이어그램 · 1-56,
1-60
클래스 다이어그램의 구성 요소
 · 1-60
클래스 없는 메소드의 사용
 · 2-95
클러스터드 인덱스 · 1-333
클리어링 하우스 · 1-203
클린 코드 · 1-252
키(Key) · 1-295
키로거 공격 · 2-284

ㅌ

타이밍 다이어그램 · 1-57
타임 스탬프 순서 · 2-243
타조 · 2-240
터널링 · 2-159
테스트 드라이버 · 1-237
테스트 슈트 · 1-243
테스트 스텝 · 1-237
테스트 시나리오 · 1-240
테스트 실행 도구 · 1-243
테스트 오라클 · 1-241

테스트 자동화 · 1-242
테스트 케이스 · 1-191,
1-239
테스트 통제 도구 · 1-243
테스트 프로세스 · 1-192
테스트 프로시저 · 1-192
테스트 하네스 도구 · 1-243
테스트 하네스의 구성 요소
 · 1-243
테이블 분할 · 1-314
테이블 통합 · 1-313
텍스트 박스 · 1-85
텐서플로 · 2-231
템플릿 · 1-86
템플릿 메소드 · 1-124
통신 네트워크 · 1-344
통합 개발 환경 · 1-194
통합 테스트 · 1-236
투명성 · 1-344
튜플 · 1-292
트래픽 제어 · 2-228
트랙웨어 · 2-230
트랜잭션 · 1-328
트랜잭션 분석 · 1-330
트랜잭션 언어 · 1-179
트랜잭션 장애 · 2-242
트랜잭션 처리 · 1-145
트랜잭션 처리기 · 1-319
트랜잭션의 상태 · 1-328
트로이 목마 · 2-284
트리 · 1-161
트리 기반 인덱스 · 1-333
트리거 · 1-422
특정 모듈 집중 · 1-225

ㅍ

파라미터 · 1-260

찾아보기 **307**

찾아보기 INDEX

파레토 법칙 · 1-225
파스-타 · 2-218
파싱 · 1-269
파이썬 · 2-99
파이프라인 · 2-126
파이프-필터 패턴 · 1-100
파장 분할 다중화 · 2-219
파티션 · 1-340
파티션키 · 1-340
패딩 비트 · 2-27
패스 프레이즈 · 2-287
패치 · 1-208
패키저 · 1-203
패키지 다이어그램 · 1-56
팩토리 메소드 · 1-122
팬아웃 · 1-113
팬인 · 1-113
퍼싸드 · 1-123
페이지 교체 알고리즘 · 2-133
페이지 부재 · 2-133
페이지 부재 빈도 방식
 · 2-138
페이지 크기 · 2-137
페이지 테이블 · 2-143
페이징 기법 · 2-131
포인터 · 1-155
포인터 변수 · 2-70
포인터와 배열 · 2-72
포함 관계 · 1-55
폭주 제어 · 2-228
폭포수 모형 · 1-22
폴딩법 · 1-173
표의 숫자 코드 · 1-119
표준 라이브러리 · 2-100
표현 계층 · 2-163
품질 요구사항 · 1-80
프라이버시 강화 기술 · 2-233
프레임워크 · 2-8

프로세스 · 2-142
프로세스 상태 전이 · 2-143
프로세스 제어 블록 · 2-142
프로시저 · 1-418
프로젝트 관리 · 2-201
프로젝트 이해관계자 · 1-137
프로토타입 · 1-78
프로토타입 모형 · 1-23
프록시 · 1-123
프리컴파일 · 1-432
프리페이징 · 2-139
플라이웨이트 · 1-123
플러그인화 · 2-8
피어-투-피어 패턴 · 1-101
피코넷 · 2-217

ㅎ

하둡 · 2-240
하드웨어 구성 파악 · 1-36
하위 질의 · 1-390
하향식 방법 · 1-47
하향식 통합 테스트 · 1-236
할당 · 1-346
함수 기반 인덱스 · 1-334
함수적 종속 · 1-309
합병 조건 · 1-304
합성 중심 · 2-188
합성 코드 · 1-119
합집합(U) · 1-304
해시 분할 · 1-340
해시 테이블 · 1-173
해싱 · 1-173
해싱 함수 · 1-173
행동 사물 · 1-53
행위 기반 인증 · 2-287
행위 다이어그램의 종류 · 1-56
행위 패턴 · 1-123

허니팟 · 2-233
허브 · 2-165
헝가리안 표기법 · 2-19
헤더 파일 · 2-100
현행 시스템 파악 · 1-33
협업 도구 · 1-195
형변환 · 2-84
형상 · 1-211
형상 관리 · 1-211
혼합식 통합 테스트 · 1-237
혼합현실 · 2-230
홉(Hop) · 2-227
화이트박스 테스트 · 1-229
확인 테스트 · 1-227
확장성 · 2-208
환경 변수 · 2-152
환경적인 장애 리스크 · 1-234
환형 대기 · 2-246
활동 다이어그램 · 1-57
회귀 테스트 · 1-228
회귀 테스팅 · 1-238
회복 · 2-242
회복 기법 · 2-246
회복 테스트 · 1-228
회피 기법 · 2-246
효과적인 모듈 설계 방안
 · 1-117
효율성 · 1-82
후보키 · 1-295
휴먼 에러 · 1-242
흐름 제어 · 2-228
힙 정렬 · 1-169

나는 스마트 시나공이다!
차원이 다른 동영상 강의

시나공만의 토막강의를 만나보세요

아직도 혼자 공부하세요? 혼자 공부하다가 어려운 부분이 나와도 고민하지 마세요!

토막강의 번호를 입력하거나 QR코드를 스마트폰으로 찍기만 하면
언제든지 시나공 저자의 속 시원한 해설을 바로 동영상으로 확인할 수 있습니다.

---

1. 스마트폰으로 QR코드를 찍어보세요!

STEP 1 스마트폰의 QR코드 리더 앱을 실행하세요.

STEP 2 시나공 토막강의 QR코드를 스캔하세요.

STEP 3 스마트폰을 통해 토막강의가 시작됩니다.

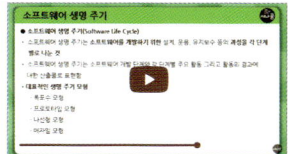

---

2. 시나공 홈페이지에서 토막강의 번호를 입력하세요!

STEP 1 시나공 홈페이지에 접속한 후 [정보처리] → [기사 필기] → [동영상 강좌] → [토막강의]를 클릭하세요.

STEP 2 '강의번호'에 토막강의 번호를 입력하면 강의목록이 표시됩니다.

STEP 3 강의명을 클릭하면 토막강의를 볼 수 있습니다.

---

3. 유튜브에서는 이렇게 이용하세요!

STEP 1 유튜브 검색 창에 "시나공"+토막강의 번호를 입력하세요.

STEP 2 검색된 항목 중 원하는 토막강의를 클릭하여 시청하세요.

★ 토막강의가 지원되는 도서는 시나공 홈페이지를 통해 확인할 수 있습니다.
★ 스마트폰을 이용하실 경우 무선랜(Wi-Fi)에 연결되지 않은 상태에서 토막강의를 이용하시면 가입하신 요금제에 따라 과금이 됩니다.

이 책은 IT 자격증 전문가와 수험생이 함께 만든 책입니다.

**'시나공' 시리즈는
독자의 지지와 격려 속에 성장합니다!**

정보처리 책으로 Very good! 서점이나 인터넷을 많이 서핑하고 고른 책입니다. 정보처리 책은 시중에 많은 책이 있지만 그중 제일 짜임새 있고 보기 편하게 잘 만들어진 책입니다. 정말 적극 추천하고 싶습니다. 꼭~~~~~~~
| 인터파크 황** |

역시 시나공은 굿이에요. 이 책만 보면 시험에 무조건 합격하겠는걸요. 저희 학교 교수님들도 시나공을 교재로 선택하여 강의하신답니다.
| 도서11번가 s011*** |

'딱'입니다. 섹션별로 등급이 나뉘어져 있어서 중요한 섹션과 그렇지 않은 섹션을 구분할 수 있습니다. 제가 이 덕을 톡톡히 봤죠. 내용은 많은데 시간이 없어 다 볼 수는 없었으니까요. 의심을 하면서 A, B등급 위주로 공부했는데 충분히 합격한 것 같아요.
| YES24 gospel*** |

내용의 중요도에 따라 등급을 표시하여 구성했기 때문에 선별적으로 공부할 수 있어 좋았습니다. 다음 자격증 준비도 시나공에서 출판하는 책으로 준비하고 싶습니다. 알찬 내용에 쉬운 풀이는 비전공자도 쉽게 학습할 수 있어 좋습니다.
| 알라딘 꽁한*** |

공부를 시작한지 일주일 정도 됐는데 알기 쉽게 체계적으로 구성되어 있어 공부하기 쉽네요. 중요도에 따라 등급이 나눠져 있어 시간이 부족한 분들에게 추천하고 싶습니다. 아주 만족합니다.
| 도서11번가 tryg*** |

혼자 공부하기에는 '딱!'이에요. 설명도 쉽고 책 옆에 용어 설명이나 공부 방법 등이 재미있게 따라다녀요. 또 공부한 내용을 바로 문제로 확인해 볼 수 있어서 좋더군요. '시험에 나오는 것만 공부한다'라는 제목이 믿음이 갑니다.
| YES24 kjs2*** |

정말 좋은 책입니다. 이책 저책 살펴보다가 이름만 보고 샀는데 정말 시험에 나올 만한 것만 꼭 찍어 주더라구요. ^^
| 인터파크 권** |

정보처리 분야 베스트셀러 1위 기준 : 2025년 1월, 4월, 7월(Yes24, 알라딘)

sinagong.co.kr

 가격 35,000원
ISBN 979-11-407-1614-2

 TO.시나공
온라인 독자엽서

 스마트한 시나공
수험생 지원센터

이 책의 구성 미리 보기

초단타 합격 전략을 아시나요? — 기출문제를 확실하게 이해하세요.

시·나·공 기출문제집은 실력 테스트용이 아닙니다. 짧은 시간 안에 시험에 나온 내용을 파악하고, 나올 내용을 공부하는 초단타 합격 전략집입니다. 전문가의 조언을 통해 기출문제와 주변 지식만 확실히 습득해도 초단타 합격 전설은 내 이야기가 됩니다.

| 섹션과 필드 |

문제가 출제된 내용이 있는 교재의 섹션과 필드입니다. 이해가 안 되면 시·나·공 기본서에서 해당 섹션과 필드를 찾아서 공부하면 되겠죠.

| 전문가의 조언 |

기출문제만 이해해도 합격할 수 있도록, 왜 답이 되는지 명쾌하게 결론을 내려 줍니다.

| 정답 |

문제들의 정답은 효율적인 학습을 위해 해당 페이지 하단에 모아, 초단타 전략으로 공부하는 수험생의 편의를 최대한 제공했습니다.

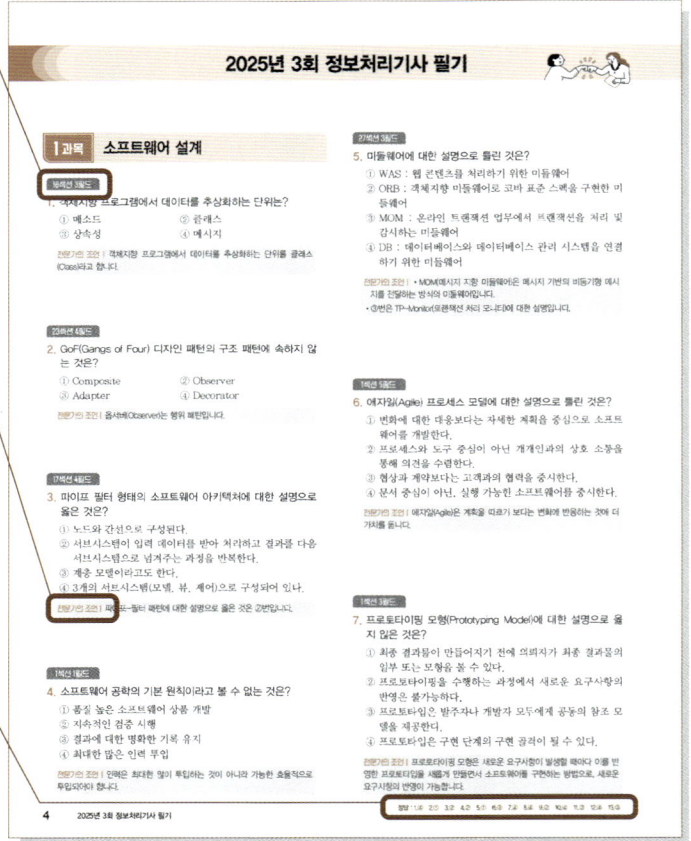

정보처리기사
필기 기출문제집

길벗알앤디 지음

길벗

2025년 8월 정보처리기사 필기	4
2025년 5월 정보처리기사 필기	25
2025년 2월 정보처리기사 필기	44
2024년 7월 정보처리기사 필기	63
2024년 5월 정보처리기사 필기	81
2024년 2월 정보처리기사 필기	100
2023년 7월 정보처리기사 필기	119
2023년 5월 정보처리기사 필기	138
2023년 2월 정보처리기사 필기	158
2022년 7월 정보처리기사 필기	177

정보처리기사 필기 − 시나공 시리즈 ⑬
The Written Examination for Engineer Information Processing

초판 발행 · 2025년 11월 24일
초판 2쇄 발행 · 2026년 1월 19일

지은이 · 길벗알앤디(강윤석, 김용갑, 김우경, 김종일), 김정준
발행인 · 이종원
발행처 · (주)도서출판 길벗
출판사 등록일 · 1990년 12월 24일
주소 · 서울시 마포구 월드컵로 10길 56(서교동)
주문 전화 · 02)332-0931 **팩스** · 02)323-0586
홈페이지 · www.gilbut.co.kr **이메일** · gilbut@gilbut.co.kr

기획 및 책임 편집 · 강윤석(kys@gilbut.co.kr), 김미정(kongkong@gilbut.co.kr), 임은정(eunjeong@gilbut.co.kr)
표지 디자인 · 강은경, 윤석남 **제작** · 이준호, 손일순, 이진혁 **마케팅** · 조승모, 유영은
영업관리 · 김명자 **독자지원** · 윤정아 **유통혁신** · 한준희

편집진행 및 교정 · 길벗알앤디(강윤석 · 김용갑 · 김우경 · 김종일) **디자인** · 도설아 **일러스트** · 윤석남
전산편집 · 예다움 **CTP 출력 및 인쇄** · 금강인쇄 **제본** · 금강제본

- 이 책은 저작권법의 보호를 받는 저작물로 이 책에 실린 모든 내용, 디자인, 이미지, 편집 구성은 허락 없이 복제하거나 다른 매체에 옮겨 실을 수 없습니다.
- 인공지능(AI) 기술 또는 시스템을 훈련하기 위해 이 책의 전체 내용은 물론 일부 문장도 사용하는 것을 금지합니다.
- 잘못 만든 책은 구입한 서점에서 바꿔 드립니다.

ⓒ 길벗알앤디, 2025

독자의 1초를 아껴주는 정성 길벗출판사

(주)도서출판 길벗 IT단행본, 성인어학, 교과서, 수험서, 경제경영, 교양, 자녀교육, 취미실용 www.gilbut.co.kr
길벗스쿨 국어학습, 수학학습, 주니어어학, 어린이단행본, 학습단행본 www.gilbutschool.co.kr

시나공 홈페이지 · www.sinagong.co.kr

최신기출문제

2025년 8월 정보처리기사 필기
2025년 5월 정보처리기사 필기
2025년 2월 정보처리기사 필기
2024년 7월 정보처리기사 필기
2024년 5월 정보처리기사 필기
2024년 2월 정보처리기사 필기
2023년 7월 정보처리기사 필기
2023년 5월 정보처리기사 필기
2023년 2월 정보처리기사 필기
2022년 7월 정보처리기사 필기

2025년 3회 정보처리기사 필기

1과목 소프트웨어 설계

18섹션 3필드

1. 객체지향 프로그램에서 데이터를 추상화하는 단위는?
① 메소드
② 클래스
③ 상속성
④ 메시지

전문가의 조언 | 객체지향 프로그램에서 데이터를 추상화하는 단위를 클래스(Class)라고 합니다.

23섹션 4필드

2. GoF(Gangs of Four) 디자인 패턴의 구조 패턴에 속하지 않는 것은?
① Composite
② Observer
③ Adapter
④ Decorator

전문가의 조언 | 옵서버(Observer)는 행위 패턴입니다.

17섹션 4필드

3. 파이프 필터 형태의 소프트웨어 아키텍처에 대한 설명으로 옳은 것은?
① 노드와 간선으로 구성된다.
② 서브시스템이 입력 데이터를 받아 처리하고 결과를 다음 서브시스템으로 넘겨주는 과정을 반복한다.
③ 계층 모델이라고도 한다.
④ 3개의 서브시스템(모델, 뷰, 제어)으로 구성되어 있다.

전문가의 조언 | 파이프-필터 패턴에 대한 설명으로 옳은 것은 ②번입니다.

1섹션 1필드

4. 소프트웨어 공학의 기본 원칙이라고 볼 수 없는 것은?
① 품질 높은 소프트웨어 상품 개발
② 지속적인 검증 시행
③ 결과에 대한 명확한 기록 유지
④ 최대한 많은 인력 투입

전문가의 조언 | 인력은 최대한 많이 투입하는 것이 아니라 가능한 효율적으로 투입되어야 합니다.

27섹션 3필드

5. 미들웨어에 대한 설명으로 틀린 것은?
① WAS : 웹 콘텐츠를 처리하기 위한 미들웨어
② ORB : 객체지향 미들웨어로 코바 표준 스펙을 구현한 미들웨어
③ MOM : 온라인 트랜잭션 업무에서 트랜잭션을 처리 및 감시하는 미들웨어
④ DB : 데이터베이스와 데이터베이스 관리 시스템을 연결하기 위한 미들웨어

전문가의 조언 |
• MOM(메시지 지향 미들웨어)은 메시지 기반의 비동기형 메시지를 전달하는 방식의 미들웨어입니다.
• ③번은 TP-Monitor(트랜잭션 처리 모니터)에 대한 설명입니다.

1섹션 5필드

6. 애자일(Agile) 프로세스 모델에 대한 설명으로 틀린 것은?
① 변화에 대한 대응보다는 자세한 계획을 중심으로 소프트웨어를 개발한다.
② 프로세스와 도구 중심이 아닌 개개인과의 상호 소통을 통해 의견을 수렴한다.
③ 협상과 계약보다는 고객과의 협력을 중시한다.
④ 문서 중심이 아닌, 실행 가능한 소프트웨어를 중시한다.

전문가의 조언 | 애자일(Agile)은 계획을 따르기 보다는 변화에 반응하는 것에 더 가치를 둡니다.

1섹션 3필드

7. 프로토타이핑 모형(Prototyping Model)에 대한 설명으로 옳지 않은 것은?
① 최종 결과물이 만들어지기 전에 의뢰자가 최종 결과물의 일부 또는 모형을 볼 수 있다.
② 프로토타이핑을 수행하는 과정에서 새로운 요구사항의 반영은 불가능하다.
③ 프로토타입은 발주자나 개발자 모두에게 공동의 참조 모델을 제공한다.
④ 프로토타입은 구현 단계의 구현 골격이 될 수 있다.

전문가의 조언 | 프로토타이핑 모형은 새로운 요구사항이 발생할 때마다 이를 반영한 프로토타입을 새롭게 만들면서 소프트웨어를 구현하는 방법으로, 새로운 요구사항의 반영이 가능합니다.

3섹션 1필드

8. XP(eXtreme Programing)의 5가지 가치로 거리가 먼 것은?

① 용기
② 의사소통
③ 정형 분석
④ 피드백

전문가의 조언 | 정형 분석은 XP의 5가지 가치에 속하지 않습니다.

20섹션 3필드

9. 한 모듈 내의 각각의 구성 요소들이 공통의 목적을 달성하기 위하여 서로 얼마나 관련이 있는지의 기능적 연관의 정도를 나타내는 것은?

① Cohesion
② Coupling
③ Structure
④ Unity

전문가의 조언 | 응집도(Cohesion)는 명령어나 호출문 등 모듈의 내부 요소들의 서로 관련된 정도, 즉 모듈이 독립적인 기능으로 정의되어 있는 정도를 의미합니다.

20섹션 2필드

10. 다음 결합도의 종류에 대한 설명 중 틀린 것은?

① 자료 결합도 : 모듈 간의 인터페이스가 자료 요소로만 구성될 때의 결합도
② 내용 결합도 : 한 모듈이 다른 모듈과 제어 신호를 이용하여 통신하고, 공유되는 공통 데이터 영역을 사용할 때의 결합도
③ 스탬프 결합도 : 모듈 간의 인터페이스로, 배열의 자료 구조가 전달될 때의 결합도
④ 외부 결합도 : 어떤 모듈에서 선언한 데이터를 다른 모듈에서 참조할 때의 결합도

전문가의 조언 | • ②번은 제어 결합도(Control Coupling)에 대한 설명입니다.
• 내용 결합도(Content Coupling)는 한 모듈이 다른 모듈의 내부 기능 및 그 내부 자료를 직접 참조하거나 수정할 때의 결합도를 의미합니다.

9섹션 4필드

11. 다음 중 상태 다이어그램에서 객체 전이의 요인이 되는 요소는?

① event
② state
③ message
④ transition

전문가의 조언 | 상태 다이어그램은 객체들 사이에 발생하는 이벤트(event)에 의한 객체들의 상태 변화를 그림으로 표현한 것입니다.

11섹션 3필드

12. 모바일 기기에서 사용하는 NUI 인터페이스에 속하지 않는 것은 무엇인가?

① Pinch
② Press
③ Flow
④ Flick

전문가의 조언 | • Flow는 NUI 인터페이스가 아닙니다.
• NUI(Natural User Interface)는 사용자의 말이나 행동으로 기기를 조작하는 인터페이스입니다. 모바일 기기에서 사용하는 행동, 즉 제스처(Gesture)에는 Tap, Double Tap, Drag, Pan, Press, Flick, Pinch 등이 있습니다.

7섹션 3필드

13. 자료 흐름도(DFD)를 작성하는 데 지침이 될 수 없는 항목은?

① 자료 흐름은 처리(Process)를 거쳐 변환될 때마다 새로운 이름을 부여한다.
② 어떤 처리(Process)가 출력 자료를 산출하기 위해서는 반드시 입력 자료가 발생해야 한다.
③ 자료 저장소에 입력 화살표가 있으면 반드시 출력 화살표도 표시되어야 한다.
④ 상위 단계의 처리(Process)와 하위 자료 흐름도의 자료 흐름은 서로 일치되어야 한다.

전문가의 조언 | 자료 저장소의 입력 화살표는 데이터의 입력 및 수정을 의미하는 것으로, 입력 화살표가 있다고 하여 반드시 출력 화살표가 있어야 하는 것은 아닙니다.

9섹션 4필드

14. 다음 중 활동 다이어그램에 대한 설명으로 옳은 것은?

① 클래스와 클래스가 가지는 속성, 클래스 사이의 관계를 표현한 다이어그램이다.
② 상호 작용하는 시스템이나 객체들이 주고받는 메시지를 표현하는 다이어그램이다.
③ 하나의 객체가 자신이 속한 클래스의 상태 변화 혹은 다른 객체와의 상호 작용에 따라 상태가 어떻게 변하는지를 표현하는 다이어그램이다.
④ 오퍼레이션이나 처리 과정이 수행되는 동안 일어나는 일들을 단계적으로 표현한 다이어그램이다.

전문가의 조언 | • 활동 다이어그램에 대한 설명으로 옳은 것은 ④번입니다.
• ①번은 클래스 다이어그램, ②번은 순차(Sequence) 다이어그램, ③번은 상태(State) 다이어그램에 대한 설명입니다.

18섹션 6필드

15. 다음 중 객체지향 소프트웨어의 특성에 대한 설명으로 틀린 것은?

① 메소드를 오버라이딩으로 처리하는 것과 관련된 특성은 추상화이다.
② 데이터와 데이터를 처리하는 함수를 하나로 묶는 것을 캡슐화라고 한다.
③ 이미 정의된 상위 클래스의 모든 속성과 연산을 하위 클래스가 물려받는 것을 상속이라고 한다.
④ 한 모듈 내부에 포함된 절차와 자료들의 정보가 감추어져 다른 모듈이 접근하거나 변경하지 못하도록 하는 기법을 정보은닉이라고 한다.

전문가의 조언 | • 메소드 오버라이딩이란 상위 클래스에서 정의한 메소드와 이름은 같지만 메소드 안의 실행 코드를 달리하여 자식 클래스에서 재정의해서 사용하는 것을 말합니다. 이와 같이 하나의 메시지에 대해 각각의 객체가 가지고 있는 고유한 방법(특성)으로 응답할 수 있는 능력을 다형성(Polymorphism)이라고 합니다.
• 추상화는 불필요한 부분을 생략하고 객체의 속성 중 가장 중요한 것에만 중점을 두어 개략화하는 것으로, 이와 관련된 객체지향 소프트웨어의 요소는 클래스입니다.

17섹션 5필드

16. 소프트웨어 아키텍처 모델 중 MVC(Model-View-Controller)와 관련한 설명으로 틀린 것은?

① MVC 모델은 사용자 인터페이스를 담당하는 계층의 응집도를 높일 수 있고, 여러 개의 다른 UI를 만들어 그 사이에 결합도를 낮출 수 있다.
② 모델(Model)은 뷰(View)와 제어(Controller) 사이에서 전달자 역할을 하며, 뷰마다 모델 서브시스템이 각각 하나씩 연결된다.
③ 뷰(View)는 모델(Model)에 있는 데이터를 사용자 인터페이스에 보이는 역할을 담당한다.
④ 제어(Controller)는 모델(Model)에 명령을 보냄으로써 모델의 상태를 변경할 수 있다.

전문가의 조언 | 모델(Model)은 서브시스템의 핵심 기능과 데이터를 보관하는 역할을 합니다.

없음

17. 코드의 기입 과정에서 원래 '12536'으로 기입되어야 하는 데 '12936'으로 표기되었을 경우, 어떤 코드 오류에 해당하는가?

① Addition Error   ② Omission Error
③ Sequence Error   ④ Transcription Error

전문가의 조언 | '12536'의 5 대신 9를 기입한 것, 즉 임의의 한 자리를 잘못 기입해서 발생한 오류이므로 필사 오류(Transcription Error)에 해당합니다.

19섹션 4필드

18. 다음 중 객체지향 설계 원칙에 속하지 않는 것은?

① 개방-폐쇄 원칙(OCP; Open-Closed Principle)
② 의존 역전 원칙(DIP; Dependency Inversion Principle)
③ 인터페이스 통합 원칙(IIP; Interface Integration Principle)
④ 단일 책임 원칙(SRP; Single Responsibility Principle)

전문가의 조언 | 객체지향 설계 원칙 중 하나는 인터페이스 통합 원칙이 아니라 인터페이스 분리 원칙입니다.

124섹션 7필드

19. 입력되는 데이터를 컴퓨터의 프로세서가 처리하기 전에 미리 처리하여 프로세서가 처리하는 시간을 줄여주는 프로그램이나 하드웨어를 말하는 것은?

① EAI   ② FEP
③ GPL   ④ Duplexing

전문가의 조언 | 문제에 제시된 내용은 전처리기(FEP; Front End Processor)의 개념입니다.
• EAI(Enterprise Application Integration) : 기업 내 각종 애플리케이션 및 플랫폼 간의 정보 전달, 연계, 통합 등 상호 연동이 가능하게 해주는 솔루션
• GPL(General Public License) : 자유 소프트웨어 재단에서 만든 자유 소프트웨어 라이선스
• Duplexing : 서비스 중단에 대비하여 동일한 기능을 수행하는 예비 시스템을 동시에 운용하는 것

16섹션 4필드

20. 소프트웨어 설계 시 제일 상위에 있는 main user function에서 시작하여 기능을 하위 기능들로 분할해 가면서 설계하는 방식은?

① 객체 지향 설계   ② 데이터 흐름 설계
③ 상향식 설계   ④ 하향식 설계

전문가의 조언 | 프로그램의 상위 모듈에서 하위 모듈 방향으로 설계하는 기법을 하향식 설계라고 하며, 대표적인 하향식 설계 전략으로 단계적 분해(Stepwise Refinement)가 있습니다.

2과목 소프트웨어 개발

없음

21. 휴리스틱 알고리즘(Heuristic Algorithm)에 해당하지 않는 것은?

① 힐 클라이밍(Hill Climbing)
② 밸만-포드 알고리즘(Bellman-Ford Algorithm)
③ A* 알고리즘(A* Algorithm)
④ 그리디 탐색(Greedy Search)

전문가의 조언 | • 휴리스틱 알고리즘(Heuristic Algorithm)은 제한되고 불충분한 시간이나 정보로 인해 최적의 해결책을 보장하지는 않지만, 비교적 빠르고 효율적인 해결책을 찾아내는 알고리즘으로, 대표적으로 힐 클라이밍(Hill Climbing), A* 알고리즘(A* Algorithm), 그리디 탐색(Greedy Search) 등이 있습니다.
• 밸만-포드 알고리즘(Bellman-Ford Algorithm)은 두 노드 간의 최단 경로를 찾는 정확한 알고리즘으로, 휴리스틱 알고리즘에 해당하지 않습니다.

42섹션 2필드

22. 소프트웨어 버전 관리 도구가 아닌 것은?

① BitKeeper   ② SVN
③ CVS   ④ Maven

전문가의 조언 | Maven은 빌드 자동화 도구에 해당합니다.

31섹션 1필드

23. 다음과 같이 레코드가 구성되어 있을 때, 이진 검색 방법으로 F를 찾을 경우 비교되는 횟수는?

| A B C D E F G H I J K L M N |

① 4   ② 5
③ 6   ④ 7

전문가의 조언 | 이전 검색 방법으로 F를 찾을 경우 비교되는 횟수는 4회입니다. A~N을 1~14로 가정하고 이진 검색 방법으로 F(6)를 찾는 방법은 다음과 같습니다.

❶ 첫 번째 값(F)과 마지막 값(L)을 이용하여 중간 값 M을 구한 후 찾으려는 값과 비교합니다.
  M = (1+14) / 2 = 7.5, 7이 찾으려는 값인지 확인합니다. 7은 찾으려는 값 6보다 크므로 찾는 값은 1~6에 있습니다. ← 1회 비교
❷ F = 1, L = 6, M = (1+6) / 2 = 3.5, 3이 찾으려는 값인지 확인합니다. 3은 찾으려는 값 6보다 작으므로 찾는 값은 4~6에 있습니다. ← 2회 비교
❸ F = 4, L = 6, M = (4+6) / 2 = 5, 5가 찾으려는 값인지 비교합니다. 5는 찾으려는 값 6보다 작으므로 찾는 값은 6에 있습니다. ← 3회 비교
❹ F = 6, L = 6, M = (6+6) / 2 = 6, 6이 찾으려는 값인지 비교합니다. 6은 찾는 값입니다. ← 4회 비교

29섹션 2필드

24. 아래 Tree 구조에 대하여 후위 순회(Postorder)한 결과는?

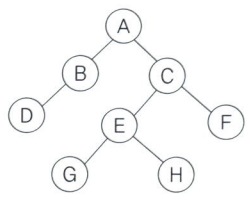

① A → B → D → C → E → G → H → F
② D → B → G → H → E → F → C → A
③ D → B → A → G → E → H → C → F
④ A → B → D → G → E → H → C → F

전문가의 조언 | 서브 트리를 후위 순회(Postorder)한 결과는 ②번입니다. 먼저 서브 트리를 하나의 노드로 생각할 수 있도록 서브 트리 단위로 묶습니다.

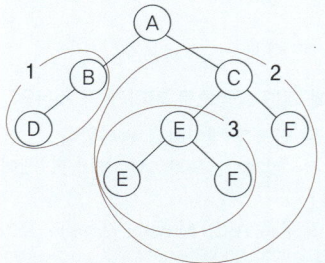

❶ Postorder는 Left → Right → Root이므로 12A가 됩니다.
❷ 1은 DB이므로 DB2A가 됩니다.
❸ 2는 3FC이므로 DB3FCA가 됩니다.
❹ 3은 GHE이므로 DBGHEFCA가 됩니다.

46섹션 5필드

25. 평가 점수에 따른 성적부여는 다음 표와 같다. 이를 구현한 소프트웨어를 경계 값 분석 기법으로 테스트 하고자 할 때 다음 중 테스트 케이스의 입력 값으로 옳지 않은 것은?

평가점수	성적
80~100	A
60~79	B
0~59	C

① 59
② 80
③ 90
④ 101

> **전문가의 조언** | 경계값 분석(Boundary Value Analysis) 기법은 입력 조건의 경계 값을 테스트 케이스로 선정하여 검사하는 기법으로, 성적이 분리되는 평가 점수의 경계값인 101, 100, 80, 79, 60, 59, 0, -1이 적절한 입력값에 해당됩니다.

47섹션 5필드

26. 개발한 소프트웨어가 사용자의 요구사항을 충족하는지에 중점을 두고 테스트하는 방법은?

① 단위 테스트
② 인수 테스트
③ 시스템 테스트
④ 통합 테스트

> **전문가의 조언** | 개발한 소프트웨어가 사용자의 요구사항을 충족하는지에 중점을 두고 테스트하는 방법을 인수 테스트(Acceptance Test)라고 합니다.
> • 단위 테스트(Unit Test) : 코딩 직후 소프트웨어 설계의 최소 단위인 모듈이나 컴포넌트에 초점을 맞춰 하는 테스트
> • 시스템 테스트(System Test) : 개발된 소프트웨어가 해당 컴퓨터 시스템에서 완벽하게 수행되는가를 점검하는 테스트
> • 통합 테스트(Integration Test) : 단위 테스트가 완료된 모듈들을 결합하여 하나의 시스템으로 완성시키는 과정에서의 테스트

41섹션 1필드

27. 소프트웨어 형상 관리에 대한 설명으로 거리가 먼 것은?

① 소프트웨어에 가해지는 변경을 제어하고 관리한다.
② 프로젝트 계획, 분석서, 설계서, 프로그램, 테스트 케이스 모두 관리 대상이다.
③ 대표적인 형상 관리 도구로 Ant, Maven, Gradle 등이 있다.
④ 유지 보수 단계뿐만 아니라 개발 단계에도 적용할 수 있다.

> **전문가의 조언** | • Ant, Maven, Gradle은 빌드 자동화 도구입니다.
> • 형상 관리 도구에는 Git, CVS, Subversion, Mercurial 등이 있습니다.

127섹션 1필드

28. 다음 중 소프트웨어를 재사용함으로써 얻는 이점이 아닌 것은?

① 개발시간과 비용을 단축시킨다.
② 소프트웨어 개발의 생산성을 높인다.
③ 프로젝트 실패의 위험을 줄여 준다.
④ 새로운 개발 방법론의 도입이 쉽다.

> **전문가의 조언** | 소프트웨어 재사용은 이미 개발된 인정받은 소프트웨어의 전체 혹은 일부분을 다른 소프트웨어 개발이나 유지에 사용하는 것으로 소프트웨어를 재사용함으로써 새로운 개발 방법론을 도입하기는 어렵습니다.

48섹션 3필드

29. 하향식 통합에 있어서 모듈 간의 통합 시험을 위해 일시적으로 필요한 조건만을 가지고 임시로 제공되는 시험용 모듈을 무엇이라고 하는가?

① Stub
② Driver
③ Procedure
④ Function

> **전문가의 조언** | 하향식 통합 테스트에서 모듈 간의 통합 시험을 위해 일시적으로 필요한 조건만을 가지고 임시로 제공되는 시험용 모듈을 스텁(Stub)이라고 합니다.
> • 드라이버(Driver) : 테스트 대상의 하위 모듈을 호출하는 도구로, 매개 변수(Parameter)를 전달하고, 모듈 테스트 수행 후의 결과를 도출함

25섹션 5필드

30. 소프트웨어 공학에서 워크스루(Walkthrough)에 대한 설명으로 틀린 것은?

① 사용사례를 확장하여 명세하거나 설계 다이어그램, 원시 코드, 테스트 케이스 등에 적용할 수 있다.
② 복잡한 알고리즘 또는 반복, 실시간 동작, 병행 처리와 같은 기능이나 동작을 이해하려고 할 때 유용하다.
③ 인스펙션(Inspection)과 동일한 의미를 가진다.
④ 단순한 테스트 케이스를 이용하여 프로덕트를 수작업으로 수행해 보는 것이다.

> **전문가의 조언** | 인스펙션(Inspection)은 워크스루를 발전시킨 형태로, 소프트웨어 개발 단계에서 산출된 결과물의 품질을 평가하고 이를 개선하기 위한 방법 등을 제시합니다.

31.
이진 트리의 레코드 R = (88, 74, 63, 55, 37, 25, 33, 19, 26, 14, 9)에 대하여 힙(Heap) 정렬을 만들 때, 37의 왼쪽과 오른쪽의 자노드(Child Node)의 값은?

① 55, 25 ② 63, 33
③ 33, 19 ④ 14, 9

전문가의 조언 | 힙 정렬을 만들 때 37의 왼쪽과 오른쪽의 자노드의 값은 14, 9입니다. 힙 정렬은 자료를 전이진 트리로 구성해 보면 간단하게 알 수 있습니다.

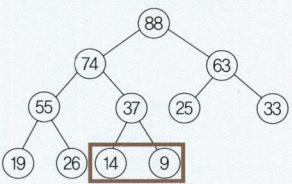

33.
알파, 베타 테스트와 가장 밀접한 연관이 있는 테스트 단계는?

① 단위 테스트 ② 인수 테스트
③ 통합 테스트 ④ 시스템 테스트

전문가의 조언 | 알파 테스트와 베타 테스트는 인수 테스트(Acceptance Test)의 한 종류입니다.
- 알파 테스트 : 개발자의 장소에서 사용자가 개발자 앞에서 행하는 테스트 기법
- 베타 테스트 : 선정된 최종 사용자가 여러 명의 사용자 앞에서 행하는 테스트 기법

32.
다음 초기 자료에 대하여 삽입 정렬(Insertion Sort)을 이용하여 오름차순 정렬할 경우 1회전 후의 결과는?

초기 자료 : 8, 3, 4, 9, 7

① 3, 4, 8, 7, 9 ② 3, 4, 9, 7, 8
③ 7, 8, 3, 4, 9 ④ 3, 8, 4, 9, 7

전문가의 조언 | 삽입 정렬을 이용하여 오름차순 정렬할 경우 1회전 후의 결과는 ④번입니다. 삽입 정렬(Insertion Sort)은 두 번째 자료부터 시작하여 그 앞(왼쪽)의 자료들과 비교하여 삽입할 위치를 지정한 후 자료를 뒤로 옮기고 지정한 자리에 자료를 삽입하여 정렬하는 알고리즘입니다. 즉 두 번째 자료는 첫 번째 자료, 세 번째 자료는 두 번째와 첫 번째 자료, 네 번째 자료는 세 번째, 두 번째, 첫 번째 자료와 비교한 후 자료가 삽입될 위치를 찾습니다.

- 초기 자료 : 8 3 4 9 7
- 1회전 : 8 3 4 9 7 → 3 8 4 9 7
  두 번째 값 3을 첫 번째 값과 비교하여 첫 번째 자리에 삽입하고 8을 한 칸 뒤로 이동시킵니다.
- 2회전 : 3 8 4 9 7 → 3 4 8 9 7
  세 번째 값 4를 첫 번째, 두 번째 값과 비교하여 8자리에 삽입하고 8을 한 칸씩 뒤로 이동시킵니다.
- 3회전 : 3 4 8 9 7 → 3 4 8 9 7
  네 번째 값 9를 첫 번째, 두 번째, 세 번째 값과 비교한 후 삽입할 곳이 없다면 다음 회전으로 넘어갑니다.
- 4회전 : 3 4 8 9 7 → 3 4 7 8 9
  다섯 번째 값 7을 처음부터 비교하여 8자리에 삽입하고 나머지를 한 칸씩 뒤로 이동시킵니다.

34.
다음은 스택의 자료 삭제 알고리즘이다. ⓐ에 들어갈 내용으로 옳은 것은? (단, Top : 스택포인터, S : 스택의 이름)

```
if Top = 0 Then
   (    ⓐ    )
Else {
   remove S(Top)
   Top = Top - 1
}
```

① Overflow ② Top = Top + 1
③ Underflow ④ Top = Top

전문가의 조언 | 스택에서 자료의 삭제가 발생했을 때 자료의 가장 위쪽을 가리키는 스택포인터가 0이면 자료가 없는 것이므로 언더플로(Underflow)가 발생하고, 아니면 현재 스택포인터의 위치에 있는 자료가 삭제되면서 스택포인터의 값이 1 감소합니다.

❶ if Top = 0 Then
❷   Underflow
   Else {
❸   remove S(Top)
❹   Top = Top - 1
   }

❶ Top가 0이면 ❷번을 수행하고, 아니면 ❸, ❹번을 수행한다.
❷ Underflow가 발생한다.
❸ 스택 S에서 Top 위치에 있는 값을 제거한다.
❹ Top의 값을 1 감소시킨다.

없음

35. 알고리즘 설계 기법으로 거리가 먼 것은?

① Divide and Conquer
② Greedy
③ Static Block
④ Backtracking

전문가의 조언 | Static Block은 클래스가 메모리에 적재될 때 수행되는 코드 그룹을 의미하는 것으로, 설계 기법과는 무관합니다.

- 분할 정복/분할 통치(Divide and Conquer) : 큰 문제를 보다 작은 문제로 분할하여 해결하는 전략
- 탐욕 알고리즘(Greedy Algorithm) : 완벽한 해결책 보다는 차선책을 목표로 하며, 상황에 맞는 해결책을 즉석에서 모색하는 방식
- 백트래킹(Backtracking) : 깊이 우선 탐색(Depth First Search) 알고리즘을 이용한 기법으로 문제 해결을 위한 모든 가능성을 트리로 구축하는 방식

46섹션 5필드

36. 명세 기반 테스트 중 프로그램의 입력 조건에 중점을 두고, 어느 하나의 입력 조건에 대하여 타당한 값과 그렇지 못한 값을 설정하여 해당 입력 자료에 맞는 결과가 출력되는지 확인하는 테스트 기법은?

① Cause-Effect Graphing Testing
② Equivalence Partitioning Testing
③ Boundary Value Analysis
④ Comparison Testing

전문가의 조언 | 문제에 제시된 내용은 동치 분할 검사(Equivalence Partitioning Testing)에 대한 설명입니다.

- 원인-효과 그래프 검사(Cause-Effect Graphing Testing) : 입력 데이터 간의 관계와 출력에 영향을 미치는 상황을 체계적으로 분석한 다음 효용성이 높은 테스트 케이스를 선정하여 검사하는 기법
- 경계값 분석(Boundary Value Analysis) : 입력 자료에만 치중한 동치 분할 기법을 보완하기 위한 기법으로, 입력 조건의 중간값보다 경계값에서 오류가 발생될 확률이 높다는 점을 이용하여 입력 조건의 경계값을 테스트 케이스로 선정하여 검사함
- 비교 검사(Comparison Testing) : 여러 버전의 프로그램에 동일한 테스트 자료를 제공하여 동일한 결과가 출력되는지 테스트하는 기법

13섹션 1필드

37. 소프트웨어 품질 관련 국제 표준인 ISO/IEC 25000에 관한 설명으로 옳지 않은 것은?

① 소프트웨어 품질 평가를 위한 소프트웨어 품질평가 통합 모델 표준이다.
② System and Software Quality Requirements and Evaluation으로 줄여서 SQuaRE라고도 한다.
③ ISO/IEC 2501n에서는 소프트웨어의 내부 측정, 외부 측정, 사용 품질 측정, 품질 측정 요소 등을 다룬다.
④ 기존 소프트웨어 품질 평가 모델과 소프트웨어 평가 절차 모델인 ISO/IEC 9126과 ISO/IEC 14598을 통합하였다.

전문가의 조언 | • ISO/IEC 2501n에서는 소프트웨어의 내부 및 외부 품질과 사용 품질에 대한 모델 등 품질 모델 부분을 다룹니다.
• 소프트웨어의 내부 측정, 외부 측정, 사용 품질 측정, 품질 측정 요소 등 품질 측정 부분을 다루는 것은 ISO/IEC 2502n입니다.

33섹션 2필드

38. 테스트와 디버그의 목적으로 옳은 것은?

① 테스트는 오류를 찾는 작업이고 디버깅은 오류를 수정하는 작업이다.
② 테스트는 오류를 수정하는 작업이고 디버깅은 오류를 찾는 작업이다.
③ 둘 다 소프트웨어의 오류를 찾는 작업으로 오류 수정은 하지 않는다.
④ 둘 다 소프트웨어 오류의 발견, 수정과 무관하다.

전문가의 조언 | 테스트(Test)를 통해 오류를 발견한 후 디버깅(Debugging)을 통해 오류 코드를 추적하고 수정하는 작업을 수행합니다.

48섹션 2필드

39. 다음이 설명하는 애플리케이션 통합 테스트 유형은?

- 깊이 우선 방식 또는 너비 우선 방식이 있다.
- 상위 컴포넌트를 테스트 하고 점증적으로 하위 컴포넌트를 테스트 한다.
- 하위 컴포넌트 개발이 완료되지 않은 경우 스텁(Stub)을 사용하기도 한다.

① 하향식 통합 테스트　② 상향식 통합 테스트
③ 회귀 테스트　④ 빅뱅 테스트

전문가의 조언 | 문제의 지문에서 설명하고 있는 애플리케이션 통합 테스트 유형은 하향식 통합 테스트입니다.

- 상향식 통합 테스트 : 프로그램의 하위 모듈에서 상위 모듈 방향으로 통합하면서 테스트하는 기법
- 회귀 테스트 : 이미 테스트된 프로그램의 테스팅을 반복하는 것으로, 통합 테스트로 인해 변경된 모듈이나 컴포넌트에 새로운 오류가 있는지 테스트하는 기법
- 빅뱅 통합 테스트 : 모듈 간의 상호 인터페이스를 고려하지 않고 단위 테스트가 끝난 모듈을 한꺼번에 결합시켜 테스트하는 기법

40. 다음 트리의 차수(Degree)와 단말 노드(Terminal Node)의 수는?

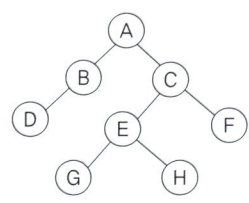

① 차수 : 4, 단말 노드 : 4
② 차수 : 2, 단말 노드 : 4
③ 차수 : 4, 단말 노드 : 8
④ 차수 : 2, 단말 노드 : 8

전문가의 조언 | • 트리의 차수(Degree)는 가장 차수가 많은 노드의 차수이고, 단말 노드(Terminal Node)는 자식이 하나도 없는 노드입니다.
• A, C, E의 차수 2가 차수 중 가장 높으므로 트리의 차수는 2가 되고, 자식이 하나도 없는 노드는 D, G, H, F로 총 4개가 됩니다.

전문가의 조언 | 참조 테이블의 튜플이 삭제되더라도 기본 테이블의 튜플은 삭제되지 않도록 지정하는 옵션은 NO ACTION입니다.
• CASCADE : 참조 테이블의 튜플이 삭제되면 기본 테이블의 관련 튜플도 모두 삭제되고, 속성이 변경되면 관련 튜플의 속성 값도 모두 변경됨
• SET NULL : 참조 테이블에 변화가 있으면 기본 테이블의 관련 튜플의 속성 값을 NULL로 변경함
• SET DEFAULT : 참조 테이블에 변화가 있으면 기본 테이블의 관련 튜플의 속성 값을 기본값으로 변경함

43. 다음은 관계 대수의 수학적 표현식이다. 해당되는 연산은?

$$R \times S = \{ r \cdot s \mid r \in R \land s \in S \}$$
$$r = \langle a_1, a_2, \cdots, a_n \rangle, s = \langle b_1, b_2, \cdots, b_m \rangle$$

① 합집합
② 교집합
③ 차집합
④ 카티션 프로덕트

전문가의 조언 | 카티션 프로덕트(교차곱)는 두 릴레이션에 있는 튜플들의 순서쌍을 구하는 연산으로 r은 R에 존재하는 튜플이고, s는 S에 존재하는 튜플입니다.
• 합집합 : $R \cup S = \{ t \mid t \in R \lor t \in S \}$
  ※ t는 릴레이션 R 또는 S에 존재하는 튜플임
• 교집합 : $R \cap S = \{ t \mid t \in R \land t \in S \}$
  ※ t는 릴레이션 R 그리고 S에 동시에 존재하는 튜플임
• 차집합 : $R - S = \{ t \mid t \in R \land t \notin S \}$
  ※ t는 릴레이션 R에는 존재하고 S에 없는 튜플임

3과목 데이터베이스 구축

41. DAS(Direct Attached Storage) 연결에 사용되는 프로토콜로 관련 없는 것은?

① eSATA
② SATA
③ SCSI
④ iSCSI

전문가의 조언 | iSCSI는 네트워크를 통해 스토리지 장치와 서버를 연결하는 프로토콜로, SAN(Storage Area Network)에서 주로 사용됩니다.

44. 관계 데이터베이스의 정규화에 대한 설명으로 옳지 않은 것은?

① 정규화를 거치지 않으면 여러 가지 상이한 종류의 정보를 하나의 릴레이션으로 표현하여 그 릴레이션을 조작할 때 이상(Anomaly) 현상이 발생할 수 있다.
② 하나의 종속성이 하나의 릴레이션에 표현될 수 있도록 릴레이션을 합병(Combination)하는 과정이다.
③ 이상(Anomaly) 현상은 데이터들 간에 존재하는 함수 종속이 하나의 원인이 될 수 있다.
④ 정규화가 잘못되면 데이터의 불필요한 중복이 야기되어 릴레이션을 조작할 때 문제가 발생할 수 있다.

전문가의 조언 | 정규화는 하나의 종속성이 하나의 릴레이션에 표현될 수 있도록 분해해가는 과정이라 할 수 있습니다.

42. CREATE TABLE 명령을 이용해 테이블을 정의할 때 참조 테이블의 튜플이 삭제되더라도 기본 테이블의 튜플은 삭제되지 않도록 지정하는 옵션으로 옳은 것은?

① ON DELETE CASCASE
② ON DELETE SET NULL
③ ON DELETE NO ACTION
④ ON DELETE SET DEFAULT

45. 물리데이터 저장소의 파티션 설계에서 파티션 유형으로 옳지 않은 것은?

① 범위 분할(Range Partitioning)
② 해시 분할(Hash Partitioning)
③ 조합 분할(Composite Partitioning)
④ 유닛 분할(Unit Partitioning)

전문가의 조언 | 파티션의 종류에는 범위 분할, 해시 분할, 조합 분할, 목록 분할, 라운드 로빈 분할 등이 있습니다.

48. 다음 중 자료 사전(Data Dictionary)에 대한 설명으로 옳지 않은 것은?

① 메타 데이터(Meta Data)라고 한다.
② 모든 데이터 개체들에 대한 정보를 유지, 관리하는 시스템이다.
③ 일반 이용자도 SQL을 이용하여 내용을 검색해 볼 수 있다.
④ 자료 사전에 대한 갱신은 데이터베이스의 무결성 유지를 위해 이용자가 직접 갱신해야 한다.

전문가의 조언 | 자료 사전(Data Dictionary)은 시스템 테이블로 구성되어 있어 일반 이용자도 SQL을 이용하여 내용을 검색해 볼 수 있지만 이용자가 갱신은 할 수 없습니다. 자료 사전은 DBMS가 스스로 생성하고 유지합니다.

46. 뷰(View)에 대한 설명 중 옳은 내용으로만 나열한 것은?

㉠ 뷰는 저장장치 내에 물리적으로 존재한다.
㉡ 뷰가 정의된 기본 테이블이 삭제되더라도 뷰는 자동으로 삭제되지 않는다.
㉢ DBA는 보안 측면에서 뷰를 활용할 수 있다.
㉣ 뷰로 구성된 내용에 대한 삽입, 삭제, 갱신 연산에는 제약이 따른다.

① ㉠, ㉡, ㉢, ㉣
② ㉠, ㉢, ㉣
③ ㉡, ㉣
④ ㉢, ㉣

전문가의 조언 | 뷰(View)의 옳은 내용으로만 나열한 것은 ④번(㉢, ㉣)입니다.
• ㉠ 뷰는 저장장치 내에 물리적으로 존재하지 않는 가상 테이블입니다.
• ㉡ 뷰가 정의된 기본 테이블이 삭제되면 뷰도 자동으로 삭제됩니다.

49. DML(Data Manipulation Language) 명령어가 아닌 것은?

① INSERT
② UPDATE
③ ALTER
④ DELETE

전문가의 조언 | ALTER는 DDL(데이터 정의어)입니다.

50. 관계 대수에서 사용하는 일반 집합 연산자 중에서 결과로 산출되는 카디널리티가 두 릴레이션 중 카디널리티가 작은 릴레이션의 카디널리티보다 크지 않은 연산자는 무엇인가?

① 합집합
② 교집합
③ 차집합
④ 교차곱

전문가의 조언 | 문제에 제시된 내용은 교집합(INTERSECTION)에 대한 설명입니다.
• 합집합(UNION)
 – 두 릴레이션에 존재하는 튜플의 합집합을 구하되, 결과로 생성된 릴레이션에서 중복되는 튜플은 제거되는 연산이다.
 – 합집합의 카디널리티는 두 릴레이션 카디널리티의 합보다 크지 않다.
• 차집합(DIFFERENCE)
 – 두 릴레이션에 존재하는 튜플의 차집합을 구하는 연산이다.
 – 차집합의 카디널리티는 릴레이션 R의 카디널리티 보다 크지 않다.
• 교차곱(CARTESIAN PRODUCT)
 – 두 릴레이션에 있는 튜플들의 순서쌍을 구하는 연산이다.
 – 교차곱의 디그리는 두 릴레이션의 디그리를 더한 것과 같고, 카디널리티는 두 릴레이션의 카디널리티를 곱한 것과 같다.

47. 릴레이션의 특징으로 옳은 내용 모두를 나열한 것은?

㉠ 모든 튜플은 서로 다른 값을 갖는다.
㉡ 각 속성은 릴레이션 내에서 유일한 이름을 가진다.
㉢ 하나의 릴레이션에서 튜플의 순서는 존재한다.
㉣ 모든 속성 값은 원자 값이다.

① ㉢, ㉣
② ㉠, ㉢, ㉣
③ ㉠, ㉡, ㉣
④ ㉠, ㉡, ㉢, ㉣

전문가의 조언 | 릴레이션의 특징으로 옳은 내용 모두를 나열한 것은 ③번(㉠, ㉡, ㉣)입니다.
• ㉢ 하나의 릴레이션에서 튜플의 순서는 존재하지 않습니다.

51. 다음 중 외래키에 대한 설명으로 옳은 것은?

> ⊙ Null을 입력할 수 없다.
> ⓒ 후보키 중 기본키를 제외한 나머지를 의미한다.
> ⓒ 기본키의 일부가 외래키가 될 수 있다.
> ⓔ 유일성과 최소성을 가진다.
> ⓜ 참조 무결성과 관련이 있다.

① ⊙, ⓒ
② ⓒ, ⓜ
③ ⓒ, ⓜ
④ ⓒ, ⓔ

전문가의 조언 | • 외래키에 대한 설명을 옳은 것은 ③번(ⓒ, ⓜ)입니다.
• ⊙ 외래키에는 Null을 입력할 수 있습니다.
• ⓒ 대체키에 대한 설명입니다.
• ⓔ 외래키는 중복이 허용되므로 유일성과 최소성을 가질 수 없습니다.

52. 분산 데이터베이스 시스템과 관련된 설명으로 틀린 것은?

① 물리적으로 분산된 데이터베이스 시스템을 논리적으로 하나의 데이터베이스 시스템처럼 사용할 수 있도록 한 것이다.
② 물리적으로 분산되어 지역별로 필요한 데이터를 처리할 수 있는 지역 컴퓨터(Local Computer)를 분산 처리기(Distributed Processor)라고 한다.
③ 분산 데이터베이스 시스템을 위한 통신 네트워크 구조가 데이터 통신에 영향을 주므로 효율적으로 설계해야 한다.
④ 데이터베이스가 분산되어 있음을 사용자가 인식할 수 있도록 분산 투명성(Distribution Transparency)을 배제해야 한다.

전문가의 조언 | 데이터베이스가 분산되어 있음을 인식할 필요가 없습니다.

53. 데이터베이스의 트랜잭션 성질들 중에서 다음 설명에 해당하는 것은?

> • 트랜잭션이 그 실행을 성공적으로 완료하면 언제나 일관성 있는 데이터베이스 상태로 변환한다.
> • 시스템이 가지고 있는 고정 요소는 트랜잭션 수행 전과 트랜잭션 수행 완료 후의 상태가 같아야 한다.

① 원자성(Atomicity)
② 일관성(Consistency)
③ 격리성(Isolation)
④ 영속성(Durability)

전문가의 조언 | 문제의 지문은 일관성(Consistency)에 대한 설명입니다.
• Atomicity(원자성) : 트랜잭션의 연산은 데이터베이스에 모두 반영되도록 완료(Commit)되든지 아니면 전혀 반영되지 않도록 복구(Rollback)되어야 함
• Isolation(독립성, 격리성, 순차성) : 둘 이상의 트랜잭션이 동시에 병행 실행되는 경우 어느 하나의 트랜잭션 실행중에 다른 트랜잭션의 연산이 끼어들 수 없음
• Durability(영속성, 지속성) : 성공적으로 완료된 트랜잭션의 결과는 시스템이 고장나더라도 영구적으로 반영되어야 함

54. 다음 SQL문의 실행 결과는?

> Select 학과 From 학과 Where 학번 In
>   (Select 학번 From 학생 Where 이름 = "김수철");

〈학생〉 테이블

이름	성별	학번
이미래	여자	1001
박인수	남자	1002
정경미	여자	1003
김수철	남자	1004

〈학과〉 테이블

학번	학과
1001	데이터베이스
1002	AI응용
1003	AI분석
1004	전기과

① 데이터베이스
② AI응용
③ AI분석
④ 전기과

전문가의 조언 | SQL문의 실행 결과는 "전기과"입니다. 문제의 질의문은 하위 질의가 있는 질의문입니다. 먼저 WHERE 조건에 지정된 하위 질의의 SELECT문을 검색합니다. 그리고 검색 결과를 본 질의 조건에 있는 '학번' 속성과 비교합니다.

❷ Select 학과 From 학과 Where 학번 In
❶ (Select 학번 From 학생 Where 이름 = "김수철");

❶ 〈학생〉 테이블에서 '이름' 속성의 값이 "김수철"과 같은 튜플의 '학번' 속성의 값을 검색합니다. 결과는 1004입니다.
❷ 〈학과〉 테이블에서 '학번' 속성의 값이 ❶의 결과인 1004와 같은 튜플의 '학과' 속성의 값을 검색합니다. 결과는 "전기과"입니다.

61섹션 2필드

55. 집합 A와 B에 대해 개체 집합 A의 각 원소는 개체 집합 B의 원소 여러 개와 대응하고 있지만, 개체 집합 B의 각 원소는 개체 집합 A의 원소 한 개와 대응하는 관계의 종류는 무엇인가?

① 일 대 일
② 일 대 다
③ 다 대 다
④ 다 대 일

> **전문가의 조언** | 문제의 지문은 일 대 다(1:n) 관계에 대한 설명입니다.
> - **일 대 일(1:1)** : 개체 집합 A의 각 원소가 개체 집합 B의 원소 한 개와 대응하는 관계
> - **다 대 다(N:M)** : 개체 집합 A의 각 원소는 개체 집합 B의 원소 여러 개와 대응하고, 개체 집합 B의 각 원소도 개체 집합 A의 원소 여러 개와 대응하는 관계

61섹션 5필드

56. 데이터 모델의 구성 요소 중 데이터베이스 표현된 개체 인스턴스를 처리하는 작업에 대한 명세로서 데이터베이스를 조작하는 기본 도구에 해당하는 것은?

① Operation
② Constraint
③ Structure
④ Relationship

> **전문가의 조언** | 문제에서 설명하고 있는 데이터 모델의 구성 요소는 연산(Operation)입니다.
> - **구조(Structure)** : 논리적으로 표현된 개체 타입들 간의 관계로서 데이터 구조 및 정적 성질을 표현함
> - **제약 조건(Constraint)** : 데이터베이스에 저장될 수 있는 실제 데이터의 논리적인 제약 조건

63섹션 2필드

57. 하나의 애트리뷰트가 가질 수 있는 원자값들의 집합을 의미하는 것은?

① 도메인
② 튜플
③ 엔티티
④ 다형성

> **전문가의 조언** | 하나의 애트리뷰트가 가질 수 있는 원자값들의 집합을 의미하는 것은 도메인(Domain)입니다.
> - **다형성(Polymorphism)** : 객체지향의 구성 요소 중 하나로 메시지에 의해 객체(클래스)가 연산을 수행하게 될 때 하나의 메시지에 대해 각각의 객체(클래스)가 가지고 있는 고유한 방법(특성)으로 응답할 수 있는 능력을 의미함
> - **개체(Entity)** : 학생, 교수, 자동차 등과 같이 실세계에서 개념적 또는 물리적으로 존재하는 실제 사용을 의미함
> - **튜플(Tuple)** : 릴레이션을 구성하는 각각의 행을 말함

81섹션 2필드

58. DBA가 사용자 PARK에게 테이블 [STUDENT]의 데이터를 갱신할 수 있는 시스템 권한을 부여하고자 하는 SQL문을 작성하고자 한다. 다음에 주어진 SQL문의 빈칸을 알맞게 채운 것은?

SQL> GRANT ___㉠___ ___㉡___ STUDENT TO PARK;

① ㉠ INSERT, ㉡ INTO
② ㉠ ALTER, ㉡ TO
③ ㉠ UPDATE, ㉡ ON
④ ㉠ REPLACE, ㉡ IN

> **전문가의 조언** | ㉠과 ㉡에 들어갈 명령어는 UPDATE와 ON입니다. GRANT문의 기본 형식은 'GRANT 권한_리스트 ON 개체 TO 사용자 [WITH GRANT OPTION];'이지만, 부여받을 권한을 다른 사용자에게 다시 부여할 수 있는 권한에 대한 언급이 없으므로 '[WITH GRANT OPTION]'을 생략하고 작성하면 됩니다.
>
> ❶ GRANT **UPDATE**
> ❷ **ON** STUDENT
> ❸ **TO** PARK
>
> ❶ 갱신(UPDATE) 권한을 부여한다.
> ❷ 〈STUDENT〉 테이블에 대한 권한을 부여한다.
> ❸ 'PARK'라는 사용자에게 부여한다.

80섹션 8필드

59. 기본 테이블 R을 이용하여 뷰 V1을 정의하고, 뷰 V1을 이용하여 다시 뷰 V2가 정의되었다. 그리고 기본 테이블 R과 뷰 V2를 조인하여 뷰 V3를 정의하였다. 이때 다음과 같은 SQL문이 실행되면 어떤 결과가 발생하는지 올바르게 설명한 것은?

DROP VIEW V1 RESTRICT;

① V1만 삭제된다.
② R, V1, V2, V3 모두 삭제된다.
③ V1, V2, V3만 삭제된다.
④ 하나도 삭제되지 않는다.

> **전문가의 조언** | • 삭제할 대상을 다른 곳에서 참조하고 있으면, 삭제를 취소하는 RESTRICT 옵션이 있기 때문에 하나도 삭제되지 않습니다.
> • 참조하고 있는 다른 뷰나 제약사항까지 모두 삭제하려면 CASCADE 옵션을 명시해야 합니다.

60. 데이터베이스에서 인덱스(Index)와 관련한 설명으로 틀린 것은?

① 인덱스의 기본 목적은 검색 성능을 최적화하는 것으로 볼 수 있다.
② B-트리 인덱스는 분기를 목적으로 하는 Branch Block을 가지고 있다.
③ BETWEEN 등 범위(Range) 검색에 활용될 수 있다.
④ 시스템이 자동으로 생성하여 사용자가 변경할 수 없다.

전문가의 조언 | 인덱스는 사용자가 데이터 정의어(DDL)를 이용하여 생성, 변경, 제거할 수 있습니다.

---

b = (++a, b++, a++);
　　　　ⓐ　　ⓑ　　ⓒ

- ⓐ : 전치 증가 연산자이므로, a의 값은 1 증가된 2인 상태로 사용되지만 값은 저장되지 못한다.
- ⓑ : 후치 증가 연산자이므로, b의 값은 1인 상태로 사용되지만 값은 저장되지 못한다. 사용된 후 b의 값은 1 증가되어 2가 된다.
- ⓒ : 후치 증가 연산자이므로, a의 값은 2인 상태로 사용되어 2가 저장된다. 사용된 후 a의 값은 증가되어 3이 된다.

❸ a의 값 3, b의 값 2, c의 값 1을 모두 더한 6을 c에 저장한다.
❹ c의 값 6을 출력한다.

결과　6

4과목 프로그래밍 언어 활용

61. 다음 C언어 프로그램이 실행되었을 때의 결과는?

```
#include <stdio.h>
int main( ) {
    int a = 1, b = 1, c = 1;
    b = (++a, b++, a++);
    c = a + b + c;
    printf("%d", c);
}
```

① 3　　② 4
③ 5　　④ 6

전문가의 조언 | 코드의 실행 결과는 6이고, 사용된 코드의 의미는 다음과 같습니다.

```
#include <stdio.h>
int main( ) {
❶   int a = 1, b = 1, c = 1;
❷   b = (++a, b++, a++);
❸   c = a + b + c;
❹   printf("%d", c);
}
```

❶ 정수형 변수 a, b, c를 선언하고 각각을 1로 초기화한다.
❷ b에는 콤마(,) 연산자로 나열된 마지막 식의 결과인 2가 저장된다.
 ※ 콤마(,) 연산자는 왼쪽부터 차례로 모두 실행된 후 마지막 식의 결과가 저장됩니다.

---

62. PCB(프로세스 제어 블록)를 갖고 있으며, 현재 실행 중이거나 곧 실행 가능하며, CPU를 할당받을 수 있는 프로그램으로 정의할 수 있는 것은?

① 워킹 셋　　② 세그먼테이션
③ 모니터　　④ 프로세스

전문가의 조언 | 문제에 제시된 내용은 프로세스에 대한 설명입니다.
- 워킹 셋(Working Set) : 프로세스가 일정 시간 동안 자주 참조하는 페이지들의 집합
- 세그먼테이션(Segmentation) : 프로그램을 다양한 크기의 논리적인 단위로 나눈 것
- 모니터(Monitor) : 동기화를 구현하기 위한 특수 프로그램 기법

---

63. IP 주소 체계와 관련한 설명으로 틀린 것은?

① IPv6의 패킷 헤더는 32 octet의 고정된 길이를 가진다.
② IPv6는 주소 자동설정(Auto Configuration) 기능을 통해 손쉽게 이용자의 단말을 네트워크에 접속시킬 수 있다.
③ IPv4는 호스트 주소를 자동으로 설정하며 유니캐스트(Unicast)를 지원한다.
④ IPv4는 클래스별로 네트워크와 호스트 주소의 길이가 다르다.

전문가의 조언 | IPv6의 패킷 헤더는 40옥텟(octet)의 고정된 길이를 갖습니다.

99섹션 4필드

64. 다음 C언어 프로그램이 실행되었을 때의 결과는?

```
#include <stdio.h>
int main(void) {
    int a = 3, b = 4, c = 2;
    int r1, r2, r3;

    r1 = b <= 4 || c == 2;
    r2 = (a > 0) && (b < 5);
    r3 = !c;

    printf("%d", r1+r2+r3);
    return 0;
}
```

① 0 ② 1
③ 2 ④ 3

전문가의 조언 | 코드의 실행 결과는 2이고, 사용된 코드의 의미는 다음과 같습니다.

```
#include <stdio.h>
int main(void) {
❶  int a = 3, b = 4, c = 2;
❷  int r1, r2, r3;

❸  r1 = b <= 4 || c == 2;
❹  r2 = (a > 0) && (b < 5);
❺  r3 = !c;

❻  printf("%d", r1+r2+r3);
❼  return 0;
}
```

❶ 정수형 변수 a, b, c를 선언하고 각각 3, 4, 2로 초기화한다.
❷ 정수형 변수 r1, r2, r3를 선언한다.
❸ r1 = b <= 4 || c == 2;

ⓒ
- ⓐ : b의 값 4는 4보다 작거나 같으므로 참(1)이다.
- ⓑ : c의 값 2는 2와 같으므로 참(1)이다.
- ⓒ : ⓐ||ⓑ는 둘 중 하나라도 참이면 참이므로 참(1)이다.
r1에는 1이 저장된다.

❹ r2 = (a > 0) && (b < 5);

ⓒ
- ⓐ : a의 값 3은 0보다 크므로 참(1)이다.
- ⓑ : b의 값 4는 5보다 작으므로 참(1)이다.
- ⓒ : ⓐ&&ⓑ는 둘 다 참이어야 참이므로 결과는 참(1)이다.
r2에는 1이 저장된다.

❺ c의 값 2는 참이므로 거짓(0)이 저장된다.
- !(논리 NOT) : 참(1)이면 거짓(0)을, 거짓(0)이면 참을 반환하는 연산자
※ 정수로 논리값(참, 거짓)을 판별하면 0은 거짓, 0 이외의 수는 참으로 결정되어 저장됩니다.
❻ r1, r2, r3를 더한 값 2(1+1+0)를 출력한다.

결과 2

❼ 프로그램을 종료한다.

123섹션 8필드

65. OSI 7계층 중 다음 설명에 해당하는 계층은?

- 두 응용 프로세스 간의 통신에 대한 제어 구조를 제공한다.
- 연결의 생성, 관리, 종료를 위해 토큰을 사용한다.

① 데이터링크 계층   ② 네트워크 계층
③ 세션 계층   ④ 표현 계층

전문가의 조언 | 지문에 제시된 내용은 세션 계층에 대한 설명입니다.

122섹션 3필드

66. 192.168.1.0/24 네트워크를 FLSM 방식을 이용하여 4개의 Subnet으로 나누고 IP Subnet-zero를 적용했다. 이 때 Subnetting된 네트워크 중 4번째 네트워크의 4번째 사용 가능한 IP는 무엇인가?

① 192.168.1.192   ② 192.168.1.195
③ 192.168.1.196   ④ 192.168.1.198

전문가의 조언 | 192.168.1.0/24 네트워크의 서브넷 마스크는 1의 개수가 24개, 즉 11111111 11111111 11111111 00000000 → 255.255.255.0인 C 클래스에 속하는 네트워크입니다. 이 네트워크를 4개의 Subnet으로 나눠야 하는데, Subnet을 나눌 때는 서브넷 마스크가 0인 부분, 즉 마지막 8비트를 이용해 구분할 수 있습니다. 또한 Subnet을 나눌 때 "4개의 네트워크로 나눈다"는 것처럼 네트워크가 기준일 때는 왼쪽을 기준으로 4개가 포함된 Bit 만큼을 네트워크로 할당하고 나머지 비트로 호스트를 구성하면 됩니다. 4개가 포함되는 비트는 2^2=4이므로 2비트를 제외한 나머지 6비트로 호스트를 구성합니다.

네트워크ID		호스트ID					
0	0	0	0	0	0	0	0

- 호스트ID가 6Bit로 설정되었고, 문제에서 FLSM 방식을 이용한다고 했으므로 4개의 네트워크에 고정된 크기인 64개(2^6=64)씩 할당하면 다음과 같습니다.

네트워크	호스트 수	IP 주소 범위
1	64	192.168.1.0 ~ 63
2	64	192.168.1.64 ~ 127
3	64	192.168.1.128 ~ 191
4	64	192.168.1.192 ~ 255

- 4번째 네트워크의 시작 주소인 192.168.1.192는 네트워크의 대표 주소로 사용되므로 사용 가능한 주소는 193부터 4번째에 해당하는 주소는 **192.168.1.196**입니다.

※ ip subnet-zero를 적용했다는 것은 Subnet 부분이 모두 0인 192.168.1.0은 사용하지 않는데, IP 주소가 부족해지면서 Subnet 부분이 모두 0인 주소도 IP 주소로 사용할 수 있도록 한다는 의미입니다.

119섹션 3필드

69. 다음 중 HRN에 대한 설명으로 옳지 않은 것은?

① 대기시간과 서비스시간을 이용하는 방법이다.
② 대기 시간이 긴 프로세스일 경우 우선순위가 높다.
③ 우선순위 계산식 값이 낮을수록 우선순위가 높다.
④ SJF 기법을 보완하기 위한 스케줄링 방법이다.

전문가의 조언 | HRN 기법의 우선순위 계산식을 통해 산출된 값이 클수록 우선순위가 높습니다.

99섹션 4필드

67. 다음 C언어 프로그램에서 밑줄 친 부분과 동일한 의미를 가지는 것은 어떤 것인가?

```
#include <stdio.h>
main( ) {
    int a, b;
    for (a = 0; a < 2; a++)
        for (b = 0; b < 2; b++)
            printf("%d", !a && !b);
}
```

① !a || !b
② !(a || b)
③ a && b
④ a || b

전문가의 조언 | • !a && !b는 불 대수로 변환하면 $\bar{a} \cdot \bar{b}$가 됩니다. $\bar{a} \cdot \bar{b}$는 드모르강 정리에 의해 $\overline{a+b}$이므로, 이것을 다시 조건식으로 변환하면 !(a || b)가 됩니다.

• 드모르강 법칙
 – $\overline{A+B} = \bar{A} \cdot \bar{B}$
 – $\overline{A \cdot B} = \bar{A} + \bar{B}$

• 불 대수와 드모르강 정리를 모르더라도 다음과 같이 a와 b에 들어갈 수 있는 값들을 대입하여 같은 결과를 내는 조건식을 찾을 수 있습니다.

• !(a || b)

a	b	a || b	!(a || b)
0	0	0	1
0	1	1	0
1	0	1	0
1	1	1	0

101섹션 4필드

70. 다음 C언어 프로그램 실행 후, 'c'를 입력하였을 때 출력 결과는?

```
#include <stdio.h>
main( ) {
    char ch;
    scanf("%c", &ch);
    switch (ch) {
    case 'a':
        printf("one ");
    case 'b':
        printf("two ");
    case 'c':
        printf("three ");
        break;
    case 'd':
        printf("four ");
        break;
    }
}
```

① one
② one two
③ three
④ one two three four

전문가의 조언 | 코드의 실행 결과는 **three** 이고, 사용된 코드의 의미는 다음과 같습니다.

```
#include <stdio.h>
main( ) {
❶ char ch;
❷ scanf("%c", &ch);
❸ switch (ch) {
    case 'a':
        printf("one ");
    case 'b':
        printf("two ");
```

99섹션 1필드

68. C언어에서 산술 연산자가 아닌 것은?

① %
② *
③ /
④ =

전문가의 조언 | C언어의 산술 연산자에는 +, -, *, /, %가 있습니다. =는 대입 연산자입니다.

정답 : 64.③ 65.③ 66.③ 67.② 68.④ 69.③ 70.③

```
    ④ case 'c':
    ⑤     printf("three ");
    ⑥     break;
       case 'd':
           printf("four ");
           break;
    } ⑦
}
```

① 문자형 변수 ch를 선언한다.
② 문자를 입력받아 ch에 저장한다. 문제에서 'c'를 입력한다고 하였으므로 ch에는 'c'가 저장된다.
③ ch의 값 'c'에 해당하는 case를 찾아간다. ④번으로 이동한다.
④ case 'c'의 시작점이다.
⑤ 화면에 three와 공백 한 칸을 출력한다.
　결과　three
⑥ switch문을 벗어나 ⑦번으로 이동한다.
⑦ main( ) 함수가 끝났으므로 프로그램을 종료한다.

121섹션 3필드

73. 리눅스에서 생성된 파일 권한이 644일 경우 umask 값은?

① 022　　　　　② 666
③ 777　　　　　④ 755

전문가의 조언 | • 파일 권한이 644일 경우 umask 값은 **022**입니다.
• umask는 UNIX에서 파일이나 디렉터리의 초기 권한을 설정할 때 사용하는 값으로, 파일의 경우 666에서 umask를 뺀 값을, 디렉터리의 경우 777에서 umask를 뺀 값을 초기 접근 권한으로 갖습니다.
• 문제에서 파일 권한이 644라고 하였으므로, 다음과 같은 공식으로 umask의 값을 구할 수 있습니다.
666 − umask = 644
umask = 666 − 644
∴ umask = 022

114섹션 4필드

71. 빈 기억공간의 크기가 20KB, 16KB, 8KB, 40KB 일 때 기억장치 배치 전략으로 "Best Fit"을 사용하여 17KB의 프로그램을 적재할 경우 내부 단편화의 크기는 얼마인가?

① 3KB　　　　　② 23KB
③ 64KB　　　　　④ 67KB

전문가의 조언 | 최적 적합(Best−Fit)은 데이터가 들어갈 수 있는 크기의 빈 영역 중 단편화를 가장 적게 남기는 분할 영역에 배치시키는 방법으로, 17KB보다 큰 기억공간 중 가장 작은 기억공간인 20KB에 배치됩니다. 이 때 발생하는 내부 단편화는 3KB(20KB−17KB)입니다.

109섹션 2필드

74. C언어에서 malloc( ) 함수에 대한 설명으로 틀린 것은?

① 원하는 시점에 원하는 만큼 메모리를 동적으로 할당한다.
② 사용자가 입력한 bit만큼 메모리를 할당한다.
③ free 명령어로 할당된 메모리를 해제한다.
④ 메모리 할당이 불가능할 경우 NULL이 반환된다.

전문가의 조언 | malloc( ) 함수는 입력한 Byte만큼 메모리를 할당하는 함수입니다.

123섹션 5필드

72. OSI 7계층에서 물리적 연결을 이용해 신뢰성 있는 정보를 전송하려고 동기화, 오류제어, 흐름제어 등의 전송 에러를 제어하는 계층은?

① 데이터 링크 계층　　② 물리 계층
③ 응용 계층　　　　　④ 표현 계층

전문가의 조언 | 문제에 제시된 내용은 OSI 7계층 중 데이터 링크 계층에 대한 설명입니다.

98섹션 2필드

75. C언어에서 사용할 수 없는 변수명은?

① student2019　　② text−color
③ _korea　　　　　④ amount

전문가의 조언 | 변수명에는 공백이나 *, +, −, / 등의 특수문자를 사용할 수 없습니다.

110섹션 2필드

76. 다음은 DivideByZero에 대한 예외처리 구문을 JAVA 프로그램으로 구현한 것이다. 프로그램이 실행되었을 때의 결과는?

```java
public class Test {
    static void div(int a, int b) {
        try {
            System.out.print(a / b + " ");
        } catch(ArithmeticException e1) {
            System.out.print("DivideByZero ");
        } finally {
            System.out.print("Done");
        }
    }
    public static void main(String[ ] args) {
        div(5,5);
    }
}
```

① 1
② 1 DivideByZero
③ DivideByZero Done
④ 1 Done

전문가의 조언 | 코드의 실행 결과는 **1 Done**이고, 사용된 코드의 의미는 다음과 같습니다.

```
public class Test {
❷  static void div(int a, int b) {
❸      try {
❹          System.out.print(a / b + " ");
        } catch(ArithmeticException e1) {
            System.out.print("DivideByZero ");
❺      } finally {
❻          System.out.print("Done");
        }
    }
    public static void main(String[ ] args) {
❶      div(5,5);
    } ❼
}
```

모든 Java 프로그램은 반드시 main( ) 메소드에서 시작한다.
❶ 두 개의 5를 인수로 div( ) 메소드를 호출한다.
❷ 값을 반환하지 않는 div( ) 메소드의 시작점이다. ❶번에서 전달받은 두 개의 5는 각각 a와 b가 받는다.
❸ 예외 구문의 시작이다.
❹ a를 b로 나눈 값 1(5/5)과 공백 한 칸을 출력한다.

결과 `1 `

try문이 종료되었으므로 ❺번으로 이동한다.
❺ try문이 모두 종료되면 실행되는 finally문의 시작이다.

❻ Done를 출력한다.

결과 `1 Done`

div( ) 메소드가 종료되었으므로 메소드를 호출했던 ❶번의 다음 줄인 ❼번으로 이동하여 프로그램을 종료한다.

117섹션 5필드

77. 프로세스와 관련한 설명으로 틀린 것은?

① 프로세스가 준비 상태에서 프로세서가 배당되어 실행 상태로 변화하는 것을 디스패치(Dispatch)라고 한다.
② 프로세스 제어 블록(PCB, Process Control Block)은 프로세스 식별자, 프로세스 상태 등의 정보로 구성된다.
③ 이전 프로세스의 상태 레지스터 내용을 보관하고 다른 프로세스의 레지스터를 적재하는 과정을 문맥 교환(Context Switching)이라고 한다.
④ 프로세스는 스레드(Thread) 내에서 실행되는 흐름의 단위이며, 스레드와 달리 주소 공간에 실행 스택(Stack)이 없다.

전문가의 조언 | 스레드(Thread)는 프로세스 내에서의 작업 단위입니다.

없음

78. 순차 파일에 대한 설명으로 옳지 않은 것은?

① 레코드들이 순차적으로 처리되므로 대화식 처리보다 일괄 처리에 적합하다.
② 연속적인 레코드의 저장에 의해 레코드 사이에 빈 공간이 존재하지 않으므로 기억 장치의 효율적인 이용이 가능하다.
③ 매체 변환이 쉬워 어떠한 매체에도 적용할 수 있다.
④ 필요한 레코드를 삽입, 삭제, 수정하는 경우 파일을 재구성할 필요가 없으므로 파일 전체를 복사하지 않아도 된다.

전문가의 조언 | 필요한 레코드를 삽입, 삭제, 수정하는 경우 파일을 재구성해야 하므로 파일 전체를 복사해야 합니다.

79. 다음 Python 프로그램의 실행 결과가 [실행결과]와 같을 때, 빈칸에 적합한 것은?

```
x = 20
if x == 10:
    print('10')
(      ) x == 20:
    print('20')
else:
    print('other')
```

[실행결과]
```
20
```

① either
② elif
③ else if
④ else

전문가의 조언 | Python에서 if문에 조건을 추가할 때 사용하는 예약어는 **elif**입니다. 사용된 코드의 의미는 다음과 같습니다.

❶ x = 20
❷ if x == 10:
❸   print('10')
❹ elif x == 20:
❺   print('20')
❻ else:
❼   print('other')

❶ 변수 x에 20을 저장한다.
❷ x가 10이면 ❸번으로 이동하고, 아니면 ❹번으로 이동한다. x의 값은 10이 아니므로 ❹번으로 이동한다.
❹ x가 20이면 ❺번으로 이동하고, 아니면 ❻번의 다음 줄인 ❼번으로 이동한다. x의 값은 20이므로 ❺번으로 이동한다.
❺ 화면에 20을 출력한다.

결과 `20`

80. 3개의 페이지 프레임을 갖는 시스템에서 페이지 참조 순서가 1, 2, 1, 0, 4, 1, 3 일 경우 FIFO 알고리즘에 의한 페이지 교체의 경우 프레임의 최종 상태는?

① 1, 2, 0
② 2, 4, 3
③ 1, 4, 2
④ 4, 1, 3

전문가의 조언 | 프레임의 최종 상태는 **4, 1, 3**입니다. 3개의 페이지를 수용할 수 있는 주기억장치이므로 아래 그림과 같이 3개의 페이지 프레임으로 표현할 수 있습니다.

참조 페이지	1	2	1	0	4	1	3
페이지 프레임	1	1	1	1	4	4	4
		2	2	2	2	1	1
				0	0	0	3
부재 발생	●	●		●	●	●	●

※ ● : 페이지 부재 발생

참조 페이지가 페이지 테이블에 없을 경우 페이지 결함(부재)이 발생됩니다. 초기에는 모든 페이지가 비어 있으므로 처음 1, 2, 0 페이지 적재 시 페이지 결함이 발생됩니다. FIFO(선입선출) 기법은 가장 먼저 들어와 있었던 페이지를 교체하는 기법이므로 참조 페이지 4를 참조할 때에는 1을 제거한 후 4를 가져오게 됩니다. 이러한 과정으로 모든 페이지에 대한 요구를 처리하고 나면 총 페이지 결함 발생 횟수는 6회이고 마지막 프레임의 최종 상태는 4, 1, 3입니다.

5과목 정보시스템 구축 관리

81. 2013년 6월, 스웨덴 북부 룰레오(Luleå) 지역에는 세계적인 IT 기업이 운영하는 대규모 서버 클러스터가 설치되었다. 이는 여러 대의 서버를 집약하여 하나의 시스템처럼 운영함으로써 대용량 데이터 처리와 안정적인 서비스를 제공하는 형태의 설비로, 흔히 대규모 서버 집합체라고 불린다. 이러한 형태의 컴퓨터 집약 시설을 무엇이라고 하는가?

① 메타버스(Metaverse)
② SDDC(Software Defined Data Center)
③ 서버 팜(Server Farm)
④ 클라우드 컴퓨팅(Cloud Computing)

전문가의 조언 | 여러 대의 서버를 집약하여 하나의 시스템처럼 운영하는 컴퓨터 집약 시설을 **서버 팜(Server Farm)**이라고 합니다.

• **메타버스(Metaverse)** : 가상, 추상을 의미하는 'meta'와 우주, 현실세계를 의미하는 'Universe'의 합성어로 3차원 가상세계를 의미함. 기존의 가상 현실(Virtual Reality) 보다 진보된 개념으로 웹과 인터넷 등의 가상 세계가 현실 세계에 흡수된 형태임
• **SDDC(Software Defined Data Center)** : 데이터 센터의 모든 자원을 가상화하여 인력의 개입 없이 소프트웨어 조작만으로 관리 및 제어되는 데이터 센터
• **클라우드 컴퓨팅(Cloud Computing)** : 각종 컴퓨팅 자원을 중앙 컴퓨터에 두고 인터넷 기능을 갖는 단말기로 언제 어디서나 인터넷을 통해 컴퓨터 작업을 수행할 수 있는 환경

130섹션 3필드

82. CPM 네트워크가 다음과 같을 대 임계경로의 소요기일은?

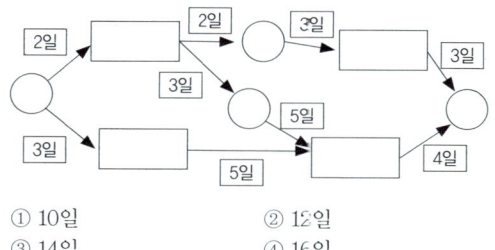

① 10일　　② 12일
③ 14일　　④ 16일

전문가의 조언 | 문제에 제시된 임계경로의 소요기일은 **14일**입니다. 임계경로는 최장 경로를 의미합니다. 문제에 제시된 그림을 보고 각 경로에 대한 소요기일을 계산한 후 가장 오래 걸린 기일을 찾으면 됩니다.

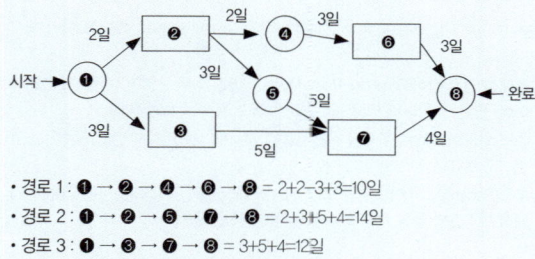

- 경로 1 : ❶ → ❷ → ❹ → ❻ → ❽ = 2+2-3+3=10일
- 경로 2 : ❶ → ❷ → ❺ → ❼ → ❽ = 2+3+5+4=14일
- 경로 3 : ❶ → ❸ → ❼ → ❽ = 3+5+4=12일

그러므로 임계경로는 경로 2이며, 소요기일은 14일입니다.

75섹션 2필드

83. 정보보호를 위한 암호화에 대한 설명으로 틀린 것은?

① 평문 – 암호화되기 전의 원본 메시지
② 암호문 – 암호화가 적용된 메시지
③ 복호화 – 평문을 암호문으로 바꾸는 작업
④ 키(Key) – 적절한 암호화를 위하여 사용하는 값

전문가의 조언 | 복호화(Decryption)는 암호문을 평문으로 바꾸는 과정입니다.

없음

84. 소프트웨어 비용 산정 방법 중 전문가가 독자적으로 감정할 때 발생할 수 있는 편차를 줄이기 위해 단계별로 전문가들의 견해를 조정자가 조정하여 최종 견적을 결정하는 것은?

① 전문가 감정 기법　　② 델파이 방법
③ LOC 방법　　　　　 ④ COCOMO 방법

전문가의 조언 | 문제에 제시된 내용은 델파이 기법의 개념입니다.

- **전문가 감정 기법** : 조직 내에 있는 경험이 많은 두 명 이상의 전문가에게 비용 산정을 의뢰하는 기법으로, 가장 편리하고 신속하게 비용을 산정할 수 있음
- **LOC 기법** : 소프트웨어 각 기능의 원시 코드 라인 수의 비관치, 낙관치, 기대치를 측정하여 예측치를 구하고 이를 이용하여 비용을 산정하는 기법
- **COCOMO 모형** : 원시 프로그램의 규모인 LOC(원시 코드 라인 수)에 의한 비용 산정 기법으로, 보헴(Boehm)이 제안하였으며, 개발할 소프트웨어의 규모(LOC)를 예측한 후 이를 소프트웨어 종류에 따라 다르게 책정되는 비용 산정 방식에 대입하여 비용을 산정함

152섹션 3필드

85. 소인수 분해 문제를 이용한 공개키 암호화 기법에 널리 사용되는 암호 알고리즘 기법은?

① RSA　　② DES
③ ARIA　　④ SEED

전문가의 조언 | 소인수 분해 문제를 이용한 공개키 암호화 기법에 널리 사용되는 암호 알고리즘 기법은 RSA(Rivest Shamir Adleman)입니다.

- **DES(Data Encryption Standard)** : 1975년 미국 NBS에서 발표한 개인키 암호화 알고리즘으로, 블록 크기는 64비트이며, 키 길이는 56비트임
- **ARIA(Academy, Research Institute, Agency)** : 2004년 국가정보원과 산학연협회가 개발한 블록 암호화 알고리즘으로, 블록 크기는 128비트이며, 키 길이에 따라 128, 192, 256으로 분류함
- **SEED** : 1999년 한국인터넷진흥원(KISA)에서 개발한 블록 암호화 알고리즘으로, 블록 크기는 128비트이며, 키 길이에 따라 128, 256으로 분류함

154섹션 2필드

86. 시스템의 사용자가 로그인하여 명령을 내리는 과정에 대한 시스템의 동작 중 다음 설명에 해당하는 것은?

- 자신의 신원(Identity)을 시스템에 증명하는 과정이다.
- 아이디와 패스워드를 입력하는 과정이 가장 일반적인 예시라고 볼 수 있다.

① Aging　　　　　　② Accounting
③ Authorization　　④ Authentication

전문가의 조언 | 문제의 지문은 인증(Authentication)에 대한 설명입니다.

정답 : 79.② 80.④ 81.③ 82.③ 83.③ 84.② 85.① 86.④

2025년 3회

87. 인증의 유형 중에서 패스워드를 사용하는 경우에 해당하는 인증 유형은?

① Something You Have
② Something You Are
③ Something You Know
③ Somewhere You Are

> 전문가의 조언 | 패스워드를 기억해서 사용하는 것이므로 Something You Know(지식 기반 인증)에 해당합니다.

88. 다음 설명에 해당하는 시스템은?

- 1990년 David Clock이 처음 제안하였다.
- 비정상적인 접근의 탐지를 위해 의도적으로 설치해 둔 시스템이다.
- 침입자를 속여 실제 공격당하는 것처럼 보여줌으로써 크래커를 추적 및 공격기법의 정보를 수집하는 역할을 한다.
- 쉽게 공격자에게 노출되어야 하며 쉽게 공격이 가능한 것처럼 취약해 보여야 한다.

① Apache ② Hadoop
③ Honeypot ④ MapReduce

> 전문가의 조언 | 문제의 지문에 제시된 내용은 허니팟(Honeypot)의 특징입니다.
> • 아파치(Apache) : 월드 와이드 웹 컨소시엄(W3C)에서 사용하고 아파치 소프트웨어 재단에서 관리 및 운영하는 서버용 오픈소스 소프트웨어
> • 하둡(Hadoop) : 오픈 소스를 기반으로 한 분산 컴퓨팅 플랫폼으로, 관계형 데이터베이스(RDB) 간 대용량 데이터를 전송할 때 스쿱(Sqoop)이라는 도구를 이용함
> • 맵리듀스(MapReduce) : 대용량 데이터를 분산 처리하기 위한 목적으로 Google에 의해 고안된 프로그래밍 모델로, 대용량 데이터 처리를 위한 대표적인 병렬 처리 기법으로 많이 소개됨

89. 소프트웨어 프로젝트 관리를 효율적으로 수행하기 위한 3P 중 소프트웨어 프로젝트를 수행하기 위한 Task Framework의 고려와 가장 연관되는 것은?

① People ② Problem
③ Product ④ Process

> 전문가의 조언 | 문제에 제시된 내용은 프로젝트 관리를 위한 3P 중 Process에 대한 설명입니다.

90. 정보 시스템과 관련한 다음 설명에 해당하는 것은?

- 각 시스템 간에 공유 디스크를 중심으로 클러스터링으로 엮어 다수의 시스템을 동시에 연결할 수 있다.
- 조직, 기업의 기간 업무 서버 안정성을 높이기 위해 사용될 수 있다.
- 여러 가지 방식으로 구현되며 2개의 서버를 연결하는 것으로 2개의 시스템이 각각 업무를 수행하도록 구현하는 방식이 널리 사용된다.

① 고가용성 솔루션(HACMP)
② 점대점 연결 방식(Point-to-Point Mode)
③ 스턱스넷(Stuxnet)
④ 루팅(Rooting)

> 전문가의 조언 | 문제의 지문에 제시된 내용은 고가용성 솔루션(HACMP)의 특징입니다.
> • 점대점 연결 방식(Point-to-Point Mode) : 연결된 두 단말이 동등하게 연결되어 각 단말이 클라이언트가 될 수도, 서버가 될 수도 있는 방식
> • 스턱스넷(Stuxnet) : 독일의 산업시설을 감시하고 파괴하기 위해 만들어진 악성 소프트웨어
> • 루팅(Rooting) : 스마트폰의 보안 기능을 해제하여 허용되지 않은 기능을 사용하거나 불법 앱을 사용할 수 있도록 변경하는 행위

91. 소프트웨어 개발 모델 중 나선형 모델의 4가지 주요 활동이 순서대로 나열된 것은?

Ⓐ 계획 수립 Ⓑ 고객 평가
Ⓒ 개발 및 검증 Ⓓ 위험 분석

① Ⓐ-Ⓑ-Ⓓ-Ⓒ 순으로 반복
② Ⓐ-Ⓓ-Ⓒ-Ⓑ 순으로 반복
③ Ⓐ-Ⓑ-Ⓒ-Ⓓ 순으로 반복
④ Ⓐ-Ⓒ-Ⓑ-Ⓓ 순으로 반복

> 전문가의 조언 | 나선형 모델은 계획, 위험 분석, 개발, 평가 과정을 반복하며 수행하는 개발방법론입니다.

92. 다음 내용이 설명하는 것은?

> - 사물통신, 사물인터넷과 같이 대역폭이 제한된 통신환경에 최적화하여 개발된 푸시기술 기반의 경량 메시지 전송 프로토콜
> - 메시지 매개자(Broker)를 통해 송신자가 특정 메시지를 발행하고 수신자가 메시지를 구독하는 방식
> - IBM이 주도하여 개발

① GRID ② TELNET
③ GPN ④ MQTT

전문가의 조언 | 문제의 지문은 MQTT에 대한 설명입니다.
- GRID : 한 번에 한 곳만 연결할 수 있던 기존의 웹(WWW)과는 달리 동시에 여러 곳에 연결할 수 있는 인터넷 망 구조
- TELNET : 멀리 떨어져 있는 컴퓨터에 접속하여 자신의 컴퓨터처럼 사용할 수 있도록 해주는 서비스
- GPN : 제품이나 서비스의 생산, 배포, 소비가 다국적으로 상호 연결되어 기능 및 운영되는 현상

93. 시스템에 저장되는 패스워드들은 Hash 또는 암호화 알고리즘의 결과 값으로 저장된다. 이때 암호 공격을 막기 위해 똑같은 패스워드들이 다른 암호 값으로 저장되도록 추가되는 값을 의미하는 것은?

① Pass flag ② Bucket
③ Opcode ④ Salt

전문가의 조언 | 암호 공격을 막기 위해 똑같은 패스워드들이 다른 암호 값으로 저장되도록 추가되는 값을 솔트(Salt)라고 합니다.

94. SSH(Secure Shell)에 대한 설명으로 틀린 것은?

① SSH의 기본 네트워크 포트는 220번을 사용한다.
② 전송되는 데이터는 암호화 된다.
③ 키를 통한 인증은 클라이언트의 공개키를 서버에 등록해야 한다.
④ 서로 연결되어 있는 컴퓨터 간 원격 명령 실행이나 셸 서비스 등을 수행한다.

전문가의 조언 | SSH(Secure Shell)의 기본 네트워크 포트는 22번입니다.

95. 공격자가 패킷의 출발지 주소를 변경하여 출발지와 목적지 주소(또는 포트)를 동일하게 하는 공격 유형은?

① SYN Flooding ② Land
③ TearDrop ④ Key Logger Attack

전문가의 조언 | 문제에서 설명하는 공격 유형은 Land입니다.
- SYN Flooding : 공격자가 가상의 클라이언트로 위장하여 3-way-handshake 과정을 의도적으로 중단시킴으로써 공격 대상지인 서버가 대기 상태에 놓여 정상적인 서비스를 수행하지 못하게 하는 공격 방법
- TearDrop : Fragment Offset 값을 변경시켜 수신 측에서 패킷을 재조립할 때 오류로 인한 과부하를 발생시킴으로써 시스템이 다운되도록 하는 공격 방법
- Key Logger Attack : 컴퓨터 사용자의 키보드 움직임을 탐지해서 ID, 패스워드, 계좌번호, 카드번호 등과 같은 개인의 중요한 정보를 몰래 빼가는 해킹 공격

96. 어떤 외부 컴퓨터가 접속되면 접속 인가 여부를 점검해서 인가된 경우에는 접속이 허용되고, 그 반대의 경우에는 거부할 수 있는 접근제어 유틸리티는?

① tcp wrapper ② trace checker
③ token finder ④ change detector

전문가의 조언 | 외부 컴퓨터의 접속 여부를 제어할 수 있는 접근제어 유틸리티는 TCP Wrapper입니다.

97. 판매 계획 또는 배포 계획은 발표되었으나 실제로 고객에게 판매되거나 배포되지 않고 있는 소프트웨어는?

① Grayware ② Vaporware
③ Shareware ④ Freeware

전문가의 조언 | 문제의 지문에 제시된 내용은 Vaporware에 대한 개념입니다.
- Grayware : 소프트웨어를 제공하는 입장에서는 악의적이지 않은 유용한 소프트웨어라고 주장할 수 있지만 사용자 입장에서는 유용할 수도 있고 악의적일 수도 있는 애드웨어, 트랙웨어, 기타 악성 코드나 악성 공유웨어를 말함
- Shareware : 기능 혹은 사용 기간에 제한을 두어 배포하는 소프트웨어로, 무료로 사용할 수 있으며, 일정 기간 사용해 보고 정식 프로그램을 구입할 수 있음
- Freeware : 무료로 사용 또는 배포가 가능한 소프트웨어

정답 : 87.③ 88.③ 89.④ 90.① 91.② 92.④ 93.④ 94.① 95.② 96.① 97.②

145섹션 2필드

98. 시스템 내의 정보는 오직 인가된 사용자만 수정할 수 있는 보안 요소는?

① 기밀성　　② 부인방지
③ 가용성　　④ 무결성

> **전문가의 조언** | 시스템 내의 정보는 오직 인가된 사용자만 수정할 수 있는 보안 요소는 무결성(Integrity)입니다.
> - **기밀성** : 시스템 내의 정보와 자원은 인가된 사용자에게만 접근이 허용됨
> - **부인 방지** : 데이터를 송·수신한 자가 송·수신 사실을 부인할 수 없도록 송·수신 증거를 제공함
> - **가용성** : 인가받은 사용자는 언제라도 사용할 수 있음

153섹션 7필드

99. DDoS 공격과 연관이 있는 공격 방법은?

① Secure shell
② Tribe Flood Network
③ Nimda
④ Deadlock

> **전문가의 조언** | Tribe Flood Network은 DDoS 공격의 종류 중 하나로, UDP Flooding, SYN Flooding, Smurfing 등의 다양한 서비스 거부(DoS) 공격을 수행합니다.

156섹션 3필드

100. 다음 내용이 설명하는 로그 파일은?

- 리눅스 시스템에서 사용자의 성공한 로그인/로그아웃 정보 기록
- 시스템의 종료/시작 시간 기록

① tapping　　② xtslog
③ linuxer　　④ wtmp

> **전문가의 조언** | 문제의 지문에서 설명하는 로그 파일은 wtmp입니다.

2025년 2회 정보처리기사 필기

1과목 소프트웨어 설계

23섹션 4필드

1. 디자인 패턴 중 구조 패턴에 속하지 않는 것은?
① Observer ② Decorator
③ Adapter ④ Proxy

전문가의 조언 | Observer는 행위 패턴입니다.

9섹션 1필드

2. UML에 대한 설명으로 옳지 않은 것은?
① OMG에서 만든 통합 모델링 언어로서 객체 지향적 분석, 설계 방법론의 표준 지정을 목표로 한다.
② 애플리케이션을 개발할 때 쉽게 이해할 수 있도록 도와주는 여러 가지 유형의 다이어그램을 제공한다.
③ 실시간 시스템 및 분산 시스템과 같은 시스템의 분석과 설계에는 사용될 수 없다.
④ 개발자와 고객 또는 개발자 상호 간의 의사 소통을 원활하게 할 수 있다.

전문가의 조언 | UML은 실시간 시스템 및 분산 시스템의 시스템 분석과 설계에 사용이 가능합니다.

11섹션 4필드

3. UI 설계 원칙에서 누구나 쉽게 이해하고 사용할 수 있어야 한다는 것은?
① 유효성 ② 직관성
③ 무결성 ④ 유연성

전문가의 조언 | 누구나 쉽게 이해하고 사용할 수 있어야 한다는 사용자 인터페이스(UI)의 설계 원칙은 직관성입니다.

없음

4. 시스템의 구성 요소 중 입력된 데이터를 처리 방법과 조건에 따라 처리하는 것을 의미하는 것은?
① Control ② Process
③ Feedback ④ Output

전문가의 조언 | 입력된 데이터를 처리 방법과 조건에 따라 처리하는 것을 Process라고 합니다.

127섹션 4필드

5. 다음 중 CASE의 장점이 아닌 것은?
① 자동화된 기법을 통해 소프트웨어 품질이 향상된다.
② 소프트웨어의 유지보수를 간편하게 수행할 수 있다.
③ 소프트웨어의 생산성이 향상된다.
④ 소프트웨어 모듈의 재사용성이 줄어든다.

전문가의 조언 | CASE를 이용하면 소프트웨어 모듈의 재사용성이 향상됩니다.

9섹션 4필드

6. UML 다이어그램 중 정적 다이어그램이 아닌 것은?
① 컴포넌트 다이어그램
② 배치 다이어그램
③ 순차 다이어그램
④ 패키지 다이어그램

전문가의 조언 | 순차 다이어그램(Sequence Diagram)은 시간의 흐름에 따라 상호 작용하는 객체들을 표현하는 동적 다이어그램입니다.

없음

7. 소프트웨어 설계 시 구축된 플랫폼의 성능 특성 분석에 사용되는 측정 항목이 아닌 것은?
① 응답시간(Response Time)
② 가용성(Availability)
③ 사용률(Utilization)
④ 서버 튜닝(Server Tuning)

전문가의 조언 | 서버 튜닝은 서버의 성능을 개선하는 것으로, 구축된 플랫폼의 성능 특성 분석에 사용되는 측정 항목이 될 수 없습니다.

정답 : 1.① 2.③ 3.② 4.② 5.④ 6.③ 7.④

7섹션 4필드

8. 자료 흐름도(DFD)의 각 요소별 표기 형태의 연결이 옳지 않은 것은?

① Process : 원
② Data Flow : 화살표
③ Data Store : 삼각형
④ Terminator : 사각형

> 전문가의 조언 | 자료 저장소(Data Store)는 평행선(=) 안에 자료 저장소 이름을 기입합니다.

11섹션 1필드

9. UI와 관련된 기본 개념 중 하나로, 시스템의 상태와 사용자의 지시에 대한 효과를 보여주어 사용자가 명령에 대한 진행 상황과 표시된 내용을 해석할 수 있도록 도와주는 것은?

① Feedback
② Posture
③ Module
④ Hash

> 전문가의 조언 | 문제에 제시된 내용은 피드백(Feedback)에 대한 설명입니다.

18섹션 3필드

10. 객체지향 소프트웨어 공학에서 하나 이상의 유사한 객체들을 묶어서 하나의 공통된 특성을 표현한 것은?

① 트랜잭션
② 클래스
③ 시퀀스
④ 서브루틴

> 전문가의 조언 | 하나 이상의 유사한 객체들을 묶어서 하나의 공통된 특성을 표현한 것을 클래스(Class)라고 합니다.

없음

11. 설계 기법 중 하향식 설계 방법과 상향식 설계 방법에 대한 비교 설명으로 가장 옳지 않은 것은?

① 하향식 설계에서는 통합 검사 시 인터페이스가 이미 정의되어 있어 통합이 간단하다.
② 하향식 설계에서 레벨이 낮은 데이터 구조의 세부 사항은 설계 초기 단계에서 필요하다.
③ 상향식 설계는 최하위 수준에서 각각의 모듈들을 설계하고 이러한 모듈이 완성되면 이들을 결합하여 검사한다.
④ 상향식 설계에서는 인터페이스가 이미 성립되어 있지 않더라도 기능 추가가 쉽다.

> 전문가의 조언 | 상향식 설계는 하위 모듈에서 상위 모듈 방향으로 설계하는 것으로 인터페이스가 이미 성립되어 있어야만 기능 추가가 가능합니다.

127섹션 4필드

12. CASE(Computer-Aided Software Engineering) 도구에 대한 설명으로 거리가 먼 것은?

① 소프트웨어 개발 과정의 일부 또는 전체를 자동화하기 위한 도구이다.
② 표준화된 개발 환경 구축 및 문서 자동화 기능을 제공한다.
③ 작업 과정 및 데이터 공유를 통해 작업자 간 커뮤니케이션을 증대한다.
④ 2000년대 이후 소개되었으며, 객체지향 시스템에 한해 효과적으로 활용된다.

> 전문가의 조언 | CASE는 객체지향 시스템뿐만 아니라 구조적 시스템 등 다양한 시스템에서 활용되는 자동화 도구입니다.

9섹션 4필드

13. UML 모델에서 사용하는 Structural Diagram에 속하지 않은 것은?

① Class Diagram
② Object Diagram
③ Component Diagram
④ Activity Diagram

> 전문가의 조언 | 활동 다이어그램(Activity Diagram)은 행위 다이어그램(Behavioral Diagram)에 속합니다.

18섹션 3필드

14. 객체지향 기법에서 같은 클래스에 속한 각각의 객체를 의미하는 것은?

① Instance
② Message
③ Method
④ Module

> 전문가의 조언 | 클래스에 속한 각각의 객체를 인스턴스(Instance)라 하며, 클래스로부터 새로운 객체를 생성하는 것을 인스턴스화(Instantiation)라고 합니다.

19섹션 3필드

15. 그래픽 표기법을 이용하여 소프트웨어 구성 요소를 모델링하는 럼바우 분석 기법에 포함되지 않는 것은?

① 객체 모델링
② 기능 모델링
③ 동적 모델링
④ 블랙박스 분석 모델링

> 전문가의 조언 | 럼바우 분석 기법의 분석 활동에는 객체 모델링, 동적 모델링, 기능 모델링이 있습니다.

16. 다음 내용이 설명하는 디자인 패턴은?

> • 객체를 생성하기 위한 인터페이스를 정의하여 어떤 클래스가 인스턴스화 될 것인지는 서브클래스가 결정하도록 하는 것
> • Virtual-Constructor 패턴이라고도 함

① Visitor패턴
② Observer패턴
③ Factory Method 패턴
④ Bridge 패턴

전문가의 조언 | 문제의 지문에 제시된 내용은 팩토리 메소드(Factory Method) 패턴의 특징입니다.

17. 객체지향에서 정보 은닉과 가장 밀접한 관계가 있는 것은?

① Encapsulation
② Class
③ Method
④ Instance

전문가의 조언 | 캡슐화(Encapsulation)된 객체는 세부 내용이 외부에 은폐되므로 정보 은닉(Information Hiding)과 밀접한 관계가 있습니다.

18. 애자일 방법론에 해당하지 않는 것은?

① 기능 중심 개발
② 스크럼
③ 익스트림 프로그래밍
④ 모듈 중심 개발

전문가의 조언 | 모듈 중심 개발은 애자일 모형을 기반으로 하는 소프트웨어 개발 모형이 아닙니다.

19. GoF(Gang of Four)의 디자인 패턴에서 행위 패턴에 속하는 것은?

① Builder
② Visitor
③ Prototype
④ Bridge

전문가의 조언 | 방문자(Visitor)는 행위 패턴, Builder와 Prototype은 생성 패턴, Bridge는 구조 패턴에 속합니다.

20. 다음 중 비기능 요구사항에 대한 설명으로 옳은 것은?

① 은행의 조회, 입금, 출금, 이체 등이 어떻게 수행되는지 여부는 비기능 요구사항에 해당한다.
② 처리 속도 및 시간, 처리량 등의 성능에 대한 요구사항은 비기능 요구사항에 해당하지 않는다.
③ 보안 및 접근 통제를 위한 요구사항은 비기능 요구사항에 해당하지 않는다.
④ "차량 대여 시스템에서 제공하는 모든 화면은 3초 안에 사용자에게 보여야 한다"는 것은 비기능 요구사항에 해당한다.

전문가의 조언 | 비기능 요구사항에 대한 설명으로 옳은 것은 ④번입니다.
• ①번은 시스템이 수행해야 하는 기능에 대한 것으로 기능 요구사항입니다.
• ②, ④번은 성능에 관한 비기능 요구사항입니다.
• ③번은 보안에 관한 비기능 요구사항입니다.

2과목 소프트웨어 개발

21. 다음 자료에 대하여 "Selection Sort"를 사용하여 오름차순으로 정렬한 경우 PASS 3의 결과는?

> 초기상태: 8, 3, 4, 9, 7

① 3, 4, 7, 9, 8
② 3, 4, 8, 9, 7
③ 3, 8, 4, 9, 7
④ 3, 4, 7, 8, 9

전문가의 조언 | 선택 정렬은 n개의 레코드 중에서 최소값을 찾아 첫 번째 레코드 위치에 놓고, 나머지 (n-1)개 중에서 다시 최소값을 찾아 두 번째 레코드 위치에 놓는 방식을 반복하여 정렬하는 방식입니다.

• 원본: 8 3 4 9 7
• 1회전: 8 3 4 9 7 → 3 8 4 9 7
  첫 번째부터 마지막 값 중 최소값 3을 찾아 첫 번째 값 8과 위치를 교환합니다.
• 2회전: 3 8 4 9 7 → 3 4 8 9 7
  두 번째부터 마지막 값 중 최소값 4를 찾아 두 번째 값 8과 위치를 교환합니다.
• 3회전: 3 4 8 9 7 → 3 4 7 9 8
  세 번째부터 마지막 값 중 최소값 7을 찾아 세 번째 값 8과 위치를 교환합니다.
• 4회전: 3 4 7 9 8 → 3 4 7 8 9
  네 번째부터 마지막 값 중 최소값 8을 찾아 네 번째 값 9와 위치를 교환합니다.

[52섹션 4필드]

22. 제어 흐름 그래프가 다음과 같을 때 McCabe의 Cyclomatic 수는 얼마인가?

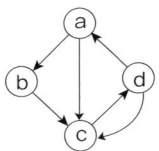

① 3 ② 4
③ 5 ④ 6

전문가의 조언 | 제어 흐름도에서 순환복잡도(cyclomatic)는 다음과 같이 2가지 방법으로 계산할 수 있습니다.

[방법 1] 영역 수 계산
내부 영역 3(❶, ❷, ❸) + 외부 영역 1(❹) = 4

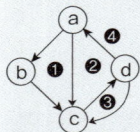

[방법 2] V(G) = E − N + 2(E는 화살표 수, N은 노드 수)
V(G) = 6 − 4 + 2 = 4

[52섹션 3필드]

23. 정렬된 N개의 데이터를 처리하는 데 O(Nlog₂N)의 시간이 소요되는 정렬 알고리즘은?

① 합병 정렬 ② 버블 정렬
③ 선택 정렬 ④ 삽입 정렬

전문가의 조언 | O(Nlog₂N)의 시간 복잡도를 가진 정렬 알고리즘에는 힙 정렬과 2-Way 합병 정렬이 있습니다.

[13섹션 1필드]

24. 소프트웨어 품질 측정을 위해 개발자 관점에서 고려해야 할 항목으로 거리가 먼 것은?

① 정확성 ② 무결성
③ 사용성 ④ 간결성

전문가의 조언 | 소프트웨어 품질 측정을 위해 개발자 관점에서 고려해야 할 항목에는 정확성, 사용성, 무결성 등이 있습니다.

[20섹션 4필드]

25. 프로그램 설계도의 하나인 NS Chart에 대한 설명으로 가장 거리가 먼 것은?

① 논리의 기술에 중점을 두고 도형을 이용한 표현 방법이다.
② 이해하기 쉽고 코드 변환이 용이하다.
③ 화살표나 GOTO를 사용하여 이해하기 쉽다.
④ 연속, 선택, 반복 등의 제어 논리 구조를 표현한다.

전문가의 조언 | N−S 차트는 GOTO나 화살표를 사용하지 않습니다.

[46섹션 5필드]

26. 블랙박스 테스트의 유형으로 틀린 것은?

① 경계값 분석 ② 오류 예측
③ 동등 분할 기법 ④ 조건, 루프 검사

전문가의 조언 | 조건, 루프 검사는 화이트박스 테스트의 종류입니다.

[13섹션 1필드]

27. 소프트웨어 품질 관련 국제 표준인 ISO/IEC 25000에 관한 설명으로 옳지 않은 것은?

① 소프트웨어 품질 평가를 위한 소프트웨어 품질평가 통합 모델 표준이다.
② System and Software Quality Requirements and Evaluation으로 줄여서 SQuaRE라고도 한다.
③ ISO/IEC 2501n에서는 소프트웨어의 내부 측정, 외부 측정, 사용 품질 측정, 품질 측정 요소 등을 다룬다.
④ 기존 소프트웨어 품질 평가 모델과 소프트웨어 평가 절차 모델인 ISO/IEC 9126과 ISO/IEC 14598을 통합하였다.

전문가의 조언 |
• ISO/IEC 2501n에서는 소프트웨어의 내부 및 외부 품질과 사용 품질에 대한 모델 등 품질 모델 부분을 다룹니다.
• 소프트웨어의 내부 측정, 외부 측정, 사용 품질 측정, 품질 측정 요소 등 품질 측정 부분을 다루는 것은 ISO/IEC 2502n입니다.

[없음]

28. 정형 기술 검토(FTR)의 지침으로 틀린 것은?

① 의제를 제한한다.
② 논쟁과 반박을 제한한다.
③ 문제 영역을 명확히 표현한다.
④ 참가자의 수를 제한하지 않는다.

전문가의 조언 | 정형 기술 검토는 의제와 참가자의 수를 제한합니다.

28섹션 4필드

29. 스택에서 순서가 A, B, C, D로 정해진 입력 자료를, push → push → pop → push → push → pop → pop → pop 으로 연산 했을 때 출력은?

① C, B, D, A
② B, C, D, A
③ B, D, C, A
④ C, B, A, D

전문가의 조언 | PUSH는 스택에 자료를 입력하는 명령이고, POP은 스택에서 자료를 출력하는 명령입니다. 문제에 제시된 대로 PUSH와 POP을 수행하면 다음의 순서로 입출력이 발생합니다.

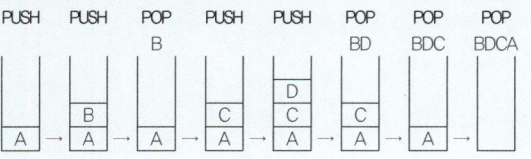

44섹션 3필드

30. 소프트웨어 테스트에서 오류의 80%는 전체 모듈의 20% 내에서 발견된다는 법칙은?

① Brooks의 법칙
② Boehm의 법칙
③ Pareto의 법칙
④ Jackson의 법칙

전문가의 조언 | 소프트웨어 테스트에서 오류의 80%는 전체 모듈의 20% 내에서 발견된다는 법칙은 파레토 법칙(Pareto Principle)입니다.

28섹션 4필드

31. 스택(Stack)에 대한 옳은 내용으로만 나열된 것은?

㉠ FIFO 방식으로 처리된다.
㉡ 순서 리스트의 뒤(Rear)에서 노드가 삽입되며, 앞(Front)에서 노드가 제거된다.
㉢ 선형 리스트의 양쪽 끝에서 삽입과 삭제가 모두 가능한 자료 구조이다.
㉣ 인터럽트 처리, 서브루틴 호출 작업 등에 응용된다.

① ㉠, ㉡
② ㉡, ㉢
③ ㉣
④ ㉠, ㉡, ㉢, ㉣

전문가의 조언 | 스택(Stack)의 내용으로 옳은 것은 ㉣입니다.
• ㉠ 스택은 후입선출(LIFO; Last In First Out) 방식으로 자료를 처리합니다.
• ㉡ 큐(Queue)에 대한 설명입니다.
• ㉢ 데크(Deque)에 대한 설명입니다.

53섹션 3필드

32. 소스 코드 품질 분석 도구 중 정적 분석 도구가 아닌 것은?

① pmd
② checkstyle
③ valMeter
④ cppcheck

전문가의 조언 | 정적 분석 도구에는 pmd, cppcheck, SonarQube, checkstyle, ccm, cobertura 등이 있습니다.

30섹션 5필드

33. 분할 정복(Divide and Conquer)에 기반한 알고리즘으로 피봇(pivot)을 사용하며 최악의 경우 n(n-1)/2 회의 비교를 수행해야 하는 정렬(Sort)은?

① Selection Sort
② Bubble Sort
③ Insertion Sort
④ Quick Sort

전문가의 조언 | 분할 정복(Divide and Conquer)에 기반한 알고리즘으로 피봇(pivot)을 사용하는 정렬은 퀵 정렬(Quick Sort)입니다.
• 선택 정렬(Selection Sort) : n개의 레코드 중에서 최소값을 찾아 첫 번째 레코드 위치에 놓고, 나머지 (n-1)개 중에서 다시 최소값을 찾아 두 번째 레코드 위치에 놓는 방식을 반복하여 정렬하는 방식
• 버블 정렬(Bubble Sort) : 주어진 파일에서 인접한 두 개의 레코드 키 값을 비교하여 그 크기에 따라 레코드 위치를 서로 교환하는 정렬 방식
• 삽입 정렬(Insertion Sort) : 가장 간단한 정렬 방식으로 이미 순서화된 파일에 새로운 하나의 레코드를 순서에 맞게 삽입시켜 정렬함

46섹션 4필드

34. 블랙박스 테스트를 이용하여 발견할 수 있는 오류가 아닌 것은?

① 비정상적인 자료를 입력해도 오류 처리를 수행하지 않는 경우
② 정상적인 자료를 입력해도 요구된 기능이 제대로 수행되지 않는 경우
③ 반복 조건을 만족하는데도 루프 내의 문장이 수행되지 않는 경우
④ 경계값을 입력할 경우 요구된 출력 결과가 나오지 않는 경우

전문가의 조언 | 화이트박스 테스트를 통해서만 루프 내 문장의 수행 여부를 확인할 수 있습니다.

35. 자료 구조의 분류 중 선형 구조가 아닌 것은?
① 트리
② 리스트
③ 스택
④ 데크

전문가의 조언 | 트리(Tree)는 비선형 구조입니다.

36. 다음 트리를 후위 순회(Post Traversal)한 결과는?

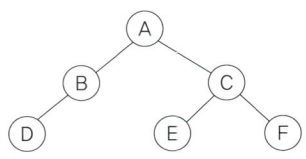

① A B D C E F
② D B A E C F
③ A B C D E F
④ D B E F C A

전문가의 조언 | 먼저 서브 트리를 하나의 노드로 생각할 수 있도록 서브 트리 단위로 묶습니다.

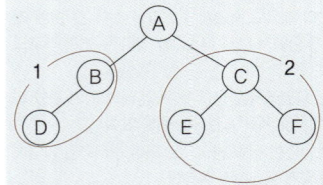

❶ Postorder는 Left → Right → Root이므로 12A가 됩니다.
❷ 1은 DB이므로 DB2A가 됩니다.
❸ 2는 EFC이므로 DBEFCA가 됩니다.

37. 테스트 케이스와 관련한 설명으로 틀린 것은?
① 테스트의 목표 및 테스트 방법을 결정하기 전에 테스트 케이스를 작성하여야 한다.
② 프로그램에 결함이 있더라도 입력에 대해 정상적인 결과를 낼 수 있기 때문에 결함을 검사할 수 있는 테스트 케이스를 찾는 것이 중요하다.
③ 개발된 서비스가 정의된 요구 사항을 준수하는지 확인하기 위한 입력 값과 실행 조건, 예상 결과의 집합으로 볼 수 있다.
④ 테스트 케이스 실행이 통과되었는지 실패하였는지 판단하기 위한 기준을 테스트 오라클(Test Oracle)이라고 한다.

전문가의 조언 | 테스트 케이스는 테스트의 목표와 방법을 결정 후 작성합니다.

38. 해시 함수가 서로 다른 키에 대해 같은 주소값을 반환해서 충돌이 발생하면 각 데이터를 해당 주소에 있는 링크드 리스트(Linked List)에 삽입하여 문제를 해결하는 기법은?
① Chaining
② Rehashing
③ Open Addressing
④ Linear Probing

전문가의 조언 | 각 데이터를 해당 주소에 있는 연결 리스트(Linked List)에 삽입하여 문제를 해결하는 기법은 체이닝(Chaining)입니다.

39. 테스트 드라이버(Test Driver)에 대한 설명으로 틀린 것은?
① 시험 대상 모듈을 호출하는 간이 소프트웨어이다.
② 필요에 따라 매개 변수를 전달하고 모듈을 수행한 후의 결과를 보여줄 수 있다.
③ 상향식 통합 테스트에서 사용된다.
④ 테스트 대상 모듈이 호출하는 하위 모듈의 역할을 한다.

전문가의 조언 | 비어있는 하위 모듈을 대체하는 것은 스텁(Stub), 상위 모듈을 대체하는 것이 드라이버(Driver)입니다.

40. 개별 모듈을 시험하는 것으로, 모듈이 정확하게 구현되었는지, 예정한 기능이 제대로 수행되는지를 점검하는 것이 주목적인 테스트는?
① 통합 테스트(Integration Test)
② 단위 테스트(Unit Test)
③ 시스템 테스트(System Test)
④ 인수 테스트(Acceptance Test)

전문가의 조언 | 모듈이나 컴포넌트 단위로 기능을 확인하는 테스트는 단위 테스트(Unit Test)입니다.

3과목 데이터베이스 구축

41. 시스템에서 시스템으로 데이터를 이동시키는 기능의 3가지 형태인 추출, 변환, 올려놓기의 영문 약어를 의미하는 것은?

① FTP ② API
③ ETL ④ EAI

전문가의 조언 | 추출(Extraction), 변환(Transformation), 올려놓기(Load)의 영문 약어는 ETL입니다.
- FTP(File Transfer Protocol) : 컴퓨터와 컴퓨터 또는 컴퓨터와 인터넷 사이에서 파일을 주고받을 수 있도록 하는 원격 파일 전송 프로토콜
- API(Application Programming Interface) : 응용 프로그램 개발 시 운영체제나 프로그래밍 언어 등에 있는 라이브러리를 이용할 수 있도록 규칙 등을 정의해 놓은 인터페이스
- EAI(Enterprise Application Integration) : 기업 내 각종 애플리케이션 및 플랫폼 간의 정보 전달, 연계, 통합 등 상호 연동이 가능하게 해주는 솔루션

42. 정규화에 관한 설명으로 옳지 않은 것은?

① 릴레이션 R의 도메인들의 값이 원자 값만을 가지면 릴레이션 R은 제1정규형에 해당된다.
② 릴레이션 R이 제1정규형을 만족하면서, 키가 아닌 모든 속성이 기본키에 완전 함수 종속이면 릴레이션 R은 제2정규형에 해당된다.
③ 릴레이션 R이 제2정규형을 만족하면서, 키가 아닌 모든 속성들이 기본키에 이행적으로 함수 종속되지 않으면 릴레이션 R은 제3정규형에 해당된다.
④ 릴레이션 R이 제3정규형을 만족하면서, 결정자가 모두 후보키이면 릴레이션 R은 제4정규형에 해당된다.

전문가의 조언 |
- 릴레이션 R이 제3정규형을 만족하면서, 결정자가 모두 후보키이면 릴레이션 R은 BCNF(Boyce-Codd 정규형)에 해당됩니다.
- 제4정규형(4NF)은 릴레이션 R에 다치 종속 A → B가 성립하는 경우 R의 모든 속성이 A에 함수적 종속 관계를 만족하는 정규형입니다.

43. 다음 릴레이션에서 카디널리티와 차수의 합은?

사번	이름	부서	직위	성별
35001	김은소	생산	대리	여
35002	이동준	영업	과장	남
35003	최시연	기획	사원	여
35004	유영조	홍보	대리	남

① 7 ② 8
③ 9 ④ 10

전문가의 조언 | 릴레이션에서 카디널리티(Cardinality)는 튜플(행)의 수, 차수(Degree)는 속성(열)의 수를 의미하므로 카디널리티는 4, 차수는 5, 즉 4+5=9입니다.

44. SQL문에서 사용하는 옵션 중 검색 결과에서 레코드의 중복을 제거할 때 사용하는 것은?

① CASCADE ② DISTINCT
③ RESTRICT ④ UNION

전문가의 조언 | 검색 결과에서 레코드의 중복을 제거할 때 사용하는 옵션은 DISTINCT입니다.
- CASCADE : 참조 테이블의 튜플이 삭제되면 기본 테이블의 관련 튜플도 모두 삭제되고, 속성이 변경되면 관련 튜플의 속성 값도 모두 변경됨
- RESTRICT : 다른 개체가 제거할 요소를 참조중일 때는 제거를 취소함
- UNION : 집합 연산자로, 두 SELECT문의 조회 결과를 통합하여 모두 출력함

45. 트랜잭션의 특징으로 거리가 먼 것은?

① Consistency ② Isolation
③ Durability ④ Automatic

전문가의 조언 | 트랜잭션의 특징을 영어 앞글자만 모아서 ACID라고 하며, A는 Atomicity(원자성)을 의미합니다.

46. SQL의 명령은 사용 용도에 따라 DDL, DML, DCL로 구분할 수 있다. 다음 명령 중 그 성격이 나머지 셋과 다른 하나는?

① SELECT ② CREATE
③ INSERT ④ UPDATE

전문가의 조언 | CREATE는 DDL(데이터 정의어)이고, 나머지는 DML(데이터 조작어)입니다.

47. 다음 중 기본키는 NULL 값을 가져서는 안되며, 릴레이션 내에 오직 하나의 값만 존재해야 한다는 조건을 무엇이라 하는가?

① 개체 무결성 제약조건
② 참조 무결성 제약조건
③ 도메인 무결성 제약조건
④ 속성 무결성 제약조건

전문가의 조언 | 기본키는 NULL값을 가져서는 안되며, 릴레이션 내에 오직 하나의 값만 존재해야 하는 조건은 개체 무결성 제약 조건입니다.
- 참조 무결성(Referential Integrity) : 외래키 값은 Null이거나 참조 릴레이션의 기본키 값과 동일해야 하고, 릴레이션은 참조할 수 없는 외래키 값을 가질 수 없다는 규정
- 도메인 무결성(Domain Integrity, 영역 무결성) : 주어진 속성 값이 정의된 도메인에 속한 값이어야 한다는 규정

48. 정규화된 엔티티, 속성, 관계를 시스템의 성능 향상과 개발 운영의 단순화를 위해 중복, 통합, 분리 등을 수행하는 데이터 모델링 기법은?

① 인덱스정규화 ② 반정규화
③ 집단화   ④ 머징

전문가의 조언 | 정규화된 엔티티, 속성, 관계를 중복, 통합, 분리하는 등 의도적으로 정규화 원칙을 위배하는 행위를 반정규화(Denormalization)라고 합니다.

49. 릴레이션에서 튜플을 유일하게 구별해 주는 속성 또는 속성들의 조합을 의미하는 키는?

① Alternate Key ② Foreign Key
③ Primary Key   ④ Candidate Key

전문가의 조언 | 릴레이션에서 튜플을 유일하게 구별해 주는 속성 또는 속성들의 조합을 의미하는 키는 후보키(Candidate Key)입니다.
- 대체키(Alternate Key) : 후보키가 둘 이상일 때 기본키를 제외한 나머지 후보키를 의미함
- 외래키(Foreign Key) : 다른 릴레이션의 기본키를 참조하는 속성 또는 속성들의 집합을 의미함
- 기본키(Primary Key) : 후보키 중에서 특별히 선정된 키로 중복된 값과 NULL 값을 가질 수 없음

50. 뷰(VIEW)에 관한 설명으로 옳지 않은 것은?

① 뷰는 가상 테이블이므로 물리적으로 구현되어 있지 않다.
② 하나의 뷰를 제거해도 그 뷰를 기초로 정의된 다른 뷰는 제거되지 않는다.
③ 필요한 데이터만 뷰로 정의해서 처리할 수 있기 때문에 관리가 용이하다.
④ SQL에서 뷰를 생성할 때는 CREATE문을 사용한다.

전문가의 조언 | 하나의 뷰를 삭제하면 그 뷰를 기초로 정의된 다른 뷰도 자동으로 삭제됩니다.

51. 관계 해석(Relational Calculus)에 대한 설명으로 잘못된 것은?

① 튜플 관계 해석과 도메인 관계 해석이 있다.
② 기본적으로 관계 해석과 관계 대수는 관계 데이터베이스를 처리하는 기능과 능력면에서 동등하다.
③ 수학의 Predicate Calculus에 기반을 두고 있다.
④ 원하는 정보와 그 정보를 어떻게 유도하는가를 기술하는 절차적인 특성을 가진다.

전문가의 조언 | • ④번은 관계대수에 대한 설명입니다.
• 관계해석은 원하는 정보가 무엇이라는 것만 정의하는 비절차적 방법입니다.

52. 집합 연산자에 대한 설명으로 틀린 것은?

① UNION은 두 릴레이션의 교집합을 수행하기 때문에 두 릴레이션의 공통 튜플 수와 관계가 없다.
② UNION ALL은 중복된 행을 포함하여 두 SELECT문의 조회 결과를 모두 출력한다.
③ 두 SELECT문의 조회 결과 중 공통된 행만 출력하는 집합 연산자는 INTERSECT이다.
④ EXCEPT는 두 릴레이션의 차집합 연산을 수행하기 때문에 첫 번째 릴레이션의 튜플보다 많은 수의 튜플이 출력될 수 없다.

전문가의 조언 | UNION은 두 릴레이션의 합집합을 수행하며, 두 릴레이션의 공통 튜플, 즉 중복되는 튜플은 한 번만 출력합니다.

53. 다음 SQL문의 실행결과로 생성되는 튜플 수는?

```
SELECT 급여 FROM 사원;
```

〈사원〉 테이블

사원ID	사원명	급여	부서ID
101	박철수	30000	1
102	한나라	35000	2
103	김갑동	40000	3
104	이구수	35000	2
105	최초록	40000	3

① 1 ② 3
③ 4 ④ 5

전문가의 조언 | SQL문의 실행결과로 생성되는 튜플 수는 5개입니다.
- SELECT 급여 : '급여' 필드를 표시합니다.
- FROM 사원 : 〈사원〉 테이블의 자료를 검색합니다.
∴ WHERE문이 없으므로 〈사원〉 테이블에서 '급여' 필드의 전체 레코드를 검색합니다.

〈실행결과〉

급여
30000
35000
40000
35000
40000

54. 시스템 카탈로그에 대한 설명으로 옳지 않은 것은?

① 시스템 자체에 관련 있는 다양한 객체에 관한 정보를 포함하는 시스템 데이터베이스이다.
② 카탈로그들이 생성되면 자료 사전에 저장되기 때문에 좁은 의미로는 자료 사전이라고도 한다.
③ 무결성 확보를 위하여 일반 사용자는 내용을 검색할 수 없다.
④ 기본 테이블, 뷰, 인덱스, 패키지, 접근 권한 등의 정보를 저장한다.

전문가의 조언 | 시스템 카탈로그 자체도 테이블(시스템 테이블)로 구성되어 있어 일반 사용자도 SQL을 이용하여 내용을 검색해 볼 수 있습니다. 단, 수정은 불가능합니다.

55. 개체-관계 모델에 대한 설명으로 옳지 않은 것은?

① 오너-멤버(Owner-Member) 관계라고도 한다.
② 개체 타입과 이들 간의 관계 타입을 기본 요소로 이용하여 현실 세계를 개념적으로 표현한다.
③ E-R 다이어그램에서 개체 타입은 사각형으로 나타낸다.
④ E-R 다이어그램에서 속성은 타원으로 나타낸다.

전문가의 조언 | 오너-멤버(Owner-Member) 관계라고도 불리는 데이터 모델은 논리적 데이터 모델 중 하나인 네트워크(망)형 데이터 모델입니다.

56. 로킹 단위가 큰 경우에 대한 설명으로 옳은 것은?

① 로킹 오버헤드 증가, 데이터베이스 공유도 저하
② 로킹 오버헤드 감소, 데이터베이스 공유도 저하
③ 로킹 오버헤드 감소, 데이터베이스 공유도 증가
④ 로킹 오버헤드 증가, 데이터베이스 공유도 증가

전문가의 조언 | 로킹 단위가 크면 로크 수가 적어(오버헤드 감소) 관리하기 쉽지만 병행성(공유도) 수준이 낮아집니다.

57. 분산 운영체제에서 사용자가 원하는 파일이나 데이터베이스, 프린터 등의 자원들이 지역 컴퓨터 또는 네트워크 내의 다른 원격지 컴퓨터에 존재하더라도 위치에 관계없이 그의 사용을 보장하는 개념은?

① 위치 투명성 ② 접근 투명성
③ 복사 투명성 ④ 접근 독립성

전문가의 조언 | 문제에 제시된 내용은 위치 투명성(Location Transparency)의 개념입니다.

58. 학적 테이블에서 전화번호가 Null 값이 아닌 학생명을 모두 검색할 때, SQL 구문으로 옳은 것은?

① SELECT 학생명 FROM 학적 WHERE 전화번호 DON'T NULL;
② SELECT 학생명 FROM 학적 WHERE 전화번호 != NOT NULL;
③ SELECT 학생명 FROM 학적 WHERE 전화번호 IS NOT NULL;
④ SELECT 학생명 FROM 학적 WHERE 전화번호 IS NULL;

> **전문가의 조언** | SQL 구문으로 옳은 것은 ③번입니다. SQL 문장은 절별로 분리하여 이해하면 쉽습니다.
>
> ❶ SELECT 학생명
> ❷ FROM 학적
> ❸ WHERE 전화번호 IS NCT NULL;
>
> ❶ '학생명'을 표시한다.
> ❷ 〈학적〉 테이블을 대상으로 검색한다.
> ❸ '전화번호'가 NULL이 아닌 튜플만을 대상으로 한다.
> ※ NULL 값을 질의할 때는 IS NULL, NULL 값이 아닐 경우는 IS NOT NULL을 사용합니다.

66섹션 2필드

59. 관계 대수식을 SQL 질의로 옳게 표현한 것은?

$$\pi_{이름}(\sigma_{학과='교육'}(학생))$$

① SELECT 학생 FROM 이름 WHERE 학과 = '교육';
② SELECT 이름 FROM 학생 WHERE 학과 = '교육';
③ SELECT 교육 FROM 학과 WHERE 이름 = '학생';
④ SELECT 학과 FROM 학생 WHERE 이름 = '교육';

> **전문가의 조언** | 관계 대수식을 SQL 질의로 옳게 표현한 것은 ②번입니다.
> • π이름 : '이름' 필드를 표시하므로 **SELECT 이름**입니다.
> • σ학과 = '교육' : '학과'가 "교육"인 자료만을 대상으로 검색하므로 **WHERE 학과 = '교육'**입니다.
> • (학생) : 〈학생〉 테이블의 자료를 검색하므로 **FROM 학생**입니다.
> ∴ 학과가 '교육'인 학생의 '이름'을 검색하라는 의미입니다.

65섹션 1필드

60. 데이터베이스의 무결성 규정(Integrity Rule)과 관련한 설명으로 틀린 것은?

① 무결성 규정에는 데이터가 만족해야 될 제약 조건, 규정을 참조할 때 사용하는 식별자 등의 요소가 포함될 수 있다.
② 무결성 규정의 대상으로는 도메인, 키, 종속성 등이 있다.
③ 정식으로 허가받은 사용자가 아닌 불법적인 사용자에 의한 갱신으로부터 데이터베이스를 보호하기 위한 규정이다.
④ 릴레이션 무결성 규정(Relation Integrity Rules)은 릴레이션을 조작하는 과정에서의 의미적 관계(Semantic Relationship)를 명세한 것이다.

> **전문가의 조언** | 허가 받은 사용자만이 갱신할 수 있다는 설명은 데이터베이스의 무결성 규정(Integrity Rule)이 아닌 소프트웨어 개발 시 충족시켜야 할 보안 요소인 무결성(Integrity)에 대한 설명입니다.

4 과목 프로그래밍 언어 활용

107섹션 4필드

61. 다음 Python 프로그램이 실행되었을 때, 실행 결과는?

```
def sum_many(*args):
    sum = 0
    for i in args:
        sum = sum + i
    return sum
result = sum_many(1,2,3)
print(result)
```

① 6 ② 1
③ 2 ④ 3

> **전문가의 조언** | 코드의 실행 결과는 6이며, 사용된 코드의 의미는 다음과 같습니다.
>
> ❷ def sum_many(*args):
> ❸   sum = 0
> ❹   for i in args:
> ❺   sum = sum + i
> ❻   return sum
> ❶❼ result = sum_many(1,2,3)
> ❽ print(result)
>
> sum_many( ) 메소드를 정의하는 부분의 다음 줄부터 시작한다.
> ❶ result를 선언하고, 1, 2, 3을 인수로 sum_many( ) 메소드를 호출한 후 돌려받은 값을 저장한다.
> ❷ sum_many( ) 메소드의 시작점이다. ❶번에서 전달받은 1, 2, 3을 가변 인수 args가 튜플 형태로 받는다.
> ※ *args와 같이 변수명 앞에 *을 붙이면, 함수 호출 시 여러 개의 인수를 전달받을 수 있는 가변 인자로 선언됩니다.
>
> | | [0] | [1] | [1] |
> |------|-----|-----|-----|
> | args | 1 | 2 | 3 |
>
> ❸ sum을 선언하고 0으로 초기화한다.
> ❹ args의 요소 수만큼 ❺번을 반복 수행한다. args가 3개의 요소를 가지므로 각 요소를 i에 저장하면서 ❺번을 3회 수행한다.
> ❺ sum에 i의 값을 누적시킨다.
> ※ 반복문 실행에 따른 변수들의 변화는 다음과 같다.
>
> | i | sum |
> |---|-----|
> | | 0 |
> | 1 | 1 |
> | 2 | 3 |
> | 3 | 6 |
>
> ❻ sum의 값 6을 메소드를 호출했던 ❼번으로 반환한다.
> ❼ result에 ❻번에서 돌려받은 6을 저장한다.
> ❽ result의 값 6을 출력한다.
>
> 결과 6

100섹션 2필드

62. 다음 C언어 프로그램이 실행되었을 때, 실행 결과는?

```c
#include <stdio.h>
int main(int argc, char* argv[ ]) {
    int a = 0xA5;
    int b = 0x0F;
    printf("%x", a&b);
    return 0;
}
```

① A5　　　　　② 0F
③ 5　　　　　　④ AF

전문가의 조언 | 코드의 실행 결과는 5이며, 사용된 코드의 의미는 다음과 같습니다.

```c
#include <stdio.h>
int main(int argc, char* argv[ ]) {
❶  int a = 0xA5;
❷  int b = 0x0F;
❸  printf("%x", a&b);
❹  return 0;
}
```

❶ 정수형 변수 a를 선언하고, 16진수 A5를 저장한다.
 ※ 숫자 앞에 0x가 붙으면, 16진수를 의미합니다.
❷ 정수형 변수 b를 선언하고, 16진수 0F를 저장한다.
❸ a와 b의 비트 and 연산(&)의 결과 5를 16진수로 출력한다.

```
  1010 0101 : A5₍₁₆₎
& 0000 1111 : 0F₍₁₆₎
  ─────────────────
  0000 0101 : 5₍₁₆₎
```

결과 ▮5▮

❹ main( ) 함수에서의 'return 0'은 프로그램의 종료를 의미한다.

99섹션 1필드

63. 다음 C언어 프로그램이 실행되었을 때, 실행 결과는?

```c
#include <stdio.h>
int main(int argc, char* argv[ ]) {
    int a = 10;
    int b = (a++)+2;
    printf("%d", b);
    return 0;
}
```

① 13　　　　　② 10
③ 11　　　　　④ 12

전문가의 조언 | 코드의 실행 결과는 12이며, 사용된 코드의 의미는 다음과 같습니다.

```c
#include <stdio.h>
int main(int argc, char* argv[ ]) {
❶  int a = 10;
❷  int b = (a++)+2;
❸  printf("%d", b);
❹  return 0;
}
```

❶ 정수형 변수 a를 선언하고, 10으로 초기화한다.
❷ 정수형 변수 b를 선언하고, a+2의 값인 12로 초기화한다. a++은 후치 연산자이므로 연산 이후 a는 11이 된다.
❸ b의 값 12를 출력한다.

결과 ▮12▮

❹ main( ) 함수에서의 'return 0'은 프로그램의 종료를 의미한다.

97섹션 2필드

64. 다음 C 언어 프로그램이 실행 결과와 같이 출력될 수 있도록 코드의 ㉠, ㉡에 들어갈 예약어로 알맞은 것은?

```c
#include <stdio.h>
int main(int argc, char* argv[ ]) {
    ㉠ str[3] = {'A', 'B', 'C'};
    ㉡ n[3] = {84.55, 74.85, 93.57};
    for (int i = 0; i < 3; i++) {
        printf("%c, %.5f\n", str[i], n[i]);
    }
    return 0;
}
```

[실행결과]

A, 84.55000
B, 74.85000
C, 93.57000

① ㉠ short　　㉡ char
② ㉠ double　㉡ char
③ ㉠ char　　㉡ short
④ ㉠ char　　㉡ double

정답 : 59.② 60.③ 61.① 62.③ 63.④ 64.④

전문가의 조언 | 코드의 ㉠과 ㉡에 들어갈 자료형은 각각 **char**과 **double**이며, 사용된 코드의 의미는 다음과 같습니다.

```
#include <stdio.h>
int main(int argc, char* argv[]) {
❶   char str[3] = {'A', 'B', 'C'};
❷   double n[3] = {84.55, 74.85, 93.57};
❸   for (int i = 0; i < 3; i++) {
❹       printf("%c, %.5f\n", str[i], n[i]);
    }
❺   return 0;
}
```

❶ 3개의 요소를 갖는 문자형 배열 str을 선언하고 초기화한다.

str	[0]	[1]	[2]
	'A'	'B'	'C'

❷ 3개의 요소를 갖는 실수형 배열 n을 선언하고 초기화한다.

n	[0]	[1]	[2]
	84.55	74.85	93.57

❸ 반복 변수 i가 0부터 1씩 증가하면서 3보다 작은 동안 ❹번을 반복 수행한다.

❹ str[i]의 값을 문자형으로 출력하고 콤마(,)와 공백 한 칸을 출력한다. 이어서 n[i]의 값을 출력하되, 정수 부분은 모두 출력하고 소수점 이하는 6자리에서 반올림하여 5자리까지만 출력한다.

※ 반복문 실행에 따른 변수들의 변화는 다음과 같다.

i	str[i]	n[i]	출력
0	A	84.55	A, 84.55000
1	B	74.85	B, 74.85000
2	C	93.57	C, 93.57000
3			

❺ main( ) 함수에서의 'return 0'은 프로그램의 종료를 의미한다.

99섹션 3필드

65. 다음 중 C언어에서 정수형 변수 a에 4를 곱한 결과와 같은 것은?

① a << 2
② a >> 2
③ a ^ 2
④ a ** 2

전문가의 조언 | a에 4를 곱한 결과와 같은 것은 ①번입니다.
① << (왼쪽 시프트)는 비트를 왼쪽으로 이동시키는 비트 연산자로, 1비트 이동 할 때마다 2를 곱하는 것과 같습니다.
∴ a << 2 : a의 값에 4(2²)를 곱한 것과 같습니다.
② >> (오른쪽 시프트)는 비트를 오른쪽으로 이동시키는 비트 연산자로, 1비트 이동할 때마다 2로 나눈 것과 같습니다.
∴ a >> 2 : a의 값을 4(2²)로 나눈 것과 같습니다.
③ ^ (비트 or)는 두 비트 중 한 비트라도 1이면 1이 되는 비트 연산입니다.
∴ a ^ 2 : a와 2를 비트 or 연산합니다.
④ ** 는 C언어에서 사용되지 않는 연산자로, 파이썬(Python)에서는 거듭제곱 연산자로 사용됩니다.

122섹션 2필드

66. 다음 중 IPv4에 대한 설명으로 옳은 것은?

① IPv6에 비해 자료 전송 속도가 빠르다.
② 주소의 길이는 32비트이다.
③ 브로드캐스트, 유니캐스트, 멀티캐스트로 구성된다.
④ 인증성, 기밀성, 데이터 무결성의 지원으로 보안 문제를 해결할 수 있다.

전문가의 조언 | • IPv4에 대한 설명으로 옳은 것은 ②번입니다.
• 나머지는 모두 IPv6의 특징입니다.

104섹션 2필드

67. 다음 C언어 프로그램이 실행되었을 때의 결과는?

```
#include <stdio.h>
#include <string.h>
int main(void) {
    char str[50] = "no";
    char *p2 = "yes";
    strcat(str, p2);
    printf("%s", str);
    return 0;
}
```

① yes
② yesno
③ no
④ noyes

전문가의 조언 | 코드의 실행 결과는 **noyes**이며, 사용된 코드의 의미는 다음과 같습니다.

```
#include <stdio.h>
#include <string.h>
int main(void) {
❶   char str[50] = "no";
❷   char *p2 = "yes";
❸   strcat(str, p2);
❹   printf("%s", str);
❺   return 0;
}
```

❶ 50개의 요소를 갖는 문자형 배열 str을 선언하고 "no"로 초기화한다.
❷ 문자형 포인터 변수 p2를 선언하고, "yes"가 저장된 곳의 주소로 초기화한다.
❸ str이 가리키는 문자열에 p2가 가리키는 문자열을 붙인다.
  • strcat(문자열A, 문자열B) : 문자열A의 뒤에 문자열B를 연결하여 붙이는 함수
❹ str을 문자열로 출력한다.

결과 `noyes`

❺ main( ) 함수에서의 'return 0'은 프로그램의 종료를 의미한다.

144섹션 3필드

68. 은행가 알고리즘(Banker's Algorithm)은 교착상태의 해결 방법 중 어떤 기법에 해당하는가?

① Avoidance　　　② Detection
③ Prevention　　　④ Recovery

전문가의 조언 | 은행가 알고리즘은 교착상태의 해결 방법 중 회피 기법(Avoidance)에 해당합니다.

119섹션 3필드

69. HRN 스케쥴링 방식에서 입력된 작업이 다음과 같을 때 우선순위가 가장 높은 것은?

작업	대기 시간	서비스(실행) 시간
A	5	20
B	40	20
C	15	45
D	20	2

① A　　　② B
③ C　　　④ D

전문가의 조언 | 우선순위가 가장 높은 작업은 D입니다. HRN 기법의 우선순위 공식은 '(대기 시간 + 서비스 시간) / (서비스 시간)'입니다.
- A 작업 : (5 + 20) / 20 = 1.25
- B 작업 : (40 + 20) / 20 = 3
- C 작업 : (15 + 45) / 45 = 1.33
- D 작업 : (20 + 2) / 2 = 11

계산된 숫자가 클수록 우선순위가 높습니다.

109섹션 2필드

70. C언어 라이브러리 중 stdlib.h에 대한 설명으로 옳은 것은?

① 문자열을 수치 데이터로 바꾸는 문자 변환함수와 수치를 문자열로 바꿔주는 변환함수 등이 있다.
② 문자열 처리 함수로 strlen( )이 포함되어 있다.
③ 표준 입출력 라이브러리이다.
④ 삼각 함수, 제곱근, 지수 등 수학적인 함수를 내장하고 있다.

전문가의 조언 | ②번은 string.h, ③번은 stdio.h, ④번은 math.h에 대한 설명입니다.

123섹션 6필드

71. ISO(국제표준기구)의 OSI 7계층 중 통신망의 경로(Routing) 선택 및 통신량의 폭주 제어를 담당하는 계층은?

① 응용 계층　　　② 네트워크 계층
③ 표현 계층　　　④ 물리 계층

전문가의 조언 | OSI 7계층 중 통신망의 경로(Routing) 선택 및 통신량의 폭주 제어를 담당하는 계층은 네트워크 계층입니다.

114섹션 4필드

72. 기억공간이 15K, 23K, 22K, 21K 순으로 빈 공간이 있을 때 기억장치 배치 전략으로 "First Fit"을 사용하여 17K의 프로그램을 적재할 경우 내부 단편화의 크기는 얼마인가?

① 5K　　　② 6K
③ 7K　　　④ 8K

전문가의 조언 | 내부 단편화는 분할된 영역이 할당될 프로그램의 크기보다 크기 때문에 프로그램이 할당된 후 사용되지 않고 남아 있는 빈 공간을 의미합니다. 최초 적합(First Fit)은 프로그램이나 데이터가 들어갈 수 있는 크기의 빈 영역 중에서 첫 번째 분할 영역에 배치시키는 방법으로 17K의 프로그램은 23K의 빈 영역에 저장됩니다. 그러므로 내부 단편화는 23K-17K = 6K가 됩니다.

125섹션 5필드

73. 동일한 네트워크에 있는 목적지 호스트로 IP 패킷을 직접 전달할 수 있도록 IP 주소를 MAC 주소로 변환하는 프로토콜은?

① ARP(Address Resolution Protocol)
② ICMP(Internet Control Message Protocol)
③ IGMP(Internet Group Management Protocol)
④ SNMP(Simple Network Management Protocol)

전문가의 조언 | IP 주소를 호스트와 연결된 네트워크 접속 장치의 물리적 주소(MAC)로 변환하는 것은 ARP의 기능입니다.

116섹션 1필드

74. 페이징 기법에서 페이지 크기가 작아질수록 발생하는 현상이 아닌 것은?

① 기억장소 이용 효율이 증가한다.
② 입·출력 시간이 늘어난다.
③ 내부 단편화가 감소한다.
④ 페이지 맵 테이블의 크기가 감소한다.

전문가의 조언 | 페이지 크기가 작아질수록 페이지의 개수가 많아져 주소를 저장하는 맵 테이블의 크기가 커지게 됩니다.

정답 : 65.① 66.② 67.④ 68.① 69.④ 70.① 71.② 72.② 73.① 74.④

75. 다음 JAVA 프로그램이 실행되었을 때, 실행 결과는?

```
public class Ape {
    static void rs(char a[]) {
        for(int i = 0; i < a.length; i++)
            if(a[i] == 'B')
                a[i] = 'C';
            else if(i == a.length - 1)
                a[i] = a[i-1];
            else a[i] = a[i+1];
    }
    static void pca(char a[]) {
        for(int i = 0; i < a.length; i ++)
            System.out.print(a[i]);
        System.out.println( );
    }
    public static void main(String[] args) {
        char c[] = {'A','B','D','D','A','B','C'};
        rs(c);
        pca(c);
    }
}
```

① BCDABCA
② BCDABCC
③ CDDACCC
④ CDDACCA

전문가의 조언 | 코드의 실행 결과는 **BCDABCC**이며, 사용된 코드의 의미는 다음과 같습니다.

모든 Java 프로그램의 실행은 반드시 main( ) 메소드에서 시작한다.

① 7개의 요소를 갖는 문자형 배열 c를 선언하고 초기화한다.

| | [0] | [1] | [2] | [3] | [4] | [5] | [6] |
| c | 'A' | 'B' | 'D' | 'D' | 'A' | 'B' | 'C' |

② 배열 c의 시작 위치를 인수로 rs( ) 메소드를 호출한다.
③ 메소드 rs( )의 시작점이다. ②번에서 전달받은 배열 c의 시작 위치를 배열 a가 받는다.

④ 반복 변수 i가 0에서 시작하여 1씩 증가하면서 배열 a의 길이인 7보다 작은 동안 ⑤~⑨번을 반복 수행한다.
  • length : 배열 요소의 개수를 저장하고 있는 속성
⑤ a[i]가 'B'이면 ⑥번으로 이동하고, 아니면 ⑦번으로 이동한다.
⑥ a[i]에 'C'를 저장한다.
⑦ i의 값이 6(7-1)이면 ⑧번으로 이동하고, 아니면 ⑨번으로 이동한다.
⑧ a[i]에 a[i-1]의 값을 저장한다.
⑨ a[i]에 a[i+1]의 값을 저장한다.

※ 반복문 실행에 따른 변수의 변화는 다음과 같다.

i	a [0] [1] [2] [3] [4] [5] [6]
0	'A'→'B' 'B' 'D' 'D' 'A' 'B' 'C'
1	'B' 'B'→'C' 'D' 'D' 'A' 'B' 'C'
2	'B' 'C' 'D'→'D' 'D' 'A' 'B' 'C'
3	'B' 'C' 'D' 'D'→'A' 'A' 'B' 'C'
4	'B' 'C' 'D' 'D' 'A'→'B' 'B' 'C'
5	'B' 'C' 'D' 'D' 'A' 'B'→'C' 'C'
6	'B' 'C' 'D' 'D' 'A' 'C' 'C'→'C'
7	

• 메소드가 종료되면 rs( ) 메소드를 호출했던 ②번의 다음 줄인 ⑩번으로 이동한다.
⑩ 배열 c의 시작 위치를 인수로 pca( ) 메소드를 호출한다.
⑪ 메소드 pca( )의 시작점이다. ⑩번에서 전달받은 배열 c의 시작 위치를 새로운 배열 a가 받는다.

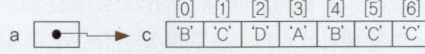

⑫ 반복 변수 i가 0에서 시작하여 배열 a의 길이인 7보다 작은 동안 ⑬번을 반복 수행한다.
⑬ a[i]의 값을 출력한다.

결과 **BCDABCC**

⑭ 커서를 다음 줄의 처음으로 옮긴다. 메소드가 종료되었으므로 pca( ) 메소드를 호출했던 ⑩번의 다음 줄인 ⑮번으로 이동한다.
⑮ 프로그램을 종료한다.

76. 다음 Python 프로그램이 실행되었을 때, 실행 결과는?

```
a = ["대", "한", "민", "국"]
for i in a:
    print(i)
```

① 대한민국
② 대
   한
   민
   국
③ 대
④ 대대대대

전문가의 조언 | 코드의 실행 결과로 옳은 것은 ②번이며, 사용된 코드의 의미는 다음과 같습니다.

❶ a = ["대", "한", "민", "국"]
❷ for i in a:
❸   print(i)

❶ 4개의 요소를 갖는 리스트 a를 선언하고 초기화한다.

	[0]	[1]	[2]	[3]
a	"대"	"한"	"민"	"국"

❷ 반복 변수 i에 a의 각 요소들을 순서대로 저장하며 ❸번 문장을 반복 수행한다.
❸ i의 값을 출력하고 커서를 다음 줄의 처음으로 옮긴다.

※ 반복문 실행에 따른 변수의 변화는 다음과 같다.

반복 횟수	i	출력
1	"대"	대
2	"한"	대 한
3	"민"	대 한 민
4	"국"	대 한 민 국

77. 다음 JAVA 프로그램이 실행되었을 때의 결과는?

```
public class ovr {
    public static void main(String[] args) {
        int a = 1, b = 2, c = 3, d = 4;
        int mx, mn;
        mx = a < b ? b : a;
        if (mx == 1) {
            mn = a > mx ? b : a;
        }
        else {
            mn = b < mx ? d : c;
        }
        System.out.println(mn);
    }
}
```

① 1   ② 2
③ 3   ④ 4

전문가의 조언 | 코드의 실행 결과는 3이며, 사용된 코드의 의미는 다음과 같습니다.

```
public class ovr {
    public static void main(String[] args) {
❶      int a = 1, b = 2, c = 3, d = 4;
❷      int mx, mn;
❸      mx = a < b ? b : a;
❹      if (mx == 1) {
❺          mn = a > mx ? b : a;
        }
        else {
❻          mn = b < mx ? d : c;
        }
❼      System.out.println(mn);
    }
}
```

❶ 정수형 변수 a, b, c, d를 선언하고, 각각 1, 2, 3, 4로 초기화한다.
❷ 정수형 변수 mx, mn을 선언한다.
❸ a가 b보다 작으면 mx에 b의 값을 저장하고, 아니면 a의 값을 저장한다. a의 값 1은 b의 값 2보다 작으므로 mx에는 b의 값 2가 저장된다. (mx = 2)
❹ mx가 1이면 ❺번으로 이동하고, 아니면 ❻번으로 이동한다. mx의 값은 2이므로 ❻번으로 이동한다.
❻ b가 mx보다 작으면 mn에 d의 값을 저장하고, 아니면 c의 값을 저장한다. b의 값 2는 mx의 값 2보다 작지 않으므로 mn에는 c의 값 3이 저장된다. (mn = 3)
❼ mn의 값 3을 출력하고 커서를 다음 줄의 처음으로 옮긴다.

결과   3

없음

78. 다음과 같은 형태로 임계 구역의 접근을 제어하는 상호배제 기법은?

```
P(S) : while S < = 0 co skip;
       S := S - 1;
V(S) : S := S + 1;
```

① Dekker Algorithm
② Lamport Algorithm
③ Peterson Algorithm
④ Semaphore

전문가의 조언 | 문제의 지문에 제시된 코드 형태로 임계 구역의 접근을 제어하는 상호배제 기법은 세마포어(Semaphore)입니다.

98섹션 3필드

79. JAVA에서 힙(Heap)에 남아있으나 변수가 가지고 있던 참조값을 잃거나 변수 자체가 없어짐으로써 더 이상 사용되지 않는 객체를 제거해주는 역할을 하는 모듈은?

① Heap Collector
② Garbage Collector
③ Memory Collector
④ Variable Collector

전문가의 조언 | 실제로는 사용되지 않으면서 가용 공간 리스트에 반환되지 않는 메모리 공간인 가비지(Garbage, 쓰레기)를 강제로 해제하여 사용할 수 있도록 하는 메모리 관리 모듈을 가비지 콜렉터(Garbage Collector)라고 합니다.

137섹션 2필드

80. RIP 라우팅 프로토콜에 대한 설명으로 틀린 것은?

① 경로 선택 메트릭은 홉 카운트(hop count)이다.
② 라우팅 프로토콜을 IGP와 EGP로 분류했을 때 EGP에 해당한다.
③ 최단 경로 탐색에 Bellman-Ford 알고리즘을 사용한다.
④ 각 라우터는 이웃 라우터들로부터 수신한 정보를 이용하여 라우팅 표를 갱신한다.

전문가의 조언 | RIP 라우팅 프로토콜은 IGP(내부 게이트웨이 프로토콜)에 해당합니다.

5과목 정보시스템 구축 관리

154섹션 4필드

81. 다음 중 신분증, OTP(One Time Password)와 관련된 인증 유형은?

① 생체 기반 인증(Something You Are)
② 위치 기반 인증(Somewhere You Are)
③ 소유 기반 인증(Something You Have)
④ 지식 기반 인증(Something You Know)

전문가의 조언 | 신분증, OTP 등 사용자가 소유하고 있는 것을 기반으로 인증을 수행하는 것은 소유 기반 인증(Something You Have)입니다.
- 생체 기반 인증(Something You Are) : 지문, 홍채, 얼굴 등 사용자의 고유한 생체 정보를 기반으로 인증을 수행하는 것
- 위치 기반 인증(Somewhere You Are) : 콜백, GPS, IP 주소 등 인증을 시도하는 위치의 적절성을 확인하는 것
- 지식 기반 인증(Something You Know) : 패스워드(Password), 패스 프레이즈(Passphrase), 아이핀(i-PIN) 등 사용자가 기억하고 있는 정보를 기반으로 인증을 수행하는 것

135섹션 6필드

82. 다음 중 웹에서 자동화된 프로그램을 이용해 데이터를 수집하는 작업을 의미하는 것은?

① 웹 크롤링(Web Crawling)
② 데이터 마이닝(Data Mining)
③ 디지털 트윈(Digital Twin)
④ 재밍(Jamming)

전문가의 조언 | 웹에서 자동화된 프로그램을 이용해 데이터를 수집하는 작업을 웹 크롤링(Web Crawling)이라고 합니다.
- 데이터 마이닝(Data Mining) : 데이터 웨어하우스에 저장된 데이터 집합에서 사용자의 요구에 따라 유용하고 가능성 있는 정보를 발견하기 위한 기법
- 디지털 트윈(Digital Twin) : 현실속의 사물을 소프트웨어로 가상화한 모델
- 재밍(Jamming) : 무선 통신에서 정상적인 통신을 어렵게 하려고 신호를 고의적으로 방해하거나 간섭하는 행위

139섹션 1필드

83. 컴퓨터 바이러스 프로그램을 찾아내고 손상된 파일을 치료하는 소프트웨어는?

① 봇넷(Botnet)
② 백신(Vaccine)
③ 애드웨어(Adware)
④ DPI(Deep Packet Inspection)

전문가의 조언 | 컴퓨터 바이러스 프로그램을 찾아내고 손상된 파일을 치료하는 소프트웨어는 백신(Vaccine)입니다.

- **봇넷(Botnet)** : 악성 프로그램에 감염되어 악의적인 의도로 사용될 수 있는 다수의 컴퓨터들이 네트워크로 연결된 형태를 말함
- **애드웨어(Adware)** : 소프트웨어 자체에 광고를 포함하여 이를 보는 대가로 무료로 사용하는 소프트웨어
- **DPI(Deep Packet Inspection)** : OSI 7 Layer 전 계층의 프로토콜과 패킷 내부의 콘텐츠를 파악하여 침입 시도, 해킹 등을 탐지하고, 트래픽을 조정하기 위한 패킷 분석 기술

`135섹션 5필드`

84. 다음 중 클라우드 컴퓨팅의 서비스 유형이 아닌 것은?

① IaaS　　② PaaS
③ SaaS　　④ TaaS

전문가의 조언 |
- TaaS는 클라우드 컴퓨팅의 서비스 유형이 아닙니다.
- 클라우드 컴퓨팅의 서비스 유형에는 IaaS, PaaS, SaaS가 있습니다.

`135섹션 5필드`

85. 언제 어디서나 어떤 기기를 통해서도 컴퓨팅이 가능한 환경을 의미하는 것으로, 모든 사물에 초소형 칩을 내장시켜 네트워크로 연결하므로 사물끼리 통신이 가능한 것은?

① 유비쿼터스 컴퓨팅　　② 클라우드 컴퓨팅
③ PaaS-TA　　④ 스마트 그리드

전문가의 조언 | 문제에 제시된 내용은 유비쿼터스 컴퓨팅(Ubiquitous Computing)의 개념입니다.

- **클라우드 컴퓨팅(Cloud Computing)** : 각종 컴퓨팅 자원을 중앙 컴퓨터에 두고 인터넷 기능을 갖는 단말기로 언제 어디서나 인터넷을 통해 컴퓨터 작업을 수행할 수 있는 환경을 의미함
- **파스-타(PaaS-TA)** : 소프트웨어 개발 환경을 제공하기 위해 개발한 개방형 클라우드 컴퓨팅 플랫폼
- **스마트 그리드(Smart Grid)** : 정보 기술을 전력에 접목해 효율성을 높인 시스템으로, 전력 IT라고도 부름

`142섹션 6필드`

86. 하둡(Hadoop)과 관계형 데이터베이스 간에 데이터를 전송할 수 있도록 설계된 도구는?

① Apnic　　② Topology
③ Sqoop　　④ SDB

전문가의 조언 | 하둡(Hadoop)과 관계형 데이터베이스 간에 데이터를 전송할 수 있도록 설계된 도구는 Sqoop입니다.

`129섹션 2필드`

87. 비용 예측 방법에서 원시 프로그램의 규모에 의한 방법(COCOMO Model) 중 최대형 규모의 트랜잭션 처리시스템이나 운영체제 등의 소프트웨어를 개발하는 유형은?

① Organic　　② Semi-Detached
③ Embedded　　④ Sequential

전문가의 조언 | 문제에 제시된 내용은 Embedded의 개념입니다.

`135섹션 6필드`

88. 시스템이 몇 대가 되어도 하나의 시스템에서 인증에 성공하면 다른 시스템에 대한 접근 권한도 얻는 시스템을 의미하는 것은?

① SOS　　② SBO
③ SSO　　④ SOA

전문가의 조언 | 하나의 시스템에서 인증에 성공하면 다른 시스템에 대한 접근 권한도 얻는 시스템을 SSO(Single Sign On)라고 합니다.

`138섹션 1필드`

89. 다음 빈 칸에 들어갈 알맞은 기술은?

> (　　　)은/는 웹에서 제공하는 정보 및 서비스를 이용하여 새로운 소프트웨어나 서비스, 데이터베이스 등을 만드는 기술이다.

① Quantum Key Distribution
② Digital Rights Management
③ Grayware
④ Mashup

전문가의 조언 | 문제의 지문은 매시업(Mashup)에 대한 설명입니다.

정답 : 78.④　79.②　80.②　81.③　82.①　83.②　84.④　85.①　86.③　87.③　88.③　89.④

90. DoS(Denial of Service) 공격과 관련한 내용으로 틀린 것은?

① Ping of Death 공격은 정상 크기보다 큰 ICMP 패킷을 작은 조각(Fragment)으로 쪼개어 공격 대상이 조각화된 패킷을 처리하게 만드는 공격 방법이다.
② Smurf 공격은 멀티캐스트(Multicast)를 활용하여 공격 대상이 네트워크의 임의의 시스템에 패킷을 보내게 만드는 공격이다.
③ SYN Flooding은 존재하지 않는 클라이언트가 서버별로 한정된 접속 가능 공간에 접속한 것처럼 속여 다른 사용자가 서비스를 이용하지 못하게 하는 것이다.
④ Land 공격은 패킷 전송 시 출발지 IP 주소와 목적지 IP 주소 값을 똑같이 만들어서 공격 대상에게 보내는 공격 방법이다.

전문가의 조언 | Smurf 공격은 네트워크 라우터의 브로드캐스트(Broadcast) 주소를 활용한 DoS 공격입니다.

91. 국내 IT 서비스 경쟁력 강화를 목표로 개발되었으며, 인프라 제어 및 관리 환경, 실행 환경, 개발 환경, 서비스 환경, 운영 환경으로 구성되어 있는 개방형 클라우드 컴퓨팅 플랫폼은?

① N2OS
② PaaS-TA
③ KAWS
④ Metaverse

전문가의 조언 | 문제에 제시된 내용은 PaaS-TA에 대한 설명입니다.

92. 특정 사이트에 매우 많은 ICMP Echo를 보내면, 이에 대한 응답(Respond)을 하기 위해 시스템 자원을 모두 사용해 버려 시스템이 정상적으로 동작하지 못하도록 하는 공격방법은?

① Role-Based Access Control
② Ping Flood
③ Brute-Force
④ Trojan Horses

전문가의 조언 | 문제에 제시된 내용은 Ping Flood(핑 홍수)에 대한 설명입니다.

93. 다음이 설명하는 용어로 옳은 것은?

- 오픈 소스를 기반으로 한 분산 컴퓨팅 플랫폼이다.
- 일반 PC급 컴퓨터들로 가상화된 대형 스토리지를 형성한다.
- 다양한 소스를 통해 생성된 빅데이터를 효율적으로 저장하고 처리한다.

① 하둡(Hadoop)
② 비컨(Beacon)
③ 포스퀘어(Foursquare)
④ 맴리스터(Memristor)

전문가의 조언 | 문제의 지문에 제시된 내용은 하둡(Hadoop)에 대한 설명입니다.

94. 다음 설명에 해당하는 공격 기법은?

시스템 공격 기법 중 하나로 허용 범위 이상의 ICMP 패킷을 전송하여 대상 시스템의 네트워크를 마비시킨다.

① Ping of Death
② Session Hijacking
③ Piggyback Attack
④ XSS

전문가의 조언 | 허용 범위 이상의 ICMP 패킷을 전송하여 대상 시스템의 네트워크를 마비시키는 공격 기법은 죽음의 핑(Ping of Death)입니다.

95. 다음이 설명하는 IT 기술은?

- 컨테이너 응용 프로그램의 배포를 자동화하는 오픈소스 엔진이다.
- 소프트웨어 컨테이너 안에 응용 프로그램들을 배치시키는 일을 자동화해 주는 오픈 소스 프로젝트이자 소프트웨어로 볼 수 있다.

① Stack Guard
② Docker
③ Cipher Container
④ Scytale

전문가의 조언 | 지문의 설명에 해당하는 IT 기술은 도커(Docker)입니다.

152섹션 3필드

96. DES는 몇 비트의 암호화 알고리즘인가?

① 8
② 24
③ 64
④ 132

전문가의 조언 | 암호화 알고리즘이 몇 비트냐고 묻는 것은 한 번에 암호화하는 블록의 크기를 묻는 것입니다. DES(Data Encryption Standard)의 블록 크기는 64비트입니다.

145섹션 2필드

99. 정보 보안의 3대 요소에 해당하지 않는 것은?

① 사용성
② 기밀성
③ 가용성
④ 무결성

전문가의 조언 | 정보 보안의 3대 요소는 기밀성, 무결성, 가용성입니다.

130섹션 4필드

97. 간트 차트(Gantt Chart)에 대한 설명으로 틀린 것은?

① 프로젝트를 이루는 소작업 별로 언제 시작되고 언제 끝나야 하는지를 한 눈에 볼 수 있도록 도와준다.
② 자원 배치 계획에 유용하게 사용된다.
③ CPM 네트워크로부터 만드는 것이 가능하다.
④ 수평 막대의 길이는 각 작업(Task)에 필요한 인원수를 나타낸다.

전문가의 조언 | 간트 차트(Gantt Chart)에서 수평 막대의 길이는 각 작업(Task)의 기간을 나타냅니다.

152섹션 3필드

100. 공개키 암호화 방식에 대한 설명으로 옳지 않은 것은?

① 대표적으로 RSA 기법이 있다.
② 키의 분배가 용이하다.
③ 사용자가 증가할수록 관리해야 할 키의 수가 많아진다.
④ 알고리즘이 복잡하고 암호화와 복호화 속도가 느리다.

전문가의 조언 | 공개키 암호화 방식은 관리해야 할 키의 개수가 적습니다.

1섹션 4필드

98. 소프트웨어 생명 주기 모형 중 Spiral Model에 대한 설명으로 틀린 것은?

① 비교적 대규모 시스템에 적합하다.
② 개발 순서는 계획 및 정의, 위험 분석, 공학적 개발, 고객 평가 순으로 진행된다.
③ 소프트웨어를 개발하면서 발생할 수 있는 위험을 관리하고 최소화하는 것을 목적으로 한다.
④ 계획, 설계, 개발, 평가의 개발 주기가 한 번만 수행된다.

전문가의 조언 | 나선형 모델(Spiral Model)은 계획 수립, 위험 분석, 개발 및 검증, 고객 평가 과정을 반복하며 수행하는 개발 방법론입니다.

정답 : 90.② 91.② 92.② 93.① 94.① 95.② 96.③ 97.④ 98.④ 99.① 100.③

2025년 1회 정보처리기사 필기

1과목 소프트웨어 설계

127섹션 4필드

1. CASE에 대한 설명으로 옳지 않은 것은?
① 소프트웨어 모듈의 재사용성이 향상된다.
② 자동화된 기법을 통해 소프트웨어 품질이 향상된다.
③ 소프트웨어 사용자들이 소프트웨어 사용 방법을 신속히 숙지할 수 있도록 개발된 자동화 패키지이다.
④ 소프트웨어 유지보수를 간편하게 수행할 수 있다.

전문가의 조언 | CASE는 요구사항 분석을 위한 자동화 도구로, 사용 방법의 신속한 숙지와는 무관합니다.

23섹션 1필드

2. GoF(Gangs of Four) 디자인 패턴 분류에 해당하지 않는 것은?
① 생성 패턴
② 객체 패턴
③ 행위 패턴
④ 구조 패턴

전문가의 조언 | GoF의 디자인 패턴은 생성 패턴, 구조 패턴, 행위 패턴으로 분류됩니다.

7섹션 3필드

3. 데이터 흐름도(DFD)의 구성 요소에 포함되지 않는 것은?
① Process
② Data Flow
③ Data Store
④ Data Dictionary

전문가의 조언 | • Data Dictionary(자료 사전)는 데이터(자료) 흐름도의 구성 요소가 아닙니다.
• 데이터(자료) 흐름도의 구성 요소에는 프로세스(Process), 자료 흐름(Data Flow), 자료 저장소(Data Store), 단말(Terminator)이 있습니다.

27섹션 1필드

4. 미들웨어(Middleware)에 대한 설명으로 틀린 것은?
① 여러 운영체제에서 응용 프로그램들 사이에 위치한 소프트웨어이다.
② 미들웨어의 서비스 이용을 위해 사용자가 정보 교환 방법 등의 내부 동작을 쉽게 확인할 수 있어야 한다.
③ 소프트웨어 컴포넌트를 연결하기 위한 준비된 인프라 구조를 제공한다.
④ 여러 컴포넌트를 1 대 1, 1 대 다, 다 대 다 등 여러 가지 형태로 연결이 가능하다.

전문가의 조언 | 사용자가 미들웨어의 내부 동작을 확인하려면 별도의 응용 소프트웨어를 사용해야 하므로, 사용자가 미들웨어의 내부 동작을 확인하기는 쉽지 않습니다.

19섹션 3필드

5. 럼바우의 객체 지향 분석기법에서 시간의 흐름에 따라 변하는 객체들 사이의 제어흐름, 상호작용, 연산순서 등의 동적인 행위를 상태 다이어그램으로 나타낸 것은?
① 객체 모델링
② 기능 모델링
③ 동적 모델링
④ 정적 모델링

전문가의 조언 | 럼바우의 객체 지향 분석기법에서 시간의 흐름에 따라 변하는 객체들 사이의 동적인 행위를 상태 다이어그램으로 나타낸 것은 동적 모델링입니다.
• 객체 모델링(Object Modeling) : 정보 모델링이라고도 하며, 시스템에서 요구되는 객체를 찾아내어 속성과 연산 식별 및 객체들 간의 관계를 규정하여 객체 다이어그램으로 표시하는 것
• 기능 모델링(Functional Modeling) : 자료 흐름도(DFD)를 이용하여 다수의 프로세스들 간의 자료 흐름을 중심으로 처리 과정을 표현한 모델링

18섹션 2필드

6. 객체에게 어떤 행위를 하도록 지시하는 명령은?
① Class
② Package
③ Object
④ Message

전문가의 조언 | 객체에게 어떤 행위를 하도록 지시하는 명령은 Message(메시지)입니다.
• Class(클래스) : 공통된 속성과 연산(행위)을 갖는 객체의 집합으로, 객체의 일반적인 타입(Type)
• Instance(인스턴스) : 클래스에 속한 각각의 객체
• Object(객체) : 데이터와 데이터를 처리하는 함수를 묶어 놓은(캡슐화한) 하나의 소프트웨어 모듈

25섹션 5필드

7. 검토 회의 전에 요구사항 명세서를 미리 배포하여 사전 검토한 후 짧은 검토 회의를 통해 오류를 조기에 검출하는데 목적을 두는 요구 사항 검토 방법은?
① 빌드 검증
② 동료검토
③ 워크스루
④ 개발자검토

전문가의 조언 | 문제에서 설명하는 요구사항 검토 방법은 워크스루(Walk Through)입니다.
• 동료검토(Peer Review) : 요구사항 명세서 작성자가 명세서 내용을 직접 설명하고 동료들이 이를 들으면서 결함을 발견하는 형태의 검토 방법

20섹션 2필드

8. 결합도(Coupling) 단계를 약한 순서에서 강한 순서로 가장 옳게 표시한 것은?

① Stamp → Data → Control → Common → Content
② Control → Data → Stamp → Common → Content
③ Content → Stamp → Control → Common → Data
④ Data → Stamp → Control → Common → Content

전문가의 조언 | 결합도 단계를 약한 순서에서 강한 순서로 가장 옳게 나열한 것은 ④번입니다.

8섹션 2필드

9. HIPO(Hierarchy Input Process Output)에 대한 설명으로 거리가 먼 것은?

① 상향식 소프트웨어 개발을 위한 문서화 도구이다.
② HIPO 차트 종류에는 가시적 도표, 총체적 도표, 세부적 도표가 있다.
③ 기능과 자료의 의존 관계를 동시에 표현할 수 있다.
④ 보기 쉽고 이해하기 쉽다.

전문가의 조언 | HIPO는 시스템의 분석 및 설계나 문서화할 때 사용되는 기법으로, 하향식 소프트웨어 개발을 위한 문서화 도구입니다.

18섹션 7필드

10. 객체지향 기법에서 클래스들 사이의 '부분-전체(Part-Whole)' 관계 또는 '부분(is-a-part-of)'의 관계로 설명되는 연관성을 나타내는 용어는?

① 일반화   ② 추상화
③ 캡슐화   ④ 집단화

전문가의 조언 | 클래스들 사이의 '부분-전체(Part-Whole)' 관계 또는 '부분(is-a-part-of)'의 관계와 같이 하나의 사물이 다른 사물에 포함되어 있는 관계를 집합 또는 집단 관계라고 합니다.

19섹션 3필드

11. 럼바우(Rumbaugh) 분석기법에서 정보 모델링이라고도 하며, 시스템에서 요구되는 객체를 찾아내어 속성과 연산 식별 및 객체들 간의 관계를 규정하여 다이어그램을 표시하는 모델링은?

① Object   ② Dynamic
③ Function   ④ Static

전문가의 조언 | 정보 모델링이라고 불리는 럼바우 분석 기법의 모델링은 객체 모델링(Object Modeling)입니다.

3섹션 1필드

12. XP(eXtreme Programming)에 대한 설명으로 틀린 것은?

① XP는 빠른 개발을 위해 단순함을 포기한다.
② 변화에 대응하기 보다는 변화에 반응하는 것에 더 가치를 둔다.
③ 스파이크 솔루션은 기술 문제가 발생한 경우 이를 해결하기 위해 사용한다.
④ 짝 프로그램(Pair Programming)은 독립적으로 코딩할 때보다 더 나은 환경을 조성한다.

전문가의 조언 | XP는 단순한 설계를 통해 소프트웨어를 빠르게 개발하는 것을 목적으로 합니다.

9섹션 4필드

13. UML 모델에서 사용하는 Structural Diagram에 속하지 않은 것은?

① Class Diagram   ② Object Diagram
③ Component Diagram   ④ Activity Diagram

전문가의 조언 | 활동 다이어그램(Activity Diagram)은 행위 다이어그램(Behavioral Diagram)에 속합니다.

18섹션 3필드

14. 객체 지향 개념 중 하나 이상의 유사한 객체들을 묶어 공통된 특성을 표현한 데이터 추상화를 의미하는 것은?

① Method   ② Class
③ Field   ④ Message

전문가의 조언 | 하나 이상의 유사한 객체들을 묶어 공통된 특성을 표현한 데이터 추상화를 클래스(Class)라고 합니다.

11섹션 1필드

15. 소프트웨어 개발 영역을 결정하는 요소 중 다음 사항과 관계있는 것은?

- 소프트웨어에 의해 간접적으로 제어되는 장치와 소프트웨어를 실행하는 하드웨어
- 기존의 소프트웨어와 새로운 소프트웨어를 연결하는 소프트웨어
- 순서적 연산에 의해 소프트웨어를 실행하는 절차

① 기능(Function)   ② 성능(Performance)
③ 제약조건(Constraint) ④ 인터페이스(Interface)

전문가의 조언 | 문제의 지문에서 설명하는 요소는 인터페이스(Interface)입니다.

23섹션 3필드

16. 디자인 패턴 중 Singleton에 대한 설명으로 옳은 것은?

① 하나의 객체를 생성하면 생성된 객체를 어디서든 참조할 수 있지만, 여러 프로세스가 동시에 참조할 수는 없는 패턴이다.
② 원본 객체를 복제하는 방법으로 객체를 생성하는 패턴이다.
③ 여러 객체를 가진 복합 객체와 단일 객체를 구분 없이 다루고자 할 때 사용하는 패턴이다.
④ 수많은 객체들 간의 복잡한 상호작용을 캡슐화하여 객체로 정의하는 패턴이다.

전문가의 조언 | Singleton 패턴에 대한 설명으로 옳은 것은 ①번입니다.
- ②번은 프로토타입, ③번은 컴포지트(Composite), ④번은 중재자(Mediator) 패턴에 대한 설명입니다.

23섹션 2필드

17. 디자인 패턴을 이용한 소프트웨어 재사용으로 얻어지는 장점이 아닌 것은?

① 소프트웨어 코드의 품질을 향상시킬 수 있다.
② 개발 프로세스를 무시할 수 있다.
③ 개발자들 사이의 의사소통을 원활하게 할 수 있다.
④ 소프트웨어의 품질과 생산성을 향상시킬 수 있다.

전문가의 조언 | 디자인 패턴을 이용한다고 하더라도 기존의 개발 프로세스를 무시할 수는 없습니다.

12섹션 3필드

18. 다음 내용이 설명하는 UI 설계 도구는?

- 디자인, 사용 방법 설명, 평가 등을 위해 실제 화면과 유사하게 만든 정적인 형태의 모형
- 시각적으로만 구성 요소를 배치하는 것으로 일반적으로 실제로 구현되지는 않음

① 스토리보드(Storyboard)
② 목업(Mockup)
③ 프로토타입(Prototype)
④ 유스케이스(Usecase)

전문가의 조언 | 문제의 지문에 제시된 내용은 목업(Mockup)의 특징입니다.
- **스토리보드** : 와이어프레임에 콘텐츠에 대한 설명, 페이지 간 이동 흐름 등을 추가한 문서
- **프로토타입** : 와이어프레임이나 스토리보드 등에 인터랙션을 적용함으로써 실제 구현된 것처럼 테스트가 가능한 동적인 형태의 모형
- **유스케이스** : 사용자 측면에서의 요구사항

10섹션 1필드

19. 유스케이스 다이어그램(UseCase Diagram)에 관련된 내용으로 틀린 것은?

① 시스템과 상호 작용하는 외부 시스템은 액터로 파악해서는 안된다.
② 유스케이스는 사용자 측면에서의 요구사항으로, 사용자가 원하는 목표를 달성하기 위해 수행할 내용을 기술한다.
③ 시스템 액터는 다른 프로젝트에서 이미 개발되어 사용되고 있으며, 본 시스템과 데이터를 주고받는 등 서로 연동되는 시스템을 말한다.
④ 액터가 인식할 수 없는 시스템 내부의 기능을 하나의 유스케이스로 파악해서는 안된다.

전문가의 조언 | 시스템과 상호작용하는 모든 외부 요소를 액터라고 합니다.

6섹션 3필드

20. 요구사항 개발 프로세스의 순서로 옳은 것은?

| ㉠ 도출(Elicitation) | ㉡ 분석(Analysis) |
| ㉢ 명세(Specification) | ㉣ 확인(Validation) |

① ㉠ → ㉡ → ㉢ → ㉣
② ㉠ → ㉢ → ㉡ → ㉣
③ ㉠ → ㉣ → ㉡ → ㉢
④ ㉠ → ㉡ → ㉣ → ㉢

전문가의 조언 | 요구사항 개발 프로세스는 '도출 → 분석 → 명세 → 확인' 순으로 수행됩니다.

2과목 소프트웨어 개발

49섹션 6필드

21. 다음 중 테스트 오라클의 종류에 해당하지 않는 것은?

① 샘플링 오라클
② 일관성 검사 오라클
③ 토탈 오라클
④ 휴리스틱 오라클

전문가의 조언 | 토탈 오라클은 테스트 오라클의 종류가 아닙니다.
- 테스트 오라클의 종류에는 참(True), 샘플링(Sampling), 추정(Heuristic), 일관성(Consistent) 검사 오라클이 있습니다.

22. 다음 중 코드 커버리지 분석 도구가 아닌 것은?

① Cobertura
② CSS
③ Jacoco
④ Clover

전문가의 조언 | CSS(Cascading Style Sheets)는 HTML 등의 마크업 언어가 실제로 웹사이트에 표시되는 방법을 기술하는 스타일 언어입니다.

23. 위험 모니터링의 의미로 옳은 것은?

① 위험을 이해하는 것
② 첫 번째 조치로 위험을 피할 수 있도록 하는 것
③ 위험 발생 후 즉시 조치하는 것
④ 위험 요소 징후들에 대하여 계속적으로 인지하는 것

전문가의 조언 | 'Monitoring'은 '감시하는 것'을 의미하며, '감시'는 '경계하며 지켜본다'는 의미를 갖습니다. 즉 위험 모니터링(Monitoring)은 위험 요소 징후들에 대하여 계속적으로 인지하는 것입니다.

24. 다음 트리를 전위 순회(Preorder Traversal)한 결과는?

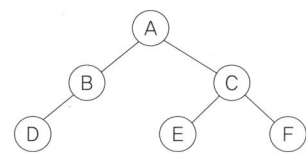

① A B D C E F
② D B A E C F
③ D B E F C A
④ A B C D E F

전문가의 조언 | 먼저 서브 트리를 하나의 노드로 생각할 수 있도록 서브 트리 단위로 묶습니다.

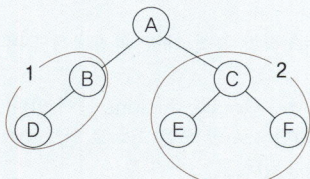

❶ Preorder는 Root → Left → Right 이므로 A12가 됩니다.
❷ 1은 BD이므로 ABD2가 됩니다.
❸ 2는 CEF이므로 ABDCEF가 됩니다.

25. 블랙박스 검사에 대한 설명으로 옳지 않은 것은?

① 인터페이스 결함, 성능 결함, 초기화와 종료 이상 결함 등을 찾아낸다.
② 각 기능별로 적절한 정보 영역을 정하여 적합한 입력에 대한 출력의 정확성을 점검한다.
③ 블랙박스 검사는 기능 검사라고도 한다.
④ 조건 검사, 루프 검사, 데이터 흐름 검사 등의 유형이 있다.

전문가의 조언 | • 조건 검사, 루프 검사, 데이터 흐름 검사는 화이트박스 테스트의 유형에 해당합니다.
• 블랙박스 테스트의 유형에는 동치 분할 검사, 경계값 분석, 원인-효과 그래프 검사, 오류 예측 검사, 비교 검사 등이 있습니다.

26. 정형 기술 검토의 지침 사항으로 틀린 것은?

① 제품의 검토에만 집중한다.
② 문제 영역을 명확히 표현한다.
③ 참가자의 수를 제한하고 사전 준비를 강요한다.
④ 논쟁이나 반박을 제한하지 않는다.

전문가의 조언 | 정형 기술 검토(FTR)는 소프트웨어 기술자에 의해 수행되는 소프트웨어 품질 보증 활동으로, 논쟁이나 반박을 제한해야 합니다.

27. 통합 개발 환경(IDE)에 대한 설명으로 옳지 않은 것은?

① 프로그램 개발과 관련된 모든 작업을 하나의 프로그램에서 처리할 수 있도록 제공하는 소프트웨어적인 개발 환경을 말한다.
② 통합 개발 환경 도구의 기능에는 코딩, 컴파일, 디버깅 등이 있다.
③ C, JAVA 등의 다양한 프로그래밍 언어로 프로그램을 작성하는 기능을 지원한다.
④ Python과 같은 인터프리터 언어로 프로그램을 작성하는 기능은 지원하지 않는다.

전문가의 조언 | 통합 개발 환경(IDE)은 Python과 같은 인터프리터 언어로 프로그램을 작성하는 기능도 지원합니다.

28. 소프트웨어 설치 매뉴얼에 기본적으로 포함되어야 할 사항이 아닌 것은?
① 소프트웨어 개요
② 소프트웨어 설치 관련 파일
③ 소프트웨어 개발 비용
④ 소프트웨어 설치 및 삭제

> 전문가의 조언 | 설치 매뉴얼의 기본적인 포함 사항에는 소프트웨어 개요, 설치 관련 파일, 설치 아이콘, 프로그램 삭제, 관련 추가 정보 등이 있습니다.

29. 소프트웨어 재공학의 주요 활동 중 기존 소프트웨어 시스템을 새로운 기술 또는 하드웨어 환경에서 사용할 수 있도록 변환하는 작업을 의미하는 것은?
① Analysis
② Migration
③ Restructuring
④ Reverse Engineering

> 전문가의 조언 | 기존 소프트웨어 시스템을 새로운 기술 또는 하드웨어 환경에서 사용할 수 있도록 변환하는 작업을 이식(Migration)이라고 합니다.

30. 데이터베이스의 3층 스키마 중 모든 응용 시스템과 사용자들이 필요로 하는 데이터를 통합한 조직 전체의 데이터 베이스 구조를 논리적으로 정의하는 스키마는?
① 내부 스키마
② 개념 스키마
③ 외부 스키마
④ 동적 스키마

> 전문가의 조언 | 문제에 제시된 내용은 개념 스키마에 대한 설명입니다.
> • 내부 스키마 : 물리적 저장장치의 입장에서 본 데이터베이스 구조로서, 실제로 데이터베이스에 저장될 레코드의 형식을 정의하고 저장 데이터 항목의 표현 방법, 내부 레코드의 물리적 순서 등을 나타냄
> • 외부 스키마 : 사용자나 응용 프로그래머가 각 개인의 입장에서 필요로 하는 데이터베이스의 논리적 구조를 정의한 것

31. 스택(STACK)의 응용 분야로 거리가 먼 것은?
① 인터럽트의 처리
② 수식의 계산
③ 서브루틴의 복귀 번지 저장
④ 운영체제의 작업 스케줄링

> 전문가의 조언 | 작업 스케줄링에 사용되는 것은 큐(Queue)입니다.

32. 연결 리스트(Linked List)에 대한 설명으로 거리가 먼 것은?
① 노드의 삽입이나 삭제가 쉽다.
② 노드들이 포인터로 연결되어 검색이 빠르다.
③ 연결을 해주는 포인터(Pointer)를 위한 추가 공간이 필요하다.
④ 연결 리스트 중에서 중간 노드 연결이 끊어지면 그 다음 노드를 찾기 힘들다.

> 전문가의 조언 | 연결 리스트(Linked List)는 노드들이 포인터로 연결되어 포인터를 찾아가는 시간이 필요하므로 선형 리스트에 비해 검색 속도가 느립니다.

33. 소프트웨어의 개발 과정에서 소프트웨어의 변경 사항을 관리하기 위해 개발된 일련의 활동을 뜻하는 것은?
① 복호화
② 형상 관리
③ 저작권
④ 크랙

> 전문가의 조언 | 소프트웨어의 개발 과정에서 소프트웨어의 변경 사항을 관리하기 위해 개발된 일련의 활동을 형상 관리(SCM)라고 합니다.

34. 소프트웨어 품질 목표 중 쉽게 배우고 사용할 수 있는 정도를 나타내는 것은?
① Correctness
② Reliability
③ Usability
④ Integrity

> 전문가의 조언 | 쉽게 배우고 사용할 수 있는 정도를 나타내는 품질 특성은 사용성(Usability)입니다.

35. 빌드 자동화 도구에 대한 설명으로 틀린 것은?
① Gradle은 실행할 처리 명령들을 모아 태스크로 만든 후 태스크 단위로 실행한다.
② 빌드 자동화 도구는 지속적인 통합 개발 환경에서 유용하게 활용된다.
③ 빌드 자동화 도구에는 Ant, Gradle, Jenkins 등이 있다.
④ Jenkins는 Groovy를 기반으로 한 오픈 소스로 안드로이드 앱 개발 환경에서 사용된다.

> 전문가의 조언 | • Jenkins는 Java 기반 오픈소스 형태의 서버 서블릿 컨테이너에서 실행되는 서버 기반 도구입니다.
> • ④번은 Gradle에 대한 설명입니다.

36. 디지털 저작권 관리(DRM)의 기술 요소가 아닌 것은?
① 식별 기술
② 저작권 표현
③ 복호화 기술
④ 정책 관리 기술

전문가의 조언 | 디지털 저작권 관리(DRM)의 기술 요소에는 암호화, 키 관리, 암호화 파일 생성, 식별 기술, 저작권 표현, 정책 관리, 크랙 방지, 인증 등이 있습니다.

37. 소프트웨어 패키징에 대한 설명으로 틀린 것은?
① 패키징은 개발자 중심으로 진행한다.
② 신규 및 변경 개발소스를 식별하고, 이를 모듈화하여 상용제품으로 패키징한다.
③ 고객의 편의성을 위해 매뉴얼 및 버전관리를 지속적으로 한다.
④ 범용 환경에서 사용이 가능하도록 일반적인 배포 형태로 패키징이 진행된다.

전문가의 조언 | 소프트웨어 패키징은 개발자가 아니라 사용자를 중심으로 진행합니다.

38. 위험 관리의 일반적인 절차로 적합한 것은?
① 위험 식별 → 위험 분석 및 평가 → 위험 관리 계획 → 위험 감시 및 조치
② 위험 분석 및 평가 → 위험 식별 → 위험 관리 계획 → 위험 감시 및 조치
③ 위험 관리 계획 → 위험 감시 및 조치 → 위험 식별 → 위험 분석 및 평가
④ 위험 감시 및 조치 → 위험 식별 → 위험 분석 및 평가 → 위험 관리 계획

전문가의 조언 | 위험 관리의 일반적인 절차는 어떠한 위험이 있는지 먼저 식별하고, 그 위험을 분석한 후 이 위험을 어떻게 관리할 것인지 계획한 다음 위험에 대해 감시하고 조치를 취해야 합니다.

39. 버블 정렬을 이용한 오름차순 정렬시 다음 자료에 대한 1회전 후의 결과는?

9, 6, 7, 3, 5

① 6, 3, 5, 7, 9
② 6, 7, 3, 5, 9
③ 3, 5, 6, 7, 9
④ 6, 9, 7, 3, 5

전문가의 조언 | 버블 정렬은 주어진 파일에서 인접한 두 개의 레코드 키 값을 비교하여 그 크기에 따라 레코드 위치를 서로 교환하는 정렬 방식으로 다음과 같은 과정으로 진행됩니다.
- 초기상태 : 9, 6, 7, 3, 5
- 1회전
  6, 9, 7, 3, 5 → 6, 7, 9, 3, 5 → 6, 7, 3, 9, 5 → **6, 7, 3, 5, 9**
- 2회전
  6, 7, 3, 5, 9 → 6, 3, 7, 5, 9 → 6, 3, 5, 7, 9
- 3회전
  3, 6, 5, 7, 9 → 3, 5, 6, 7, 9
- 4회전
  3, 5, 6, 7, 9

40. 평가 점수에 따른 성적부여는 다음 표와 같다. 이를 구현한 소프트웨어를 경계 값 분석 기법으로 테스트 하고자 할 때 다음 중 테스트 케이스의 입력 값으로 옳지 않은 것은?

평가 점수	성적
80~100	A
60~79	B
0~59	C

① 59
② 80
③ 90
④ 101

전문가의 조언 | 경계값 분석 기법은 입력 조건의 경계값을 테스트 케이스로 선정하여 검사하는 기법으로, 성적이 분리되는 평가 점수의 경계값인 101, 100, 80, 79, 60, 59, 0, -1이 적절한 입력값에 해당됩니다.

정답 : 28.③ 29.② 30.② 31.④ 32.② 33.② 34.③ 35.④ 36.③ 37.① 38.① 39.② 40.③

3과목 데이터베이스 구축

74섹션 8필드
41. 분산 데이터베이스에 대한 설명으로 옳지 않은 것은?
① 분산 데이터베이스는 논리적으로는 하나의 시스템에 속하지만 물리적으로는 여러 개의 컴퓨터 사이트에 분산되어 있다.
② 분산 설계 방법에는 테이블 위치 분산, 분할, 할당이 있다.
③ 비중복 할당은 최적의 노드를 선택해서 분산 데이터베이스의 단일 노드에서만 분할이 존재하도록 하는 것이다.
④ 수직 분할은 특정 속성의 값을 기준으로 행(Row) 단위로 분할하는 것이다.

전문가의 조언 | • 수직 분할은 데이터 컬럼(속성) 단위로 분할하는 것입니다.
• 특정 속성의 값을 기준으로 행(Row) 단위로 분할하는 것은 수평 분할입니다.

66섹션 1필드
42. 다음 관계 대수 중 순수 관계 연산자가 아닌 것은?
① SECTION ② PROJECT
③ DIVISION ④ JOIN

전문가의 조언 | • SECTION은 순수 관계 연산자가 아닙니다.
• 순수 관계 연산자에는 PROJECT, DIVISION, JOIN, SELECT가 있습니다.

74섹션 4필드
43. 데이터가 물리적으로 저장되어 있는 위치를 알 필요 없이 데이터베이스의 논리적인 명칭만으로 접근할 수 있는 것을 의미하는 분산 데이터베이스 목표는?
① Concurrency Transparency
② Failure Transparency
③ Location Transparency
④ Replication Transparency

전문가의 조언 | 문제에서 설명하는 분산 데이터베이스 목표는 위치 투명성(Location Transparency)입니다.
• **중복 투명성(Replication Transparency)** : 동일 데이터가 여러 곳에 중복되어 있더라도 사용자는 마치 하나의 데이터만 존재하는 것처럼 사용하고, 시스템은 자동으로 여러 자료에 대한 작업을 수행함
• **병행 투명성(Concurrency Transparency)** : 분산 데이터베이스와 관련된 다수의 트랜잭션들이 동시에 실현되더라도 그 트랜잭션의 결과는 영향을 받지 않음
• **장애 투명성(Failure Transparency)** : 트랜잭션, DBMS, 네트워크, 컴퓨터 장애에도 불구하고 트랜잭션을 정확하게 처리함

72섹션 2필드
44. 뷰에 대한 설명으로 틀린 것은?
① 뷰에 대한 사용자의 권한을 제한할 수 있다.
② 뷰 테이블에 행이나 열을 추가할 때에는 ALTER 문을 사용하여야 한다.
③ 뷰는 다른 뷰를 대상으로 설정될 수 있다.
④ 뷰 테이블은 물리적으로 구현된 것은 아니다.

전문가의 조언 | 한 번 생성한 뷰의 정의는 ALTER 문을 이용하여 변경할 수 없습니다. 뷰를 변경하려면 제거하고 다시 만들어야 합니다.

67섹션 5필드
45. 3NF에서 BCNF가 되기 위한 조건은?
① 이행적 함수 종속 제거
② 부분적 함수 종속 제거
③ 다치 종속 제거
④ 결정자이면서 후보키가 아닌 것 제거

전문가의 조언 | 제3정규형(3NF)에서 BCNF로 정규화하기 위해서는 모든 결정자가 후보키가 될 수 있도록 결정자가 후보키가 아닌 것을 제거해야 합니다.
• 이행적 함수 종속 제거 : 2NF → 3NF
• 부분적 함수 종속 제거 : 1NF → 2NF
• 다치 종속 제거 : BCNF → 4NF

67섹션 1필드
46. 관계 데이터베이스의 정규화에 대한 설명으로 옳지 않은 것은?
① 정규화를 거치지 않으면 여러 가지 상이한 종류의 정보를 하나의 릴레이션으로 표현하여 그 릴레이션을 조작할 때 이상(Anomaly) 현상이 발생할 수 있다.
② 정규화의 목적은 각 릴레이션에 분산된 종속성을 하나의 릴레이션에 통합하는 것이다.
③ 이상(Anomaly) 현상은 데이터들 간에 존재하는 함수 종속이 하나의 원인이 될 수 있다.
④ 정규화가 잘못되면 데이터의 불필요한 중복이 야기되어 릴레이션을 조작할 때 문제가 발생할 수 있다.

전문가의 조언 | 정규화하는 것은 각 릴레이션에 분산된 종속성을 하나의 릴레이션에 통합하는 것이 아니라 더 작은 테이블로 분해해 가면서 종속성을 제거하는 것입니다.

79섹션 2필드

47. SQL 명령 중 DDL에 해당하는 것으로만 짝지어진 것은?

① CREATE, ALTER, SELECT
② CREATE, UPDATE, DROP
③ CREATE, ALTER, DROP
④ DELETE, ALTER, DROP

> 전문가의 조언 | DDL에 해당하는 것으로만 짝지어진 것은 ③번입니다.
> • SELECT, UPDATE, DELETE는 DML(데이터 조작어)에 해당합니다.

73섹션 3필드

48. 다음 중 Hash 파티셔닝에 대한 설명으로 옳은 것을 모두 고른 것은?

> ㉠ 지정한 열의 값을 기준으로 범위를 지정하여 분할
> ㉡ 데이터를 고르게 분산할 때 유용
> ㉢ 데이터가 고른 컬럼에 효과적
> ㉣ 해시 함수를 이용하여 데이터 분할

① ㉠, ㉡, ㉢, ㉣
② ㉠, ㉡, ㉢
③ ㉠, ㉣
④ ㉡, ㉢, ㉣

> 전문가의 조언 | 문제의 지문에서 해시 분할(Hash Partitioning)에 대한 설명으로 옳은 것은 ㉡, ㉢, ㉣입니다.
> • ㉠은 범위 분할(Range Partitioning)에 대한 설명입니다.

83섹션 3필드

49. 다음 질의에 대한 SQL문은?

> 프로젝트번호(PNO) 1, 2, 3에서 일하는 사원의 주민등록번호(JUNO)를 검색하라. (단, 사원 테이블(WORKS)은 프로젝트번호(PNO), 주민등록번호(JUNO) 필드로 구성된다.)

① SELECT WORKS FROM JUNO WHERE PNO IN 1, 2, 3;
② SELECT WORKS FROM JUNO WHERE PNO ON 1, 2, 3;
③ SELECT JUNO FROM WORKS WHERE PNO IN (1, 2, 3);
④ SELECT JUNO FROM WORKS WHERE PNO ON (1, 2, 3);

> 전문가의 조언 | 문제의 지문에 제시된 질의에 대한 SQL문으로 옳은 것은 ③번입니다.
> • 주민등록번호(JUNO)를 검색하므로 **SELECT JUNO**입니다.
> • 〈사원(WORKS)〉 테이블을 대상으로 하므로 **FROM WORKS**입니다.
> • 프로젝트번호(PNO)가 1, 2, 3인 자료만을 대상으로 하므로 **WHERE PNO IN (1, 2, 3)**입니다.

66섹션 6필드

50. 릴레이션 R의 차수(Degree)가 3, 카디널리티(Cardinality)가 3, 릴레이션 S의 차수가 4, 카디널리티가 4일 때, 두 릴레이션을 카티션 프로덕트(Cartesian Product)한 결과 릴레이션의 차수와 카디널리티는?

① 4, 4
② 7, 7
③ 7, 12
④ 12, 12

> 전문가의 조언 | 카티션 프로덕트(Cartesian Product), 즉 교차곱은 두 릴레이션의 차수(Degree, 속성의 수)는 더하고, 카디널리티(튜플의 수)는 곱하면 됩니다.
> • 차수는 3 + 4 = 7이고, 카디널리티는 3 × 4 = 12입니다.

143섹션 1필드

51. 트랜잭션을 수행하는 도중 장애로 인해 손상된 데이터베이스를 손상되기 이전의 정상적인 상태로 복구시키는 작업은?

① Recovery
② Restart
③ Commit
④ Abort

> 전문가의 조언 | 손상된 데이터베이스를 손상되기 이전의 정상적인 상태로 복구시키는 작업을 회복(Recovery)이라고 합니다.

83섹션 4필드

52. 다음 표와 같은 판매실적 테이블에서 서울지역에 한하여 판매액 내림차순으로 지점명과 판매액을 출력하고자 한다. 가장 적절한 SQL 구문은?

[테이블명 : 판매실적]

도시	지점명	판매액
서울	강남 지점	330
서울	강북 지점	168
광주	광주 지점	197
서울	강서 지점	158
서울	강동 지점	197
대전	대전 지점	165

① SELECT 지점명, 판매액 FROM 판매실적
   WHERE 도시= "서울"
   ORDER BY 판매액 DESC;
② SELECT 지점명, 판매액 FROM 판매실적
   ORDER BY 판매액 DESC;
③ SELECT 지점명, 판매액 FROM 판매실적
   WHERE 도시= "서울" ASC;
④ SELECT * FROM 판매실적
   WHEN 도시= "서울"
   ORDER BY 판매액 DESC;

전문가의 조언 | 문제에 제시된 질의에 대한 SQL문으로 옳은 것은 ①번입니다.
- '지점명'과 '판매액'을 출력하므로 SELECT 지점명, 판매액입니다.
- 〈판매실적〉 테이블을 대상으로 하므로 FROM 판매실적입니다.
- "서울" 지역에 한하므로 WHERE 도시='서울'입니다.
- '판매액'을 기준으로 내림차순으로 출력하므로 ORDER BY 판매액 DESC입니다.

64섹션 6필드

53. 다음 두 릴레이션에서 외래키로 사용된 것은?

> 제품(<u>제품코드</u>, 제품명, 단가, 구입처)
> 판매(<u>판매코드</u>, 판매처, 제품코드, 수량)
> (단, 밑줄 친 속성은 기본키)

① 제품코드 ② 제품명
③ 판매코드 ④ 판매처

전문가의 조언 | • 두 릴레이션에 공통으로 존재하는 속성명은 '제품코드'입니다.
• 〈제품〉 릴레이션의 '제품코드'는 기본키 속성으로 동일한 속성값이 존재할 수 없고, 〈판매〉 릴레이션의 '제품코드'는 일반 속성으로 여러 속성값이 존재할 수 있으므로 〈판매〉 릴레이션의 '제품코드' 속성이 〈제품〉 릴레이션의 기본키 속성인 '제품코드'를 참조하는 외래키가 됩니다.

70섹션 3필드

54. 트랜잭션의 특성을 모두 나열한 것은?

㉠ Atomicity	㉡ Durability
㉢ Transparency	㉣ Portability
㉤ Consistency	㉥ Isolation

① ㉠, ㉡ ② ㉠, ㉡, ㉥
③ ㉠, ㉢, ㉤ ④ ㉠, ㉡, ㉤, ㉥

전문가의 조언 | 트랜잭션의 특성에는 Atomicity(원자성), Durability(영속성), Consistency(일관성), Isolation(독립성)이 있습니다.

143섹션 3필드

55. 데이터베이스에서 병행제어의 목적으로 틀린 것은?

① 시스템 활용도 최대화
② 사용자에 대한 응답시간 최소화
③ 데이터베이스 공유 최소화
④ 데이터베이스 일관성 유지

전문가의 조언 | 병행제어의 목적 중 하나는 데이터베이스 공유 최대화입니다.

64섹션 5필드

56. 릴레이션에 있는 모든 튜플에 대해 유일성은 만족시키지만 최소성은 만족시키지 못하는 키는?

① 후보키 ② 기본키
③ 슈퍼키 ④ 외래키

전문가의 조언 | 슈퍼키는 한 릴레이션 내에 있는 속성들의 집합으로 구성된 키로, 릴레이션을 구성하는 모든 튜플에 대해 유일성(Unique)은 만족시키지만, 최소성(Minimality)은 만족시키지 못합니다.
- **후보키**(Candidate Key) : 릴레이션을 구성하는 속성들 중에서 튜플을 유일하게 식별하기 위해 사용되는 속성들의 부분집합으로, 유일성과 최소성을 모두 만족함
- **기본키**(Primary Key) : 후보키 중에서 특별히 선정된 키로 중복된 값과 NULL 값을 가질 수 없음
- **외래키**(Foreign Key) : 다른 릴레이션의 기본키를 참조하는 속성 또는 속성들의 집합을 의미하며, 릴레이션 간의 관계를 표현할 때 사용함

63섹션 3필드

57. 관계형 데이터 모델의 릴레이션에 대한 설명으로 틀린 것은?

① 모든 속성 값은 원자 값을 갖는다.
② 한 릴레이션에 포함된 튜플은 모두 상이하다.
③ 한 릴레이션에 포함된 튜플 사이에는 순서가 없다.
④ 한 릴레이션을 구성하는 속성 사이에는 순서가 존재한다.

전문가의 조언 | 릴레이션 스키마를 구성하는 속성들 간의 순서는 중요하지 않으며, 특별한 순서가 없습니다.

84섹션 1필드

58. SQL 구문에서 "having" 절은 반드시 어떤 구문과 사용되어야 하는가?

① GROUP BY ② ORDER BY
③ UPDATE ④ JOIN

전문가의 조언 | HAVING은 특정 속성을 기준으로 그룹화하여 검색할 때 그룹에 대한 조건을 지정하는 절로 GROUP BY와 함께 사용합니다.

59. 관계형 데이터베이스의 제약 조건 중 개체 무결성과 참조 무결성을 설명하는 아래의 표에 들어갈 내용으로 적합하지 않은 것은?

구분	제약 조건	
	개체 무결성	참조 무결성
제약 대상	①	②
키	③	④

① 테이블
② 속성, 튜플
③ 기본키
④ 외래키

전문가의 조언 | 개체 무결성은 기본키인 속성의 값을 제약하고, 참조 무결성은 외래키인 속성의 값을 제약하므로, ①, ②번 모두 속성 또는 속성, 튜플이 들어가야 합니다.

60. SQL의 TRUNCATE 명령어에 대한 설명으로 옳지 않은 것은?
① DELETE와 같이 테이블의 모든 데이터를 삭제한다.
② DROP과 달리 테이블 스키마는 제거되지 않고 유지된다.
③ DELETE에 비해 빠르게 데이터를 제거하는 것이 가능하다.
④ DELETE와 동일하게 ROLLBACK 명령어로 삭제된 데이터를 되살릴 수 있다.

전문가의 조언 | DELETE 명령어로 삭제한 데이터는 ROLLBACK 명령어로 되살릴 수 있지만 TRUNCATE 명령어로 삭제한 데이터는 되살릴 수 없습니다.

4과목 프로그래밍 언어 활용

61. 다음 중 C언어의 변수명으로 사용할 수 없는 것은?
① text_01
② Kim
③ _2for
④ union

전문가의 조언 | union은 공유 자료형을 의미하는 예약어이므로 변수명으로 사용할 수 없습니다.

62. 다음 중 JAVA의 비교 연산자가 아닌 것은?
① >
② ||
③ ==
④ !=

전문가의 조언 | ||는 두 개의 논리값 중 하나라도 참이면 참을 결과로 얻는 논리 연산자입니다.

63. 다음 중 JAVA에서 우선 순위가 가장 높은 연산자는?
① %
② ^
③ ==
④ <<

전문가의 조언 |
• 보기에 제시된 연산자 중 우선 순위가 가장 높은 것은 %입니다.
• 보기에 제시된 연산자를 우선 순위가 높은 것에서 낮은 것 순으로 나열하면, 산술 연산자(%) → 시프트 연산자(<<) → 관계 연산자(==) → 비트 연산자(^) 순입니다.

64. 다음 중 JAVA에서 정수형으로 사용할 수 없는 자료형은?
① long
② short
③ double
④ byte

전문가의 조언 | double 실수형 데이터 타입입니다.

65. 다음 중 JAVA에서 예외 처리를 위한 기본 형식에 사용되는 예약어가 아닌 것은?
① try
② finally
③ catch
④ continue

전문가의 조언 | continue는 반복문의 실행을 제어하기 위해 사용되는 예약어로, continue 이후의 문장을 실행하지 않고 제어를 반복문의 처음으로 옮깁니다.

66. 순차 파일에 대한 설명으로 옳지 않은 것은?

① DASD(Direct Access Storage Device)의 물리적 주소를 통하여 파일의 각 레코드에 직접 접근한다.
② 레코드들이 순차적으로 처리되므로 대화식 처리보다 일괄 처리에 적합하다.
③ 연속적인 레코드의 저장에 의해 레코드 사이에 빈 공간이 존재하지 않으므로 기억 장치의 효율적인 이용이 가능하다.
④ 매체 변환이 쉬워 어떠한 매체에도 적용할 수 있다.

> **전문가의 조언** | • 순차 파일은 SASD(Sequential Access Storage Device)을 사용하여 원하는 레코드에 접근하기 위해 처음부터 순서대로 접근합니다.
> • DASD(Direct Access Storage Device)를 사용하는 것은 직접 파일입니다.

67. IPv6에 대한 특성으로 틀린 것은?

① 표시방법은 8비트씩 4부분의 10진수로 표시한다.
② 2^{128}개의 주소를 표현할 수 있다.
③ 등급별, 서비스별로 패킷을 구분할 수 있어 품질보장이 용이하다.
④ 확장기능을 통해 보안기능을 제공한다.

> **전문가의 조언** | IPv6는 16비트씩 8부분, 총 128비트로 구성되어 있으며 각 부분을 16진수로 표현합니다.

68. 다음 C언어 프로그램이 실행되었을 때의 결과는?

```c
#include <stdio.h>
int main(int argc, char *argv[ ]) {
    int a[2][2] = {{11, 22}, {44, 55}};
    int i, sum = 0;
    int *p;
    p = a[0];
    for(i = 1; i < 4; i++)
        sum += *(p + i);
    printf("%d", sum);
    return 0;
}
```

① 55
② 77
③ 121
④ 132

> **전문가의 조언** | 코드의 실행 결과는 121이고, 사용된 코드의 의미는 다음과 같습니다.
>
> ```c
> #include <stdio.h>
> int main(int argc, char *argv[ ]) {
> ❶ int a[2][2] = {{11, 22}, {44, 55}};
> ❷ int i, sum = 0;
> ❸ int *p;
> ❹ p = a[0];
> ❺ for(i = 1; i < 4; i++)
> ❻     sum += *(p + i);
> ❼ printf("%d", sum);
> ❽ return 0;
> }
> ```
>
> ❶ 2행 2열의 요소를 갖는 정수형 2차원 배열 a를 선언하고 초기화한다.
>
> | a 배열 | a[0][0] | a[0][1] |
> |---|---|---|
> | | 11 | 22 |
> | | 44 | 55 |
> | | a[1][0] | a[1][1] |
>
> ❷ 정수형 변수 i, sum을 선언하고, sum을 0으로 초기화한다.
> ❸ 정수형 포인터 변수 p를 선언한다.
> ❹ p에 a배열의 a[0] 행의 시작 주소를 저장한다.
> ※ a[0]은 행의 첫 번째 요소(a[0][0])의 위치를 가리킵니다.
> ❺ 반복 변수 i가 1부터 1씩 증가하면서 4보다 작은 동안 ❻번을 반복 수행한다.
> ❻ sum에 p+i가 가리키는 곳의 값을 저장한다.
> • p는 a[0][0]을 가리키므로 숫자가 더해진 만큼 다음 값을 가리키게 된다. 즉, p+1은 a[0][1], p+2는 a[1][0], p+3은 a[1][1]을 가리킨다.
> ※ 반복문 실행에 따른 변수의 변화는 다음과 같다.
>
> | 반복횟수 | i | *(p+i) | sum |
> |---|---|---|---|
> | | | | 0 |
> | 1 | 1 | 22 | 22 |
> | 2 | 2 | 44 | 66 |
> | 3 | 3 | 55 | 121 |
> | 반복실행 안됨 | 4 | | |
>
> ❼ sum의 값을 정수로 출력한다.
> 결과 **121**
>
> ❽ 프로그램을 종료한다.

114섹션 4필드

69. 메모리 관리 기법 중 Worst fit 방법을 사용할 경우 10K 크기의 프로그램 실행을 위해서는 어느 부분에 할당되는가?

영역 번호	메모리 크기	사용 여부
NO.1	8K	FREE
NO.2	12K	FREE
NO.3	10K	IN USE
NO.4	20K	IN USE
NO.5	16K	FREE

① NO.2
② NO.3
③ NO.4
④ NO.5

전문가의 조언 | 최악 적합(Worst-Fit)은 데이터가 들어갈 수 있는 크기의 빈 영역 중에서 단편화를 가장 많이 남기는 분할 영역에 배치시키는 방법으로, 사용 여부가 FREE인 메모리 중 가장 메모리 크기가 큰 영역인 NO.5에 배치됩니다.

124섹션 6필드

70. 네트워크 장비에 대한 설명으로 옳지 않은 것은?

① 브라우터는 전송되는 신호가 전송 선로의 특성 및 외부 충격 등의 요인으로 인해 원래의 형태와 다르게 왜곡되거나 약해질 경우 원래의 신호 형태로 재생하여 다시 전송하는 역할을 수행한다.

② 브리지는 LAN과 LAN을 연결하거나 LAN 안에서의 컴퓨터 그룹을 연결하는 기능을 수행하며, 데이터 링크 계층 중 MAC 계층에서 사용된다.

③ 스위치는 LAN과 LAN을 연결하여 훨씬 더 큰 LAN을 만드는 장치로, OSI 7계층의 2계층에서 사용된다.

④ 라우터는 LAN과 LAN의 연결 기능에 데이터 전송의 최적 경로를 선택할 수 있는 기능이 추가된 것으로, 서로 다른 LAN이나 LAN과 WAN의 연결도 수행하고, OSI 7계층의 네트워크 계층에서 동작한다.

전문가의 조언 | ①번은 리피터(Repeater)에 대한 설명입니다.
• 브라우터(Brouter)는 브리지와 라우터의 기능을 모두 갖추고 있는 네트워크 장비입니다.

104섹션 2필드

71. 다음 C언어 프로그램이 실행되었을 때, 실행 결과는?

```
#include <stdio.h>
#include <stdlib.h>
int main(int argc, char* argv[ ]) {
    char str1[20] = "KOREA";
    char str2[20] = "LOVE";
    char* p1 = NULL;
    char* p2 = NULL;
    p1 = str1;
    p2 = str2;
    str1[1] = p2[2];
    str2[3] = p1[4];
    strcat(str1, str2);
    printf("%c", *(p1 + 2));
    return 0;
}
```

① E
② V
③ R
④ O

전문가의 조언 | 코드의 실행 결과는 R이고, 사용된 코드의 의미는 다음과 같습니다.

```
#include <stdio.h>
#include <stdlib.h>
int main(int argc, char* argv[ ]) {
❶   char str1[20] = "KOREA";
❷   char str2[20] = "LOVE";
❸   char* p1 = NULL;
❹   char* p2 = NULL;
❺   p1 = str1;
❻   p2 = str2;
❼   str1[1] = p2[2];
❽   str2[3] = p1[4];
❾   strcat(str1, str2);
❿   printf("%c", *(p1 + 2));
⓫   return 0;
}
```

❶ 20개의 요소를 갖는 문자형 배열 str1을 선언하고 "KOREA"로 초기화한다.

	[0]	[1]	[2]	[3]	[4]	[5]	…	[20]
str1	'K'	'O'	'R'	'E'	'A'	\0		

❷ 20개의 요소를 갖는 문자형 배열 str2를 선언하고 "LOVE"로 초기화한다.

	[0]	[1]	[2]	[3]	[4]	…	[20]
str2	'L'	'O'	'V'	'E'	\0		

❸ 문자형 포인터 변수 p1을 선언하고 NULL로 초기화한다.
❹ 문자형 포인터 변수 p2를 선언하고 NULL로 초기화한다.

❺ p1에 str1 배열의 시작 주소를 저장한다.

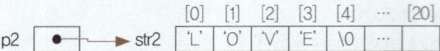

❻ p2에 str2 배열의 시작 주소를 저장한다.

❼ p2는 str2를 가리키므로 str2[2]의 값인 'V'를 str1[1]에 저장한다.

❽ p1은 str1을 가리키므로 str[4]의 값이 'A'를 str2[3]에 저장한다.

❾ str1의 문자열 뒤에 str2의 문자열을 이어붙인다.
- **strcat(문자배열A, 문자배열B)** : A 배열에 저장된 문자열의 마지막에 이어서 B 배열에 저장된 문자열을 이어붙인다.

❿ p1+2가 가리키는 곳의 값을 문자로 출력한다. p1은 str1 배열의 시작주소, 즉 str1[0]의 위치를 가리키므로, p1+2는 str1[0]의 다음 두 번째 요소인 'R'을 가리킨다.

결과 R

⓫ main( ) 함수에서의 'return 0'은 프로그램의 종료를 의미한다.

123섹션 6필드

72. OSI 7계층 중 네트워크 계층에 대한 설명으로 틀린 것은?
① 패킷을 발신지로부터 최종 목적지까지 전달하는 책임을 진다.
② 한 노드로부터 다른 노드로 프레임을 전송하는 책임을 진다.
③ 패킷에 발신지와 목적지의 논리 주소를 추가한다.
④ 라우터 또는 교환기는 패킷 전달을 위해 경로를 지정하거나 교환 기능을 제공한다.

전문가의 조언 | 네트워크 계층의 프로토콜 데이터 단위(PDU)는 패킷(Packet)입니다. PDU가 프레임(Frame)인 계층은 데이터 링크 계층입니다.

108섹션 3필드

73. 귀도 반 로섬(Guido van Rossum)이 발표한 언어로, 인터프리터 방식이자 객체지향적이며, 배우기 쉽고 이식성이 좋은 것이 특징인 스크립트 언어는?
① C++ ② JAVA
③ C#   ④ Python

전문가의 조언 | 문제에 제시된 내용은 파이썬(Python)에 대한 설명입니다.
- **C++** : C 언어에 객체지향 개념을 적용한 언어로, 모든 문제를 객체로 모델링하여 표현함
- **JAVA** : 썬 마이크로시스템즈에서 개발한 객체지향 언어로, 분산 네트워크 환경에 적용이 가능하고, 멀티스레드 기능을 제공하며, 운영체제 및 하드웨어에 독립적임
- **C#** : .Net 프레임워크의 한 부분으로 만들어진 C언어로, C++과 Visual Basic의 편의성을 결합함

116섹션 6필드

74. 페이지 부재율(Page Fault Ratio)과 스래싱(Thrashing)의 관계에 대한 설명 중 가장 옳은 것은?
① 페이지 부재율이 크면 스래싱이 많이 일어난 것이다.
② 페이지 부재율과 스래싱은 관계가 없다.
③ 다중 프로그래밍의 정도가 높아지면 페이지 부재율과 스래싱이 감소한다.
④ 스래싱이 많이 발생하면 페이지 부재율이 감소한다.

전문가의 조언 | 페이지 부재율은 프로그램 실행 시 참조할 페이지가 주기억장치에 없는 비율을 의미하는 것으로, 페이지 부재율이 크면 프로세스의 처리 시간보다 페이지 교체 시간이 더 많아지는 스래싱 현상이 많이 발생하게 됩니다.
- ②, ④ 페이지 부재율이 많이 발생하면 스래싱 현상이 증가합니다.
- ③ 다중 프로그래밍의 정도가 아주 높아지면 페이지 부재율과 스래싱이 증가합니다.

104섹션 2필드

75. 다음 C언어 프로그램이 실행되었을 때, 실행 결과는?

```
#include <stdio.h>
#include <stdlib.h>
int main(int argc, char* argv[]) {
    int arr[2][3] = { 1,2,3,4,5,6 };
    int (*p)[3] = NULL;
    p = arr;
    printf("%d, ", *(p[0] + 1) + *(p[1] + 2));
    printf("%d", *(*(p + 1) + 0) + *(*(p + 1) + 1));
    return 0;
}
```

① 7, 5 ② 8, 5
③ 8, 9 ④ 7, 9

전문가의 조언 | 코드 실행 결과는 **8, 9**이고, 사용된 코드의 의미는 다음과 같습니다.

```
#include <stdio.h>
#include <stdlib.h>
int main(int argc, char* argv[ ]) {
❶   int arr[2][3] = { 1,2,3,4,5,6 };
❷   int (*p)[3] = NULL;
❸   p = arr;
❹   printf("%d, ", *(p[0] + 1) + *(p[1] + 2));
❺   printf("%d", *(*(p + 1) + 0) + *(*(p + 1) + 1));
❻   return 0;
}
```

❶ 2행 3열의 요소를 갖는 정수형 2차원 배열 arr을 선언하고 초기화한다.

	[0][0]	[0][1]	[0][2]
arr	1	2	3
	4	5	6
	[1][0]	[1][1]	[1][2]

❷ 3개의 요소를 갖는 정수형 포인터 배열 p를 선언하고 NULL로 초기화한다.

❸ p에 arr의 주소를 저장한다.

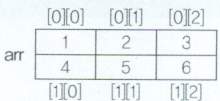

❹ printf("%d, ", *(p[0] + 1) + *(p[1] + 2));
                  ─────┬─────   ─────┬─────
                       ㉠   ㉡

- ㉠ : p[0]은 arr 배열의 첫 번째 행의 시작 주소를 가리키므로 여기에 1을 더한다는 것은 1행의 두 번째 열의 값 **2**를 가리키는 것이다.
- ㉡ : p[1]은 arr 배열의 두 번째 행의 시작 주소를 가리키므로 여기에 2를 더한다는 것은 2행의 세 번째 열의 값 **6**을 가리키는 것이다.
- ㉠의 값 2와 ㉡의 값 6을 더한 값 8을 정수로 출력한 후 이어서 쉼표(,)와 공백 한 칸을 출력한다.

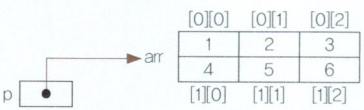

결과 **8,**

❺ printf("%d", *(*(p + 1) + 0) + *(*(p + 1) + 1));
                ─────┬─────   ─────┬─────
                     ㉠   ㉡

- 2차원 배열에서 배열명은 실제 값에 해당하는 요소가 아닌 첫 번째 행의 주소를 가리킨다. 즉, p 또는 arr은 배열의 첫 번째 요소인 1을 가리키는 것이 아닌 첫 번째 행 전체를 가리키므로 만약 두 번째 행을 1차원 배열의 포인터처럼 사용하려면 ❹번에서와 같이 p[1]을 사용하거나 *(p+1)을 사용해야 한다.

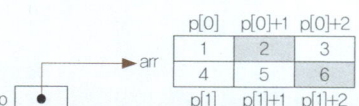

- ㉠ : *(p+1)은 arr 배열의 두 번째 행의 시작 주소를 가리키므로 여기에 0을 더한다는 것은 2행의 첫 번째 열의 값 **4**를 가리키는 것이다.
- ㉡ : *(p+1)은 arr 배열의 두 번째 행의 시작 주소를 가리키므로 여기에 1을 더한다는 것은 2행의 두 번째 열의 값 **5**를 가리키는 것이다.

- ㉠의 값 4와 ㉡의 값 5를 더한 값 9를 정수로 출력한다.

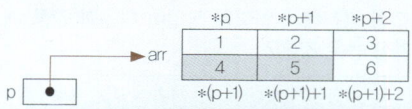

결과 **8, 9**

❻ main( ) 함수에서의 'return 0'은 프로그램의 종료를 의미한다.

> 99섹션 1필드

76. 다음 JAVA 프로그램이 실행되었을 때의 결과는?

```
public class Operator {
    public static void main(String[ ] args) {
        int x=5, y=0, z=0;
        y = x++;
        z = --x;
        System.out.print(x + ", " + y +", " +z);
    }
}
```

① 5, 5, 5   ② 5, 6, 5
③ 6, 5, 5   ④ 5, 6, 4

전문가의 조언 | 코드 실행 결과는 **5, 5, 5**이고, 사용된 코드의 의미는 다음과 같습니다.

```
public class Operator {
    public static void main(String[ ] args) {
❶       int x=5, y=0, z=0;
❷       y = x++;
❸       z = --x;
❹       System.out.print(x + ", " + y +", " +z);
    }
}
```

❶ 정수형 변수 x, y, z를 선언하고, 각각 5, 0, 0으로 초기화한다. (x=5, y=0, z=0)

❷ x는 후치 증가 연산자이므로, x의 값 5를 y에 저장한 후 x의 값을 1 증가시킨다. (x=6, y=5, z=0)

❸ x는 전치 감소 연산자이므로, x의 값을 1 감소시킨 후 x의 값 5를 z에 저장한다. (x=5, y=5, z=5)

❹ x, y, z의 값을 ", "으로 구분하여 출력한다.

결과 **5, 5, 5**

119섹션 3필드

77. HRN 스케줄링 방식에서 입력된 작업이 다음과 같을 때 우선순위가 가장 높은 것은?

작업	대기 시간	서비스(실행) 시간
A	5	20
B	40	20
C	15	45
D	20	2

① A ② B
③ C ④ D

전문가의 조언 | 우선순위가 가장 높은 작업은 D입니다. HRN 기법의 우선순위 공식은 '(대기 시간 + 서비스 시간) / (서비스 시간)'입니다.
- A 작업 : (5 + 20) / 20 = 1.25
- B 작업 : (40 + 20) / 20 = 3
- C 작업 : (15 + 45) / 45 = 1.33
- D 작업 : (20 + 2) / 2 = 11

계산된 숫자가 클수록 우선순위가 높습니다.

109섹션 2필드

78. C언어에서 문자열 처리 함수의 서식과 그 기능의 연결로 틀린 것은?

① strlen(s) – s의 길이를 구한다.
② strcpy(s1, s2) – s2를 s1으로 복사한다.
③ strcmp(s1, s2) – s1과 s2를 연결한다.
④ strrev(s) – s를 거꾸로 변환한다.

전문가의 조언 | strcmp는 s1과 s2에 저장된 문자열이 동일한지 비교하는 함수입니다. 함수명에는 함수의 용도를 의미하는 영문 약어가 포함돼 있습니다. ①번에는 길이를 의미하는 length가, ②번에는 복사를 의미하는 copy가, ③번에는 비교를 의미하는 compare가, ④번에는 반전을 의미하는 reverse가 약어로 포함되어 있습니다.

106섹션 2필드

79. 다음 파이썬 코드에서 '53t44'를 입력했을 때 출력 결과는?

```
a, b = map(int, input().split("t"));
print(a, b)
```

① 53 t 44 ② 53t44
③ 53 44   ④ 53, 44

전문가의 조언 | 코드의 출력 결과로 옳은 것은 ③번입니다. 사용된 코드의 의미는 다음과 같습니다.

❶ a, b = map(int, input().split("t"));
❷ print(a, b)

❶ input( ) 메소드로 입력받은 값을 "t"를 구분자로 하여 분리한 후 정수로 변환하여 a, b에 저장합니다. 문제에서 "53t44"를 입력하였으므로, "t"를 구분자로 53과 44가 분리된 후 정수로 변환되어 각각 a와 b에 저장된다.
- map( ) : 2개 이상의 값을 원하는 자료형으로 변환할 때 사용하는 함수
- input( ).split('분리문자')
  – 입력받은 값을 '분리문자'로 구분하여 반환한다.
  – '분리문자'를 생략하면 공백으로 값을 구분한다.

❷ a와 b를 출력한다. Python의 print( ) 메소드에서 2개 이상의 값을 출력할 때, sep 속성값을 정의하지 않으면 기본값이 공백이므로 다음과 같이 출력된다.

결과 `53 44`

115섹션 4필드

80. 4개의 페이지를 수용할 수 있는 주기억장치가 있으며, 초기에는 모두 비어 있다고 가정한다. 다음의 순서로 페이지 참조가 발생할 때, FIFO 페이지 교체 알고리즘을 사용할 경우 페이지 결함의 발생 횟수는?

페이지 참조 순서 : 1, 2, 3, 1, 2, 4, 5, 1

① 6회 ② 7회
③ 8회 ④ 9회

전문가의 조언 | 페이지 결함의 발생 횟수는 6회입니다. 4개의 페이지를 수용할 수 있는 주기억장치이므로 아래 그림과 같이 4개의 페이지 프레임으로 표현할 수 있습니다.

참조 페이지	1	2	3	1	2	4	5	1
페이지 프레임	1	1	1	1	1	1	5	5
		2	2	2	2	2	2	1
			3	3	3	3	3	3
						4	4	4
부재 발생	●	●	●			●	●	●

※ ● : 페이지 부재 발생

참조 페이지가 페이지 테이블에 없을 경우 페이지 결함(부재)이 발생됩니다. 초기에는 모든 페이지가 비어 있으므로 처음 1, 2, 3, 4 페이지 적재 시 페이지 결함이 발생됩니다. FIFO 기법은 가장 먼저 들어와 있던 페이지를 교체하는 기법이므로 참조 페이지 5를 참조할 때에는 0을 제거한 후 5를 가져오게 됩니다. 이러한 과정으로 모든 페이지에 대한 요구를 처리하고 나면 총 페이지 결함 발생 횟수는 6회입니다.

5과목 정보시스템 구축 관리

132섹션 3필드

81. 소프트웨어 개발 조직의 업무 능력 및 조직의 성숙도를 평가하는 것은?

① CMMI　　② LOC
③ AOE　　　④ SDN

전문가의 조언 | 소프트웨어 개발 조직의 업무 능력 및 조직의 성숙도를 평가하는 모델은 CMMI(Capability Maturity Model Integration, 능력 성숙도 통합 모델)입니다.

137섹션 2필드

82. 라우팅(Routing) 프로토콜이 아닌 것은?

① BGP　　② OSPF
③ SIP　　 ④ RIP

전문가의 조언 | • SIP는 통신 세션을 시작하는 세션 개시 프로토콜(Session Initiation Protocol)로, 라우팅 프로토콜이 아닙니다.
• 라우팅 프로토콜에는 IGP, EGP, BGP, RIP, OSPF 등이 있습니다.

145섹션 2필드

83. 정보 보안의 3요소에 해당하지 않는 것은?

① 기밀성　　② 무결성
③ 가용성　　④ 휘발성

전문가의 조언 | 소프트웨어 개발이 있어 충족시켜야 할 3대 주요 보안 요소에는 기밀성(Confidentiality), 무결성(Integrity), 가용성(Availability)이 있습니다.

139섹션 1필드

84. 다음 내용이 설명하는 것은?

- 블록체인(Blockchain) 개발 환경을 클라우드로 서비스하는 개념
- 블록체인 네트워크에 노드의 추가 및 제거가 용이
- 블록체인의 기본 인프라를 추상화하여 블록체인 응용 프로그램을 만들 수 있는 클라우드 컴퓨팅 플랫폼

① OTT　　　② BaaS
③ SDDC　　 ④ Wi-SUN

전문가의 조언 | 문제의 지문에 제시된 내용은 BaaS(서비스형 블록체인)에 대한 설명입니다.
• OTT(Over The Top service) : TV, PC, 스마트폰 등으로 드라마, 영화 등의 미디어 콘텐츠를 제공하는 온라인 서비스
• SDDC(Software Defined Data Center) : 데이터 센터의 모든 자원을 가상화하여 인력의 개입 없이 소프트웨어 조작만으로 관리 및 제어되는 데이터 센터
• Wi-SUN : 스마트 그리드와 같은 장거리 무선 통신을 필요로 하는 사물 인터넷(IoT) 서비스를 위한 저전력 장거리(LPWA; Low-Power Wide Area) 통신 기술

146섹션 2필드

85. 세션 하이재킹을 탐지하는 방법으로 거리가 먼 것은?

① FTP SYN SEGMENT 탐지
② 비동기화 상태 탐지
③ ACK STORM 탐지
④ 패킷의 유실 및 재전송 증가 탐지

전문가의 조언 | • FTP SYN SEGMENT 탐지는 세션 하이재킹 탐지 방법이 아닙니다.
• 세션 하이재킹의 탐지 방법에는 비동기화 상태 탐지, ACK Storm 탐지, 패킷의 유실과 재전송 증가 탐지, 예상치 못한 접속의 리셋 탐지 등이 있습니다.

152섹션 3필드

86. 다음 설명에 해당하는 암호화 알고리즘은?

- DES의 보안 문제를 해결하기 위해 개발되었다.
- NIST에서 개발한 개인키 암호화 알고리즘이다.

① ARIA　　② AES
③ DSA　　 ④ SEED

전문가의 조언 | DES의 보안 문제 해결을 위해 NIST에서 개발한 개인키 암호화 알고리즘은 AES(Advanced Encryption Standard)입니다.
• ARIA(Academy, Research Institute, Agency) : 2004년 국가정보원과 산학연협회가 개발한 블록 암호화 알고리즘으로, 블록 크기는 128비트이며, 키 길이에 따라 128, 192, 256으로 분류함
• SEED : 1999년 한국인터넷진흥원(KISA)에서 개발한 블록 암호화 알고리즘으로, 블록 크기는 128비트이며, 키 길이에 따라 128, 256으로 분류함

87. 브리지와 구내 정보 통신망(LAN)으로 구성된 통신망에서 루프(폐회로)를 형성하지 않으면서 연결을 설정하는 알고리즘은?

① Spanning Tree Algorithm
② Diffie-Hellman Algorithm
③ Hash Algorithm
④ Digital Signature Algorithm

> 전문가의 조언 | 루프(폐회로)를 형성하지 않으면서 연결을 설정하는 알고리즘은 STA(Spanning Tree Algorithm)입니다.
> - Diffie-Hellman Algorithm : 이산대수의 복잡성을 활용하여 두 사용자가 사전에 어떠한 비밀 교환 없이도 비밀 키 교환을 가능하게 하는 알고리즘
> - Hash Algorithm : 임의의 길이의 입력 데이터나 메시지를 고정된 길이의 값이나 키로 변환하는 알고리즘
> - DSA(Digital Signature Algorithm) : 미국 표준 기술 연구소(NIST)에서 표준안으로 개발한 공개 키 기반의 알고리즘으로, 디지털 서명 기술을 제공하기 위해 이산대수의 복잡성을 활용하였음

88. Secure 코딩에서 입력 데이터의 보안 약점과 관련한 설명으로 틀린 것은?

① SQL 삽입 : 사용자의 입력 값 등 외부 입력 값이 SQL 쿼리에 삽입되어 공격
② 크로스사이트 스크립트 : 검증되지 않은 외부 입력 값에 의해 브라우저에서 악의적인 코드가 실행
③ 운영체제 명령어 삽입 : 운영체제 명령어 파라미터 입력 값이 적절한 사전검증을 거치지 않고 사용되어 공격자가 운영체제 명령어를 조작
④ 자원 삽입 : 사용자가 내부 입력 값을 통해 시스템 내에 사용이 불가능한 자원을 지속적으로 입력함으로써 시스템에 과부하 발생

> 전문가의 조언 | 경로 조작 및 자원 삽입은 데이터 입·출력 경로를 조작하여 서버 자원을 수정 및 삭제할 수 있는 보안 약점입니다.

89. IPSec(IP Security)에 대한 설명으로 틀린 것은?

① 암호화 수행시 일방향 암호화만 지원한다.
② ESP는 발신지 인증, 데이터 무결성, 기밀성 모두를 보장한다.
③ 운영 모드는 Tunnel 모드와 Transport 모드로 분류된다.
④ AH는 발신지 호스트를 인증하고, IP 패킷의 무결성을 보장한다.

> 전문가의 조언 | IPSec는 암호화와 복호화가 모두 가능한 양방향 암호 방식입니다.

90. 침입 탐지 시스템(IDS; Intrusion Detection System)과 관련한 설명으로 틀린 것은?

① 이상 탐지 기법(Anomaly Detection)은 Signature Base나 Knowledge Base라고도 불리며 이미 발견되고 정립된 공격 패턴을 입력해두었다가 탐지 및 차단한다.
② HIDS(Host-Based Intrusion Detection)는 운영체제에 설정된 사용자 계정에 따라 어떤 사용자가 어떤 접근을 시도하고 어떤 작업을 했는지에 대한 기록을 남기고 추적한다.
③ NIDS(Network-Based Intrusion Detection System)로는 대표적으로 Snort가 있다.
④ 외부 인터넷에 서비스를 제공하는 서버가 위치하는 네트워크인 DMZ(Demilitarized Zone)에는 IDS가 설치될 수 있다.

> 전문가의 조언 | ①번은 오용 탐지 기법(Misuse Detection)에 대한 설명입니다.
> - 이상 탐지 기법(Anomaly Detection)은 평균적인 시스템의 상태를 기준으로 비정상적인 행위나 자원의 사용이 감지되면 이를 알려주는 시스템입니다.

91. 다음 암호 알고리즘 중 성격이 다른 하나는?

① MD4 ② MD5
③ SHA-1 ④ AES

> 전문가의 조언 | AES는 개인키 암호화 알고리즘이고, MD4, MD5, SHA-1은 해시 알고리즘입니다.

92. 악성코드의 유형 중 다른 컴퓨터의 취약점을 이용하여 스스로 전파하거나 메일로 전파되며 스스로를 증식하는 것은?

① Worm ② Rogue Ware
③ Adware ④ Reflection Attack

> 전문가의 조언 | 네트워크를 통해 연속적으로 자신을 복제하는 악성코드는 웜(Worm)입니다.
> - 로그웨어(Rogue Ware) : 사용자를 속여 악성코드를 설치하도록 유도하는 소프트웨어로, 주로 바이러스에 감염되었다며 백신 소프트웨어처럼 보이는 악성코드를 설치하도록 유도함
> - 애드웨어(Adware) : 소프트웨어 자체에 광고를 포함하여 이를 보는 대가로 무료로 사용하는 소프트웨어
> - 반사 공격(Reflection Attack) : 송신자가 생성한 메시지를 가로채 접근 권한을 얻는 형태의 공격 기법

144섹션 2필드

93. 교착상태(Deadlock)의 필요조건에 해당하지 않는 것은?

① Circular Wait
② Preemption
③ Hold and Wait
④ Mutual Exclusion

전문가의 조언 | 교착 상태 발생의 필요 충분 조건 4가지 중 하나는 선점(Preemption)이 아니라 비선점(Non-preemption)입니다.

129섹션 2필드

94. COCOMO 모델에 의한 비용 산정에 대한 설명으로 옳지 않은 것은?

① 보헴이 제안한 원시 프로그램의 규모에 의한 비용 예측 모형이다.
② 같은 규모의 소프트웨어라도 그 유형에 따라 비용이 다르게 산정된다.
③ 비용 산정 유형으로 Organic Mode, Embedded Mode, Semi-Detached Mode가 있다.
④ UFP(Unadjusted Function Point)를 계산한다.

전문가의 조언 | UFP(Unadhusted Function Point)는 기능 점수(Function Point) 모델에서 기능 점수를 산출하는 과정 중에 계산되는 값입니다.

78섹션 4필드

95. 다음 내용이 설명하는 것은?

- 네트워크상에 광채널 스위치의 이점인 고속 전송과 장거리 연결 및 멀티 프로토콜 기능을 활용
- 각기 다른 운영체제를 가진 여러 기종들이 네트워크상에서 동일 저장장치의 데이터를 공유하게 함으로써, 여러 개의 저장장치나 백업 장비를 단일화시킨 시스템

① SAN
② MBR
③ NAC
④ NIC

전문가의 조언 | 문제의 지문은 SAN(Storage Area Network)에 대한 설명입니다.
- MBR(Memory Buffer Register, 메모리 버퍼 레지스터) : 기억장치를 출입하는 데이터가 잠시 기억되는 레지스터
- NAC(Network Access Control) : 네트워크에 접속하는 내부 PC의 MAC 주소를 IP 관리 시스템에 등록한 후 일관된 보안 관리 기능을 제공하는 보안 솔루션
- NIC(Network Interface Card, 네트워크 인터페이스 카드) : 컴퓨터와 컴퓨터 또는 컴퓨터와 네트워크를 연결하는 장치, 정보 전송 시 정보가 케이블을 통해 전송될 수 있도록 정보 형태를 변경함

130섹션 3필드

96. CPM(Critical Path Method)에 대한 설명으로 옳지 않은 것은?

① 프로젝트 내에서 각 작업이 수행되는 시간과 각 작업 사이의 관계를 파악할 수 있다.
② 작업 일정을 한눈에 볼 수 있도록 해주며 막대 그래프의 형태로 표현한다.
③ 효과적인 프로젝트의 통제를 가능하게 해 준다.
④ 경영층의 과학적인 의사 결정을 지원한다.

전문가의 조언 | 작업 일정을 한눈에 볼 수 있도록 해주며 막대 그래프의 형태로 표현하는 것은 간트 차트(Gantt Chart)입니다.

1섹션 4필드

97. 소프트웨어 생명주기 모델 중 나선형 모델(Spiral Model)과 관련한 설명으로 틀린 것은?

① 소프트웨어 개발 프로세스를 위험 관리(Risk Management) 측면에서 본 모델이다.
② 각 단계를 확실히 매듭짓고 그 결과를 철저하게 검토하여 승인 과정을 거친 후에 다음 단계를 진행하는 개발 방법론이다.
③ 시스템을 여러 부분으로 나누어 여러 번의 개발 주기를 거치면서 시스템이 완성된다.
④ 요구사항이나 아키텍처를 이해하기 어렵다거나 중심이 되는 기술에 문제가 있는 경우 적합한 모델이다.

전문가의 조언 | ②번은 폭포수 모형에 대한 설명입니다.

135섹션 5필드

98. 클라우드 기반 HSM(Cloud-based Hardware Security Module)에 대한 설명으로 틀린 것은?

① 클라우드(데이터센터) 기반 암호화 키 생성, 처리, 저장 등을 하는 보안 기기이다.
② 국내에서는 공인인증제의 폐지와 전자서명법 개정을 추진하면서 클라우드 HSM 용어가 자주 등장하였다.
③ 클라우드에 인증서를 저장하므로 기존 HSM 기기나 휴대폰에 인증서를 저장해 다닐 필요가 없다.
④ 하드웨어가 아닌 소프트웨어적으로만 구현되기 때문에 소프트웨어식 암호 기술에 내재된 보안 취약점을 해결할 수 없다는 것이 주요 단점이다.

전문가의 조언 | 클라우드 기반 HSM은 암호화 키 생성이 하드웨어적으로 구현되므로 소프트웨어적으로 구현된 암호 기술이 가지는 보안 취약점을 무시할 수 있습니다.

99. SQL Injection 공격과 관련한 설명으로 틀린 것은?
① SQL Injection은 임의로 작성한 SQL 구문을 애플리케이션에 삽입하는 공격 방식이다.
② SQL Injection 취약점이 발생하는 곳은 주로 웹 애플리케이션과 데이터베이스가 연동되는 부분이다.
③ DBMS의 종류와 관계없이 SQL Injection 공격 기법은 모두 동일하다.
④ 로그인과 같이 웹에서 사용자의 입력 값을 받아 데이터베이스 SQL문으로 데이터를 요청하는 경우 SQL Injection을 수행할 수 있다.

전문가의 조언 | SQL 삽입(SQL Injection) 공격은 웹 응용 프로그램에 SQL을 삽입하여 내부 데이터베이스(DB) 서버의 데이터를 유출 및 변조하고 관리자 인증을 우회하는 기법으로, DBMS의 종류에 따라 접근하는 방법이 달라지므로 공격 기법이 모두 동일하다는 말은 잘못되었습니다.

100. Wi-Fi에서 제정한 무선 랜(WLAN) 인증 및 암호화 관련 표준은?
① WCDMA ② WPA
③ SSL   ④ SHA

전문가의 조언 | Wi-Fi에서 제정한 무선 랜(WLAN) 인증 및 암호화 관련 표준은 WPA(Wi-Fi Protected Access)이며, IEEE 802.11i버전에서 지원합니다.

2024년 3회 정보처리기사 필기

1과목 소프트웨어 설계

1섹션 1필드

1. 소프트웨어 공학의 기본 원칙이라고 볼 수 없는 것은?
① 품질 높은 소프트웨어 상품 개발
② 지속적인 검증 시행
③ 결과에 대한 명확한 기록 유지
④ 최대한 많은 인력 투입

전문가의 조언 | 인력은 최대한 많이 투입하는 것이 아니라 가능한 효율적으로 투입되어야 합니다.

없음

2. CASE(Computer Aided Software Engineering)에 대한 설명으로 옳지 않은 것은?
① 프로그램의 구현과 유지보수 작업만을 중심으로 소프트웨어 생산성 문제를 해결한다.
② 소프트웨어 생명 주기의 전체 단계를 연결해 주고 자동화해 주는 통합된 도구를 제공한다.
③ 개발 과정의 속도를 향상시킨다.
④ 소프트웨어 부품의 재사용을 가능하게 한다.

전문가의 조언 | CASE는 프로그램의 구현과 유지보수 작업만을 중심으로 하는 것이 아니라 요구 분석, 설계, 구현, 검사 및 디버깅 과정 전체 또는 일부를 자동화하는 것입니다.

23섹션 1필드

3. GoF(Gangs of Four) 디자인 패턴 분류에 해당하지 않는 것은?
① 생성 패턴
② 객체 패턴
③ 행위 패턴
④ 구조 패턴

전문가의 조언 | GoF의 디자인 패턴은 생성 패턴, 구조 패턴, 행위 패턴으로 분류됩니다.

17섹션 5필드

4. 소프트웨어 아키텍처 모델 중 MVC(Model-View-Controller)와 관련한 설명으로 틀린 것은?
① MVC 모델은 사용자 인터페이스를 담당하는 계층의 응집도를 높일 수 있고, 여러 개의 다른 UI를 만들어 그 사이에 결합도를 낮출 수 있다.
② 모델(Model)은 뷰(View)와 제어(Controller) 사이에서 전달자 역할을 하며, 뷰마다 모델 서브시스템이 각각 하나씩 연결된다.
③ 뷰(View)는 모델(Model)에 있는 데이터를 사용자 인터페이스에 보이는 역할을 담당한다.
④ 제어(Controller)는 모델(Model)에 명령을 보냄으로써 모델의 상태를 변경할 수 있다.

전문가의 조언 | 모델(Model)은 서브시스템의 핵심 기능과 데이터를 보관하는 역할을 합니다.

19섹션 3필드

5. 럼바우(Rumbaugh)의 객체지향 분석 기법 중 자료 흐름도(DFD)를 주로 이용하는 것은?
① 기능 모델링
② 동적 모델링
③ 객체 모델링
④ 정적 모델링

전문가의 조언 | 자료 흐름도(DFD)는 럼바우(Rumbaugh)의 객체지향 분석 기법 중 기능 모델링에서 주로 이용됩니다.

9섹션 1필드

6. UML에 대한 설명으로 옳지 않은 것은?
① OMG에서 만든 통합 모델링 언어로서 객체 지향적 분석, 설계 방법론의 표준 지정을 목표로 한다.
② 애플리케이션을 개발할 때 쉽게 이해할 수 있도록 도와주는 여러 가지 유형의 다이어그램을 제공한다.
③ 실시간 시스템 및 분산 시스템과 같은 시스템의 분석과 설계에는 사용될 수 없다.
④ 개발자와 고객 또는 개발자 상호 간의 의사 소통을 원활하게 할 수 있다.

전문가의 조언 | UML은 실시간 시스템 및 분산 시스템의 시스템 분석과 설계에 사용이 가능합니다.

정답 : 1.④ 2.① 3.② 4.② 5.① 6.③

7. 분산 시스템에서의 미들웨어(Middleware)와 관련한 설명으로 틀린 것은?

① 분산 시스템에서 다양한 부분을 관리하고 통신하며 데이터를 교환하게 해주는 소프트웨어로 볼 수 있다.
② 위치 투명성(Location Transparency)을 제공한다.
③ 분산 시스템의 여러 컴포넌트가 요구하는 재사용 가능한 서비스의 구현을 제공한다.
④ 애플리케이션과 사용자 사이에서만 분산 서비스를 제공한다.

전문가의 조언 | 애플리케이션과 사용자 사이뿐만 아니라 클라이언트와 서버, 운영체제와 응용 프로그램과 같이 두 시스템 사이에서 다양한 서비스를 제공하는 소프트웨어를 미들웨어(Middleware)라고 합니다.

8. 코드의 기입 과정에서 원래 '12536'으로 기입되어야 하는 데 '12936'으로 표기되었을 경우. 어떤 코드 오류에 해당하는가?

① Addition Error   ② Omission Error
③ Sequence Error   ④ Transcription Error

전문가의 조언 | '12536'의 5 더신 9를 기입한 것. 즉 임의의 한 자리를 잘못 기입해서 발생한 오류이므로 필사 오류(Transcription Error)에 해당합니다.
• 추가 오류(Addition Error) : 입력시 한 자리를 더 추가하여 기록한 경우 발생
• 생략 오류(Omission Error) : 입력시 한 자리를 빼놓고 기록한 경우 발생

9. 소프트웨어 설계에서 자주 발생하는 문제에 대한 일반적이고 반복적인 해결 방법을 무엇이라고 하는가?

① 모듈 분해   ② 디자인 패턴
③ 연관 관계   ④ 클래스 도출

전문가의 조언 | 소프트웨어 설계에서 자주 발생하는 문제에 대한 일반적이고 반복적인 해결 방법을 디자인 패턴이라고 합니다.

10. 그래픽 표기법을 이용하여 소프트웨어 구성 요소를 모델링하는 럼바우 분석 기법에 포함되지 않는 것은?

① 객체 모델링   ② 기능 모델링
③ 동적 모델링   ④ 블랙박스 분석 모델링

전문가의 조언 | 럼바우 분석 기법의 분석 활동에는 객체 모델링, 동적 모델링, 기능 모델링이 있습니다.

11. 바람직한 소프트웨어 설계 지침이 아닌 것은?

① 적당한 모듈의 크기를 유지한다.
② 모듈 간의 접속 관계를 분석하여 복잡도와 중복을 줄인다.
③ 모듈 간의 결합도는 강할수록 바람직하다.
④ 모듈 간의 효과적인 제어를 위해 설계에서 계층적 자료 조직이 제시되어야 한다.

전문가의 조언 | 모듈 간의 결합도는 약할수록 바람직한 설계입니다.

12. 다음 중 요구사항 모델링에 활용되지 않는 것은?

① 애자일(Agile) 방법
② 유스케이스 다이어그램(Use Case Diagram)
③ 시퀀스 다이어그램(Sequence Diagram)
④ 단계 다이어그램(Phase Diagram)

전문가의 조언 | 단계 다이어그램은 물리 화학 등에서 사용되는 다이어그램으로, 요구사항 모델링과는 관계가 없습니다.

13. 프로토타이핑 모형(Prototyping Model)에 대한 설명으로 옳지 않은 것은?

① 실제 개발될 소프트웨어에 대한 견본품(Prototype)을 만들어 최종 결과물을 예측하는 모형이다.
② 의뢰자나 개발자 모두에게 공동의 참조 모델을 제공한다.
③ 프로토타이핑이 진행되는 과정에서 새로운 요구사항이 도출되지 않아야 한다.
④ 단기간 제작 목적으로 인하여 비효율적인 언어나 알고리즘을 사용할 수 있다.

전문가의 조언 | 프로토타이핑 모형은 새로운 요구사항이 도출될 때마다 이를 반영한 프로토타입을 새롭게 만들면서 소프트웨어를 구현하는 방법으로, 새롭게 도출된 요구사항을 충분히 반영합니다.

16섹션 3필드

14. 소프트웨어 설계에서 사용되는 대표적인 추상화(Abstraction) 기법이 아닌 것은?

① 자료 추상화
② 제어 추상화
③ 과정 추상화
④ 강도 추상화

전문가의 조언 | 추상화 기법에는 과정 추상화, 데이터(자료) 추상화, 제어 추상화가 있습니다.

58섹션 3필드

15. IPSec(IP Security)에 대한 설명으로 틀린 것은?

① 암호화 수행시 일방향 암호화만 지원한다.
② ESP는 발신지 인증, 데이터 무결성, 기밀성 모두를 보장한다.
③ 운영 모드는 Tunnel 모드와 Transport 모드로 분류된다.
④ AH는 발신지 호스트를 인증하고, IP 패킷의 무결성을 보장한다.

전문가의 조언 | IPSec은 암호화와 복호화가 모두 가능한 양방향 암호 방식입니다.

9섹션 4필드

16. UML 확장 모델에서 스테레오 타입 객체를 표현할 때 사용하는 기호로 맞는 것은?

① 《 》
② (( ))
③ {{ }}
④ [[ ]]

전문가의 조언 | UML 확장 모델에서 스테레오 타입 객체를 표현할 때 사용하는 기호는 《 》입니다.

1섹션 5필드

17. 애자일(Agile) 프로세스 모델에 대한 설명으로 틀린 것은?

① 변화에 대한 대응보다는 자세한 계획을 중심으로 소프트웨어를 개발한다.
② 프로세스와 도구 중심이 아닌 각 개인과의 상호소통을 통해 의견을 수렴한다.
③ 협상과 계약보다는 고객과의 협력을 중시한다.
④ 문서 중심이 아닌, 실행 가능한 소프트웨어를 중시한다.

전문가의 조언 | 애자일(Agile)은 계획을 따르기 보다는 변화에 반응하는 것에 더 가치를 둡니다.

17섹션 4필드

18. 파이프 필터 형태의 소프트웨어 아키텍처에 대한 설명으로 옳은 것은?

① 노드와 간선으로 구성된다.
② 서브시스템이 입력 데이터를 받아 처리하고 결과를 다음 서브시스템으로 넘겨주는 과정을 반복한다.
③ 계층 모델이라고도 한다.
④ 3개의 서브시스템(모델, 뷰, 제어)으로 구성되어 있다.

전문가의 조언 | 파이프-필터 패턴에 대한 설명으로 옳은 것은 ②번입니다.

2섹션 2필드

19. 다음 중 스크럼에 대한 설명으로 잘못된 것은?

① 스크럼은 제품 책임자(Product Owner), 스크럼 마스터(Scrum Master), 개발팀(Development Team)으로 구성된다.
② 스프린트 회고를 통해 개선할 점은 없는지 등을 확인하고 기록한다.
③ 스프린트는 실제 개발 작업을 진행하는 과정으로 보통 1~4주 정도의 기간 내에서 진행한다.
④ 스프린트 이벤트에는 스프린트 계획 회의, 월별 스크럼 회의, 스프린트 회고, 스프린트 검토 회의가 있다.

전문가의 조언 | 스프린트의 진행 상황을 점검하기 위한 스크럼 회의는 월 단위가 아니라 매일 진행하는데, 이를 일일 스크럼 회의(Daily Scrum Meeting)라고 합니다.

18섹션 2필드

20. 객체에게 어떤 행위를 하도록 지시하는 명령은?

① Class
② Package
③ Object
④ Message

전문가의 조언 | 객체(Object)의 행위를 요구하기 위해서는 메시지(Message)를 보내야 합니다.

정답 : 7.④ 8.④ 9.② 10.④ 11.③ 12.④ 13.③ 14.④ 15.① 16.① 17.① 18.② 19.④ 20.④

2과목 소프트웨어 개발

53섹션 1필드

21. 누구나 쉽게 이해하고 수정 및 추가할 수 있는 단순, 명료한 코드를 의미하는 것은?

① 나쁜 코드
② 클린 코드
③ 스파게티 코드
④ 외계인 코드

> **전문가의 조언 |** 누구나 쉽게 이해하고 수정 및 추가할 수 있는 단순, 명료한 코드를 클린 코드(Clean Code)라고 합니다.
> - 나쁜 코드(Bad Code) : 프로그램의 로직(Logic)이 복잡하고 이해하기 어려운 코드로, 스파게티 코드와 외계인 코드가 여기에 해당함
> - 스파게티 코드(Spaghetti Code) : 코드의 로직이 서로 복잡하게 얽혀 있는 코드
> - 외계인 코드(Alien Code) : 아주 오래되거나 참고문서 또는 개발자가 없어 유지 보수 작업이 어려운 코드

없음

22. 알고리즘 설계 기법으로 거리가 먼 것은?

① Divide and Conquer
② Greedy
③ Static Block
④ Backtracking

> **전문가의 조언 |** Static Block은 클래스가 메모리에 적재될 때 수행되는 코드 그룹을 의미하는 것으로, 설계 기법과는 무관합니다.
> - 분할 정복/분할 통치(Divide and Conquer) : 큰 문제를 보다 작은 문제로 분할하여 해결하는 전략
> - 탐욕 알고리즘(Greedy Algorithm) : 완벽한 해결책 보다는 차선책을 목표로 하며, 상황에 맞는 해결책을 즉석에서 모색하는 방식
> - 백트래킹(Backtracking) : 깊이 우선 탐색(Depth First Search) 알고리즘을 이용한 기법으로 문제 해결을 위한 모든 가능성을 트리로 구축하는 방식

25섹션 5필드

23. 소프트웨어 공학에서 워크스루(Walkthrough)에 대한 설명으로 틀린 것은?

① 사용사례를 확장하여 명세하거나 설계 다이어그램, 원시코드, 테스트 케이스 등에 적용할 수 있다.
② 복잡한 알고리즘 또는 반복, 실시간 동작, 병행 처리와 같은 기능이나 동작을 이해하려고 할 때 유용하다.
③ 인스펙션(Inspection)과 동일한 의미를 가진다.
④ 단순한 테스트 케이스를 이용하여 프로덕트를 수작업으로 수행해 보는 것이다.

> **전문가의 조언 |** 인스펙션(Inspection)은 워크스루를 발전시킨 형태로, 소프트웨어 개발 단계에서 산출된 결과물의 품질을 평가하고 이를 개선하기 위한 방법 등을 제시합니다.

59섹션 2필드

24. 다음 중 인터페이스 구현 검증 도구에 대한 설명으로 옳지 않은 것은?

① STAF : Ruby를 사용하는 애플리케이션 테스트 프레임워크이다.
② xUnit : NUnit, JUnit 등 다양한 언어를 지원하는 단위 테스트 프레임워크이다.
③ FitNesse : 웹 기반 테스트케이스 설계, 실행, 결과 확인 등을 지원하는 테스트 프레임워크이다.
④ NTAF : Naver의 테스트 자동화 프레임워크로, FitNesse와 STAF을 통합하였다.

> **전문가의 조언 |** • STAF는 서비스 호출 및 컴포넌트 재사용 등 다양한 환경을 지원하는 테스트 프레임워크입니다.
> • ①번은 watir에 대한 설명입니다.

31섹션 2필드

25. 탐색 방법 중 키 값으로부터 레코드가 저장되어 있는 주소를 직접 계산하여, 산출된 주소로 바로 접근하는 방법으로 키-주소 변환 방법이라고도 하는 것은?

① 이진 탐색
② 피보나치 탐색
③ 해싱 탐색
④ 블록 탐색

> **전문가의 조언 |** 문제에 제시된 내용은 해싱(Hashing) 탐색에 대한 설명입니다.
> - 이진(Binary) 탐색 : 전체 파일을 두 개의 서브파일로 분리해 가면서 Key 레코드를 검색하는 방식
> - 피보나치(Fibonacci) 탐색 : 피보나치 수열에 따라 다음에 비교할 대상을 선정하여 검색하는 방식
> - 블록 탐색(Block) 탐색 : 파일을 구성하는 레코드들을 여러 개의 Block으로 분할하여 Block 단위는 순서화시키고, Block 내의 자료는 순서화와 관계없이 저장시킴

47섹션 2필드

26. 단위 테스트(Unit Test)와 관련된 설명으로 틀린 것은?

① 구현 단계에서 각 모듈의 개발을 완료한 후 개발자가 명세서의 내용대로 정확히 구현되었는지 테스트한다.
② 모듈 내부의 구조를 구체적으로 볼 수 있는 구조적 테스트를 주로 시행한다.
③ 필요 데이터를 인자를 통해 넘겨주고, 테스트 완료 후 그 결과값을 받는 역할을 하는 가상의 모듈을 테스트 스텁(Stub)이라고 한다.
④ 테스트할 모듈을 호출하는 모듈도 있고, 테스트할 모듈이 호출하는 모듈도 있다.

> **전문가의 조언 |** • ③번은 테스트 드라이버(Test Driver)에 대한 설명입니다.
> • 테스트 스텁(Test Stub)은 제어 모듈이 호출하는 타 모듈의 기능을 단순히 수행하는 도구로, 일시적으로 필요한 조건만을 가지고 있는 시험용 모듈입니다.

3섹션 2필드

27. 소프트웨어를 보다 쉽게 이해할 수 있고 적은 비용으로 수정할 수 있도록 겉으로 보이는 동작의 변화 없이 내부 구조를 변경하는 것은?

① Refactoring ② Architecting
③ Specification ④ Renewal

전문가의 조언 | 소프트웨어를 보다 쉽게 이해할 수 있고 적은 비용으로 수정할 수 있도록 겉으로 보이는 동작의 변화 없이 내부 구조를 변경하는 것을 리팩토링(Refactoring)이라고 합니다.

29섹션 1필드

28. 다음 그림에서 트리의 차수는?

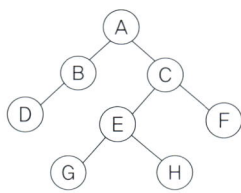

① 1 ② 2
③ 3 ④ 8

전문가의 조언 | 트리(Tree)의 차수(Degree)는 가장 차수가 많은 노드의 차수입니다. 문제에 주어진 트리(Tree)에서 각 노드의 차수는 A=2, B=1, C=2, E=2입니다. A, C, E 노드의 차수가 2로 가장 크므로 트리의 차수는 2입니다.

47섹션 5필드

29. 알파, 베타 테스트와 가장 밀접한 연관이 있는 테스트 단계는?

① 단위 테스트 ② 인수 테스트
③ 통합 테스트 ④ 시스템 테스트

전문가의 조언 | 알파 테스트와 베타 테스트는 인수 테스트의 한 종류입니다.

73섹션 3필드

30. 물리데이터 저장소의 파티션 설계에서 파티션 유형으로 옳지 않은 것은?

① 범위 분할(Range Partitioning)
② 해시 분할(Hash Partitioning)
③ 조합 분할(Composite Partitioning)
④ 유닛 분할(Unit Partitioning)

전문가의 조언 | 파티션의 종류에는 범위 분할, 해시 분할, 조합 분할, 목록 분할, 라운드 로빈 분할 등이 있습니다.

13섹션 7필드

31. 소프트웨어 품질 목표 중 하나 이상의 하드웨어 환경에서 운용되기 위해 쉽게 수정될 수 있는 시스템 능력을 의미하는 것은?

① Portability ② Efficiency
③ Usability ④ Correctness

전문가의 조언 | 하나 이상의 하드웨어 환경에서 운용되기 위해 쉽게 수정될 수 있는 시스템 능력을 이식성(Portability)이라고 합니다.
- 효율성(Efficiency) : 사용자가 요구하는 기능을 할당된 시간 동안 한정된 자원으로 얼마나 빨리 처리할 수 있는지 정도를 나타냄
- 사용성(Usability) : 사용자와 컴퓨터 사이에 발생하는 어떠한 행위에 대하여 사용자가 정확하게 이해하고 사용하며, 향후 다시 사용하고 싶은 정도를 나타냄

30섹션 3필드

32. 다음 자료에 대하여 "Selection Sort"를 사용하여 오름차순으로 정렬한 경우 PASS 3의 결과는?

초기상태 : 8, 3, 4, 9, 7

① 3, 4, 7, 9, 8 ② 3, 4, 8, 9, 7
③ 3, 8, 4, 9, 7 ④ 3, 4, 7, 8, 9

전문가의 조언 | 선택 정렬은 n개의 레코드 중에서 최소값을 찾아 첫 번째 레코드 위치에 놓고, 나머지 n-1개 중에서 다시 최소값을 찾아 두 번째 레코드 위치에 놓는 방식을 반복하여 정렬하는 방식입니다.

- 원본 : [8 3 4 9 7]
- 1회전 : [8 3 4 9 7] → [3 8 4 9 7]
  첫 번째부터 마지막 값 중 최소값 3을 찾아 첫 번째 값 8과 위치를 교환합니다.
- 2회전 : [3 8 4 9 7] → [3 4 8 9 7]
  두 번째부터 마지막 값 중 최소값 4를 찾아 두 번째 값 8과 위치를 교환합니다.
- 3회전 : [3 4 8 9 7] → [3 4 7 9 8]
  세 번째부터 마지막 값 중 최소값 7을 찾아 세 번째 값 8과 위치를 교환합니다.
- 4회전 : [3 4 7 9 8] → [3 4 7 8 9]
  네 번째부터 마지막 값 중 최소값 8을 찾아 네 번째 값 9와 위치를 교환합니다.

> 44섹션 3필드

33. 소프트웨어 테스트에서 오류의 80%는 전체 모듈의 20% 내에서 발견된다는 법칙은?

① Brooks의 법칙 ② Boehm의 법칙
③ Pareto의 법칙 ④ Jackson의 법칙

전문가의 조언 | 소프트웨어 테스트에서 오류의 80%는 전체 모듈의 20% 내에서 발견된다는 법칙은 파레토 법칙(Pareto Principle)입니다.

> 41섹션 4필드

36. 버전 관리 항목 중 저장소에 새로운 버전의 파일로 갱신하는 것을 의미하는 용어는?

① 형상 감사(Configuration Audit)
② 롤백(Rollback)
③ 단위 테스트(Unit Test)
④ 체크인(Check-In)

전문가의 조언 | 체크아웃 한 파일의 수정을 완료한 후 저장소(Repository)의 파일을 새로운 버전으로 갱신하는 것을 의미하는 용어는 체크인(Check-In)입니다.

> 52섹션 4필드

34. 제어 흐름 그래프가 다음과 같을 때 McCabe의 Cyclomatic 수는 얼마인가?

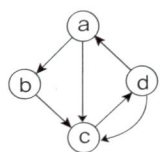

① 3 ② 4
③ 5 ④ 6

전문가의 조언 | 제어 흐름도에서 순환복잡도(Cyclomatic)는 다음과 같이 2가지 방법으로 계산할 수 있습니다.
[방법 1] 영역 수 계산
내부 영역 3(❶, ❷, ❸) + 외부 영역 1(❹) = 4

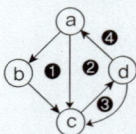

[방법 2] V(G) = E − N + 2 (E는 화살표 수, N은 노드 수)
V(G) = 6 − 4 + 2 = 4

> 47섹션 1필드

37. 소프트웨어 생명 주기 모델 중 V 모델과 관련한 설명으로 틀린 것은?

① 요구 분석 및 설계 단계를 거치지 않으며 항상 통합 테스트를 중심으로 V 형태를 이룬다.
② Perry에 의해 제안되었으며 세부적인 테스트 과정으로 구성되어 신뢰도 높은 시스템을 개발하는데 효과적이다.
③ 개발 작업과 검증 작업 사이의 관계를 명확히 들어내 놓은 폭포수 모델의 변형이라고 볼 수 있다.
④ 폭포수 모델이 산출물 중심이라면 V 모델은 작업과 결과의 검증에 초점을 둔다.

전문가의 조언 | 소프트웨어 생명 주기의 V-모델은 '요구사항 → 분석 → 설계 → 구현' 단계로 수행되며 각 단계를 테스트와 연결하여 표현합니다.

> 52섹션 3필드

38. 정렬된 N개의 데이터를 처리하는 데 $O(N\log_2 N)$의 시간이 소요되는 정렬 알고리즘은?

① 합병 정렬 ② 버블 정렬
③ 선택 정렬 ④ 삽입 정렬

전문가의 조언 | $O(N\log_2 N)$의 시간 복잡도를 가진 정렬 알고리즘에는 힙 정렬과 2-Way 합병 정렬이 있습니다.

> 28섹션 1필드

35. 자료 구조의 분류 중 선형 구조가 아닌 것은?

① 트리 ② 리스트
③ 스택 ④ 데크

전문가의 조언 | 트리(Tree)는 비선형 구조입니다.

> 46섹션 5필드

39. 블랙박스 테스트의 유형으로 틀린 것은?

① 경계값 분석 ② 오류 예측
③ 동등 분할 기법 ④ 조건, 루프 검사

전문가의 조언 | 조건, 루프 검사는 화이트박스 테스트의 종류입니다.

29섹션 2필드

40. 중위 표기법(Infix)의 수식 (A + B) * C + (D + E)를 후위 표기법(Postfix)으로 옳게 표기한 것은?

① AB+CDE*++
② AB+C*DE++
③ +AB*C+DE+
④ +*+ABC+DE

전문가의 조언 | 후위 표기 방식은 중위 표기 방식으로 표현된 수식에서 연산자를 해당 피연산자 두 개의 뒤(오른쪽)로 이동시킨 것입니다.

❶ 먼저 연산 우선 순위에 맞게 괄호로 묶습니다.
  (((A + B) * C) + (D + E))

❷ 연산자를 해당 괄호의 뒤로 옮깁니다.
  (((A + B) * C) + (D + E))
  ↓
  (((A B) + C) * (D E) +) +

❸ 괄호를 제거합니다.
  A B + C * D E + +

3과목 데이터베이스 구축

79섹션 4필드

41. SQL의 기능에 따른 분류 중에서 REVOKE문과 같이 데이터의 사용 권한을 관리하는데 사용하는 언어는?

① DDL(Data Definition Language)
② DML(Data Manipulation Language)
③ DCL(Data Control Language)
④ DUL(Data User Language)

전문가의 조언 | DCL(데이터 제어어)은 데이터 관리를 목적으로 사용하는 언어로, 명령어에는 COMMIT, ROLLBACK, GRANT, REVOKE가 있습니다.
- DDL(데이터 정의어) : SCHEMA, DOMAIN, TABLE, VIEW, INDEX를 정의하거나 변경 또는 삭제할 때 사용하는 언어로, 명령어에는 CREATE, ALTER, DROP이 있음
- DML(데이터 조작어) : 데이터베이스 사용자가 응용 프로그램이나 질의어를 통하여 저장된 데이터를 실질적으로 처리하는 데 사용되는 언어로, 명령어에는 SELECT, INSERT, DELETE, UPDATE가 있음

70섹션 3필드

42. 트랜잭션의 특징 중 트랜잭션이 일단 완료되면 그 후에 어떤 형태로 시스템이 고장 나더라도 트랜잭션의 결과는 잃어버리지 않고 지속되는 것은?

① Isolation
② Durability
③ Consistency
④ Atomicity

전문가의 조언 | 문제에 제시된 내용은 Durability(영속성)에 대한 설명입니다.
- Isolation(독립성) : 둘 이상의 트랜잭션이 동시에 병행 실행되는 경우 어느 하나의 트랜잭션 실행중에 다른 트랜잭션의 연산이 끼어들 수 없음
- Consistency(일관성) : 트랜잭션이 그 실행을 성공적으로 완료하면 언제나 일관성 있는 데이터베이스 상태로 변환함
- Atomicity(원자성) : 트랜잭션의 연산은 데이터베이스에 모두 반영되도록 완료(Commit)되든지 아니면 전혀 반영되지 않도록 복구(Rollback)되어야 함

80섹션 8필드

43. 기본 테이블 R을 이용하여 뷰 V1을 정의하고, 뷰 V1을 이용하여 다시 뷰 V2가 정의되었다. 그리고 기본 테이블 R과 뷰 V2를 조인하여 뷰 V3를 정의하였다. 이때 다음과 같은 SQL문이 실행되면 어떤 결과가 발생하는지 올바르게 설명한 것은?

```
DROP VIEW V1 RESTRICT;
```

① V1만 삭제된다.
② R, V1, V2, V3 모두 삭제된다.
③ V1, V2, V3만 삭제된다.
④ 하나도 삭제되지 않는다.

전문가의 조언 | 삭제할 대상을 다른 곳에서 참조하고 있으면, 삭제를 취소하는 RESTRICT 옵션이 있기 때문에 하나도 삭제되지 않습니다. 참조하고 있는 다른 뷰나 제약사항까지 모두 삭제하려면 CASCADE 옵션을 명시해야 합니다.

83섹션 3필드

44. 다음 SQL문에서 사용된 BETWEEN 연산의 의미와 동일한 것은?

```
SELECT *
FROM 성적
WHERE (점수 BETWEEN 90 AND 95) AND 학과 = '컴퓨터공학과';
```

① 점수 >= 90 AND 점수 <= 95
② 점수 > 90 AND 점수 < 95
③ 점수 > 90 AND 점수 <= 95
④ 점수 >= 90 AND 점수 < 95

전문가의 조언 | SQL문에서 사용된 BETWEEN 연산의 의미와 동일한 것은 ①번입니다.
- SELECT * : 모든 필드를 표시합니다.
- FROM 성적 : 〈성적〉 테이블의 자료를 검색합니다.
- WHERE (점수 BETWEEN 90 AND 95) : 점수가 90~95 사이이고
- AND 학과 = '컴퓨터공학과' : '학과'가 "컴퓨터공학과"인 자료만을 대상으로 합니다.
∴ 〈성적〉 테이블에서 점수가 90~95 사이이고 '학과'가 '컴퓨터공학과'인 모든 필드를 검색합니다.

64섹션 6필드

45. 다음 중 외래키에 대한 설명으로 옳은 것은?

> ㉠ Null을 입력할 수 없다.
> ㉡ 후보키 중 기본키를 제외한 나머지를 의미한다.
> ㉢ 기본키의 일부가 외래키가 될 수 있다.
> ㉣ 유일성과 최소성을 가진다.
> ㉤ 참조 무결성과 관련이 있다.

① ㉠, ㉡　　② ㉡, ㉤
③ ㉢, ㉤　　④ ㉢, ㉣

전문가의 조언 | 외래키에 대한 설명을 옳은 것은 ㉢, ㉤입니다.
㉠ 외래키에는 Null을 입력할 수 있습니다.
㉡ 대체키에 대한 설명입니다.
㉣ 외래키는 중복이 허용되므로 유일성과 최소성을 가질 수 없습니다.

66섹션 1필드

46. 관계대수 및 관계해석에 대한 설명으로 옳지 않은 것은?

① 관계해석은 원하는 정보와 그 정보를 어떻게 유도하는가를 기술하는 절차적인 특성을 지닌다.
② 관계해석과 관계대수는 관계 데이터베이스를 처리하는 기능과 능력 면에서 동등하다.
③ 관계해석은 원래 수학의 프레디킷 해석에 기반을 두고 있다.
④ 관계대수는 릴레이션을 처리하기 위한 연산의 집합으로 피연산자가 릴레이션이고 결과도 릴레이션이다.

전문가의 조언 | • 관계해석은 원하는 정보가 무엇이라는 것만 정의하는 비절차적 특성을 지닙니다.
• ①번은 관계대수에 대한 설명입니다.

74섹션 4필드

47. 분산 데이터베이스의 투명성(Transparency)에 해당 하지 않는 것은?

① Location Transparency
② Replication Transparency
③ Failure Transparency
④ Media Access Transparency

전문가의 조언 | 분산 데이터베이스의 투명성에는 위치 투명성(Location Transparency), 중복 투명성(Replication Transparency), 병행 투명성(Concurrency Transparency), 장애 투명성(Failure Transparency)이 있습니다.

69섹션 3필드

48. 시스템 카탈로그에 대한 설명으로 틀린 것은?

① 시스템 카탈로그의 갱신은 무결성 유지를 위하여 SQL을 이용하여 사용자가 직접 갱신하여야 한다.
② 데이터베이스에 포함되는 데이터 객체에 대한 정의나 명세에 대한 정보를 유지관리한다.
③ DBMS가 스스로 생성하고 유지하는 데이터베이스 내의 특별한 테이블의 집합체이다.
④ 카탈로그에 저장된 정보를 메타 데이터라고도 한다.

전문가의 조언 | 시스템 카탈로그는 일반 이용자도 SQL을 통해 검색할 수는 있지만, 갱신은 허용되지 않습니다.

67섹션 5필드

49. 다음 조건을 모두 만족하는 정규형은?

> • 테이블 R에 속한 모든 도메인이 원자값만으로 구성되어 있다.
> • 테이블 R에서 키가 아닌 모든 필드가 키에 대해 함수적으로 종속되며, 키의 부분집합이 결정자가 되는 부분 종속이 존재하지 않는다.
> • 테이블 R에 존재하는 모든 함수적 종속에서 결정자가 후보키이다.

① BCNF　　② 제1정규형
③ 제2정규형　　④ 제3정규형

전문가의 조언 | 테이블 R에서 존재하는 모든 함수 종속에서 결정자가 후보키(Candidate Key)인 정규형은 BCNF입니다.
• 1NF(제1정규형) : 릴레이션에 속한 모든 도메인(Domain)이 원자값(Atomic Value)만으로 되어 있는 정규형. 즉, 릴레이션의 모든 속성 값이 원자 값으로만 되어 있는 정규형
• 2NF(제2정규형) : 릴레이션 R이 1NF이고, 기본키가 아닌 모든 속성이 기본키에 대하여 완전 함수적 종속을 만족하는 정규형
• 3NF(제3정규형) : 릴레이션 R이 2NF이고, 기본키가 아닌 모든 속성이 기본키에 대해 이행적 종속을 만족하지 않는 정규형

143섹션 4필드

50. 로킹 단위(Locking Granularity)에 대한 설명으로 옳은 것은?

① 로킹 단위가 크면 병행성 수준이 낮아진다.
② 로킹 단위가 크면 병행 제어 기법이 복잡해진다.
③ 로킹 단위가 작으면 로크(lock)의 수가 적어진다.
④ 로킹은 파일 단위로 이루어지며, 레코드와 필드는 로킹 단위가 될 수 없다.

전문가의 조언 | ① 로킹 단위가 크면 병행성 수준이 낮아집니다.
② 로킹 단위가 크면 병행 제어 기법이 단순해지고, 로킹 단위가 작아지면 병행 제어 기법이 복잡해집니다.
③ 로킹 단위가 작으면 로크의 수가 많아지고, 로킹 단위가 크면 로크의 수가 적어집니다.
④ 파일, 레코드, 필드는 물론 데이터베이스까지 로킹 단위가 될 수 있습니다.

63섹션 3필드

51. 관계형 데이터 모델의 릴레이션에 대한 설명으로 틀린 것은?

① 모든 속성 값은 원자 값을 갖는다.
② 한 릴레이션에 포함된 튜플은 모두 상이하다.
③ 한 릴레이션에 포함된 튜플 사이에는 순서가 없다.
④ 한 릴레이션을 구성하는 속성 사이에는 순서가 존재한다.

전문가의 조언 | 릴레이션 스키마를 구성하는 속성들 간의 순서는 중요하지 않으며, 특별한 순서가 없습니다.

63섹션 2필드

53. 다음 릴레이션의 Degree와 Cardinality는?

학번	이름	학년	학과
13001	홍길동	3학년	전기
13002	이순신	4학년	기계
13003	강감찬	2학년	컴퓨터

① Degree : 4, Cardinality : 3
② Degree : 3, Cardinality : 4
③ Degree : 3, Cardinality : 12
④ Degree : 12, Cardinality : 3

전문가의 조언 | 차수(Degree)는 속성의 수, 카디널리티(Cardinality)는 튜플의 수를 의미하므로 차수(Degree)는 4, 카디널리티(Cardinality)는 3입니다.

83섹션 5필드

52. 다음 [조건]에 부합하는 SQL문을 작성하고자 할 때, [SQL문]의 빈칸에 들어갈 내용으로 옳은 것은? (단, '팀코드' 및 '이름'은 속성이며, '직원'은 테이블이다.)

[조건]

> 이름이 '정도일'인 팀원이 소속된 팀코드를 이용하여 해당 팀에 소속된 팀원들의 이름을 출력하는 SQL문 작성

[SQL문]

> SELECT 이름
> FROM 직원
> WHERE 팀코드=( ) ;

① WHERE 이름='정도일'
② SELECT 팀코드 FROM 이름 WHERE 직원='정도일'
③ WHERE 직원='정도일'
④ SELECT 팀코드 FROM 직원 WHERE 이름='정도일'

전문가의 조언 | [SQL문]의 빈칸에 들어갈 내용으로 옳은 것은 ④번입니다. 문제의 질의문은 하위 질의가 있는 질의문으로 먼저 WHERE 조건에 지정된 하위 질의 SELECT문을 검색합니다. 그리고 검색 결과를 본 질의의 조건에 있는 '팀코드' 속성과 비교합니다.

❶ SELECT 팀코드 FROM 직원 WHERE 이름='정도일' : 〈직원〉 테이블에서 '이름' 속성의 값이 "정도일"과 같은 레코드의 '팀코드' 속성의 값을 검색합니다.

❷ SELECT 이름 FROM 직원 WHERE 팀코드= ❶; : 〈직원〉 테이블에서 '팀코드' 속성의 값이 ❶의 결과와 같은 레코드의 '이름' 속성의 값을 검색합니다.

79섹션 3필드

54. SQL의 명령을 사용 용도에 따라 DDL, DML, DCL로 구분할 경우, 그 성격이 나머지 셋과 다른 것은?

① SELECT   ② UPDATE
③ INSERT   ④ GRANT

전문가의 조언 | SELECT, UPDATE, INSERT는 DML(데이터 조작어), GRANT는 데이터 제어어(DCL)입니다.

72섹션 2필드

55. 뷰(VIEW)에 대한 설명으로 틀린 것은?

① 뷰 위에 또 다른 뷰를 정의할 수 있다.
② 뷰에 대한 조작에서 삽입, 갱신, 삭제 연산은 제약이 따른다.
③ 뷰의 정의는 기본 테이블과 같이 ALTER문을 이용하여 변경한다.
④ 뷰가 정의된 기본 테이블이 제거되면 뷰도 자동적으로 제거된다.

전문가의 조언 | 뷰는 기본 테이블이나 또 다른 뷰를 이용해서 만든 가상 테이블로서, 기본 테이블과 비교할 때 삽입, 삭제, 갱신 연산에 제약이 있으므로, ALTER문을 이용해 정의를 변경할 수 없습니다.

56. 개체-관계 모델(E-R)의 그래픽 표현으로 옳지 않은 것은?
① 개체 타입 - 사각형
② 속성 - 원형
③ 관계 타입 - 마름모
④ 연결 - 삼각형

전문가의 조언 | E-R 모델에서 연결은 선으로 표현합니다.

57. 데이터베이스 로그(log)를 필요로 하는 회복 기법은?
① 즉각 갱신 기법
② 대수적 코딩 방법
③ 타임 스탬프 기법
④ 폴딩 기법

전문가의 조언 | 데이터베이스 로그를 이용해 회복 작업을 수행하는 것은 즉각 갱신 기법입니다.

58. 데이터베이스의 인덱스와 관련한 설명으로 틀린 것은?
① 문헌의 색인, 사전과 같이 데이터를 쉽고 빠르게 찾을 수 있도록 만든 데이터 구조이다.
② 테이블에 붙여진 색인으로 데이터 검색 시 처리속도 향상에 도움이 된다.
③ 인덱스의 추가, 삭제 명령어는 각각 ADD, DELETE이다.
④ 대부분의 데이터베이스에서 테이블을 삭제하면 인덱스도 같이 삭제된다.

전문가의 조언 | 인덱스를 추가하는 명령어는 CREATE, 삭제하는 명령어는 DROP입니다.

59. 데이터베이스의 논리적 설계(Logical Design) 단계에서 수행하는 작업이 아닌 것은?
① 레코드 집중의 분석 및 설계
② 논리적 데이터베이스 구조로 매핑(mapping)
③ 트랜잭션 인터페이스 설계
④ 스키마의 평가 및 정제

전문가의 조언 | 레코드 집중의 분석은 물리적 설계 단계에서 수행하는 작업입니다.

60. 테이블 R1, R2에 대하여 다음 SQL문의 결과는?

```
(SELECT 학번 FROM R1)
INTERSECT
(SELECT 학번 FROM R2)
```

[R1] 테이블

학번	학점 수
20201111	15
20202222	20

[R2] 테이블

학번	과목번호
20202222	CS200
20203333	CS300

①

학번	학점 수	과목번호
20202222	20	CS200

②

학번
20202222

③

학번
20201111
20202222
20203333

④

학번	학점 수	과목번호
20201111	15	NULL
20202222	20	CS200
20203333	NULL	CS300

전문가의 조언 |
- INTERSECT는 두 SELECT문의 조회 결과 중 공통된 행만 출력하는 집합 연산자입니다.
- SELECT 학번 FROM R1과 SELECT 학번 FROM R2의 결과는

학번
20201111
20202222

와

학번
20202222
20203333

이므로, 공통된 행인

학번
20202222

가 결과로 출력되게 됩니다.

4과목 프로그래밍 언어 활용

61. 순차 파일에 대한 설명으로 옳지 않은 것은?

① DASD(Direct Access Storage Device)의 물리적 주소를 통하여 파일의 각 레코드에 직접 접근한다.
② 레코드들이 순차적으로 처리되므로 대화식 처리보다 일괄 처리에 적합하다.
③ 연속적인 레코드의 저장에 의해 레코드 사이에 빈 공간이 존재하지 않으므로 기억 장치의 효율적인 이용이 가능하다.
④ 매체 변환이 쉬워 어떠한 매체에도 적용할 수 있다.

62. 운영체제의 운용 기법 중 시스템은 일정 시간 단위로 CPU를 한 사용자에서 다음 사용자로 신속하게 전환함으로써 각각의 사용자들은 실제로 자신만이 컴퓨터를 사용하고 있는 것으로 여기는 시스템을 의미하는 것은?

① Time Sharing Processing System
② Batch Processing System
③ Real Time Processing System
④ Multi Programming System

63. 3개의 페이지를 수용할 수 있는 주기억장치가 있으며, 초기에는 모두 비어 있다고 가정한다. 다음의 순서로 페이지 참조가 발생할 때, FIFO 페이지 교체 알고리즘을 사용할 경우 몇 번의 페이지 결함이 발생하는가?

페이지 참조 순서 1, 2, 3, 1, 2, 4, 1, 2, 5

① 4
② 5
③ 6
④ 7

64. IPv6에 대한 설명으로 틀린 것은?

① 멀티캐스팅(Multicast) 대신 브로드캐스트(Broadcast)를 사용한다.
② 보안과 인증 확장 헤더를 사용함으로써 인터넷 계층의 보안 기능을 강화하였다.
③ 애니캐스트(Anycast)는 하나의 호스트에서 그룹 내의 가장 가까운 곳에 있는 수신자에게 전달하는 방식이다.
④ 128비트 주소 체계를 사용한다.

65. OSI 7계층에서 단말기 사이에 오류 수정과 흐름 제어를 수행하여 신뢰성 있고 명확한 데이터를 전달하는 계층은?

① 전송 계층
② 응용 계층
③ 세션 계층
④ 표현 계층

121섹션 3필드

66. 커널의 버전을 확인할 때 사용하는 리눅스 명령어는?

① ls ② chmod
③ rm ④ uname

전문가의 조언 | 리눅스에서 커널의 버전을 확인할 때 사용하는 명령어는 uname 입니다.
- ls : 현재 디렉터리 내의 파일 목록을 확인함
- chmod : 파일의 보호 모드를 설정하여 파일의 사용 허가를 지정함
- rm : 파일을 삭제함

119섹션 3필드

67. HRN 스케줄링 방식에서 입력된 작업이 다음과 같을 때 우선순위가 가장 높은 것은?

작업	대기 시간	서비스(실행) 시간
A	5	20
B	40	20
C	15	45
D	20	2

① A ② B
③ C ④ D

전문가의 조언 | 우선순위가 가장 높은 작업은 D입니다. HRN 기법의 우선순위 공식은 '(대기 시간 + 서비스 시간) / (서비스 시간)'입니다.
- A 작업 : (5 + 20) / 20 = 1.25
- B 작업 : (40 + 20) / 20 = 3
- C 작업 : (15 + 45) / 45 = 1.33
- D 작업 : (20 + 2) / 2 = 11

계산된 숫자가 클수록 우선순위가 높습니다.

122섹션 3필드

68. 128.107.176.0/22 네트워크에서 호스트에 의해 사용될 수 있는 서브넷 마스크는?

① 255.0.0.0 ② 255.248.0.0
③ 255.255.252.0 ④ 255.255.255.255

전문가의 조언 | 128.107.176.0/22 네트워크의 서브넷 마스크는 1의 개수가 22개, 즉 11111111 11111111 11111100 00000000이므로 255.255.252.0입니다.

102섹션 2필드

69. 다음 C 프로그램의 결과 값은?

```
main(void) {
    int i;
    int sum = 0;
    for(i = 1; i <= 10; i = i + 2)
        sum = sum + i;
    printf("%d", sum);
}
```

① 15 ② 19
③ 25 ④ 27

전문가의 조언 | 코드의 실행 결과로 출력되는 sum의 값은 25입니다.

```
main(void) {
❶  int i;
❷  int sum = 0;
❸  for(i = 1; i <= 10; i = i + 2)
❹      sum = sum + i;
❺  printf("%d", sum);
}
```

❶ 정수형 변수 i를 선언한다.
❷ 정수형 변수 sum을 선언하고 0으로 초기화한다.
❸ 반복 변수 i가 1에서 2씩 증가하면서 10보다 작거나 같은 동안 ❹번을 반복 수행한다.
❹ sum에 i의 값을 누적한다.
❺ sum의 값을 출력한다.

※ 반복문 실행에 따른 변수들의 변화는 다음과 같습니다.

반복 횟수	i	sum
		0
1	1	1
2	3	4
3	5	9
4	7	16
5	9	25
	11	

99섹션 8필드

70. 다음 중 JAVA에서 우선순위가 가장 낮은 연산자는?

① -- ② %
③ & ④ =

전문가의 조언
- 보기에서는 대입 연산자인 =의 우선순위가 가장 낮습니다.
- 연산자의 우선순위는 높은 것부터 차례대로 단항, 산술, 시프트, 관계, 비트, 논리, 조건, 대입, 순서 연산자 순입니다.

98섹션 2필드

71. C 언어에서 변수로 사용할 수 없는 것은?

① data02　　② int01
③ _sub　　　④ short

전문가의 조언 | 2Byte 정수 자료형을 의미하는 short는 예약어이므로, 변수의 이름으로 사용될 수 없습니다.

99섹션 1필드

72. C 언어에서 산술 연산자가 아닌 것은?

① %　　　② *
③ /　　　④ =

전문가의 조언 | • =는 대입 연산자입니다.
• C 언어의 산술 연산자에는 +, -, *, /, %가 있습니다.

106섹션 2필드

73. 다음 파이썬 코드에서 '53t44'를 입력했을 때 출력 결과는?

```
a, b = map(int, input( ).split( "t" ));
print(a, b)
```

① 53 t 44　　② 53t44
③ 53 44　　　④ 53, 44

전문가의 조언 | 코드의 출력 결과로 옳은 것은 ③번입니다.

❶ a, b = map(int, input( ).split("t"));
❷ print(a, b)

❶ input( ) 메소드로 입력받은 값을 't'를 구분자로 하여 분리한 후 정수로 변환하여 a, b에 저장한다. 문제에서 "53t44"를 입력하였으므로, 't'를 구분자로 53과 44가 분리된 후 정수로 변환되어 각각 a와 b에 저장된다.
• map( ) : 2개 이상의 값을 원하는 자료형으로 변환할 때 사용하는 함수
• input( ).split('분리문자')
　- 입력받은 값을 '분리문자'로 구분하여 반환한다.
　- '분리문자'를 생략하면 공백으로 값을 구분한다.
❷ a와 b를 출력한다. Python의 print( ) 메소드에서 2개 이상의 값을 출력할 때, sep 속성값을 정의하지 않으면 기본값이 공백이므로 다음과 같이 출력된다.

결과　53 44

99섹션 8필드

74. C 언어에서 연산자 우선순위가 높은 것에서 낮은 것으로 바르게 나열된 것은?

| ㉠ ( ) | ㉡ == | ㉢ < |
| ㉣ << | ㉤ ‖ | ㉥ / |

① ㉠, ㉥, ㉣, ㉢, ㉡, ㉤
② ㉠, ㉣, ㉥, ㉢, ㉡, ㉤
③ ㉠, ㉣, ㉥, ㉢, ㉤, ㉡
④ ㉠, ㉥, ㉣, ㉢, ㉡, ㉤

전문가의 조언 | • 연산자 운선순위가 높은 것에서 낮은 것으로 바르게 나열한 것은 ①번입니다.
• 연산자 우선순위는 낮지만 먼저 계산해야 할 식은 괄호( )로 묶어줍니다. 그러므로 보기에서 가장 우선순위가 높은 것은 괄호( )입니다.
• 연산자의 우선순위는 높은 것부터 차례대로 단항, 산술, 시프트, 관계, 비트, 논리, 조건, 대입, 순서 연산자 순이며, 관계 연산자 중에서 <, <=, >=, >는 ==, !=보다 우선순위가 높습니다.

121섹션 3필드

75. 리눅스에서 생성된 파일 권한이 644일 경우 umask 값은?

① 022　　② 666
③ 777　　④ 755

전문가의 조언 | • 파일 권한이 644일 경우 umask 값은 022입니다.
• umask는 UNIX에서 파일이나 디렉터리의 초기 권한을 설정할 때 사용하는 값으로, 파일의 경우 666에서 umask를 뺀 값, 디렉터리의 경우 777에서 umask를 뺀 값을 초기 접근 권한으로 갖습니다.
• 문제에서 파일 권한이 644라고 하였으므로, 다음과 같은 공식으로 umask의 값을 구할 수 있습니다.
666 − umask = 644
umask = 666 − 644
∴ umask = 022

97섹션 4필드

76. Python 데이터 타입 중 시퀀스(Sequence) 데이터 타입에 해당하며 다양한 데이터 타입들을 주어진 순서에 따라 저장할 수 있으나 저장된 내용을 변경할 수 없는 것은?

① 복소수(complex) 타입
② 리스트(list) 타입
③ 사전(dict) 타입
④ 튜플(tuple) 타입

정답 : 66.④ 67.④ 68.③ 69.③ 70.④ 71.④ 72.④ 73.③ 74.① 75.① 76.④

> **전문가의 조언** | 저장된 내용을 변경할 수 없는 순차형 데이터 타입은 튜플(Tuple)입니다.
> - 복소수(complex) 타입 : 복소수 형태의 값을 저장하기 위한 자료형
> - 리스트(list) 타입 : 여러 요소를 저장하는 자료형으로, 대괄호[ ]를 이용하여 각 요소에 접근함
> - 사전(dict) 타입 : 키(Key)와 값(Value)의 쌍으로 연결된 요소들로 이루어진 자료형

114섹션 4필드

77. 빈 기억공간의 크기가 20KB, 16KB, 8KB, 40KB 일 때 기억장치 배치 전략으로 "Best Fit"을 사용하여 17KB의 프로그램을 적재할 경우 내부 단편화의 크기는 얼마인가?

① 3KB
② 23KB
③ 64KB
④ 67KB

> **전문가의 조언** | 최적 적합(Best-Fit)은 데이터가 들어갈 수 있는 크기의 빈 영역 중 단편화를 가장 적게 남기는 분할 영역에 배치시키는 방법으로, 17KB보다 큰 기억공간 중 가장 작은 기억공간인 20KB에 배치됩니다. 이 때 발생하는 내부 단편화는 3KB(20KB-17KB)입니다.

144섹션 3필드

78. 교착상태의 해결 방법 중 은행원 알고리즘(Banker's Algorithm)이 해당되는 기법은?

① Detection
② Avoidance
③ Recovery
④ Prevention

> **전문가의 조언** | 은행원 알고리즘은 교착상태의 해결 방법 중 회피 기법(Avoidance)에 해당합니다.

125섹션 4필드

79. TCP 프로토콜과 관련한 설명으로 틀린 것은?

① 인접한 노드 사이의 프레임 전송 및 오류를 제어한다.
② 흐름 제어(Flow Control)의 기능을 수행한다.
③ 전이중(Full Duplex) 방식의 양방향 가상회선을 제공한다.
④ 전송 데이터와 응답 데이터를 함께 전송할 수 있다.

> **전문가의 조언** |
> - 프레임의 전송 및 오류 제어는 데이터 링크 계층의 프로토콜인 HDLC, LAPB, LLC, MAC 등이 수행합니다.
> - TCP는 패킷의 전송 및 오류를 제어합니다.

124섹션 6필드

80. 네트워크 장비에 대한 설명으로 옳지 않은 것은?

① 브라우터는 전송되는 신호가 전송 선로의 특성 및 외부 충격 등의 요인으로 인해 원래의 형태와 다르게 왜곡되거나 약해질 경우 원래의 신호 형태로 재생하여 다시 전송하는 역할을 수행한다.
② 브리지는 LAN과 LAN을 연결하거나 LAN 안에서의 컴퓨터 그룹을 연결하는 기능을 수행하며, 데이터 링크 계층 중 MAC 계층에서 사용된다.
③ 스위치는 LAN과 LAN을 연결하여 훨씬 더 큰 LAN을 만드는 장치로, OSI 7계층의 2계층에서 사용된다.
④ 라우터는 LAN과 LAN의 연결 기능에 데이터 전송의 최적 경로를 선택할 수 있는 기능이 추가된 것으로, 서로 다른 LAN이나 LAN과 WAN의 연결도 수행하고, OSI 7계층의 네트워크 계층에서 동작한다.

> **전문가의 조언** | ①번은 리피터(Repeater)에 대한 설명입니다.
> - 브라우터(Brouter)는 브리지와 라우터의 기능을 모두 갖추고 있는 네트워크 장비입니다.

5과목 정보시스템 구축 관리

154섹션 2필드

81. 각 사용자 인증의 유형에 대한 설명으로 가장 적절하지 않은 것은?

① 지식 : 주체는 '그가 알고 있는 것'을 보여주며 예시로는 패스워드, PIN 등이 있다.
② 소유 : 주체는 '그가 가지고 있는 것'을 보여주며 예시로는 토큰, 스마트 카드 등이 있다.
③ 존재 : 주체는 '그를 대체하는 것'을 보여주며 예시로는 패턴, QR 등이 있다.
④ 행위 : 주체는 '그가 하는 것'을 보여주며 예시로는 서명, 움직임, 음성 등이 있다.

> **전문가의 조언** | '존재'라는 사용자 인증 유형은 없습니다.
> - 패턴은 지식 기반 인증에, QR은 소유 기반 인증에 속합니다.

130섹션 3필드

82. CPM 네트워크가 다음과 같을 때 임계경로의 소요기일은?

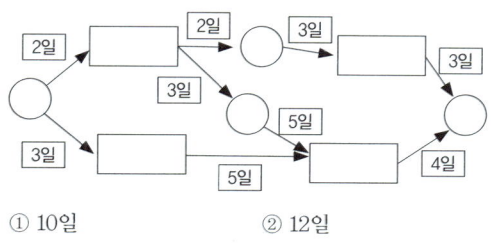

① 10일　　② 12일
③ 14일　　④ 16일

전문가의 조언 | 임계경로는 경로 2이며, 소요기일은 14일입니다. 임계경로는 최장 경로를 의미합니다. 문제에 제시된 그림을 보고 각 경로에 대한 소요기일을 계산한 후 가장 오래 걸린 기일을 찾으면 됩니다.

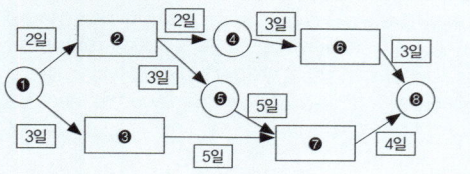

- 경로 1 : ❶ → ❷ → ❹ → ❻ → ❽ = 2+2+3+3=10일
- 경로 2 : ❶ → ❷ → ❺ → ❼ → ❽ = 2+3+5+4=14일
- 경로 3 : ❶ → ❸ → ❼ → ❽ = 3+5+4=12일

140섹션 1필드

83. 정보 시스템과 관련한 다음 설명에 해당하는 것은?

> - 각 시스템 간에 공유 디스크를 중심으로 클러스터링으로 엮어 다수의 시스템을 동시에 연결할 수 있다.
> - 조직, 기업의 기간 업무 서버 안정성을 높이기 위해 사용될 수 있다.
> - 여러 가지 방식으로 구현되며 2개의 서버를 연결하는 것으로 2개의 시스템이 각각 업무를 수행하도록 구현하는 방식이 널리 사용된다.

① 고가용성 솔루션(HACMP)
② 점대점 연결 방식(Point-to-Point Mode)
③ 스턱스넷(Stuxnet)
④ 루팅(Rooting)

전문가의 조언 | 문제의 지문에 제시된 내용은 고가용성 솔루션(HACMP)의 특징입니다.

129섹션 3필드

84. COCOMO Model 중 기관 내부에서 개발된 중소규모의 소프트웨어로 일괄 자료 처리나 과학 기술 계산용, 비즈니스 자료 처리용으로 5만 라인 이하의 소프트웨어를 개발하는 유형은?

① Embeded　　② Organic
③ Semi-Detached　　④ Semi-Embeded

전문가의 조언 | 문제에서 설명하고 있는 소프트웨어 개발 유형은 조직형(Orgranic Mode)입니다.
- **내장형(Embedded Mode)** : 최대형 규모의 트랜잭션 처리 시스템이나 운영체제 등의 30만(300KDSI) 라인 이상의 소프트웨어를 개발하는 유형
- **반분리형(Semi-Detached Mode)** : 조직형과 내장형의 중간형으로, 트랜잭션 처리 시스템이나 운영체제, 데이터베이스 관리 시스템 등의 30만(300KDSI) 라인 이하의 소프트웨어를 개발하는 유형

145섹션 2필드

85. 시스템 내의 정보는 오직 인가된 사용자만 수정할 수 있는 보안 요소는?

① 기밀성　　② 부인방지
③ 가용성　　④ 무결성

전문가의 조언 | 시스템 내의 정보는 오직 인가된 사용자만 수정할 수 있는 보안 요소는 무결성(Integrity)입니다.
- **기밀성(Confidentiality)** : 시스템 내의 정보와 자원은 인가된 사용자에게만 접근이 허용되며, 정보가 전송 중에 노출되더라도 데이터를 읽을 수 없음
- **부인 방지(NonRepudiation)** : 데이터를 송·수신한 자가 송·수신 사실을 부인할 수 없도록 송·수신 증거를 제공함
- **가용성(Availability)** : 인가받은 사용자는 언제라도 사용할 수 있음

153섹션 9필드

86. 합법적으로 소유하고 있던 사용자의 도메인을 탈취하거나 DNS 이름을 속여 사용자들이 진짜 사이트로 오인하도록 유도하여 개인 정보를 훔치는 공격 기법은?

① Ransomware　　② Pharming
③ Phishing　　④ XSS

전문가의 조언 | 문제에 제시된 내용은 Pharming의 개념입니다.
- **랜섬웨어(Ransomware)** : 인터넷 사용자의 컴퓨터에 잠입해 내부 문서나 파일 등을 암호화해 사용자가 열지 못하게 하는 프로그램으로, 암호 해독용 프로그램의 전달을 조건으로 사용자에게 돈을 요구하기도 함
- **피싱(Phishing)** : 낚시라는 뜻의 은어로, 허위 웹 사이트를 내세워 사용자의 개인 신용 정보를 빼내는 수법을 의미함
- **크로스사이트 스크립팅(XSS)** : 웹페이지에 악의적인 스크립트를 삽입하여 방문자들의 정보를 탈취하거나, 비정상적인 기능 수행을 유발하는 보안 약점

153섹션 9필드

87. 다음 내용이 설명하는 것은?

> 개인과 기업, 국가적으로 큰 위협이 되고 있는 주요 사이버 범죄 중 하나로, Snake, Darkside 등 시스템을 잠그거나 데이터를 암호화 해 사용할 수 없도록 하고 이를 인질로 금전을 요구하는 데 사용되는 악성 프로그램

① Format String   ② Ransomware
③ Buffer overflow ④ Adware

전문가의 조언 | 문제의 지문은 랜섬웨어(Ransomware)에 대한 설명입니다.

88. S/W Project 일정이 지연된다고 해서 Project 말기에 새로운 인원을 추가 투입하면 Project는 더욱 지연되게 된다는 내용과 관련되는 법칙은?

① Putnam의 법칙   ② Mayer의 법칙
③ Brooks의 법칙   ④ Boehm의 법칙

전문가의 조언 | 문제에 제시된 내용은 브룩스(Brooks)의 법칙의 개념입니다.

152섹션 3필드

89. 큰 숫자를 소인수 분해하기 어렵다는 것에 기반하에 1978년 MIT에 의해 제안된 공개키 암호화 알고리즘은?

① DES   ② ARIA
③ SEED   ④ RSA

전문가의 조언 | 큰 숫자를 소인수 분해하기 어렵다는 것에 기반하여 만들어진 암호화 알고리즘은 RSA입니다.
- DES(Data Encryption Standard) : 1975년 미국 NBS에서 발표한 개인키 암호화 알고리즘으로, 블록 크기는 64비트이며, 키 길이는 56비트임
- ARIA(Academy, Research Institute, Agency) : 2004년 국가정보원과 산학연협회가 개발한 블록 암호화 알고리즘으로, 블록 크기는 128비트이며, 키 길이에 따라 128, 192, 256으로 분류함
- SEED : 1999년 한국인터넷진흥원(KISA)에서 개발한 블록 암호화 알고리즘으로, 블록 크기는 128비트이며, 키 길이에 따라 128, 256으로 분류함

139섹션 1필드

90. 다음 내용이 설명하는 것은?

> - 블록체인(Blockchain) 개발 환경을 클라우드로 서비스하는 개념
> - 블록체인 네트워크에 노드의 추가 및 제거가 용이
> - 블록체인의 기본 인프라를 추상화하여 블록체인 응용 프로그램을 만들 수 있는 클라우드 컴퓨팅 플랫폼

① OTT   ② BaaS
③ SDDC   ④ Wi-SUN

전문가의 조언 | 문제의 지문에 제시된 내용은 BaaS(서비스형 블록체인)에 대한 설명입니다.
- OTT(Over The Top service) : TV, PC, 스마트폰 등으로 드라마, 영화 등의 미디어 콘텐츠를 제공하는 온라인 서비스
- SDDC(Software Defined Data Center) : 데이터 센터의 모든 자원을 가상화하여 인력의 개입 없이 소프트웨어 조작만으로 관리 및 제어되는 데이터 센터
- Wi-SUN : 스마트 그리드와 같은 장거리 무선 통신을 필요로 하는 사물 인터넷(IoT) 서비스를 위한 저전력 장거리(LPWA; Low-Power Wide Area) 통신 기술

91. 서버에 열린 포트 정보를 스캐닝해서 보안 취약점을 찾는 데 사용하는 도구는?

① type   ② mkdir
③ ftp   ④ nmap

전문가의 조언 | 서버에 열린 포트 정보를 스캐닝해서 보안 취약점을 찾는데 사용하는 도구는 nmap입니다.
- type : 명령어의 정보를 확인하는 옵션 또는 ftp에서 전송 모드를 설정할 때 사용하는 명령어
- mkdir : 서버에 디렉터리를 생성하는 명령어
- ftp : FTP 서버에 접속할 때 사용하는 명령어

135섹션 6필드

92. 시스템이 몇 대가 되어도 하나의 시스템에서 인증에 성공하면 다른 시스템에 대한 접근 권한도 얻는 시스템을 의미하는 것은?

① SOS   ② SBO
③ SSO   ④ SOA

전문가의 조언 | 하나의 시스템에서 인증에 성공하면 다른 시스템에 대한 접근 권한도 얻는 시스템을 SSO(Single Sign On)라고 합니다.

93. S/W 각 기능의 원시 코드 라인수의 비관치, 낙관치, 기대치를 측정하여 예측치를 구하고 이를 이용하여 비용을 산정하는 기법은?

① Effort Per Task 기법
② 전문가 감정 기법
③ 델파이 기법
④ LOC 기법

전문가의 조언 | 문제에 제시된 내용은 LOC 기법에 대한 설명입니다.
- **개발 단계별 인월수(Effort Per Task) 기법** : LOC 기법을 보완하기 위한 기법으로, 각 기능을 구현시키는 데 필요한 노력을 생명 주기의 각 단계별로 산정함
- **전문가 감정 기법** : 조직 내에 있는 경험이 많은 두 명 이상의 전문가에게 비용 산정을 의뢰하는 기법으로, 가장 편리하고 신속하게 비용을 산정할 수 있음
- **델파이 기법** : 전문가 감정 기법의 주관적인 편견을 보완하기 위해 많은 전문가의 의견을 종합하여 산정하는 기법

94. 생명 주기 모형 중 가장 오래된 모형으로, 많은 적용 사례가 있지만 요구사항의 변경이 어렵고 각 단계의 결과가 확인되어야 다음 단계로 넘어갈 수 있는 선형 순차적, 고전적 생명 주기 모형이라고도 하는 것은?

① Waterfall Model   ② Prototype Model
③ Cocomo Model   ④ Spiral Model

전문가의 조언 | 문제에 제시된 내용은 폭포수 모형(Waterfall Model)에 대한 설명입니다.
- **프로토타입 모형(Prototype Model, 원형 모형)** : 사용자의 요구사항을 정확히 파악하기 위해 실제 개발될 소프트웨어에 대한 견본품(Prototype)을 만들어 최종 결과물을 예측하는 모형
- **나선형 모형(Spiral Model, 점진적 모형)** : 폭포수 모형과 프로토타입 모형의 장점에 위험 분석 기능을 추가한 모형으로, 나선을 따라 돌듯이 여러 번의 소프트웨어 개발 과정을 거쳐 점진적으로 완벽한 최종 소프트웨어를 개발함

95. 세션 하이재킹을 탐지하는 방법으로 거리가 먼 것은?

① FTP SYN SEGMENT 탐지
② 비동기화 상태 탐지
③ ACK STORM 탐지
④ 패킷의 유실 및 재전송 증가 탐지

전문가의 조언 |
- FTP SYN SEGMENT 탐지는 세션 하이재킹 탐지 방법이 아닙니다.
- 세션 하이재킹의 탐지 방법에는 비동기화 상태 탐지, ACK Storm 탐지, 패킷의 유실과 재전송 증가 탐지, 예상치 못한 접속의 리셋 탐지 등이 있습니다.

96. 다음 설명에 해당하는 공격 기법은?

> 시스템 공격 기법 중 하나로, 허용 범위 이상의 ICMP 패킷을 전송하여 대상 시스템의 네트워크를 마비시킨다.

① Ping of Death   ② Session Hijacking
③ Piggyback Attack   ④ XSS

전문가의 조언 | 허용 범위 이상의 ICMP 패킷을 전송하여 대상 시스템의 네트워크를 마비시키는 공격 기법은 죽음의 핑(Ping of Death)입니다.
- **세션 하이재킹(Session Hijacking)** : 서버에 접속하고 있는 클라이언트들의 세션 정보를 가로채는 공격 기법으로, 세션 가로채기라고도 함
- **피기백 공격(Piggyback Attack)** : 시스템의 올바른 인증 절차나 보안 프로그램에 편승하는 공격 방법으로, 권한 있는 사람이 열고 지나간 문틈을 파고들어 가는 것에 빗 댐
- **크로스사이트 스크립팅(XSS; Cross Site Scripting)** : 웹페이지에 악의적인 스크립트를 삽입하여 방문자들의 정보를 탈취하거나, 비정상적인 기능 수행을 유발하는 보안 약점

97. 다음 설명에 해당하는 암호화 알고리즘은?

> - DES의 보안 문제를 해결하기 위해 개발되었다.
> - NIST에서 개발한 개인키 암호화 알고리즘이다.

① ARIA   ② AES
③ DSA   ④ SEED

전문가의 조언 | DES의 보안 문제 해결을 위해 NIST에서 개발한 개인키 암호화 알고리즘은 AES(Advanced Encryption Standard)입니다.

157섹션 3필드

98. 침입 탐지 시스템(IDS; Intrusion Detection System)과 관련한 설명으로 틀린 것은?

① 이상 탐지 기법(Anomaly Detection)은 Signature Base나 Knowledge Base라고도 불리며 이미 발견되고 정립된 공격 패턴을 입력해두었다가 탐지 및 차단한다.
② HIDS(Host-Based Intrusion Detection)는 운영체제에 설정된 사용자 계정에 따라 어떤 사용자가 어떤 접근을 시도하고 어떤 작업을 했는지에 대한 기록을 남기고 추적한다.
③ NIDS(Network-Based Intrusion Detection System)로는 대표적으로 Snort가 있다.
④ 외부 인터넷에 서비스를 제공하는 서버가 위치하는 네트워크인 DMZ(Demilitarized Zone)에는 IDS가 설치될 수 있다.

전문가의 조언 | · ①번은 오용 탐지 기법(Misuse Detection)에 대한 설명입니다.
· 이상 탐지 기법(Anomaly Detection)은 평균적인 시스템의 상태를 기준으로 비정상적인 행위나 자원의 사용이 감지되면 이를 알려주는 시스템입니다.

130섹션 2필드

100. 프로젝트 일정 관리 시 사용하는 PERT 차트에 대한 설명에 해당하는 것은?

① 각 작업들이 언제 시작하고 언제 종료되는지에 대한 일정을 막대 도표를 이용하여 표시한다.
② 시간선(Time-Line) 차트라고도 한다.
③ 수평 막대의 길이는 각 작업의 기간을 나타낸다.
④ 작업들 간의 상호 관련성, 결정경로, 경계시간, 자원할당 등을 제시한다.

전문가의 조언 | ①, ②, ③번은 간트 차트에 대한 설명입니다.

135섹션 6필드

99. 기기를 키오스크에 갖다 대면 원하는 데이터를 바로 가져올 수 있는 기술로 10㎝ 이내 근접 거리에서 기가급 속도로 데이터 전송이 가능한 초고속 근접무선통신(NFC; Near Field Communication) 기술은?

① BcN(Broadband Convergence Network)
② Zing
③ Marine Navi
④ C-V2X(Cellular Vehicle To Everything)

전문가의 조언 | 10cm 이내 거리에서 3.5Gbps 속도의 데이터 전송이 가능한 초고속 근접무선통신(NFC)을 징(Zing)이라고 합니다.
· 광대역 통합망(BcN; Broadband Convergence Network) : 개별적인 망들이 갖고 있는 한계점을 극복하여 음성, 데이터, 유선, 무선, 통신, 방송 등의 다양한 멀티미디어 서비스를 장소와 시간에 관계없이 일정한 품질로 안전하게 이용할 수 있는 차세대 네트워크
· 마린내비(Marine Navi) : 소형 선박의 충돌사고 예방을 위해 KT에서 만든 선박 안전 솔루션으로, GPS 기반 선박 자동식별 장치(AIS)를 통해 선박의 속도와 위치를 파악하고, 주변 선박과의 거리, 충돌 가능성 등을 인공지능(AI)을 통해 분석하여 전자해도(ENC)로 제공함
· 셀룰러-차량 · 사물통신(C-V2X; Cellular Vehicle To Everything) : 이동통신망을 이용하여 차량 대 차량, 차량 대 보행자, 차량 대 인프라 간에 정보를 공유하는 기술로, 3GPP에서 제정한 기술 표준 중 하나임

2024년 2회 정보처리기사 필기

1과목 소프트웨어 설계

23섹션 3필드

1. GoF(Gangs of Four) 디자인 패턴 중 생성 패턴으로 옳은 것은?
① Abstract Factory   ② Bridge
③ Observer   ④ Composite

전문가의 조언 | 보기 중 생성 패턴은 추상 팩토리(Abstract Factory)입니다.
• 브리지(Bridge), 컴포지트(Composite)는 구조 패턴, 옵서버(Observer)는 행위 패턴입니다.

13섹션 1필드

2. 소프트웨어 품질 관련 국제 표준인 ISO/IEC 25000의 특성이 아닌 것은?
① 호환성   ② 보안성
③ 신뢰성   ④ 반복성

전문가의 조언 | • 반복성은 ISO/IEC 25000의 특성이 아닙니다.
• ISO/IEC 25000의 특성에는 기능성, 효율성, 호환성, 사용성, 신뢰성, 보안성, 유지 보수성, 이식성이 있습니다.

16섹션 5필드

3. 캡슐화된 객체 내부의 자료 구조 또는 함수 이용이 외부에 영향을 받지 않기 위해 부작용을 최소화한 객체지향 개념은?
① Finding   ② Inheritance
③ Information Hiding   ④ Polymorphism

전문가의 조언 | 문제에 제시된 내용은 정보 은닉(Information Hiding)의 개념입니다.
• 상속(Inheritance) : 상위 클래스의 메소드와 속성을 하위 클래스가 물려받는 것을 의미함
• 다형성(Polymorphism) : 메시지에 의해 객체(클래스)가 연산을 수행하게 될 때 하나의 메시지에 대해 각각의 객체(클래스)가 가지고 있는 고유한 방법(특성)으로 응답할 수 있는 능력을 의미함

6섹션 3필드

4. 요구공학 프로세스의 요구사항 개발 과정으로 옳지 않은 것은?
① 요구사항 도출   ② 요구사항 구현
③ 요구사항 검증   ④ 요구사항 명세

전문가의 조언 | • 요구사항 구현은 요구사항 개발 과정이 아닙니다.
• 요구사항 개발 과정은 '도출 → 분석 → 명세 → 확인(검증)' 순으로 진행됩니다.

121섹션 3필드

5. 요구사항 분석을 위해 리눅스에서 커널 버전을 확인하기 위한 명령어로 옳은 것은?
① pwd   ② ls
③ uname   ④ mv

전문가의 조언 | 리눅스에서 현재 사용중인 커널 버전을 확인하는 명령은 uname -r입니다.
• ls : 현재 디렉터리 내의 파일 목록을 확인함
• pwd : 현재 작업중인 디렉터리 경로를 화면에 출력함
• mv : 파일을 이동시키거나 이름을 변경함

16섹션 2필드

6. 모듈화를 통해 분리된 시스템의 각 기능들로, 서브루틴, 서브시스템, 소프트웨어 내의 프로그램, 작업 단위 등과 같은 의미로 사용되는 것은?
① Module   ② Component
③ Things   ④ Prototype

전문가의 조언 | 모듈화를 통해 분리된 시스템의 각 기능들을 모듈(Module)이라고 합니다.

12섹션 3필드

7. 다음 내용이 설명하는 UI 설계 도구는?

> • 디자인, 사용 방법 설명, 평가 등을 위해 실제 화면과 유사하게 만든 정적인 형태의 모형
> • 시각적으로만 구성 요소를 배치하는 것으로 일반적으로 실제로 구현되지는 않음

① 스토리보드(Storyboard)
② 목업(Mockup)
③ 프로토타입(Prototype)
④ 유스케이스(Usecase)

전문가의 조언 | 문제의 지문에 제시된 내용은 목업(Mockup)의 특징입니다.
• 스토리보드 : 와이어프레임에 콘텐츠에 대한 설명, 페이지 간 이동 흐름 등을 추가한 문서
• 프로토타입 : 와이어프레임이나 스토리보드 등에 인터랙션을 적용함으로써 실제 구현된 것처럼 테스트가 가능한 동적인 형태의 모형
• 유스케이스 : 사용자 측면에서의 요구사항

정답 : 1.① 2.④ 3.③ 4.② 5.③ 6.① 7.②

10섹션 1필드

8. 기본 유스케이스 수행 시 특별한 조건을 만족할 때 수행하는 유스케이스는?

① 연관 ② 확장
③ 선택 ④ 특화

> 전문가의 조언 | 특별한 조건을 만족할 때 수행할 유스케이스는 ≪extends≫로 연결하여 표현하는데, 이와 같이 연결되는 관계를 확장 관계라고 합니다.

17섹션 6필드

9. 분산 시스템을 위한 마스터-슬레이브(Master-Slave) 아키텍처에 대한 설명으로 틀린 것은?

① 일반적으로 실시간 시스템에서 사용된다.
② 마스터 프로세스는 일반적으로 연산, 통신, 조정을 책임진다.
③ 슬레이브 프로세스는 데이터 수집 기능을 수행할 수 없다.
④ 마스터 프로세스는 슬레이브 프로세스들을 제어할 수 있다.

> 전문가의 조언 | • 슬레이브 프로세스는 데이터 수집 기능을 수행할 수 있습니다.
> • 슬레이브 프로세스에서는 마스터 프로세스에서 수행하는 연산, 통신, 제어 등의 기능을 제외하고는 별도로 제한되는 기능은 없습니다.

18섹션 4필드

10. 속성과 관련된 연산(Operation)을 클래스 안에 묶어서 하나로 취급하는 것을 의미하는 객체지향 개념은?

① Inheritance ② Class
③ Encapsulation ④ Association

> 전문가의 조언 | 속성과 관련된 연산(Operation)을 클래스 안에 묶어서 하나로 취급하는 것을 의미하는 객체지향 개념은 캡슐화(Encapsulation)입니다.
> • Inheritance(상속) : 상위 클래스의 메소드와 속성을 하위 클래스가 물려받는 것을 의미함
> • Class : 공통된 속성과 연산(행위)을 갖는 객체의 집합으로, 객체의 일반적인 타입(Type)을 의미함
> • Association(연관) : 2개 이상의 사물이 서로 관련되어 있음

19섹션 4필드

11. 다음 내용이 설명하는 객체지향 설계 원칙은?

> • 클라이언트는 자신이 사용하지 않는 메소드와 의존관계를 맺으면 안 된다.
> • 클라이언트가 사용하지 않는 인터페이스 때문에 영향을 받아서는 안 된다.

① 인터페이스 분리 원칙 ② 단일 책임 원칙
③ 개방 폐쇄의 원칙 ④ 리스코프 교체의 원칙

> 전문가의 조언 | 문제의 지문에 제시된 내용은 객체지향 설계 원칙 중 인터페이스 분리 원칙에 대한 설명입니다.
> • 단일 책임 원칙(SRP; Single Responsibility Principle) : 객체는 단 하나의 책임만 가져야 한다는 원칙
> • 개방-폐쇄 원칙(OCP; Open-Closed Principle) : 기존의 코드를 변경하지 않고 기능을 추가할 수 있도록 설계해야 한다는 원칙
> • 리스코프 치환 원칙(LSP; Liskov Substitution Principle) : 자식 클래스는 최소한 자신의 부모 클래스에서 가능한 행위는 수행할 수 있어야 한다는 설계 원칙

6섹션 2필드

12. 다음 중 비기능 요구사항에 대한 설명으로 옳은 것은?

① 은행의 조회, 입금, 출금, 이체 등이 어떻게 수행되는지 여부는 비기능 요구사항에 해당한다.
② 처리 속도 및 시간, 처리량 등의 성능에 대한 요구사항은 비기능 요구사항에 해당하지 않는다.
③ 보안 및 접근 통제를 위한 요구사항은 비기능 요구사항에 해당하지 않는다.
④ "차량 대여 시스템에서 제공하는 모든 화면은 3초 안에 사용자에게 보여야 한다"는 것은 비기능 요구사항에 해당한다.

> 전문가의 조언 | 비기능 요구사항에 대한 설명으로 옳은 것은 ④번입니다.
> • ①번은 시스템이 수행해야 하는 기능에 대한 것으로 기능 요구사항입니다.
> • ②, ④번은 성능에 관한 비기능 요구사항입니다.
> • ③번은 보안에 관한 비기능 요구사항입니다.

> 11섹션 5필드

13. 사용자 인터페이스(User Interface)에 대한 설명으로 틀린 것은?

① 사용자와 시스템이 정보를 주고받는 상호작용이 잘 이루어지도록 하는 장치나 소프트웨어를 의미한다.
② 편리한 유지보수를 위해 개발자 중심으로 설계되어야 한다.
③ 배우기가 용이하고 쉽게 사용할 수 있도록 만들어져야 한다.
④ 사용자 요구사항이 UI에 반영될 수 있도록 구성해야 한다.

전문가의 조언 | 사용자 인터페이스(UI)는 사용자가 쉽게 이해하고 편리하게 사용할 수 있도록 사용자 중심으로 설계되어야 합니다.

> 10섹션 3필드

16. 순차 다이어그램(Sequence Diagram)과 관련한 설명으로 틀린 것은?

① 주로 정적인 측면에서 모델링을 설계하기 위해 사용한다.
② 시간의 흐름에 따라 객체들이 주고 받는 메시지의 전달 과정을 강조한다.
③ 수직 방향이 시간의 흐름을 나타낸다.
④ 구성 요소에는 회귀 메시지, 제어 블록 등이 있다.

전문가의 조언 | 순차 다이어그램은 주로 동적인 측면에서 모델링을 설계하기 위해 사용합니다.

> 2섹션 2필드

14. 애자일(Agile) 기법 중 스크럼(Scrum)과 관련된 용어에 대한 설명이 틀린 것은?

① 스크럼 마스터(Scrum Master)는 스크럼 프로세스를 따르고, 팀이 스크럼을 효과적으로 활용할 수 있도록 보장하는 역할 등을 맡는다.
② 제품 백로그(Product Backlog)는 스크럼 팀이 해결해야 하는 목록으로 소프트웨어 요구사항, 아키텍처 정의 등이 포함될 수 있다.
③ 스프린트(Sprint)는 하나의 완성된 최종 결과물을 만들기 위한 주기로 3달 이상의 장기간으로 결정된다.
④ 속도(Velocity)는 한 번의 스프린트에서 한 팀이 어느 정도의 제품 백로그를 감당할 수 있는지에 대한 추정치로 볼 수 있다.

전문가의 조언 | 스프린트는 실제 개발 작업을 진행하는 과정으로, 보통 2~4주 정도의 기간 내에서 진행합니다.

> 124섹션 7필드

17. 입력되는 데이터를 컴퓨터의 프로세서가 처리하기 전에 미리 처리하여 프로세서가 처리하는 시간을 줄여주는 프로그램이나 하드웨어를 말하는 것은?

① EAI ② FEP
③ GPL ④ Duplexing

전문가의 조언 | 문제에 제시된 내용은 전처리기(FEP, Front End Processor)의 개념입니다.
- EAI(Enterprise Application Integration) : 기업 내 각종 애플리케이션 및 플랫폼 간의 정보 전달, 연계, 통합 등 상호 연동이 가능하게 해주는 솔루션
- GPL(General Public License) : 자유 소프트웨어 재단에서 만든 자유 소프트웨어 라이선스
- Duplexing : 서비스 중단에 대비하여 동일한 기능을 수행하는 예비 시스템을 동시에 운용하는 것

> 19섹션 4필드

15. 다음 중 객체지향 설계 원칙에 속하지 않는 것은?

① 개방-폐쇄 원칙(OCP; Open-Closed Principle)
② 의존 역전 원칙(DIP; Dependency Inversion Principle)
③ 인터페이스 통합 원칙(IIP; Interface Integration Principle)
④ 단일 책임 원칙(SRP; Single Responsibility Principle)

전문가의 조언 | 객체지향 설계 원칙 중 하나는 인터페이스 통합 원칙이 아니라 인터페이스 분리 원칙입니다.

> 3섹션 1필드

18. 익스트림 프로그래밍에 대한 설명으로 틀린 것은?

① 대표적인 구조적 방법론 중 하나이다.
② 소규모 개발 조직이 불확실하고 변경이 많은 요구를 접하였을 때 적절한 방법이다.
③ 익스트림 프로그래밍을 구동시키는 원리는 상식적인 원리와 경험을 최대한 끌어 올리는 것이다.
④ 구체적인 실천 방법을 정의하고 있으며, 개발 문서보다는 소스 코드에 중점을 둔다.

전문가의 조언 | 익스트림 프로그래밍(eXtreme Programming)은 애자일 개발 방법론을 기반으로 하는 소프트웨어 개발 모형입니다.

7섹션 3필드

19. 자료 흐름도(DFD)의 각 요소별 표기 형태의 연결이 옳지 않은 것은?

① Process : 원
② Data Flow : 화살표
③ Data Store : 삼각형
④ Terminator : 사각형

전문가의 조언 | 자료 저장소(Data Store)는 평행선(=) 안에 자료 저장소 이름을 기입합니다.

10섹션 1필드

20. 유스케이스(Usecase)에 대한 설명 중 옳은 것은?

① 유스케이스 다이어그램은 개발자의 요구를 추출하고 분석하기 위해 주로 사용한다.
② 액터는 대상 시스템과 상호 작용하는 사람이나 다른 시스템에 의한 역할이다.
③ 사용자 액터는 본 시스템과 데이터를 주고받는 연동 시스템을 의미한다.
④ 연동의 개념은 일방적으로 데이터를 파일이나 정해진 형식으로 넘겨주는 것을 의미한다.

전문가의 조언 | 유스케이스에 대한 설명 중 옳은 것은 ②번입니다.
① 유스케이스 다이어그램은 추출된 사용자의 요구를 분석하는 데 사용합니다.
③ 사용자 액터(주액터)는 시스템을 사용함으로써 이득을 얻는 대상을 의미합니다. 본 시스템과 데이터를 주고받는 연동 시스템을 시스템 액터(부액터)라고 합니다.
④ 연동은 2개 이상의 시스템이 일방이 아닌 상호 간의 동작에 영향을 줄 수 있도록 연결망을 구성하는 것을 의미합니다.

30섹션 3필드

22. 다음 자료에 대하여 선택(Selection) 정렬을 이용하여 오름차순으로 정렬하고자 한다. 2회전 수행 결과는?

27, 7, 4, 30, 25

① 4, 7, 25, 27, 30
② 4, 7, 30, 27, 25
③ 4, 7, 27, 30, 25
④ 4, 7, 25, 30, 27

전문가의 조언 | 선택 정렬은 n개의 레코드 중에서 최소값을 찾아 첫 번째 레코드 위치에 놓고, 나머지 n-1개 중에서 다시 최소값을 찾아 두 번째 레코드 위치에 놓는 방식을 반복하여 정렬하는 방식입니다.

- 원본 : 27, 7, 4, 30, 25
- 1회전 : 27 7 4 30 25 → 4 7 27 30 25
  첫 번째부터 마지막 값 중 최소값 4를 찾아 첫 번째 값 27과 위치를 교환합니다.
- 2회전 : 4 7 27 30 25 → 4 7 27 30 25
  두 번째부터 마지막 값 중 최소값 7을 찾아 위치 교환이 없다면 다음 회전으로 넘어갑니다.
- 3회전 : 4 7 27 30 25 → 4 7 25 30 27
  세 번째부터 마지막 값 중 최소값 25를 찾아 세 번째 값 27과 위치를 교환합니다.
- 4회전 : 4 7 25 30 27 → 4 7 25 27 30
  네 번째부터 마지막 값 중 최소값 27을 찾아 네 번째 값 30과 위치를 교환합니다.

2과목 소프트웨어 개발

46섹션 3필드

21. 다음 중 커버리지의 종류가 아닌 것은?

① 구문 커버리지
② 결정 커버리지
③ 조건 커버리지
④ 강도 커버리지

전문가의 조언 | 강도 커버리지는 커버리지의 종류가 아닙니다.
- 커버리지의 종류에는 구문 커버리지(Statement Coverage), 결정 커버리지(Decision Coverage), 조건 커버리지(Condition Coverage), 조건/결정 커버리지(Condition/Decision Coverage) 등이 있습니다.

131섹션 1필드

23. 소프트웨어 프로젝트 관리에 대한 설명으로 가장 옳은 것은?

① 개발에 따른 산출물 관리
② 소요인력은 최대화하되 정책 결정은 신속하게 처리
③ 주어진 기간은 연장하되 최소의 비용으로 시스템을 개발
④ 주어진 기간 내에 최소의 비용으로 사용자를 만족시키는 시스템을 개발

전문가의 조언 | 프로젝트 관리(Project Management)는 주어진 기간 내에 최소의 비용으로 사용자를 만족시키는 시스템을 개발하기 위한 전반적인 활동입니다.

24. 다음과 같은 중위식(Infix)을 후위식(Postfix)으로 올바르게 표현한 것은?

$$A / B * (C + D) + E$$

① + * / A B + C D E
② C D + A B / * E +
③ / * + + A B C D E
④ A B / C D + * E +

전문가의 조언 | 중위식(Infix)을 후위식(Postfix)으로 표현하려면 연산자의 우선순위에 따라 괄호로 묶고 해당 괄호의 뒤(오른쪽)로 연산자를 옮기면 됩니다.

❶ 연산 우선순위에 따라 괄호로 묶습니다.
(((A / B) * (C + D)) + E)

❷ 연산자를 해당 괄호의 뒤(오른쪽)로 옮깁니다.
(((A / B) * (C + D)) + E)
↓
(((A B) / (C D) +) * E) +

❸ 괄호를 제거합니다.
A B / C D + * E +

25. 명세 기반 테스트 중 프로그램의 입력 조건에 중점을 두고, 어느 하나의 입력 조건에 대하여 타당한 값과 그렇지 못한 값을 설정하여 해당 입력 자료에 맞는 결과가 출력되는지 확인하는 테스트 기법은?

① Cause-Effect Graphing Testing
② Equivalence Partitioning Testing
③ Boundary Value Analysis
④ Comparison Testing

전문가의 조언 | 문제에 제시된 내용은 동치 분할 검사(Equivalence Partitioning Testing)에 대한 설명입니다.

- 원인-효과 그래프 검사(Cause-Effect Graphing Testing) : 입력 데이터 간의 관계와 출력에 영향을 미치는 상황을 체계적으로 분석한 다음 효용성이 높은 테스트 케이스를 선정하여 검사하는 기법
- 경계값 분석(Boundary Value Analysis) : 입력 자료에만 치중한 동치 분할 기법을 보완하기 위한 기법으로, 입력 조건의 중간값보다 경계값에서 오류가 발생될 확률이 높다는 점을 이용하여 입력 조건의 경계값을 테스트 케이스로 선정하여 검사함
- 비교 검사(Comparison Testing) : 여러 버전의 프로그램에 동일한 테스트 자료를 제공하여 동일한 결과가 출력되는지 테스트하는 기법

26. 하향식 통합에 있어서 모듈 간의 통합 시험을 위해 일시적으로 필요한 조건만을 가지고 임시로 제공되는 시험용 모듈을 무엇이라고 하는가?

① Stub   ② Driver
③ Procedure   ④ Function

전문가의 조언 | 하향식 통합 테스트에서 모듈 간의 통합 시험을 위해 일시적으로 필요한 조건만을 가지고 임시로 제공되는 시험용 모듈을 스텁(Stub)이라고 합니다.

- 드라이버(Driver) : 테스트 대상의 하위 모듈을 호출하는 도구로, 매개 변수(Parameter)를 전달하고, 모듈 테스트 수행 후의 결과를 도출함

27. 소프트웨어를 보다 쉽게 이해할 수 있고 적은 비용으로 수정할 수 있도록 겉으로 보이는 동작의 변화 없이 내부 구조를 변경하는 것은?

① Refactoring   ② Architecting
③ Specification   ④ Renewal

전문가의 조언 | 소프트웨어를 보다 쉽게 이해할 수 있고 적은 비용으로 수정할 수 있도록 겉으로 보이는 동작의 변화 없이 내부 구조를 변경하는 것을 리팩토링(Refactoring)이라고 합니다.

28. 디지털 저작권 관리(DRM)의 기술 요소가 아닌 것은?

① 크랙 방지 기술   ② 정책 관리 기술
③ 암호화 기술   ④ 방화벽 기술

전문가의 조언 | 디지털 저작권 관리(DRM)의 기술 요소에는 암호화, 키 관리, 암호화 파일 생성, 식별 기술, 저작권 표현, 정책 관리, 크랙 방지, 인증 등이 있습니다.

- 방화벽 기술 : 기업이나 조직 내부의 네트워크와 인터넷 간에 전송되는 정보를 선별하여 수용·거부·수정하는 기능을 가진 침입 차단 시스템

29. 소프트웨어 모듈화의 장점이 아닌 것은?

① 오류의 파급 효과를 최소화한다.
② 기능의 분리가 가능하여 인터페이스가 복잡하다.
③ 모듈의 재사용 가능으로 개발과 유지보수가 용이하다.
④ 프로그램의 효율적인 관리가 가능하다.

전문가의 조언 | 모듈화의 장점은 기능의 분리가 가능하여 인터페이스가 단순해지는 것입니다.

없음

30. 정형 기술 검토(FTR)의 지침 사항으로 옳은 내용 모두를 나열한 것은?

> ㉠ 의제를 제한한다.
> ㉡ 논쟁과 반박을 제한한다.
> ㉢ 문제 영역을 명확히 표현한다.
> ㉣ 참가자의 수를 제한하지 않는다.

① ㉠, ㉣
② ㉠, ㉡, ㉢
③ ㉠, ㉡, ㉣
④ ㉠, ㉡, ㉢, ㉣

전문가의 조언 | • 정형 기술 검토(FTR)의 지침 사항으로 옳은 내용 모두를 나열한 것은 ②번입니다.
• 정형 기술 검토는 의제와 참가자의 수를 제한합니다.

46섹션 4필드

31. 블랙 박스 검사에 관하여 기술한 것 중 잘못된 것은?

① 모듈의 구조보다 기능을 검사한다.
② 동치 분할(Equivalence Partitioning)이라는 기법을 사용한다.
③ Nassi-Shneiderman 도표를 사용하여 검정 기준을 작성할 수 있다.
④ 원인-결과 그래프(Cause and Effect Graph)로 테스트 케이스를 작성할 수 있다.

전문가의 조언 | N-S 차트를 이용하여 검정 기준을 작성할 수 있는 것은 화이트 박스 검사입니다.

47섹션 5필드

32. 개발한 소프트웨어가 사용자의 요구사항을 충족하는지에 중점을 두고 테스트하는 방법은?

① 단위 테스트
② 인수 테스트
③ 시스템 테스트
④ 통합 테스트

전문가의 조언 | 개발한 소프트웨어가 사용자의 요구사항을 충족하는지에 중점을 두고 테스트하는 방법을 인수 테스트(Acceptance Test)라고 합니다.
• 단위 테스트(Unit Test) : 코딩 직후 소프트웨어 설계의 최소 단위인 모듈이나 컴포넌트에 초점을 맞추 하는 테스트
• 시스템 테스트(System Test) : 개발된 소프트웨어가 해당 컴퓨터 시스템에서 완벽하게 수행되는가를 점검하는 테스트
• 통합 테스트(Integration Test) : 단위 테스트가 완료된 모듈들을 결합하여 하나의 시스템으로 완성시키는 과정에서의 테스트

57섹션 2필드

33. 웹과 컴퓨터 프로그램에서 용량이 적은 데이터를 교환하기 위해 데이터 객체를 속성·값의 쌍 형태로 표현하는 형식으로, 자바 스크립트(JavaScript)를 토대로 개발되어진 형식은?

① Python
② XML
③ JSON
④ WEB SEVER

전문가의 조언 | 문제에 제시된 내용은 JSON(JavaScript Object Notation)에 대한 설명입니다.
• 파이썬(Python) : 객체지향 기능을 지원하는 대화형 인터프리터 언어로, 플랫폼에 독립적이고 문법이 간단하여 배우기 쉬움
• XML(eXtensible sMarkup Language) : 특수한 목적을 갖는 마크업 언어를 만드는 데 사용되는 다목적 마크업 언어
• 웹 서버(Web Server) : 클라이언트로부터 직접 요청을 받아 처리하는 서버로, 저용량의 정적 파일들을 제공함

59섹션 2필드

34. 다음 중 인터페이스 구현 검증 도구에 대한 설명으로 옳지 않은 것은?

① STAF : Ruby를 사용하는 애플리케이션 테스트 프레임워크이다.
② xUnit : NUnit, JUnit 등 다양한 언어를 지원하는 단위 테스트 프레임워크이다.
③ FitNesse : 웹 기반 테스트케이스 설계, 실행, 결과 확인 등을 지원하는 테스트 프레임워크이다.
④ NTAF : Naver의 테스트 자동화 프레임워크로, FitNesse와 STAF를 통합하였다.

전문가의 조언 | • STAF는 서비스 호출 및 컴포넌트 재사용 등 다양한 환경을 지원하는 테스트 프레임워크입니다.
• ①번은 watir에 대한 설명입니다.

53섹션 1필드

35. 아주 오래되거나 참고문서 또는 개발자가 없어 유지보수 작업이 아주 어려운 프로그램을 의미하는 것은?

① Title Code
② Source Code
③ Object Code
④ Alien Code

전문가의 조언 | 아주 오래되거나 참고문서 또는 개발자가 없어 유지보수 작업이 어려운 프로그램을 외계인 코드(Alien Code)라고 합니다.

52섹션 4필드

36. 제어 흐름 그래프가 다음과 같을 때 McCabe의 Cyclomatic 수는 얼마인가?

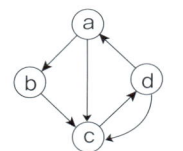

① 3
② 4
③ 5
④ 6

전문가의 조언 | 제어 흐름도에서 순환복잡도(Cyclomatic)는 다음과 같이 2가지 방법으로 계산할 수 있습니다.

[방법 1] 영역 수 계산
내부 영역 3(❶, ❷, ❸) + 외부 영역 1(❹) = 4

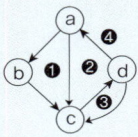

[방법 2] V(G) = E – N + 2(E는 화살표 수, N은 노드 수)
V(G) = 6 – 4 + 2 = 4

25섹션 5필드

37. 소프트웨어 공학에서 워크스루(Walkthrough)에 대한 설명으로 틀린 것은?

① 사용사례를 확장하여 명세하거나 설계 다이어그램, 원시 코드, 테스트 케이스 등에 적용할 수 있다.
② 복잡한 알고리즘 또는 반복, 실시간 동작, 병행 처리와 같은 기능이나 동작을 이해하려고 할 때 유용하다.
③ 인스펙션(Inspection)과 동일한 의미를 가진다.
④ 단순한 테스트 케이스를 이용하여 프로덕트를 수작업으로 수행해 보는 것이다.

전문가의 조언 | 인스펙션(Inspection)은 워크스루를 발전시킨 형태로, 소프트웨어 개발 단계에서 산출된 결과물의 품질을 평가하고 이를 개선하기 위한 방법 등을 제시합니다.

13섹션 7필드

38. 소프트웨어 품질 목표 중 하나 이상의 하드웨어 환경에서 운용되기 위해 쉽게 수정될 수 있는 시스템 능력을 의미하는 것은?

① Portability
② Efficiency
③ Usability
④ Correctness

전문가의 조언 | 하나 이상의 하드웨어 환경에서 운용되기 위해 쉽게 수정될 수 있는 시스템 능력을 이식성(Portability)이라고 합니다.

47섹션 1필드

39. 소프트웨어 생명주기 모델 중 V 모델과 관련한 설명으로 틀린 것은?

① 요구 분석 및 설계 단계를 거치지 않으며 항상 통합 테스트를 중심으로 V 형태를 이룬다.
② Perry에 의해 제안되었으며 세부적인 테스트 과정으로 구성되어 신뢰도 높은 시스템을 개발하는데 효과적이다.
③ 개발 작업과 검증 작업 사이의 관계를 명확히 들어내 놓은 폭포수 모델의 변형이라고 볼 수 있다.
④ 폭포수 모델이 산출물 중심이라면 V 모델은 작업과 결과의 검증에 초점을 둔다.

전문가의 조언 | 소프트웨어 생명 주기의 V-모델은 '요구사항 → 분석 → 설계 → 구현' 단계로 수행되며 각 단계를 테스트와 연결하여 표현합니다.

29섹션 2필드

40. 다음 트리를 전위 순회(Preorder Traversal)한 결과는?

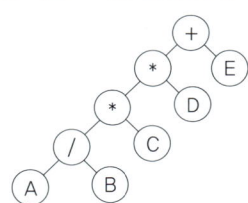

① + * A B / * C D E
② A B / C * D * E +
③ A / B * C * D + E
④ + * * / A B C D E

전문가의 조언 | 먼저 서브 트리를 하나의 노드로 생각할 수 있도록 서브 트리 단위로 묶습니다.

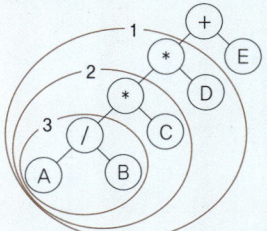

❶ Preorder는 Root → Left → Right이므로 +1E입니다.
❷ 1은 *2D이므로 +*2DE입니다.
❸ 2는 *3C이므로 +**3CDE입니다.
❹ 3은 /AB이므로 +**/ABCDE입니다.

3과목 데이터베이스 구축

41. 주어진 속성의 값이 하나의 속성이 취할 수 있는 같은 타입의 모든 원자값들의 집합에 속한 값이어야 한다는 제약 조건은?

① 기본키 제약 조건
② 외래키 제약 조건
③ 도메인 제약 조건
④ 키 제약 조건

전문가의 조언 | 문제에 제시된 내용은 도메인 제약 조건에 대한 설명입니다.

42. 관계형 데이터 모델의 릴레이션에 대한 설명으로 틀린 것은?

① 모든 속성 값은 원자 값을 갖는다.
② 한 릴레이션에 포함된 튜플은 모두 상이하다.
③ 한 릴레이션에 포함된 튜플 사이에는 순서가 없다.
④ 한 릴레이션을 구성하는 속성 사이에는 순서가 존재한다.

전문가의 조언 | 릴레이션 스키마를 구성하는 속성들 간의 순서는 중요하지 않으며, 특별한 순서가 없습니다.

43. 시스템 카탈로그에 대한 설명으로 옳지 않은 것은?

① 시스템 카탈로그에 저장된 정보를 슈퍼 데이터(Super Data)라고 한다.
② 시스템 자신이 필요로 하는 스키마 및 여러 가지 객체에 관한 정보를 포함하고 있는 시스템 데이터베이스이다.
③ 카탈로그들이 생성되면 자료 사전에 저장되기 때문에 좁은 의미로 자료 사전이라고 한다.
④ 시스템 카탈로그에 대한 사용자의 접근은 읽기 전용으로만 허용된다.

전문가의 조언 | 시스템 카탈로그에 저장된 정보를 메타 데이터(Meta-Data)라고 합니다.

44. 3NF에서 BCNF가 되기 위한 조건은?

① 이행적 함수 종속 제거
② 부분적 함수 종속 제거
③ 다치 종속 제거
④ 결정자이면서 후보키가 아닌 것 제거

전문가의 조언 | 제3정규형(3NF)에서 BCNF로 정규화하기 위해서는 모든 결정자가 후보키가 될 수 있도록 결정자가 후보키가 아닌 것을 제거해야 합니다.

45. 다음 그래프의 인접 행렬(Adjacency Matrix) 표현 시 옳은 것은?

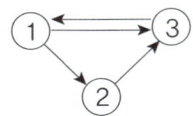

① $\begin{bmatrix} 0 & 1 & 1 \\ 0 & 0 & 1 \\ 1 & 0 & 0 \end{bmatrix}$
② $\begin{bmatrix} 0 & 1 & 1 \\ 0 & 1 & 1 \\ 1 & 0 & 0 \end{bmatrix}$
③ $\begin{bmatrix} 0 & 0 & 1 \\ 1 & 0 & 1 \\ 0 & 0 & 1 \end{bmatrix}$
④ $\begin{bmatrix} 1 & 0 & 1 \\ 0 & 1 & 1 \\ 1 & 0 & 1 \end{bmatrix}$

전문가의 조언 | 방향성 그래프에서 0은 방향 간선이 없는 것이고, 1은 방향 간선이 있는 것입니다. 1이 있는 곳은 1 → 3, 1 → 2, 2 → 3, 3 → 1입니다. 이를 행렬로 표현하면 다음과 같습니다.

	1	2	3
1	0	1	1
2	0	0	1
3	1	0	0

46. 데이터 모델의 구성 요소가 아닌 것은?

① 추상적인 개념으로 조직된 구조
② 구성 요소의 연산
③ 구성 요소의 제약 조건
④ 구성 요소들의 저장 인터페이스

전문가의 조언 | 데이터 모델의 구성 요소에는 구조(Structure), 연산(Operation), 제약 조건(Constraint)이 있습니다.

47. 데이터베이스 설계 시 물리적 설계 단계에서 수행하는 사항이 아닌 것은?

① 저장 레코드 양식 설계
② 레코드 집중의 분석 및 설계
③ 접근 경로 설계
④ 목표 DBMS에 맞는 스키마 설계

전문가의 조언 | ④번은 논리적 설계 단계에서 수행하는 사항입니다.

48. 정규화 과정에서 발생하는 이상(Anomaly)에 관한 설명으로 옳지 않은 것은?

① 이상은 속성들 간에 존재하는 여러 종류의 종속 관계를 하나의 릴레이션에 표현할 때 발생한다.
② 속성들 간의 종속 관계를 분석하여 여러 개의 릴레이션을 하나로 결합하여 이상을 해결한다.
③ 삭제 이상, 삽입 이상, 갱신 이상이 있다.
④ 정규화는 이상을 제거하기 위하여 중복성 및 종속성을 배제시키는 방법으로 사용한다.

전문가의 조언 | 이상을 해결하기 위해 정규화를 수행하는데, 정규화는 속성들 간의 종속 관계를 분석하여 한 개의 릴레이션을 여러 개의 릴레이션으로 분해합니다.

49. 사용자 X1에게 department 테이블에 대한 검색 연산을 회수하는 명령은?

① delete select on department to X1;
② remove select on department from X1;
③ revoke select on department from X1;
④ grant select on department from X1;

전문가의 조언 | 사용자로부터 권한을 취소(회수)하는 명령어는 revoke입니다.
❶ revoke select
❷ on department
❸ from X1;

❶ 검색(select) 권한을 취소하라.
❷ (department) 테이블에 대한 권한을 취소하라.
❸ 사용자 'X1'에 대한 권한을 취소하라.

50. 관계대수에 대한 설명으로 틀린 것은?

① 원하는 릴레이션을 정의하는 방법을 제공하며 비절차적 언어이다.
② 릴레이션 조작을 위한 연산의 집합으로 피연산자와 결과가 모두 릴레이션이다.
③ 일반 집합 연산과 순수 관계 연산으로 구분된다.
④ 질의에 대한 해를 구하기 위해 수행해야 할 연산의 순서를 명시한다.

전문가의 조언 | ①번은 관계해석에 대한 설명입니다.

51. 다음 R과 S 두 릴레이션에 대한 Division 연산의 수행 결과는?

R
D1	D2	D3
a	1	A
b	1	A
c	2	A
d	2	B

S
D2	D3
1	A

①
D3
A
B

②

③
D3
A

④

전문가의 조언 | X⊃Y인 두 개의 릴레이션 R(X)와 S(Y)가 있을 때, R의 속성이 S의 속성값을 모두 가진 튜플에서 S가 가진 속성을 제외한 속성만을 구하는 연산을 Division이라고 합니다.
❶ 릴레이션 R에서 릴레이션 S의 속성값을 모두 가진 튜플을 추출하면 다음과 같습니다.

D1	D2	D3
a	1	A
b	1	A

❷ 릴레이션 S가 가진 속성을 제외하게 되면 다음과 같습니다.

D1
a
b

52. 병행제어의 로킹(Locking) 단위에 대한 설명으로 옳지 않은 것은?

① 데이터베이스, 파일, 레코드 등은 로킹 단위가 될 수 있다.
② 로킹 단위가 작아지면 로킹 오버헤드가 증가한다.
③ 한꺼번에 로킹할 수 있는 단위를 로킹 단위라고 한다.
④ 로킹 단위가 작아지면 병행성 수준이 낮아진다.

전문가의 조언 | 로킹 단위가 작아지면 병행성 수준이 높아지고, 데이터베이스 공유도가 증가합니다.

53. 다음 중 SQL의 집계 함수(Aggregation Function)가 아닌 것은?

① AVG   ② COUNT
③ SUM   ④ CREATE

전문가의 조언 | • 속성의 값을 집계할 때 사용하는 집계(그룹) 함수에는 COUNT, SUM, AVG, MAX, MIN 등이 있습니다.
• CREATE는 테이블이나 뷰를 생성하는 DDL 명령어입니다.

정답: 41.③ 42.④ 43.① 44.④ 45.② 46.④ 47.② 48.② 49.③ 50.① 51.④ 52.④ 53.④

2024년 2회

54. 어떤 릴레이션 R에서 X와 Y를 각각 R의 애트리뷰트 집합의 부분 집합이라고 할 경우 애트리뷰트 X의 값 각각에 대해 시간에 관계없이 항상 애트리뷰트 Y의 값이 오직 하나만 연관되어 있을 때 Y는 X에 함수 종속이라고 한다. 이 함수 종속의 표기로 옳은 것은?

① Y → X
② Y ⊂ X
③ X → Y
④ X ⊂ Y

> 전문가의 조언 | X가 Y를 함수적으로 종속할 때 X → Y로 표기합니다.

55. 파티셔닝 방식 중 '월별, 분기별'과 같이 지정한 열의 값을 기준으로 범위를 지정하여 분할하는 방식은?

① Range Partitioning
② Hash Partitioning
③ Composite Partitioning
④ List Partitioning

> 전문가의 조언 | 지정한 열의 값을 기준으로 범위를 지정하여 분할하는 방식은 범위 분할(Range Partitioning)입니다.

56. 관계대수의 순수 관계 연산자가 아닌 것은?

① Select
② Cartesian Product
③ Division
④ Project

> 전문가의 조언 | 순수 관계 연산자에는 Select, Project, Join, Division이 있습니다.
> • Cartesian Product(교차곱)는 일반 집합 연산자입니다.

57. DELETE 명령에 대한 설명으로 틀린 것은?

① 테이블의 행을 삭제할 때 사용한다.
② WHERE 조건절이 없는 DELETE 명령을 수행하면 DROP TABLE 명령을 수행했을 때와 동일한 효과를 얻을 수 있다.
③ SQL을 사용 용도에 따라 분류할 경우 DML에 해당한다.
④ 기본 사용 형식은 "DELETE FROM 테이블 [WHERE 조건];"이다.

> 전문가의 조언 | • DROP은 테이블을 삭제하고, DELETE는 레코드를 삭제하는 명령문입니다.
> • DELETE에 WHERE 조건절을 생략하면 테이블은 남아있고 테이블 안에 있는 모든 레코드가 삭제됩니다.

58. E-R 모델의 표현 방법으로 옳지 않은 것은?

① 개체 타입 : 사각형
② 관계 타입 : 마름모
③ 속성 : 오각형
④ 연결 : 선

> 전문가의 조언 | E-R 모델에서 속성은 타원으로 표현합니다.

59. 테이블 R과 S에 대한 다음의 SQL문이 실행되었을 때, 실행 결과로 옳은 것은?

R
A	B
1	A
3	B

S
A	B
1	A
2	B

```
SELECT A FROM R
UNION ALL
SELECT A FROM S;
```

① 1
② 3
   2
③ 1
   3
④ 1
   3
   1
   2

> 전문가의 조언 | • SQL문의 실행 결과로 옳은 것은 ④번입니다.
> • 문제에 제시된 질의문은 집합 연산자 UNION ALL을 이용한 통합 질의로, 여러 테이블의 필드 값을 통합하여 표시하되 중복된 레코드도 그대로 표시합니다.

60. 뷰(VIEW)에 대한 설명으로 옳지 않은 것은?

① DBA는 보안 측면에서 뷰를 활용할 수 있다.
② 뷰 위에 또 다른 뷰를 정의할 수 있다.
③ 뷰에 대한 삽입, 갱신, 삭제 연산 시 제약사항이 따르지 않는다.
④ 독립적인 인덱스를 가질 수 없다.

> 전문가의 조언 | 뷰는 기본 테이블이나 또 다른 뷰를 이용해서 만든 가상 테이블로서, 기본 테이블과 비교할 때 삽입, 삭제, 갱신 연산에 제약이 있습니다.

4과목 프로그래밍 언어 활용

없음
61. HTTP의 잘 알려진(Well Known) 포트 번호는?

① 23　　　　　　② 80
③ 53　　　　　　④ 443

> **전문가의 조언 |** HTTP의 잘 알려진(Well Known) 포트 번호는 80입니다.

105섹션 2필드
62. C 언어에서 다음과 같은 구조체를 정의해서 사용할 경우 구조체 bit_field의 크기는 몇 바이트인가?

```
struct bit_field {
    unsigned char a : 2;
    unsigned char b : 3;
    unsigned char c : 4;
}
```

① 2　　　　　　② 3
③ 4　　　　　　④ 5

> **전문가의 조언 |** 구조체 bit_field의 크기는 2Byte입니다. 사용된 코드의 의미는 다음과 같습니다.
>
> ❶ struct bit_field {
> ❷ 　unsigned char a : 2;
> ❸ 　unsigned char b : 3;
> ❹ 　unsigned char c : 4;
> 　}
>
> ❶ 구조체 bit_field를 정의한다.
> ❷ 부호없는 문자형 변수 a를 선언하면서 크기를 2bit로 지정한다.
> ❸ 부호없는 문자형 변수 b를 선언하면서 크기를 3bit로 지정한다.
> ❹ 부호없는 문자형 변수 c를 선언하면서 크기를 4bit로 지정한다.
>
> ※ 구조체 bit_field의 변수들이 모두 unsigned char이므로 메모리 공간을 1Byte 단위로 확보합니다. 변수 a, b, c를 모두 합하면 총 9Bit인데, 메모리 공간을 1Byte 단위로 확보하므로, 총 2Byte가 할당됩니다.

106섹션 3필드
63. 다음 파이썬으로 구현된 프로그램의 실행 결과로 옳은 것은?

```
k1=['bob', 'and', 'cho', 'tom', 'jessy']
k2=k1
del(k2[3])
print(k1)
```

① ['bob']
② ['bob', 'and', 'cho']
③ ['bob', 'and', 'cho', 'jessy']
④ ['bob', 'and', 'cho', 'tom', 'jessy']

> **전문가의 조언 |** 코드의 실행 결과로 옳은 것은 ③번입니다. 사용된 코드의 의미는 다음과 같습니다.
>
> ❶ k1=['bob', 'and', 'cho', 'tom', 'jessy']
> ❷ k2=k1
> ❸ del(k2[3])
> ❹ print(k1)
>
> ❶ 5개의 요소를 갖는 리스트 k1을 선언하고 초기화한다.
>
> | | [0] | [1] | [2] | [3] | [4] |
> |---|---|---|---|---|---|
> | k1 | 'bob' | 'and' | 'cho' | 'tom' | 'jessy' |
>
> ❷ 리스트 k1을 k2에 할당한다. 이제 k2는 k1과 동일한 리스트 객체를 참조하게 된다.
>
> | | [0] | [1] | [2] | [3] | [4] |
> |---|---|---|---|---|---|
> | k1=k2 | 'bob' | 'and' | 'cho' | 'tom' | 'jessy' |
>
> ❸ k2[3], 즉 리스트 k2의 네 번째 요소를 삭제한다.
>
> | | [0] | [1] | [2] | [3] |
> |---|---|---|---|---|
> | k1=k2 | 'bob' | 'and' | 'cho' | 'jessy' |
>
> ❹ 리스트 k1을 출력한다. k1과 k2는 동일한 리스트 객체를 참조하므로, 앞선 ❸번 작업의 결과가 리스트 k1에도 적용된다.
>
> 결과　['bob', 'and', 'cho', 'jessy']

101섹션 3필드
64. 다음은 키보드로 숫자를 입력받아 홀수인지 짝수인지 판별하여 출력하는 코드를 C 언어로 구현한 것이다. 괄호(①, ②)에 순서대로 들어갈 내용으로 알맞은 것은?

```
#include <stdio.h>
int main( ) {
    int num;

    scanf("%d", &num);

    if (num (  ①  ) 2 == 1) {
        printf("홀수입니다.\n");
    }
```

```
    ( ②  ){
        printf("짝수입니다.\n");
    }
}
```

① %, else
② %, else if
③ /, else
④ /, else if

전문가의 조언 | 괄호(①, ②)에 순서대로 들어갈 내용은 %, else입니다. 사용된 코드의 의미는 다음과 같습니다.

```
#include <stdio.h>
int main( ) {
❶   int num;

❷   scanf("%d", &num);

❸   if (num % 2 == 1) {
❹       printf("홀수입니다.\n");
    }
❺   else {
❻       printf("짝수입니다.\n");
    }
}
```

❶ 정수형 변수 num을 선언한다.
❷ 키보드로 정수를 입력받아 변수 num에 저장한다.
❸ num을 2로 나눈 나머지가 1이면 ❹번을 수행하고 아니면 ❺번으로 이동한다.
❹ 홀수입니다.를 출력한 후 커서를 다음 줄의 처음으로 이동한다.
❺ ❸번 조건이 거짓일 경우 실행할 문장의 시작점이다.
❻ 짝수입니다.를 출력한 후 커서를 다음 줄의 처음으로 이동한다.

106섹션 2필드

65. 다음 파이썬으로 구현된 프로그램의 실행 결과로 옳은 것은?

```
k="Hello Python Programming Language"
a=k.split( )
b=a[1:3:5]
print(b)
```

① ['Hello']
② ['Python']
③ ['Programming']
④ ['Language']

전문가의 조언 | 코드의 실행 결과로 옳은 것은 ②번입니다. 사용된 코드의 의미는 다음과 같습니다.

❶ k="Hello Python Programming Language"
❷ a=k.split( )
❸ b=a[1:3:5]
❹ print(b)

❶ k를 선언하고 "Hello Python Programming Language"로 초기화한다.
❷ a를 선언하고 공백을 기준으로 k에 저장된 문자열을 구분한 값으로 초기화한다.

	[0]	[1]	[2]	[3]
a	'Hello'	'Python'	'Programming'	'Language'

❸ b를 선언하고 a의 1번째 위치에서 2(3-1)번째 위치까지 5씩 증가하면서 가져온 값으로 초기화한다.

b	'Python'

※ 증가값이 5인데, a의 1번째 위치에서 5 증가한 위치의 값이 없으므로 a의 1번째 위치에 저장된 값만 가져옵니다.

❹ b를 출력한다.

결과 ['Python']

106섹션 5필드

66. 다음 파이썬으로 구현된 프로그램의 실행 결과로 옳은 것은?

```
e = [10 * i for i in range(10) if i % 2 == 0]
print(e)
```

① [0, 2, 4, 6, 8]
② [0, 1, 3, 5, 7, 9]
③ [0, 20, 40, 60, 80]
④ [0, 10, 30, 50, 70, 90]

전문가의 조언 | 코드의 실행 결과로 옳은 것은 ③번입니다. 사용된 코드의 의미는 다음과 같습니다.

❶ e = [10 * i for i in range(10) if i % 2 == 0]
❷ print(e)

❶ • 리스트 e를 선언하고 i가 0부터 9까지 증가하면서 i를 2로 나눈 나머지가 0인 경우에만 '10*i'를 수행한 값으로 초기화한다.
  • i가 0, 2, 4, 6, 8인 경우에만 조건이 참이되므로, 이때의 '10*i'의 값이 0, 20, 40, 60, 80으로 e가 초기화된다.

	[0]	[1]	[2]	[3]	[4]
e	0	20	40	60	80

- ❶의 코드는 리스트 컴프리헨션을 이용하여 아래의 코드를 한 줄로 간결하게 표현한 것이다.

```
e = [ ]
for i in range(10):
    if i % 2 == 0:
        e.append(10 * i)
print(e)
```

※ 리스트 컴프리헨션(List Comprehension)
- 리스트 생성을 위한 여러 줄의 코드를 한 줄로 간결하게 표현하는 방법입니다.
- 형식 : [표현식 for 아이템 in 이터러블 if 조건]
  - 표현식 : 리스트의 각 요소로 사용할 값이나 연산
  - 아이템 : '이터러블'에서 가져오는 요소
  - 이터러블 : 리스트, 튜플, 문자열 등 반복 가능한 객체
  - 조건 : 조건이 참인 경우에만 표현식을 실행하여 리스트에 추가함
- ❷ e를 출력한다.

결과 [0, 20, 40, 60, 80]

151섹션 5필드

67. 자바에서 사용하는 접근 제어자의 종류가 아닌 것은?

① Internal ② Private
③ Protected ④ Public

전문가의 조언 | • Internal은 자바에서 사용하는 접근 제어자가 아닙니다.
• JAVA의 접근 제어자에는 Public, Default, Private, Protected 등이 있습니다.

115섹션 4필드

68. 3개의 페이지 프레임(Frame)을 가진 기억장치에서 페이지 요청을 다음과 같은 페이지 번호 순으로 요청했을 때 교체 알고리즘으로 FIFO 방법을 사용한다면 몇 번의 페이지 부재(Fault)가 발생하는가?(단, 현재 기억장치는 모두 비어 있다고 가정한다.)

요청된 페이지 번호의 순서 :
2, 3, 2, 1, 5, 2, 4, 5, 3, 2, 5, 2

① 7번 ② 8번
③ 9번 ④ 10번

전문가의 조언 | 페이지 부재 횟수는 9번입니다. 3개의 페이지를 수용할 수 있는 주기억장치이므로 다음 그림과 같이 3개의 페이지 프레임으로 표현할 수 있습니다.

요청 페이지	2	3	2	1	5	2	4	5	3	2	5	2
페이지 프레임	2	2	2	2	5	5	5	5	3	3	3	3
		3	3	3	3	2	2	2	2	2	5	5
				1	1	1	4	4	4	4	4	2
부재 발생	●	●		●	●	●	●		●	●		●

참조할 페이지가 페이지 프레임에 없을 경우 페이지 결함(부재)이 발생됩니다. 초기에는 모든 페이지 프레임이 비어 있으므로 처음 2, 3 페이지 적재 시 페이지 결함이 발생됩니다. 선입선출(FIFO) 기법은 각각의 페이지가 주기억장치에 적재될 때마다 그때의 시간을 기억시켜 가장 먼저 들어와서 가장 오래 있었던 페이지를 교체하는 기법이므로 참조 페이지 5를 참조할 때에는 2를 제거한 후 5를 가져오게 됩니다. 이와 같은 방식으로 모든 페이지 요청을 처리하고 나면 총 페이지 결함 발생 수는 9번입니다.

118섹션 2필드

69. 선점 스케줄링과 비선점 스케줄링에 대한 비교 설명 중 옳은 것은?

① 선점 스케줄링은 이미 할당된 CPU를 다른 프로세스가 강제로 빼앗아 사용할 수 없다.
② 선점 스케줄링은 상대적으로 과부하가 적다.
③ 비선점 스케줄링은 시분할 시스템에 유용하다.
④ 비선점 스케줄링은 응답시간의 예측이 용이하다.

전문가의 조언 | 선점 스케줄링과 비선점 스케줄링에 대한 비교 설명 중 옳은 것은 ④번입니다.
① 선점 스케줄링은 이미 할당된 CPU를 다른 프로세스가 강제로 빼앗아 사용할 수 있습니다.
② 선점 스케줄링은 강제로 CPU를 빼앗아 사용할 수 있으므로 과부하가 많이 발생합니다.
③ 비선점 스케줄링은 일괄 처리 시스템에 유용하고, 선점 스케줄링이 시분할 시스템에 유용합니다.

20섹션 3필드

70. 다음 중 가장 강한 응집도(Cohesion)는?

① Sequential Cohesion
② Procedural Cohesion
③ Logical Cohesion
④ Coincidental Cohesion

전문가의 조언 | 보기 중 가장 강한 응집도는 Sequential Cohesion입니다.

정답 : 64.① 65.② 66.③ 67.① 68.③ 69.④ 70.①

70섹션 3필드

71. 트랜잭션의 특성 중 트랜잭션 내의 모든 연산은 반드시 한 꺼번에 완료되어야 하며, 그렇지 못한 경우는 한꺼번에 취소되어야 한다는 것은?

① Atomicity
② Consistency
③ Isolation
④ Durability

전문가의 조언 | 문제에 제시된 내용은 Atomicity(원자성)에 대한 설명입니다.
- Consistency(일관성) : 트랜잭션이 그 실행을 성공적으로 완료하면 언제나 일관성 있는 데이터베이스 상태로 변환함
- Isolation(독립성, 격리성) : 둘 이상의 트랜잭션이 동시에 병행 실행되는 경우 어느 하나의 트랜잭션 실행 중에 다른 트랜잭션의 연산이 끼어들 수 없음
- Durability(영속성, 지속성) : 성공적으로 완료된 트랜잭션의 결과는 영구적으로 반영되어야 함

전문가의 조언 | 코드 출력문의 결과로 옳은 것은 ④번입니다. Java의 print( ) 또는 println( ) 사용 시 '숫자 + 숫자'는 연산 수행 후의 숫자 결과를, '문자 + 숫자'는 두 값을 이어서 문자 결과를 출력합니다.

❶ System.out.println("5 + 2 = " + 3 + 4);
❷ System.out.println("5 + 2 = " + (3 + 4));

❶ (("5 + 2 = " + 3) + 4)의 순서로 수행되며, ("5 + 2 = " + 3)는 문자+숫자이므로 5 + 2 = 3이라는 문자를, ("5 + 2 = 3" + 4) 또한 문자+숫자이므로 **5 + 2 = 34**라는 결과를 출력합니다.
❷ ("5 + 2 = " + (3 + 4))의 순서로 수행되며, 3 + 4는 숫자+숫자이므로 7이 되고, ("5 + 2 = " + 7)은 문자+숫자이므로 **5 + 2 = 7**이라는 결과를 출력합니다.

109섹션 2필드

72. C 언어에서 malloc( ) 함수에 대한 설명으로 틀린 것은?

① 원하는 시점에 원하는 만큼 메모리를 동적으로 할당한다.
② 사용자가 입력한 bit만큼 메모리를 할당한다.
③ free 명령어로 할당된 메모리를 해제한다.
④ 메모리 할당이 불가능할 경우 NULL이 반환된다.

전문가의 조언 | malloc( ) 함수는 입력한 Byte만큼 메모리를 할당하는 함수입니다.

100섹션 3필드

73. 다음 JAVA 코드 출력문의 결과는?

```
…생략…
System.out.println("5 + 2 = " + 3 + 4);
System.out.println("5 + 2 = " + (3 + 4));
…생략…
```

① 5 + 2 = 34
　 5 + 2 = 34
② 5 + 2 + 3 + 4
　 5 + 2 = 7
③ 7 = 7
　 7 + 7
④ 5 + 2 = 34
　 5 + 2 = 7

103섹션 5필드

74. 다음 C 언어 프로그램의 결과로 옳은 것은?

```
#include <stdio.h>
main( ) {
    char c = 'A';
    c = c + 1;
    printf("%d", c);
}
```

① A
② B
③ 65
④ 66

전문가의 조언 |
- 문자는 아스키코드로 저장됩니다. 대문자 'A'는 아스키코드 값 65이고, 1을 더하게 되면 66이 되어 대문자 'B'를 가리키게 됩니다.
- 하지만 출력문에서 출력 형식이 문자를 출력하는 %c가 아닌 정수를 출력하는 %d를 사용했으므로 대문자 'B'가 아닌 아스키코드 값 66이 출력되게 됩니다.

사용된 코드의 의미는 다음과 같습니다.

```
#include <stdio.h>
main( ) {
❶  char c = 'A';
❷  c = c + 1;
❸  printf("%d", c);
}
```

❶ 문자형 변수 c를 선언하고 'A'로 초기화한다.
❷ c에 1을 더한다.
❸ c의 값을 정수로 출력한다.

결과 **66**

없음

75. 오류 제어에 사용되는 자동 반복 요청 방식(ARQ)이 아닌 것은?

① Stop-and-wait ARQ
② Go-back-N ARQ
③ Selective-Repeat ARQ
④ Non-Acknowledge ARQ

전문가의 조언 | • ARQ의 종류 중 Non-Acknowledge라는 ARQ는 없습니다.
• 자동 반복 요청 방식의 종류에는 Stop-and-Wait(정지-대기) ARQ, Go-Back-N ARQ, Selective-Repeat(선택적 재전송) ARQ, Adaptive(적응적) ARQ가 있습니다.

125섹션 5필드

78. TCP/IP에서 사용되는 논리 주소를 물리 주소로 변환시켜 주는 프로토콜은?

① TCP ② ARP
③ FTP ④ IP

전문가의 조언 | TCP/IP 네트워크에서 논리 주소를 물리 주소로 변환하는 프로토콜은 ARP(Address Resolution Protocol)입니다.
• TCP(Transmission Control Protocol) : 신뢰성 있는 연결형 서비스를 제공하고, 패킷의 다중화, 순서 제어, 오류 제어, 흐름 제어 기능을 제공함
• FTP(File Transfer Protocol) : 컴퓨터와 컴퓨터 또는 컴퓨터와 인터넷 사이에서 파일을 주고받을 수 있도록 하는 원격 파일 전송 프로토콜
• IP(Internet Protocol) : 데이터그램을 기반으로 하는 비연결형 서비스와 패킷의 분해/조립, 주소 지정, 경로 선택 기능을 제공

125섹션 4필드

76. TCP 헤더와 관련한 설명으로 틀린 것은?

① 순서 번호(Sequence Number)는 전달하는 바이트마다 번호가 부여된다.
② 수신 번호 확인(Acknowledgement Number)은 상대편 호스트에서 받으려는 바이트의 번호를 정의한다.
③ 체크섬(Checksum)은 데이터를 포함한 세그먼트의 오류를 검사한다.
④ 윈도우 크기는 송수신 측의 버퍼 크기로 최대 크기는 32767bit이다.

전문가의 조언 | TCP 헤더에서 윈도우의 최대 크기는 65,535($2^{16}-1$)byte입니다.

20섹션 2필드

79. 다음 중 가장 약한 결합도(Coupling)는?

① Common Coupling
② Content Coupling
③ External Coupling
④ Stamp Coupling

전문가의 조언 | 보기 중 가장 약한 결합도는 Stamp Coupling입니다.

122섹션 3필드

77. CIDR(Classless Inter-Domain Routing) 표기로 203.241.132.82/27과 같이 사용되었다면, 해당 주소의 서브넷 마스크(Subnet Mask)는?

① 255.255.255.0   ② 255.255.255.224
③ 255.255.255.240 ④ 255.255.255.248

전문가의 조언 | • 문제에 제시된 조건에 맞는 서브넷 마스크는 255.255.255.224 입니다.
• CIDR(Classless Inter-Domain Routing)은 클래스 없는 도메인 간 라우팅 기법으로, CIDR 기법 사용 시 서브넷 마스크는 IP 주소 뒤의 숫자를 이용해 구할 수 있습니다. 203.241.132.82/27 네트워크의 서브넷 마스크는 1의 개수가 27개, 즉 11111111 11111111 11111111 11100000 → 255.255.255.224가 됩니다.

114섹션 4필드

80. 빈 기억공간의 크기가 20KB, 16KB, 8KB, 40KB 일 때 기억장치 배치 전략으로 "Best Fit"을 사용하여 17KB의 프로그램을 적재할 경우 내부 단편화의 크기는 얼마인가?

① 3KB   ② 23KB
③ 64KB ④ 67KB

전문가의 조언 | 최적 적합(Best-Fit)은 데이터가 들어갈 수 있는 크기의 빈 영역 중 단편화를 가장 적게 남기는 분할 영역에 배치시키는 방법으로, 17KB보다 큰 기억공간 중 가장 작은 기억공간인 20KB에 배치됩니다. 이 때 발생하는 내부 단편화는 3KB(20KB-17KB)입니다.

5과목 정보시스템 구축 관리

152섹션 4필드

81. 다음 중 암호화 기법이 아닌 것은?
① AES ② DES
③ RSA ④ SHA

전문가의 조언 | SHA(Secure Hash Algorithm)는 암호화 기법이 아니라 데이터의 무결성을 검증하기 위해 사용하는 해시 함수입니다.

154섹션 4필드

82. 다음 중 소유 기반 인증(Something You Have)에 속하지 않는 것은?
① 지문 ② 마그네틱 카드
③ 신분증 ④ OTP

전문가의 조언 | 지문은 생체 기반 인증(Something You Are)에 속합니다.

78섹션 2필드

83. 다음 내용이 설명하는 스토리지 시스템은?

- 하드디스크와 같은 데이터 저장장치를 호스트버스 어댑터에 직접 연결하는 방식
- 저장장치와 호스트 기기 사이에 네트워크 디바이스 없이 직접 연결하는 방식으로 구성

① DAS ② NAS
③ SAN ④ NFC

전문가의 조언 | 문제의 지문에서 설명하는 스토리지 시스템은 DAS(Direct Attached Storage)입니다.
- NAS(Network Attached Storage) : 서버와 저장장치를 네트워크를 통해 연결하는 방식
- SAN(Storage Area Network) : DAS의 빠른 처리와 NAS의 파일 공유 장점을 혼합한 방식으로, 서버와 저장장치를 연결하는 전용 네트워크를 별도로 구성하는 방식

1섹션 4필드

84. 소프트웨어 생명주기 모델 중 나선형 모델(Spiral Model)과 관련한 설명으로 틀린 것은?
① 소프트웨어 개발 프로세스를 위험 관리(Risk Management) 측면에서 본 모델이다.
② 각 단계를 확실히 매듭짓고 그 결과를 철저하게 검토하여 승인 과정을 거친 후에 다음 단계를 진행하는 개발 방법론이다.
③ 시스템을 여러 부분으로 나누어 여러 번의 개발 주기를 거치면서 시스템이 완성된다.
④ 요구사항이나 아키텍처를 이해하기 어렵다거나 중심이 되는 기술에 문제가 있는 경우 적합한 모델이다.

전문가의 조언 | ②번은 폭포수 모형에 대한 설명입니다.

142섹션 6필드

85. 다음 내용에 적합한 용어는?

- 대용량 데이터를 분산 처리하기 위한 목적으로 개발된 프로그래밍 모델이다.
- Google에 의해 고안된 기술로써 대표적인 대용량 데이터 처리를 위한 병렬 처리 기법을 제공한다.
- 임의의 순서로 정렬된 데이터를 분산 처리하고 이를 다시 합치는 과정을 거친다.

① MapReduce ② SQL
③ Hijacking ④ Logs

전문가의 조언 | 문제의 지문은 MapReduce에 대한 내용입니다.
- SQL(Structured Query Language) : 국제표준 데이터베이스 언어로, 관계형 데이터베이스(RDB)를 지원하며, 관계대수와 관계해석을 기초로 한 혼합 데이터 언어
- Hijacking : 다른 사람의 세션 또는 터미널의 상태를 도용하는 해킹 기법
- Logs : 시스템 사용에 대한 모든 내역을 기록해 놓은 것으로, 이러한 로그 정보를 이용하면 시스템 침해 사고 발생 시 해킹 흔적이나 공격 기법을 파악할 수 있음

132섹션 3필드

86. CMMI의 단계가 아닌 것은?
① 초기 ② 관리
③ 정의 ④ 반복

전문가의 조언 | • 반복은 CMMI의 단계가 아닙니다.
• CMMI는 초기, 관리, 정의, 정량적 관리, 최적화의 5단계로 구분됩니다.

128섹션 2필드

87. LOC 기법에 의하여 예측된 총 라인수가 36000라인, 개발에 참여할 프로그래머가 6명, 프로그래머들의 평균 생산성이 월간 300라인일 때 개발에 소요되는 기간을 계산한 결과로 가장 옳은 것은?

① 5개월 ② 10개월
③ 15개월 ④ 20개월

전문가의 조언 | • 프로그래머들의 평균 생산성이 월간 300라인이라면 프로그래머 6명의 월간 생산성은 1,800입니다.
• 총 라인수가 36,000이므로 36,000 / 1,800 = 20, 즉 개발 기간은 20개월입니다.

없음

88. 클라이언트/서버(Client/Server) 모델에서의 소프트웨어 개발에 대한 설명으로 옳지 않은 것은?

① 사용자의 요구사항은 서버의 데이터베이스 시스템에 영향을 미친다.
② 병목 현상을 없애기 위해 비즈니스 로직을 분리하여 관리할 수 있다.
③ 미들웨어의 사용은 서버와 클라이언트의 작업량을 증가시켰다.
④ 대부분 네트워크로 연결되어 있고 인증 작업을 필요로 한다.

전문가의 조언 | 미들웨어(Middleware)는 클라이언트가 서버 측에 어떠한 처리를 요구하고, 또 서버가 그 처리된 결과를 클라이언트에게 돌려주는 과정을 효율적으로 수행하도록 도와주는 소프트웨어입니다. 그러므로 미들웨어의 사용은 서버와 클라이언트간의 작업량을 증가시킬 수 없습니다.

138섹션 1필드

89. 물리적인 사물과 컴퓨터에 동일하게 표현되는 가상의 모델로, 실제 물리적인 자산 대신 소프트웨어로 가상화함으로써 실제 자산의 특성에 대한 정확한 정보를 얻을 수 있고, 자산 최적화, 돌발사고 최소화, 생산성 증가 등 설계부터 제조, 서비스에 이르는 모든 과정의 효율성을 향상시킬 수 있는 모델은?

① 최적화 ② 실행 시간
③ 디지털 트윈 ④ N-Screen

전문가의 조언 | 문제의 내용은 디지털 트윈에 대한 설명입니다.
• **최적화** : 목적에 가장 알맞고 적절하게 설계하는 것
• **실행 시간** : 프로세스나 프로그램이 실행되고 종료하기까지의 시간
• **N-Screen** : N개의 서로 다른 단말기에서 동일한 콘텐츠를 자유롭게 이용할 수 있는 기술

152섹션 3필드

90. 다음 설명에서 괄호(㉠, ㉡)에 들어갈 알맞은 암호화 알고리즘은?

- (㉠) : 이산 대수 문제를 타원곡선으로 옮겨 기밀성과 효율성을 높인 암호화 알고리즘
- (㉡) : 소인수 분해의 어려움에 안전성의 근거를 둔 암호화 알고리즘

① ㉠ : ECC, ㉡ : Rabin
② ㉠ : DES, ㉡ : Rabin
③ ㉠ : ECC, ㉡ : SHA
④ ㉠ : DES, ㉡ : SHA

전문가의 조언 | 문제의 지문에 제시된 내용 중 ㉠은 ECC, ㉡은 Rabin 암호화 알고리즘의 특징입니다.

없음

91. 소프트웨어 프로젝트 관리를 효율적으로 수행하기 위한 3P 중 소프트웨어 프로젝트를 수행하기 위한 Task Framework의 고려와 가장 연관되는 것은?

① People ② Problem
③ Product ④ Process

전문가의 조언 | 문제에 제시된 내용은 프로젝트 관리를 위한 3P 중 Process에 대한 설명입니다.
• **사람(People)** : 프로젝트 관리에서 가장 기본이 되는 인적 자원
• **문제(Problem)** : 사용자 입장에서 문제를 분석하여 인식함
• **프로세스(Process)** : 소프트웨어 개발에 필요한 전체적인 작업 계획 및 구조(Framework)

138섹션 1필드

92. Python 기반의 웹 크롤링(Web Crawling) 프레임워크로 옳은 것은?

① Li-fi ② Scrapy
③ CrawlCat ④ SBAS

전문가의 조언 | 웹 크롤링을 지원하는 가장 대표적인 프레임워크는 파이썬(Python)의 스크래피(Scrapy)입니다.

153섹션 9필드

93. 악성코드의 유형 중 다른 컴퓨터의 취약점을 이용하여 스스로 전파하거나 메일로 전파되며 스스로를 증식하는 것은?

① Worm
② Rogue Ware
③ Adware
④ Reflection Attack

전문가의 조언 | 네트워크를 통해 연속적으로 자신을 복제하는 악성코드는 웜(Worm)입니다.
- 로그웨어(Rogue Ware) : 사용자를 속여 악성코드를 설치하도록 유도하는 소프트웨어로, 주로 바이러스에 감염되었다며 백신 소프트웨어처럼 보이는 악성코드를 설치하도록 유도함
- 애드웨어(Adware) : 소프트웨어 자체에 광고를 포함하여 이를 보는 대가로 무료로 사용하는 소프트웨어
- 반사 공격(Reflection Attack) : 송신자가 생성한 메시지를 가로채 접근 권한을 얻는 형태의 공격 기법

76섹션 1필드

95. 접근 통제 방법 중 조직 내에서 직무, 직책 등 개인의 역할에 따라 결정하여 부여하는 접근 정책은?

① RBAC
② DAC
③ MAC
④ QAC

전문가의 조언 | 직무나 직책과 같이 개인의 역할에 따라 접근 권한을 부여하는 접근 정책은 역할 기반 접근통제(RBAC; Role Based Access Control)입니다.
- 임의 접근통제(DAC; Discretionary Access Control) : 데이터에 접근하는 사용자의 신원에 따라 접근 권한을 부여하는 방식
- 강제 접근통제(MAC; Mandatory Access Control) : 주체와 객체의 등급을 비교하여 접근 권한을 부여하는 방식

1섹션 3필드

96. 다음 중 프로토타입 모형을 선택하는 것이 가장 적합한 경우는?

① 구축하고자 하는 시스템의 요구사항이 불분명할 때
② 고객이 완성된 제품만을 보기 원할 때
③ 고객이 개발 과정에 참여하지 않을 때
④ 소프트웨어 개발 과정에서 발생할 수 있는 위험을 최소화하고자 할 때

전문가의 조언 | 프로토타입 모형은 구축하고자 하는 시스템의 요구사항이 불분명할 때 요구사항을 정확히 파악하기 위해 실제 개발될 소프트웨어에 대한 견본(Prototype)을 만들어 최종 결과물을 예측하는 개발 모형입니다.

139섹션 1필드

94. 다음 설명에 해당하는 시스템은?

- 1990년대 David Clock이 처음 제안하였다.
- 비정상적인 접근의 탐지를 위해 의도적으로 설치해 둔 시스템이다.
- 침입자를 속여 실제 공격당하는 것처럼 보여줌으로써 크래커를 추적 및 공격기법의 정보를 수집하는 역할을 한다.
- 쉽게 공격자에게 노출되어야 하며 쉽게 공격이 가능한 것처럼 취약해 보여야 한다.

① Apache
② Hadoop
③ Honeypot
④ MapReduce

전문가의 조언 | 문제의 지문어 제시된 내용은 허니팟(Honeypot)의 특징입니다.
- 아파치(Apache) : 월드 와이드 웹 컨소시엄(W3C)에서 사용하고 아파치 소프트웨어 재단에서 관리 및 운영하는 서버용 오픈소스 소프트웨어
- 하둡(Hadoop) : 오픈 소스를 기반으로 한 분산 컴퓨팅 플랫폼으로, 관계형 데이터베이스(RDB) 간 대용량 데이터를 전송할 때 스쿱(Sqoop)이라는 도구를 이용함
- 맵리듀스(MapReduce) : 대용량 데이터를 분산 처리하기 위한 목적으로 Google에 의해 고안된 프로그래밍 모델로, 대용량 데이터 처리를 위한 대표적인 병렬 처리 기법으로 많이 소개됨

142섹션 9필드

97. 빅데이터 분석 기술 중 대량의 데이터를 분석하여 데이터 속에 내재되어 있는 변수 사이의 상호 관계를 규명하여 일정한 패턴을 찾아내는 기법은?

① Data Mining
② Wm-Bus
③ Digital Twin
④ Zigbee

전문가의 조언 | 빅데이터 분석 기술 중 대량의 데이터를 분석하여 데이터 속에 내재되어 있는 변수 사이의 상호 관계를 규명하여 일정한 패턴을 찾아내는 기법을 데이터 마이닝(Data Mining)이라고 합니다.
- 무선 미터버스(WM-bus) : 수도 등의 원격 검침을 위해 사용되는 무선 프로토콜
- 디지털 트윈(Digital Twin) : 현실속의 사물을 소프트웨어로 가상화한 모델
- 지그비(Zigbee) : 저속 전송 속도를 갖는 홈오토메이션 및 데이터 네트워크를 위한 표준 기술

138섹션 1필드

98. 판매 계획 또는 배포 계획은 발표되었으나 실제로 고객에게 판매되거나 배포되지 않고 있는 소프트웨어는?

① Grayware
② Vaporware
③ Shareware
④ Freeware

> **전문가의 조언** | 문제의 지문에 제시된 내용은 Vaporware에 대한 개념입니다.
> - **Grayware** : 소프트웨어를 제공하는 입장에서는 악의적이지 않은 유용한 소프트웨어라고 주장할 수 있지만 사용자 입장에서는 유용할 수도 있고 악의적일 수도 있는 애드웨어, 트랙웨어, 기타 악성 코드나 악성 공유웨어를 말함
> - **Shareware** : 기능 혹은 사용 기간에 제한을 두어 배포하는 소프트웨어로, 무료로 사용할 수 있으며, 일정 기간 사용해 보고 정식 프로그램을 구입할 수 있음
> - **Freeware** : 무료로 사용 또는 배포가 가능한 소프트웨어

125섹션 3필드

100. TCP/IP 기반 네트워크에서 동작하는 발행-구독 기반의 메시징 프로토콜로 최근 IoT 환경에서 자주 사용되고 있는 프로토콜은?

① MLFQ
② MQTT
③ Zigbee
④ MTSP

> **전문가의 조언** | 문제에 제시된 내용은 MQTT(Message Queuing Telemetry Transport)에 대한 설명입니다.
> - **MLFQ(Multi Level Feedback Queue, 다단계 피드백 큐)** : 특정 그룹의 준비상태 큐에 들어간 프로세스가 다른 준비상태 큐로 이동할 수 없는 다단계 큐 기법을 준비상태 큐 사이를 이동할 수 있도록 개선한 기법
> - **지그비(Zigbee)** : 저전력, 저비용, 저속도와 2.4GHz를 기반으로 하는 홈 자동화 및 데이터 전송을 위한 무선 네트워크로, 전력 소모를 최소화하였음

150섹션 2필드

99. 메모리 상에서 프로그램의 복귀 주소와 변수 사이에 특정 값을 저장해 두었다가 그 값이 변경되었을 경우 오버플로우 상태로 가정하여 프로그램 실행을 중단하는 기술은?

① 모드체크
② 리커버리 통제
③ 시스로그
④ 스택가드

> **전문가의 조언** | 문제에 제시된 내용은 스택가드(StackGuard)에 대한 설명입니다.
> - **모드체크(Mode Check)** : 영문, 숫자, 특수문자 등 입력될 수 있는 문자의 종류가 제한된 경우 입력 문자를 확인하여 이상 유무를 검색하는 것
> - **시스로그(Syslog)** : 시스템 관리자가 송·수신한 메시지나 명령, 시스템 이벤트 발생 내용, 시스템 작업과 관련된 정보 등을 저장한 자료의 집합

2024년 1회 정보처리기사 필기

1과목 소프트웨어 설계

없음

1. 소프트웨어 프로젝트 관리를 효과적으로 수행하는데 필요한 3P로 적절하지 않은 것은?
   ① People(사람)
   ② Problem(문제)
   ③ Process(프로세스)
   ④ Product(제품)

   전문가의 조언 | 프로젝트 관리를 위한 3P(3대 요소)에는 사람(People), 문제(Problem), 프로세스(Process)가 있습니다.

23섹션 5필드

2. 인터페이스 구현 검증 도구가 아닌 것은?
   ① Foxbase
   ② STAF
   ③ watir
   ④ xUnit

   전문가의 조언 | 인터페이스 구현 검증 도구에는 xUnit, STAF, FitNesse, NTAF, Selenium, watir 등이 있습니다.

7섹션 3필드

3. 데이터 흐름도(DFD)의 구성 요소에 포함되지 않는 것은?
   ① Process
   ② Data Flow
   ③ Data Store
   ④ Data Dictionary

   전문가의 조언 | 데이터(자료) 흐름도의 구성 요소에는 프로세스(Process), 자료 흐름(Data Flow), 자료 저장소(Data Store), 단말(Terminator)이 있습니다.

3섹션 2필드

4. 다음 중 익스트림 프로그래밍에 대한 설명으로 옳지 않은 것은?
   ① 테스트 이후 새로운 요구사항이 작성되거나 요구사항의 상대적 우선순위가 변경될 수 있다.
   ② 하나의 릴리즈를 더 세분화한 한 단위를 이터레이션이라고 한다.
   ③ 모든 개발자들이 전체 코드에 대한 공동 책임을 가지며, 개발자 누구든지 어떤 코드라도 변경할 수 있다.
   ④ 고객의 요구사항에 좀 더 유연하게 대응할 수 있도록 릴리즈 규모를 크게한다.

   전문가의 조언 | 익스트림 프로그래밍은 애자일 소프트웨어 개발 방법론 중 하나로, 릴리즈 규모를 작게 반복함으로써 고객의 요구사항에 좀더 유연하게 대응할 수 있습니다.

8섹션 2필드

5. HIPO(Hierarchy Input Process Output)에 대한 설명으로 거리가 먼 것은?
   ① 상향식 소프트웨어 개발을 위한 문서화 도구이다.
   ② HIPO 차트 종류에는 가시적 도표, 총체적 도표, 세부적 도표가 있다.
   ③ 기능과 자료의 의존 관계를 동시에 표현할 수 있다.
   ④ 보기 쉽고 이해하기 쉽다.

   전문가의 조언 | HIPO는 시스템의 분석 및 설계나 문서화할 때 사용되는 기법으로, 하향식 소프트웨어 개발을 위한 문서화 도구입니다.

27섹션 1필드

6. 미들웨어(Middleware)에 대한 설명으로 틀린 것은?
   ① 여러 운영체제에서 응용 프로그램들 사이에 위치한 소프트웨어이다.
   ② 미들웨어의 서비스 이용을 위해 사용자가 정보 교환 방법 등의 내부 동작을 쉽게 확인할 수 있어야 한다.
   ③ 소프트웨어 컴포넌트를 연결하기 위한 준비된 인프라 구조를 제공한다.
   ④ 여러 컴포넌트를 1 대 1, 1 대 다, 다 대 다 등 여러 가지 형태로 연결이 가능하다.

   전문가의 조언 | 사용자가 미들웨어의 내부 동작을 확인하려면 별도의 응용 소프트웨어를 사용해야하므로, 사용자가 미들웨어의 내부 동작을 확인하기는 쉽지 않습니다.

18섹션 7필드

7. 객체지향 기법에서 클래스들 사이의 '부분-전체(Part-Whole)' 관계 또는 '부분(is-a-part-of)'의 관계로 설명되는 연관성을 나타내는 용어는?
   ① 일반화
   ② 추상화
   ③ 캡슐화
   ④ 집단화

   전문가의 조언 | 클래스들 사이의 '부분-전체(Part-Whole)' 관계 또는 '부분(is-a-part-of)'의 관계와 같이 하나의 사물이 다른 사물에 포함되어 있는 관계를 집합 또는 집단 관계라고 합니다.

8. 다음 내용이 설명하는 객체지향 설계 원칙은?

> 각 객체들 간의 의존 관계가 성립될 때, 추상성이 낮은 클래스보다 추상성이 높은 클래스와 의존 관계를 맺어야 한다는 원칙이다.

① 의존 역전 원칙
② 리스코프 교체의 원칙
③ 인터페이스 분리 원칙
④ 개방 폐쇄의 원칙

전문가의 조언 | 문제의 지문에 제시된 내용은 의존 역전 원칙(DIP; Dependency Inversion Principle)의 개념입니다.
- 리스코프 치환 원칙(LSP; Liskov Substitution Principle) : 자식 클래스는 최소한 자신의 부모 클래스에서 가능한 행위는 수행할 수 있어야 한다는 설계 원칙
- 인터페이스 분리 원칙(ISP; Interface Segregation Principle) : 자신이 사용하지 않는 인터페이스와 의존 관계를 맺거나 영향을 받지 않아야 한다는 원칙
- 개방-폐쇄 원칙(OCP; Open-Closed Principle) : 기존의 코드를 변경하지 않고 기능을 추가할 수 있도록 설계해야 한다는 원칙

9. 다음 중 소프트웨어 요구사항 분석을 위해 대상이 되는 목표 집단에 속한 사용자 유형의 대표가 되는 가상 인물에 대한 표현으로 옳은 것은?

① 페르소나
② 진첩도
③ 번업 차트
④ 스토리 맵

전문가의 조언 | 어떤 제품이나 서비스를 사용할 만한 대상 영역에 속한 다양한 사용자 유형들을 대표하는 가상의 인물을 페르소나(Persona)라고 합니다.

10. 다음 중 바람직한 설계 원리로 옳지 않은 것은?

① 유연한 구조
② 복잡성의 최소화
③ 강력한 결합
④ 편리한 유지 관리

전문가의 조언 | 바람직한 소프트웨어 설계를 위해 결합도는 줄이고 응집도는 높여야 합니다.

11. 객체지향의 주요 개념에 대한 설명으로 틀린 것은?

① 캡슐화는 상위 클래스에서 속성이나 연산을 전달받아 새로운 형태의 클래스로 확장하여 사용하는 것을 의미한다.
② 객체는 실세계에 존재하거나 생각할 수 있는 것을 말한다.
③ 클래스는 하나 이상의 유사한 객체들을 묶어 공통된 특성을 표현한 것이다.
④ 다형성은 상속받은 여러 개의 하위 객체들이 다른 형태의 특성을 갖는 객체로 이용될 수 있는 성질이다.

전문가의 조언 | • 상위 클래스에서 속성이나 연산을 전달받는 개념은 상속(Inheritance)입니다.
• 캡슐화(Encapsulation)는 외부에서 접근을 제한하기 위해 인터페이스를 제외한 세부 내용을 은닉하는 것입니다.

12. N-S(Nassi-Schneiderman) Chart에 대한 설명으로 거리가 먼 것은?

① 논리의 기술에 중점을 둔 도형식 표현 방법이다.
② 연속, 선택 및 다중 선택, 반복 등의 제어 논리 구조로 표현한다.
③ 주로 화살표를 사용하여 논리적인 제어 구조로 흐름을 표현한다.
④ 조건이 복합되어 있는 곳의 처리를 시각적으로 명확히 식별하는데 적합하다.

전문가의 조언 | 화살표를 사용하여 논리적인 제어구조로 흐름을 표현하는 표기법은 흐름도(Flowchart)입니다.

13. 럼바우(Rumbaugh)의 객체지향 분석 기법 중 자료 흐름도(DFD)를 주로 이용하는 것은?

① 기능 모델링
② 동적 모델링
③ 객체 모델링
④ 정적 모델링

전문가의 조언 | 자료 흐름도(DFD)는 럼바우(Rumbaugh)의 객체지향 분석 기법 중 기능 모델링에서 주로 이용됩니다.

> 9섹션 3필드

14. 아래의 UML 모델에서 '차' 클래스와 각 클래스의 관계로 옳은 것은?

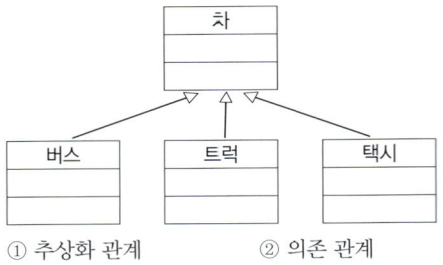

① 추상화 관계
② 의존 관계
③ 일반화 관계
④ 그룹 관계

전문가의 조언 | 문제의 UML 모델은 하나의 사물이 다른 사물에 비해 더 일반적인지 구체적인지를 표현하는 얄반화(Generalization) 관계를 표현하고 있습니다. 차를 구체적으로 표현하면 버스, 트럭, 택시가 되고, 반대로 버스, 트럭, 택시를 일반적으로 표현하면 차가 됩니다.

> 9섹션 3필드

15. 하나의 사물의 변화가 다른 사물에도 영향을 미치는 관계로, 일반적으로 한 클래스가 다른 클래스를 오퍼레이션의 매개 변수로 사용하는 경우에 나타나는 관계는?

① Generalization
② Association
③ Dependency
④ Realization

전문가의 조언 | 문제에서 설명하는 관계는 의존(Dependency) 관계입니다.
• Generalization(일반화) : 하나의 사물이 다른 사물에 비해 더 일반적인지 구체적인지를 표현하는 관계
• Association(연관) : 2개 이상의 사물이 서로 관련되어 있음을 표현하는 관계
• Realization(실체화) : 사물이 할 수 있거나 해야 하는 기능(오퍼레이션, 인터페이스)으로 서로를 그룹화 할 수 있는 관계를 표현함

> 7섹션 1필드

16. 다음 중 요구사항 모델링에 활용되지 않는 것은?
① 애자일(Agile) 방법
② 유스케이스 다이어그램(Use Case Diagram)
③ 시퀀스 다이어그램(Sequence Diagram)
④ 단계 다이어그램(Phase Diagram)

전문가의 조언 | 단계 다이어그램은 물리 화학 등에서 사용되는 다이어그램으로, 요구사항 모델링과는 관계가 없습니다.

> 16섹션 4필드

17. 소프트웨어 설계 시 제일 상위에 있는 main user function 에서 시작하여 기능을 하위 기능들로 분할해 가면서 설계하는 방식은?
① 객체 지향 설계
② 데이터 흐름 설계
③ 상향식 설계
④ 하향식 설계

전문가의 조언 | 프로그램의 상위 모듈에서 하위 모듈 방향으로 설계하는 기법을 하향식 설계라고 하며, 대표적인 하향식 설계 전략으로 단계적 분해(Stepwise Refinement)가 있습니다.

> 없음

18. 소프트웨어 설계 시 구축된 플랫폼의 성능 특성 분석에 사용되는 측정 항목이 아닌 것은?
① 응답시간(Response Time)
② 서버 튜닝(Server Tuning)
③ 가용성(Availability)
④ 사용률(Utilization)

전문가의 조언 | 서버 튜닝은 서버의 성능 개선을 의미하는 것으로, 성능 특성 분석에 사용되는 측정 항목이 될 수 없습니다.
• 응답시간(Response Time) : 요청을 전달한 시간부터 응답이 도착할 때까지 걸린 시간
• 가용성(Availability) : 시스템을 사용할 필요가 있을 때 즉시 사용 가능한 정도
• 사용률(Utilization) : 의뢰한 작업을 처리하는 동안의 CPU 사용량, 메모리 사용량, 네트워크 사용량 등 자원 사용률

> 124섹션 7필드

19. 입력되는 데이터를 컴퓨터의 프로세서가 처리하기 전에 미리 처리하여 프로세서가 처리하는 시간을 줄여주는 프로그램이나 하드웨어를 말하는 것은?
① EAI
② FEP
③ GPL
④ Duplexing

전문가의 조언 | 입력되는 데이터를 컴퓨터의 프로세서가 처리하기 전에 미리 처리하여 프로세서가 처리하는 시간을 줄여주는 프로그램이나 하드웨어를 전처리기(FEP, Front End Processor)라고 합니다.
• EAI(Enterprise Application Integration) : 기업 내 각종 애플리케이션 및 플랫폼 간의 정보 전달, 연계, 통합 등 상호 연동이 가능하게 해주는 솔루션
• GPL(General Public License) : 자유 소프트웨어 재단에서 만든 자유 소프트웨어 라이선스
• Duplexing : 서비스 중단에 대비하여 동일한 기능을 수행하는 예비 시스템을 동시에 운용하는 것

> 25섹션 5필드

20. 프로그램의 소스나 코드에서 결함을 찾아내고 이를 확인하려는 작업을 의미하는 것은?

① 소스 코드 인스펙션
② 재공학
③ 역공학
④ 재사용

> 전문가의 조언 | 프로그램의 소스나 코드에서 결함을 찾아내고 이를 확인하려는 작업을 소스 코드 인스펙션이라고 합니다.
> - 재공학(Reengineering) : 새로운 요구에 맞도록 기존 시스템을 이용하여 보다 나은 시스템을 구축하고, 새로운 기능을 추가하여 소프트웨어 성능을 향상시키는 것
> - 역공학(Reverse Engineering) : 기존 소프트웨어를 분석하여 소프트웨어 개발 과정과 데이터 처리 과정을 설명하는 분석 및 설계 정보를 재발견하거나 다시 만들어 내는 활동
> - 재사용(Reuse) : 이미 개발되어 인정받은 소프트웨어의 전체 혹은 일부분을 다른 소프트웨어 개발이나 유지에 사용하는 것

> 44섹션 3필드

22. 다음 설명의 소프트웨어 테스트의 기본 원칙은?

- 파레토 법칙이 좌우한다.
- 애플리케이션 결함의 대부분은 소수의 특정한 모듈에 집중되어 존재한다.
- 결함은 발생한 모듈에서 계속 추가로 발생할 가능성이 높다.

① 살충제 패러독스
② 결함 집중
③ 오류 부재의 궤변
④ 완벽한 테스팅은 불가능

> 전문가의 조언 | 파레토 법칙과 같이 대부분의 결함이 소수의 특정 모듈에 집중해서 발생하는 현상을 결함 집중(Defect Clustering)이라고 합니다.
> - 살충제 패러독스(Pesticide Paradox) : 살충제를 지속적으로 뿌리면 벌레가 내성이 생겨서 죽지 않는 현상을 의미하는 것으로, 애플리케이션 테스트에서는 동일한 테스트를 반복하면 더 이상 결함이 발견되지 않는 현상
> - 오류-부재의 궤변(Absence of Errors Fallacy) : 결함을 모두 제거해도 사용자의 요구사항을 만족시키지 못하면 해당 소프트웨어는 품질이 높다고 말할 수 없음
> - 완벽한 테스팅은 불가능 : 애플리케이션 테스트는 소프트웨어의 잠재적인 결함을 줄일 수 있지만 소프트웨어에 결함이 없다고 증명할 수는 없음

2 과목 소프트웨어 개발

> 41섹션 4필드

21. 소프트웨어 버전 등록 관련 용어 중 체크아웃 한 파일의 수정을 완료한 후 저장소에 새로운 버전으로 파일을 갱신하는 것을 의미하는 용어는?

① 가져오기(Import)
② 체크아웃(Check-out)
③ 커밋(Commit)
④ 체크인(Check-in)

> 전문가의 조언 | 체크아웃 한 파일의 수정을 완료한 후 저장소에 새로운 버전으로 파일을 갱신하는 것을 의미하는 용어는 체크인(Check-In)입니다.
> - 가져오기(Import) : 버전 관리가 되고 있지 않은 아무것도 없는 저장소(Repository)에 처음으로 파일을 복사함
> - 체크아웃(Check-Out) : 프로그램을 수정하기 위해 저장소(Repository)에서 파일을 받아오며, 소스 파일과 함께 버전 관리를 위한 파일들도 받아옴
> - 커밋(Commit) : 체크인을 수행할 때 이전에 갱신된 내용이 있는 경우에는 충돌(Conflict)을 알리고 diff 도구를 이용해 수정된 후 갱신을 완료함

> 31섹션 2필드

23. 해싱 함수(Hashing Function)의 종류가 아닌 것은?

① 제곱법(Mid-Square)
② 숫자 분석법(Digit Analysis)
③ 개방 주소법(Open Addressing)
④ 제산법(Division)

> 전문가의 조언 | 해싱 함수의 종류에는 제산법, 제곱법, 폴딩법, 기수 변환법, 대수적 코딩법, 계수 분석법(숫자 분석법), 무작위법이 있습니다.

> 59섹션 2필드

24. 인터페이스 구현 검증 도구가 아닌 것은?

① ESB
② xUnit
③ STAF
④ NTAF

> 전문가의 조언 | ESB(Enterprise Service Bus)는 애플리케이션 간 연계, 데이터 변환, 웹 서비스 지원 등 표준 기반의 인터페이스를 제공하는 솔루션입니다.

47섹션 5필드

25. 알파, 베타 테스트와 가장 밀접한 연관이 있는 테스트 단계는?
① 단위 테스트 ② 인수 테스트
③ 통합 테스트 ④ 시스템 테스트

전문가의 조언 | 알파 테스트와 베타 테스트는 인수 테스트의 한 종류입니다.

38섹션 4필드

28. 디지털 저작권 관리(DRM) 기술과 거리가 먼 것은?
① 콘텐츠 암호화 및 키 관리
② 콘텐츠 식별체계 표현
③ 콘텐츠 오류 감지 및 복구
④ 라이선스 발급 및 관리

전문가의 조언 | 콘텐츠 오류 감지 및 복구는 디지털 저작권 관리 기술에 속하지 않습니다.

44섹션 1필드

26. 소프트웨어 테스트에서 검증(Verification)과 확인(Validation)에 대한 설명으로 틀린 것은?
① 소프트웨어 테스트에서 검증과 확인을 구별하면 찾고자 하는 결함 유형을 명확하게 하는 데 도움이 된다.
② 검증은 소프트웨어 개발 과정을 테스트하는 것이고, 확인은 소프트웨어 결과를 테스트 것이다.
③ 검증은 작업 제품이 요구 명세의 기능, 비기능 요구사항을 얼마나 잘 준수하는지 측정하는 작업이다.
④ 검증은 작업 제품이 사용자의 요구에 적합한지 측정하며, 확인은 작업 제품이 개발자의 기대를 충족시키는지를 측정한다.

전문가의 조언 | 검증(Verification)은 개발자의 입장에서 개발한 소프트웨어가 명세서에 맞게 만들어졌는지를 점검하는 것이고, 확인(Validation)은 사용자의 입장에서 개발한 소프트웨어가 고객의 요구사항에 맞게 구현되었는지를 확인하는 것입니다.

49섹션 5필드

29. 테스트 결과가 올바른지 판단하기 위해 사용되는 것은?
① 테스트 오라클 ② 테스트 시나리오
③ 테스트 케이스 ④ 테스트 데이터

전문가의 조언 | 테스트 결과가 올바른지 판단하기 위해 사전에 정의된 참 값을 대입하여 비교하는 기법 및 활동을 테스트 오라클(Test Oracle)이라고 합니다.
- **테스트 시나리오(Test Scenario)** : 테스트 케이스를 적용하는 순서에 따라 여러 개의 테스트 케이스들을 묶은 집합으로, 테스트 케이스들을 적용하는 구체적인 절차를 명세한 문서
- **테스트 케이스(Test Case)** : 구현된 소프트웨어가 사용자의 요구사항을 정확하게 준수했는지를 확인하기 위해 설계된 입력 값, 실행 조건, 기대 결과 등으로 구성된 테스트 항목에 대한 명세서
- **테스트 데이터(Test Data)** : 시스템의 기능이나 적합성 등을 테스트하기 위해 만든 데이터 집합으로, 소프트웨어의 기능을 차례대로 테스트할 수 있도록 만든 데이터

48섹션 3필드

27. 하향식 통합에 있어서 모듈 간의 통합 시험을 위해 일시적으로 필요한 조건만을 가지고 임시로 제공되는 시험용 모듈을 무엇이라고 하는가?
① Stub ② Driver
③ Procedure ④ Function

전문가의 조언 | 하향식 통합 테스트에서 모듈 간의 통합 시험을 위해 일시적으로 필요한 조건만을 가지고 임시로 제공되는 시험용 모듈을 스텁(Stub)이라고 합니다.
- **드라이버(Driver)** : 테스트 대상의 하위 모듈을 호출하는 도구로, 매개 변수(Parameter)를 전달하고, 모듈 테스트 수행 후의 결과를 도출함

57섹션 2필드

30. 인터페이스 구현 시 사용하는 기술로 속성-값 쌍(Attribute-Value Pairs)으로 이루어진 데이터 오브젝트를 전달하기 위해 사용하는 개방형 표준 포맷은?
① JSON ② HTML
③ AVPN ④ DOF

전문가의 조언 | 속성-값 쌍(Attribute-Value Pairs)으로 이루어진 데이터 오브젝트를 전달하기 위해 사용하는 개방형 표준 포맷은 JSON(JavaScript Object Notation)입니다.

31. 다음 설명에 해당하는 정렬(Sort)은?

> - 레코드의 많은 자료 이동을 없애고 하나의 파일을 부분적으로 나누어 가면서 정렬하는 방법이다.
> - 분할(Divide)과 정복(Conquer)을 통해 자료를 정렬한다.
> - 피봇(pivot)을 사용하며, 최악의 경우 n(n-1)/2회의 비교를 수행해야 한다.

① 힙 정렬 ② 퀵 정렬
③ 선택 정렬 ④ 버블 정렬

전문가의 조언 | 문제의 지문에서 설명하는 정렬은 퀵 정렬(Quick Sort)입니다.
- 힙 정렬(Heap Sort) : 전이진 트리(Complete Binary Tree)를 이용한 정렬 방식
- 선택 정렬(Selection Sort) : n개의 레코드 중에서 최소값을 찾아 첫 번째 레코드 위치에 놓고, 나머지 (n-1)개 중에서 다시 최소값을 찾아 두 번째 레코드 위치에 놓는 방식을 반복하여 정렬하는 방식
- 버블 정렬(Bubble Sort) : 주어진 파일에서 인접한 두 개의 레코드 키 값을 비교하여 그 크기에 따라 레코드 위치를 서로 교환하는 정렬 방식

34. 다음 트리에 대한 INORDER 운행 결과는?

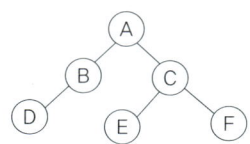

① D B A E C F ② A B D C E F
③ D B E C F A ④ A B C D E F

전문가의 조언 | 먼저 서브트리를 하나의 노드로 생각할 수 있도록 서브트리 단위로 묶습니다.

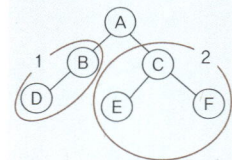

❶ 중위 순회(Inorder)는 Left → Root → Right 이므로 1A2가 됩니다.
❷ 1은 DB이므로 DBA2가 됩니다.
❸ 2는 ECF이므로 DBAECF가 됩니다.

32. 다음 중 선형 구조로만 묶인 것은?

① 스택, 트리 ② 큐, 데크
③ 큐, 그래프 ④ 리스트, 그래프

전문가의 조언 | 선형 구조에는 배열, 선형 리스트, 스택, 큐, 데크가 있고, 비선형 구조에는 트리, 그래프가 있습니다.

35. 제품 소프트웨어 패키징 도구 활용 시 고려사항이 아닌 것은?

① 제품 소프트웨어의 종류에 적합한 암호화 알고리즘을 고려한다.
② 추가로 다양한 이기종 연동을 고려한다.
③ 사용자 편의성을 위한 복잡성 및 비효율성 문제를 고려한다.
④ 내부 콘텐츠에 대한 보안은 고려하지 않는다.

전문가의 조언 | 저작권자가 아닌 일반 사용자에게 배포되는 소프트웨어이므로 내부 콘텐츠에 대한 암호화 및 보안이 고려되어야 합니다.

33. 정형 기술 검토(FTR)의 지침으로 틀린 것은?

① 의제를 제한한다.
② 논쟁과 반박을 제한한다.
③ 문제 영역을 명확히 표현한다.
④ 참가자의 수를 제한하지 않는다.

전문가의 조언 | 정형 기술 검토는 의제와 참가자의 수를 제한합니다.

36. 클린 코드 작성원칙에 대한 설명으로 틀린 것은?

① 코드의 중복을 최소화 한다.
② 코드가 다른 모듈에 미치는 영향을 최대화하도록 작성한다.
③ 누구든지 코드를 쉽게 읽을 수 있도록 작성한다.
④ 간단하게 코드를 작성한다.

전문가의 조언 | 클린 코드(Clean Code)는 의존성 배제 원칙에 따라 코드가 다른 모듈에 미치는 영향을 최소화해야 합니다.

2024년 1회

46섹션 1필드
37. 소프트웨어 테스트와 관련한 설명으로 틀린 것은?
① 화이트박스 테스트는 모듈의 논리적인 구조를 체계적으로 점검할 수 있다.
② 블랙박스 테스트는 프로그램의 구조를 고려하지 않는다.
③ 테스트 케이스에는 일반적으로 시험 조건, 테스트 데이터, 예상 결과가 포함되어야 한다.
④ 화이트박스 테스트에서 기본 경로(Basis Path)란 흐름 그래프의 시작 노드에서 종료 노드까지의 서로 독립된 경로로 싸이클을 허용하지 않는 경로를 말한다.

전문가의 조언 | 기초 경로(Base Path=Basis Path)는 수행 가능한 모든 경로를 의미합니다.

44섹션 3필드
38. 소프트웨어 테스트에서 오류의 80%는 전체 모듈의 20% 내에서 발견된다는 법칙은?
① Brooks의 법칙
② Boehm의 법칙
③ Pareto의 법칙
④ Jackson의 법칙

전문가의 조언 | 소프트웨어 테스트에서 오류의 80%는 전체 모듈의 20% 내에서 발견된다는 법칙은 파레토 법칙(Pareto Principle)입니다.

30섹션 1필드
39. 다음 초기 자료에 대하여 삽입 정렬(Insertion Sort)을 이용하여 오름차순 정렬할 경우 1회전 후의 결과는?

| 초기 자료 : 8, 3, 4, 9, 7 |

① 3, 4, 8, 7, 9
② 3, 4, 9, 7, 8
③ 7, 8, 3, 4, 9
④ 3, 8, 4, 9, 7

전문가의 조언 | 삽입 정렬은 두 번째 자료부터 시작하여 그 앞(왼쪽)의 자료들과 비교하여 삽입할 위치를 지정한 후 자료를 뒤로 옮기고 지정한 자리에 자료를 삽입하여 정렬하는 알고리즘입니다. 즉 두 번째 자료는 첫 번째 자료, 세 번째 자료는 두 번째와 첫 번째 자료, 네 번째 자료는 세 번째, 두 번째, 첫 번째 자료와 비교한 후 자료가 삽입될 위치를 찾습니다.

- 초기 자료: 8 3 4 9 7
- 1회전: 8 3 4 9 7 → **3 8 4 9 7**
  두 번째 값 3을 첫 번째 값과 비교하여 첫 번째 자리에 삽입하고 8을 한 칸 뒤로 이동시킵니다.
- 2회전: 3 8 4 9 7 → 3 4 8 9 7
  세 번째 값 4를 첫 번째, 두 번째 값과 비교하여 8자리에 삽입하고 8을 한 칸씩 뒤로 이동시킵니다.
- 3회전: 3 4 8 9 7 → 3 4 8 9 7
  네 번째 값 9를 첫 번째, 두 번째, 세 번째 값과 비교한 후 삽입할 곳이 없다면 다음 회전으로 넘어갑니다.
- 4회전: 3 4 8 9 7 → 3 4 7 8 9
  다섯 번째 값 7을 처음부터 비교하여 8자리에 삽입하고 나머지를 한 칸씩 뒤로 이동시킵니다.

30섹션 6필드
40. 이진 트리의 레코드 R = (88, 74, 63, 55, 37, 25, 33, 19, 26, 14, 9)에 대하여 힙(Heap) 정렬을 만들 때, 37의 왼쪽과 오른쪽의 자노드(Child Node)의 값은?
① 55, 25
② 63, 33
③ 33, 19
④ 14, 9

전문가의 조언 | 힙 정렬은 자료를 전이진 트리로 구성해 보면 간단하게 알 수 있습니다.

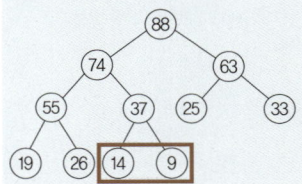

3과목 데이터베이스 구축

79섹션 2필드
41. 다음에 제시된 SQL의 명령어 중 성격이 다른 하나는?
① CREATE
② REVOKE
③ ALTER
④ DROP

전문가의 조언 | CREATE, ALTER, DROP은 DDL(데이터 정의어)이고, REVOKE는 DCL(데이터 제어어)입니다.

64섹션 5필드
42. 릴레이션에 있는 모든 튜플에 대해 유일성은 만족시키지만 최소성은 만족시키지 못하는 키는?
① 후보키
② 기본키
③ 슈퍼키
④ 외래키

전문가의 조언 | 슈퍼키는 한 릴레이션 내에 있는 속성들의 집합으로 구성된 키로, 릴레이션을 구성하는 모든 튜플에 대해 유일성(Unique)은 만족하지만, 최소성(Minimality)은 만족하지 못합니다.

- **후보키(Candidate Key)** : 릴레이션을 구성하는 속성들 중에서 튜플을 유일하게 식별하기 위해 사용되는 속성들의 부분집합으로, 유일성과 최소성을 모두 만족함
- **기본키(Primary Key)** : 후보키 중에서 특별히 선정된 키로 중복된 값과 NULL 값을 가질 수 없음
- **외래키(Foreign Key)** : 다른 릴레이션의 기본키를 참조하는 속성 또는 속성들의 집합을 의미하며, 릴레이션 간의 관계를 표현할 때 사용함

143섹션 4필드

43. 데이터베이스의 병행 제어(Concurrency Control)에 대한 설명으로 옳지 않은 것은?

① 여러 사용자가 데이터베이스를 동시에 접근하여 데이터를 처리하기 위함이다.
② 처리 결과의 정확성 유지를 위해 데이터를 잠그거나 여는 등의 제어가 필요하다.
③ 로킹 단위가 크면 병행 제어 기법이 복잡해진다.
④ 로킹 단위가 크면 병행성 수준이 낮아진다.

전문가의 조언 | 로킹 단위가 크면 병행 제어 기법이 단순해 집니다.

65섹션 2필드

44. 다음 중 기본키는 NULL 값을 가져서는 안되며, 릴레이션 내에 오직 하나의 값만 존재해야 한다는 조건을 무엇이라 하는가?

① 개체 무결성 제약 조건
② 참조 무결성 제약 조건
③ 도메인 무결성 제약 조건
④ 속성 무결성 제약 조건

전문가의 조언 | 기본키는 NULL값을 가져서는 안되며, 릴레이션 내에 오직 하나의 값만 존재해야 하는 조건은 개체 무결성 제약 조건입니다.
- **참조 무결성(Referential Integrity)** : 외래키 값은 Null이거나 참조 릴레이션의 기본키 값과 동일해야 하고, 릴레이션은 참조할 수 없는 외래키 값을 가질 수 없다는 규정
- **도메인 무결성(Domain Integrity, 영역 무결성)** : 주어진 속성 값이 정의된 도메인에 속한 값이어야 한다는 규정

72섹션 2필드

45. 뷰(View)에 대한 설명으로 옳지 않은 것은?

① 뷰는 CREATE 문을 사용하여 정의한다.
② 뷰는 데이터의 논리적 독립성을 제공한다.
③ 뷰를 제거할 때에는 DROP 문을 사용한다.
④ 뷰는 저장장치 내에 물리적으로 존재한다.

전문가의 조언 | 뷰(View)는 저장장치 내에 물리적으로 존재하지 않는 가상 테이블입니다.

67섹션 5필드

46. 어떤 릴레이션 R에서 X와 Y를 각각 R의 애트리뷰트 집합의 부분 집합이라고 할 경우 애트리뷰트 X의 값 각각에 대해 시간에 관계없이 항상 애트리뷰트 Y의 값이 오직 하나만 연관되어 있을 때 Y는 X에 함수 종속이라고 한다. 이 함수 종속의 표기로 옳은 것은?

① $Y \rightarrow X$
② $Y \subset X$
③ $X \rightarrow Y$
④ $X \subset Y$

전문가의 조언 | X가 Y를 함수적으로 종속할 때 X → Y로 표기합니다.

68섹션 1필드

47. 정규화된 엔티티, 속성, 관계를 시스템의 성능 향상과 개발 운영의 단순화를 위해 중복, 통합, 분리 등을 수행하는 데이터 모델링 기법은?

① 인덱스정규화
② 반정규화
③ 집단화
④ 머징

전문가의 조언 | 시스템의 성능 향상과 개발 운영의 단순화를 위해 정규화된 데이터 모델을 통합, 중복, 분리하는 등 의도적으로 정규화 원칙을 위배하는 행위는 반정규화입니다.

70섹션 3필드

48. 데이터베이스의 트랜잭션 성질들 중에서 다음 설명에 해당하는 것은?

- 트랜잭션이 그 실행을 성공적으로 완료하면 언제나 일관성 있는 데이터베이스 상태로 변환한다.
- 시스템이 가지고 있는 고정 요소는 트랜잭션 수행 전과 트랜잭션 수행 완료 후의 상태가 같아야 한다.

① 원자성(Atomicity)
② 일관성(Consistency)
③ 격리성(Isolation)
④ 영속성(Durability)

전문가의 조언 | 문제의 지문은 일관성(Consistency)에 대한 설명입니다.
- **Atomicity(원자성)** : 트랜잭션의 연산은 데이터베이스에 모두 반영되도록 완료(Commit)되든지 아니면 전혀 반영되지 않도록 복구(Rollback)되어야 함
- **Isolation(독립성, 격리성, 순차성)** : 둘 이상의 트랜잭션이 동시에 병행 실행되는 경우 어느 하나의 트랜잭션 실행중에 다른 트랜잭션의 연산이 끼어들 수 없음
- **Durability(영속성, 지속성)** : 성공적으로 완료된 트랜잭션의 결과는 시스템이 고장나더라도 영구적으로 반영되어야 함

49. 릴레이션의 특징으로 옳은 내용 모두를 나열한 것은?

> ㉠ 모든 튜플은 서로 다른 값을 갖는다.
> ㉡ 각 속성은 릴레이션 내에서 유일한 이름을 가진다.
> ㉢ 하나의 릴레이션에서 튜플의 순서는 없다.
> ㉣ 모든 속성 값은 원자 값이다.

① ㉢, ㉣
② ㉡, ㉢, ㉣
③ ㉠, ㉡, ㉣
④ ㉠, ㉡, ㉢, ㉣

전문가의 조언 | 문제의 지문에 제시된 특징은 모두 옳은 내용입니다.

50. 데이터베이스 설계 단계 중 저장 레코드 양식 설계, 레코드 집중의 분석 및 설계, 접근 경로 설계와 관계되는 것은?

① 논리적 설계
② 요구 조건 분석
③ 개념적 설계
④ 물리적 설계

전문가의 조언 | 문제에 제시된 내용은 물리적 설계에 대한 설명입니다.
- **논리적 설계 단계** : 현실 세계에서 발생하는 자료를 컴퓨터가 이해하고 처리할 수 있는 물리적 저장장치에 저장할 수 있도록 변환하기 위해 특정 DBMS가 지원하는 논리적 자료 구조로 변환(mapping)시키는 과정
- **요구 조건 분석** : 데이터베이스를 사용할 사람들로부터 필요한 용도를 파악하는 것
- **개념적 설계** : 정보의 구조를 얻기 위하여 현실 세계의 무한성과 계속성을 이해하고, 다른 사람과 통신하기 위하여 현실 세계에 대한 인식을 추상적 개념으로 표현하는 과정

51. 정규화를 거치지 않아 발생하게 되는 이상(Anomaly) 현상의 종류에 대한 설명으로 옳지 않은 것은?

① 삭제 이상이란 릴레이션에서 한 튜플을 삭제할 때 의도와는 상관없는 값들도 함께 삭제되는 연쇄 삭제 현상이다.
② 삽입 이상이란 릴레이션에서 데이터를 삽입할 때 의도와는 상관없이 원하지 않는 값들도 함께 삽입되는 현상이다.
③ 갱신 이상이란 릴레이션에서 튜플에 있는 속성값을 갱신할 때 일부 튜플의 정보만 갱신되어 정보에 모순이 생기는 현상이다.
④ 종속 이상이란 하나의 릴레이션에 하나 이상의 함수적 종속성이 존재하는 현상이다.

전문가의 조언 | 이상의 종류에는 삽입 이상, 삭제 이상, 갱신 이상이 있으며, 종속 이상은 존재하지 않습니다.

52. 다음 SQL문의 실행 결과는?

[R1 테이블]

학번	이름	학년	학과	주소
1000	홍길동	4	컴퓨터	서울
2000	김철수	3	전기	경기
3000	강남길	1	컴퓨터	경기
4000	오말자	4	컴퓨터	경기
5000	장미화	2	전자	서울

[R2 테이블]

학번	과목번호	학점	점수
1000	C100	A	91
1000	C200	A	94
2000	C300	B	85
3000	C400	A	90
3000	C500	C	75
3000	C100	A	90
4000	C400	A	95
4000	C500	A	91
4000	C100	B	80
4000	C200	C	74
5000	C400	B	85

[SQL 문]

```
SELECT 이름
FROM R1
WHERE 학번 IN
    (SELECT 학번
    FROM R2
    WHERE 과목번호 = 'C100');
```

① 이름: 홍길동, 강남길, 장미화
② 이름: 홍길동, 강남길, 오말자
③ 이름: 홍길동, 김철수, 강남길, 오말자, 장미화
④ 이름: 홍길동, 김철수

전문가의 조언 | SQL문의 실행 결과로 옳은 것은 ❷번입니다. 〈R2〉 테이블에서 '과목번호' 속성이 "C100"인 학번을 〈R1〉 테이블에서 찾아 '이름' 속성을 출력합니다.

❷ SELECT 이름 FROM R1 WHERE 학번 IN
❶ (SELECT 학번 FROM R2 WHERE 과목번호 = 'C100');

❶ SELECT 학번 FROM R2 WHERE 과목번호 = 'C100' : 〈R2〉 테이블에서 '과목번호'가 "C100"인 튜플의 '학번'을 검색한다. 결과는 1000, 3000, 4000이다.
❷ SELECT 이름 FROM R1 WHERE 학번 IN (❷) : 〈R1〉 테이블에서 '학번'이 1000, 3000, 4000인 튜플의 '이름'을 검색한다. 결과는 "홍길동", "강남길", "오말자"이다.

67섹션 5필드
53. 다음에 해당하는 함수 종속의 추론 규칙은?

X → Y이고 Y → Z이면 X → Z이다.

① 분해 규칙 ② 이행 규칙
③ 반사 규칙 ④ 결합 규칙

전문가의 조언 | X → Y이고 Y → Z일 때, X → Z를 만족하는 관계를 이행적 함수 종속 또는 이행 규칙이라고 합니다.

69섹션 1필드
54. 시스템 카탈로그에 대한 설명으로 옳지 않은 것은?
① 사용자가 직접 시스템 카탈로그의 내용을 갱신하여 데이터베이스 무결성을 유지한다.
② 시스템 자신이 필요로 하는 스키마 및 여러 가지 객체에 관한 정보를 포함하고 있는 시스템 데이터베이스이다.
③ 시스템 카탈로그에 저장되는 내용을 메타 데이터라고도 한다.
④ 시스템 카탈로그는 DBMS가 스스로 생성하고 유지한다.

전문가의 조언 | 시스템 카탈로그는 사용자가 조회할 수는 있으나 갱신하는 것은 불가능합니다.

73섹션 3필드
55. 병렬 데이터베이스 환경 중 수평 분할에서 활용되는 분할 기법이 아닌 것은?
① 라운드-로빈 ② 범위 분할
③ 예측 분할 ④ 해시 분할

전문가의 조언 | • 파티셔닝(=분할) 방식에는 범위 분할, 목록 분할, 해시 분할, 조합 분할, 라운드로빈 분할이 있습니다.
• 예측 분할이라는 방식은 존재하지 않습니다.

66섹션 6필드
56. 다음은 관계 대수의 수학적 표현식이다. 해당되는 연산은?

R x S = { r·s | r ∈ R ∧ s ∈ S }
r = 〈 a1, a2, ⋯, an 〉, s = 〈 b1, b2, ⋯, bm 〉

① 합집합 ② 교집합
③ 차집합 ④ 카티션 프로덕트

전문가의 조언 | 카티션 프로덕트(교차곱)는 두 릴레이션에 있는 튜플들의 순서쌍을 구하는 연산으로 r은 R에 존재하는 튜플이고, s는 S에 존재하는 튜플입니다.
• **합집합** : R ∪ S = { t | t ∈ R ∨ t ∈ S }
  ※ t는 릴레이션 R 또는 S에 존재하는 튜플임
• **교집합** : R ∩ S = { t | t ∈ R ∧ t ∈ S }
  ※ t는 릴레이션 R 그리고 S에 동시에 존재하는 튜플임
• **차집합** : R − S = { t | t ∈ R ∧ t ∉ S }
  ※ t는 릴레이션 R에는 존재하고 S에 없는 튜플임

67섹션 5필드
57. 제 3정규형에서 보이스코드 정규형(BCNF)으로 정규화하기 위한 작업은?
① 원자 값이 아닌 도메인을 분해
② 부분 함수 종속 제거
③ 이행 함수 종속 제거
④ 결정자가 후보키가 아닌 함수 종속 제거

전문가의 조언 | BCNF는 결정자가 모두 후보키인 정규형으로, 제 3정규형에서 결정자가 후보키가 아닌 것을 제거하면 BCNF가 됩니다.

66섹션 1필드
58. 관계대수에 대한 설명으로 틀린 것은?
① 원하는 릴레이션을 정의하는 방법을 제공하며 비절차적 언어이다.
② 릴레이션 조작을 위한 연산의 집합으로 피연산자와 결과가 모두 릴레이션이다.
③ 일반 집합 연산과 순수 관계 연산으로 구분된다.
④ 질의에 대한 해를 구하기 위해 수행해야 할 연산의 순서를 명시한다.

전문가의 조언 | 원하는 릴레이션을 정의하는 방법을 제공하는 비절차적 특성을 지닌 것은 관계해석입니다.

정답 : 49.④ 50.④ 51.④ 52.② 53.② 54.① 55.③ 56.④ 57.④ 58.①

[80섹션 4필드]

59. CREATE TABLE 명령을 이용해 테이블을 정의할 때 참조 테이블의 튜플이 삭제되더라도 기본 테이블의 튜플은 삭제되지 않도록 지정하는 옵션으로 옳은 것은?

① ON DELETE CASCASE
② ON DELETE SET NULL
③ ON DELETE NC ACTION
④ ON DELETE SET DEFAULT

전문가의 조언 | 참조 테이블의 튜플이 삭제되더라도 기본 테이블의 튜플은 삭제되지 않도록 지정하는 옵션은 NO ACTION입니다.
- CASCADE : 참조 테이블의 튜플이 삭제되면 기본 테이블의 관련 튜플도 모두 삭제되고, 속성이 변경되면 관련 튜플의 속성 값도 모두 변경됨
- SET NULL : 참조 테이블에 변화가 있으면 기본 테이블의 관련 튜플의 속성 값을 NULL로 변경함
- SET DEFAULT : 참조 테이블에 변화가 있으면 기본 테이블의 관련 튜플의 속성 값을 기본값으로 변경함

[81섹션 2필드]

60. 사용자 X1에게 department 테이블에 대한 검색 연산을 회수하는 명령은?

① delete select on department to X1;
② remove select on department from X1;
③ revoke select on department from X1;
④ grant select on department from X1;

전문가의 조언 | 사용자로부터 권한을 취소(회수)하는 명령어는 revoke입니다.
- revoke select : 검색(select) 권한을 취소하라.
- on department : 〈department〉 테이블에 대한 권한을 취소하라.
- from X1; : 사용자 'X1'에 대한 권한을 취소하라.

4과목 프로그래밍 언어 활용

[122섹션 3필드]

61. 200.1.1.0/24 네트워크를 FLSM 방식을 이용하여 10개의 Subnet으로 나누고, ip subnet-zero를 적용했다. 이때 서브네팅된 네트워크 중 10번째 네트워크의 broadcast IP 주소는?

① 200.1.1.159   ② 201.1.5.175
③ 202.1.11.254 ④ 203.1.255.245

전문가의 조언 | 200.1.1.0/24 네트워크에서 10번째 네트워크의 broadcast IP 주소는 200.1.1.159입니다.

- 200.1.1.0/24 네트워크의 서브넷 마스크는 1의 개수가 24개, 즉 11111111 11111111 11111111 00000000 → 255.255.255.0인 C 클래스에 속하는 네트워크입니다. 이 네트워크를 10개의 Subnet으로 나눠야 하는데, Subnet을 나눌 때는 서브넷 마스크가 0인 부분, 즉 마지막 8비트를 이용해 나눠야 합니다. 또한 "10개의 Subnet으로 나눈다"는 것과 같이 네트워크가 기준일 때는 왼쪽을 기준으로 10개가 포함된 Bit 만큼을 네트워크로 할당하고, 나머지 비트를 호스트로 할당하면 됩니다. 10개가 포함되는 비트는 2^4=16(2^3은 8로 10개를 포함 못함)이므로 4비트를 제외한 나머지 4비트로 호스트를 구성합니다.

네트워크 ID				호스트 ID			
0	0	0	0	0	0	0	0

- 호스트ID가 4Bit로 설정되었고, 문제에서 FLSM 방식을 이용한다고 했으므로 10개의 네트워크에 고정된 크기인 16개(2^4=16)씩 할당하면 다음과 같습니다.

네트워크	호스트 수	IP 주소 범위
1	16	200.1.1.0 ~ 200.1.1.15
2	16	200.1.1.16 ~ 200.1.1.31
3	16	200.1.1.32 ~ 200.1.1.47
4	16	200.1.1.48 ~ 200.1.1.63
5	16	200.1.1.64 ~ 200.1.1.79
6	16	200.1.1.80 ~ 200.1.1.95
7	16	200.1.1.96 ~ 200.1.1.111
8	16	200.1.1.112 ~ 200.1.1.127
9	16	200.1.1.128 ~ 200.1.1.143
10	16	200.1.1.144 ~ 200.1.1.159

※ 'subnet-zero'는 Subnet 부분이 모두 0인 네트워크를 의미하며 일반적으로 사용하지 않는데, IP 주소가 부족할 경우 'ip subnet-zero'를 적용하여 이 부분도 IP 주소로 사용할 수 있도록 합니다.
※ broadcast 주소는 해당 IP 주소 범위에서 가장 마지막 주소를 의미합니다.

[96섹션 1필드]

62. 배치 프로그램의 필수 요소에 대한 설명으로 틀린 것은?

① 자동화는 심각한 오류 상황 외에는 사용자의 개입 없이 동작해야 한다.
② 안정성은 어떤 문제가 생겼는지, 언제 발생했는지 등을 추적할 수 있어야 한다.
③ 대용량 데이터는 대용량의 데이터를 처리할 수 있어야 한다.
④ 무결성은 주어진 시간 내에 처리를 완료할 수 있어야 하고, 동시에 동작하고 있는 다른 애플리케이션을 방해하지 말아야 한다.

전문가의 조언 | 주어진 시간 내에 처리를 완료할 수 있어야 하고, 동시에 동작하고 있는 다른 애플리케이션을 방해하지 말아야 하는 것은 배치 프로그램의 '성능'에 대한 설명입니다.

102섹션 2필드

63. 다음 C 프로그램의 결과 값은 ?

```
main(void) {
  int i;
  int sum = 0;
  for(i = 1; i <= 10; i = i + 2)
      sum = sum + i;
  printf("%d", sum);
}
```

① 15　　② 19
③ 25　　④ 27

전문가의 조언 | 코드의 실행 결과는 25입니다. 사용된 코드의 의미는 다음과 같습니다.

```
main(void) {
❶ int i;
❷ int sum = 0;
❸ for(i = 1; i <= 10; i = i + 2)
❹     sum = sum + i;
❺ printf("%d", sum);
}
```

❶ 정수형 변수 i를 선언한다.
❷ 정수형 변수 sum을 선언하고 0으로 초기화한다.
❸ 반복 변수 i가 1에서 2씩 증가하면서 10보다 작거나 같은 동안 ❹번을 반복 수행한다.
❹ sum에 i의 값을 누적한다.
❺ sum의 값을 출력한다.
※ 반복문 실행에 따른 변수들의 값의 변화는 다음과 같습니다.

반복횟수	i	sum
		0
1	1	1
2	3	4
3	5	9
4	7	16
5	9	25
	11	

123섹션 5필드

64. OSI 7계층에서 물리적 연결을 이용해 신뢰성 있는 정보를 전송하려고 동기화, 오류 제어, 흐름 제어 등의 전송 에러를 제어하는 계층은?

① 데이터 링크 계층　　② 물리 계층
③ 응용 계층　　④ 표현 계층

전문가의 조언 | 문제에 제시된 내용은 OSI 7계층 중 데이터 링크 계층에 대한 설명입니다.

- **물리 계층(Physical Layer)** : 전송에 필요한 두 장치 간의 실제 접속과 절단 등 기계적, 전기적, 기능적, 절차적 특성에 대한 규칙을 정의함
- **응용 계층(Application Layer)** : 사용자(응용 프로그램)가 OSI 환경에 접근할 수 있도록 서비스를 제공함
- **표현 계층(Presentation Layer)** : 응용 계층으로부터 받은 데이터를 세션 계층에 보내기 전에 통신에 적당한 형태로 변환하고, 세션 계층에서 받은 데이터는 응용 계층에 맞게 변환하는 기능을 함

151섹션 5필드

65. JAVA 언어에서 접근 제한자가 아닌 것은?

① public　　② protected
③ package　　④ private

전문가의 조언 | • package는 JAVA 언어에서 사용하는 접근 제한자가 아닙니다.
• JAVA의 접근 제한자에는 Public, Default, Private, Protected가 있습니다.

115섹션 4필드

66. 4개의 페이지를 수용할 수 있는 주기억장치가 있으며, 초기에는 모두 비어 있다고 가정한다. 다음의 순서로 페이지 참조가 발생할 때, FIFO 페이지 교체 알고리즘을 사용할 경우 페이지 결함의 발생 횟수는?

페이지 참조 순서 : 1, 2, 3, 1, 2, 4, 5, 1

① 6회　　② 7회
③ 8회　　④ 9회

전문가의 조언 | 페이지 결함의 발생 횟수는 6회입니다. 4개의 페이지를 수용할 수 있는 주기억장치이므로 아래 그림과 같이 4개의 페이지 프레임으로 표현할 수 있습니다.

참조 페이지	1	2	3	1	2	4	5	1
페이지 프레임	1	1	1	1	1	1	5	5
		2	2	2	2	2	2	1
			3	3	3	3	3	3
						4	4	4
부재 발생	●	●	●			●	●	●

※ ● : 페이지 부재 발생

참조 페이지가 페이지 테이블에 없을 경우 페이지 결함(부재)이 발생됩니다. 초기에는 모든 페이지가 비어 있으므로 처음 1, 2, 3, 4 페이지 적재 시 페이지 결함이 발생됩니다. FIFO 기법은 가장 먼저 들어와 있었던 페이지를 교체하는 기법이므로 참조 페이지 5를 참조할 때에는 1을 제거한 후 5를 가져오게 됩니다. 이러한 과정으로 모든 페이지에 대한 요구를 처리하고 나면 총 페이지 결함 발생 횟수는 6회입니다.

정답 : 59.③ 60.③ 61.① 62.④ 63.③ 64.① 65.③ 66.①

2024년 1회

67. C 언어에서 산술 연산자가 아닌 것은?
① %
② *
③ ≪
④ /

> 전문가의 조언 | • ≪는 비트 연산자입니다.
> • C 언어의 산술 연산자에는 +, -, *, /, %가 있습니다.

68. C 언어에서 현재 수행중인 반복문을 빠져나갈 때 사용하는 명령문은?
① continue
② escape
③ break
④ exit

> 전문가의 조언 | C 언어나 JAVA에서 현재 반복문을 빠져나갈 때 사용하는 명령문은 break입니다.

69. 다음은 사용자로부터 입력받은 문자열에서 처음과 끝의 3글자를 추출한 후 합쳐서 출력하는 파이썬 코드이다. ㉠에 들어갈 내용은?

```
String = input("7문자 이상 문자열을 입력하시오 :")
m = (  ㉠  )
print(m)
```

① string[1:3]+string[-3:]
② string[:3]+string[-3:-1]
③ string[0:3]+string[-3:]
④ string[0:]+string[:-1]

> 전문가의 조언 | 입력받은 문자열에서 처음과 끝의 3글자를 추출한 후 합쳐서 출력하기 위해 지문의 ㉠에 들어갈 내용은 ③번입니다.
> • 문제에 제시된 보기들은 '객체명[초기위치:최종위치]'으로 기본 형식에서 '증가값'이 생략된 경우입니다. '증가값'이 생략된 경우에는 '초기위치'부터 '최종위치-1'까지 1씩 증가하면서 요소들을 가져옵니다. 각 보기의 의미는 다음과 같습니다.
> ① string[1:3]+string[-3:] : 1, 2번째 위치의 2글자와 -3, -2, -1번째 위치의 3글자를 가져옵니다.
> ② string[:3]+string[-3:-1] : 0, 1, 2번째 위치의 3글자와 -3, -2번째 위치의 2글자를 가져옵니다.
> ③ string[0:3]+string[-3:] : 0, 1, 2번째 위치의 3글자와 -3, -2, -1번째 위치의 3글자를 가져옵니다.
> ④ string[0:]+string[:-1] : 0부터 마지막 위치까지의 모든 글자와, 첫 위치부터 -1까지의 모든 글자를 가져옵니다.
> ※ 문자열의 위치는 0부터 시작하며, -1위치는 문자열의 마지막 위치를 가리킵니다.
> ※ '초기위치', '최종위치'의 0은 생략이 가능합니다.

70. IPv6에 대한 설명으로 틀린 것은?
① 멀티캐스팅(Multicast) 대신 브로드캐스트(Broadcast)를 사용한다.
② 보안과 인증 확장 헤더를 사용함으로써 인터넷 계층의 보안 기능을 강화하였다.
③ 애니캐스트(Anycast)는 하나의 호스트에서 그룹 내의 가장 가까운 곳에 있는 수신자에게 전달하는 방식이다.
④ 128비트 주소 체계를 사용한다.

> 전문가의 조언 | IPv6는 유니캐스트, 멀티캐스트, 애니캐스트의 3가지 방식의 주소 체계를 사용합니다.

71. 다음 JAVA 프로그램의 결과로 옳은 것은?

```java
public class Test {
    public static void main(String[] args) {
        try {
            int a = 32, b = 0;
            double c = a / b;
            System.out.print('A');
        }
        catch (ArithmeticException e) {
            System.out.print('B');
        }
        catch (NumberFormatException e) {
            System.out.print('C');
        }
        catch (Exception e) {
            System.out.print('D');
        }
    }
}
```

① A
② B
③ C
④ D

> 전문가의 조언 | 코드의 실행 결과는 B입니다. 사용된 코드의 의미는 다음과 같습니다.
>
> ```java
> public class Test {
>     public static void main(String[] args) {
> ❶       try {
> ❷           int a = 32, b = 0;
> ❸           double c = a / b;
>             System.out.print('A');
>         }
> ❹       catch (ArithmeticException e) {
> ❺           System.out.print('B');
>         }
> ```

```
    catch (NumberFormatException e) {
        System.out.print('C');
    }
    catch (Exception e) {
        System.out.print('D');
    } ❻
}
```

❶ 예외 구문의 시작이다.
❷ 정수형 변수 a와 b를 선언하고, 각각 32와 0으로 초기화한다.
❸ 실수형 변수 c를 선언하고 a/b인 32/0의 결과값으로 초기화한다.
  • 수를 0으로 나누는 연산은 수학적 오류를 유발하므로, 해당 오류를 처리하는 ArithmeticException의 catch문으로 이동한다.
  ※ ArithmeticException : 0으로 나누는 등의 산술 연산에 대한 예외가 발생한 경우 사용하는 예외 객체
❹ ArithmeticException에 해당하는 예외를 다루는 catch문의 시작이다.
❺ 화면에 B를 출력한다. try문이 종료되었으므로 ❻번으로 이동하여 프로그램을 종료한다.

결과   B

❶ 문자형 변수 c를 선언하고 'A'로 초기화한다.
❷ c에 1을 더한다.
❸ c의 값을 정수로 출력한다.

결과   66

98섹션 2필드

73. JAVA의 변수명 작성 규칙에 대한 설명으로 옳지 않은 것은?

① 변수명에 $를 사용할 수 있다.
② 첫 자리에 숫자를 사용할 수 있다.
③ 예약어는 변수명으로 사용할 수 없다.
④ 대·소문자를 구분한다.

전문가의 조언 | 변수 이름의 첫 자리에는 숫자를 사용할 수 없습니다.

없음

74. 오류 제어에 사용되는 자동 반복 요청 방식(ARQ)이 아닌 것은?

① Stop-and-wait ARQ
② Go-back-N ARQ
③ Selective-Repeat ARQ
④ Non-Acknowledge ARQ

전문가의 조언 | • 자동 반복 요청 방식(ARQ) 중 Non-Acknowledge ARQ라는 방식은 없습니다.
• 자동 반복 요청 방식의 오류 제어에는 Stop-and-Wait(정지-대기) ARQ, Go-Back-N ARQ, Selective-Repeat(선택적 재전송) ARQ, Adaptive(적응적) ARQ가 있습니다.

103섹션 5필드

72. 다음 C 언어 프로그램의 결과로 옳은 것은?

```
#include <stdio.h>
main( ) {
    char c = 'A';
    c = c + 1;
    printf("%d", c);
}
```

① A   ② B
③ 65   ④ 66

전문가의 조언 | 코드의 실행 결과는 66입니다.
• 문자는 아스키코드로 저장됩니다. 대문자 'A'는 아스키코드 값 65이고, 1을 더하게 되면 66이 되어 대문자 'B'를 가리키게 됩니다.
• 하지만 출력문에서 출력 형식이 문자를 출력하는 %c가 아닌 정수를 출력하는 %d를 사용했으므로 대문자 'B'가 아닌 아스키코드 값 66이 출력되게 됩니다.
사용된 코드의 의미는 다음과 같습니다.

```
#include <stdio.h>
main( ) {
❶   char c = 'A';
❷   c = c + 1;
❸   printf("%d", c);
}
```

102섹션 4필드

75. 다음 C 언어 프로그램의 결과로 옳은 것은?

```
#include <stdio.h>
main( ) {
    int r = 0;
    do {
        r = r + 1;
    } while (r <= 0);
    if (r == 1)
        r++;
    else
        r = r + 3;
    printf("%d", r);
}
```

① 1   ② 2
③ 3   ④ 4

정답 : 67.③ 68.③ 69.③ 70.① 71.② 72.④ 73.② 74.④ 75.②

전문가의 조언 | 코드의 실행 결과는 2입니다. 사용된 코드의 의미는 다음과 같습니다.

```c
#include <stdio.h>
main( ) {
❶   int r = 0;
❷   do {
❸       r = r + 1;
❹   } while (r <= 0);
❺   if (r == 1)
❻       r++;
    else
        r = r + 3;
❼   printf("%d", r);
}
```

❶ 정수형 변수 r을 선언하고 0으로 초기화한다.
❷ do~while문의 시작점이다. ❸번을 반복 수행한다.
❸ r에 1을 누적시킨다. (r = 1)
❹ r은 0보다 작거나 같지 않으므로 do~while문을 벗어나 ❺번으로 이동한다.
❺ r이 1이면 ❻번으로 이동하고, 아니면 else의 다음 문장으로 이동한다. r의 값이 1이므로 ❻번으로 이동한다.
❻ 'r = r + 1;'과 동일하다. r에 1을 누적시킨다. (r = 2)
❼ r의 값을 정수로 출력한다.

결과 2

144섹션 3필드

76. 은행가 알고리즘(Banker's Algorithm)은 교착상태의 해결 방법 중 어떤 기법에 해당하는가?

① Avoidance   ② Detection
③ Prevention   ④ Recovery

전문가의 조언 | 은행가 알고리즘은 교착상태의 해결 방법 중 회피 기법(Avoidance)에 해당합니다.
• 예방 기법(Prevention) : 교착상태가 발생하지 않도록 사전에 시스템을 제어하는 방법으로, 교착상태 발생의 네 가지 조건 중에서 어느 하나를 제거(부정)함으로써 수행됨
• 발견(Detection) 기법 : 시스템에 교착상태가 발생했는지 점검하여 교착상태에 있는 프로세스와 자원을 발견하는 것으로, 자원 할당 그래프 등을 사용함
• 회복(Recovery) 기법 : 교착 상태를 일으킨 프로세스를 종료하거나 교착 상태의 프로세스에 할당된 자원을 선점하여 프로세스나 자원을 회복하는 것

125섹션 5필드

77. 동일한 네트워크에 있는 목적지 호스트로 IP 패킷을 직접 전달할 수 있도록 IP 주소를 MAC 주소로 변환하는 프로토콜은?

① ARP(Address Resolution Protocol)
② ICMP(Internet Control Message Protocol)
③ IGMP(Internet Group Management Protocol)
④ SNMP(Simple Network Management Protocol)

전문가의 조언 | IP 주소를 호스트와 연결된 네트워크 접속 장치의 물리적 주소(MAC)로 변환하는 것은 ARP의 기능입니다.

99섹션 3필드

78. 다음 JAVA 프로그램의 결과로 옳은 것은?

```java
public class Test {
    public static void main(String[] args) {
        int r = 4 | 7;
        System.out.print(r);
    }
}
```

① 0   ② 2
③ 4   ④ 7

전문가의 조언 | 코드의 실행 결과는 7입니다. 사용된 코드의 의미는 다음과 같습니다.

```java
public class Test {
    public static void main(String[] args) {
❶       int r = 4 | 7;
❷       System.out.print(r);
    }
}
```

❶ 정수형 변수 r을 선언하고 4와 7을 |(비트 or) 연산한 값으로 초기화한다.
  • |(비트 or)는 두 비트 중 한 비트라도 1이면 1이 되는 비트 연산자이다.
    ```
    4 = 0000 0100
    7 = 0000 0111
    |   0000 0111 (7)
    ```
  • r에는 7이 저장된다.
❷ r의 값을 출력한다.

결과 7

79. 다음 파이썬 코드에서 '53t44'를 입력했을 때 출력 결과는?

```
a, b = map(int, input( ).split("t"));
print(a, b)
```

① 53 t 44
② 53t44
③ 53 44
④ 53, 44

전문가의 조언 | 코드의 출력 결과는 53 44입니다. 사용된 코드의 의미는 다음과 같습니다.

❶ a, b = map(int, input( ).split("t"));
❷ print(a, b)

❶ input( ) 메소드로 입력받은 값을 "t"를 구분자로 하여 분리한 후 정수로 변환하여 a, b에 저장한다. 문제에서 "53t44"를 입력하였으므로, "t"를 구분자로 53과 44가 분리된 후 정수로 변환되어 각각 a와 b에 저장된다.
• map( ) : 2개 이상의 값을 원하는 자료형으로 변환할 때 사용하는 함수
• input( ).split('분리문자')
  – 입력받은 값을 '분리문자'로 구분하여 반환한다.
  – '분리문자'를 생략하면 공백으로 값을 구분한다.
❷ a와 b를 출력한다. Python의 print( ) 메소드에서 2개 이상의 값을 출력할 때, sep 속성값을 정의하지 않으면 기본값이 공백이므로 다음과 같이 출력된다.
결과 `53 44`

80. UDP 프로토콜의 특징이 아닌 것은?

① 비연결형 서비스를 제공한다.
② 단순한 헤더 구조로 오버헤드가 적다.
③ 주로 주소를 지정하고, 경로를 설정하는 기능을 한다.
④ TCP와 같이 트랜스포트 계층에 존재한다.

전문가의 조언 | ③번은 IP(Internet Protocol)에 대한 설명입니다.

5과목 정보시스템 구축 관리

81. 기존 무선 랜의 한계 극복을 위해 등장하였으며, 대규모 디바이스의 네트워크 생성에 최적화되어 차세대 이동통신, 홈 네트워킹, 공공 안전 등의 특수목적에 사용되는 새로운 방식의 네트워크 기술을 의미하는 것은?

① Software Defined Perimeter
② Virtual Private Network
③ Local Area Network
④ Mesh Network

전문가의 조언 | 문제에 제시된 내용은 Mesh Network의 특징입니다.
• SDP(Software Defined Perimeter) : 신원을 기반으로 자원에 대한 접근을 제어하는 프레임워크
• VPN(Virtual Private Network) : 가상 사설 네트워크로서 인터넷 등 통신 사업자의 공중 네트워크와 암호화 기술을 이용하여 사용자가 마치 자신의 전용 회선을 사용하는 것처럼 해주는 보안 솔루션
• LAN(Local Area Network) : 회사, 학교, 연구소 등에서 비교적 가까운 거리에 있는 컴퓨터, 프린터, 테이프 등과 같은 자원을 연결하여 구성하는 근거리 통신망

82. Secure 코딩에서 입력 데이터의 보안 약점과 관련한 설명으로 틀린 것은?

① SQL 삽입 : 사용자의 입력 값 등 외부 입력 값이 SQL 쿼리에 삽입되어 공격
② 크로스사이트 스크립트 : 검증되지 않은 외부 입력 값에 의해 브라우저에서 악의적인 코드가 실행
③ 운영체제 명령어 삽입 : 운영체제 명령어 파라미터 입력 값이 적절한 사전검증을 거치지 않고 사용되어 공격자가 운영체제 명령어를 조작
④ 자원 삽입 : 사용자가 내부 입력 값을 통해 시스템 내에 사용이 불가능한 자원을 지속적으로 입력함으로써 시스템에 과부하 발생

전문가의 조언 | 경로 조작 및 자원 삽입은 데이터 입·출력 경로를 조작하여 서버 자원을 수정 및 삭제할 수 있는 보안 약점입니다.

83. 생명주기 모형 중 가장 오래된 모형으로 많은 적용 사례가 있지만 요구사항의 변경이 어렵고 각 단계의 결과가 확인되어야 다음 단계로 넘어갈 수 있는 선형 순차적, 고전적 생명주기 모형이라고도 하는 것은?

① Waterfall Model
② Prototype Model
③ Cocomo Model
④ Spiral Model

전문가의 조언 | 문제에 제시된 내용은 폭포수 모형(Waterfall Model)에 대한 설명입니다.
• 프로토타입 모형(Prototype Model, 원형 모형) : 사용자의 요구사항을 정확히 파악하기 위해 실제 개발될 소프트웨어에 대한 견본품(Prototype)을 만들어 최종 결과물을 예측하는 모형
• COCOMO 모형 : 소프트웨어 비용 산정 기법 중 개발 유형으로 Organic, Semi-Detached, Embedded로 구분됨
• 나선형 모형(Spiral Model, 점진적 모형) : 폭포수 모형과 프로토타입 모형의 장점에 위험 분석 기능을 추가한 모형으로, 나선을 따라 돌듯이 여러 번의 소프트웨어 개발 과정을 거쳐 점진적으로 완벽한 최종 소프트웨어를 개발함

2024년 1회

128섹션 2필드

84. S/W 각 기능의 원시 코드 라인수의 비관치, 낙관치, 기대치를 측정하여 예측치를 구하고 이를 이용하여 비용을 산정하는 기법은?

① Effort Per Task 기법   ② 전문가 감정 기법
③ 델파이 기법   ④ LOC 기법

전문가의 조언 | 문제에 제시된 내용은 LOC 기법에 대한 설명입니다.
- 개발 단계별 인월수(Effort Per Task) 기법 : LOC 기법을 보완하기 위한 기법으로, 각 기능을 구현시키는 데 필요한 노력을 생명 주기의 각 단계별로 산정함
- 전문가 감정 기법 : 조직 내에 있는 경험이 많은 두 명 이상의 전문가에게 비용 산정을 의뢰하는 기법으로, 가장 편리하고 신속하게 비용을 산정할 수 있음
- 델파이 기법 : 전문가 감정 기법의 주관적인 편견을 보완하기 위해 많은 전문가의 의견을 종합하여 산정하는 기법

156섹션 3필드

85. 다음 내용이 설명하는 로그 파일은?

- 리눅스 시스템에서 사용자의 성공한 로그인/로그아웃 정보 기록
- 시스템의 종료/시작 시간 기록

① tapping   ② xtslog
③ linuxer   ④ wtmp

전문가의 조언 | 문제의 지문에서 설명하는 로그 파일은 wtmp입니다.
- xferlog : FTP로 접속하는 사용자에 대한 로그를 기록

76섹션 1필드

86. 접근 통제 방법 중 조직 내에서 직무, 직책 등 개인의 역할에 따라 결정하여 부여하는 접근 정책은?

① RBAC   ② DAC
③ MAC   ④ QAC

전문가의 조언 | 직무나 직책과 같이 개인의 역할에 따라 접근 권한을 부여하는 접근 정책은 역할 기반 접근통제(RBAC; Role Based Access Control)입니다.
- 임의 접근통제(DAC; Discretionary Access Control) : 데이터에 접근하는 사용자의 신원에 따라 접근 권한을 부여하는 방식
- 강제 접근통제(MAC; Mandatory Access Control) : 주체와 객체의 등급을 비교하여 접근 권한을 부여하는 방식

58섹션 3필드

87. IPSec(IP Security)에 대한 설명으로 틀린 것은?

① 암호화 수행시 일방향 암호화만 지원한다.
② ESP는 발신지 인증, 데이터 무결성, 기밀성 모두를 보장한다.
③ 운영 모드는 Tunnel 모드와 Transport 모드로 분류된다.
④ AH는 발신지 호스트를 인증하고, IP 패킷의 무결성을 보장한다.

전문가의 조언 | IPSec는 암호화와 복호화가 모두 가능한 양방향 암호 방식입니다.

130섹션 3필드

88. CPM 네트워크가 다음과 같을 때 임계경로의 소요기일은?

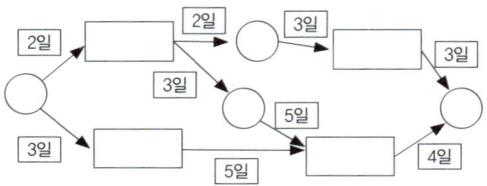

① 10일   ② 12일   ③ 14일   ④ 16일

전문가의 조언 | 임계경로의 소요기일은 14일입니다. 임계경로는 최장 경로를 의미합니다. 문제에 제시된 그림을 보고 각 경로에 대한 소요기일을 계산한 후 가장 오래 걸린 기일을 찾으면 됩니다.

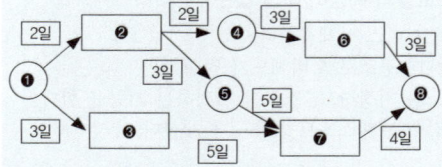

- 경로 1 : ❶ → ❷ → ❹ → ❻ → ❽ = 2+2+3+3=10일
- 경로 2 : ❶ → ❷ → ❺ → ❼ → ❽ = 2+3+5+4=14일
- 경로 3 : ❶ → ❸ → ❼ → ❽ = 3+5+4=12일

그러므로 임계경로는 경로 2이며, 소요기일은 14일입니다.

152섹션 1필드

89. 시스템에 저장되는 패스워드들은 Hash 또는 암호화 알고리즘의 결과 값으로 저장된다. 이때 암호 공격을 막기 위해 똑같은 패스워드들이 다른 암호 값으로 저장되도록 추가되는 값을 의미하는 것은?

① Pass flag   ② Bucket
③ Opcode   ④ Salt

전문가의 조언 | 암호 공격을 막기 위해 똑같은 패스워드들이 다른 암호 값으로 저장되도록 추가되는 값을 솔트(Salt)라고 합니다.

138섹션 1필드

90. 다음 빈 칸에 들어갈 알맞은 기술은?

( )은/는 웹에서 제공하는 정보 및 서비스를 이용하여 새로운 소프트웨어나 서비스, 데이터베이스 등을 만드는 기술이다.

① Quantum Key Distribution
② Digital Rights Management
③ Grayware
④ Mashup

전문가의 조언 | 문제의 지문은 매시업(Mashup)에 대한 설명입니다.
• 양자 암호키 분배(QKD; Quantum Key Distribution) : 양자 통신을 위해 비밀키를 분배하여 관리하는 기술로, 두 시스템이 암호 알고리즘 동작을 위한 비밀키를 안전하게 공유하기 위해 양자 암호키 분배 시스템을 설치하여 운용함
• 디지털 저작권 관리(DRM; Digital Rights Management) : 인터넷이나 기타 디지털 매체를 통해 유통되는 데이터의 저작권을 보호하기 위해 데이터의 안전한 배포를 활성화하거나 불법 배포를 방지하기 위한 시스템
• 그레이웨어(Grayware) : 소프트웨어를 제공하는 입장에서는 악의적이지 않은 유용한 소프트웨어라고 주장할 수 있지만 사용자 입장에서는 유용할 수도 있고 악의적일 수도 있는 애드웨어, 트랙웨어, 기타 악성 코드나 악성 공유웨어를 말함

152섹션 3필드

91. 다음 설명에서 괄호(㉠, ㉡)에 들어갈 알맞은 암호화 알고리즘은?

• (㉠) : 이산 대수 문제를 타원곡선으로 옮겨 기밀성과 효율성을 높인 암호화 알고리즘
• (㉡) : 소인수 분해의 어려움에 안전성의 근거를 둔 암호화 알고리즘

① ㉠ : ECC, ㉡ : Rabin
② ㉠ : DES, ㉡ : Rabin
③ ㉠ : ECC, ㉡ : SHA
④ ㉠ : DES, ㉡ : SHA

전문가의 조언 | 문제의 지문에 제시된 내용 중 ㉠은 ECC, ㉡은 Rabin 암호화 알고리즘의 특징입니다.

135섹션 6필드

92. 다음 중 1992년 미국 SF 작가 닐 스티븐슨의 소설 '스노 크래시'에 처음 등장한 개념으로, 현실 세계와 같은 사회·경제·문화 활동이 이뤄지는 3차원 가상 세계를 가리키는 용어는?

① IoT(Internet of Things)
② 메타버스
③ 피코넷
④ 클라우드 컴퓨팅

전문가의 조언 | 문제에 제시된 내용은 메타버스에 대한 설명입니다.
• IoT(Internet of Things) : 정보 통신 기술을 기반으로 실세계(Physical World)와 가상 세계(Virtual World)의 다양한 사물들을 인터넷으로 서로 연결하여 진보된 서비스를 제공하기 위한 서비스 기반 기술
• 피코넷(PICONET) : 여러 개의 독립된 통신장치가 블루투스 기술이나 UWB 통신 기술을 사용하여 통신망을 형성하는 무선 네트워크 기술
• 클라우드 컴퓨팅(Cloud Computing) : 각종 컴퓨팅 자원을 중앙 컴퓨터에 두고 인터넷 기능을 갖는 단말기로 언제 어디서나 인터넷을 통해 컴퓨터 작업을 수행할 수 있는 환경

138섹션 1필드

93. Python 기반의 웹 크롤링(Web Crawling) 프레임워크로 옳은 것은?

① Li-fi
② Scrapy
③ CrawlCat
④ SBAS

전문가의 조언 | 웹 크롤링을 지원하는 가장 대표적인 프레임워크는 파이썬(Python)의 스크래피(Scrapy)입니다.

153섹션 3필드

94. DoS(Denial of Service) 공격과 관련한 내용으로 틀린 것은?

① Ping of Death 공격은 정상 크기보다 큰 ICMP 패킷을 작은 조각(Fragment)으로 쪼개어 공격 대상이 조각화된 패킷을 처리하게 만드는 공격 방법이다.
② Smurf 공격은 멀티캐스트(Multicast)를 활용하여 공격 대상이 네트워크의 임의의 시스템에 패킷을 보내게 만드는 공격이다.
③ SYN Flooding은 존재하지 않는 클라이언트가 서버별로 한정된 접속 가능 공간에 접속한 것처럼 속여 다른 사용자가 서비스를 이용하지 못하게 하는 것이다.
④ Land 공격은 패킷 전송 시 출발지 IP 주소와 목적지 IP 주소 값을 똑같이 만들어서 공격 대상에게 보내는 공격 방법이다.

전문가의 조언 | Smurf 공격은 네트워크 라우터의 브로드캐스트(Broadcast) 주소를 활용한 DoS 공격입니다.

135섹션 6필드

95. 기기를 키오스크에 갖다 대면 원하는 데이터를 바로 가져올 수 있는 기술로 10㎝ 이내 근접 거리에서 기가급 속도로 데이터 전송이 가능한 초고속 근접무선통신(NFC; Near Field Communication) 기술은?

① BcN(Broadband Convergence Network)
② Zing
③ Marine Navi
④ C-V2X(Cellular Vehicle To Everything)

전문가의 조언 | 10cm 이내 거리에서 3.5Gbps 속도의 데이터 전송이 가능한 초고속 근접무선통신(NFC)을 징(Zing)이라고 합니다.

- **광대역 통합망(BcN; Broadband Convergence Network)**: 개별적인 망들이 갖고 있는 한계점을 극복하여 음성, 데이터, 유선, 무선, 통신, 방송 등의 다양한 멀티미디어 서비스를 장소와 시간에 관계없이 일정한 품질로 안전하게 이용할 수 있는 차세대 네트워크
- **마린내비(Marine Navi)**: 소형 선박의 충돌사고 예방을 위해 KT에서 만든 선박 안전 솔루션으로, GPS 기반 선박 자동식별 장치(AIS)를 통해 선박의 속도와 위치를 파악하고, 주변 선박과의 거리, 충돌 가능성 등을 인공지능(AI)을 통해 분석하여 전자해도(ENC)로 제공함
- **셀룰러-차량·사물통신(C-V2X; Cellular Vehicle To Everything)**: 이동통신망을 이용하여 차량 대 차량, 차량 대 보행자, 차량 대 인프라 간에 정보를 공유하는 기술로, 3GPP에서 제정한 기술 표준 중 하나임

58섹션 4필드

96. 크래커가 침입하여 백도어를 만들어 놓거나, 설정 파일을 변경했을 때 분석하는 도구는?

① tripwire ② tcpdump
③ cron ④ netcat

전문가의 조언 | 파일 변경 및 인터페이스 취약점을 분석하는데 사용되는 도구는 데이터 무결성 검사 도구로, 종류에는 Tripwire, AIDE, Samhain, Claymore, Slipwire, Fcheck 등이 있습니다.

154섹션 3필드

97. 인증의 유형 중에서 패스워드를 사용하는 경우에 해당하는 인증 유형은?

① Something You Have
② Something You Are
③ Something You Know
③ Somewhere You Are

전문가의 조언 | 패스워드를 기억해서 사용하는 것이므로 Something You Know(지식 기반 인증)에 해당합니다.

- **Something You Have**: 신분증, 메모리 카드, OTP 등 사용자가 소유하고 있는 것을 기반으로 인증을 수행하는 것
- **Something You Are**: 지문, 홍채, 얼굴 등 사용자의 고유한 생체 정보를 기반으로 인증을 수행하는 것
- **Somewhere You Are**: 콜백, GPS, IP 주소 등 인증을 시도하는 위치의 적절성을 확인하는 것

125섹션 3필드

98. TCP/IP 기반 네트워크에서 동작하는 발행-구독 기반의 메시징 프로토콜로 최근 IoT 환경에서 자주 사용되고 있는 프로토콜은?

① MLFQ ② MQTT
③ Zigbee ④ MTSP

전문가의 조언 | 문제에 제시된 내용은 MQTT(Message Queuing Telemetry Transport)에 대한 설명입니다.

- **MLFQ(Multi Level Feedback Queue, 다단계 피드백 큐)**: 특정 그룹의 준비상태 큐에 들어간 프로세스가 다른 준비상태 큐로 이동할 수 없는 다단계 큐 기법을 준비상태 큐 사이를 이동할 수 있도록 개선한 기법
- **지그비(Zigbee)**: 저전력, 저비용, 저속도와 2.4GHz를 기반으로 하는 홈 자동화 및 데이터 전송을 위한 무선 네트워크로, 전력 소모를 최소화하였음

139섹션 1필드

99. OSI 7 Layer 전 계층의 프로토콜과 패킷 내부의 콘텐츠를 파악하여 침입 시도, 해킹 등을 탐지하고 트래픽을 조정하기 위한 패킷 분석 기술은?

① PLCP(Packet Level Control Processor)
② Traffic Distributor
③ Packet Tree
④ DPI(Deep Packet Inspection)

전문가의 조언 | 문제에서 설명하는 분석 기술은 DPI(Deep Packet Inspection)입니다.

- **PLCP(Packet Level Control Processor)**: 패킷 교환 서브시스템에서 패킷 레벨 제어 및 경로 정보 처리 기능과 가입자 링크, 과금, 통계 자료 수집 등을 담당함

135섹션 2필드

100. 다음에서 설명하는 IT 기술은?

- 네트워크를 제어부, 데이터 전달부로 분리하여 네트워크 관리자가 보다 효율적으로 네트워크를 제어, 관리할 수 있는 기술
- 기존의 라우터, 스위치 등과 같이 하드웨어에 의존하는 네트워크 체계에서 안정성, 속도, 보안 등을 소프트웨어로 제어, 관리하기 위해 개발됨
- 네트워크 장비의 펌웨어 업그레이드를 통해 사용자의 직접적인 데이터 전송 경로 관리가 가능하고, 기존 네트워크에는 영향을 주지 않으면서 특정 서비스의 전송 경로 수정을 통하여 인터넷상에서 발생하는 문제를 처리할 수 있음

① SDN(Software Defined Networking)
② NFS(Network File System)
③ Network Mapper
④ AOE Network

전문가의 조언 | 문제의 지문에 제시된 내용은 소프트웨어 정의 네트워킹(SDN; Software Defined Networking)에 대한 설명입니다.

정답: 96.① 97.③ 98.② 99.④ 100.①

2023년 3회 정보처리기사 필기

1과목 | 소프트웨어 설계

1섹션 5필드

1. 다음 중 애자일(Agile) 소프트웨어 개발에 대한 설명으로 틀린 것은?
① 공정과 도구보다 개인과의 상호작용을 더 가치 있게 여긴다.
② 동작하는 소프트웨어보다는 포괄적인 문서를 가치 있게 여긴다.
③ 계약 협상보다는 고객과의 협력을 가치 있게 여긴다.
④ 계획을 따르기보다 변화에 대응하기를 가치 있게 여긴다.

전문가의 조언 | 애자일은 문서보다는 실행되는 SW(소프트웨어)에 더 가치를 둡니다.

3섹션 1필드

2. XP(eXtreme Programming)의 5가지 가치로 거리가 먼 것은?
① 용기   ② 의사소통
③ 정형 분석   ④ 피드백

전문가의 조언 | ・정형 분석은 XP의 5가지 가치에 속하지 않습니다.
・XP(eXtreme Programming)의 5가지 핵심 가치에는 의사소통(Communication), 단순성(Simplicity), 용기(Courage), 존중(Respect), 피드백(Feedback)이 있습니다.

7섹션 3필드

3. 자료 흐름도(DFD)의 각 요소별 표기 형태의 연결이 옳지 않은 것은?
① 자료 흐름(Data Flow) : 화살표
② 처리(Process) : 원
③ 자료 저장소(Data Store) : 직선(평행선)
④ 단말(Terminator) : 오각형

전문가의 조언 | 자료 흐름도에서 단말(Terminator)은 사각형 안에 이름을 기입합니다.

8섹션 2필드

4. HIPO(Hierarchy Input Process Output)에 대한 설명으로 거리가 먼 것은?
① 상향식 소프트웨어 개발을 위한 문서화 도구이다.
② HIPO 차트 종류에는 가시적 도표, 총체적 도표, 세부적 도표가 있다.
③ 기능과 자료의 의존 관계를 동시에 표현할 수 있다.
④ 보기 쉽고 이해하기 쉽다.

전문가의 조언 | HIPO는 하향식 소프트웨어 개발을 위한 문서화 도구입니다.

9섹션 4필드

5. 다음 중 상태 다이어그램에서 객체 전이의 요인이 되는 요소는?
① event   ② state
③ message   ④ transition

전문가의 조언 | 상태 다이어그램은 객체들 사이에 발생하는 이벤트(event)에 의한 객체들의 상태 변화를 그림으로 표현한 것입니다.

9섹션 4필드

6. UML 확장 모델에서 스테레오 타입 객체를 표현할 때 사용하는 기호로 맞는 것은?
① ≪ ≫   ② (( ))
③ {{ }}   ④ [[ ]]

전문가의 조언 | 스테레오 타입을 표현하는 기호는 겹화살괄호(≪≫)입니다.

10섹션 1필드

7. 유스케이스 다이어그램(UseCase Diagram)에 관련된 내용으로 틀린 것은?
① 시스템과 상호 작용하는 외부 시스템은 액터로 파악해서는 안된다.
② 유스케이스는 사용자 측면에서의 요구사항으로, 사용자가 원하는 목표를 달성하기 위해 수행할 내용을 기술한다.
③ 시스템 액터는 다른 프로젝트에서 이미 개발되어 사용되고 있으며, 본 시스템과 데이터를 주고받는 등 서로 연동되는 시스템을 말한다.
④ 액터가 인식할 수 없는 시스템 내부의 기능을 하나의 유스케이스로 파악해서는 안된다.

전문가의 조언 | 시스템과 상호작용하는 모든 외부 요소를 액터라고 합니다.

정답 : 1.② 2.③ 3.④ 4.① 5.① 6.① 7.①

11섹션 3필드

8. UI의 종류로 멀티 터치(Multi-touch), 동작 인식(Gesture Recognition) 등 사용자의 자연스러운 움직임을 인식하여 서로 주고받는 정보를 제공하는 사용자 인터페이스를 의미하는 것은?

① GUK(Graphical User Interface)
② OUI(Organic User Interface)
③ NUI(Natural User Interface)
④ CLI(Command Line Interface)

> **전문가의 조언 |** 사용자의 자연스러운 움직임을 인식하여 서로 주고받는 정보를 제공하는 사용자 인터페이스는 NUI(Natural User Interface)입니다.

16섹션 2필드

9. 모듈화를 통해 분리된 시스템의 각 기능들로, 서브루틴, 서브시스템, 소프트웨어 내의 프로그램, 작업 단위 등과 같은 의미로 사용되는 것은?

① Module
② Component
③ Things
④ Prototype

> **전문가의 조언 |** 모듈화를 통해 분리된 시스템의 각 기능들을 모듈(Module)이라고 합니다.

17섹션 4필드

10. 파이프 필터 형태의 소프트웨어 아키텍처에 대한 설명으로 옳은 것은?

① 노드와 간선으로 구성된다.
② 서브시스템이 입력 데이터를 받아 처리하고 결과를 다음 서브시스템으로 넘겨주는 과정을 반복한다.
③ 계층 모델이라고도 한다.
④ 3개의 서브시스템(모델, 뷰, 제어)으로 구성되어 있다.

> **전문가의 조언 |** 파이프 필터 형태의 소프트웨어 아키텍처에 대한 설명으로 옳은 것은 ②번입니다.
> • ①번은 자료 구조 중 그래프, ③번은 레이어 패턴, ④번은 모델-뷰-컨트롤러 패턴에 대한 설명입니다.

18섹션 2필드

11. 객체지향의 주요 구성 요소 중 데이터와 데이터를 처리하는 메소드를 묶어 놓은 하나의 소프트웨어 모듈을 무엇이라고 하는가?

① 클래스(Class)
② 객체(Object)
③ 상속(Inheritance)
④ 관계(Relationship)

> **전문가의 조언 |** 데이터와 데이터를 처리하는 메소드(함수)를 묶어 놓은 하나의 소프트웨어 모듈을 객체(Object)라고 합니다.
> • **Class(클래스)** : 공통된 속성과 연산(행위)을 갖는 객체의 집합으로, 객체의 일반적인 타입(Type)
> • **상속(Inheritance)** : 이미 정의된 상위 클래스(부모 클래스)의 모든 속성과 연산을 하위 클래스(자식 클래스)가 물려받는 것
> • **관계(Relationships)** : 사물과 사물 사이의 연관성을 표현하는 것

19섹션 1필드

12. 객체지향 분석 기법에 대한 설명으로 옳지 않은 것은?

① 데이터와 행위를 하나로 묶어 객체를 정의 내리고 추상화시키는 작업이라 할 수 있다.
② 코드 재사용에 의한 프로그램 생산성 향상 및 요구에 따른 시스템의 쉬운 변경이 가능하다.
③ 동적 모델링 기법이 사용될 수 있다.
④ E-R 다이어그램은 객체지향 분석 기법의 표현 도구로 적합하지 않다.

> **전문가의 조언 |** 객체지향 분석의 방법론 중 Coad와 Yourdon 방법은 E-R 다이어그램을 사용하여 객체의 행위를 모델링합니다.

19섹션 3필드

13. 럼바우(Rumbaugh)의 객체지향 분석 절차를 가장 바르게 나열한 것은?

① 객체 모형 → 동적 모형 → 기능 모형
② 객체 모형 → 기능 모형 → 동적 모형
③ 기능 모형 → 동적 모형 → 객체 모형
④ 기능 모형 → 객체 모형 → 동적 모형

> **전문가의 조언 |** 럼바우(Rumbaugh)의 객체지향 분석 절차는 '객체 모델링 → 동적 모델링 → 기능 모델링' 순으로 집행됩니다.

20섹션 2필드

14. 결합도(Coupling)에 대한 설명으로 틀린 것은?

① 데이터 결합도(Data Coupling)는 두 모듈이 매개변수로 자료를 전달할 때 자료 구조 형태로 전달되어 이용될 때 데이터가 결합되어 있다고 한다.
② 내용 결합도(Content Coupling)는 하나의 모듈이 직접적으로 다른 모듈의 내용을 참조할 때 두 모듈은 내용적으로 결합되어 있다고 한다.
③ 공통 결합도(Common Coupling)는 두 모듈이 동일한 전역 데이터를 접근한다면 공통 결합되어 있다고 한다.
④ 결합도(Coupling)는 두 모듈간의 상호작용, 또는 의존도 정도를 나타내는 것이다.

전문가의 조언 | • 데이터 결합도는 모듈 간의 인터페이스가 자료 요소로만 구성될 때의 결합도입니다.
• ①번은 스탬프 결합도에 대한 설명입니다.

22섹션 2필드

15. 코드 설계에서 일정한 일련번호를 부여하는 방식의 코드는?

① 연상 코드　② 블록 코드
③ 순차 코드　④ 표의 숫자 코드

전문가의 조언 | 순차 코드는 자료의 발생 순서, 크기 순서 등 일정 기준에 따라서 최초의 자료부터 차례로 일련번호를 부여하는 방법입니다.

23섹션 3필드

16. 다음 내용이 설명하는 디자인 패턴은?

> • 객체를 생성하기 위한 인터페이스를 정의하여 어떤 클래스가 인스턴스화 될 것인지는 서브클래스가 결정하도록 하는 것
> • Virtual-Constructor 패턴이라고도 함

① Visitor패턴
② Observer패턴
③ Factory Method 패턴
④ Bridge 패턴

전문가의 조언 | 문제의 지문에 제시된 내용은 팩토리 메소드(Factory Method) 패턴의 특징입니다.
• 방문자(Visitor) : 각 클래스들의 데이터 구조에서 처리 기능을 분리하여 별도의 클래스로 구성하는 패턴
• 옵서버(Observer) : 한 객체의 상태가 변화하면 객체에 상속되어 있는 다른 객체들에게 변화된 상태를 전달하는 패턴
• 브리지(Bridge) : 구현부에서 추상층을 분리하여, 서로가 독립적으로 확장할 수 있도록 구성한 패턴

23섹션 4필드

17. 디자인 패턴 중 구조 패턴에 속하지 않는 것은?

① Observer　② Decorator
③ Adapter　④ Proxy

전문가의 조언 | Observer는 행위 패턴입니다.

27섹션 3필드

18. 미들웨어에 대한 설명으로 옳지 않은 것은?

① DB는 데이터베이스 벤더에서 제공하는 클라이언트에서 원격의 데이터베이스와 연결하기 위한 미들웨어이다.
② WAS는 사용자의 요구에 따라 변하는 동적인 콘텐츠를 처리하기 위해 사용되는 미들웨어이다.
③ MOM은 메시지 기반의 비동기형 메시지를 전달하는 방식의 미들웨어이다.
④ RPC는 코바(CORBA) 표준 스펙을 구현한 객체 지향 미들웨어이다.

전문가의 조언 | • RPC(Remote Procedure Call)는 응용 프로그램의 프로시저를 사용하여 원격 프로시저를 마치 로컬 프로시저처럼 호출하는 방식의 미들웨어입니다.
• ④번은 ORB(Object Request Broker)에 대한 설명입니다.

127섹션 4필드

19. 다음 중 CASE의 장점이 아닌 것은?

① 자동화된 기법을 통해 소프트웨어 품질이 향상된다.
② 소프트웨어의 유지보수를 간편하게 수행할 수 있다.
③ 소프트웨어의 생산성이 향상된다.
④ 소프트웨어 모듈의 재사용성이 줄어든다.

전문가의 조언 | CASE를 이용하면 소프트웨어 모듈의 재사용성이 향상됩니다.

69섹션 3필드

20. 다음 중 자료 사전(Data Dictionary)에 대한 설명으로 옳지 않은 것은?

① 메타 데이터(Meta Data)라고 한다.
② 모든 데이터 개체들에 대한 정보를 유지, 관리하는 시스템이다.
③ 일반 이용자도 SQL을 이용하여 내용을 검색해 볼 수 있다.
④ 자료 사전에 대한 갱신은 데이터베이스의 무결성 유지를 위해 이용자가 직접 갱신해야 한다.

전문가의 조언 | 자료 사전(Data Dictionary)은 시스템 테이블로 구성되어 있어 일반 이용자도 SQL을 이용하여 내용을 검색해 볼 수 있지만 이용자가 갱신은 할 수 없습니다. 자료 사전은 DBMS가 스스로 생성하고 유지합니다.

2 과목 소프트웨어 개발

25섹션 5필드

21. 프로그램의 소스나 코드에서 결함을 찾아내고 이를 확인하려는 작업을 의미하는 것은?

① 소스 코드 인스펙션
② 재공학
③ 역공학
④ 재사용

> **전문가의 조언** | 프로그램의 소스나 코드에서 결함을 찾아내고 이를 확인하려는 작업을 소스 코드 인스펙션이라고 합니다.
> - **재공학**(Reengineering) : 새로운 요구에 맞도록 기존 시스템을 이용하여 보다 나은 시스템을 구축하고, 새로운 기능을 추가하여 소프트웨어 성능을 향상시키는 것
> - **역공학**(Reverse Engineering) : 기존 소프트웨어를 분석하여 소프트웨어 개발 과정과 데이터 처리 과정을 설명하는 분석 및 설계 정보를 재발견하거나 다시 만들어 내는 활동
> - **소프트웨어 재사용**(Software Reuse) : 이미 개발되어 인정받은 소프트웨어의 전체 혹은 일부분을 다른 소프트웨어 개발이나 유지에 사용하는 것

없음

22. 코드 검사 수행 시 발견된 오류와 그 설명으로 틀린 것은?

① 데이터 오류(DA; Data Error)는 데이터 유형 정의, 변수 선언, 매개 변수 등에서 나타나는 오류이다.
② 기능 오류(FN; Function Error)는 서브루틴이나 블록이 수행하는 방법(How)이 잘못되어 있는 오류이다.
③ 성능 오류(PF; Performance Error)는 프로그램을 수행하며 요구되는 성능을 만족시키지 못하는 오류이다.
④ 문서 오류(DC; Documentation Error)는 프로그램 구성 요소인 선언 부분, 잘못되거나 불필요한 주석 등을 의미한다.

> **전문가의 조언** | • 기능 오류는 서브루틴이나 블록이 잘못된 것(What)을 수행하는 오류입니다.
> • ②번은 논리 오류(LO; Logic Error)에 대한 설명입니다.

29섹션 1필드

23. 이진 트리의 특성으로 틀린 것은? (단, n_0 : 단말 노드 수, n_1 : 차수 1인 노드 수, n_2 : 차수 2인 노드 수, n : 노드 총 수, e : 간선 총 수)

① $n_0 = n_2 + 2$
② $e = n_1 + 2n_2$
③ $n = e + 1$
④ $n = n_0 + n_1 + n_2$

> **전문가의 조언** | 다음 트리를 예로들어 값을 구해보도록 하겠습니다.
>
>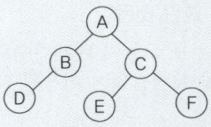
>
> • n_0 : 단말 노드의 수는 3(D, E, F)입니다.
> • n_1 : 차수가 1인 노드의 수는 1(B)입니다.
> • n_2 : 차수가 2인 노드의 수는 2(A, C)입니다.
> • n : 노드의 총수는 6(A~F)입니다.
> • e : 간선의 총수는 5입니다.
> ① $n_0 = n_2 + 2 : 3 \neq 2+2$
> ② $e = n_1 + 2n_2 : 5 = 1+4(2 \times 2)$
> ③ $n = e + 1 : 6 = 5+1$
> ④ $n = n_0 + n_1 + n_2 : 6 = 3+1+2$

46섹션 1필드

24. 화이트박스 테스트에 대한 설명으로 옳지 않은 것은?

① 제품의 내부 요소들이 명세서에 따라 수행되고 충분히 실행되는가를 보장하기 위한 검사이다.
② 모듈 안의 작동을 직접 관찰한다.
③ 프로그램 원시 코드의 논리적인 구조를 커버하도록 테스트 케이스를 설계한다.
④ 화이트박스 테스트 기법에는 기초 경로 검사, 동치 분할, 경계값 분석 등이 있다.

> **전문가의 조언** | • 화이트박스 테스트 기법에는 기초 경로 검사, 제어 구조 검사 등이 있습니다.
> • 동치 분할과 경계값 분석은 블랙박스 테스트 기법에 해당합니다.

없음

25. 정형 기술 검토(FTR)에 대한 설명으로 옳지 않은 것은?

① 논쟁과 반박을 제한하지 않는다.
② 문제 영역을 명확히 표현한다.
③ 참가자의 수를 제한한다.
④ 의제를 제한한다.

> **전문가의 조언** | 정형 기술 검토(FTR)는 논쟁과 반박을 제한합니다.

26. 다음 설명에 해당하는 것은?

> 기존 소프트웨어를 분석하여 소프트웨어 개발 과정과 데이터 처리 과정을 설명하는 분석 및 설계 정보를 재발견하거나 다시 만들어 내는 활동이다.

① Analysis
② Restructuring
③ Reverse Engineering
④ Migration

전문가의 조언 | 일반적인 개발 단계와는 반대로(Reverse), 기존 소프트웨어를 분석하여 새로운 정보를 재발견하거나 다시 만들어 내는 활동을 역공학(Reverse Engineering)이라고 합니다.
- **분석(Analysis)** : 기존 소프트웨어의 명세서를 확인하여 소프트웨어의 동작을 이해하고, 재공학할 대상을 선정하는 활동
- **재구성(Restructuring)** : 기존 소프트웨어의 구조를 향상시키기 위하여 코드를 재구성하는 활동으로, 소프트웨어의 기능과 외적인 동작은 바뀌지 않음
- **이식(Migration)** : 기존 소프트웨어를 다른 운영체제나 하드웨어 환경에서 사용할 수 있도록 변환하는 활동

27. ISO/IEC 25010의 소프트웨어 품질 특성 중 사용성(Usability)에 해당하지 않는 것은?

① 학습성
② 설치성
③ 접근성
④ 조작성

전문가의 조언 | 설치성은 소프트웨어 품질 특성 중 이식성(Portability)에 해당합니다.

28. 인터페이스 구현 검증 도구가 아닌 것은?

① Foxbase
② STAF
③ watir
④ xUnit

전문가의 조언 | 인터페이스 구현 검증 도구에는 xUnit, STAF, FitNesse, NTAF, Selenium, watir 등이 있습니다.

29. 소스 코드 품질 분석 도구 중 정적 분석 도구가 아닌 것은?

① pmd
② cppcheck
③ valMeter
④ checkstyle

전문가의 조언 | 정적 분석 도구에는 pmd, cppcheck, SonarQube, checkstyle, ccm, cobertura 등이 있습니다.

30. 다음 설명이 의미하는 것은?

> - 삽입과 삭제가 리스트의 양쪽 끝에서 발생할 수 있는 형태이다.
> - 입력이 한쪽에서만 발생하고 출력은 양쪽에서 일어날 수 있는 입력 제한과, 입력은 양쪽에서 일어나고 출력은 한 곳에서만 이루어지는 출력 제한이 있다.

① 스택
② 큐
③ 다중 스택
④ 데크

전문가의 조언 | 삽입과 삭제가 리스트의 양쪽 끝에서 발생할 수 있는 자료 구조는 데크(Deque)입니다.
- **스택(Stack)** : 리스트의 한쪽 끝으로만 자료의 삽입, 삭제 작업이 이루어지는 자료 구조
- **큐(Queue)** : 리스트의 한쪽에서는 삽입 작업이 이루어지고 다른 한쪽에서는 삭제 작업이 이루어지도록 구성된 자료 구조

31. 검증 검사 기법 중 개발자의 장소에서 사용자가 개발자 앞에서 행하는 기법이며, 일반적으로 통제된 환경에서 사용자와 개발자가 함께 확인하면서 수행되는 검사는?

① 동치 분할 검사
② 형상 검사
③ 알파 검사
④ 베타 검사

전문가의 조언 | 문제에 제시된 내용은 알파 검사에 대한 설명입니다.
- **베타 검사** : 선정된 최종 사용자가 여러 명의 사용자 앞에서 행하는 테스트 기법으로, 개발자에 의해 제어되지 않은 상태에서 테스트가 행해지며, 발견된 오류와 사용상의 문제점을 기록하고 개발자에게 주기적으로 보고함

32. 알고리즘 시간 복잡도 O(1)이 의미하는 것은?

① 컴퓨터 처리가 불가
② 알고리즘 입력 데이터 수가 한 개
③ 알고리즘 수행시간이 입력 데이터 수와 관계 없이 일정
④ 알고리즘 길이가 입력 데이터보다 작음

전문가의 조언 | O(1)은 빅오 표기법의 시간 복잡도를 표기하는 방법의 하나로, 입력 데이터 수에 관계없이 문제 해결에 하나의 단계만을 거친다는 것을 의미합니다.

33. 디지털 저작권 관리(DRM)의 기술 요소가 아닌 것은?
① 식별 기술
② 저작권 표현
③ 복호화 기술
④ 정책 관리 기술

전문가의 조언 | 디지털 저작권 관리(DRM)의 기술 요소에는 암호화, 키 관리, 암호화 파일 생성, 식별 기술, 저작권 표현, 정책 관리, 크랙 방지, 인증 등이 있습니다.

34. 화이트박스 테스트 기법에 해당하는 것은?
① 기초 경로 검사
② 동치 분할 검사
③ 경계값 분석
④ 원인 효과 그래프 검사

전문가의 조언 | 기초 경로 검사는 화이트박스 테스트 기법이고, 나머지는 블랙박스 텍스트 기법에 해당합니다.
- 기초 경로 검사(Base Path Testing) : 테스트 케이스 설계자가 절차적 설계의 논리적 복잡성을 측정할 수 있게 해주는 테스트 기법으로, 테스트 측정 결과는 실행 경로의 기초를 정의하는 데 지침으로 사용됨
- 동치 분할 검사(Equivalence Partitioning Testing) : 입력 자료에 초점을 맞춰 테스트 케이스(동치 클래스)를 만들고 검사하는 방법으로 동등 분할 기법이라고도 함
- 경계값 분석(Boundary Value Analysis) : 입력 자료에만 치중한 동치 분할 기법을 보완하기 위한 기법
- 원인-효과 그래프 검사(Cause-Effect Graphing Testing) : 입력 데이터 간의 관계와 출력에 영향을 미치는 상황을 체계적으로 분석한 다음 효용성이 높은 테스트 케이스를 선정하여 검사하는 기법

35. 다음과 같이 레코드가 구성되어 있을 때, 이진 검색 방법으로 F를 찾을 경우 비교되는 횟수는?

```
ABCDEFGHIJKLMN
```

① 4
② 5
③ 6
④ 7

전문가의 조언 | A~N을 1~14로 가정하고 이진 검색 방법으로 F(6)를 찾는 방법은 다음과 같습니다.
❶ 첫 번째 값(F)과 마지막 값(L)을 이용하여 중간 값 M을 구한 후 찾으려는 값과 비교합니다.
M = (1+14) / 2 = 7.5, 7이 찾으려는 값인지 확인합니다. 7은 찾으려는 값 6보다 크므로 찾는 값은 1~6에 있습니다. ← 1회 비교
❷ F = 1, L = 6, M = (1+6) / 2 = 3.5, 3이 찾으려는 값인지 확인합니다. 3은 찾으려는 값 6보다 작으므로 찾는 값은 4~6에 있습니다. ← 2회 비교
❸ F = 4, L = 6, M = (4+6) / 2 = 5, 5가 찾으려는 값인지 비교합니다. 5는 찾으려는 값 6보다 작으므로 찾는 값은 6에 있습니다. ← 3회 비교
❹ F = 6, L = 6, M = (6+6) / 2 = 6, 6이 찾으려는 값인지 비교합니다. 6은 찾는 값입니다. ← 4회 비교

36. IDE(Integrated Development Environment) 도구의 각 기능에 대한 설명으로 틀린 것은?
① Coding - 프로그래밍 언어를 가지고 컴퓨터 프로그램을 작성할 수 있는 환경을 제공
② Compile - 저급 언어의 프로그램을 고급 언어 프로그램으로 변환하는 기능
③ Debugging - 프로그램에서 발견되는 버그를 찾아 수정할 수 있는 기능
④ Deployment - 소프트웨어를 최종 사용자에게 전달하기 위한 기능

전문가의 조언 | 컴파일(Compile)은 개발자가 작성한 고급 언어로 된 프로그램을 컴퓨터가 이해할 수 있는 목적 프로그램으로 번역하여 컴퓨터에서 실행 가능한 형태로 변환하는 기능입니다.

37. 소프트웨어 형상 관리의 의미로 적절한 것은?
① 비용에 관한 사항을 효율적으로 관리하는 것
② 개발 과정의 변경 사항을 관리하는 것
③ 테스트 과정에서 소프트웨어를 통합하는 것
④ 개발 인력을 관리하는 것

전문가의 조언 | 형상 관리는 소프트웨어의 개발 과정에서 소프트웨어의 변경 사항을 관리하기 위해 개발된 일련의 활동을 의미합니다.

38. 정렬된 N개의 데이터를 처리하는 데 $O(Nlog_2N)$의 시간이 소요되는 정렬 알고리즘은?
① 합병 정렬
② 버블 정렬
③ 선택 정렬
④ 삽입 정렬

전문가의 조언 | $O(Nlog_2N)$의 시간 복잡도를 가진 정렬 알고리즘에는 힙 정렬과 2-Way 합병 정렬이 있습니다.
- 버블 정렬, 선택 정렬, 삽입 정렬의 시간 복잡도는 $O(n^2)$입니다.

39. 자료 구조의 분류 중 선형 구조가 아닌 것은?
① 트리
② 리스트
③ 스택
④ 데크

전문가의 조언 | 트리(Tree)는 비선형 구조입니다.

40. 스택에서 순서가 A, B, C, D로 정해진 입력 자료를, push → push → pop → push → push → pop → pop → pop 으로 연산 했을 때 출력은?

① C, B, D, A
② B, C, D, A
③ B, D, C, A
④ C, B, A, D

전문가의 조언 | PUSH는 스택에 자료를 입력하는 명령이고, POP은 스택에서 자료를 출력하는 명령입니다. 문제에 제시된 대로 PUSH와 POP을 수행하면 다음의 순서로 입출력이 발생합니다.

PUSH	PUSH	POP	PUSH	PUSH	POP	POP	POP
	B			D	BD	BDC	BDCA
A	A	B→	C	C	C	A	A
		A	A	A	A		

42. 데이터베이스의 트랜잭션 성질들 중에서 다음 설명에 해당하는 것은?

- 트랜잭션이 그 실행을 성공적으로 완료하면 언제나 일관성 있는 데이터베이스 상태로 변환한다.
- 시스템이 가지고 있는 고정 요소는 트랜잭션 수행 전과 트랜잭션 수행 완료 후의 상태가 같아야 한다.

① Atomicity
② Consistency
③ Isolation
④ Durability

전문가의 조언 | 문제의 지문은 일관성(Consistency)에 대한 설명입니다.
- Atomicity(원자성) : 트랜잭션의 연산은 데이터베이스에 모두 반영되도록 완료(Commit)되든지 아니면 전혀 반영되지 않도록 복구(Rollback)되어야 함
- Isolation(독립성, 격리성, 순차성) : 둘 이상의 트랜잭션이 동시에 병행 실행되는 경우 어느 하나의 트랜잭션 실행중에 다른 트랜잭션의 연산이 끼어들 수 없음
- Durability(영속성, 지속성) : 성공적으로 완료된 트랜잭션의 결과는 시스템이 고장나더라도 영구적으로 반영되어야 함

3과목 데이터베이스 구축

41. SQL의 기능에 따른 분류 중에서 REVOKE문과 같이 데이터의 사용 권한을 관리하는데 사용하는 언어는?

① DDL(Data Definition Language)
② DML(Data Manipulation Language)
③ DCL(Data Control Language)
④ DUL(Data User Language)

전문가의 조언 | DCL(Data Control Language)은 데이터 관리를 목적으로 사용하는 언어로, 명령어에는 COMMIT, ROLLBACK, GRANT, REVOKE가 있습니다.
- DDL(데이터 정의어) : SCHEMA, DOMAIN, TABLE, VIEW, INDEX를 정의하거나 변경 또는 삭제할 때 사용하는 언어로, 명령어에는 CREATE, ALTER, DROP이 있음
- DML(데이터 조작어) : 데이터베이스 사용자가 응용 프로그램이나 질의어를 통하여 저장된 데이터를 실질적으로 처리하는 데 사용되는 언어로, 명령어에는 SELECT, INSERT, DELETE, UPDATE가 있음

43. 다음 중 SQL에서의 DDL문이 아닌 것은?

① CREATE
② SELECT
③ ALTER
④ DROP

전문가의 조언 | SELECT는 DML(데이터 조작어)입니다.
- DDL(데이터 정의어)에는 CREATE, ALTER, DROP이 있습니다.

44. 정규화에 대한 설명으로 옳지 않은 것은?

① 정규화 하는 것은 테이블을 결합하여 종속성을 감소시키는 것이다.
② 제 2정규형은 반드시 제 1정규형을 만족해야 한다.
③ 제 1정규형은 릴레이션에 속한 모든 도메인이 원자값 만으로 되어 있는 릴레이션이다.
④ BCNF는 강한 제 3정규형이라고도 한다.

전문가의 조언 | 정규화하는 것은 테이블을 결합하여 종속성을 제거하는 것이 아니라 더 작은 테이블로 분해해 가면서 종속성을 제거하는 것입니다.

2023년 3회

82섹션 2필드

45. SQL문에서 STUDENT(SNO, SNAME, YEAR, DEPT) 테이블에 학번 600, 성명 홍길동, 학년 2학년인 학생 튜플을 삽입하는 명령으로 옳은 것은(단, SNO는 학번, SNAME은 성명, YEAR는 학년, DEPT는 학생, 교수 구분 필드임)?

① INSERT STUDENT INTO VALUES (600, '홍길동', 2);
② INSERT FROM STUDENT VALUES (600, '홍길동', 2);
③ INSERT INTO STUDENT(SNO, SNAME, YEAR) VALUES (600, '홍길동', 2);
④ INSERT TO STUDENT(SNO, SNAME, YEAR) VALUES (600, '홍길동', 2);

전문가의 조언 | 삽입문의 문법인 'INSERT INTO 테이블명(속성명) VALUES(값)'을 올바르게 적용한 것은 ③번입니다.

72섹션 2필드

46. SQL View(뷰)에 대한 설명으로 틀린 것은?

① 뷰(View)를 제거하고자 할 때는 DROP 문을 이용한다.
② 뷰(View)의 정의를 변경하고자 할 때는 ALTER 문을 이용한다.
③ 뷰(View)를 생성하고자 할 때는 CREATE 문을 이용한다.
④ 뷰(View)의 내용을 검색하고자 할 때는 SELECT 문을 이용한다.

전문가의 조언 | • 한 번 생성한 뷰는 정의를 변경할 수 없으므로 ALTER 문을 사용할 수 없습니다.
• 뷰를 변경하려면 제거하고 다시 만들어야 합니다.

70섹션 2필드

47. 트랜잭션의 상태 중 트랜잭션의 마지막 연산이 실행된 직후의 상태로, 모든 연산의 처리는 끝났지만 트랜잭션이 수행한 최종 결과를 데이터베이스에 반영하지 않은 상태는?

① Active   ② Partially Committed
③ Committed   ④ Aborted

전문가의 조언 | 최종 결과를 데이터베이스에 반영하지 않은, 연산이 실행된 직후의 상태를 부분 완료(Partially Committed)라고 합니다.
• 활동(Active) : 트랜잭션이 실행 중인 상태
• 완료(Committed) : 트랜잭션을 모두 성공적으로 실행한 후 Commit 연산을 실행한 후의 상태
• 철회(Aborted) : 트랜잭션이 비정상적으로 종료되어 Rollback 연산을 수행한 상태

143섹션 4필드

48. 로킹 기법에서 2단계 로킹 규약에 대한 설명으로 옳은 것은?

① 트랜잭션은 Lock만 수행할 수 있고, Unlock은 수행할 수 없는 확장 단계가 있다.
② 트랜잭션이 Unlock과 Lock을 동시에 수행할 수 있는 단계를 병렬 전환 단계라 한다.
③ 한 트랜잭션이 Unlock 후 다른 데이터 아이템을 Lock 할 수 있다.
④ 교착상태를 일으키지 않는다.

전문가의 조언 | • 2단계 로킹 규약은 새로운 Lock은 수행할 수 있지만 Unlock은 수행할 수 없는 확장 단계와 새로운 Unlock은 수행할 수 있지만 Lock은 수행할 수 없는 축소 단계가 있습니다.
• 또한 2단계 로킹 규약은 직렬성을 보장하는 장점은 있지만 교착상태를 예방할 수 없다는 단점이 있습니다.

82섹션 4필드

49. 다음 SQL문의 빈 칸에 들어갈 내용은?

```
update 직원
(     ) 급여 = 급여 * 1.1
where 급여 ≤ 100000 or 입사일 〈 19990101;
```

① into   ② Set
③ from   ④ Select

전문가의 조언 | UPDATE문의 문법인 'UPDATE 테이블명 SET 속성명=데이터 WHERE 조건'에 따라 괄호에 들어갈 예약어는 SET입니다.

64섹션 6필드

50. 다음 중 외래키에 대한 설명으로 옳은 것은?

㉠ Null을 입력할 수 없다.
㉡ 후보키 중 기본키를 제외한 나머지를 의미한다.
㉢ 기본키의 일부가 외래키가 될 수 있다.
㉣ 유일성과 최소성을 가진다.
㉤ 참조 무결성과 관련이 있다.

① ㉠, ㉡   ② ㉡, ㉤
③ ㉢, ㉤   ④ ㉢, ㉣

전문가의 조언 | 외래키에 대한 설명을 옳은 것은 ㉢, ㉤입니다.
㉠ 외래키에는 Null을 입력할 수 있습니다.
㉡ 대체키에 대한 설명입니다.
㉣ 외래키는 중복이 허용되므로 유일성과 최소성을 가질 수 없습니다.

63섹션 3필드

51. 릴레이션의 특징으로 거리가 먼 것은?

① 모든 튜플은 서로 다른 값을 갖는다.
② 모든 속성 값은 원자 값이다.
③ 튜플 사이에는 순서가 없다.
④ 각 속성은 유일한 이름을 가지며, 속성의 순서는 큰 의미가 있다.

전문가의 조언 | 릴레이션에서 각 속성은 유일한 이름을 가져야 하지만, 속성의 순서는 큰 의미가 없습니다.

64섹션 5필드

52. 관계형 데이터베이스에서 다음 설명에 해당하는 키(Key)는?

> 한 릴레이션 내의 속성들의 집합으로 구성된 키로서, 릴레이션을 구성하는 모든 튜플에 대한 유일성은 만족시키지만 최소성은 만족시키지 못한다.

① 후보키 ② 대체키
③ 슈퍼키 ④ 외래키

전문가의 조언 | 문제의 지문에 해당하는 키는 슈퍼키(Super Key)입니다.
- **후보키(Candidate Key) :** 릴레이션을 구성하는 속성들 중에서 튜플을 유일하게 식별하기 위해 사용하는 속성들의 부분집합, 즉 기본키로 사용할 수 있는 속성들을 말함
- **대체키(Alternate Key) :** 후보키가 둘 이상일 때 기본키를 제외한 나머지 후보키를 의미함
- **외래키(Foreign Key) :** 다른 릴레이션의 기본키를 참조하는 속성 또는 속성들의 집합을 의미함

66섹션 7필드

53. 관계 해석(Relational Calculus)에 대한 설명으로 잘못된 것은?

① 튜플 관계 해석과 도메인 관계 해석이 있다.
② 기본적으로 관계 해석과 관계 대수는 관계 데이터베이스를 처리하는 기능과 능력면에서 동등하다.
③ 수학의 Predicate Calculus에 기반을 두고 있다.
④ 원하는 정보와 그 정보를 어떻게 유도하는가를 기술하는 절차적인 특성을 가진다.

전문가의 조언 | ④번은 관계대수에 대한 설명입니다.
- 관계해석은 원하는 정보가 무엇이라는 것만 정의하는 비절차적 방법입니다.

66섹션 6필드

54. 릴레이션 R의 차수(Degree)가 3, 카디널리티(Cardinality)가 3, 릴레이션 S의 차수가 4, 카디널리티가 4일 때, 두 릴레이션을 카티션 프로덕트(Cartesian Product)한 결과 릴레이션의 차수와 카디널리티는?

① 4, 4 ② 7, 7
③ 7, 12 ④ 12, 12

전문가의 조언 | 카티션 프로덕트(Cartesian Product), 즉 교차곱은 두 릴레이션의 차수(Degree, 속성의 수)는 더하고, 카디널리티(튜플의 수)는 곱하면 됩니다.
- 차수는 3 + 4 = 7이고, 카디널리티는 3 × 4 = 12입니다.

83섹션 3필드

55. 다음 SQL문에서 사용된 BETWEEN 연산의 의미와 동일한 것은?

```
SELECT *
FROM 성적
WHERE (점수 BETWEEN 90 AND 95) AND 학과 = '컴퓨터공학
      과';
```

① 점수 >= 90 AND 점수 <= 95
② 점수 > 90 AND 점수 < 95
③ 점수 > 90 AND 점수 <= 95
④ 점수 >= 90 AND 점수 < 95

전문가의 조언 | • SELECT * : 모든 필드를 표시합니다.
- FROM 성적 : 〈성적〉 테이블의 자료를 검색합니다.
- WHERE (점수 BETWEEN 90 AND 95) : 점수가 90~95 사이이고
- AND 학과 = '컴퓨터공학과'; : '학과'가 "컴퓨터공학"인 자료만을 대상으로 합니다.
∴ 〈성적〉 테이블에서 점수가 90~95 사이이고 '학과'가 '컴퓨터공학과'인 모든 필드를 검색합니다.

66섹션 2필드

56. 다음의 관계대수 문장을 SQL로 표현한 것으로 옳은 것은?

$$\pi_{name,\ dept}(\sigma_{year=3}(student))$$

① SELECT name, dept FROM student HAVING year=3;
② SELECT name, dept FROM student WHERE year=3;
③ SELECT student FROM name, dept WHERE year=3;
④ SELECT student FROM name, dept HAVING year=3;

전문가의 조언 | • $\pi_{name, dept}$: 'name', 'dept' 필드를 표시하므로 SELECT name, dept입니다.
• $\sigma_{year=3}$: 'year'가 3인 자료만을 대상으로 검색하므로 WHERE year=3입니다.
• (student) : 〈student〉 테이블의 자료를 검색하므로 FROM student입니다.
∴ year가 3인 student의 name, dept를 검색하라는 의미입니다.

62섹션 2필드

57. 개체-관계 모델(E-R Model)에 대한 설명으로 옳지 않은 것은?

① 특정 DBMS를 고려한 것은 아니다.
② E-R 다이어그램에서 개체 타입은 사각형, 관계 타입은 타원, 속성은 다이아몬드로 나타낸다.
③ 개체 타입과 관계 타입을 기본 개념으로 현실 세계를 개념적으로 표현하는 방법이다.
④ 1976년 Peter Chen이 제안하였다.

전문가의 조언 | E-R 다이어그램은 관계 타입은 마름모(=다이아몬드), 속성은 타원으로 나타냅니다.

74섹션 5필드

58. 분산 데이터베이스의 특징에 대한 설명으로 틀린 것은?

① 지역 서버의 고유 데이터에 대한 작업은 중앙 서버의 통제 없이 자유롭게 수행할 수 있다.
② 새로운 지역 서버를 추가하거나 장비를 추가하는 등의 작업이 용이하다.
③ 위치 투명성, 중복 투명성, 병행 투명성, 장애 투명성을 목표로 한다.
④ 데이터베이스 설계 및 소프트웨어 개발이 쉽고, 전반적인 시스템의 성능이 향상된다.

전문가의 조언 | 분산 데이터베이스는 데이터베이스 설계 및 소프트웨어 개발이 어렵습니다.

68섹션 1필드

59. 정규화된 엔티티, 속성, 관계를 시스템의 성능 향상과 개발 운영의 단순화를 위해 중복, 통합, 분리 등을 수행하는 데이터 모델링 기법은?

① 인덱스정규화   ② 반정규화
③ 집단화   ④ 머징

전문가의 조언 | 시스템의 성능 향상과 개발 운영의 단순화를 위해 정규화된 데이터 모델을 통합, 중복, 분리 하는 등 의도적으로 정규화 원칙을 위배하는 행위는 반정규화입니다.

69섹션 3필드

60. 시스템 카탈로그에 관한 설명으로 틀린 것은?

① 시스템 카탈로그는 DBMS가 스스로 생성하고 유지하는 데이터베이스 내의 특별한 테이블들의 집합체이다.
② 일반 사용자들도 SQL을 이용하여 시스템 카탈로그를 직접 갱신할 수 있다.
③ 데이터베이스 구조가 변경될 때마다 DBMS는 자동적으로 시스템 카탈로그 테이블들의 행을 삽입, 삭제, 수정한다.
④ 시스템 카탈로그는 데이터베이스 구조에 관한 메타 데이터를 포함한다.

전문가의 조언 | 시스템 카탈로그 자체도 시스템 테이블로 구성되어 있어 일반 이용자도 SQL을 이용하여 내용을 검색해 볼 수 있지만 INSERT, DELETE, UPDATE문으로 카탈로그를 갱신하는 것은 허용되지 않습니다.

4과목 프로그래밍 언어 활용

121섹션 3필드

61. 커널의 버전을 확인할 때 사용하는 리눅스 명령어는?

① ls   ② chmod
③ rm   ④ uname

전문가의 조언 | 리눅스에서 커널의 버전을 확인할 때 사용하는 명령어는 uname입니다.

103섹션 2필드

62. 다음 C언어 프로그램의 결과로 옳은 것은?

```
#include <stdio.h>
main( ) {
    int a[10];
    a[0] = 0;
    a[1] = 1;
    for (int i = 0; i < 8; i++)
        a[i + 2] = a[i + 1] + a[i];
    printf("%d", a[9]);
}
```

① 8   ② 13
③ 21   ④ 34

전문가의 조언 | 사용된 코드의 의미는 다음과 같습니다.

```c
#include <stdio.h>
main( ) {
❶   int a[10];
❷   a[0] = 0;
❸   a[1] = 1;
❹   for (int i = 0; i < 8; i++)
❺       a[i + 2] = a[i + 1] + a[i];
❻   printf("%d", a[9]);
}
```

❶ 10개의 요소를 갖는 정수형 배열 a를 선언한다.
❷ a[0]에 0을 저장한다.
❸ a[1]에 1을 저장한다.

	[0]	[1]	[2]	[3]	[4]	[5]	[6]	[7]	[8]	[9]
a	0	1								

❹ 반복 변수 i가 1씩 증가하면서 8보다 작은 동안 ❺번을 반복 수행한다.
❺ a[i+2]에 a[i+1]과 a[i]를 합한 값을 저장한다.
반복문 수행에 따른 값의 변화는 다음과 같다.

i	a [0]	[1]	[2]	[3]	[4]	[5]	[6]	[7]	[8]	[9]
0	0	1	1							
1	0	1	1	2						
2	0	1	1	2	3					
3	0	1	1	2	3	5				
4	0	1	1	2	3	5	8			
5	0	1	1	2	3	5	8	13		
6	0	1	1	2	3	5	8	13	21	
7	0	1	1	2	3	5	8	13	21	34
8										

❻ a[9]의 값을 정수로 출력한다.
결과 34

63. 빈 기억공간의 크기가 20K, 16K, 8K, 40K일 때 기억장치 배치 전략으로 "Worst Fit"을 사용하여 17K의 프로그램을 적재할 경우 내부 단편화의 크기는?

① 3K
② 23K
③ 44K
④ 67K

전문가의 조언 | • 최악 적합(Worst Fit)은 프로그램이나 데이터가 들어갈 수 있는 크기의 빈 영역 중에서 단편화를 가장 많이 남기는 분할 영역에 배치시키는 방법으로 17K의 프로그램은 40K의 빈 영역에 저장됩니다.
• 내부 단편화는 40K-17K= 23K가 됩니다.

64. 오류 제어에 사용되는 자동 반복 요청 방식(ARQ)이 아닌 것은?

① Stop-and-wait ARQ
② Go-back-N ARQ
③ Selective-Repeat ARQ
④ Non-Acknowledge ARQ

전문가의 조언 | • 자동 반복 요청 방식(ARQ) 중 Non-Acknowledge ARQ라는 방식은 없습니다.
• 자동 반복 요청 방식의 오류 제어에는 Stop-and-Wait(정지-대기) ARQ, Go-Back-N ARQ, Selective-Repeat(선택적 재전송) ARQ, Adaptive(적응적) ARQ가 있습니다.

65. 다음 중 소프트웨어 개발 지원 도구에 대한 설명으로 옳지 않은 것은?

① 성능이나 편의성뿐만 아니라 범용성도 고려하여 개발 도구를 선정해야 한다.
② IDE는 개발자가 편리하게 컴파일 및 디버깅할 수 있도록 지원하는 도구이다.
③ 외부의 플러그인을 쉽게 검색하고 적용할 수 있는 IDE를 선정해야 한다.
④ 코드 품질 및 인터페이스 검사 도구는 모든 코딩을 완료한 후에 실행하는 것이 좋다.

전문가의 조언 | 코드 품질 테스트 및 인터페이스 검사 도구는 하나의 모듈이 완성될 때 마다 사용하는 것이 좋습니다.

66. JAVA의 변수명 작성 규칙에 대한 설명으로 옳지 않은 것은?

① 변수명에 $를 사용할 수 있다.
② 첫 자리에 숫자를 사용할 수 있다.
③ 예약어는 변수명으로 사용할 수 없다.
④ 대·소문자를 구분한다.

전문가의 조언 | 변수명의 첫 자리에는 숫자를 사용할 수 없습니다.

102섹션 4필드

67. 다음 C언어 프로그램의 결과로 옳은 것은?

```c
#include <stdio.h>
main( ) {
    int r = 0;
    do {
        r = r + 1;
    } while (r <= 0);
    if (r == 1)
        r++;
    else
        r = r + 3;
    printf("%d", r);
}
```

① 1 ② 2
③ 3 ④ 4

전문가의 조언 | 사용된 코드의 의미는 다음과 같습니다.

```c
#include <stdio.h>
main( ) {
❶  int r = 0;
❷  do {
❸      r = r + 1;
❹  } while (r <= 0);
❺  if (r == 1)
❻      r++;
    else
        r = r + 3;
❼  printf("%d", r);
}
```

❶ 정수형 변수 r을 선언하고 0으로 초기화한다.
❷ do~while문의 시작점이다. ❸번을 반복 수행한다.
❸ r에 1을 누적시킨다. (r = 1)
❹ r은 0보다 작거나 같지 않으므로 do~while문을 벗어나 ❺번으로 이동한다.
❺ r이 1이면 ❻번으로 이동하고, 아니면 else의 다음 문장으로 이동한다. r의 값이 1이므로 ❻번으로 이동한다.
❻ 'r = r + 1;'과 동일하다. r에 1을 누적시킨다. (r = 2)
❼ r의 값을 정수로 출력한다.

결과 **2**

102섹션 3필드

68. 다음 C언어 프로그램의 결과로 옳은 것은?

```c
#include <stdio.h>
main( ) {
    int i = 0;
    while (1) {
        if (i == 4)
            break;
        i++;
    }
    printf("%d", i);
}
```

① 3 ② 4
③ 5 ④ 6

전문가의 조언 | 사용된 코드의 의미는 다음과 같습니다.

```c
#include <stdio.h>
main( ) {
❶  int i = 0;
❷  while (1) {
❸      if (i == 4)
❹          break;
❺      i++;
    }
❻  printf("%d", i);
}
```

❶ 정수형 변수 i를 선언하고 0으로 초기화한다.
❷ ❸~❺번을 무한 반복한다.
❸ i가 4이면 ❹번으로 이동하고, 아니면 ❺번으로 이동한다.
❹ while문을 벗어나 ❻번으로 이동한다.
❺ 'i = i + 1;'과 동일하다. i에 1을 누적시킨다.
❻ i의 값을 정수로 출력한다. ❸번에서 i가 4일 때 ❻번으로 이동하게 되므로 출력되는 값은 4이다.

결과 **4**

115섹션 4필드

69. 4개의 페이지를 수용할 수 있는 주기억장치가 있으며, 초기에는 모두 비어 있다고 가정한다. 다음의 순서로 페이지 참조가 발생할 때, FIFO 페이지 교체 알고리즘을 사용할 경우 페이지 결함의 발생 횟수는?

> 페이지 참조 순서 : 0, 1, 2, 3, 0, 1, 4, 0, 1, 2, 3, 4

① 7회 ② 8회
③ 9회 ④ 10회

전문가의 조언 | 4개의 페이지를 수용할 수 있는 주기억장치이므로 아래 그림과 같이 4개의 페이지 프레임으로 표현할 수 있습니다.

참조 페이지	0	1	2	3	0	1	4	0	1	2	3	4
페이지 프레임	0	0	0	0	0	0	4	4	4	4	3	3
		1	1	1	1	1	1	0	0	0	0	4
			2	2	2	2	2	2	1	1	1	1
				3	3	3	3	3	3	2	2	2
부재 발생	●	●	●	●			●	●		●	●	●

※ ● : 페이지 부재 발생

참조 페이지가 페이지 테이블에 없을 경우 페이지 결함(부재)이 발생됩니다. 초기에는 모든 페이지가 비어 있으므로 처음 0, 1, 2, 3 페이지 적재 시 페이지 결함이 발생됩니다. FIFO 기법은 가장 먼저 들어와 있었던 페이지를 교체하는 기법이므로 참조 페이지 4를 참조할 때에는 0을 제거한 후 4를 가져오게 됩니다. 이러한 과정으로 모든 페이지에 대한 요구를 처리하고 나면 총 페이지 결함 발생 횟수는 10회입니다.

125섹션 4필드

70. TCP에 대한 설명으로 옳지 않은 것은?

① 프레임을 전송 단위로 사용한다.
② 요청과 응답을 동시에 주고 받는 전이중 연결 방식을 사용한다.
③ 순서 제어, 오류 제어, 흐름 제어 기능을 제공한다.
④ 투명성이 보장되는 통신을 제공한다.

전문가의 조언 | TCP 프로토콜은 패킷 단위의 스트림(Stream) 전송 기능을 제공합니다.

125섹션 5필드

71. 동일한 네트워크에 있는 목적지 호스트로 IP 패킷을 직접 전달할 수 있도록 IP 주소를 MAC 주소로 변환하는 프로토콜은?

① ARP(Address Resolution Protocol)
② ICMP(Internet Control Message Protocol)
③ IGMP(Internet Group Management Protocol)
④ SNMP(Simple Network Management Protocol)

전문가의 조언 | IP 주소를 호스트와 연결된 네트워크 접속 장치의 물리적 주소(MAC)로 변환하는 것은 ARP의 기능입니다.

122섹션 4필드

72. 다음 중 IP 주소 체계에 대한 설명으로 옳지 않은 것은?

① IPv6의 패킷 헤더는 32 octet의 고정된 길이를 가진다.
② IPv6는 주소 자동설정(Auto Configuration) 기능을 통해 손쉽게 이용자의 단말을 네트워크에 접속시킬 수 있다.
③ IPv4는 호스트 주소를 자동으로 설정하며 유니캐스트(Unicast)를 지원한다.
④ IPv4는 클래스별로 네트워크와 호스트 주소의 길이가 다르다.

전문가의 조언 | IPv6의 패킷 헤더는 40옥텟(octet)의 고정된 길이를 갖습니다.

103섹션 5필드

73. 다음 C언어 프로그램의 결과로 옳은 것은?

```c
#include <stdio.h>
main( ) {
    char c = 'A';
    c = c + 1;
    printf("%d", c);
}
```

① A ② B
③ 65 ④ 66

정답 : 67.② 68.② 69.④ 70.① 71.① 72.① 73.④

전문가의 조언 | 문자는 아스키코드로 저장됩니다. 대문자 'A'는 아스키코드로 65이고, 1을 더하면 66이므로 대문자 'B'가 됩니다. 하지만 출력문에서 출력 형식이 문자를 출력하는 %c가 아닌 정수를 출력하는 %d를 사용했으므로 대문자 'B'가 아닌 아스키코드 값 66이 출력되게 됩니다. 사용된 코드의 의미는 다음과 같습니다.

```
#include <stdio.h>
main( ) {
❶   char c = 'A';
❷   c = c + 1;
❸   printf("%d", c);
}
```

❶ 문자형 변수 c를 선언하고 'A'로 초기화한다.
❷ c에 1을 누적시킨다.
❸ c의 값을 정수로 출력한다.

결과 66

110섹션 2필드

75. 다음 JAVA 프로그램의 결과로 옳은 것은?

```
public class Test {
    public static void main(String[ ] args) {
        try {
            int a = 32, b = 0;
            double c = a / b;
            System.out.print('A');
        }
        catch (ArithmeticException e) {
            System.out.print('B');
        }
        catch (NumberFormatException e) {
            System.out.print('C');
        }
        catch (Exception e) {
            System.out.print('D');
        }
    }
}
```

① A ② B
③ C ④ D

전문가의 조언 | 사용된 코드의 의미는 다음과 같습니다.

```
public class Test {
    public static void main(String[ ] args) {
❶       try {
❷           int a = 32, b = 0;
❸           double c = a / b;
            System.out.print('A');
        }
❹       catch (ArithmeticException e) {
❺           System.out.print('B');
        }
        catch (NumberFormatException e) {
            System.out.print('C');
        }
        catch (Exception e) {
            System.out.print('D');
        }❻
    }
}
```

❶ 예외 구문의 시작이다.
❷ 정수형 변수 a와 b를 선언하고, 각각 32와 0으로 초기화한다.

99섹션 3필드

74. 다음 JAVA 프로그램의 결과로 옳은 것은?

```
public class Test {
    public static void main(String[ ] args) {
        int r = 4 | 7;
        System.out.print(r);
    }
}
```

① 0 ② 2
③ 4 ④ 7

전문가의 조언 | 사용된 코드의 의미는 다음과 같습니다.

```
public class Test {
    public static void main(String[ ] args) {
❶       int r = 4 | 7;
❷       System.out.print(r);
    }
}
```

❶ 정수형 변수 r을 선언하고 4와 7을 |(비트 or) 연산 한 값으로 초기화한다.
• |(비트 or)는 두 비트 중 한 비트라도 1이면 1이 되는 비트 연산자이다.

```
  4 = 0000  0100
  7 = 0111  0111
      0000  0111 (7)
```

• r에는 7이 저장된다.
❷ r의 값을 출력한다.

결과 7

❸ • 실수형 변수 c를 선언하고 32/0의 결과값으로 초기화한다.
• 어떤 수를 0으로 나누는 연산은 수학적 오류를 유발하므로, 해당 오류를 처리하는 ArithmeticException의 catch문으로 이동한다.
※ ArithmeticException : 0으로 나누는 등의 산술 연산에 대한 예외가 발생한 경우 사용하는 예외 객체
❹ ArithmeticException에 해당하는 예외를 다루는 catch문의 시작이다.
❺ 화면에 B를 출력한다. try문이 종료되었으므로 ❻번으로 이동하여 프로그램을 종료한다.

결과 B

[실행결과]

20

① either   ② elif
③ else if   ④ else

전문가의 조언 | Python에서 if문에 조건을 추가할 때 사용하는 예약어는 elif입니다. 사용된 코드의 의미는 다음과 같습니다.

❶ x = 20
❷ if x == 10:
❸   print('10')
❹ elif x == 20:
❺   print('20')
❻ else:
❼   print('other')

❶ 변수 x에 20을 저장한다.
❷ x가 10이면 ❸번으로 이동하고, 아니면 ❹번으로 이동한다. x의 값은 10이 아니므로 ❹번으로 이동한다.
❹ x가 20이면 ❺번으로 이동하고, 아니면 ❻번의 다음 줄인 ❼번으로 이동한다. x의 값은 20이므로 ❺번으로 이동한다.
❺ 화면에 20을 출력한다.

결과 20

99섹션 3필드

76. C언어에서 비트 논리 연산자에 해당하지 않는 것은?

① ^   ② ?
③ &   ④ ~

전문가의 조언 | • ?는 비트 연산자가 아닙니다.
• C언어의 비트 연산자에는 &, ^, |, ~, <<, >> 등이 있습니다.

99섹션 4필드

77. 자바에서 두 개의 논리 값을 연산하여 하나라도 참(true)이면 참을 반환하고, 둘 모두 거짓(false)이어야 거짓을 반환하는 연산을 수행하는 연산자는?

① ==   ② &&
③ || ④ +=

전문가의 조언 | 하나라도 참이면 참을 반환하고, 둘 모두 거짓이어야 거짓을 반환하는 논리 연산자는 ||(논리 or)입니다.

97섹션 4필드

79. Python 데이터 타입 중 시퀀스(Sequence) 데이터 타입에 해당하며 다양한 데이터 타입들을 주어진 순서에 따라 저장할 수 있으나 저장된 내용을 변경할 수 없는 것은?

① 복소수(complex) 타입   ② 리스트(list) 타입
③ 사전(dict) 타입   ④ 튜플(tuple) 타입

전문가의 조언 | 저장된 내용을 변경할 수 없는 순차형 데이터 타입은 튜플(Tuple)입니다.

107섹션 1필드

78. 다음 Python 프로그램의 실행 결과가 [실행결과]와 같을 때, 빈칸에 적합한 것은?

```
x = 20
if x == 10:
    print('10')
(      ) x == 20:
    print('20')
else:
    print('other')
```

123섹션 6필드

80. OSI 7계층 중 다음 설명에 해당하는 계층은?

• 개방 시스템들 간의 네트워크 연결을 관리하는 기능과 데이터의 교환 및 중계 기능을 함
• 네트워크 연결을 설정, 유지, 해제하는 기능을 함

① 데이터 링크 계층   ② 네트워크 계층
③ 전송 계층   ④ 표현 계층

전문가의 조언 | 네트워크 연결의 설정, 유지, 해제와 같은 네트워크 관리는 네트워크 계층의 기능입니다.

정답 : 74.④ 75.② 76.② 77.③ 78.② 79.④ 80.②

5과목 정보시스템 구축 관리

81. 소프트웨어 개발 모델 중 다음과 같은 과정으로 활동을 수행하는 모델은?

> 계획 수립 → 위험 분석 → 개발 및 검증 → 고객 평가

① Spiral Model
② Agile Model
③ Prototype Model
④ Waterfall Model

전문가의 조언 | 문제의 지문에 제시된 내용은 Spiral Model(나선형 모형)의 개발 과정입니다.

82. 다음 내용이 설명하는 스토리지 시스템은?

> - 하드디스크와 같은 데이터 저장장치를 호스트버스 어댑터에 직접 연결하는 방식
> - 저장장치와 호스트 기기 사이에 네트워크 디바이스 없이 직접 연결하는 방식으로 구성

① DAS   ② NAS
③ SAN   ④ NFC

전문가의 조언 | 문제의 지문에서 설명하는 스토리지 시스템은 DAS(Direct Attached Storage)입니다.
- NAS(Network Attached Storage) : 서버와 저장장치를 네트워크를 통해 연결하는 방식
- SAN(Storage Area Network) : DAS의 빠른 처리와 NAS의 파일 공유 장점을 혼합한 방식으로, 서버와 저장장치를 연결하는 전용 네트워크를 별도로 구성하는 방식

83. 소프트웨어 재공학의 주요 활동 중 기존 소프트웨어를 다른 운영체제나 하드웨어 환경에서 사용할 수 있도록 변환하는 것은?

① 역공학   ② 분석
③ 재구성   ④ 이식

전문가의 조언 | 기존 소프트웨어를 다른 운영체제나 하드웨어 환경에서 사용할 수 있도록 변환하는 활동을 이식(Migration)이라고 합니다.
- 분석(Analysis) : 기존 소프트웨어의 명세서를 확인하여 소프트웨어의 동작을 이해하고, 제공할 대상을 선정하는 활동
- 재구성(Restructuring) : 상대적으로 같은 추상적 수준에서 하나의 표현을 다른 표현 형태로 바꾸는 활동
- 역공학(Reverse Engineering) : 기존 소프트웨어를 분석하여 소프트웨어 개발 과정과 데이터 처리 과정을 설명하는 분석 및 설계 정보를 재발견하거나 다시 만들어 내는 활동

84. CPM 네트워크가 다음과 같을 때 임계경로의 소요기일은?

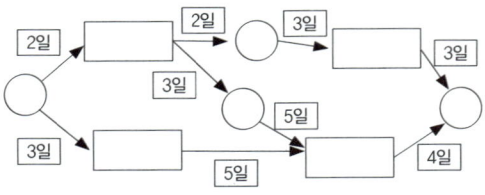

① 10일   ② 12일
③ 14일   ④ 16일

전문가의 조언 | 임계경로는 최장 경로를 의미합니다. 문제에 제시된 그림을 보고 각 경로에 대한 소요기일을 계산한 후 가장 오래 걸린 기일을 찾으면 됩니다.

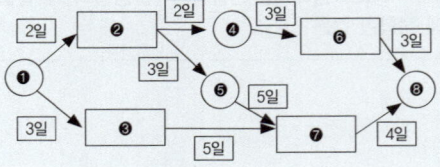

- 경로 1 : ❶ → ❷ → ❹ → ❻ → ❽ = 2+2+3+3=10일
- 경로 2 : ❶ → ❷ → ❺ → ❼ → ❽ = 2+3+5+4=14일
- 경로 3 : ❶ → ❸ → ❼ → ❽ = 3+5+4=12일

그러므로 임계경로는 경로 2이며, 소요기일은 14일입니다.

134섹션 1필드

85. 다음 설명에 해당하는 소프트웨어는?

- 개발해야 할 애플리케이션의 일부분이 이미 내장된 클래스 라이브러리로 구현이 되어 있다.
- 따라서, 그 기반이 되는 이미 존재하는 부분을 확장 및 이용하는 것으로 볼 수 있다.
- JAVA 기반의 대표적인 소프트웨어로는 스프링(Spring)이 있다.

① 전역 함수 라이브러리
② 소프트웨어 개발 프레임워크
③ 컨테이너 아키텍처
④ 어휘 분석기

전문가의 조언 | 문제의 지문은 소프트웨어 개발 프레임워크에 대한 설명입니다.

135섹션 4필드

86. 기존 무선 랜의 한계 극복을 위해 등장하였으며, 대규모 디바이스의 네트워크 생성에 최적화되어 차세대 이동통신, 홈네트워킹, 공공 안전 등의 특수목적에 사용되는 새로운 방식의 네트워크 기술을 의미하는 것은?

① Software Defined Perimeter
② Virtual Private Network
③ Local Area Network
④ Mesh Network

전문가의 조언 | 문제에 제시된 내용은 Mesh Network의 특징입니다.
- SDP(Software Defined Perimeter) : 신원을 기반으로 자원에 대한 접근을 제어하는 프레임워크
- VPN(Virtual Private Network) : 가상 사설 네트워크로서 인터넷 등 통신 사업자의 공중 네트워크와 암호화 기술을 이용하여 사용자가 마치 자신의 전용 회선을 사용하는 것처럼 해주는 보안 솔루션
- LAN(Local Area Network) : 회사, 학교, 연구소 등에서 비교적 가까운 거리에 있는 컴퓨터, 프린터, 테이프 등과 같은 자원을 연결하여 구성한 근거리 통신망

138섹션 1필드

87. 판매 계획 또는 배포 계획은 발표되었으나 실제로 고객에게 판매되거나 배포되지 않고 있는 소프트웨어는?

① Grayware   ② Vaporware
③ Shareware   ④ Freeware

전문가의 조언 | 문제의 지문에 제시된 내용은 Vaporware에 대한 개념입니다.
- Grayware : 소프트웨어를 제공하는 입장에서는 악의적이지 않은 유용한 소프트웨어라고 주장할 수 있지만 사용자 입장에서는 유용할 수도 있고 악의적일 수도 있는 애드웨어, 트랙웨어, 기타 악성 코드나 악성 공유웨어를 말함
- Shareware : 기능 혹은 사용 기간에 제한을 두어 배포하는 소프트웨어로, 무료로 사용할 수 있으며, 일정 기간 사용해 보고 정식 프로그램을 구입할 수 있음
- Freeware : 무료로 사용 또는 배포가 가능한 소프트웨어

139섹션 1필드

88. 다음 내용이 설명하는 것은?

- 블록체인(Blockchain) 개발환경을 클라우드로 서비스하는 개념
- 블록체인 네트워크에 노드의 추가 및 제거가 용이
- 블록체인의 기본 인프라를 추상화하여 블록체인 응용 프로그램을 만들 수 있는 클라우드 컴퓨팅 플랫폼

① OTT   ② BaaS
③ SDDC   ④ Wi-SUN

전문가의 조언 | 문제의 지문에 제시된 내용은 BaaS(서비스형 블록체인)에 대한 설명입니다.
- OTT(Over The Top service) : TV, PC, 스마트폰 등으로 드라마, 영화 등의 미디어 콘텐츠를 제공하는 온라인 서비스
- SDDC(Software Defined Data Center) : 데이터 센터의 모든 자원을 가상화하여 인력의 개입 없이 소프트웨어 조작만으로 관리 및 제어되는 데이터 센터
- Wi-SUN : 스마트 그리드와 같은 장거리 무선 통신을 필요로 하는 사물 인터넷(IoT) 서비스를 위한 저전력 장거리(LPWA; Low-Power Wide Area) 통신 기술

140섹션 1필드

89. 정보 시스템과 관련한 다음 설명에 해당하는 것은?

- 각 시스템 간에 공유 디스크를 중심으로 클러스터링으로 엮어 다수의 시스템을 동시에 연결할 수 있다.
- 조직, 기업의 기간 업무 서버 안정성을 높이기 위해 사용될 수 있다.
- 여러 가지 방식으로 구현되며 2개의 서버를 연결하는 것으로 2개의 시스템이 각각 업무를 수행하도록 구현하는 방식이 널리 사용된다.

① 고가용성 솔루션(HACMP)
② 점대점 연결 방식(Point-to-Point Mode)
③ 스턱스넷(Stuxnet)
④ 루팅(Rooting)

정답 : 81.① 82.① 83.④ 84.③ 85.② 86.④ 87.② 88.② 89.①

> **전문가의 조언 |** 문제의 지문에 저시된 내용은 고가용성 솔루션(HACMP)의 특징입니다.
> - **점대점 연결 방식(Point-to-Point Mode)** : 연결된 두 단말이 동등하게 연결되어 각 단말이 클라이언트가 될 수도, 서버가 될 수도 있는 방식
> - **스턱스넷(Stuxnet)** : 독일의 산업시설을 감시하고 파괴하기 위해 만들어진 악성 소프트웨어
> - **루팅(Rooting)** : 스마트폰의 보안 기능을 해제하여 허용되지 않은 기능을 사용하거나 불법 앱을 사용할 수 있도록 변경하는 행위

152섹션 3필드

92. 다음 설명에서 괄호(㉠, ㉡)에 들어갈 알맞은 암호화 알고리즘은?

> - (㉠) : 이산 대수 문제를 타원곡선으로 옮겨 기밀성과 효율성을 높인 암호화 알고리즘
> - (㉡) : 소인수 분해의 어려움에 안전성의 근거를 둔 암호화 알고리즘

① ㉠ : ECC, ㉡ : Rabin
② ㉠ : DES, ㉡ : Rabin
③ ㉠ : ECC, ㉡ : SHA
④ ㉠ : DES, ㉡ : SHA

> **전문가의 조언 |** 문제의 지문에 제시된 내용 중 ㉠은 ECC, ㉡은 Rabin 암호화 알고리즘의 특징입니다.

142섹션 9필드

90. 빅데이터 분석 기술 중 대량의 데이터를 분석하여 데이터 속에 내재되어 있는 변수 사이의 상호관계를 규명하여 일정한 패턴을 찾아내는 기법은?

① Data Mining
② WM-Bus
③ Digital Twin
④ Zigbee

> **전문가의 조언 |** 문제에 제시된 내용은 데이터 마이닝(Data Mining)의 개념입니다.
> - **무선 미터버스(WM-bus)** : 수도 등의 원격 검침을 위해 사용되는 무선 프로토콜
> - **디지털 트윈(Digital Twin)** : 현실속의 사물을 소프트웨어로 가상화한 모델
> - **지그비(Zigbee)** : 저속 전송 속도를 갖는 홈오토메이션 및 데이터 네트워크를 위한 표준 기술

152섹션 4필드

93. 블록 암호화 방식과 해시 암호화 방식을 나열한 것이다. 다음 중 유형이 다른 하나는?

① DES
② SNEFRU
③ MD5
④ SHA

> **전문가의 조언 |** DES는 1975년 미국 NBS에서 발표한 개인키 암호화 알고리즘으로, 해시 암호화 방식과 관계가 없습니다.
> - **SNEFRU** : 1990년 R.C.Merkle가 발표한 해시 함수
> - **MD5** : 1991년 R.Rivest가 MD4를 대체하기 위해 고안한 암호화 해시 함수
> - **SHA** : 1993년 미국 국가안보국(NSA)이 처음 설계한 해시 함수 시리즈로, SHA-0 이후 SHA-1, SHA-2, SHA-224, SHA-256, SHA-384, SHA-512가 발표됨

147섹션 2필드

91. Secure 코딩에서 입력 데이터의 보안 약점과 관련한 설명으로 틀린 것은?

① SQL 삽입 : 사용자의 입력 값 등 외부 입력 값이 SQL 쿼리에 삽입되어 공격
② 크로스사이트 스크립트 : 검증되지 않은 외부 입력 값에 의해 브라우저에서 악의적인 코드가 실행
③ 운영체제 명령어 삽입 : 운영체제 명령어 파라미터 입력 값이 적절한 사전검증을 거치지 않고 사용되어 공격자가 운영체제 명령어를 조작
④ 자원 삽입 : 사용자가 내부 입력 값을 통해 시스템 내에 사용이 불가능한 자원을 지속적으로 입력함으로써 시스템에 과부하 발생

> **전문가의 조언 |** 경로 조작 및 자원 삽입은 데이터 입·출력 경로를 조작하여 서버 자원을 수정 및 삭제할 수 있는 보안 약점입니다.

153섹션 1필드

94. 다음 중 서비스 거부 공격의 유형에 해당하지 않는 것은?

① Ping of Death
② SYN Flooding
③ Land
④ Memory Hacking

> **전문가의 조언 |** Memory Hacking은 컴퓨터 메모리(주기억장치)에 있는 데이터를 위·변조하는 해킹 방법으로, 서비스 거부 공격의 유형이 아닙니다.

153섹션 4필드

95. 다음이 설명하는 서비스 공격 유형은?

> 공격자가 가상의 클라이언트로 위장하여 3-way-handshake 과정을 의도적으로 중단시킴으로써 공격 대상지인 서버가 대기 상태에 놓여 정상적인 서비스를 수행하지 못하게 하는 공격 방법이다.

① SYN Flooding ② SMURFING
③ Land ④ TearDrop

전문가의 조언 | 문제의 지문에 제시된 내용은 SYN Flooding의 특징입니다.
- **SMURFING** : IP나 ICMP의 특성을 악용하여 엄청난 양의 데이터를 한 사이트에 집중적으로 보냄으로써 네트워크를 불능 상태로 만드는 공격 방법
- **Land** : 패킷을 전송할 때 송신 IP 주소와 수신 IP 주소를 모두 공격 대상의 IP 주소로 하여 공격 대상에게 전송하는 것으로, 이 패킷을 받은 공격 대상은 송신 IP 주소가 자신이므로 자신에게 응답을 수행하게 되는데, 이러한 패킷이 계속해서 전송될 경우 자신에 대해 무한히 응답하게 하는 공격임
- **TearDrop** : Fragment Offset 값을 변경시켜 수신 측에서 패킷을 재조립할 때 오류로 인한 과부하를 발생시킴으로써 시스템이 다운되도록 하는 공격 방법

153섹션 9필드

96. 백도어 탐지 방법으로 틀린 것은?

① 무결성 검사 ② 닫힌 포트 확인
③ 로그 분석 ④ SetUID 파일 검사

전문가의 조언 | 백도어 탐지 방법 중 하나는 닫힌 포트 확인이 아니라 열린 포트 확인입니다.

154섹션 3필드

97. 인증의 유형 중에서 패스워드를 사용하는 경우에 해당하는 인증 유형은?

① Something You Have
② Something You Are
③ Something You Know
③ Somewhere You Are

전문가의 조언 | 패스워드를 기억해서 사용하는 것이므로 Something You Know(지식 기반 인증)에 해당합니다.
- **Something You Have** : 신분증, 메모리 카드, OTP 등 사용자가 소유하고 있는 것을 기반으로 인증을 수행하는 것
- **Something You Are** : 지문, 홍채, 얼굴 등 사용자의 고유한 생체 정보를 기반으로 인증을 수행하는 것
- **Somewhere You Are** : 콜백, GPS, IP 주소 등 인증을 시도하는 위치의 적절성을 확인하는 것

155섹션 1필드

98. 취약점 관리를 위한 응용 프로그램의 보안 설정과 가장 거리가 먼 것은?

① 서버 관리실 출입 통제
② 실행 프로세스 권한 설정
③ 운영체제의 접근 제한
④ 운영체제의 정보 수집 제한

전문가의 조언 | • 서버 관리실 출입 통제는 물리적 보안에 포함되는 보안 조치입니다.
• 응용 프로그램과 관련된 보안은 기술적 보안이며, ②, ③, ④번이 이에 해당합니다.

없음

99. 다음 내용이 설명하는 것은?

> - 인트라넷이나 인터넷에서 서버의 파일 및 프린터를 사용할 수 있는 프리웨어 프로그램이다.
> - 리눅스, 유닉스, OpenVMS, OS/2 등 다양한 운용 체계에 설치되는 클라이언트/서버 프로토콜 기반의 프로그램이다.
> - 이 프로그램을 사용하여 다른 컴퓨터에 파일, 프린터, 기타 자원의 접근 요구를 할 수 있고, 다른 컴퓨터는 그 요구에 응하여 가부간 응답을 보낸다.

① SAMBA ② SDN
③ IoT ④ Ransomware

전문가의 조언 | 문제의 지문에 제시된 내용은 SAMBA의 특징입니다.
- **SDN** : 네트워크를 컴퓨터처럼 모델링하여 여러 사용자가 각각의 소프트웨어들로 네트워킹을 가상화하여 제어하고 관리하는 네트워크
- **IoT** : 정보 통신 기술을 기반으로 실세계와 가상 세계의 다양한 사물들을 인터넷으로 서로 연결하여 진보된 서비스를 제공하기 위한 서비스 기반 기술
- **Ransomware** : 인터넷 사용자의 컴퓨터에 잠입해 내부 문서나 파일 등을 암호화해 사용자가 열지 못하게 하는 프로그램

없음

100. 소프트웨어 프로젝트 관리를 효율적으로 수행하기 위한 3P 중 소프트웨어 프로젝트를 수행하기 위한 Task Framework의 고려와 가장 연관되는 것은?

① People ② Problem
③ Product ④ Process

전문가의 조언 | 문제에 제시된 내용은 프로젝트 관리를 위한 3P 중 Process에 대한 설명입니다.
- **프로젝트 관리를 위한 3P(3대 요소)**
  - 사람(People) : 프로젝트 관리에서 가장 기본이 되는 인적 자원
  - 문제(Problem) : 사용자 입장에서 문제를 분석하여 인식함
  - 프로세스(Process) : 소프트웨어 개발에 필요한 전체적인 작업 계획 및 구조(Framework)

2023년 2회 정보처리기사 필기

1과목 소프트웨어 설계

1섹션 3필드

1. 프로토타이핑 모형(Prototyping Model)에 대한 설명으로 옳지 않은 것은?
   ① 실제 개발될 소프트웨어에 대한 견본품(Prototype)을 만들어 최종 결과물을 예측하는 모형이다.
   ② 의뢰자나 개발자 모두에게 공동의 참조 모델을 제공한다.
   ③ 프로토타이핑이 진행되는 과정에서 새로운 요구사항이 도출되지 않아야 한다.
   ④ 단기간 제작 목적으로 인하여 비효율적인 언어나 알고리즘을 사용할 수 있다.

   전문가의 조언 | 프로토타이핑 모형은 새로운 요구사항이 도출될 때마다 이를 반영한 프로토타입을 새롭게 만들면서 소프트웨어를 구현하는 방법으로, 새롭게 도출된 요구사항을 충분히 반영합니다.

3섹션 1필드

2. XP(eXtreme Programming)에 대한 설명으로 틀린 것은?
   ① XP는 빠른 개발을 위해 단순함을 포기한다.
   ② 변화에 대응하기 보다는 변화에 반응하는 것에 더 가치를 둔다.
   ③ 스파이크 솔루션은 기술 문제가 발생한 경우 이를 해결하기 위해 사용한다.
   ④ 짝 프로그램(Pair Programming)은 독립적으로 코딩할 때보다 더 나은 환경을 조성한다.

   전문가의 조언 | XP는 단순한 설계를 통해 소프트웨어를 빠르게 개발하는 것을 목적으로 합니다.

6섹션 4필드

3. 요구사항을 도출하기 위한 주요 기법이 아닌 것은?
   ① 사용자 인터뷰
   ② 설문 조사
   ③ 사용자 교육
   ④ 라피도 프로토타이핑

   전문가의 조언 | 사용자 교육은 요구사항을 도출하는 기법이 아닙니다.

127섹션 4필드

4. CASE(Computer Aided Software Engineering)에 대한 설명으로 틀린 것은?
   ① 소프트웨어 모듈의 재사용성이 향상된다.
   ② 자동화된 기법을 통해 소프트웨어 품질이 향상된다.
   ③ 소프트웨어 사용자들에게 사용 방법을 신속히 숙지시키기 위해 사용된다.
   ④ 소프트웨어 유지보수를 간편하게 수행할 수 있다.

   전문가의 조언 | CASE는 요구사항 분석을 위한 자동화 도구로, 사용 방법의 신속한 숙지와는 무관합니다.

9섹션 3필드

5. 하나의 사물의 변화가 다른 사물에도 영향을 미치는 관계로, 일반적으로 한 클래스가 다른 클래스를 오퍼레이션의 매개 변수로 사용하는 경우에 나타나는 관계는?
   ① Generalization
   ② Association
   ③ Dependency
   ④ Realization

   전문가의 조언 | 문제에서 설명하는 관계는 의존(Dependency) 관계입니다.
   • Generalization(일반화) : 하나의 사물이 다른 사물에 비해 더 일반적인지 구체적인지를 표현하는 관계
   • Association(연관) : 2개 이상의 사물이 서로 관련되어 있음을 표현하는 관계
   • Realization(실체화) : 사물이 할 수 있거나 해야 하는 기능(오퍼레이션, 인터페이스)으로 서로를 그룹화 할 수 있는 관계를 표현함

9섹션 4필드

6. UML 다이어그램 중 동적 다이어그램이 아닌 것은?
   ① 유스케이스 다이어그램
   ② 순차 다이어그램
   ③ 컴포넌트 다이어그램
   ④ 상태 다이어그램

   전문가의 조언 | 컴포넌트 다이어그램은 정적 다이어그램에 해당합니다.

10섹션 1필드

7. 유스케이스 사용 시 특별한 조건이 만족할 경우에만 수행하는 유스케이스를 무엇이라고 하는가?

① 포함   ② 확장
③ 예외   ④ 연결

전문가의 조언 | 유스케이스 사용 시 특별한 조건이 만족할 경우에만 수행하는 유스케이스를 확장이라고 합니다.

11섹션 3필드

8. 모바일 기기에서 사용하는 모바일 제스처(Mobile Gesture)에 속하지 않는 것은 무엇인가?

① Press   ② Drag
③ Flow   ④ Flick

전문가의 조언 | • Flow는 모바일 제스처에 속하지 않습니다.
• 모바일 기기에서 사용하는 행동, 즉 제스처(Gesture)에는 Tap, Double Tap, Drag, Pan, Press, Flick, Pinch 등이 있습니다.

12섹션 6필드

9. 유스케이스에 대한 설명으로 옳지 않은 것은?

① 사용자 측면에서의 요구사항으로, 사용자가 원하는 목표를 달성하기 위해 수행할 내용을 기술한다.
② 사용자의 요구사항을 빠르게 파악함으로써 프로젝트의 초기에 시스템의 기능적인 요구를 결정하고 그 결과를 문서화할 수 있다.
③ 페이지의 개략적인 레이아웃이나 UI 구성 요소 등 뼈대를 설계하는 단계이다.
④ 자연어로 작성된 사용자의 요구사항을 구조적으로 표현한 것으로, 일반적으로 다이어그램 형식으로 묘사된다.

전문가의 조언 | ③번은 와이어프레임(Wireframe)의 개념입니다.

16섹션 7필드

10. 아키텍처 설계 과정이 올바른 순서로 나열된 것은?

㉮ 설계 목표 설정
㉯ 시스템 타입 결정
㉰ 스타일 적용 및 커스터마이즈
㉱ 서브시스템의 기능, 인터페이스 동작 작성
㉲ 아키텍처 설계 검토

① ㉮ → ㉯ → ㉰ → ㉱ → ㉲
② ㉲ → ㉮ → ㉯ → ㉱ → ㉰
③ ㉮ → ㉲ → ㉯ → ㉱ → ㉰
④ ㉮ → ㉯ → ㉰ → ㉲ → ㉱

전문가의 조언 | 아키텍처 설계 과정이 올바른 순서로 나열된 것은 ①번입니다.

17섹션 6필드

11. 분산 시스템을 위한 마스터-슬레이브(Master-Slave) 아키텍처에 대한 설명으로 틀린 것은?

① 일반적으로 실시간 시스템에서 사용된다.
② 마스터 프로세스는 일반적으로 연산, 통신, 조정을 책임진다.
③ 슬레이브 프로세스는 데이터 수집 기능을 수행할 수 없다.
④ 마스터 프로세스는 슬레이브 프로세스들을 제어할 수 있다.

전문가의 조언 | 슬레이브 프로세스에서는 마스터 프로세스에서 수행하는 연산, 통신, 제어 등의 기능을 제외하고는 별도로 제한되는 기능은 없습니다.

18섹션 3필드

12. 객체지향 소프트웨어 공학에서 하나 이상의 유사한 객체들을 묶어서 하나의 공통된 특성을 표현한 것은?

① 트랜잭션   ② 클래스
③ 시퀀스   ④ 서브루틴

전문가의 조언 | 하나 이상의 유사한 객체들을 묶어서 하나의 공통된 특성을 표현한 것을 클래스(Class)라고 합니다.
• 트랜잭션(Transaction) : 데이터베이스의 상태를 변환시키는 하나의 논리적 기능을 수행하기 위한 작업의 단위
• 순차(Sequence) : 특정 시간동안 수행되는 사건이나 행동 등의 순서
• 서브 루틴(Subroutine) : 메인 루틴에 의해 필요할 때 마다 호출되는 루틴

13. 데이터와 데이터를 처리하는 함수를 하나로 묶는 것을 의미하는 객체지향 용어는 무엇인가?

① Operation
② Class
③ Inheritance
④ Encapsulation

전문가의 조언 | 데이터와 데이터를 처리하는 함수를 하나로 묶는 것을 Encapsulation(캡슐화)이라고 합니다.
- Operation : 클래스가 수행할 수 있는 동작으로, 함수(메소드, Method)라고도 함
- Class : 공통된 속성과 연산(행위)을 갖는 객체의 집합으로, 객체의 일반적인 타입(Type)을 의미함
- Inheritance : 이미 정의된 상위 클래스(부모 클래스)의 모든 속성과 연산을 하위 클래스(자식 클래스)가 물려받는 것

14. 다음 내용이 설명하는 객체지향 설계 원칙은?

- 클라이언트는 자신이 사용하지 않는 메소드와 의존관계를 맺으면 안 된다.
- 클라이언트가 사용하지 않는 인터페이스 때문에 영향을 받아서는 안 된다.

① 인터페이스 분리 원칙
② 단일 책임 원칙
③ 개방 폐쇄의 원칙
④ 리스코프 교체의 원칙

전문가의 조언 | 문제의 지문에 제시된 내용은 인터페이스 분리 원칙에 대한 설명입니다.
- 단일 책임 원칙 : 객체는 단 하나의 책임만 가져야 한다는 원칙
- 개방-폐쇄 원칙 : 기존의 코드를 변경하지 않고 기능을 추가할 수 있도록 설계해야 한다는 원칙
- 리스코프 교체(치환)의 원칙 : 자식 클래스는 최소한 자신의 부모 클래스에서 가능한 행위는 수행할 수 있어야 한다는 설계 원칙

15. 한 모듈 내의 각 구성 요소들이 공통의 목적을 달성하기 위하여 서로 얼마나 관련이 있는지의 기능적 연관의 정도를 나타내는 것은?

① Cohesion
② Coupling
③ Structure
④ Unity

전문가의 조언 | 응집도(Cohesion)는 명령어나 호출문 등 모듈의 내부 요소들의 서로 관련되어 있는 정도, 즉 모듈이 독립적인 기능으로 정의되어 있는 정도를 의미합니다.

16. GoF(Gangs of Four) 디자인 패턴 분류에 해당하지 않는 것은?

① 생성 패턴
② 객체 패턴
③ 행위 패턴
④ 구조 패턴

전문가의 조언 | GoF의 디자인 패턴은 생성 패턴, 구조 패턴, 행위 패턴으로 분류됩니다.

17. 디자인 패턴 중 Singleton에 대한 설명으로 옳은 것은?

① 하나의 객체를 생성하면 생성된 객체를 어디서든 참조할 수 있지만, 여러 프로세스가 동시에 참조할 수는 없는 패턴이다.
② 원본 객체를 복제하는 방법으로 객체를 생성하는 패턴이다.
③ 여러 객체를 가진 복합 객체와 단일 객체를 구분 없이 다루고자 할 때 사용하는 패턴이다.
④ 수많은 객체들 간의 복잡한 상호작용을 캡슐화하여 객체로 정의하는 패턴이다.

전문가의 조언
- Singleton 패턴에 대한 설명으로 옳은 것은 ①번입니다.
- ②번은 프로토타입, ③번은 컴포지트(Composite), ④번은 중재자(Mediator) 패턴에 대한 설명입니다.

18. 디자인 패턴 중 알고리즘은 상위 클래스에서 정의하고 나머지는 하위 클래스에서 구체화하는 패턴은 무엇인가?

① 옵서버
② 템플릿 메소드
③ 상태
④ 컴포지트

전문가의 조언 | 알고리즘은 상위 클래스에서 정의하고 나머지는 하위 클래스에서 구체화하는 패턴은 템플릿 메소드(Template Method)입니다.
- 옵서버(Observer) : 한 객체의 상태가 변화하면 객체에 상속되어 있는 다른 객체들에게 변화된 상태를 전달하는 패턴
- 상태(State) : 객체의 상태에 따라 동일한 동작을 다르게 처리해야 할 때 사용하는 패턴
- 컴포지트(Composite) : 여러 객체를 가진 복합 객체와 단일 객체를 구분 없이 다루고자 할 때 사용하는 패턴

2023년 5월 시행

27섹션 5필드

19. 트랜잭션이 올바르게 처리되고 있는지 데이터를 감시하고 제어하는 미들웨어는?

① RPC ② ORB
③ TP monitor ④ HUB

전문가의 조언 | 트랜잭션이 올바르게 처리되고 있는지 데이터를 감시하고 제어하는 미들웨어는 TP-Monitor(Transaction Processing Monitor)입니다.
- RPC(Remote Procedure Call) : 응용 프로그램의 프로시저를 사용하여 원격 프로시저를 마치 로컬 프로시저처럼 호출하는 방식의 미들웨어
- ORB(Object Request Broker) : 객체 지향 미들웨어로 코바(CORBA) 표준 스펙을 구현한 미들웨어

126섹션 3필드

20. 정보공학 방법론에서 데이터베이스 설계의 표현으로 사용하는 모델링 언어는?

① Package Diagram
② State Transition Diagram
③ Deployment Diagram
④ Entity-Relationship Diagram

전문가의 조언 |
- 정보공학 방법론에서는 업무 영역 분석과 업무 시스템 설계 과정에서 데이터베이스 설계를 위한 데이터 모델링으로 Entity-Relationship Diagram(개체 관계도)을 사용합니다.
- ①, ②, ③번은 객체지향 개발 방법론에서 사용하는 모델링 언어입니다.

2 과목 소프트웨어 개발

131섹션 1필드

21. 소프트웨어 프로젝트 관리에 대한 설명으로 가장 옳은 것은?

① 개발에 따른 산출물 관리
② 소요인력은 최대화하되 정책 결정은 신속하게 처리
③ 주어진 기간은 연장하되 최소의 비용으로 시스템을 개발
④ 주어진 기간 내에 최소의 비용으로 사용자를 만족시키는 시스템을 개발

전문가의 조언 | 프로젝트 관리(Project Management)는 주어진 기간 내에 최소의 비용으로 사용자를 만족시키는 시스템을 개발하기 위한 전반적인 활동입니다.

47섹션 5필드

22. 개발한 소프트웨어가 사용자의 요구사항을 충족하는지에 중점을 두고 테스트하는 방법은?

① 단위 테스트 ② 인수 테스트
③ 시스템 테스트 ④ 통합 테스트

전문가의 조언 | 개발한 소프트웨어가 사용자의 요구사항을 충족하는지에 중점을 두고 테스트하는 방법을 인수 테스트(Acceptance Test)라고 합니다.
- 단위 테스트(Unit Test) : 코딩 직후 소프트웨어 설계의 최소 단위인 모듈이나 컴포넌트에 초점을 맞춰 하는 테스트
- 시스템 테스트(System Test) : 개발된 소프트웨어가 해당 컴퓨터 시스템에서 완벽하게 수행되는가를 점검하는 테스트
- 통합 테스트(Integration Test) : 단위 테스트가 완료된 모듈들을 결합하여 하나의 시스템으로 완성시키는 과정에서의 테스트

25섹션 5필드

23. 코드 인스펙션과 관련한 설명으로 틀린 것은?

① 프로그램을 수행시켜보는 것 대신에 읽어보고 눈으로 확인하는 방법으로 볼 수 있다.
② 코드 품질 향상 기법 중 하나이다.
③ 동적 테스트 시에만 활용하는 기법이다.
④ 결함과 함께 코딩 표준 준수 여부, 효율성 등의 다른 품질 이슈를 검사하기도 한다.

전문가의 조언 | 코드 인스펙션은 정적 테스트 시에만 활용하는 기법입니다.

29섹션 2필드

24. 다음 트리에 대한 중위 순회 운행 결과는?

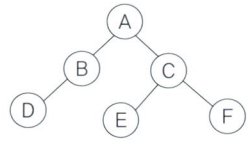

① A B D C E F ② A B C D E F
③ D B E C F A ④ D B A E C F

전문가의 조언 | 먼저 서브트리를 하나의 노드로 생각할 수 있도록 서브트리 단위로 묶습니다.

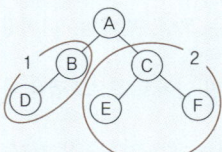

❶ 중위 순회(Inorder)는 Left → Root → Right 이므로 1A2가 됩니다.
❷ 1은 DB이므로 DBA2가 됩니다.
❸ 2는 ECF이므로 DBAECF가 됩니다.

정답 : 13.④ 14.① 15.① 16.② 17.① 18.② 19.③ 20.④ 21.④ 22.② 23.③ 24.④

20섹션 1필드

25. 소프트웨어 개발에서 모듈(Module)이 되기 위한 주요 특징에 해당하지 않는 것은?

① 다른 것들과 구별될 수 있는 독립적인 기능을 가진 단위(Unit)이다.
② 독립적인 컴파일이 가능하다.
③ 유일한 이름을 가져야 한다.
④ 다른 모듈에서의 접근이 불가능해야 한다.

전문가의 조언 | 각 모듈들은 상호작용을 통해 더 큰 시스템을 구성해야 하므로 모듈은 상호 접근이 가능해야 합니다.

31섹션 2필드

26. 해시 함수가 서로 다른 키에 대해 같은 주소값을 반환해서 충돌이 발생하면 각 데이터를 해당 주소에 있는 링크드 리스트(Linked List)에 삽입하여 문제를 해결하는 기법은?

① Chaining
② Rehashing
③ Open Addressing
④ Linear Probing

전문가의 조언 | 문제에 제시된 내용은 체이닝(Chaining)에 대한 설명입니다.

36섹션 1필드

27. 통합 개발 환경(IDE)에 대한 설명으로 옳지 않은 것은?

① 프로그램 개발과 관련된 모든 작업을 하나의 프로그램에서 처리할 수 있도록 제공하는 소프트웨어적인 개발 환경을 말한다.
② 통합 개발 환경 도구의 기능에는 코딩, 컴파일, 디버깅 등이 있다.
③ C, JAVA 등의 다양한 프로그래밍 언어로 프로그램을 작성하는 기능을 지원한다.
④ Python과 같은 인터프리터 언어로 프로그램을 작성하는 기능은 지원하지 않는다.

전문가의 조언 | 통합 개발 환경(IDE)은 Python과 같은 인터프리터 언어로 프로그램을 작성하는 기능도 지원합니다.

38섹션 2필드

28. 디지털 콘텐츠와 디바이스의 사용을 제한하기 위해 하드웨어 제조업자, 저작권자, 출판업자 등이 사용할 수 있는 접근 제어 기술을 의미하는 것은?

① DRM
② DLP
③ DOI
④ PKI

전문가의 조언 | 문제에서 설명하는 접근 제어 기술은 DRM(Digital Right Management, 디지털 저작권 관리)입니다.
• DLP(Data Leakage/Loss Prevention, 데이터 유출 방지) : 내부 정보의 외부 유출을 방지하는 보안 솔루션
• DOI(Digital Object Identifier, 디지털 콘텐츠 식별자) : 인터넷에 유통되는 모든 디지털 콘텐츠에 부여되는 고유 식별자
• PKI(Public Key Infrastructure, 공개키 기반 구조) : 공개키 암호 시스템을 안전하게 사용하고 관리하기 위한 정보 보호 표준 방식

39섹션 3필드

29. 소프트웨어 설치 매뉴얼에 기본적으로 포함되어야 할 사항이 아닌 것은?

① 소프트웨어 개요
② 소프트웨어 설치 관련 파일
③ 소프트웨어 개발 비용
④ 소프트웨어 설치 및 삭제

전문가의 조언 | 소프트웨어 설치 매뉴얼의 기본적인 포함 사항에는 소프트웨어 개요, 설치 관련 파일, 설치 아이콘, 프로그램 삭제, 관련 추가 정보 등이 있습니다.

36섹션 2필드

30. 개발 환경 구성을 위한 빌드(Build) 도구에 해당하지 않는 것은?

① Ant
② Kerberos
③ Maven
④ Gradle

전문가의 조언 | • 빌드 자동화 도구에는 Ant, Make, Maven, Gradle, Jenkins 등이 있습니다.
• Kerberos는 네트워크 인증 프로토콜의 하나입니다.

46섹션 5필드

31. 명세 기반 테스트 중 프로그램의 입력 조건에 중점을 두고, 어느 하나의 입력 조건에 대하여 타당한 값과 그렇지 못한 값을 설정하여 해당 입력 자료에 맞는 결과가 출력되는지 확인하는 테스트 기법은?

① Cause-Effect Graphing Testing
② Equivalence Partitioning Testing
③ Boundary Value Analysis
④ Comparison Testing

전문가의 조언 | 문제에 제시된 내용은 동치 분할 검사(Equivalence Partitioning Testing)에 대한 설명입니다.

- 원인-효과 그래프 검사(Cause-Effect Graphing Testing) : 입력 데이터 간의 관계와 출력에 영향을 미치는 상황을 체계적으로 분석한 다음 효용성이 높은 테스트 케이스를 선정하여 검사하는 기법
- 경계값 분석(Boundary Value Analysis) : 입력 자료에만 치중한 동치 분할 기법을 보완하기 위한 기법으로, 입력 조건의 중간값보다 경계값에서 오류가 발생될 확률이 높다는 점을 이용하여 입력 조건의 경계값을 테스트 케이스로 선정하여 검사함
- 비교 검사(Comparison Testing) : 여러 버전의 프로그램에 동일한 테스트 자료를 제공하여 동일한 결과가 출력되는지 테스트하는 기법

56섹션 1필드

32. 내·외부 모듈 간 인터페이스 데이터 표준을 확인하는데 사용되는 정보로만 짝지어진 것은?

① 인터페이스 목록, 인터페이스 명세
② 인터페이스 명세, 데이터 인터페이스
③ 인터페이스 기능, 인터페이스 목록
④ 인터페이스 기능, 데이터 인터페이스

전문가의 조언 | 인터페이스 데이터 표준은 '인터페이스 기능'과 '데이터 인터페이스'를 통해 확인할 수 있습니다.

36섹션 1필드

33. 소프트웨어나 하드웨어의 오류나 잘못된 동작 등을 찾아 수정하는 기능은?

① Coding   ② Compile
③ Debugging   ④ Deployment

전문가의 조언 | 소프트웨어나 하드웨어의 오류나 잘못된 동작 등을 찾아 수정하는 기능은 디버깅(Debugging)입니다.

- 코딩(Coding) : C, JAVA 등의 프로그래밍 언어로 프로그램을 작성하는 기능
- 컴파일(Compile) : 개발자가 작성한 고급 언어로 된 프로그램을 컴퓨터가 이해할 수 있는 목적 프로그램으로 번역하여 컴퓨터에서 실행 가능한 형태로 변환하는 기능
- 배포(Deployment) : 소프트웨어를 사용자에게 전달하는 기능

30섹션 5필드

34. 다음 설명에 해당하는 정렬(Sort)은?

- 레코드의 많은 자료 이동을 없애고 하나의 파일을 부분적으로 나누어 가면서 정렬하는 방법이다.
- 분할(Divide)과 정복(Conquer)을 통해 자료를 정렬한다.
- 피봇(pivot)을 사용하며, 최악의 경우 n(n-1)/2회의 비교를 수행해야 한다.

① 힙 정렬   ② 퀵 정렬
③ 선택 정렬   ④ 버블 정렬

전문가의 조언 | 문제의 지문에서 설명하는 정렬은 퀵 정렬(Quick Sort)입니다.

- 힙 정렬(Heap Sort) : 전이진 트리(Complete Binary Tree)를 이용한 정렬 방식
- 선택 정렬(Selection Sort) : n개의 레코드 중에서 최소값을 찾아 첫 번째 레코드 위치에 놓고, 나머지 (n-1)개 중에서 다시 최소값을 찾아 두 번째 레코드 위치에 놓는 방식을 반복하여 정렬하는 방식
- 버블 정렬(Bubble Sort) : 주어진 파일에서 인접한 두 개의 레코드 키 값을 비교하여 그 크기에 따라 레코드 위치를 서로 교환하는 정렬 방식

없음

35. 자료 구성 단위에 대한 설명으로 옳지 않은 것은?

① 비트(Bit)는 0 또는 1을 표시하는 2진수 한 자리이다.
② 니블(Nibble)은 네 개의 바이트가 모여 한 개의 니블을 구성한다.
③ 워드(Word)는 CPU가 처리할 수 있는 명령 단위이다.
④ 바이트(Byte)는 8개의 비트가 모여 1바이트를 구성한다.

전문가의 조언 | 니블(Nibble)은 4개의 비트(Bit)가 모여 1개의 니블을 구성합니다.

30섹션 6필드

36. 이진 트리의 레코드 R = (88, 74, 63, 55, 37, 25, 33, 19, 26, 14, 9)에 대하여 힙(Heap) 정렬을 만들 때, 37의 왼쪽과 오른쪽의 자노드(Child Node)의 값은?

① 55, 25   ② 63, 33
③ 33, 19   ④ 14, 9

전문가의 조언 | 힙 정렬은 자료를 전이진 트리로 구성해 보면 간단하게 알 수 있습니다.

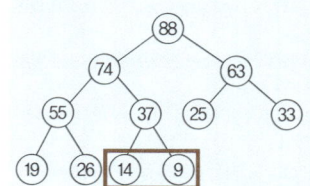

37. 위험 관리의 일반적인 절차로 적합한 것은?

① 위험 식별 → 위험 분석 및 평가 → 위험 관리 계획 → 위험 감시 및 조치
② 위험 분석 및 평가 → 위험 식별 → 위험 관리 계획 → 위험 감시 및 조치
③ 위험 관리 계획 → 위험 감시 및 조치 → 위험 식별 → 위험 분석 및 평가
④ 위험 감시 및 조치 → 위험 식별 → 위험 분석 및 평가 → 위험 관리 계획

전문가의 조언 | 위험 관리의 일반적인 절차는 어떠한 위험이 있는지 먼저 식별하고, 그 위험을 분석한 후 이 위험을 어떻게 관리할 것인지 계획하는 다음 위험에 대해 감시하고 조치를 취해야 합니다.

38. 다음 중 소프트웨어를 재사용함으로써 얻는 이점이 아닌 것은?

① 개발시간과 비용을 단축시킨다.
② 소프트웨어 개발의 생산성을 높인다.
③ 프로젝트 실패의 위험을 줄여 준다.
④ 새로운 개발 방법론의 도입이 쉽다.

전문가의 조언 | 소프트웨어 재사용은 이미 개발된 인정받은 소프트웨어의 전체 혹은 일부분을 다른 소프트웨어 개발이나 유지에 사용하는 것으로 소프트웨어를 재사용함으로써 새로운 개발 방법론을 도입하기는 어렵습니다.

39. 웹과 컴퓨터 프로그램에서 용량이 적은 데이터를 교환하기 위해 데이터 객체를 속성·값의 쌍 형태로 표현하는 형식으로, 자바 스크립트(JavaScript)를 토대로 개발되어진 형식은?

① Python
② XML
③ JSON
④ WEB SEVER

전문가의 조언 | 문제에 제시된 내용은 JSON(JavaScript Object Notation)에 대한 설명입니다.
- 파이썬(Python) : 객체지향 기능을 지원하는 대화형 인터프리터 언어로, 플랫폼에 독립적이고 문법이 간단하여 배우기 쉬움
- XML(eXtensible Markup Language) : 특수한 목적을 갖는 마크업 언어를 만드는 데 사용되는 다목적 마크업 언어
- 웹 서버(Web Server) : 클라이언트로부터 직접 요청을 받아 처리하는 서버로, 저용량의 정적 파일들을 제공함

40. 다음 중 단위 테스트를 통해 발견할 수 있는 오류가 아닌 것은?

① 알고리즘 오류에 따른 원치 않는 결과
② 탈출구가 없는 반복문의 사용
③ 모듈 간의 비정상적 상호 작용으로 인한 원치 않는 결과
④ 틀린 계산 수식에 의한 잘못된 결과

전문가의 조언 | 단위 테스트는 모듈이나 컴포넌트 단위로 기능을 확인하는 테스트로, 모듈 간의 비정상적 상호 작용 오류 검사를 위해서는 통합 테스트를 수행해야 합니다.

3과목 데이터베이스 구축

41. 트랜잭션의 특성을 모두 나열한 것은?

㉠ Atomicity	㉡ Durability
㉢ Transparency	㉣ Portability
㉤ Consistency	㉥ Isolation

① ㉠, ㉡
② ㉠, ㉡, ㉥
③ ㉠, ㉢, ㉤
④ ㉠, ㉡, ㉤, ㉥

전문가의 조언 | 트랜잭션의 특성에는 Atomicity(원자성), Durability(영속성), Consistency(일관성), Isolation(독립성)이 있습니다.

42. 학적 테이블에서 전화번호가 Null 값이 아닌 학생명을 모두 검색할 때, SQL 구문으로 옳은 것은?

① SELECT 학생명 FROM 학적 WHERE 전화번호 DON'T NULL;
② SELECT 학생명 FROM 학적 WHERE 전화번호 != NOT NULL;
③ SELECT 학생명 FROM 학적 WHERE 전화번호 IS NOT NULL;
④ SELECT 학생명 FROM 학적 WHERE 전화번호 IS NULL;

> 전문가의 조언 | SQL 문장은 절별로 분리하여 이해하면 쉽습니다.
>
> ❶ SELECT 학생명
> ❷ FROM 학적
> ❸ WHERE 전화번호 IS NOT NULL;

❶ '학생명'을 표시한다.
❷ 〈학적〉 테이블을 대상으로 검색한다.
❸ '전화번호'가 NULL이 아닌 튜플만을 대상으로 한다.
※ NULL 값을 질의할 때는 IS NULL, NULL 값이 아닐 경우는 IS NOT NULL을 사용합니다.

64섹션 6필드

43. 외래키에 대한 설명으로 옳지 않은 것은?

① 외래키로 지정되면 참조 릴레이션의 기본키에 없는 값은 입력할 수 없다.
② 다른 릴레이션의 기본키를 참조하는 속성 또는 속성들의 집합을 의미한다.
③ 참조되는 릴레이션의 기본키와 대응되어 릴레이션 간에 참조 관계를 표현하는데 중요한 도구이다.
④ 외래키는 유일성은 만족시키지만, 최소성은 만족시키지 못하므로 Null 값을 가질 수 없다.

전문가의 조언 | ④번은 슈퍼키(Super Key)에 대한 설명입니다.

82섹션 2필드

44. 다음 SQL 문장이 뜻하는 것은 무엇인가?

> INSERT INTO 컴퓨터과테이블(학번, 이름, 학년)
> SELECT 학번, 이름, 학년
> FROM 학생테이블
> WHERE 학과='컴퓨터'

① 학생테이블에서 학과가 컴퓨터인 사람의 학번, 이름, 학년을 검색하라.
② 학생테이블에 학과가 컴퓨터인 사람의 학번, 이름, 학년을 삽입하라.
③ 학생테이블에서 학과가 컴퓨터인 사람의 학번, 이름, 학년을 검색하여 컴퓨터과테이블에 삽입하라.
④ 컴퓨터과테이블에서 학과가 컴퓨터인 사람의 학번, 이름, 학년을 검색하여 학생테이블에 삽입하라.

> 전문가의 조언 | SQL 문장은 절별로 분리하여 이해하면 쉽습니다.
>
> ❶ INSERT INTO 컴퓨터과테이블(학번, 이름, 학년)
> ❷ SELECT 학번, 이름, 학년
> ❸ FROM 학생테이블
> ❹ WHERE 학과='컴퓨터'

❶ 〈컴퓨터과테이블〉의 '학번', '이름', '학년' 속성에 삽입하라.
❷ '학번', '이름', '학년' 속성을 검색하라.
❸ 〈학생테이블〉을 대상으로 검색하라.
❹ '학과' 속성의 값이 "컴퓨터"인 튜플만을 대상으로 하라.

79섹션 3필드

45. 다음 중 기본 테이블에 있는 튜플들 중에서 특정 튜플의 내용을 변경할 때 사용하는 명령문은?

① INSERT   ② DELETE
③ UPDATE   ④ DROP

전문가의 조언 | 특정 튜플의 내용을 변경할 때 사용하는 명령문은 UPDATE문입니다.
• INSERT : 테이블에 새로운 튜플을 삽입함
• DELETE : 테이블에서 조건에 맞는 튜플을 삭제함
• DROP : SCHEMA, DOMAIN, TABLE, VIEW, INDEX를 삭제함

83섹션 4필드

46. 다음 표와 같은 판매실적 테이블에서 서울지역에 한하여 판매액 내림차순으로 지점명과 판매액을 출력하고자 한다. 가장 적절한 SQL 구문은?

[테이블명 : 판매실적]

도시	지점명	판매액
서울	강남 지점	330
서울	강북 지점	168
광주	광주 지점	197
서울	강서 지점	158
서울	강동 지점	197
대전	대전 지점	165

① SELECT 지점명, 판매액 FROM 판매실적
   WHERE 도시="서울"
   ORDER BY 판매액 DESC;
② SELECT 지점명, 판매액 FROM 판매실적
   ORDER BY 판매액 DESC;
③ SELECT 지점명, 판매액 FROM 판매실적
   WHERE 도시="서울" ASC;
④ SELECT * FROM 판매실적
   WHEN 도시="서울"
   ORDER BY 판매액 DESC;

전문가의 조언 | • '지점명'과 '판매액'을 출력하므로 SELECT 지점명, 판매액입니다.
• 〈판매실적〉 테이블을 대상으로 하므로 FROM 판매실적입니다.
• '서울' 지역에 한하므로 WHERE 도시='서울'입니다.
• '판매액'을 기준으로 내림차순으로 출력하므로 ORDER BY 판매액 DESC입니다.

67섹션 1필드

49. 관계 데이터베이스의 정규화에 대한 설명으로 옳지 않은 것은?

① 정규화를 거치지 않으면 여러 가지 상이한 종류의 정보를 하나의 릴레이션으로 표현하여 그 릴레이션을 조작할 때 이상(Anomaly) 현상이 발생할 수 있다.
② 하나의 종속성이 하나의 릴레이션에 표현될 수 있도록 릴레이션을 합병(Combination)하는 과정이다.
③ 이상(Anomaly) 현상은 데이터들 간에 존재하는 함수 종속이 하나의 원인이 될 수 있다.
④ 정규화가 잘못되면 데이터의 불필요한 중복이 야기되어 릴레이션을 조작할 때 문제가 발생할 수 있다.

전문가의 조언 | 정규화는 하나의 종속성이 하나의 릴레이션에 표현될 수 있도록 분해해가는 과정이라 할 수 있습니다.

143섹션 1필드

47. 트랜잭션을 수행하는 도중 장애로 인해 손상된 데이터베이스를 손상되기 이전의 정상적인 상태로 복구시키는 작업은?

① Recovery   ② Restart
③ Commit   ④ Abort

전문가의 조언 | 손상된 데이터베이스를 손상되기 이전의 정상적인 상태로 복구시키는 작업을 회복(Recovery)이라고 합니다.

67섹션 5필드

48. 다음 조건을 모두 만족하는 정규형은?

• 테이블 R에 속한 모든 도메인이 원자값만으로 구성되어 있다.
• 테이블 R에서 키가 아닌 모든 필드가 키에 대해 함수적으로 종속되며, 키의 부분집합이 결정자가 되는 부분 종속이 존재하지 않는다.
• 테이블 R에 존재하는 모든 함수적 종속에서 결정자가 후보키이다.

① BCNF   ② 제1정규형
③ 제2정규형   ④ 제3정규형

전문가의 조언 | 테이블 R에서 존재하는 모든 함수적 종속에서 결정자가 후보키(Candidate Key)인 정규형은 BCNF입니다.
• 1NF(제1정규형) : 릴레이션에 속한 모든 도메인(Domain)이 원자값(Atomic Value)만으로 되어 있는 정규형, 즉, 릴레이션의 모든 속성 값이 원자 값으로만 되어 있는 정규형
• 2NF(제2정규형) : 릴레이션 R이 1NF이고, 기본키가 아닌 모든 속성이 기본키에 대하여 완전 함수적 종속을 만족하는 정규형
• 3NF(제3정규형) : 릴레이션 R이 2NF이고, 기본키가 아닌 모든 속성이 기본키에 대해 이행적 종속을 만족하지 않는 정규형

74섹션 4필드

50. 분산 데이터베이스의 투명성(Transparency)에 해당 하지 않는 것은?

① Location Transparency
② Replication Transparency
③ Failure Transparency
④ Media Access Transparency

전문가의 조언 | 분산 데이터베이스의 투명성에는 위치 투명성(Location Transparency), 중복 투명성(Replication Transparency), 병행 투명성(Concurrency Transparency), 장애 투명성(Failure Transparency)이 있습니다.
• 위치 투명성(Location Transparency) : 액세스하려는 데이터베이스의 실제 위치를 알 필요 없이 단지 데이터베이스의 논리적인 명칭만으로 액세스할 수 있음
• 중복 투명성(Replication Transparency) : 동일 데이터가 여러 곳에 중복되어 있더라도 사용자는 마치 하나의 데이터만 존재하는 것처럼 사용하고, 시스템은 자동으로 여러 자료에 대한 작업을 수행함
• 병행 투명성(Concurrency Transparency) : 분산 데이터베이스와 관련된 다수의 트랜잭션들이 동시에 실현되더라도 그 트랜잭션의 결과는 영향을 받지 않음
• 장애 투명성(Failure Transparency) : 트랜잭션, DBMS, 네트워크, 컴퓨터 장애에도 불구하고 트랜잭션을 정확하게 처리함

78섹션 2필드

51. 스토리지(Storage)의 종류 중 DAS(Direct Attached Storage)에 대한 설명으로 옳지 않은 것은?

① 서버와 저장장치를 전용 케이블로 직접 연결하는 방식이다.
② 저장 데이터가 적고 공유가 필요 없는 환경에 적합하다.
③ 네트워크를 통해 파일에 직접 접근할 수 있다.
④ 초기 구축 비용 및 유지보수 비용이 저렴하다.

> **전문가의 조언** | ③번은 NAS(Network Attached Storage)에 대한 설명입니다.
> • DAS는 서버에 연결된 저장장치이므로 서버를 통하지 않고 파일에 직접 접근할 수 없습니다.

83섹션 5필드

52. 다음 SQL문의 실행 결과는?

```
Select 학과 From 학과 Where 학번 In
    (Select 학번 From 학생 Where 이름 = "김수철");
```

〈학생〉 테이블

이름	성별	학번
이미래	여자	1001
박인수	남자	1002
정경미	여자	1003
김수철	남자	1004

〈학과〉 테이블

학번	학과
1001	데이터베이스
1002	AI응용
1003	AI분석
1004	전기과

① 데이터베이스 ② AI응용
③ AI분석 ④ 전기과

> **전문가의 조언** | 문제의 질의문은 하위 질의가 있는 질의문입니다. 먼저 WHERE 조건에 지정된 하위 질의의 SELECT문을 검색합니다. 그리고 검색 결과를 본 질의의 조건에 있는 '학번' 속성과 비교합니다.
>
> ❷ Select 학과 From 학과 Where 학번 In
> ❶ (Select 학번 From 학생 Where 이름 = "김수철");
>
> ❶ 〈학생〉 테이블에서 '이름' 속성의 값이 "김수철"과 같은 튜플의 '학번' 속성의 값을 검색합니다. 결과는 1004입니다.
> ❷ 〈학과〉 테이블에서 '학번' 속성의 값이 ❶의 결과인 1004와 같은 튜플의 '학과' 속성의 값을 검색합니다. 결과는 "전기과"입니다.

76섹션 1필드

53. 정보 보안을 위한 접근통제 정책 종류에 해당하지 않는 것은?

① 정책적 접근통제(PAC)
② 임의 접근통제(DAC)
③ 강제 접근통제(MAC)
④ 역할기반 접근통제(RBAC)

> **전문가의 조언** | 접근통제 정책의 종류에는 임의 접근통제(DAC), 강제 접근통제(MAC), 역할기반 접근통제(RBAC)가 있습니다.
> • **임의 접근통제(DAC)** : 데이터에 접근하는 사용자의 신원에 따라 접근 권한을 부여하는 방식
> • **강제 접근통제(MAC)** : 주체와 객체의 등급을 비교하여 접근 권한을 부여하는 방식
> • **역할기반 접근통제(RBAC)** : 사용자의 역할에 따라 접근 권한을 부여하는 방식

64섹션 6필드

54. 다음 두 릴레이션에서 외래키로 사용된 것은? (단, 밑줄 친 속성은 기본키이다.)

> 과목(<u>과목번호</u>, 과목명)
> 수강(<u>수강번호</u>, 학번, 과목번호, 학기)

① 수강번호 ② 과목번호
③ 학번 ④ 과목명

> **전문가의 조언** | 두 릴레이션에 공통으로 존재하는 속성명은 '과목번호'입니다. 〈과목〉 릴레이션의 '과목번호'는 기본키 속성으로 동일한 속성값이 존재할 수 없고, 〈수강〉 릴레이션의 '과목번호'는 일반 속성으로 여러 속성값이 존재할 수 있으므로 〈수강〉 릴레이션의 '과목번호' 속성이 〈과목〉 릴레이션의 기본키 속성인 '과목번호'를 참조하는 외래키가 됩니다.

143섹션 3필드

55. 데이터베이스에서 병행제어의 목적으로 틀린 것은?

① 시스템 활용도 최대화
② 사용자에 대한 응답시간 최소화
③ 데이터베이스 공유 최소화
④ 데이터베이스 일관성 유지

> **전문가의 조언** | 병행제어의 목적 중 하나는 데이터베이스 공유 최대화입니다.

56. 관계 대수에서 사용하는 일반 집합 연산자 중에서 결과로 산출되는 카디널리티가 두 릴레이션 중 카디널리티가 작은 릴레이션의 카디널리티보다 크지 않은 연산자는 무엇인가?

① 합집합
② 교집합
③ 차집합
④ 교차곱

전문가의 조언 | 문제에 제시된 내용은 교집합(INTERSECTION)에 대한 설명입니다.

- **합집합(UNION)**
  - 두 릴레이션에 존재하는 튜플의 합집합을 구하되, 결과로 생성된 릴레이션에서 중복되는 튜플은 제거되는 연산이다.
  - 합집합의 카디널리티는 두 릴레이션 카디널리티의 합보다 크지 않다.
- **차집합(DIFFERENCE)**
  - 두 릴레이션에 존재하는 튜플의 차집합을 구하는 연산이다.
  - 차집합의 카디널리티는 릴레이션 R의 카디널리티 보다 크지 않다.
- **교차곱(CARTESIAN PRODUCT)**
  - 두 릴레이션에 있는 튜플들의 순서쌍을 구하는 연산이다.
  - 교차곱의 디그리는 두 릴레이션의 디그리를 더한 것과 같고, 카디널리티는 두 릴레이션의 카디널리티를 곱한 것과 같다.

57. 관계형 데이터베이스의 제약 조건 중 개체 무결성과 참조 무결성을 설명하는 아래의 표에 들어갈 내용으로 적합하지 않은 것은?

구분	제약 조건	
	개체 무결성	참조 무결성
제약 대상	①	②
키	③	④

① 테이블
② 속성, 튜플
③ 기본키
④ 외래키

전문가의 조언 | 개체 무결성은 기본키인 속성의 값을 제약하고, 참조 무결성은 외래키인 속성의 값을 제약하므로, ①, ②번 모두 속성 또는 속성, 튜플이 들어가야 합니다.

58. 집합 A와 B에 대해 개체 집합 A의 각 원소는 개체 집합 B의 원소 여러 개와 대응하고 있지만, 개체 집합 B의 각 원소는 개체 집합 A의 원소 한 개와 대응하는 관계의 종류는 무엇인가?

① 일 대 일
② 일 대 다
③ 다 대 다
④ 다 대 일

전문가의 조언 | 문제의 지문은 일 대 다(1:n) 관계에 대한 설명입니다.

- **일 대 일(1:1)** : 개체 집합 A의 각 원소가 개체 집합 B의 원소 한 개와 대응하는 관계
- **다 대 다(N:M)** : 개체 집합 A의 각 원소는 개체 집합 B의 원소 여러 개와 대응하고, 개체 집합 B의 각 원소도 개체 집합 A의 원소 여러 개와 대응하는 관계

59. CREATE TABLE 명령을 이용해 테이블을 정의할 때 참조 테이블의 튜플이 삭제되더라도 기본 테이블의 튜플은 삭제되지 않도록 지정하는 옵션으로 옳은 것은?

① ON DELETE CASCASE
② ON DELETE SET NULL
③ ON DELETE NO ACTION
④ ON DELETE SET DEFAULT

전문가의 조언 | 참조 테이블의 튜플이 삭제되더라도 기본 테이블의 튜플은 삭제되지 않도록 지정하는 옵션은 NO ACTION입니다.

- **CASCADE** : 참조 테이블의 튜플이 삭제되면 기본 테이블의 관련 튜플도 모두 삭제되고, 속성이 변경되면 관련 튜플의 속성 값도 모두 변경됨
- **SET NULL** : 참조 테이블에 변화가 있으면 기본 테이블의 관련 튜플의 속성 값을 NULL로 변경함
- **SET DEFAULT** : 참조 테이블에 변화가 있으면 기본 테이블의 관련 튜플의 속성 값을 기본값으로 변경함

60. 집합 연산자에 대한 설명으로 틀린 것은?

① UNION은 두 릴레이션의 교차곱을 수행하기 때문에 두 릴레이션의 공통 튜플 수와 관계가 없다.
② UNION ALL은 중복된 행을 포함하여 두 SELECT문의 조회 결과를 모두 출력한다.
③ 두 SELECT문의 조회 결과 중 공통된 행만 출력하는 집합 연산자는 INTERSECT이다.
④ EXCEPT는 두 릴레이션의 차집합 연산을 수행하기 때문에 첫 번째 릴레이션의 튜플보다 많은 수의 튜플이 출력될 수 없다.

전문가의 조언 | UNION은 두 릴레이션의 합집합을 수행하며, 두 릴레이션의 공통 튜플, 즉 중복되는 튜플은 한 번만 출력합니다.

4과목 프로그래밍 언어 활용

97섹션 3필드

61. C언어의 자료형 중 논리형에 해당하는 것은?

① short ② int
③ char   ④ bool

전문가의 조언 | C언어의 논리 자료형은 bool입니다.

123섹션 4필드

62. OSI 7계층 모델에서 전송에 필요한 장치 간의 실제 접속과 절단 등 기계적, 전기적, 기능적, 절차적 특성을 정의한 계층은?

① 물리 계층   ② 데이터 링크 계층
③ 네트워크 계층   ④ 전송 계층

전문가의 조언 | 전송에 필요한 장치 간의 실제 접속이나 절단과 같은 물리적인 특성을 정의한 계층은 물리 계층입니다.

102섹션 5필드

63. C언어에서 현재 수행중인 반복문을 빠져나갈 때 사용하는 명령문은?

① continue ② escape
③ break   ④ exit

전문가의 조언 | C언어나 JAVA에서 현재 반복문을 빠져나갈 때 사용하는 명령문은 break입니다.

122섹션 4필드

64. IPv4와 IPv6 간의 주소 전환에 사용되는 기술이 아닌 것은?

① 듀얼 스택
② 터널링
③ 헤더 변환
④ 라우팅

전문가의 조언 | • 라우팅은 IPv4/IPv6 전환 기술이 아닙니다.
• IPv4/IPv6 전환 기술에는 듀얼 스택(Dual Stack), 터널링(Tunneling), 헤더 변환(Header Translation)이 있습니다.

119섹션 3필드

65. HRN 방식으로 스케줄링 할 경우, 입력된 작업이 다음과 같을 때 처리되는 작업 순서로 옳은 것은?

작업	대기 시간	서비스(실행)시간
A	5	20
B	40	20
C	15	45
D	20	2

① A → B → C → D   ② A → C → B → D
③ D → B → C → A   ④ D → A → B → C

전문가의 조언 | HRN 기법의 우선순위 공식은 '(대기 시간 + 서비스 시간) / (서비스 시간)'이며, 계산된 숫자가 클수록 우선순위가 높습니다.
• A 작업: (5 + 20) / 20 = 1.25
• B 작업: (40 + 20) / 20 = 3
• C 작업: (15 + 45) / 45 = 1.33
• D 작업: (20 + 2) / 2 = 11

121섹션 3필드

66. UNIX에서 새로운 프로세스를 생성하는 명령어는?

① ls   ② cat
③ fork   ④ chmod

전문가의 조언 | UNIX에서 새로운 프로세스를 생성하는 명령어는 fork입니다.

98섹션 2필드

67. 파이썬의 변수 작성 규칙 설명으로 옳지 않은 것은?

① 첫 자리에 숫자를 사용할 수 없다.
② 영문 대문자/소문자, 숫자, 밑줄(_)의 사용이 가능하다.
③ 변수 이름의 중간에 공백을 사용할 수 있다.
④ 이미 사용되고 있는 예약어는 사용할 수 없다.

전문가의 조언 | 변수 이름의 중간에 공백을 사용할 수 없습니다.

68. 다음 중 변수(Variable)에 대한 설명으로 옳지 않은 것은?

① 데이터를 저장할 수 있는 이름이 부여된 기억 장소를 의미한다.
② 변수는 값을 초기화하지 않으면 쓰레기 값(Garbage Value)을 갖게 된다.
③ 변수의 선언 위치에 따라 전역 변수와 지역 변수로 나눌 수 있다.
④ main( ) 함수에서는 다른 함수에서 선언한 변수에도 접근할 수 있다.

전문가의 조언 | main( ) 함수는 프로그램이 처음 시작하는 위치일 뿐 일반 함수와 같은 취급을 받기 때문에, 다른 함수에서 선언한 지역 변수에 직접 접근하는 것은 불가능합니다.

❹ 반복 변수 i가 1씩 증가하면서 n보다 작은 동안 ❺, ❻번을 반복 수행한다.
❺ distance의 값 100만큼 선을 긋는다.
- Turtle.forward(n) : n만큼 앞으로 선을 긋는다.
❻ 다음에 그려질 선을 왼쪽으로 360을 n으로 나눈 값만큼 회전시킨다.
- Turtle.left(n) : 왼쪽으로 n° 회전시킨다.
- 360//n : 360을 n으로 나누되 정수만 취하고 소수점 이하는 버린다.

결과

69. 다음은 n각형을 화면에 그리는 프로그램을 Python으로 구현한 것이다. 괄호(㉠~㉢)에 들어갈 알맞은 코드는?

```
import turtle
(  ㉠  ) shape(distance, n):
    t = turtle.Turtle( )
    for i in range(n):
        t.(  ㉡  )
        t.(  ㉢  )
shape(100, 5)
```

① def, forward(distance), left(360//n)
② def, forward(distance), left(360///n)
③ class, forward(distance), left(360//n)
④ class, forward(distance), left(360///n)

전문가의 조언 | 사용된 코드의 의미는 다음과 같습니다.

import turtle   그림을 그리는데 사용하는 외부 패키지 turtle을 호출한다.
❷ def shape(distance, n):
❸   t = turtle.Turtle( )
❹   for i in range(n):
❺   t.forward(distance)
❻   t.left(360//n)
❶ shape(100, 5)

shape( ) 메소드를 정의하는 부분의 다음 줄인 7번째 줄부터 실행한다.
❶ 100과 5를 인수로 shape( ) 메소드를 호출한다.
❷ shape( ) 메소드의 시작점이다. ❶번에서 전달받은 100과 5는 distance와 n이 받는다.
❸ turtle 패키지의 Turtle 객체 t를 선언한다.

70. 다음 C언어 프로그램이 실행되었을 때, 실행 결과는?

```c
#include <stdio.h>
struct st {
    int a;
    int c[10];
};
int main(int argc, char* argv[ ]) {
    int i = 0;
    struct st ob1;
    struct st ob2;
    ob1.a = 0;
    ob2.a = 0;
    for (i = 0; i < 10; i++) {
        ob1.c[i] = i;
        ob2.c[i] = ob1.c[i] + i;
    }
    for (i = 0; i < 10; i = i + 2) {
        ob1.a = ob1.a + ob1.c[i];
        ob2.a = ob2.a + ob2.c[i];
    }
    printf("%d", ob1.a + ob2.a);
    return 0;
}
```

① 30
② 60
③ 80
④ 120

전문가의 조언 | 사용된 코드의 의미는 다음과 같습니다.

```c
#include <stdio.h>
struct st {          구조체 st를 정의한다.
    int a;           정수형 변수 a를 선언한다.
    int c[10];       10개의 요소를 갖는 정수형 배열 c를 선언한다.
};
int main(int argc, char* argv[ ]) {
❶   int i = 0;
❷   struct st ob1;
❸   struct st ob2;
❹   ob1.a = 0;
❺   ob2.a = 0;
❻   for (i = 0; i < 10; i++) {
❼       ob1.c[i] = i;
❽       ob2.c[i] = ob1.c[i] + i;
    }
❾   for (i = 0; i < 10; i = i + 2) {
❿       ob1.a = ob1.a + ob1.c[i];
⓫       ob2.a = ob2.a + ob2.c[i];
    }
⓬   printf("%d", ob1.a + ob2.a);
⓭   return 0;
}
```

❶ 정수형 변수 i를 선언하고 0으로 초기화한다.
❷ 구조체 st의 변수 ob1을 선언한다.

ob1	int a	int c[10]
	ob1.a	ob1.c[0] ~ ob1.c[9]

❸ 구조체 st의 변수 ob2를 선언한다.

ob2	int a	int c[10]
	ob2.a	ob2.c[0] ~ ob2.c[9]

❹ ob1.a에 0을 저장한다.
❺ ob2.a에 0을 저장한다.
❻ 반복 변수 i가 0부터 1씩 증가하면서 10보다 작은 동안 ❼, ❽번을 반복 수행한다.
❼ ob1.c[i]에 i의 값을 저장한다.
❽ ob2.c[i]에 ob1.c[i]와 i를 합한 값을 저장한다.

반복문 실행에 따른 변수들의 변화는 다음과 같다.

i	ob1		ob2	
	a	c[i]	a	c[i]
0	0	0	0	0
1		1		2
2		2		4
3		3		6
4		4		8
5		5		10
6		6		12
7		7		14
8		8		16
9		9		18
10				

❾ 반복 변수 i가 0부터 2씩 증가하면서 10보다 작은 동안 ❿, ⓫번을 반복 수행한다.
❿ ob1.a에 ob1.c[i]의 값을 누적시킨다.
⓫ ob2.a에 ob2.c[i]의 값을 누적시킨다.

반복문 실행에 따른 변수들의 변화는 다음과 같다.

i	ob1		ob2	
	a	c[i]	a	c[i]
0	0	0	0	0
2	2	2	4	4
4	6	4	12	8
6	12	6	24	12
8	20	8	40	16
10				

⓬ ob1.a와 ob2.a의 값을 합하여 정수로 출력한다.

결과 60

⓭ main( ) 함수에서의 'return 0'은 프로그램의 종료를 의미한다.

없음

71. 다음 JAVA 프로그램이 실행되었을 때, 실행 결과는?

```java
public class Test {
    public static void main(String[ ] args) {
        int a[ ] = { -1, 1, 2 };
        int b = 1, c = 2;
        int r = func(func(b, c), 3, func(a));
        System.out.print(r);
    }
    static int func(int x, int y) {
        return x + y;
    }
    static int func(int x, int y, int z) {
        return x - y - z;
    }
    static int func(int x[ ]) {
        int s = 0;
        for (int i = 0; i < x.length; i++)
            s = s + x[i];
        return s;
    }
}
```

① 3   ② 8
③ -2   ④ -8

전문가의 조언 | 사용된 코드의 의미는 다음과 같습니다.

```
public class Test {
    public static void main(String[ ] args) {
❶      int a[ ] = { -1, 1, 2 };
❷      int b = 1, c = 2;
❺      int r = func(func(b, c), 3, func(a));
                    ❸         ❻
                        ⑫
❻      System.out.print(r);
    }
❹  static int func(int x, int y) {
❺      return x + y;
    }
⓫  static int func(int x, int y, int z) {
⓮      return x - y - z;
    }
❼  static int func(int x[ ]) {
❽      int s = 0;
❾      for (int i = 0; i < x.length; i++)
❿          s = s + x[i];
⓫      return s;
    }
}
```

모든 Java 프로그램은 반드시 main( ) 메소드에서 시작한다.
❶ 3개의 요소를 갖는 정수형 배열 a를 선언하고 초기화한다.

	[0]	[1]	[2]
a	-1	1	2

❷ 정수형 변수 b, c를 선언하고, 각각 1과 2로 초기화한다.
❸ b와 c의 값 1과 2를 인수로 func( ) 메소드를 호출한다. 정수 2개를 인수로 받으므로 ❹번으로 이동한다.
　※ 코드의 func( ) 메소드들은 이름은 같지만 '인수를 받는 자료형과 개수'가 다르므로 서로 다른 메소드이다. 즉 func(int x, int y), func(int x, int y, int z), func(int x[ ])는 다른 메소드라는 것이다. 이렇게 이름은 같지만 인수를 받는 자료형과 개수를 달리하여 여러 기능을 정의하는 것을 오버로딩(Overloading)이라고 한다.
❹ 정수를 반환하는 func( ) 메소드의 시작점이다. ❸번에서 전달받은 1과 2를 x와 y가 받는다.
❺ x와 y를 더한 값 3을 함수를 호출했던 ❸번으로 반환한다.
❻ 배열 a의 시작 주소를 인수로 func( ) 메소드를 호출한다. 정수형 배열을 인수로 받으므로 ❼번으로 이동한다.
❼ 정수를 반환하는 func( ) 메소드의 시작점이다. ❻번에서 전달받은 배열의 시작 주소를 배열 x가 받는다.

	[0]	[1]	[2]
x	-1	1	2

❽ 정수형 변수 s를 선언하고 0으로 초기화한다.
❾ 반복 변수 i가 0부터 1씩 증가하면서 배열 x의 길이인 3보다 작은 동안 ❿번을 반복 수행한다.
　• length : 배열 요소의 개수가 저장되어 있는 속성이다. 배열 x는 3개의 요소를 가지므로 x.length는 3을 가지고 있다.

❿ s에 x[i]의 값을 누적시킨다.
반복문 실행에 따른 변수들의 변화는 다음과 같다.

i	x[i]	s
0	-1	0
1	1	-1
2	2	0
3		2

⓫ s의 값 2를 함수를 호출했던 ❻번으로 반환한다.
⓬ ❺번에서 반환받은 값 3, 3, ⓫번에서 반환받은 값 2를 인수로 func( ) 메소드를 호출한다. 정수 3개를 인수로 받으므로 ⓭번으로 이동한다.
⓭ 정수를 반환하는 func( ) 메소드의 시작점이다. ⓬번에서 전달받은 3, 3, 2를 각각 x, y, z가 받는다.
⓮ -2(3-3-2)를 함수를 호출했던 ⓬번으로 반환한다.
⓯ 정수형 변수 r을 선언하고 ⓮번에서 반환받은 값 -2로 초기화한다.
⓰ r의 값 -2를 출력한다.

결과 -2

106섹션 3필드

72. 다음 Python 프로그램이 실행되었을 때, 실행 결과는?

```
a = 100
list_data = ['a','b','c']
dict_data = {'a':90, 'b':95}
print(list_data[0])
print(dict_data['a'])
```

① a   ② 100   ③ 100   ④ a
　90   90   100   a

전문가의 조언 | 사용된 코드의 의미는 다음과 같습니다.

❶ a = 100
❷ list_data = ['a','b','c']
❸ dict_data = {'a':90, 'b':95}
❹ print(list_data[0])
❺ print(dict_data['a'])

❶ a에 100을 저장한다.
❷ 3개의 요소를 갖는 리스트 list_data를 선언하고 초기화한다.

	[0]	[1]	[2]
list_data	'a'	'b'	'c'

❸ 2개의 요소를 갖는 딕셔너리 dict_data를 선언하고 초기화한다.

	['a']	['b']
dict_data	90	95

❹ list_data[0]의 값 a를 출력한 후 커서를 다음 줄의 처음으로 옮긴다.

결과 a

❺ dict_data['a']의 값 90을 출력하고 커서를 다음 줄의 처음으로 옮긴다.

결과 a
　　　90

99섹션 4필드

73. 다음 C언어 프로그램에서 밑줄 친 부분과 동일한 의미를 가지는 것은 어떤 것인가?

```
#include <stdio.h>
main( ) {
    int a, b;
    for (a = 0; a < 2; a++)
        for (b = 0; b < 2; b++)
            printf("%d", !a && !b);
}
```

① !a || !b
② !(a || b)
③ a && b
④ a || b

전문가의 조언 | • !a && !b는 불 대수로 변환하면 $\bar{a} \cdot \bar{b}$가 됩니다. $\bar{a} \cdot \bar{b}$는 드모르강 정리에 의해 $\overline{a+b}$이므로, 이것을 다시 조건식으로 변환하면 !(a || b)가 됩니다.

- 드모르강 법칙
  - $\overline{A+B} = \bar{A} \cdot \bar{B}$
  - $\overline{A \cdot B} = \bar{A} + \bar{B}$

- 불 대수와 드모르강 정리를 모르더라도 다음과 같이 a와 b에 들어갈 수 있는 값들을 대입하여 같은 결과를 내는 조건식을 찾을 수 있습니다.
- !(a || b)

a	b	a || b	!(a || b)
0	0	0	1
0	1	1	0
1	0	1	0
1	1	1	0

122섹션 3필드

74. 192.168.1.0/24 네트워크를 FLSM 방식을 이용하여 3개의 Subnet으로 나누고 IP Subnet-zero를 적용했다. 이 때 Subnetting된 네트워크 중 2번째 네트워크의 브로드캐스트 주소는 무엇인가?

① 192.168.1.64
② 192.168.1.127
③ 192.168.1.128
④ 192.168.1.191

전문가의 조언 | • 192.168.1.0/24 네트워크의 서브넷 마스크는 1의 개수가 24개, 즉 11111111 11111111 11111111 00000000 → 255.255.255.0인 C 클래스에 속하는 네트워크입니다. 이 네트워크를 3개의 Subnet으로 나눠야 하는데, Subnet을 나눌 때는 서브넷 마스크가 0인 부분, 즉 마지막 8비트를 이용해 구분할 수 있습니다. 또한 Subnet으로 나눌 때 "3개의 Subnet으로 나눈다"처럼 네트워크가 기준일 때는 왼쪽을 기준으로 나눌 네트워크 수에 필요한 비트를 할당하고 나머지 비트로 호스트를 구성하면 됩니다. 3개의 Subnet으로 구성하라 했으니 8비트 중 3을 표현하는데 필요한 $2(2^2 = 4)$비트를 제외하고 나머지 6비트를 호스트로 구성하면 됩니다.

네트워크ID		호스트ID					
0	0	0	0	0	0	0	0

- 호스트ID가 6Bit로 설정되었고, 문제에서 FLSM 방식을 이용한다고 했으므로 4개의 네트워크에 고정된 크기인 64개(2^6=64)씩 할당하면 다음과 같습니다.

네트워크	호스트 수	IP 주소 범위
1	64	192.168.1.0 ~ 63
2	64	192.168.1.64 ~ 127
3	64	192.168.1.128 ~ 191
미사용	64	192.168.1.192 ~ 255

- 네트워크별로 첫 번째 주소는 네트워크 주소이고, 마지막 주소는 브로드캐스트 주소입니다. 3개의 Subnet으로 나누어진 위의 네트워크에서 두 번째 네트워크의 브로드캐스트 주소는 **192.168.1.127**입니다.

※ ip subnet-zero를 적용했다는 것은 Subnet 부분이 모두 0인 192.168.1.0은 사용하지 않았는데, IP 주소가 부족해지면서 Subnet 부분이 모두 0인 주소도 IP 주소로 사용할 수 있도록 한다는 의미입니다.

122섹션 2필드

75. C Class에 속하는 IP address는?

① 200.168.30.1
② 10.3.2.1 4
③ 225.2.4.1
④ 172.16.98.3

전문가의 조언 | C Class에 속하는 IP address의 범위는 192.0.0.0 ~ 223.255.255.255까지입니다.

99섹션 3필드

76. 다음 C언어 프로그램에서 밑줄 친 부분의 의미를 올바르게 설명한 것은?

$$r = r \ll n;$$

① $r * 2^n$을 의미한다.
② $r + 2^n$을 의미한다.
③ r의 최댓값을 의미한다.
④ r의 최솟값을 의미한다.

전문가의 조언 | n비트 왼쪽으로 이동시키면 기본값에 2^n을 곱한 것과 같고, 오른쪽으로 이동시키면 기본값을 2^n으로 나눈 것과 같습니다. 그러므로 지문에서 밑줄 친 부분을 간단히 식으로 표현하면 $r * 2^n$이 됩니다.

117섹션 3필드

77. 프로세스 상태의 종류가 아닌 것은?

① Ready
② Running
③ Request
④ Exit

전문가의 조언 | Request는 프로세스 상태의 종류가 아닙니다.

109섹션 2필드

78. 다음 중 C언어에서 입·출력 함수를 사용하기 위해 헤더 파일을 호출하는 코드로 올바른 것은?

① #include 〈stdio.h〉
② #import 〈stdio.h〉
③ #include 〈io.h〉
④ #import 〈io.h〉

전문가의 조언 | C언어에서 헤더 파일을 호출할 때 사용하는 예약어는 **#include**이고, 입·출력에 사용되는 기능을 제공하는 헤더 파일은 **stdio.h**입니다.

109섹션 3필드

79. 다음은 JAVA의 implement 패키지에서 execution 패키지의 Sample 클래스를 호출하는 코드를 구현한 것이다. 괄호(㉠~㉡)에 들어갈 알맞은 코드는?

```
( ㉠ ) implement;

( ㉡ ) execution.Smaple;

public class Test {
    public static void main(String[ ] args) {
        ⋮
```

① package, import
② import, packge
③ include, insert
④ import, insert

전문가의 조언 |
- JAVA 코드의 상단에는 자신이 속한 패키지를 알리는 패키지명을 **package [패키지명]** 형식으로 입력합니다.
- 외부 라이브러리를 호출할 때는 import를 사용하며, 선언된 패키지 안에 있는 클래스의 메소드를 사용할 때는 클래스와 메소드를 마침표(.)로 구분하여 'import execution.Sample;'과 같이 사용합니다.

116섹션 2필드

80. 시간 구역성(Tempral Locality)과 거리가 먼 것은?

① 스택
② 순환문
③ 부프로그램
④ 배열 순회

전문가의 조언 | 배열 순회는 시간 구역성이 아니라 공간 구역성에 해당됩니다.

5과목 정보시스템 구축 관리

1섹션 3필드

81. 소프트웨어 생명주기 모형에서 프로토타입 모형의 장점이 아닌 것은?

① 단기간 제작 목적으로 인하여 비효율적인 언어나 알고리즘을 사용할 수 있다.
② 개발 과정에서 사용자의 요구를 충분히 반영한다.
③ 최종 결과물이 만들어지기 전에 의뢰자가 최종결과물의 일부 혹은 모형을 볼 수 있다.
④ 의뢰자나 개발자 모두에게 공동의 참조 모델을 제공한다.

전문가의 조언 | ①번은 프로토타입 모형의 단점입니다.

1섹션 4필드

82. 소프트웨어 생명주기 모델 중 나선형 모델(Spiral Model)과 관련한 설명으로 틀린 것은?

① 소프트웨어 개발 프로세스를 위험 관리(Risk Management) 측면에서 본 모델이다.
② 각 단계를 확실히 매듭짓고 그 결과를 철저하게 검토하여 승인 과정을 거친 후에 다음 단계를 진행하는 개발 방법론이다.
③ 시스템을 여러 부분으로 나누어 여러 번의 개발 주기를 거치면서 시스템이 완성된다.
④ 요구사항이나 아키텍처를 이해하기 어렵다거나 중심이 되는 기술에 문제가 있는 경우 적합한 모델이다.

전문가의 조언 | ②번은 폭포수 모형에 대한 설명입니다.

125섹션 3필드

83. TCP/IP 기반 네트워크에서 동작하는 발행-구독 기반의 메시징 프로토콜로 최근 IoT 환경에서 자주 사용되고 있는 프로토콜은?

① MLFQ
② MQTT
③ Zigbee
④ MTSP

전문가의 조언 | 문제에 제시된 내용은 MQTT(Message Queuing Telemetry Transport)에 대한 설명입니다.
- **MLFQ(Multi Level Feedback Queue, 다단계 피드백 큐)** : 특정 그룹의 준비상태 큐에 들어간 프로세스가 다른 준비상태 큐로 이동할 수 없는 다단계 큐 기법을 준비상태 큐 사이를 이동할 수 있도록 개선한 기법
- **지그비(Zigbee)** : 저전력, 저비용, 저속도와 2.4GHz를 기반으로 하는 홈 자동화 및 데이터 전송을 위한 무선 네트워크로, 전력 소모를 최소화하였음

129섹션 3필드

84. COCOMO model 중 기관 내부에서 개발된 중소 규모의 소프트웨어로, 일괄 자료 처리나 과학기술 계산용, 비즈니스 자료 처리용으로 5만 라인 이하의 소프트웨어를 개발하는 유형은?

① embeded
② organic
③ semi-detached
④ semi-embeded

전문가의 조언 | 문제에서 설명하는 COCOMO 모델의 소프트웨어 개발 유형은 조직형(Organic Mode)입니다.
- **반분리형(Semi-Detached Mode)** : 조직형과 내장형의 중간형으로, 트랜잭션 처리 시스템이나 운영체제, 데이터베이스 관리 시스템 등의 30만(300KDSI) 라인 이하의 소프트웨어를 개발하는 유형이며, 컴파일러, 인터프리터와 같은 유틸리티 개발에 적합함
- **내장형(Embedded Mode)** : 최대형 규모의 트랜잭션 처리 시스템이나 운영체제 등의 30만(300KDSI) 라인 이상의 소프트웨어를 개발하는 유형으로, 신호기 제어 시스템, 미사일 유도 시스템, 실시간 처리 시스템 등의 시스템 프로그램 개발에 적합함

135섹션 5필드

85. 클라우드 기반 HSM(Cloud-based Hardware Security Module)에 대한 설명으로 틀린 것은?

① 클라우드(데이터센터) 기반 암호화 키 생성, 처리, 저장 등을 하는 보안 기기이다.
② 국내에서는 공인인증제의 폐지와 전자서명법 개정을 추진하면서 클라우드 HSM 용어가 자주 등장하였다.
③ 클라우드에 인증서를 저장하므로 기존 HSM 기기나 휴대폰에 인증서를 저장해 다닐 필요가 없다.
④ 하드웨어가 아닌 소프트웨어적으로만 구현되기 때문에 소프트웨어식 암호 기술에 내재된 보안 취약점을 해결할 수 없다는 것이 주요 단점이다.

전문가의 조언 | 클라우드 기반 HSM은 암호화 키 생성이 하드웨어적으로 구현되므로 소프트웨어적으로 구현된 암호 기술이 가지는 보안 취약점을 무시할 수 있습니다.

135섹션 4필드

86. 다음에서 설명하는 IT 기술은?

오픈소스 기반의 사물인터넷(IoT) 플랫폼으로, 서로 다른 운영체제(OS)나 하드웨어를 사용하는 기기들이 표준화된 플랫폼을 이용함으로써 서로 통신 및 제어가 가능하게 된다.

① 올조인(AllJoyn)
② 와이선(Wi-SUN)
③ NFC
④ 메시 네트워크

전문가의 조언 | 지문에 제시된 내용은 올조인(AllJoyn)에 대한 설명입니다.
- **와이선(Wi-SUN)** : 스마트 그리드와 같은 장거리 무선 통신을 필요로 하는 사물 인터넷(IoT) 서비스를 위한 저전력 장거리(LPWA; Low-Power Wide Area) 통신 기술임
- **NFC(Near Field Communication)** : 고주파(HF)를 이용한 근거리 무선 통신 기술로, 아주 가까운 거리에서 양방향 통신을 지원하는 RFID 기술의 일종임
- **메시 네트워크(Mesh Network)** : 차세대 이동통신, 홈네트워킹, 공공 안전 등 특수 목적을 위한 네트워크임

136섹션 8필드

87. 다음 내용이 설명하고 있는 LAN의 매체 접근 제어 방식은?

- 버스 또는 트리 토폴로지에서 가장 많이 사용된다.
- 전송하고자 하는 스테이션이 전송 매체의 상태를 감지하다가 유휴(idle) 상태인 경우 데이터를 전송하고, 전송이 끝난 후에도 계속 매체의 상태를 감지하여 다른 스테이션과의 충돌 발생 여부를 감시한다.

① CSMA/CD
② Token bus
③ Token ring
④ Slotted ring

전문가의 조언 | 지문에 제시된 내용은 CSMA/CD에 대한 설명입니다.
- **Token Bus** : 버스형(Bus) LAN에서 사용하는 방식으로, 토큰이 논리적으로 형성된 링(Ring)을 따라 각 노드들을 차례로 옮겨 다니는 방식
- **Token Ring** : 링형(Ring) LAN에서 사용하는 방식으로, 물리적으로 연결된 링(Ring)을 따라 순환하는 토큰(Token)을 이용하여 송신 권리를 제어하는 방식

139섹션 1필드

88. 다음에서 설명하는 정보 보안 관련 용어는?

Windows 7부터 지원되기 시작한 Windows 전용의 볼륨 암호화 기능으로, TPM(Trusted Platform Module)과 AES-128 알고리즘을 사용한다.

① BitLocker
② Blockchain
③ DLT
④ BaaS

전문가의 조언 | 문제의 지문에 제시된 내용은 BitLocker의 특징입니다.
- **Blockchain** : P2P 네트워크를 이용하여 온라인 금융 거래 정보를 온라인 네트워크 참여자(Peer)의 디지털 장비에 분산 저장하는 기술
- **DLT(Distributed Ledger Technology)** : 중앙 관리자나 중앙 데이터 저장소가 존재하지 않고 P2P 망내의 참여자들에게 모든 거래 목록이 분산 저장되어 거래가 발생할 때마다 지속적으로 갱신되는 디지털 원장임
- **BaaS(Blockchain as a Service)** : 블록체인(Blockchain) 앱의 개발 환경을 클라우드 기반으로 제공하는 서비스임

139섹션 1필드

89. 어떤 외부 컴퓨터가 접속되면 접속 인가 여부를 점검해서 인가된 경우에는 접속이 허용되고, 그 반대의 경우에는 거부할 수 있는 접근제어 유틸리티는?

① tcp wrapper　② trace checker
③ token finder　④ change detector

전문가의 조언 | 외부 컴퓨터의 접속 여부를 제어할 수 있는 접근제어 유틸리티는 TCP Wrapper입니다.

142섹션 6필드

90. Hadoop내의 Map-reduce의 특징으로 올바르지 않은 것은?

① Google에 의해 고안된 기술로써 대표적인 대용량 데이터 처리를 위한 병렬 처리 기법을 제공한다.
② 대용량 데이터를 분산 처리하기 위한 목적으로 개발된 프로그래밍 모델이다.
③ 임의의 순서로 정렬된 데이터를 분산 처리하고 이를 다시 합치는 과정을 거친다.
④ 대용량 데이터를 전송할 때 스쿱(Sqoop)이라는 도구를 이용한다.

전문가의 조언 | ④번은 하둡(Hadoop)의 특징입니다.

145섹션 2필드

91. 정보 보안의 3대 요소에 해당하지 않는 것은?

① 사용성　② 기밀성
③ 가용성　④ 무결성

전문가의 조언 | 정보 보안의 3대 요소는 기밀성, 무결성, 가용성입니다.

152섹션 2필드

92. 다음에서 설명하는 암호화는?

- 암호화/복호화 속도가 빠르다.
- 알고리즘이 단순하다.
- 암호화키와 복호화키가 동일하다.
- 사용자의 증가에 따라 관리해야 할 키의 수가 상대적으로 많아진다.

① 단방향 암호화 기법　② 비대칭 암호화 기법
③ 대칭 암호화 기법　④ 해시 암호화 기법

전문가의 조언 | 암호화키와 복호화키가 동일한 것은 대칭 암호화 기법이라고 하고 암호화키와 복호화키가 다른 것은 비대칭 암호화 기법이라고 합니다.

152섹션 3필드

93. 다음에서 설명하는 암호화 알고리즘은?

- 2004년 국가정보원과 산학협력회가 개발한 블록 암호화 알고리즘이다.
- 블록 크기는 128비트이며, 키 길이에 따라 128, 192, 256으로 분류됩니다.

① DES　② AES
③ ARIA　④ RSA

전문가의 조언 | 문제의 지문에서 설명한 암호화 알고리즘은 ARIA입니다.
- DES(Data Encryption Standard) : 1975년 미국 NBS에서 발표한 개인키 암호화 알고리즘으로, 블록 크기는 64비트이며, 키 길이는 56비트임
- AES(Advanced Encryption Standard) : 2001년 미국 표준 기술 연구소(NIST)에서 발표한 개인키 암호화 알고리즘으로, 블록 크기는 128비트이며, 키 길이에 따라 128, 192, 256으로 분류됨
- RSA(Rivest Shamir Adleman) : 1978년 MIT의 라이베스트(Rivest), 샤미르(Shamir), 애들먼(Adelman)에 의해 제안된 공개키 암호화 알고리즘으로, 큰 숫자를 소인수분해 하기 어렵다는 것에 기반하여 만들어졌음

153섹션 1필드

94. DoS의 공격 유형이 아닌 것은?

① Ping of Death
② Land
③ e-Discovery
④ tiny-fragment

전문가의 조언 | e-Discovery는 DoS의 공격 유형이 아닙니다.
- e-Discovery는 전자적 증거개시절차 제도를 의미합니다. 정식 재판이 진행되기 전 소송 당사자 간에 사건과 관련한 자료를 공개하는 것을 증거개시절차(Discovery) 제도라고 하는데, 공개 자료에 이메일, 모바일 문자 메시지, 컴퓨터 저장 기록 등과 같은 전자정보를 포함하면서 e-Discovery(전자적 증거개시절차) 제도가 도입되었습니다.

153섹션 3필드

95. IP 또는 ICMP의 특성을 악용하여 특정 사이트에 집중적으로 데이터를 보내 네트워크 또는 시스템의 상태를 불능으로 만드는 공격 방법은?

① TearDrop　② Smishing
③ Qshing　④ Smurfing

전문가의 조언 | 문제에서 설명하는 공격 방법은 스머핑(Smurfing)입니다.
- **티어드롭(TearDrop)** : 데이터의 송·수신 과정에서 패킷의 크기가 커 여러 개로 분할되어 전송될 때 분할 순서를 알 수 있도록 Fragment Offset 값을 함께 전송하는데, 티어드롭은 이 Offset 값을 변경시켜 수신 측에서 패킷을 재조립할 때 오류로 인한 과부하를 발생시킴으로써 시스템이 다운되도록 공격
- **스미싱(Smishing)** : 문자 메시지(SMS)를 이용해 사용자의 개인 신용 정보를 빼내는 수법으로, 현재 각종 행사 안내, 경품 안내 등의 문자 메시지에 링크를 걸어 안드로이드 앱 설치 파일인 apk 파일을 설치하도록 유도하여 사용자 정보를 빼가는 수법으로 발전하고 있음
- **큐싱(Qshing)** : QR코드를 통해 악성 앱의 다운로드를 유도하거나 악성 프로그램을 설치하도록 하는 금융사기 기법의 하나로, QR코드와 개인정보 및 금융정보를 낚는다(Fishing)는 의미의 합성 신조어임

155섹션 1필드

98. 물리적 위협으로 인한 문제에 해당하지 않는 것은?

① 화재, 홍수 등 천재지변으로 인한 위협
② 하드웨어 파손, 고장으로 인한 장애
③ 방화, 테러로 인한 하드웨어와 기록장치를 물리적으로 파괴하는 행위
④ 방화벽 설정의 잘못된 조작으로 인한 네트워크, 서버 보안 위협

전문가의 조언 | 방화벽 설정의 잘못된 조작으로 인한 네트워크, 서버 보안 위협은 기술적 위협으로 인한 문제에 해당합니다.

153섹션 9필드

96. 합법적으로 소유하고 있던 사용자의 도메인을 탈취하거나 DNS 이름을 속여 사용자들이 진짜 사이트로 오인하도록 유도하여 개인 정보를 훔치는 공격 기법은?

① Ransomware
② Pharming
③ Phishing
④ XSS

전문가의 조언 | 문제에 제시된 내용은 Pharming의 개념입니다.
- **랜섬웨어(Ransomware)** : 인터넷 사용자의 컴퓨터에 잠입해 내부 문서나 파일 등을 암호화해 사용자가 열지 못하게 하는 프로그램으로, 암호 해독용 프로그램의 전달을 조건으로 사용자에게 돈을 요구하기도 함
- **피싱(Phishing)** : 낚시라는 뜻의 은어로, 허위 웹 사이트를 내세워 사용자의 개인 신용 정보를 빼내는 수법을 의미함
- **크로스사이트 스크립팅(XSS)** : 웹페이지에 악의적인 스크립트를 삽입하여 방문자들의 정보를 탈취하거나, 비정상적인 기능 수행을 유발하는 보안 약점

없음

99. 다음에 제시된 프로토콜과 포트의 연결이 잘못된 것은?

① UTP 53 포트 – SNMP
② TCP 23 포트 – Telnet
③ UDP 69 포트 – TFTP
④ UTP 111 포트 – RFC

전문가의 조언 | UTP 53번 포트는 DNS에서 사용하는 포트입니다.

없음

100. 브리지와 구내 정보 통신망(LAN)으로 구성된 통신망에서 루프(폐회로)를 형성하지 않으면서 연결을 설정하는 알고리즘은?

① Spanning Tree Algorithm
② Diffie-Hellman Algorithm
③ Hash Algorithm
④ Digital Signature Algorithm

전문가의 조언 | 루프(폐회로)를 형성하지 않으면서 연결을 설정하는 알고리즘은 STA(Spanning Tree Algorithm)입니다.
- **Diffie-Hellman Algorithm** : 이산대수의 복잡성을 활용하여 두 사용자가 사전에 어떠한 비밀 교환 없이도 비밀 키 교환을 가능하게 하는 알고리즘
- **Hash Algorithm** : 임의의 길이의 입력 데이터나 메시지를 고정된 길이의 값이나 키로 변환하는 알고리즘
- **DSA(Digital Signature Algorithm)** : 미국 표준 기술 연구소(NIST)에서 표준안으로 개발한 공개 키 기반의 알고리즘으로, 디지털 서명 기술을 제공하기 위해 이산대수의 복잡성을 활용하였음

154섹션 2필드

97. 인증(Authentication)과 인가(Authorization)에 대한 설명으로 옳지 않은 것은?

① 인증은 자신의 신원(Identity)을 시스템에 증명하는 과정이다.
② 인가는 어떤 동작을 수행할 수 있는지 검증하는 것이다.
③ 인증은 클라이언트로부터 요청된 정보에 대한 사용 권한을 부여하는 것이다.
④ 인가는 어떤 자원에 접근할 수 있는지 검증하는 것이다.

전문가의 조언 | ③번은 인가(Authorization)에 대한 설명입니다.

정답 : 89.① 90.④ 91.② 92.③ 93.③ 94.③ 95.④ 96.② 97.③ 98.④ 99.① 100.①

2023년 1회 정보처리기사 필기

1과목 소프트웨어 설계

1섹션 3필드

1. 프로토타이핑 모형(Prototyping Model)에 대한 설명으로 옳지 않은 것은?
① 최종 결과물이 만들어지기 전에 의뢰자가 최종 결과물의 일부 또는 모형을 볼 수 있다.
② 프로토타이핑을 수행하는 과정에서 새로운 요구사항의 반영은 불가능하다.
③ 프로토타입은 발주자나 개발자 모두에게 공동의 참조 모델을 제공한다.
④ 프로토타입은 구현 단계의 구현 골격이 될 수 있다.

전문가의 조언 | 프로토타이핑 모형은 새로운 요구사항이 발생할 때마다 이를 반영한 프로토타입을 새롭게 만들면서 소프트웨어를 구현하는 방법으로, 새로운 요구사항의 반영이 가능합니다.

2섹션 2필드

2. 다음 중 스크럼에 대한 설명으로 잘못된 것은?
① 스크럼은 제품 책임자(Product Owner), 스크럼 마스터(Scrum Master), 개발팀(Development Team)으로 구성된다.
② 스프린트 회고를 통해 개선할 점은 없는지 등을 확인하고 기록한다.
③ 스프린트는 실제 개발 작업을 진행하는 과정으로 보통 1~4주 정도의 기간 내에서 진행한다.
④ 스프린트 이벤트에는 스프린트 계획 회의, 월별 스크럼 회의, 스프린트 회고, 스프린트 검토 회의가 있다.

전문가의 조언 | 스프린트의 진행 상황을 점검하기 위한 스크럼 회의는 월 단위가 아니라 매일 진행하는데, 이를 일일 스크럼 회의(Daily Scrum Meeting)라고 합니다.

6섹션 2필드

3. 다음 중 비기능 요구사항에 대한 설명으로 옳은 것은?
① 은행의 조회, 입금, 출금, 이체 등이 어떻게 수행되는지 여부는 비기능 요구사항에 해당한다.
② 처리 속도 및 시간, 처리량 등의 성능에 대한 요구사항은 비기능 요구사항에 해당하지 않는다.
③ 보안 및 접근 통제를 위한 요구사항은 비기능 요구사항에 해당하지 않는다.
④ "차량 대여 시스템에서 제공하는 모든 화면은 3초 안에 사용자에게 보여야 한다"는 것은 비기능 요구사항에 해당한다.

전문가의 조언 | ①번은 시스템이 수행해야 하는 기능에 대한 것으로 기능 요구사항입니다.
• ②, ④번은 성능에 관한 비기능 요구사항입니다.
• ③번은 보안에 관한 비기능 요구사항입니다.

7섹션 3필드

4. 자료 흐름도(DFD)를 작성하는데 지침이 될 수 없는 항목은?
① 자료 흐름은 처리(Process)를 거쳐 변환될 때마다 새로운 이름을 부여한다.
② 어떤 처리(Process)가 출력 자료를 산출하기 위해서는 반드시 입력 자료가 발생해야 한다.
③ 자료 저장소에 입력 화살표가 있으면 반드시 출력 화살표도 표시되어야 한다.
④ 상위 단계의 처리(Process)와 하위 자료 흐름도의 자료 흐름은 서로 일치되어야 한다.

전문가의 조언 | 자료 저장소의 입력 화살표는 데이터의 입력 및 수정을 의미하는 것으로, 입력 화살표가 있다고 하여 반드시 출력 화살표가 있어야 하는 것은 아닙니다.

9섹션 2필드

5. UML의 구성 요소 중 사물(Things)의 종류가 아닌 것은?
① Annotation Things
② Internet of Things
③ Behavioral Things
④ Structural Things

전문가의 조언 | Internet of Things(사물 인터넷)은 사물의 종류가 아니라 정보 통신 기술을 기반으로 실세계와 가상 세계의 다양한 사물들을 인터넷으로 서로 연결하여 진보된 서비스를 제공하기 위한 서비스 기반 기술입니다.

9섹션 4필드

6. 다음 중 활동 다이어그램에 대한 설명으로 옳은 것은?
① 클래스와 클래스가 가지는 속성, 클래스 사이의 관계를 표현한 다이어그램이다.
② 상호 작용하는 시스템이나 객체들이 주고받는 메시지를 표현하는 다이어그램이다.
③ 하나의 객체가 자신이 속한 클래스의 상태 변화 혹은 다른 객체와의 상호 작용에 따라 상태가 어떻게 변하는지를 표현하는 다이어그램이다.
④ 오퍼레이션이나 처리 과정이 수행되는 동안 일어나는 일들을 단계적으로 표현한 다이어그램이다.

전문가의 조언 | 활동 다이어그램에 대한 설명으로 옳은 것은 ④번입니다.
• ①번은 클래스 다이어그램, ②번은 순차(Sequence) 다이어그램, ③번은 상태(State) 다이어그램에 대한 설명입니다.

9섹션 4필드

7. UML 다이어그램이 아닌 것은?

① 액티비티 다이어그램(Activity Diagram)
② 절차 다이어그램(Procedural Diagram)
③ 클래스 다이어그램(Class Diagram)
④ 시퀀스 다이어그램(Sequence Diagram)

> **전문가의 조언 |** 절차 다이어그램은 UML 다이어그램에 속하지 않습니다.

10섹션 3필드

8. 순차 다이어그램(Sequence Diagram)과 관련한 설명으로 틀린 것은?

① 주로 정적인 측면에서 모델링을 설계하기 위해 사용한다.
② 시간의 흐름에 따라 객체들이 주고 받는 메시지의 전달 과정을 강조한다.
③ 수직 방향이 시간의 흐름을 나타낸다.
④ 구성 요소에는 회귀 메시지, 제어 블록 등이 있다.

> **전문가의 조언 |** 순차 다이어그램은 주로 동적인 측면에서 모델링을 설계하기 위해 사용합니다.

12섹션 3필드

9. 다음 내용이 설명하는 UI 설계 도구는?

> · 디자인, 사용 방법 설명, 평가 등을 위해 실제 화면과 유사하게 만든 정적인 형태의 모형
> · 시각적으로만 구성 요소를 배치하는 것으로 일반적으로 실제로 구현되지는 않음

① 스토리보드(Storyboard)
② 목업(Mockup)
③ 프로토타입(Prototype)
④ 유스케이스(Usecase)

> **전문가의 조언 |** 문제의 지문에 제시된 내용은 목업(Mockup)의 특징입니다.
> · **스토리보드** : 와이어프레임에 콘텐츠에 대한 설명, 페이지 간 이동 흐름 등을 추가한 문서
> · **프로토타입** : 와이어프레임이나 스토리보드 등에 인터랙션을 적용함으로써 실제 구현된 것처럼 테스트가 가능한 동적인 형태의 모형
> · **유스케이스** : 사용자 측면에서의 요구사항

16섹션 7필드

10. 다음 (   ) 안에 들어갈 내용으로 옳은 것은?

> 컴포넌트 설계 시 "(   )에 의한 설계"를 따를 경우, 해당 명세에서는
> (1) 컴포넌트의 오퍼레이션 사용 전에 참이 되어야 할 선행조건
> (2) 사용 후 만족되어야 할 결과조건
> (3) 오퍼레이션이 실행되는 동안 항상 만족되어야 할 불변조건 등이 포함되어야 한다.

① 협약(Contract)
② 프로토콜(Protocol)
③ 패턴(Pattern)
④ 관계(Relation)

> **전문가의 조언 |** 문제의 지문은 협약에 의한 설계(Design by Contract)에 대한 설명입니다.

17섹션 5필드

11. 소프트웨어 아키텍처 모델 중 MVC(Model-View-Controller)와 관련한 설명으로 틀린 것은?

① MVC 모델은 사용자 인터페이스를 담당하는 계층의 응집도를 높일 수 있고, 여러 개의 다른 UI를 만들어 그 사이에 결합도를 낮출 수 있다.
② 모델(Model)은 뷰(View)와 제어(Controller) 사이에서 전달자 역할을 하며, 뷰마다 모델 서브시스템이 각각 하나씩 연결된다.
③ 뷰(View)는 모델(Model)에 있는 데이터를 사용자 인터페이스에 보이는 역할을 담당한다.
④ 제어(Controller)는 모델(Model)에 명령을 보냄으로써 모델의 상태를 변경할 수 있다.

> **전문가의 조언 |** 모델(Model)은 서브시스템의 핵심 기능과 데이터를 보관하는 역할을 합니다.

18섹션 2필드

12. 객체에게 어떤 행위를 하도록 지시하는 명령은?

① Class
② Instance
③ Object
④ Message

> **전문가의 조언 |** 객체에게 어떤 행위를 하도록 지시하는 명령은 Message(메시지)입니다.
> · **Class(클래스)** : 공통된 속성과 연산(행위)을 갖는 객체의 집합으로, 객체의 일반적인 타입(Type)
> · **Instance(인스턴스)** : 클래스에 속한 각각의 객체
> · **Object(객체)** : 데이터와 데이터를 처리하는 함수를 묶어 놓은(캡슐화한) 하나의 소프트웨어 모듈

정답 : 1.② 2.④ 3.④ 4.③ 5.② 6.④ 7.② 8.① 9.② 10.① 11.② 12.④

18섹션 6필드

13. 다음 중 객체지향 소프트웨어의 특성에 대한 설명으로 틀린 것은?

① 메소드를 오버라이딩으로 처리하는 것과 관련된 특성은 추상화이다.
② 데이터와 데이터를 처리하는 함수를 하나로 묶는 것을 캡슐화라고 한다.
③ 이미 정의된 상위 클래스의 모든 속성과 연산을 하위 클래스가 물려받는 것을 상속이라고 한다.
④ 한 모듈 내부에 포함된 절차와 자료들의 정보가 감추어져 다른 모듈이 접근하거나 변경하지 못하도록 하는 기법을 정보은닉이라고 한다.

전문가의 조언 | 메소드 오버라이딩이란 상위 클래스에서 정의한 메소드와 이름은 같지만 메소드 안의 실행 코드를 달리하여 자식 클래스에서 재정의해서 사용하는 것을 말합니다. 이와 같이 하나의 메시지에 대해 각각의 객체가 가지고 있는 고유한 방법(특성)으로 응답할 수 있는 능력을 다형성(Polymorphism)이라고 합니다.
• 추상화는 불필요한 부분을 생략하고 객체의 속성 중 가장 중요한 것에만 중점을 두어 개략화하는 것으로, 이와 관련된 객체지향 소프트웨어의 요소는 클래스입니다.

19섹션 4필드

14. 다음 중 객체지향 설계 원칙에 속하지 않는 것은?

① 개방-폐쇄 원칙(OCP; Open-Closed Principle)
② 의존 역전 원칙(DIP; Dependency Inversion Principle)
③ 인터페이스 통합 원칙(IIP; Interface Integration Principle)
④ 단일 책임 원칙(SRP; Single Responsibility Principle)

전문가의 조언 | 객체지향 설계 원칙 중 하나는 인터페이스 통합 원칙이 아니라 인터페이스 분리 원칙입니다.

20섹션 2필드

15. 결합도(Coupling) 단계를 약한 순서에서 강한 순서로 가장 옳게 표시한 것은?

① Stamp → Data → Control → Common → Content
② Control → Data → Stamp → Common → Content
③ Content → Stamp → Control → Common → Data
④ Data → Stamp → Control → Common → Content

전문가의 조언 | 결합도 단계를 약한 순서에서 강한 순서로 가장 옳게 나열한 것은 ④번입니다.

22섹션 2필드

16. 코드화 대상 항목의 중량, 면적, 용량 등의 물리적 수치를 이용하여 만든 코드는?

① 순차 코드   ② 10진 코드
③ 표의 숫자 코드   ④ 블록 코드

전문가의 조언 | 코드화 대상 항목의 중량, 면적, 용량 등의 물리적 수치를 이용하여 만든 코드는 표의 숫자 코드입니다.
• 순차 코드(Sequence Code) : 자료의 발생순서, 크기순서 등 일정 기준에 따라서 최초의 자료부터 차례로 일련번호를 부여하는 방법
• 10진 코드(Decimal Code) : 코드화 대상 항목을 0~9까지 10진 분할하고, 다시 그 각각에 대하여 10진 분할하는 방법을 필요한 만큼 반복하는 방법
• 블록 코드(Block Code) : 코드화 대상 항목 중에서 공통성이 있는 것끼리 블록으로 구분하고, 각 블록 내에서 일련번호를 부여하는 방법

23섹션 4필드

17. GoF(Gangs of Four) 디자인 패턴의 구조 패턴에 속하지 않는 것은?

① Composite   ② Observer
③ Adapter   ④ Decorator

전문가의 조언 | 옵서버(Observer)는 행위 패턴입니다.

23섹션 4필드

18. GoF(Gangs of Four) 디자인 패턴에 대한 설명으로 틀린 것은?

① Factory Method Pattern은 상위클래스에서 객체를 생성하는 인터페이스를 정의하고, 하위클래스에서 인스턴스를 생성하도록 하는 방식이다.
② Prototype Pattern은 Prototype을 먼저 생성하고 인스턴스를 복제하여 사용하는 구조이다.
③ Bridge Pattern은 기존에 구현되어 있는 클래스에 기능 발생 시 기존 클래스를 재사용할 수 있도록 중간에서 맞춰주는 역할을 한다.
④ Mediator Pattern은 객체간의 통제와 지시의 역할을 하는 중재자를 두어 객체지향의 목표를 달성하게 해준다.

전문가의 조언 | • 브리지 패턴(Bridge Pattern)은 구현부에서 추상층을 분리하여, 서로가 독립적으로 확장할 수 있도록 구성한 패턴입니다.
• 기존의 클래스를 이용하고 싶을 때 중간에서 맞춰주는 역할을 수행하는 패턴은 어댑터(Adapter) 패턴입니다.

19. 미들웨어에 대한 설명으로 틀린 것은?

① WAS : 웹 콘텐츠를 처리하기 위한 미들웨어
② ORB : 객체 지향 미들웨어로 코바 표준 스펙을 구현한 미들웨어
③ MOM : 온라인 트랜잭션 업무에서 트랜잭션을 처리 및 감시하는 미들웨어
④ DB : 데이터베이스와 데이터베이스 관리 시스템을 연결하기 위한 미들웨어

전문가의 조언 | • MOM(메시지 지향 미들웨어)은 메시지 기반의 비동기형 메시지를 전달하는 방식의 미들웨어입니다.
• ③번은 TP-Monitor(트랜잭션 처리 모니터)에 대한 설명입니다.

20. 소프트웨어 설계 시 구축된 플랫폼의 성능 특성 분석에 사용되는 측정 항목이 아닌 것은?

① 응답시간(Response Time)
② 서버 튜닝(Server Tuning)
③ 가용성(Availability)
④ 사용률(Utilization)

전문가의 조언 | 서버 튜닝은 서버의 성능 개선을 의미하는 것으로, 성능 특성 분석에 사용되는 측정 항목이 될 수 없습니다.
• 응답시간(Response Time) : 요청을 전달한 시간부터 응답이 도착할 때까지 걸린 시간
• 가용성(Availability) : 시스템을 사용할 필요가 있을 때 즉시 사용 가능한 정도
• 사용률(Utilization) : 의뢰한 작업을 처리하는 동안의 CPU 사용량, 메모리 사용량, 네트워크 사용량 등 자원 사용률

2과목 소프트웨어 개발

21. 디지털 저작권 관리(DRM)의 기술 요소가 아닌 것은?

① 크랙 방지 기술
② 정책 관리 기술
③ 암호화 기술
④ 방화벽 기술

전문가의 조언 | 디지털 저작권 관리(DRM)의 기술 요소에는 암호화, 키 관리, 암호화 파일 생성, 식별 기술, 저작권 표현, 정책 관리, 크랙 방지, 인증 등이 있습니다.
• 방화벽 기술 : 기업이나 조직 내부의 네트워크와 인터넷 간에 전송되는 정보를 선별하여 수용·거부·수정하는 기능을 가진 침입 차단 시스템

22. EAI(Enterprise Application Integration)의 구축 유형으로 옳지 않은 것은?

① Tree
② Hub & Spoke
③ Message Bus
④ Point-to-Point

전문가의 조언 | EAI의 구축 유형에는 Point-to-Point, Hub & Spoke, Message Bus(ESB), Hybrid가 있습니다.
• Point-to-Point : 가장 기본적인 애플리케이션 통합 방식으로, 애플리케이션을 1:1로 연결하며 변경 및 재사용이 어려움
• Hub & Spoke : 단일 접점인 허브 시스템을 통해 데이터를 전송하는 중앙 집중형 방식으로, 확장 및 유지 보수가 용이하지만 허브 장애 발생 시 시스템 전체에 영향을 미침
• Message Bus(ESB 방식) : 애플리케이션 사이에 미들웨어를 두어 처리하는 방식으로, 확장성이 뛰어나며 대용량 처리가 가능함
• Hybrid : Hub & Spoke와 Message Bus의 혼합 방식으로, 그룹 내에서는 Hub & Spoke 방식을, 그룹 간에는 Message Bus 방식을 사용함

23. 화이트박스 테스트와 관련한 설명으로 틀린 것은?

① 화이트박스 테스트의 이해를 위해 논리 흐름도(Logic-Flow Diagram)를 이용할 수 있다.
② 테스트 데이터를 이용해 실제 프로그램을 실행함으로써 오류를 찾는 동적 테스트(Dynamic Test)에 해당한다.
③ 프로그램의 구조를 고려하지 않기 때문에 테스트 케이스는 프로그램 또는 모듈의 요구나 명세를 기초로 결정한다.
④ 테스트 데이터를 선택하기 위하여 검증 기준(Test Coverage)을 정한다.

전문가의 조언 | • 화이트박스 테스트는 프로그램의 제어 구조에 따라 선택, 반복 등의 분기점 부분들을 수행함으로써 논리적 경로를 제어합니다.
• ③번은 블랙박스 테스트에 대한 설명입니다.

24. 분할 정복(Divide and Conquer)에 기반한 알고리즘으로 피봇(pivot)을 사용하며 최악의 경우 $\frac{n(n-1)}{2}$ 회의 비교를 수행해야 하는 정렬(Sort)은?

① Selection Sort
② Bubble Sort
③ Insertion Sort
④ Quick Sort

전문가의 조언 | 분할 정복(Divide and Conquer)에 기반한 알고리즘으로 피봇(pivot)을 사용하는 정렬은 퀵 정렬(Quick Sort)입니다.
• 선택 정렬(Selection Sort) : n개의 레코드 중에서 최소값을 찾아 첫 번째 레코드 위치에 놓고, 나머지 (n-1)개 중에서 다시 최소값을 찾아 두 번째 레코드 위치에 놓는 방식을 반복하여 정렬하는 방식
• 버블 정렬(Bubble Sort) : 주어진 파일에서 인접한 두 개의 레코드 키 값을 비교하여 그 크기에 따라 레코드 위치를 서로 교환하는 정렬 방식
• 삽입 정렬(Insertion Sort) : 가장 간단한 정렬 방식으로 이미 순서화된 파일에 새로운 하나의 레코드를 순서에 맞게 삽입시켜 정렬함

13섹션 1필드

25. 소프트웨어 품질 관련 국제 표준인 ISO/IEC 25000에 관한 설명으로 옳지 않은 것은?

① 소프트웨어 품질 평가를 위한 소프트웨어 품질평가 통합 모델 표준이다.
② System and Software Quality Requirements and Evaluation으로 줄여서 SQuaRE라고도 한다.
③ ISO/IEC 2501n에서는 소프트웨어의 내부 측정, 외부 측정, 사용 품질 측정, 품질 측정 요소 등을 다룬다.
④ 기존 소프트웨어 품질 평가 모델과 소프트웨어 평가 절차 모델인 ISO/IEC 9126과 ISO/IEC 14598을 통합하였다.

전문가의 조언 | • ISO/IEC 2501n에서는 소프트웨어의 내부 및 외부 품질과 사용 품질에 대한 모델 등 품질 모델 부분을 다룹니다.
• 소프트웨어의 내부 측정, 외부 측정, 사용 품질 측정, 품질 측정 요소 등 품질 측정 부분을 다루는 것은 ISO/IEC 2502n입니다.

131섹션 1필드

26. 프로젝트에 내재된 위험 요소를 인식하고 그 영향을 분석하여 이를 관리하는 활동으로서, 프로젝트를 성공시키기 위하여 위험 요소를 사전에 예측, 대비하는 모든 기술과 활동을 포함하는 것은?

① Critical Path Method
② Risk Analysis
③ Work Breakdown Structure
④ Waterfall Model

전문가의 조언 | 문제의 내용은 위험 관리(Risk Analysis)에 대한 설명입니다.
• CPM(Critical Path Method, 임계 경로 기법) : 프로젝트 완성에 필요한 작업을 나열하고 작업에 필요한 소요 기간을 예측하는데 사용하는 기법
• WBS(Work Breakdown Structure, 업무 분류 구조) : 개발 프로젝트를 여러 개의 작은 관리 단위로 분할하여 계층적으로 기술한 업무 구조
• 폭포수 모형(Waterfall Model) : 폭포에서 한번 떨어진 물은 거슬러 올라갈 수 없듯이 소프트웨어 개발도 이전 단계로 돌아갈 수 없다는 전제하에 각 단계를 확실히 매듭짓고 그 결과를 철저하게 검토하여 승인 과정을 거친 후에 다음 단계를 진행하는 개발 방법론

50섹션 4필드

27. 테스트 케이스 자동 생성 도구를 이용하여 테스트 데이터를 찾아내는 방법이 아닌 것은?

① 스터브(Stub)와 드라이버(Driver)
② 입력 도메인 분석
③ 랜덤(Random) 테스트
④ 자료 흐름도

전문가의 조언 | 테스트 케이스 생성 도구를 이용하여 테스트 데이터를 찾아내는 방법에는 '자료 흐름도, 기능 테스트, 랜덤 테스트, 입력 도메인 분석'이 있습니다.

46섹션 4필드

28. 블랙박스 테스트를 이용하여 발견할 수 있는 오류가 아닌 것은?

① 비정상적인 자료를 입력해도 오류 처리를 수행하지 않는 경우
② 정상적인 자료를 입력해도 요구된 기능이 제대로 수행되지 않는 경우
③ 반복 조건을 만족하는데도 루프 내의 문장이 수행되지 않는 경우
④ 경계값을 입력할 경우 요구된 출력 결과가 나오지 않는 경우

전문가의 조언 | 화이트박스 테스트를 통해서만 루프 내 문장의 수행 여부를 확인할 수 있습니다.

41섹션 4필드

29. 버전 관리 항목 중 저장소에 새로운 버전의 파일로 갱신하는 것을 의미하는 용어는?

① 형상 감사(Configuration Audit)
② 롤백(Rollback)
③ 단위 테스트(Unit Test)
④ 체크인(Check-In)

전문가의 조언 | 체크아웃 한 파일의 수정을 완료한 후 저장소(Repository)의 파일을 새로운 버전으로 갱신하는 것을 의미하는 용어는 체크인(Check-In)입니다.

29섹션 1필드

30. 다음 트리의 차수(Degree)와 단말 노드(Terminal Node)의 수는?

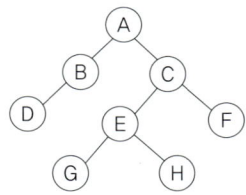

① 차수 : 4, 단말 노드 : 4
② 차수 : 2, 단말 노드 : 4
③ 차수 : 4, 단말 노드 : 8
④ 차수 : 2, 단말 노드 : 8

전문가의 조언 | • 트리의 차수(Degree)는 가장 차수가 많은 노드의 차수이고, 단말 노드(Terminal Node)는 자식이 하나도 없는 노드입니다.
• A, C, E의 차수 2가 차수 중 가장 높으므로 트리의 차수는 2가 되고, 자식이 하나도 없는 노드는 D, G, H, F로 총 4개가 됩니다.

59섹션 2필드

31. 다음 중 인터페이스 구현 검증 도구에 대한 설명으로 옳지 않은 것은?

① STAF : Ruby를 사용하는 애플리케이션 테스트 프레임워크이다.
② xUnit : NUnit, JUnit 등 다양한 언어를 지원하는 단위 테스트 프레임워크이다.
③ FitNesse : 웹 기반 테스트케이스 설계, 실행, 결과 확인 등을 지원하는 테스트 프레임워크이다.
④ NTAF : Naver의 테스트 자동화 프레임워크로, FitNesse와 STAF을 통합하였다.

전문가의 조언 | • STAF는 서비스 호출 및 컴포넌트 재사용 등 다양한 환경을 지원하는 테스트 프레임워크입니다.
• ①번은 watir에 대한 설명입니다.

49섹션 5필드

32. 테스트 결과가 올바른지 판단하기 위해 사용되는 것은?

① 테스트 오라클
② 테스트 시나리오
③ 테스트 케이스
④ 테스트 데이터

전문가의 조언 | 테스트 결과가 올바른지 판단하기 위해 사전에 정의된 참 값을 대입하여 비교하는 기법 및 활동을 테스트 오라클(Test Oracle)이라고 합니다.
• 테스트 시나리오(Test Scenario) : 테스트 케이스를 적용하는 순서에 따라 여러 개의 테스트 케이스들을 묶은 집합으로, 테스트 케이스들을 적용하는 구체적인 절차를 명세한 문서
• 테스트 케이스(Test Case) : 구현된 소프트웨어가 사용자의 요구사항을 정확하게 준수했는지를 확인하기 위해 설계된 입력 값, 실행 조건, 기대 결과 등으로 구성된 테스트 항목에 대한 명세서
• 테스트 데이터(Test Data) : 시스템의 기능이나 적합성 등을 테스트하기 위해 만든 데이터 집합으로, 소프트웨어의 기능을 차례대로 테스트할 수 있도록 만든 데이터

28섹션 6필드

33. 양방향에서 입·출력이 가능한 선형 자료 구조로 2개의 포인터를 이용하여 리스트의 양쪽 끝 모두에서 삽입·삭제가 가능한 것은?

① Stack
② Queue
③ Deque
④ Tree

전문가의 조언 | 리스트의 양쪽 끝에서 삽입과 삭제가 모두 가능한 자료 구조는 데크(Deque)입니다.
• 스택(Stack) : 리스트의 한쪽으로만 자료의 삽입, 삭제 작업이 이루어지는 자료 구조
• 큐(Queue) : 리스트의 한쪽에서는 삽입 작업이 이루어지고 다른 한쪽에서는 삭제 작업이 이루어지도록 구성된 자료 구조
• 트리(Tree) : 정점(Node, 노드)과 선분(Branch, 가지)을 이용하여 사이클을 이루지 않도록 구성한 그래프(Graph)의 특수한 형태

28섹션 7필드

34. 정점이 5개인 방향 그래프가 가질 수 있는 최대 간선 수는? (단, 자기 간선과 중복 간선은 배제한다.)

① 7개
② 10개
③ 20개
④ 27개

전문가의 조언 | n개의 정점으로 구성된 방향 그래프에서 최대 간선 수는 n(n−1)이므로, 5(5−1) = 20개입니다.

32섹션 3필드

35. DBMS의 필수 기능 중 모든 응용 프로그램들이 요구하는 데이터 구조를 지원하기 위해 데이터베이스에 저장될 데이터 타입과 구조에 대한 정의, 이용 방식, 제약 조건 등을 명시하는 기능은?

① 정의 기능
② 조작 기능
③ 제어 기능
④ 절차 기능

전문가의 조언 | 문제의 내용에 해당하는 DBMS 필수 기능은 정의 기능입니다.
• 조작 기능 : 데이터 검색, 갱신, 삽입, 삭제 등을 체계적으로 처리하기 위해 사용자와 데이터베이스 사이의 인터페이스 수단을 제공하는 기능
• 제어 기능 : 데이터베이스를 접근하는 갱신, 삽입, 삭제 작업이 정확하게 수행되어 데이터의 무결성이 유지되도록 제어해야 함

28섹션 4필드

36. 순서가 A, B, C, D로 정해진 입력 자료를 스택에 입력한 후 출력한 결과로 불가능한 것은?

① D, C, B, A
② B, C, D, A
③ C, B, A, D
④ D, B, C, A

전문가의 조언 | • 이 문제는 문제의 자료가 각 보기의 순서대로 출력되는지 스택을 이용해 직접 입·출력을 수행해 보면 됩니다.
• PUSH는 스택에 자료를 입력하는 명령이고, POP는 스택에서 자료를 출력하는 명령입니다.
• 먼저 ①번을 살펴보도록 하겠습니다.

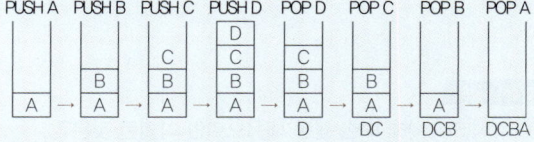

• ④번은 D를 출력한 후 B를 출력해야 하는데, C를 출력하지 않고는 B를 출력할 수 없으므로 불가능합니다.

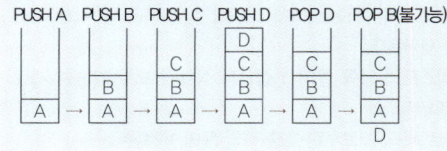

2023년 1회

30섹션 4필드

37. 버블 정렬을 이용한 오름차순 정렬시 다음 자료에 대한 1회전 후의 결과는?

> 9, 6, 7, 3, 5

① 6, 3, 5, 7, 9
② 6, 7, 3, 5, 9
③ 3, 5, 6, 7, 9
④ 6, 9, 7, 3, 5

전문가의 조언 │ 버블 정렬은 주어진 파일에서 인접한 두 개의 레코드 키 값을 비교하여 그 크기에 따라 레코드 위치를 서로 교환하는 정렬 방식으로 다음과 같은 과정으로 진행됩니다.

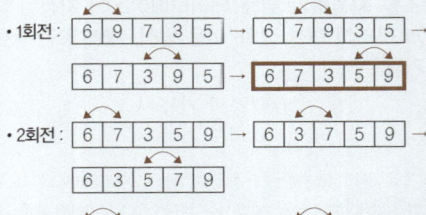

37섹션 1필드

38. 소프트웨어 패키징에 대한 설명으로 틀린 것은?

① 패키징은 개발자 중심으로 진행한다.
② 신규 및 변경 개발소스를 식별하고, 이를 모듈화하여 상용제품으로 패키징한다.
③ 고객의 편의성을 위해 매뉴얼 및 버전관리를 지속적으로 한다.
④ 범용 환경에서 사용이 가능하도록 일반적인 배포 형태로 패키징이 진행된다.

전문가의 조언 │ 소프트웨어 패키징은 개발자가 아니라 사용자를 중심으로 진행합니다.

28섹션 4필드

39. 스택(Stack)에 대한 옳은 내용으로만 나열된 것은?

㉠ FIFO 방식으로 처리된다.
㉡ 순서 리스트의 뒤(Rear)에서 노드가 삽입되며, 앞(Front)에서 노드가 제거된다.
㉢ 선형 리스트의 양쪽 끝에서 삽입과 삭제가 모두 가능한 자료구조이다.
㉣ 인터럽트 처리, 서브루틴 호출 작업 등에 응용된다.

① ㉠, ㉡
② ㉡, ㉢
③ ㉣
④ ㉠, ㉡, ㉢, ㉣

전문가의 조언 │ 스택(Stack)의 내용으로 옳은 것은 ㉣입니다.
㉠ 스택은 후입선출(LIFO; Last In First Out) 방식으로 자료를 처리합니다.
㉡ 큐(Queue)에 대한 설명입니다.
㉢ 데크(Deque)에 대한 설명입니다.

52섹션 4필드

40. 제어흐름 그래프가 다음과 같을 때 McCabe의 cyclomatic 수는 얼마인가?

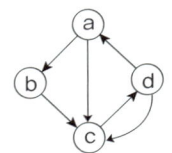

① 3
② 4
③ 5
④ 6

전문가의 조언 │ 제어 흐름도에서 순환복잡도(cyclomatic)는 다음과 같이 2가지 방법으로 계산할 수 있습니다.

[방법 1] 영역 수 계산
내부 영역 3(❶, ❷, ❸) + 외부 영역 1(❹) = 4

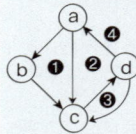

[방법 2] V(G) = E − N + 2(E는 화살표 수, N은 노드 수)
V(G) = 6 − 4 + 2 = 4

3과목 데이터베이스 구축

80섹션 4필드

41. CREATE TABLE문에 포함되지 않는 기능은?

① 속성 타입 변경
② 속성의 NOT NULL 여부 지정
③ 기본키를 구성하는 속성 지정
④ CHECK 제약조건의 정의

전문가의 조언 │
• CREATE TABLE문에서는 속성 타입을 변경할 수 없습니다.
• 테이블의 속성 타입 변경은 ALTER TABLE로 수행합니다.

80섹션 8필드

42. 테이블 두 개를 조인하여 뷰 V_1을 정의하고, V_1을 이용하여 뷰 V_2를 정의하였다. 다음 명령 수행 후 결과로 옳은 것은?

```
DROP VIEW V_1 CASCADE;
```

① V_1만 삭제된다.
② V_2만 삭제된다.
③ V_1과 V_2 모두 삭제된다.
④ V_1과 V_2 모두 삭제되지 않는다.

전문가의 조언 | CASCADE는 삭제할 요소를 참조하는 다른 모든 개체를 함께 삭제하므로 V_1을 삭제하면 V_2도 함께 삭제됩니다.

전문가의 조언 | • SELECT 급여 : '급여' 필드를 표시합니다.
• FROM 사원 : 〈사원〉 테이블의 자료를 검색합니다.
∴ WHERE문이 없으므로 〈사원〉 테이블에서 '급여' 필드의 전체 레코드를 검색합니다.

〈실행 결과〉

급여
30000
35000
40000
35000
40000

66섹션 7필드

43. 관계해석에서 '모든 것에 대하여'의 의미를 나타내는 논리 기호는?

① ∃
② ∈
③ ∀
④ ⊂

전문가의 조언 | 관계해석에서 '모든 것에 대하여(For All)'의 의미를 나타내는 연산자는 '∀'입니다.
• ∃ : 하나라도 일치하는 튜플이 있음(There Exists)

73섹션 3필드

45. 다음 중 Hash 파티셔닝에 대한 설명으로 옳은 것을 모두 고른 것은?

㉠ 지정한 열의 값을 기준으로 범위를 지정하여 분할
㉡ 데이터를 고르게 분산할 때 유용
㉢ 데이터가 고른 컬럼에 효과적
㉣ 해시 함수를 이용하여 데이터 분할

① ㉠, ㉡, ㉣
② ㉠, ㉡, ㉢
③ ㉠, ㉣
④ ㉡, ㉢, ㉣

전문가의 조언 | 문제의 지문에서 해시 분할(Hash Partitioning)에 대한 설명으로 옳은 것은 ㉡, ㉢, ㉣입니다.
• ㉠은 범위 분할(Range Partitioning)에 대한 설명입니다.

83섹션 2필드

44. 다음 SQL문의 실행 결과로 생성되는 튜플 수는?

```
SELECT 급여 FROM 사원;
```

〈사원〉 테이블

사원ID	사원명	급여	부서ID
101	박철수	30000	1
102	한나라	35000	2
103	김감동	40000	3
104	이구수	35000	2
105	최초록	40000	3

① 1
② 3
③ 4
④ 5

77섹션 1필드

46. 다음 설명에 부합하는 용어로 옳은 것은?

장비 고장 등의 비상사태에도 데이터가 보존되도록 복사하는 작업

① 복원
② 백업
③ 복구
④ 정규화

전문가의 조언 | 비상사태에도 데이터가 보존되도록 복사하여 사본을 만들어 두는 작업을 백업(Backup)이라고 합니다.

60섹션 5필드

47. 데이터베이스에서 개념적 설계 단계에 대한 설명으로 틀린 것은?

① 산출물로 E-R Diagram을 만들 수 있다.
② DBMS에 독립적인 개념 스키마를 설계한다.
③ 트랜잭션 인터페이스를 설계 및 작성한다.
④ 논리적 설계 단계의 앞 단계에서 수행된다.

> **전문가의 조언** | 트랜잭션의 인터페이스 설계는 논리적 설계 단계에서 수행하는 작업입니다.

84섹션 4필드

48. 테이블 R과 S에 대한 다음의 SQL문이 실행되었을 때, 실행 결과로 옳은 것은?

R
A	B
1	A
3	B

S
A	B
1	A
2	B

```
SELECT A FROM R
UNION ALL
SELECT A FROM S;
```

① 1
② 3 2
③ 1 3
④ 1 3 1 2

> **전문가의 조언** |
> • SQL문의 실행 결과로 옳은 것은 ④번입니다.
> • 문제에 제시된 질의문은 집합 연산자 UNION ALL을 이용한 통합 질의로, 여러 테이블의 필드 값을 통합하여 표시하되 중복된 레코드도 그대로 표시합니다.

67섹션 5필드

49. 제3정규형(3NF)에서 BCNF(Boyce-Codd Normal Form)가 되기 위한 조건은?

① 결정자가 후보키가 아닌 함수 종속 제거
② 이행적 함수 종속 제거
③ 부분적 함수 종속 제거
④ 원자값이 아닌 도메인 분해

> **전문가의 조언** |
> • '도부이결다조'에서 '결'에 해당합니다.
> • 3정규형(3NF)이 BCNF(Boyce-Codd Normal Form)가 되기 위해서는 결정자이면서 후보키가 아닌 것을 모두 제거해야 합니다.

65섹션 2필드

50. 관계 데이터 모델의 무결성 제약 중 기본키 값의 속성 값이 널(Null) 값이 아닌 원자 값을 갖는 성질은?

① 개체 무결성 ② 참조 무결성
③ 도메인 무결성 ④ 튜플의 유일성

> **전문가의 조언** | 관계 데이터 모델의 무결성 제약 중 기본키 값의 속성 값이 널(Null) 값이 아닌 원자 값을 갖는 성질을 개체 무결성이라고 합니다.
> • **참조 무결성** : 외래키 값은 Null이거나 참조 릴레이션의 기본키 값과 동일해야 함. 즉, 릴레이션은 참조할 수 없는 외래키 값을 가질 수 없음
> • **도메인 무결성** : 특정 속성의 값이 그 속성이 정의된 도메인에 속한 값이어야 한다는 규정

143섹션 4필드

51. 병행제어의 로킹(Locking) 단위에 대한 설명으로 옳지 않은 것은?

① 데이터베이스, 파일, 레코드 등은 로킹 단위가 될 수 있다.
② 로킹 단위가 작아지면 로킹 오버헤드가 증가한다.
③ 한꺼번에 로킹할 수 있는 단위를 로킹 단위라고 한다.
④ 로킹 단위가 작아지면 병행성 수준이 낮아진다.

> **전문가의 조언** | 로킹 단위가 작아지면 병행성 수준이 높아지고, 데이터베이스 공유도가 증가합니다.

70섹션 3필드

52. 트랜잭션의 정의 및 특징이 아닌 것은?

① 한꺼번에 수행되어야 할 일련의 데이터베이스 연산 집합
② 사용자의 시스템에 대한 서비스 요구 시 시스템의 상태 변환 과정의 작업 단위
③ 병행 제어 및 회복 작업의 논리적 작업 단위
④ 트랜잭션의 연산이 데이터베이스에 모두 반영되지 않고 일부만 반영시키는 원자성의 성질

> **전문가의 조언** | 원자성(Atomicity)은 트랜잭션의 연산이 데이터베이스에 모두 반영되든지 아니면 전혀 반영되지 않아야 한다는 성질을 의미합니다. 즉 트랜잭션의 연산은 일부만 반영되어서는 안됩니다.

53. 테이블의 기본키(Primary Key)로 지정된 속성에 관한 설명으로 가장 거리가 먼 것은?

① NOT NULL로 널 값을 가지지 않는다.
② 릴레이션에서 튜플을 구별할 수 있다.
③ 외래키로 참조될 수 있다.
④ 검색할 때 반드시 필요하다.

전문가의 조언 | 기본키가 지정되어 있지 않아도 검색할 수 있습니다.

56. 정규화의 목적으로 옳지 않은 것은?

① 어떠한 릴레이션이라도 데이터베이스 내에서 표현 가능하게 만든다.
② 데이터 삽입시 릴레이션을 재구성할 필요성을 줄인다.
③ 중복을 배제하여 삽입, 삭제, 갱신 이상의 발생을 야기한다.
④ 효과적인 검색 알고리즘을 생성할 수 있다.

전문가의 조언 | 정규화의 목적 중 하나는 중복을 배제하여 삽입, 삭제, 갱신 이상의 발생을 야기하는 것이 아니라 방지하는 것입니다.

54. DELETE 명령에 대한 설명으로 틀린 것은?

① 테이블의 행을 삭제할 때 사용한다.
② WHERE 조건절이 없는 DELETE 명령을 수행하면 DROP TABLE 명령을 수행했을 때와 동일한 효과를 얻을 수 있다.
③ SQL을 사용 용도에 따라 분류할 경우 DML에 해당한다.
④ 기본 사용 형식은 "DELETE FROM 테이블 [WHERE 조건];" 이다.

전문가의 조언 | • DROP은 테이블을 삭제하고, DELETE는 레코드를 삭제하는 명령문입니다.
• DELETE에 WHERE 조건절을 생략하면 테이블은 남아있고 테이블 안에 있는 모든 레코드가 삭제됩니다.

57. 다음 관계형 데이터 모델에 대한 설명으로 옳은 것은?

고객ID	고객이름	거주도시
S1	홍길동	서울
S2	이정재	인천
S3	신보라	인천
S4	김흥국	서울
S5	도요새	용인

① Relation 3개, Attribute 3개, Tuple 5개
② Relation 3개, Attribute 5개, Tuple 3개
③ Relation 1개, Attribute 5개, Tuple 3개
④ Relation 1개, Attribute 3개, Tuple 5개

전문가의 조언 | Relation은 테이블, Attribute는 테이블의 열, Tuple은 테이블의 행을 의미하므로, 문제에 제시된 표는 한 개의 릴레이션(Relation), 3개의 속성(Attribute), 5개의 튜플(Tuple)을 표현하고 있습니다.

55. 관계 대수식을 SQL 질의로 옳게 표현한 것은?

π이름(σ학과='교육'(학생))

① SELECT 학생 FROM 이름 WHERE 학과 = '교육';
② SELECT 이름 FROM 학생 WHERE 학과 = '교육';
③ SELECT 교육 FROM 학과 WHERE 이름 = '학생';
④ SELECT 학과 FROM 학생 WHERE 이름 = '교육';

전문가의 조언 | • π이름 : '이름' 필드를 표시합니다.
• σ학과 = '교육' : '학과'가 '교육'인 자료만을 대상으로 합니다.
• (학생) : 〈학생〉 테이블의 자료를 검색합니다.
∴ 교육과 학생의 '이름'을 검색합니다.

58. 다음 중 DDL의 명령어로만 묶은 것은?

㉠ CREATE	㉡ SELECT	㉢ UPDATE
㉣ ALTER	㉤ INSERT	㉥ DROP
㉦ DELETE	㉧ COMMIT	

① ㉠, ㉣, ㉥
② ㉠, ㉢, ㉦
③ ㉡, ㉢, ㉤, ㉦
④ ㉡, ㉢, ㉥, ㉧

전문가의 조언 | DDL(데이터 정의어)의 3가지 명령어는 CREATE, ALTER, DROP 입니다.
• SELECT, UPDATE, INSERT, DELETE는 DML(데이터 조작어), COMMIT는 DCL(데이터 제어어)입니다.

61섹션 5필드

59. 다음 중 데이터 모델에 표시해야 할 요소가 아닌 것은?

① Structure ② Operation
③ Constraint ④ Entity

전문가의 조언 | 데이터 모델에 표시해야 할 요소에는 구조(Structure), 연산(Operation), 제약 조건(Contraint)이 있습니다.
- 구조(Structure) : 논리적으로 표현된 개체 타입들 간의 관계로서 데이터 구조 및 정적 성질을 표현함
- 연산(Operation) : 데이터베이스에 저장된 실제 데이터를 처리하는 작업에 대한 명세로서 데이터베이스를 조작하는 기본 도구
- 제약 조건(Constraint) : 데이터베이스에 저장될 수 있는 실제 데이터의 논리적인 제약 조건

67섹션 3필드

60. 데이터의 중복으로 인하여 관계 연산을 처리할 때 예기치 못한 곤란한 현상이 발생하는 것을 무엇이라 하는가?

① 이상(Anomaly) ② 제한(Restriction)
③ 종속성(Dependency) ④ 변환(Translation)

전문가의 조언 | 데이터의 중복으로 인하여 곤란한 현상이 발생하는 것을 이상(Anomaly)이라고 합니다.

4 과목 프로그래밍 언어 활용

136섹션 4필드

61. 한 개의 통신 회선에 여러 대의 단말장치가 연결되어 있는 형태를 가진 네트워크 토폴로지는 어떤 형인가?

① 그물형 ② 십자형
③ 버스형 ④ 링형

전문가의 조언 | 한 개의 통신 회선에 여러 대의 단말장치가 연결되어 있는 형태는 버스형입니다.

99섹션 1필드

62. C언어에서 산술 연산자가 아닌 것은?

① % ② *
③ << ④ /

전문가의 조언 | <<는 비트 연산자입니다.
- C언어의 산술 연산자에는 +, -, *, /, %가 있습니다.

122섹션 4필드

63. IPv6에 대한 설명으로 틀린 것은?

① 128비트의 주소 공간을 제공한다.
② 인증 및 보안 기능을 포함하고 있다.
③ 패킷 크기가 64Kbyte로 고정되어 있다.
④ IPv6 확장 헤더를 통해 네트워크 기능 확장이 용이하다.

전문가의 조언 | 패킷 크기가 64Kbyte로 고정되어 있는 것은 IPv4입니다.
- IPv6의 패킷 크기는 제한이 없습니다.

115섹션 2필드

64. 다음 설명의 ⊙과 ⓒ에 들어갈 내용으로 옳은 것은?

> 가상기억장치의 일반적인 구현 방법에는 프로그램을 고정된 크기의 일정한 블록으로 나누는 (⊙) 기법과 가변적인 크기의 블록으로 나누는 (ⓒ) 기법이 있다.

① ⊙ : Paging, ⓒ : Segmentation
② ⊙ : Segmentation, ⓒ : Allocatin
③ ⊙ : Segmentation, ⓒ : Compaction
④ ⊙ : Paging, ⓒ : Linking

전문가의 조언 | 동일한 크기로 나누는 가상기억장치 구현 기법을 페이징(Paging) 기법, 다양한 크기의 논리적인 단위로 나누는 기법을 세그먼테이션(Segmentation) 기법이라고 합니다.

97섹션 3필드

65. JAVA에서 변수와 자료형에 대한 설명으로 틀린 것은?

① 변수는 어떤 값을 주기억장치에 기억하기 위해서 사용하는 공간이다.
② char 자료형은 한 개의 문자를 저장하고자 할 때 사용한다.
③ 실수형 자료형에는 float, short, byte가 있다.
④ boolean 자료형은 조건이 참인지 거짓인지 판단하고자 할 때 사용한다.

전문가의 조언 | short, byte 자료형은 정수를 저장할 때 사용하는 자료형입니다.

66. 프로세스 적재 정책과 관련한 설명으로 틀린 것은?

① 반복, 스택, 부프로그램은 시간 지역성(Temporal Locality)과 관련이 있다.
② 공간 지역성(Spatial Locality)은 프로세스가 어떤 페이지를 참조했다면 이후 가상주소 공간상 그 페이지와 인접한 페이지들을 참조할 가능성이 높음을 의미한다.
③ 일반적으로 페이지 교환에 보내는 시간보다 프로세스 수행에 보내는 시간이 더 크면 스레싱(Thrashing)이 발생한다.
④ 스레싱(Thrashing) 현상을 방지하기 위해서는 각 프로세스가 필요로 하는 프레임을 제공할 수 있어야 한다.

전문가의 조언 | 스래싱(Thrashing)은 프로세스의 처리 시간보다 페이지 교체에 소요되는 시간이 더 많아지는 현상입니다.

③ i를 2로 나눈 나머지가 0이면 ④번으로 이동하고, 아니면 ⑤번으로 이동한다.
④ 반복문의 처음인 ②번으로 이동한다.
⑤ sum에 i의 값을 누적시킨다.

반복문 실행에 따른 변수들의 변화는 다음과 같다.

i	i%2	sum
0	0	0
1	1	1
2	0	
3	1	4
4	0	
5	1	9
6	0	
7	1	16
8	0	
9	1	25
10	0	
11		

⑥ sum의 값을 출력한다.
결과 25

67. 다음 C언어 프로그램이 실행되었을 때의 결과는?

```
#include <stdio.h>
main( ) {
    int sum = 0;
    for (int i = 0; i <= 10; i++) {
        if (i % 2 == 0)
            continue;
        sum = sum + i;
    }
    printf("%d", sum);
}
```

① 20   ② 25   ③ 30   ④ 55

전문가의 조언 | 사용된 코드의 의미는 다음과 같습니다.

```
#include <stdio.h>
main( ) {
❶   int sum = 0;
❷   for (int i = 0; i <= 10; i++) {
❸       if (i % 2 == 0)
❹           continue;
❺       sum = sum + i;
    }
❻   printf("%d", sum);
}
```

❶ 정수형 변수 sum을 선언하고 0으로 초기화한다.
❷ 반복 변수 i가 1씩 증가하면서 10보다 작거나 같은 동안 ❸~❺번을 반복 수행한다.

68. 다음 C언어 프로그램이 실행되었을 때의 결과는?

```
#include <stdio.h>
int main(void) {
    int n = 4;
    int *pt = NULL;
    pt = &n;
    printf("%d", &n + *pt - *&pt + n);
    return 0;
}
```

① 0   ② 4   ③ 8   ④ 12

전문가의 조언 | 사용된 코드의 의미는 다음과 같습니다.

```
#include <stdio.h>
int main(void) {
❶   int n = 4;
❷   int *pt = NULL;
❸   pt = &n;
❹   printf("%d", &n + *pt - *&pt + n);
❺   return 0;
}
```

❶ 정수형 변수 n을 선언하고 4로 초기화한다.
❷ 정수형 포인터 변수 pt에 Null 값을 저장한다.
❸ pt에 n의 주소를 저장한다.
❹ printf("%d", &n + *pt - *&pt + n);
            ⓐ   ⓑ   ⓒ   ⓓ

- ❸번을 수행했으므로 n의 주소 ⓐ와 pt에 저장된 주소를 가리키는 ⓒ는 같은 주소를 가지므로 ⓐ-ⓒ = 00이다.
- ⓑ에서 *pt는 n의 값 4를 의미하고, ⓓ도 n의 값 40이므로 ⓑ+ⓓ = 80이다.
- ⓐ+ⓑ-ⓒ+ⓓ의 결과 8을 정수로 출력한다.

결과 8

❺ 프로그램을 종료한다.

※ ⓐ와 ⓒ의 주소값은 16진 정수의 임의값을 갖지만, ⓐ-ⓒ의 연산결과로 00이 되므로 값을 알 필요는 없습니다.

모든 Java 프로그램은 반드시 main( ) 메소드에서 시작한다.
❶ 두 개의 5를 인수로 div( ) 메소드를 호출한다.
❷ 값을 반환하지 않는 div( ) 메소드의 시작점이다. ❶번에서 전달받은 두 개의 5는 각각 a와 b가 받는다.
❸ 예외 구문의 시작이다.
❹ a를 b로 나눈 값 1(5/5)과 공백 한 칸을 출력한다.

결과 1

try문이 종료되었으므로 ❻번으로 이동한다.
❺ try문이 모두 종료되면 실행되는 finally문의 시작이다.
❻ Done을 출력한다.

결과 1 Done

div( ) 메소드가 종료되었으므로 메소드를 호출했던 ❶번의 다음 줄인 ❼번으로 이동하여 프로그램을 종료한다.

104섹션 1필드

69. 다음은 DivideByZero에 대한 예외처리 구문을 JAVA 프로그램으로 구현한 것이다. 프로그램이 실행되었을 때의 결과는?

```java
public class Test {
    static void div(int a, int b) {
        try {
            System.out.print(a / b + " ");
        } catch(ArithmeticException e1) {
            System.out.print("DivideByZero ");
        } finally {
            System.out.print("Done");
        }
    }
    public static void main(String[ ] args) {
        div(5,5);
    }
}
```

① 1
② 1 DivideByZero
③ DivideByZero Done
④ 1 Done

전문가의 조언 | 사용된 코드의 의미는 다음과 같습니다.

```java
public class Test {
❷  static void div(int a, int b) {
❸      try {
❹          System.out.print(a / b + " ");
        } catch(ArithmeticException e1) {
            System.out.print("DivideByZero ");
❺      } finally {
❻          System.out.print("Done");
        }
    }
    public static void main(String[ ] args) {
❶      div(5,5);
    } ❼
}
```

100섹션 2필드

70. 정수를 입력받아 처리하는 다음 C언어 프로그램에서 괄호에 들어갈 알맞은 코드는?

```c
#include <stdio.h>
int main(void) {
    int n, sum = 3;
    (            )
    sum = sum + n;
    printf("%d", sum);
}
```

① scanf("%d", n);
② scanf("%d", &n);
③ scanf("%f", n);
④ scanf("%f", &n);

전문가의 조언 | 문제에서 정수를 입력받는다고 하였고, 코드에 선언된 변수 중 값이 저장되지 않은 변수는 n이므로, scanf를 이용하여 코드를 작성하면 **scanf("%d", &n);**이 됩니다.

102섹션 1필드

71. 다음 중 출력문이 무한히 반복되는 코드를 올바르게 구현한 것은?

① do { printf("무한반복"); } while (0);
② while(0) printf("무한반복");
③ for(;;) printf("무한반복");
④ for(1;1) printf("무한반복");

전문가의 조언 |
① while(0);의 0은 거짓을 의미합니다. do~while문은 내부 코드를 1회 수행한 후 조건을 비교하므로, 화면에 "무한반복"을 1회 출력하고 코드가 종료됩니다.
② while문의 조건이 00이므로 화면에 아무것도 출력하지 않고 코드가 종료됩니다.
③ for문은 초기값, 최종값, 증가값을 모두 생략하면, 내부 코드를 무한히 반복하여 실행합니다. 화면에 "무한반복"이 끊임없이 출력됩니다.
④ for문의 형식은 for(식1; 식2; 식3)입니다. 세미콜론이 1개만 있으므로 잘못된 문법으로 인해 코드가 실행되지 않습니다.

107섹션 4필드

72. 다음 Python 프로그램이 실행되었을 때의 결과는?

```
def func(n):
    sum = 0
    for i in range(n+1):
        sum = sum + i
    return sum
r = func(11)
print(r)
```

① 45　　② 55
③ 66　　④ 78

전문가의 조언 | 사용된 코드의 의미는 다음과 같습니다.

❷　def func(n):
❸　　sum = 0
❹　　for i in range(n+1):
❺　　　sum = sum + i
❻　　return sum
❶❼　r = func(11)
❽　print(r)

func( ) 메소드를 정의하는 부분의 다음 줄부터 시작한다.
❶ 11을 인수로 func( ) 메소드를 호출한 후 돌려받은 값을 r에 저장한다.
❷ func( ) 메소드의 시작점이다. ❶번에서 전달받은 11을 n이 받는다.
❸ sum을 선언하고 0으로 초기화한다.
❹ 반복 변수 i가 0부터 1씩 증가하면서 n+1보다 작은 동안 ❺번을 반복 수행한다.
❺ sum에 i의 값을 누적시킨다.
반복문 실행에 따른 변수들의 변화는 다음과 같다.

i	sum
	0
0	0
1	1
2	3
3	6
4	10
5	15
6	21
7	28
8	36
9	45
10	55
11	66

❻ sum의 값 66을 메소드를 호출했던 ❼번으로 반환한다.
❼ r에 ❻번에서 돌려받은 66을 저장한다.
❽ r의 값 66을 출력한다.

결과　66

97섹션 2필드

73. C언어의 자료형이 아닌 것은?

① int　　② float
③ char　④ temp

전문가의 조언 | C언어에 temp라는 자료형은 없습니다.
• C언어의 기본 자료형에는 char, short, int, long, float, double 등이 있습니다.

없음

74. 다음 JAVA 프로그램이 실행되었을 때의 결과는?

```
public class Test {
    static int[ ] arri( ) {
        int arr[ ] = new int[4];
        for(int i = 0; i < arr.length; i++)
            arr[i] = i;
        return arr;
    }
    public static void main(String[ ] args) {
        int a[ ];
        a = arri( );
        for(int i = 0; i < a.length; i++)
            System.out.print(a[i]);
    }
}
```

① 0123　　② 1234
③ 012　　　④ 123

전문가의 조언 | 사용된 코드의 의미는 다음과 같습니다.

```
public class Test {
❸   static int[ ] arri( ) {
❹       int arr[ ] = new int[4];
❺       for(int i = 0; i < arr.length; i++)
❻           arr[i] = i;
❼       return arr;
    }
    public static void main(String[ ] args) {
❶       int a[ ];
❷❽      a = arri( );
❾       for(int i = 0; i < a.length; i++)
❿           System.out.print(a[i]);
    }
}
```

모든 Java 프로그램은 반드시 main( ) 메소드에서 시작한다.
❶ 정수형 배열 a를 선언한다.
❷ arri( ) 메소드를 호출한 후 돌려받은 값을 a에 저장한다.

❸ 정수형 배열을 반환하는 arr( ) 메소드의 시작점이다.
❹ 4개의 요소를 갖는 정수형 배열 arr을 선언한다.
❺ 반복 변수 i가 0부터 1씩 증가하면서 arr 배열 요소의 개수인 4보다 작은 동안 ❻번을 반복 수행한다.
- length : length는 배열 클래스의 속성으로 배열 요소의 개수가 저장되어 있다.
❻ arr[i]에 i의 값을 저장한다.

반복문 실행에 따른 결과는 다음과 같다.

	[0]	[1]	[2]	[3]
arr 배열	0	1	2	3

❼ arr 배열의 시작 주소를 메소드를 호출했던 ❷번으로 반환한다.
❽ ❼번에서 반환받은 주소를 a에 저장한다.

	[0]	[1]	[2]	[3]
a 배열	0	1	2	3

❾ 반복 변수 i가 0부터 1씩 증가하면서 a 배열 요소의 개수인 4보다 작은 동안 ❿번을 반복 수행한다.
❿ a[i]의 값을 출력한다.

반복문 실행에 따른 결과는 다음과 같다.

i	a[i]	출력
0	0	0
1	1	01
2	2	012
3	3	0123

전문가의 조언 | 사용된 코드의 의미는 다음과 같습니다.

```
main( ) {
❶  int a = 4527;
❷  int r = 0;
❸  while (a != 0) {
❹      r = r + (a % 10);
❺      a = a / 10;
    }
❻  printf("%d", r);
}
```

❶ 정수형 변수 a를 선언하고 4527로 초기화한다.
❷ 정수형 변수 r을 선언하고 0으로 초기화한다.
❸ a가 0이 아닌 동안 ❹, ❺번을 반복 수행한다.
❹ a를 10으로 나눈 나머지를 r에 누적시킨다.
❺ a를 10으로 나눈다.

a	a%10	r
4527		0
452	7	7
45	2	9
4	5	14
0	4	18

❻ r의 값을 출력한다.
결과 18

102섹션 3필드

75. 다음 C언어 프로그램이 실행되었을 때의 결과는?

```
main( ) {
    int a = 4527;
    int r = 0;
    while (a != 0) {
        r = r + (a % 10);
        a = a / 10;
    }
    printf("%d", r);
}
```

① 18   ② 17
③ 4527   ④ 7254

144섹션 3필드

76. 은행가 알고리즘(Banker's Algorithm)은 교착상태의 해결 방법 중 어떤 기법에 해당하는가?

① Avoidance   ② Detection
③ Prevention   ④ Recovery

전문가의 조언 | 은행가 알고리즘은 교착상태의 해결 방법 중 회피 기법 (Avoidance)에 해당합니다.

109섹션 2필드

77. C언어의 헤더 파일에 대한 설명으로 틀린 것은?

① stdio.h : 입·출력에 대한 기능들을 제공한다.
② math.h : 여러 수학 함수들을 제공한다.
③ string.h : 자료형 변환, 메모리 할당에 대한 기능들을 제공한다.
④ time.h : 시간 처리에 관한 기능들을 제공한다.

전문가의 조언 | • 자료형 변환, 메모리 할당에 대한 기능들을 제공하는 헤더 파일은 stdlib.h입니다.
• string.h는 문자열 처리에 사용되는 기능들을 제공합니다.

122섹션 3필드

78. 사내망에서 192.168.1.69/26 주소를 사용하고 있는 PC의 subnet의 시작 IP address는?

① 192.168.9.64
② 192.168.1.64
③ 192.168.1.65
④ 192.168.1.66

전문가의 조언 | • 192.168.1.69/26 네트워크의 서브넷 마스크는 1의 개수가 26개, 즉 11111111 11111111 11111111 11000000 → 255.255.255.192인 C 클래스에 속하는 네트워크입니다. 이 네트워크를 Subnet으로 나눠야 하는데, Subnet을 나눌 때는 서브넷 마스크를 이용합니다. 서브넷 마스크 중에서 0인 부분, 즉 마지막 6비트를 이용해 구분할 수 있습니다.

네트워크ID		호스트ID					
1	1	0	0	0	0	0	0

• 네트워크ID를 이용해 네트워크의 개수를, 호스트ID를 이용해 네트워크의 크기를 구할 수 있습니다. 네트워크ID가 2Bit, 호스트ID가 6Bit로 설정되었으므로 4개(2^2 = 4)의 네트워크에 고정된 크기인 64개(2^6 = 64)씩 할당하면 다음과 같습니다.

네트워크	호스트 수	IP 주소 범위
1	64	192.168.1.0 ~ 63
2	64	192.168.1.64 ~ 127
3	64	192.168.1.128 ~ 191
4	64	192.168.1.192 ~ 255

• 192.168.1.69가 속하는 네트워크는 2번째 네트워크이고, 해당 네트워크의 시작 주소는 192.168.1.64입니다.

115섹션 4필드

79. 3개의 페이지 프레임을 갖는 시스템에서 페이지 참조 순서가 1, 2, 1, 0, 4, 1, 3 일 경우 FIFO 알고리즘에 의한 페이지 교체의 경우 프레임의 최종 상태는?

① 1, 2, 0
② 2, 4, 3
③ 1, 4, 2
④ 4, 1, 3

전문가의 조언 | 3개의 페이지를 수용할 수 있는 주기억장치이므로 아래 그림과 같이 3개의 페이지 프레임으로 표현할 수 있습니다.

참조 페이지	1	2	1	0	4	1	3
페이지 프레임	1	1	1	1	4	4	4
		2	2	2	2	1	1
				0	0	0	3
부재 발생	●	●		●	●		●

※ ● : 페이지 부재 발생

참조 페이지가 페이지 테이블에 없을 경우 페이지 결함(부재)이 발생됩니다. 초기에는 모든 페이지가 비어 있으므로 처음 1, 2, 0 페이지 적재 시 페이지 결함이 발생됩니다. FIFO(선입선출) 기법은 가장 먼저 들어와 있었던 페이지를 교체하는 기법이므로 참조 페이지 4를 참조할 때에는 1을 제거한 후 4를 가져오게 됩니다. 이러한 과정으로 모든 페이지에 대한 요구를 처리하고 나면 총 페이지 결함 발생 횟수는 6회이고 마지막 프레임의 최종 상태는 4, 1, 3입니다.

123섹션 7필드

80. TCP/IP 프로토콜에서 TCP가 해당하는 계층은?

① 데이터 링크 계층
② 네트워크 계층
③ 트랜스포트 계층
④ 세션 계층

전문가의 조언 | TCP의 'T'는 Transport(전송)의 약어입니다. TCP는 전송 계층에 속한 프로토콜입니다.

5과목 정보시스템 구축 관리

1섹션 3필드

81. 다음 중 프로토타입 모형을 선택하는 것이 가장 적합한 경우는?

① 구축하고자 하는 시스템의 요구사항이 불분명할 때
② 고객이 완성된 제품만을 보기 원할 때
③ 고객이 개발 과정에 참여하지 않을 때
④ 소프트웨어 개발 과정에서 발생할 수 있는 위험을 최소화하고자 할 때

전문가의 조언 | 프로토타입 모형은 구축하고자 하는 시스템의 요구사항이 불분명할 때 요구사항을 정확히 파악하기 위해 실제 개발될 소프트웨어에 대한 견본(Prototype)을 만들어 최종 결과물을 예측하는 개발 모형입니다.

78섹션 2필드

82. 다음 중 DAS(Direct Attached Storage)에 대한 설명으로 틀린 것은?

① 저장장치를 공유함으로써 여러 개의 저장장치나 백업 장비를 단일화시킬 수 있다.
② 서버에서 저장장치를 관리한다.
③ 초기 구축 비용 및 유지보수 비용이 저렴하다.
④ 확장성 및 유연성이 상대적으로 떨어진다.

전문가의 조언 | ①번은 SAN(Storage Area Network)에 대한 설명입니다.

정답 : 75.① 76.① 77.③ 78.② 79.④ 80.③ 81.① 82.①

124섹션 6필드

83. 네트워크 장비에 대한 설명으로 옳지 않은 것은?

① 브라우터는 전송되는 신호가 전송 선로의 특성 및 외부 충격 등의 요인으로 인해 원래의 형태와 다르게 왜곡되거나 약해질 경우 원래의 신호 형태로 재생하여 다시 전송하는 역할을 수행한다.
② 브리지는 LAN과 LAN을 연결하거나 LAN 안에서의 컴퓨터 그룹을 연결하는 기능을 수행하며, 데이터 링크 계층 중 MAC 계층에서 사용된다.
③ 스위치는 LAN과 LAN을 연결하여 훨씬 더 큰 LAN을 만드는 장치로, OSI 7계층의 2계층에서 사용된다.
④ 라우터는 LAN과 LAN의 연결 기능에 데이터 전송의 최적 경로를 선택할 수 있는 기능이 추가된 것으로, 서로 다른 LAN이나 LAN과 WAN의 연결도 수행하고, OSI 7계층의 네트워크 계층에서 동작한다.

전문가의 조언 | • 브라우터(Brouter)는 브리지와 라우터의 기능을 모두 갖추고 있는 네트워크 장비입니다.
• ①번은 리피터(Repeater)에 대한 설명입니다.

128섹션 2필드

84. S/W 각 기능의 원시 코드 라인수의 비관치, 낙관치, 기대치를 측정하여 예측치를 구하고 이를 이용하여 비용을 산정하는 기법은?

① Effort Per Task 기법
② 전문가 감정 기법
③ 델파이 기법
④ LOC 기법

전문가의 조언 | 문제에 제시된 내용은 LOC 기법에 대한 설명입니다.
• 개발 단계별 인월수(Effort Per Task) 기법 : LOC 기법을 보완하기 위한 기법으로, 각 기능을 구현시키는 데 필요한 노력을 생명 주기의 각 단계별로 산정함
• 전문가 감정 기법 : 조직 내에 있는 경험이 많은 두 명 이상의 전문가에게 비용 산정을 의뢰하는 기법으로, 가장 편리하고 신속하게 비용을 산정할 수 있음
• 델파이 기법 : 델파이 기법은 전문가 감정 기법의 주관적인 편견을 보완하기 위해 많은 전문가의 의견을 종합하여 산정하는 기법

132섹션 3필드

85. CMMI의 단계가 아닌 것은?

① 초기   ② 관리
③ 정의   ④ 반복

전문가의 조언 | CMMI는 초기, 관리, 정의, 정량적 관리, 최적화의 5단계로 구분합니다.

135섹션 2필드

86. 다음에서 설명하는 IT 기술은?

- 네트워크를 제어부, 데이터 전달부로 분리하여 네트워크 관리자가 보다 효율적으로 네트워크를 제어, 관리할 수 있는 기술
- 기존의 라우터, 스위치 등과 같이 하드웨어에 의존하는 네트워크 체계에서 안정성, 속도, 보안 등을 소프트웨어로 제어, 관리하기 위해 개발됨
- 네트워크 장비의 펌웨어 업그레이드를 통해 사용자의 직접적인 데이터 전송 경로 관리가 가능하고, 기존 네트워크에는 영향을 주지 않으면서 특정 서비스의 전송 경로 수정을 통하여 인터넷상에서 발생하는 문제를 처리할 수 있음

① SDN(Software Defined Networking)
② NFS(Network File System)
③ Network Mapper
④ AOE Network

전문가의 조언 | 문제의 지문에 제시된 내용은 소프트웨어 정의 네트워킹(SDN; Software Defined Networking)에 대한 설명입니다.

135섹션 6필드

87. 다음 중 1992년 미국 SF 작가 닐 스티븐슨의 소설 '스노 크래시'에 처음 등장한 개념으로, 현실 세계와 같은 사회·경제·문화 활동이 이뤄지는 3차원 가상 세계를 가리키는 용어는?

① IoT(Internet of Things)
② 메타버스
③ 피코넷
④ 클라우드 컴퓨팅

전문가의 조언 | 문제에 제시된 내용은 메타버스에 대한 설명입니다.
• IoT(Internet of Things) : 정보 통신 기술을 기반으로 실세계(Physical World)와 가상 세계(Virtual World)의 다양한 사물들을 인터넷으로 서로 연결하여 진보된 서비스를 제공하기 위한 서비스 기반 기술
• 피코넷(PICONET) : 여러 개의 독립된 통신장치가 블루투스 기술이나 UWB 통신 기술을 사용하여 통신망을 형성하는 무선 네트워크 기술
• 클라우드 컴퓨팅(Cloud Computing) : 각종 컴퓨팅 자원을 중앙 컴퓨터에 두고 인터넷 기능을 갖는 단말기로 언제 어디서나 인터넷을 통해 컴퓨터 작업을 수행할 수 있는 환경

138섹션 1필드

88. Python 기반의 웹 크롤링(Web Crawling) 프레임워크로 옳은 것은?

① Li-fi   ② Scrapy
③ CrawlCat   ④ SBAS

전문가의 조언 | 웹 크롤링을 지원하는 가장 대표적인 프레임워크는 파이썬(Python)의 스크래피(Scrapy)입니다.

89. 다음 설명에 해당하는 시스템은?

- 1990년대 David Clock이 처음 제안하였다.
- 비정상적인 접근의 탐지를 위해 의도적으로 설치해 둔 시스템이다.
- 침입자를 속여 실제 공격당하는 것처럼 보여줌으로써 크래커를 추적 및 공격기법의 정보를 수집하는 역할을 한다.
- 쉽게 공격자에게 노출되어야 하며 쉽게 공격이 가능한 것처럼 취약해 보여야 한다.

① Apache ② Hadoop
③ Honeypot ④ MapReduce

전문가의 조언 | 문제의 지문에 제시된 내용은 허니팟(Honeypot)의 특징입니다.
- **아파치(Apache)** : 월드 와이드 웹 컨소시엄(W3C)에서 사용하고 아파치 소프트웨어 재단에서 관리 및 운영하는 서버용 오픈소스 소프트웨어
- **하둡(Hadoop)** : 오픈 소스를 기반으로 한 분산 컴퓨팅 플랫폼으로, 관계형 데이터베이스(RDB) 간 대용량 데이터를 전송할 때 스쿱(Sqoop)이라는 도구를 이용함
- **맵리듀스(MapReduce)** : 대용량 데이터를 분산 처리하기 위한 목적으로 Google에 의해 고안된 프로그래밍 모델로, 대용량 데이터 처리를 위한 대표적인 병렬 처리 기법으로 많이 소개됨

90. 다음이 설명하는 용어로 옳은 것은?

- 오픈 소스를 기반으로 한 분산 컴퓨팅 플랫폼이다.
- 일반 PC급 컴퓨터들로 가상화된 대형 스토리지를 형성한다.
- 다양한 소스를 통해 생성된 빅데이터를 효율적으로 저장하고 처리한다.

① 하둡(Hadoop) ② 비컨(Beacon)
③ 포스퀘어(Foursquare) ④ 맴리스터(Memristor)

전문가의 조언 | 문제의 지문에 제시된 내용은 하둡(Hadoop)에 대한 설명입니다.
- **비컨(Beacon)** : 전파를 이용하는 무선 통신 기술에서 주기적으로 프레임 신호 동기를 맞추고, 송·수신 관련 시스템 정보를 전송하며, 수신 데이터 정보를 전달하는 신호 기술
- **포스퀘어(Foursquare)** : 특정 지역이나 장소를 방문할 때 자신의 위치를 지도에 표시하고, 방문한 곳의 정보를 남길 수 있는 기능을 제공하는 위치 기반 소셜 네트워크 서비스(SNS)
- **멤리스터(Memristor)** : 메모리(Memory)와 레지스터(Resister)의 합성어로, 전류의 방향과 양 등 기존의 경험을 모두 기억하는 특별한 소자이며, 전원 공급이 끊겼을 때도 직전에 통과한 전류의 방향과 양을 기억하기 때문에 다시 전원이 공급되면 기존의 상태가 그대로 복원됨

91. 시스템 내의 정보는 오직 인가된 사용자만 수정할 수 있는 보안 요소는?

① 기밀성 ② 부인방지
③ 가용성 ④ 무결성

전문가의 조언 | 시스템 내의 정보는 오직 인가된 사용자만 수정할 수 있는 보안 요소는 무결성(Integrity)입니다.
- **기밀성** : 시스템 내의 정보와 자원은 인가된 사용자에게만 접근이 허용됨
- **부인 방지** : 데이터를 송·수신한 자가 송·수신 사실을 부인할 수 없도록 송·수신 증거를 제공함
- **가용성** : 인가받은 사용자는 언제라도 사용할 수 있음

92. 오류들을 세분화하여 처리하지 않고 광범위하게 묶어 한 번에 처리하거나, 누락된 예외가 존재할 때 발생하는 보안 약점은?

① 오류 메시지를 통한 정보 노출
② 부적절한 예외처리
③ 부적절한 인가
④ 오류 상황 대응 부재

전문가의 조언 | 문제에 제시된 내용과 관련된 보안 약점은 부적절한 예외처리입니다.
- **오류 메시지를 통한 정보 노출** : 오류 발생으로 실행 환경, 사용자 정보, 디버깅 정보 등의 중요 정보를 소프트웨어가 메시지로 외부에 노출하는 보안 약점
- **부적절한 인가** : 접근제어 기능이 없는 실행경로를 통해 정보 또는 권한이 탈취될 수 있는 보안 약점
- **오류 상황 대응 부재** : 소프트웨어 개발 중 예외처리를 하지 않았거나 미비로 인해 발생하는 보안 약점

93. 공개키 암호화 방식에 대한 설명으로 옳지 않은 것은?

① 대표적으로 RSA 기법이 있다.
② 키의 분배가 용이하다.
③ 사용자가 증가할수록 관리해야 할 키의 수가 많아진다.
④ 알고리즘이 복잡하고 암호화와 복호화 속도가 느리다.

전문가의 조언 | 공개키 암호화 방식은 관리해야 할 키의 개수가 적습니다.

152섹션 4필드

94. 다음 암호 알고리즘 중 성격이 다른 하나는?

① MD4 ② MD5
③ SHA-1 ④ AES

전문가의 조언 | AES는 개인키 암호화 알고리즘이고, MD4, MD5, SHA-1은 해시 알고리즘입니다.

153섹션 2필드

95. 다음 설명에 해당하는 공격 기법은?

> 시스템 공격 기법 중 하나로, 허용 범위 이상의 ICMP 패킷을 전송하여 대상 시스템의 네트워크를 마비시킨다.

① Ping of Death ② Session Hijacking
③ Piggyback Attack ④ XSS

전문가의 조언 | 허용 범위 이상의 ICMP 패킷을 전송하여 대상 시스템의 네트워크를 마비시키는 공격 기법은 죽음의 핑(Ping of Death)입니다.
- 세션 하이재킹(Session Hijacking) : 서버에 접속하고 있는 클라이언트들의 세션 정보를 가로채는 공격 기법으로, 세션 가로채기라고도 함
- 피기백 공격(Piggyback Attack) : 시스템의 올바른 인증 절차나 보안 프로그램에 편승하는 공격 방법으로, 권한 있는 사람이 열고 지나간 문틈을 파고들어 가는 것에 빗 댐
- 크로스사이트 스크립팅(XSS; Cross Site Scripting) : 웹페이지에 악의적인 스크립트를 삽입하여 방문자들의 정보를 탈취하거나, 비정상적인 기능 수행을 유발하는 보안 약점

153섹션 6필드

96. 공격자가 패킷의 출발지 주소를 변경하여 출발지와 목적지 주소(또는 포트)를 동일하게 하는 공격 유형은?

① SYN Flooding ② Land
③ TearDrop ④ Key Logger Attack

전문가의 조언 | 문제에서 설명하는 공격 유형은 Land입니다.
- SYN Flooding : 공격자가 가상의 클라이언트로 위장하여 3-way-handshake 과정을 의도적으로 중단시킴으로써 공격 대상지인 서버가 대기 상태에 놓여 정상적인 서비스를 수행하지 못하게 하는 공격 방법
- TearDrop : Fragment Offset 값을 변경시켜 수신 측에서 패킷을 재조립할 때 오류로 인한 과부하를 발생시킴으로써 시스템이 다운되도록 하는 공격 방법
- Key Logger Attack : 컴퓨터 사용자의 키보드 움직임을 탐지해 ID, 패스워드, 계좌번호, 카드번호 등과 같은 개인의 중요한 정보를 몰래 빼가는 해킹 공격

153섹션 9필드

97. 악성코드의 유형 중 다른 컴퓨터의 취약점을 이용하여 스스로 전파하거나 메일로 전파되며 스스로 증식하는 것은?

① Worm ② Rogue Ware
③ Adware ④ Reflection Attack

전문가의 조언 | 네트워크를 통해 연속적으로 자신을 복제하는 악성코드는 웜(Worm)입니다.
- 로그웨어(Rogue Ware) : 사용자를 속여 악성코드를 설치하도록 유도하는 소프트웨어로, 주로 바이러스에 감염되었다며 백신 소프트웨어처럼 보이는 악성코드를 설치하도록 유도함
- 애드웨어(Adware) : 소프트웨어 자체에 광고를 포함하여 이를 보는 대가로 무료로 사용할 수 있는 소프트웨어
- 반사 공격(Reflection Attack) : 송신자가 생성한 메시지를 가로채 접근 권한을 얻는 형태의 공격 기법

154섹션 3필드

98. 인증의 유형 중 '지식'과 관계가 깊은 것은?

① Something You Know
② Something You Have
③ Something You Are
④ Somewhere You Are

전문가의 조언 | 사용자가 기억하고 있는 정보(지식)를 기반으로 인증을 수행하는 것은 Something You Know(지식 기반 인증)입니다.
- Something You Have : 신분증, 메모리 카드, OTP 등 사용자가 소유하고 있는 것을 기반으로 인증을 수행하는 것
- Something You Are : 지문, 홍채, 얼굴 등 사용자의 고유한 생체 정보를 기반으로 인증을 수행하는 것
- Somewhere You Are : 콜백, GPS, IP 주소 등 인증을 시도하는 위치의 적절성을 확인하는 것

없음

99. 다음 중 스크랩 프로그램이 아닌 것은?

① Scribe ② Flume
③ Scratch ④ Chukwa

전문가의 조언 | Scratch는 교육용 프로그래밍 언어입니다.
스크랩 프로그램의 종류
- 정형 데이터 : ETL, FTP, API, DBtoDB, Sqoop
- 비정형 데이터 : 크롤링, RSS, Open API, Chukwa, Kafka
- 반정형 데이터 : Flume, Scribe, 스트리밍

131섹션 1필드

100. 프로젝트에 내재된 위험 요소를 인식하고 그 영향을 분석하여 이를 관리하는 활동으로서, 프로젝트를 성공시키기 위하여 위험 요소를 사전에 예측, 대비하는 모든 기술과 활동을 포함하는 것은?

① Critical Path Method
② Risk Analysis
③ Work Breakdown Structure
④ Waterfall Model

전문가의 조언 | 문제에 제시된 내용은 Risk Analysis(위험 관리)의 개념입니다.

정답 : 94.④ 95.① 96.② 97.① 98.① 99.③ 100.②

2022년 3회 정보처리기사 필기

1과목 소프트웨어 설계

1. 소프트웨어 공학에서 워크스루(Walkthrough)에 대한 설명으로 틀린 것은?
① 사용사례를 확장하여 명세하거나 설계 다이어그램, 원시 코드, 테스트 케이스 등에 적용할 수 있다.
② 복잡한 알고리즘 또는 반복, 실시간 동작, 병행 처리와 같은 기능이나 동작을 이해하려고 할 때 유용하다.
③ 인스펙션(Inspection)과 동일한 의미를 가진다.
④ 단순한 테스트 케이스를 이용하여 프로덕트를 수작업으로 수행해 보는 것이다.

전문가의 조언 | 인스펙션(Inspection)은 워크스루를 발전시킨 형태로, 소프트웨어 개발 단계에서 산출된 결과물의 품질을 평가하고 이를 개선하기 위한 방법 등을 제시합니다.

2. 다음 결합도의 종류에 대한 설명 중 틀린 것은?
① 자료 결합도 : 모듈 간의 인터페이스가 자료 요소로만 구성될 때의 결합도
② 내용 결합도 : 한 모듈이 다른 모듈과 제어 신호를 이용하여 통신하고, 공유되는 공통 데이터 영역을 사용할 때의 결합도
③ 스탬프 결합도 : 모듈 간의 인터페이스로, 배열의 자료 구조가 전달될 때의 결합도
④ 외부 결합도 : 어떤 모듈에서 선언한 데이터를 다른 모듈에서 참조할 때의 결합도

전문가의 조언 | 내용 결합도는 한 모듈이 다른 모듈의 내부 기능 및 그 내부 자료를 직접 참조하거나 수정할 때의 결합도를 의미합니다. ②번은 제어 결합도(Control Coupling)에 대한 설명입니다.

3. 익스트림 프로그래밍(eXtreme Programming)의 5가지 가치에 속하지 않는 것은?
① 의사소통 ② 단순성
③ 피드백   ④ 고객 배제

전문가의 조언 | XP(eXtreme Programming)의 5가지 핵심 가치에는 의사소통(Communication), 단순성(Simplicity), 용기(Courage), 존중(Respect), 피드백(Feedback)이 있습니다.

4. HIPO(Hierarchy Input Process Output)에 대한 설명으로 거리가 먼 것은?
① 상향식 소프트웨어 개발을 위한 문서화 도구이다.
② HIPO 차트 종류에는 가시적 도표, 총체적 도표, 세부적 도표가 있다.
③ 기능과 자료의 의존 관계를 동시에 표현할 수 있다.
④ 보기 쉽고 이해하기 쉽다.

전문가의 조언 | HIPO는 시스템의 분석 및 설계나 문서화할 때 사용되는 기법으로, 하향식 소프트웨어 개발을 위한 문서화 도구입니다.

5. 모바일 기기에서 사용하는 NUI 인터페이스에 속하지 않는 것은 무엇인가?
① Pinch   ② Press
③ Flow   ④ Flick

전문가의 조언 | NUI(Natural User Interface)는 사용자의 말이나 행동으로 기기를 조작하는 인터페이스입니다. 모바일 기기에서 사용하는 행동, 즉 제스처(Gesture)에는 Tap, Double Tap, Drag, Pan, Press, Flick, Pinch 등이 있습니다.

6. UML 확장 모델에서 스테레오 타입 객체를 표현할 때 사용하는 기호로 맞는 것은?
① ≪ ≫   ② (( ))
③ {{ }}   ④ [[ ]]

전문가의 조언 | UML에서 표현하는 기본 기능 외에 추가적인 기능을 표현하는 스테레오 타입은 길러멧(Guillemet, ≪ ≫)이라고 부르는 겹화살괄호 사이에 기능을 기술합니다.

7. 보헴이 제안한 것으로, 위험 분석 기능이 있으며, 여러 번의 개발 과정을 거쳐 점진적으로 개발하는 모형은?
① 나선형 모형   ② 애자일 모형
③ 프로토타입 모형 ④ 폭포수 모형

전문가의 조언 | 나선형 모델은 계획 수립, 위험 분석, 개발 및 검증, 고객 평가 과정을 반복하며 수행하는 개발방법론입니다.

정답 : 1.③ 2.② 3.④ 4.① 5.③ 6.① 7.①

8. UI 설계 원칙 중 누구나 쉽게 이해하고 사용할 수 있어야 한다는 원칙은?
① 희소성 ② 유연성
③ 직관성 ④ 멀티운용성

전문가의 조언 | 누구나 쉽게 이해하고 사용할 수 있어야 한다는 UI의 설계 원칙은 직관성입니다.

9. 자료 흐름도(Data Flow Diagram)의 구성 요소로 옳은 것은?
① process, data flow, data store, comment
② process, data flow, data store, terminator
③ data flow, data store, terminator, data dictionary
④ process, data store, terminator, mini-spec

전문가의 조언 | 자료 흐름도(DFD)의 구성 요소에는 프로세스(Process), 자료 흐름(Data Flow), 자료 저장소(Data Store), 단말(Terminator)이 있습니다.

10. 다음 중 SOLID 원칙이라고 불리는 객체지향 설계 원칙에 속하지 않는 것은?
① ISP(Interface Segregation Principle)
② DIP(Dependency Inversion Principle)
③ LSP(Liskov Substitution Principle)
④ SSO(Single Sign On)

전문가의 조언 | SOLID 원칙의 'S'에 해당하는 것은 SRP(Single Responsibility Principle)입니다.

11. UML 모델에서 한 사물의 명세가 바뀌면 다른 사물에 영향을 주며, 일반적으로 한 클래스가 다른 클래스를 오퍼레이션의 매개 변수로 사용하는 경우에 나타나는 관계는?
① Association ② Dependency
③ Realization ④ Generalization

전문가의 조언 | 일반적으로 한 클래스가 다른 클래스를 오퍼레이션의 매개 변수로 사용하는 경우를 나타내는 관계를 의존(Dependency) 관계라고 합니다.

12. 객체에게 어떤 행위를 하도록 지시하는 명령은?
① Class ② Package
③ Object ④ Message

전문가의 조언 | 객체(Object)의 행위를 요구하기 위해서는 메시지(Message)를 보내야 합니다.

13. 다음 내용이 설명하는 디자인 패턴은?

- 하나의 객체를 생성하면 생성된 객체를 어디서든 참조할 수 있지만, 여러 프로세스가 동시에 참조할 수는 없다.
- 클래스 내에서 인스턴스가 하나뿐임을 보장하며, 불필요한 메모리 낭비를 최소화 할 수 있다.

① Singleton ② Adapter
③ Prototype ④ Decorator

전문가의 조언 | 문제의 지문에 제시된 내용은 싱글톤(Singleton) 패턴의 특징입니다.

14. 파이프 필터 형태의 소프트웨어 아키텍처에 대한 설명으로 옳은 것은?
① 노드와 간선으로 구성된다.
② 서브시스템이 입력 데이터를 받아 처리하고 결과를 다음 서브시스템으로 넘겨주는 과정을 반복한다.
③ 계층 모델이라고도 한다.
④ 3개의 서브시스템(모델, 뷰, 제어)으로 구성되어 있다.

전문가의 조언 | 파이프-필터 패턴은 데이터 스트림 절차의 각 단계를 필터(Filter) 컴포넌트로 캡슐화하여 파이프(Pipe)를 통해 데이터를 전송하는 패턴입니다.

15. 대표적으로 DOS 및 Unix 등의 운영체제에서 조작을 위해 사용하던 것으로, 정해진 명령 문자열을 입력하여 시스템을 조작하는 사용자 인터페이스(User Interface)는?
① GUI(Graphical User Interface)
② CLI(Command Line Interface)
③ CUI(Cell User Interface)
④ MUI(Mobile User Interface)

전문가의 조언 | 정해진 명령 문자열을 입력하여 시스템을 조작하는 사용자 인터페이스를 CLI(Command Line Interface)라고 합니다.

10섹션 3필드
16. UML에서 시퀀스 다이어그램의 구성 항목에 해당하지 않는 것은?
① 생명선 ② 실행
③ 확장 ④ 메시지

전문가의 조언 | 확장(Extends)은 관계의 한 형태로, 시퀀스 다이어그램의 구성 요소가 아닙니다.

19섹션 3필드
19. 그래픽 표기법을 이용하여 소프트웨어 구성 요소를 모델링 하는 럼바우 분석 기법에 포함되지 않는 것은?
① 객체 모델링
② 기능 모델링
③ 동적 모델링
④ 블랙박스 분석 모델링

전문가의 조언 | 럼바우 분석 기법의 활동에는 객체 모델링, 동적 모델링, 기능 모델링이 있습니다.

20섹션 4필드
17. 다음은 어떤 프로그램 구조를 나타낸다. 모듈 F에서의 fan-in과 fan-out의 수는 얼마인가?

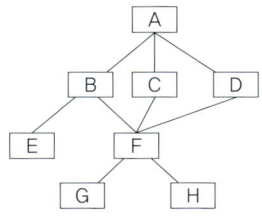

① fan-in : 2, fan-out : 3
② fan-in : 3, fan-out : 2
③ fan-in : 1, fan-out : 2
④ fan-in : 2, fan-out : 1

전문가의 조언 | 모듈에 들어오면(in) 팬인(fan-in), 모듈에서 나가면(out) 팬아웃(fan-out)입니다. F에 들어오는 선은 3개, 나가는 선은 2개이므로, 팬인과 팬아웃은 각각 3과 2입니다.

27섹션 1필드
20. 분산 컴퓨팅 환경에서 서로 다른 기종 간의 하드웨어나 프로토콜, 통신환경 등을 연결하여 응용 프로그램과 운영환경 간에 원만한 통신이 이루어질 수 있게 서비스를 제공하는 소프트웨어는?
① 미들웨어 ② 하드웨어
③ 오픈허브웨어 ④ 그레이웨어

전문가의 조언 | 미들웨어(Middleware)는 미들(Middle)과 소프트웨어(Software)의 합성어로, 서로 다른 기종 간의 하드웨어나 프로토콜, 통신환경 등을 연결하여 응용프로그램과 운영환경 간에 원만한 통신이 이루어질 수 있게 서비스를 제공하는 소프트웨어입니다.

2과목 소프트웨어 개발

46섹션 1필드
21. 소프트웨어 테스트와 관련한 설명으로 틀린 것은?
① 화이트박스 테스트는 모듈의 논리적인 구조를 체계적으로 점검할 수 있다.
② 블랙박스 테스트는 프로그램의 구조를 고려하지 않는다.
③ 테스트 케이스에는 일반적으로 시험 조건, 테스트 데이터, 예상 결과가 포함되어야 한다.
④ 화이트박스 테스트에서 기본 경로(Basis Path)란 흐름 그래프의 시작 노드에서 종료 노드까지의 서로 독립된 경로로 싸이클을 허용하지 않는 경로를 말한다.

전문가의 조언 | 기초 경로(Base Path = Basis Path)는 수행 가능한 모든 경로를 의미합니다.

18섹션 4필드
18. 객체지향 개념에서 연관된 데이터와 함수를 함께 묶어 외부와 경계를 만들고 필요한 인터페이스만을 밖으로 드러내는 과정은?
① 메시지(Message)
② 캡슐화(Encapsulation)
③ 다형성(Polymorphism)
④ 상속(Inheritance)

전문가의 조언 | 문제에 제시된 내용은 캡슐화에 대한 설명입니다.

22. 디지털 저작권 관리(DRM)의 기술 요소가 아닌 것은?
   ① 크랙 방지 기술   ② 정책 관리 기술
   ③ 암호화 기술   ④ 방화벽 기술

   전문가의 조언 | 방화벽 기술은 디지털 저작권 관리 기술이 아닌 기업이나 조직 내부의 네트워크와 인터넷 간에 전송되는 정보를 선별하여 수용·거부·수정하는 기능을 가진 침입 차단 시스템입니다.

23. 소프트웨어 형상관리(Configuration management)에 관한 설명으로 틀린 것은?
   ① 소프트웨어에서 일어나는 수정이나 변경을 알아내고 제어하는 것을 의미한다.
   ② 소프트웨어 개발의 전체 비용을 줄이고, 개발 과정의 여러 방해 요인이 최소화되도록 보증하는 것을 목적으로 한다.
   ③ 형상관리를 위하여 구성된 팀을 "chief programmer team"이라고 한다.
   ④ 형상관리의 기능 중 하나는 버전 제어 기술이다.

   전문가의 조언 | Chief Programmer Team은 개발 팀의 구성 방식 중 하나로 형상관리와는 관계가 없습니다.

24. 다음 트리를 후위 순회(Post Traversal)한 결과는?

   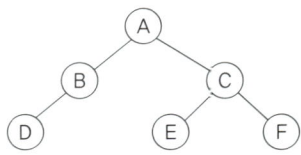

   ① A B D C E F   ② D B A E C F
   ③ A B C D E F   ④ D B E F C A

   전문가의 조언 | 먼저 서브 트리를 하나의 노드로 생각할 수 있도록 서브 트리 단위로 묶습니다.

   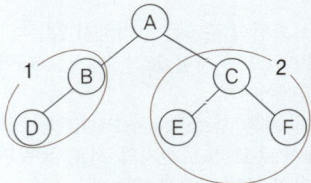

   ❶ Postorder는 Left → Right → Root이므로 12A가 됩니다.
   ❷ 1은 DB이므로 DB2A가 됩니다.
   ❸ 2는 EFC이므로 DBEFCA가 됩니다.

25. EAI(Enterprise Application Integration)의 구축 유형으로 옳지 않은 것은?
   ① Tree   ② Hub & Spoke
   ③ Message Bus   ④ Point-to-Point

   전문가의 조언 | EAI는 기업 내 각종 애플리케이션 및 플랫폼 간의 정보 전달, 연계, 통합 등 상호 연동이 가능하게 해주는 솔루션으로, 구축 유형에는 Point-to-Point, Hub & Spoke, Message Bus (ESB), Hybrid가 있습니다.

26. 소프트웨어 테스트에서 오류의 80%는 전체 모듈의 20% 내에서 발견된다는 법칙은?
   ① Brooks의 법칙   ② Boehm의 법칙
   ③ Pareto의 법칙   ④ Jackson의 법칙

   전문가의 조언 | 소프트웨어 테스트에서 오류의 80%는 전체 모듈의 20% 내에서 발견된다는 법칙은 파레토 법칙(Pareto Principle)입니다.

27. 다음 중 테스트 오라클에 대한 설명으로 옳지 않은 것은?
   ① 샘플링 오라클 : 특정한 몇몇 테스트 케이스의 입력 값들에 대해서만 기대하는 결과를 제공하는 오라클이다.
   ② 토탈 오라클 : 모든 테스트 케이스의 입력 값에 대해 기대하는 결과를 제공하는 오라클이다.
   ③ 휴리스틱 오라클 : 특정 테스트 케이스의 입력 값에 대해 기대하는 결과를 제공하고, 나머지 입력 값들에 대해서는 추정으로 처리하는 오라클이다.
   ④ 일관성 검사 오라클 : 애플리케이션의 변경이 있을 경우 테스트 케이스의 수행 전과 후의 결과 값이 동일한지를 확인하는 오라클이다.

   전문가의 조언 | 모든 테스트 케이스의 입력 값에 대해 기대하는 결과를 제공하는 오라클은 참 오라클입니다.

28. IPSec(IP Security)에 대한 설명으로 틀린 것은?
   ① 암호화 수행시 일방향 암호화만 지원한다.
   ② ESP는 발신지 인증, 데이터 무결성, 기밀성 모두를 보장한다.
   ③ 운영 모드는 Tunnel 모드와 Transport 모드로 분류된다.
   ④ AH는 발신지 호스트를 인증하고, IP 패킷의 무결성을 보장한다.

   전문가의 조언 | IPSec은 암호화와 복호화가 모두 가능한 양방향 암호 방식입니다.

29. 스택(STACK)의 응용 분야로 거리가 먼 것은?

① 인터럽트의 처리
② 수식의 계산
③ 서브루틴의 복귀 번지 저장
④ 운영체제의 작업 스케줄링

전문가의 조언 | 운영체제의 작업 스케줄링에 사용되는 것은 큐(Queue)입니다.

30. 다음 자료에 대하여 선택(Selection) 정렬을 이용하여 오름차순으로 정렬하고자 한다. 1회전 수행 결과는?

8, 3, 4, 9, 7

① 3, 4, 7, 8, 9
② 3, 4, 7, 9, 8
③ 3, 4, 8, 9, 7
④ 3, 8, 4, 9, 7

전문가의 조언 | 선택 정렬은 n개의 레코드 중에서 최소값을 찾아 첫 번째 레코드 위치에 놓고, 나머지 n-1개 중에서 다시 최소값을 찾아 두 번째 레코드 위치에 놓는 방식을 반복하여 정렬하는 방식입니다.

- 원본: 8 3 4 9 7
- 1회전: 8 3 4 9 7 → 3 8 4 9 7
  첫 번째부터 마지막 값 중 최소값 3을 찾아 첫 번째 값 8과 위치를 교환합니다.
- 2회전: 3 8 4 9 7 → 3 4 8 9 7
  두 번째부터 마지막 값 중 최소값 4를 찾아 두 번째 값 8과 위치를 교환합니다.
- 3회전: 3 4 8 9 7 → 3 4 7 9 8
  세 번째부터 마지막 값 중 최소값 7을 찾아 세 번째 값 8과 위치를 교환합니다.
- 4회전: 3 4 7 9 8 → 3 4 7 8 9
  네 번째부터 마지막 값 중 최소값 8을 찾아 네 번째 값 9와 위치를 교환합니다.

31. 해싱 함수(Hashing Function)의 종류가 아닌 것은?

① 제곱법(Mid-Square)
② 숫자 분석법(Digit Analysis)
③ 개방 주소법(Open Addressing)
④ 제산법(Division)

전문가의 조언 | 해싱 함수의 종류에는 제산법, 제곱법, 폴딩법, 기수 변환법, 대수적 코딩법, 계수 분석법(숫자 분석법), 무작위법이 있습니다.

32. 인터페이스 구현 검증 도구가 아닌 것은?

① ESB
② xUnit
③ STAF
④ NTAF

전문가의 조언 | ESB는 애플리케이션 간 연계, 데이터 변환, 웹 서비스 지원 등 표준 기반의 인터페이스를 제공하는 솔루션입니다.

33. 순서가 A, B, C, D로 정해진 입력 자료를 스택에 입력하였다가 출력할 때, 가능한 출력 순서의 결과가 아닌 것은?

① A, B, C, D
② D, A, B, C
③ A, B, D, C
④ B, C, D, A

전문가의 조언 | 이 문제는 A, B, C, D를 각 보기의 순서대로 출력되는지 스택을 이용해 직접 입·출력을 수행해 보면 됩니다. PUSH는 스택에 자료를 입력하는 명령이고, POP은 스택에서 자료를 출력하는 명령입니다. 먼저 ①번은 다음과 같은 순서로 작업하면 모두 출력할 수 있습니다.

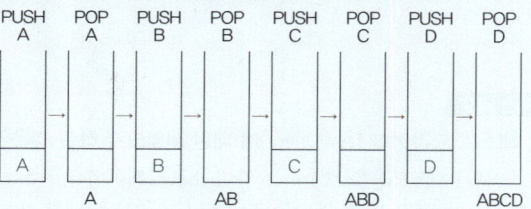

②번은 D를 출력한 후 A를 출력해야 하는데, C와 B를 출력하지 않고는 A를 출력할 수 없으므로 불가능합니다.

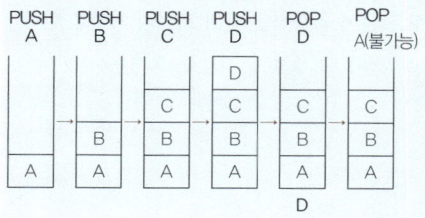

34. 다음 중 클린 코드 작성원칙으로 거리가 먼 것은?

① 누구든지 쉽게 이해하는 코드 작성
② 중복이 최대화된 코드 작성
③ 다른 모듈에 미치는 영향 최소화
④ 단순, 명료한 코드 작성

전문가의 조언 | 클린 코드는 누구나 쉽게 이해하고 수정 및 추가할 수 있는 단순, 명료한 코드, 즉 잘 작성된 코드를 의미하는 것으로, 코드의 중복을 최소화해야 합니다.

35. 소스 코드 품질 분석 도구 중 정적 분석 도구가 아닌 것은?
① pmd
② checkstyle
③ valance
④ cppcheck

> 전문가의 조언 | 정적 분석 도구에는 pmd, cppcheck, SonarQube, checkstyle, ccm, cobertura 등이 있습니다.

36. 알파, 베타 테스트와 가장 밀접한 연관이 있는 테스트 단계는?
① 단위 테스트
② 인수 테스트
③ 통합 테스트
④ 시스템 테스트

> 전문가의 조언 | 알파 테스트와 베타 테스트는 인수 테스트의 한 종류입니다.

37. 테스트 드라이버(Test Driver)에 대한 설명으로 틀린 것은?
① 시험 대상 모듈을 호출하는 간이 소프트웨어이다.
② 필요에 따라 매개 변수를 전달하고 모듈을 수행한 후의 결과를 보여줄 수 있다.
③ 상향식 통합 테스트에서 사용된다.
④ 테스트 대상 모듈이 호출하는 하위 모듈의 역할을 한다.

> 전문가의 조언 | 테스트 대상 모듈이 호출하는 하위 모듈의 역할을 수행하는 것은 스텁(Stub)입니다.

38. 소프트웨어 패키징에 대한 설명으로 틀린 것은?
① 패키징은 개발자 중심으로 진행한다.
② 신규 및 변경 개발소스를 식별하고, 이를 모듈화하여 상용제품으로 패키징한다.
③ 고객의 편의성을 위해 매뉴얼 및 버전관리를 지속적으로 한다.
④ 범용 환경에서 사용이 가능하도록 일반적인 배포 형태로 패키징이 진행된다.

> 전문가의 조언 | 소프트웨어 패키징은 개발자가 아니라 사용자를 중심으로 진행합니다.

39. 연결 리스트(Linked List)에 대한 설명으로 거리가 먼 것은?
① 노드의 삽입이나 삭제가 쉽다.
② 노드들이 포인터로 연결되어 검색이 빠르다.
③ 연결을 해주는 포인터(Pointer)를 위한 추가 공간이 필요하다.
④ 연결 리스트 중에서 중간 노드 연결이 끊어지면 그 다음 노드를 찾기 힘들다.

> 전문가의 조언 | 연결 리스트(Linked List)는 노드들이 포인터로 연결되어 포인터를 찾아가는 시간이 필요하므로 선형 리스트에 비해 검색 속도가 느립니다.

40. 알고리즘 시간 복잡도 O(1)이 의미하는 것은?
① 컴퓨터 처리가 불가
② 알고리즘 입력 데이터 수가 한 개
③ 알고리즘 수행시간이 입력 데이터 수와 관계 없이 일정
④ 알고리즘 길이가 입력 데이터보다 작음

> 전문가의 조언 | O(1)은 빅오 표기법의 시간 복잡도를 표기하는 방법의 하나로, 입력 데이터 수에 관계없이 문제 해결에 하나의 단계만을 거친다는 것을 의미합니다.

3과목 데이터베이스 구축

41. 데이터베이스 무결성에 관한 설명으로 옳은 것은?
① 개체 무결성 규정은 한 릴레이션의 기본키를 구성하는 어떠한 속성값도 널(NULL) 값이나 중복값을 가질 수 없음을 규정하는 것이다.
② 참조 무결성 규정은 속성 값들이 사용자가 정의한 제약 조건에 만족해야 한다는 규정이다.
③ 도메인 무결성 규정은 외래키 값은 Null이거나 참조 릴레이션의 기본키 값과 동일해야 한다는 규정이다.
④ 사용자 정의 무결성 규정은 주어진 튜플의 값이 그 튜플이 정의된 도메인에 속한 값이어야 한다는 것을 규정하는 것이다.

> 전문가의 조언 | ② 참조 무결성 규정은 외래키 값은 Null이거나 참조 릴레이션의 기본키 값과 동일해야 하고, 릴레이션은 참조할 수 없는 외래키 값을 가질 수 없다는 규정입니다.
> ③ 도메인 무결성 규정은 주어진 속성 값이 정의된 도메인에 속한 값이어야 한다는 규정입니다.
> ④ 사용자 정의 무결성 규정은 속성 값들이 사용자가 정의한 제약조건에 만족해야 한다는 규정입니다.

70섹션 2필드

42. 트랜잭션의 상태를 보여주는 다음 그림을 보고 각 상태에 대한 설명으로 옳지 않은 것은?

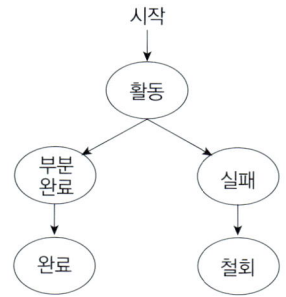

① 활동 상태는 트랜잭션이 수행되기 시작하여 현재 실행 중인 상태를 의미한다.
② 완료는 트랜잭션이 성공적으로 종료되어 Commit 연산 까지 수행한 상태를 의미한다.
③ 부분 완료는 트랜잭션의 일부 연산만이 완료되어 Commit된 상태를 의미한다.
④ 철회는 트랜잭션의 수행하는 데 실패하여 Rollback 연산 까지 수행한 상태를 의미한다.

전문가의 조언 | 부분 완료는 모든 트랜잭션을 실행했지만 Commit 연산이 되기 전 상태입니다.

70섹션 1필드

43. 무결성을 보장하기 위해 트랜잭션이 가져야 할 특성에 대한 설명으로 옳지 않은 것은?

① 트랜잭션 내의 모든 명령은 반드시 완벽히 수행되어야 하며, 모두가 완벽히 수행되지 않고 어느 하나라도 오류가 발생하면 트랜잭션 전부가 취소되어야 한다.
② 트랜잭션의 수행과 관계 없이 데이터베이스가 가지고 있는 고정 요소는 일관되어야 한다.
③ 둘 이상의 트랜잭션이 동시에 병행 실행되는 경우 어느 하나의 트랜잭션 실행 중에 다른 트랜잭션의 연산이 끼어들 수 없다.
④ Commit과 Rollback 명령어에 의해 보장받는 트랜잭션의 특성은 일관성이다.

전문가의 조언 | Commit과 Rollback 명령어에 의해 보장받는 트랜잭션의 특성은 일관성이 아니라 원자성입니다. 트랜잭션의 특징 중 ①번은 원자성, ②번은 일관성, ③번은 독립성에 대한 설명입니다.

74섹션 5필드

44. 분산 데이터베이스의 특징에 대한 설명으로 틀린 것은?

① 지역 서버의 고유 데이터에 대한 작업은 중앙 서버의 통제 없이 자유롭게 수행할 수 있다.
② 새로운 지역 서버를 추가하거나 장비를 추가하는 등의 작업이 용이하다.
③ 위치 투명성, 중복 투명성, 병행 투명성, 장애 투명성을 목표로 한다.
④ 데이터베이스 설계 및 소프트웨어 개발이 쉽고, 전반적인 시스템의 성능이 향상된다.

전문가의 조언 | 분산 데이터베이스는 데이터베이스 설계 및 소프트웨어 개발이 어렵습니다.

73섹션 3필드

45. 파티셔닝 방식 중 '월별, 분기별'과 같이 지정한 열의 값을 기준으로 범위를 지정하여 분할하는 방식은?

① Range Partitioning
② Hash Partitioning
③ Composite Partitioning
④ List Partitioning

전문가의 조언 | 지정한 열의 값을 기준으로 범위를 지정하여 분할하는 방식은 범위 분할(Range Partitioning)입니다.

63섹션 1필드

46. 데이터베이스에는 관계형, 계층형, 네트워크형 등 다양한 종류가 있는데 이들을 구분하는 기준은?

① 개체(Object)
② 관계(Relationship)
③ 속성(Attribute)
④ 제약 조건(Constraint)

전문가의 조언 | 관계형, 계층형, 네트워크형 데이터베이스를 구분하는 기준은 관계(Relationship)입니다.

81섹션 2필드
47. 다음 SQL문의 실행 결과를 가장 올바르게 설명한 것은?

```
ALTER TABLE 학생 DROP 학년 CASCADE;
```

① 학년 테이블에서 학생 속성을 제거하되 학생 속성을 참조하는 다른 테이블의 속성도 함께 제거한다.
② 학년 테이블에서 학생 속성을 제거하되 학생 속성을 참조하는 다른 테이블의 속성이 있는 경우 제거를 중단한다.
③ 학생 테이블에서 학년 속성을 제거하되 학년 속성을 참조하는 다른 테이블의 속성도 함께 제거한다.
④ 학생 테이블에서 학년 속성을 제거하되 학년 속성을 참조하는 다른 테이블의 속성이 있는 경우 제거를 중단한다.

전문가의 조언 | 질의문을 각 절별로 살펴보면 다음과 같습니다.
- ❶ ALTER TABLE 학생
- ❷ DROP 학년 CASCADE;

❶ 〈학생〉 테이블에 대한 정의를 변경합니다.
❷ '학년' 속성을 제거하되, '학생' 속성을 참조하는 다른 테이블의 속성을 함께 제거합니다.

60섹션 6필드
48. 물리적 데이터베이스를 설계하는 전 단계로서, 데이터 모델링이라 불리는 데이터베이스 설계 단계는?

① 개념적 데이터베이스 설계
② 논리적 데이터베이스 설계
③ 정보 모델링
④ 데이터베이스 구현

전문가의 조언 | 데이터 모델링이라 불리는 데이터베이스 설계 단계는 논리적 데이터베이스 설계입니다.

67섹션 5필드
49. 정규화에 대한 설명으로 옳지 않은 것은?

① 정규형에는 제1정규형, 제2정규형, 제3정규형, BCNF형, 제4정규형 등이 있다.
② 릴레이션에 속한 모든 도메인이 원자값만으로 되어 있는 정규형은 제1정규형이다.
③ 제1정규형이 제2정규형이 되기 위해서는 기본키가 아닌 모든 속성이 기본키에 대하여 완전 함수적 종속을 만족해야 한다.
④ 결정자가 모두 후보키인 정규형은 제3정규형이다.

전문가의 조언 | 결정자가 모두 후보키인 정규형은 BCNF입니다. 제3정규형에서 결정자가 후보키가 아닌 것을 제거하면 BCNF가 됩니다.

62섹션 2필드
50. 개체-관계(E-R) 모델에 대한 설명으로 잘못된 것은?

① 특정 DBMS를 고려하여 제작하지 않는다.
② 개체는 마름모, 속성은 사각형을 이용하여 표현한다.
③ 개념적 데이터베이스 단계에서 제작된다.
④ E-R 모델의 기본적인 아이디어를 시각적으로 가장 잘 나타낸 것이 E-R 다이어그램이다.

전문가의 조언 | E-R 다이어그램에서 개체 타입은 사각형, 관계 타입은 마름모, 속성은 타원으로 표현합니다.

63섹션 3필드
51. 관계형 데이터베이스의 구성 요소에 대한 설명으로 틀린 것은?

① 속성을 구성하는 값에는 동일한 값이 있을 수 있다.
② 한 릴레이션에 포함된 튜플은 모두 상이하다.
③ 한 릴레이션에는 동일한 이름의 속성이 있을 수 있다.
④ 한 릴레이션을 구성하는 속성 사이에는 순서가 없다.

전문가의 조언 | 한 릴레이션에는 동일한 이름의 속성이 있을 수 없습니다.

79섹션 2필드
52. SQL의 명령어를 DCL, DML, DDL로 구분할 경우, 다음 중 성격이 다른 하나는?

① CREATE   ② SELECT
③ ALTER   ④ DROP

전문가의 조언 | CREATE, ALTER, DROP은 DDL, SELECT는 DML에 속하는 명령어입니다.

64섹션 4필드
53. 키는 개체 집합에서 고유하게 개체를 식별할 수 있는 속성이다. 데이터베이스에서 사용되는 키의 종류에 대한 설명으로 옳지 않은 것은?

① 후보키는 개체들을 고유하게 식별할 수 있는 속성이다.
② 슈퍼키는 한 개 이상의 속성들의 집합으로 구성된 키이다.
③ 외래키는 다른 테이블의 기본키로 사용되는 속성이다.
④ 대체키는 슈퍼키 중에서 기본키를 제외한 나머지 키를 의미한다.

전문가의 조언 | 대체키는 후보키 중에서 기본키를 제외한 나머지 후보키를 의미합니다.

82섹션 3필드
54. SQL의 TRUNCATE 명령어에 대한 설명으로 옳지 않은 것은?
① DELETE와 같이 테이블의 모든 데이터를 삭제한다.
② DROP과 달리 테이블 스키마는 제거되지 않고 유지된다.
③ DELETE에 비해 빠르게 데이터를 제거하는 것이 가능하다.
④ DELETE와 동일하게 ROLLBACK 명령어로 삭제된 데이터를 되살릴 수 있다.

전문가의 조언 | DELETE 명령어로 삭제한 데이터는 ROLLBACK 명령어로 되살릴 수 있지만 TRUNCATE 명령어로 삭제한 데이터는 되살릴 수 없습니다.

143섹션 4필드
55. 데이터베이스의 병행 제어(Concurrency Control)에 대한 설명으로 옳지 않은 것은?
① 여러 사용자가 데이터베이스를 동시에 접근하여 데이터를 처리하기 위함이다.
② 처리 결과의 정확성 유지를 위해 데이터를 잠그거나 여는 등의 제어가 필요하다.
③ 로킹 단위가 크면 병행 제어 기법이 복잡해진다.
④ 로킹 단위가 크면 병행성 수준이 낮아진다.

전문가의 조언 | 로킹 단위가 크면 병행 제어 기법이 단순해집니다.

69섹션 1필드
56. 시스템 카탈로그에 대한 설명으로 옳지 않은 것은?
① 시스템 자체에 관련 있는 다양한 객체에 관한 정보를 포함하는 시스템 데이터베이스이다.
② 데이터 사전이라고도 한다.
③ 기본 테이블, 뷰, 인덱스, 패키지, 접근 권한 등의 정보를 저장한다.
④ 시스템을 위한 정보를 포함하는 시스템 데이터베이스이므로 일반 사용자는 SQL을 이용하여 내용을 검색해 볼 수 없다.

전문가의 조언 | 카탈로그 자체도 시스템 테이블로 구성되어 있어 일반 이용자도 SQL을 이용하여 내용을 검색해 볼 수 있습니다.

87섹션 1필드
57. 트리거(Trigger)에 대한 설명으로 옳은 것은?
① 시스템에 어떤 일이 발생한 것을 말한다.
② 이벤트가 발생할 때마다 관련 작업이 자동으로 수행되는 절차형 SQL이다.
③ 특정 기능을 수행하는 일종의 트랜잭션 언어로, 호출을 통해 실행되어 미리 저장해 놓은 SQL 작업을 수행한다.
④ DBMS에 내장되어 작성된 SQL이 효율적으로 수행되도록 최적의 경로를 찾아 주는 모듈이다.

전문가의 조언 | ①번은 이벤트(Event), ③번은 프로시저(Procedure), ④번은 옵티마이저(Optimizer)에 대한 설명입니다.

66섹션 1필드
58. 관계 대수와 관계 해석에 대한 설명으로 옳지 않는 것은?
① 관계 대수는 원래 수학의 프레디킷 해석에 기반을 두고 있다.
② 관계 대수로 표현한 식은 관계 해석으로 표현할 수 있다.
③ 관계 해석은 관계 데이터의 연산을 표현하는 방법이다.
④ 관계 해석은 원하는 정보가 무엇이라는 것만 정의하는 비절차적인 특징을 가지고 있다.

전문가의 조언 | 수학의 프레디킷 해석에 기반을 두고 있는 것은 관계 해석입니다.

140섹션 1필드
59. 정보시스템과 관련한 다음 설명에 해당하는 것은?

- 각 시스템 간에 공유 디스크를 중심으로 클러스터링으로 엮어 다수의 시스템을 동시에 연결할 수 있다.
- 조직, 기업의 기간 업무 서버 안정성을 높이기 위해 사용될 수 있다.
- 여러 가지 방식으로 구현되며 2개의 서버를 연결하는 것으로 2개의 시스템이 각각 업무를 수행하도록 구현하는 방식이 널리 사용된다.

① 고가용성 솔루션(HACMP)
② 점대점 연결 방식(Point-to-Point Mode)
③ 스턱스넷(Stuxnet)
④ 루팅(Rooting)

전문가의 조언 | 문제의 지문은 고가용성 솔루션(HACMP)에 대한 설명입니다.

70섹션 4필드
60. 데이터베이스에 영향을 주는 생성, 읽기, 갱신, 삭제 연산으로 프로세스와 테이블 간에 매트릭스를 만들어서 트랜잭션을 분석하는 것은?
① CASE 분석
② 일치 분석
③ CRUD 분석
④ 연관성 분석

전문가의 조언 | 데이터베이스 테이블에 변화를 주는 트랜잭션의 CRUD 연산에 대해 CRUD 매트릭스를 작성하여 분석하는 것을 CRUD 분석이라고 합니다.

4과목 프로그래밍 언어 활용

123섹션 8필드

61. OSI 7계층 중 다음 설명에 해당하는 계층은?

> • 두 응용 프로세스 간의 통신에 대한 제어 구조를 제공한다.
> • 연결의 생성, 관리, 종료를 위해 토큰을 사용한다.

① 데이터링크 계층 ② 네트워크 계층
③ 세션 계층 ④ 표현 계층

전문가의 조언 | 지문에 제시된 내용은 세션 계층에 대한 설명입니다.

99섹션 4필드

62. 다음 C언어 프로그램의 결과로 옳은 것은?

```
#include <stdio.h>
main( ) {
    int a = 3, b = 4, c = 5;
    int r1, r2, r3;
    r1 = a < 4 && b <= 4;
    r2 = a > 3 || b <= 5;
    r3 = !c;
    printf("%d", r1 - r2 - r3);
}
```

① 0 ② 1 ③ 2 ④ 3

전문가의 조언 | 사용된 코드의 의미는 다음과 같습니다.

```
#include <stdio.h>
main( ) {
❶ int a = 3, b = 4, c = 5;
❷ int r1, r2, r3;
❸ r1 = a < 4 && b <= 4;
❹ r2 = a > 3 || b <= 5;
❺ r3 = !c;
❻ printf("%d", r1 - r2 + r3);
}
```

❶ 정수형 변수 a, b, c를 선언하고, 각각 3, 4, 5로 초기화한다.
❷ 정수형 변수 r1, r2, r3를 선언한다.
❸ r1 = a < 4 && b <= 4;
　　ⓐ　　ⓑ
　　　ⓒ

• ⓐ : a의 값 3은 4보다 작으므로 참(1)이다.
• ⓑ : b의 값 4는 4와 같으므로 참(1)이다.
• ⓒ : ⓐ&&ⓑ는 둘 모두 참이면 참이므로 참(1)이다.
∴ r1에는 1이 저장된다.

❹ r2 = a > 3 || b <= 5;
　　ⓐ　　ⓑ
　　　ⓒ

• ⓐ : a의 값 3은 3보다 크지 않으므로 거짓(0)이다.
• ⓑ : b의 값 4는 5보다 작으므로 참(1)이다.
• ⓒ : ⓐ||ⓑ는 둘 중 하나라도 참이면 참이므로 참(1)이다.
∴ r2에는 1이 저장된다.

❺ c의 값 5는 참이므로 r3에는 0(거짓)이 저장된다.
• !(논리 NOT) : 참(1)이면 거짓(0)을, 거짓(0)이면 참을 반환하는 연산자
• 정수로 논리값(참, 거짓)을 판별하면 0은 거짓, 0이외의 수는 참으로 결정됩니다.

❻ r1-r2+r3를 연산한 값 0(1-1+0)을 정수로 출력한다.

결과 `0`

101섹션 4필드

63. 다음 C언어 프로그램 실행 후, 'c'를 입력하였을 때 출력 결과는?

```
#include <stdio.h>
main( ) {
    char ch;
    scanf("%c", &ch);
    switch (ch) {
    case 'a':
        printf("one ");
    case 'b':
        printf("two ");
    case 'c':
        printf("three ");
        break;
    case 'd':
        printf("four ");
        break;
    }
}
```

① one ② one two
③ three ④ one two three four

전문가의 조언 | 사용된 코드의 의미는 다음과 같습니다.

```
#include <stdio.h>
main( ) {
❶ char ch;
❷ scanf("%c", &ch);
❸ switch (ch) {
    case 'a':
        printf("one ");
```

```
        case 'b':
            printf("two ");
❹       case 'c':
❺           printf("three ");
❻           break;
        case 'd':
            printf("four ");
            break;
    } ❼
}
```

❶ 문자형 변수 ch를 선언한다.
❷ 문자를 입력받아 ch에 저장한다. 문제에서 'c'를 입력한다고 하였으므로 ch에는 'c'가 저장된다.
❸ ch의 값 'c'에 해당하는 case를 찾아간다. ❹번으로 이동한다.
❹ case 'c'의 시작점이다.
❺ 화면에 three와 공백 한 칸을 출력한다.

결과 | three

❻ switch문을 벗어나 ❼번으로 이동한다.
❼ main( ) 함수가 끝났으므로 프로그램을 종료한다.

99섹션 4필드

64. 다음 C언어 프로그램에서 밑줄 친 부분과 동일한 의미를 가지는 것은 어떤것인가?

```
#include <stdio.h>
main( ) {
    int a, b;
    for (a = 0; a < 2; a++)
        for (b = 0; b < 2; b++)
            printf("%d", !a && !b);
}
```

① !a || !b ② !(a || b)
③ a && b   ④ a || b

전문가의 조언 | • !a && !b는 불 대수로 변환하면 $\overline{a} \cdot \overline{b}$가 됩니다. $\overline{a} \cdot \overline{b}$는 드모르강 정리에 의해 $\overline{a+b}$이므로, 이것을 다시 조건식으로 변환하면 !(a || b)가 됩니다.

• 드모르강 법칙
  - $\overline{A+B} = \overline{A} \cdot \overline{B}$
  - $\overline{A \cdot B} = \overline{A} + \overline{B}$

• 불 대수와 드모르강 정리를 모르더라도 다음과 같이 a와 b에 들어갈 수 있는 값들을 대입하여 같은 결과를 내는 조건식을 찾을 수 있습니다.

• !(a || b)

a	b	a || b	!(a || b)
0	0	0	1
0	1	1	0
1	0	1	0
1	1	1	0

106섹션 2필드

65. 다음 파이썬 코드에서 '53t44'를 입력했을 때 출력 결과는?

```
a, b = map(int, input( ).split("t"));
print(a, b)
```

① 53 t 44   ② 53t44
③ 53 44   ④ 53, 44

전문가의 조언 | 사용된 코드의 의미는 다음과 같습니다.

❶ a, b = map(int, input( ).split("t"));
❷ print(a, b)

❶ input( ) 메소드로 입력받은 값을 "t"를 구분자로 하여 분리한 후 정수로 변환하여 a, b에 저장한다. 문제에서 "53t44"를 입력하였으므로, "t"를 구분자로 53과 44가 분리된 후 정수로 변환되어 각각 a와 b에 저장된다.
• map( ) : 2개 이상의 값을 원하는 자료형으로 변환할 때 사용하는 함수
• input( ).split('분리문자')
  - 입력받은 값을 '분리문자'로 구분하여 반환한다.
  - '분리문자'를 생략하면 공백으로 값을 구분한다.

❷ a와 b를 출력한다. Python의 print( ) 메소드에서 2개 이상의 값을 출력할 때, sep 속성값을 정의하지 않으면 기본값이 공백이므로 다음과 같이 출력된다.

결과 | 53 44

119섹션 3필드

66. 다음 중 HRN에 대한 설명으로 옳지 않은 것은?

① 대기시간과 서비스시간을 이용하는 방법이다.
② 대기 시간이 긴 프로세스일 경우 우선순위가 높다.
③ 우선순위 계산식 값이 낮을수록 우선순위가 높다.
④ SJF 기법을 보완하기 위한 스케쥴링 방법이다.

전문가의 조언 | HRN 기법의 우선순위 계산식을 통해 산출된 값이 클수록 우선순위가 높습니다.

109섹션 2필드

67. C언어에서 malloc( ) 함수에 대한 설명으로 틀린 것은?

① 원하는 시점에 원하는 만큼 메모리를 동적으로 할당한다.
② 사용자가 입력한 bit만큼 메모리를 할당한다.
③ free 명령어로 할당된 메모리를 해제한다.
④ 메모리 할당이 불가능할 경우 NULL이 반환된다.

전문가의 조언 | malloc( ) 함수는 입력한 Byte만큼 메모리를 할당하는 함수입니다.

정답 : 61.③ 62.① 63.③ 64.② 65.③ 66.③ 67.②

117섹션 1필드
68. 다음 중 프로세스에 대한 설명 중 틀린 것은?

① 프로세서가 할당되는 실체로, 디스패치가 가능한 단위이다.
② 프로세스는 비동기적 행위를 일으키는 주체이다.
③ 프로세스는 스레드 내의 작업단위를 의미하며, 경량 스레드라고도 불린다.
④ PCB를 가지며 PCB에는 프로세스의 현재상태, 고유식별자를 가지고 있다.

전문가의 조언 | ③번은 프로세스와 스레드를 반대로 설명하고 있습니다. 스레드는 프로세스 내의 작업단위를 의미하며, 경량 프로세스라고도 불립니다.

115섹션 4필드
69. 3개의 보관구조를 가지는 주기억장치가 있으며, 다음의 순서로 페이지 참조가 발생할 때, FIFO 페이지 교체 알고리즘을 사용할 경우 마지막 페이지 값으로 옳은 것은?

페이지 순서 : 1, 2, 3, 2, 4, 2, 3, 1, 3

① 4, 2, 3 ② 4, 1, 3
③ 1, 2, 3 ④ 1, 4, 2

전문가의 조언 | 3개의 페이지를 수용할 수 있는 주기억장치이므로 아래 그림과 같이 3개의 페이지 프레임으로 표현할 수 있습니다.

참조 페이지	1	2	3	2	4	2	3	1	3
페이지 프레임	1	1	1	1	4	4	4	4	4
		2	2	2	2	2	2	1	1
			3	3	3	3	3	3	3
부재 발생	●	●	●		●			●	

※ ● : 페이지 부재 발생

참조 페이지가 페이지 테이블에 없을 경우 페이지 결함(부재)이 발생됩니다. 초기에는 모든 페이지가 비어 있으므로 처음 1, 2, 3 페이지 적재 시 페이지 결함이 발생됩니다. FIFO 기법은 가장 먼저 들어와 있었던 페이지를 교체하는 기법이므로 참조 페이지 4를 참조할 때에는 1을 제거한 후 4를 가져오게 됩니다. 이러한 과정으로 모든 페이지어 대한 요구를 처리하고 나면 총 페이지 결함 발생 횟수는 5회이며, 마지막 페이지 값은 4, 1, 3이 됩니다.

116섹션 6필드
70. 다음 설명에 해당하는 내용은 무엇인가?

> 프로세스 처리 도중, 참조할 페이지가 주기억장치에 없어 프로세스 처리 시간보다 페이지 교체에 소요되는 시간이 더 많아지는 현상

① 스레드(Thread)   ② 스래싱(Thrasing)
③ 페이지부재(Page Fault) ④ 워킹셋(Working Set)

전문가의 조언 | 지문의 내용은 스래싱(Thrasing)에 대한 설명입니다.

122섹션 4필드
71. 다음 중 IP 버전에 대한 설명 중 틀린 것은?

① IPv4는 각 부분을 옥텟으로 구성, 총 32비트로 구성된다.
② IPv6는 각 부분을 콜론으로 구분한다.
③ IPv4는 네트워크 부분의 길이에 따라 A 클래스에서 E 클래스까지 총 5단계로 구성되어 있다.
④ IPv6는 IPv4에 비해 자료 전송 속도가 느리다.

전문가의 조언 | IPv6는 IPv4에 비해 자료 전송 속도가 빠릅니다.

98섹션 3필드
72. JAVA에서 힙(Heap)에 남아있으나 변수가 가지고 있던 참조값을 잃거나 변수 자체가 없어짐으로써 더 이상 사용되지 않는 객체를 제거해주는 역할을 하는 모듈은?

① Heap Collector
② Garbage Collector
③ Memory Collector
④ Variable Collector

전문가의 조언 | 실제로는 사용되지 않으면서 가용 공간 리스트에 반환되지 않는 메모리 공간인 가비지(Garbage, 쓰레기)를 강제로 해제하여 사용할 수 있도록 하는 메모리 관리 모듈을 가비지 콜렉터(Garbage Collector)라고 합니다.

121섹션 3필드
73. UNIX에서 새로운 프로세스를 생성하는 명령어는?

① ls   ② cat
③ fork ④ chmod

전문가의 조언 | UNIX에서 새로운 프로세스를 생성하는 명령어는 fork입니다.

144섹션 2필드
74. 교착상태가 발생할 수 있는 조건이 아닌 것은?

① Mutual exclusion
② Hold and wait
③ Non-preemption
④ Linear wait

전문가의 조언 | 교착 상태 발생의 필요 충분 조건 4가지는 상호 배제(Mutual Exclusion), 점유와 대기(Hold and Wait), 환형 대기(Circular Wait), 비선점(Non-preemption)입니다.

75. IEEE 802.3 LAN에서 사용되는 전송 매체 접속 제어(MAC) 방식은?

① CSMA/CD
② Token Bus
③ Token Ring
④ Slotted Ring

전문가의 조언 | IEEE 802.3의 매체 접근 제어 방식은 CSMA/CD 방식입니다.

76. 프로세스 상태의 종류가 아닌 것은?

① Ready
② Running
③ Request
④ Exit

전문가의 조언 | 프로세스 상태의 종류에는 제출(Submit), 접수(Hold), 준비(Ready), 실행(Run), 대기(Wait), 종료(Terminated, Exit) 등이 있습니다.

77. TCP/IP에서 사용되는 논리주소를 물리주소로 변환시켜 주는 프로토콜은?

① TCP
② ARP
③ FTP
④ IP

전문가의 조언 | TCP/IP 네트워크에서 논리 주소를 물리 주소로 변환하는 프로토콜은 ARP(Address Resolution Protocol)입니다.

78. OSI 7계층 중 네트워크 계층에 대한 설명으로 틀린 것은?

① 패킷을 발신지로부터 최종 목적지까지 전달하는 책임을 진다.
② 한 노드로부터 다른 노드로 프레임을 전송하는 책임을 진다.
③ 패킷에 발신지와 목적지의 논리 주소를 추가한다.
④ 라우터 또는 교환기는 패킷 전달을 위해 경로를 지정하거나 교환 기능을 제공한다.

전문가의 조언 | 네트워크 계층의 프로토콜 데이터 단위(PDU)는 패킷(Packet)입니다. PDU가 프레임(Frame)인 계층은 데이터 링크 계층입니다.

79. 프레임워크(Framework)에 대한 설명으로 옳은 것은?

① 소프트웨어 구성에 필요한 기본 구조를 제공함으로써 재사용이 가능하게 해준다
② 소프트웨어 개발 시 구조가 잡혀 있기 때문에 확장이 불가능하다.
③ 소프트웨어 아키텍처(Architecture)와 동일한 개념이다.
④ 모듈화(Modularity)가 불가능하다.

전문가의 조언 | 프레임워크는 모듈화가 잘 되어있어 자유로운 확장이 가능한 반제품 형태의 소프트웨어로, 소프트웨어 아키텍처와는 다른 개념입니다.

80. C언어 라이브러리 중 stdlib.h에 대한 설명으로 옳은 것은?

① 문자열을 수치 데이터로 바꾸는 문자 변환함수와 수치를 문자열로 바꿔주는 변환함수 등이 있다.
② 문자열 처리 함수로 strlen( )이 포함되어 있다.
③ 표준 입출력 라이브러리이다.
④ 삼각 함수, 제곱근, 지수 등 수학적인 함수를 내장하고 있다.

전문가의 조언 | ②번은 string.h, ③번은 stdio.h, ④번은 math.h에 대한 설명입니다.

5과목 정보시스템 구축 관리

81. 입력 데이터 검증 및 표현과 관련된 설명으로 옳지 않은 것은?

① SQL 삽입 : 웹 응용 프로그램에 SQL을 삽입하여 내부 데이터베이스(DB) 서버의 데이터를 유출 및 변조하고, 관리자 인증을 우회한다.
② 크로스사이트 스크립트 : 웹페이지에 악의적인 스크립트를 삽입하여 방문자들의 정보를 탈취한다.
③ 자원 삽입 : 악의적인 명령어가 포함된 스크립트 파일을 업로드함으로써 시스템에 손상을 준다.
④ 운영체제 명령어 삽입 : 외부 입력값을 통해 시스템 명령어의 실행을 유도함으로써 권한을 탈취하거나 시스템 장애를 유발한다.

전문가의 조언 | 경로 조작 및 자원 삽입은 데이터 입출력 경로를 조작하여 서버 자원을 수정·삭제하는 보안 약점입니다. 악의적인 명령어가 포함된 스크립트 파일을 업로드하는 보안 약점은 '위험한 형식 파일 업로드'입니다.

82. 악성코드의 유형 중 다른 컴퓨터의 취약점을 이용하여 스스로 전파하거나 메일로 전파되며 스스로를 증식하는 것은?

① Worm
② Rogue Ware
③ Adware
④ Reflection Attack

전문가의 조언 | 네트워크를 통해 연속적으로 자신을 복제하는 악성코드는 웜(Worm)입니다.

83. 정보 보안 요소 중 무결성(Integrity)에 대한 설명으로 옳은 것은?

① 시스템 내의 정보와 자원은 인가된 사용자에게만 접근이 허용된다는 것을 의미한다.
② 시스템 내의 정보와 자원을 사용하려는 사용자가 합법적인 사용자인지를 확인하는 모든 행위를 말한다.
③ 인가받은 사용자는 언제라도 사용할 수 있다는 것을 의미한다.
④ 시스템 내의 정보는 오직 인가된 사용자만 수정할 수 있다는 것을 의미한다.

전문가의 조언 | ①번은 기밀성(Confidentiality), ②번은 인증(Authentication), ③번은 가용성(Availability)에 대한 설명입니다.

84. 세션 하이재킹을 탐지하는 방법으로 거리가 먼 것은?

① FTP SYN SEGMENT 탐지
② 비동기화 상태 탐지
③ ACK STORM 탐지
④ 패킷의 유실 및 재전송 증가 탐지

전문가의 조언 | 세션 하이재킹의 탐지 방법에는 비동기화 상태 탐지, ACK Storm 탐지, 패킷의 유실과 재전송 증가 탐지, 예상치 못한 접속의 리셋 탐지 등이 있습니다.

85. 정보 보안의 3요소에 해당하지 않는 것은?

① 기밀성
② 무결성
③ 가용성
④ 휘발성

전문가의 조언 | 정보 보안의 3대 요소에는 기밀성, 무결성, 가용성이 있습니다.

86. LOC 기법에 의하여 예측된 총 라인수가 36,000라인, 개발에 참여할 프로그래머가 6명, 프로그래머들의 평균 생산성이 월간 300라인일 때 개발에 소요되는 기간은?

① 5개월
② 10개월
③ 15개월
④ 20개월

전문가의 조언
- 프로그래머들의 평균 생산성이 월간 300라인이라면 프로그래머 6명의 월간 생산성은 1,800입니다.
- 총 라인수가 36,000이므로 36,000 / 1,800 = 20, 즉 개발 기간은 20개월입니다.

87. COCOMO 모델에 의한 비용 산정에 대한 설명으로 옳지 않은 것은?

① 보헴이 제안한 원시 프로그램의 규모에 의한 비용예측 모형이다.
② 같은 규모의 소프트웨어라도 그 유형에 따라 비용이 다르게 산정된다.
③ 비용 산정 유형으로 Organic Mode, Embedded Mode, Semi-Detached Mode가 있다.
④ UFP(Unadjusted Function Point)를 계산한다.

전문가의 조언 | UFP(Unadhusted Function Point)는 기능 점수(Function Point) 모델에서 기능 점수를 산출하는 과정 중에 계산되는 값입니다.

88. Wi-Fi에서 제정한 무선 랜(WLAN) 인증 및 암호화 관련 표준은?

① WCDMA
② WPA
③ SSL
④ SHA

전문가의 조언 | Wi-Fi에서 제정한 무선 랜(WLAN) 인증 및 암호화 관련 표준은 WPA(Wi-Fi Protected Access)이며, IEEE 802.11i버전에서 지원합니다.

89. 다음 설명에 해당하는 암호화 알고리즘은?

- DES의 보안 문제를 해결하기 위해 개발되었다.
- NIST에서 개발한 개인키 암호화 알고리즘이다.

① ARIA
② AES
③ DSA
④ SEED

전문가의 조언 | DES의 보안 문제 해결을 위해 NIST에서 개발한 개인키 암호화 알고리즘은 AES입니다.

157섹션 3필드

90. 침입탐지 시스템(IDS; Intrusion Detection System)과 관련한 설명으로 틀린 것은?

① 이상 탐지 기법(Anomaly Detection)은 Signature Base나 Knowledge Base라고도 불리며 이미 발견되고 정립된 공격 패턴을 입력해두었다가 탐지 및 차단한다.
② HIDS(Host-Based Intrusion Detection)는 운영체제에 설정된 사용자 계정에 따라 어떤 사용자가 어떤 접근을 시도하고 어떤 작업을 했는지에 대한 기록을 남기고 추적한다.
③ NIDS(Network-Based Intrusion Detection System)로는 대표적으로 Snort가 있다.
④ 외부 인터넷에 서비스를 제공하는 서버가 위치하는 네트워크인 DMZ(Demilitarized Zone)에는 IDS가 설치될 수 있다.

전문가의 조언 | 이상 탐지 기법(Anomaly Detection)은 평균적인 시스템의 상태를 기준으로 비정상적인 행위나 자원의 사용이 감지되면 이를 알려주는 시스템입니다. ①번은 오용 탐지 기법(Misuse Detection)에 대한 설명입니다.

124섹션 3필드

91. 네트워크 장비에 대한 설명으로 옳지 않은 것은?

① 브라우터는 전송되는 신호가 전송 선로의 특성 및 외부 충격 등의 요인으로 인해 원래의 형태와 다르게 왜곡되거나 약해질 경우 원래의 신호 형태로 재생하여 다시 전송하는 역할을 수행한다.
② 브리지는 LAN과 LAN을 연결하거나 LAN 안에서의 컴퓨터 그룹을 연결하는 기능을 수행하며, 데이터 링크 계층 중 MAC 계층에서 사용된다.
③ 스위치는 LAN과 LAN을 연결하여 훨씬 더 큰 LAN을 만드는 장치로, OSI 7계층의 2계층에서 사용된다.
④ 라우터는 LAN과 LAN의 연결 기능에 데이터 전송의 최적 경로를 선택할 수 있는 기능이 추가된 것으로, 서로 다른 LAN이나 LAN과 WAN의 연결도 수행하고, OSI 7계층의 네트워크 계층에서 동작한다.

전문가의 조언 | 브라우터(Brouter)는 브리지와 라우터의 기능을 모두 갖추고 있는 네트워크 장비입니다. ①번은 리피터(Repeater)에 대한 설명입니다.

147섹션 2필드

92. SQL Injection 공격과 관련한 설명으로 틀린 것은?

① SQL Injection은 임의로 작성한 SQL 구문을 애플리케이션에 삽입하는 공격 방식이다.
② SQL Injection 취약점이 발생하는 곳은 주로 웹 애플리케이션과 데이터베이스가 연동되는 부분이다.
③ DBMS의 종류와 관계없이 SQL Injection 공격 기법은 모두 동일하다.
④ 로그인과 같이 웹에서 사용자의 입력 값을 받아 데이터베이스 SQL문으로 데이터를 요청하는 경우 SQL Injection을 수행할 수 있다.

전문가의 조언 | SQL 삽입(SQL Injection) 공격은 웹 응용 프로그램에 SQL을 삽입하여 내부 데이터베이스(DB) 서버의 데이터를 유출 및 변조하고 관리자 인증을 우회하는 기법으로, DBMS의 종류에 따라 접근하는 방법이 달라지므로 공격 기법이 모두 동일하다는 말은 잘못되었습니다.

137섹션 1필드

93. 브리지와 구내 정보 통신망(LAN)으로 구성된 통신망에서 루프(폐회로)를 형성하지 않으면서 연결을 설정하는 알고리즘은?

① Spanning Tree Algorithm
② Diffie-Hellman Algorithm
③ Hash Algorithm
④ Digital Signature Algorithm

전문가의 조언 | 루프(폐회로)를 형성하지 않으면서 연결을 설정하는 알고리즘은 STA(Spanning Tree Algorithm)입니다.

139섹션 1필드

94. 다음 내용이 설명하는 것은?

- 블록체인(Blockchain) 개발환경을 클라우드로 서비스하는 개념
- 블록체인 네트워크에 노드의 추가 및 제거가 용이
- 블록체인의 기본 인프라를 추상화하여 블록체인 응용프로그램을 만들 수 있는 클라우드 컴퓨팅 플랫폼

① OTT ② BaaS
③ SDDC ④ Wi-SUN

전문가의 조언 | 지문의 내용은 BaaS에 대한 설명입니다.

127섹션 3필드

95. 소프트웨어 재공학의 주요 활동 중 기존 소프트웨어를 다른 운영체제나 하드웨어 환경에서 사용할 수 있도록 변환하는 것은?

① 역공학
② 분석
③ 재구성
④ 이식

전문가의 조언 | 기존 소프트웨어를 다른 운영체제나 하드웨어 환경에서 사용할 수 있도록 변환하는 활동을 이식(Migration)이라고 합니다.

152섹션 4필드

96. 다음 암호 알고리즘 중 성격이 다른 하나는?

① MD4
② MD5
③ SHA-1
④ AES

전문가의 조언 | AES는 개인키 암호화 알고리즘이고, MD4, MD5, SHA-1은 해시 알고리즘입니다.

78섹션 4필드

97. 다음 내용이 설명하는 것은?

- 네트워크상에 광채널 스위치의 이점인 고속 전송과 장거리 연결 및 멀티 프로토콜 기능을 활용
- 각기 다른 운영체제를 가진 여러 기종들이 네트워크상에서 동일 저장장치의 데이터를 공유하게 함으로써, 여러 개의 저장장치나 백업 장비를 단일화시킨 시스템

① SAN
② MBR
③ NAC
④ NIC

전문가의 조언 | 문제의 지문은 SAN(Storage Area Network)에 대한 설명입니다.

135섹션 4필드

98. 기존 무선 랜의 한계 극복을 위해 등장하였으며, 대규모 디바이스의 네트워크 생성에 최적화되어 차세대 이동통신, 홈네트워킹, 공공 안전 등의 특수목적에 사용되는 새로운 방식의 네트워크 기술을 의미하는 것은?

① Software Defined Perimeter
② Virtual Private Network
③ Local Area Network
④ Mesh Network

전문가의 조언 | 대규모 디바이스의 네트워크 생성에 최적화되어 차세대 이동통신, 홈네트워킹, 공공 안전 등의 특수목적에 사용되는 새로운 방식의 네트워크 기술을 매시 네트워크(Mesh Network)라고 합니다.

130섹션 3필드

99. CPM(Critical Path Method)에 대한 설명으로 옳지 않은 것은?

① 프로젝트 내에서 각 작업이 수행되는 시간과 각 작업 사이의 관계를 파악할 수 있다.
② 작업 일정을 한눈에 볼 수 있도록 해주며 막대 그래프의 형태로 표현한다.
③ 효과적인 프로젝트의 통제를 가능하게 해 준다.
④ 경영층의 과학적인 의사 결정을 지원한다.

전문가의 조언 | 작업 일정을 한눈에 볼 수 있도록 해주며 막대 그래프의 형태로 표현하는 것은 간트 차트입니다.

135섹션 5필드

100. 클라우드 기반 HSM(Cloud-based Hardware Security Module)에 대한 설명으로 틀린 것은?

① 클라우드(데이터센터) 기반 암호화 키 생성, 처리, 저장 등을 하는 보안 기기이다.
② 국내에서는 공인인증제의 폐지와 전자서명법 개정을 추진하면서 클라우드 HSM 용어가 자주 등장하였다.
③ 클라우드에 인증서를 저장하므로 기존 HSM 기기나 휴대폰에 인증서를 저장해 다닐 필요가 없다.
④ 하드웨어가 아닌 소프트웨어적으로만 구현되기 때문에 소프트웨어식 암호 기술에 내재된 보안 취약점을 해결할 수 없다는 것이 주요 단점이다.

전문가의 조언 | Cloud HSM은 암호화 키 생성이 하드웨어적으로 구현되므로 소프트웨어적으로 구현된 암호 기술이 가지는 보안 취약점을 무시할 수 있습니다.

정답: 95.④ 96.④ 97.① 98.④ 99.② 100.④